NOVA
Gramática do
Português
Brasileiro

Conselho Acadêmico
Ataliba Teixeira de Castilho
Carlos Eduardo Lins da Silva
Carlos Fico
Jaime Cordeiro
José Luiz Fiorin
Magda Soares
Tania Regina de Luca

Proibida a reprodução total ou parcial em qualquer mídia
sem a autorização escrita da editora.
Os infratores estão sujeitos às penas da lei.

A Editora não é responsável pelo conteúdo deste livro.
O Autor conhece os fatos narrados, pelos quais é responsável,
assim como se responsabiliza pelos juízos emitidos.

Consulte nosso catálogo completo e últimos lançamentos em **www.editoracontexto.com.br**.

Ataliba T. de Castilho

NOVA
Gramática do Português Brasileiro

editora**contexto**

Copyright © 2010 do Autor

Todos os direitos desta edição reservados à
Editora Contexto (Editora Pinsky Ltda.)

Capa
Alba Mancini

Projeto gráfico e diagramação
Gustavo S. Vilas Boas

Preparação de textos
Daniela Marini Iwamoto

Revisão de prova
Evandro Lisboa Freire

Revisão técnica
Renato Basso

Dados Internacionais de Catalogação na Publicação (CIP)
(Câmara Brasileira do Livro, SP, Brasil)

Castilho, Ataliba T. de
Nova gramática do português brasileiro / Ataliba T.
de Castilho. – 1. ed., 7ª reimpressão – São Paulo :
Contexto, 2022.

Bibliografia.
ISBN 978-85-7244-462-0

1. Português – Gramática I. Título.

09-12915 CDD-469.5

Índice para catálogo sistemático:
1. Gramática : Português brasileiro : Linguística   469.5

2022

Editora Contexto
Diretor editorial: *Jaime Pinsky*

Rua Dr. José Elias, 520 – Alto da Lapa
05083-030 – São Paulo – SP
PABX: (11) 3832 5838
contexto@editoracontexto.com.br
www.editoracontexto.com.br

Para Edith e Luiz Antônio de Castilho, meus pais,
Para Célia Maria Moraes de Castilho, minha esposa e colega de pesquisas,
Para Cláudia, Célia e Rogério, meus filhos,
Para Renan, Vinicius, Matthew e Leonard, meus netos,
pelo tempo de seu convívio que sacrifiquei, lidando com estas coisas.

SUMÁRIO

Nova Gramática do português brasileiro: tradição e ruptura 25
Prefácio de Rodolfo Ilari

Introdução 31

Como consultar esta gramática 35

1. O que se entende por língua e por gramática 41
Teorias sobre a língua e a gramática 41
1.1. A língua é um conjunto de produtos estruturados: Gramática Descritiva 42
    1.1.1. Postulados da Gramática Descritiva 45
    1.1.2. Procedimentos metodológicos da Gramática Descritiva 46
    1.1.3. Unidades da Gramática Descritiva 48
        1.1.3.1. O fonema 48
        1.1.3.2. A sílaba 50
        1.1.3.3. O morfema 51
        1.1.3.4. A palavra 54
        1.1.3.5. O sintagma 55
        1.1.3.6. A sentença 58
1.2. A língua é um conjunto de processos estruturantes: Gramática Funcionalista 59
    1.2.1. Formalismo e funcionalismo na reflexão gramatical 64
    1.2.2. Postulados da teoria multissistêmica funcionalista-cognitivista 69
        1.2.2.1. Postulado 1: a língua se fundamenta num aparato cognitivo 69
        1.2.2.2. Postulado 2: a língua é uma competência comunicativa 71
        1.2.2.3. Postulado 3: as estruturas linguísticas não são objetos autônomos ... 73
        1.2.2.4. Postulado 4: as estruturas linguísticas são multissistêmicas 76
        1.2.2.5. Postulado 5: a língua é pancrônica – a explicação linguística 77
        1.2.2.6. Postulado 6: um dispositivo sociocognitivo ordena os sistemas linguísticos....78
            1.2.2.6.1. Princípio da ativação: a projeção pragmática 79
            1.2.2.6.2. Princípio da reativação: a correção 80
            1.2.2.6.3. Princípio da desativação: a elipse 80
    1.2.3. Diálogo da teoria multissistêmica com outras teorias 81

1.3. A língua é um conjunto de produtos e de processos em mudança: Gramática Histórica....... 84
    1.3.1. O comparatismo e o método histórico-comparativo... 84
    1.3.2. O neogramaticismo e a centralidade da fonética... 84
    1.3.3. O estruturalismo e a centralidade da fonologia.. 86
    1.3.4. O gerativismo e a centralidade da sintaxe... 87
    1.3.5. O variacionismo, o funcionalismo e a centralidade dos usos 87

1.4. A língua é um conjunto de "usos bons": Gramática Prescritiva 90
    1.4.1. Norma gramatical 90
    1.4.2. Norma lexical... 92
    1.4.3. Norma ortográfica 92
        1.4.3.1. História da ortografia portuguesa 92
        1.4.3.2. O novo Acordo Ortográfico de 1990 94

1.5. Uma política linguística para o português brasileiro 96
    1.5.1. O que é política linguística 96
    1.5.2. Ensino do português brasileiro como língua materna 97
        1.5.2.1. Os destinatários do ensino
               do português brasileiro como língua materna... 99
        1.5.2.2. Diretrizes para o ensino do português brasileiro... 99
        1.5.2.3. Particularidades do ensino do português como língua materna 100
    1.5.3. Ensino do português brasileiro como língua estrangeira... 102
    1.5.4. Atuação das universidades oficiais no ensino
        do português brasileiro como língua materna.. 104
        1.5.4.1. Documentação do português brasileiro.. 105
        1.5.4.2. Descrição e história do português brasileiro.. 106

2. Os sistemas linguísticos...109

A língua como um multissistema... 109

2.1. Léxico... 109
    2.1.1. O que é léxico, o que é lexicalização?... 109
    2.1.2. O vocabulário e o dicionário 111
        2.1.2.1. Definição das palavras 111
        2.1.2.2. Redação do verbete... 112
        2.1.2.3. Tipologia de dicionários... 112
    2.1.3. Lexicalização: etimologia, neologia, empréstimo 113
        2.1.3.1. Por etimologia 113
        2.1.3.2. Por neologia 113
        2.1.3.3. Por empréstimo 114
               2.1.3.3.1. Empréstimos do substrato linguístico.. 114
               2.1.3.3.2. Empréstimos do superstrato linguístico...................................... 115
               2.1.3.3.3. Estrangeirismos... 117
    2.1.4. Relexicalização: derivação, composição.. 117
    2.1.5. Deslexicalização: a morte das palavras.. 117

2.2. Semântica 122
    2.2.1. O que é semântica, o que é semanticização? 122
    2.2.2. Categorias semânticas 123
        2.2.2.1. Dêixis e foricidade 123
        2.2.2.2. Referenciação 126
        2.2.2.3. Predicação 127
        2.2.2.4. Verificação 129
        2.2.2.5. Inferência e pressuposição 130
        2.2.2.6. Metáfora e metonímia 131
        2.2.2.7. Conectividade 133
    2.2.3. Semanticização: ação do DSC no sistema da semântica 133

2.3. Discurso 133
    2.3.1. O que é discurso, o que é discursivização? Disciplinas do Discurso 133
    2.3.2. Categorias cognitivas constitutivas do discurso: moldura e perspectiva ... 135
    2.3.3. Categorias sociais constitutivas do discurso: os interlocutores 136
    2.3.4. Categorias discursivas constitutivas do texto 137
    2.3.5. Discursivização: ação do DSC no sistema do discurso 137

2.4. Gramática 138
    2.4.1. O que é gramática, o que é gramaticalização? 138
    2.4.2. Disciplinas da Gramática 140
        2.4.2.1. Fonética e Fonologia. A transcrição fonética e a transcrição fonológica .. 140
        2.4.2.2. Morfologia. A transcrição morfológica 144
        2.4.2.3. Sintaxe. A transcrição sintática 144
    2.4.3. Processos de gramaticalização 145
        2.4.3.1. Fonologização 145
        2.4.3.2. Morfologização 147
            2.4.3.2.1. Morfologização do radical 147
            2.4.3.2.2. Morfologização nominal 148
            2.4.3.2.3. Morfologização verbal 149
        2.4.3.3. Sintaticização 155
        2.4.3.4. Síntese da gramaticalização 156
    2.4.4. Repetição e constituição da sentença na língua falada 156
        2.4.4.1. Repetição e constituição do sintagma nominal 159
        2.4.4.2. Repetição e constituição do sintagma verbal 161
    2.4.5. Gramaticalização: a ação do DSC no sistema da gramática 163

3. História do português brasileiro 169

História social, mudança gramatical 169

3.1. História social do português brasileiro 171
    3.1.1. Expansão do português europeu pelo mundo 173
    3.1.2. Lusitanização do Brasil: ocupação do território, origens do colono português 174
    3.1.3. Índios do Brasil 177

  3.1.4. Africanos trazidos ao Brasil 180
  3.1.5. Migrantes europeus chegados ao Brasil 182
  3.1.6. Novas perspectivas sobre a história social do PB 183
3.2. Mudança gramatical do português brasileiro 184
3.3. Formação do português brasileiro, ou por que o português brasileiro é como é? 185
  3.3.1. Já existe uma língua brasileira,
    que representa uma evolução biológica do português europeu? 186
  3.3.2. O português brasileiro deriva de um crioulo? 186
  3.3.3. O português brasileiro é uma continuação do português arcaico? 189
  3.3.4. Principais diferenças entre o português brasileiro e o português europeu 192
  3.3.5. A hora e a vez do português brasileiro 194

4. Diversidade do português brasileiro 197

A heterogeneidade do português brasileiro 197

4.1. Variação geográfica 198
  4.1.1. A Dialetologia brasileira 198
  4.1.2. Falares brasileiros 201
  4.1.3. Falares fronteiriços 203

4.2. Variação sociocultural 204

4.3. Variação individual 211
  4.3.1. O registro: PB formal e PB informal 211
  4.3.2. A idade: português de crianças e de adultos 212
  4.3.3. O sexo: português de homens e de mulheres 212

4.4. Variação de canal 212
  4.4.1. Português falado 212
    4.4.1.1. Histórico dos estudos sobre a oralidade 212
    4.4.1.2. Metodologia para os estudos da oralidade: a gravação e a transcrição 214
    4.4.1.3. Caracterização da língua falada 215
    4.4.1.4. Agenda para uma "sintaxe colaborativa" 216
    4.4.1.5. A contribuição brasileira 219
  4.4.2. Português escrito 219
    4.4.2.1. Caracterização da língua escrita: processos e produtos 220
    4.4.2.2. O *continuum* língua falada-língua escrita 222

4.5. Variação temática: português corrente e português técnico 223

5. A conversação e o texto 225

Estudando a conversação e o texto 225

5.1. A conversação 225
  5.1.1. Transcrição conversacional 226
  5.1.2. Turnos conversacionais e pares adjacentes 227

  5.1.3. Sistema de correção 228
  5.1.4. Marcadores discursivos 229
5.2. O texto 230
  5.2.1. Transcrição textual 231
  5.2.2. Tópico discursivo: unidade discursiva, parágrafo
    e quadro tópico como manifestações da discursivização 232
  5.2.3. Reformulação do quadro tópico:
    repetição e paráfrase como manifestações da rediscursivização 233
    5.2.3.1. Repetição 234
    5.2.3.2. Paráfrase 234
  5.2.4. Descontinuação do quadro tópico: parentetização
    e digressão como manifestações da desdiscursivização 236
    5.2.4.1. Parentetização 236
    5.2.4.2. Digressão 236
  5.2.5. Conexão textual 237
5.3. Gêneros discursivos 239
5.4. Tradições discursivas 241

6. Primeira abordagem da sentença **243**
O problema da predicação 243
6.1. Propriedades gramaticais da sentença 248
  6.1.1. Propriedades fonológicas 248
  6.1.2. Propriedades sintáticas I: a sentença é um conjunto de sintagmas 249
  6.1.3. Propriedades sintáticas II:
    a sentença é um conjunto de funções atribuídas aos sintagmas 250
6.2. Propriedades semânticas da sentença 252
  6.2.1. Sentença e apresentação 253
  6.2.2. Sentença e papéis temáticos 253
6.3. Propriedades discursivas da sentença: a interface sentença/discurso 258
  6.3.1. Sentença e processamento da informação 258
  6.3.2. Sentença e atos de fala 259
6.4. Princípio de projeção 259
  6.4.1. O princípio de projeção e a transitividade: estrutura argumental da sentença 262
    6.4.1.1. Casos gramaticais 264
    6.4.1.2. Argumentos e adjuntos 265
    6.4.1.3. Preenchimento dos lugares argumentais; ruptura de fronteira sintática . 267
      6.4.1.3.1. Preenchimento dos lugares argumentais 267
      6.4.1.3.2. Ruptura das fronteiras sintáticas 267
  6.4.2. O princípio de projeção e a colocação 268
    6.4.2.1. Ordem de base *vs.* ordem marcada 269
    6.4.2.2. Movimento de constituintes e de traços 270

6.4.3. O princípio de projeção e a concordância 272
    6.4.3.1. Concordância nominal 273
    6.4.3.2. Concordância verbal 273
6.5. A argumentação sintática 273
    6.5.1. Paráfrase 274
    6.5.2. Comutação (ou proporcionalidade) 274
    6.5.3. Focalização 274
    6.5.4. Elisão (ou omissão) 275
    6.5.5. Movimento de constituintes 276
Considerações finais 276

7. Estrutura funcional da sentença 277
Retomando o princípio de projeção 277
7.1. Construção de tópico 279
    7.1.1. Propriedades sintáticas 279
    7.1.2. Propriedades discursivas 285
    7.1.3. Propriedades semânticas 285
7.2. Absolutivo 286
    7.2.1. Propriedades sintáticas 286
    7.2.2. Propriedades discursivas 288
    7.2.3. Propriedades semânticas 288
7.3. Sujeito 289
    7.3.1. Propriedades sintáticas do sujeito 289
        7.3.1.1. Classes de preenchimento do sujeito 290
        7.3.1.2. Colocação do sujeito 290
        7.3.1.3. Sujeito e categoria vazia 293
    7.3.2. Propriedades discursivas do sujeito 295
        7.3.2.1. Sondagem psicopragmática do tema-sujeito 295
        7.3.2.2. Constituição do tema-sujeito por derivação do rema 295
    7.3.3. Propriedades semânticas do sujeito 296
        7.3.3.1. Animacidade/não animacidade 297
        7.3.3.2. Referencialidade/não referencialidade 297
        7.3.3.3. Determinação/indeterminação 297
7.4. Complementos: objeto direto, objeto indireto, complemento oblíquo 298
    7.4.1. O objeto direto 300
        7.4.1.1. Classes de preenchimento do objeto direto.
            Objeto direto e categoria vazia 301
        7.4.1.2. Colocação do objeto direto 304
    7.4.2. O objeto indireto 304
    7.4.3. O oblíquo 305

7.5. Adjuntos 306
    7.5.1. Adjuntos adnominais 308
        7.5.1.1. Adjuntos adnominais predicativos 308
        7.5.1.2. Adjuntos adnominais de verificação: os classificadores 309
        7.5.1.3. Adjuntos adnominais dêiticos 309
    7.5.2. Adjuntos adverbiais 309
        7.5.2.1. Adjuntos adverbiais predicativos 309
        7.5.2.2. Adjuntos adverbiais não predicativos de verificação 310
    7.5.3. Adjuntos adsentenciais 311

8. Minissentença e sentença simples: tipologias 313
Ainda o princípio de projeção 313
8.1. A minissentença 313
    8.1.1. Minissentença nominal 317
    8.1.2. Minissentença adjetival 318
    8.1.3. Minissentença adverbial 319
    8.1.4. Minissentença preposicional 320
8.2. Modalidade e tipologia da sentença simples 321
    8.2.1. Sentenças asseverativas 322
        8.2.1.1. Asseverativas afirmativas 323
        8.2.1.2. Asseverativas negativas 323
    8.2.2. Sentenças interrogativas 324
        8.2.2.1. Interrogativas diretas 324
        8.2.2.2. Interrogativas indiretas 326
        8.2.2.3. Interrogativas finalizadas por marcadores discursivos 326
    8.2.3. Sentenças imperativas 327
        8.2.3.1. Imperativas diretas 327
        8.2.3.2. Imperativas indiretas 327
8.3. Estrutura argumental e tipologia da sentença simples 328
    8.3.1. Sentenças não argumentais 329
    8.3.2. Sentenças monoargumentais 329
        8.3.2.1. Sentenças apresentacionais ou existenciais 329
        8.3.2.2. Sentenças ergativas 331
        8.3.2.3. Sentenças atributivas 332
        8.3.2.4. Sentenças equativas 332
    8.3.3. Sentenças biargumentais 334
        8.3.3.1. Sentenças transitivas diretas 334
        8.3.3.2. Sentenças transitivas indiretas 334
        8.3.3.3. Sentenças transitivas oblíquas 335
    8.3.4. Sentenças triargumentais 335
8.4. As prossentenças 336
Considerações finais 336

9. A sentença complexa e sua tipologia 337

Combinação de sentenças e gramaticalização de conjunções 337

9.1. A coordenação 346
    9.1.1. Estatuto da coordenação 346
    9.1.2. Coordenadas aditivas 349
        9.1.2.1. Propriedades sintáticas de *e* 349
        9.1.2.2. Propriedades discursivas de *e* 350
    9.1.3. Coordenadas adversativas 351
        9.1.3.1. Propriedades discursivas de *mas* 352
        9.1.3.2. Propriedades semântico-sintáticas de *mas* 353

9.2. A subordinação 355
    9.2.1. Estatuto da subordinação 355
    9.2.2. Subordinadas substantivas 356
        9.2.2.1. Gramaticalização das conjunções integrantes 356
        9.2.2.2. Propriedades lexicais da sentença matriz 357
        9.2.2.3. Propriedades gramaticais 359
            9.2.2.3.1. Sentença matriz e projeção de argumentos 359
            9.2.2.3.2. Colocação das substantivas 359
            9.2.2.3.3. Correlação modo-temporal entre a matriz e a substantiva 359
            9.2.2.3.4. Gramaticalização do verbo da sentença matriz 360
        9.2.2.4. Propriedades semânticas da sentença matriz 361
            9.2.2.4.1. A matriz contém verbos e adjetivos epistêmicos asseverativos .. 361
            9.2.2.4.2. A matriz contém verbos e adjetivos epistêmicos dubitativos 362
            9.2.2.4.3. A matriz contém verbos e adjetivos de modalização deôntica ... 363
            9.2.2.4.4. A matriz contém verbos e adjetivos de modalização pragmática .. 363
        9.2.2.5. Propriedades discursivas 364
            9.2.2.5.1. Matriz apresentacional 364
            9.2.2.5.2 Matriz declarativa 365
            9.2.2.5.3. Matriz evidencial 365
            9.2.2.5.4. Matriz volitiva 365
    9.2.3. Subordinadas adjetivas 366
        9.2.3.1. Sintaxe das adjetivas 366
            9.2.3.1.1. Estratégias de relativização e tipologia das sentenças adjetivas .. 366
            9.2.3.1.2. Funções do pronome relativo 368
            9.2.3.1.3. A adjetiva livre 369
        9.2.3.2. Semântica das adjetivas 370
            9.2.3.2.1. Restritivas ou determinativas 370
            9.2.3.2.2. Explicativas ou apositivas 370
            9.2.3.2.3. Restritivas finais 371
            9.2.3.2.4. Restritivas causais 371

   9.2.4. Subordinadas adverbiais 371
     9.2.4.1. Causais 374
     9.2.4.2. Condicionais 375
     9.2.4.3. Finais 377
     9.2.4.4. Concessivas 377
     9.2.4.5. Temporais 379
   9.2.5. Subordinadas não conjuncionais infinitivas, gerundiais, participiais 380
     9.2.5.1. Sentenças infinitivas 380
     9.2.5.2. Sentenças gerundiais 381
     9.2.5.3. Sentenças participiais 384

9.3. A correlação 384
   9.3.1. Estatuto da correlação 384
   9.3.2. Correlatas aditivas 388
   9.3.3. Correlatas alternativas 388
   9.3.4. Correlatas comparativas 389
   9.3.5. Correlatas consecutivas 390

Considerações finais 390

10. O sintagma verbal 391

Estrutura do sintagma verbal 391

10.1. Estatuto categorial do verbo 392
   10.1.1. Propriedades gramaticais do verbo 392
   10.1.2. Propriedades semânticas do verbo 396
   10.1.3. Propriedades discursivas do verbo 396

10.2. Descrição do núcleo verbal 396
   10.2.1. Sintaxe do verbo 396
     10.2.1.1. Verbo e estrutura argumental da sentença.
        Tipologia dos predicados 396
     10.2.1.2. Gramaticalização do verbo 397
        10.2.1.2.1. Gramaticalização de *ser* e *estar* 397
        10.2.1.2.2. Gramaticalização de *ter* e *haver* 402
     10.2.1.3. Tipologia do sintagma verbal 407
        10.2.1.3.1. Sintagma verbal simples 408
        10.2.1.3.2. Sintagma verbal composto:
          as perífrases e as formas nominais do verbo 408
        10.2.1.3.3. Sintagma verbal complexo: o verbo-suporte 410
     10.2.1.4. Concordância verbal 411
     10.2.1.5. Colocação do verbo 413
     10.2.1.6. Elipse do verbo 414

10.2.2. Semântica do verbo 414
    10.2.2.1. Estudos sobre a semântica do verbo 414
        10.2.2.1.1. As sistematizações de Aristóteles e de Halliday 414
        10.2.2.1.2. Uma distinção básica: apresentação *vs.* predicação 415
        10.2.2.1.3. Classes acionais do verbo 416
    10.2.2.2. Categorias semânticas do verbo 417
        10.2.2.2.1. Aspecto verbal 417
        10.2.2.2.2. Tempo 431
        10.2.2.2.3. Voz 436
        10.2.2.2.4. Modo 437
10.2.3. Discurso e verbo: o verbo no texto 441
    10.2.3.1. Verbo apresentativo e inserção de tópico discursivo 442
    10.2.3.2. O tempo presente e a dissertação.
        Os tempos do passado e a narração 442
    10.2.3.3. Transitividade e discurso 443

10.3. Descrição dos especificadores 443
    10.3.1. O problema da auxiliaridade 444
    10.3.2. O estatuto das perífrases 447
    10.3.3. Especificadores de tempo: *ter + do, ir + r* 450
        10.3.3.1. Perífrases de particípio 450
        10.3.3.2. Perífrases de infinitivo 450
    10.3.4. Especificadores de aspecto: *estar + ndo* 451
        10.3.4.1. Perífrases de particípio 451
        10.3.4.2. Perífrases de infinitivo 451
        10.3.4.3. Perífrases de gerúndio 451
    10.3.5. Especificadores de modo: *dever, querer, poder + r* 451
        10.3.5.1. Perífrases de infinitivo 451
    10.3.6. Especificadores de voz 452
        10.3.6.1. Perífrases de particípio 452

10.4. Descrição dos complementadores 452

11. O sintagma nominal 453

Estrutura do sintagma nominal 453

11.1. Estatuto categorial do substantivo 455

11.2. Descrição do núcleo nominal 457
    11.2.1. Sintaxe do substantivo 457
        11.2.1.1. Funções sentenciais do substantivo 457
        11.2.1.2. Substantivos e transitividade 457
        11.2.1.3. Nominalização 457
        11.2.1.4. Estrutura argumental dos substantivos 459

11.2.1.5. Colocação dos constituintes do sintagma nominal 460
11.2.1.6. Concordância nominal 461
11.2.2. Semântica do substantivo 462
11.2.2.1. Substantivo e teoria da referência. Substantivo e espaços mentais 462
11.2.2.2. Substantivo e traços semânticos inerentes 466
11.2.2.2.1. Substantivos contáveis/não contáveis 467
11.2.2.2.2. Substantivos humanos/não humanos 468
11.2.2.2.3. Substantivos comuns/próprios 468
11.2.3. O substantivo no texto: referenciação e fluxo informacional 469
11.2.3.1. Inserção de tópico novo 469
11.2.3.2. Derivação referencial: repetição e inferência 470
11.2.3.3 Encadeamento temático 471
11.2.3.3.1. Tema caótico 471
11.2.3.3.2. Tema constante 471
11.2.3.3.3. Tema derivado 472
11.2.3.3.4. Tema fendido 472

11.3. Estatuto categorial dos pronomes 472

11.4. Descrição do núcleo pronominal 476
11.4.1. Sintagmas nominais nucleados por pronomes pessoais 476
11.4.1.1. Reorganização do quadro dos pronomes pessoais:
alteração, criação, substituição e perda 478
11.4.1.2. Perdas e ganhos no quadro dos reflexivos 480
11.4.1.3. Transformação progressiva dos pronomes pessoais
em morfemas prefixais de pessoa 482
11.4.1.4. Colocação dos clíticos no PB 483
11.4.2. Sintagmas nominais nucleados por pronomes neutros 485
11.4.2.1. Sintagmas nominais nucleados por demonstrativos neutros 486
11.4.2.2. Sintagmas nominais nucleados por quantificadores indefinidos 486
11.4.3. Sintagmas nominais nucleados por pronomes adverbiais 487

11.5. Descrição dos Especificadores 488
11.5.1. O artigo 489
11.5.1.1. Propriedades gramaticais do artigo 490
11.5.1.2. Propriedades semânticas do artigo 493
11.5.1.3. Propriedades discursivas do artigo 493
11.5.2. Os demonstrativos 495
11.5.2.1. Propriedades gramaticais dos demonstrativos 496
11.5.2.2. Propriedades semânticas dos demonstrativos 497
11.5.2.3. Propriedades discursivas dos demonstrativos 500
11.5.3. Os possessivos 501
11.5.3.1. Propriedades gramaticais dos possessivos 503
11.5.3.2. Propriedades semânticas dos possessivos 504
11.5.3.3. Propriedades discursivas dos possessivos 504

11.5.4. Os quantificadores indefinidos 505
    11.5.4.1. Propriedades gramaticais dos quantificadores indefinidos 507
    11.5.4.2. Propriedades semânticas dos quantificadores indefinidos 508
    11.5.4.3. Propriedades discursivas dos quantificadores indefinidos 509

11.6. Descrição dos Complementadores 510

12. O sintagma adjetival 511

Estrutura do sintagma adjetival 511

12.1. Estatuto categorial do adjetivo 511
    12.1.1. Diferenças morfológicas entre adjetivo e substantivo 511
    12.1.2. Diferenças sintáticas entre adjetivo e substantivo 512

12.2. Descrição do núcleo 516
    12.2.1. Sintaxe do adjetivo 517
        12.2.1.1. Adjetivo como adjunto adnominal, encaixado no sintagma nominal 518
        12.2.1.2. Adjetivo como núcleo de minissentença,
        encaixado no sintagma verbal 518
        12.2.1.3. Adjetivo como adjunto adsentencial 518
        12.2.1.4. Transitividade do adjetivo 518
        12.2.1.5. Concordância do adjetivo 519
        12.2.1.6. Colocação do adjetivo 520
    12.2.2. Semântica do adjetivo 523
        12.2.2.1. Adjetivos predicativos 524
            12.2.2.1.1. Modalizadores 524
            12.2.2.1.2. Qualificadores 526
            12.2.2.1.3. Quantificadores 529
        12.2.2.2. Adjetivos de verificação 531
            12.2.2.2.1. Classificadores 532
            12.2.2.2.2. Pátrios 532
            12.2.2.2.3. Gentílicos 532
            12.2.2.2.4. De cor 532
        12.2.2.3. Adjetivos dêiticos 534
            12.2.2.3.1. Locativos 534
            12.2.2.3.2. Temporais 534
    12.2.3. O adjetivo no texto 535
        12.2.3.1. Adjetivo na narração e na descrição 535
        12.2.3.2. Adjetivo e status informacional 536
        12.2.3.3. Adjetivo e eixo argumentativo 537

12.3. Descrição dos especificadores 537

12.4. Descrição dos complementadores 538

13. O sintagma adverbial 541

Estrutura do sintagma adverbial 541

13.1. Estatuto categorial do advérbio 542

13.2. Descrição do núcleo 544
    13.2.1. Sintaxe do advérbio 544
        13.2.1.1. Funções sentenciais do advérbio 545
            13.2.1.1.1. Advérbio quase argumental 545
            13.2.1.1.2. Advérbio como adjunto 546
            13.2.1.1.3. Advérbio como marcador gramatical
            de argumentos e adjuntos 547
        13.2.1.2. Advérbio e transitividade:
        estrutura argumental do advérbio 549
            13.2.1.2.1. Advérbios intransitivos 549
            13.2.1.2.2. Advérbios transitivos 549
            13.2.1.2.3. Advérbios dêiticos e estruturas de redobramento sintático 549
        13.2.1.3. Colocação do sintagma adverbial 550
    13.2.2. Semântica do advérbio 551
        13.2.2.1. Advérbios predicativos 552
            13.2.2.1.1. Advérbios modalizadores 553
            13.2.2.1.2. Advérbios qualificadores 558
            13.2.2.1.3. Advérbios quantificadores 565
        13.2.2.2. Advérbios de verificação 571
            13.2.2.2.1. Advérbios focalizadores 572
            13.2.2.2.2. Advérbios de inclusão e exclusão 575
            13.2.2.2.3. Advérbios de afirmação e negação 576
        13.2.2.3. Advérbios dêiticos 578
            13.2.2.3.1. Advérbios dêiticos de lugar 579
            13.2.2.3.2. Advérbios dêiticos de tempo 579
    13.2.3. O advérbio no texto 579
        13.2.3.1. Advérbios e gêneros discursivos 579
        13.2.3.2. Advérbios e conectivos textuais 581

13.3. Descrição dos especificadores 582

13.4. Descrição dos complementadores 582

14. O sintagma preposicional 583

Estrutura do sintagma preposicional 583

14.1. Estatuto categorial das preposições 583
    14.1.1. Preposições simples 587
    14.1.2. Preposições complexas 588

  14.1.3. Gramaticalização das preposições 589
    14.1.3.1. Recategorização de outras classes 589
    14.1.3.2. Regramaticalização de preposições 590
    14.1.3.3. Desaparecimento de preposições 590
14.2. Descrição do núcleo 591
  14.2.1. Sintaxe da preposição 591
    14.2.1.1. Escopo da preposição 592
      14.2.1.1.1. Sintagma nominal 592
      14.2.1.1.2. Outro sintagma preposicional 592
      14.2.1.1.3. Sintagma adverbial 592
      14.2.1.1.4. Sentença com verbo em forma nominal 592
    14.2.1.2. Funções do sintagma preposicional:
    argumentos, adjuntos, construções de tópico 592
      14.2.1.2.1. Sintagmas preposicionais funcionando
        como argumentos preposicionados 592
      14.2.1.2.2. Sintagmas preposicionais funcionando
        como adjuntos adverbiais e adnominais 593
    14.2.1.3. Verbos e seleção de preposições 593
      14.2.1.3.1. Verbos de movimento/direção 593
      14.2.1.3.2. Verbos de transferência 594
      14.2.1.3.3. Verbos de comunicação 594
      14.2.1.3.4. Verbos de criação/produção 594
      14.2.1.3.5. Verbos de complemento final 594
      14.2.1.3.6. Verbos de aproximação/união/semelhança 595
      14.2.1.3.7. Outros verbos 595
    14.2.1.4. Colocação dos sintagmas preposicionais na sentença 595
  14.2.2. Semântica das preposições 596
    14.2.2.1. Preposições do eixo espacial horizontal 596
    14.2.2.2. Preposições do eixo espacial vertical 600
    14.2.2.3. Preposições do eixo espacial transversal 601
    14.2.2.4. Preposições do eixo espacial proximal/distal 604
    14.2.2.5. Preposições do eixo espacial continente/conteúdo 606
  14.2.3. As preposições no texto 608
    14.2.3.1. Construções de tópico preposicionadas 608
    14.2.3.2. Expressões de conectividade textual 609
14.3. Descrição dos especificadores 609
14.4. Descrição dos complementadores 609

15. Algumas generalizações sobre a gramática do português brasileiro. A reflexão gramatical 611
A pesquisa continua 611

15.1. Algumas generalizações sobre a gramática do português brasileiro 612
    15.1.1. Representação da categoria de PESSOA 613
    15.1.2. Representação da categoria de COISA 614
    15.1.3. Representação das categorias de ESPAÇO e TEMPO 615
    15.1.4. Representação da categoria de MOVIMENTO 616
    15.1.5. Representação da categoria de QUALIDADE 617
    15.1.6. Representação da categoria de QUANTIDADE 618
Anexo: Mais sobre a categoria de MOVIMENTO 619
15.2. A reflexão gramatical, ou, no dia em que virei linguista-gramático 623
    15.2.1. Escolha de um problema e da perspectiva teórica 623
    15.2.2. Formulação das hipóteses de trabalho 625
        15.2.2.1. Análise da conversação 627
        15.2.2.2. Análise do texto 627
        15.2.2.3. Análise da sentença 627
        15.2.2.4. Análise das palavras 628
    15.2.3. O *corpus* de análise e a organização dos dados 628
    15.2.4. Redação do trabalho e comparação dos resultados obtidos 630
        15.2.4.1. Título e autor 630
        15.2.4.2. Resumo 630
        15.2.4.3. Apresentação 630
        15.2.4.4. Capítulos e suas seções 630
        15.2.4.5. Conclusões e referências bibliográficas 630
    15.2.5. Arranjo temático da bibliografia 631
15.3. Sugestões de projetos 649
    15.3.1. Pesquisando a diversidade do português brasileiro 649
        15.3.1.1. A variação geográfica 649
        15.3.1.2. A variação sociocultural 649
        15.3.1.3. A variação individual 649
        15.3.1.4. A língua falada 650
        15.3.1.5. A língua escrita 650
    15.3.2. Pesquisando o texto e sua organização 650
        15.3.2.1. Processos constitutivos do texto 650
        15.3.2.2. Os textos enquanto produtos 651
    15.3.3. Pesquisando a estrutura funcional da sentença 651
        15.3.3.1. Construções de tópico 651
        15.3.3.2. Propriedades gramaticais do sujeito sentencial 651
        15.3.3.3. Concordância do verbo com o sujeito 652
        15.3.3.4. Propriedades gramaticais do objeto direto 652
        15.3.3.5. Adjuntos adverbiais 652
        15.3.3.6. Ordem preferida de figuração das funções sentenciais 652

15.3.4. Pesquisando a sentença simples e sua tipologia 652
    15.3.4.1. A minissentença 652
    15.3.4.2. Como é mesmo que damos ordens ou apresentamos um pedido? 653
    15.3.4.3. Como a sintaxe nos ajuda a introduzir
                participantes numa cena linguística 653
    15.3.4.4. Há um campeonato aí entre verbos mono,
                bi e triargumentais. Quem está levando a melhor? 653
15.3.5. Pesquisando a sentença complexa e sua tipologia 653
    15.3.5.1. A sentença coordenada aditiva 653
    15.3.5.2. A sentença coordenada adversativa 654
    15.3.5.3. A sentença subordinada substantiva conjuncional 654
    15.3.5.4. A sentença subordinada adjetiva 654
    15.3.5.5. A sentença subordinada adverbial conjuncional 654
    15.3.5.6. A sentença subordinada não conjuncional 654
    15.3.5.7. A sentença correlata e a gramaticalização das conjunções redobradas ... 655
15.3.6. Pesquisando o sintagma verbal 655
    15.3.6.1. Sintagma verbal simples: estrutura argumental do verbo 655
    15.3.6.2. Sintagma verbal simples: verbos apresentacionais existenciais 655
    15.3.6.3. Os verbos *ter* e *haver* como verbos plenos 655
    15.3.6.4. Os verbos *ter* e *haver* como verbos auxiliares 655
    15.3.6.5. Os verbos *ser* e *estar* como verbos plenos 656
    15.3.6.6. Os verbos *ser* e *estar* como verbos auxiliares 656
15.3.7. Pesquisando o sintagma nominal 656
    15.3.7.1. Primeira descrição do sintagma nominal 656
    15.3.7.2. Sintagma nominal de núcleo nominal:
                estrutura argumental dos nomes abstratos e deverbais 656
    15.3.7.3. Sintagma nominal de núcleo pronominal: pronomes pessoais 657
    15.3.7.4. Sintagma nominal: pronomes demonstrativos 657
    15.3.7.5. Sintagma nominal: pronomes possessivos 657
    15.3.7.6. Os quantificadores definidos 657
    15.3.7.7. Os quantificadores indefinidos 657
    15.3.7.8. Definitude *vs.* indefinitude textual 658
15.3.8. Pesquisando o sintagma adjetival 658
    15.3.8.1. Funções sentenciais do sintagma adjetival 658
    15.3.8.2. Estrutura argumental do adjetivo 658
    15.3.8.3. Concordância do adjetivo 658
    15.3.8.4. Colocação do adjetivo 658
    15.3.8.5. O adjetivo como núcleo de minissentença 659
    15.3.8.6. Os adjetivos modalizadores 659
    15.3.8.7. Os adjetivos qualificadores 659
    15.3.8.8. Os adjetivos delimitadores qualificadores e quantificadores 659
    15.3.8.9. Os adjetivos aspectualizadores 659
    15.3.8.10. Os adjetivos dêiticos 659
    15.3.8.11. Os adjetivos verificadores de cor 660

15.3.9. Pesquisando o sintagma adverbial 660
    15.3.9.1. Primeiras explorações sobre o sintagma adverbial predicativo 660
    15.3.9.2. Colocação dos advérbios predicativos 660
    15.3.9.3. Colocação do advérbio dêitico locativo e temporal 660
    15.3.9.4. Funções sentenciais do sintagma adverbial predicativo 660
    15.3.9.5. Processos de delimitação adjetival e adverbial 661
    15.3.9.6. Sintagma adverbial predicativo 661
15.3.10. Pesquisando o sintagma preposicional 661
    15.3.10.1. Sintagma preposicional: preposições mais gramaticalizadas 661
    15.3.10.2. Sintagma preposicional: preposições menos gramaticalizadas 661
    15.3.10.3. Sintagmas preposicionais em função de adjunto adnominal 662
    15.3.10.4. Sintagmas preposicionais em função de adjunto adverbial 662
    15.3.10.5. Preposições simples e preposições complexas 662

Glossário **663**

Índice de matéria **697**

Bibliografia **713**

O autor **767**

NOVA GRAMÁTICA DO PORTUGUÊS BRASILEIRO: TRADIÇÃO E RUPTURA

Prefácio de Rodolfo Ilari

Nova Gramática do português brasileiro. Para uma obra que trata da língua falada neste país, seria difícil imaginar um título menos previsível. Quando pensamos no nome de um livro que descreve a língua, a primeira palavra que nos ocorre é "gramática". E o idioma que tem servido de espaço de comunicação para os 185 milhões de habitantes que o Brasil tem hoje é incontestavelmente isso: o "português brasileiro". Não nos deixemos enganar pelas aparências: com seu título aparentemente tão banal, esta é uma obra altamente inovadora.

    A Gramática é uma ciência milenar. Surgiu associada a preocupações filosóficas e literárias, e desenvolveu descrições da língua que, com o tempo, acabaram constituindo um tema autônomo de estudo. Hoje, teríamos dificuldade em excluí-la dos nossos currículos escolares e do conjunto de conhecimentos que esperamos encontrar nas pessoas cultas. No domínio da língua portuguesa, as primeiras gramáticas apareceram no século XVI, motivadas pela preocupação de dignificar a língua em face do latim e de educar os jovens no conhecimento das variedades mais prestigiadas. Começou assim uma tradição que atravessou os séculos e criou a necessidade de grandes manuais de referência – um papel que, ao longo dos tempos, foi assumido por compêndios como os de Jerônimo Soares Barbosa, Manuel Said Ali, Eduardo Carlos Pereira, Carlos Henrique da Rocha Lima e, mais recentemente, o de Celso Cunha e Luís-Felipe Lindley Cintra, para citar apenas alguns. Ao chamar seu livro de "gramática", Ataliba Castilho pretende, evidentemente, inserir-se nessa tradição. Mas o modo como o faz é paradoxal, e não poderia ser de outra maneira, dada sua história pessoal.

    Ataliba Castilho recebeu sua formação superior na Universidade de São Paulo entre 1956-1960, num contexto em que o estudo da língua vernácula era entendido como estudo da língua em suas fases passadas e a prática mais cultivada era a explicação de escritos medievais. Contrariando essa tendência, nesse mesmo período, ele dedicou sua primeira pesquisa de vulto a um problema linguístico do português contemporâneo, o aspecto verbal. Retrospectivamente, essa escolha marca sua adesão à Linguística, uma disciplina que tinha então um caráter de vanguarda e que, nos anos seguintes, revolucionaria profundamente os estudos da linguagem, no Brasil e no mundo. De fato, desde a década de 1960 até hoje, várias escolas se sucederam na vanguarda dos estudos linguísticos trazendo ideias inteiramente novas – o estruturalismo, o gerativismo, o funcionalismo, para mencionar apenas alguns grandes nomes que o leitor certamente já ouviu.

Desde então teve um papel de primeira importância. Ainda na década de 1960, o encontramos entre os criadores das principais sociedades científicas que temos hoje – a Associação Brasileira de Linguística e o Grupo de Estudos Linguísticos do Estado de São Paulo. Pouco depois, apoiou as ações do Programa Interamericano de Linguística e Ensino de Idiomas e a Associação de Linguística e Filologia da América Latina em nosso país. Essas sociedades científicas foram um espaço privilegiado para a difusão das novas doutrinas, e também para o debate e a circulação de trabalhos escritos de acordo com elas. Além disso, foram um espaço importante para a definição de novas lideranças intelectuais e acabaram por colocar em posição de prestígio uma nova figura de estudioso, a do linguista, distinta das figuras tradicionais do filólogo e do gramático.

Como era de esperar, a circulação das novas ideias, além de alimentar muita controvérsia teórica nem sempre consequente, também teve o efeito desejável de tornar mais amplos e exigentes os estudos que tinham como tema a realidade linguística do país. O linguista americano Haj Ross já descreveu o Brasil como um dos países em que as pessoas mais se empenham em conhecer a fundo a própria língua, em nível mundial. Essa afirmação é certamente correta, mas é importante lembrar que o comprometimento de que fala Ross foi construído, entre 1960 e 1980, pelos primeiros linguistas brasileiros. Aqui também Ataliba Castilho teve um papel importantíssimo, pois criou e sustentou com a determinação dos visionários alguns projetos coletivos de grande envergadura, recrutando por todo o país os nomes mais representativos das novas áreas de estudo que iam se configurando e criando no interior desses projetos um ambiente de trabalho saudável e estimulante. Para entender a gênese deste livro, cabe lembrar, particularmente, o Projeto da Gramática do Português Falado, que teve início na década de 1980. Ataliba Castilho foi seu idealizador e seu coordenador, o que o colocou numa posição privilegiada para acompanhar e orientar o desenvolvimento de algumas das linhas de pesquisa que mais avançaram no conhecimento do português falado no Brasil, durante três décadas.

O livro que ele oferece agora ao leitor é profundamente coerente com essa história e com os compromissos assumidos diante da realidade linguística brasileira pelos linguistas daquela geração. Em vez da atitude do filólogo, que consiste em fazer reviver estados passados da língua a propósito de textos, toma como objeto de estudo a língua em seu estágio atual. Em vez da obsessão prescritiva própria dos gramáticos, que leva a falar de uma língua irreal como se ela existisse de fato, encontramos nele a preocupação de apresentar ao leitor fatos concretamente observados, com todo o rigor possível. Em vez de tomar como referência os textos escritos, elege como amostra preferencial da língua a sua manifestação aparentemente mais caótica – a conversação falada. Em suma, um livro que fala da língua tal como ela é e não recua em face de sua aparente falta de regularidade.

A tudo isso podemos relacionar a decisão, manifesta no título, de tratar de "português brasileiro" e não de "português" em geral. A distinção poderia parecer meramente terminológica, mas não é, porque, no passado, a maioria dos autores que escreveram gramáticas "do português" o fizeram de modo a ressaltar os aspectos que as variedades europeia e sul-americana do português têm em comum; o caso extremo é o da gramática de Celso Cunha e Luís-Felipe Lindley Cintra, cujos exemplos foram procurados de modo a provar que o português europeu e o português sul-americano ilustram exatamente os mesmos fatos gramaticais. Ora, a uniformidade das duas principais variedades do português é até certo ponto real na língua escrita, mas, precisamente por isso, a atenção dada à escrita teve, historicamente, o efeito de mascarar as direções novas que a língua do Brasil ia tomando – isso quando não vinha associada à preocupação de frear essas mesmas mudanças. Em suma, escolher como tema e como título o "português brasileiro" é uma forma de recusar aquele modelo, e voltar-se para a fala é uma maneira de clarear nossa percepção desse objeto com que convivemos diariamente, mas que nos acostumamos a olhar através de filtros cujo poder de distorção tem sido enorme.

Os projetos que Ataliba Castilho dirigiu ao longo dos anos se caracterizaram, sempre, por serem coletivos e abrangentes: promoveram a convivência de orientações diferentes e procuraram reunir competências que permitissem dar cobertura a todos os aspectos da língua. Isso resultou invariavelmente em valorizar a pluralidade de orientações e em garantir uma pesquisa produtiva de todos os aspectos da língua. Encontramos neste livro o mesmo tipo de riqueza, e uma boa prova disso é o seu plano. É bem verdade que dois terços do trabalho são dedicados à sentença e ao período gramatical, temas imprescindíveis em todas as gramáticas que foram escritas desde o século XVII, mas o leitor notará que o tratamento desses temas é adiado para o capítulo "Primeira abordagem da sentença", sendo os primeiros dedicados a mapear exaustivamente a produção que se refere a outras dimensões do fenômeno linguístico e da língua falada no Brasil. Nesses primeiros capítulos, o autor fala da variação que a língua sofreu no tempo, no espaço e no contexto social e textual de uso, e toma posição sobre a possibilidade de dar um tratamento gramatical ao texto e ao discurso, realidades que têm uma presença marcante na vida dos usuários da língua, mas que mesmo assim sempre foram preteridas pelos gramáticos. É também nesses primeiros capítulos que o autor dá conta de duas questões capitais: saber quais devam ser os objetivos de uma gramática e expor uma concepção própria de linguagem.

Não é difícil entender o quanto esses capítulos "preliminares" são significativos. Na prática, eles levam a uma concepção inteiramente nova do objeto de estudo e dos métodos de trabalho da Gramática. Um fato a assinalar é que as opções aí anunciadas são trabalhadas a fundo, com base numa bibliografia assombrosamente ampla, e são explicitadas com absoluta limpidez – exatamente o contrário do que aconteceu por séculos, já que a tradição consistiu, geralmente, em reduzir a língua à sua versão culta e literária, neutralizando assim todo tipo de variação, e em evitar todo tipo de discussão de método, começando *in medias res* e usando o mesmo plano de sempre, banal e sem riscos. Sabemos, infelizmente, que esse plano resistiu por tanto tempo não porque fosse eficaz, ou abrangente, ou em algum sentido mais esclarecedor, mas porque era o que apresentava menos riscos, garantido que era pela força da inércia.

Algumas palavras precisam então ser ditas sobre a concepção de linguagem que está na base deste livro – a que vem exposta no capítulo "Os sistemas linguísticos" – porque muitos leitores com vocação teórica encontrarão nela uma possibilidade de opção pessoal, e muitos pesquisadores com gosto pela análise se sentirão estimulados a aplicá-la, como de fato já vem acontecendo com toda uma geração de alunos brilhantes que Ataliba Castilho formou nos últimos anos. Ao formular essa concepção de linguagem, Castilho procurou dar uma solução conjunta a dois problemas que sempre se recolocam para a Filosofia da Linguagem e para todos aqueles que se dedicam ao trabalho de descrição e análise das línguas: para que serve, primordialmente, a linguagem humana? Que esquemas tornam mais compreensível a forma e o sentido das mensagens linguísticas? Os autores que tentaram responder à primeira dessas perguntas defrontaram-se historicamente com a alternativa de decidir se a língua serve para a comunicação ou para a construção do pensamento. Castilho pende para esta segunda alternativa, declarando-se devedor de pensadores como o alemão Wilhelm von Humboldt, o inglês M. A. K. Halliday, o francês Gilles Fauconnier, o americano Leonard Talmy e os brasileiros Carlos Franchi e Milton do Nascimento. É fácil entender o porquê dessas referências: uma das ideias mais frequentemente reafirmadas no livro é que a língua não é, primordialmente, uma manipulação de sinais, ou uma combinatória de unidades, mas um conjunto de operações cognitivas.

Para explicar a maneira como a forma e o sentido se compõem nos enunciados linguísticos, muitas soluções diferentes já foram propostas: soluções tipicamente indutivas (por exemplo, a que concebe a análise linguística como uma espécie de compactação, pela qual os textos são transformados em fórmulas) e soluções tipicamente dedutivas, como nas primeiras versões da Gramática Gerativa, que propunham ao linguista a tarefa de construir por meios matemáticos dispositivos capazes de gerar todos os enunciados bem formados de uma língua, e apenas estes. Dada a complexidade da tarefa, optou-se frequentemente por compartimentar as gramáticas em diferentes módulos ou componentes, entre os quais podia ou não ser estabelecida uma hierarquia. Nesta obra, Castilho defende uma teoria da linguagem lançada por ele há alguns anos, que ele batizou de "multissistêmica". Como o próprio nome indica, trata-se de uma teoria modular. De acordo com essa teoria, em todo enunciado linguístico, encontramos simultaneamente quatro formas de estruturação: lexical, sintática, semântica e discursiva. Essas quatro formas de estruturação não aparecem hierarquizadas, mas há entre elas uma articulação, garantida por um dispositivo sociocognitivo. Cabe à análise explicar o que acontece em cada uma dessas estruturas, e um dos pressupostos da explicação é que elas não funcionam de maneira estanque nem linear, sendo de regra a interação entre elas. Em suma, para Ataliba de Castilho, quem analisa os enunciados de uma língua envolve-se numa incessante manipulação de funcionamentos cognitivos e deve estar preparado para abandonar o conforto das correspondências biunívocas.

Há em tudo isso um eco dos ensinamentos de alguns funcionalistas do século XX, como M. A. K. Halliday e Simon Dik, e é provavelmente por isso que, ao descrever suas opções teóricas mais importantes, Ataliba Castilho se declara funcionalista. É preciso ressaltar, entretanto, que seu funcionalismo reivindica como fundamento uma concepção de ciência bem mais complexa do que a dos grandes funcionalistas da segunda metade do século XX: aqueles autores se enquadravam na concepção de ciência conhecida como "clássica", que busca para seus objetos de estudo representações estáticas; ao contrário, Ataliba Castilho assume neste livro a concepção de ciência conhecida como "ciência do caos" ou "ciência dos sistemas complexos". Desenvolvida por filósofos-cientistas como Gleick, essa filosofia impulsionou os avanços mais recentes das ciências sociais e biológicas, e revelou-se adequada para tratar de sistemas cujos componentes são dinâmicos e têm um comportamento altamente irregular ou parcialmente imprevisível. Para Ataliba Castilho, a linguagem é precisamente isso: um sistema complexo, processual por natureza, dinâmico e até certo ponto imprevisível.

Caracterizar os objetivos de uma gramática como matéria controversa e explicitar a própria concepção de linguagem são decisões de muita transparência e, portanto, de muito risco e coragem, e tem reflexos claros nos capítulos dedicados aos temas "mais tradicionais". De fato, o leitor verificará nestes últimos que, embora os fenômenos linguísticos tratados sejam "nominalmente" os mesmos a que já se dedicaram muitos autores no passado, na prática, as perguntas feitas e as respostas obtidas não são as mesmas. Como isso é possível?

Há para isso duas explicações mais evidentes. A primeira tem a ver com a maneira como o autor concebe a linguagem. Se ela é um sistema de sistemas, se as unidades são simultaneamente significativas em diferentes dimensões, se é preciso controlar efeitos de sentido que não são previsíveis e automáticos, a explicação de uma unidade linguística terá que ser, necessariamente, uma explicação plural, complexa. O compromisso com explicações altamente articuladas fica reforçado se considerarmos que os enunciados da língua são vistos no contexto de seu desenvolvimento histórico e são postos em confronto com toda uma gama possível de variações. É claro que, assim concebida e situada, a descrição gramatical de uma sentença será sempre muito mais do que uma fórmula que diz como encadear palavras ou como escrever de maneira correta.

Mas a presença de explicações plurais parece responder também a uma outra necessidade íntima do autor, que é no fundo a mesma que o obrigou, nos capítulos iniciais, a apresentar suas decisões teóricas e metodológicas como o resultado de um extenso trabalho de consulta a fontes. Expliquemo-nos: como parte da liderança intelectual que exerceu no país durante décadas, Ataliba Castilho foi sempre um ávido leitor de tudo aquilo que se produziu, no Brasil e no exterior, sobre a língua portuguesa falada nos trópicos. Essa produção é impressionantemente vasta nas últimas décadas, mas é também muito dispersa, e colecioná-la exigiria um grau de disciplina intelectual e de organização pessoal que poucos têm. Selecionar essa bibliografia dispersa, organizá-la tematicamente, processá-la e comentá-la de acordo com os seus próprios pontos de vista foi mais uma das tarefas a que Ataliba Castilho se propôs ao longo dos anos, e que se reverte nesta gramática. Assim, o livro, ao mesmo tempo em que é pessoal e singular, porque reflete uma experiência da língua que é única, é também uma obra coletiva, plural, ou, melhor dizendo, "polifônica", porque dá voz a uma enorme legião de pesquisadores que, num passado mais ou menos próximo, trataram do português do Brasil, lançando hipóteses que merecem ser consideradas. O grau de exaustividade alcançado nessa tarefa é notável e isso dá ao livro um caráter por assim dizer enciclopédico, ao mesmo tempo em que faz dele uma obra de referência obrigatória. É mais um traço diferencial em relação às gramáticas de estampo tradicional, que são por definição "*mono*": monológicas, monódicas e... monótonas.

Voltemos, porém, à ideia de inserção e paradoxo que foi lançada no início deste escrito. Um manual dedicado à descrição da língua falada do Brasil poderia ser chamado "Gramática do português brasileiro" apenas por inércia. Mas ao examinar desse ponto de vista a obra que o leitor tem em mãos, encontramos nela tantas características diferenciais e instigantes que a opção por esse título vai parecendo mais surpreendente a cada passo que se dá e chega, afinal, a parecer uma provocação. O leitor pode entender, agora, por que eu disse, anteriormente, que a inserção desta obra na tradição gramatical se faz de modo paradoxal. Ela se propõe o objetivo clássico de esclarecer a estrutura da língua, mas o faz sem preocupações normativas; ela aborda os mesmos fenômenos sintáticos que têm constituído o cerne das gramáticas ao longo dos últimos séculos, mas o faz com a preocupação de contextualizá-los no tempo e na variação sincrônica, de modo a ressaltar seu caráter histórico e social; e, além disso, ela se orienta por uma concepção de linguagem que é explicitamente definida, a qual obriga a analisar o mesmo enunciado a partir de vários pontos de vista, alguns dos quais são inteiramente novos... Tudo isso, é claro, são transgressões conscientes.

É nas entrelinhas dessas transgressões que podemos identificar o que esta obra tem de mais ambicioso enquanto projeto: ela se propõe a ser uma prova concreta de que é possível fazer gramática de um modo inteiramente novo em relação ao que a tradição nos tem legado. Novo, porque, no futuro, será mais difícil escrever gramáticas da língua sem lembrar que a língua não é apenas uma sintaxe. Novo também porque se trata não de dar respostas mais elegantes aos velhos problemas de sempre, mas sim de provar que, partindo de uma renovada pauta de problemas, conseguimos chegar a uma imagem mais rica e matizada da língua, percebendo uma enorme riqueza que sempre esteve ao nosso alcance e que não conseguíamos ver por falta de lentes apropriadas. Já se disse que, na vida, é mais importante ensinar a pescar do que dar o peixe. Em ciência, pode ser mais importante lançar uma nova pergunta do que polemizar sobre velhas respostas. Quem pode faz, e parece ter sido precisamente isso o que Ataliba Castilho fez aqui. Como colega e colaborador veterano de seus projetos, só posso desejar ao amigo que a semente caia em terra fértil, e que este livro dê os frutos que merece.

Este prefácio poderia terminar aqui. Mas faltou dizer uma última coisa, "por sinal", uma coisa de peso. Ataliba Castilho é daquelas pessoas que conhecem muito bem a diferença entre seriedade e chatice. Nas linhas que precedem, à minha maneira, falei da seriedade do livro. Mas como seriedade não tem nada a ver com chatice, faltou dizer que este é um livro que se lê com prazer, porque o autor se preocupou o tempo todo em representar seus leitores como interlocutores vivos, dando a eles o direito de discordar, questionar e polemizar. Também por esse ângulo a obra é inovadora e é um bom retrato de seu autor. O leitor descobrirá por sua conta, desde as primeiras páginas, que Ataliba nunca perde a chance de fazer uma boa brincadeira e que, juntamente com sua ciência, soube trazer para um texto que se destina a permanecer o entusiasmo com que viveu seus longos anos de magistério.

INTRODUÇÃO

Há mais de quinhentos anos a língua portuguesa foi trazida ao Brasil. Nos séculos XVI a XVIII foi rotulada como o *português **no** Brasil*, pois era inteiramente lusitana, e não tinha superado as línguas indígenas. A partir do século XIX, a língua portuguesa tornou-se majoritária, começou a distanciar-se do português europeu, sendo então denominada *português **do** Brasil*. A partir dos anos 80 do século XX, suprime-se a preposição *do*, e começamos a falar em *português brasileiro*. Sinaliza-se com isso que novos distanciamentos tinham ocorrido, servindo a expressão para designar a identidade linguística dos brasileiros.

Esta *Nova Gramática do português brasileiro* agrega um certificado a mais à nossa identidade. Não se trata de um certificado qualquer, pois é na língua que se manifestam os traços mais profundos do que somos, de como pensamos o mundo, de como nos dirigimos ao outro. Faltava clarificar a gramática do português brasileiro, para dar status científico à sua percepção. É o que tento fazer neste livro, fruto de cinquenta anos de pesquisas, desenvolvidas nas três universidades oficiais paulistas (Unesp / Marília, Unicamp, USP) e nas universidades do exterior em que realizei estágios de pós-doutorado (Universidade de Lisboa, Universidade de Coimbra, University of Texas at Austin, Cornell University, University of California / San Diego, Georgetown University, Université d'Aix-Marseille, Università degli Studi di Padova).

Não se trata, entretanto, de uma gramática escolar usual, delas se afastando pelas seguintes características:

Esta não é uma gramática-lista, cheia de classificações, em que não se vê a língua, mas uma gramática. Em lugar disso, procuro olhar o que se esconde por trás das classificações, identificando os processos criativos do português brasileiro que conduziram aos produtos listados.

Esta não é uma gramática ateórica. Nada poderemos fazer em matéria de pesquisa linguística se não dispusermos de alguma teoria, pois lidamos com um objeto escondido em nossas mentes.

Teorias linguísticas há muitas. Mas faz falta uma teoria que postule a língua em seu dinamismo, como um conjunto articulado de processos. Enfrento esta questão nesta gramática. Quando falamos ou quando escrevemos, uma intensa atividade é desencadeada em nossas mentes. Isso ocorre com enorme rapidez, acionando quatro sistemas linguísticos, cada um deles configurado por um elenco de categorias: o léxico, a semântica, o discurso e a gramática. Esses sistemas são articulados pelos princípios sociocognitivos que regem a conversação, a mais básica das atividades linguísticas.

A teoria multissistêmica aqui exposta tem um forte conteúdo funcionalista-cognitivista. Reconheço que ainda é impossível descrever todos os movimentos mentais envolvidos na atividade linguística. Mas não há dúvida de que em cada som emitido, em cada sinal gráfico lançado ao papel, toma corpo um enorme conhecimento linguístico que foi ativado, permitindo o milagre da compreensão mútua por meio de tão poucos sons e letras, e de tão escassas palavras e construções. Para visualizar esse conhecimento, precisaremos valorizar os indícios da maquinaria linguística. O objetivo das boas gramáticas é desvelar o conhecimento linguístico armazenado na mente dos falantes, desde o cidadão analfabeto até o escritor laureado.

As gramáticas resultam habitualmente do trabalho individual, fundamentando-se na língua literária. Também aqui esta gramática tomou outro rumo.

Para começo de conversa, não acho que os escritores trabalham para nos abastecer de regras gramaticais. Eles exploram ao máximo as potencialidades da língua, segundo um projeto estético próprio. Ora, as regularidades que as gramáticas identificam devem fundamentar-se no uso comum da língua, quando conversamos, quando lemos jornais, como cidadãos de uma democracia. Isso não exclui a fruição das obras literárias, mas é uma completa inversão de propósitos fundamentar-nos nelas para descrever uma língua.

Por outro lado, as línguas são tão complexas, que é impossível trabalhar solitariamente em sua análise. Levando isso em conta, os linguistas brasileiros conceberam a partir da década de 1970 grandes projetos coletivos, produzindo textos multiautorais. Basta lembra o mais ambicioso e o mais produtivos dentre eles, o Projeto de Gramática do Português Falado, cuja realização propus em 1988. Atuaram nele 32 pesquisadores experientes, recrutados em 12 universidades brasileiras, e divididos em 5 grupos de trabalho. Inicialmente, foram publicados os ensaios produzidos por esses grupos, em oito volumes: Castilho (org. 1990, 1993), Castilho / Basílio (orgs. 1996), Ilari (org. 1992), Kato (org. 1996), Koch (org. 1996), Neves (org. 1999), Abaurre e Rodrigues (orgs. 2002). A partir de 2003, teve início a consolidação dos ensaios nos cinco volumes da *Gramática do Português Culto Falado no Brasil*: Jubran e Koch (orgs. 2006), Ilari e Neves (orgs. 2008), Kato e Nascimento (orgs., 2009), Rodrigues e Alves (orgs., no prelo), Abaurre (org., no prelo).

A presente gramática se insere nesse quadro de preocupações. Filtrei aqui as pesquisas das últimas três décadas a partir de uma ótica própria, propondo seguidamente ao leitor que se envolva nas pesquisas, transformando-se no linguista-gramático dele mesmo. Seguindo esse impulso, esta gramática dá voz a muitos desses pesquisadores, tanto quanto às aulas que fui ministrando ao longo de 47 anos de magistério. Meus alunos me ajudaram muito, com sua curiosidade e com sua recusa a explicações não convincentes. Havia também uns poucos tomados de um grande tédio. Esses também me ajudaram, pois me mostravam que a aula estava um bocado chata. Ora, não temos o direito de dar aulas chatas.

O ritmo expositivo de nossas gramáticas adota o que se poderia chamar de "estilo revelação". O gramático se transforma numa espécie de Moisés que desce dos altos montes e revela aos povos estupefatos... o que está certo e o que está errado em sua linguagem! Também aqui me distanciei disso.

Imaginei para tanto a seguinte estratégia: compus dois textos articulados, um expositivo, e outro indagativo. Na exposição, falo eu, interpretando os achados da ciência atual. Nas indagações, falam os leitores, por meio das perguntas que imagino que eles estejam formulando. Nossos diálogos imaginários vão em itálico, intercalados no texto expositivo.

O objetivo dessa estratégia é transformar os leitores numa espécie de coautores, recusando que entre eles e a língua que praticam seja obrigatória a interposição de um intérprete, de uma espécie de despachante para problemas gramaticais. Para dar conta desse lance meio calvinista, apresentei perguntas e mais perguntas nestas páginas, ao lado de informações sobre o conhecimento disponível e o fornecimento de pistas sobre como achar novas respostas. Para evitar uma aborrecida listagem de opiniões, que poderia obscurecer o objeto, optei por interpretar os resultados obtidos à luz da já mencionada teoria multissistêmica da língua.

Depois disso, apresento algumas generalizações sobre o retrato do português brasileiro assim obtido. Novas perguntas conducentes à reflexão gramatical foram formuladas no capítulo 15.

As línguas naturais são o ponto mais alto de nossa identidade como indivíduos e como participantes de uma sociedade. Que o digam os quinhentos mil visitantes anuais do Museu da Língua Portuguesa localizado em São Paulo! Tem sido proveitoso testemunhar a emoção desses visitantes por se verem ali representados, por toparem ali com sua identidade. De certa forma, todo mundo sai meio linguista daquelas instalações.

Por fim, pretendo com esta gramática acrescentar um elo a mais na longa tradição das gramáticas de referência, mesmo quando delas me afasto. Esta é uma atividade duas vezes milenar na civilização ocidental, velha de quase meio milênio no domínio da língua portuguesa, quando Fernão de Oliveira publicou, em 1536, nossa primeira gramática. Deixando de lado uma bisonha repulsa aos achados da Gramática tradicional, este livro mostra como as pesquisas linguísticas, na verdade, aprofundaram e enriqueceram esses achados, operando a partir de princípios e aplicando uma metodologia segura. Ou seja, a oposição "linguista *versus* gramático", bastante cultivada nas décadas de 1960 e 1970, fase em que a Linguística moderna se implantou no Brasil, foi superada pela pesquisa científica. Gramáticos aprimoraram sua formação. Linguistas passaram a ocupar-se com a redação de gramáticas. E todos viveram felizes para sempre.

O público-alvo desta gramática são os professores do ensino médio, os alunos do curso superior, os professores universitários de Linguística Geral e de Linguística do Português Brasileiro, e as pessoas que se sintam atraídas pelo mistério das línguas naturais.

Devo muito às agências de fomento, que me deram condições para a realização deste trabalho, financiando pesquisas no Brasil, e de pós-doutoramento em Portugal (1969), Estados Unidos (1981, 1995, 2000, 2004, 2007), França (1990) e Itália (1997). É de justiça que as enumere: Fundação Calouste Gulbenkian, Fundação de Amparo à Pesquisa do Estado de São Paulo (Fapesp), Comissão Fulbright, Coordenadoria de Aperfeiçoamento do Pessoal de Ensino Superior (Capes) e Conselho Nacional de Pesquisas (CNPq). Mas devo destacar a Fapesp, que financiou os projetos cujos resultados deságuam nestas páginas: Projeto da Norma Urbana Linguística Culta de São Paulo, Projeto de Gramática do Português Falado, Projeto de História do Português de São Paulo.

Manifesto igualmente minha gratidão aos colegas que leram e criticaram diferentes capítulos, ajudando-me a melhorá-los com seu conhecimento: Carlos Mioto, Leda Bisol, Maria Eugênia Lamoglia Duarte, Maria Luiza Braga, Mary A. Kato, Mílton do Nascimento, Roberto Gomes Camacho, Verena Kewitz. Um agradecimento muito especial a Rodolfo Ilari, que leu todos os capítulos e me ajudou a errar menos. Reconheço também o trabalho atento da preparadora Daniela Marini Iwamoto, entre outros profissionais da Editora Contexto, que me foram de grande ajuda. Desnecessário dizer que os erros remanescentes são de minha inteira responsabilidade.

Campinas/SP, dezembro de 2009.

COMO CONSULTAR ESTA GRAMÁTICA

1. As referências bibliográficas e as remissões à própria gramática são feitas no corpo do texto, mediante um conjunto de algarismos; o primeiro, em negrito, remete ao capítulo; os demais remetem à seção do capítulo.
2. A bibliografia foi assim organizada:
    2.1. Uma barra inclinada separa: (i) autores de textos multiautorais; (ii) localidades da mesma edição; (iii) editoras; (iv) data do original e data de sua tradução, sempre que foi possível obter esse dado; (v) primeira edição/edição efetivamente consultada, sempre que foi possível obter o primeiro dado.
    2.2. Em textos publicados ao longo de vários anos, um hífen separa a data inicial da data de sua finalização.
    2.3. Nos textos publicados em obras coletivas, remete-se ao organizador/editor da obra, seguindo-se a data da publicação e as páginas. Nesses casos, procure pelo sobrenome do organizador/editor para a obtenção dos dados bibliográficos completos.
3. Se você tiver dificuldades na compreensão de termos técnicos, marcados com um asterisco no corpo do texto, consulte o Glossário no final do volume e os dicionários de Linguística e Gramática relacionados na seção 1.3 de **15**.2.5.
4. Em cada tema, exemplos são aduzidos e analisados, o estado atual da questão é apresentado, novas perguntas são formuladas, indicando-se as leituras necessárias à sua reflexão. Essas leituras foram sequenciadas temporalmente no interior dos capítulos, assim você poderá verificar quem perguntou primeiro, em que época histórica aquela pergunta preocupou mais os especialistas etc. Omissões involuntárias podem ter ocorrido. Incluo ali apenas os textos monográficos, mas é evidente que as obras de referência serão muito úteis ao leitor. De vez em quando, crio um diálogo com você, como se estivéssemos conversando. Como já disse, essas inserções são feitas em itálico.
5. Você não encontrará aqui respostas taxativas para as suas perguntas, por uma razão muito simples: não confie a outros a obtenção de respostas às suas perguntas. Uma vez mais, *procure ser o gramático de você mesmo.* Desenvolva os projetos derivados de sua curiosidade, e também aqueles sugeridos no capítulo "Algumas generalizações sobre a gramática do português brasileiro. A reflexão gramatical". Somente depois disso, verifique as respostas que "os outros" formularam sobre sua pergunta.
6. Seja bem-vindo!

SÍMBOLOS UTILIZADOS

*___ Colocado antes de palavras, o asterisco indica que se trata de palavras que existiram por hipótese, não tendo sido documentadas. Colocado antes das sentenças, indica que há problemas em sua estruturação.

___* Depois de palavras, indica tratar-se de termo técnico explicado no glossário.

[ ] Colchetes quadrados delimitam a transcrição de unidades fonéticas, sintáticas (sintagma, sentença) e léxicas.

/ / Barras inclinadas delimitam fonemas.

{ } Chavetas delimitam morfemas.

< > Colchetes angulados delimitam radicais de vocábulo.

( ) Parênteses voltados indicam trechos omitidos.

A > B: o termo A deu origem a B.

A < B: o termo A procede de B.

Vocábulos em CAIXA ALTA remetem a categorias e a subcategorias cognitivas: ESPAÇO, TEMPO, COISA, MOVIMENTO etc.

LISTA DAS ABREVIATURAS

Adj – adjetivo
Adv – advérbio
Art – artigo
C1 – primeira conjugação verbal
C2 – segunda conjugação verbal
C3 – terceira conjugação verbal
C4 – quarta conjugação verbal (no latim)
Cf. – confira, confronte
Comp – complementador
Cj – conjunção
Dem – demonstrativo
DID – diálogo entre o informante e o documentador (Projeto Nurc)
D2 – diálogo entre dois informantes, mesmo projeto
EF – elocução formal, mesmo projeto
Indef – Indefinido
NGB – nova nomenclatura gramatical brasileira (1969)
Nurc – Projeto da Norma Urbana Culta (1969)
OBL – argumento interno oblíquo
OD – argumento interno objeto direto
OI – argumento interno objeto indireto
P – conteúdo proposicional, ou *dictum*
P1 – primeira pessoa do singular
P2 – segunda pessoa do singular
P3 – terceira pessoa do singular
P4 – primeira pessoa do plural
P5 – segunda pessoa do plural
P6 – terceira pessoa do plural

PA – português africano
PE – português europeu
PB – português brasileiro
PF – português falado
POA – Porto Alegre
Poss – possessivo
PR – ponto de referência
Prep – preposição
Qt – quantificador
REC – Recife
RJ – Rio de Janeiro
S – sentença
SAdj – sintagma adjetival
SAdv – sintagma adverbial
SMT – sufixo modo-temporal
SN – sintagma nominal
SNP – sufixo número-pessoal
SP – sintagma preposicional
SP – São Paulo, quando seguido das siglas DID, D2, EF
Srel – sentença relativa
Sub – substantivo
Suj – argumento externo sujeito
SV – sintagma verbal
SVO – ordem sujeito-verbo-complemento
SSA – Salvador
s.v. – *sub voce* (na indicação das entradas de dicionário)
V – verbo

QUADROS (Q), TABELAS (T), MAPAS (M)

Capítulo 1 – O que se entende por língua e por gramática
Q 1.1 – Fonemas vocálicos do PB, p. 49
Q 1.2 – Fonemas consonantais do PB, p. 49
Q 1.3 – Estrutura da sílaba, p. 50
Q 1.4 – Morfemas gramaticais sufixais, p. 54
Q 1.5 – Classes de palavras no português, p. 55
Q 1.6 – Estrutura dos sintagmas, p. 57
Q 1.7 – Constituintes das sentenças, p. 59
Q 1.8 – Formalismo e funcionalismo segundo Dell Hymes (1974), p. 65
Q 1.9 – Formalismo e funcionalismo segundo Dik (1978/1981), p. 66
Q 1.10 – Funções e sistemas linguísticos segundo Halliday (apud Neves, 1996a), p. 73

Capítulo 2 – Os sistemas linguísticos
Q 2.1 – Cronologia dos dicionários da língua portuguesa, p. 119
Q 2.2 – Transcrição gramatical do exemplo (1) do capítulo "O que se entende por língua e por gramática", p. 145
Q 2.3 – Fonologização das vogais do latim vulgar ao português, p. 146
Q 2.4 – Fonologização das consoantes do latim vulgar ao português, p. 147
Q 2.5 – Morfologização dos radicais nominal e verbal: quadro das vogais temáticas do latim vulgar ao português, p. 148
Q 2.6 – Morfologização dos sufixos número-pessoais do latim vulgar ao português, p. 149
Q 2.7 – Morfologização dos sufixos modo-temporais do latim vulgar ao português, p. 151
Q 2.8 – Cronologia das gramáticas da língua portuguesa, p. 164

Capítulo 3 – História do português brasileiro	
Q 3.1 – As línguas do mundo, p. 170
Q 3.2 – Variedades do latim, p. 171
Q 3.3 – Cronologia da história social do português brasileiro, p. 176
Q 3.4 – Línguas indígenas do Brasil segundo Rodrigues (1986, 1993), p. 178
Q 3.5 – Contribuições léxicas indígenas ao PB, p. 180
Q 3.6 – Contribuições léxicas africanas ao PB: palavras bantos, segundo Castro (1980), p. 181
Q 3.7 – Características do português arcaico das duas fases, p. 190
Q 3.8 – Diferenças entre o português brasileiro e o português europeu, p. 192	T 3.1 – Populações expostas à língua portuguesa na África, segundo Teyssier (1980/1982: 119), p. 173
T 3.2 – Distribuição aproximada dos falantes de português pelo mundo, p. 174

Capítulo 4 – Diversidade do português brasileiro	
Q 4.1 – Características do PB do Norte e do PB do Sul, p. 202
Q 4.2 – Características do PB popular e do PB culto, p. 206
Q 4.3 – Amostras do PB informal e do PB formal, p. 211
Q 4.4 – Cronologia dos estudos sobre a língua falada, p. 214
Q 4.5 – Comparando a linguagem corrente com a linguagem técnica, p. 223	M 4.1 – Áreas dialetais do Brasil segundo Antenor Nascentes, p. 200
M 4.2 – O tratamento de [s] e [ʃ] no Brasil segundo Volker Noll, p. 200

Capítulo 5 – A conversação e o texto

Q 5.1 – Critérios de transcrição conversacional adotados pelo Projeto Nurc, p. 226
Q 5.2 – Transcrição conversacional do D2 SP 167: 7-35, p. 227
Q 5.3 – Marcadores discursivos: funções e colocação no enunciado, p. 229
Q 5.4 – Transcrição textual do Quadro 5.2, p. 231
Q 5.5 – Transcrição da crônica de Paulo Mendes Campos, "Menina no jardim", p. 240

Capítulo 6 – Primeira abordagem da sentença

Q 6.1 – Relações de predicação, p. 244
Q 6.2 – Correlação entre tipos de predicação e tipos de sentença, p. 248
Q 6.3 – Papéis temáticos, p. 255
Q 6.4 – Comparando terminologias sobre transitividade, p. 263

Capítulo 7 – Estrutura funcional da sentença

Q 7.1 – A repetição e a organização funcional da sentença: construções de tópicos e argumentos verbais, p. 300
Q 7.2 – A repetição e a organização funcional da sentença: os adjuntos, p. 307

T 7.1 – Funções da construção de tópico segundo Seabra (1994), p. 284
T 7.2 – Frequência de retenção do objeto direto anafórico em cinco momentos históricos, segundo Tarallo (1983), p. 301

Capítulo 8 – Minissentença e sentença simples: tipologias

Q 8.1 – Gramaticalização das proposições-fonte, p. 329

Capítulo 9 – A sentença complexa e sua tipologia

Q 9.1 – Conectivos pragmáticos e conectivos semânticos segundo Bazzanella (1986), p. 340

Capítulo 10 – O sintagma verbal

Q 10.1 – Classes temáticas do verbo, p. 393
Q 10.2 – Morfemas sufixais modo-temporais do PB: formas verbais simples, p. 393
Q 10.3 – Morfemas sufixais número-pessoais do PB: formas verbais simples, p. 394
Q 10.4 – Formas nominais do verbo, p. 408
Q 10.5 – Classificação semântica dos verbos, p. 414
Q 10.6 – Tipologia do aspecto, p. 420
Q 10.7 – As perífrases na gramática do português, p. 448

Capítulo 11 – O sintagma nominal	
Q 11.1 – Substantivos e organização do quadro tópico, p. 470 Q 11.2 – Substantivos e derivação referencial, p. 470 Q 11.3 – Quadro dos pronomes pessoais no PB, p. 477 Q 11.4 – Transformação dos pronomes pessoais em morfemas verbais número-pessoais no PB informal, p. 482 Q 11.5 – Esquema ternário dos pronomes demonstrativos, p. 497 Q 11.6 – Novo quadro dos demonstrativos no PB, p. 501 Q 11.7 – Pronomes possessivos: relações entre pessoa gramatical do possuidor e coisa possuída, p. 502 Q 11.8 – Quadro dos quantificadores indefinidos no PB, p. 506 Q 11.9 – Colocação dos quantificadores indefinidos no sintagma nominal, p. 508 Q 11.10 – Classes de especificadores do sintagma nominal, p. 510	T 11.1 – Colocação dos clíticos no português europeu, p. 484 T 11.2 – Colocação dos clíticos no PB, segundo Pagotto (1992: 69), p. 485 T 11.3 – Ocorrência vs. não ocorrência de artigos numa amostra do Projeto Nurc, p. 490

Cap. 12 – O sintagma adjetival
T 12.1 – Colocação dos adjetivos segundo Cohen (1989), p. 520

Capítulo 14 – O sintagma preposicional	
Q 14.1 – Sintagma preposicional encaixado num sintagma nominal, p. 584 Q 14.2 – Sintagma preposicional encaixado num sintagma verbal, p. 585 Q 14.3 – As preposições e o tratamento da categoria cognitiva de ESPAÇO, p. 585 Q 14.4 – Preposições menos e mais gramaticalizadas, segundo Ilari et al. (2008), p. 588 Q 14.5 – Preposições complexas, p. 588 Q 14.6 – Preposições do eixo horizontal, p. 596 Q 14.7 – Preposições do eixo vertical, p. 600 Q 14.8 – Preposições do eixo transversal, p. 601 Q 14.9 – Preposições do eixo proximal/distal, p. 604 Q 14.10 – Preposições do eixo continente/conteúdo, p. 606	T 14.1 – Desaparecimento de *a* segundo Berlinck, p. 591

Capítulo 15 – Generalizações sobre a gramática do português brasileiro. A reflexão gramatical
Q 15.1 – Representação da categoria de PESSOA, p. 613 Q 15.2 – Representação da categoria de COISA, p. 614 Q 15.3 – Representação das categorias de ESPAÇO e TEMPO, p. 615 Q 15.4 – Representação da categoria de MOVIMENTO, p. 616 Q 15.5 – Representação da categoria de QUALIDADE, p. 617 Q 15.6 – Representação da categoria de QUANTIDADE, p. 618

O QUE SE ENTENDE POR LÍNGUA E POR GRAMÁTICA

TEORIAS SOBRE A LÍNGUA E A GRAMÁTICA

Lidar com uma língua natural é operar com um objeto científico "escondido". O português brasileiro (doravante PB), retratado nesta gramática, não escapa a essa dificuldade.

Compare o trabalho de linguistas e gramáticos aos de um botânico. Este especialista lida com plantas, de que estuda a anatomia e a fisiologia, o lugar em que elas vicejam com mais vigor, as doenças que as atacam. Em qualquer momento de sua reflexão, seu objeto é externo a ele, está dado no mundo real. Isso não quer dizer que no domínio das ciências exatas e biológicas não ocorram teorizações em que a imaginação tenha seu lugar. Mas o objeto continua externo.

O linguista e o gramático operam com um objeto guardado em sua mente e na mente dos indivíduos de sua comunidade, lidando com uma propriedade interna a ele, não evidente no mundo real. O mesmo se passa com seus colegas psicólogos, antropólogos, sociólogos.

Tomei de empréstimo do fundador da Linguística moderna, Ferdinand de Saussure, a expressão "objeto escondido". Saussure mostrou que, para explicitar esse objeto, constituindo-o em matéria para estudos, necessitamos previamente de um ponto de vista sobre ele, acrescentando: "bem longe de dizer que o objeto precede o ponto de vista, diríamos que é o ponto de vista que cria o objeto" (Saussure, 1917/1972: 15). Ponto de vista é uma das traduções do termo grego *theoría*.

Antes de prosseguir, vamos entender melhor o que Saussure quer dizer com "ponto de vista". Para isso, será de utilidade recordar a conhecida fábula dos cegos e o elefante. Três cegos rodeiam um elefante e tentam achar uma definição para o bicho. Um palpa suas pernas e diz que o elefante é uma coluna cilíndrica, rígida, imóvel. Outro palpa a cauda e concorda com o primeiro, exceto no quesito da imobilidade. O terceiro palpa a tromba e discorda dos dois no quesito da rigidez. Qual deles tem razão? Nenhum e todos ao mesmo tempo, pois cada um fez uma descoberta válida por si mesma, ainda que incompleta.

Estudiosos das línguas e dos fenômenos sociais são como os cegos da fábula. Estão sempre pesquisando, e sempre produzindo resultados incompletos.

Para chegarem a conclusões mais gerais, precisam teorizar antes de iniciado seu trabalho. E o que é teorizar? Bem, para encontrar a resposta um pouco de etimologia não nos fará mal.

A palavra *teorizar* vem de *teoria*, palavra grega que significa mais ou menos "ponto de vista".[1] Temos de dispor de um ponto de vista prévio sobre as línguas e suas gramáticas. Temos de dispor de uma teoria sobre elas. Esse ponto de vista é inteiramente racional, expressando-se por princípios. Então não pensem que estou desrespeitando os deficientes visuais quando recordo a fábula e falo em ponto de vista.

Se você sair por aí catando teorias linguísticas e gramaticais, poderá ordená-las em várias direções, dependendo de seu interesse. Realizei essa "tarefa de casa", ou "dever", como também se diz, identificando pelo menos quatro grandes direções:

- "A língua é um conjunto de produtos" – e sua Gramática será descritiva.
- "A língua é um conjunto de processos mentais, estruturantes" – e sua Gramática será funcionalista-cognitivista.
- "A língua é um conjunto de processos e de produtos que mudam ao longo do tempo" – e sua Gramática será histórica.
- "A língua é um conjunto de 'usos bons'" – e sua Gramática será prescritiva.

Este capítulo tem por objetivo apresentar pontos de vista sobre uma língua natural, como o PB, mostrando como essas teorias afetam o tipo de gramática que se vai produzir, e que entendimento cada uma delas tem de gramática.

– *Mas que droga, eu pensava que a gramática fosse uma coisa só!*
– *Pois é, não poderia ser, visto que a língua é muito complexa.*

Inteirando-se disso tudo, você entenderá por que há afirmações conflitantes sobre uma mesma questão de gramática. Poderá desenvolver um raciocínio mais flexível, aceitando as diferenças de ponto de vista. E, sobretudo, poderá desenvolver suas próprias observações sobre um fenômeno tão importante para nossa identidade pessoal e social – a língua que falamos, e sua gramática. O objetivo maior deste livro é fazer pensar.

Neste capítulo, ordenei as teorias linguísticas em quatro grandes blocos:
1. Língua como um conjunto de produtos estruturados;
2. Língua como um conjunto de processos estruturantes;
3. Língua como um conjunto de produtos e processos em mudança;
4. Língua como um conjunto de usos bons.

1.1. A LÍNGUA É UM CONJUNTO DE PRODUTOS ESTRUTURADOS: GRAMÁTICA DESCRITIVA

Uma resposta intuitiva sobre "o que é uma língua" será provavelmente a seguinte: "a língua é um conjunto de sons que podemos gravar, de palavras e sentenças que podemos escrever, descrever, recolher num dicionário e numa gramática, produzindo algumas generalizações". Quem assim responder terá desenvolvido um ponto de vista sobre a língua, postulando-a como um enunciado*,

---

[1] O substantivo grego *theoría* deriva do verbo *theáo*, que significa "ver". O substantivo *théathron*, em português *teatro*, "lugar onde se vê (o espetáculo)", tem a mesma origem.

ou seja, como um conjunto de sons que saem de nossa boca e de sinais gráficos que lançamos ao papel. Em suma, como um conjunto de produtos.

Se quiser identificar a motivação desta resposta, você descobrirá que seu autor adotou um princípio epistemológico conhecido como "ciência clássica".

As seguintes afirmações configuram a ciência clássica:

(1) *Os fenômenos encontrados na natureza são desordenados e confusos, ocultando sua regularidade.*

A tarefa da ciência é desvendar a regularidade oculta nessa desorganização aparente. As imperfeições apenas refletem os arquétipos perfeitos, como Platão queria. Uma vez identificado, o sistema revela sua harmonia, consistência e beleza intrínsecas ao fenômeno, que com isso se torna predizível. Os dados irregulares não passíveis de explicação pelos modelos propostos não têm importância e devem ser descartados como aberrantes ou anômalos: "Nos séculos passados, desde Galileu e Newton, tem sido fundamental a busca da regularidade nos experimentos" (Gleick, 1988: 41; veja também as páginas 68 e 157).

(2) *Para assegurar alguns resultados e conclusões, temos de considerar os dados em sua estatividade.*

O objeto empírico para ser adequadamente descrito deve ser idealizado, e até mesmo congelado por intermédio de algum artifício teórico, limitado em sua extensão, não importando se com isso ele acabe se divorciando do mundo real. As formas da geometria euclidiana, por exemplo, tomam em conta dados estáticos tais como linhas, planos, esferas, triângulos e cones. Modelos linguísticos formais "pasteurizam" seus dados, segregando-os da realidade social que lhes deu origem. Em consequência, as pesquisas passam a concentrar-se em determinados nichos sintáticos, pondo de lado os textos da vida linguística real, e assim, pouco a pouco, a língua se transforma em campo para intermináveis *theoriae gratia theoria*, ou seja, teorias pela teoria.

(3) *Os sistemas identificados pela abordagem clássica têm uma grande elegância conceitual e uma notável simplicidade analítica.*

Segundo a ciência clássica, os sistemas identificados são lineares, e dentro deles o todo é igual às partes. A abordagem estruturalista exemplifica esse axioma, quando sustenta que os fonemas*, os morfemas* e os sintagmas* são unidades ordenadas, podendo ser identificadas relações determinísticas entre elas. Traços do fonema especificam traços dos morfemas, traços do morfema especificam traços do sintagma, traços do sintagma especificam traços da sentença. A sentença é o ponto final nas observações de uma Gramática Descritiva. Relações de causa e efeito entre essas unidades podem ser reconhecidas, de acordo com a abordagem clássica.

(4) *O caminho para a descoberta científica é maiormente dedutivo. Cada situação é traduzida em termos matemáticos, um modelo é construído, e de agora em diante as ocorrências serão explicadas de acordo com esse modelo.*

A modelização matemática é uma das características mais notáveis da abordagem clássica. A postulação de princípios pela via dedutiva é outro comportamento comum na análise linguística. Identificado o princípio, verificamos como ele funciona empiricamente na língua, introduzindo as alterações necessárias em sua formulação. Ou seja, da empiria vamos para a teoria, desta voltamos para a empiria, até que a formulação de princípios atinja alguma estabilidade nesse vaivém.

Fazendo um balanço das afirmações anteriores, torna-se evidente que a abordagem científica clássica contempla claramente os fenômenos que atingiram uma sorte de completude, como produtos cristalizados, que ocupam espaços nítidos no interior das línguas naturais. Os cientistas clássicos veem o mundo como uma realidade em equilíbrio. As perguntas da ciência clássica nem sempre se voltam para os fenômenos de caráter dinâmico, aqueles ainda a caminho de uma estabilidade, mesmo que relativa.

A Gramática Descritiva segue por aqui, (i) interpretando a língua como uma estrutura homogênea, composta por signos, os quais são identificados pelos contrastes que estabelecemos entre eles; (ii) distribuindo tais signos por unidades organizadas em níveis hierarquicamente dispostos: o fonológico, o morfológico e o gramatical. Para o estudo da língua assim concebida, não é necessário levar em conta o falante historicamente situado, pois o que interessa aqui é o enunciado que resulta da interação. O enunciado é visto como um produto acabado, como um sistema que importa entrever por detrás dos diversos usos linguísticos concretos. A teoria da língua como uma estrutura dá prioridade à análise do código, e entende que os diferentes usos representam apenas uma porta de entrada para a análise. Insistindo mais um pouco: a língua articulada é entendida numa forma idealizada, considerando-se aceitos, ou postulados arbitrariamente, conceitos tais como "comunidade de fala, competência do falante, funções da fala e da linguagem" (Dell Hymes, 1974).

A gramática da língua como um conjunto de enunciados é de natureza descritiva e compõe-se de regras explícitas que devem dar conta dos elementos que constituem os níveis hierárquicos mencionados. Ela vem sendo desenvolvida ao longo de uma tradição milenar, na qual podemos divisar dois grandes momentos, o da Gramática Tradicional e o da Gramática Estrutural. Para a descoberta das regularidades gramaticais, a Gramática Estrutural leva em conta um conjunto de princípios e uma metodologia que serão expostos mais adiante. Quanto às irregularidades, elas são inscritas no léxico* da língua, entendido como o lugar das idiossincrasias, postulado como um componente das línguas naturais distinto da fonologia, da morfologia e da sintaxe. Formula-se, assim, uma distinção entre léxico e gramática.

A teoria da língua como um enunciado ganhou muito, após formuladas as antinomias saussurianas e estabelecidos pontos de vista sobre as unidades linguísticas e sobre os níveis hierárquicos que compõem a estrutura linguística. Vejamos de perto esses argumentos.

Através de suas antinomias, Saussure instituiu a língua como uma estrutura e estabeleceu o campo de atuação da Linguística como uma disciplina autônoma. Ele afirmou que

> o estudo da linguagem comporta duas partes: uma, essencial, tem por objeto a língua (*langue*), que é social em sua essência e independente do indivíduo; esse estudo é unicamente psíquico; outra, secundária, tem por objeto a parte individual da linguagem, vale dizer, a fala (*parole*), inclusive a fonação, e é psicofísica (Saussure, 1917/1972: 27; veja também as páginas 16-17 e 271).

O texto anterior, corroborado pela edição crítica de De Mauro (1968: 29), não deixa dúvidas quanto ao objeto primário da Linguística e, mais particularmente, da Gramática Estrutural. A *langue* é um construto teórico, porque "independente do indivíduo". A *parole* é o dado natural e concreto (é a fonação, é psicofísica) e não deve ocupar o centro das atenções do linguista, segundo Saussure.

A *langue* tem duas propriedades fundamentais na concepção saussuriana: é um objeto homogêneo e autônomo. Postular a propriedade da homogeneidade era um imperativo epistemológico dentro do raciocínio saussuriano, pois

> não é possível [...] descobrir as regularidades necessárias para o estudo científico da linguagem se a Linguística não voltar sua atenção para um objeto homogêneo; apenas a homogeneização do objeto permitiria descobrir nele a sua verdadeira ordem, uma ordem que ultrapasse a mera descrição e que permita chegar ao nível da explicação. A noção de *langue* teve, no quadro da teoria saussuriana, este papel de tornar homogêneo o objeto e de permitir à teoria linguística aceder à explicatividade (Dascal / Borges Neto, 1993: 451).

Para operar com um objeto homogêneo, descontextualizado, Saussure autonomizou a *langue*, buscando contextualizá-la nela mesma, definindo-a como "um sistema cujos termos são todos solidários e em que o valor de um não resulta senão da presença simultânea dos outros" (Saussure,

1917/1972: 135). O conceito de valor tem a mais alta relevância nesse esforço de autocontextualização da língua. Saussure afirma que "a característica mais exata [do valor] é ser o que os outros não são" (Saussure, 1917/1972: 136). Essas postulações libertaram a Linguística da relação de dependência que ela vinha mantendo com a Lógica, a História e a Literatura. Particularmente com respeito à História, Saussure dizia que o estudo autônomo da sincronia é uma condição lógica para a diacronia, pois "o projeto sincrônico prevalece sobre o outro" (Saussure, 1917/1972: 106).

Assim estabelecida a língua como uma entidade homogênea e autônoma, Saussure propõe dois tipos de relações: as relações sintagmáticas e as relações associativas (hoje, *paradigmáticas*, termo proposto por L. Hjelmslev). As relações sintagmáticas são dadas pelo caráter linear da língua, cujos signos têm de ser proferidos uns após os outros, e não numa forma simultânea. Alinhando-se num eixo de sucessões, os signos compõem os sintagmas, e aqui Saussure se vale de um termo técnico da linguagem militar grega, *sýntagma* – "corpo de tropa constituído de soldados dispostos uns após os outros" – *in praesentia*. Já as relações associativas ou paradigmáticas são dadas pela associação de signos *in absentia*, isto é, fora do enunciado, e portanto situados na memória do indivíduo. A teoria do sintagma e do paradigma teve uma enorme importância para a configuração dos procedimentos de descoberta gramatical, pondo em cheque o jeito tradicional de fazer gramática como um processo de acumulação de dados soltos, não relacionados. Ou seja, Saussure estava fazendo "ciência clássica", e da boa!

O estruturalismo desenvolveu consideravelmente nossos conhecimentos nos domínios fonológico e morfológico, entre as décadas de 1930 e 1960. Já a Sintaxe se mostrou mais exigente, e apesar de versada pelos estruturalistas, apenas mais tarde ela tomaria da Fonologia e da Morfologia a centralidade que essas disciplinas vinham ocupando nas pesquisas. A "explosão" da Sintaxe ocorreu quando as pesquisas foram orientadas para o entendimento da língua como uma atividade mental, regulada por princípios deduzidos do enunciado (Gramática Gerativa), ou como uma atividade social, regulada por princípios da enunciação, vale dizer, dos usos (Gramática Funcionalista).

A distinção entre "forma da língua" e "matéria da língua", formulada por Humboldt, veio para ficar, assumindo a maior importância na reflexão gramatical, mesmo que debaixo de outras terminologias. A forma é a percepção idealizada da língua, isto é, a estrutura abstrata ou padrão, composta pelas unidades que se organizam em níveis. A matéria ou substância é o lado concreto da língua, com suas diferentes classes, relações e funções.

Para depreender a *forma* temos de partir da *substância* manifesta, numa operação que requer o estabelecimento de postulados e de procedimentos metodológicos, examinados adiante.

1.1.1. POSTULADOS DA GRAMÁTICA DESCRITIVA

A Gramática Descritiva se orienta pelos seguintes postulados:

(1) A língua enquanto substância é um conjunto ordenado de itens (ou classes linguísticas*) que estabelecem entre si relações linguísticas* e desempenham funções linguísticas* identificáveis pelos contrastes entre eles.

(2) A língua enquanto forma, estrutura ou padrão é um conjunto de unidades (ou pontos idealizados nesse padrão) que se distribuem em níveis hierárquicos, identificados pelas oposições entre eles.

(3) A realização dessas unidades no enunciado está sujeita à variação de uso, que deve ser examinada em suas correlações com fatores linguísticos e extralinguísticos.

Relativamente ao postulado (1), estipula-se que uma classe é definível pelas seguintes propriedades: (i) regularidade de ocorrência, dada por suas relações com outras classes; (ii) lugar privilegiado de ocorrência; (iii) desempenho de determinadas funções e não de outras; (iv) capacidade de combinar-se com certas classes e não com outras; (v) possibilidade de incluir subclasses.

Quanto ao postulado (2), estipulam-se como níveis hierárquicos a fonologia e a gramática: (i) no nível fonológico, observa-se a combinatória dos fonemas no interior da sílaba, e das sílabas no interior das palavras; (ii) no nível gramatical, observa-se a combinatória dos morfemas no interior das palavras, das palavras no interior dos sintagmas, e dos sintagmas no interior da sentença. A conexidade sintática pode dar-se por meios imateriais (como a disposição das classes na sentença e a ocorrência da categoria vazia), por meios gramaticais (como a similitude das terminações no caso da relação de concordância), ou pelo uso de preposições e conjunções (como a relação de transitividade). As relações sintáticas são de vários níveis: há relações de igualdade (= coordenação), de dependência (= subordinação) e de interdependência (= correlação). Para mais informações, veja o capítulo "A sentença complexa e sua tipologia".

Finalmente, quanto ao postulado (3), estipula-se que as classes desempenham funções linguísticas* decorrentes de suas relações com outras classes. No nível fonológico, os fonemas assumem funções diacríticas, isto é, diferenciais. No nível gramatical, entende-se por função os papéis assumidos pelas classes na sentença: (i) em suas estruturas sintagmáticas, identificam-se as funções de determinação, quantificação, qualificação, etc.; (ii) em sua estrutura argumental, registram-se as funções de sujeito, núcleo do predicado, argumentos e adjuntos, desempenhadas pelos sintagmas. A realização das unidades por meio de classes e subclasses mencionadas no postulado (2) podem estar sujeitas a variações de uso. Isso quer dizer que a gramática da língua abriga *regras categóricas* (como, no português, a obrigatoriedade de antepor o artigo ao substantivo), e *regras variáveis*, em que se pode escolher mais de uma alternativa (como a anteposição ou a posposição do sujeito e do objeto direto em relação ao verbo, o preenchimento ou o não preenchimento dessas funções por classes lexicais, o preposicionamento ou o não preposicionamento por *a* do objeto direto, a concordância ou a não concordância do verbo com o sujeito, ou dos constituintes marginais do sintagma nominal com seu núcleo etc.).

A teoria da variação e mudança formulada por Labov (1972a) mostra que há uma regularidade no interior da heterogeneidade das regras variáveis, e que é possível identificar os fatores que condicionam as variantes escolhidas pelo falante. Para a aplicação dessa teoria ao português, veja Tarallo (1990b: 33-62, particularmente a página 61):

> A estrutura da língua pode ser correlacionada ao seu uso e os padrões do último podem ser objetivamente medidos, levando à diferenciação entre as escolhas que o falante efetivamente *faz* e as que ele *poderia fazer*. [...] Tal conceito amplificado de gramática abrange tanto a forma (estrutura) quanto a substância (uso).

A rigor, classes, relações e funções não são propriedades distintas da substância linguística. Elas representam, antes, diferentes pontos de vista sobre o mesmo fenômeno. Tomando como exemplo o jogo de xadrez – uma das metáforas saussurianas para representar a língua –, pode-se descrevê-lo a partir de suas classes (as peças, de que se estudariam as formas, as cores, o material de que são feitas), relações (modos de disposição das peças no tabuleiro) e funções (modos de movimentação das peças). Estaremos sempre tratando da mesma coisa, o jogo de xadrez, partindo, porém, de pontos de vista diferentes.

1.1.2. PROCEDIMENTOS METODOLÓGICOS DA GRAMÁTICA DESCRITIVA

Os procedimentos metodológicos da Gramática Descritiva são os seguintes:

(1) Sendo infinita a extensão de uma língua, requer-se a constituição de um *corpus* (veja Linguística de *Corpus**) para sua descrição. O *corpus* é um recorte da língua, selecionado segundo critérios que tomem em conta sua representatividade e variabilidade.

(2) A descrição linguística implica na identificação das unidades de uma dada língua, mediante a segmentação e a comutação dos enunciados recolhidos no *corpus*, designando-os por uma nomenclatura própria.

Quanto ao procedimento (1), o surgimento de uma nova disciplina, a Linguística de *Corpus*, deu uma feição mais exigente ao levantamento, transcrição e tratamento arquivístico dos documentos, tendo agregado ao rigor filológico a organização de bancos eletrônicos de dados. Para um detalhamento, consulte Caravedo (1999) e Berber Sardinha (2004).

Quanto ao procedimento (2), temos de partir mais uma vez de uma consideração feita por Saussure relativamente à contextualização da língua em si mesma.

Essas postulações permitem construir uma metodologia para a descrição linguística pois, admitindo-se que os dados da língua se depositam no eixo das entidades encadeadas linearmente (= sintagma) e no eixo das entidades retidas na memória (= paradigma), segue-se que podemos analisá-la por meio da *segmentação* ou por meio da *comutação*, isto é, por meio da "identificação de unidades no interior de cada nível, mediante a função de contraste na cadeia sintagmática ou da oposição na classe paradigmática" (Lopes, 1976: 190).

A *segmentação* se baseia nos contrastes que se estabelecem entre os elementos apresentados uns após os outros na cadeia da fala. Assim, tomando-se se o item *norte*, palavra que foi proferida pelo locutor 1 no exemplo (1) adiante, constata-se que ela se compõe dos seguintes fonemas: /n/ + /ɔ/ + /r/ + /t/ + /e/. Nota-se que esses elementos vieram dispostos numa certa sequência que, alterada, levaria à constituição de outras palavras, como *terno*, *trone*, por exemplo. A segmentação se fundamenta na noção de combinação, de sequência.

A *comutação* se baseia na oposição que se estabelece entre elementos presentes e elementos ausentes do *corpus*. Retomando o mesmo exemplo, nota-se que em *norte* apareceu /n/ no mesmo lugar em que poderia ter aparecido /m/ (de que resultaria *morte*), ou /p/ (de que resultaria *porte*), e assim por diante. Ao substituir um elemento por outro, podemos obter um signo diferente, ou uma variação do mesmo signo. Se a unidade em que se encontra o elemento substituído tornar-se diferente, como em *norte/porte*, teremos um caso de oposição. Mas se a unidade em que se encontra o elemento substituído tiver o mesmo significado, como em *norte*, em que o segmento /r/ é pronunciado como vibrante anterior [r], como vibrante posterior [R] ou mesmo como retroflexo [ɹ], teremos um caso de variação livre.

Como se vê, *segmentar* ou *contrastar* e *comutar* ou *opor* têm uma significação técnica precisa na análise estruturalista. Os contrastes se dão no eixo sintagmático, e as oposições se dão no eixo paradigmático. Retomando a palavra *norte*, observa-se que /n/ contrasta com /o/ no eixo sintagmático (isto é, /n/ é diferente de /o/) e opõe-se a /m/ no eixo paradigmático (isto é, a presença de /n/ exclui a presença de /m/). Lembremo-nos, uma vez mais, que contraste e oposição resultam da percepção da língua como uma entidade relacional, em que os signos estão dispostos linearmente uns após os outros, podendo ser postulados como componentes discretos e basicamente autodefiníveis.

Outro ponto a destacar é que tanto se analisam os dados presentes no *corpus* quanto os dados ausentes, desde que plausíveis. A não ocorrência de um elemento indispensável à descrição levou os linguistas a postular o morfema-zero (veja morfema*), na análise morfológica, e a categoria vazia*, na análise sintática. Ambos são construtos teóricos indispensáveis ao trabalho descritivo (Apresjan, 1966/1980).

Para exemplificar o que acaba de ser dito, tomemos a seguinte transcrição de parte de uma conversação:

1) Segmento de uma conversa

    Locutor 1 —   *eu estive na... através de (inaudível) em Cumaná... é uma praia... é um lugar... um litoral muito bonito que aliás é muito parecido com o nosso litoral norte... sabe? mas eu não conheço o nosso litoral norte... e... fiquei lá durante três meses e nesse tempo todo eu conheci bastante (inaudível) o povo de lá... que é bem diferente e... bem diferente de nós...*

    Locutor 2 —   *sei.*

    Locutor 1 —   *eles são por exemplo esse lá... é nessa praia que pertence à Universidade... como aqui na nossa Oceanográfica também pertence à* USP *e... toda a Universidade detesta ir pra praia... sabe...*

    Locutor 2 —   *ah...é ?*

    Locutor 1 —   *então é coisa (inaudível)... e todo o curso foi feito ali... inclusive nós saímos assim durante... fazer compras de material e tudo isso e... ah... e conhecemos toda a região referente... sabe? bem bonito... colorido o fundo do mar lá... é... num existe e... e... e a água é muito transparte... sabe... muito coral...*

    Locutor 2 —   *que curso ocê foi fazer ?*

    Locutor 1 —   *o... o curso mesmo era só Oceanografia Biológica... aliás Física... mas eles complementavam porque a maior parte do pessoal só conhecia assim a Bi/... a Biológica... né... nessa nova parte entra Biologia... agora o maior número de alunos... estudantes... eram todos assim da América do Sul... e alguns da América Central... as aulas eram a maior parte em inglês e... porque inclusive todos falavam espanhol menos os brasileiros... né (risos)... que é uma língua diferente... (D2* SP *167: 7-35)*

Vejamos que unidades podem ser identificadas nesse segmento conversacional.

1.1.3. UNIDADES DA GRAMÁTICA DESCRITIVA

1.1.3.1. O fonema

    O fonema* é uma entidade formal não observável diretamente, não audível, não definível por propriedades físicas, mas apreensível pelo falante como uma sorte de "forma psicologicamente real", por meio da qual ele percebe a "realidade objetiva dos sons" (Sapir, 1921/1954: 39). O fonema é a unidade mínima da estrutura fonológica e, embora portador dos significados, por si mesmo não tem significado. Denominam-se *alofones* as realizações concretas dos fonemas. Os fonemas são representados entre barras inclinadas, e os alofones, entre colchetes.

    Como entidade abstrata, os fonemas são identificados exclusivamente por segmentação e por comutação. Assim, selecionando os itens *eles* e *era* de (1), e analisando-os por segmentação e por comutação notaremos que no eixo sintagmático ambos apresentam cinco unidades mínimas diferentes: /e/, /l/, /s/, /ɛ/, /r/, /a/. Esse raciocínio analítico toma em conta o contraste que podemos estabelecer entre essas unidades.

    Observando-as agora no eixo paradigmático, notaremos que tais unidades podem ser comutadas por outras. Assim, o /e/ fechado de *eles* pode ser substituído por um /ɛ/ aberto em *elas*; o /r/ vibrante simples de *era* pode ser substituído por /R/ vibrante múltipla, obtendo-se *erra*. O mesmo raciocínio se aplica a *tia* e *dia*, palavras em tudo semelhantes, menos pelo primeiro segmento. Há oposição entre *eles* e *elas*, *era* e *erra*, *tia* e *dia*. O fato de que o primeiro segmento de *tia* e *dia* apresente execuções alofônicas diferentes, como [t] e [tʃ], [d] e [dʒ], em nada altera a oposição entre as palavras, remetendo a diferenças de caráter fonético, ou seja, a alofones.

A Fonética estuda a materialidade dos sons. A Fonologia, sua exploração funcional no enunciado.

O contraste e a oposição assim observados mostram que essas unidades são fonemas, pois a partir delas podemos construir palavras em nossa língua.

A aplicação dos procedimentos de segmentação e contraste, extensamente aplicados, permitiu identificar os seguintes fonemas no português brasileiro:

Quadro 1.1 – Fonemas vocálicos do PB

/i/				/u/
	/ɛ/		/ɔ/	
		/e/	/o/	
		/a/		

O Quadro 1.1 é dobrado quando aparece o traço de nasalidade, pois no português distinguimos, por exemplo, *ata* de *anta*, *ido* de *indo*, *pôde* de *ponde*, e assim por diante. A distinção oral ~ nasal deixa de ocorrer apenas com /ɛ/ e /ɔ/.

O PB dispõe também de fonemas consonantais:

Quadro 1.2 – Fonemas consonantais do PB

/p/	/t/	/k/
/b/	/d/	/g/
/f/	/s/	/ʃ/
/v/	/z/	/ʒ/
/m/	/n/	/ɲ/
/l/		/ʎ/
/r/		/R/
/y/		/w/

Os Quadros 1.1 e 1.2 mostram que os fonemas se compõem de várias classes, a saber, as vogais (fonemas que podem funcionar no núcleo silábico), as consoantes e as semiconsoantes (fonemas que só podem funcionar nas margens da sílaba, caso de /y/ e /w/, ordenados no Quadro 1.2).

Para a organização desse quadro, verificamos que distinções podem ser estabelecidas entre itens lexicais iguais em tudo menos num segmento, através da formação dos pares mínimos. Formado o par, identificamos os fonemas sobre que se fundamenta a distinção entre os itens.

Assim, os seguintes itens lexicais de (1) apoiam a postulação dos fonemas vocálicos do Quadro 1.1:
- Comutando *estive* com *estava*, são identificados /i/ e /a/.
- Comutando *estive* com *esteve*, são identificados /i/ e /e/.
- Comutando *nós* com *nos* (em *nós sabemos/nos disseram*), são identificados /ɔ/ e /o/.
- Comutando *vela* com *vê-la*, são identificados /ɛ/ e /e/.
- Comutando *todo* com *tudo*, são identificados /o/ e /u/.

Para a identificação dos fonemas consonantais do Quadro 1.2, precisaremos buscar evidências em mais de um texto, tomando (1) como ponto de partida:
- Comutando *pode* com *bode*, são identificados /p/ e /b/.
- Comutando *pode* com *pote*, são identificados /d/ e /t/.
- Comutando *costa* com *gosta*, são identificados /k/ e /g/.
- Comutando *faca* com *vaca*, são identificados /f/ e /v/.
- Comutando *faca* com *faça*, são identificados /k/ e /s/.
- Comutando *caça* com *casa*, são identificados /s/ e /z/.
- Comutando *azar* com *achar*, são identificados /z/ e /ʃ/.
- Comutando *acha* com *haja*, são identificados /ʃ/ e /ʒ/.
- Comutando *mata* com *nata*, são identificados /m/ e /n/.
- Comutando *mana* com *manha*, são identificados /n/ e /ɲ/.
- Comutando *lama* com *lhama*, são identificados /l/ e /λ/.
- Comutando *caro* com *carro*, são identificados /r/ e /R/.
- Comutando *pai* com *pau*, são identificados /y/ e /w/.

Como já disse, os fonemas são realizados por meio de seus alofones. Podemos deixar de realizar um alofone, elidindo-o, como em *antes*, dito ['ãts]. Nesta execução, o fonema /e/ teve uma execução zero. A elisão de unidades tais como fonemas, morfemas e funções sentenciais está sujeita a regras. No exemplo acima, elidimos o /e/ átono de *antes*, porém não o /e/ tônico de *ele*.

É impressionante constatar que com tão escassos materiais (7 fonemas vocálicos orais tônicos, 5 fonemas vocálicos nasais e 21 fonemas consonantais), a língua portuguesa constrói centenas de milhares de palavras. Ou seja, de um número pequeno de unidades fonológicas, chega-se a um número grande de unidades lexicais.

1.1.3.2. A sílaba

Os fonemas se dispõem em padrões identificáveis, maiores que os fonemas e menores que os morfemas. Esses padrões são denominados sílabas*.

As sílabas são unidades fonológicas constituídas por uma margem esquerda ou ataque silábico, um núcleo vocálico e uma margem direita ou coda. Nem todas as sílabas preenchem necessariamente todos esses constituintes, de que apenas o núcleo é obrigatório. A seguinte regra descritiva dá conta da estrutura da sílaba:

(1) Sílaba → Margem esquerda + Núcleo + Margem direita

O quadro a seguir traz alguns exemplos de sílabas:

Quadro 1.3 – Estrutura da sílaba

Exemplo	Margem esquerda ou ataque silábico	Núcleo	Margem direita ou coda
há	-	/a/	-
pá	/p/	/a/	-
paz	/p/	/a/	/s/
pau	/p/	/a/	/w/
pai	/p/	/a/	/y/
pré	Grupo pr-	/ɛ/	-

Observando a distribuição dos fonemas no interior da sílaba, descobre-se que as vogais figuram no núcleo, consoantes simples figuram em sua margem esquerda, ocorrendo restrições para os grupos consonantais, e apenas /l/, /s/ e /r/ figuram na margem direita, como em *azul, pés, ver*. Vogais e consoantes não são intercambiáveis na língua portuguesa, pois estas nunca podem figurar no núcleo silábico

As sílabas terminadas por vogal são chamadas abertas, predominando estatisticamente sobre as sílabas terminadas por consoante ou semiconsoante, chamadas fechadas ou travadas.

Observa-se desde o latim vulgar uma tendência à abertura das sílabas. O português deu continuidade a essa tendência, tendo adotado duas soluções: (i) o PB omite a consoante travadora: cf. *os menino* por *os meninos, falá* por *falar*; (ii) o PE agrega uma vogal paragógica: cf. *falári* por *falar*, *comêri* por *comer* etc.

1.1.3.3. **O morfema**

O morfema* é a unidade mínima da estrutura gramatical. Ele associa os dois polos do signo linguístico, o significante e o significado, de acordo com a conhecida formulação saussuriana. Um morfema também é definido como o segmento maior que o fonema e menor que a palavra. Ele é realizado por meio de morfes, ou alomorfes. Transcrevemos os morfemas entre chavetas, e os alomorfes entre colchetes quadrados.

Voltando ao exemplo (1), notamos que os segmentos mínimos portadores de significação, apresentam uma parte fixa e outra variável. A partir de *conheço* poderíamos obter por comutação *conheci, conhecemos, conhecia* etc., o que permite separar <conhes->, que integra uma lista aberta, de {-o}, {-í}, {-mos}, {-ia}, que integram uma lista fechada. Tomando o segmento *pertence*, constatamos que ele poderia compor uma série semelhante, obtendo-se *pertenço, pertenci, pertencemos, pertencia*; <pertens->, junto com <conhes->, integram uma lista aberta.

Outros segmentos do enunciado contêm igualmente uma parte fixa e outra variável, como *praia* (cf. *praias*), *lugar* (cf. *lugares*), *bonito* (cf. *bonita, bonitas, bonitos*), em que à parte fixa foram agregados os morfemas {-a} e {-s}.

Prosseguindo no exercício de comutação, constata-se que as partes variáveis (= morfemas flexionais) obtidas não se combinam livremente com as partes fixas (= morfemas radicais), tanto que não é possível obter *conheços (como em *bonitos*), nem *lugaro, *lugari, *lugaremos, *lugaria etc., como em *conheço, conheci, conheceremos, conheceria* etc.

Disso se conclui que os morfemas se realizam concretamente como classes diferentes; *conhecer* e *pertencer* integram uma mesma classe, denominada verbo*, ao passo que *praia* e *lugar* integram uma classe distinta, denominada substantivo*. Essa conclusão se impõe a partir de argumentos puramente formais, sem a intervenção de raciocínios semânticos do tipo verbos indicam "ações", substantivos indicam "coisas".

A parte fixa e a parte variável dos morfemas anteriores, por sua vez, integram classes distintas: a dos *morfemas radicais* (= parte fixa), transcritos entre colchetes angulados, e a dos *morfemas afixais* (= parte variável), transcritos entre chavetas.

Se nos limitarmos agora aos itens que integram a classe de *praia*, isto é, à classe dos substantivos, identificaremos, por exemplo, *material, pessoal, central*, em que reconhecemos um morfema radical, como <matéria>, e um morfema afixal, como {-al}. A comutação nos autoriza a afirmar que esses itens se relacionam com *matéria, pessoa, centro*. Dizemos que eles integram a mesma classe de *praia* porque podem receber um {-s}, feitas algumas adaptações: cf. *materiais, pessoais, centrais*.

Constatamos, em contrapartida, que os morfemas afixais {-s} e {-al} integram classes diferentes de afixos, visto que {-s} se aplica a qualquer radical nominal (cf. *praias, lugares, bonitas*), ao passo que

{-al} apresenta sérias restrições de combinação, pois não podemos obter *praial, *lugaral, *bonital. Idêntica observação pode ser feita a propósito de {-ol}, de espanhol, {-ês}, de francês e {-eiro}, de brasileiro. Tais segmentos, associados semanticamente por serem patronímicos, nada têm em comum do ponto de vista morfológico, visto que não temos *espanhês/*espanheiro, nem *françol/*franceiro, nem mesmo *brasilol/*brasilês.

Essas constatações apontam para uma divisão entre morfemas afixais, regulares, que seguem padrões identificáveis e previsíveis, denominados *morfemas gramaticais*, e morfemas derivacionais, irregulares, que seguem padrões não previsíveis, idiossincráticos, denominados *morfemas lexicais*, ou palavras. Os morfemas gramaticais integram a gramática de uma língua, e os morfemas lexicais, seu léxico.

O repertório dos morfemas gramaticais do PB compreende morfemas segmentais, morfemas suprassegmentais, morfonemas e morfemas-zero.

(1) Morfemas segmentais são aqueles cuja execução se desenvolve na sequência linear da cadeia da fala. Eles compreendem: (i) os morfemas afixos, ou seja, prefixos como {des-} e sufixos como {-er}, em **desfazer**; (ii) as vogais temáticas dos substantivos ({-a}, como em *mesa*, {-o}, como em *muro*, {-e}, como em *pente*) e dos verbos ({-a}, como em *falar*, {-e}, como em *comer*, e {-i}, como em *partir*); (iii) os morfemas-vocábulo, como os verbos auxiliares, que atribuem a um verbo pleno as categorias de modo, como em **deve** *falar*, tempo, como em **vai** *falar*, e aspecto, como em **está** *falando*.

(2) Morfemas suprassegmentais são aqueles que transcendem a linearidade do enunciado. Temos aqui (i) o acento, por meio do qual distinguimos *falara ~ falará, canto ~ cantamos*; neste caso, o que distingue as pessoas do verbo é cumulativamente a mudança do acento no radical <cant-> e a presença do morfema sufixo {-mos}; (ii) a pausa, silêncio entre uma palavra e outra, que permite distinguir *hábil idade ~ habilidade, fácil idade ~ facilidade*, nos conhecidos exemplos de Mattoso Câmara Jr. (1942/1954); (iii) a entoação, que nos permite distinguir a afirmação da pergunta, como em *Você vai*, em comparação com *Você vai?*.

(3) Morfonemas ou morfemas de alternância são os morfemas que aproveitam distinções fonológicas entre vogais posteriores como /u/ ~ /o/ ~ /ɔ/ e vogais anteriores como /i/ ~ /e/ ~ /ɛ/ para promover distinções gramaticais: (i) entre classes de palavras, como adjetivo *azedo*, com /e/, verbo *azedo*, com /ɛ/; (ii) entre masculino e feminino: *grosso ~ grossa, porco ~ porca, ele ~ ela, este ~ esta ~ isto, aquele ~ aquela ~ aquilo*; (iii) entre singular e plural: *ovo ~ ovos, fogo ~ fogos, osso ~ ossos, jogo ~ jogos*; (iv) entre pessoas do verbo: *devo ~ deves, bebo ~ bebes, movo ~ moves, fiz ~ fez*; (v) entre tempos verbais: *faz ~ fez*. A postulação do morfonema é matéria controversa na Gramática Descritiva. Há quem inscreva o problema no domínio da Fonologia, tratando-o na Morfologia como um procedimento secundário, uma questão de alternância morfológica, flexão interna etc. Outros ressaltam que a terminação -*ma*, que remete a unidades abstratas da língua, está mal usada em *morfonema*, termo que remete a uma realidade concreta. É a própria disciplina da Morfonologia que está em questão. Ficou tocado? Então leia as reflexões sobre a Morfonologia de Trubetzkoy (1957: 337-341) e Martinet (1973), entre outros.

(4) Morfema-zero é o aproveitamento da ausência de marca material para expressar um valor gramatical. É o caso de *falo*, decomponível no morfema radical <fal-> e no morfema número pessoal {-o}, deixando-se um lugar vazio na parte do verbo que poderia ter recebido um morfema modo-temporal, como {-va}, que aparece em *falavas*, por exemplo. Diremos que a ausência deste morfema em *falo* caracteriza o presente do indicativo. A noção de signo-zero procede de Saussure (1917/1972: 102), que afirmou que "um signo material não é necessário para expressar uma ideia, a língua pode contentar-se com a oposição

de alguma coisa com nada". O achado saussuriano – mais um! – espalhou-se pela teoria linguística. Bally (1950) propôs que além do zero morfológico há também o zero sintático, como a omissão de preposições, por exemplo. A Gramática Gerativa tratou o signo-zero como uma categoria vazia na sintaxe. Entretanto, Gleason (1955/1978: § 6.2.3) adverte que não é para sair postulando zeros por aí: "não se deve acrescentar zeros além dos limites dos espaços vazios claramente visíveis na estrutura que se está descrevendo". De todo modo, na língua, como na vida, a ausência do som, o silêncio, também é significativo.

Como realizações concretas, os alomorfes estão sujeitos à variação. Por exemplo, a execução do morfema de plural {-s} pode comportar dois alomorfes: [s] em ambiente surdo, [z] em ambiente sonoro: compare *as facas* com *as vacas*.
– E o que tem a ver vaca com faca?
– Pergunte pro açougueiro.

Concluiremos que {-s} se realiza através de dois alomorfes fonologicamente condicionados. O mesmo ocorre com *falava ~ faláveis, falará ~ falarei*, em que {-va} e {-ra} apresentam dois alomorfes, {-ve} e {-re}, condicionados pelos morfemas número-pessoais {-ys} e {-y}, respectivamente.

Examinando agora *falava, bebia, partia*, notamos que, embora essas formas remetam à mesma categoria de TEMPO, elas não são intercambiáveis, pois só por brincadeira você dirá **falia, *bebava, *partiva*, esta última, por acaso, o imperfeito do indicativo arcaico de *partir*. Ampliando o campo de observação, verifica-se que {-va} é selecionado por verbos que integram a primeira conjugação, caracterizada pela vogal temática {-a-}, ao passo que {-ia} é selecionado por verbos que integram a segunda e a terceira conjugações, caracterizadas pelas vogais temáticas {-e-} e {-i-}. Concluiremos que esses morfemas são morfologicamente condicionados.

Mas você, que é exigente, continuará a segmentar enunciados em morfemas, habilitando-se a identificar as propriedades dos morfemas. Vejamos se nossas listas combinam:

(1) Propriedade de recorrência: os morfemas gramaticais integram um inventário fechado, e os morfemas lexicais, um inventário aberto. Sendo poucos, os morfemas gramaticais têm alta frequência de uso.

(2) Propriedade de cumulação: um mesmo morfema representa mais de uma categoria. Em *falo*, {-o} representa cumulativamente o número e a pessoa; em *falava*, {-va} representa o tempo e o modo. Já pensou se o PB dispusesse de morfemas distintos para cada categoria? Os bebês se recusariam a adquiri-lo!

(3) Propriedade de redundância: uma mesma categoria pode ter representações morfológicas distintas. Em *firo*, a primeira pessoa do singular é indicada redundantemente pela vogal [i] do radical (compare com *feres*) e pelo morfema-sufixo {-o}.

A seguinte regra descritiva dá conta dos morfemas:

(2) Morfema → Margem esquerda (prefixo) + Núcleo (morfema radical) + Margem direita (sufixos).

Nessa unidade, como nas demais, apenas o núcleo é obrigatório. O quadro a seguir reúne os morfemas gramaticais aqui mencionados.

Quadro 1.4 – Morfemas gramaticais sufixais

Morfemas nominais		Morfemas verbais	
Gênero	Número	Modo-temporais	Número-pessoais
{-a}	{-s}	Pres. Ind. – {Ø} Pres. Subj. – {-e}, {-a} Pret. Perf. Ind. – {Ø/-ra} Pret. Impf. Ind. – {-va/-ia} Pret. Impf. Subj. – {-se} Pret. Mqpf. Ind. – {-ra} Fut. Pres. Ind. – {-re} Fut. Pret. Ind. – {-ria} Fut. Subj. – {-r}	1ª pessoa {-o}, {-mos} 2ª pessoa {-s}, {-ys} 3ª pessoa {Ø}, {-ãw/-ẽy}

Agreguem-se os morfemas verbais do Infinitivo, {-r}, do Particípio, {-do/-to} e do Gerúndio, {-ndo}. O Infinitivo pode combinar-se com os morfemas número-pessoais, o Gerúndio ensaiou ir pelo mesmo caminho (como na forma dialetal *falândomos disso*) e o Particípio ficou de fora. Para não entrar em depressão, ele se combina com os morfemas de gênero e número, como em *falado*, *falada*, *falados*, *faladas*.

1.1.3.4. A palavra

O estudo dos morfemas mostrou que determinados segmentos combinam o morfema radical ao morfema afixal. Se ampliarmos o ângulo de observações, identificaremos outros segmentos que dispõem apenas do morfema radical, não podendo flexionar-se. É o caso de *eu*, *através*, *aliás*, *com*, *não*, *e*, *durante*, *três* etc. Chamamos tais segmentos de palavra*, ou item lexical, unidade que associa idealmente um conjunto de morfemas.

A palavra pode ser considerada a "unidade linguística maldita", tais são as dificuldades em conceituá-la. Segundo Rodríguez Adrados (1969 I: 259), tais dificuldades se acentuaram com a técnica estruturalista dos constituintes imediatos, "fragmentações sucessivas da oração que correspondem umas vezes ao que chamamos sintagma, outras ao que chamamos palavra, outras ao que chamamos morfema". Mas, como reconhece Saussure (1917/1972: 128), "a palavra, malgrado a dificuldade que se tem para defini-la, é uma unidade que se impõe ao espírito, algo central no mecanismo da linguagem".

Provavelmente esse atributo autoexplicativo das palavras decorra de sua constituência, em tudo semelhante ao que acontece com a sílaba, o sintagma e a sentença. A seguinte regra descritiva capta esse fato:

(3) Palavra → Margem esquerda (morfema prefixal) + Núcleo (morfema radical) + Margem direita (morfema sufixal).

Com fundamento nessa regra, retire palavras do exemplo (1) e as analise, perguntando-se qual é o tipo estrutural mais frequente no PB.

Um dos resultados de análises desse tipo foi o reconhecimento das duas grandes subclasses indicadas no Quadro 1.5, a das palavras variáveis e a das palavras invariáveis. Foi lenta a identificação das classes de palavras na história das idéias linguísticas, e o leitor poderá dar-se conta disso consultando manuais de introdução à Linguística. Atualmente, há certa unanimidade em considerar que o português dispõe das seguintes classes de palavras:

Quadro 1.5 – Classes de palavras no português

Palavras variáveis	Palavras invariáveis
Verbo	Advérbio
Substantivo	Preposição
Artigo	Conjunção
Pronome	
Adjetivo	

Há vários critérios para a descrição das palavras: sua estrutura morfêmica e suas relações com outras palavras.

As palavras recolhidas no Quadro 1.5 seguem o primeiro critério, valorizando o fato de que no português elas dispõem de um morfema radical e de morfemas flexionais e derivacionais. Em consequência, dispomos de palavras variáveis e de palavras invariáveis.

Os pronomes abrigam as seguintes subclasses, não referidas no quadro: pessoais, demonstrativos, possessivos e quantificadores (definidos ou numerais, indefinidos). Essas classes serão estudadas no capítulo "O sintagma nominal" desta gramática, tomando em conta a estrutura do sintagma nominal (SN). O substantivo e os pronomes pessoais compõem o núcleo desse sintagma. O artigo, os demonstrativos, os possessivos, os quantificadores e alguns adjetivos compõem os especificadores do sintagma nominal.

Outro arranjo das palavras em classes leva em conta suas propriedades de determinar outras palavras (palavras regentes, palavras regidas) ou de predicar outras palavras (palavras predicativas, palavras predicadas).

Jespersen (1924/1971, cap. VII) deu uma importante colaboração ao investigar a segunda destas propriedades. Ele propõe que as palavras predicativas, ou modificadoras, se situam num nível inferior ao das palavras predicadas, ou modificadas. Assim, o substantivo tem nível 1 (pois não predica nenhuma classe), o verbo e o adjetivo têm nível 2 (pois predicam o substantivo) e o advérbio tem nível 3 (pois predica as classes predicativas adjetivo e verbo). Jespersen afirma que a recção de uma classe sobre outra gera a subordinação, isto é, a subordenação, a dependência entre elas. Há dois tipos de subordinação: (i) por junção, quando a um vocábulo de nível 1 se acrescenta outro de nível 2, constituindo-se um conjunto atributivo, como em *a rosa vermelha*, em que *vermelha* é o atributo de *a rosa*; (ii) por nexo, quando a um vocábulo de nível 1 se acrescentam vocábulos de nível 2 e 3, constituindo-se uma predicação complexa, como em *o cão ladra furiosamente*, em que *ladra* predica *o cão*, e *furiosamente* predica *ladra*. Sobre predicação, veja **2.2.2.3**.

1.1.3.5. O sintagma

O sintagma* é a quarta unidade gramatical na hierarquia descritivista. Trata-se de uma associação de palavras articuladas à volta de cinco dentre elas: o verbo, o substantivo, o adjetivo, o advérbio e a preposição.

O termo *sintagma* provém da terminologia militar grega, em que designava um esquadrão, ou seja, um número fixo de soldados, distribuídos de forma também regular, aos quais eram atribuídas funções próprias. Os linguistas se apropriaram desse termo, que parecia talhado para indicar o modo como o substantivo, o verbo, o adjetivo, o advérbio e a preposição costumam agregar outras classes de palavras.

Como todo termo técnico, ele foi assumindo diferentes acepções que importa distinguir. Inicialmente, significava qualquer combinação na cadeia falada, como uma realização do eixo sintagmático. Os exemplos dados por Saussure (*reler, contra todos, a vida humana, Deus é bom, Se fizer bom tempo, sairemos*) mostram que para ele um sintagma podia ser tanto uma estrutura morfológica, como em *reler*, quanto uma estrutura sintática, de nível sintagmático, como em *contra todos, a vida humana*, ou de nível sentencial, como *Deus é bom, Se fizer bom tempo, sairemos*.

O estruturalismo especializou o termo, restringindo-o à designação dos grupos de palavras que formam uma unidade sintática hierarquizada maior que uma palavra, pois resulta de uma associação de palavras, e menor que a sentença, de que é um constituinte. A classe de palavra que nucleariza o sintagma dá-lhe o nome, e assim teremos o sintagma nominal (SN), o sintagma verbal (SV), o sintagma adjetival (SAdj), o sintagma adverbial (SAdv) e o sintagma preposicionado (SP): veja os exemplos (2) a (5). Os sintagmas são transcritos entre colchetes quadrados.

Os sintagmas exemplificam a propriedade de "constituência", isto é, a capacidade linguística de organizar expressões dotadas de uma margem esquerda, um núcleo e uma margem direita. Essa propriedade pode ser observada também nas sílabas, nas palavras e nas sentenças.

Retomando o exemplo (1), notamos que ele apresenta as seguintes expressões:
2) eu estive em Cumaná
3) é uma praia
4) é um lugar...
5) [é] *um litoral muito bonito que aliás é muito parecido com o nosso litoral norte*...
Inspecionando essas expressões, observa-se o seguinte:
- Todas elas incluem um verbo, elidido em (5), logo, todas compreendem os sintagmas verbais [*estive em Cumaná*], [*é uma praia*], [*é um lugar*], [(é) *um litoral muito bonito que aliás é muito parecido com o nosso litoral norte*].
- Em (2), ocorreram o sintagma nominal [*eu*] e o sintagma preposicionado [*em Cumaná*], encaixado no sintagma verbal [*estive em Cumaná*]. Para demonstrar isso, teríamos de retranscrever (2) como segue: $^{SV}[[[^{SN}[eu]^{SN}\;^{Núcleo}[estive]^{Núcleo}\;^{SP}[em\;Cumaná]^{SP}]]]^{SV}$. A quantidade de parênteses quadrados iniciais indica a quantidade de sintagmas identificados. Cada um deles recebe um índice no começo e no fim da expressão, assinalando seus limites. A leitura dessa transcrição é assim: identifiquei um sintagma verbal, dentro do qual há um sintagma nominal e um sintagma preposicionado; logo, usarei três colchetes para a transcrição sintática da expressão analisada.
- Sucede que em (2) há um substantivo. Substantivos também organizam sintagmas, logo, há um sintagma nominal encaixado no sintagma preposicionado [*em Cumaná*]. A transcrição terá de ser refeita para demonstrar o achado: $^{SV}[[[estive]\;^{SP}[[em]\;^{SN}[Cumaná]^{SN}]^{SP}]]]^{SV}$. Não estranhe que um único substantivo, como *Cumaná*, esteja constituindo um sintagma. Como veremos no capítulo "O sintagma nominal", a língua dispõe de sintagmas mínimos, constituídos apenas por seu núcleo.
- Você mesmo fará a análise de (3) e (4). Ultrapassando a agenda da sintaxe, note que esses sintagmas são parafraseados pelo sintagma nominal [*um litoral*], de (5). A paráfrase é um dos mecanismos constitutivos do texto (veja **5.**2).
- O sintagma nominal de (5) é mais complexo que os anteriores, pois ali se acham encaixados (i) o sintagma adjetival [*muito bonito*] e (ii) a sentença relativa *que aliás é muito parecido com o nosso litoral norte*. Dentro do sintagma adjetival [*muito bonito*] está encaixado o sintagma adverbial [*muito*]. Dentro da sentença relativa estão encaixados o sintagma nominal de núcleo pronominal *que*, que funciona simultaneamente como um nexo sintático, o sintagma adverbial *aliás*, o sintagma verbal [*é muito parecido com o nosso litoral norte*]. Dentro desse sintagma verbal, outros tantos sintagmas se aninham. Você mesmo poderá identificá-los.

A esta altura você já descobriu que as sentenças são um somatório de sintagmas, entre outras propriedades. Deve ser por isso que Saussure as incluiu entre os sintagmas. Separar sintagmas de sentença tem na verdade um interesse apenas prático, para a organização de uma agenda de pesquisas sintáticas.

Essa complicação esconde, entretanto, uma simplicidade enorme, se observarmos a constituência dos sintagmas. Veremos aí que, qualquer que seja sua extensão, os sintagmas compreendem a margem esquerda, ocupada pelos Especificadores, o Núcleo, ocupado por uma classe de palavra, e a margem direita, ocupada pelos Complementadores. A seguinte fórmula capta essa regularidade:

(4)   Sintagma → (Especificadores) + Núcleo + (Complementadores)

A regra descritiva (4) tem poder heurístico, pois fazendo-a recorrer construiremos um número infinito de sintagmas. O Quadro 1.6 demonstra isso. Note que Especificadores e Complementadores são constituintes facultativos, por isso vêm anotados entre parênteses.

Quadro 1.6 – Estrutura dos sintagmas

Estrutura geral dos sintagmas	Margem esquerda: Especificadores	Núcleo	Margem direita: Complementadores
SN 1	--	*eu*	--
SV 1	--	estive	SP →
SP 1 (encaixado no SV 1)	--	*em*	SN →
SN 2 (encaixado no SP 1)	--	*Cumaná*	--
SV 2	--	é	SN →
SN 3 (encaixado no SV 2)	uma	praia	--
SV 3	--	é	--
SN 4 (encaixado no SV 3)	um	lugar	--
SN 5	um	litoral	SAdj →
SAdj 1 (encaixado no SN 5)	muito	bonito	--
SV 4	--	é	SAdj →
SAdj 2 (encaixado no SV 4)	muito	parecido	SP →
SP 2 (encaixado no SAdj 2)	--	com	SN →
SN 6 (encaixado no SP 2)	o nosso	litoral	SAdj →
SAdj 3 (encaixado no SN 6)	--	norte	--

Nesse quadro, foram descritos apenas os primeiros sintagmas do exemplo (1), reservando-se uma linha a cada sintagma. A não ocorrência de Especificadores e de Complementadores foi assinalada por um travessão. Quando o Complementador é outro sintagma, anotamos o fato na coluna da direita, remetendo à linha seguinte por meio de uma flecha.

As seguintes variações terminológicas aparecem em lugar de *sintagma*: *grupo* [nominal, verbal etc.], *frase* [nominal, verbal etc.]. Para o estudo dos sintagmas, veja os capítulos "O sintagma verbal", "O sintagma nominal", "O sintagma adjetival", "O sintagma adverbial" e "O sintagma preposicional".

Somando sintagmas, obtemos a sentença, objeto da seção a seguir.

1.1.3.6. A sentença

A sentença* é a unidade que associa propriedades fonológicas (= dispõe de uma entoação), sintagmáticas (= é um conjunto de sintagmas), sintático-funcionais (= é um conjunto de argumentos e adjuntos), semânticas (= é um conjunto de papéis temáticos) e pragmáticas (= é um ato de fala*). Desnecessário dizer que cada sentença exemplifica todas essas propriedades, que serão explicadas no capítulo "Primeira abordagem da sentença". Pode-se reconhecer que a sentença é um somatório de estruturas, e nesse sentido ela é uma unidade "também" gramatical. Se enfatizarmos suas propriedades discursivas, semânticas e pragmáticas, ela mudará facilmente de endereço, em sua qualidade de unidade polifuncional.

A designação da *sentença* não é pacífica na literatura. Você encontrará termos tais como *oração*, *frase*, *período* (conjunto de orações) etc.

Definições puramente formais da sentença aparecem em Bloomfield: "forma linguística independente não incluída por nenhuma construção gramatical em nenhuma forma linguística mais ampla" (apud Rodríguez Adrados, 1969 I: 326). Hockett (1958/1971: 201) de certa forma retoma essa definição, ao dizer que "uma oração é uma forma gramatical que não está em construção com nenhuma outra forma gramatical: um constituto que não é constituinte". As sentenças são por ele consideradas "construções exocêntricas". Hockett esclarece que não se deve entender "exocêntrico" como construção que tem um núcleo "exterior a ela", e sim como "não endocêntrico".

A inclusão da sentença nas análises gramaticais tem sido muito trabalhosa. Como unidade gramatical máxima, a Gramática Estrutural encontrou aqui grandes dificuldades, dado que a sentença soma propriedades sintáticas, semânticas e discursivas, que ultrapassam os limites da gramática tal como postulada pelos estruturalistas. Se eles dispusessem de uma interpretação multissistêmica da língua, não teriam passado por esses apuros. Mas a Gramática Estrutural toma a língua como um código, analisando tais estruturas a partir de suas propriedades "internas", sem pontos de contato com a situação de enunciação em que foram geradas. Foi necessário desenvolver outras teorias para dar conta da complexidade encerrada nas sentenças.

Essas dificuldades refletem-se em suas definições. Ries (apud Hernández Alonso, 1984: 53) tinha recolhido nada menos que 139 definições de sentença!

Câmara Jr. (1942/1954: 164-165), por exemplo, reconhece que "a frase (= sentença) é uma entidade heteróclita; acha-se integrada numa situação, cujos elementos concretos muitas vezes complementam e suprem as deficiências da parte linguística". Com essas palavras, Câmara Jr. está afirmando que mais de uma realidade se acolhe na sentença, desde aquela que integra *"a parte linguística"*, isto é, sua estrutura fonológica e gramatical, até aquela que ele representa com o termo *"situação"*, isto é, as dimensões semântica e pragmática da sentença.

Se isto serve de consolo, podemos lembrar, com Jespersen (1924/1971: 435), que "embora não exista acordo entre os gramáticos no nível da teoria, acontece o contrário na prática: quando se lhes oferece um grupo de palavras, eles são perfeitamente capazes de decidir se se trata ou não de uma verdadeira oração (= sentença)".

Apesar de tudo, os modelos descritivistas conseguiram dar conta da estrutura aparente das sentenças, propondo que elas também exemplificam as regras descritivas (1) da sílaba, (2) do morfema, (3) da palavra, e (4) do sintagma, ou seja:

(5) S → Especificador (= sujeito) + Núcleo (= verbo) + Complementador (= argumentos internos).

Analisando as primeiras sentenças do exemplo (1), obtém-se o seguinte quadro:

Quadro 1.7 – Constituintes da sentença

Sentenças	Margem esquerda: Especificador	Núcleo: Verbo	Margem direita: Complementador
(1)	Eu	estive	em Cumaná
(2)	--	É	uma praia
(3)	--	É	um lugar... um litoral muito bonito
(4)	que (aliás)	é muito parecido	com o nosso litoral norte

A regra (5) corresponde à teoria da X-barra da Gramática Gerativa (Mioto / Silva / Lopes, 1992/2005: 41-115). Ela não esgota aqui sua capacidade explanatória (ver **5.2.1**). Veja, também, como é possível encontrar linhas de força nas definições de sentença consultando o capítulo "Primeira abordagem da sentença". Para a análise de outras propriedades da sentença, veja também os capítulos "Estrutura funcional da sentença", "Minissentença e sentença simples: tipologias" e "A sentença complexa e sua tipologia".

Resumindo o que se disse em **1.1**, constata-se que unidades linguísticas tais como o fonema, o morfema, o sintagma e a sentença reúnem em si as propriedades de regularidade, determinação e lugar de figuração no enunciado. O sintagma e a sentença exibem também a propriedade de concordância. Em seu conjunto, essas propriedades retratam a conexidade que encontramos no interior de cada unidade.

A teoria sobre as unidades da língua se constituiu na pedra de toque para seu entendimento como uma estrutura. Dela se ocupa a Gramática Descritiva, que descreve a partir de um dado *corpus* os fonemas, os morfemas, os sintagmas e as sentenças, propondo regras descritivas para dar conta dessas unidades e para obter generalizações.

A teorização sobre essas unidades e o entendimento da língua como uma estrutura representou uma "construção pouco a pouco".

É muito importante entender que *toda reflexão sobre a língua começa pela descrição das expressões*. Ao mesmo tempo que descrevemos, vamos identificando os grandes processos linguísticos que se escondem por trás da multidão dos dados. Sem a Gramática Descritiva, as teorias gerais sobre a língua não teriam avançado. Ela representa um marco não ultrapassável, qualquer que seja nosso interesse específico.

De todo modo, a enorme complexidade da sentença acabou por empurrar a teoria sobre a língua e sobre a Gramática para outro patamar, caracterizado na seção **1.2**.

LEITURAS SOBRE GRAMÁTICA DESCRITIVA E ESTRUTURALISMO LINGUÍSTICO
Saussure (1917/1972), Sapir (1921/1954), Jespersen (1924/1971), Bloomfield (1933), Câmara Jr. (1942/1954), Hjelmslev (1943/1975), Gleason (1955/1978), Trubetzkoy (1957), Hockett (1958/1971), Borba (1963), Lepschy (1966/1971), Apresjan (1966/1980), Rodríguez Adrados (1969), Martinet (1973), Franchi (1976), Biderman (1978), entre outros.

1.2. A LÍNGUA É UM CONJUNTO DE PROCESSOS ESTRUTURANTES: GRAMÁTICA FUNCIONALISTA

Humboldt (1836/1990: 63) havia traçado um programa de pesquisas que o identifica plenamente com o entendimento da língua como um processo estruturante – não apenas como um elenco de produtos, focalizados pelo estruturalismo.

Ele afirmou que

> deve-se considerar a língua não tanto como um produto inerte, mas sobretudo como produção; [deve-se] abstrair em maior medida sua ação designadora de objetos, e mediadora da compreensão, remontando com maior afinco à sua origem, tão estreitamente unida à atividade interior do espírito, e à influência que exercem a linguagem sobre esta, e esta sobre aquela.

Aprofundando sua definição da língua como uma entidade dinâmica, ele diz que "a língua mesma não é uma obra (*érgon*), mas uma atividade (*enérgeia*); por isso, sua verdadeira definição só pode ser genética" (Humboldt 1836/1990: 65).

Em seguida, Humboldt passa a operar com os conceitos de "forma da língua" e "matéria da língua". Ele mostra que a matéria da língua é heterogênea, caótica, e tem sido descrita e sistematizada pela gramática e pelo dicionário, que servem ao aprendizado, mas não explicam sua verdadeira natureza.

Já a forma é um "elemento constante e homogêneo que subjaz ao trabalho do espírito por meio do qual o som articulado é elevado à expressão das ideias [...]; [esse elemento é] apreendido da maneira mais cabal possível em seu travejamento interno, e exposto com sistema". Naturalmente, a forma da língua é "uma abstração construída pela ciência", e "não deve ser entendida tão somente como a chamada forma gramatical". Priorizando aparentemente a forma sobre a matéria enquanto objeto de estudos e de definição da língua, ele afirma que "num sentido absoluto, dentro da língua não pode haver matéria sem forma", e até o som articulado deriva sua natureza "justamente pela forma que ele recebe" (Humboldt, 1836/1990: 66-69).

A contribuição maior de Humboldt está em pôr em segundo plano a função comunicativa como uma consideração central para a compreensão da linguagem. Ele afirma repetidas vezes que a importância maior da língua está em permitir a construção de uma visão do mundo, em constituir nossas experiências para que, secundariamente, possamos compartilhá-las com o outro – daí ser ela uma *enérgeia*, pois constantemente retorna sobre si mesma e se reconstrói (Humboldt, 1836/1990: 157).

Carlos Franchi (1976: 47-48) tematizou cuidadosamente estas ideias da "língua como uma atividade constitutiva". Em sua tese de doutoramento, ele argumenta que

> antes de ser para a comunicação, a linguagem é para a elaboração; antes de ser mensagem, a linguagem é construção do pensamento; antes de ser veículo de sentimentos, idéias, emoções, aspirações, a linguagem é um processo criador em que organizamos e informamos as nossas experiências.

E mais adiante:

> A função de comunicar não é sua função única, e nem mesmo sua função essencial: ela permite antes pensar [...] um pensar analógico que não exige a equivalência nem a transitividade, mas o devaneio sem volta da similitude e da metáfora, sem quadros fixos de valores, sem limites categoriais precisamente impostos, sem necessidade de conclusões.

Acredito que para considerar os fenômenos deste interessantíssimo ponto de vista, examinados aliás por Ilari (2003), será necessário adotar a posição epistemológica atualmente designada por "ciência dos domínios complexos". Se dermos esse passo, integraremos a Linguística entre as ciências que debatem questões que vêm alargando os interesses científicos a partir da década de 1970: o movimento dos fluidos, o tempo meteorológico, as oscilações dos sistemas econômicos, o ritmo do crescimento populacional, as proteínas como sistemas em movimento etc. A seu tempo, entidades que "não se encaixavam" nos sistemas de classificação trouxeram problemas científicos, tais como o camelo para Aristóteles, o rinoceronte para Marco Polo, que o tratou como um unicórnio, e o ornitorrinco para a Biologia do século XVIII (Eco, 1997/2000).

No quadro das ciências clássicas, os modelos determinísticos não conseguiram dar conta dos fenômenos dinâmicos de que fala Humboldt, visto que a ordem que se supunha existir por toda parte não mostrou aqui sua esperada elegância e previsibilidade.

Uma nova abordagem científica vem se desenvolvendo para dar conta desses problemas, que passaram a ser mais bem entendidos como processos criativos, não como exceções incômodas. Ela se tornou conhecida como a "ciência dos sistemas complexos", também denominada "teoria do caos" (Gleick, 1988: 43). Os termos "caos" e "sistemas complexos" se alternam na literatura específica, mas aqui será dada preferência ao segundo termo.

A ciência dos sistemas complexos representa uma revolução científica que se aplica a domínios tão variados como a Meteorologia, a Economia, a Biologia, a Física, a Antropologia, com forte apoio na Matemática e nas Ciências da Computação. Em seu conjunto, elas se propõem a ampliar os domínios e procedimentos da ciência. Então, vejamos o que é isso.

Os seguintes objetos caracterizam o campo da ciência dos sistemas complexos, segundo se depreende das pesquisas resenhadas por Gleick (1988), Waldrop (1993) e Cilliers (2000):

- *Os componentes dos sistemas complexos exibem um tipo de ordem sem periodicidade, em fluxo contínuo, em mudança – como queria Heráclito.*

Os sistemas complexos nunca atingem a estabilidade, deslocando-se como pêndulos para lá e para cá.

No domínio da Linguística, os neogramáticos tinham identificado e registrado casos de nasalação convivendo com casos de desnasalação, a palatização de braços dados com a despalatização etc. Isso aponta para um movimento pendular no interior das línguas, raciocínio que nos leva a Lightfoot (1999), quando ele afirma que

a mudança gramatical é mais imprevisível do que se pensa (Lightfoot, 1999: 19).

ela é caótica, no sentido técnico [dessa palavra] (Lightfoot, 1999: 259).

a gramática muda como uma bola de bilhar numa superfície ondulada (Lightfoot, 1999: 206).

a noção de que havia uma direcionalidade [na mudança] [...] desabou em sua própria circularidade (Lightfoot, 1999: 208).

Respaldando o entendimento da língua como um sistema complexo, que exibe "um tipo de ordem sem periodicidade, em fluxo contínuo, em mudança", Moraes de Castilho (2005a) constatou a oscilação entre a configuracionalidade e a não configuracionalidade sintática na história do português. Naro / Scherre (2007) mostram que nos dialetos itálicos pré-românicos o -s final enfraqueceu-se e caiu, mas isso não impediu que ele reaparecesse no século II, desaparecendo de novo nas línguas românicas em geral.

- *Os sistemas não são lineares, são dinâmicos, exibem um comportamento irregular, imprevisível.*

Os sistemas combinam a estabilidade e o caos (Gleick, 1988: 68 e 79). Como reconhecem os autores citados por Waldrop (1993: 11 e 145-185), um sistema é complexo "no sentido de que muitos agentes independentes interagem uns com os outros de formas muito variadas". Neles, "o mesmo material vai e vem em combinações infinitas" (Waldrop, 1993: 335). Esses agentes são imprediziveis, caóticos, e atuam em paralelo, simultaneamente, não passo a passo. Não é possível identificar um agente que determine ou atue sobre outros agentes. Os neurologistas afirmam que "não há um nêuron-mestre no cérebro". O que ocorre é um polifuncionalismo entre os agentes.

Processo e produtos convivem nas línguas naturais. A Gramática Descritiva tem-se fixado nos produtos. Para considerar os processo, a percepção de sistemas hierarquicamente organizados terá de ceder o passo a outra epistemologia. Em consequência, os sistemas complexos não podem ser entendidos simplesmente através da análise de seus componentes, devendo-se ter em mente a interação entre eles. Em outras palavras, "recortando o sistema, o método analítico destrói o que está tentando entender" (Cilliers, 2000: 2).

Objetos tão complexos como o cérebro e a língua do dia a dia não abrem espaço para as descrições exclusivamente analíticas. Com isso, os componentes dos sistemas complexos não são definíveis por si sós, e sim através do relacionamento estabelecido entre eles. A memória, por exemplo, não reside num nêuron, mas nas relações entre nêurons. O significado é determinado por relações dinâmicas entre os components do sistema, e com isso retomam sua força as afirmações de Saussure sobre a *langue* como um sistema em que tudo se entrelaça, e ainda aquela outra segundo a qual "na língua não há senão diferenças" (Cilliers, 2000: 38-47).

Ora, as línguas naturais ilustram igualmente esse comportamento, bastando tomar como exemplo uma transcrição da língua falada. Quando aplicados à oralidade, os princípios descritivos de corte clássico acabam por limitar-se a alguns restos, a algumas estruturas estáticas que não representam o tremendo dinamismo de que é feita a oralidade. O "grosso da tropa", por assim dizer, é descartado, dada a insuficiência da postulação teórica.

Como esses eram os princípios disponíveis no momento em que tomaram vulto os estudos sobre a língua falada, não faltou quem alegasse que essa modalidade não tem sintaxe, não é um objeto científico etc. Voltarei mais adiante ao binômio "oralidade/dinamismo".

- *Os elementos dos sistemas complexos exibem relacionamentos simultâneos, não são construídos passo a passo, linearmente. Eles são adaptáveis e auto-organizados.*

A. Stuart Kaufmann (apud Waldrop, 1993: 107), mostra que os genes de uma célula exemplificam essa afirmação: "o fato de que um único genoma pode ter muitos padrões estáveis de ativação bem pode ser o que lhe permite dar origem a muitos tipos diferentes de células durante seu desenvolvimento".

Para dar conta desses fenômenos, a ciência dos domínios complexos assume as seguintes posições:

(1) *As anomalias identificadas pela abordagem clássica exemplificam fenômenos vitais para o entendimento do problema, e não deveriam ser descartadas como aberrantes.*

A ciência deveria tentar entender tais fenômenos, em lugar de fazer predições (Waldrop, 1993: 43, citando William Brian Arthur).

(2) *Uma nova topologia do impreciso, do vago, do aproximativo, precisará ser proposta.*

A geometria euclidiana, por exemplo, não permite que entendamos a complexidade, visto que nuvens não são esferas, montanhas não são cones, e a luz não viaja numa linha reta: "A nova geometria espelha um universo que é desigual, não perfeito, áspero, não macio. É a geometria do esburacado, do quebrado, do retorcido, intrincado, embaraçado e entrelaçado" (Gleick, 1988: 94).

No domínio das línguas naturais, o arranjo euclidiano do espaço serve como um ponto de partida para o estudo das preposições, por exemplo, mas esse arranjo é logo alterado pelos esquemas imagéticos, pelas projeções dos espaços mentais e por outros processos cognitivos (Ilari et al., 2008; veja também o capítulo "O sintagma preposicional"). Outros reflexos dessa posição nos estudos linguísticos aparecem na teoria dos protótipos (Lakoff, 1975, 1982).

(3) *Os sistemas complexos são adaptáveis e auto-organizados, seus agentes ganham experiência e revêm constantemente sua atuação.*

Esses sistemas nunca atingem um estado de equilíbrio. O equilíbrio não tem lugar entre as características dos fenômenos complexos. A atuação das economias, das mentes e dos organismos apenas antecipa como o mundo será. No campo da Linguística, essas observações tornam sem sentido afirmações do tipo "época linguística de desenvolvimento máximo", "período de decadência", "melhora linguística", e assim por diante. Ao contrário, pesquisadores em Biologia vêm dando valor maior aos processos conhecidos como de autorregulação. Segundo Cilliers (2000: 89), "a responsabilidade principal do argumento será demonstrar que a estrutura interna pode evoluir sem a intervenção de um executor externo ou a presença de alguma forma centralizada de controle interno". A propriedade de autorregulação mostra a importância da história no estudo dos sistemas complexos. Visto que esses sistemas são continuamente transformados pelo entorno e por eles mesmos, traços de sua história escassamente permanecem, distribuídos ao longo do sistema (Cilliers, 2000: 108).

(4) *A competição nos sistemas é mais importante que sua consistência.*

A consistência é uma quimera, visto que num mundo tão complicado não há garantias de que mesmo os experimentos científicos sejam consistentes. Os testes sintáticos, por exemplo, nem sempre ajudam no conhecimento dos dados, visto que eles podem interferir no fenômeno sob análise, abrindo caminho a outras realidades.

(5) *Finalmente, ao tratar de fenômenos complexos nenhum método revelará por si mesmo o objeto por inteiro* (Cilliers, 2000: viii-ix e 23).

Aplicada às línguas naturais, esta percepção implica que não poderemos nos ater a um modelo teórico apenas. A complexidade linguística põe em cheque uma afirmação constantemente repetida entre nós, acerca da necessidade de consistência teórica e da proibição de posições ecléticas. Para rever essa afirmação, precisamos levar em conta a natureza do objeto empírico sob exame. Os modelos clássicos dão conta das estruturas cristalizadas. Os modelos que a ciência dos domínios complexos vier a desenvolver na Linguística darão conta das estruturas em construção.

Vamos elaborar ligeiramente o possível lugar da Linguística neste novo campo científico. Embora até aqui, tanto quanto saiba, os linguistas não tenham aparecido no Instituto Santa Fé (Novo México), voltado para as ciências da complexidade, eles tinham dado início, entretanto, a pesquisas bastante assemelhadas, sejam aquelas derivadas do choque produzido pelos estudos da língua falada nas teorias linguísticas disponíveis, sejam aquelas abrigadas sob o rótulo de Linguística Cognitiva. Novas indagações foram feitas. Novos caminhos começaram a ser delineados. Nesta gramática, procurarei integrar os postulados anteriores nas reflexões sobre o PB.

Para entender o PB como um sistema complexo, relembremos inicialmente a lição de Ferdinand de Saussure, já aqui mencionada: a língua é um objeto escondido, não suscetível de uma observação direta. Assim, para desenvolver pesquisas sobre ela, precisamos postular uma teoria. A teoria que orienta esta gramática tem um fundamento funcionalista-cognitivista, cujos princípios serão enunciados em **1.2.2**, a que adiciono uma teoria multissistêmica da língua, desenvolvida em **1.2.3**.

Nesta altura você estará se perguntando:

— *Quero ver se estou entendendo isso direito. Devo deixar de lado as teorias linguísticas baseadas nas ciências clássicas? O lance agora é ir de ciência dos domínios complexos, considerando que a teoria multissistêmica é seu profeta?*

Melhor insistir que a língua abriga em si estruturas razoavelmente cristalizadas, perfeitamente passíveis de descrição a partir dos postulados das ciências clássicas, com suas repercussões na Gramática Tradicional e nas gramáticas formais. Ao lado disso, há um número considerável de estruturas em andamento, muito documentadas na língua falada. Para estas, as gramáticas funcionalistas-cognitivistas oferecem respostas mais consistentes.

Vejamos então mais de perto os fundamentos teóricos da Gramática Funcionalista-Cognitivista em que me baseio:

(1) Em **1.2.1**, repasso o embate formalismo *vs.* funcionalismo na reflexão gramatical.
(2) Em **1.2.2**, exponho os postulados de uma gramática multissistêmica funcionalista-cognitivista, propondo alguns princípios compartilhados pelos sistemas dessa gramática.

(3) Finalmente, em **1.2.3**, trato do diálogo da teoria multissistêmica com outras teorias.

1.2.1. FORMALISMO E FUNCIONALISMO NA REFLEXÃO GRAMATICAL

Há certa unanimidade na identificação das duas grandes correntes que perpassam a reflexão linguística contemporânea, o formalismo e o funcionalismo. Alguns autores enumeram outros pares conceituais usados para designar essas correntes, respectivamente, Linguística independente do falante *vs.* Linguística centrada no falante, Linguística estrita *vs.* Linguística não estrita, Microlinguística *vs.* Macrolinguística, Linguística autônoma *vs.* Linguística integrativa, Gramática *a priori vs.* Gramática emergente etc.

Mesmo correndo o risco da caricatura, vou admitir, com Dell Hymes (1974) e Dik (1978/1981: 5, 1989), que as seguintes afirmações caracterizam essas duas posições:

Formalismo: A língua é um conjunto de orações, cujo correlato psicológico é a competência, isto é, a capacidade de produzir, interpretar e julgar a gramaticalidade das orações. Segue-se que as orações devem ser descritas independentemente de sua localização contextual, e a sintaxe é autônoma com respeito à semântica e à pragmática. Diferentes graus de idealização dos dados podem ser considerados, sendo indispensável seguir considerando uma língua I, distinta de uma língua E.[2]

Funcionalismo: A língua é um instrumento de interação social, cujo correlato psicológico é a competência comunicativa, isto é, a capacidade de manter a interação por meio da linguagem. Segue-se que as descrições das expressões linguísticas devem proporcionar pontos de contato com seu funcionamento em dadas situações. A Pragmática é um marco globalizador, dentro do qual se deve estudar a Semântica e a Sintaxe.

Entendendo que a sintaxe, juntamente com a fonologia e a morfologia, compõem a gramática, e esta, juntamente com o léxico, o discurso e a semântica integram os quatro sistemas linguísticos das línguas naturais, veremos no que o formalismo e o funcionalismo se distinguem apenas na estratégia de abordagem do fenômeno linguístico e no papel conferido a esses sistemas. Fora daqui, essas teorias se assemelham, por exemplo, no reconhecimento das categorias lexicais, discursivas, semânticas e gramaticais, mudando a ênfase em seu enfoque.

A Sintaxe Formal contextualiza a língua nela mesma, isto é, nas suas propriedades internas e nas relações que podem ser estabelecidas entre os constituintes e seus significados (Dillinger, 1991). Ela compreende a Sintaxe Estrutural e a Sintaxe Gerativa, cujo primeiro produto na língua portuguesa foi o trabalho de Querido (1967). Ambas deixam de lado as indagações sobre a criação das estruturas numa dada situação social, concentrando-se nas estruturas cristalizadas da língua. Os dois modelos se unem no silêncio gerado à volta do discurso, e se distinguem em que o estruturalismo postula a língua como uma estrutura composta de diferentes hierarquias, centralizadas na fonologia, enquanto o gerativismo postula a língua como uma atividade mental, em que se buscam princípios universais, sendo a sintaxe seu componente central.

---

[2] Língua I = língua internalizada, de natureza mental. Língua E = língua externalizada, de natureza vocal ou gestual.

A Sintaxe Funcional contextualiza a língua na situação interacional a que as estruturas se correlacionam, prestando mais atenção ao modo como ela se gramaticaliza, ou seja, ao modo como ela representa as categorias sociais e cognitivas em sua estrutura gramatical. Há vários funcionalismos, preocupados sempre em dar conta dos usos linguísticos: a Escola Linguística de Praga, com sua abordagem informacional da sentença, a Gramática Sistêmica de M. A. K. Halliday, a Gramática Funcional de Simon Dik, a Sintaxe Interacional de Sandra Thompson e T. Ono e a teoria da gramaticalização, para ficar com algumas delas. Essas tendências da Sintaxe Funcional têm em comum eleger o discurso e a semântica como componentes centrais de uma língua e seu ponto de partida, considerando-se a gramática como seu ponto de chegada. Desiste-se da postulação apriorista da Gramática, buscando-se identificar os processos que se escondem por trás das estruturas gramaticais.

Alguns antecedentes permitiram a eclosão da Sintaxe Funcional, tal como a conhecemos no período posterior à década de 1970. Esses antecedentes constituíram a chamada "Linguística da Enunciação": (i) as ideias de Charles Bally sobre uma Linguística da *parole*, e as de Dwight Bolinger sobre as relações entre significado e forma, (ii) os ensaios de Émile Benveniste sobre os pronomes e sobre o aparelho formal da enunciação, e (iii) as pesquisas sobre as funções linguísticas de Karl Bühler, Roman Jakobson e outros.

O formalismo e o funcionalismo se fixaram fortemente na Linguística brasileira, embora os estudos funcionalistas sejam mais recentes, notando-se na atualidade alguns pontos de convergência entre esses modelos. Assim, o gerativismo faz menções à Semântica em sua subteoria dos papéis temáticos, considerada por Kato (1998) um possível ponto de convergência, e na questão do foco. A Sintaxe Funcional, por seu turno, não pode deixar de lado as regularidades da estrutura da língua, nem sempre explicáveis por determinações de caráter social. DuBois (1985) chama a atenção para isso, quando fala nas "motivações em competição" que assinalam as línguas naturais. De acordo com esse autor, identificam-se aí, de um lado, as necessidades discursivas dos falantes, no quadro de um "funcionalismo transparente" e, de outro, as forças internas de um "estruturalismo autônomo". Esses termos parecem retomar o contraste entre processos e produtos mencionados em **1**.2.

Os quadros a seguir, organizados a partir de Dell Hymes (1974) e Dik (1978/1981), reúnem as principais características de ambos os modelos.

Quadro 1.8 – Formalismo e funcionalismo segundo Dell Hymes (1974)

ENUNCIADOS COMO ESTRUTURAS	ENUNCIADOS COMO MANIFESTAÇÃO DA COMPETÊNCIA COMUNICATIVA
1. Estrutura da linguagem (código) como gramática.	1. Estrutura da fala (ato, evento) como modos de falar.
2. O uso apenas implementa o que é analisado como código. A análise do código vem antes da análise do uso.	2. A análise do uso vem antes da análise do código. A organização do uso revela traços e relações adicionais; mostram-se o código e o uso em relação integral e dialética.
3. Função referencial: usos plenamente semantizados como norma.	3. Escala de funções estilísticas ou sociais.
4. Elementos e estruturas entendidos como analiticamente arbitrários.	4. Elementos e estruturas etnograficamente adequados.
5. Equivalência funcional das línguas. Todas as línguas são potencialmente iguais.	5. Diferenciação funcional das línguas, variedades e estilos. As línguas não são necessariamente iguais.

6. Código e comunidade únicos e homogêneos.	6. Comunidade de fala como matriz de repertórios e estilos de fala ("organização da diversidade").
	7. Consideram-se aceitos, ou se postulam arbitrariamente, conceitos tais como *comunidade de fala, ato de fala, competência do falante, funções da fala e da linguagem*.

Quadro 1.9 – Formalismo e funcionalismo segundo Dik (1978/1981: 4)

PARADIGMA FORMAL	PARADIGMA FUNCIONAL
1. A língua é um conjunto de sentenças.	1. A língua é um instrumento de interação social.
2. A função primária da língua é a expressão dos pensamentos.	2. A função primária da língua é a comunicação.
3. O correlato psicológico da língua é a competência: a capacidade de produzir, interpretar e julgar sentenças.	3. O correlato psicológico da língua é a competência comunicativa: a habilidade de conduzir a interação social por meio da língua.
4. O estudo da competência tem uma prioridade lógica e metodológica sobre o estudo do desempenho.	4. O estudo do sistema linguístico deve ter lugar no interior do sistema de usos linguísticos.
5. As sentenças de uma língua devem ser descritas independentemente do contexto em que ocorreram.	5. A descrição dos elementos linguísticos de uso de uma língua deve proporcionar pontos de contato com o contexto em que ocorreram.
6. A aquisição da língua é inata. Os *inputs* são restritos e não estruturados. A teoria do estímulo é pobre.	6. A criança descobre o sistema que subjaz à língua e ao uso linguístico ajudada por *inputs* de dados linguísticos extensos e altamente estruturados, presentes em contextos naturais.
7. Os universais linguísticos são propriedades inatas do organismo biológico e psicológico dos homens.	7. Os universais linguísticos são especificações inerentes às finalidades da comunicação, à constituição dos usuários da língua e aos contextos em que a língua é usada.
8. A sintaxe é autônoma em relação à semântica. A sintaxe e a semântica são autônomas com relação à pragmática, e as prioridades vão da sintaxe à pragmática via semântica.	8. A pragmática é a moldura dentro da qual a semântica e a sintaxe devem ser estudadas. A semântica é dependente da pragmática, e as prioridades vão da pragmática para a sintaxe via semântica.

O estruturalismo, examinado em **1.1**, e o prescritivismo, que será examinado em **1.3**, têm em comum postular a língua como um fenômeno homogêneo, sendo que aquele autonomiza a Linguística enquanto disciplina científica. Já o funcionalismo, resumido nos quadros anteriores, considera a língua como um fenômeno heterogêneo, como uma atividade social por meio da qual veiculamos as informações, externamos nossos sentimentos e agimos sobre o outro. Assim concebida, a língua é um somatório de usos concretos, historicamente situados, que envolve sempre um locutor e um interlocutor localizados num espaço particular, interagindo a propósito de um tópico previamente negociado. A Linguística, por via de consequência, deixa de ser uma disciplina científica autônoma, buscando pontos de contato com a Psicologia, a Sociologia, a Antropologia, a Semiologia, a Ciência Política, a História e a Filosofia, "interdisciplinarizando-se", por assim dizer.

Para situar-se em relação ao tema "língua como atividade social", o modelo funcionalista desenvolveu reflexões sobre as *funções da língua*.

A primeira contribuição veio do antropólogo Malinowski (1923/1972), que estudou a cultura polinésia e em cuja língua identificou três funções: (i) a função pragmática, dada pela língua em ação; (ii) a função mágica, dada pela língua como uma forma de controle sobre o meio ambiente; e (iii) a função narrativa, dada pela língua como uma sorte de depósito de informações úteis.

Mas foi a formulação de Bühler (1934/1961) a que mais divulgação alcançou entre nós, graças aos trabalhos de Joaquim Mattoso Câmara Jr. Segundo Bühler, três são as funções da língua como uma atividade social: (i) informar, ordenando e representando a realidade circunstante, donde a *função representativa*, em que predomina o assunto; (ii) manifestar estados da alma, exteriorizando nosso psiquismo, donde a *função emotiva*, em que predomina o falante; (iii) influir no comportamento do interlocutor, atuando sobre ele, donde a *função apelativa*, em que ressalta o ouvinte. Segundo Bühler, as línguas naturais codificam de diversos modos essas três funções.

Jakobson (1963: 19 e ss.) tornou mais claro o lado social da comunicação, estabelecendo os seguintes fatores dessa operação: o emissor, o receptor, o tema, o código, o canal e a mensagem. Já veremos como a ênfase em cada um desses fatores permitiu-lhe ampliar a teoria das funções linguísticas. Esse linguista desdobrou as funções de Bühler em seis, pois destacou os fatores "canal", "código" e "mensagem" no processo da interação social. Ele estabeleceu as funções:

> (i) referencial, que corresponde à função representativa de Bühler; (ii) emotiva, que corresponde à função de mesma designação; (iii) conativa, que corresponde à função apelativa; (iv) fática, pela qual avaliamos continuamente se o canal utilizado está sendo eficiente (e isso motivou os estudos dos "bordões do diálogo" de Beinhauer (1964), para ficar apenas em um dos autores cujos temas seriam abundantemente retomados pela Análise da Conversação, na década seguinte); (v) metalinguística, que enfatiza o código e que é acionada toda vez que damos explicações sobre o sentido de uma palavra ou expressão; (vi) poética, que põe a mensagem em relevo, exemplificada pela concentração de nossa atenção sobre os elementos da linguagem, adensando seu conteúdo significativo e levando-o a uma polivalência que ultrapassa a dimensão meramente referencial.

Ao lançar as bases para sua Gramática Funcional, Halliday aprofundou as relações entre o sistema linguístico e as necessidades da comunicação. Ele aponta três macrofunções:

> (i) ideacional: a língua serve de veículo para a transmissão de informações entre membros da sociedade, "isto é, da experiência que o falante tem do mundo real, inclusive do mundo interior de sua própria consciência"; (ii) interpessoal: através da língua, estabelecemos, mantemos e especificamos relações com outros membros de nossa sociedade, "para a expressão de papéis sociais, que incluem os papéis comunicativos criados pela própria linguagem – por exemplo, os papéis de perguntador ou respondente [...], e também para conseguir que coisas sejam feitas, por via de interação entre uma pessoa e outra"; (iii) textual: a língua provê a textura e a organização do discurso com relevância para cada situação (Halliday, 1970: 136-137).

Numa palestra para professores primários, ele examinou a língua materna do ponto de vista da criança, distinguindo-se dos autores anteriores, que se preocuparam com a linguagem adulta (Halliday, 1973). Entre as crianças, ajuíza Halliday, a língua não conta como um veículo de informação, pois há outras tarefas igualmente importantes que ela realiza, algumas das quais já entrevistas por Malinowski (1923/1972). Ele enumera as seguintes tarefas:

(i) Instrumental (= "*eu quero...*"): por essa função a criança consegue que coisas sejam feitas.

(ii) Regulatória (= "*faça como estou dizendo, faça assim*"): a língua intervém de várias maneiras em todos os processos de interação através dos quais os adultos impõem regras e instruções ao comportamento da criança. Adquirida a consciência dessa função, a criança passa a fixar para outras crianças da mesma idade sequências ordenadas de instruções, que em seguida são transformadas em regras, inclusive condicionais.

(iii) Interacional (= "*eu e você...*"): função que objetiva definir e consolidar o grupo, incluir e excluir, impor e contestar um *status*, zombar, enganar, convencer etc.

(iv) Pessoal (= "*olha eu aqui...*"): função de tomada de consciência da individualidade da criança e de exteriorização dessa tomada de consciência.

(v) Heurística (= "*por quê?*"): uso da língua como meio de explorar o ambiente, formulando hipóteses e discutindo-as.

(vi) Imaginativa (= "*faz de conta que...*"): criação de um mundo à parte através da língua, sem relação necessária com a realidade, visto que essa função não corresponde necessariamente à expressão de um conteúdo.

(vii) Representativa (= "*tenho uma coisa para contar...*"): uso da língua como meio de comunicar acerca de algo, de expressar proposições.

A Gramática Funcional procura correlacionar as classes, as relações e as funções com as situações sociais concretas em que elas foram geradas. Para situar a língua em seu contexto social, ela ultrapassa o limite da sentença e avança na análise de textos extensos. Esse ramo de estudos "desencapsulou" a língua de seus rígidos limites estruturalistas e gerativistas, estabelecendo correlações entre os fatos gramaticais e os dados da comunidade que os gerou. Pode-se dizer que a Gramática Funcional reage contra a "pasteurização" da língua sustentada pela atitude formalista, que postula a língua como uma atividade mental ou como um código.

Os funcionalistas, com efeito, não escondem seu desgosto quando confrontados com as análises gramaticais que tomam sentenças descontextualizadas como matéria-prima para as reflexões. A esse respeito, Halliday (1974: 98 e ss.) propõe claramente uma mudança de enfoque, mediante a concentração da atenção nos usuários e nos usos da língua, valorizando o emissor, o receptor e a variação linguística no quadro da reflexão gramatical.

O funcionalismo acolhe uma série de teorias auxiliares: (i) a língua como competência comunicativa; (ii) a língua como um conjunto de funções socialmente definidas; (iii) a língua como um conjunto de atos de fala; (iv) a língua como variação e mudança; (v) a língua como discurso.

Dadas tantas teorias auxiliares, é legítimo perguntar-se se o funcionalismo tem alguma unidade ou se não passa de uma federação de teorias.

Passo agora a detalhar a teoria multissistêmica funcionalista-cognitivista, modelo em desenvolvimento, segundo o qual os fatos nesta gramática serão ordenados. Num primeiro momento, recolho numa representação gráfica os sistemas de que é feita uma língua, segundo essa teoria.

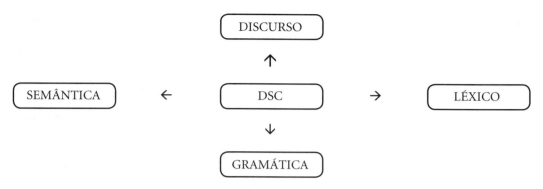

Neste gráfico, DSC significa "dispositivo sociocognitivo". As flechas indicam que o DSC afeta todos os sistemas linguísticos. Observe-se que não há linhas reunindo os sistemas do discurso, da semântica, do léxico e da gramática, conceituados aqui em sua independência uns em relação aos outros. Interfaces podem ocorrer, mas não regras de dependência, ou seja, o léxico não governa a gramática, esta não governa a semântica ou o discurso, o discurso... bem, você mesmo poderá completar as combinatórias possíveis.

Vejamos os postulados que configuram a teoria.

1.2.2. POSTULADOS DA TEORIA MULTISSISTÊMICA FUNCIONALISTA-COGNITIVISTA

A teoria multissistêmica funcionalista-cognitivista é definível pelos seguintes postulados: (1) a língua se fundamenta num aparato cognitivo; (2) a língua é uma competência comunicativa; (3) as estruturas linguísticas não são objetos autônomos; (4) as estruturas linguísticas são multissistêmicas, ultrapassando os limites da gramática; (5) a explicação linguística deve ser buscada numa percepção pancrônica da língua.

1.2.2.1. Postulado 1: a língua se fundamenta num aparato cognitivo

As línguas naturais representam em suas estruturas as categorias cognitivas de PESSOA, COISA, ESPAÇO, TEMPO, MOVIMENTO, VISÃO, QUALIDADE, QUANTIDADE, entre outras. A representação linguística dessas categorias muda de língua para língua, ou no interior de uma mesma língua, ao longo de seu percurso histórico. Mas as categorias cognitivas permanecem, pois integram os atributos da raça humana.

A Linguística Cognitivista tem desenvolvido pesquisas sobre o aparato cognitivo, integrando-se no domínio mais amplo das ciências cognitivas, de que vem abordando vários tópicos (Ungerer / Schmid, 1996). Ela tem sido às vezes definida pelo que não é, pois essa direção de estudos não aceita (i) "a existência de um nível estrutural ou sistêmico de significação linguística [...] distinto do nível em que o conhecimento do mundo está associado às formas linguísticas"; (ii) a arbitrariedade do signo; (iii) a afirmação de que as categorias linguísticas são discretas e homogêneas; (iv) "a ideia de que a linguagem é gerada por regras lógicas e por traços semânticos 'objetivos'"; (v) a autonomia e não-motivação semântica e conceptual da sintaxe (Augusto Soares da Silva, 1997: 61).

Cognição é um termo bastante geral, que abriga sentidos tais como PERCEPÇÃO especialmente VISÃO, PENSAMENTO, MEMÓRIA e RESOLUÇÃO DE PROBLEMAS. Por consequência, as ciências cognitivas deixam de lado a descrição formal de um mundo estático para privilegiar a descrição funcional de um mundo em movimento. Sobre o entendimento de "formal", veja a seção **1.2.1**.

Os fundamentos cognitivos das línguas naturais têm sido pesquisados por várias teorias, que não serão resenhadas aqui:

(1) Teoria dos protótipos: Lakoff (1975, 1982).
(2) Teoria da metáfora: Lakoff / Johnson (1980/2002).
(3) Teoria dos espaços mentais: Fauconnier (1984/1985), Sweetser / Fauconnier (eds. 1996), Fauconnier / Turner (2002).
(4) Semântica Cognitiva: Talmy (1988, 1996, 2000), Johnson (1987), Pütz / Dirven (eds. 1996).
(5) Gramática Cognitiva: Gramática das Construções de Goldberg (1995); Gramática Cognitiva de Langacker (1987, 1990, 1991, 1999, 2008).

Uma Gramática trata de classes, de categorias. A teoria dos protótipos tem um papel importante na conceituação das categorias. Limito-me a apresentar apenas essa manifestação da Linguística Cognitiva.

Esforços de identificação das categorias gramaticais ocorreram desde os primeiros momentos da reflexão gramatical no Ocidente. Precisaremos, para elaborar este tema, retomar as diferenças entre ciência clássica e ciência dos sistemas complexos, já mencionada anteriormente.

Lakoff (1982) e Givón (1986) dissertaram sobre as duas fontes da categorização linguística: a categorização clássica, elaborada por Aristóteles e retomada pela Semântica de Frege e pela Gramática Gerativa, e a categorização natural, elaborada por Wittgenstein (1953/1979) e retomada a partir da década de 1980 pela Psicologia, pela Antropologia e pela Linguística Cognitiva.

Segundo a teoria clássica, as categorias espelham a realidade física, e por isso as categorias gramaticais são discretas e dotadas de propriedades inerentes. A percepção clássica das categorias se fundamenta nas seguintes propriedades: (i) seus atributos criteriais permitem uma predizibilidade absoluta sobre as entidades que integram determinada categoria; (ii) uma entidade pode ser julgada não problematicamente como tendo ou não esses atributos; (iii) as categorias clássicas são limitadas, pois não tomam em conta os processos; (iv) todos os seus membros têm estatuto semelhante.

A categorização clássica apresenta alguns problemas, pois nem todos os membros assim identificados exibem atributos criteriais idênticos. Na verdade, tem sido difícil propor um conjunto operacionalizável de critérios e até mesmo descrever esses critérios. Para uma elaboração maior, remeto o leitor às leituras indicadas a seguir.

Segundo a teoria dos protótipos*, as categorias devem ser vistas como uma representação da realidade, não como sua reprodução. Com isso, não há limites claros entre as categorias, estabelecendo-se entre elas um *continuum* de limites imprecisos (em inglês, *fuzzy edges*). Algumas entidades compartilham muitos traços comuns, constituindo-se nos protótipos de sua categoria. Outras compartilham apenas alguns traços, integrando-se como elementos marginais na classe considerada. Nestes casos, a descrição terá de lançar mão das "categorias quase", de que foram examinadas nesta gramática (i) os quase verbos, em **10**.2.1.3.2; (ii) os quase prefixos, em **14**.2.2.4; (iii) os quase clíticos, em **13**.2.2.2.3; (iv) os quase argumentos, em **7**.4 e **13**.2.1.1.1, (v) os quase asseverativos, em **8**.4, **12**.2.2.1.1 e **13**.2.2.1.1. No interior da teoria clássica, tais entidades constituiriam outras tantas classes. Na teoria dos sistemas complexos, essas entidades possuem diferentes graus de integração em sua categoria, o que permite que muitas relações possam ser reconhecidas entre membros de categorias diferentes, num raciocínio transcategorial. Não é possível predizer a pertença das entidades a determinada categoria, e a integração de uma entidade em uma categoria é muitas vezes uma questão de grau.

A teoria dos sistemas complexos postula um "*continuum* categorial", expressão utilizada por Givón (1984: 15), considerando-se este um procedimento analítico mais sensível às complexidades das línguas naturais. É a similitude, e não a identidade, que deve ser buscada no processo de postulação de categorias.

Seus traços definidores não devem ser estabelecidos a partir de propriedades necessárias e suficientes, ou a partir de seu valor de verdade, e sim a partir de certas semelhanças que os falantes percebem intuitivamente. Os homens não levariam em conta as propriedades "físicas" dos seres no momento de sua categorização, e sim as propriedades que decorrem da imagem que eles têm desses seres, ou, nos termos de Lakoff (1982: 141), propriedades perceptuais tais como "as formas percebidas, as imagens, as intenções".

Ora, as propriedades perceptuais não têm o mesmo *status*, e o homem supervaloriza umas em detrimento de outras. Estudos sobre as designações das cores e a classificação dos animais em diferentes culturas deram fundamento à postulação dos "conceitos básicos", com um poder explanatório maior que os "conceitos primitivos" da teoria clássica.

Lakoff (1975: 234) propôs o termo *hedges* (literalmente, "cercas") para designar determinadas palavras e expressões "cuja função é apresentar as coisas de um modo mais delimitado ou menos delimitado [= *fuzzy*]". Ele lista entre estas as palavras *kind of*, *sort of*, *more or less*, *relatively*, entre outras. A topologia da vagueza vem sendo formulada pela Semântica Cognitiva: Talmy (2000 I: 31 e ss.).

Givón (1986) propôs uma solução híbrida entre as duas teorias. Em sua argumentação, ele confronta o ponto de vista platônico com as observações de Wittgenstein (1953/1979). Segundo o ponto de vista platônico, as "categorias da compreensão" são discretas, absolutas e pristinas. Segundo o ponto de vista de Wittgenstein, as categorias não são discretas e absolutas, mas, no lugar disso, como já se destacou anteriormente, são incertas e mal delimitadas, sendo que muitas relações podem ser reconhecidas entre os membros.

Explorações da língua portuguesa à luz dessa teoria revelaram que há, por exemplo, advérbios "mais adverbiais", como os predicativos, e advérbios "menos adverbiais", como os não predicativos (Ilari et al., 1991). Os advérbios delimitadores *mais ou menos*, *praticamente*, *quase*, *tipo*, *uma espécie de*, estudados por Moraes de Castilho (1991) e Lima-Hernandes (2005a), funcionam como comprometedores da prototipicidade de sua classe-escopo. Também os pronomes foram assim estudados: Lavandera (1984b: 109), Castilho (1993b), Neves (1993a), Ilari/Franchi/ Neves (1996). Veja **13.2.2.1** e **13.2.2.1.3**.

1.2.2.2. Postulado 2: a língua é uma competência comunicativa

Entende-se por competência comunicativa a habilidade de veicular conteúdos informativos, exteriorizar sentimentos pessoais e expressar instruções que devem ser seguidas. "Comunicação" nesta perspectiva pouco tem a ver com a teoria da comunicação da década de 1960, guardando uma relação forte com a etimologia mesma do termo e de seu tratamento fonológico no português: *comunicare > comungar*. Especificando: (1) a língua opera constantemente sobre categorias cognitivas e semânticas, criando os significados; (2) língua é processamento da informação, referenciando-se à situação de fala e ao próprio texto que está sendo criado; (3) a língua se manifesta na interação social através da conversação, considerada como a articulação discursiva mais fundamental.

O entendimento da língua como comunicação ascende a Saussure (1917/1972: 79-84), mas evidentemente esta não foi sua preocupação maior. Ele mencionou o circuito da comunicação humana porque estava interessado em localizar a Linguística nos quadros de uma disciplina mais ampla, a Semiologia. De todo modo, lê-se nessas páginas que a comunicação humana se dá por meio do seguinte circuito:

> (i) na mente de A formula-se um conceito a que se associa uma imagem acústica; (ii) o cérebro de A transmite aos órgãos fonadores um impulso correspondente à imagem acústica; (iii) as ondas sonoras vão da boca de A ao ouvido de B; (iv) em B, a excitação captada pelos ouvidos corre ao cérebro; (v) no cérebro de B associa-se psiquicamente a imagem acústica ao conceito correspondente, no processo de decodificação.

Coerente com seu entendimento da língua como um objeto autônomo, Saussure indica que a comunicação linguística encontra-se no momento (vi), pois os demais momentos ou se prendem ao campo do individual, ou são atividades, para ele, meramente físicas e fisiológicas. Em suma, só há comunicação quando se dá a associação intelectual da imagem acústica (significante) ao conceito (significado).

Martinet (1974: 14), cujo modelo funcionalista corresponde na verdade a uma das perspectivas do estruturalismo, afirma que o que "deve constantemente guiar o linguista é a 'competência comunicativa', já que toda língua se impõe [...] tanto em seu funcionamento como em sua evolução, como um instrumento de comunicação da experiência".

O entendimento funcionalista da língua como uma competência comunicativa aparece na teoria da articulação tema-rema da sentença. Essa teoria foi desenvolvida pelos linguistas da Escola de Praga, como Vilém Mathesius e outros: Firbaš (1964), Daneš (1974, 1995), Halliday (1985a). Segundo eles, a sentença contém duas partes, uma altamente informativa, que é o rema (codificado habitualmente como o predicado, isto é, o verbo e seus argumentos), e outra com baixa informatividade, que é o tema (codificado habitualmente como sujeito).

De acordo com essa teoria, "todo ato de comunicação bem sucedido consiste em duas realizações: (i) destacar um objeto de predicação, (ii) predicar sobre esse objeto". Estou seguindo aqui Ilari (1986a/1992/2004: 36), que aplicou essa teoria à língua portuguesa. Dito de outra maneira,

> toda oração serve para realizar duas ações básicas e irredutíveis, que descrevemos na linguagem de todos os dias mediante os predicados "falar de" e "dizer que": o primeiro desses predicados capta o papel de tópico (= tema), e o segundo o papel de foco (= rema). Toda sentença envolveria, em suma, dois "atos de fala", cada um dos quais obedece a condições específicas (Ilari, 1986b: 42).

Mais além, Ilari esclarece o que está entendendo por "atos de fala":

> conquanto, nessa análise de atos de fala, as duas expressões "falar a respeito de" e "dizer que" devam ser consideradas como primitivas (no sentido de que não se deixam definir por outras expressões mais básicas), cabe perguntar que tipo de ação verbal representam: trata-se num caso de uma "ação de referência", e no outro, de uma "ação de asserção ou informação" (Ilari, 1986b: 178).

Essa teoria foi introduzida entre os linguistas ingleses e americanos por Halliday (1966-1968), e em seguida grandemente desenvolvida por Chafe (1970/1979, 1984b), Prince (1981), Givón (1979b) e outros, suscitando diversas aproximações entre a sintaxe e o discurso.

Essa teoria pode ser generalizada para além dos limites da sentença, como demonstro em Castilho (1987), a propósito das unidades discursivas. Num artigo-balanço, Daneš (1974, 1995) afirma que a teoria tomou três direções distintas: (i) articulação comunicativa dos enunciados, que é o ponto de vista original; (ii) bipartição informacional: informação dada/sabida/velha vinculada ao contexto, *versus* informação nova/não sabida, não vinculada ao contexto; e (iii) dinamismo comunicativo. Apesar das inter-relações entre (i) e (ii), Daneš reafirma o ponto de vista original de Mathesius, segundo o qual "qualquer enunciado (= cláusula) tem sua estrutura tema-rema, sem correspondência com a possível bipartição informacional" (Daneš, ed. 1974: 263).

As sentenças, portanto, representam diferentemente a informação, concentrando em seu início a "baixa informatividade", dada pelo tema, e em seu final a "alta informatividade", dada pelo rema.

É preciso ter em mente que os linguistas de Praga tomavam a entonação como o ponto de partida na constituição da gramática. Assim, a ênfase, o contraste, a tessitura são trazidas para dentro da análise gramatical, entendendo-se o tema e o rema como categorias prosodicamente dependentes.

A percepção informacional da sentença teve em Halliday um pesquisador importante. Ele postula que a gramática é o mecanismo linguístico que liga umas às outras as seleções significativas que derivam das várias funções da linguagem, e as realiza numa forma estrutural unificada (Halliday, 1966-1968, 1970, 1985a). O seguinte quadro, reproduzido em Neves (1996a), dá conta dessa postulação:

Quadro 1.10 – Funções e sistemas linguísticos segundo Halliday (apud Neves, 1996a)

FUNÇÃO	SISTEMA
Ideacional	Transitividade (especificação dos papéis "ator", "meta" etc.)
Interpessoal	Modo (sujeito/predicador/complemento/finitude)
Textual	Tema e informação

Na avaliação de Neves (1996a), dois pontos são básicos na reflexão de Halliday: (1) a unidade maior de funcionamento da língua é o texto, em cujo interior se dá a criação dos significados; (2) os itens são multifuncionais, e atuam no nível do sintagma, da sentença e do texto. Assim, os substantivos desempenham a função ideacional quando representam a realidade, a função interpessoal, como uma não-pessoa do discurso, e a função textual como organizadores da informação. Na sua *Introdução à gramática funcional*, Halliday examina a sentença como mensagem (= função textual), representação (= função ideacional) e interação (= função interpessoal). O ponto central, portanto, está na investigação dos significados, e com isso as formas linguísticas são um meio, e não um fim em si mesmas.

Nesta mesma dimensão, Chafe (1984a) pesquisou o fluxo da informação na linguagem, influenciando toda uma geração de linguistas.

1.2.2.3. Postulado 3: as estruturas linguísticas não são objetos autônomos

Este postulado choca-se diretamente com as perspectivas formalistas, que contextualizam as línguas naturais nelas mesmas, conforme vimos em **1.1**.

As estruturas linguísticas não são objetos autônomos, podendo ser descritas e interpretadas a partir das seguintes propriedades: (1) as estruturas são flexíveis e permeáveis às pressões do uso, combinando-se a estabilidade dos padrões morfossintáticos cristalizados com as estruturas emergentes; (2) as estruturas não são totalmente arbitrárias; (3) as estruturas são dinâmicas e sujeitas a reelaborações constantes, através do processo da gramaticalização.

A correlação assimétrica entre funções e estruturas explica a heterogeneidade natural das línguas, fenômeno que tem sido considerado nos programas de pesquisa denominados "gramáticas em convivência", "motivações em competição", entre outros. Como decorrência disso, certos estudos funcionalistas privilegiam o estudo empírico de uma dada língua, indo dos usos para as estruturas, na pressuposição de que a forma da língua é determinada por seu uso. Muitas das estruturas, tradicionalmente vistas como arbitrárias, tiveram resgatada sua motivação discursiva. Isso não quer dizer que não se reconheça que estruturas muito cristalizadas de fato "se descolaram" de sua motivação discursiva, no estágio máximo de sua gramaticalização, que precede seu desaparecimento.

Várias teorias exploram a não autonomia das estruturas:
(1) Teoria da variação e mudança de Labov (1972a), seguida de perto pela teoria das gramáticas em competição de DuBois (1985);
(2) Interface sintaxe/discurso;
(3) Sintaxe Interacional de Ono / Thompson (1994a, 1994b);

(4) Teoria da iconicidade, de Haiman (1980, ed. 1985);
(5) Teoria da gramaticalização: Lehman (1982a, 1982b), Traugott / Heine (eds. 1991), Heine/ Hünnemeyer / Claudi (eds. 1991), Hopper / Traugott (1993/2003), Bybee / Perkins / Pagliuca (eds. 1994), Castilho (1997a, 1997b, 1997c), Gonçalves / Lima-Hernandes / Galvão (orgs. 2007).

Apresentarei brevemente algumas das teorias mencionadas anteriormente.

(1) A teoria da variação e mudança, desenvolvida por William Labov, sistematizou a percepção da língua como um fenômeno intrinsecamente heterogêneo, e portanto não autônomo.

Segundo essa teoria, locutor e interlocutor atuam nos seguintes espaços, concretamente configurados, os quais deixam marcas formais em sua produção:

(i) Espaço geográfico: há uma correlação entre a região de que procedem os falantes e marcas específicas de sua produção linguística. Uma língua natural conterá, portanto, os dialetos e falares, estudados pela Dialetologia e pela Sociolinguística.

(ii) Espaço social: outra correlação se estabelece entre fatos linguísticos e o espaço coletivo em que se movem os falantes (o que acarreta as variedades *fala culta* x *fala não culta*), o espaço intraindividual (donde as variedades de *registro*, devidas aos diferentes graus de formalismo que envolvem os locutores: *língua coloquial* x *língua refletida*) e o espaço individual, de que resultam os *socioletos* (linguagem dos jovens e dos velhos, linguagem dos homens e das mulheres).

(iii) Espaço temático: a forma de elaborar os tópicos conversacionais ou textuais matiza igualmente os materiais linguísticos selecionados, dando origem à *linguagem técnica*, por contraste com a *linguagem corrente*, ao *discurso pessoal ou definido*, por contraste com o *discurso impessoal ou indefinido* etc.

(2) Outra estratégia de ataque à percepção da língua como um objeto autônomo aparece nas pesquisas sobre a interface sintaxe/discurso. Atuaram na busca das regularidades linguísticas no discurso Givón (1979b, ed. 1983), DuBois (1980), entre outros.

Sabe-se que a Gramática Funcional é o estudo da sintaxe *no* discurso, embora ela não se constitua propriamente numa teorização sobre o discurso. Vários achados da Análise da Conversação, da Análise do Discurso e da Linguística do Texto têm sido apropriados pelo modelo. Em Castilho (1989d, 1998a/2004, 1998c, 1998e, 2004d), mostrei que a reflexão linguística pode ter início nos estudos da conversação, caminhando daqui para o texto, até atingir a sentença.

Pesquisadores do Projeto de Gramática do Português Falado desenvolveram enormemente a temática da interação sintaxe/texto, evidenciando a importância de pesquisar as unidades discursivas, o quadro tópico e outras propriedades textuais, constituindo-se uma área de estudos denominada em outros ambientes "sintaxe macroestrutural" (Jubran/Koch, orgs. 2006). Sobre esta matéria, veja **2.3.5**.

Um texto é constituído por um conjunto de unidades discursivas: os parágrafos na língua escrita, e as "unidades de ideia", "unidades informativas", ou simplesmente "unidades discursivas" na língua falada. Chafe (1987a, 1987b) propôs que se distingam "elementos de informação" e "unidades de informação". Em outras pesquisas, ele prefere identificar essas unidades na língua falada através de propriedades prosódicas, cunhando então o termo "unidades entonacionais".

(3) O programa da Sintaxe Interacional focalizou a atenção na motivação conversacional das estruturas gramaticais: Ono / Thompson (1994a, 1994b), Ford / Thompson (1996), Ochs / Schegloff / Thompson (eds. 1996).

Diversos linguistas em diversas ocasiões especularam sobre o estabelecimento de um programa em que se passasse da análise da conversação para a análise gramatical. No domínio do PB, Dias de

Moraes (1987) descreveu os nexos coordenativos a partir dessa perspectiva. Castilho (1988) e Marcuschi (1989) propuseram outras tantas questões a esse respeito. No domínio do inglês americano, Sandra Thompson deslanchou um vasto projeto de indagações, expressas no título de seu artigo "O que a conversação nos informa sobre a sintaxe?" (Ono / Thompson, 1994a).

Ono / Thompson começam por sublinhar o papel seminal do artigo de Sacks / Schegloff / Jefferson (1974/2003), em que esses autores apontam para a necessidade de uma "Sintaxe Conversacional".

O item 3 deste último trabalho descreve o sistema de tomada de turnos em termos de dois componentes e de um conjunto de regras conversacionais. O primeiro componente é o da construção dos turnos, e o segundo, o da alocação dos turnos. Vou deter-me no primeiro componente.

O componente de construção dos turnos apresenta propriedades fortemente baseadas na sintaxe. Afirma-se ali que "há várias unidades-tipo com as quais o falante pode construir um turno" (Sacks / Schegloff / Jefferson, 1974/2003: 702). Essas unidades-tipo compreendem construções sentenciais, sintagmáticas e léxicas. A afirmação mais forte aqui é que "exemplos das unidades-tipo projetam a próxima unidade-tipo", o que permitiria postular uma sorte de "princípio de projeção interacional", que propus em Castilho (1998a/2004, 1998b, 1998c, 1998e, 2004d). A projetabilidade implica em que há por parte dos falantes uma percepção do completamento do movimento verbal, com respeito ao qual os turnos se sucedem. O falante prevê o momento em que o interlocutor vai encerrar sua fala e se prepara para entrar na conversação. Ora, tem-se reconhecido que a projetabilidade é uma propriedade sintática fundamental. Talvez se possa identificar uma interessante correspondência entre a habilidade que os interlocutores envolvidos numa conversação têm de prever seu momento de entrada na cadeia da fala, de um lado, e o fato de que certas estruturas sintáticas estão correlacionadas a isso, de outro. Dito de outra maneira, pela primeira vez se podem constatar fortes correspondências entre processos pragmáticos como o da tomada de turnos, emparelhamento de construções e estruturas sintáticas. Em suas próprias palavras,

> parece produtivo admitir que, entendida a conversação como um lugar de uso da língua, se não for O lugar de uso da língua, aspectos da estrutura da língua foram concebidos para o uso conversacional e, *pari passu*, para as contingências das trocas de turno (Sacks / Schegloff / Jefferson, 1974/2003: 722).

E mais além:

> É de se esperar, portanto, que alguns aspectos da sintaxe da sentença serão mais bem entendidos por referência às tarefas que têm de ser desempenhadas num turno-situado--numa-série, sendo os turnos o lugar fundamental para a ocorrência das sentenças (Sacks / Schegloff / Jefferson, 1974/2003: 722-723).

No programa da Sintaxe Interacional, o componente de construção do turno se tornaria mais conhecido como unidades de contrução do turno (em inglês, *turn constructional unit*, UCTS). Ono / Thompson (1994a, 1994b) afirmam que a Gramática está inserida na situação conversacional. Ora, a interação linguística é basicamente uma passagem de turnos, e os gramáticos não se deram conta disso em suas reflexões sobre a língua. Seus conceitos fundamentais são os seguintes: (i) a unidade entonacional "interage de perto com a realização da sintaxe nos dados conversacionais" (Ono / Thompson 1994a, 1994b: 5); (ii) para dar conta de vários fenômenos conversacionais relacionados com a sintaxe, é necessário postular os *esquemas construcionais* como uma entidade abstrata.

Aparentemente sem conhecer o programa de Thompson, Franck (1981, versão portuguesa em 1986, versão em inglês 1988) tinha desenvolvido indagações semelhantes. Em sua intervenção no Encontro Internacional de Filosofia da Linguagem (Universidade Estadual de Campinas, 1981),

Franck pergunta "que tipo de objetos devem ser considerados sentenças, para que nossa definição seja compatível com os pressupostos básicos da Análise Conversacional?" (Franck, 1981/1986/1988: 9). Partindo das estruturas *duplamente articuladas* (em inglês, *double bind*), ela conclui que

> em vez de analisar as sentenças como produtos terminados da atividade da fala, de uma perspectiva *post-factum*, parece mais cabível, à luz de nossas observações, tratá-las como processos que se desenrolam no tempo (Franck, 1981/1986/1988, versão de 1986: 14).

Vistas as coisas desse ângulo, ela agrega muito afirmativamente:

> Acho que uma breve inspeção de dados conversacionais confirma que as sentenças ou componentes sentenciais (incluindo formulações elípticas, em alguns contextos) são efetivamente operativas, não somente para a análise linguística, mas para os próprios participantes (Franck, 1981/1986/1988, versão de 1986: 14-15).

Ela dá os seguintes exemplos de construções *duplamente articuladas*:
6) *isso aconteceu / assim no ano 1907 / eu nasci*
7) *mas ele existe / assim o animal-ambulância / vem pegá-lo*
8) *primeiro você escuta eles o tempo todo fazendo bagunça no corredor / esses gatinhos / eles estão brincando.*
9) *eu falei / primeiro / falei eu que...*

Denominando o primeiro segmento de A, o segundo de B e o terceiro de C, ela argumenta que nessas estruturas o segmento B articula-se ao mesmo tempo com A e com C, diferindo nisso que (i) de (6) a (9) temos um tipo "cabeça de Janus", pois A e C são elementos diferentes, ao passo que (ii) em (9) temos uma "construção especular", pois A e C são idênticos, alternando-se apenas a ordem dos constituintes. Com esse raciocínio, a linearidade das línguas naturais ficou fortemente comprometida.

Lerner (1991: 441), num trabalho sobre as "sentenças em andamento", parece ter sido um dos primeiros a elaborar com mais detalhe o que são as UCTs, operando mais particularmente sobre as UCTs compostas, que ele define como dois turnos emparelhados, em que o segundo completa sintaticamente o primeiro:

10) M – *Muitas máquinas agora não fazem gravações tão lentamente... então... quando eu vou gravar uma fita eu quero...*
11) J – *poder ajustar a máquina para uma gravação rápida.*

Os materiais do Projeto Nurc, conquanto não rigorosamente conversacionais, trazem dessas UCTs, a que chamei "estruturas encaixadas" em Castilho (1983b: 48-49):

12) L1 – *por exemplo Campos do Jordão... eu não acampei no inverno... mas eu acho que lá...*
   a) L2 – **é gosto/**
   b) L1 – **no inverno deve ser mais gostoso.** (D2 SP 167)
13) L1 – *mas tava uma louca pra pegá uma estrada... né...*
   a) L2 – **e logo a Dutra...**
   b) L1 – **logo a Dutra...** *eu tinha pouco tempo de carta... mas...* (D2 SP 167)

1.2.2.4. Postulado 4: as estruturas linguísticas são multissistêmicas

A percepção multissistêmica da língua representa uma reação contra um conjunto de afirmações que se podem encontrar na literatura sobre gramaticalização (veja **2.4**).

Contraponho àquelas afirmações a postulação da língua como um sistema dinâmico e complexo, configurado no quadro das *ciências dos domínios complexos*.

Essa nova epistemologia – nova na Linguística moderna – poderá ser definida através de premissas que tomem em conta a língua como um conjunto de processos e como um conjunto de produtos:
(1) *Do ângulo dos processos, as línguas serão definíveis como um conjunto de atividades mentais, pré-verbais, organizáveis num multissistema operacional.*

Os processos que organizam as línguas entendidas em seu dinamismo operam (i) simultaneamente, não sequencialmente; (ii) dinamicamente (não são entidades estáticas); (iii) multilinearmente (não são entidades unilineares).

A língua-enquanto-processo pode ser razoavelmente articulada em quatro domínios: (1) lexicalização, (2) discursivização, (3) semanticização e (4) gramaticalização.

Ainda que timidamente, os estudos sobre a gramaticalização levantaram o véu da língua-enquanto-processo. Só falta enquadrá-la entre os outros processos de criação linguística, descartando sua atual abordagem epifenomênica.

(2) *Do ângulo dos produtos, as línguas serão apresentadas como um conjunto de categorias igualmente organizadas num multissistema.*

A língua-enquanto-produto é um conjunto de categorias agrupadas em quatro sistemas: (1) léxico, (2) discurso, (3) semântica e (4) gramática.

Esses sistemas serão considerados autônomos uns em relação aos outros, ou seja, não se admitirá que um sistema deriva de outro, nem se proporá uma hierarquia entre eles, rejeitando-se que haja relações de determinação entre eles. Não se postulará a existência de sistemas centrais e de sistemas periféricos, e com isso reformulo Castilho (2003a/2007), em que tinha proposto o léxico como o módulo central das línguas naturais, violando assim o princípio da indeterminação interssistêmica. Qualquer expressão linguística exibe ao mesmo tempo características lexicais, discursivas, semânticas e gramaticais.

Seja como conjunto de processos, seja como conjunto de produtos ordenados em sistemas, a língua continuará a depender de uma articulação que assegure a eficácia de seu uso. Essa articulação se dá pelo compartilhamento de propriedades comuns, caracterizadas em **1.2.3**.

1.2.2.5. Postulado 5: a língua é pancrônica – a explicação linguística

Percorremos neste capítulo os postulados da descrição estruturalista e funcionalista, deixando de caracterizar até aqui a abordagem diacrônica do PB. Ora, como dizem os historiadores, pensar o presente é pensar o passado no presente.

Extensas descrições da língua falada – e, num grau menos acentuado, da língua escrita – topararam frequentemente com estruturas do passado convivendo com estruturas do presente, numa pancronia*. A antinomia saussuriana sincronia*/diacronia*, claramente postulada para ordenar o campo das investigações, foi substituída pelo conceito de pancronia, ou de convivência de gramáticas, posição defendida entre outros por DuBois (1985).

O conceito de pancronia aparece, entre outras situações, quando, ao refletir sobre uma nova Linguística Histórica, autores como Maia (2002: 233) apontam para a conveniência de se deixar num segundo plano a pergunta "quando?", em favor das explicações sobre o "como?" e o "por quê?", considerando-se ademais a mudança

> como um *processo* em todas as suas vertentes, desde o próprio processo de inovação linguística [...], passando pelo processo social da difusão na comunidade, até a completa mutação linguística e, simultaneamente, pelo processo de integração da inovação na estrutrura da língua.

Ora, a pancronia está ligada diretamente aos usos que fazemos das línguas – e os usos são o "santo dos santos" do funcionalismo. E como os usos se entroncam em práticas sociais, antropológicas, eles arrastam o passado para o presente. A explicação linguística, portanto, deve levar em conta os usos, os usos socialmente configurados. É isso mesmo o que fazem diversos linguistas.

Para Heine (1997: 3) e Heine / Claudi / Hünnemeyer (1991: cap. IX), por exemplo, as "motivações para o uso e o desenvolvimento da língua são externas à estrutura linguística, as explicações externas da língua têm maior poder do que as explicações internas".

Ao contextualizar os fatos gramaticais na situação de fala que os gerou, a Gramática Funcional toma como ponto de partida os significados das expressões linguísticas, para em seguida indagar como eles se codificam gramaticalmente. Recorrendo de novo ao entendimento da língua como um conjunto de sistemas, pode-se reconhecer que a Gramática Funcional toma os sistemas semântico e discursivo como *inputs*, de que o sistema sintático é um *output*. Por outras palavras, ela postula que a língua exista não porque disponha de uma estrutura, mas sim que sua estrutura existe em vista da necessidade de cumprir certas funções. Concordo com isso, menos quando a Gramática Funcional lineariza os sistemas, estabelecendo precedências entre eles, coincidindo assim com a posição formalista de que deseja se afastar. Nesse particular, a presente gramática se afasta das gramáticas funcionalistas.

A posição funcionalista sobre a explicação linguística confronta-se com a da Gramática Gerativa, que busca a explicação na Sintaxe, nas motivações internas, considerado "o lugar errado" para Naro / Votre (1992/1996: 57). Motivações discursivas tais como a oposição figura/fundo, a cadeia tópica e o fluxo da informação explicam a ordem dos constituintes sentenciais e a seleção de determinadas estruturas. Heine (1997) insiste igualmente em que as explicações linguísticas fundamentadas na observação das regularidades fonológicas e sintáticas iluminam características apenas periféricas da língua, deixando de lado as características centrais do uso e da estrutura linguística.

Este último parágrafo, aliado a um exame desapaixonado do confronto formalismo/funcionalismo, mostra, na verdade, a complementaridade dessas postulações. O funcionalismo interessa-se pelos processos de criação das estruturas e suas motivações discursivas – a chamada gramática emergente de Hopper (1988). O formalismo dirige seu olhar para as estruturas já emersas.

Dando um balanço nos postulados aqui enunciados, vê-se neles a importância da descrição da língua falada e o quanto a descrição dessa variedade impactou as teorias sobre a linguagem e sobre a gramática: Castilho (1994a, 1995a, 1998b, 1998c). A estranha pancronia que encontramos na língua falada apontou para novos caminhos de análise e interpretação. O funcionalismo brasileiro encarou de frente esses desafios. Esta gramática deve muito a essas reflexões.

1.2.2.6. Postulado 6: um dispositivo sociocognitivo ordena os sistemas linguísticos

A articulação dos processos e dos produtos linguísticos captados pelos sistemas do léxico, do discurso, da semântica e da gramática se dá ao abrigo do que venho chamando de "dispositivo sociocognitivo", explicitável por meio dos princípios de ativação, desativação e reativação de propriedades. Esses princípios têm uma dimensão cognitiva e uma dimensão social.

Eles são *cognitivos* porque se fundamentam em categorias e subcategorias cognitivas. Exemplifico algumas delas, lembrando que essas categorias não são exclusivas nem negativas, visto que uma não se opõe a outra. As categorias cognitivas são, ao contrário, problemáticas e integrativas.

Enumero rapidamente algumas delas:
- A PESSOA estão ligadas as subcategorias (i) dêiticas, ou mostrativas; e (ii) fóricas. Veja **11.3**.
- A ESPAÇO estão ligadas as subcategorias de (i) espaço referencial/espaço mental; (ii) posição no espaço (= verticalidade/horizontalidade/transversalidade); (iii) distância/proximidade

no espaço (= distal/proximal); e (iv) disposição espacial num recipiente real ou fictício (= continente/conteúdo). Veja **14.2.2.2**.
- A TEMPO estão ligadas as subcategorias de (i) posição no tempo (= passado/presente/futuro); (ii) distância/proximidade no tempo (= remoto/próximo) etc. Veja **10.2.2.2**.
- A OBJETO estão ligadas as subcategorias de (i) contável (= descontínuo/limitado)/não contável (= massa/ilimitado); (ii) definido/indefinido etc. Veja **11.2.2**.
- A VISÃO estão ligadas as subcategorias de (i) aspecto perfectivo/imperfectivo; (ii) fundo/figura, (iii) perspectiva estática/perspectiva dinâmica etc. Veja **10.2.2.2.1**.
- A MOVIMENTO estão ligadas as subcateorias de (i) movimento factual/movimento fictício (Talmy, 2000 I: 99 e ss.); (ii) movimento de traços fonéticos e semânticos; (iii) movimento de constituintes no interior da palavra, do sintagma, da sentença etc. Veja **15.1.4**.
- A EVENTO estão ligadas as subcategorias de (i) telicidade/atelicidade; (ii) semelfactividade/iteratividade; (iii) causatividade/resultatividade; (iv) evento-moldura/evento-cenário etc. Veja **10.2.2**.

Você encontrará ao longo desta gramática as formas de representação dessas categorias cognitivas no PB. É só uma questão de ir escavando... Algumas dicas aparecem em **15.1**. Note também que a dêixis é um dispositivo básico, ao qual é possível relacionar as categorias cognitivas em seu conjunto. Com isso, estou dizendo que a dêixis, que será examinada em **2.2.2.1**, se distingue das demais categorias semânticas por sua força na organização da língua, enquanto ordenadora dos processos e produtos dos sistemas linguísticos (veja Nascimento / Oliveira, 2004).

Mas esses princípios são também *sociais* porque baseados na análise continuada das situações que ocorrem numa conversa, mais particularmente, na gestão dos turnos conversacionais. A conversação é de fato a atividade linguística básica e pode proporcionar-nos alguns princípios de interesse para esta demonstração.

Os princípios sociocognitivos gerenciam os sistemas linguísticos, garantindo sua integração para os propósitos dos usos linguísticos, para a eficácia dos atos de fala. De acordo com esse dispositivo, o falante ativa, reativa e desativa propriedades lexicais, semânticas, discursivas e gramaticais no momento da criação de seus enunciados, constituindo as expressões que pretende "pôr no ar".

Como já disse, a postulação desses princípios decorre dos achados da Análise da Conversação, do Projeto de Gramática do Português Falado (PGPF) e do Projeto para a História do Português Brasileiro (PHPB). Os dois primeiros projetos tomaram exclusivamente a língua falada como objeto empírico. A língua falada é mais reveladora dos processos de criatividade e mudança linguística que a língua escrita. A interpretação teórica desses achados motivou Nascimento (1993b/2005) e Kato (1996/2002) a desenvolverem reflexões fundadas nos mais de duzentos ensaios preparados, debatidos e publicados pelo PGPF. Na mesma direção, venho propondo os seguintes princípios (Castilho 1998a/2004, 1998b, 1998c, 1998e, 2007, 2009a):

1.2.2.6.1. PRINCÍPIO DA ATIVAÇÃO: A PROJEÇÃO PRAGMÁTICA

Quando conversamos, tentamos o tempo todo prever os movimentos verbais do interlocutor, isto é, se ele completou sua intervenção, se ela ainda está em curso, se devemos antecipar o momento de nossa entrada no curso da fala etc. Para dar conta desse mecanismo, que assegura a manutenção da conversação, relembro que Sacks / Schegloff / Jefferson (1974/2003: 702) postularam um "componente de construção de turnos" cujas unidades-tipo, isto é, as palavras, os sintagmas e as sentenças com os quais o falante contrói seu turno, "projetam a próxima unidade-tipo", numa sorte de antecipação da atuação verbal do interlocutor.

Proponho que o princípio da ativação se fundamenta no princípio da projeção conversacional. Esse princípio é responsável pela ativação das propriedades lexicais, semânticas, discursivas e gramaticais, descritas nesta gramática: (i) princípio de projeção, por meio do qual organizamos a estrutura argumental da sentença simples e da sentença complexa (veja **6.**4, **8.**3, **9.**2.2.3.1, **10.**2.1.1, **11.**2.1.2, **12.**2.1.4, **13.**2.1.2 e **14.**2.1.1); (ii) inserção de tópico novo (veja **11.**2.3.1).

1.2.2.6.2. Princípio da reativação: a correção

No curso de uma conversação temos frequentemente de mudar seu rumo, seja corrigindo nossas próprias intervenções (= autocorreção), seja corrigindo a intervenção do interlocutor (= heterocorreção). O sistema de correção conversacional busca eliminar os erros de planejamento.

Proponho que o princípio de reativação das propriedades lexicais, semânticas, discursivas e gramaticais se fundamenta na estratégia de correção pragmática, o que explica os seguintes fenômenos: (i) a repetição e a paráfrase na reformulação do quadro tópico (veja **5.**2.3); (ii) a repetição e a organização do sintagma (veja **2.**1.4, **2.**2.3, **2.**3.5, **2.**4.5); (iii) o papel dos substantivos na derivação referencial (veja **11.**2.3.2); (iv) a recorrência da preposição na formação das preposições complexas (veja **14.**1.2).

1.2.2.6.3. Princípio da desativação: a elipse

Também se observam na conversação movimentos de abandono ou desativação de uma estratégia em curso, e consequente ativação de outra. Isso explica as *despreferências*, termo proposto por Marcuschi (1983/2009), uma estratégia que consiste em verbalizar o que não é esperado, violando-se o princípio de projeção pragmática. Isso ocorre quando respondemos a uma pergunta com outra pergunta, quando recusamos um convite etc. Nesses casos, segundo esse mesmo autor, cria-se na conversação um "vazio pragmático".

Proponho que o princípio sociocognitivo de desativação, ou da elipse, se fundamenta na estratégia conversacional de despreferência. A elipse é utilizada na argumentação sintática (veja **6.**5.4) e concorre fortemente para a caracterização das seguintes categorias: (i) fonema elíptico (veja **1.**1.3.1); (ii) morfema-zero (veja **1.**1.3.3, capítulo "Os sistemas linguísticos"); (iii) argumentos sentenciais vazios (veja **7.**3.1.3 e **7.**4.1.2); (iv) elipse do verbo (veja **10.**2.1.6); (v) descontinuação do quadro tópico (veja **5.**2.4).

A desativação é, portanto, o movimento que ocasiona o abandono de propriedades que estavam sendo ativadas. Gera-se um silêncio no planejamento verbal, a que se seguem simultaneamente as ativações e as reativações.

É importante enfatizar que esses princípios operam ao mesmo tempo, não sequencialmente, numa forma já prevista por Lakoff (1987). Assim, a desativação ocorre simultaneamente com a ativação, e esta com a reativação, o que compromete o princípio da unidirecionalidade, se estivermos considerando os mecanismos interssistêmicos de produção linguística.

Os princípios sociocognitivos agem por acumulação de impulsos, simultaneamente, e somente assim poderemos dar conta da extraordinária complexidade da linguagem. Nesse quadro, fica difícil concordar com as análises que mencionam o "desbotamento" do sentido, a "erosão" fonética, pois a língua desvela um processo contínuo de ganhos e perdas. Melhor seria enquadrar a mudança linguística no quadro do "pensamento não linear complexo", debatido, por exemplo, em Carvalho / Mendonça (orgs. 2004).

É digno de nota constatar-se que os pesquisadores das redes neurais chegaram aparentemente a uma conclusão semelhante, assim descrita por Cilliers (2000: 67, grifo meu):

Uma rede neural consiste numa grande coleção de nós interconectados, ou "nêurons". Cada nêuron recebe *inputs* de muitos outros. Cada conexão dispõe de certa força associada a ela, com o peso dessa conexão. *Esses pesos têm valores reais que tanto podem ser positivos (excitatórios), negativos (inibitórios) ou zero (implicando em que os dois nêurons respectivos não são conectados).*

Sendo fenômenos mentais, as línguas não haveriam de escapar ao funcionamento das redes neurais. Seu dispositivo central, apresentado sob a forma do princípio sociocognitivo nesta seção, exibe comportamentos assemelhados quanto à excitação (= ativação) e à inibição (= desativação).

1.2.3. DIÁLOGO DA TEORIA MULTISSISTÊMICA COM OUTRAS TEORIAS

A teoria multissistêmica da língua dialoga com vários autores, cujas afirmações foram de grande importância em minhas formulações: W. Von Humboldt, já mencionado anteriormente, Charles Morris, Carlos Franchi, M. A. K. Halliday, R. Jackendoff, Mílton do Nascimento. Deixo claro que as leituras que fiz de seus trabalhos não os compromete com minhas conclusões.

Morris (1938: 14) tinha postulado que a língua é um sistema semiótico que compreende três áreas: a Sintaxe, a Semântica e a Pragmática. A Sintaxe é a consideração dos signos e de sua combinação segundo regras de formação (que determinam as combinações possíveis tanto de membros de um conjunto quanto da oração) e regras de transformação (que determinam que orações podem ser obtidas de outras). A Semântica trata das relações dos signos com seus *designata* e, assim, com os objetos que eles denotam. A Pragmática trata das relações entre o signo e seus usuários, ou interpretadores. Esse termo técnico, por isso mesmo, foi cunhado a partir de "pragmatismo". Segundo Morris, a Retórica pode ser vista como uma forma primitiva e limitada da Pragmática (Morris, 1938: 35).

Estas ideias reaparecem em Franchi (1976, 1991), que admite que a língua se compõe de três sistemas, o sistema semântico, o sistema sintático e o sistema discursivo, todos eles articulados pelo léxico. O sistema semântico, conceitual ou nocional é constituído pelos processos de representação linguística dos significados. Ele compreende dois subssistemas, o predicativo-descritivo e o dêitico-referencial. O sistema sintático trata da combinação dos signos no enunciado e das regras mentais que governam essas combinações. Ele compreende os subsistemas categorial, argumental, o de relações gramaticais, o de processos e transformações, o dos casos sintáticos etc. O sistema discursivo é formado pelo conjunto das negociações intersubjetivas que fazem da língua um contrato social. Ele compreende o jogo das imagens sociais, o fluxo da informação, a organização tópica dos textos etc. Franchi insiste em que não há relações de determinação entre esses sistemas, que são apenas intermediados pelo léxico. Essa importante observação mostra que nenhum desses sistemas comanda o outro; entendi por ela que não se deve postular uma hierarquia de precedência entre os sistemas linguísticos.

Halliday (1985a, 1985b) entrou nessa dança, ao desenvolver no seio de sua Gramática Funcional a teoria sistêmica da língua, que ele assim caracteriza:

(1) A língua não é um sistema bem definido e não pode ser igualada ao conjunto de todas as sentenças gramaticais. A língua não pode ser interpretada por regras que definam tal conjunto. Ela é uma fonte sistemática da significação. As pessoas intercambiam sentidos através da língua, e por isso a língua não pode ser definida por sua constituência, que é vista pela teoria sistêmica como uma pequena parte do quadro geral, apesar de sua importância. Por isso mesmo, os colchetes são pouco usados nesta teoria, pois eles impedem a percepção de que um mesmo enunciado dispõe de diversos valores. Assim, em "João jogou a bola" temos *ao mesmo tempo* (i) a estrutura agente-processo-alvo; (ii) uma mensagem que envolve informação nova e informação dada; (iii) um tema e um rema.

(2) A estrutura constituinte no nível do conteúdo é parte de uma lexicogramática integrada, ou seja, (i) cada traço estrutural tem sua origem na semântica; (ii) os diferentes tipos de estrutura tendem a expressar diferentes sentidos.
(3) O coração da língua é o nível abstrato de codificação do que é a lexicogramática. O léxico é parte da gramática, tanto quanto a fonologia e a morfologia.
(4) A língua é funcionalmente variável. Qualquer texto pertence a um ou outro registro.
(5) A teoria sistêmica aceita o conceito saussuriano sobre como o sistema pode ser observado nos atos de fala, mas junta a fala com a língua como objetos da Linguística. Com isso, a língua pode ser descrita em termos de estratos, assim representados:

semântica
lexicogramática
fonologia

(6) O significado resulta da relação entre o sistema e o entorno. A teoria sistêmica sempre foi explicitamente contextual.
(7) A teoria sistêmica assume uma posição particularista, não generalista, com respeito às categorias linguísticas. Ela evita assumir a universalidade de categorias como casos, traços fonológicos etc. São as diferenças entre as línguas que devem ser entendidas e investigadas.

A teoria multissistêmica que fundamenta esta gramática tem muitos pontos de contacto com o pensamento de Halliday, sobretudo quando ele postula a simultaneidade de propriedades. Entretanto, dele me afasto ao (i) rejeitar o arranjo da língua em estratos; (ii) integrar o léxico na gramática; e (iii) localizar em outra parte "o coração da língua" mencionado no tópico (3) anteriormente.

Jackendoff (1990) assumiu a autonomia teórica da Sintaxe e da Semântica, admitindo apenas regras de correspondência entre esses sistemas – repisando, curiosamente, o que Franchi dissera 14 anos antes!

Nascimento (1993b/2005: 110), debatendo os achados do Projeto de Gramática do Português Falado, captou alguns pontos de convergência entre seus pesquisadores, claramente separados pelas abordagens formal e funcional desde o início de suas pesquisas, em 1988. Ele identificou os seguintes pontos de convergência:

A) Uma concepção da linguagem como uma atividade, uma forma de ação, que não pode ser estudada sem considerar suas principais condições de produção.
B) A pressuposição de que na produção e recepção de textos se manifesta a capacidade comunicativa do falante e do ouvinte, caracterizando-se pelas regularidades que evidenciam um sistema de execução linguístico constituído por vários subsistemas.
C) A pressuposição de que os subsistemas constituintes do sistema de execução, isto é, o subsistema discursivo, semântico, morfossintático, fonológico, é caracterizável em termos de "regularidades" definíveis em função de sua natureza respectiva.
D) A pressuposição de que um dos subsistemas é o subsistema computacional, definível em termos de regras e/ou princípios envolvidos na organização morfossintática e fonológica dos enunciados que se articulam na elaboração de qualquer texto.
E) A pressuposição de que o texto é o lugar em que é possível identificar as pistas indicadoras das regularidades que caracterizam esse sistema de execução linguístico.

Em que pontos se dá o diálogo aqui reconhecido entre a teoria multissistêmica da língua e os autores brevemente resenhados anteriormente?

Em Morris e Franchi, encontrei uma apresentação bastante esclaredora da língua em diversos sistemas, não como um objeto teórico monolítico. Na teoria sistêmica de Halliday, como já reconheci antes, o reconhecimento da simultaneidade de propriedades liberadas por uma mesma construção. Em Jackendoff, a autonomização da Sintaxe e da Semântica. Em Nascimento, os seguintes pontos:

(i) a língua é uma atividade, uma forma de ação – portanto, uma entidade dinâmica; (ii) a língua é um conjunto de sistemas; (iii) o texto é o lugar privilegiado para o entendimento dessas regularidades – constatação esta que tem um forte sabor funcionalista, pois encara a língua em seu uso.

Aproximando-me desses autores e, neles tendo me inspirado, deles entretanto me afasto, nos seguintes pontos: (i) estratos linguísticos podem ocorrer, quando muito, no interior de cada sistema; (ii) os sistemas linguísticos não são dotados de uma hierarquia; (iii) não elejo nenhum deles como central; (iv) o que, sim, é central na língua é o *dispositivo sociocognitivo* que rege os sistemas, fazendo de cada um deles uma forma de representação das categorias cognitivas e, ademais, regulando-os a partir de impulsos que identifiquei na conversação, a mais básica das manifestações linguísticas. Esse dispositivo não é outro sistema, e nisto me afasto de Nascimento (1993b/2005), item D.

Venho postulando há tempos a língua como um multissistema, fundamentando-me no diálogo com esses autores, mas sobretudo na interpretação dos achados do Projeto Nurc e do Projeto de Gramática do Português Falado, e no Projeto para a História do Português Brasileiro: Castilho (1998b, 1998d, 2002, 2003a/2007, 2003b/2006, 2004a/2007, 2004b/2006, 2004c, 2004d, 2005, 2007, 2009a). Versões anteriores da proposta se beneficiaram do criticismo construtivo de colegas como Margarida Basílio, Jânia Ramos, Sônia Bastos Borba Costa, Augusto Soares da Silva, e de vários orientandos de mestrado e doutorado. São de minha responsabilidade os erros e imprecisões remanescentes. Algumas aplicações da proposta aparecem em Castilho (1997b, 1998a/2004, 1998b, 2000a, 2003a/2007, 2003b/2006, 2004b/2006, 2004c, 2007, 2009b), Barreto (2004), Módolo (2004, 2006, 2007, 2009), Kewitz (2007a, 2009), Simões (2007), Braga (2008), Defendi et al. (2009), Santos et al. (2009), Sartin (2009). A concepção do portal www.museudalinguaportuguesa.org tomou igualmente em conta esta proposta.

LEITURAS SOBRE FUNCIONALISMO
Castilho (1967, 1968a, 1978b, 1981a, 1984c, 1989b, 1993a, 1994b, 1998a/2004, 1998c, 1998e, 2003b/2006, 2004d, 2007), Franchi (1976), Dik (1978/1981, 1989, 1997), Givón (1979b, 1984), Halliday (1966-1968, 1969, 1970, 1974, 1985a, 1985b), Halliday e Hasan (1976), Ilari (1986a/1992/2004), Thompson (1992), *Alfa* 38 (1994 – número especial sobre "O funcionalismo em Linguística"), Neves (1997), Neves / Braga (1998), Kato (1998), Pezatti (2004).
O desenvolvimento dos estudos funcionalistas brasileiros foi minuciosamente retratado por Neves (1997) e Neves / Braga (1998). No texto de 1998, elas identificam os pioneiros desse movimento (Evanildo Bechara, Rafael Hoyos-Andrade e Ataliba T. de Castilho), os grupos de pesquisa (Programa de Estudos sobre o Uso da Língua, da UFRJ, coordenado por Anthony J. Naro; Discurso e Gramática, da UFF, coordenado por Sebastião Votre; Grupo de Sintaxe I do Projeto de Gramática do Português Falado, coordenado por Rodolfo Ilari e Maria Helena Moura Neves; Espaços Mentais e Gramaticalização, da UFJF, coordenado por Margarida Salomão) e várias pesquisas avulsas. A polêmica Votre/Naro (1989) *versus* Nascimento (1990), seguida depois das observações de Dillinger (1991), deu maior visibilidade ao entrechoque formalismo *versus* funcionalismo em nossas universidades. Votre/Naro (1989: 175) argumentaram que "em nossa abordagem vamos normalmente do particular para o geral, porque o próprio critério que permite a descoberta do que ocorre e recorre, de forma regular, e que nos permite construir a generalização, é o papel comunicativo, e não *algum critério formal*". Nascimento (1990:98) mostra que o formalismo e o funcionalismo têm objetivos diferentes, pois a Sintaxe Gerativa é um modelo do conhecimento linguístico, ao passo que a Sintaxe Funcional é um modelo do processamento verbal. Vistas as coisas desse ângulo, ele argumenta que "os dois modelos de análise podem contribuir um para o progresso do outro", pois focalizam o fenômeno linguístico de ângulos complementares. Kato (1998) identificou pontos de contato entre os dois modelos, começando pela questão dos papéis temáticos. Finalmente, é preciso reconhecer que no final do século XX formalismo e funcionalismo passaram por muitas transformações, de que resultou uma diminuição das distâncias captadas pelos quadros comparativos transcritos neste capítulo. A aproximação pode ser creditada aos avanços conseguidos nos domínios do Discurso e da Semântica, e ao enorme desenvolvimento da Linguística Cognitiva.

LEITURAS SOBRE LINGUÍSTICA COGNITIVA
Langacker (1987, 1990, 1991, 1999, 2008), Goldberg (1995), Ungerer e Schmid (1996), Heine (1997), Silva (1997, org. 2001, 2006), Salomão (1999, 2002), Talmy (2000), Castilho (2002a).

1.3. A LÍNGUA É UM CONJUNTO DE PRODUTOS E DE PROCESSOS EM MUDANÇA: GRAMÁTICA HISTÓRICA

A Linguística moderna surgiu com a Linguística Histórica, no começo do século XIX. Essa direção de estudos desenvolveu as seguintes teorias sobre a mudança linguística, simplificadamente assim relacionadas: (1) comparatismo; (2) neogramaticismo; (3) estruturalismo; (4) gerativismo; (5) variacionismo e funcionalismo.

Reporto-me brevemente a esses momentos, situando cada um deles em sua contribuição à Linguística portuguesa.

1.3.1. O COMPARATISMO E O MÉTODO HISTÓRICO-COMPARATIVO

Os comparatistas impuseram-se como agenda identificar o passado comum das línguas, concentrado numa protolíngua sem documentos escritos, que devia então ser postulada. Para configurar a protolíngua, eles compararam as gramáticas das línguas-testemunho. Foi assim desenvolvido o método histórico-comparativo, através do qual foi possível configurar o indoeuropeu, o latim vulgar e o romance. No Brasil, a maior figura desta orientação foi Theodoro Henrique Maurer Jr., que publicou a primeira gramática sobre o latim vulgar, acompanhada de reflexões teóricas (Maurer Jr., 1959, 1962).

1.3.2. O NEOGRAMATICISMO E A CENTRALIDADE DA FONÉTICA

Os neogramáticos se concentraram na história das línguas previamente afiliadas pelos comparatistas. De uma certa forma, retomaram as atividades da Filologia Clássica, atacada pelos comparatistas, concentrando-se na gramática dessas línguas – o que lhes valeu o apelido de "neogramáticos", que eles incorporaram com bom humor.

A teoria dos neogramáticos foi sistematizada por Herman Paul, num trabalho de 1880, reformulado na edição de 1920. Seu livro transformou-se num dos clássicos da Linguística: Paul (1880/1920/1970). Essa teoria assenta nos seguintes princípios:

(1) O historiador de uma língua natural tem como tarefa de base acompanhar as diversas fases ou diversos estados da língua, entendida como um "organismo psíquico", ou mental, como diríamos hoje. Esse organismo é uma sorte de gramática internalizada, e dela decorrem os enunciados; tais enunciados são elementos relacionados uns com os outros.

(2) As relações linguísticas são perceptíveis na fala individual, o que permite lançar uma ponte entre a pesquisa linguística e a pesquisa psicológica. Mas é necessário relacionar os usos individuais com os usos coletivos, para melhor entender o mecanismo da mudança linguística. O uso coletivo não passa de um artefato do linguista: (i) não há limites entre usos coletivos, que serão idealmente concebidos como uma soma de usos individuais; (ii) a única realidade disponível é o uso individual, e é nesse nível de consideração que as mudanças são desencadeadas, sobretudo quando usos são acrescentados ou subtraídos ao uso coletivo; (iii) dois mecanismos causam as mudanças no uso individual: a) a mudança espontânea, explicável pelas tensões sintagmáticas, isto é, pela acomodação de um som ao que lhe está contíguo na cadeia da fala; b) as adaptações da fala individual a outra fala individual, o que pressupõe o intercurso verbal como um momento importante na mudança.

(3) O momento decisivo da mudança linguística está, portanto, localizado no uso individual. Paul (1880/1920/1970) afirma que tal mudança se dá por meio de "passos infinitesimais", um dos quais é o princípio do "maior conforto [articulatório]", expressão que se tornou conhecida entre nós como "lei do mínimo esforço", acaso uma versão infeliz da denominação original. Sendo foneticamente gradual, a mudança "avança por uma implementação imperceptível, mas lexicalmente abrupta, afetando simultaneamente todas as palavras relevantes", na leitura de Labov (1981: 72). Críticos dos neogramáticos, conhecidos como difusionistas, aduziriam evidências contrárias a esta posição (Marco Antônio de Oliveira, comunicação pessoal).

Há duas decorrências deste princípio, as quais foram sendo fixadas ao longo da Linguística Histórica Portuguesa de inspiração neogramatical: (i) como as mudanças fonéticas se fundamentam na produção fisiológica dos sons, elas têm certa universalidade e espontaneidade. Mesmo em línguas muito diversas entre si, podemos encontrar o mesmo tipo de mudança, dado que tudo é uma questão de acomodações entre sons contíguos, produzidos por um "aparelho fonador" em si mesmo idêntico; (ii) as mudanças fonéticas, por isso mesmo, não admitem exceções, e os casos de irregularidade decorrem de empréstimos linguísticos, ou de analogias. Como reconheciam Brugman-Osthoff (1878, apud Paul, 1880/1920/1970), "cada mudança fônica, visto que ocorre mecanicamente, tem lugar de acordo com leis que não admitem exceção". As irregularidades teriam de ser explicadas de outro modo. Este é o caso do advérbio de afirmação *sim*. Derivado do latim *sic*, as regras de mudança fonética levariam a *si*, que de fato existiu no português arcaico. A nasalidade da forma moderna *sim* aponta para um tratamento irregular, explicável pela analogia com *non* > *não*, visto que a afirmação tira seu estatuto de uma oposição à negação.

(4) A mudança não tem um ritmo permanente, e conforma-se à estabilidade maior ou menor dos usos individuais. Historiadores das ideias linguísticas veem nisso uma evidência de que Herman Paul admitia o acaso como um fator de mudança. De todo modo, o curso de uma mudança passa pela difusão de um novo hábito de uma minoria para uma maioria, o que levanta a questão das mudanças intra e intergeracionais, que viria a ser tematizada pela teoria da variação e mudança. Paul quer com isso dizer que um "fato novo" pode ser mais bem identificado pelo adulto do que pela criança, mais suscetível de captar e executar as tendências à mudança, identificáveis em sua "gramática implícita".

(5) Somente os fatores fonéticos podem condicionar a mudança. Isso quer dizer que os neogramáticos aparentemente não incluíam em sua argumentação fatores de caráter morfológico ou sintático. Os fatores fonéticos podem ser sistematizados em termos de assimilação, dissimilação, permuta, adição, apagamento, transposição e outros. No caso do apagamento de sons, a perda das consoantes travadoras de sílaba teve consequências morfológicas importantes no sistema do português, quando essas consoantes funcionam como morfemas, como o caso de {s} marcador de plural.

As afirmações dos neogramáticos deram origem às gramáticas históricas, que organizaram os fatores fonéticos, impulsionando este momento da Linguística Histórica. No campo da língua portuguesa devem ser lembrados Pereira (1915/1933), Nunes (1919/1945), Leite de Vasconcelos (1911/1926/1988), Hüber (1933/1986), Lima Coutinho (1938/1958). Nos anos 50 do século xx, toda uma geração de linguistas brasileiros foi formada nessas fontes, pois a Linguística Histórica ocupava o centro das estruturas curriculares.

Essas ideias voltaram a ser discutidas nos últimos anos, com refutações muito fortes, criando-se a chamada "controvérsia neogramatical", que parece resumir-se nisto: o que realmente muda, o som ou a palavra? Sobre isso, veja Labov (1981, 1995).

1.3.3. O ESTRUTURALISMO E A CENTRALIDADE DA FONOLOGIA

O estruturalismo se constitui numa "família teórica" que tem em comum postular a língua como um sistema constituído por subsistemas hierarquicamente dispostos.

A cada subsistema correponde uma unidade, formalmente designada por vocábulos técnicos terminados em -*ma*.

Os estruturalistas concentraram na fonologia o motor da mudança linguística. Martinet (1955) estipulou três processos de mudança fonológica:

1) Fonologização: é o surgimento de um fonema novo, a partir da criação de um traço pertinente inexistente no estágio linguístico anterior. Assim, no quadro das vogais latino-vulgares, não se estabeleciam dois graus na abertura média. O português criou o traço pertinente /+ média aberta/, surgindo assim a distinção entre /ɛ/ e /ɔ/ abertos. Analogamente, o latim não tinha o traço /+ palatal/ em seu quadro de consoantes. O português, e outras línguas românicas, criaram esse traço, enriquecendo-se o quadro respectivo, em nosso caso, com os fonemas palatais /ʃ/, /ʒ/, /ɲ/, /ʎ/. Vogais médias abertas e consoantes palatais são casos de fonologização.

2) Transfonologização: é o surgimento de um fonema novo, mediante o aproveitamento de um traço pertinente já existente no sistema. A extensão do traço /+ sonoro/ deu surgimento, no português, aos fonemas consonantais /v/ e /z/. A transfonologização promove o equilíbrio do sistema fonológico, preenchendo as "casas vazias" deixadas pelo não-aproveitamento integral de um traço pertinente.

3) Desfonologização: é a perda de um traço, e o consequente desaparecimento de fonemas. O português perdeu o traço de quantidade e, por consequência, não temos vogais nem consoantes longas com valor fonológico, que desempenhavam um papel importante no sistema fonológico latino-vulgar.

Essas ideias foram examinadas no português por Câmara Jr. (1975), Borba (1972/1973), Castilho (1978d), Zágari (1988), Mattos e Silva (l991 e 1993).

Adaptando o esquema de Martinet para a morfologia diacrônica, pode-se afirmar que na passagem do latim vulgar para o português houve casos de:

1) Morfologização: criação dos morfonemas, formação dos tempos compostos e das perífrases verbais, criação de novos morfemas para o futuro do presente e do pretérito.

2) Desmorfologização: desaparecimento dos casos nos substantivos, do futuro imperfeito do indicativo, do imperfeito do subjuntivo, dos particípios presente e futuro, desaparecimento dos morfemas de grau dos adjetivos.

3) Transmorfologização: recategorização de formas compostas da passiva perifrástica, em que *amatus sum*, por exemplo, foi reinterpretado como presente passivo.

Sobre a morfologia diacrônica do português, veja Câmara Jr. (1975), Naro (1973), Maia (1986), Mattos e Silva (1991, 1993, 2008).

Na mesma linha do raciocínio estruturalista, as alterações morfológicas implicariam em alterações sintáticas. Assim, a perda das consoantes travadoras de sílabas, tanto quanto dos casos na morfologia nominal, desencadearam (i) a expansão do uso das preposições; e (ii) certo enriquecimento da ordem de figuração dos constituintes sentenciais, tornando-se o português progressivamente uma língua configuracional.

No PB, estamos observando agora a destruição do sistema casual dos pronomes, e suas consequências na expressão das categorias funcionais de sujeito e de objeto direto (veja **7.3.1**, **7.4.1** e **11.4.1**).

As alterações já mencionadas na morfologia verbal, tais como o desaparecimento do particípio presente e sua substituição pelo gerúndio, o declínio no uso dessa forma e do infinitivo, ocasionaram uma utilização mais frequente das conjunções, no caso das sentenças conjuncioais (veja o capítulo "A sentença complexa e sua tipologia").

Sobre a sintaxe diacrônica do português, veja Silva Dias (1881/1918/1954), Brandão (1963), Mattos e Silva (1989, 1993 e 2008).

1.3.4. O GERATIVISMO E A CENTRALIDADE DA SINTAXE

Aparentemente, a primeira questão de alcance diacrônico que chamou a atenção dos gerativistas foi a da aquisição da linguagem: por que a gramática do falante adulto, um sistema tão complexo, é tão rapidamente adquirida, se durante a fase de aprendizado a criança recebe estímulos tão pequenos? Para encaminhar uma explicação, o gerativismo começa por distinguir a língua I, internalizada, da língua E, externalizada, à qual as crianças estão expostas.

Para tratar desta questão, Chomsky (1986) retoma o chamado "paradoxo de Platão". Tratando da aquisição do conhecimento, e contrastando o conhecimento sofisticado do mundo com o contato precário que temos com esse mesmo mundo, Platão argumentava que o conhecimento é recordado de existências anteriores. Estímulos recebidos na existência atual despertam o conhecimento assim adquirido que, portanto, preexiste ao indivíduo. Chomsky traduziu esse conhecimento em termos de nosso aparato genético, postulando que o conhecimento linguístico tem um caráter inato e está, por assim dizer, inscrito no código genético humano.

A teoria dos princípios e parâmetros, desenvolvida a partir de Chomsky (1986), explora esta perspectiva (Mioto / Silva / Lopes, 1999/2005). Assim, na gramática universal há um conjunto de princípios, que são invariantes, aos quais correspondem parâmetros, que são opcionais. Nessa linha de raciocínio, ao princípio A, segundo o qual o verbo transitivo deve ser "irmão" do objeto direto, correspondem os parâmetros x e y, segundo os quais o objeto pode preceder ou seguir o verbo. Ao princípio B ("verbos finitos devem ligar-se a INFL", isto é, à flexão), correspondem os parâmetros x e y ("o verbo move-se para INFL", ou então "INFL move-se para o verbo"). Ao princípio C ("os núcleos precedem os complementos"), correspondem os parâmetros x e y ("x precede SN, ou x segue SN") etc. Quer dizer, os parâmetros são sempre binários, e o falante faz a escolha de um deles por sua exposição aos dados da língua E.

Assim, adquirir uma língua é fixar os valores dos parâmetros, movimentando um leque de opções. A mudança linguística é uma questão de mudança dos valores paramétricos. O latim selecionou o parâmetro objeto-verbo, ao passo que línguas românicas, como o português, selecionaram verbo-objeto. Deve-se destacar o fato de que nem todos os parâmetros estão sujeitos à mudança de seleção. Ainda não se conseguiu explicar por que certos parâmetros são mais sujeitos à mudança que outros.

As possibilidades abertas pela teoria dos princípios e parâmetros foram bastante exploradas no estudo do PB. Desse programa resultou uma nova geração de linguistas historicistas brasileiros. As figuras centrais aqui foram Mary Kato e Fernando Tarallo. Sínteses dos resultados obtidos aparecem em Roberts / Kato (orgs. 1993), Castilho et al. (orgs. 2007).

1.3.5. O VARIACIONISMO, O FUNCIONALISMO E A CENTRALIDADE DOS USOS

Sapir (1921/1954) afirmava que o fenômeno da variação linguística acarreta o da mudança: se há duas ou mais formas em competição, uma delas acabará por vencer a outra, e a língua mudará.

Essa ideia foi elaborada por William Labov, que a denominou teoria da variação e mudança. Seu objetivo maior é apanhar a mudança "em seu pleno voo", por assim dizer.

No texto fundacional dessa teoria, Weinreich / Labov / Herzog (1975) começam por destacar as inconveniências do ponto de vista estruturalista e gerativista sobre a mudança. Uma e outra teoria postulam que a língua é homogênea, e praticada por um falante ideal, o que vai complicar seriamente as coisas tanto no plano sincrônico da descrição linguística quanto no plano diacrônico de interpretação de sua mudança. Fixando a atenção neste último aspecto, esses linguistas reclamam que

> quanto mais os linguistas se impressionarem com a existência da estrutura da língua, quanto mais apoiarem esta observação em argumentos dedutivos a respeito das vantagens funcionais da estrutura, tanto mais misteriosa se tornará a transição de um estágio para outro dessa mesma língua. Afinal de contas, se uma língua tem de ser estruturada para funcionar eficientemente, como as pessoas continuarão a falar enquanto a língua muda, isto é, enquanto ela passa por períodos de uma sistematicidade atenuada? (Weinreich / Labov / Herzog, 1975: 100).

Para dar resposta a essas e a outras questões, os sociolinguistas formularam a teoria da variação e mudança, na qual eles propõem "quebrar a identificação entre estruturação e homogeneidade" e ir ao encalço da competência linguística dos falantes, a qual está ancorada numa heterogeneidade sistematizada, pois a "ausência da heterogeneidade estruturada seria disfuncional". A ancoragem da mudança nos usos da linguagem trouxe os sociolinguistas labovianos para o campo do funcionalismo.

Os seguintes argumentos compõem a teoria variacionista da mudança:

1) Reconhece-se a existência de princípios restritivos que governam a mudança de determinada estrutura. Há uma covariação entre esses princípios e variações individuais, as quais devem ser definidas (Weinreich / Labov / Herzog, 1975: 101 e 170).

2) A mudança das estruturas põe o problema da transição, isto é, há estágios intermediários nessa mudança, os quais podem ser empiricamente observados e controlados, visto que "uma mudança linguística pode ocorrer numa gradação discreta" (Weinreich / Labov / Herzog, 1975: 170).

3) Duas questões resultam daqui: (i) questão do encaixamento: como as mudanças se encaixam "na matriz dos concomitantes linguísticos e extralinguísticos das formas em questão?", isto é, por que setores da estrutura linguística a mudança tem começo, e que segmentos da sociedade a incorporam primeiramente?; (ii) questão da avaliação: como as mudanças são avaliadas em termos de seu impacto sobre a estrutura linguística e sobre a eficiência comunicativa? (Weinreich / Labov / Herzog, 1975: 101 e 181). A avaliação pode acelerar ou bloquear uma mudança, segundo ela seja ou não aceita pelas classes sociais de mais prestígio.

4) Mas a questão central a respeito da mudança é a de sua implementação: que fatores a favorecem? por que certas línguas dotadas do mesmo traço estrutural não passam pela mesma mudança?

5) Um dos aspectos mais notáveis da teoria da variação e mudança já mencionados é o fato de que podemos observar a mudança linguística no tempo real. A teoria distingue tempo aparente de tempo real. A respeito do tempo real, Naro / Votre (1992/1996: 82) dão o seguinte exemplo:

> O estado atual da língua de um falante adulto reflete o estado da língua adquirida quando o falante tinha aproximadamente quinze anos de idade. Assim sendo, a fala de uma pessoa com 60 hoje representa a língua de quarenta anos atrás, enquanto outra pessoa com 40 anos hoje revela a língua de há apenas vinte e cinco anos.

Esses mesmos autores agregam que nem todas as variáveis são sujeitas à mudança. Há na língua setores mais estáveis e setores mais instáveis, mais sujeitos ao fenômeno da variação (Naro/Votre, 1992/1996: 84).

As aplicações da teoria da variação e mudança ao PB têm sido muito extensas, destacando-se (i) as pesquisas de Fernando Tarallo e Mary A. Kato na Universidade Estadual de Campinas, que promoveram o casamento dessa teoria com a teoria gerativista (Roberts / Kato, orgs. 1993); (ii) a vasta produção do Projeto Censo Linguístico do Rio de Janeiro, atual Projeto de Estudo dos Usos Linguísticos, com sede na Universidade Federal do Rio de Janeiro (Paiva, org. 1999; Mollica, org. 1996; Oliveira e Silva / Scherre, orgs. 1996; Macedo / Roncarati / Mollica, orgs. 1996; Paiva / Duarte, orgs. 2003; Roncarati / Abraçado, orgs. 2003); (iii) os estudos sobre a fala popular de São Paulo, promovidos por Ângela Rodrigues (1987), na Universidade de São Paulo; (iv) as pesquisas inspiradas em (ii): Projeto Variação no Sul do Brasil, Projeto Variação Linguística do Estado da Paraíba (Hora / Pedrosa, orgs. 2001, 5 volumes).

No quadro das teorias funcionalistas da mudança, hipotetizei que seu momento crucial ocorre nos atos conversacionais, levando em conta as características sociolinguísticas do falante e do ouvinte. Quanto mais heterogênea é a comunidade, maior o distanciamento sociolinguístico entre falante e ouvinte, obrigando-os a um esforço correspondentemente maior para a manutenção da conversação – e a língua acelera sua mudança. Inversamente, quanto mais homogênea é a comunidade, maior a aproximação sociolinguística entre os interlocutores, menor será esse esforço – e a língua diminui seu ritmo de mudança (Castilho, 2000b). Por outras palavras, a heterogeneidade social acarreta o inovadorismo, ao passo que a homogeneidade acarreta o conservadorismo linguístico. O exame da estrutura sociolinguística brasileira a partir desses parâmetros poderá mostrar por que tivemos momentos de aceleração ou de ralentamento na mudança do PB (Castilho, org. 2009).

"A fênix renascida"

A Linguística Histórica passou para o segundo plano durante o período mais forte de atuação do estruturalismo e do gerativismo, movimentos basicamente a-históricos. Chegou-se mesmo a anunciar sua morte, dado o impacto das teorias descritivistas, que favoreceram o estudo de uma dada sincronia.

É verdade, entretanto, que mesmo no interior dessas teorias algumas vozes anunciavam a volta da "velha senhora". Lembrem-se as pesquisas de A. Martinet sobre a fonologia diacrônica, no quadro do estruturalismo, e a teoria dos princípios e parâmetros de N. Chomsky, no quadro do gerativismo. No Brasil, foi profética a voz de Fernando Tarallo, que proclamou o renascimento da "fênix", excelente metáfora para uma ciência que retorna sempre: Tarallo (1984).

Nessa mesma década de 1980, sem uma combinação prévia, três publicações fizeram renascer a Linguística Histórica no domínio da língua portuguesa, todas elas escritas por respeitados linguistas: Maia (1986), na Universidade de Coimbra, com seus estudos sobre o galego-português, Mattos e Silva (1989), na Universidade Federal da Bahia, com seu estudo sobre o português trecentista, a que se seguiu o Programa de História do Português, e Mary Kato, na Universidade Estadual de Campinas, juntamente com Fernando Tarallo (Kato / Tarallo, 1988; Roberts / Kato, orgs. 1993).

Estas questões todas repercutiram no Programa de Pós-Graduação em Filologia e Língua Portuguesa da Universidade de São Paulo, que decidiu em 1997 historiar o português de São Paulo. Foi então realizado o I Seminário do Projeto para a História do Português Paulista, logo transformado no Projeto para a História do Português Brasileiro (PHPB), detalhado a seguir. Nesse projeto, tem-se estimulado a "convivência dos contrários", abrigando-se funcionalistas-cognitivistas, gerativistas e sociolinguistas.

LEITURAS SOBRE LINGUÍSTICA HISTÓRICA
Meillet (1918/1958), Maurer Jr. (1951a, 1959), Câmara Jr. (1975), Wartburg / Ullmann (1975), Weinreich / Labov / Herzog (1975), Bynon (1977/1981), Mattos e Silva (1981, 1989, 1991, 1993, 1994, 1998, 1999a, 2000b, 2001a, org. 2001, 2002a, 2002b, 2003, 2004, 2008), Ilari (1989/2004, 2001a, 2002), Tarallo (1984, 1986/1993, 1987, 1990a, 1991/1993), Faraco (1991/2005), Roberts / Kato (orgs. 1993), Maia (1995), Castilho et al. (orgs. 2007), Castilho (org. 2009).
Em 1998 foi organizado o Projeto para a História do Português Brasileiro, que compreende atualmente várias equipes regionais, reunindo especialistas de Alagoas, Ceará, Pernambuco, Bahia, Paraíba, Rio de Janeiro, Minas Gerais, São Paulo, Paraná e Santa Catarina.

Vários seminários foram realizados, publicando-se seus resultados numa série de volumes de ensaios: Castilho (org. 1998, 2009a), Mattos e Silva (org. 2001), Alkmim (org. 2002), Duarte / Callou (orgs. 2002), Lobo et al. (orgs. 2006), Ramos / Alkmim (orgs., 2007), Aguilera (org. 2009). Para fundamentar as análises, foram publicados até aqui os seguintes *corpora* e/ou discussões sobre o problema: Guedes / Berlinck (orgs. 2000), Barbosa / Lopes (orgs. 2002/2006), Lobo (2001), Megale (1999, 2001), Módolo (1998), Salles (2001a), Toledo Neto (2001, 2002), Simões e Kewitz (2006b). Uma primeira consolidação dos resultados foi planejada para 2012.

1.4. A LÍNGUA É UM CONJUNTO DE "USOS BONS": GRAMÁTICA PRESCRITIVA

A Gramática Prescritiva, também conhecida como Gramática Normativa, ou Gramática Escolar, preocupa-se com a variedade culta da língua, caracterizada em **1.4** Apenas o padrão culto é considerado nesse tipo de Gramática.

Isso se deve a que as sociedades humanas são restritivas a respeito da variação linguística, promovendo uma das variáveis, a culta, e discriminando a outra, a popular. O Estado e seu aparato de ensino são sensíveis a esse fato, e por isso a escola – que é uma das representações do Estado – privilegia em suas práticas a chamada norma culta. Acredita-se que a promoção da cidadania assenta em seu domínio do padrão privilegiado socialmente.

Essa prática, em princípio sensível a um dado antropológico, tem tido, infelizmente, um efeito perverso em nosso país: a consideração nada razoável de que das diferentes variedades que convivem numa língua só tem interesse a variedade culta. Mais, tem-se firmado na sociedade brasileira a percepção de que só há um tipo de Gramática, a Gramática Prescritiva. Só há uma variedade linguística boa: o padrão culto. Falar bem e escrever melhor seria, ademais, uma questão de obediência a regras. Não é necessário refletir muito para identificar as consequências políticas dessa atitude.

Entretanto, se o padrão culto for colocado numa perspectiva científica, como uma variedade linguística entre outras, e se o relacionarmos com as situações sociais em que ele é utilizado, tudo bem, a ciência voltará a respirar aliviada. E teremos menos preconceitos linguísticos entre nós.

São dois os objetos da Gramática Prescritivista: o ensino da norma gramatical e o da ortografia.

1.4.1. NORMA GRAMATICAL

Nas diversas comunidades, há sempre uma variedade social de maior prestígio, a que se denomina *norma* ou *padrão*. Na literatura disponível, conceitua-se a norma a partir de critérios ora antropológicos, ora propriamente linguísticos.

Os antropólogos apontam a norma como um fator de aglutinação social, argumentando que ela resulta das forças coletivas que cobram certa fidelidade de seus membros aos diferentes produtos culturais, entre os quais ressalta a língua.

Os linguistas mostram que a norma é uma variedade à qual a comunidade de fala atribui um prestígio maior, em face do qual as demais variedades sofrem discriminação.

O conceito linguístico de norma abriga três aspectos: a *norma objetiva* (ou padrão real), a *norma subjetiva* (ou padrão ideal) e a *norma pedagógica* (ou padrão escolar).

A *norma objetiva* é o uso linguístico concreto praticado pela classe socialmente prestigiada. Ela é, portanto, um dialeto social. Ao longo da história de um povo identificam-se classes que assumem ascendência sobre as outras, irradiando comportamentos sociais e comportamentos linguísticos.

As raízes dessa ascendência são em geral de natureza econômica. Como um dialeto social, a norma objetiva não está a salvo do fenômeno da variação linguística. Assim, temos uma norma objetiva para cada período histórico, uma norma geográfica (em países de maior estabilidade social, a norma coincide com o falar de uma região). No caso do Brasil, o policentrismo cultural acarreta necessariamente uma variedade de normas objetivas: (i) uma norma intraindividual, que pode ser espontânea ou coloquial/refletida ou formal; (ii) uma norma individual, pois há normas para as diferentes faixas etárias da classe de prestígio; (iii) uma norma temática; e (iv) uma norma relativa ao canal. Grandes projetos de pesquisa buscam descrever a norma objetiva, como é o caso, no Brasil, do Projeto da Norma Urbana Linguística Culta, voltado para a língua falada culta (Castilho, 1990a). A norma objetiva é então um feixe de normas – e ponha feixe nisso!

Levando o falante a transitar por esses diferentes estilos, é possível documentar a *norma subjetiva*, ou seja, é possível descobrir o que o falante pensa de sua própria execução linguística. Esse método foi utilizado por linguistas brasileiros para avaliar juízos, entre outros tópicos, a respeito do [ɹ] caipira, da abertura de vogais pretônicas no Nordeste, da palatização do /t/ e do /d/, do uso de *a gente* por *nós*, de *tu* por *você*, e assim por diante (Mollica / Braga, orgs. 2003). A norma subjetiva, portanto, é um conjunto de juízos de valor emitidos pelos falantes a respeito da norma objetiva.

Como se sabe, ao descrever a norma objetiva localizam-se variantes para o mesmo fenômeno, como os tipos de execução do fonema /r/, a concordância nominal e verbal, a ordem dos argumentos na sentença etc. Confrontada com o elenco de variantes possíveis, a classe culta seleciona a que parece mais adequada, discriminando as demais, ou utilizando-as apenas em circunstâncias precisas como, por exemplo, articular /r/ como um alofone vibrante anterior ou posterior, discriminando a execução retroflexa nas situações formais, usar o mais-que-perfeito simples na modalidade escrita, mas rechaçá-lo claramente na língua falada etc.

Rodrigues (1968: 43) define a norma subjetiva como tudo aquilo que se "espera que as pessoas façam ou digam em determinadas situações". Testes especiais foram concebidos pela Sociolinguística para apurar essas preferências, naturalmente após se ter obtido uma boa descrição da norma objetiva. Tornou-se bem conhecido entre nós o ensaio de William Labov, "Identificação de estilos contextuais" (Labov, 1972a). Ele propõe ali uma categorização da fala em "situação de entrevista", "estilo de leitura", "listas de palavras" e "pares mínimos".

É possível identificar e documentar a norma objetiva se levarmos o falante a transitar por esses diferentes estilos. Esse método foi utilizado por linguistas brasileiros para avaliar juízos a respeito dos fenômenos listados anteriormente. Levando o falante a transitar por esses diferentes estilos, é possível documentar a norma subjetiva, numa estratégia bem documentada na Sociolinguística do PB.

Se associarmos a norma objetiva e a norma subjetiva, poderemos configurar a *norma pedagógica*, que é, portanto, uma mistura um tanto difícil de realismo com idealismo em matéria de fenômenos linguísticos. Da norma pedagógica se ocupa o ensino formal da língua portuguesa, com seus instrumentos de trabalho, a Gramática Normativa e o dicionário. Numa sociedade em rápido processo de mudança como é a brasileira, há uma natural flutuação nas aspirações da classe escolarizada com respeito à adequação em matéria linguística. A isso se associa nosso conhecimento ainda imperfeito da norma objetiva, apesar dos enormes avanços já registrados.

Importa reter que a teoria da variação linguística tem tido uma grande repercussão na análise gramatical. Admite-se hoje que os falantes de uma língua operam com uma variedade de gramáticas, de acordo com a situação linguística particular em que estão envolvidos. Labov (1972a) diz que é possível estudar a língua em situações reais de uso, porque a heterogeneidade da língua é estruturada. Como demonstra Tarallo (1990b: 7), "o modelo de análise proposto por Labov apresenta-se como uma reação à ausência do componente social no modelo gerativo".

1.4.2. NORMA LEXICAL

Norma lexical é o uso socialmente adequado das palavras. Os dicionários descritivos recolhem os vocábulos e seus sentidos considerados aceitos no uso culto da língua. Consultamos esses importantes instrumentos para conhecer (i) o sentido e a pronúncia de uma palavra; (ii) o modo correto de escrevê-la; (iii) suas propriedades gramaticais (por exemplo, como dada palavra se flexiona, como se constrói, a que classe pertence); (iv) sua origem; (v) como usá-la (seria uma forma culta, um regionalismo, um termo da gíria, um termo formal/informal, um arcaísmo?), e assim por diante.

Redigir dicionários é o trabalho da Lexicografia. O ensino do vocabulário passa pela consideração dessa atividade (veja **2.**1). Ao preparar os verbetes* (ou entradas lexicais, ou lemas), os lexicógrafos cuidam (i) da definição das palavras; (ii) de sua enumeração por ordem alfabética (dicionário descritivo); ou (iii) por ordem das ideias (dicionário analógico). As estruturas equativas são usadas nas definições (veja **8**.3.2.4). Consulte um dicionário e identifique essas estratégias de redação dos verbetes.

1.4.3. NORMA ORTOGRÁFICA

A ortografia é um dos temas permanentes da Gramática Normativa. As línguas de grande circulação, sobretudo quando usadas em mais de uma região geográfica, precisam de um código ortográfico uniforme para facilitar a circulação dos textos.

Os códigos gráficos perseguem um objetivo que nunca será atingido: aproximar a língua escrita da língua falada. Escrever como se fala é impossível: basta lembrar a flutuação da pronúncia em qualquer país. As grafias, por isso, representam uma sorte de abstratização sobre a execução linguística, assegurando a intercompreensão.

Durante o período do português arcaico, cada copista escrevia a mesma palavra como bem entendia. Elis de Almeida Cardoso colecionou as seguintes variantes de *igreja*: *ygreja, eygreya, eygleyga, eigreia, eygreia, eygreyga, igleja, igreia, igreja* e *ygriga* (veja em www.discutindoalinguaportuguesa.com.br). Já pensou? Aparentemente nada disso era um grande problema, pois o analfabetismo era geral.

A partir do século XVI se passou a perseguir a "grafia perfeita" – outra utopia. Sucederam-se vários acertos, matéria que mais recentemente tem sido tratada em legislação própria. A grafia tornou-se assim a única manifestação linguística regulada por leis específicas.

1.4.3.1. História da ortografia portuguesa

Eis aqui alguns marcos históricos da ortografia do português:

- Entre os séculos XVI e começo do XX predominou uma escrita etimológica, ou seja, uma grafia que permitisse facilmente descobrir o passado histórico da palavra. Assim, escrevia-se *pharmacia* em lugar da grafia atual *farmácia*, porque a palavra deriva do grego *phármakos*, que significa "veneno". Pois é. Pela mesma razão grafava-se *theologia*, *chimica* etc. Era um tempo em que os cidadãos escolarizados sabiam grego e latim, de forma que não estranhavam nem um pouco essas grafias. Nesse século, Duarte Nunes de Leão publicou em 1576 a sua *Orthographia da lingoa portuguesa*.
- No século XVII, Álvaro Ferreira de Vera publicou a *Ortographia ou arte para escrever certo na lingua portuguesa* (1633).

- No século XVIII, Luiz António Verney publicou *O verdadeiro método de estudar* (1746), opondo-se à grafia etimológica.
- Em 1904 o assunto passou às mãos de um especialista. Gonçalves Viana, que era foneticista e lexicólogo, publicou a sua *Ortografia nacional*, que exerceu uma grande influência nos anos seguintes. Seu trabalho trazia uma proposta de simplificação ortográfica, de que resultou a "expulsão" dos dígrafos *th*, *ph*, *ch* (quando soava como [k], *rh* e *y*. As consoantes dobradas, como *tt*, *ll* etc., também caíram fora, exceto *rr* e *ss*).
- 1907: a Academia Brasileira de Letras começa a simplificar a escrita nas suas publicações.
- 1910: com a implantação da República em Portugal, foi nomeada uma Comissão para estabelecer uma ortografia simplicada e uniforme para ser usada nas publicações oficiais e no ensino.
- 1911 – Primeira Reforma Ortográfica: tentativa de uniformizar e simplificar a escrita de algumas formas gráficas, mas que não foi extensiva ao Brasil.
- 1915: a Academia Brasileira de Letras resolve harmonizar a ortografia com a portuguesa, aprovando o projeto de Silva Ramos, que ajustou a reforma brasileira aos padrões da reforma portuguesa de 1911.
- 1919: curiosamente, a Academia Brasileira de Letras revoga a sua resolução de 1915, e tudo volta a ser como antes.
- 1924: a Academia de Ciências de Lisboa e a Academia Brasileira de Letras começaram a procurar uma grafia comum.
- 1929: a Academia Brasileira de Letras lança um novo sistema gráfico.
- 1931: Brasil e Portugal aprovam o primeiro Acordo Ortográfico, que leva em conta as propostas de Gonçalves Viana.
- Mas a Constituição brasileira de 1934 anula essa decisão, revertendo o quadro ortográfico às decisões da Constituição de 1891.
- 1938: volta-se à reforma de 1931.
- 1943: convenção ortográfica entre Brasil e Portugal, publicando-se o Formulário Ortográfico de 1943. Data daqui a ideia curiosa de que através dessa convenção assegurava-se a unidade da língua portuguesa. Ainda hoje se repete essa bobagem: desde quando uma lei unifica ou separa o que quer que seja em matéria linguística?
- 1945: surge um novo Acordo Ortográfico, que se tornou lei em Portugal. O governo brasileiro não ratifica esse Acordo, e assim os brasileiros continuaram a regular-se pela ortografia anterior.
- 1971: o Brasil promulga através de um decreto algumas alterações no Acordo de 1943, reduzindo as divergências ortográficas com Portugal.
- 1973: Portugal promulga as alterações, reduzindo as divergências ortográficas com o Brasil.
- 1975: a Academia das Ciências de Lisboa e a Academia Brasileira de Letras elaboraram novo projeto de acordo que não foi aprovado oficialmente.
- 1986: o presidente do Brasil, José Sarney, promoveu no Rio de Janeiro um encontro dos sete países de língua portuguesa – Angola, Brasil, Cabo Verde, Guiné-Bissau, Moçambique, Portugal e São Tomé e Príncipe – de que viria a resultar a Comunidade dos Países de Língua Portuguesa (CPLP). Foi apresentado o Memorando sobre o Acordo Ortográfico da Língua Portuguesa, em que se propunha a supressão dos acentos nas proparoxítonas e paroxítonas.
- 1990; a Academia das Ciências de Lisboa convocou novo encontro, juntando uma Nota Explicativa do Acordo Ortográfico da Língua Portuguesa. As academias de Portugal e Brasil elaboram a base do "Acordo Ortográfico da Língua Portuguesa". De acordo com seu artigo 1º, estabeleceu-se que estão sujeitos à apreciação do Congresso Nacional quaisquer atos que impliquem em revisão do referido Acordo. O artigo 3º estabelecia que o documento entraria

em vigor no dia "1 de janeiro de 1994, após depositados todos os instrumentos de ratificação de todos os Estados junto do governo português". Assinado em 16 de dezembro de 1990, em Lisboa, o acordo viria a ser aprovado no Brasil apenas em 1995.
- 1991: Antônio Houaiss publica *A nova ortografia da língua portuguesa*, resultado de muitos debates havidos em Lisboa. Esse acordo deveria entrar em vigor em 1994.
- 1995: o Acordo é aprovado no Brasil pelo Decreto Legislativo n. 54, de 18 de abril de 1995, publicado no *Diário Oficial da União*, seção 1, página 5.585, de 20/4/1995, e no *Diário do Congresso Nacional*, seção 2, página 5.837, de 21/4/1995.
- 1996: passados seis anos, o Acordo tinha sido formalmente ratificado apenas por três Estados-membros: Portugal, Brasil e Cabo Verde. Com isso, seguia vigente no Brasil o acordo luso-brasileiro de 1943, sancionado pelo Decreto-Lei n. 2.623, de 21 de outubro de 1955, e simplificado pela Lei n. 5.765, de 18 de dezembro de 1971.
- 1998: por iniciativa da Comunidade de Países de Língua Portuguesa (CPLP), aprovou-se na cidade de Praia, em 17 de julho de 1998, o Protocolo Modificativo ao Acordo Ortográfico da Língua Portuguesa, reconhecido no Brasil através do Decreto Legislativo n. 120, de 12 de junho de 2002, publicado no Diário do Congresso Nacional no dia 13 de junho de 2002. Mas ainda não foi dessa vez que a coisa andou, pois esse Protocolo Modificativo deixou em aberto a data de adoção por parte dos países signatários. Cabo Verde, São Tomé e Príncipe e Portugal, que tinham assinado o Acordo de 1990, aprovaram igualmente o dito Protocolo Modificativo.
- 2004: os ministros da Educação da CPLP reúnem-se em Fortaleza, no Brasil, para propor a entrada em vigor do Acordo Ortográfico, mesmo sem a ratificação de todos os membros.
- 2008: o impasse continuava, pois as adesões formais ao Acordo, por parte dos países da CPLP, deveriam ser depositadas em Lisboa, o que não ocorreu com a velocidade esperada. Finalmente, Portugal decidiu pôr em prática o Acordo a partir de 2010, e o Brasil, a partir de 2009, nesse caso, através do Decreto n. 6.586, de 29 de setembro de 2008. O Ministério da Educação baixou norma segundo a qual os livros didáticos que ele adquire já devem conformar-se ao novo Acordo a partir de 2009. Durante um período de transição que terminará em dezembro de 2014, serão aceitas oscilações entre a norma antiga e a nova em exames escolares, provas de vestibular, concursos públicos e nos meios escritos em geral.

1.4.3.2. O novo Acordo Ortográfico de 1990

A 12 de outubro de 1990 foi assinado em Lisboa por representantes da República Popular de Angola, República Federativa do Brasil, República de Cabo Verde, República da Guiné-Bissau, República de Moçambique, República Portuguesa e República Democrática de São Tomé e Príncipe o Acordo Ortográfico da Língua Portuguesa, cuja vigência efetiva no Brasil teve início em 2009.

Acompanhando de perto Faraco (2007), vê-se que as mudanças foram poucas para os brasileiros, resumindo-se no seguinte:

1. Acentuação

a) fica abolido o trema: palavras como *lingüiça, cinqüenta, seqüestro* passam a ser grafadas *linguiça, cinquenta, sequestro*;

b) desaparece o acento circunflexo do primeiro *o* em palavras terminadas em *oo*: palavras como *vôo, enjôo, abençôo* passam a ser grafadas *voo, enjoo, abençoo*;

c) desaparece o acento circunflexo das formas verbais da terceira pessoa do plural terminadas em *-eem*: palavras como *lêem, dêem, crêem, vêem* passam a ser grafadas *leem, deem, creem, veem*;

d) deixam de ser acentuados os ditongos abertos *éi* e *ói* das palavras paroxítonas: palavras como *idéia, assembléia, heróico, paranóico* passam a ser grafadas *ideia, assembleia, heroico, paranoico*;

e) fica abolido, nas palavras paroxítonas, o acento agudo no *i* e no *u* tônicos quando precedidos de ditongo: palavras como *feiúra* e *baiúca* passam a ser grafadas *feiura* e *baiuca*;

f) fica abolido, nas formas verbais rizotônicas (que têm o acento tônico na raiz), o acento agudo do *u* tônico precedido de *g* ou *q* e seguido de *e* ou *i*. Essa regra alcança algumas poucas formas de verbos como *averiguar, apaziguar, arg(ü/u)ir*: *averigúe, apazigúe, argúem* passam a ser grafadas *averigue, apazigue, arguem*;

g) deixa de existir o acento agudo ou circunflexo usado para distinguir palavras paroxítonas que, tendo respectivamente vogal tônica aberta ou fechada, são homógrafas de palavras átonas. Assim, deixam de se distinguir pelo acento gráfico: *para* (á), flexão do verbo *parar*, e *para*, preposição; *pela(s)* (é), substantivo e flexão do verbo *pelar*, e *pela(s)*, combinação da preposição *per* e o artigo *a(s)*; *polo(s)* (ó), substantivo, e *polo(s)*, combinação antiga e popular de *por* e *lo(s)*; *pelo* (é), flexão de *pelar*, *pelo(s)* (ê), substantivo, e *pelo(s)* combinação da preposição per e o artigo *o(s)*; *pera* (ê), substantivo (fruta), *pera* (é), substantivo arcaico (pedra) e *pera* preposição arcaica.

Observação 1

A reforma de 1971 aboliu os acentos circunflexos diferenciais. Manteve apenas para a forma verbal *pôde*. O texto do Acordo mantém esta exceção e acrescenta, facultativamente, o uso do acento na palavra *fôrma*.

Observação 2

O Acordo manteve a duplicidade de acentuação (acento circunflexo ou acento agudo) em palavras como *econômico/económico, acadêmico/académico, fêmur/fémur, bebê/bebé*. Entendeu-se que, como esta acentuação reflete o timbre fechado (mais frequente no Brasil) e o timbre aberto (mais frequente em Portugal e nos demais países lusófonos) das pronúncias cultas das vogais nestes contextos, ela não deveria ser alterada. Em princípio nada muda para nós brasileiros. A novidade é que as duas formas passam a ser aceitas em todo o território da lusofonia e devem ambas constar dos dicionários. Assim, se um brasileiro, que hoje é obrigado a usar o acento circunflexo, grafar com o agudo não estará cometendo erro gráfico.

2. Uso do hífen

O hífen é, tradicionalmente, um sinal gráfico mal sistematizado na ortografia da língua portuguesa. O texto do Acordo tentou organizar as regras de modo a tornar seu uso mais racional e simples:

a) mantida sem alteração as disposições anteriores sobre o uso do hífen nas palavras e expressões compostas. Determinou apenas que se grafe de forma aglutinada certos compostos nos quais se perdeu a noção de composição (*mandachuva* e *paraquedas*, por exemplo). Para saber quais perderão o hífen, teremos de consultar o Vocabulário Ortográfico da Língua Portuguesa, pois o texto do Acordo prevê a aglutinação, dá alguns exemplos e termina o enunciado com um "etc." – o que, infelizmente, deixa em aberto a questão.

b) no caso de palavras formadas por prefixação, houve as seguintes alterações:

Só se emprega o hífen

- quando o segundo elemento começa por *h*. Ex.: *pré-história, super-homem, pan-helenismo, semi-hospitalar*. Exceção: manteve-se a regra atual que descarta o hífen nas palavras formadas com os prefixos *des-* e *in-* nas quais o segundo elemento perdeu o *h* inicial, como em *desumano, inábil, inumano*;

- quando o prefixo termina na mesma vogal com que se inicia o segundo elemento. Ex.: *contra-almirante, supra-auricular, auto-observação, micro-onda, infra-axilar*. Exceção: manteve-se a regra atual em relação ao prefixo *co-*, que em geral se aglutina com o segundo elemento mesmo quando iniciado por *o*, como em *coordenação, cooperação, coobrigação*.

Com isso, ficou abolido o uso do hífen:
- quando o segundo elemento começa com *s* ou *r*, devendo estas consoantes ser duplicadas. Ex.: *antirreligioso, antissemita, contrarregra, infrassom*. Exceção: manteve-se o hífen quando os prefixos terminam com *r*, ou seja, *hiper-, inter-* e *super-*. Ex.: *hiper-requintado, inter-resistente, super-revista*;
- quando o prefixo termina em vogal e o segundo elemento começa com uma vogal diferente. Ex.: *extraescolar, aeroespacial, autoestrada, autoaprendizagem, antiaéreo, agroindustrial, hidroelétrica*.

Permanecem inalteradas as demais regras do uso do hífen.

3. As letras k, w, y

Embora continuem de uso restrito, elas ficam agora incluídas no nosso alfabeto, que passa, então, a ter 26 letras. Importante deixar claro que essa medida nada altera do que está estabelecido. Apenas fixa a sequência dessas letras para efeitos da listagem alfabética de qualquer natureza. Adotou-se a convenção internacional: o *k* vem depois do *j*, o *w* depois do *v* e o *y* depois do *x*.

4. As letras maiúsculas

Se compararmos o disposto no Acordo com o que está definido no atual Formulário Ortográfico brasileiro, vamos ver que houve uma simplificação no uso obrigatório das letras maiúsculas. Elas ficaram restritas a nomes próprios de pessoas (*João, Maria, Dom Quixote*), lugares (*Curitiba, Rio de Janeiro*), instituições (*Instituto Nacional da Segurança Social, Ministério da Educação*), seres mitológicos (*Netuno, Zeus*), nomes de festas (*Natal, Páscoa, Ramadão*), na designação dos pontos cardeais quando se referem a grandes regiões (*Nordeste, Oriente*), nas siglas (FAO, ONU), nas iniciais de abreviaturas (*Sr., Gen. V. Exª*) e nos títulos de periódicos (*Folha de S. Paulo, Gazeta do Povo*). Ficou facultativo usar a letra maiúscula nos nomes que designam os domínios do saber (*matemática* ou *Matemática*), nos títulos (*Cardeal/cardeal Seabra, Doutor/doutor Fernandes, Santa/santa Bárbara*) e nas categorizações de logradouros públicos (*Rua/rua da Liberdade*), de templos (*Igreja/igreja do Bonfim*) e edifícios (*Edifício/edifício Cruzeiro*).

LEITURAS SOBRE NORMA GRAMATICAL
Castilho (org. 1970, 1973b, 1978a, 1980, 1982), Cunha (1985), Bagno (2001b, org. 2002, 2003), Luchesi (1994), Ribeiro (2004), Scherre (2004), Camacho (2004), Lopes (org. 2005).

LEITURAS SOBRE O ACORDO ORTOGRÁFICO DE 1990
Silva (2009), Souza / Vismara (2009), *Vocabulário ortográfico da língua portuguesa* (5ª ed., São Paulo, Global, 2009).

1.5. UMA POLÍTICA LINGUÍSTICA PARA O PORTUGUÊS BRASILEIRO

1.5.1. O QUE É POLÍTICA LINGUÍSTICA

Falando de um modo direto, pode-se entender por política linguística uma espécie de "Sociolinguística intervencionista". Mas como o adjetivo "intervencionista" poderá não cair bem, acompanho

Elvira Arnoux quando ela diz com elegância que "o estudo das políticas linguísticas constitui um campo complexo em que a descrição e a avaliação de situações sociolinguísticas são estimuladas por necessidades sociais e, em grande medida, tende a propor linhas de intervenção". Por isso mesmo, aquele que se interessa pela política linguística "deve aderir a certos princípios políticos, éticos, ideológicos que vão orientar sua pesquisa e suas propostas" (Arnoux, 1999: 13).

A agenda da política linguística alargou-se consideravelmente no Brasil, desde que os pioneiros Antônio Houaiss e Celso Cunha chamaram a atenção para essa temática, debatendo o problema do padrão brasileiro da língua portuguesa: Houaiss (1960), Cunha (1964). Veio depois a coletânea de Orlandi (org. 1988) e, em 1999, um debate promovido pela Associação Brasileira de Linguística, de que resultou o documento "Definição da política linguística no Brasil" (Scliar-Cabral, 1999: 7-17). Desde então os temas de política linguística têm frequentado com assiduidade nossas universidades, congressos, seminários e publicações especializadas. Os debates então desencadeados têm considerado pelo menos cinco tópicos: a língua oficial do Estado e sua gestão, a gestão das comunidades bilíngues ou plurilíngues, a gestão das minorias linguísticas, o Estado e a questão das línguas estrangeiras e, finalmente, as políticas linguísticas supraestatais e os projetos de integração regional. Para dar voz aos debates nessa área, foi fundado em 1999 o Instituto de Desenvolvimento em Política Linguística (Ipol), sociedade civil sem fins lucrativos com sede em Florianópolis, responsável pelo sítio www.ipol.org.br.

Uma política linguística para o PB deve considerá-lo como língua materna e como língua estrangeira. Países como a Alemanha (Goethe Institut), a Inglaterra (British Council), a Espanha (Instituto Cervantes) e Portugal (Instituto Camões), entre outros, dispõem de órgãos governamentais, encarregados em sua maior parte de delinear e implementar sua política linguística. Sendo o maior país de língua portuguesa do mundo, o Brasil deveria integrar esse time.

1.5.2. ENSINO DO PORTUGUÊS BRASILEIRO COMO LÍNGUA MATERNA

Este tópico se desdobra em pelo menos dois aspectos: (1) a escolha da língua oficial e a identificação do respectivo padrão; e (2) a emissão das "leis de defesa do idioma", uma prática que surgiu na cultura ocidental quando se constituíram os Estados nacionais e que reaparece hoje em nossos parlamentos, um tanto anacronicamente.

O Brasil incluiu a questão da língua oficial no artigo 13 da Constituição de 1988. Evitando cuidadosamente a expressão "idioma nacional", que tinha aparecido nos documentos legais anteriores, diz esse artigo que "a língua portuguesa é o idioma oficial da República Federativa do Brasil". No artigo 210, parágrafo 2, se estabelece que "O ensino fundamental regular será ministrado em língua portuguesa, assegurada às comunidades indígenas também a utilização de suas línguas maternas e processos próprios de aprendizagem."

Cinco países africanos escolheram o português como sua língua oficial depois das guerras de independência: Angola, Moçambique, Guiné-Bissau, Cabo Verde, São Tomé e Príncipe. Mais recentemente, Timor Leste somou-se a esse grupo, como a mais nova nação democrática do mundo. Nova e heroica, pois resistiu à Indonésia e à Austrália ao adotar o português como sua língua oficial.

Organismos internacionais como a CPLP (Comunidade dos Países de Língua Portuguesa) têm debatido algumas políticas comuns que poderiam ser estabelecidas para os países de língua oficial portuguesa, respeitadas as diferenças regionais.

Relativamente à identificação do padrão linguístico, simplificando bastante as coisas, pode-se reconhecer que passamos no Brasil por duas fases.

Até a primeira metade do século passado, moções aprovadas em congressos apontaram uma variedade regional, o falar carioca, como o padrão do português brasileiro. Essa variedade passou a ser utilizada na preparação de livros didáticos por professores do Rio de Janeiro, impressos por editoras localizadas em sua maioria na mesma cidade. Não deu certo, pois a ideia não contava com fundamento empírico. Nunca se comprovou que as classes cultas brasileiras falavam como seus homólogos cariocas, nem que passassem a falar como tal. Aprendeu-se que em matéria de política linguística uma legislação mesmo que informal não molda a realidade.

Com o desenvolvimento da pesquisa linguística, surgiram a partir da década de 1970 projetos coletivos de descrição da variedade brasileira do português. Ao descrever a realidade dos usos linguísticos cuidadosamente documentados, confirmou-se a hipótese de Nelson Rossi sobre o policentrismo do corpo social, nucleado no Norte, Nordeste, Centro-Oeste, Sudeste e Sul (Rossi, 1968/1969). Surgiram aí padrões marcados por escolhas fonéticas e léxicas que, se não complicam a intercomunicação, pelo menos não escondem os diferentes modos de falar dos brasileiros cultos, objeto de consideração nas escolas.

Impossível, portanto, escolher uma variedade regional e considerá-la o padrão do português brasileiro. Impossível, também, comprovar que esse padrão esteja documentado na língua literária. Há um padrão da língua falada, que corresponde aos usos linguísticos das pessoas cultas. Há um padrão da língua escrita, que corresponde aos usos linguísticos dos jornais e revistas de grande circulação, os únicos textos que garantidamente estão ao alcance da população. Ambos os padrões apresentam as variações linguísticas comuns às sociedades complexas.

Já a língua literária é outra coisa, pois assenta num projeto estético que impulsiona os autores a, justamente, distanciar-se da escrita do dia a dia, buscando um veio próprio, singular, diferenciado, não padrão. Sempre achei um desrespeito tratar os grandes escritores como meros fornecedores de regras de bom português, para uso das escolas. Como diríamos coloquialmente, os escritores "estão em outra", para sorte de seus leitores.

De todo modo, em matéria de seleção do chamado "uso bom", a atitude brasileira tem sido mais equilibrada do que a de vários vizinhos hispano-americanos. Lembre-se que em 1870 a Real Academia de la Lengua Española propôs às antigas colônias a organização de academias correspondentes, para centralizar a "legislação linguística", vale dizer, o direito de legitimar o "bom espanhol". É embaraçoso constatar que, com maior ou menor velocidade, vários países hispano-americanos aderiram a essa proposta: a Colômbia em 1871, o Equador em 1874, o México em 1875, a Venezuela em 1884, o Chile em 1886, o Peru em 1887, a Guatemala em 1888 e a Argentina em 1931 (Calvet, 2001). Verdade, também, que novas tendências iluminam hoje os linguistas hispano-americanos, cuja agenda ultrapassou felizmente os propósitos então unificadores da Real Academia.

Apesar da impossibilidade de legislar sobre matéria linguística, o Estado vez ou outra decide gerir a língua oficial por meio de leis, e aqui temos desde as "leis que quase pegam", como as dos acordos ortográficos, até as "leis que não pegam de jeito algum", como aquelas que pretendem defender a pureza do idioma pátrio, ameaçado por supostas razões que vão desde a incúria dos cidadãos até a invasão dos estrangeirismos – os espanholismos, os francesismos e agora os anglicismos, por ordem de entrada no palco. Os autores que assim entendem as línguas naturais tratam-nas como entidades biológicas, reduzem-nas a pobres coitadinhas, indefesas e moribundas – e não veem nelas a mais extraordinária criação do gênio humano, sem donos, tão fortes enquanto fortes forem as comunidades que as praticam.

Ora, aceitar "o modo brasileiro de usar a língua portuguesa" é exatamente o que aparece, por exemplo, nos Parâmetros Curriculares Nacionais de Língua Portuguesa, preparados por solicitação do Ministério da Educação (Castilho, org. 1978/1983).

Tratar do ensino do português brasileiro como língua materna é levar em conta pelo menos três aspectos: (1) os destinatários desse ensino; (2) as diretrizes recomendadas; (3) a continuada avaliação dos resultados obtidos.

1.5.2.1. **Os destinatários do ensino do português brasileiro como língua materna**

É variada a situação social em que a língua é falada e escrita no país. Os usos aí atestados são por certo distintos uns de outros, e meu papel aqui é retratar, mesmo que palidamente, o que se passa na atualidade. Comecemos por alguns números.

Estudos do Instituto Brasileiro de Geografia e Estatística projetaram para o ano de 2004 uma população global de 182.616.270 indivíduos, portanto quase 11 milhões a mais em relação aos 171 milhões contados no ano de 2000. Para 2020, projeta-se uma população de 219 milhões. Não pode haver dúvida, portanto, que o transplante da língua portuguesa para o outro lado do Atlântico, tanto quanto o da língua inglesa, deu mais certo do que se poderia esperar.

Estudos do Instituto Nacional de Estudos e Pesquisas Educacionais Anísio Teixeira (Inep), órgão do Ministério da Educação, mostram que dos 171 milhões de brasileiros recenseados em 2000, 16 milhões eram analfabetos, ou seja, 9,3% da população, com concentração maior no Nordeste (40%) e menor no Sul (11,9%). Na zona rural, o número de analfabetos é três vezes superior ao das zonas urbanas. Verificou-se que muitos dos analfabetos passaram pelo ciclo básico do ensino fundamental, perdendo a habilidade por falta de uso, fenômeno que tem sido denominado "analfabetismo funcional".

As dificuldades econômicas do país explicam a evasão escolar tanto quanto o perfil do magistério público, ainda agarrado a um ensino estritamente gramatical. Baixos salários atuam em mão dupla: atraem para a profissão mestres de baixo nível cultural, que nem sempre frequentaram as boas universidades públicas, e os desestimulam a realizar um bom trabalho. Seu nível cultural é um dos aspectos mais provocativos do atual quadro de ensino público: o professor deveria falar a língua do Estado, a quem representa diante de seus alunos. Mas que variedade do português brasileiro falam esses professores? Certamente a variedade popular. Este é um complicador a mais nas discussões sobre o padrão linguístico que se deve ensinar nas escolas...

1.5.2.2. **Diretrizes para o ensino do português brasileiro**

Autoridades educacionais da Federação e dos estados têm estado atentas ao quadro desenhado no item anterior. Para um histórico desta questão, veja Carneiro (2004). No caso de São Paulo, a partir do final da década de 1970 passaram a ser formuladas – com a ajuda das três universidades oficiais paulistas – as Propostas Curriculares, objetivando orientar os professores em suas práticas e servindo de roteiro para os cursos de atualização que continuadamente o Estado ministra. Em 1978, foram discutidas e aprovadas as Propostas Curriculares para o segundo grau (hoje, *ensino médio*) e publicados os subsídios para a implantação das propostas (Castilho, org. 1978/1983). Dez anos mais tarde saíram as Propostas Curriculares para o primeiro grau (hoje, *ensino fundamental*), em que se destacava o texto como a primeira realização da língua.

Em 1999, o Governo Federal editou os Parâmetros Curriculares Nacionais, que representaram um grande avanço na política linguística, com sua ênfase nos usos da linguagem e na valorização da língua falada. Trata-se de um texto extraordinário, que tem motivado uma série de iniciativas de aprimoramento do ensino. Não há tempo para detalhar esta questão, tratada por diferentes especialistas no livro organizado por Henriques / Simões (orgs. 2004).

O Estado brasileiro iniciou em 1972 uma avaliação sistemática do ensino, principiando pelos cursos de pós-graduação. A Coordenação de Aperfeiçoamento do Pessoal de Ensino Superior (Capes), órgão do Ministério da Educação, tomou a si essa tarefa do ponto de vista administrativo, confiando suas diretrizes e execução a professores universitários escolhidos por seus pares e representantes das universidades situadas nos diferentes pontos do território nacional. A continuação dessa política resultou numa melhoria sensível na qualidade de nossos cursos. As notas obtidas são publicadas, repercutindo na administração desses cursos, na política de apoio financeiro e na seleção dos programas por candidatos ao mestrado e ao doutorado.

No começo do século atual, a experiência estendeu-se aos concluintes do ensino superior, o chamado "Provão", e aos alunos do curso médio, este intitulado "Exame Nacional do Ensino Médio" (Enem). Isso tem permitido avaliar os resultados obtidos no ensino formal ministrado pela Federação, estados e municípios, e também pelo ensino privado, evidenciando possivelmente os desacertos do nosso sistema de ensino e induzindo as alterações necessárias.

Vejamos agora que iniciativas vêm sendo tomadas pelas universidades para intervir nesse quadro complexo.

1.5.2.3. Particularidades do ensino do português como língua materna

A pesquisa acadêmica vem gerando uma considerável bibliografia de interesse para a elevação do nível do ensino do português como língua materna. Apresento a seguir uma listagem não exaustiva dessas contribuições. Para um detalhamento maior, deve-se consultar a revista *Linguística*, n. 12, 1999, órgão da Associação de Linguística e Filologia da América Latina. Esse número apresenta um retrato da Linguística brasileira em seus variados campos de atuação.

1. Alfabetização

As pesquisas cindiram-se entre a psicogênese, com Emilia Ferrero à frente, e um debate mais propriamente linguístico do fenômeno, que pode ser visto em Abaurre (1993), Silva (1991), Cagliari (1992), Faraco (1992), Massini-Cagliari (1997), Mollica (1998), Cabral (2003a e 2003b), entre outros.

O Centro de Alfabetização e Leitura da Universidade Federal de Minas Gerais (Ceale), fundado por Magda Soares, tem dado contribuições relevantes ao tema. Veja também sobre o Instituto Nacional de Alfabetização Funcional (www.ipm.org.br).

Sobre a aquisição da escrita, veja ainda Abaurre (2001), Martins (2001), Barbosa (2002), entre outros.

2. Leitura

Organizou-se na década de 1970 a Associação de Leitura do Brasil – uma designação propositadamente ambígua – que realiza bianualmente o Congresso de Leitura, voltado para professores do ensino fundamental e médio. Essa sociedade edita a revista *Leitura: teoria e prática*, além de livros e CD-ROMS (veja em www.alb.com.br).

Maria Alice de Oliveira Faria tem mostrado a conveniência de incluir a leitura do jornal em sala de aula, de que resultaram várias publicações: Faria (1989, 2004), Faria / Zanchetta (2002). Ligia Chiapini dirigiu na Universidade de São Paulo o projeto "A Circulação de Textos na Escola", cujos resultados foram enfeixados em três volumes: Chiapini et al. (orgs. 1997), Brandão / Micheletti (coords. 1997), Citelli (coord. 1997). Como resultado indireto desse projeto, veja Brandão (coord. 1999). Marisa Lajolo e Márcia Abreu organizaram o site "Enciclopédia Literária", com estudos sobre língua e literatura e dados sobre a presença do livro no Brasil desde 1500 (veja em www.unicamp.br/iel/memoria). Muitos outros trabalhos têm sido escritos, atestando o envolvimento da universidade brasileira com o problema da leitura: Fulgêncio / Liberato (1992), Silva et al. (1998).

3. Letramento e aquisição da escrita

Têm sido sistemáticas as reclamações da mídia e dos "consultórios gramaticais" a respeito de um suposto desinteresse dos estudantes pela escrita e pela leitura. Mesmo assim, continua-se a insistir em que o ensino da gramática vai dar um jeito nisso. É curiosa a insistência nesta prescrição, espécie de placebo que vem revelando resultados pífios.

Este parece ser mais um dos preconceitos que cercam o ensino da língua. Ora, o advento da internet desatou as amarras que prendiam o interesse pela redação e pela escrita. Qualquer visita a portais mostra uma enorme quantidade de diários mantidos por pessoas de toda idade, sobretudo jovens, que escrevem e discutem diariamente nos chamados "blogs" assuntos tão variados que já demandaram até mesmo a organização de classificações temáticas. Provavelmente o interesse pela escrita (e pela leitura) que aí se testemunha se deve ao fato de que os blogueiros não escrevem para o seu professor de Português...

A alfabetização assegura o domínio do código escrito (o conselheiro Acácio não diria isso de modo melhor...), e a leitura permite o aproveitamento do que a sociedade produz nesse código. Corrêa (2004) mostra que um novo interesse surgiu mais recentemente, os estudos sobre letramento, que consideram *não o produto da alfabetização, e sim a inserção do cidadão em práticas de leitura e escrita antes e depois de conhecer o código alfabético.* A nova área aborda as diferentes práticas de leitura e escrita existentes na sociedade, aí incluída naturalmente a prática escolar. O mesmo Corrêa enumera os seguintes autores de pesquisas sobre letramento: Gnerre (1985), Tfouni (1988, 1994, 1997), Kato (org. 1992), Kleiman (1996, org. 1999), Rojo (org. 1999), Soares (2001, 2003), Signorini (org. 2001), Ribeiro (org. 2003).

4. Linguística do texto

A valorização do texto nos novos modelos de pesquisa e ensino da Gramática – aliada a uma natural expansão da Linguística – deu lugar a um enorme interesse pelo texto. Tornou-se extensa a bibliografia sobre a Linguística do Texto e suas aplicações ao ensino. Limito-me a mencionar Marcuschi (1983/2009), Fávero / Koch (1983), Koch (1989a, b, 1992b, 1997a, b, 2002, 2004), Koch / Travaglia (1990), Koch / Barros (orgs. 1997), Koch /Bentes / Cavalcante (2007), Koch / Elias (2009), Jubran / Koch (orgs. 2006).

5. Léxico, Semântica e ensino do vocabulário

Além da publicação dos dicionários de Aurélio, Houaiss e Borba, bastante conhecidos, vários estudos comprovam o interesse da Linguística brasileira por um melhor conhecimento do léxico português: Alves (1990/2007), Kehdi (1997), Basílio (1980, 1998b, 2004), Marques (1996). Outros autores se concentram no ensino do vocabulário e da Semântica: Antunes (1996), Ilari / Geraldi (1985), Ilari (2001b, 2002), Viaro (2004).

6. Gramática como reflexão

As relações entre a Linguística brasileira e a Gramática têm sido uma complicada história de amor e ódio.

Inicialmente, a Linguística escolheu a Gramática, então e agora sempre seguida do adjetivo "Tradicional", como um inimigo a vencer e um campo a ocupar (Altman, 2003).

A Gramática Tradicional foi atacada em todos seus flancos: sua convicção num padrão único (mesmo num país continental como o Brasil), o curioso silêncio que cultivou a respeito da variação linguística e consequente apego à língua literária escrita do período clássico (como se padrão linguístico fosse igual a língua literária, e como se depois do século xix a literatura tivesse entrado em irremediável decadência), seu gosto por misturar argumentos estruturais aos semânticos e aos discursivos, seu desgosto pelo debate das questões que expõe e consequente afastamento do modo problematizador de fazer gramática de um Jerônimo Soares Barbosa, por exemplo.

A força da Gramática Tradicional manifestava-se e ainda se manifesta na convicção de que ensinar Português confunde-se com ensinar Gramática. A base do argumento é que sabendo Gramática escreve-se bem e lê-se melhor, varrendo-se para debaixo do tapete o ensino do Português-língua materna como uma continuada reflexão sobre a língua, muito mais do que qualquer outra coisa.

A reação dos linguistas a tudo isso atingiu seu ápice em 1985, com a publicação curiosamente simultânea dos livros de Ilari (1985), Luft (1985) e Perini (1985). Aparentemente, as pessoas se tinham dado conta de que não valia a pena chatear os estudantes só porque em algum remoto concurso para a obtenção de emprego fosse preciso saber onde meter crases e pronomes! Alguns vestibulares, como o da jovem Universidade Estadual de Campinas, concorreram fortemente para o enterro das velhas ideias, apresentando alternativas mais inteligentes para a seleção de alunos reativos (veja em www.unicamp.br/comvest).

Enfim, a batalha parecia ganha. Ali pela altura da última década de um século que se esvaía, a velha senhora parecia ter tomado o mesmo rumo. Teria chegado ao final a fase da gramatiquice, solidamente casada com o purismo? Ledo engano. Pois o que se nota nos dias que correm é uma ressurreição do malfadado casal, promovido pela mídia brasileira! Ignorando o avanço das pesquisas sociolinguísticas, jornais de grande tiragem e canais de televisão abriram generosamente suas portas a um tipo de argumentação que supúnhamos enterrada.

Parece evidente que os cidadãos ainda não foram suficientemente expostos a um novo modo de refletir sobre a língua, em que eles assumem o papel de parceiros. Até lá, é aguentar. Mas ainda bem que essa volta ao passado não calou a voz daqueles que apresentam propostas calcadas em considerações científicas. A reação dos linguistas foi rápida. Pesquisas realizadas nas últimas décadas do século XX evidenciaram que o ensino da Gramática ocupava um alto percentual de horas-aula, restrita a disciplina a uma classificação de expressões. Neves (1990b), Bagno (2000) e Fiorin (2000b) discutiram minuciosamente a volta aos consultórios gramaticais e seus efeitos de exclusão social na sociedade brasileira. Possenti (1998a) e Neves (2003) questionaram o ensino da Gramática. E novas gramáticas, escritas por "gente do ramo", apontaram para alternativas mais interessantes (Perini, 1985; Bechara, 1992/1999; Neves, 2000), os oito volumes da *Gramática do Português Falado*. E nisto estamos.

Mas uma nova linha de atuação repousa na certeza de que é necessário associar os alunos ao processo de ensino-aprendizagem, via desenvolvimento de projetinhos em sala de aula, transformando a escola e as aulas de Português num lugar de debates (Castilho, 1998a/2004; Bagno, 1999a).

Um fato novo no ensino do Português, de importância para essa linha, foi a incorporação da língua falada nas práticas de ensino. Em 1999, o Ministério da Educação e Cultura publicou os já mencionados *Parâmetros Curriculares Nacionais: Língua Portuguesa*, em que pela primeira vez em documentos desse tipo se recomenda a inovação, solidamente fundada nas pesquisas desenvolvidas em nossas universidades. Estudos da conversação e propostas concretas nessa direção foram publicadas antes e depois da edição dos *Parâmetros*: Marcuschi (1983/2009, 2001), Travaglia (1996b), Ramos (1997), Castilho (1998a/2004).

1.5.3. ENSINO DO PORTUGUÊS BRASILEIRO COMO LÍNGUA ESTRANGEIRA

O mundo contemporâneo perde progressivamente as fronteiras nacionais, voltando-se para a formação de grandes blocos de nações. A difusão do português brasileiro no atual quadro internacional traz novas obrigações ao Estado e às universidades.

Como bem reconhece Rainer Enrique Hamel, "a tradicional divisão entre o local, o nacional e o internacional já não se sustenta", surgindo "terceiras culturas desterritorializadas como a nova cultura empresarial, a eletrônica, a ecologia e múltiplas expressões de sincretismos e hibridações" (Hamel, 1995: 291). Perguntar qual o efeito disso tudo no ensino e na pesquisa é a grande questão de hoje.

A articulação dos grandes blocos de nações na última década deu origem a alguns fatos políticos impensáveis até pouco tempo atrás: a Associação das Nações do Sudeste Asiático (Asean), o Tratado de Livre Comércio entre o Canadá, os Estados Unidos e o México (Nafta), a União Europeia (UE) e o Mercado Comum do Sul (Mercosul) reúnem nações que se guerrearam no passado, consumindo no cultivo de grandes desconfianças mútuas um precioso tempo, que poderia ter sido mais bem aproveitado.

Políticas linguísticas passaram a ser discutidas no interior desses blocos, tais como o problema da tradução de instruções sobre produtos, a fixação de uma terminologia científica e tecnológica compartilhada, os direitos linguísticos da cidadania etc.

O Mercosul é hoje uma realidade de que devemos nos orgulhar, apesar das naturais trepidações que acompanham a vida de grupos dessa natureza. Além de suas atividades econômicas, esse organismo debate hoje uma política cultural gerida em grande parte pela Associação das Universidades do Grupo de Montevidéu, AUGM. A AUGM "foi criada em 1991, poucos meses após a assinatura do Tratado de Assunção, tendo como principal objetivo o fortalecimento da capacidade de formação de recursos humanos, de pesquisa e de transferência do conhecimento entre os participantes e de contribuir para o processo de integração acadêmica em todos os níveis" (Meneghel, 1998). Essa Associação está integrada por cinco universidades argentinas, uma paraguaia, uma uruguaia e cinco brasileiras. Três programas organizam as atividades da AUGM: Programa de Mobilidade Acadêmica, Programa Jovens Investigadores e Programa de Núcleos Disciplinares e Comitês Acadêmicos. Sobre o planejamento da política linguística no Mercosul, veja Gabbiani (1999).

O ensino do português brasileiro como língua estrangeira – tanto quanto o ensino de línguas estrangeiras aos brasileiros – tem por objetivo formar a cidadania para um mundo progressivamente globalizado. Entre outras sugestões, tem-se indicado que o cidadão das democracias do século ora em seu nascedouro precisa dominar pelo menos três habilidades: (i) computação eletrônica; (ii) recepção e produção de textos; e (iii) domínio de duas línguas estrangeiras, pelo menos. Segundo algumas estatísticas, os bilíngues já predominam no mundo sobre os monolíngues.

Desnecessário lembrar que o português brasileiro empurrou a língua portuguesa para a posição de oitava língua mais falada no mundo, em número de falantes, situando-se no quinto lugar em difusão geográfica.

Nesse quadro de globalização, as propostas sobre o ensino de línguas estrangeiras vão desde o princípio de que os cidadãos deveriam entender bem uma língua estrangeira, mesmo sem a falar, até uma proposta mais radical, que é a de promover uma educação bilíngue precoce, desde o nível fundamental, agregando-se uma segunda língua estrangeira no curso médio (Fischer, 1999: 265).

Generaliza-se a preocupação de que os cidadãos monolíngues correm o risco de reduzir-se a "deficientes linguísticos" no terceiro milênio. Com isso, os objetivos da escolaridade passam a incluir o conhecimento prático de duas línguas, além da língua materna.

No Brasil, até a década 1970 o Estado se encarregou do ensino de línguas estrangeiras, ministrando no primeiro e segundo graus cursos obrigatórios de Francês e Inglês, e por vezes de Espanhol. A globalização acentuou a necessidade de dominar línguas estrangeiras, mas o que se tem visto é a progressiva transferência para a iniciativa privada das obrigações daí decorrentes.

A criação do Mercosul provocou um grande interesse pelo ensino do Português e do Espanhol na América Latina. Muitas iniciativas foram tomadas pelas universidades e por associações científicas, mas sem dúvida faz falta, por parte do Brasil, a organização do que poderia chamar-se "Instituto Machado de Assis". Portugal tem o seu operoso Instituto Camões, a Espanha dispõe do Instituto Cervantes, mas o governo brasileiro parece não ter ainda despertado para suas obrigações linguísticas, contentando-se em gerir os Centros de Cultura Brasileira anexos a várias embaixadas.

Segundo José Carlos Paes de Almeida Filho, em relatório que escreveu em 1997, a perspectiva do ensino da língua portuguesa a falantes de outras línguas potencializou a pesquisa aplicada em alguns centros nacionais de pós-graduação. Há uma demanda crescente de professores de Português, brasileiros e estrangeiros, por publicações teóricas sobre os processos de ensino-aprendizagem (por exemplo, a questão metodológica do ensino de línguas muito próximas, como o português e o espanhol) e por cursos de atualização, especialização e pós-graduação *stricto sensu*. Materiais didáticos e publicações voltadas para a formação do professor serão progressivamente mais requeridos nos próximos anos pelos estados, Ministério da Educação, Ministério de Relações Exteriores, agências internacionais e universidades.

A Universidade Estadual de Campinas (Unicamp), a Universidade de Brasília e as Universidades Federais Fluminense, de Santa Catarina e do Rio Grande do Sul têm oferecido respostas concretas a essa demanda. A primeira criou em 1991 o Exame Unicamp de Proficiência em Português, que serviu de base ao Exame Nacional de Proficiência, aprovado em 1992 pelos Ministérios da Educação, da Cultura e das Relações Exteriores.

Com respeito à formação continuada de professores de Português para estrangeiros, foi realizado em novembro de 1996 o primeiro Seminário de Atualização em Português Língua Estrangeira e Culturas Lusófonas, que reuniu 22 professores do Mercosul, com apoio da Unesco, União Latina e Ministério da Educação e Cultura do Brasil. A Sociedade Internacional de Português Língua Estrangeira (Siple), fundada em 1992 por inspiração do Centro de Ensino de Línguas da Unicamp, tem realizado diversos cursos especiais para a formação de professores, tendo passado em 1997 a organizar um encontro anual em universidades brasileiras. Cursos voltados para o ensino do Português e da Cultura Brasileira foram ministrados nos seguintes países: Uruguai, Argentina, Paraguai, Chile, Costa Rica, Cuba, Moçambique, Itália e Espanha.

Diferentes materiais de ensino têm sido publicados no Brasil, desde o pioneiro *Português para estrangeiros: pressupostos para o planejamento de cursos e produção de materiais*, 1976, de Leonor Lombelo, até os volumes organizados por Almeida Filho / Lombelo (orgs. 1992), Almeida Filho (org. 1991, org. 1997). Falta investir mais em dicionários bilíngues português-espanhol que levem em conta as variedades latino-americanas dessas línguas. Para outras informações sobre o ensino do Português na América Latina, veja Cariello / Giménez (1994) e Varela (1999a).

1.5.4. ATUAÇÃO DAS UNIVERSIDADES OFICIAIS NO ENSINO DO PORTUGUÊS BRASILEIRO COMO LÍNGUA MATERNA

As universidades brasileiras vêm discutindo o papel da escola na formação de uma sociedade democrática. Ficou evidente, entre outras coisas, que os professores de Português não conseguirão formar cidadãos participantes se continuarem a tratar seus alunos como sujeitos passivos, não envolvidos em seu processo de formação, fundamentalmente como indivíduos aos quais oferecemos respostas a perguntas que eles não formularam.

Professores universitários têm debatido continuadamente as questões do ensino do Português: Cunha (1970), Ilari (1985), Luft (1985), Gnerre (1985), Mattos e Silva (1996), Geraldi (1996), Bagno (1999a, 1999b), Neves (2003), entre outros.

Para assegurar o envolvimento dos alunos na reflexão linguística, precisaremos substituir nossos *cursos* por *percursos*. E para isso firmou-se a convicção de que é necessário buscar um conhecimento mais minucioso do português brasileiro, previamente às decisões sobre como ensiná-lo. Enquanto não conhecermos em profundidade nossa língua, continuaremos a repetir lições que refletem usos já desaparecidos, provenientes de outros momentos históricos da sociedade brasileira. O atual desencontro entre os materiais escolares, maiormente produzidos por editoras do Sudeste, e a complexa realidade linguística do país não têm contribuído para minorar os problemas mencionados.

Documentar, descrever e historiar a variedade brasileira do português são, portanto, condições mínimas para a renovação de seu ensino, e os primeiros passos para a edificação de uma política linguística para o português. Vejamos o que a universidade tem feito a esse respeito.

1.5.4.1. Documentação do português brasileiro

Um conhecimento mais minucioso do português pressupõe a organização de grandes *corpora* de língua, atividade que está se acelerando graças às facilidades trazidas pela informática. Uma nova disciplina surgiu para esse fim, a Linguística de *Corpus*, que se implanta rapidamente no país. Programas universitários de pós-graduação têm atuado nessa direção.

Os seguintes acervos foram organizados por projetos coletivos de pesquisa relativas ao português brasileiro (listagem incompleta):

- A partir de 1969, Projeto da Norma Urbana Linguística Culta, mais conhecido como "Projeto Nurc". Esse grande projeto coletivo foi introduzido no Brasil por Rossi (1968/1969) e desenvolvido em Salvador, Recife, Rio de Janeiro, São Paulo e Porto Alegre. Amostras do vasto material coletado foram editadas por Castilho / Preti (orgs. 1986, orgs. 1987), Preti / Urbano (orgs. 1989, orgs. 1990), Callou (org. 1992), Callou / Lopes (orgs. 1993, orgs. 1994), Mota / Rollemberg (orgs. 1994), Sá et al. (orgs. 1996) e Hilgert (org. 1997).
- A partir de 1983, Projeto Censo Linguístico do Português do Rio de Janeiro, a que sucedeu o Projeto de Estudo de Usos Linguísticos – Peul (Paiva / Scherre, 1999). Veja Paiva (org. 1999), Oliveira e Silva / Scherre (orgs. 1996), Macedo / Roncaratti / Mollica (orgs. 1996), Paiva / Duarte (orgs. 2003), Roncarati / Abraçado (orgs. 2003).
- A partir dos anos 1980, Banco de Dados "Usos do Português", do Centro de Estudos Lexicográficos da Universidade Estadual Paulista, *campus* de Araraquara. Trata-se de 70 milhões de ocorrências de português escrito, organizados por Francisco da Silva Borba, para a publicação de dicionários e gramáticas (Borba et al., 1990, 1996, 2002; Neves, 2000)
- Desde 1988, A Linguagem Falada em Fortaleza (Aragão / Soares, orgs. 1996).
- A partir de 1992, Projeto Variação do Português no Sul (Varsul), iniciativa que se desenvolve atualmente no Paraná, em Santa Catarina e no Rio Grande do Sul.
- A partir de 1993, Projeto Variação Linguística do Estado da Paraíba (Hora / Pedrosa, orgs. 2001, 5 volumes).
- A partir de 1997, Projeto para a História do Português Brasileiro: sobre o subprograma "*Corpus* Diacrônico do PB" desse projeto, veja Castilho (org. 1998) e Mattos e Silva (org. 2001).
- Núcleo Interinstitucional de Linguística Computacional da Universidade de São Paulo/São Carlos (Nilc), que tem desenvolvido ferramentas para a análise de *corpora*.
- A partir de 2002, organização do grupo de debates e recolha de *corpora* "*Corpus* Brasil" (confira em http://groups.yahoo.com/corpus-brasil).

A relação anterior patenteia a preocupação da universidade brasileira e de outros organismos com a documentação do português brasileiro e sua disponibilização via internet (veja em www.

corpusdoportugues.org, www.museudalinguaportuguesa.org, www.ime.usp.br/tychobrahe, www.ufba.br/prohpor, www.letras.ufrj.br/phpb-rj, www.fflch.usp.br/eventos).

A utilização dos dados obtidos tornou-se rotineira nas melhores universidades do país, o que decerto vai aprofundar o conhecimento de nossa realidade linguística.

Para uma súmula dos debates sobre *corpora* e a implantação da Linguística de *Corpus* no país, veja Castilho/ Oliveira e Silva / Lucchesi (1995), Berber Sardinha (2004), entre outros textos.

1.5.4.2. Descrição e história do português brasileiro

Muitos estudos de caráter coletivo foram preparados com base nesses *corpora*, melhorando fortemente nossos conhecimentos sobre o português brasileiro. O pressuposto desses trabalhos é que, antes de ensinar, é preciso estar seguro sobre o que ensinar. A investigação científica da língua tem de anteceder as propostas de seu ensino.

A este respeito, constata-se que ainda não aproveitamos minimamente o potencial de realização de projetos trilaterais de pesquisa para a descrição e a história das variedades europeia, africana e brasileira de nossa língua comum. Um bom começo foi dado pelos professores Mary Kato, do Brasil, e João Peres, de Portugal, com seu Projeto Comparativo Português Europeu-Português Brasileiro.

A ampliação dessas experiências é outro tópico para a fixação de uma política linguística globalizante, que poderá acelerar-se nos anos vindouros, se tivermos determinação para tal.

Ora, sem um conhecimento aprofundado da língua portuguesa no mundo, parece estéril seguir discutindo velhos temas tais como *que variedade ensinar*, se a língua ainda preserva sua *unidade* etc. Unidade na variedade? Variedade com unidade? Por que manter esta última questão em nossa agenda? Tudo o que ela tem proporcionado é excitar nacionalismos tão anacrônicos no mundo atual, trazer à tona velhas rixas dos tempos coloniais, e – o que é pior – adiar novamente a configuração e execução de uma urgente e necessária agenda positiva para os países de língua portuguesa. Enquanto isso, o ensino continuará padecendo pelo desconhecimento do que ensinar.

Voltando à área brasileira – embora não ignore o que se vem fazendo em Portugal e em Moçambique[3] – enumero as contribuições que têm sido dadas ao conhecimento do português brasileiro. Mencionarei alguns projetos, numa lista não exaustiva:
- Projetos de caráter sincrônico sobre o português padrão e/ou popular. Projeto de Gramática do Português Falado (Castilho, org. 1990, org. 1993; Castilho / Basílio, orgs. 1996; Ilari, org. 1992; Kato, org. 1996; Koch, org. 1996; Neves, org. 1999; Abaurre / Rodrigues, orgs. 2002). Procede-se atualmente à consolidação dos resultados, estando na imprensa três dos 5 volumes projetados (Jubran / Koch, orgs. 2006; Ilari / Neves, orgs. 2008; Kato / Nascimento, orgs. 2009). Dois volumes estão em preparo, sobre a Morfologia e a Fonologia. A iniciativa fez do português a primeira língua românica a ter sua variedade falada culta amplamente descrita. Sobre o português não padrão, ou popular, veja Alves (1979), Rodrigues (1987), Pinto (1990a), entre outros.
- Projetos de interesse diacrônico: (1) Projeto para a História do Português Brasileiro (Castilho, org. 1998; Mattos e Silva, org. 2001; Alkmim, org. 2002; Duarte / Callou, orgs. 2002; Ramos /

---

[3] Acervos do português europeu: desde 1970, Projeto do Português Fundamental. Principais figuras: João Malaca Casteleiro, Maria Fernanda do Nascimento, Maria Lúcia Garcia Marques e Maria Luísa Segura da Cruz (Nascimento / Marques / Cruz, orgs. 1984-1987). Acervos do português moçambicano: desde 1992, Panorama do Português Oral de Maputo (Stroud / Gonçalves, orgs. 1997; Gonçalves, 1996, 1998).

Alkmim, orgs. 2007; Lobo et al., orgs. 2006; Aguilera, org. 2009. (2) Prosódia, Sintaxe e Mudança Linguística: do Português Clássico ao Português Europeu Moderno, coordenado por Charlotte Galves (veja em www.ime.usp.br/~tycho). (3) Estudos de Variação e Mudança (Paiva / Duarte, orgs. 2003).
- Projetos sobre contatos linguísticos. Com respeito aos crioulos de base portuguesa, "tanto em São Tomé como em Cabo Verde [...] explodiu com uma intensidade imprevista, de tal modo que se apoderou totalmente da comunicação oral quotidiana [após a independência]" (Ferreira, 1988: 49). O fenômeno parece menos visível no Brasil. Gregory Guy exclui a possibilidade de um crioulo de base indígena e defende a existência de um crioulo de base africana, que fundamentaria o português popular brasileiro. Essa tese, como se sabe, foi repudiada por Fernando Tarallo, para quem a descriolização do português brasileiro tê-lo-ia levado de volta ao português europeu, fato não comprovado. A partir da década de 1990, novas pesquisas tiveram lugar, destacando-se as iniciativas de Hildo Honório do Couto na Universidade de Brasília e de Allan Baxter e Dante Lucchesi na Universidade Federal da Bahia. Quanto aos contatos entre o português e o espanhol da América, tornou-se bem conhecida a situação na fronteira uruguaio-brasileira graças às pesquisas de Hensey (1967), Elizaincin (1979b), Elizaincin, Behares e Barrios (1987), Barrios (1999). Em seu livro *Nós falemo brasilero*, Elizaincin nos faz pensar que a história se repete: o latim vulgar deu surgimento na Romênia Velha às línguas românicas; na Romênia Nova, o português popular brasileiro pode estar dando origem a outras línguas originárias do português. Entretanto, está ainda no nível do anedotário o estudo do "portunhol", como um novo campo de indagações de interesse para verificar como as comunidades representam a língua do vizinho.

Como se vê, os acervos mencionados anteriormente vêm sendo estudados numa forma coletiva. Está mais que na hora de capitalizar os resultados obtidos, consolidando uma política linguística de Estado.

OS SISTEMAS LINGUÍSTICOS

A LÍNGUA COMO UM MULTISSISTEMA

Trato neste capítulo dos quatro sistemas linguísticos mencionados anteriormente e dos processos a eles relacionados: (1) léxico e lexicalização; (2) semântica e semantização; (3) discurso e discursivização; (4) gramática e gramaticalização.

Esses sistemas e seus processos integram a agenda da gramática multissistêmica funcionalista-cognitivista. Em cada caso, mostrarei como o dispositivo sociocognitivo opera sobre eles.

2.1. LÉXICO

O léxico tem ocupado um lugar central na teorização sobre as línguas naturais. Não sem razão, Carlos Franchi costumava lembrar que as principais teorias linguísticas têm uma base lexicalista. Apesar disso, não há unanimidade sobre como definir esse sistema linguístico.

2.1.1. O QUE É LÉXICO, O QUE É LEXICALIZAÇÃO?

Himmelmann (2004: 23) reúne num quadro as principais áreas de estudo denominadas como *Léxico*. Uma interpretação desse texto pode nos levar às seguintes definições:

(1) Léxico mental: seu objeto são matrizes cognitivas armazenadas no cérebro, associadas à sua representação linguística. Estuda-se o léxico mental focalizando a associação entre essas matrizes e as formas e os significados lexicais e gramaticais ativados durante a produção e a compreensão da língua.

(2) Léxico dos lexicógrafos: seu objeto é o emparelhamento das formas com seu sentido comum na língua, focalizando os lexemas, as expressões idiomáticas e os morfemas derivacionais como, por exemplo, {-*dade*}, {-*mente*}.

(3) Léxico dos gramáticos: seu objeto é o emparelhamento das formas com seus sentidos gramaticais, focalizando os lexemas simples, as palavras funcionais e as regras morfológicas de derivação.

A percepção (1), exemplificada nesta gramática em **15.**1, é onomasiológica, isto é, vai dos sentidos cognitivamente delineados para as formas que os representam. As percepções (2) e (3) são semasiológicas, isto é, vão das formas para seus sentidos.

Elaborando um pouco a percepção (1), postularei que o léxico* é um inventário (i) de categorias e subcategorias cognitivas; e (ii) de traços semânticos inerentes. Esse inventário é virtual, pré-verbal, podendo ser entendido como um feixe de propriedades de que lançamos mão para a criação das palavras, ou seja, para a *lexicalização*.

A lexicalização é a criação das palavras em que expressamos essas categorias e seus traços semânticos, transformando impulsos mentais em ondas sonoras, num mecanismo ainda bastante obscuro. O que armazenamos no cérebro na fase da aquisição da linguagem e pela vida afora são os inventários (i) e (ii) mencionados. Ao produzir ou receber uma palavra, nossa mente refaz os caminhos da lexicalização que levam à composição do vocabulário. Léxico e vocabulário, portanto, são postulados nesta gramática como entidades distintas. A lexicalização é o processo por meio do qual conectamos o léxico, entendido como um inventário pré-verbal, ao vocabulário, entendido como um inventário pós-verbal, um conjunto de produtos concretos, ou seja, as palavras.

A etimologia é um auxiliar precioso nas pesquisas sobre lexicalização, visto que com o passar do tempo as categorias cognitivas representadas nas palavras se tornam opacas. Para recuperar o que se perdeu, o jeito será inspecionar o passado dos vocábulos.

Algumas categorias cognitivas representadas nas palavras foram mencionadas em **1.**2.2.1 e no Quadro 14.3 do capítulo "O sintagma preposicional". A lexicalização das categorias cognitivas de ESPAÇO (e de sua subcategoria ANTERIOR) e de TEMPO (e de sua subcategoria PASSADO) tem como resultado muitas coisas, entre elas a criação de pelo menos duas palavras diferentes: a preposição *ante* e o advérbio *antes*, estudados nos capítulos "O sintagma adverbial" e "O sintagma preposicional". Segundo Talmy (2000), palavras como *entrar*, *sair* e *passar* lexicalizam uma combinação de MOVIMENTO e PERCURSO.

Quando expostos a uma nova palavra, identificamos nela as propriedades ativadas pelo interlocutor no momento mesmo de sua ocorrência, percorrendo o caminho inverso. A captação dessas propriedades pode ou não acontecer, o que dará origem, respectivamente, aos "bem-entendidos" e aos "mal-entendidos", estudados de outro ângulo por Dascal (1986).

As comunidades podem deixar de ativar um dado conjunto de propriedades numa dada palavra, selecionando outros conjuntos para esse fim. Isso corresponde à morte das palavras (deslexicalização, que leva à troca de palavra) e ao surgimento de novas palavras (lexicalização por etimologia, por neologismo ou por empréstimo), num processo interminável. A título de exemplificação, bastará refletir sobre as transformações de expressões como *tipo* e *de repente* no PB contemporâneo (veja **13.**1 e **13.**2.2.1.2, seção 4). Isso significa que as palavras e suas propriedades não são apriorísticas, não representam uma espécie de "pacote" que recebemos pronto, assumindo-se aqui, ao contrário, que esse tipo de conhecimento linguístico é continuadamente refeito nas situações concretas da fala. Nossa atitude em relação à língua é sempre dinâmica, criativa.

Durante a interação, o locutor e seu interlocutor tomam decisões sobre como administrar o léxico, que propriedades suas ativar, reativar ou desativar. Essa administração configura um conjunto de momentos, palavra aqui tomada em seu sentido etimológico de "movimentos", mentais. A lexicalização é um processo negociado ao longo das interações linguísticas, não se trata de uma iniciativa individual, pois obviamente as palavras são criadas para a comunicação.

Em suma, o léxico é definido como um conjunto de categorias cognitivas e traços derivados que são representados nas palavras por meio da lexicalização. O vocabulário é o produto do léxico, compendiado nos dicionários de língua.

2.1.2. O VOCABULÁRIO E O DICIONÁRIO

Uma das questões mais controvertidas é definir o que se entende por palavra – mesmo tratando-se de uma unidade linguística tão intuitiva.

A palavra pode ser caracterizada (1) fonologicamente por dispor de esquema acentual e rítmico; (2) morfologicamente por ser organizada por uma margem esquerda (preenchida por morfemas prefixais), por um núcleo (preenchido pelo radical) e por uma margem direita (preenchida por morfemas sufixais); (3) sintaticamente por organizar ou não um sintagma; (4) semanticamente por veicular uma ideia (enquanto a sentença veicula uma proposição); e (5) graficamente por vir separada por meio de espaços em branco.

A palavra prototípica é (i) maior do que uma unidade significativa; e (ii) e menor do que os sintagmas. Exemplificando a propriedade (i): na palavra *cachorro* há duas unidades significativas, <*cachorr-*>, que remete a uma espécie animal, e {-*o*}, que remete apenas a um espécime do sexo masculino. Exemplificando a propriedade (ii): no sintagma nominal [*o cachorro de guarda do vizinho*], a palavra *cachorro* é menor do que o sintagma nominal que ela organiza.

Redigir dicionários é o trabalho da Lexicografia. Ao preparar os verbetes* (ou entradas lexicais, ou lemas), os lexicógrafos cuidam (i) da definição das palavras; (ii) de sua enumeração por ordem alfabética, nos dicionários descritivos; (iii) de sua enumeração por ordem das ideias, nos dicionários analógicos. Vejamos como é isso.

2.1.2.1. Definição das palavras

A definição de uma palavra pode ser por epilinguismo* ou por metalinguismo*. As estruturas equativas são usadas nas definições (veja **8.3.2.4**).

Quando conversamos, frequentemente damos explicações sobre o sentido com que estamos usando determinada palavra ou expressão, para nos fazer entender. Produzimos uma definição epilinguística da palavra. Esta é uma atividade típica de locutores comuns.

Quando precisamos aumentar nosso vocabulário, eliminar ambiguidades, estudar o conjunto dos sentidos veiculados por uma palavra, consultamos um dicionário, que nos fornecerá uma definição metalinguística da palavra. Esta á uma atividade de lexicógrafos.

Copi, segundo Ilari (2002), identificou quatro tipos de definição metalinguística:

(1) Definições estipulativas: são aquelas em que se atribui arbitrariamente um sentido a uma palavra, ocorrendo em textos, visando facilitar o trabalho do leitor/ouvinte. Exemplo: *Sentença, nesta gramática, é um verbo com seus argumentos e adjuntos*. Estipular não é propriamente definir, pois estamos acionando o mecanismo da definição numa direção previamente configurada. As definições estipulativas aparecem na literatura científica.

(2) Definições teóricas: são menos convencionais que as definições estipulativas, partindo de uma teoria que se aceita. Exemplo: *Lexicalização, nesta gramática, será sempre a criação de uma palavra*. A definição teórica não muda a realidade das coisas, o que muda é a ciência.

(3) Definições persuasivas: são formuladas não tanto para informar, mas para evocar emoções e influenciar atitudes. Exemplo: *Formalismo é uma teoria linguística que não toma em conta o uso*. Uma definição assim, por uma propriedade negativa, predispõe o leitor contra o que se definiu.

(4) Definições lexicográficas: informam sobre o sentido das palavras comumente estabelecido, apanhando a média das posições das pessoas a respeito dessa palavra. Ela não pode ser teórica, pois o leitor de um dicionário não é necessariamente um cientista, nem persuasiva, pois quem comprou um dicionário não quer ser doutrinado.

A definição lexicográfica apresenta a denotação e a conotação da palavra. Todas as palavras denotam e conotam.

A denotação é o conjunto de informações mais salientes que a palavra dá sobre o objeto, ou seja, sobre o conjunto de indivíduos que cabem na classe rotulada pela palavra. Denotar é cuidar da extensão significacional da palavra. Tratando-se de um referente concreto, descreve-se a coisa mediante a enumeração de seus atributos, propriedades físicas e químicas. Tratando-se de um referente abstrato, indicam-se as causas e as consequências da existência do fenômeno, fugindo-se a uma difícil definição essencialista. Uma definição denotativa de *rango* é "comida, refeição".

A conotação é o conjunto das propriedades associadas à palavra. Conotar é cuidar da intensão*, da compreensão. O oferecimento de sinônimos e antônimos é uma forma de definir conotativamente. Uma definição conotativa de *rango* ultrapassa sua denotação, para incluir atributos tais como "comida de má qualidade, refeição de alguém de baixo nível econômico" etc.

2.1.2.2. Redação do verbete

Intensão* e extensão* constituem conceitos fundamentais na tarefa de definir. Entretanto, eles não contornam a dificuldade original das definições de palavra, que é tratar de uma palavra valendo-se de outras palavras. Com isso, podemos encontrar num verbete as mesmas dificuldades que nos levaram a abrir o dicionário e tentar nos esclarecer sobre uma dificuldade inicial. Coisas da vida.

Os lexicógrafos fornecem habitualmente as seguintes informações em seus verbetes:
1. Forma padrão da palavra: como grafá-la, como pronunciá-la.
2. Classificação gramatical da palavra (Biderman, 1978).
3. Etimologia e primeira datação em que a palavra aparece atestada.
4. Definição lexicográfica: intensão (via análise componencial), extensão. Outras informações semânticas: sinônimos, antônimos, hipônimos, hiperônimos; a ramificação dos sentidos: homônimos, polissemia.
5. Informações morfológicas: flexão, composição, derivação (identificação do radical e dos afixos).
6. Informações sintáticas: estruturas organizadas por essa palavra ou aquelas em que ela aparece.
7. Remissão a outros verbetes, associados analogicamente.
8. Exemplificação, buscando-se a abonação nos "bons autores".

2.1.2.3. Tipologia de dicionários

Você notou que as estratégias de definição da palavra dependem dos tipos de dicionário: um dicionário enciclopédico, aí incluídos os dicionários terminológicos, ou um dicionário de língua.

Os dicionários ordenam alfabeticamente os verbetes. Como eles partem da palavra para seus sentidos, também são chamados dicionários semasiológicos. São consultados por quem dispõe de uma palavra, mas ignora suas propriedades.

Nossas necessidades lexicais podem apresentar-se de outro modo: dispomos de uma dada ideia, mas não nos lembramos da palavra que a representa. É para isso que existem os dicionários analógicos, em que os conceitos são sistematizados, seguindo-se as palavras que os designam. Os dicionários analógicos são também denominados dicionários onomasiológicos.

Já pensou catalogar os conceitos que frequentam a mente humana? Para dar conta do recado, os dicionários analógicos correm atrás de duas estratégias: (i) sistematizam os conceitos numa forma pré-científica, natural; ou (ii) sistematizam os conceitos de acordo com princípios científicos.

A sistematização de conceitos numa forma pré-científica, apriorística, parte do pressuposto de que nas diferentes línguas naturais o sistema de conceitos é o mesmo. A sistematização mais conhecida nesta linha é a de Hallig / von Wartburg (1952/1963).

Esses autores assumem que em qualquer parte o homem considera o mundo não como um caos, e sim como algo organizado. Você já percebeu que o fundamento disso é a ciência clássica, mencionada no capítulo "O que se entende por língua e por gramática". O homem tem consciência dessa ordem, apesar das pequenas variações no plano que a representa. Esse plano é apresentado em seu livro como uma contribuição à pesquisa lexicográfica, entendendo-se por ele "um sistema empírico de referências extralexicais, contendo os conceitos gerais da linguagem, estabelecido segundo certos princípios de classificação fundados numa base fenomenológica" (Hallig / von Wartburg, 1952/1963: 51). Seu sistema de conceitos é o seguinte:

I) O Universo (o céu e a atmosfera, a terra, as plantas, os animais).
II) O Homem (o homem ser físico, a alma e o intelecto, o homem ser social, a organização social).
III) O Homem e o Universo (o *a priori*, a ciência e a técnica).

A sistematização dos conceitos de acordo com princípios filosóficos vai dos conceitos gerais para a síntese, e destas para a análise em divisões e subdivisões, até o esgotamento do "mundo das ideias". Spitzer (1936/1955) adotou o seguinte plano conceitual em seu dicionário analógico:

I) Relações abstratas (existência, relação, quantidade, ordem, número, tempo, mudança, causa).
II) Espaço (em geral, dimensões, forma, noção).
III) Matéria (em geral, anorgânica, orgânica).
IV) Faculdade cognoscitiva (1. formação das ideias; 2. comunicação das ideias).
V) Faculdade volitiva (1. vontade individual; 2. vontade intersocial).
VI) Faculdade afetiva (em geral, pessoal, simpática, moral, religiosa).

2.1.3. LEXICALIZAÇÃO: ETIMOLOGIA, NEOLOGIA, EMPRÉSTIMO

Como já vimos, a lexicalização é o processo de criação de palavras, coordenada pelo dispositivo sociocognitivo.

Ela compreende (i) a ativação ou *lexicalização* propriamente dita, que é a escolha de categorias cognitivas e seus traços semânticos, representando-os nas palavras; (ii) a reativação ou *relexicalização*, entendida como uma nova ativação dessas categorias; e (iii) a desativação ou *deslexicalização*, que é a eliminação ou a substituição de categorias, momento que anuncia a morte da palavra.

A lexicalização percorre os seguintes caminhos: (1) *etimologia*, quando a lexicalização ocorre na língua-fonte; (2) *neologia*, quando a lexicalização ocorre na língua-alvo; (3) *empréstimo*, quando a lexicalização ocorre por contato linguístico. Vamos percorrer brevemente esses caminhos.

2.1.3.1. Por etimologia

Na lexicalização por etimologia, um item da língua-fonte é integrado na língua-filha. A expressão latina *fructu persicu* ("fruto da Pérsia") deu por etimologia a palavra portuguesa *pêssego*, omitido o substantivo *fructu*. Diremos que o étimo de *pêssego* é a palavra latina *persicu*.

2.1.3.2. Por neologia

Na lexicalização por neologia, criamos uma palavra nova, não herdada da língua-fonte, porém organizada de acordo com as regras morfológicas da língua-alvo. É o caso de *coisar*, um verbo-*omnibus*, calcado num substantivo igualmente amplo, *coisa*.

Cabré Castellví (2006) considera os processos neológicos de modo amplo, incluindo e ultrapassando o domínio do léxico:

(i) No léxico, caso dos "neologismos formais" e dos empréstimos, segundo sua terminologia (lexicalização, nesta gramática), como em *dolarizar* (neologismo por sufixação), *neovanguardismo* (neologismo por prefixação), *matafome, fotojornalismo* (neologismo por composição).
(ii) Na sintaxe, quando ocorrem alterações de categoria (sintaticização, nesta gramática), como em *amo de casa*, que inova em relação a *ama de casa*;
(iii) Na semântica, quando uma base léxica sofre alteração de sentido (semanticização, nesta gramática), como em *buscador*, para indicar o dispositivo computacional de busca de informação na internet.

2.1.3.3. Por empréstimo

Na lexicalização por empréstimo, importamos palavras, sufixos e prefixos de povos com que estivemos em contato direto ou indireto.

O contato direto implica que duas ou mais línguas ocuparam o mesmo território. Historicamente isso ocorre nas seguintes possibilidades: (1) empréstimos tomados ao substrato linguístico*, resultante do contato com povos que ocupavam anteriormente o território invadido, cuja cultura foi suplantada pela do invasor; (2) empréstimos tomados ao superstrato linguístico*, resultante do contato com povos que invadiram um território sem suplantar a cultura de seus ocupantes.

Quando os romanos invadiram a península ibérica, encontraram os celtas e os ambroilírios, cuja cultura foi suplantada pela romana. Celtas e ambroilírios emprestaram palavras ao latim e, por seu intermédio, ao português, ao castelhano e ao catalão; nesses casos, tivemos empréstimos de substrato. Posteriormente, os hispano-romanos foram invadidos pelos germanos e pelos árabes, cuja cultura, entretanto, não conseguiu se impor no território. Germanos e árabes emprestaram palavras às línguas românicas da península; nesses casos, tivemos empréstimos de superstrato.

Essa história se repetiu na Romênia nova. Os portugueses encontraram nações indígenas no que viria a ser o território brasileiro. O português suplantou essas línguas a partir do século XVIII, delas recebendo palavras, num caso de empréstimo de substrato (veja o capítulo "História do português brasileiro", Quadro 3.5). Com a chegada dos africanos, a cultura portuguesa não foi suplantada, e o PB importou palavras africanas, num caso de empréstimo de superstrato (veja o capítulo "História do português brasileiro", Quadro 3.6).

O contato indireto ocorre quando um povo culturalmente influente exporta suas palavras mesmo sem invadir o território do povo afluente. Nesse caso, teremos os estrangeirismos.

Passo a exemplificar algumas das possibilidades aqui esquematizadas, de interesse para o estudo da formação do vocabulário português.

2.1.3.3.1. Empréstimos do substrato linguístico

A língua portuguesa se beneficiou de empréstimos tomados às línguas de substrato em Portugal e no Brasil.

1. Substrato europeu

Celtas e ambroilírios, entre outros povos, habitavam a península ibérica quando os romanos chegaram. Da mesma forma, povos indígenas ocupavam o Brasil antes da chegada dos portugueses.

Integradas no vocabulário português, as seguintes palavras constituem empréstimos do substrato linguístico:

Contribuições léxicas dos celtas:
- sufixo *-essu* > *-és* (em *Algés, Arbués*),
- *briga* e *dunum* ("fortaleza"), palavras que entraram na composição dos topônimos *Conímbriga* > *Coimbra, Lugdunum* > *Lião, Vinodunum* > *Verdun*,
- *carrus* > *carro, carruca* > *charrua*, por importação francesa, substituindo-se a palavra latina *aratrum, manteiga*,
- *bragas* ("roupa branca" e, por etimologia popular *barriguilha*, formado a partir de *braguilha*),
- *sagum* > *saio/saia*,
- *camisa*,
- *cogula* ("veste sacerdotal"),
- *brio*,
- *caminho*,
- *légua*,
- *caballus* > *cavalo*, que suplantou o latim *equus*, preservado no português como o feminino *égua*,
- *gato*,
- *bico*,
- *cabana*,
- *cerveja*,
- *trado*,
- *lança*,
- *cumba* ("vale"), no topônimo *Santa Comba Dão* (em que deve ter havido uma reinterpretação de *comba* como *colomba*, donde o "santa"),
- *cambiare* > *cambiar*, que em alguns casos suplantou a palavra latina correspondente *mutare*,
- *basium* > *beijo* e *basiare* > *beijar*.

Contribuições léxicas dos ambroilírios:
- sufixos *-asco*, que aparece em *Vasco, Velasco, Panasco, Rabasco*, e nos substantivos comuns *churrasco, carrasco, borrasca*;
- *-antia/-entia*, que aparece em *Argança, Palença*, em Portugal; *Arganza, Palencia*, na Espanha; *Argens*, na França, *Pallanza*, na Itália;
- *-ace/-ice/-oce*, que aparece em *Queiraz/Quiraz, Moniz, Queiriz/Queiroz, Munhoz* em Portugal; *Queiriz, Muñoz*, na Espanha. Mantive a grafia em *-z* para ressaltar a etimologia dessas palavras.
- outras contribuições léxicas: além de *cario*, presente nos antropônimos anteriores, *lama*, que aparece em *Lamego, Lameda, Lameira, Lamaçais*. Para mais informações, veja Krahe (1946, 1947), Menéndez Pidal (1952).

2. Substrato americano

Veja o capítulo "História do português brasileiro", Quadro 3.5, sobre contribuições léxicas indígenas ao português brasileiro.

2.1.3.3.2. Empréstimos do superstrato linguístico

1. Superstrato europeu

Os empréstimos de superstrato ao português ocorridos na península ibérica compreendem germanismos e arabismos.

Contribuições lexicais dos germanos:
- substantivos comuns: *elmo, orgulho, laverca, sabão, burgo, guerra* (que suplantou latim *bellum*), *brasa, trégua, luva, espora, albergue, fralda, coifa, feudo, embaixada, rico, branco, bruno, guisa* ("maneira", donde *guisado*, "disposto, arranjado"), *parra, ufano, íngreme, aio, aleive* (donde *aleivosia*, "calúnia"), *ganso, bramar, guardar, roubar, gastar, britar, agasalhar, gabar-se, guarir* e *guarecer* ("curar").
- sufixos *-engo* (*avoengo, realengo, solarengo, abadengo*), *-ardo* (*bastardo*).
- substantivos próprios: os nomes próprios germânicos compunham-se de elementos significativos, tais como *Wulf* ("lobo, força"), *Mir* e *Mil* ("glória"), *Rigo* e *Riz* ("poder", donde *Ruderigo > Rodrigo*), *Gunths* ("espada, valor guerreiro"). Esses elementos aparecem em *Teodulfo, Rodolfo, Gondemir* ("célebre na luta"), *Argemil, Teodorigo, Godo, Godinho, Alvarenga, Ramiro, Elvira, Fernando, Afonso, Gondomar, Wilhelm > Guilherme, Rugerius > Rogério, Viliati > Guilhade*.
- topônimos: *Vimaranis > Guimarães, Fafiães, Atiães, Ermegilde, Ramilde, Resende, Álvaro* e *Alvarenga, Ataíde, Baião, Borgonha, Brandão, Brito, Burgo, Guedes, Guiães, Lobão, Melo, Ourique, Gomes/Gomide, Gonçalo, Gonçalves, Gouveia, Gradim, Teles, Valdemir, Vera, Esposende, Godói*. Muitos desses topônimos transformaram-se em antropônimos.
- também se atribui ao superstrato germânico a mudança fonética de *v > g* (*werra > guerra, warnjan > guarnir, Wilhelm > Guilherme, Vasconia > Gasconha, Vimaranis > Guimarães, Viliati > Guilhade, vomitar >* pop. *gomitá*).

Contribuições lexicais dos árabes:
- pessoas e profissões: *alfaiate, alfenim, alferes, alcalde* ("juiz municipal", diferente de *alcaide*, "governador do concelho"), *almocreve, almotacé* (funcionário encarregado da metrologia), *almoxarife* ("inspetor"), *assassino, fulano, xerife* ("nobre").
- ofício da guerra: *adail* ("soldado da vanguarda"), *algara, alcáçar* (arabização da palavra latina *castrum*), *alfajeme, adaga, alfange, alcáçova* ("castelo"), *alarido, alarde, algazarra, algaravia* (variante de *aravia*), *azáfama*.
- comidas: *azeite, azeitona, acém, acepipe, açúcar, álcool, alféloa, almôndega, sorvete, xarope, aletria, cuscus*.
- agricultura: *alforreca* ("urtiga"), *açucena, açafrão, marfim, acicate* ("espinho"), *alcachofra, alcaçuz, alfafa, alfarroba, alfavaca, alfazema, almeirão, acelga, alface, arroz, benjoim, café, laranja, lima, limão, romã, tâmara, tremoço*.
- comércio e construções: *almoeda* ("anúncio"), *leilão, sarrago* ("moeda, cambista"), *adufe, alfândega, algarismo, açougue, armazém, bazar, caravana, pataca, xaveco* ("barco"), *cifra, álgebra, alforje, aduana, almude, açude, adobe, azulejo, alcova, saguão, alcouce* ("prostíbulo"), *aldeia, alvenaria* (note-se o sufixo românico), *barraca, mesquita, adarve* ("torre"), *albarrã* ("fortificações"), *aldrava, alicerce, argola, andaimes, tabique*.
- animais: *ginete* ("cavaleiro", e depois o cavalo), *alcatéia, alcatraz* ("pelicano", o mesmo que *albatroz*), *arraia* ("rebanho", donde *arraia-miúda*), *atum, gazela, javali, lacrau, papagaio, récua* ("besta de carga"), *rês*.
- expressões: *oxalá, até*.
- topônimos: *Algarve, Alvalade, Alfama, Alcalá, Arrábida, Alcântara* ("a ponte"), *Almada, Albufeira, Faro, Nora/Noras/Norinha/Noura*, formadas sobre a palavra *nora* ("aparelho para tirar água, formado por uma roda dotada de vasos"), *Guadiana, Guadalquivir*,

Guadalajara, Medina, Gibraltar (de *Geb al Tárik*, "cabo de Tárique"), *Alhambra*. Algumas palavras românicas são arabizadas e depois reentram no português, como *Santa Iria > Xantarim > Santarém*.

2. Supestrato americano

Os empréstimos de superstrato ocorridos no Brasil compreendem os africanismos, os italianismos, e outras contribuições do japonês e de outras línguas de migração. Sobre os africanismos, veja o capítulo "História do português brasileiro", Quadro 3.6.

2.1.3.3.3. ESTRANGEIRISMOS

São considerados estrangeirismos as palavras francesas, espanholas e norte-americanas que ingressaram no vocabulário do PB sem que tivesse ocorrido um contato direto com a cultura brasileira.

Momentos de nacionalismo na cultura linguística brasileira levaram a campanhas contra os galicismos, os espanholismos e os anglicismos. Em tempos de globalização, dois movimentos antitéticos parecem esboçar-se: a incorporação de estrangeirismos *versus* sua repulsa, como forma de sustentar nossa identidade linguística.

2.1.4. RELEXICALIZAÇÃO: DERIVAÇÃO, COMPOSIÇÃO

A reativação lexical (*relexicalização*) é o movimento mental por meio de que rearranjamos as categorias cognitivas e seus traços semânticos, realocando-as nas palavras, renovando assim o vocabulário.

Os processos de derivação lexical* e composição lexical* atuam nesse rumo. Na relexicalização por derivação, juntamos prefixos e sufixos derivacionais a um radical pré-existente, criando palavras derivadas tais como *falar ~ desfalar, amor ~ amoroso ~ amorosamente*, palavra esta em que a reativação ocorreu mais de uma vez. Na relexicalização por composição, juntamos radicais pré-existentes, criando palavras compostas, como em *guarda-chuva, pé de moleque*.

A história das palavras *desde* e *comigo*, entre tantas outras, exemplifica o processo da reativação. Para indicar o ponto inicial de um percurso, o português combinou duas preposições latinas, *de + ex*, resultando a preposição arcaica *des*. Perdida a noção dessa composição, agregou-se de novo a preposição *de*, em *de + ex + de*, surgindo *desde*. Outro exemplo de reativação da preposição aparece em *comigo*. Primeiramente, agregaram-se *me + cum*, donde o português arcaico *migo*. Pela mesma razão mencionada anteriormente, agregou-se de novo a preposição *com*, resultando *comigo*. As palavras *desde* e *comigo* resultam, portanto, de processos de relexicalização.

2.1.5. DESLEXICALIZAÇÃO: A MORTE DAS PALAVRAS

A desativação lexical (*deslexicalização*) é a morte das palavras. Crystal (2000: 22) mostra que a perda lexical é maior em determinados campos semânticos que em outros, afetando inicialmente as palavras que designam as partes do corpo humano. Mário Eduardo Viaro argumenta que a morte das palavras é um conceito relativo. Assim, embora não se use mais a palavra *pela* para designar a bola de futebol, usa-se *pelada* para designar o jogo em que se utiliza a *pela*.

LEITURAS SOBRE LÉXICO E VOCABULÁRIO

Sobre introduções ao léxico e formação de palavras, veja **15**.2.5, seção 6, e ainda o verbete "Linguística", escrito por Jacinto do Prado Coelho para o *Dicionário das literaturas portuguesa, brasileira e galega*, 3 volumes, por ele organizado. Dieter Messner, editor da Bibliotheca Hispano-Lusa, vem trabalhando na consolidação dos verbetes dos principais dicionários portugueses: *Dicionário dos dicionários portugueses* (Salzburg: Institut für Romanistik der Universitaet Salzburg, 1994-1998, 8 volumes).

Para um inventário do patrimônio lexicográfico do português, consulte Verdelho / Silvestre (2007). Sobre o início da lexicografia brasileira, veja Biderman (2002, 2006) e Krieger et al. (2006).

Sobre dicionários analógicos, veja Spitzer (1936/1955), Azevedo (1950/1983), Hallig / von Wartburg (1952/1963), Heger (1965), Castilho / Carratore (1967), Pinho (1973), Sáez Godoy (1968).

Sobre neologismos lexicais, veja Guilbert (1975), Alves (1990/2007) e Cabré Castellví (2006).

Quadro 2.1 – Cronologia dos dicionários da língua portuguesa

1. Dicionários de língua

1562	Jerônimo Cardoso, *Dicionario lusitânico-latino*.
1611	Agostinho Barbosa, *Dicionario lusitânico-latino*.
1634	Bento Pereira, *Prosodia in vocabularium trilingue, latinum, lusitanum et castelhanum*.
1647	Bento Pereira, *Tesouro da lingua portuguesa*.
1712-1728	Dom Rafael Bluteau, *Vocabulario português e latino*, 10 volumes.
1765	Francisco José Freire, *Reflexão primeira, em que se dá a ler um copioso catálogo de antigas palavras portuguesas... Reflexões da língua portuguesa*, Lisboa, Sociedade Propagadora dos Conhecimentos Úteis, vol. 3, 1842.
1783	Bernardo de Lima e Melo Bacelar, *Diccionario da lingua portugueza*.
1789	Morais e Silva, *Dicionario da lingua portuguesa*. Autor brasileiro, compôs o melhor dicionário para o estudo do português clássico.
1798-1799 /1965	Fr. Joaquim de Santa Rosa de Viterbo, *Elucidário das palavras, termos e frases que em Portugal antigamente se usaram e que hoje regularmente se ignoram*, edição crítica de Mário Fiúza, Porto/Lisboa, Civilização, 1965, 2 vols.
1888	A. J. de Macedo Soares, *Dicionário brasileiro da língua portuguesa*.
1888	Caldas Aulete, *Dicionário contemporâneo da língua portuguesa*, 3. ed. 1948, 4. ed. 1958.
1890?	Cândido de Figueiredo, *Novo dicionário da língua portuguesa*.
1900-1901	Antonio Augusto Cortesão, *Subsídios a um dicionário completo (histórico-etimológico) da língua portuguesa*.
1906	Aniceto dos Reis Gonçalves Viana, *Apostilas aos dicionários portugueses*.
1938	José Baptista da Luz et al., *Pequeno dicionário brasileiro da língua portuguesa*.
1939-1944	Laudelino Freire, *Grande e novíssimo dicionário da língua portuguesa*.
1947	Gladstone Chaves de Melo, *Dicionários portuguêses*, Rio de Janeiro, Ministério da Educação e Saúde.
1950	Augusto Magne, *Dicionário da língua portuguesa*, Rio de Janeiro, Instituto Nacional do Livro (parou no verbete *afuzilar*).
1954	Aurélio Buarque de Holanda, *Vocabulário ortográfico brasileiro da língua portuguesa*, Rio de Janeiro, Livro Vermelho dos Telefones, 2. ed.
1961-1967	Antenor Nascentes, *Dicionário da língua portuguesa*, por encomenda da Academia Brasileira de Letras.
1975-1986	Aurélio Buarque de Holanda, *Novo dicionário da língua portuguesa*.
1989	Aurélio Buarque de Holanda, *Novo dicionário Aurélio da língua portuguesa*, 3. ed.
2001-2002	Antônio Houaiss, *Dicionário Houaiss da língua portuguesa*.
2002	Francisco da Silva Borba (coord.), *Dicionário de usos do português do Brasil*, São Paulo, Ática.
2003	*Dicionário da Língua Portuguesa da Academia das Ciências de Lisboa*.

2. Dicionários etimológicos

1932-1952	Antenor Nascentes, *Dicionário etimológico* (primeira parte, nomes comuns; segunda parte, nomes próprios).
1956-1959	José Pedro Machado, *Dicionário etimológico*, 2 vols.
1982	Antônio Geraldo da Cunha, *Dicionário etimológico Nova Fronteira da língua portuguesa*.

3. Dicionários especiais I: arcaísmos, ortografia, léxicos regionais, sinônimos e antônimos, fraseologia e provérbios, gírias	
1765	Francisco José Freire, *Dicionário de arcaísmos*.
1789	Frei João de Sousa, *Vestígios da língua arábica em Portugal*, ou *Lexicon etimológico das palavras e nomes portugueses que têm origem arábica*.
1848	Roquete e Fonseca, *Dicionário de sinônimos*.
1860	José Maria A. A. C. de Lacerda, *Dicionário de sinônimos*.
1886	Castro Lopes, *Dicionário de neologismos*.
1899	Henrique Brunswick, *Dionário de sinônimos*.
1901	Alberto Lessa, *Dicionário de gírias*.
1912-1921	Sebastião Rodolfo Dalgado, *Glossário luso-asiático*, 2 vols.
1913	Sebastião Rodolfo Dalgado, *Influências do vocabulário português em línguas asiáticas*.
1920	João Ribeiro, *Dicionário de fraseologia*.
1923	José Silva Bandeira, *Dicionário de sinônimos e antônimos*.
1928	Pedro Chaves, *Dicionário de fraseologia*.
1929	José Joaquim Nunes, *Dicionário de arcaísmos*.
1936/1955	Carlos Spitzer, *Dicionário analógico da língua portuguesa*.
1940	Francisco da Luz Rebelo Gonçalves, *Vocabulário ortográfico da Academia das Ciências*.
1944	Francisco Fernandes, *Dicionário de sinônimos e antônimos*.
1944	Augusto Magne, *Dicionário de arcaísmos*.
1945	Antenor Nascentes, *Dicionário de fraseologia brasileira*.
1945	Manuel Viotti, *Dicionário de gírias*.
1949	A. L. Pereira de Melo, *Dicionário de gírias*.
1949	Elza Paxeco, *Galicismos arcaicos*.
1956	Manuel Viotti, *Novo dicionário da gíria brasileira*.
1957	Antenor Nascentes, *Dicionário de sinônimos e antônimos*.
1959	A. Lapa, *Dicionário de gírias*.
1960	João Ribeiro, *Frases feitas*.
1973	Euclides Carneiro da Silva, *Dicionário da gíria brasileira*.
1974	R. Magalhães Júnior, *Dicionário Brasileiro de provérbios, locuções e ditos curiosos*.
1979	M. Souto Maia, *Dicionário de gírias*.
1983	Bobby J. Chamberlain / Ronald M. Harmon, *A Dictionary of Informal Brazilian Portuguese*.

4. Dicionários especiais II: brasileirismos, léxico regional brasileiro	
1884	Macedo Soares, *A linguagem popular amazônica*.
1883-1884 /1889	Visconde de Beaurepaire Rohan, *Dicionário de vocábulos brasileiros*.
1901	Theodoro Sampaio, *O tupi na geografia nacional*.
1905	Vicente Chermont de Miranda, *Glossário paraense*.
1912	Rodolfo Garcia, *Dicionário de brasileirismos*.
1912	P. Carlos Teschauer, *Apostilas aos dicionários de vocábulos brasileiros*.
1958	Florival Seraine, *O falar cearense*.

5. Dicionários gramaticais: construção e regência	
1925	Laudelino Freire, *Dicionário de construção e regência*.
1931	Artur de Almeida Torres, *Dicionário de construção e regência*.
1936	José Stringari, *Dicionário de construção e regência*.
1940-1950	Francisco Fernandes, *Dicionário de construção e regência*.
1990	Francisco da Silva Borba (coord.), *Dicionário gramatical de verbos*.

6. Dicionários de terminologia gramatical	
1889	João Ribeiro, *Dicionário gramatical*.
1940	Firmino Costa, *Léxico gramatical*.
1946	Antenor Nascentes, *Léxico da nomenclatura gramatical brasileira*.
1953	Vários, *Dicionário gramatical*, Porto Alegre, Globo. A parte relativa ao português foi escrita por Sílvio Edmundo Elia.
1956	Joaquim Mattoso Câmara Jr., *Dicionário de fatos gramaticais*, Rio de Janeiro, Casa de Rui Barbosa. Veja 1964, mesmo autor.
1958	Vitório Bergo, *Dicionário gramatical*.
1958a	Cândido Jucá Filho, *132 restrições à nomenclatura gramatical brasileira*. Veja 1958b, c; 1960a, b; 1962.
1958b	Adriano da Gama Kury, *Pequena gramática para explicação da nova nomenclatura gramatical brasileira*.
1958c	Antenor Nascentes, *Nomenclatura gramatical*.
1960a	Antonio J. Chediak, *Nomenclatura gramatical brasileira e sua elaboração*.
1960b	R. F. Mansur Guérios, *Nomenclatura gramatical*.
1962	Novir dos Santos Barbosa, *Interpretação da nomenclatura gramatical brasileira*.
1964	Joaquim Mattoso Câmara Jr., *Dicionário de filologia e gramática referente à língua portuguesa*, Rio de Janeiro, J. Ozon.
1967	Celso Pedro Luft, *Dicionário gramatical*.
1971	Tassilo Orpheu Spalding, *Dicionário brasileiro da gramática*.
1968	Fernando Lázaro Carreter, *Diccionario de términos filológicos*.
[1990]	Maria Francisca Xavier e Maria Helena Mateus, *Dicionário de termos linguísticos*, Lisboa, Associação de Linguística Portuguesa, vol. I (1990), vol. II (1992).
2004	R. L. Trask, *Dicionário de linguagem e linguística*, tradução de Rodolfo Ilari, São Paulo, Contexto.
2004	Patrick Charaudeau / Dominique Mainguenau, *Dicionário de análise do discurso*, coord. de trad. Fabiana Komesu, São Paulo, Contexto.

2.2. SEMÂNTICA

2.2.1. O QUE É SEMÂNTICA, O QUE É SEMANTICIZAÇÃO?

A semântica é o sistema através do qual criamos os significados, operando com as seguintes estratégias, dentre outras:

(i) organizando o campo visual através do estabelecimento de participantes e eventos;
(ii) emoldurando participantes e eventos via criação de *frames*, *scripts* e cenários;
(iii) hierarquizando os participantes e eventos via fixação de perspectivas, escopos, figura/fundo;
(iv) incluindo, excluindo, focalizando participantes e eventos;
(v) agregando participantes e eventos novos por inferência, pressuposição, comparação;
(vi) movimentando os participantes e os eventos, real ou ficticiamente;
(vii) alterando nossa perspectiva sobre os participantes e os eventos, via metáfora, metonímia, especialização, generalização.

A semanticização é o processo de criação dos sentidos, administrado pelo dispositivo sociocognitivo.

Para organizar as reflexões sobre a semântica têm sido propostos três campos de estudos, de difícil delimitação: a Semântica Léxica, que trata dos *sentidos* contidos nas palavras, a Semântica Gramatical ou composicional, que trata dos *significados* contidos nas construções, e a Semântica Pragmática, que trata das *significações* geradas no "intervalo" que medeia entre os locutores e os signos linguísticos – para valer-me de um feliz achado de Vogt (1977). Nesse intervalo, surgem significados não contidos nas palavras nem nas construções gramaticais. Tento caracterizar essas áreas especificando os respectivos objetos empíricos através dos termos *sentido*, *significado* e *significação*. Tomando a palavra *balde* como exemplo,

- o sentido lexical de *balde* é algo como "objeto usualmente de metal, cilíndrico, dotado de alça, que serve para carregar líquidos ou sólidos"; o sentido de palavras como *balde* configura o campo da Semântica Lexical;
- o significado de *chutar o balde*, "desinteressar-se, desistir de uma ação", nada tem a ver com os sentidos de *chutar* e de *balde*; podemos reconhecer que expressões idiomáticas como essa são um problema da Semântica Gramatical ou Composicional;
- a significação pragmática de *Não consigo carregar este balde de areia* pode ser um pedido indireto de ajuda ao meu interlocutor, além dos sentidos lexicais de cada item e do significado proposicional dessa sentença.

É preciso ficar claro que sentidos, significados e significações não devem ser concebidos como entidades dispostas em camadas diferentes, no conhecido raciocínio estruturalista dos níveis hierárquicos (veja **1.1.3**). O que temos aqui são conceitos complexos, que ocorrem simultaneamente. O leitor pode imaginar situações em que as expressões *balde*, *chutar o balde* e *não conseguir carregar este balde* exemplificam qualquer um dos conceitos identificados anteriormente.

Após essa primeira abordagem da semântica, podemos agora propor as seguintes categorias, as quais organizam seu campo:

1. Dêixis e foricidade
2. Referenciação, no sentido de "denominação"
3. Predicação
4. Verificação
5. Conectividade

6. Inferência e pressuposição
7. Metáfora e metonímia
Passemos ao exame sumário dessas categorias.

2.2.2. CATEGORIAS SEMÂNTICAS

2.2.2.1. Dêixis e foricidade

Entende-se por *dêixis** uma categoria que depende crucialmente da situação discursiva, e não das propriedades intensionais necessárias à configuração das categorias de referenciação e predicação, para ficarmos nessas duas.

Assim, o entendimento de expressões como (i) *eu, este/esse, aqui, hoje*; (ii) *você, esse/este, aí, amanhã*; (iii) *ele, aquele, lá, outrora*, entre outras, depende da situação em que elas foram veiculadas. A referência desses termos está no discurso, na situação social concreta que envolve os falantes, e não apenas nessas palavras. As expressões dêiticas selecionam obrigatoriamente a significação pragmática. Sem a dêixis e o eixo que ela organiza no discurso, não há discurso.

É o que se observa no seguinte exemplo:

(1) *Seguinte, neguinho,* **agora** *sou* **eu** *aqui e* **você** *lá, tá bom?*

Em (1) ocorreram as seguintes expressões dêiticas: (i) *eu* indica o falante e *aqui*, o lugar que ele ocupa; (ii) *você* indica o interlocutor e o *lá*, o lugar que ele ocupa; (iii) *agora* indica um ponto na perspectiva temporal do discurso, implicitando que desse ponto em diante a relação entre os interlocutores vai mudar. Note que se *eu* corresponder a João, e *você* corresponder a Pedro, este bem pode retrucar que

(1a) *Você tá é esquecido,* **eu** *já tinha combinado isso com* **você** *faz tempo!*

Em (1a) os termos mudaram de designação, e agora *eu* = Pedro, e *você* = João. Embora João continue sendo João, e Pedro, Pedro (= termos referenciais), *eu* e *você* mostraram-se intercambiáveis (= termos dêiticos). *Isso* retoma a conversa atual e as conversas anteriores mantidas entre ambos (= termo fórico: veja adiante).

A palavra *dêixis* em português corresponde exatamente à palavra grega *déiksis*, que significa literalmente "mostração". O termo deriva por sua vez do verbo grego *déiknymi*, "mostrar", "apontar". Nos exemplos anteriores, os itens lexicais *eu* e *você* "apontam" para as pessoas do discurso, *aqui* e *lá* "apontam" para o espaço físico ocupado por elas, e *agora* "aponta" para o tempo em que o acordo deve ser observado. E não nos esqueçamos do adjetivo *seguinte*, usado para introduzir no discurso o trato que está sendo estabelecido (veja **12.2.2.3**).

Durante uma conversa, gesticulamos e produzimos sequências sonoras. A dêixis realiza as duas tarefas, nela confluindo o gesto de ostensão e a sequência de sons não referenciais.

A dêixis tem sido bastante estudada na literatura.

No mundo antigo, Apolônio Díscolo (século I d.C.) argumentava que os pronomes abarcam também os de terceira pessoa, "pois também se realizam como anafóricos, desde que as pessoas sejam conhecidas de antemão, e como dêiticos, se a pessoa está à vista" (apud Bécares Botas, séc. I d.C./1987: 165, trad. espanhola). E mais além: os pronomes de 1ª e 2ª pessoas:

> Servem para discernir pessoas ainda não definidas, com o que as pessoas por eles significadas se fazem definidas. É claro que as suas dêixis são as primeiras vias de entrada das pessoas que lhes subjazem, e por isso não precisam da companhia do artigo, já que não pode haver anáfora de pessoas que se mostram à vista (Apolônio Díscolo, apud Bécares Botas, séc. I d.C./1987: 166, trad. espanhola).

Coube a Bühler (1934/1961) formular a teoria da dêixis na Linguística moderna. Para ele, as expressões linguísticas ("campos", em sua terminologia) se dividem em simbólicas e em dêiticas. Os símbolos são referencialmente estáveis, ao passo que a dêixis depende da situação de fala em que está ancorada. Entendida também como "ostensão", a dêixis, segundo esse autor, representa um "primeiro conhecimento da coisa". Através da propriedade dêitica, inserimos entidades na corrente do discurso. O "segundo conhecimento" ocorre quando retomamos, via foricidade, essas mesmas entidades. Diferentes classes gramaticais codificam a dêixis: os pronomes, os advérbios de tempo e de lugar, certos morfemas (como os de tempo), entre outros.

Câmara Jr. (1977: 90) acompanha Bühler, ao definir a dêixis como a

> faculdade que tem a linguagem de designar mostrando, em vez de conceituar. A designação dêitica, ou mostrativa, figura assim ao lado da designação simbólica ou conceitual em qualquer sistema linguístico. Podemos dizer que o SIGNO linguístico apresenta-se em dois tipos – o SÍMBOLO, em que um conjunto sônico representa ou simboliza, e o SINAL, em que o conjunto sônico indica ou mostra. O pronome é justamente o vocábulo que se refere aos seres por dêixis em vez de o fazer por simbolização, como os substantivos. A dêixis se baseia no esquema linguístico das três pessoas gramaticais que norteia o discurso: a que fala, a que ouve, e todos os mais seres situados fora do eixo falante-ouvinte.

Benveniste (1966: 84) mostrou que os dêiticos constituem uma "irrupção do discurso no interior da língua, porque o seu próprio sentido [...], embora releve da língua, apenas se pode definir por alusão ao seu emprego". Comentando este autor, Mílton do Nascimento, em comunicação pessoal, me fez lembrar que a dêixis é uma *condição da linguagem*: "não há enunciado sem enunciador/enunciatário sem a construção de um EU-TU, da relação espelhada EU-TU, a qual envolve os dêiticos por excelência, num AQUI/AGORA da enunciação".

Para Ducrot / Todorov (1972/1998: 302), dêiticos são "expressões cujo referente só pode ser determinado em relação aos interlocutores. Assim, os pronomes de primeira e segunda pessoa designam respectivamente a pessoa que fala e aquela a quem se fala". Segundo Lyons (1979: 290),

> todo enunciado linguístico se realiza num lugar particular e num tempo particular: ocorre numa certa situação espaço-temporal. É produzido por uma pessoa – o falante – e em geral se dirige a alguma outra pessoa – o ouvinte. O falante e o ouvinte, diremos, são tipicamente distintos um do outro, podendo, certamente, haver mais de um ouvinte, e estão, além disso, na mesma situação espaço-temporal.

Ele acrescenta que

> a noção de dêixis – que é simplesmente a palavra grega que exprime a ação de "apontar" ou "indicar", e veio a ser um termo técnico da teoria gramatical – foi introduzida para indicar os traços "orientacionais" da língua que se relacionam com o tempo e o lugar do enunciado. Os chamados pronomes pessoais – eu, tu (você), ele etc. – constituem apenas uma classe dos elementos da língua cujo significado se determina pela referência às "coordenadas dêiticas" da situação típica do enunciado. Outros elementos que incluem um componente de dêixis são advérbios de lugar e de tempo – como aqui, aí, ali, lá, acolá (de lugar) e agora e então (de tempo), que indicam o "próximo" e o "não próximo" do falante (e às vezes também do ouvinte) e o "momento em que se fala" e o "não momento em que se fala". São esses os exemplos mais evidentes da maneira pela qual a estrutura gramatical de uma língua pode refletir as coordenadas espaço-temporais da situação típica do enunciado. A situação típica no enunciado é egocêntrica: como o papel do falante se transfere de um participante para outro numa conversa, muda-se assim o "centro" do sistema dêitico, usando o falante eu

para referir-se a si mesmo, tu, você etc. para dirigir-se ao ouvinte. O falante está sempre no centro da situação do enunciado.

Lahud (1979: 40) afirma que a noção de dêixis está muito vinculada à classe linguística dos pronomes pessoais (*eu/você*, mais precisamente), pronomes demonstrativos (*isso*) e formas temporais do verbo. Observe-se que essas classes representam algumas categorias cognitivas: PESSOA, ESPAÇO (proximidade/afastamento) e TEMPO. Isso faz delas uma única classe.

Entende-se por *foricidade** a operação desencadeada, sobretudo, por itens lexicais que trazem de novo à consideração noções já identificadas anteriormente (anáfora), ou a serem veiculadas posteriormente (catáfora) no texto. Essa palavra deriva do grego *phoréo* ("trazer", "conduzir"), cuja contraparte latina é *fero*, de onde derivou *foricitas*.

Assim, em

(2)   *O aluno disse que **ele** não gosta de aulas.*

Se entendermos que *ele* aponta para um participante da situação de fala, parafraseável por *ele aí*, houve uma interpretação dêitica do item; se entendermos que *ele* retoma *o aluno*, houve uma interpretação fórica do item. Ambas as interpretações são perfeitamente possíveis, mostrando que há uma diferença entre *retomar* (= foricidade) e *indiciar* (= dêixis). De novo aquela ideia exposta em 1.2, segundo a qual uma mesma expressão pode enquadrar-se simultaneamente em mais de uma categoria.

Halliday / Hasan (1976) assim descreveram a atuação da foricidade: (1) endófora – retomada de referentes que já foram mencionados no texto (= anáfora) ou antecipação de referentes que ocorrerão no texto (= catáfora); (2) exófora – menção a referentes presentes na situação de fala, não verbalizados no texto. Numa sala de aula, pode ocorrer o seguinte ato de fala:

(3)   **Esta** *é uma verdade: dentre os argumentos do autor,* **estes** *primeiros são aceitáveis,* **aqueles** *outros não se sustentam. Falando em sustentação, pegue* **esse aí** *e preste mais atenção.*

Em (3), *esta* é um catafórico, anunciando a sentença complexa que vem depois dos dois pontos; *estes* e *aqueles* são anafóricos, retomando argumentos próximos (*estes*) ou afastados (*aquele*) no tempo do discurso. *Esse aí* remete a um participante não verbalizado no discurso, provavelmente o lápis que caiu da boca de um aluno sonolento.

Segundo Salum (1983), os comparatistas promoveram certa confusão no uso dos termos designativos desses processos semânticos, tanto quanto no dos termos designativos das classes gramaticais que os expressam. De fato, o termo grego *anaphorikòs* foi traduzido no latim por *relativus* (de *re* + *latum*, particípio de *fero*) e *deiktikòs* por *demonstrativus* (de *de* + *monstrare*, "apontar para algo retirado de um conjunto").

Sucedeu que os termos *anáfora*, uma das manifestações da *foricidade*, e *dêixis* foram apropriados pelos gramáticos para a designação de processos semânticos, ao passo que *relativo* e *demonstrativo* foram utilizados na designação de classes de palavras. Ora, outras classes além do pronome relativo retomam conceitos, e o demonstrativo não é a única classe que indicia os referentes. E ainda por cima, *referência*, vocábulo latino calcado em *refero* ("voltar atrás"), que é uma tradução perfeita do grego *anaphorà*, passou a ser usado modernamente para designar ora o conteúdo dos substantivos, ou seja, seu referente, acepção escolhida nesta gramática, ora para designar a retomada de conteúdos, como sinônimo de anáfora. Belíssima confusão!

Essas observações mostram que os limites entre a dêixis e a foricidade tornaram-se pouco nítidos. Carreter (1953/1962: 130) agrega uma explicação auxiliar sobre como os limites entre esses termos foram borrados: a dêixis "consiste em assinalar algo que está presente diante de nossos olhos: aqui, ali, tu, isto etc. Quando a função dêitica não consiste em fazer uma *demonstratio ad oculos*, mas apenas assinala um termo da frase já anunciado, recebe o nome de anáfora".

Embora se pudesse de fato reduzir a dêixis e a foricidade a uma só propriedade, considerando a anáfora numa sorte de "dêixis textual", preferimos seguir distinguindo os dois conceitos, dada sua diferente representação na gramática de nossa língua.

No PB, a dêixis tem uma codificação flexional e lexical. A pessoa só tem flexão no verbo; nas demais classes, é o lexema que contém essa categoria. Os itens lexicais expressam uma localização positiva e uma localização negativa dos participantes do discurso. Localizam-nos positivamente os itens que os dispõem num eixo de proximidade ou de não proximidade com respeito ao locutor: *este/esse, aqui, hoje* fornecem uma localização próxima, ao passo que *aquele, lá, ontem/amanhã* provêm uma localização remota. Localizam-nos negativamente os itens que não têm esse poder de discriminação, como os artigos. Como já se disse, podemos também representar a dêixis extraverbalmente, por meio da ostensão: apontar com o dedo, estirar os lábios, como na piada do caipira, quando informou que determinado ponto geográfico "*ficava logo ali, pertinho, pertinho*". Coitado de quem acreditou!

Já a foricidade não dispõe de uma codificação flexional, e sim de determinadas palavras.

Sumarizando, entendida como "remissão", a foricidade representa um *segundo conhecimento da coisa*, sendo que o *primeiro conhecimento* é dado pelos processos de referência ou designação, e dêixis ou localização. Através da anáfora, retomamos um tópico discusivo, trazendo de novo à consciência os participantes do discurso mencionados anteriormente, ou presentes no contexto. Analisando o papel da foricidade na construção do texto, Marcuschi / Koch (2006: 383 – grifos meus) destacam a categoria de MOVIMENTO que subjaz à foricidade, quando afirmam que

> cabe, ainda, ressaltar que um texto não se constrói como continuidade progressiva linear, somando elementos novos com outros já postos em etapas anteriores, como se o texto fosse processado numa soma progressiva de partes. *O processamento textual se dá numa oscilação entre dois movimentos: um para frente (projetivo) e outro para trás (retrospectivo), representáveis parcialmente pela catáfora e anáfora*. Além disso, há movimentos abruptos, há fusões, alusões etc.

Marcuschi / Koch estão lidando com o movimento fictício; sobre isso, veja **15.1**.

2.2.2.2. Referenciação

Denomina-se *referenciação* a função pela qual um signo linguístico representa quaisquer entidades do mundo extralinguístico, reais ou imaginários (Ducrot / Todorov, 1972/1998, s.v. *referência*). Sobre referenciação e espaços mentais, veja **11.2.2.1**.

No âmbito da Filosofia contemporânea, coube a Frege (1891a/1978) retomar a discussão deste tema clássico. Ele distingue nas expressões referenciais seu sentido e sua referência. O sentido é o modo de apresentação do objeto, e a referência é o *designatum*. Operando com a questão da verdade ou da falsidade de um enunciado, ele tornou famoso seu exemplo:

(4)   *A estrela da tarde é a estrela da manhã.*

Em que as duas expressões nominais têm o mesmo referente, o planeta Vênus, e se distinguem pelo sentido, ou "modo de apresentação".

Frege esclareceu também que a emissão de juízos se fundamenta em duas atividades fundamentais: a *referenciação* a uma entidade do mundo extralinguístico e a *predicação*.

A principal contribuição de Frege foi distinguir o *sentido*, que é uma representação, da *referência*, que é a coisa. Com isso, tornou-se crucial para a Semântica investigar de que modo se dá a representação das COISAS. Essa indagação tem integrado a agenda da Semântica Cognitiva.

A intensão* é o conjunto de propriedades lexicais das palavras, o conjunto de seus traços semânticos inerentes. Quando uma palavra se combina com outras, nas expressões complexas, nota-se que sua intensão pode ser preservada ou alterada.

Vejamos alguns exemplos desses mecanismos semânticos:
(5) *O nenê começou a falar.* (preservação das propriedades intensionais de *começar* e de *falar*)
(6) *O nenê está quase falando.* (alteração parcial das propriedades de *está falando*, através do operador *quase*, que elimina algumas propriedades de *falar*, mantendo outras)
(7) *O nenê pôs-se a falar.* (alteração total das propriedades intensionais de *pôr-se*, que assume o significado de "começar")

Examinando o problema da formulaicidade, Ilari (1992c) mostra que aí se observa igualmente o comprometimento da intensão, visto que o conjunto gerado se afasta do sentido de cada palavra considerada individualmente. Assim, em

(8) *Aquela construção é um verdadeiro* **elefante branco**.

Elefante deixa de significar "mamífero de grande porte" e *branco*, igualmente, não é mais a "impressão causada pelo raio de luz não decomposta", para significar "obra ou iniciativa inútil". O mesmo se pode dizer de *estado-maior, controle remoto* etc.

A extensão* é o conjunto de indivíduos denotados através das propriedades lexicais das palavras. Assim, em

(9) *O* **cidadão** *pagou seus impostos.*

Cidadão denota o conjunto total dos seres integrados numa comunidade organizada, no gozo de seus direitos civis. Ao operar sobre essa propriedade, o adjetivo tem geralmente um efeito delimitador. Assim, em

(10) *O* **cidadão brasileiro** *pagou seus impostos.*

O conjunto de cidadãos foi limitado aos indivíduos nascidos no Brasil. Dizemos então que a expressão *cidadão brasileiro* é intensionalmente composicional, e extensionalmente modificada.

Há uma relação entre a referência e a teoria dos conjuntos. Uma dada expressão pode representar um sujeito de um conjunto, como fazem os substantivos próprios, os pronomes demonstrativos não neutros e as descrições definidas. Expressões indeterminadas representam todo um conjunto de indivíduos, como os Quantificadores indefinidos, por exemplo (veja **11.5.4**).

Marcuschi (2006b: 229) encontrou uma evidência indireta em favor da referenciação como categoria semântica de maior relevo, ao notar que na língua falada os sintagmas nominais são mais repetidos do que qualquer outro constituinte sentencial.

A teoria dos espaços mentais tem discutido a questão da referência de um ponto de vista cognitivista (veja a seção **11.2.2.1**).

2.2.2.3. Predicação

Dizemos que houve predicação quando um operador* toma um termo por seu escopo*, transferindo-lhes propriedades de que o escopo não dispunha antes.

Em várias páginas desta gramática você encontrará o efeito da categoria cognitiva de MOVIMENTO, operando na construção da língua. Ela aparece fortemente nas definições de predicação.

Segundo Talmy (2000), o MOVIMENTO pode ser físico, ou real, quando um OBJETO se desloca num ESPAÇO, ou fictício, quando imageticamente supomos que ocorreu o deslocamento de um OBJETO.

A predicação se inclui entre os filhotes do MOVIMENTO fictício. Traços semânticos inerentes decolam de sua "base", ou classe predicadora, e aterrissam na classe-escopo. Observe este exemplo:

(11) *Aquele velhinho está lendo atentamente um livro divertido. Dá tanta risada que a qualquer hora destas ainda perde a dentadura.*

Se formos examinar todas as predicações de (11), encheremos páginas e páginas. Bem, não enchendo sua paciência, já estará de bom tamanho. Assim, vamos nos concentrar só na primeira sentença, começando por *livro divertido*. *Livro* é um objeto móvel, composto por páginas e capa, em que estão escritas muitas coisas. *Divertido* é tudo o que nos torna alegres, felizes, transportando-nos para fora do humor habitual (veja a etimologia da palavra *divertir*). Um livro não é necessariamente divertido: imagine, por exemplo, o *Livro dos mortos*, para começo de conversa. Mas em (11), o livro tornou-se divertido. Ou seja, traços lexicais inerentes de *divertido* voaram ao encontro de *livro*, e agora a intensão dessa palavra se alterou.

Observe agora o que *ler* está aprontando nessa sentença. Examinada isoladamente, a palavra *ler* significa "colher com os olhos as letras de uma página". O sentido original de "colher" ainda se mantém em *legumes*, vegetais que colhemos para comer, separando-os das ervas daninhas. Em (11), *ler* toma por escopo ao mesmo tempo *aquele velhinho* e *um livro divertido*. Bem, não é todo velhinho que lê, mas o de (11) faz isso. Portanto, um traço inerente de *ler* acertou o nosso velhinho, que agora passa a ser *aquele velhinho leitor*. O mesmo se pode dizer de *livro*: nem todo livro é lido, muitos servem apenas para calçar armários oscilantes, outros para esconder dinheiro, e por aí vai. Mas o livro mencionado em (11) agora é um *livro lido*. Avance para a segunda sentença e continue a análise, observando o que *dar risada* está fazendo com *aquele velhinho*, o que *tanta* faz com *risada*, o que *perder* faz com *aquele velhinho* e com *dentadura*, e assim por diante.

A predicação, portanto, é uma operação de transferência de traços semânticos que se movimentam pela sentença e pelo texto. Meu amigo Rodolfo Ilari diz isso de modo mais elegante: "a predicação é a inclusão em um conjunto definido pelo predicado" (comunicação pessoal).

Toda sentença, todo texto, é uma sopa predicativa. Sopa, que digo eu, um sopão! O exame do traço transferido permite identificar na predicação pelo menos três grandes mecanismos: (i) a transferência afetou a intensão da classe-escopo: ocorreu uma predicação por qualificação, como em *livro divertido*; (ii) a transferência afetou a extensão da classe-escopo: ocorreu uma predicação por quantificação, como em *tanta risada*; (iii) a transferência afetou a modalidade da classe-escopo: ocorreu uma predicação por modalização, como seria em

(11a) ***De fato***, *aquele velhinho está lendo atentamente um livro divertido*.

Em que o predicador *de fato* tomou por escopo toda a sentença, tornando-a asseverativa. A seu tempo se verá que a predicação modalizadora faz mais que isso, transferindo para o escopo o traço de avaliação contido no operador (veja **10**.2.2.2, **12**.2.2.1.1 e **13**.2.2.1.1).

Apolônio Díscolo, gramático alexandrino do século I d.C., verbalizou uma intuição fundamental para o entendimento do processo semântico da predicação, ampliando-o consideravelmente. Ele integrava os estudos gramaticais em três pontos: o som e a sílaba, a classificação das partes da oração e a própria oração (Bécares Botas, apud Díscolo séc. I d.C./1987: 32). A oração se realiza num nível duplo, o semântico (= a oração tem uma significação autossuficiente) e o funcional ("os casos oblíquos se conectam com os retos por meio de um verbo inserido entre ambos, a ação do qual passa do nominativo <reto> para o oblíquo", em Díscolo, séc. I d.C./1987: 137).

É precisamente sua concepção sobre os casos que tem importância aqui. Para Apolônio Díscolo, os casos não designam formas, e sim relações sintáticas. Assim, o caso reto é o que está "ordenado", ou está em "ordem coincidente" com a pessoa verbal (cap. IV: §46), codificado na gramática pela concordância do verbo com seu sujeito, ao passo que o caso oblíquo é o "desviado", o não coincidente com a pessoa do verbo (cap. IV: §18), numa relação não marcada pela concordância.

Essa percepção permite postular a predicação como uma relação semântico-sintática de base, em que o predicador toma por seu escopo tanto o sujeito sentencial quanto os argumentos internos, atribuindo-lhes casos (nominativo ao sujeito, acusativo ao objeto direto, dativo ao objeto indireto, ablativo ao complemento oblíquo), e papéis temáticos (agente, paciente, meta, beneficiário etc.).

Há vários tipos de predicação, na dependência da classe semântica do escopo. Se um predicador como *divertido* tomar por escopo uma expressão referencial como *livro*, em *livro divertido*, teremos uma predicação de primeira ordem. Se um predicador como *atentamente* tomar por escopo uma expressão predicadora como *está lendo*, em *está lendo atentamente*, teremos uma predicação de segunda ordem, ou seja, predicou-se um predicado. Mas se um predicador como *de fato* tomar por escopo toda uma sentença, como em (11a), teremos uma predicação de terceira ordem, ou hiperpredicação, pois *de fato* predicou a sentença inteira.

Resumindo, a predicação pode ser definida como a relação entre um predicador e seu escopo, tal que o predicador atribui traços semânticos, papéis temáticos e casos gramaticais ao seu escopo. Deve ser isso o que se passa em nossa mente quando predicamos. Detalharemos esse processo em **6.**2.2, nos capítulos "O sintagma verbal", "O sintagma adjetival" e "O sintagma adverbial", e em várias passagens desta gramática.

2.2.2.4. Verificação

Como se viu, na predicação há um movimento fictício de propriedades lexicais (traços inerentes), semânticas (papéis temáticos) e gramaticais (casos) de um operador para seu escopo.

Os operadores de verificação funcionam diferentemente. Em lugar de transferirem propriedades, eles promovem uma comparação implícita entre seu escopo e o protótipo correspondente. Diversos resultados decorrem dessa comparação:

1. Há congruência entre o escopo e o protótipo: o escopo é afirmado.
2. Essa congruência não existe: o escopo é negado.
3. A comparação revela que há coincidência entre o escopo e o protótipo de sua classe, e que isso deve ser destacado: o escopo é focalizado.
4. Reconhece-se que o escopo corresponde ao protótipo de sua classe: o escopo é incluído.
5. Não se reconhece essa correspondência: o escopo é excluído ou é delimitado.

Os conceitos de afirmação, negação, focalização, inclusão, exclusão e delimitação explicitam o que se entende por verificação, termo técnico que significa "avaliar o conteúdo de verdade", "tornar verdadeiro". Deve ser isso o que se passa em nossa mente quando *verificamos*.

Veja o seguinte exemplo:

(12) Elas **não** gostam de jogar bola, e **sim** de passear na praia; **fora** as colegas que elas acham chatas, convidam **só** aquelas mais chegadas, **bem** aquelas da turminha do colégio, **praticamente** umas seis ou sete.

Em (12), comparando *jogar bola* com *passear na praia*, negou-se a primeira atividade e se afirmou a segunda; comparando as colegas em seu conjunto, *fora* excluiu algumas e *apenas* incluiu outras; *bem* destaca as colegas que integram o conjunto *turminha do colégio*; *praticamente* delimitou, no conjunto geral das colegas, apenas seis ou sete.

As expressões *não*, *sim*, *fora*, *só*, *bem* e *praticamente* não emprestaram traços semânticos aos seus escopos, não predicaram, apenas verificaram sua congruência com os parâmetros relacionados anteriormente.

A verificação se exprime através dos verbos apresentacionais existenciais e equativos, dos adjetivos classificadores, dos advérbios de afirmação/negação, inclusão/exclusão, focalização, delimitação; para uma elaboração, veja os capítulos "O sintagma nominal", "O sintagma adjetival" e "O sintagma adverbial".

2.2.2.5. Inferência e pressuposição

A Semântica Pragmática trata das significações geradas no espaço que medeia entre os locutores e os signos linguísticos, significações essas não contidas nas palavras nem nas construções gramaticais envolvidas (Vogt, 1977). Para dar conta dessa agenda, a Semântica Pragmática opera com categorias tais como (i) inferência; (ii) pressuposição, entre outras (Ilari / Geraldi, 1985).

1. Inferência

Inferir é criar realidades semânticas a partir daquelas previamente existentes. Veltman (1993, s.v. *inference*) distingue a inferência dedutiva da inferência argumentativa.

A inferência dedutiva diz respeito ao raciocínio lógico, correspondendo à premissa de um silogismo, levando-nos a uma conclusão. Ela corresponde ao raciocínio

(13) *Se p, então q.*

como em

(13a) *Se está frio na sala, então ele fecha a janela.*

A inferência argumentativa diz respeito ao raciocínio baseado no senso comum. Assim, quando inferimos (14a) de (14b):

(14a) *Se q, então p.*

como em

(14b) *Se ele fecha a janela, então é porque está frio na sala.*

Praticamos uma anomalia do ponto de vista da inferência dedutiva, aceitável, porém, do ponto de vista pragmático. A inferência argumentativa corresponde às implicaturas de Grice (1967/1982).

As inferências podem trombar com outros processos semânticos, como neste exemplo:

(15) Cena de inverno. A avó está sentada em sua poltrona, enquanto seu neto tecla furiosamente seu jogo eletrônico.

Vovó: *Mas que frio, nesta sala!*

Neto de antigamente: *Vou fechar a janela, vovó.*

Neto de hoje em dia: *É assim mesmo, vovó, os velhos vivem passando frio.*

O neto de antigamente inferiu que sua avó lhe pedia que fechasse a janela. Sua fala criou uma realidade semântica inexistente na fala de sua avó. O neto de hoje em dia escolheu outro processo semântico, o da paráfrase, que não cria realidades semânticas diferentes, o que lhe permite continuar concentrado em seu jogo.

2. Pressuposição

Pressupor é entender alguma coisa que não foi dita, que não foi "posta" (Ducrot, 1972/1977). Podemos entender (17a) e (17b) a partir de (16):

(16) *Não me peça dinheiro emprestado.*

(17)

    a) *Eu também não tenho dinheiro.*

    b) *Depois você não vai me pagar.*

A pressuposição decorre do princípio da economia comunicativa: muita coisa deixa de ser expressa no discurso, sendo então pressuposta.

Caffi (1993, s.v. *pressuposição*) põe o assunto em termos dos segredos de alcova, quando diz que "a pressuposição pode ser definida como um '*ménage-à-trois*' entre o locutor, a moldura de sua locução e o interlocutor". O interlocutor entende (17) quando o locutor produz (16). Na moldura da locução, alguém não consegue um empréstimo se há dúvidas sobre sua liquidez financeira.

PB e PE parecem distinguir-se no jogo que fazem da pressuposição. Tanto quanto saiba, este é um recanto até aqui inexplorado no conhecido esporte "comparando PB e PE", vulgo, "as aves que aqui gorjeiam...".

Vejamos alguns casos.

(18) Diálogo numa papelaria em Lisboa, sexta-feira à tarde, hora de fechar o estabelecimento:
   a) Brasileiro, percebendo certa irritação de parte do vendedor e já disposto a voltar no outro dia: *Os senhores fecham aos sábados?*
   b) Vendedor: *Não, senhor.*

O brasileiro volta no sábado, mas o estabelecimento está fechado. Na segunda-feira, trava-se o seguinte diálogo:
   c) Brasileiro: *Eu voltei aqui no sábado, mas a papelaria estava fechada, apesar de minha pergunta.*
   d) Vendedor: *O senhor perguntou se fechávamos, disse-lhe que não, pois se não abrimos como havemos de fechar?*

Tarefinha para casa: analise as pressuposições do brasileiro e do vendedor. Não trate este assunto com preconceito. O preconceito nada ensina de proveitoso.

O operador argumentativo *portanto* não tem os mesmos usos no Brasil e em Portugal.

(19)
   a) Brasil: *estão fazendo uma pesquisa... não é? com os professores... (...) bem... eu fiz o seguinte... eu contei... a aula passa:da... quantos grupos estiveram... aqui presen:tes... fazendo aquele trabalho de:... definição: tare:fas "necessidades da sociologia do direito"... como grupo de trabalho e contei os seguintes grupos o grupo a: o b: o c: o d: o e: o f: o h:... e o i:...* **portanto** *temos entre oito nove grupos... no máximo... talvez eu tenha deixado algum grupo... de fora...* (EF REC 339)
   b) Portugal: **portanto**... *vamos ter ali ao bar e tomamos uma bica.*

No Brasil, *portanto* anuncia uma conclusão derivada do dito, do posto, localizando-se entre sentenças. Em Portugal, *portanto* anuncia uma conclusão derivada do pressuposto, do não dito, localizando-se como os marcadores discursivos à testa da sentença. No caso narrado em (19b), um grupo de amigos encontra-se por acaso. Armado o pressuposto de que amigos reunidos tomam logo um café (= uma bica), *portanto* anuncia uma conclusão sacada desse pressuposto.

Não é preciso refletir muito para concluir que as fronteiras entre as inferências e as pressuposições exploráveis nas línguas naturais têm a robustez de um tecido de filó. Por conta disso, não faltou quem dissesse que a pressuposição pragmática, nascida com grande arruído na década de 1970, morreu na década de 1980. Esse parece ser nitidamente o caso de coveiros apressados. Afinal, ainda não exploramos as formas gramaticais que criamos movidos por uma pressuposição. Quer uma amostra grátis? Dê um pulo até a seção **9.2.2.4.1**.

2.2.2.6. Metáfora e metonímia

As categorias semânticas examinadas até aqui podem sofrer alterações de propriedades, motivadas pelos mecanismos da metáfora e da metonímia.

Lakoff / Johnson (1980/2002) escreveram um livro importante sobre a metáfora, que eles definem inicialmente por um conjunto de negativas. Para eles, a metáfora não é:
   (i) um dispositivo retórico ou decorativo, confinado à literatura;
   (ii) um fenômeno secundário e relativo que a Semântica linguística possa ignorar;
   (iii) a relação entre o sentido literal e o sentido figurado;
   (iv) uma propriedade de certas expressões particulares.

Ao contrário, a metáfora é:
   (i) um fenômeno conceitual, não necessariamente ligado a expressões linguísticas;
   (ii) um mecanismo cognitivo básico e muito difundido que a Semântica não deve ignorar;

(iii) o entendimento de um domínio de experiência em termos de outro;
(iv) a projeção de um conjunto de correspondências entre um domínio-fonte e um domínio-alvo.

Várias metáforas se tornaram altamente cristalizadas na linguagem do dia a dia, a ponto de termos perdido a percepção correspondente. Assim, associamos a vida a uma viagem, o trabalho a uma batalha, a ciência a um trajeto em que nos movimentamos, como os seguintes exemplos demonstram:

(20)
    a) *Sua vida o levou bem longe.*
    b) *A relação entre eles chegou a um beco sem saída.*
    c) *Eles alvejaram duramente meus argumentos, que agora estão caindo.*
    d) *E justamente este argumento nos leva a outro.*
    e) *Passemos agora à outra questão.*
    f) *Percorrendo a narrativa, indo até ao fim, chegamos aqui a uma reviravolta nesta história. Voltemos um pouco atrás para ver o que a nossa personagem fazia ali na cozinha, retomando o fio da história...* (exemplos adaptados de Fauconnier, 1984/1985: 176).

Nesses exemplos, o domínio-fonte é um caminho que deve ser percorrido, uma batalha que tem de ser vencida, e o domínio-alvo, a vida, a relação, os argumentos, e assim por diante.

Esses autores assim classificaram as metáforas:

1. Metáforas imagéticas: nas metáforas imagéticas, o domínio-fonte é a imagem visual das cores das teclas do piano:
(21) *Seus dedos eram como o teclado de um piano.*

2. Metáforas ontológicas: neste caso, as entidades são criadas através da própria metáfora, como em
(22)
    a) *A inflação está devorando nossa economia.* (a inflação se transforma numa entidade)
    b) *Sua tese caiu aos pedaços.* (a tese é uma entidade quebrável)
    c) *Não desperdice/gaste/jogue fora seu tempo.* (o tempo é como o dinheiro)

3. Metáforas estruturais: o domínio-fonte é comparável a uma entidade física, como em
(23)
    a) *O debate abalou os fundamentos da teoria.* (teoria como um edifício)
    b) *Ficou fervendo de raiva depois que leu a carta.* (a raiva é como um líquido guardado num recipiente)

4. Metáforas orientadas: o domínio-fonte tem uma localização espacial, como em
(24)
    a) *Sua renda subiu. Levante-se, tome coragem!* (a felicidade, a saúde, a virtude, os bens estão em cima)
    b) *Sua saúde está declinando. Caiu no sono. Está se sentindo lá embaixo.* (o mal, a perda da saúde, a letargia estão embaixo)

Os estudos de Lakoff / Johnson (1980/2002) mostraram que na criação da metáfora podemos associar dois ou mais domínios, e com isso obtemos metáforas primitivas ou metáforas compostas. De todo modo, o móvel da alteração do sentido está fora do texto.

Na *metonímia*, alteramos os sentidos de uma palavra a partir da migração de traços contidos na expressão linguística. Pois é, a categoria de MOVIMENTO ataca de novo!

Se você estudar a história da conjunção adversativa *mas*, notará que ela procede do advérbio de inclusão *mais*, exemplificado a seguir.

(25)
    a) *Estava a Rosita, **mas** seu Roberto, sem cerimônia.* (Laytano, 1940)
    b) *Passarim avôe mais baixo, quando ocê cantá **mais** eu.*
    c) *Minha filha está pra casar **mais** o filho do Manuel cargueiro.* (Marroquim, 1943/1996)

Nessas amostras do PB popular, o advérbio de inclusão *mais* (e sua variante dialetal *mas*, em 25a), agrega indivíduos a um conjunto, assumindo o papel da preposição *com*.

Como entender que de um sentido de soma, de inclusão, derivou o sentido de contrajunção, típico da adversativa? Pode jogar a culpa nas costas da metonímia. Quer ver?

Estudando as ocorrências do advérbio *mais*, nota-se que ele pode aparecer em contextos de verificação negativa, como em

(26) *Agora também* **não** *falo* **mais**, *pronto!*

O traço de /negação/ contido em *não* migrou para *mais*, dada a proximidade sintagmática, e com isso o advérbio foi reanalisado como uma conjunção que nega expectativas, como em

(27) *Vocês querem que eu fale,* **mas** *eu não falo, pronto!*

Dizemos então que a conjunção adversativa *mas* surgiu por metonímia do advérbio de inclusão *mais*.

2.2.2.7. Conectividade

Outra categoria semântica é a conectividade, gramaticalizada como preposições e conjunções. Essas classes ligam palavras e sentenças, com a diferença de que as preposições, como classe igualmente predicadora, atribui ao seu escopo traços de lugar, tempo, entre outros, propriedade não exercida pelas conjunções (veja os capítulos "A sentença complexa e sua tipologia" e "O sintagma preposicional").

2.2.3. SEMANTICIZAÇÃO: AÇÃO DO DSC NO SISTEMA DA SEMÂNTICA

A ativação semântica (*semanticização*) corresponde à criação dos sentidos, de que resultam as categorias semânticas já mencionadas.

A reativação produz na semântica as *ressemantizações*, alterando-se a adequação à representação dos OBJETOS e dos EVENTOS.

A desativação semântica (*dessemantização*) está por trás das alterações de sentido provocadas pelas metáforas, pelas metonímias, pela especialização e pela generalização, por meio dos quais "silenciamos" o sentido anterior e simultaneamente ativamos novos sentidos. A literatura denomina o primeiro processo de "desbotamento de sentido" (em inglês, *bleaching*).

LEITURAS SOBRE SEMÂNTICA
Veja **15**.2.5, seção 8.

2.3. DISCURSO

2.3.1. O que é discurso, o que é discursivização? Disciplinas do Discurso

O discurso é aqui entendido como o conjunto de negociações em que se envolvem o locutor e o interlocutor, através das quais (i) se instanciam as pessoas de uma interação e se constroem suas imagens; (ii) se organiza a conversação através da elaboração do tópico discursivo, dos procedimentos de ação sobre o outro ou de exteriorização dos sentimentos; (iii) se reorganiza essa interação através do subsistema de correção sociopragmática; ou (iv) se abandona o ritmo em curso através de digressões e parênteses, que passam a gerar outros centros de interesse.

A discursivização é o processo de criação de textos, administrado pelo dispositivo sociocognitivo.

A teoria do discurso, ou melhor, as diversas teorias do discurso têm uma forte presença na Linguística contemporânea, e nenhuma uniformidade teórica e metodológica.

Talvez o único ponto comum entre os analistas do discurso seja sua determinação de ultrapassar a sentença como limite máximo da análise linguística, programa a que se ligam igualmente outras vertentes teóricas. Daqui para frente, a área se cinde em diversos entendimentos do que seja discurso, termo que assume os seguintes sentidos, pelo menos:

1. Discurso é a execução individual do sistema linguístico, é o mesmo que fala, correspondendo a *parole* de Saussure. Aparentemente, o mestre genebrino tinha excluído a fala do programa de pesquisas da Linguística, que se concentraria na *langue*. Mas um de seus discípulos, Charles Bally, criou uma disciplina para o estudo da fala, a Estilística. Se a execução individual tem por finalidade convencer, persuadir, a Retórica será a disciplina discursiva escolhida – o que mostra que os estudos do discurso dispõem de uma longa história na reflexão ocidental. Se a execução individual tem por finalidade desenvolver um projeto estético, materializado por meio da língua literária, a Estilística será a disciplina discursiva escolhida.
2. Discurso, ou enunciado (em inglês, *utterance*), é uma combinatória de sentenças, sujeitas a regularidades. Alguns modelos estruturalistas empreenderam a descrição desse objeto, sobretudo em línguas ágrafas.
3. Discurso é o mesmo que texto, entendido como uma estrutura acabada, um objeto autônomo, não redutível a um somatório de sentenças. Perfilham esse ponto de vista os formalistas russos, como Propp com sua teoria sobre o conto, e alguns sociolinguistas como Labov (1972b), com seu estudo sobre a narrativa. A Linguística do Texto se ocupa do discurso assim entendido.
4. Discurso é o mesmo que interação linguística em presença, discurso é conversação. A Análise da Conversação toma por seu objeto o discurso assim entendido.
5. Discurso é o mesmo que aparato enunciativo, que inclui o locutor, o interlocutor, o assunto e a rede de imagens que os falantes constituem a respeito deles mesmos e de suas pressupostas posições com respeito ao assunto. O estudo do discurso assim entendido objetiva surpreender as *formações discursivas* e a articulação ideológica dessas formações, através de uma hermenêutica dos textos. Disso se ocupa a Análise do Discurso, de orientação francesa, que é uma sorte de nova Retórica.

Um conjunto de disciplinas foi se desenvolvendo à medida que nossa percepção sobre o que é o discurso se alargou: a Retórica, a Estilística, a Análise da Conversação, a Análise do Discurso e a Linguística do Texto.

A Retórica é a atividade verbal que objetiva convencer, argumentar, capturar almas e mentes – para pormos um pouco de dramaticidade nisto.

Cícero dizia que a Retórica se move à volta de três eixos, expressos por estes predicadores: *docere* ("provar"), *delectare* ("agradar"), *movere* ("afetar emocionalmente"). Quintiliano mostrava que o discurso se desloca pela *inventio*, em que eram identificados os argumentos, e a *elocutio* ou *dispositio*, ou seja, os recursos sintáticos necessários para a expressão dos argumentos.

A *elocutio* é integrada pelos *tropi* e pelas figuras. Os *tropi* são os meios para a conceitualização do conteúdo: perífrase, sinédoque, antonamásia, ênfase, litote, hipérbole, metonímia, metáfora, ironia. As figuras são os meios de "frasear" a expressão: repetição, comparação, paralelismo, elipse, antítese, parênteses, exemplos, silogismos, perguntas retóricas, exclamação etc. Que diabos é isso? Abra um manual de Retórica e vá em frente. Que tal Lausberg (1960/1966)?

Nesta gramática, vou examinar apenas a conversação e o texto, dadas suas ligações com o fazer gramatical numa perspectiva funcionalista cognitivista. No estudo desses dois objetos, de que se ocupam a Análise da Conversação e a Linguística do Texto, muitos dos argumentos apenas enumerados nestes parágrafos retornaram com toda força. Isso poderá dar-lhe razão para um pequeno momento de tédio: *nihil sub sole novi*, "não há nada de novo debaixo do sol". Talvez apenas os diferentes graus das queimaduras... Mas, pelo sim, pelo não, vá correndo para o capítulo "A conversação e o texto".

Sirva-se! Temos aqui um conjunto de disciplinas que dá continuidade às pesquisas da Retórica, passam pela Estilística, e a partir dos anos 80 do século XX caem no colo da Pragmática, com todas as suas ramificações, chegando até mesmo a limitar-se com a Ciência Política. Tudo isso se agita sob as asas da Análise do Discurso, um hiperônimo e tanto!

A extrema dificuldade de apreensão de um objeto tão aberto é compensada, em parte, pela convicção de que duas tendências maiores unificam a área. De um lado, a Análise do Discurso anglo-saxã, composta por analistas da forma, cujo objeto foi descrito aproximativamente nos itens anteriores de (1) a (4), e de outro lado, a Análise do Discurso francesa, composta por intérpretes do conteúdo, cujo objeto foi descrito aproximativamente em (5).

Os analistas da forma foram precedidos na década de 1960 por Jakobson, com suas análises das classes de palavras dependentes de uma ancoragem na enunciação, e por Benveniste, com seus ensaios sobre a pessoa, o tempo, e o aparato formal da enunciação. Grimes (1972) tinha recomendado que se passasse da gramática da oração para a gramática do texto. Esses autores, entre outros, aproximaram o discurso da sintaxe, ocupando-se de temas tais como tópico sentencial e tópico discursivo, o modo, o tempo, os pronomes, os advérbios e os dêiticos como coesivos textuais, o empacotamento semântico da definitude e da indefinitude do texto etc.

Os intérpretes do conteúdo integram-se numa tradição que vem da Antiguidade, pois foram precedidos pelos rétores e pelos filólogos. Eles versam atualmente temas tais como o discurso político, religioso, jurídico, missionário etc.

Nesta gramática, o tratamento do discurso penderá para o lado dos analistas da forma. Para dar conta disso, examino os processos cognitivos do discurso, depois repasso sumariamente as disciplinas do discurso, e juntos daremos um passeio pela Análise da Conversação e pela Linguística do Texto, desembarcando finalmente na ação do DSC no sistema do discurso. Bem-vindo a bordo!

2.3.2. CATEGORIAS COGNITIVAS CONSTITUTIVAS DO DISCURSO: MOLDURA E PERSPECTIVA

A interação verbal apoia-se no conhecimento do mundo suposto no interlocutor e no modo particular como esse conhecimento é entrevisto e categorizado. É esse conhecimento que mantém a comunicação em andamento.

Dois mecanismos cognitivos são ativados: a *moldura* (em inglês, *frame*) e a *perspectiva*. A moldura é uma percepção compartilhada pelos falantes sobre a função social do discurso. A perspectiva é o ponto de vista adotado pelos interlocutores.

O conceito de moldura, bastante polissêmico, aparece na Linguística, na Antropologia, na Sociologia, nas pesquisas sobre inteligência artificial. Esquemas e *scripts* são outros tantos entendimentos do que é uma moldura.

Eis aqui alguns dos entendimentos que se tem tido de moldura:
- É uma metáfora que remete à categoria cognitiva de ESPAÇO, indicando o lugar delimitado que o objeto ocupa, diferenciando-o dos outros objetos; neste caso, o objeto é o texto. Assim como num quadro a moldura separa a pintura da parede em que está pendurada, assim também no discurso a moldura estrutura o objeto e ao mesmo tempo o modo como ele é percebido.

- A moldura estrutura também o TEMPO. Fauconnier / Sweetser (eds. 1996) mostraram que nossas capacidades cognitivas incluem a habilidade de criar molduras para entender como o mundo funciona. Eis aqui um exemplo: basta dizer que fomos convidados para uma festa para que um enorme conjunto de movimentos mentais seja ativado: "deve ser uma festa de aniversário", "o aniversariante é uma criança", "que presente vou levar", "que roupa vou vestir" etc.
- O conceito de moldura permite operações semânticas complexas, localizando-se aqui uma interface do Discurso com a Semântica. Assim, em *entrei na sala, a janela estava quebrada*, entende-se que eu estava fora da sala, a janela é parte da sala em que entrei, alguém tinha quebrado previamente a janela etc. Essa percepção foi captada por Gumperz (1982), tendo sido rotulada na literatura como "inferência conversacional". Como você vê, há vários termos para captar uma intuição fundamental ao funcionamento da interação.

O discurso oferece pistas de contextualização, calcadas nessa habilidade. Tomamos consciência desse procedimento quando algo dá errado na conversa. A moldura interativa é, portanto, uma orientação mútua para os fins da interação, é uma atividade da fala. Segundo Tannen (ed. 1993), a moldura interativa corresponde a uma expectativa sobre o mundo, correspondendo a uma percepção prototípica. Assim, protótipos e molduras são conceitos entrelaçados. As expectativas afetam a produção linguística. De todo modo, o conceito de moldura ajuda a entender como se dá a produção linguística. A moldura, portanto, é um dos processos de ativação do discurso.

Outro processo de ativação discursiva é dado pela *perspectiva*. Entende-se por perspectiva o conceito relativo ao modo pelo qual o ESPAÇO é percebido e representado. A perspectiva está ligada à categoria cognitiva de VISÃO. Na Análise do Discurso, perspectiva é o mesmo que "ponto de vista", "atitude". Normalmente, a perspectiva manifestada no discurso é a da primeira pessoa. Mudamos a perspectiva ao longo do discurso.

A perspectiva se manifesta de várias formas na estrutura do texto:
1. Seleção da voz verbal: ativa/passiva.
2. Escolha lexical: a escolha de uma palavra para representar um objeto ou estado de coisas implica numa perspectiva sobre elas. Imagine-ne numa narrativa o uso de *ser/estar*.
3. Dêixis: modo pelo qual o falante situa o evento no espaço e no tempo. Analogamente, imagine-se numa narrativa o uso de *ir/vir*.
4. Foco narrativo: evento principal, situado ao lado dos eventos secundários.

O interessante disso tudo é que nas análises gramaticais geralmente nos enredamos nos temas anteriores, sem nos dar conta de que estamos lidando com o resultado de processos mais amplos – os processos discursivos, outra evidência de que a língua é multissistêmica. Melhor ficar esperto, da próxima vez.

2.3.3. CATEGORIAS SOCIAIS CONSTITUTIVAS DO DISCURSO: OS INTERLOCUTORES

Agora vou fazer uma revelação incrível: o discurso linguístico é produzido por gente, por pessoas.
– *Uau! E eu que nunca tinha pensado nisso!*

À parte as possíveis gozações motivadas por esse pensamento profundo, o fato é que o tipo de gente e as relações entre elas modelam o discurso de um modo... de um modo... indelével, vá lá.

De um lado, temos o perfil sociolinguístico do falante – matéria elaborada no capítulo "Diversidade do português brasileiro", em que serão discutidos quatro parâmetros para apreender as categorias sociais. De outro, temos o tipo de relacionamento entre os indivíduos no momento da produção de seu discurso. É claro que o texto que daí resulta será assinalado pelos graus de formalismo dessas relações, por eventuais desníveis entre os interlocutores quanto ao controle da situação, pelo diferente poder de que eles dispõem etc.

A estrutura linguística é afetada pelas categorias sociais dos interlocutores, assunto que aparecerá em vários lugares desta gramática (veja, por exemplo, **4.2** e **4.3**).

2.3.4. CATEGORIAS DISCURSIVAS CONSTITUTIVAS DO TEXTO

Sobre esta questão, consulte **5.2**.

2.3.5. DISCURSIVIZAÇÃO: A AÇÃO DO DSC NO SISTEMA DO DISCURSO

No sistema do discurso, o princípio de ativação (*discursivização*) produz as unidades discursivas e os parágrafos, por meio dos quais hierarquizamos os tópicos e promovemos sua conexão.

O princípio de reativação (*rediscursivização*) abre caminho à repetição dos enunciados, à sua correção e ao seu parafraseamento, que asseguram a coesão do texto, alterando seu eixo argumentativo, entre outras estratégias.

A desativação produz no sistema discursivo a *desdiscursivização*, de que resulta o abandono da hierarquia tópica, situação em que os locutores desenvolvem estratégias tais como os parênteses e as digressões.

Para concluir, vale a pena destacar que as agendas do discurso refletem um "desentendimento" bem antigo entre os que defendem a homogeneidade da língua e os que defendem sua heterogeneidade. Já os gramáticos gregos contrastavam a *onomasía* (literalmente "designação"), que é a expressão dos pensamentos tomada como um todo, como um esquema geral, com o *trópos* (literalmente, "uso convencional"), que é a expressão dos pensamentos tomada como um conjunto de usos individuais. Os estoicos enfatizavam a língua como *onomasía*, entendendo-a como um conjunto de regularidades, sustentando que a gramática deve ser mais técnica, mais formal. Os alexandrinos, mais filológicos, postulavam a língua como um *trópos*, isto é, um conjunto de usos a partir dos quais se institui a norma; portanto, a gramática deve ser mais empírica. Uns e outros lançaram uma polêmica que ainda não terminou, e que passou à história como a oposição de analogistas (os primeiros) aos anomalistas (os segundos). Os analogistas, hoje podemos perceber, acreditavam na ciência clássica, enquanto os anomalistas acreditavam numa ciência dos domínios complexos *avant la lettre*. Basta ler hoje os gerativistas e os funcionalistas para encontrar a feição moderna dessa polêmica. Em suma, meu caro, sucedem-se os rótulos, mas o modo de conceber a ciência parece girar sempre à volta da antinomia *onomasía, anomalismo, formalismo, gerativismo, ciência clássica/tropos, analogismo, funcionalismo, ciência dos domínios complexos*.

A oscilação entre o formal e o funcional, entre o geral e o individual, entre o código e o uso, assinala a pesquisa linguística, em que se pode detectar certo "movimento pendular". Ora há uma concentração no polo formal (*vide* o entendimento da língua como "estrutura/sistema/forma" da década de 1950 [estruturalismo] e de 1960 [gerativismo]), ora a concentração ocorre no polo funcional (*vide* o entendimento da língua como "uso/comunicação/substância" da década de 1970 [funcionalismo] e de 1980 [Pragmática]). Naturalmente essa constatação encerra um pouco de caricatura, pois muitos desses movimentos não surgiram na década indicada, nem se esgotaram aí. De todo modo, ela deixa entrever certas regularidades na reflexão sobre a linguagem.

Uma das faces contemporâneas da posição funcionalista tem desenvolvido indagações sobre a interface discurso/gramática, buscando-se identificar o "empacotamento" gramatical dos segmentos textuais e dos processos de sua constituição.

LEITURAS SOBRE DISCURSO
Sobre Retórica, Estilística, Análise do Discurso, Análise da Conversação, Linguística do Texto e Pragmática Linguística, veja **15.2.5**, seção 9.
Sobre a Análise do Discurso de vinculação francesa, veja Ozakabe (1987), Barros (1988, 1990/2007), Mainguenau (1989), Fiorin (1989, 1996), Orlandi (1999), Brandão (2004b).
Sobre análises estruturalistas do discurso, veja Harris (1951), Grimes (1972), Pike / Pike (1977).

2.4. GRAMÁTICA

2.4.1. O QUE É GRAMÁTICA, O QUE É GRAMATICALIZAÇÃO?

A gramática é o sistema linguístico constituído por estruturas cristalizadas ou em processo de cristalização, dispostas em três subsistemas: (i) a fonologia, que trata do quadro de vogais e consoantes, sua distribuição na estrutura silábica, além da prosódia; (ii) a morfologia, que trata da estrutura da palavra; e (iii) a sintaxe, que trata das estruturas sintagmática e funcional da sentença.

Para ordenar as reflexões sobre a gramática têm sido consideradas as diferentes classes que a compõem, as relações estabelecidas entre essas classes e as funções que elas desempenham no enunciado. Os produtos da gramática são o fonema, o morfema, o sintagma e a sentença, definidos em **1.1**.

A gramaticalização* é o processo de constituição da gramática. Ao constituir uma gramática, as comunidades elegem uma representação linguística para as categorias cognitivas mencionadas em **1.2**, alterando-as ao longo do tempo. As categorias cognitivas são permanentes, mas sua representação gramatical (tanto quanto sua representação semântica e sua representação discursiva) pode mudar. O PB, por exemplo, está alterando a gramaticalização da categoria de PESSOA (veja **11.4.1**).

A gramaticalização é habitualmente definida como um conjunto de processos por que passa uma palavra, durante as quais (i) ela ganha novas propriedades sintáticas, morfológicas, fonológicas e semânticas; (ii) transforma-se numa forma presa; (iii) e pode até mesmo desaparecer, como consequência de uma cristalização extrema. O exemplo clássico é dado pela gramaticalização do verbo *haver* (veja em **10.2.1.2.2**).

As duas grandes vertentes teóricas sobre a gramaticalização decorrem, naturalmente, das respectivas concepções sobre a gramática.

Para os formalistas, a gramática é uma entidade *a priori*, prevista geneticamente, constituída por um conjunto de regras lógica e mentalmente pressupostas no discurso. Disso decorre que a gramática é logicamente separável do discurso, e precede o discurso. Do ponto de vista da temporalidade, esse modelo concebe a gramática como uma entidade estática, que está presente na mente do falante em sua totalidade, sendo, portanto, constitutivamente atemporal, sincrônica e homogênea.

Para os funcionalistas, a gramática é uma entidade *a posteriori*, organizada por um conjunto de regras observáveis nos usos linguísticos, as quais emergem do discurso. Disso decorre que a gramática é um conjunto de parcelas recorrentes e sedimentadas, no sentido de gramaticizadas, "cujo estatuto vai sendo constantemente negociado na fala, não podendo, em princípio, ser separada das estratégias de construção do discurso" (Hopper, 1988: 118). Do ponto de vista da temporalidade, esse modelo postula a língua como uma atividade no tempo real, cujas regularidades são provisórias e continuamente sujeitas à negociação, à renovação e ao abandono, sendo, portanto, constitutivamente heterogênea. Segundo o ponto de vista funcionalista, a rigor não existe gramática, o que existe é a gramaticalização. E a gramaticalização é um processo ao mesmo tempo sincrônico e diacrônico.

Vou fixar-me na contribuição funcionalista à teoria da gramaticalização. Como vimos no parágrafo anterior, os funcionalistas sustentam que a gramática emerge do discurso. A ideia da gramática emergente foi formulada inicialmente por Sankoff / Brown (1976). Hopper (1988) retomou o assunto, contrapondo à ideia formalista da gramática como uma entidade *a priori* a ideia funcionalista da gramática emergente.

Tenho algumas objeções aos estudos funcionalistas sobre a gramaticalização. Postulando a língua como uma entidade-em-processo, seus pesquisadores acabaram paradoxalmente por assumi-la como uma entidade estática, passível de uma representação linear em que as categorias são dispostas umas após as outras, de tal forma que derivações podem ser estabelecidas entre elas. Tais categorias procedem de campos tão diversos como o léxico, a semântica, o discurso e a gramática (Castilho, 2003a/2007, 2003b/2006). Passo a expor minha crítica aos "gramaticalizadores" funcionalistas, tendo apresentado em **1.**2 uma proposta alternativa.

Ainda que não claramente explicitadas, os "gramaticalizadores" funcionalistas esposaram as seguintes percepções sobre a língua:

(1) *As línguas naturais são conjuntos de signos lineares e suas modificações ocorrem unidirecionalmente.*

Segundo Hopper / Traugott (1993/2004: 100), "O conceito básico é que há uma relação entre dois estágios A e B, tal que A ocorre antes de B, mas não vice-versa. É por isso que se deve entender a unidirecionalidade". Cada estágio corresponde a um ponto na língua-linha, de tal forma que uma relação de sequencialidade e de derivação pode ser estabelecida entre eles.

Em suas aulas, o professor Isaac Nicolau Salum discutia as ideias de Antoine Meillet sobre a gramaticalização. Mas, recentemente, Mattos e Silva (2002b) enfatizou a fonte neogramatical dessa perspectiva (sobre os neogramáticos, veja **1.**3.2). Aparentemente, a teoria neogramatical sobre a língua foi mantida intacta pelos pesquisadores atuais.

(2) *Os produtos linguísticos avançam do léxico para a gramática, de tal sorte que categorias lexicais dão origem a categorias gramaticais.*

Léxico e gramática são assumidos como domínios linguísticos distintos, admitindo-se que categorias lexicais depositadas na língua-linha dão surgimento às categorias gramaticais, que, por sua vez, originam categorias mais gramaticais, num processo mais conhecido como "escala de X para afixo" (Heine / Claudi / Hünnemeyer, 1991).

Entretanto, se assumirmos que léxico e gramática integram sistemas diferentes, organizados cada um deles com categorias próprias (de outro modo, esses domínios convergiriam para um só), como derivar categorias gramaticais de categorias lexicais? Por que não assumir que cada domínio desses tem seu ritmo próprio, funcionando sem determinações oriundas de outro domínio? Por que não admitir que uma mesma expressão exibe simultaneamente categorias que, por conveniência analítica, distribuímos pelos sistemas linguísticos?

Argumento ademais que o entendimento da língua como uma entidade linear produziu aqui alguns subprodutos inesperados: (i) a aceitação tácita de que categorias são atribuídas aos itens lexicais numa base exclusiva, o que significa que cada palavra pertence a uma e uma só categoria (os pesquisadores do Projeto de Gramática do Português Falado comprovaram abundantemente o polifuncionalismo inerente às palavras, contrariando esse pressuposto); (ii) configurou-se a escala léxico > gramática, considerando-se que o léxico é uma espécie de domínio primitivo, sendo a gramática um domínio dele derivado.

(3) *A fonética, a sintaxe, a semântica e o discurso são domínios linguísticos conectados por derivações.*
O tratamento da gramaticalização como um epifenômeno levou os autores a localizar numa mesma perspectiva fenômenos tão distintos como a erosão fonética, a descategorização, a recategorização, a expansão dos usos sintáticos, o enfraquecimento semântico, sem mencionar as pressões do discurso sobre o sistema gramatical. É o que você pode encontrar na literatura pertinente.

Com isso, os autores dessa literatura assumem implicitamente que o léxico, o discurso, a gramática e a semântica dispõem-se numa escala, dando por aceito que há uma hierarquia entre esses sistemas, e que derivações podem ser admitidas indo do discurso para a semântica, da semântica para a gramática e do léxico para a gramática. De acordo com essa ideia, no momento da criação linguística nossas mentes operam através de impulsos sequenciais, que vão de um domínio linguístico estanque para outro. As teorias funcionalistas disponíveis se distinguem nesse particular apenas por selecionarem diferentemente o domínio que servirá como o ponto de partida dessa trajetória. Ora, seria mais razoável admitir derivações apenas no interior de um sistema, e não de um sistema para outro.

As posições (1) a (3) são rejeitadas nesta gramática, como se pode ver pelos postulados da gramática funcionalista-cognitivista expostos de **1.2.2.1** a **1.2.2.5**. A razão para isso é que (i) não se aceita aqui que as línguas sejam conjuntos de signos lineares – e, portanto, as modificações tampouco serão lineares; (ii) os produtos linguísticos não avançam do léxico para a gramática – visto que esses sistemas são autônomos; (iii) não há derivações entre léxico, gramática, semântica e discurso.

Dos quatro processos de constituição da língua referidos neste capítulo, a gramaticalização é de longe o mais estudado (Castilho, 1997a, 1997b, 1997c, 1998e). Nesta gramática, a agenda da gramaticalização vai circunscrever-se à criação e alterações (i) da estrutura fonológica das palavras (fonologização); (ii) da estrutura flexional e derivacional da palavra (morfologização); e (iii) da estrutura da sentença, em seus arranjos sintagmáticos e funcionais (sintaticização).

Antes de prosseguir, vamos nos recordar das disciplinas da Gramática.

2.4.2. DISCIPLINAS DA GRAMÁTICA

2.4.2.1. **Fonética e Fonologia. A transcrição fonética e a transcrição fonológica**

Fonética e Fonologia são duas disciplinas distintas:

> Enquanto a Fonética estuda os sons como entidades físico-articulatórias isoladas, a Fonologia irá estudar os sons do ponto de vista funcional como elementos que integram um sistema linguístico determinado. Assim, à Fonética cabe descrever os sons da linguagem e analisar suas particularidades articulatórias, acústicas e perceptivas. À Fonologia cabe estudar as diferenças fônicas intencionais, distintivas, isto é, que se vinculam a diferenças de significação, estabelecer como se relacionam entre si os elementos de diferenciação e quais as condições em que se combinam uns com os outros para formar morfemas, palavras e frases. A Fonética se distingue, pois, da Fonologia pelo fato de considerar os sons independentemente de suas oposições paradigmáticas, aquelas cuja presença ou ausência importa em mudança de significação (pala : bala : mala : fala : vala : sala : cala : gala etc.) e de suas combinações sintagmáticas, ou seja, os seus arranjos e disposições lineares no contínuo sonoro (Roma, amor, mora, ramo etc.). A caracterização da Fonética como ciência que trata da substância da expressão e da Fonologia como a ciência que trata da forma da expressão é aceita pela maioria dos linguistas por não implicar a oposição entre os dois campos do conhecimento, nem sua independência e autonomia (Callou/Leite, 1990: 11).

A unidade da Fonética é o som* da fala, ou fone, enquanto a unidade da Fonologia é o fonema*. Para qualquer estudo fonológico é indispensável partir do conteúdo fonético, articulatório e/ou acústico para determinar quais são as unidades distintivas de cada língua.

Em síntese, a Fonologia é o estudo dos fonemas, ou seja, dos sons que tenham efeito distintivo, organizando-se em padrões vocálicos e consonantais, combinando-se no interior da sílaba (veja **1.1.3.1** e **1.1.3.2**).

A Fonética tem por objetivo descrever os sons da fala. Ela apresenta os seguintes ramos: (i) Fonética Articulatória, que estuda a produção dos sons; (ii) Fonética Acústica, que estuda as propriedades físicas das ondas sonoras que vão do falante ao ouvinte; (iii) Fonética Auditiva, que estuda os efeitos físicos que os sons provocam no ouvido do ouvinte. Aqui será dada preferência à abordagem articulatória da Fonética, tratando do aparelho fonador e da transcrição fonética.

A expressão "aparelho fonador" é imprópria, pois de fato o homem dispõe de um sistema respiratório, utilizado secundariamente para a produção dos sons linguísticos. O ar, na maior parte das vezes, entra e sai dos pulmões de modo quase que silencioso; somente quando há alguma obstrução na sua passagem é que algum som relevante é produzido.

Os sons da fala humana resultam quase todos da ação de certos órgãos sobre a corrente de ar vinda dos pulmões. Para que o som linguístico exista, é necessário que haja (i) a corrente de ar; (ii) um obstáculo que impeça de algum modo a passagem da corrente de ar; e (iii) uma caixa de ressonância.

O "aparelho fonador" tem as seguintes partes: (1) os pulmões, os brônquios e a traqueia, que fornecem a corrente de ar, matéria-prima da fonação; (2) a laringe, onde se localizam as cordas vocais, que produzem os sons utilizados na fala; (3) as cavidades da faringe, da boca e das fossas nasais, que funcionam como caixa de ressonância dos sons produzidos pelas cordas vocais; (4) os lábios, a língua e os dentes (sobretudo os frontais superiores), chamados frequentemente de articuladores, que entram na distinção dos sons em vários tipos.

Na produção dos sons, o ar, saindo dos pulmões, alcança a traqueia e atinge a laringe passando pela glote, onde encontra seu primeiro obstáculo – as cordas vocais – que são dois pequenos músculos que podem vibrar ou não. As cordas vocais podem estar abertas ou fechadas. Quando estão abertas, o ar passa livremente em direção à faringe e ao nariz, por onde sai. Quando estão fechadas, o espaço entre elas é reduzido, ficando uma estreita passagem para o ar, o que produz um bloqueio, e isso ocasiona uma pressão na corrente de ar, que faz essas cordas vibrar. Sons produzidos quando as cordas vocais vibram são chamados *sonoros*. Sons produzidos quando elas não vibram são chamados *surdos*. O som [v] é sonoro, e o som [f] é surdo. A diferença entre sons sonoros e surdos é importante em todas as línguas conhecidas.

Logo acima da laringe está a faringe, cuja parte superior apresenta uma encruzilhada, oferecendo duas aberturas para o ar que sai dos pulmões: a cavidade bucal e a cavidade nasal. Nesse cruzamento se localiza o véu palatino, que é uma aba muscular que se movimenta para fechar ou não a cavidade nasal. Quando ele fecha a cavidade nasal, a corrente de ar sai pela cavidade bucal e os sons produzidos se chamam *orais*. Quando ele está em repouso as duas aberturas estão abertas, a corrente de ar sai tanto pela boca como pelo nariz, produzindo os sons chamados *nasais*. Sons como [m, n, ɲ] e [ã], em palavras como *mesa, nado, lenha* e *lã*, são chamados sons *nasais*.

É na cavidade bucal que se produz a maior parte dos movimentos articulatórios que diferenciam os sons. Os órgãos que permitem esses movimentos articulatórios são chamados articuladores. Há dois tipos de articuladores: os ativos, que estão localizados na parte inferior da cavidade bucal, e os passivos, que se localizam na parte superior da cavidade bucal. Os articuladores ativos se movem em direção aos articuladores passivos, e do movimento de um articulador em direção ao outro surgem os pontos em que os sons são articulados e os lugares em que há bloqueio da corrente de ar.

A parte superior da cavidade bucal é assim constituída: (i) alvéolos, uma pequena protuberância que está localizada imediatamente atrás dos dentes incisivos superiores; (ii) palato duro, uma placa óssea recoberta de tecido que está localizada na parte da frente do céu da boca; (iii) palato mole (ou véu palatino), uma aba muscular que fecha ou não a cavidade nasal e se localiza na parte traseira do céu da boca; e (iv) úvula (ou campainha), um pequeno apêndice localizado no fim do palato mole. Na parte inferior da cavidade bucal se localiza a língua, que pode ser dividida em quatro partes: (i) ponta da língua; (ii) parte da frente da língua; (iii) dorso da língua; e (iv) fundo da língua.

Os dentes superiores frontais são os que têm maior importância na articulação dos sons; quando se usa o termo *dentes*, geralmente se está referindo a estes e não a dentes de modo geral.

E finalmente os lábios, o lábio inferior e o lábio superior. O inferior é mais flexível e se articula contra os dentes superiores ou contra o lábio superior. Os lábios podem se estirar, se arredondar ou avançar para a articulação dos sons.

Os sons linguísticos assim produzidos são classificados em vocálicos, consonantais e semivocálicos, sendo transcritos entre colchetes. Os sons vocálicos "podem ser consideradas como sons formados pela vibração das cordas vocais (portanto sons sonoros) e modificados segundo a forma das cavidades supralaríngeas, que devem estar sempre abertas ou entreabertas à passagem do ar" (Cunha / Cintra, 1985). Os sons consonantais podem ser considerados segundo tenha havido uma obstrução no canal bucal (sons oclusivos) ou não (sons fricativos). Os sons semivocálicos ou semiconsonantais não são nem vocálicos, porque não figuram no núcleo silábico, nem consonantais, porque não exibem a mesma combinatória das consoantes. Há duas semiconsoantes: o iode, [y], que figura em *rei*, *vário*, e o vau, [w], que figura em m*eu*, *q*uatro.

Os sons vocálicos podem ser classificados assim: (1) quanto ao grau de abertura: altas/médias/baixas; (2) quanto à zona de articulação: anteriores ou palatais/centrais/posteriores ou velares; (3) quanto à posição dos lábios: arredondadas/não-arredondadas; (4) quanto ao papel das cavidades bucal e nasal: orais/nasais; (5) quanto ao timbre: tônicas/átonas.

A transcrição fonética é uma tentativa de se registrar de modo inequívoco o que se passa na fala, através de uma representação gráfica. O alfabeto fonético resulta dessa tentativa. Trata-se de uma convenção para se escrever os sons das línguas independentemente da convenção ortográfica que cada uma utiliza cotidianamente para sua escrita. O alfabeto fonético internacional (AFI ou IPA) é o mais difundido. Você poderá baixá-lo acessando as páginas das sociedades de foneticistas.

LEITURAS SOBRE FONÉTICA
Veja **15**.2.5, seção 7.3, e ainda Lacerda / Rossi (1958), Lüdtke (s/d), Lausberg (1963/1965), Rossi (1965), Faria (1970), Zapparoli (1970), Cuestionario (1971-1973), Viana (1973), Rosetti (1973), Cagliari (1974), Callou / Leite (1990), Aragão (1997), Massini-Cagliari (1999), Silva (1999, 2003).

Enquanto a Fonética estuda os fones, a Fonologia estuda os fonemas*, já definidos em **1**.1.3.1. Bloomfield definiu o fonema como uma unidade mínima de traço fônico distintivo, indivisível (Bloomfield, 1933). Partindo da ideia de que o fonema é passível de ser analisado em unidades menores, Jakobson (1967) entende o fonema como "um feixe de traços distintivos". Desde então, o fonema passou a ser visto como a soma ideal das particularidades fonologicamente pertinentes que uma unidade fônica comporta. O fonema é uma unidade linguística carente de significado.

A fonologização é o processo de criação dos fonemas (veja **1**.3.3).

Os seguintes conceitos são fundamentais para o entendimento do que é fonema e de como opera a fonologia do português:

1. Traços distintivos

Também chamados funcionais, pertinentes ou relevantes, os traços distintivos se referem às propriedades do som vocal mencionadas anteriormente. É o traço distintivo que identifica os diferentes fonemas, impedindo confusão entre o fonema ouvido e um outro qualquer. Martinet (1964) define o traço distintivo como aquele traço fônico que, sozinho, permite distinguir um signo, uma palavra ou um enunciado de outro signo, palavra ou enunciado. Como se viu, o fonema pode ser realizado por vários traços de sons. A presença ou ausência de certos traços opõe, por sua vez, o fonema a todos os demais fonemas da língua. São esses traços que constituem as unidades mínimas e indivisíveis. Em português, são distintivos, (i) entre as vogais, os traços de oralidade/nasalidade, anterioridade/centralidade/posterioridade, entre outros; (ii) entre as consoantes, os traços de oclusão/fricção, surdez/sonoridade, labialidade/não-labialidade, entre outros.

2. Alofones

O fonema pode variar na sua realização. Aos vários sons que realizam o mesmo fonema dá-se o nome de alofones, ou variantes fonológicas, elementos que a descrição fonológica de uma língua não deve deixar de lado. Um alofone apresenta-se como a manifestação material do fonema, que é uma unidade abstrata. A identificação do quadro fonológico de uma língua implica na redução de um número ilimitado de variantes a um número limitado de invariantes, ou fonemas. Os alofones podem ser posicionais, estilísticos, livres ou facultativos. Os fonemas /t/ e /d/ apresentam alofones posicionais quando seguidos da vogal alta /i/ em *tira*, *ditado*, *limite*, que podem ter uma realização palatal, ou uma realização alveolar ou dental, de acordo com o dialeto que está sendo utilizado. O fonema /r/ em posição pós-vocálica pode ter uma realização vibrante no estilo formal, ou uma realização retroflexa no estilo informal. Os alofones livres ou facultativos não têm correspondência dialetal nem estilística.

3. Neutralização

O conceito de neutralização não deve ser confundido com o conceito de alofonia. Há neutralização quando se suprimem as oposições entre dois ou mais fonemas em determinados contextos. Diz-se então que uma oposição é anulada ou neutralizada. No sistema fonológico do português, em posição pretônica, há uma neutralização entre /e/ e /ɛ/, e entre /o/ e /ɔ/, oposição amplamente funcional em posição tônica. Em posição átona final os fonemas /e/ e /i/ tornam-se intercambiáveis sem que isso altere o significado da forma (cf. *dente* e *dênti*, *leite* e *lêiti*).

Denomina-se *arquifonema* a unidade fonológica resultante de uma neutralização. Nesses casos, a realização fonética já não corresponde a um dos fonemas intercambiáveis, mas a um arquifonema que idealmente compreende ambos. Nas regiões Sudeste e Sul do Brasil, em geral esse arquifonema será realizado com timbre mais fechado [e] ou [o], enquanto no Nordeste o timbre mais aberto ocorre com maior frequência, [ɛ] ou [ɔ] (veja **4.1**).

4. Funções dos fonemas

4.1. Função diferencial ou distintiva: é sobre os fonemas que repousa o sistema diferenciador dos signos. Essa função decorre do fato de ser o fonema uma unidade de contraste.

4.2. Função demarcativa: os fonemas delimitam as unidades significativas (palavras e sintagmas) na cadeia da fala. Graças a essa função, "separamos" o *continuum* da fala em unidades compreensíveis, de acordo com as regras próprias da língua.

4.3. Função culminativa: os fonemas suprassegmentais (acento, tom), conquanto não delimitem exatamente o signo, cumprem importante papel na transmissão da mensagem.

5. O problema das vogais nasais

Deve-se distinguir, antes de mais nada, a nasalação "meramente mecânica e fonética" que ocorre em *uma, cimo* e *tema*, da nasalação fonológica de *junta/juta, cinto/cito, lenda/leda*, em que se nota claramente um efeito distintivo. Câmara Jr. (1969a, 1970), Lüdkte (s/d) e Herculano de Carvalho (1958) interpretam este segundo caso como uma entidade difonemática constituída de vogal + arquifonema nasal que se combinam na sílaba. Sua anotação fonológica será /aN/, /eN/, não se considerando as vogais nasais como fonemas distintos das vogais orais. Um dos fundamentos dessa interpretação está na observação de fenômenos morfológicos tais como *dom-dona, mandarim-mandarina*, que levam a admitir a existência de um /n/ após a vogal nasal.

A outra interpretação da vogal nasal é monofonemática, e considera que o elemento vocálico e o ressoo nasal constituem traços solidários. Assim, a nasal que percebemos realizar-se após a vogal não passaria de mero deslisamento (em inglês, *glide*) consonântico. Já Lüdtke, examinando o foneticismo do português europeu, em que a vogal átona final quase não soa, prevê para além da fase atual de distinção entre vogal oral e vogal nasal uma fase semelhante à da língua francesa, em que se nota um contraste "vogal oral/vogal nasal/vogal oral + consoante nasal", como em francês *beau-bon-bonne* (/bo:bõ:bɔn/), e em PE *vi-vim-vime* (/vi:vi:vim/).

6. O problema dos ditongos

Os ditongos em português são entidades fonologicamente distintas das vogais, pois contrastamos pares mínimos como *pá/pai/pau, lê/lei/leu, dó/dói, cal/qual*.

Veja os quadros dos fonemas vocálicos e consonantais do PB no capítulo "O que se entende por língua e por gramática", Quadros 1.1 e 1.2.

LEITURAS SOBRE FONOLOGIA
Veja **15**.2.5, seção 7.3.

2.4.2.2. Morfologia. A transcrição morfológica

A Morfologia é o estudo da estrutura dos morfemas, ou seja, dos constituintes das palavras.

A morfologização é o processo de criação e alteração dessas estruturas.

Os constituintes das palavras compreendem os morfemas radicais e os morfemas afixos. Os morfemas afixos podem ser flexionais, quando regulares, e derivacionais, quando idiossincráticos. Os morfemas flexionais regulares expressam o gênero, o número dos substantivos, também os graus dos adjetivos, a pessoa, o tempo e o modo dos verbos. Assim, {-s} é um morfema flexional porque pode ocorrer depois de qualquer base nominal, como em *casa-casas* etc. Já um morfema derivacional como {-dade} ocorre com o adjetivo *bom*, em *bondade*, porém não com *alto*, pois não temos **altidade*.

Neste livro, transcrevemos os morfemas mediante chavetas, e os radicais mediante colchetes angulados. Assim, a palavra *falamos* é transcrita morfologicamente como <fala> {-mos}, significando que *fala* é o radical, e *-mos* é o morfema afixo de número e pessoa dessa palavra. Veja no Quadro 1.4 do capítulo "O que se entende por língua e por gramática" o quadro dos morfemas flexionais do PB.

2.4.2.3. Sintaxe. A transcrição sintática

A Sintaxe é o estudo das estruturas sintagmáticas e sentenciais. A sintaticização, o processo de criação dessas estruturas. Na organização da sentença, o estabelecimento de fronteiras é fundamental. A reanálise dessas fronteiras, mudando-as de lugar, é um exemplo de ressintaticização, exemplificada na seção a seguir.

A transcrição sintática toma por unidade a sentença. Cada sentença será transcrita numa linha. No caso da língua falada, essa transcrição considera todas as emissões produzidas. Assim, retornando ao Quadro 2.2, poderemos transcrevê-lo sintaticamente:

Quadro 2.2 – Transcrição gramatical do exemplo (1) do capítulo "O que se entende por língua e por gramática"

(1)	Eu	estive	na...	
(1a)			através de...	
(1b)			em Cumaná	
(2)		É	uma praia	
(3)		É	um lugar	
(3a)			um litoral (...) bonito	← muito
(4) que aliás		É	(...) parecido	← muito com o nosso litoral norte
(5)		Sabe?		
(6) mas	Eu	(...) conheço	o nosso litoral norte	← não
(7) e...		Fiquei	lá	durante três meses
(8) e...		Fiquei	lá	
(9) e	Eu	conheci (...) (inaudível)	o povo de lá...	← bastante nesse tempo todo
(10) que		É	(...) diferente	← bem
(10a) e...			(...) diferente de nós ...	← bem

No Quadro 2.2, adotou-se a transcrição biaxial desenvolvida por Blanche-Benveniste et al. (1979). O papel foi dividido em quatro colunas, dispondo-se aí os dados da seguinte maneira: (1) na primeira coluna, numeramos as sentenças e anotamos os conectivos textuais e gramaticais; (2) na segunda coluna, transcrevemos o sujeito, deixando o espaço vazio no caso de sua omissão; (3) na terceira coluna, o verbo; (4) na quarta coluna, os argumentos do verbo, os segmentos equativos e as minissentenças; (5) na quinta coluna, os adjuntos; flechas indicarão se o adjunto foi deslocado para essa coluna, indicando-se com dois parênteses voltados o lugar de sua figuração sintagmática.

As repetições e hesitações são "empilhadas" umas debaixo de outras no lugar sintático em que ocorreram, sendo numeradas por números e letras. Isso é o que significa uma transcrição biaxial, pois o eixo sintagmático e o eixo paradigmático, simultâneos na língua falada, são devidamente transcritos (sobre sintagma e paradigma, veja **1**.1.2). Em (5), temos um verbo atemático, que não organiza uma sentença, operando como um marcador discursivo. No domínio da sintaxe, um marcador discursivo preenchido por um verbo terá de receber o tratamento correspondente. Se estivéssemos fazendo uma transcrição textual, *sabe?* e outros marcadores discursivos voltados para o falante figurariam na quinta coluna, como se verá no capítulo "A conversação e o texto", Quadro 5.4.

Este modo de transcrever a oralidade toma em conta as considerações sobre as "grades da língua falada", desenvolvidos pelo Grupo de Pesquisas em Sintaxe de Aix-en-Provence. Nessas transcrições, o eixo sintagmático se combina com o eixo paradigmático, e assim transcritos os materiais revelam o dinamismo essencial da língua falada.

2.4.3. PROCESSOS DE GRAMATICALIZAÇÃO

2.4.3.1. Fonologização

Fonologização é a formação dos quadros vocálico, consonantal e da estrutura silábica, bem como das alterações desses quadros. Nesta seção, serão examinadas algumas questões de fonologização do português.

Comparando as vogais do latim vulgar com as do português, podemos observar como se deu sua fonologização.

Quadro 2.3 – Fonologização das vogais do latim vulgar ao português

Vogais no latim vulgar		Vogais no português brasileiro	
/ī/~/ĭ/	/ū/~/ŭ/	/i/ ~ /ĩ/	/u/ ~ /ũ/
/ē/ ~ /ĕ/	/ō/ ~ /ŏ/	/ɛ/	/ɔ/
		/e/ ~ /ẽ/	/o/ ~ /õ/
/ā/ ~ /ă/		/a/ ~ /ã/	

1. A *quantidade* era um traço fonológico pertinente no latim vulgar, distinguindo-se as vogais longas das breves, como em *mālum* ("maçã") de *mălum* ("mau"), *lēgit* ("leu") de *lĕgit* ("lê"), e assim por diante. Esse traço permaneceu no latim vulgar por algum tempo. Sua perda (= desfonologização) implicou num quadro de vogais no PB aparentemente mais simples. Só aparentemente. Enquanto o quadro vocálico latino-vulgar se servia de três traços distintivos [(i) altas ~ médias ~ baixas; (ii) anterioridade ~ centralidade ~ posterioridade; (iii) longas ~ breves], o quadro português perdeu a quantidade, manteve os demais traços, agregando mais dois: (iv) desdobrou as médias em médias abertas e médias fechadas; (v) criou o traço de nasalidade. Quanto ao tratamento da quantidade, em geral, /ī/ e /ĭ/ do latim vulgar confluíram para /i/ no português; /ū/, /ŭ/ confluíram para /u/; /ā/ e /ă/ confluíram para /a/, resultando o quadro acima. Entre os ganhos, constatou-se a criação do contraste de /ɛ/ ~ /e/ e de /ɔ/ ~ /o/ (= fonologização), ou seja, as médias breves se transformaram em médias abertas, e as médias longas se transformaram em médias fechadas, com grandes reflexos na morfologização nominal, pronominal e verbal (ver Quadros 2.6 e 2.7). Por fim, a perda da quantidade alterou o *cursus* rítmico da poesia, surgindo uma nova métrica acentual românica.

2. Acredita-se que o *acento* de intensidade tenha-se estabelecido plenamente já nos últimos tempos do latim vulgar, por volta do século v. Essa propriedade passou a governar as vogais, permanecendo as tônicas, perdendo-se as átonas mediais. Foi mantida a posição da vogal tônica na palavra, salvo nos seguintes casos: (i) nas proparoxítonas o acento se movimentou para a sílaba seguinte, sobretudo quando esta mostrava a chamada *positio debilis*, ou seja, quando formada por oclusiva + *r* (como em *cáthedra* > *cathédra*, donde *cadeira*, *íntegru* > *intégru*, donde *inteiro*, *cólubra* > *colúbra*, donde *cobra*, com a perda do -*l*-; (ii) nos hiatos, o acento se desloca igualmente para frente, incidindo sobre a segunda vogal, como em *lintéolu* > *linteólu*, donde *lençol*, *múliere* > *muliére*, donde *mulher*. As vogais átonas passaram a cair, como em *verecundia* > *vergonha*, *alicunu* > *algum*, *álteru* > *outro*, *víride* > *verde*, *cálidu* > *caldo* etc. Essa tendência continua até hoje no PB, como em *córrego* > *corgo*, e também no PE, como em *menino* > *m'ninu*, *pequeno* > *p'quénu* etc.

3. Com respeito aos ditongos latino-vulgares, o português (i) conservou grande parte deles; (ii) alterou a vogal central baixa seguida de iode ou de vau, mantendo-se os ditongos, como em *paucu* > *pouco*, *auru* > *ouro*, *tauru* > *touro*, *amaui* > *amai* > *amei*, *ianuariu* > *ianuairu* > *janeiro*; (iii) monotongou-os, como em *caelu* > *céu*, *quaeri(t)* > *quer*, *saeta* > *seda*, *poena* > *pena*.

4. Os hiatos latino-vulgares foram grandemente alterados pelo português: (i) aqueles formados por vogais iguais sofreram crase: *cohorte* > *corte*, *mihi* > *mi*, *nihil* > *nil*, esta última hoje desaparecida; (ii) hiatos formados por vogais diferentes palatizam a consoante anterior, quando a primeira vogal é anterior, dando origem às consoantes /ɲ/, como em *vinia* > *vinha*, *linia* > *linha*, e /ʎ/, como em *alium* > *alho*. Observe-se que o latim vulgar já havia alterado esses hiatos, fechando a primeira vogal: *vinea* > *vinia*, *línea* > *linia* etc.; (iii) hiatos formados por vogais diferentes, quando a primeira vogal é posterior, perdem essa vogal, monotongando-se, como em *batuére* > *bater*, *consuére* > *coser*, *februariu* > *febrariu*.

Vejamos agora o que se passou com as consoantes.

Quadro 2.4 – Fonologização das consoantes do latim vulgar ao português

Consoantes no latim vulgar	Consoantes no português arcaico	Consoantes no português brasileiro
p, t, k	p, t, k	p, t, k
b, d, g	b, d, g	b, d, g
f, s	f, ts, s, tʃ, ʃ	f, s, ʃ
m, n	v, dz, z, dʒ	v, z, ʒ
l	m, n, ɲ	m, n, ɲ
r	l, λ	l, λ
	r, R	r, R
	y, w	y, w

1. Também as consoantes podiam ser longas e breves em latim. Nas longas, dobrava-se na grafia a letra correspondente. Distinguiam-se fonologicamente *annus* ("ano") de *anus* ("velha"), *stella* ("estrela") de *stela* ("coluna"), *agger* ("fosso") de *ager* ("campo"). A România cindiu-se no tratamento das consoantes longas, ou geminadas: enquanto a România Ocidental simplificou essas consoantes, impedindo que as surdas se sonorizassem, a România Oriental as manteve, sobretudo no italiano (*bella, fiamma, cappa*) e no sardo.

2. Na passagem do latim vulgar para o português arcaico houve (i) fonologização, com o surgimento das africadas /ts/, /tʃ/, /dz/, /dʒ/, das palatais /ʃ/, /ʒ/, /λ/ e /ɲ/, e das semivogais iode /y/ e vau /w/; (ii) transfonologização, com a extensão do traço de sonoridade, de que surgiram /v/, /z/; (iii) desfonologização, com a perda das consoantes longas. O PB desfonologizou as africadas, que continuam em áreas dialetais (cf. *d ente, t apéu*).

3. Dentre os grupos consonantais, (i) mantiveram-se *pr, br, tr, dr, cr, gr, fr*; (ii) fonologizaram-se os grupos [pl, cl, fl], que deram origem às palatais: *pluvia > chuva, clamare > chamar, flamma > chama*; (iii) fonologizaram-se os grupos formados por consoante + iode, dando origem inicialmente a africadas, como em *corticia > cortiça*, dito [cortítsa] no português arcaico, *ad minacia > ameaça, pretiu > preço, vitiu > vezo* [vedzo], *invidia > inveja, filiu > filho, caseu > queijo, basiu > beijo, occasione >* arc. *ocajom, passione > paixão*; (iv) desfonologizaram-se os grupos formados por consoante + vau, reduzidos a consoantes simples: *coquina > cozinha, quaternu > caderno, sangue(m) > sangue*, dito [ˈsãgi].

2.4.3.2. Morfologização

Morfologização é a formação dos morfemas flexionais e derivacionais de uma dada língua. Nesta seção, como na anterior, este processo não será examinado exaustivamente, limitando-me a estudar aspectos da morfologização do radical nominal e verbal e dos respectivos morfemas. Sobre os morfemas, veja **1.**1.3.3; sobre a morfologização dos pronomes, veja **6.**4.1.

2.4.3.2.1. Morfologização do radical

Os radicais nominal e verbal integram três classes, definidas pela presença da vogal temática. A afixação dos morfemas flexionais é selecionada por essas classes. Comparando o latim vulgar ao português, vejamos como as vogais temáticas classificam formalmente o substantivo e o verbo.

Quadro 2.5 – Morfologização dos radicais nominal e verbal: quadro das vogais temáticas do latim vulgar ao português

Vogais temáticas	Latim vulgar	Português
\multicolumn{3}{c}{Radical nominal}		
C1	{-a-}: *terra, rabia, *facia*	{-a-}: *terra, raiva*
C2	{-u-}: *cattu, fructu*	{-o-}: *gato, fruto*
C3	{-i-/-Consoante-}: *mare, *serpentis, vulpes/calor, bonitas*	{-e-/-Consoante-}: *serpente, bondade/mar, calor*
\multicolumn{3}{c}{Radical verbal}		
C1	{-a-}: *amare*	{-a-}: *amar*
C2	{-e-}: *capere, vendere*	{-e-}: *caber, vender*
C3	{-i-}: *partire*	{-i-}: *partir*

1. Na terminologia gramatical portuguesa, as vogais temáticas dos substantivos e adjetivos organizam as *classes nominais*, que correspondem às *classes temáticas* ou *declinações* da gramática latina. As vogais temáticas dos verbos organizam as *conjugações*. Neste quadro, classes nominais e conjugações verbais são representadas indistintamente por C1 (= primeira classe), C2 (= segunda classe), C3 (= terceira classe).

2. A C1 nominal do latim vulgar corresponde à primeira e à quinta declinações do latim culto. Quer dizer que na fala popular, itens lexicais dispersos por duas declinações da fala culta, como *terra* da primeira declinação e *facies* da quinta declinação, constituíam uma declinação única. Também na C2 houve confluência de itens, acomodando a segunda e a quarta declinações do latim culto. Por fim, palavras da terceira declinação do latim culto constituíam no latim vulgar uma única declinação, a C3, que regularizou os substantivos latinos imparissilábicos, como *serpe-serpentis, bonitas-bonitatis, mons-montis*, mediante a perda da primeira forma. O português deu prosseguimento à solução latino-vulgar. Os adjetivos vulgares se uniformizaram, generalizando o tipo {-us}, {-a}, {-um}, como *bonus-bona-bonum* ("bom"), metendo o resto na classe {-e-}, feminino {-a-}, como *contente-contenta, triste-trista* (*tristo* em algumas regiões, forma documentada pela correção do gramático Probo, "*tristis, non tristus*", *Appendix Probi* 56). O português seguiu igualmente esse caminho, que não foi observado pelo italiano, como se vê em *povero, contento* (em português, *pobre, contente*).

3. A C2 verbal do latim vulgar corresponde as segunda e terceira conjugações do latim culto, que se distinguiam no infinitivo pelo traço de quantidade vocálica: {-ēre}, como *habēre*, da segunda conjugação, e {-ĕre}, como *legĕre*, da terceira conjugação. A C3 vulgar recebeu itens que na língua culta eram conjugados na terceira declinação: esse é o caso das formas cultas *capĕre, sapĕre, vendĕre*, vulgar *capēre, sapēre, vendēre* etc. O português manteve as soluções latino-vulgares, estendendo a C1, que passou a recolher os verbos neológicos tais como *coisar* e outros.

2.4.3.2.2. Morfologização nominal

1. O caso

A redução das declinações foi acompanhada pela redução dos casos no latim vulgar, de que eram usados três: o nominativo (caso do sujeito), o genitivo-dativo (caso do adjunto adnominal e do objeto indireto) e o acusativo (caso do objeto direto).

Desses três casos, sobreviveu apenas o acusativo na Romênia Ocidental, e o nominativo na Romênia Oriental. Isso explica por que o morfema de plural no português é {-s}, pois assim terminava o acusativo plural latino, ao passo que no italiano esse morfema é {-i} para palavras masculinas e {-e} para palavras femininas, pois assim termina o nominativo plural desses gêneros.

2. O número

A extensão de {-s} aos substantivos portugueses no plural não tem exceções. Entretanto, na morfologização desse número ocorreram adaptações à sílaba final da palavra, como em
- -anos > -ãos: civitatanos > cidadãos, germanos > irmãos
- -anes > -ães: canes > cães, panes > pães
- -ones > -ões: sermones > sermões, latrones > ladrões

No PB contemporâneo, estende-se a forma -ões, independentemente do étimo latino.

3. O gênero

O latim vulgar dispunha de dois gêneros: masculino e feminino. As formas neutras do latim culto não desapareceram, mas foram integradas na distinção anterior. Com isso, as formas neutras cultas *pirum, lignum, mare* e *pectus* no latim vulgar eram ditas *pirus, lignus fructus* e *maris*, donde *pero, lenho, fruto* e *mar* em português. O neutro plural foi regramaticalizado como palavra de vogal temática {-a-}: *pira, ligna, fructa, opera, legenda* e *mirabilia*, donde *pera, lenha, fruta, obra, lenda* e *maravilha* em português, constituindo-se alguns pares de gênero privativo tais como *pero/pera, fruto/fruta, lenho/lenha*, com posterior especialização de sentido.

Como se vê, a redução dos casos e das declinações fez de {-a} o morfema do feminino do português. À semelhança do plural, ocorreram algumas adaptações desse morfema ao radical:
- -ana > ã: civitatana > cidadã, germana > irmã
- -ona > ao: bona > boa

2.4.3.2.3. Morfologização verbal

1. O sufixo número-pessoal

No Quadro a seguir, os parênteses assinalam os sons que provavelmente não seriam mais executados no latim vulgar.

Quadro 2.6 – Morfologização dos sufixos número-pessoais do latim vulgar ao português

Pessoa	Latim vulgar	Português
P1	{-o}: *amo, debyo, ferio*	{-o}: *amo, devo, firo*
P2	{-s}: *amas, debes, feris*	{-s}: *amas, deves, feres*
P3	{-t}: *ama(t), debe(t), feri(t)*	{ø}: *ama, deve, fere*
P4	{-mus}: *amamus, debemus, ferimus*	{-mos}: *amamos, devemos, ferimos*
P5	{-tis}: *amatis, debetis, feritis*	{-ys/des}: *amais, deveis, feris*, mas *ides, pondes*
P6	{-nt}: *aman(t), deben(t), feriun(t)*	{-w̃/-ỹ}: *amam, devem, ferem*

1. Na morfologização da P1, o fenômeno mais importante foi o surgimento de um contraste morfofonológico entre essa pessoa e as demais. Esse contraste "atropelou" o tratamento regular da quantidade das vogais médias, referido no Quadro 2.3. Tem-se explicado isso por metafonia, ou seja, traços articulatórios do morfema {-o} se movimentaram para a vogal do radical, fechando-a. Assim, *dĕbyo* deveria ter dado **devo*, mas {-o} fechou a vogal do radical, donde *devo*, e assim por diante. Essa explicação tem a deficiência de deixar de lado o quadro geral, imputando à metafonia um papel de desordem no tratamento fonológico da língua. Observando melhor os fatos, nota-se que qualquer que seja a quantidade da vogal do radical, qualquer que seja a combinação latino-vulgar do morfema {-o} com o radical (cf. *mĭtto > meto*, em comparação com *fĕrio > firo*, em que aparece um iode antes do morfema), o resultado será sempre o mesmo: fecha-se a vogal do radical na P1, abre-se nas demais: *devo/deves*, *meto/metes*, *corro/corres* etc. Ou então, eleva-se a vogal do radical na P1, mantendo-a na P2: *firo/feres*, *sirvo/serves*, *cubro/cobres*, *subo/sobes* etc. Nestas palavras, o princípio sincrônico da necessidade de contrastar levou a melhor sobre o princípio diacrônico do tratamento de longas e breves, minuciosamente descrito pelos neogramáticos. O fenômeno ultrapassa a morfologia verbal, ocorrendo também na morfologia nominal e pronominal, em que se distingue o termo A (P1, gênero masculino, número singular) do termo B (P2 e outras pessoas gramaticais, gênero feminino, número plural), como se constata em *formoso ~ formosa, formosos, formosas, ele ~ ela, elas, esse ~ essa, essas* etc. Para uma análise mais minuciosa, veja Castilho (1963).

Vejamos agora outros fatos localizados no tratamento da P1, devidos à acomodação de {-o} com o radical: (i) P1 com ditongo no radical ~ P2 e outras pessoas sem esse ditongo: *caibo ~ cabes, cómedo > *cómeo > comyo >* arc. *coimo ~ comes, requeiro ~ requeres*; (ii) manutenção do iode formado pela combinação da vogal temática com o morfema da P1, que explica as formas arcaicas e dialetais *ábrio, mório, recêbio, dórmio*; (iii) combinação desse iode com a consoante do radical, com o surgimento dos fonemas consonantais palatais na P1, como em *tolleo > tolho, *valyo > valho, petio > peço* (dito ['pɛtso] no português arcaico).

2. O morfema {-s} apresenta no pretérito perfeito simples o alomorfe {-ste}, como em *amaste < amauisti*. O morfema {-s} também se movimenta pela conjugação verbal, sobrepondo-se a {-ste}, como nas formas populares *tu fostes, tu viestes*, assemelhando-se à P5. Para manter a diferença, houve ditongação nessa pessoa gramatical, *vós fôsteis, vós viésteis* (= remorfologizações).

3. O desaparecimento de {-t} abriu caminho ao surgimento do morfema-zero para a P3 (= morfologização). Isso não quer dizer que todo desaparecimento de fonema leva ao morfema-zero.

4. A íntima associação entre o morfema {-mos} e o pronome *nós* deu lugar a um conjunto de fenômenos interessantes: (i) na escrita descuidada, encontra-se esse morfema grafado separadamente, como em *canta-mos*, por associação com *leve-nos*; (ii) em áreas dialetais do PE em que *nos* é dito *nes*, como em *ele nes deu o pão*, o morfema aparece como {-nes}: *andábanes, éranes, diziánes*, alternando com *andábanos, éranos, diziános*. Esse relacionamento entre pessoa gramatical, pronome pessoal e morfema correspondente explica o processo de criação do infinitivo pessoal português, em que se deu a migração dos morfemas número-pessoais para o radical no infinitivo. Isso explica também a progressiva marcação da pessoa e do número verbais por meio dos pronomes pessoais no PB. Como veremos em **6.4.1.2**, o PB está perdendo a marcação gramatical pós-nuclear e ganhando marcação pré-nuclear (= remorfologização).

5. O tratamento fonológico de {-tis} explica o surgimento dos alomorfes {-ys/-des}: *amatis > amades > amaes > amais*. O morfema {-des} representa um estágio anterior a {-ys}, que persistiu no português arcaico até o século XV e no PB dialetal contemporâneo. Na língua corrente formal, esse morfema foi conservado nos verbos monossilábicos: *ides, vindes, credes, ledes, vedes, rides*.

6. O iode e o vau nasais, morfemas de P6, representam o ponto de chegada do latim vulgar {-n(t)}, tendo surgido por acrescentamento à vogal temática nasalizada nessa pessoa, em verbos tais como *dan(t)* > *dã* > *dão*, *cantan(t)* > *cantam*, *deben(t)* > *devem*, *venden(t)* > *vendem* (ditos [dãw], [ˈvẽdẽy] etc). Na fala popular, o iode e o vau nasais absorvem a vogal que os antecedem, passando a ocupar o núcleo silábico, inicialmente mantendo a nasalidade (como em PB popular *ândum*, *gárdum*, *cântum*, *pódim*, *cômprim*), e depois desnasalizando-se (*eles ando*, *gárdo*, *canto*, *pode*, *mande*, *compre*). Com essa desmorfologização, a P6 identificou-se com a P1 e a P3, de que resultou a simplificação da morfologia verbal no PB, com reflexos nas regras de concordância.

2. O sufixo modo-temporal

Estudamos no quadro a seguir a formação dos morfemas modo-temporais em português. Para um quadro desses sufixos no PB, veja o Quadro 10.3 do capítulo "O sintagma verbal". Na formatação do verbo, esses morfemas se situam entre o radical (= raiz + vogal temática) e os morfemas número-pessoais estudados no quadro anterior.

Quadro 2.7 – Morfologização dos sufixos modo-temporais do latim vulgar ao português

Tempo e modo	Latim vulgar	Português
1. Pres. Ind.	{Ø}: *canto, *debyo, *parto*	{Ø}: *canto, devo, parto*
2. Pres. Subj	{-e} na C1: *cante(m)* {-a} na C2 e C3: *debea(m), partea(m)*	{-e} na C1: *cante* {-a} na C2 e na C3: *devam, partam*
3. Pret. Perf. Ind.	{Ø/-ra} [P6]: *cantavi, debui, partivi*	{Ø/-ra} [P6]
4. Pret. Impf. Ind.	{-ba}: *cantaba, debeba, *partiba*	{-va[C1]/-ia[C2+3]}
5. Pret. Impf. Subj.	{-(v)isse}: *amavisse, *debisse, partisse*	{-se}
6. Pret. Mqpf. Ind.	{-vera}: *amavera, *debera, *partira*	{-ra}
7. Fut. Pres. Ind.	*Amare habeo*	{-re[P1, P4]/-rá[P2, P3]/-rã [P5, P6]}
8. Fut. Pret. Ind.	*Amare habeba(m)*	{-ria/-rie[P5]}
9. Fut. Subj.	Do futuro perfeito latino {-(v)ero}: *ama(ve)ro, deb(u)ero, *parti(ve)ro*	{-r [P1, P3, P4, P5]/-re[P2]}
10. Imperativo	P2: {-Ø}: *canta, doce, lege, parti* P5: {-te}: *cantate, docete, legete, partite*	P2: {-Ø}, como em *canta, ensina, lê, parte* P5: {-y/-i}, como em *cantai, ensinai, parti*
11. Infinitivo	{-re}: *amare, debere, partire*	{-r/-re[P2, P6]}
12. Particípio	{-tus/-sus}: *amatus, debitus, partitus*	{-do/-to}
13. Gerúndio	{-nd- + -i, -o, -um}: *amandi, amando, amandum* etc.	{-ndo}

1. Presente do indicativo
Alguns verbos apresentam alternância vocálica ou consonantal entre a P1 e a P2, cuja morfologização foi explicada no quadro anterior: (i) /e/ ~ /ɛ/, como em *devo ~ deves, pareço ~ pareces, bebo ~ bebes*; (ii) /o/ ~ /ɔ/, como em *mordo ~ mordes, corro ~ corres*; (iii) /i/ ~ /ɛ/, como em *firo ~ feres, sirvo ~ serves*; (iv) /u/ ~ /ɔ/, como em *durmo ~ dormes, cubro ~ cobres*; (v) /ay/ ~ /a/, como em *caibo ~ cabes*; (vi) /ey/ ~ /ɛ/, como em *requeiro ~ requeres*; (vii) /ʎ/ ~ /l/, como em *valho ~ vales*.

2. Presente do subjuntivo

O português conservou esta forma extraordinariamente bem. Alguns verbos de radical em consoante velar mantiveram inicialmente esse fonema, palatizando-o e fricativizando-o posteriormente na forma do infinitivo: *cóquĕre > coquére > cocére* (perda do apêndice labiovelar do fonema latino /kw/) > **cokyére > cotser > codzer* (português arcaico) > *cozer*. Nos "tempos da velar", o presente do subjuntivo era *coca, meresca, conhosca, agradesca, finga, tanga*. Reconstruindo-se essas formas a partir dos "novos" infinitivos *cozer, merecer, conhecer, agradecer, fingir, tanger*, surgiram as formas modernas *coza, mereça, conheça, agradeça, finja, tanja*.

3. Pretérito perfeito do indicativo

Essa forma só dispõe de sufixo próprio na P6: {-ra-}. A conjugação do pretérito perfeito do indicativo no latim vulgar mostra muitas diferenças em relação ao latim culto, as quais não serão examinadas aqui. Retomando as três conjugações latino-vulgares, tivemos a formação do seguinte quadro no português:

C1	C2	C3
amaui > amei	*debei > devi	*partíi > parti
amauisti > amaste	*debesti > deveste	*partisti > partiste
amaui(t) > amou	*debeu(t) > deveu	*partiu(t) > partiu
amauimus > amamos	*debemos > devemos	*partimos > partimos
amauistis > amastes	*debestes > devestes	*partistes > partistes
amauerunt > amaram	*deberon(t) > deveram	*partiron(t) > partiram

Na C1, o tratamento de P1 e P2 se explica pela necessidade de distinguir essas pessoas, visto que a mudança fonética regular levaria a uma forma única, *amei*, o que se aceitou em *eu quis ~ ele quis*. O morfema latino {-ui-/-eu-} foi bombardeado de todo lado:
a) cai o [i] na P3 dos verbos regulares,
b) o [u] permanece na P3 e desaparece nas demais,
c) cai seu alomorfe {-ue-} na P6.

A P4 confunde-se na pronúncia com a pessoa correspondente do presente do indicativo. O PB popular restabelece a distinção, elevando a vogal temática no pretérito de C1 e C2 (cf. *amamos ~ amemos, bebedemos ~ bebimos*), e abaixando essa vogal na C3 (cf. *fingimos ~ fingemos*). As formas irregulares *houve, coube, trouxe, soube* se devem à metátese do segmento [u] do sufixo modo-temporal {-ui-}: *habui > *haubi > houve, capui > *caupi > coube* etc.

O português arcaico ensaiou um novo morfema de pretérito, {-ive}, derivado de {-ui-}, que sobreviveu apenas em *tive* e *estive*: **tenui > *tenvi > tevi > tive, sedui > *sedvi > sevi > sive, credui > *credvi > creve > crive*, moderno *creu*. A forma etimológica do pretérito de *estar* era *estede* (< *steti*); *estive* é analógica a *sive*, pretérito arcaico de *ser*, cuja forma moderna, *fui*, deriva de uma das raízes latinas desse verbo. Alguns verbos latinos irregulares indicavam o pretérito por mudança da qualidade ou da quantidade da vogal do radical, como no presente *facio ~* pretérito *fēci*, presente *uenio ~* pretérito *vēni*. Essa vogal se manteve em *fiz, vim, fui, vi*, respectivamente de *feci > feze > fize > fiz, veni > vēi > vĩi > vim, vidi > vii > vi*.

4. Pretérito imperfeito do indicativo

O morfema único latino-vulgar {-ba} desdobrou-se em dois no português: (i) {-va}, por fricativização da bilabial /b/ entre vogais iguais, como em *amaba > amava*; (ii) {-ia}, por fricativização da bilabial /b/ entre vogais diferentes, e seu posterior desaparecimento, como em *debeba(m) > deveva > devea > devia, parti(e)ba(m) > parteva > partea > partia*. O diferente tratamento fonológico dado ao /b/ motivou a morfologização de {-ia}, que é um morfema de uso condicionado à classe temática do verbo.

5. Pretérito imperfeito do subjuntivo
Essa forma é uma reanálise do mais-que-perfeito do subjuntivo latino, cujo morfema {se} agregava-se ao tema do perfeito. Com a perda de {-ui} referida anteriormente, surgiram formas como *cantasse, *debesse, *vendedesse, *partisse, que sofreram poucas alterações em seu trânsito para o português.

6. Pretérito mais-que-perfeito do indicativo
Tal como na forma anterior, as formas latinas desse tempo tinham perdido o morfema do tema do perfeito {-ui}, a que se agregavam {-ra ~ -re}, mantidos no português: *cantara, *debera, *vendedera, *partira.

7. Futuro do presente do indicativo
O futuro do presente e o futuro do pretérito do indicativo são criações românicas, tendo derivado de formas compostas, hoje transformadas em formas simples. O futuro do presente deriva do infinitivo do verbo seguido do auxiliar *habeo*, conjugado no presente do indicativo, constituindo-se conjuntos tais como *amare habeo*, que mudaram para *amar'áveo* > *amaráyo* > *amaray* > *amarei*, surgindo dessa forma um novo morfema, {-ré ~ -rá} (= morfologização).

8. Futuro do pretérito do indicativo
Outra criação românica, o futuro do pretérito do indicativo resultou da composição do infinitivo com o verbo auxiliar *habeo*, conjugado no pretérito imperfeito do indicativo. Obteve-se assim *amare habebe(m)* > *amar'aveva* > *amaravea* > *amaraéa* > *amaria*, surgindo o morfema {-ria ~ -rie} (= morfologização).

9. Futuro do subjuntivo
Esta é outra criação românica. Ela derivou do futuro perfeito latino, cujo morfema {-r ~ -re} foi reanalisado como uma forma de futuro (= regramaticalização). Do mesmo modo que nas formas 5 e 6 deste quadro, perdeu-se no futuro do subjuntivo o morfema latino {-ue}, donde *cantaro* > *cantar*, *cantares* > *cantares* etc., *debero* > *dever*, *deberes* > *deveres* etc., *partiro* > *partir*, *partires* > *partires* etc.

10. Imperativo
O latim vulgar só dispunha do imperativo presente, tendo desconhecido o imperativo futuro do latim culto. O tratamento de {-te} aproxima-se do tratamento dado ao {-tis} estudado neste Quadro, em que ora obtemos {-y}, como em *amate* > *amade* > *amae* > *amai*, ora {-de}, como em *légite* > *legíte* > *legete* > *legede* > *leede* > *lede*, ora {-í}, como em *partite* > *partide* > *partíe* > *parti*. As alterações fonológicas ocorridas nesse modo verbal deram origem a uma regra mnemônica divulgada nas gramáticas, segundo a qual se obtém o imperativo retirando o {-s} do presente do indicativo. Esquisito, não? Derivar um modo de um tempo e, ainda por cima, de um tempo integrado em outro modo verbal! O resultado é muito mais fruto da coincidência do que de qualquer coisa parecida com ciência. Pode até ter rimado, mas não é a solução. Também aqui os verbos de infinitivo monossilábico mantiveram uma forma próxima à latina: *lede*, *crede*, *ide* etc.

11. Infinitivo
Os morfemas de infinitivo pessoal {-r/-re} aparentemente se confundem com os do futuro do subjuntivo de verbos regulares. Trata-se de mera coincidência, pois eles têm diferentes perfis sintáticos. A explicação dessa peculiaridade da língua portuguesa dividiu os romanistas. Friedrich Diez, Richard Otto, Carolina Michaelis de Vasconcelos, José Leite de Vasconcelos, Wilhem Meyer-Luebke e Theodoro Henrique Maurer Jr. acham que o infinitivo pessoal deriva do infinitivo impessoal, a que se agregaram os sufixos número-pessoais. H. Wernekke, F. George Moll, Ernest Gamillscheg, José Maria Rodrigues, José Joaquim Nunes e Harald Lausberg derivam o infinitivo pessoal do imperfeito do subjuntivo latino, que teria sobrevivido na Ibéria (apud Maurer Jr., 1952). Esse autor examinou minuciosamente essas posições favorecendo a primeira, pois não se pode comprovar que o imperfeito do subjuntivo tenha sobrevivido na Ibéria, nem que sua sintaxe combine com a do infinitivo pessoal. Segundo Maurer Jr., a chave da questão reside no momento em que se admitiu a possibilidade de atribuir um sujeito ao infinitivo. Daí em diante, a agregação dos sufixos número pessoais torna-se inevitável. E como veremos na seção 13 deste Quadro, também o gerúndio pode receber esses morfemas.

12. Particípio
O latim culto dispunha de duas formas de particípio, o presente em {-nte}, derivado do tema do presente – desconhecido no latim vulgar – e o passado em {-tus/-sus}, derivado do tema do supino, de que resultou o português {-do / -to}: *cantatus > cantado, debitus > devido, partitus > partido, posĭtus > posto*. Havia uma forte ligação entre as terminações do pretérito do perfeito e as do particípio passado no latim culto, como se pode ver por C1 {-avi/-atus}, em *amavi/amatus*, C2 {-ui/-ītus}, em *debui/debĭtus*, C3 {-tus/-sus}, em *legĕre/lectus, prendĭdi/prehensu*, C4 {-ivi/-itus}, em *partivi/partitus*. A principal inovação do latim vulgar consistiu em regularizar a C2, donde {-ui/-utus}, em *habui/habutus*, português arcaico *avudo, statutus > estatuto, *tributus > tributo, *timutus > temudo, *tenutus > teúdo* (que aparece em *conteúdo*), *habutus > avudo*. Por analogia, surgiram *sabudo, atrevudo, perdudo*. Com o desaparecimento do morfema {-ui}, veja número 3 deste Quadro, perde-se essa relação, generalizando-se a terminação *-ido*: *havido, temido, tido*. As velhas formas em *-udo* se especializaram como substantivos comuns (*estatuto, tributo*) ou próprios (*Temudo*).
Outro morfema de particípio latino que "não deu muito certo" no português foi {-sus}, derivado de verbos da C3 do latim culto: *pervertĕre/perversus, convertĕre/conversus, expellĕre/expulsus*. Juntamente com os particípios irregulares em {-e}, como *aceite, contente, assente, livre*, eles formaram pares participiais em determinados verbos, denominados por isso "abundantes", os quais exibem uma forma extensa e uma forma breve: *aceitar-aceitado/aceite, entregar-entregado/entregue, acender-acendito/aceso, benzer-benzido/bento, eleger-elegido/eleito, romper-rompido/roto, exaurir-exaurido/exausto, emergir-emergido/emerso, extinguir-extinguido/extinto, omitir-omitido/omisso*. Algumas formas extensas desapareceram: *abrido* (que sobrevive em *desabrido*), *escrevido, cobrido*. Alguns verbos dispõem apenas da forma breve: *cito, dito, vindo*.
De modo geral, as formas extensas se tornam invariáveis e se conjugam com os verbos auxiliares *ter* e *haver*, organizando os tempos compostos do passado. As formas breves se tornam variáveis e se conjugam com os verbos auxiliares *ser* e *estar*, formando a voz passiva perifrástica.

13. Gerúndio
O morfema português {-ndo} procede do gerúndio latino na forma do ablativo {-ndo}, perdidas as formas de genitivo {-ndi} e de acusativo {-ndum}. Já no latim vulgar essa forma manteve seu uso, como núcleo sentencial, ocupando o lugar de adjetivo do particípio presente latino culto {-nt}. As formas portuguesas que preservaram esse morfema não são produtivas, reduzindo-se a alguns substantivos/adjetivos (como *estante, estudante, cliente, amante*) e preposições (*salvante, tirante, não obstante*).

Em variedades dialetais, o gerúndio acolhe os morfemas número-pessoais, proeza já praticada pelo infinitivo pessoal, como em *em tu comendos* e *saindo-mos de casa*, documentados na *Revista Lusitana* (número 7: 51, número 27: 59).

3. Em síntese

Comparando as alterações gramaticais do verbo português em relação ao latino, constata-se, em suma, que:

3.1. Foram gramaticalizadas as seguintes formas, consideradas como criações românicas:
(1) Futuro do presente e futuro do pretérito;
(2) Futuro do subjuntivo;
(3) Tempos compostos do passado;
(4) Infinitivo pessoal.

3.2. Foram desgramaticalizadas as seguintes formas:
(1) Futuro imperfeito em {-*bo*/-*bis*, -*am*/-*es*};
(2) Particípio presente em {-*nt*};
(3) Particípio futuro em {-*turus*};
(4) Supino em {-*tu*};
(5) Passiva flexionada em {-*r*, -*ur*, -*ris*, -*mini*};
(6) Imperfeito do subjuntivo em {-*re*};
(7) Imperativo futuro em {-*tote*}.

3.3. Foram regramaticalizadas as seguintes formas:

A passiva perifrástica deixou de significar passado. Assim, *amatus sum*, que significava "fui amado", passou a significar "sou amado"; para expressar o passado passivo, foi criada a forma *fui amado*; o mesmo se passou com as demais formas.

O mais-que-perfeito do subjuntivo *amauisse* foi recategorizado como imperfeito do subjuntivo, *amasse*.

2.4.3.3. Sintaticização

Da mesma forma que nas seções anteriores, trataremos brevemente a sintaticização, apenas para dar uma ideia de como funciona esse processo.

1. Casos morfológicos e preposições

A redução dos casos no latim vulgar a três, e sua posterior redução a apenas um no português, obrigou ambas as línguas a providenciar substitutos para essa categoria que, como se sabe, tinha um importante desempenho morfológico e sintático. Na sintaxe, os casos marcavam pós-nuclearmente os argumentos do verbo e os adjuntos da sentença. Eles foram substituídos por uma ordenação mais rígida dos argumentos na sentença, maiormente SVO, e por uma marcação pré-nuclear, através das preposições, donde sua designação: *praepositiones*, "expressões postas antes das classes".

Para o objeto indireto, em lugar do dativo, foram usadas as preposições *a, para* + substantivo: latim culto *dare acquam puellis*, latim vulgar *dare acqua(m) ad puellas*, português *dar água às meninas/para as meninas*, com a substituição lexical de *puella*.

Para o adjunto adnominal, em lugar do genitivo, foi usada a preposição *de* + substantivo: latim culto *amor fratris*, latim vulgar *amor de fratre*, português *amor do irmão*, com a substituição lexical de *frater* por *germanu > irmão*.

Para o ablativo, absorvido no latim vulgar por um caso misto, foram usadas várias preposições, tais como *de, com*: latim culto *implere acqua*, latim vulgar *implere de acqua*, português *encher de água, encher com água*.

2. Formas verbais compostas

O latim vulgar tinha dado início à criação de formas verbais compostas, trajetória largamente seguida pelas línguas românicas. O português não ficou atrás. Surgiram assim o futuro do presente e do pretérito, os tempos compostos do passado e a passiva perifrástica.

Em todos esses casos, a expansão dos usos de verbos como *ser, estar, ter, haver* foi liberando novas formas, estudadas em **10.2.1.2.1** a **10.2.1.2.2**.

3. Sentenças subordinadas conjuncionais

O latim gramaticalizava a subordinação via formas nominais do verbo, ou via conjunções. O latim vulgar ampliou o uso das conjunções, e aqui encontramos um paralelismo com o que sucedia com os casos gramaticais, progressivamente substituídos por preposição + substantivo. Nesse caso, as formas nominais do verbo foram substituídas por formas pessoais precedidas de conjunções.

Mais um caso para a sua coleção de marcas pós-nucleares, pois os morfemas de caso, os núcleos sentenciais expressos no infinitivo, no gerúndio e no particípio foram substituídos por marcas pré-nucleares, ou seja, as preposições e as conjunções.

Assim, sentenças em latim como *Dico eu(m)* **venire** e *Lego libros* **continentes** *picturas* caíram em desuso, sendo substituídas por sentenças conjuncionais como *Dico quod venit*, em português *Digo que ele vem*. O mesmo ocorreu com o latim *Lego libros qui picturas continent*, em português *Leio livros que contêm gravuras*.

2.4.3.4. Síntese da gramaticalização

O tratamento do pronome *você* no PB fornece evidências para todas as manifestações de gramaticalização estudadas nesta seção.
- A fonologização mostra como a expressão nominal *Vossa Mercê* foi se alterando para *Vosmecê* (e a variante *Vassuncê*), *você, ocê, cê* (em, por exemplo, *cê vai na festa?*).
- A morfologização aponta para a alteração da classe, que migrou de palavra composta para palavra simples, e atualmente para clítico, ou seja, substantivo > pronome > afixo.
- A sintaticização mostra que a escala anterior ocorreu depois de perdidas as fronteiras entre o Especificador *vossa* e o núcleo nominal *mercê*, no sintagma nominal *Vossa Mercê*. Cliticizando-se, *cê* fornece uma evidência da progressiva marcação gramatical pré-núcleo no PB, afetando agora a pessoa do verbo. Veja Vitral / Ramos (1999), Lopes (1999/2002, 2001, Ramos (2000, 2001b, 2001d).

2.4.4. REPETIÇÃO E CONSTITUIÇÃO DA SENTENÇA NA LÍNGUA FALADA

Um fenômeno ainda pouco estudado é o da sintaticização via repetição das expressões, processo bastante comum no português falado.

Na seção **2.3.5** deste capítulo, tratei da repetição como um caso de discursivização, que atua na reformulação do quadro tópico. Retornarei a este ponto no capítulo **5.2.3.1**. Mas a repetição exerce também um papel importante na constituição da sentença e do sintagma. Esta seção é dedicada a esse problema.

Casteleiro (1975) tratou da "redundância sintática e expressiva", enumerando casos em que a repetição dá lugar aos quiasmos e às topicalizações. Perini (1980) tinha hipotetizado que a função da repetição não contígua é restaurar a estrutura canônica das sentenças, através da sintaticização de segmentos fragmentados. Em seus dados, esse mecanismo explica 60% dos casos. Ramos (1984) explicou os outros 40% valendo-se de argumentos discursivos.

Blanche-Benveniste (1985: 110) sustenta que a repetição deveria receber "um estatuto de descrição linguística, independentemente do efeito agradável ou desagradável que suscita". Em Blanche-Benveniste (1990: 176-182) ela volta ao assunto, intitulado "configurações", examinando as repetições lexicais, os deslocamentos de itens e as repetições de estruturas.

Dik (1989: 52) dá pistas para o estudo da geração das sentenças, quando afirma que

> um falante pode começar [a produção de uma sentença] pela seleção da moldura do predicado, especificando em seguida os termos por ele requeridos, e assim produzir uma predicação plena, ou, então, pode começar pela formação de um ou mais termos, e então selecionar a moldura do predicado para chegar a uma predicação apropriada.

O estudo da repetição dos substantivos comprova empiricamente esta afirmação de Dik. Braga (1990) hipotetiza que o estudo das repetições pode levar à identificação do "sotaque sintático". Neves / Braga (1996) trataram dos padrões de repetição na articulação de sentenças, focalizando as causais e as condicionais. Pezatti (1996a) e Camacho (1996b) estudaram, respectivamente, a repetição do juntivo *ou* e das coordenadas aditivas. Castro (1994) mostrou que adjetivos e substantivos repetidos, como em

(28) *comprou um lenço **claro, claro**. Não é **pajem, pajem**... é arrumadeira.*

não ocupam o mesmo lugar no eixo paradigmático, devendo antes ser analisados como integrantes do eixo sintagmático, visto que o segundo item toma o primeiro como seu escopo, produzindo um efeito de restrição da extensão. Esse processo implica em comprometer a protipicidade do primeiro item, afirmando a protipicidade do segundo.

Uma série de intuições atravessa esses estudos, e ainda estamos longe de uma síntese. Os princípios sociocognitivos apresentados em **1.2.3** situam a repetição num aparato teórico que pode ajudar na busca dessa síntese. No que se segue, concentro-me no papel gramatical da repetição.

Vejamos o que se pode aprender, restringindo o campo de observação à repetição de substantivos e de verbos, mesmo quando não fonologicamente representados, e tomando a sentença como o recorte máximo de observação. Do ponto de vista metodológico, farei a transcrição biaxial dos dados mencionada anteriormente, em que M assinala o segmento matriz, e R assinala o segmento repetido, como aparece em (29):

(29) Narração de um desastre, exemplo recolhido de Ramos (1984: 16)

M1	*minha tia gritando... eu não podia nem levantar...*
R1	*minha tia já imaginou o pior e eu não dava vontade de gritar nada...*
R2	*minha tia em cima de mim... eu não podia nem levantar...*
M2	*e o desespero que a gente só olhava pros outro...*
Paráfrase de M2	*todo mundo machucado... todo sujo de sangue...*

(30) Outros exemplos de repetição
a) DID SP 18: 65

M	o::	
R	o::	eu não sei bem

b) DID SP 234: 125

M	é	um...	
R1		um...	
R2		uma peça	
R3		um ∅	
R4	mas	essa ∅	tinha tanta molecada

c) DID SP 234

quando eu ia bem pequeno à fazenda		
M aí	tinha	café
R	tinha	bastante café

d) D2 POA 291: 25-26

M	peixe	
R1	peixe	aqui no Rio Grande do Sul
R2 eu tenho impressão que se come	peixe	exclusivamente na Semana Santa

e) EF RJ 251: 67

M a gente não enxerga	por bloqueio	
R	e esse bloqueio	tem de acabar

f) EF RJ 251: 176

M só depende	da temperatura	
R	mas a temperatura	muda

g) D2 SP 360: 980

M funciona mal	aquele negócio de...	
R	aquele negócio de limite de idade	funciona muito mal

Uma rápida inspeção nesses exemplos permite logo de entrada verificar a enorme complexidade que envolve a repetição: (i) há repetições contíguas (29, 30a a 30g) e repetições seguidas de paráfrases (29, M2); (ii) há repetições idênticas (30a a 30e) e repetições alteradoras como em (30e e 30f), em que se reanalisou um sintagma preposicional como um sintagma nominal, dando origem a uma sintaxe especular; (iii) o locutor cria estruturas sintáticas a partir das repetições. Vamos focalizar esta última propriedade.

2.4.4.1. Repetição e constituição do sintagma nominal

A repetição está associada à constituição do sintagma nominal da língua falada. Em (30a), ocorreu a elipse do núcleo, abortando-se a organização do sintagma nominal; em (30b), a criação do sintagma nominal começou pelo Especificador; em (30d), agregou-se o Complementador.

Constituintes sentenciais podem ser elididos, e a repetição alteradora está associada a esse mecanismo sintático. Em (30b, R3), o núcleo *peça* é apagado, logo após sua inserção. A elipse pode, portanto, ser considerada como o passo extremo no processo de repetição. Segundo Marcuschi (1988/1991), a elisão de sintagmas repetidos ocorre frequentemente "da esquerda para a direita", como em:

(31) A repetição no D2 SP 360: 121-126. Exemplo de Marcuschi (1988/1991)

M	não é mais	aquela pessoa	assim admirável	
R1		aquelas pessoas	calmas	
R2		∅	tranquilas	
R3		∅	que dificilmente perdem	a calma
R4		∅	∅ perdem	o controle
R5		∅	∅ falam	
R6		∅	∅ falam pausadamente	

A repetição do substantivo oferece pistas sobre a sintaticização da estrutura funcional da sentença. Se você colecionar exemplos de substantivos repetidos, poderá observar que o lugar sentencial que eles ocupam favorece a repetição. Mais, notará que ocorre uma hierarquia funcional que se pode surpreender nos substantivos repetidos.

Bessa Neto (1991: 126) e Marcuschi (1992: 124) constataram que sintagmas nominais situados à direita do verbo são mais repetidos do que aqueles à esquerda do verbo. No primeiro desses trabalhos, reconhece-se que

> (1) os itens lexicais repetidos ocorrem sempre em posição pós-verbal; (2) o verbo a que se seguem é predominantemente transitivo; (3) pertencem predominantemente à classe dos substantivos; (4) desempenham predominantemente a função sintática de objeto; (5) recobrem predominantemente referentes inanimados; e (6) ocorrem predominantemente num conjunto que abriga mais de duas orações.

Andei lidando com isso, e meus dados confirmam essa tendência, de motivação funcional interessante, pois mostram a relevância do rema propriamente dito no interior da sentença. Essa constatação permite afirmar que a repetição é inversamente proporcional às rupturas da adjacência, vale dizer, à inserção de expressões entre o predicador e seus argumentos, descritas por Tarallo et al. (1990, esp. p. 47). Esses autores comprovaram que há maior frequência de rupturas no espaço entre o sujeito e o verbo, e menor frequência no espaço entre o verbo e objeto direto, e entre este e o complemento preposicionado. Pode-se concluir que a baixa densidade informativa própria ao tema sentencial favorece a interrupção, ao passo que a alta densidade informativa própria ao rema sentencial favorece a repetição.

A repetição dos substantivos *trem, poluição, Ipanema* e *química* no exemplo a seguir documenta o processo de reanálise da função sentencial, frequentemente associado à gramaticalização. Vejamos:

(32) Mais exemplos de repetição

a) D2 SP 255: 239-257

Olha		
M	trem	
R1 eu sou fã	de trem	
R2 eu acho	trem	assim...
R3 eu escolheria	o trem	
R4	no trem	eu acho que há o repouso integral
R5	o trem	não tem mobilidade
R6	o trem	é mais estável
R7	o trem	tem a vantagem sobre o avião
R8 eu vou tomar	o trem	
R9 uma viagem	por trem	sempre repousou

b) D2 SP 343: 142-155

M por exemplo	poluição	
R1 agora todo mundo fala	poluição	
R2	poluição	
R3 o controle não dá para haver controle	de poluição	
(............................	....	............................)
R4 quer dizer	poluição	visual... auditiva

c) D2 RJ 147: 327-332

M L2 - vamos dizer	Ipanema...	então há um status de sociedade
(............................	....	............................)
R1 L1 mas se bem que	de Ipanema	
R2 L2 não... não é só	Ipanema...	Copacabana... não
R3	Ipanema...	
R4 acho que o problema que tem	em Ipanema	é problemas que...

d) LPVII 1996, exemplo recolhido pela aluna Andréa Mendes

M	Química	
R1 professor	de Química	não tem
R2 não tem	Química	
R3	de Química	não tem professor
R4 o cara que gosta	de Química	
R5 fazer o curso	de Química	
R6 o cara quando quer fazer	Química	
R7 eles já trabalham	em Química	né?
R8 já fizeram curso na OSI lá	de Química	não sei
R9 acho que é na OSI que faz curso	de Química	sei lá

A repetição alteradora de substantivos ilustra o princípio da reanálise, e, assim, uma construção de tópico, descrita em **7.1**, quando repetida exibe um papel temático e um estatuto argumental de que não dispunha antes. Em (32d), a construção de tópico *Química* assume sucessivamente a categoria de adjunto de *professor* em R1, argumento único do verbo *ter* em R2, complemento oblíquo de *gostar* em R4, e assim por diante. Em (32a), a construção de tópico *trem* vai sendo recategorizada à medida que se repete: adjunto em R1, objeto direto em R2 e em R3, de novo adjunto em R4, sujeito em R5, R6 e R7, de novo objeto direto em R8 e adjunto em R9. Examine você mesmo os demais exemplos.

Esses exemplos mostram que a repetição alteradora das funções sentenciais exibe um ritmo preferido, configurando a seguinte hierarquia funcional: construção de tópico > argumento interno (OD, OI, OBL) > adjunto > argumento externo > categoria vazia.

2.4.4.2. Repetição e constituição do sintagma verbal

Numa amostra do Projeto Nurc, os verbos repetidos se distribuem por 60% de repetições idênticas, contra 40% de repetições alteradoras.

Repetindo o verbo, o locutor seleciona o tempo-modo que melhor atenda às suas necessidades discursivas:

(33)
a) (DID SP 18: 30)

	A fazenda	era	
M		tinha	
R		teria	duas partes

b) (D2 SP 343: 75-77) [falando do crescimento desordenado das cidades]

M L1 cidade que não	dá	para ter planejamento
R1 L2	dá	
R2	Daria	né? é que não...

Esses exemplos permitem hipotetizar que, ao produzir as repetições alteradoras, o falante escolhe um ritmo preferido, que vai do modo real para o modo eventual e irreal, portanto, do mais concreto para o mais abstrato.

A repetição da palavra no eixo sintagmático observada por Castro (1994) abre caminho à identificação das nominalizações, ligadas também à repetição:

(34) D2 SP 343: 454-458

M1	Chega	imigrante
R1	Chega	imigrante
R2	Chega	imigrante
M2 e	Cresce	
R1 e	Cresce	
R2 e	Cresce	
M3 e ao mesmo tempo houve	o crescimento	das vias de circulação
R1 dentro da cidade não acompanha	esse crescimento	da população

Deixando de lado o efeito discursivo de ênfase, vê-se em (34) que o verbo repetido se nominaliza, alterando o processo de construção sentencial. Com isso, de um esquema verbal estruturado por *cresce* nos movimentamos para um esquema nominal estruturado por *crescimento*.

A repetição do verbo evidencia que na constituição das perífrases há um ritmo que vai de verbo pleno para verbo auxiliar, como em (35a), de auxiliar para pleno em (35b), ou de pleno para auxiliado em (35c). À semelhança da constituição das sentenças, encontramos igualmente aqui a "procura", por assim dizer, de uma classe por outra, que se recategoriza e dá origem às estruturas gramaticais:

(35)
 a)

M como é que	pode		
R como é que	pode	ter	
		ter tido	cidades

b)

M ia fazer	uma pesquisa de arquivo
R ia	até o arquivo

c) D2 SP 343: 104-105

M esse negócio	se repete	
R ou	acaba se repetindo	em qualquer cidade

Finalmente, há curiosas ocorrências em que verbos e substantivos se alternam aos pares, como em:

(36) LPVII,1996, exemplo recolhido pela aluna Andréa Mendes

teve livros
que eu caí na besteira de comprar
mas teve livros
que eu caí na besteira de comprar
e eu notei o seguinte
caí na besteira
porque os livros nunca mais abri

O esquema formal encontrado no exemplo (36) equivale ao das canções paralelísticas medievais portuguesas, como esta, de Martin Soares, recolhida sob número 974 no *Cancioneiro da Vaticana*:

(37)

Foy hun dia Lopo jogral
a cas d'un infançon cantar
e mandou-lhe ele por don
dar tres couces na garganta,
e fuy-lh' escasso, a meu cuydar,
segundo como el canta.

Escasso foy o infançon
em seus couces partir entom,
ca non deu a Lopo enton
mays de tres ena garganta,
e mays mereç'o iograron,
segundo como el canta

Segundo Álvaro Júlio da Costa Pimpão, a canção paralelística é um "sistema expressivo que põe a descoberto os dois polos da arte – repetição e variação – e em que domina a repetição, elevada a princípio estruturador" (apud Spina, 1956/1991: 392). A isso agrega Spina: "característica da cantiga d'amigo na sua forma original, quase autóctone, o paralelismo apresenta-se sob diversas modalidades, o que vem dificultando sua classificação".

Os exemplos (36) e (37) apontam para a pancronia da língua falada, mostrando que os séculos pesaram pouco para o poeta medieval e o aluno do século XX, reunidos ambos sob um mesmo impulso de criação linguística, um voltado para a caracterização do próprio tédio e o outro divertindo-se à custa do jogral Lobo.

Para medir a relação entre sintagmas repetidos (41%) e sintagmas não repetidos na língua falada (59%), fundamentei-me na transcrição de uma entrevista com alunos de Letras da Universidade de São Paulo,[1] obtendo os seguintes resultados, relativos aos sintagmas repetidos: sintagmas nominais: 6%; sintagmas adjetivais: 10%; sintagmas preposicionais e sintagmas adverbiais: 12%; sintagmas verbais: 13%.

Nem sempre é necessário que um fenômeno seja quantitativamente expressivo, pois a repetição revela particularidades do processamento verbal que os segmentos não repetidos escondem. Indícios não são quantitativamente impressionantes, o que não diminui sua importância.

2.4.5. GRAMATICALIZAÇÃO: A AÇÃO DO DSC NO SISTEMA DA GRAMÁTICA

A ativação das propriedades gramaticais (*gramaticalização*) é responsável pela construção dos sintagmas e das sentenças, pela ordenação dos constituintes, pela concordância, pela organização da estrutura argumental etc.

A reativação das propriedades gramaticais produz a *regramaticalização* das construções, captada na literatura por meio dos termos *poligramaticalização* e *reanálise*. A reanálise é a alteração de uma classe gramatical, tanto quanto a atribuição de novas funções sintáticas, motivadas pela mudança das fronteiras entre constituintes. Ela explica, entre tantos outros fenômenos, a regramaticalização do substantivo *tipo*, que deixa de ser interpretado como o núcleo de um sintagma nominal (como em [[[*um*] [*tipo*] [*de saia*]]]), passando a ser considerado como o especificador desse sintagma (como em [[*um tipo de*] [*saia*]]), o que abre caminho à sua discursivização como marcador discursivo (cf. "*tipo assim, vamos tomar um café?*"). Reanalisam-se sintagmas e as sentenças, o que acarreta mudanças da fronteira sintática. Repetem-se as palavras, para criar a constituência sentencial, fato que examinei em Castilho (1997c) e anteriormente. O redobramento sintático, cujas consequências na organização da gramática do PB foram examinadas em Moraes de Castilho (no prelo), pode ser interpretado igualmente como um caso de reativação de propriedades gramaticais.

A *desgramaticalização* é a desativação das propriedades gramaticais que leva, entre outras coisas, à perda da função categoria vazia, de que se encontram exemplos na Morfologia (morfema-zero) e na Sintaxe (elipse de constituintes sentenciais, ou categoria vazia). Capitula-se aqui igualmente o fenômeno da ruptura da adjacência estrita, minuciosamente estudado por Tarallo et al. (1990), Tarallo et al. (1922), Tarallo (1986/1993).

LEITURAS SOBRE MORFOLOGIA
Veja **15.**2.5, seção 7.4.

---

[1] O documento foi gravado em 1996 por C. Sawada, C. C. Borella, K. G. de Toledo, M. de Araújo e S. D. Paião, a quem agradeço.

LEITURAS SOBRE GRAMÁTICA
Veja **15**.2.5, seção 7.5.

Quadro 2.8 – Cronologia das gramáticas da língua portuguesa

1536	Fernão de Oliveira, *Gramática da língua portuguesa*.
1540	João de Barros, *Gramática da língua portuguesa*.
1592	Pero Magalhães de Gândavo, *As regras que ensinam a maneira de escrever a ortografia da Língua portuguesa*.
1606	Duarte Nunes de Lião, *Origem da língua portuguesa*.
1619	Amaro de Reboredo, *Método gramatical para todas as línguas*.
1623	Amaro de Reboredo, *Porta de línguas*.
1631	Álvaro Ferreira de Vera, *Breves louvores da língua portugueza*.
1721	Jerônimo Contador de Argote (pseudônimo de Caetano Maldonado da Gama), *Regras da linguagem portuguesa, espelho da língua latina*.
1736	Luís Caetano de Lima, *Ortografia*.
1739	João de Madureira Feijó, *Ortografia*.
1746	Luís Antônio Verney, *Verdadeiro método de estudar*.
1765	Francisco José Freire, *Reflexões sobre a língua portuguesa*.
1770	A. J. Reis Lobato, *Arte da gramática da língua portuguesa*.
1783	Fr. Bernardo de Jesus Maria (Bernardo de Lima e Melo Bacelar), *Gramática filosófica da língua portuguesa*; reprodução facsimilada em 1996, Lisboa, Academia Portuguesa de História.
1802	Antonio de Morais Silva, *Epítome da gramática portuguesa*. Primeira gramática escrita por um brasileiro. O texto foi retocado em 1821 e publicado a partir da 2ª edição no dicionário do mesmo autor.
1803	Jerônimo Soares Barbosa, *Gramática filosófica da língua portuguesa*. Data controvertida; o prefácio da 1ª edição publicado, por exemplo, na 7ª edição de 1881, traz a data de 1803, mas é provável que a obra tenha sido escrita no final do século XVIII.
1818	João Crisóstomo do Couto e Melo, *Gramática filosófica*.
1819	Antonio Leite Ribeiro, *Teoria do discurso*.
1834	Antonio Álvares Pereira Coruja, *Gramática da língua portuguesa*.
1849	D. F. Pestana, *Princípio de gramática geral aplicada à língua portuguesa*.
1858	D. Leoni, *O gênio da língua portuguesa*.
1862	Bento José de Oliveira, *Nova gramática portuguesa*. Segundo Leite de Vasconcelos, uma fusão de Soares Barbosa com D. Leoni.
1862-1865	Francisco Sotero dos Reis, *Postilas de gramática portuguesa*. Veja 1866.
1865	Charles O. A. Grivet, *Gramática analítica*. Veja 1881.
1866	Francisco Sotero dos Reis, *Gramática da língua portuguesa*.
1870	A. Epiphanio da Silva Dias, *Gramática prática da língua portuguesa*. Veja 1876, 1881, 1918.
1870	Paulino de Souza, *Grammaire portugaise*.
1871	Ortiz e Pardal, *Gramática da língua portuguesa*.
1875	Augusto Freire da Silva, *Gramática da língua portuguesa*.
1876	A. Epiphanio da Silva Dias, *Gramática Portuguesa*.
1876	Teófilo Braga, *Gramática portuguesa elementar*.
1877	Costa Duarte, *Gramática filosófica*.

1877	Ernesto Carneiro Ribeiro, *Gramática portuguesa filosófica*; 1877 é a data da 1ª edição; outras edições: 1881, 1958.
1881	A. Epiphanio da Silva Dias, *Gramática portuguesa elementar*; 4ª edição, texto revisto; edição definitiva.
1881	Francisco Adolfo Coelho, *A língua portuguesa*. Veja 1891.
1881	Francisco José Monteiro Leite, *Subsídios para o estudo da língua portuguesa*.
1881	Charles O. A. Grivet, *Nova gramática analítica da língua portuguesa*.
1881	Baptista Caetano, *Rascunhos sobre a gramática de língua portuguesa*.
1881	Júlio Ribeiro, *Gramática portuguesa*.
1885	Ernesto Carneiro Ribeiro, *Elementos de gramática portuguesa*, Livraria Catilina; 8ª edição, 1959, Bahia, Livraria Progresso; prefácio de 2 de abril de 1931.
1887	João Ribeiro, *Gramática portuguesa*. Veja 1889.
1887	Pacheco da Silva Jr. e Lameira de Andrade, *Noções de gramática portuguesa*.
1887	Maximino Maciel, *Gramática analítica da língua portuguesa*. Veja 1894.
1888	José N. N. Massa, *Gramática analítica da língua portuguesa*.
1888	Ernesto Carneiro Ribeiro, *Serões gramaticais*.
1891	Francisco Adolfo Coelho, *Noções elementares de gramática portuguesa*.
1894	Maximino Maciel, *Gramática descritiva*. O autor a considerou como a 2ª edição da *Gramática analítica* de 1887; 3ª edição em 1901.
1898	A. Garcia Ribeiro de Vasconcelos, *Gramática portuguesa*.
1902	Sílvio de Almeida, *O antigo vernáculo*.
1903	Mário Barreto, *Estudos de língua portuguesa*. Veja 1911, 1914, 1916, 1922, 1927 e 1944.
1904	Rui Barbosa, *Réplica*.
1904	Heráclito Graça, *Fatos da linguagem*.
1905	Ernesto Carneiro Ribeiro, *Tréplica*.
1907	Hemetério José dos Santos, *Gramática portuguesa*.
1907	Eduardo Carlos Pereira, *Gramática expositiva da língua portuguesa*. Veja 1916.
1907(1913?)	Júlio Moreira, *Estudos da língua portuguesa*.
1908	Manuel Said Ali Ida, *Dificuldades da língua portuguesa*. Coletânea de artigos publicados desde 1895; veja 1921, 1923 e 1927.
1911	Mário Barreto, *Novos estudos da língua portuguesa*.
1912	Antenor Nascentes, *Análise lógica*.
1913	Carlos Góis, *Método de análise*. Veja 1916, 1919, 1923, 1931 e 1932.
1914	Mário Barreto, *Novíssimos estudos da língua portuguesa*.
1915	Cândido de Figueiredo, *Gramática sintética da língua portuguesa*.
1915	Otoniel Mota, *Lições de português*.
1916	Mário Barreto, *Fatos da língua portuguesa*.
1916	Carlos Góis, *Sintaxe de concordância*.
1916	Eduardo Carlos Pereira, *Gramática histórica da língua portuguesa*.
1917	Otoniel Mota, *O meu idioma*. Veja 1923.
1918	Augusto Epiphanio da Silva Dias, *Syntaxe histórica portuguesa*; 2ª edição, 1933.
1919	Carlos Góis, *Gramática expositiva primária*.

1919	José Oiticica, *Manual de análise*.
1920	Firmino Costa, *Gramática portuguesa*. Veja 1940.
1920	Marques da Cruz, *Português prático*.
1921	Manoel Said Ali Ida, *Lexiologia do português histórico*.
1922	José Rizzo, *Estudos da língua portuguesa*. Veja 1939.
1922	Mário Barreto, *De gramática e de linguagem*.
1923	Manuel Said Ali Ida, *Formação de palavras e sintaxe do português histórico*.
1923	Pedro A. Pinto, *Notas de língua portuguesa*.
1923	Otoniel Mota, *Lições de português*.
1926-1928	Antenor Nascentes, *O idioma nacional*.
1926	Pedro Júlio Barbuda, *Gramática da língua portuguesa*.
1927	Manuel Said Ali Ida, *Gramática secundária da língua portuguesa*.
1927	Mário Barreto, *Através do dicionário e da gramática*.
1928	Joseph Dunn, *A Grammar of the Portuguese Language*.
1930	Manuel Said Ali Ida, *Meios de expressão*.
1931	Carlos Góis, *Sintaxe de regência*.
1931	Augusto Magne, *Análise sintática*.
1931	Benedito Sampaio, *Gramática portuguesa*.
1932	Carlos Góis, *Sintaxe de construção*.
1933	Carlos Góis, *Sintaxe de concordância*.
1936	Cândido Jucá Filho, *Novo método de análise sintática*. Veja 1943, 1945.
1937	Mário Pereira de Souza Lima, *Gramática expositiva da língua portuguesa*.
1938	Ismael de Lima Coutinho, *Gramática histórica da língua portuguesa*.
1939	José Rizzo, *Farfalhas vernáculas*.
1943	Cândido Jucá Filho, *Gramática brasileira do português contemporâneo*.
1944	Mário Barreto, *Últimos estudos da língua portuguesa* (edição póstuma).
1944	Francisco da Silveira Bueno, *Gramática normativa da língua portuguesa*.
1944	Napoleão Mendes de Almeida, *Gramática metódica da língua portuguesa*.
1945	Cândido Jucá Filho, *Gramática histórica*.
1947	Raul d'Eça e Eric V. Greenfield, *Portuguese Grammar*.
1948	Antonio José Chediak, *Lições de análise sintática*. Veja 1954.
1950	Vasco Botelho do Amaral, *Mistérios e maravilhas da língua portuguesa*.
1951	José Oiticica, *Teoria da correlação*.
1951	Theodoro Henrique Maurer Jr., *Dois problemas da língua portuguesa: o infinito pessoal e o pronome se*. Veja 1968.
1952	Vitório Bergo, *Compêndio de gramática expositiva*. Veja 1958.
1954	Antonio José Chediak, *Análise prática*.
1955	José Oiticica, *Uma gramática da língua portuguesa*.
1951	J. Mattoso Câmara Jr., *Teoria da análise léxica*.
1951	Júlio Nogueira, *Indicações*...
1957	Carlos Henrique da Rocha Lima, *Gramática normativa da língua portuguesa*.

1957	Noêmia Carneiro, *Lições de português*.
1958	Evanildo Bechara, *Moderna gramática da língua portuguesa*.
1958	Cândido de Oliveira, *Revisão gramatical*.
1958	Artur de Almeida Torres, *Gramática da língua portuguesa*.
1960	Hamilton Elia e Sílvio Elia, *Síntese gramatical*.
1960	Celso Pedro Luft, *Gramática resumida*. Veja 1976.
1961	Cândido Jucá Filho, *Manual de conjugação de verbos*.
1961	Adriano da Gama Cury, *Lições de análise*.
1961	Ângela Vaz Leão, *O período hipotético*.
1962	Domingos Paschoal Cegalla, *Novíssima gramática da língua portuguesa*.
1963	Cláudio Brandão, *Sintaxe clássica portuguesa*.
1967	Rebouças Macambira, *Morfossintaxe do português*.
1968	Gladstone Chaves de Melo, *Gramática fundamental da língua portuguesa*.
1969	J. Mattoso Câmara Jr., *Problemas de linguística descritiva*.
1970	Celso Ferreira da Cunha, *Gramática do português contemporâneo*. Veja 1985.
1970	J. Mattoso Câmara Jr., *Estrutura da língua portuguesa* (póstumo).
1971	Leodegário A. Azevedo Filho, *Para uma gramática estrutural da língua portuguesa*.
1972	Geraldo Mattos e Eurico Back, *Gramática construtural da língua portuguesa*.
1972	Adriano da Gama Kury, *Gramática do português fundamental*.
1975	J. Mattoso Câmara Jr., *História e estrutura da língua portuguesa*.
1976	Celso Pedro Luft, *Moderna gramática brasileira*.
1976	Mario A. Perini, *A gramática gerativa: introdução ao estudo da sintaxe portuguesa*.
1983	Maria Helena Mira Mateus et al., *Gramática da língua portuguesa*; 5ª edição, revista e aumentada, 2003.
1985	Celso Ferreira da Cunha e Luis Felipe Lindley Cintra, *Nova gramática do português contemporâneo*.
1985	Adriano da Gama Kury, *Novas lições de análise sintática*.
1990	Ataliba T. de Castilho (org.), *Gramática do português falado*, volume 1.
1992	Rodolfo Ilari (org.), *Gramática do português falado*, volume 2.
1993	Ataliba T. de Castilho (org.), *Gramática do português falado*, volume 3.
1996	Ataliba T. de Castilho / Margarida Basílio (orgs.), *Gramática do português falado*, volume 4.
1996	Mary Kato (org.), *Gramática do português falado*, volume 5.
1996	Ingedore G. V. Koch (org.), *Gramática do português falado*, volume 6.
1998	Mário A. Perini, *Gramática descritiva do português*.
1998	Ataliba T. de Castilho, *A língua falada no ensino do português*.
1999	Maria Helena de Moura Neves (org.), *Gramática do português falado*, volume 7.
1999	Evanildo Bechara, *Moderna Gramática Portuguesa*, 37ª edição revista e ampliada.
2000	Maria Helena de Moura Neves, *Gramática de usos de português*.
2002	Maria Bernadete M. Abaurre / Ângela Cecília S. Rodrigues (orgs.), *Gramática do português falado*, volume 8.
2006	Clélia Jubran / Ingedore Koch, *Gramática do português culto falado no Brasil*, vol. 1: Construção do texto falado.

2008	Rodolfo Ilari / Maria Helena M. Neves, *Gramática do português culto falado no Brasil*, vol. 2: Classes de palavras e processos de construção.
2008	José Carlos de Azeredo, *Gramática Houaiss da língua portuguesa*.
2009	Mary Kato / Mílton do Nascimento, *Gramática do português culto falado no Brasil*, vol. 3: Construção da sentença.
No prelo	Ângela C. S. Rodrigues / Ieda Maria Alves, *Gramática do português culto falado no Brasil*, vol. 4: Construção morfológica da palavra.
No prelo	Maria Bernadete M. Abaurre, *Gramática do português culto falado no Brasil*, vol. 5: Construção fonológica da palavra.

Agradeço ao professor Clóvis Barletta Moraes pela ajuda na organização desta cronologia.

HISTÓRIA DO PORTUGUÊS BRASILEIRO

HISTÓRIA SOCIAL, MUDANÇA GRAMATICAL

Em **1**.3, fiz uma breve apresentação da Linguística Histórica em seus diferentes momentos teóricos. Elementos sobre a formação histórica da gramática do português europeu foram apresentados na seção sobre gramaticalização (veja **2**.4).

Este capítulo trata da história social e da mudança gramatical do português brasileiro.

História social de uma língua é o estudo das condições que levaram determinada comunidade a desenvolver uma língua própria, a receber uma língua transplantada, ou mesmo a desaparecer, levando consigo sua língua. Mudança gramatical é o estudo das alterações sofridas na gramática de uma língua-mãe, de que pode surgir uma língua-filha.

Quantos anos terá a língua portuguesa?

Se você quiser considerar os antepassados remotos do português, precisará recuar seis mil anos no tempo, percorrendo a seguinte caminhada:

(i) Entre 4000 e 3500 a.C: indo-europeu, a "língua-avó" do português, falado por um povo que migrou do norte do mar Negro em direção às planícies do Danúbio. O indo-europeu é a maior família de línguas do mundo, abrigando 60 delas, faladas por 1,7 bilhão de indivíduos, entre falantes nativos e não nativos.

(ii) Entre 700 a.C até 600 d.C.: latim, língua derivada do ramo itálico do indo-europeu, falado inicialmente na região do Lácio, na península itálica. Entre 218 a.C. e 19 a.C., o latim foi levado à península ibérica, em que se implantaria apenas por volta do ano 400 d.C.

(iii) Entre o século VII e IX d.C., o latim vulgar dá surgimento ao romance, estágio linguístico que anuncia o desaparecimento do latim e o surgimento das línguas românicas, entre elas o português.

(iv) Entre os séculos IX e XIII, o romance do noroeste da península ibérica dá origem ao galego-português, posteriormente português.

(v) A partir do século XVI, o português expande-se pelo mundo, com sua chegada à África, à Ásia e ao Brasil.

Se quiser concentrar-se apenas no surgimento do português, poderá reduzir essa história a novecentos anos, mais ou menos, recuando no tempo até entre os séculos XI e XII, para estudar as transformações do latim vulgar no romance ibérico e o aparecimento dos primeiros documentos escritos na nova língua.

Se quiser concentrar-se na história do português brasileiro, "bastará" estudar quinhentos anos de história linguística, começando pela chegada dos primeiros colonos portugueses à baía de São Vicente, em 1532, rebolando aí pelos séculos até chegar ao momento atual.

De um jeito ou de outro, você precisará responder a uma pergunta preliminar: como surgiram as línguas do mundo? Como é fácil supor, foram-se sucedendo as respostas a essa pergunta.

Primeiramente, acreditava-se na hipótese monogenética, segundo a qual todas as línguas derivaram do hebraico, que teria dado origem às línguas hoje conhecidas, depois do episódio da Torre de Babel. Mas a Antropologia foi mostrando que outras culturas humanas para além da judaica dispunham de explicações semelhantes, e a Linguística Comparada comprovou que essa hipótese não podia ser confirmada, dada a grande diferença entre as estruturas das línguas do mundo. Isso tudo sem falar no compromisso teológico que está por trás dessa hipótese. Ora, ciência e teologia nem sempre se dão bem.

A questão da origem mesma das línguas foi então deixada de lado, voltando-se os interesses para (1) a identificação e caracterização das grandes famílias linguísticas; (2) a descrição das "línguas-filhas"; e (3) o estabelecimento das tipologias linguísticas.

Como resultado da primeira atividade, foram identificadas as seguintes famílias linguísticas, que abrigam as seis mil línguas hoje conhecidas:

Quadro 3.1 – As línguas do mundo

1.	Indo-europeu: a maior e a mais falada dessas famílias, uma espécie de avô da língua portuguesa. Pelo menos sete ramos captam a complexidade do indo-europeu: (1) hitita, (2) indo-irânico, (3) grego, (4) itálico, (5) germânico, (6) balto-eslavo, (7) armênio. O português deriva do latim vulgar, que integra o ramo itálico; sobre nossa língua, veja Quadro 3.8.
2.	Camito-semítico: línguas etiópicas, árabe, aramaico, copta, berbere, hebraico, cuchítico etc.
3.	Uralo-altaica: ugro-finlandês (finlandês, este, lapão, magiar), turco-mongol (turco, mongol), samoiedo, tungúsio.
4.	Línguas niger-congos.
5.	Línguas bantos.
6.	Línguas nilo-saarianas.
7.	Línguas khoins: bosquímano, hotentote.
8.	Línguas caucasianas: georgiano, mingrélio etc.
9.	Línguas malaio-polinésias e melanésias: indonésio, malgaxe etc.
10.	Línguas da Ásia: línguas dravídicas (tâmul), línguas mundas, línguas tais (laociano, siamês, vietnamita), chinês, línguas mon-khmers (cambodjiano), línguas tibeto-birmanesas, aino, coreano, japonês.
11.	Filo ártico americano-paleossiberiano (esquimó etc.).
12.	Filo na-dene (língua, entre outras, dos índios apaches e navahos).
13.	Filo macroalgonquino (línguas do Canadá e do Norte dos Estados Unidos).
14.	Filo Macrossioux.
15.	Filo hoka (línguas da Califórnia e do México).
16.	Filo penuti (famílias mixe-zoque, totonaca, maia, entre outras).
17.	Filo azteca-tano (entre outras, o náutl clássico).
18.	Filo oto-mangue (línguas do México e da América Central).
19.	Filo macrochibcha (línguas da América Central e do Norte do Brasil).
20.	Macrofilo jê-pano-karib, que inclui o filo macrojê no Brasil (tukano, katukina, tupi, entre outras).
21.	Macrofilo andino equatorial (quéchua, aimara, faladas por milhões de indivíduos na Bolívia, no Equador e no Peru).

Acredita-se que pelo menos duas mil línguas tenham desaparecido no mundo. Sobraram umas seis mil, de que a metade poderá desaparecer até a metade do século XXI.

Concentrando-nos agora no latim, vejamos no Quadro 3.2 suas variedades.

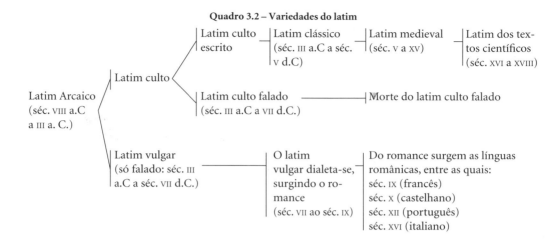

Esse Quadro mostra que do século VII a.C. até o século III a.C., a sociedade romana deveria ter apresentado uma grande homogeneidade. A partir do século III a.C., sobretudo por causa dos contatos com os gregos, a sociedade romana se cindiu em dois grupos socioculturais: os romanos cultos e romanos incultos. Caracterizou-se assim a variedade praticada pelas classes incultas do Império, e que era só falada (= latim vulgar), de onde procede o português e a variedade praticada pelas elites romanas, que era tanto falada quanto escrita (= latim culto). O latim culto escrito, utilizado na literatura romana, desapareceu por volta do século V d.C, e o latim culto falado morreu por volta do século VII d.C. A variedade escrita sobreviveria, ainda que sem o mesmo brilho, no latim medieval da Igreja (séculos V a XVI d.C.) e dos escritórios reais, continuando ainda a ser usado até o século XVIII na literatura científica, quando finalmente seria substituído pelas "línguas nacionais". Já o latim vulgar nunca desapareceria, pois sobrevive até hoje nas línguas românicas.

Dando agora um enorme salto no tempo, vamos nos concentrar na história do português brasileiro.

3.1. HISTÓRIA SOCIAL DO PORTUGUÊS BRASILEIRO

Se você ler os textos sobre a história social publicados na série *Para a história do português brasileiro*, notará que essa área de estudos opera na interface de um conjunto de disciplinas. Veja no final deste capítulo "Leituras sobre a história do português brasileiro".

1. Interface com a mudança gramatical: estudo das formas linguísticas mais permeáveis à heterogeneidade social, como é o caso dos pronomes de tratamento.
2. Interface com a demografia histórica: estudo da ocupação do território e dos contactos linguísticos assim promovidos.
3. Interface com a variação linguística: estudo da organização da língua através das pesquisas dialetológicas; estudo da formação e expansão da variedade popular e do padrão culto.
4. Interface com a Linguística Textual diacrônica: estudo das tradições discursivas.

A consciência de que o português europeu era uma nova entidade linguística, servindo a uma comunidade, desenvolveu-se em dois centros irradiadores de cultura na Idade Média: os mosteiros, onde se levavam a cabo traduções de obras latinas, francesas e espanholas (Mosteiros de Santa Cruz, em Coimbra, e Mosteiro de Alcobaça), e a Corte, para a qual convergiam os interesses nacionais. Escreviam ali fidalgos e trovadores, aprimorando a língua literária.

Constituída essa consciência linguística, passamos ao século XVI, quando a questão da língua se resumirá à afirmação de sua importância, de sua expansão, em oposição ao castelhano.

Gramáticos portugueses dos séculos XVI e XVII proclamam as virtudes da língua pátria, capaz de veicular quaisquer tipos de sentimentos e arrazoados. Eles se opunham àqueles que julgavam as línguas românicas veículos toscos, insuficientes para as altas criações do espírito. Segundo estes, bom mesmo era o latim. E aqui entra Camões, com seus célebres versos

E na língua, na qual quando imagina
Com pouca corrupção crê que é a latina
(*Os lusíadas* I, 33)

A ninguém passou despercebida a relação entre a expansão do Império e a língua portuguesa, que seria levada aos quatro cantos do mundo. Escritos evidenciam essa percepção, como se pode ler nos primeiros gramáticos, um dos quais, João de Barros, escreveu as *Décadas da Ásia*, em que trata igualmente do assunto.

Paralelamente a isso, diversos autores portugueses "castelhanizam" não por uma suposta inferioridade da língua portuguesa, mas por ser o castelhano culturalmente mais importante e de maior penetração. Esse sentimento da língua portuguesa como culturalmente menos importante levou Fernão de Oliveira a pregar sua propagação, pois são os homens que fazem a língua, reconhecia ele, e a valorizar a clareza de sua pronúncia, argumento que se tornou tópico. João de Barros, por sua vez, aconselha o policiamento da língua pelo uso, conceito que tomou de empréstimo a Cícero.

Clarificada e assente a necessidade de cultivá-la, surgem no século XVII os estudos de Duarte Nunes de Leão (*Ortografia e origem da língua portuguesa*).

Nos anos 700, o binômio português-castelhano é complicado com o equacionamento do problema do galego. O padre beneditino Feijóo, de origem galega, reclama a inclusão do português e do galego, entidades indistintas, no seio da família românica. Lembre-se que até então, por um critério arbitrário, apenas o espanhol, o italiano e o francês eram aí compreendidos. A atitude de Feijóo foi também uma resposta aos gramáticos castelhanos que reduziam o português a um subdialeto, uma vez que o derivavam do castelhano. Ressurgem então as apologias da língua portuguesa, uma característica que procede do quinhentismo.

Dois fatos poriam fim à querela suscitada pelo binômio português-castelhano: a independência portuguesa em 1640, depois do episódio da União Ibérica, e a atitude de Verney no século XVIII, propugnando o enriquecimento da língua através da adoção de neologismos, a fuga à imitação servil dos clássicos, e o abandono da roupagem barroca espanhola que sufocava o idioma escrito. Era o racionalismo iluminista que buscava derrocar o princípio da autoridade, estimulando estudos mais aprofundados da língua.

Na fase final do século XVIII, a Arcádia Lusitana propõe o francês como exemplo, movendo a cultura portuguesa de uma sujeição para outra. O fluxo gaulês se avoluma, provocando o renascimento da questão da língua. A Academia Real das Ciências arvora-se em defensora da pureza do idioma (donde o glossário de francesismos preparado pelo cardeal Saraiva), propondo uma volta aos clássicos de 400 e 500 d.C.

Finalmente, o Romantismo vem encontrar os gramáticos atentos ao gênio da língua e ao papel do povo em sua elaboração. Já agora a questão da língua é entregue à ciência, personificada em Francisco Adolfo Coelho, fundador da Linguística portuguesa. A história da língua passa a incorporar a língua falada. E nisto estamos.

Os seguinte tópicos serão aqui considerados: (1) a expansão do português pelo mundo e sua chegada à América; (2) lusitanização do Brasil: ocupação do território, origens do colono português; (3) índios do Brasil; (4) africanos trazidos ao Brasil; (5) migrantes europeus chegados ao Brasil.

3.1.1. EXPANSÃO DO PORTUGUÊS EUROPEU PELO MUNDO

O castelhano e o português foram as línguas românicas que mais se difundiram pelo mundo. A implantação do português no Brasil é parte das grandes navegações empreendidas pelos portugueses.

A partir do século XV, impulsionados pelo Infante D. Henrique (1394-1460), um dos filhos de D. João I, têm início os grandes descobrimentos, que revelaram o caminho marítimo para as Índias, a América do Sul e a passagem para o Pacífico.

Os arquipélados dos Açores, Madeira e São Tomé e Príncipe ao largo da costa europeia e africana foram os primeiros lugares ocupados fora de Portugal continental. Vejamos como isso se deu.

Na África, Bartolomeu Dias dobra o Cabo da Boa Esperança (1487-88) e os portugueses instalam feitorias na costa do continente. Também as ilhas ao largo da costa africana, tais como as Canárias, hoje possessão espanhola, Cabo Verde, São Tomé e Príncipe são tocadas pelos barcos portugueses.

Desenvolveram-se nessas ilhas crioulos* de base portuguesa, sobretudo em Cabo Verde, e em São Tomé e Príncipe.

Mas foi em Angola e em Moçambique que os portugueses viriam a se instalar de forma duradoura, perdendo essas colônias por volta de 1974. Por essa época, esta era a situação da língua portuguesa na África:

Tabela 3.1 – Populações expostas à língua portuguesa na África, segundo Teyssier (1980/1982: 119)

PAÍS	SUPERFÍCIE EM KM²	POPULAÇÃO
São Tomé e Príncipe	964	67.000
Ilhas de Cabo Verde	4.033	285.000
Guiné-Bissau	36.125	570.000
Moçambique	782.763	8.715.000
Angola	1.246.700	5.840.000

O português é a língua oficial nesses países, seguindo o padrão europeu, sendo falada por menos da metade da população. Segundo Gonçalves (2004), o Censo de 1997 apurou 16,1 milhões habitantes em Moçambique, dos quais 6 milhões falam português, seja como língua materna, seja como segunda língua, ou seja, 39%. Esse número aponta para um crescimento de falantes de português naquele país. Não disponho de informações recentes sobre Angola.

Continuam majoritárias as línguas locais, sejam os crioulos, sejam, como em Angola e Moçambique, as línguas da família quimbundo, faladas por milhões de indivíduos. Desenvolveu-se uma literatura importante, devendo lembrar-se Luandino Vieira (Angola).

Quanto à Ásia, Vasco da Gama descobriu a rota das Índias, permitindo que Portugal estabelecesse um rico comércio das especiarias indianas, até então acessíveis apenas por terra. A República de Veneza, que dominava essa rota, passa a ter enormes prejuízos.

Na Índia, os portugueses circunscreveram-se a Goa (1510), Damão (1534) e Diu (1535), além de parte da ilha de Timor, na Indonésia. Na China, ocuparam a pequena zona de Macau (1557), quase defronte a Hong Kong. Em matéria de extensão geográfica, os portugueses tiveram mais sucesso no Ceilão, atual Sri Lanka, e em Malaca.

Em consequência das grandes navegações, o português tornou-se língua franca nos portos da Índia e do sudeste da Ásia, entre os séculos XVI e XVIII. Em vários portos surgiram crioulos, uma adaptação da língua portuguesa às línguas com as quais ia entrando em contato. Segundo Teyssier (1980/1982), fala-se ainda crioulo de base portuguesa em Goa, Damão e Diu, Ceilão, Java, Malaca e Macau.

Mas a língua portuguesa não viria a fixar-se na Ásia com a mesma força que na América: a Índia portuguesa foi recuperada pela União Indiana em 1961, e o Timor foi anexado pela Indonésia em 1974, tendo-se libertado em 2002.

Chegamos assim à América. Contratado pelos reis castelhanos, Fernão de Magalhães costeia parte da América do Sul, encontrando o estreito que levaria seu nome e que abriria uma passagem para o Pacífico, por ele assim denominado.

Cabral descobre o Brasil em 1500 – depois da passagem de Duarte Nunes Pacheco, em 1498 – e a ocupação do território tem início em 1530. O Brasil é hoje a maior nação de língua portuguesa do mundo.

Falado por mais de duzentos milhões de indivíduos, o português é a oitava língua mais falada no mundo. Apesar da precariedade de alguns dos dados disponíveis, deve ser a seguinte a distribuição de seus falantes:

Tabela 3.2 – Distribuição aproximada dos falantes de português pelo mundo

Portugal	10.000.000
Brasil (Censo de 2007)	185.974.000
Moçambique (Censo de 1997)	6.000.000
Angola	(?) 1.600.000
São Tomé e Príncipe	67.000
Ilhas de Cabo Verde	285.000
Guiné-Bissau	570.000
Estados Unidos	365.300
Goa	250.000
França	150.000
Canadá (Censo de 1971)	86.925
Timor Leste	(parte da população de) 800.000
Macau	2.000

3.1.2. LUSITANIZAÇÃO DO BRASIL: OCUPAÇÃO DO TERRITÓRIO, ORIGENS DO COLONO PORTUGUÊS

O povoamento e a implantação da língua portuguesa se deu a partir de oito focos irradiadores, quase todos eles localizados no litoral brasileiro:
- quatro focos no século XVI: São Vicente/São Paulo (1532, 1554), Olinda/Recife (1535), Salvador (1549), Rio de Janeiro (1557);
- dois focos no século XVII: São Luís do Maranhão (1612) e Belém (1616);
- dois focos no século XVIII: Florianópolis (1738) e Porto Alegre (1752).

Cada um desses polos gerou outros tantos centros de irradiação, e ainda hoje as fronteiras sociais não deixaram de expandir-se, sobrepondo-se em alguns casos mais de uma onda demográfica.

A partir do final do século XVIII, o português sobrepõe-se à língua geral paulista, ou tupi antigo. Entretanto, na região Norte a língua geral amazônica, ou nheengatu, sobrevive até hoje.

Aparentemente, os colonos portugueses que para cá vieram procediam de todas as regiões da metrópole, notando-se uma provável predominância de portugueses do Sul, dados os seguintes fenômenos fonéticos existentes no português brasileiro: (i) ocorrência absoluta do [s] predorsodental, típico do Sul português, e inexistência do [s] apicoalveolar, típico do Norte de Portugal;

(ii) monotongação do ditongo [ey], como em *primero*, dito [ây] no Norte português, como em *primâyru*; (iii) manutenção da distinção entre /p/ e /b/, que são pronúncias alternantes no Norte português, ocorrendo tanto *varrer* como *barrer*. Essa é a hipótese meridionalista.

É um fato que os portos portugueses e espanhóis de saída para a América se situavam no sul desses países, e é por isso que se tem falado na hipótese meridionalista da romanização da América: predominância de andaluzes na América espanhola e de sulistas na América portuguesa: Castilho (1998b: 65-66).

Apesar dessas correspondências, a hipótese meridionalista do povoamento português tem sido contestada sob a alegação de que a irradiação dos falares meridionais tinha-se processado já no território português, anteriormente à ocupação do Brasil. O choque de opiniões a esse respeito parece ter amainado ultimamente, desde que o linguista português Luís Felipe Lindley Cintra mostrou que os meridionalismos se disseminaram por todo Portugal antes da lusitanização do Brasil.

Grandes partes do português de Santa Catarina e do Rio Grande do Sul ficam à margem da influência meridionalista, dadas as fortes influências açorianas no seu povoamento. Há certo consenso em que o português catarinense é a variedade do PB que mais lembra o PE.

Por outro lado, o predomínio do contingente branco parece ser um fato recente no Brasil. Segundo Alberto Mussa (apud Mattos e Silva, 2001b: 281),

> a taxa de europeus e brancos brasileiros vai de 30% (séculos XVI à primeira metade do século XIX) a 41% (segunda metade do século XIX), enquanto que os tradicionalmente chamados de "aloglotas", ou seja, os outros e seus descendentes vão de 70% a 69% (até 1850) e só na segunda metade do século XIX diminuem para 59%. Isto quer dizer que em toda a história brasileira a maioria foi não-branca, isto é, de língua familiar, na sua origem, não portuguesa (70% *vs.* 30%, do séc. XVI até meados do séc. XIX e daí, numa relação de 59% *vs.* 41%).

Mattos e Silva (1998: 47) alerta que é melhor não simplificar as coisas, pois os portugueses continuaram vindo até o século XIX, e, com isso, "é muito complexa a relação estrutural entre o português brasileiro e o europeu, e não se reduz à simplicidade com que tem sido formulada desde Serafim da Silva Neto, como a 'origem regional dos colonizadores' aqui chegados".

De todo modo, não deixa de ser notável que no momento de nossa Independência, e mesmo durante o Brasil Império, predominassem não-brancos no país. Foi preciso aguardar o século XIX para que as estatísticas se alterassem, ocorrendo um relativo "branqueamento" da população.

No âmbito do Projeto para a História do Português Brasileiro, foram apresentados três textos de caráter programático sobre a história social: Mattos e Silva (1998), Ramos (1998a) e Castilho (1998d).

Mattos e Silva (1998: 22) considera necessário desenvolver quatro campos de pesquisa:

> **a**, reconstrução de uma história social linguística do Brasil; **b**, reconstrução de uma sócio-história linguística ou de uma sociolinguística histórica; **c**, reconstrução diacrônica no interior das estruturas da língua portuguesa em direção ao português brasileiro; **d**, comparação entre o português europeu e o português brasileiro.

O campo **a** "se moverá fundado na história social do Brasil, [sendo assim,] dos quatro campos [...] aquele em que o historiador da língua estará mais próximo do historiador *tout court*" (Mattos e Silva, 1998: 23). Duas vertentes de investigação articulam esse campo: (i) uma referente à reconstrução da articulação entre fatos demográficos e fatos linguísticos; e (ii) outra referente à reconstrução da história da escolarização no Brasil, que a autora aponta como fundamental para compreender-se a polarização entre *norma(s) vernácula(s)* e *norma(s) culta(s)* do português brasileiro.

O campo **b**, ou campo da sociolinguística histórica, "se moverá numa perspectiva de estabelecer correlações entre fatores linguísticos e fatores sociais", numa linha laboviana (Mattos e Silva, 1998: 23).

Os campos **c** e **d** correspondem ao que, tradicionalmente, se designa como história interna; movem-se ambos, pois, no âmbito de um dos aspectos do problema do encaixamento (veja **1**.3.5). Enquanto o objetivo do campo **c** seria o de "descrever e buscar explicitar ou explicar [...] o encaixamento no interior das estruturas e a difusão da variante em mudança pela estrutura", a questão central do campo **d** seria "verificar se, em comparação com o português europeu, as mudanças ocorridas no português brasileiro já estariam prefiguradas ou encaixadas nele. Para tanto, terá de dispor do conhecimento do português europeu no seu processo histórico de constituição" (Mattos e Silva, 1998: 24).

Para o programa **a**, poderíamos começar pela cronologia da história social do português brasileiro, resumida no quadro abaixo.

Quadro 3.3 – Cronologia da história social do português brasileiro

1500	Descoberta do Brasil, por Pedro Álvares Cabral.
1532	Começo do povoamento, em São Vicente (SP).
1534	Organização das capitanias hereditárias, doadas a pessoas de "pequena nobreza". Apenas as de São Vicente e Pernambuco dão certo.
1535	Fundação de Olinda e Recife. Tem início a chegada de escravos africanos. O tráfico só terminaria em 1855. Teriam sido trazidos 18 milhões de escravos.
1549	Fundação de Salvador e organização do Governo Geral do Brasil, com sede em Salvador, Bahia.
1550	Povoadores minhotos se instalam em Pernambuco.
1554	Fundação de São Paulo.
1612	Fundação de São Luís do Maranhão.
1616	Fundação de Belém.
1654	O território passa a ser governado diretamente de Lisboa, como duas colônias independentes: o Estado do Brasil, com sede em Salvador, e o Estado do Grão-Pará e Maranhão, com sede em São Luís.
1557	Fundação do Rio de Janeiro.
1738	Fundação de Florianópolis.
1751	O Estado do Grão-Pará e Maranhão passa a ter sua sede em Belém. O irmão de Pombal, Francisco Xavier de Mendonça Furtado, impõe a língua portuguesa sobre a língua geral do Norte. A lei não deu certo, e até hoje se ouve falar nheengatu na Amazônia.
1752	Fundação de Porto Alegre.
±1790	A língua portuguesa domina sobre a língua geral paulista.
1808	Chegada da família real ao Rio de Janeiro; 16 mil portugueses saem dos navios.
1822	Independência do Brasil.
1832	Fundação das faculdades de Direito de São Paulo e Recife.
1870	Intensifica-se a migração europeia, sobretudo para o Sudeste e o Sul do país.
1889	Proclamação da República.
1922	Movimento modernista.
1930	Estado Novo.
1934	Fundação da Universidade de São Paulo.
1945	Redemocratização do Brasil.
1970	A população urbana excede a população rural.
1980	Expande-se a fronteira rural, surgindo novos centros em Rondônia e Roraima.

O Quadro 3.3 mostra que o surgimento do português brasileiro foi uma consequência da expansão do português pelo mundo, matéria de que tratamos na seção anterior.

3.1.3. ÍNDIOS DO BRASIL

À chegada dos portugueses, entre 1 e 6 milhões de indígenas povoavam o território, falando cerca de 300 línguas diferentes, de que sobreviveram hoje cerca de 160.

Essas línguas compreendem dois grandes troncos, o tronco macrotupi e o tronco macrojê, cada qual com suas famílias, línguas e dialetos, além de vinte línguas isoladas, não classificadas em tronco (veja o Quadro 3.2, no qual foram omitidos os dialetos).

Quadro 3.4 – Línguas indígenas do Brasil segundo Rodrigues (1986/1993)

Grupo macrotupi	Grupo macrojê	Línguas isoladas
1. Família tupi-guarani • Akuáua • Amanajé • Anambé • Apiacá • Araueté • Assurini • Avá-canoeiro • Caapor • Caiabi • Camaiurá • Cambeba • Cauaíbe • Cocama • Guajá • Guarani, uma das línguas oficiais do Paraguai, também falado no Brasil • Oiampi • Tapirapé • Teneteara • Tupi • Tupinambá (extinta no Brasil) • Uaiampi • Nheengatu (língua geral amazônica) • Língua geral paulista, já extinta • Xetá (quase extinta) • Zoe (puturu) 2. Família ariquém • Caritiana 3. Família aueti • Aueti 4. Família juruna • Juruna • Xipaia 5. Família maué • Maué sateré 6. Família mondé • Aruá • Cinta-larga • Mondé • Suruí-paíter • Zorá 7. Munduruci • Mundurucu • Curuaia 8. Família puroborá • Puroborá • Curuaia 9. Família mundurucu • Mundurucu 10. Família ramarama • Caro (arara) 11. Família tupari • Ajuru • Macurape • Mequém • Saquirabiar • Tupari	1. Família bororo • Bororo • Umutina 2. Família botocudo • Bacuém • Cracmum • Crenaque • Guticraque • Jiporoque • Minhajirum • Nacnenuque • Nacrerré • Naque-nhapemã • Pejaerum • Porixá 3. Família camacã (extinta) 4. Família carajá • Carajá • Javaé • Xambioá 5. Família cariri (extinta) 6. Família guató • Guató 7. Família fulniô (iatê, carnijó) • Fulniô (iatê, carnijó) 8. Família jê • Apinajé • Aquém • Caiapó • Caingangue 9. Família ianomâmi • Ianomam • Sanuma • Ianan ou ninan • Ianomamo 10. Família timbira • Panará • Suiá. • Xoclengue • Masacará (extinta) 11. Família maxacali • Maconi • Malali • Panhame • Pataxó (extinta) • Pataxó-hã-hã-hãe (extinta) • Ofaiê 12. Família puri (extinta) 13. Família ricbacta • Ricbacta	1. Aicanã 2. Arauá 3. Ariqueme 4. Aruaque • Aruaque • Baniua 5. Canoê 6. Catuquina 7. Caribe • Txicão (icpengue) 8. Coazá 9. Guaicuru 10. Jabuti 11. Macu • Dâu • Hupdá • Yuhupeh • Macu • Nadëb 12. Menqui 13. Mura • Mura • Pirahã 14. Nhambiquara 15. Potiguara (extinta) 16. Puno • Caripuna • Catuquina-pano 17. Ticuna (tucuna) 18. Tucano (betoia) • Burasana • Desano • Carapanã • Cubéua • Piratapuia • Suriana • Tucanos • Tuiúca • Uanano 19. Trumaí 20. Txapacura

O Quadro 3.4 expõe a extrema complexidade linguística encontrada pelos portugueses, embora, como é óbvio, eles não tivessem tido contato imediato com todas essas línguas. A dificuldade de sua classificação transparece nesse quadro, que certamente não gozará de unanimidade entre os indigenistas brasileiros. Para informações acuradas, veja Rodrigues (1986) e Seki (1999).

Os índios do tronco macrojê ocupavam as selvas abertas, isto é, os cerrados do Brasil Central. Esses índios são altos, corpulentos, construíam aldeias circulares, bem definidas, ocupando terrenos amplos. Não eram nômades. Algumas das tribos ligadas a esse tronco habitavam o Vale do Paraíba, no estado de São Paulo, e possuíam o [ɹ] retroflexo, presente no falar caipira.

Os índios do tronco macrotupi eram nômades, ocupavam toda a costa brasileira quando os portugueses chegaram. De hábitos discretos, mais arredios que os jês, têm estatura média e construíam suas aldeias de modo irregular.

Com a chegada dos portugueses, os tupi-guaranis não podiam fugir para o interior do país, pois esse território estava ocupado pelos jês, seus inimigos. Contornaram então o território destes e foram para o Paraguai, o litoral do Nordeste e a Amazônia, espalhando-se mais que os jês. No século XVIII eles começam a voltar para o Sul, e encontram-se narrativas de viajantes do século XIX a esse respeito. Valendo-se do Caminho do Peabiru, atravessaram o Paraná e entraram no estado de São Paulo à altura de Peruíbe, subindo o litoral até Aracruz, no Espírito Santo, ocupando todo o litoral paulista.

Designados genericamente *tupinambás* por nossos primeiros cronistas – que se referiam com certeza às tribos que habitavam o litoral – as populações indígenas foram sendo dizimadas, restando hoje cerca de 300 mil indivíduos, distribuídos por cerca de 160 línguas.

Rodrigues (1993: 85) apresenta um quadro das línguas indígenas do Brasil e de sua distribuição pelo território brasileiro. Quanto às relações entre portugueses e indígenas, ele destaca em trabalho posterior a importância do desenvolvimento das línguas gerais, que não são pidgins ou crioulos, "mas continuações de línguas indígenas que passaram a ser faladas pelos mestiços de homens europeus e mulheres índias".

Duas línguas gerais, já aqui referidas, desenvolveram-se no Brasil: a língua geral paulista e a língua geral amazônica, também chamada nheengatu. A língua geral paulista

> foi-se constituindo já no século XVI, tendo como base a língua dos índios tupi de São Vicente e do alto rio Tietê, uma língua tupi-guarani ligeiramente diferente da língua dos tupinambá. Foi a língua dos mamelucos paulistas e, com as bandeiras, foi a língua de penetração no interior de São Paulo, Minas Gerais, Mato Grosso e Paraná. Pela segunda metade do século XVIII passou a perder terreno para o português e seus últimos falantes devem ter morrido no início do século XX (Rodrigues, 1993: 97).

A expressão "língua geral" tem sido utilizada na literatura com mais de um sentido, conforme nos ensina Mattos e Silva (2004):

1) Como "língua geral brasileira", falada por mulatos e brancos brasileiros a partir do século XVIII. Essa língua geral não é africana nem indígena, "mas sim continuadora do português": (Mattos e Silva, 2004: 21). É a língua geral do Brasil caipira (Mattos e Silva, 2004: 78). A documentação colonial usa essa expressão em contextos como "falar a língua geral", "usar a língua geral", "saber a língua geral", referindo-se a um "português simplificado, com interferências das línguas indígenas e também das línguas africanas" (Mattos e Silva, 2004: 79 e 95).

2) Como "línguas indígenas", conforme dito anteriormente. Incluem-se nessa designação a "língua geral amazônica", de base tupinambá, cujo remanescente é o nheengatu, a "língua geral paulista", de base tupiniquim e guarani, e também a "língua geral de base cariri", difundida no Nordeste do país (Mattos e Silva, 2004: 81).

3) Como "língua criada pelos jesuítas". Câmara Jr. (1963, apud Mattos e Silva, 2004), destaca que os defensores do substrato indígena buscaram apoio não em línguas indígenas reais, mas na língua geral, isto é, no tupi missionário "fabricado" pelos jesuítas. Segundo ele, os jesuítas, baseando-se

no tupi, constituíram uma língua de comunicação – a língua geral – para ser usada como língua de catequese. A língua geral, o tupi missionário, caracterizava-se como um tupi despojado de "seus traços fonológicos e gramaticais mais típicos para se adaptar à consciência linguística dos brancos e o português nela atuou assim, impressivamente, como 'superestrato'" (Câmara Jr., 1963: 76).

4) Como "línguas africanas" de base banto, falada na zona de mineração (Câmara Jr., 1963: 97).

Tem-se destacado o papel desenvolvido pelos bandeirantes na organização de expedições formadas por índios e por mamelucos para a caça a outros índios. Segundo Fausto (1994/1998), "a grande bandeira de Manuel Preto e Raposo Tavares que atacou a região de Guaíra em 1629, por exemplo, era composta de 69 brancos, 900 mamelucos e 2 mil indígenas". Quando não apresavam índios, os bandeirantes alugavam seus serviços e partiam à caça de índios ou negros rebelados. Domingos Jorge Velho e Matias Cardoso de Almeida se deslocaram até o Rio Grande do Norte para combater os índios, na chamada Guerra dos Bárbaros (1683-1713). E "o mesmo Domingos Jorge Velho conduziu a campanha final de liquidação do Quilombo dos Palmares em Alagoas (1690-1695)" (Fausto, 1994/1998: 78).

Será necessário buscar evidências documentais sobre a língua usada pelos bandeirantes, alguns portugueses, outros paulistas, seja no seu ambiente familiar, seja no "ambiente de trabalho". Marilza de Oliveira levanta questões instigantes sobre a língua falada pelos "povoadores seiscentistas e setecentistas da Vila de São Francisco das Chagas de Taubaté", os quais tiveram papel importante nas explorações de ouro em Minas Gerais (Oliveira, 1998a, 1998b). Examinando inventários e testamentos guardados no Arquivo Municipal de Taubaté, ela estuda a constituição das famílias de bandeirantes, tendo constatado o predomínio de esposas brancas, que decerto falariam português em casa, com seus filhos menores. Nas longas expedições ao sertão, seus maridos falariam português com os poucos brancos que os acompanhavam, e a língua geral paulista com os índios. Temos, então, uma situação linguística constituída por falantes nativos (os índios aldeados, as famílias dos colonizadores e os oficiais da administração) e por falantes bilíngues (os bandeirantes, em sua interação com os índios). Esse achado se contrapõe à afirmação frequente segundo a qual só se teria começado a falar português em São Paulo a partir do final do século XVIII.

O grosso das contribuições léxicas para o PB provém do tupi-guarani, que cedeu cerca de dez mil vocábulos, constantes em sua maioria de topônimos e antropônimos, a que se somam substantivos comuns designativos de vegetais e de animais. Não se comprovou algum tipo de influência fonológica ou gramatical, estando pendente de mais pesquisas a eventual importação pelos paulistas do [ɻ] retroflexo dos índios do tronco macrojê.

Quadro 3.5 – Contribuições léxicas indígenas ao PB

(1) Pessoas: *caipira, caipora, cacique, pajé, morubixaba, curumim, cunhã*.
(2) Comidas: *pururuca, puba, pipoca, maracujá, aipim*.
(3) Animais, figuras míticas: *graúna, colibri, arara, acauã, sabiá, irara, sagui, pium, jaguar, jacaré, uru, urutau, urutu, tatu, jararaca, muçurana, paca, içá, boitatá, taturana, saracura*.
(4) Vegetais: *imbira, urucu, tapioca, taquara, araçá, jenipapo, mandioca, mandi, pitanga, goiaba, taioba*.
(5) Moradias: *tapera, tipiti, oca, girau*.
(6) Topônimos e antropônimos: *Iracema, Guaraciaba, Moema, Paraguaçu, Jaçanã, Maracanã, Guanabara, Canindé, Itu, Araraquara, Jaú, Butantã*.

3.1.4. AFRICANOS TRAZIDOS AO BRASIL

O PB foi mais extensivamente exposto à influência das línguas africanas, pois de 1538 a 1855 foram trazidos cerca de 18 milhões de escravos negros, sujeitos a um contato mais intenso com a escassa população branca, em contraposição aos 6 milhões de indígenas.

Darcy Ribeiro justifica uma "demografia hipotética" para o cálculo do número de negros trazidos ao Brasil, tão grande é a disparidade dos números constantes da bibliografia. Segundo esse autor, por exemplo, o número 18 do parágrafo anterior cai para cerca de 7 milhões de indivíduos (Ribeiro, 1995a). Gregory Guy aponta outros números, mas mostra que de todo modo vieram mais negros para o Brasil do que para os Estados Unidos (Guy, 1981).

Os africanos trazidos para o Brasil integram duas culturas: a cultura banto e a cultura sudanesa.

A cultura banto cinde-se no grupo ocidental, originário do Congo e de Angola, e no grupo oriental, originário de Moçambique, Tanganica e região dos Lagos. Seus representantes se fixaram no Rio de Janeiro, em São Paulo, Minas Gerais, Pernambuco, Alagoas e no Maranhão.

A cultura sudanesa compreende os fulás, os mandingas, os hausás, os fanti-ashantis, os ewês e os iorubás ou nagôs, originários da costa oeste africana: Sudão, Senegal, Guiné, Costa do Ouro, Daomé e Nigéria. Eles se fixaram principalmente na Bahia, vieram em número menor que os bantos, e dois séculos mais tarde.

Sabe-se que o fracasso da indústria açucareira paulista durante o período colonial tornou desnecessária a vinda de grandes contingentes de escravos. Juntando-se a isso o grande número de imigrantes europeus chegados no século XIX, pode-se reconhecer com Joseph Love que "a composição racial do Estado transformou-se claramente [na primeira metade da República] no sentido da crescente predominância do elemento branco" (Love, 1982: 178).

Estima-se em trezentos o número de palavras africanas que foram incorporadas ao léxico do PB. São ainda escassos os estudos sobre as influências linguísticas africanas. Os primeiros textos atribuem aos africanos simplificações da morfologia nominal e verbal que outros tantos textos atribuem igualmente aos indígenas. Quanto ao léxico, eles procuram identificar as origens do vocabulário africano difundido no Brasil, e esse é o caso de Rodrigues (1933/1945), Mendonça (1935/1973) e Machado Filho (1943).

Quadro 3.6 – Contribuições léxicas africanas ao PB: palavras bantos, segundo Castro (1980)

Palavra banto	Significado
Bagunça	Desordem, confusão, baderna, pândega ruidosa
Banguela	Desdentado ou que tem arcada dentária falha na frente
Beleléu	Cemitério: "ir para o *beleléu*" = morrer, sumir
Cachaça	Aguardente que se obtém mediante a fermentação e a destilação do caldo da cana; qualquer bebida alcoólica
Cachimbo	Pito de fumar
Caçula	O mais novo dos filhos ou dos irmãos
Carimbo	Selo; sinete; sinal público com que se autenticam documentos
Encafifa(r)	Amuar; calar-se de repente; envergonhar-se; desagradar
Lengalenga	Conversa fiada, enganosa; discurso longo, enfadonho
Mambembe	Medíocre, de má qualidade, inferior
Maracutaia	Engodo, trapaça
Moleque	Menino, garoto, rapaz; menino negro
Quilombo	Povoação de escravos fugidos
Xinga(r)	Insultar, ofender com palavras
Zonzo	Atordoado, tonto, distraído

A extraordinária complexidade linguística dos povos africanos, associada à prática portuguesa de misturar suas etnias às dos indígenas para dificultar as revoltas, deve ter dado origem, após o século XVII, a um "dialeto das senzalas", sorte de língua franca, segundo a hipótese de Castro (1980,

2001). Nesse dialeto, tanto quanto nas palavras que passaram para o PB, as línguas bantos tiveram grande importância. Delas provêm as expressões *vir de Aruanda* (isto é, de Luanda, costa norte de Angola), *dançar um Moçambique, rainha do Congo* e *congada*.

A esse "dialeto das senzalas" teria sucedido um "dialeto rural", acentuando-se o aportuguesamento dos africanos e a entrada de africanismos no PB. Sempre segundo Castro (1980: 18-19), desaparece então a estrutura morfológica banto, reinterpretando-se como um radical único suas unidades lexicais complexas. Assim, uma estrutura como [prefixo + radical (+ sufixo)], presente em *ka.N.Domb. ele*, é analisada como *candomblé*; *ka.N.Kund.a* é analisada como *cacunda*, e assim por diante. Na direção contrária, palavras portuguesas com estrutura silábica travada sofrem a abertura dessa sílaba em boca africana, retornando ao PB com essa alteração. É o caso de *sal.var > salavá > saravá*.

As palavras bantos incorporadas no PB conheceram uma dispersão maior pelas áreas lexicais, como atestam os itens *cacunda, caçula, fubá, angu, jiló, carinho, bunda, quiabo, dendê, dengo, samba* etc. Já as palavras da cultura sudanesa concentram-se em 65,7% na linguagem litúrgica dos candomblés, tais como estas palavras do iorubá incorporadas ao português: *afoxé* ("cortejo carnavalesco da Bahia"), *agogô* ("instrumento musical usado no candomblé"), *auê* ("confusão, alvoroço"), *babalorixá* ("pai de santo"), *ebó* ("despacho, oferenda"), *ialorixá* ("mãe-de-santo"), *iansã* ("orixá do fogo, do trovão e da tempestade"), *iemanjá* ("orixá do mar"), *ogum* ("orixá do ferro e da guerra"), *odara* ("bem, bom, bonito"), *orixá* ("divindade"), *oxumaré* ("orixá da riqueza"), *xangô* ("orixá dos raios e do trovão"), *xinxim* ("cozido de galinha com camarões secos, amendoim e castaja de caju").

É ainda Castro (1980) que destaca as semelhanças entre a estrutura fonológica do português e das línguas bantos: mesmo número de vogais, mesma estrutura silábica, o que explicaria a não emergência de crioulos africanos no Brasil, além de certas características da pronúncia do PB.

3.1.5. MIGRANTES EUROPEUS CHEGADOS AO BRASIL

Na segunda metade do século XIX, houve uma grande expansão da lavoura brasileira, combinada com a libertação dos escravos e graves episódios de fome na Europa. Deu-se início a uma forte migração de europeus para as Américas, e o Brasil se transformou no destino de muitos italianos, espanhóis, alemães e portugueses, notadamente depois de 1870.

Muszynski (1986: 27-28) afirma que

> o ponto receptor mais flagrantemente afetado pelo movimento migratório no Brasil durante décadas e, por essa razão, o mais propício a uma verificação desta natureza, é seguramente a capital de São Paulo, carro-chefe de uma industrialização que induz à formação de grandes aglomerados urbanos.

Em São Paulo, o trabalho escravo foi substituído nos cafezais paulistas pela mão de obra europeia, sobretudo italiana. Entre 1882 e 1930, chegaram a São Paulo 2,223 milhões de imigrantes, 46% dos quais eram italianos, provenientes inicialmente do Norte da Itália e, depois, do Sul. Seguem-se os portugueses, que responderam por cerca de 18% da migração, totalizando 404 mil indivíduos. Nesse período, os espanhóis representaram 17%, e os demais, sobretudo japoneses, alcançaram 19% (Love, 1982: 27-28).

O ano de 1930 assinalou uma virada na chegada de migrantes a São Paulo. Pela primeira vez, o número de migrantes internos superou na capital o de migrantes externos. A Depressão diminuiu o afluxo de migrantes externos, e as autoridades brasileiras passaram a tomar medidas restritivas ao seu ingresso. Entre os que chegaram e os que partiram, em 1940 foram registradas 500 mil pessoas a mais do que se perdeu (Love, 1982: 29). É preciso considerar também os paulistas que deixaram o estado, numa das expansões da fronteira agrícola brasileira, dos quais 231 mil se dirigiram para o norte do Paraná, por volta da década de 1950.

A partir da década de 1950, registrou-se um aumento drástico da população de nossas metrópoles, o que decerto afetaria o português aí falado. Na maior cidade de língua portuguesa do mundo, São Paulo, ocorreram no sécuoo XX dois fluxos migratórios: um do interior do estado e outro do próprio país, dada a atração que a cidade passou a exercer. Graham / Holanda Filho (1980, apud Muszynski, 1986: 22) calcularam os percentuais respectivos.

Quanto ao impacto dos falares nordestinos sobre a linguagem de São Paulo de hoje, uma primeira atividade será mapear os diferentes falares transplantados. Num segundo momento, será preciso medir o grau de integração desses migrantes na sociedade paulista. Finalmente, precisaríamos descrever sua execução linguística, comparando pais e filhos.

Alves (1979) examinou a atitude linguística dos nordestinos com relação ao falar paulista. Ela estratificou seus informantes, dividindo-os em praticantes do "falar baiano" e do "falar pernambucano" – estes, mais valorizados pela população em geral que aqueles.

No caso da metropolização brasileira, continuando com São Paulo como exemplo, Maria Isaura de Queiroz traça as direções tomadas pela conurbação de São Paulo com os municípios vizinhos, tema igualmente versado por Love (1982: 120). Ressalta das tabelas publicadas nesses trabalhos que a fala de São Paulo representa hoje um interessante laboratório linguístico do PB, dado o entrechoque aí em curso de suas variedades regionais e socioculturais.

Algo semelhante deve estar se passando na fala de Brasília. Também aqui as coisas ainda estão por se definir, notando-se desde logo algumas tendências. Stella Maris Bortoni-Ricardo vem estudando há vinte anos a fala de nossa capital. Num trabalho de 1985 ela mostrou que os candangos mais integrados na cidade deixavam mais depressa que os candangos isolados os traços linguísticos mais salientes de sua variedade de origem. Ela notou que a fala dos brasilienses se ressente de três movimentos: do rural para o urbano, do oral para o letrado e do regional para o suprarregional (Bortoni-Ricardo, 1985).

O movimento do rural para o urbano se deve a que Brasília foi construída numa área de uma rica e tradicional cultura rural – e a fundação da cidade se chocou com essa realidade, simbolizando a alteração da sociedade brasileira, que se urbanizava rapidamente nas décadas de 1950 e 1960 – década esta em que a cidade foi fundada. A cultura rural ainda subsiste, mas certamente será abandonada pelos netos dos antigos moradores do cerrado goiano que compõem hoje a população da capital.

Finalmente, a fala dos brasilienses não reflete uma cultura regional, que aí não se desenvolveu, como aconteceu em outras metrópoles. Foram diluídos os traços linguísticos e culturais dos povoadores da cidade, e a resultante deverá ser um amálgama de características, calcada numa cultura cosmopolita, suprarregional (Bortoni-Ricardo, 1985).

3.1.6. NOVAS PERSPECTIVAS SOBRE A HISTÓRIA SOCIAL DO PB

Lobo / Oliveira (2003) mostram que o Projeto para a História do Português Brasileiro tematizou a história social do PB sob três ângulos:
1. Projetos gerais para a história social linguística do Brasil e/ou para a história social do português brasileiro (Mattos e Silva, 1998; Ramos, 1998a).
2. Questões relativas à constituição sócio-histórica do português popular e do português culto brasileiros.
3. Projetos e investigações sobre a história social linguística do Brasil e/ou sobre a história social do português brasileiro em regiões específicas do país.

Com respeito ao tema 2, Lobo / Oliveira (2003: 69) mostram que os textos publicados entre 1998 e 2002 tinham enfocado a sócio-histórica do português brasileiro não como uma unidade, mas privilegiando o ponto de vista que o reconhece como uma realidade heterogênea, para a qual, sempre dentro de enfoque sociolinguístico, se distinguem caracterizações que ou o concebem como um diassistema constituído por pelo menos dois subsistemas, também eles heterogêneos, designados de normas vernáculas e de normas cultas, ou o interpretam como um diassistema constituído por três subsistemas, grosso modo correspondentes a uma variedade rural inculta, uma variedade urbana inculta e uma variedade urbana culta.

Com respeito ao tema 3, tem-se notado a aceleração das pesquisas em algumas regiões do país, como é o caso do Projeto Caipira, iniciado em 2007 (Castilho, org. 2009; Módolo, org. no prelo; Torres Morais / Andrade, orgs. 2009).

3.2. MUDANÇA GRAMATICAL DO PORTUGUÊS BRASILEIRO

O Projeto para a História do Português Brasileiro estabeleceu inicialmente o seguinte roteiro de indagações sobre a mudança gramatical do PB, segundo Castilho (org. 1998):
(i) Descrição de fenômenos sintáticos.
(ii) Ordem dos constituintes sentenciais.
(iii) Realização plena/nula do sujeito e do objeto.
(iv) Verbos pronominais e modais.
(v) Preposição em complementos verbais.
(vi) Verbos auxiliares.
(vii) Flexão nominal e verbal.
A adoção desse roteiro pretendia responder especificamente às seguintes questões:
a) Houve variação ou mudança?
b) Que lugar têm os resultados encontrados na história social do PB?
c) Que variações ou mudanças podem ser explicadas por fatores sócio-históricos?
Ribeiro (1998) apresentou uma questão central: a mudança gramatical do PB é uma mudança em relação a que gramática? Moraes de Castilho (1998/2001) mostrou que a gramática do PE quatrocentista explica muitas das características sintáticas do PB atual. Essas considerações agregaram às anteriores as seguintes perguntas:
d) Quais são as estruturas que o PB desenvolveu a partir do português arcaico e quais as mudanças que se pode creditar ao século XIX, período de relevo para o desenvolvimento do PB (Tarallo, 1991/1993)?
e) A estrutura gramatical do PB moderno está modelada no século XIX ou há novos desenvolvimentos no século XX?
f) A mudança está implementada na escrita? A escola recupera os "fósseis linguísticos"?
Relatando as pesquisas sobre esses temas, efetuadas entre 1998 e 2002, Ribeiro / Oliveira (2003) concluíram o seguinte:

>Os trabalhos apresentados confirmam as hipóteses de Ribeiro (2001) e de Moraes de Castilho (1998/2001), a saber: (i) o PB é resultado de mais de uma gramática e não pode ser descrito comparativamente apenas em relação ao PE moderno; (ii) algumas questões gramaticais são derivadas das variantes linguísticas do português quatrocentista, cujo desenvolvimento está no domínio do PB.

>As mudanças gramaticais creditadas ao português quatrocentista são as seguintes: a) o enfraquecimento da morfologia verbal; b) o apagamento de um dos constituintes do

redobramento sintático, do qual deriva o uso do pronome tônico na posição de objeto e na estrutura possessiva; c) a perda da ordem verbo-sujeito.

No domínio do PB verificamos mudanças na realização dos argumentos e nas preposições em complementos verbais. Na realização dos argumentos, observamos: a) o preenchimento do sujeito nas encaixadas com sujeito correferencial; b) a gramaticalização das formas pronominais, seja na posição de sujeito, seja na posição de objeto; c) a extensão do uso das formas pronominais gramaticalizadas para a realização do sujeito arbitrário; e d) a reorganização do sistema pronominal arbitrário, que sai da órbita da 3ª pessoa para as pessoas do discurso. No que concerne às preposições em complementos verbais, foram registrados os primeiros indícios da perda gradual da preposição *a* nos verbos de movimento, nos verbos dativos e nas estruturas perceptivas e causativas.

No que diz respeito à gramaticalização das preposições nos complementos verbais e à gramaticalização dos pronomes, seja para o sujeito referencial, seja para o sujeito arbitrário, parece que precisamos esperar o século XX para a implementação e a difusão da mudança. Nesse sentido, o século XIX apresenta apenas algumas poucas evidências do que viria a se firmar no século subsequente.

De uma maneira geral, pode-se dizer que a realização dos argumentos verbais, preposicionados ou não, depende do processo de gramaticalização dos elementos pronominais, que se faz gradualmente, em um percurso de longa duração, como mostrou Lopes, no estudo da gramaticalização do item *a gente*, e como mostraram os trabalhos de Duarte e Cavalcante, no estudo do sujeito referencial e arbitrário. Além disso, o apagamento e o preenchimento de um elemento argumental se submetem à hierarquia da referencialidade (Cyrino / Duarte / Kato, 2000), cujos polos são atingidos após um longo período de tempo, dada a interação dos diferentes traços semânticos envolvidos.

É possível que o enfraquecimento da morfologia verbal e o apagamento de um dos constituintes do redobramento sintático sejam mudanças mais instantâneas, retardadas apenas pelas diferentes gramáticas que se alinham com as diferentes ondas migratórias.

Em suma, pode-se dizer que os trabalhos de descrição linguística desenvolvidos no âmbito do PHPB são altamente elucidativos na explicação da formação do PB e a sua continuidade se faz necessária para que possamos delinear o quadro descritivo da sintaxe do português do Brasil e para fornecer explicação gramatical dos epifenômenos descritos, tarefas do PHPB, conforme Castilho (1998d).

Os achados sobre a mudança gramatical do português brasileiro foram distribuídos ao longo dos capítulos desta gramática.

3.3. FORMAÇÃO DO PORTUGUÊS BRASILEIRO, OU POR QUE O PORTUGUÊS BRASILEIRO É COMO É?

Uma pergunta que habitualmente nos fazemos é a seguinte: por que o PB é como é? Por que ele é diferente do PE, e como isso aconteceu?

Essas perguntas foram formuladas com mais insistência quando o Brasil se tornou independente de Portugal, em 1822. O nacionalismo que caracterizou a época reclamava que os brasileiros ficassem independentes também linguisticamente. Portanto, já falávamos o brasileiro. O primeiro formulador dessa preocupação foi Domingos Borges de Barros, o visconde de Pedra Branca, num texto que ele escreveu para o Atlas etnográfico do Globo, preparado por Adrien Balbi (1824-1825): Castilho, 1962, 1989c.

Desde então, descrever, historiar e interpretar o PB foi um tema definitivamente incorporado à cultura nacional. A agenda respectiva tomou pelo menos três direções:

(1) Já existe uma língua brasileira, que resulta da evolução biológica do PE.
(2) O PB é como é dadas as influências que recebeu das línguas indígenas e africanas, sobretudo destas.
(3) O PB é uma continuação natural do PE, refletindo hoje o que foi em Portugal o português arcaico do século XV. De acordo com esta direção interpretativa, quem mudou foi o PE, depois do século XVIII, e nós ficamos na nossa.

Vamos detalhar isso, e assim você poderá escolher o partido que mais bem o tenha convencido.

3.3.1. JÁ EXISTE UMA LÍNGUA BRASILEIRA, QUE REPRESENTA UMA EVOLUÇÃO BIOLÓGICA DO PORTUGUÊS EUROPEU?

A hipótese evolucionista foi muito debatida a partir de 1820, dado o prestígio da Biologia Evolutiva, e também por influência do nacionalismo desencadeado pelo Romantismo. Afirmava-se que, assim como do latim surgira na Europa o português, também deste surgiria na América o brasileiro. Considerava-se que a influência das línguas indígenas e das línguas africanas tinha sido decisiva para a criação de uma nova língua no Brasil. Para um detalhamento dessas posições, veja Castilho (1962, 1989c).

Autores da época – intensamente sacudida pelo nacionalismo, de que resultaria a independência do país em relação a Portugal – apoiavam-se em autores como Hovelacque e Whitney, este grandemente citado, para sustentar sua posição. Ora, Pinto (org. 1978) mostrou que os primeiros defensores do "brasileiro" leram mal Whitney, no qual se encontram afirmações como

> a linguagem não é um fato natural, uma propriedade biológica, mas um fato social [...]; [é preciso] reconhecer a sociedade como árbitro soberano pelo qual se decide a questão de saber se uma inovação passará à língua. É preciso que alguém comece: se não o seguem, está abortada (Pinto, org. 1978: LI-LII).

Antecipando-se aos sociolinguistas, esse mesmo autor reconhece que

> do trabalho imperceptível de alteração da língua, realizado pelo falante, cujo conjunto lentamente modifica o todo, decorrem variações de ordem geográfica e social, estas diretamente associadas à profissão, grau de educação, idade e classe social (Pinto, org. 1978: LI-LII).

Entendendo mal esses autores, afirmava-se que o sugimento do brasileiro era uma questão de evolução natural, como aquela que ocorria nas espécies. A influência das línguas indígenas e das línguas africanas, um nicho ecológico inexistente em Portugal, tinha tido um peso decisivo para a criação de uma nova língua no Brasil.

Esta posição foi abandonada, mesmo tendo havido a volta do biologismo na Linguística contemporânea, por obra das pesquisas sobre língua e cérebro.

3.3.2. O PORTUGUÊS BRASILEIRO DERIVA DE UM CRIOULO?

De uma direção interpretativa sobre o PB fundamentada numa percepção biológica da língua, migramos para uma percepção social da língua: a língua é o que nós somos. Ora, a nação brasileira é bastante mestiça, e isso deveria explicar nossas diferenças em relação a Portugal.

Para entender bem as coisas, os linguistas que sustentam essa direção estudaram os processos de contatos linguísticos dos portugueses com os índios e com os negros. Eles descobriram que há duas fases desses contatos, observáveis também em outras línguas europeias: a fase pidgin* e a fase do crioulo*.

Quando falantes de línguas diferentes se encontram, movidos por interesses apenas comerciais, eles desenvolvem espontaneamente uma língua de emergência, bastante rudimentar, denominada pidgin. A criação da palavra pidgin já resulta desse interesse econômico, pois ela é uma alteração do inglês *business*, "negócio".

Caso os contatos comerciais se consolidem, o pidgin muda de figura, torna-se mais complexo, mais apto para uma comunicação mais rica, e aí evolui para um crioulo. Os crioulos são, portanto, adaptações de uma língua europeia por falantes de outras línguas, em geral africanas e asiáticas, com as quais os europeus entraram em contato por interesse mercantil.

Uma diferença entre crioulo e pidgin é que o crioulo é adquirido na infância, por existirem comunidades de fala crioula. Quer dizer que o crioulo é uma língua "natural", no sentido de que uma pessoa adquire essa língua ao nascer, como qualquer outra. Já o pidgin não é uma língua natural.

Finalmente, é preciso saber que um crioulo pode "descriolizar-se", identificando-se progressivamente com a língua europeia que lhe deu origem. Isso parece estar acontecendo em Cabo Verde.

Adolfo Coelho, num texto pioneiro sobre a Crioulística de base portuguesa, afirma que "diversas particularidades características dos dialetos crioulos repetem-se no Brasil" lançando pela primeira vez a teoria da base crioula do PB (Coelho, 1881: 43). João Ribeiro, num texto de 1889, reforçou a hipótese crioulista. Segundo esse autor, há uma sorte de "bilinguismo interno" na comunidade brasileira, que pratica a língua portuguesa quando escreve, e uma variedade dialetal, a que chamou "crioulo", quando fala (apud Pinto, org. 1978).

Também Silva Neto (1951) acreditava que uma base crioula explicaria as diferenças entre o PB e o PE, que começaram a acentuar-se a partir do século XVII. Segundo ele, essa base introduziu inovações no PB ao passo que, num movimento inverso, os falares rurais manifestaram uma tendência conservadora. Se essa hipótese estiver certa, a incontrastável importância dos falares urbanos no Brasil contemporâneo neutralizará a tendência conservadora, acelerando seu afastamento em relação ao PE.

À hipótese crioulista, Melo (1946b/1971) tinha agregado uma explicação ainda não comprovada: a de que a notável uniformidade do PB se deve à difusão dos falares crioulos gerados na costa e levados ao interior pelas bandeiras paulistas. Já Révah (1958) acha muito difícil que crioulos constituídos a partir de contatos distintos (portugueses/indígenas, portugueses/africanos) pudessem ter-se amalgamado, dando surgimento a uma variedade linguística uniforme como o PB. Bom, estudos contemporâneos têm demonstrado que essa uniformidade não é tão forte assim.

Guy (1981) voltou a defender a base crioula do PB, sustentando que nossa língua tem uma base africana. Em seu trabalho, ele exclui a possibilidade de um crioulo indígena, visto que os nativos brasileiros não desenvolveram com os portugueses o tipo de relacionamento social e de situações que costumam levar à criuolização. Ele estabelece um plano cuidadoso para examinar a hipótese crioulista, que se desdobra em duas ordens de discussão: a busca de evidências linguísticas e a história social da criuolização do português.

Sendo o crioulo uma língua de contato, ela vai guardar as marcas típicas de aquisição de uma segunda língua: regularização da flexão, a predominância dos morfemas-raízes, a redução da complexidade derivacional. Guy alerta que é necessário descartar aqui as mudanças espontâneas, de caráter universal, fixando-se naquelas específicas do processo de criuolização:

(1) Traços fonológicos como a perda do /s/ em posição de travamento silábico e a desnasalação de vogais e ditongos finais, comuns à história do português e à de outras línguas românicas, não podem ser atribuídas a uma base crioula.

(2) O mesmo não ocorre com traços morfológicos e sintáticos como a concordância nominal e verbal, particularmente a marcação do plural no primeiro termo da expressão, como em *as criança*, e a preservação da concordância verbal unicamente nos casos de saliência morfológica, como em *os menino são alto*, em comparação com *os menino fala* (veja **10**.2.1.4). Nesse caso, a ausência de concordância se deve à falta de saliência morfológica entre fala e falam. Guy enfatiza que esses casos não têm precedentes na história do português.

Segundo Guy, o último fenômeno fornece evidências indiretas à hipótese crioulista, pois num primeiro momento as regras de concordância foram apagadas, desaparecendo a concordância nominal e verbal, e num segundo momento, de descrioulização, recuperou-se a regra, sob certas circunstâncias, como, por exemplo, a pluralização do sintagma nominal dependente da ordem de seus constituintes e a concordância verbo-sujeito dependente da saliência morfológica do verbo.

Ele agrega que as soluções encontradas pelo PB são documentadas em outras variedades crioulas tanto do português quanto do espanhol. Além disso, nas línguas banto, ioruba e ibo a marcação do plural se faz mediante prefixos ou clíticos, sempre localizados no começo da expressão. Finalmente, ele aduz outras evidências linguísticas, merecedoras de uma análise mais acurada: a contribuição lexical dos africanos, o desuso em que caíram largas partes do paradigma verbal, a perda do traço de pessoa do pronome reflexivo se, como em *nós se conhecemo aqui*, por exemplo.

Do ponto de vista da organização social brasileira, a questão crucial é, segundo Guy, como o português poderia ter evitado a crioulização? Segundo ele, até 1850 o país recebeu 3,6 milhões de escravos, 38% de todo o tráfico negreiro em todos os tempos, nove vezes mais que os africanos levados para os Estados Unidos. Os brasileiros brancos constituíam um grupo minoritário. Portanto, todas as condições se reuniram aqui para a formação de crioulos.

Por que então teria ocorrido uma rápida descrioulização do PB? Por causa da maciça europeização do país, que ocorreria sobretudo após o século XIX, fato não ocorrido no Haiti e na Jamaica, em que a população negra ainda é de 90% hoje em dia. Tivemos, assim, um quadro de crioulização atípica, que conduziu o PB a uma situação complexa em seu desenvolvimento linguístico, nem tipicamente crioulo, nem tipicamente não crioulo.

Admitindo-se uma origem quase crioula do português popular brasileiro, pode-se chegar a uma explicação unificada para as descrições dos dialetos rurais crioulizados, que testemunham ainda hoje um estágio altamente crioulizado da variedade popular, anteriormente bastante espalhada pelo território. Em suma, o português popular brasileiro seria um vestígio da fase crioula.

Nem todo mundo concorda com Gregory Guy. Tarallo (1986/1993), por exemplo, argumenta que a descrioulização suposta por Guy nos teria levado de volta ao PE, o que não se pode comprovar. Para essa volta,

> o PB teria literalmente que se virar pelo avesso e de ponta-cabeça. Sujeitos teriam que começar a ser nulos outra vez [...], enquanto objetos teriam que começar a receber pronomes clíticos outra vez. No caso dos sujeitos, a gramática do PB teria que deixar sua configuração sintática e começar a ser mais orientada para o discurso; com respeito aos objetos, a variável discursiva teria que ser substituída por uma orientação mais sintática na sua derivação.

Ele argumenta que a hipótese crioula não deveria "permanecer em nossa agenda", pois o PB em seu processo de mudança não se aproxima do PE. Se tivéssemos tido um crioulo no Brasil, a europeização do país ocorrida no século XIX teria desencadeado um processo de descrioulização, e hoje estaríamos falando como os portugueses.

Mas os estudos crioulistas retomaram sua força na década de 1990. Hildo Honório do Couto funda a revista Papia, considerando que "os crioulos de base ibérica [...] permanecem quase inexplorados". Alan Baxter e Dante Lucchesi redefiniram o crioulo do ponto de vista da história social como "uma língua que nasce em circunstâncias sociolinguísticas especiais que conduzem à aquisição de uma primeira língua, com base em um modelo defectivo de segunda língua" (Baxter / Lucchesi, 1997: 69). Do ponto de vista de sua estrutura, eles mostraram que "a partir da década de 60, os linguistas começaram a insistir no fato de as línguas crioulas apresentarem fortes semelhanças estruturais, quaisquer que tenham sido as línguas envolvidas em sua formação" (Baxter / Lucchesi, 1997: 70). Eles mencionam a definição atual de crioulo:

> Um processo de transmissão irregular de L2 para L1 em que a L2 foi alterada devido a problemas de acesso à língua alvo (isto é, a língua do grupo dominante) e, possivelmente, à influência das línguas maternas dos falantes desta L2. Nessas circunstâncias, no desenvolvimento, na aquisição/criação da nova L1 (a língua crioula em potencial), acontecem inovações orientadas por universais e pelas outras línguas maternas presentes. As inovações preenchem as lacunas ou opacidades causadas pela diluição do modelo para aquisição. Tal processo é variável.

Esses autores têm aplicado esse quadro teórico ao estudo do crioulo de Helvécia, Bahia.

Como você pôde ver, a interpretação crioula do português brasileiro é uma forte tentação, uma ideia que vai e que vem, e que aparentemente não nos larga.

Mas, então, quando o PB começou a se afastar do PE?

Pesquisas orientadas por Fernando Tarallo e Mary Kato a partir da década de 1980 localizam no século XIX o momento crucial desse afastamento. O programa então lançado recomendava o estudo dos pronomes pessoais, cujas alterações teriam consequências sintáticas importantes, tais como a perda da inversão do sujeito, seu preenchimento mais sistemático, o não preenchimento do objeto direto, a mudança nas estratégias de relativização etc., num conjunto de características não documentadas no PE da mesma época. Desse programa surgiram muitas evidências sobre o distanciamento entre o PB e o PE. Várias das pesquisas então desenvolvidas foram reunidas no livro de Roberts / Kato (orgs. 1993).

O século XIX, com seu forte branqueamento da população brasileira da região Sudeste e Sul, ainda vai dar muito o que falar. Teria a europeização brusca do país e suas novas circunstâncias econômicas afetado o PB dessas regiões? Essa interpretação é parcialmente negada pelos que acham que debaixo de nossos coqueiros continuamos mesmo é a falar o português arcaico, que desembarcou das caravelas no século XVI juntamente com a mania da saudade, e uma vontade louca de sair catando índias e pepitas de ouro por aí. Estamos chegando à terceira linha interpretativa da língua que falamos.

Se você se interessou pelo assunto, além da bibliografia indicada nesta seção, leia Valkhoff (1966) e o minucioso balanço sobre a questão crioula em Parkvall / López (2003).

3.3.3. O PORTUGUÊS BRASILEIRO É UMA CONTINUAÇÃO DO PORTUGUÊS ARCAICO?

Outros linguistas sustentam que as línguas naturais mudam continuadamente com o tempo, obedecendo porém a linhas de força desenhadas por sua própria estrutura (veja **1.**3.3). Descrever a estrutura é identificar essas linhas de força, tecnicamente conhecidas como derivas. Por outras palavras, de acordo com essa perspectiva, primeiro descreva sua língua, depois, localize em sua estrutura os pontos de tensão, responsáveis por sua mudança ao longo dos séculos. Esta é a percepção estruturalista sobre a história das línguas.

De acordo com este ponto de vista, o PB resulta de uma mudança natural, explicada por tendências evolutivas que tinham começado já na península ibérica, e com isso poderíamos dizer que o PB é uma continuação do português arcaico. Sobre essa base linguística se aplicariam ajustes, dando continuidade a uma deriva própria constituída naquela fase da língua. Nesse sentido, a pergunta a fazer não será "por que o PB tomou rumos diversos em relação ao PE", mas sim "por que a modalidade europeia não mudou na mesma direção", tendo optado por outros rumos.

Mas como era o português arcaico? Mattos e Silva (1994) reconhece aí duas fases históricas: a primeira fase, também conhecida como a do galego-português, vai de 1100 a 1350; a segunda fase vai dessa data até 1540. Cardeira (1999/2005) separa nesta segunda fase o português médio, que vai aproximadamente de 1450 a 1510, com características que o separam das fases anterior e posterior. A língua portuguesa passou por uma crise nesta fase. Essa deve ter sido a língua adquirida pelos colonizadores, antes de chegarem à América. O PB deriva desse português médio.

No quadro a seguir são reunidas as principais diferenças entre o português arcaico da primeira e da segunda fases.

Quadro 3.7 – Características do português arcaico das duas fases

PRIMEIRA FASE	SEGUNDA FASE
FONOLOGIA	
Quatro fonemas sibilantes, sendo dois pré-dorso-alveolares /s/ e /z/, mais dois apicoalveolares /ş/ e /ʐ/.	Redução para dois fonemas sibilantes pré-dorsoalveolares /s/ e /z/.
Surgimento de hiatos dada a queda de consoante intervocálica: *sigillu* > *seello*, *fide* > *fee*, *medesmo* > *meesmo*, *tenere* > *teer*.	Crase das vogais do hiato: *selo*, *fé*, *mesmo*, *ter*.
Perda da consoante nasal intervocálica e surgimento de vogais nasais finais: *-ane* > *am* (*cane* > *cam*), *-one* > *om* (*sermone* > *sermom*), *-onu* > *om* (*bonu* > *bom*), *-unt* > *om* (*fecerunt* > *fezerom*)	Ditongação dessas nasais finais, com predominância de *-om*, que muda para *-ão*, como em *cão*, *sermão*, *fizeram*, *bão*, esta uma forma curiosamente não aceita na língua culta.
MORFOLOGIA	
Palavras em *-or* e *-es* são uniformes quanto ao gênero: *hum/hua pastor português*.	Regularização dessas palavras, que passam a receber {*-a*} para a marcação do feminino: *hua pastora portuguesa*.
Particípios dos verbos em *-er* terminam por *-udo*: *teúdo*, *sabudo*.	Esses particípios passam a terminar em *-ido*: *tido*, *sabido*. A forma *teúdo* sobrevive em *conteúdo*.
Manutenção do /d/ no morfema número-pessoal *-des*, como em *amades*, *fazedes*.	Perda desse fonema, surgindo hiatos, tais como em *amaes*, *fazees*, ditongados posteriormente, donde *amais*, *fazeis*. Manutenção em verbos monossilábicos: *ides*, *vindes*, *pondes*.
O pronome possessivo tem formas tônicas (*meu/minha*, *teu/tua*) e átonas (*ma*, *ta*, *sa*).	Desaparecem as formas átonas.

Para bem situar as ligações entre o PB e o PE arcaico da segunda fase, precisaremos dispor de uma caracterização sintática precisa deste último, o que por ora é um conhecimento em construção. É o que veremos nos parágrafos seguintes.

Câmara Jr. (1957b) foi o primeiro a defender a hipótese da deriva ou mudança natural quando procurou uma razão estrutural, interna, para explicar o uso brasileiro do *ele* acusativo, na expressão *eu vi ele*. Câmara Jr. argumenta que a próclise do clítico *o* ao verbo cria um vocábulo fonético em que o pronome, aí tratado como uma vogal átona, desaparece, comprometendo a representação do objeto direto. Foi necessário escolher outro pronome para o preenchimento dessa função. Quer dizer, se disséssemos *eu o vi*, as duas últimas palavras soariam como [uvi], em que *u* será tratado como uma vogal átona qualquer, candidada a desaparecer, como fazemos com a primeira vogal de *imagina!*, que dizemos habitualmente [*magina*]. O problema é que em [*magina*] o *i* inicial não tem um papel gramatical, ao passo que em [*uvi*] a primeira vogal é o objeto direto de *ver*, e faz uma falta danada! Para ajeitar as coisas, passou-se a usar o pronome *ele*, sempre segundo Câmara Jr., e com isso temos hoje em dia *eu vi ele*. Perdeu-se o clítico *o*, mas ganhou-se o *ele* acusativo, título do famoso ensaio de Câmara Jr.

Ele retornaria ao tema, excluindo a possibilidade de um crioulo de base indígena, porque as línguas indígenas "foram substituídas no intercurso dos índios com os brancos por uma língua única – o chamado tupi", restringindo-se aos empréstimos léxicos sua contribuição ao PB. Quanto às línguas africanas, "os escravos negros adaptaram-se ao português sob a forma de um falar crioulo. [...] É claro, entretanto, que não se dariam mudanças fonológicas e gramaticais profundas sem correspondência com as próprias tendências estruturais da língua portuguesa" (Câmara Jr., 1963: 75, 77). Como se vê, Câmara Jr. gradua o impacto das línguas indígenas e africanas sobre o PB e, embora admita a existência de um crioulo africano, em nenhum momento afasta a hipótese da mudança natural, ou hipótese da deriva.

Naro (1981, 1991) sustenta que há dois caminhos para a mudança sintática: ou ela parte de uma inovação surgida nos contextos menos salientes, no sentido de menos perceptíveis, e se irradia para os mais salientes – e aqui teríamos a mudança natural – ou, ao contrário, ela tem início em contextos mais salientes, atingindo os menos salientes – caso da mudança "consciente", ou mudança "por imitação".

A saliência, portanto, governaria a difusão da mudança. Sendo ela um dado da estrutura linguística, fica excluída a influência de fatores externos. A perda da concordância no PB popular é um caso de mudança natural, tendo surgido em formas do tipo *come/comem*, irradiando-se para casos como *é/são*, numa mudança ainda não implementada. A recuperação da concordância nestes casos de saliência maior explica-se pela descrioulização, limitando-se às classes escolarizadas. Contra a hipótese crioulista, Naro agrega, também, que a preexistência da língua geral inibiu o desenvolvimento do crioulo, que aliás nunca foi documentado suficientemente. Dentro dessa linha de raciocínio, comunidades negras como a do Cafundó falam o PB popular, que elas praticariam juntamente com um crioulo africano, caso este tenha existido. Mas, como objeta Mussa (1995: 49), será necessário provar que os escravos falavam a língua geral.

Com base em evidências sintáticas, Moraes de Castilho (1998/2001) especifica a variedade quatrocentista como aquela que mais contribuições teria dado ao PB. Argumentando que a base do PB não pode ser o PE seiscentista – que ainda não existia, pois o povoamento do Brasil teve início a partir de 1532 –, ela relaciona várias características sintáticas, comumente atribuídas à emergência de uma gramática do PB, que entretanto são amplamente documentáveis no século XV. Construções de tópico (como em *O menino, ele acabou de chegar*), duplicação de clíticos de que resultariam alterações no quadro pronominal (como em *eu não te falei pra você?*), possessivos duplicados (como em *leve o seu livro dele*, construção que explica a utilização de *dele* como possessivo da terceira pessoa, especializando-se *seu* como possessivo da segunda pessoa) e outros fatos sintáticos demonstram uma vez mais que a pergunta não é por que o PB ficou como ficou, e sim por que o PE tomou um rumo inesperado, afastando-se do português arcaico. Esse trabalho dá vida nova aos muitos estudos que documentam arcaísmos fonéticos e lexicais no PB, tais como Penha (1997), ou que discutem aspectos da ancianidade do PB, como Cohen et al. (1997), Oliveira (1998a, 1998b). A grande diferença é que agora são acionados argumentos sintáticos. Ainda se espera muito dos desdobramentos desta perspectiva.

3.3.4. PRINCIPAIS DIFERENÇAS ENTRE O PORTUGUÊS BRASILEIRO E O PORTUGUÊS EUROPEU

O tipo de língua portuguesa trazida para o Brasil, os contatos linguísticos com índios, africanos e as línguas de migração, a intensa urbanização do país e o avanço da fronteira agrícola, misturando os falares sulistas aos nordestinos, tiveram como resultado muito provavelmente a manutenção do português arcaico do século XV, com pequenas contribuições trazidas pelos não-falantes do português. Era esse o momento histórico da língua praticada pelos portugueses que embarcaram para cá.

No quadro a seguir são enumeradas as principais diferenças atuais entre o PB e o PE. Esse quadro não tem a pretensão de ser exaustivo.

Quadro 3.8 – Diferenças entre o português brasileiro e o português europeu

PORTUGUÊS BRASILEIRO	PORTUGUÊS EUROPEU
FONÉTICA E FONOLOGIA	
Há 7 vogais tônicas: /a/, /e/, /ɛ/, /i/, /o/, /ɔ/, /u/. Não se distingue a vogal temática {-a-} no presente e no pretérito: *falamos*. A vogal [e] se mantém como anterior média fechada antes de palatal: *espelho*, *fecho*.	Há 8 vogais tônicas: /a/, /ɐ/, /e/, /ɛ/, /i/, /o/, /ɔ/, /u/, distinguindo-se um /a/ central baixo no presente, *falamos*, de um /ɐ/ mais alteado no pretérito, [faˈlɐmus]. A vogal [e] antes de palatal é dita [ə]: *espelho* [iʃˈpəʎu], *fecho* [ˈfəʃu].
Há 5 vogais átonas pretônicas, e todas soam claramente: /a/, /e/, /i/, /o/, /u/. Todas elas são pronunciadas, e assim não se confunde *de frente* com *diferente*. Nessa distribuição, não há distinção entre [e] fechado e [ɛ] aberto, e por isso pronunciam-se da mesma forma *pregar um prego* e *pregar na igreja*.	Há 8 vogais átonas pretônicas, em que [e] fechado move-se para [ë], como em *pëqueno*, mas a tendência é omiti-las, como em *telefone* [tulfòn], *pedido* [p'didu] etc. Pedir num hotel *um apartamento de frente* será entendido como "um apartamento diferente". Nessa distribuição, distingue-se [e] de [ɛ], e por isso pronunciam-se diferentemente *prêgar um prego* e *prègar na igreja*.
Há 3 vogais átonas finais: /a/, /i/, /u/, os dois últimos escritos com *e*, *o*: *pata*, *pede*, *peço*.	Há 3 vogais átonas finais: /ɐ/, /e/, /u/.
O ditongo oral *ey* pode manter-se ou monotongar-se (*terreiru/terrêru*) e o ditongo nasal *ẽy* mantém-se, como em *bem*, dito [bẽy].	Esses ditongos soam como [ɐy] e [ãy]: *terreiro* [t'rrɐyru], *bem* [bãy].
Ditonga-se a vogal final seguida de sibilante: *luz* [ˈluys], *atrás* [aˈtrays].	Não há essa ditongação.
Sílabas terminadas por oclusiva recebem uma vogal, transformando-se em sílabas abertas: *adevogado*, *abissoluto*, *pissicologia*.	Essas sílabas soam fechadas: *advogado*, *absoluto*, *psicologia*.
Pronuncia-se da mesma forma a consoante [-l] e a semivogal [-w] em posição final: o advérbio *mal* e o adjetivo *mau* são pronunciados da mesma maneira.	O [-l] é lateralizado, como no PB do Rio Grande do Sul, não se confundindo com a semivogal [-w].
O [r] pode ser vibrante simples (*caro*), vibrante múltipla anterior (*carro*), vibrante múltipla posterior [káRu] ou velar surda [káxu].	Predomina a vibrante múltipla anterior, como no espanhol.
MORFOLOGIA	
Simplifica-se a morfologia nominal, com a perda de {-s} indicador de plural na variedade popular, menos no Especificador, tanto quanto na morfologia verbal, em que a pessoa *tu* foi substituída por *você*.	A morfologia nominal e verbal não apresentam essas simplificações, exceto em alguns falares regionais.

O quadro dos pronomes pessoais tônicos apresenta quatro formas: *eu/você/ele/nós*, que alterna com *a gente/eles*. A morfologia verbal acompanha essa simplificação, reduzindo-se a 4 formas: *falo, fala, falamos, falam*. Em consequência, mudarão as regras de concordância do verbo com o sujeito.	O quadro dos pronomes pessoais tônicos apresenta seis formas: *eu/tu/ele/nós/vós/eles*. A morfologia verbal dispõe de 6 formas diferentes: *falo, falas, fala, falamos, falais, falam*.
O quadro dos pronomes pessoais átonos (ou clíticos) apresenta as formas: *me, te, nos*, tendendo a desaparecer (i) o acusativo *o*: *Ainda não vi Ø hoje*, (ii) o acusativo *te*, substituído por *para você*: *Preciso falar uma coisa pra você*, e (iii) o reflexivo *se*, que se generaliza como reflexivo universal, no PB popular: *Nos nossos dias não Ø usa mais saia, Eu não se alembro*.	O quadro dos pronomes pessoais átonos apresenta seis formas: *me, te, se/si, nos, vos*. O reflexivo *si* pode se referir ao interlocutor: *isto é para si*.
SINTAXE	
No tratamento, usa-se *você* quando há intimidade, e *o senhor* nas situações formais. Essa forma continua a alterar-se, surgindo *ocê* e *cê*. Nas regiões em que se mantém *tu* no tratamento informal, o pronome *você* marca certo distanciamento.	Até o século XVI, usava-se *tu* para o tratamento informal e *vós* para o tratamento formal. *Vós* era substituído por *Vossa Mercê* para dirigir-se ao rei, depois aos nobres (e aí o rei passou a ser tratado por *Vossa Majestade, Vossa Alteza*). *Vossa Mercê* foi em seguida aplicado ao tratamento cerimonioso da burguesia, vindo finalmente a concorrer com *tu*, mudando para *você*.
O pronome *ele* pode funcionar (i) como objeto direto: *Maria viu ela*, (ii) redobrar uma construção de tópico: *A Maria, ela ainda não chegou*, (iii) aparecer na oração relativa copiadora: *O menino que ele chegou* (veja 9.2.3).	*Ele* só funciona como sujeito, o objeto direto pronominal é expresso por *o*, não existem construções de tópico nem relativas copiadoras.
Os pronomes átonos, por serem na verdade semitônicos, podem iniciar sentença, preferindo-se a próclise: *Me passa o bife*. *Mim* pode aparecer como sujeito de infinitiva preposicionada, em *Isto é para mim fazer*.	Os pronomes átonos não podem iniciar sentença, preferindo-se a ênclise: *Passa-me o bife*. O sujeito da infinitiva preposicionada vem no caso reto: *Isto é para eu fazer*.
Usa-se *ter* em lugar de *haver* nas construções existenciais: *Hoje não tem comida*.	Usa-se apenas *haver* nas construções existenciais: *Hoje não há comida*.
Verbos de movimento são construídos com a preposição *em*: *Vou na feira*.	Verbos de movimento são construídos com a preposição *a*: *Vou à feira*.
Ocorre a negação dupla: *não sei, não*.	Prefere-se a negação simples: *não sei*.
Amplia-se o uso das perífrases *estar* + gerúndio e *ir* + infinitivo, substituindo neste caso a forma do futuro do presente: *estou falando, vou falar*.	Prefere-se a perífrase *estar* + *a* + *infinitivo*, mais recente que a anterior: *estou a falar*. A forma simples do futuro é vivaz.
Preenche-se o lugar de sujeito e elide-se o objeto direto: *Ele já viu Ø*. O sujeito elíptico é interpretado como um participante indeterminado: *usa saia* quer dizer "alguém usa saia".	Elide-se o sujeito e preenche-se o lugar do objeto direto com o clítico *o*: *Ø já o viu*. O sujeito elíptico é interpretado como um participante determinado: *usa saia* quer dizer "determinada pessoa usa saia".
O sujeito vem anteposto ao verbo, e o objeto direto, posposto: *Maria comeu o chocolate*. O objeto direto pode ser deslocado para a esquerda, sem retomada por um clítico: *O chocolate, Maria comeu*.	O sujeito pode vir posposto ao verbo e o objeto direto pode ser deslocado para esquerda, com retomada por um clítico: *O chocolate, comeu-o Maria*.

Num primeiro momento, os brasileiros têm dificuldades ao ouvir um português falar. A omissão das vogais átonas cria encontros consonantais estranhos ao ouvido dos brasileiros, como [tf], em *telefone* [tfɔn], entre outros. É preciso "treinar um pouco o ouvido".

É verdade que mesmo no Brasil se notam diferenças geográficas e socioculturais na fala dos brasileiros, mas são de outra ordem, não derivam do forte encurtamento das palavras, da manutenção dos clíticos, e de várias outras propriedades europeias anotadas no Quadro 3.8.

Há todo um domínio inexplorado nessas comparações, radicados na Pragmática da língua. Apresentamos alguns problemas dessa ordem em **2.2.2.5**.

Neste começo do século XXI, as coisas estão assim. Como serão no futuro? Não sabemos, a Linguística ainda não é uma ciência capaz de predizer o futuro.

3.3.5. A HORA E A VEZ DO PORTUGUÊS BRASILEIRO

Neste começo de milênio, o português é a quinta língua do mundo em extensão territorial, e a oitava em número de falantes, com mais de 200 milhões de praticantes, 185.974.254 dos quais brasileiros, na estimativa que faz o IBGE (veja em www.ibge.gov.br).

Considerando o número de falantes, esta é a lista das dez línguas mais faladas no mundo: (1) mandarim, 885 milhões de falantes, (2) hindi, 497 milhões, (3) inglês, 440 milhões, (4) espanhol, 380 milhões, (5) russo, 277 milhões, (6) árabe, 246 milhões, (7) bengali, 211 milhões, (8) português, 200 milhões, (9) malásio, 157 milhões, (10) francês, 129 milhões. Estudos sobre o crescimento demográfico preveem que por volta de 2025 o português subirá para a sétima posição, com 285 milhões, e o espanhol cairá para a quinta posição, com 484 milhões.

A importância internacional do português crescerá na mesma velocidade em que Brasil, Portugal e a África portuguesa se tornarem importantes entre as nações do planeta. Por sua dimensão territorial e populacional, o futuro da língua portuguesa repousa no dinamismo da nação brasileira.

A população brasileira tem a seguinte distribuição: 43% na região Sudeste (Minas Gerais, Espírito Santo, Rio de Janeiro e São Paulo), 29% na região Nordeste (Maranhão, Piauí, Ceará, Rio Grande do Norte, Paraíba, Pernambuco, Alagoas, Sergipe e Bahia), 14% na região Sul (Paraná, Santa Catarina e Rio Grande do Sul), 7% na região Norte (Rondônia, Acre, Amazonas, Roraima, Pará, Amapá e Tocantins) e 7% na região Centro-Oeste (Mato Grosso do Sul, Mato Grosso, Goiás e Distrito Federal), em percentuais aproximados.

As mudanças do PB certamente decorrerão do rápido processo de urbanização. A metropolização do país reforçará seu policentrismo cultural. A fala das metrópoles influenciará as regiões adjacentes, configurando mais fortemente o que já é perceptível neste começo de século: mais de um padrão assinalará o PB. Por ora é ainda difícil prever que rumo tomará a língua dos brasileiros. Mas parece inevitável que PB e PE aprofundem suas diferenças.

A crescente importância do Brasil no cenário internacional mostra claramente que chegou a hora e a vez do português brasileiro. Chegou a hora, também, para que se trace uma vigorosa política linguística para o PB, ancorada em sua continuada documentação e análise, no estudo de sua história, na melhoria de seu ensino como língua materna e numa grande cruzada em favor da difusão do PB como língua estrangeira, em que Portugal tem reinado soberano com seu Instituto Camões. A hora é esta. Vamos ajudar os portugueses a difundir a língua.

LEITURAS SOBRE A HISTÓRIA DO PORTUGUÊS EUROPEU
Para trabalhos de conjunto sobre a história da língua portuguesa, veja Piel (1933-1940, 1942), Meier (1948, 1961), Silva Neto (1952/1957), Valkhoff (1966), Morais-Barbosa (org. 1967), Câmara Jr. (1972), Baldinger (1962), Maia (1986), Castro et al. (1991), Castro (2004/2006), Mattos e Silva (1989, 1991, 1993, 1994, 2008), Stroud / Gonçalves (orgs. 1997), Silva / Osório (2008).

Sobre o latim vulgar, veja Maurer Jr. (1962), Haadsma / Nuchelmans (1963), Herman (1975). Sobre o latim vulgar no conspecto românico, veja Diez (1876), Iordan / Manoliu (1972), Miazzi (1972), Renzi (1976-1982), Ilari (1989/2004), Bassetto (2001). Para uma gramática do latim vulgar, veja Maurer Jr. (1959).
Sobre a contribuição germânica, veja Gamillscheg (1932), Piel (1933-1940, 1942), Maurer Jr. (1952: 66 e ss.), Bueno (1955/1995: 43-45), Meier (1961), Lapesa (1962/1968: 77-92), Silva Neto (1952/1957: 317-331).
Sobre a contribuição árabe, veja Souza (1830), Lopez (1897), Dozy / Engelman (1915), Steiger (1932), Asín Palacios (1940), Machado (1952), Herculano de Carvalho (1968).
Sobre o português arcaico, veja Cintra (1963, 1986-1987), Costa (1979), Maia (1986, 1994: 42-43), Martins (1985), Mattos e Silva (1989, 1991, 1994, 2008), Castro et al. (1991), Moraes de Castilho (1998/2001, 2005a).

LEITURAS SOBRE A HISTÓRIA DO PORTUGUÊS BRASILEIRO
Para obras de conjunto sobre a história do português brasileiro, veja Révah (1958, 1959), Roberts / Kato (orgs. 1993), Castilho (org. 1998, 1998d, 2003c/2006, 2008), Megale (org. 2000), Mattos e Silva (org. 2001), Duarte / Callou (orgs. 2002), Alkmim (org. 2002), Azevedo (2005), Lobo et al. (orgs. 2006), Ramos / Alkmim (orgs. 2007), Aguilera (org. 2008).
Sobre a história social do português brasileiro, veja Bosco / Jordão Netto (1967), Hensey (1967, 1975), Mendonça (1935/1973), Benatti (1974), Jeroslav (1974), Rodrigues (1986), Tarallo (1986/1993), Tarallo / Alkmim (1987), Vogt / Fry (1985, 1990, 1996), Assis (1988), Castro (1980, 2001), Guy (1981, 1989), Rodrigues (1986, 1993), Elizaincín / Behares / Barrios (1987), Baxter / Lucchesi (1993, 1997), Gonçalves (1994), Mussa (1995), Bortoni-Ricardo (1985), Pessoa (2001, 2002, 2003), Tânia Alkmim (2001), Groppi (2001), Gonçalves / Ferreira (2001), Lucchesi (2001), Venâncio (2001), Vitral (2001), Duarte / Lopes (2002), Ribeiro (2002), Oliveira / Kewitz (2002), Ramos / Venâncio (2002), Parkvall / Álvares López (2003), Mariani (2004), Bacellar (2005), Oliveira / Pereira (2006), Barbosa (2007a), Pagotto (2007).
Sobre a mudança gramatical do PB, veja Penha (1970), Naro (1981), Tarallo (1991/1993), Roberts / Kato (orgs. 1993), Naro / Scherre (1993), Duarte (1993), Torres Morais (1993, 1998, 1999a, 1999b), Ribeiro (1993, 1995a, 1995b, 1998, 2001, 2002), Monteiro (1994), Gonçalves (1996, 1998, 2004), Cyrino (1997, 1998, 2000, 2001), Castilho (1997a, 2002c, 2002d/2005, 2003a/2007, 2003b/2006, 2003c/2006, 2004a, 2004d), Lima-Hernandes (1997, 2005a), Mattos e Silva (1998, 2000b, 2001a, 2001b, 2002b), Moraes de Castilho (1998/2001, 2004a, 2005b, 2006, 2008), Callou (1998), Ramos (1998a, 2001a), Poggio (1999/2002), Vitral / Ramos (1999), Vitral (2000), Lobo (2001), Mello / Holm (2001), Lopes (1999/2002, org. 2005), Callou / Duarte / Avelar (2001), Salles (2001b), Callou / Avelar (2002), Cavalcante (2001), Torres Morais (1998, 1999a), Ramos (1998b), Oliveira (1998a), Negrão (1999), Barbosa (2000), Brandão / Callou / Duarte (2000), Kewitz / Oliveira (2002), Cyrino / Reich (2002), Olinda (2002), Roncarati / Abraçado (orgs. 2003), Gonçalves (2003), Cafezeiro (2002), Zilles (2002, org. 2005), Módolo (2004), Santiago-Almeida / Cox (orgs. 2005), Kato et al. (2006), Gonçalves / Lima-Hernandes / Galvão (orgs. 2007), Simões (2007), Kewitz / Simões (2009).
Sobre a história do léxico do PB, veja Aguilera (2002), Viaro (2004), Lima-Hernandes (2005b).
Para um quadro cronológico sobre dicionários e gramáticas do português, veja no capítulo "Os sistemas liguísticos" o Quadro 2.8.

DIVERSIDADE DO PORTUGUÊS BRASILEIRO

A HETEROGENEIDADE DO PORTUGUÊS BRASILEIRO

As línguas são constitutivamente heterogêneas, pois através delas temos de dar conta das muitas situações sociais em que nos envolvemos, em nosso dia a dia. Elas são também inevitavelmente voltadas para a mudança, pois os grupos humanos são dinâmicos, e as línguas que eles falam precisam adaptar-se às novas situações históricas.

Variação e mudança são propriedades linguísticas que não impedem a intercompreensão, porque obedecem a uma sistematicidade e a uma regularidade, comprovadas por pesquisas de sociolinguistas e de linguistas históricos. Entre outras, a teoria da variação e mudança focaliza essa característica das línguas (veja 1.3.5).

O locutor e o interlocutor atuam em diferentes espaços, concretamente configurados, desenvolvendo seu(s) tópico(s) conversacional(is). Para se comunicar com eficiência, eles fazem diferentes escolhas no multissistema linguístico, as quais deixarão marcas formais em sua produção linguística (veja 1.2).

Imagine um locutor conversando com um interlocutor sobre determinado assunto. O resultado de sua interação será assinalado por sua obrigatória integração em características sociais involuntárias (sua origem geográfica, nível sociocultural, idade, sexo) e por escolhas voluntárias (seleção de um canal para a comunicação, seleção de um registro adequado à interação).

Os seguintes eixos organizam a heterogeneidade/diversidade do PB: (1) variação* geográfica, (2) variação sociocultural, (3) variação individual, (4) variação de canal e (5) variação temática. Cada uma dessas variações, por sua vez, é organizada por um conjunto de variantes*, ou seja, um conjunto de usos linguísticos considerados relevantes para a caracterização de uma variedade. Com isso, entende-se por variação a manifestação concreta da língua, e por variedade a soma idealizada das variações. Se fôssemos dispor esses conceitos numa hierarquia, teríamos

variante > variação > variedade

Para estudar a variação linguística, temos de selecionar um conjunto de variantes. Ordenamos as variantes a partir dos diferentes eixos de variação, enumerados anteriormente. E como esses eixos coexistem no tempo, segue-se que cada variante que produzimos convive com as demais.

Sumarizando, o conjunto de variantes configura uma variação, e o conjunto das variações configura a variedade linguística; para a inserção teórica da variedade/heterogeneidade, veja **1**.2.2.3.

Cada variedade pode ser descrita em termos de regras categóricas e de regras variáveis. As regras categóricas escapam ao fenômeno da variação, como no caso da anteposição obrigatória do artigo ao substantivo, vedada sua posposição. As regras variáveis captam as situações em que temos liberdade de escolha, como é o caso da anteposição ou da posposição do sujeito.

A pesquisa sociolinguística tem demonstrado que as regras variáveis são correlacionadas com fatores sociais e fatores estruturais. Na síntese de Maria Luíza Braga (com. pessoal), "a variação que observamos decorre da seleção de variantes de uma mesma regra variável própria da variedade sob exame".

Este capítulo tem por objetivo examinar a diversidade do PB, enquadrada nesses conceitos.

LEITURAS INTRODUTÓRIAS SOBRE A DIVERSIDADE DO PORTUGUÊS BRASILEIRO
Os primeiros trabalhos sobre a diversidade do PB focalizavam suas diferenças em relação ao PE. Os estudos mais recentes se concentram na descrição exclusiva do PB: Elia (1940), Melo (1946a), Silva Neto (1951), Lima Sobrinho (1958).
A partir da década de 1970, com a implantação do variacionismo laboviano entre nós, sucederam-se estudos que foram devassando a complexa realidade brasileira: Lemle / Naro (1977), Lemle (1978), Ferreira et al. (1986), Naro (org. 1986), este publicado posteriormente por Oliveira e Silva / Scherre (orgs. 1996), Rodrigues (1987), Mello (1997), Roncarati / Abraçado (orgs. 2003), Pagotto (2004), entre outros. Para uma coletânea de textos sobre o PB, veja Pinto (org. 1978, org. 1981). Para mais informação, veja seção 5 de **15**.2.5.

4.1. VARIAÇÃO GEOGRÁFICA

Falantes do PB, como de qualquer outra língua natural, procedem de determinado espaço geográfico. Há uma correlação entre a região de origem dos falantes e as marcas específicas que eles vão deixando em sua produção linguística. Portugueses e brasileiros não falam do mesmo jeito. Brasileiros do Norte, do Nordeste, do Sudeste, do Centro-Oeste e do Sul tampouco falam exatamente do mesmo jeito. Uma língua natural conterá, portanto, diferentes dialetos*, relacionados ao espaço geográfico que ela ocupa.

De todas as variedades do português, a variedade geográfica é a mais perceptível. Quando começamos a conversar com alguém, logo percebemos se ele é ou não originário de nossa região. Em Portugal e no Brasil, as diferenças assim notadas não dificultam a intercompreensão, como ocorre em outros países europeus.

A visibilidade da variedade geográfica logo chamou a atenção dos estudiosos, criando-se a Dialetologia* para seu estudo. Dialetólogos brasileiros ecoaram iniciativas europeias semelhantes.

4.1.1. A DIALETOLOGIA BRASILEIRA

Segundo Ferreira / Cardoso (1994: 37-63), três fases assinalaram o desenvolvimento da Dialetologia brasileira. Nesta seção, vou acompanhar essas autoras e também Castilho (1973a).

A primeira fase vai de 1826 a 1920, caracterizando-se "pela produção de trabalhos voltados, basicamente, para o estudo do léxico e de suas especificidades no PB, de que resultaram numerosos dicionários, vocabulários e léxicos regionais" (Ferreira / Cardoso, 1994: 15).

Autores que procederam ao levantamento de diversos vocabulários regionais integram essa fase, segundo Rossi (1967) e Cardoso (1999, 2001-2002):

- 1883 a 1884 – visconde de Beaurepaire-Rohan, *Glossário de vocábulos brasileiros, tanto dos derivados como daqueles cuja origem é ignorada na Gazeta Literária*; transformado em 1889 no *Dicionário de vocábulos brasileiros*.
- 1884 – Macedo Soares, *A linguagem popular amazônica*, contendo um glossário de cerca de 120 palavras de origem tupi em uso na Amazônia.
- 1901 – Theodoro Sampaio, *O tupi na geografia nacional*.
- 1905 – Vicente Chermont de Miranda, *Glossário paraense*.
- 1912 – P. Carlos Teschauer, *Apostilas ao dicionário de vocábulos brasileiros*.
- 1912 – Rodolfo Garcia, *Dicionário de brasileirismos*.

A segunda fase vai de 1920 a 1952. O período foi inaugurado pelo paulista Amadeu Amaral, ao escrever *O dialeto caipira*. Ele observou os usos do português em Capivari, Piracicaba, Tietê, Itu, Sorocaba e São Carlos, descrevendo detalhadamente a pronúncia, questões de gramática e de vocabulário da região. Amaral tratou do [ɹ] caipira, também conhecido como [ɹ] retroflexo, e supôs que em pouco tempo o falar caipira desapareceria. O assunto foi retomado em Ada Natal Rodrigues (1974) e Ângela Rodrigues (1987), que comprovaram a vitalidade desse falar.

O termo final desse período é dado pela edição do *Decreto n. 30.543, de 20 de março de 1952, cujo Artigo 3º assenta como principal finalidade da Comissão de Filologia da Casa de Rui Barbosa* "a elaboração do *Atlas Linguístico do Brasil*". Esse decreto foi inspirado pela nascente Dialetologia brasileira.

Depois de Amadeu Amaral, Antenor Nascentes publicou em 1922 *O linguajar carioca*, livro que chamou a atenção para a importância da Dialetologia como um programa de pesquisas. Viajando intensamente pelo país, e mesmo não tendo aplicado o método da Geografia Linguística, ele organizou o primeiro mapa dialetológico brasileiro, o qual tem sido tomado como referência pelos pesquisadores atuais.

Nascentes dizia que, se observarmos a execução dos fonemas /e/ e /o/ em posição pretônica, reconheceremos duas grandes áreas dialetológicas no Brasil: a do Norte, em que essas vogais soam abertas, como [ɛ] e [ɔ], e a do Sul, em que elas soam fechadas, como [e] e [o]. O falar do Norte compreende dois subfalares, o amazônico e o nordestino. O falar do Sul compreende quatro subfalares: o baiano, o mineiro, o fluminense e o sulista:

Mapa 4.1 – Areas dialetais segundo Antenor Nascentes

Fonte: Noll (2008: 52)

Noll (2008) reuniu num mapa o tratamento das variantes [s] e [ʃ], o que confirma a divisão proposta por Nascentes:

Mapa 4.2 – O tratamento de [s] e [ʃ] no Brasil segundo Volker Noll

Fonte: Noll (2008: 65)

A terceira fase vem de 1952 até a atualidade, caracterizando-se "pela produção de trabalhos com base em *corpus* constituído de forma sistemática e é marcado(a) pelo início das preocupações com o desenvolvimento dos estudos de Geografia Linguística no Brasil" (Ferreira / Cardoso, 1994: 45). A metodologia da Geografia Linguística passou a ser utilizada nessa fase. Esse método implica em percorrer determinado território, selecionar habitantes nascidos no lugar e filhos de pais igualmente oriundos do lugar, formulando-lhes em seguida um conjunto de perguntas relativas a atividades que eles exerçam, gravando eletronicamente suas respostas. As diferentes respostas obtidas são transcritas em vários mapas da região estudada. As respostas que documentam propriedades fonológicas, morfológicas ou sintáticas semelhantes apontam para uma área dialetal. O conjunto desses mapas forma o atlas linguístico.

Antenor Nascentes e Serafim da Silva Neto tiveram uma importância particular no lançamento desta fase.

Nascentes publicou em 1958 e em 1961 os dois volumes das *Bases para a elaboração do atlas linguístico do Brasil*, em que apresenta "informações sobre quatro pontos fundamentais na realização da pesquisa dialetal: a anotação de dados sobre o informante, as notas sobre a localidade, o questionário (organizado por área semântica) e a escolha das localidades" (Ferreira / Cardoso, 1994: 64). Serafim da Silva Neto empreendeu a formação de uma "mentalidade dialetológica" entre nós (Silva Neto, 1957a). Mota (1964) preparou igualmente um questionário, para uso em Goiás.

Mas foi Nelson Rossi, linguista carioca filiado à Universidade Federal da Bahia, que saiu a campo com uma equipe que ele preparara, publicando os primeiros atlas linguísticos regionais do Brasil. A opção pelos atlas regionais explica-se pela enormidade do território brasileiro, entre outras dificuldades. Foi assim publicado o pioneiro *Atlas prévio dos falares bahianos* (Rossi / Ferreira / Isensee, 1963; Rossi, 1965), seguido pelo *Atlas de Sergipe* (Ferreira et al., 1987; Cardoso, 2002).

Além dos atlas regionais, vários estudos monográficos focalizaram regiões de um estado: Rodrigues (1974), já mencionada, refez as pesquisas de Amadeu Amaral no estado de São Paulo, estudando as regiões de penetração bandeirante (Itu, Porto Feliz, Tietê, entre outras) e constatando a vitalidade do falar caipira. Careno (1997) estudou o PB do Vale do Ribeira, igualmente no estado de São Paulo. Relativamente ao [ɹ] caipira, outros estudos mostraram que essa execução é discriminada pelos falantes cultos, que procuram evitá-lo em situações de fala formal. Essa variedade geográfica ocorre no Mato Grosso, em Goiás, em São Paulo e no sul de Minas. É impossível saber se ela vai desaparecer ou se vai ser mantida.

Esse conjunto expressivo de atividades abriu caminho ao Projeto Atlas Linguístico do Brasil (AliB), de âmbito nacional, coordenado por Suzana Alice Marcelino Cardoso. O projeto teve início no final da década de 1990, com a reunião de vários especialistas em Salvador, de que resultou a criação de um Comitê Nacional, que deu início aos trabalhos de campo (Cardoso, 2005).

4.1.2. FALARES BRASILEIROS

A sociedade brasileira tem-se caracterizado nos últimos trinta anos por uma enorme mobilidade, causada pela intensa urbanização e pela expansão da fronteira agrícola. No começo do século XX, apenas 8% da população habitava as cidades, porcentagem que passou para 36% na década de 1950, para 67,6% na de 1980, e pouco mais de 80% no final do século XX.

Nos dois casos, passam a conviver brasileiros de regiões geográficas diferentes, usuários de falares igualmente diferentes.

No caso daqueles que se deslocam para as capitais, como Brasília e São Paulo, para ficar apenas em dois exemplos, tem-se observado que quem chega ou procura outros conterrâneos, isolando-se com eles da sociedade envolvente, ou busca integrar-se em seu novo meio. Os primeiros conservam os traços típicos de seu falar. Os segundos apagam os traços mais salientes, o que tem permitido descobrir o que eles mesmos consideram mais típico, mais característico. Já se notou que os candangos nordestinos de Brasília livram-se logo das vogais pretônicas abertas, como em cɔronel, ɛvidentemente etc. (Bortoni-Ricardo, 1985).

Ainda não dispomos de uma consolidação dos achados dos atlas regionais brasileiros. Simplificando bastante as coisas, vejamos quais são as principais características do PB do Norte e as do PB do Sul.

Quadro 4.1 – Características do PB do Norte e do PB do Sul

PORTUGUÊS BRASILEIRO DO NORTE	PORTUGUÊS BRASILEIRO DO SUL
PRONÚNCIA DAS VOGAIS	
Abertura das átonas pretônicas no Nordeste (cɔvardi, nɔturno, nɛblina, rɛcruta).	Fechamento dessas vogais no Sul: cuvardi, nuturnu, alternando com covardi, noturnu etc.
Fechamento maior em palavras dissilábicas, donde filiz, chuver.	Mesmos fenômenos, embora não por todo o Sul.
Vogais átonas finais -e, -o são fechadas, encontrando-se as pronúncias pente/penti, lobo/lobu.	Vogais átonas finais -e, -o são mantidas em algumas regiões do Sul.
PRONÚNCIA DAS CONSOANTES	
Produção de /r/ no Nordeste e no Rio de Janeiro como vibrante posterior.	Produção de /r/ no Sudeste e Sul como [r] vibrante anterior. O [ɹ] retroflexo ocorre na área dos falares caipiras, no final da palavra, na posição inicial de sílaba e nos grupos consonantais: porta, caro, cobra. Nas situações formais, a execução retroflexa é discriminada.
Troca de v por b em palavras tais como barrer, bassoura, berruga, bespa, na variedade popular de Pernambuco, Bahia.	Mesmo fenômeno, na variedade popular.
As dentais [t] e [d] em posição postônica são palatizadas, como em denti, pɔdi, ou mesmo africadas, como em dentʃi, pɔdʒi.	Manutenção da execução dental de [t] e [d] em algumas regiões, produzindo-se uma ligeira palatização nas demais, como em denti, pɔdi.
Espiração e perda de [-s] final: vamos > vamoh > vamo; pôs > poih > pô.	Manutenção da sibilante: vamos, pôs. Palatalização na área do Rio de Janeiro: vamuʃ, poiʃ. Não realização em São Paulo e em Minas Gerais.
MORFOLOGIA	
Morfologia nominal e pronominal	
Generalização do pronome relativo que, perdendo-se cujo, onde.	Mesmo fenômeno.
Morfologia verbal	
Elevação da vogal temática no pretérito perfeito do indicativo, no PB popular: fiquemo, falemo, bebimu.	Mesmo fenômeno, na mesma variedade.

SINTAXE	
Simplificação da concordância nominal, expressa apenas pelo determinante (como em *as pessoa*). A concordância nominal e verbal são favorecidas quando as formas de singular e de plural do substantivo ou do verbo se distinguem mais fortemente (saliência fônica), como em *a colher/as colheres* (em contraste, por exemplo, com *o menino/os meninos*), *o menino é alto/os meninos são alto* (em contraste, por exemplo, com *ele fala/eles falam*).	Marcas redundantes da concordância na fala culta. Mesmos fenômenos na fala popular.
Objeto direto expresso por *ele, lhe*: *eu não vi ele/eu não lhe vi, eu não conheço ele/eu não lhe conheço*.	Preferência pela omissão dos pronomes nessas funções: *eu não vi Ø, eu não Ø conheço*.
Preferência pela sentença relativa cortadora, em que se omite a preposição antes do pronome relativo (*perdi a revista que a capa estava rasgada*) e pela relativa copiadora, em que se insere pronome pessoal depois do relativo (*o menino que ele chegou trouxe a correspondência*). Veja **9.2.3**. Nos dois casos, nota-se que o relativo se "despronominaliza" e é cada vez mais apenas uma conjunção.	Mesmos fenômenos.
Preferência pela oração substantiva "dequeísta": *Ele falou de que não sabia de nada*.	Mesmo fenômeno.

O quadro acima aponta a presença de muitos traços comuns entre Norte e Sul. Muitos desses fenômenos se correlacionam mais com a classe social dos falantes do que com a região de onde procedem.

4.1.3. FALARES FRONTEIRIÇOS

Desde que Rona (1965) examinou as características do PB falado na fronteira com o Uruguai, nunca mais o tema saiu da agenda: vejam-se os trabalhos de Hensey (1967, 1972, 1975, 1982), Elizaincín (1978, 1979a, 1979b, 1992), Elizaincín/ Behares / Barrios (1987), Carvalho (2003a, 2003b, 2004). Estes últimos mostraram que a penetração do PB popular havia aumentado, ocupando uma terça parte do território uruguaio.

A lusitanização de parte do Uruguai prende-se ao fato de que o lugar integrava o Império Brasileiro, como sua Província Cisplatina. A incorporação do território ao Império Espanhol se fez acompanhar da implantação do espanhol no novo país. Os habitantes do norte do Uruguai, entretanto, seguiram falando português nas situações informais, valendo-se do espanhol nas situações formais, situação conhecida como diglossia.

Novos estudos sobre contatos linguísticos na fronteira surgiram quando se deu a expansão agrícola em direção ao Paraguai, criando-se a figura dos "brasiguaios", cuja linguagem foi estudada em Dietrich (2004), Symeonidis (2004) e Thun (2004).

LEITURAS SOBRE DIALETOLOGIA, PESQUISA DIALETOLÓGICA, FALARES BRASILEIROS
Para um balanço das pesquisas dialetológicas no Brasil, veja Castilho (1973a), Aragão (1988), Brandão (1991), Aguilera (org. 1998), Cardoso (1999, 2001-2002, 2005), Isquerdo (2005).
Sobre a primeira fase da pesquisa dialetológica: Amaral (1922/1977), Nascentes (1922), Marroquim (1943/1996), Teixeira (1938), entre outros.

Sobre a preparação da segunda fase: Silva Neto (1957a), Nascentes (1958-1961), Mota (1964).
Sobre a descrição dos falares brasileiros durante a terceira fase:
- Bahia: Rossi / Ferreira / Isensee (1965), Rossi (1965).
- Minas Gerais: Ribeiro et al. (1977).
- São Paulo: Caruso (1982, 1983).
- Paraíba: Aragão / Menezes (1984).
- Sergipe: Ferreira et al. (1987), Cardoso (2002).
- Paraná: Aguilera (1994).
- Região Sul do Brasil: Koch / Klassman / Altenhofen (2002).
- Pará: Razky (2004).

Sobre a terceira fase, relativa ao atlas linguístico do Brasil: Cardoso (2005).
Sobre os falares fronteiriços do PB: Rona (1965), Hensey (1967, 1972, 1975, 1982), Elizaincín (1978, 1979a, 1979b, 1992), Elizaincín / Behares / Barrios (1987), Dietrich (2004), Carvalho (2003a, 2003b, 2003c, 2004), Symeonidis (2004), Thun (2004).
Para uma consolidação atualizada dos dados obtidos, veja Noll (2008).

4.2. VARIAÇÃO SOCIOCULTURAL

Mesmo que se considerem os falantes do PB originários de uma mesma região, ainda assim sua linguagem varia, pois cada falante procede de um segmento diferente da sociedade. Já se observou que há uma correlação entre fatos linguísticos e o segmento social de onde o falante procede. Costuma-se sistematizar as variedades socioculturais levando em conta as seguintes variáveis: (i) falante não escolarizado, (ii) falante escolarizado.

Analfabetos e cidadãos escolarizados não falam exatamente da mesma forma. Analfabetos usam o *português popular*, ou variedade não culta. Pessoas escolarizadas usam o *português culto*, ou variedade padrão, aprendida na escola ou no ambiente familiar.

Ambas as modalidades foram trazidas pelos colonos portugueses, com predominância dos falantes do português popular. A história se repetiu também aqui. Afinal, que classe social de romanos invadiu a península ibérica? O alto patriciado romano? Nada disso, foi a massa menos favorecida da população, que esperava tornar-se proprietária das terras conquistadas. E de fato melhoraram de vida, e passaram a ensinar aos povos conquistados suas técnicas de plantar, construir casas e administrar. Sempre falando em latim vulgar.

E que portugueses enfrentavam no século XVI as incertezas da longa travessia marítima? Os portugueses "bem de vida"? Não, estes financiavam as esquadras e ficavam com grande parte dos lucros. Quem enfrentava os problemas das novas terras, encarava o índio, plantava, construía e procurava ficar rico eram os sem-terra daqueles tempos. É verdade que não eram uns pobretões acabados. Eles tinham que pagar o transporte nos navios e a comida que comeriam durante a travessia.

Uma família portuguesa juntava algum dinheiro e despachava um de seus membros, na esperança de que ele "fizesse a América" e retornasse rico, compensando o investimento feito. Isso não fazia deles nobres, posição que viria a ser reivindicada pelos descendentes que deram certo. Agora, pobres, pobres mesmo, só os degredados e as prostitutas, enviados pela justiça portuguesa às terras americanas, com passagem paga pelo governo. Passagem só de ida, óbvio.

De modo que não foi propriamente o português falado nas aulas da Universidade de Coimbra que desembarcou em nossas praias. Era o português popular, não padrão, o primeiro que se fez ouvir nas plagas sul-americanas. Dele deriva, de forma direta, o PB popular. Assim, para conhecer as bases do PB popular, teremos de descrever o PE popular do século XV. Uma tarefa bem complicada, que terá de ser enfrentada pelas novas gerações de linguistas!

Mas voltando à sincronia, são muito diferentes entre si as variedades popular e culta? Não a ponto de dificultar a intercomunicação. Vamos deixar claro o seguinte: quando distinguimos PB popular de PB culto, estamos nos referindo a variações socioculturais não separáveis rigidamente. Ninguém é exclusivamente "falante popular" nem "falante culto". As linhas divisórias entre essas modalidades são muito tênues – afinal não se trata de duas línguas diferentes!

Cada variação sociolinguística é definível, portanto, em termos de um feixe de características, e o que distingue uma de outra é a frequência de uso. Por exemplo, é mais frequente que usuários do PB popular não concordem o verbo com o sujeito, e mesmo assim nem sempre! Fazer a concordância é uma característica mais frequente entre os usuários do PB culto – mas, igualmente, nem sempre! Que brasileiro escolarizado em algum momento já não disse *"chegou aqui depois de muita espera os livros encomendados"*? Quem pratica o português popular não "fala errado" – apenas opera com a variedade correspondente ao seu nível sociocultural. Quem pratica o português culto não "fala certo", de novo apenas se serve da variedade correspondente ao seu nível sociocultural. Falar errado é não se fazer entender em seu meio, como lembrava o professor Antenor Nascentes, ou é usar uma variedade inadequada ao meio em que o falante se encontra. Em suma, a diferença entre PB popular e PB culto é muito mais uma questão de estatística do que de outra coisa qualquer, e os juízos de valor associados a essas modalidades decorrem de circunstâncias sociológicas que nada têm a ver com a enorme complexidade de ambas as variedades linguísticas.

Você gosta daquelas belas canções italianas? Sabia que em sua maior parte elas são cantadas nos dialetos sulinos da Itália, e ninguém torce a cara para isso? É verdade que num ambiente desconhecido, pelo sim pelo não, é melhor atacar de PB culto. Mas, veja bem, essa decisão tem um caráter puramente prático, e não assenta em nenhuma pretensa superioridade de uma variedade sociocultural sobre a outra. Por que será então que no Brasil se faz tanta questão de discriminar o português popular, considerando-o uma modalidade errada, inferior? Pense em como está organizada nossa sociedade, compare-a à de outros países, e encontre a resposta.

Cada uma das situações sociolinguísticas descritas na seção anterior dispõe de normas próprias. Ninguém usa o português formal numa situação familiar, ninguém fala como se falava no passado, e assim por diante. Esse é o entendimento que se tem de uma norma geral, de motivação antropológica.

Os antropólogos entendem a norma como um fator de aglutinação social, argumentando que ela é um conjunto de ações e atitudes culturais que resultam de forças coletivas. Em qualquer comunidade, cobra-se fidelidade de seus membros aos diferentes padrões culturais, aí incluída a língua. Sem adesão a esses padrões, o indivíduo é um estranho em seu grupo, e, no limite, toda uma comunidade perde sua identidade.

Mas tem-se observado que nas diversas comunidades de fala há sempre uma norma específica, uma variedade linguística de maior prestígio, a que se denomina *língua padrão, norma culta**. Para o entendimento do que é a norma culta, consulte a seção 1.4.

Numa sociedade em rápido processo de mudança como é a brasileira, há uma natural flutuação nas aspirações da classe escolarizada com respeito à adequação em matéria linguística. Foi por isso inevitável a flutuação da norma culta ao longo dos tempos. Durante o Brasil Colônia, o português padrão brasileiro coincidia com o português padrão lusitano, pois até aquela época não havia diferenças entre o português de aquém e de além mar. Além disso, os portugueses comandavam os negócios públicos, imprimiam rumos políticos e culturais ao território, predominavam numericamente entre a população branca, tendo por isso um prestígio social maior.

Com a Independência e a ascensão dos brasileiros a cargos governamentais, configurou-se outra variedade de prestígio, e com isso o português culto do Rio de Janeiro, capital da Colônia, e depois do Império e da República, foi considerado como um novo padrão, passando a ser utilizado nos materiais didáticos e mesmo em congressos científicos como a modalidade a ser adotada por quem quer que buscasse prestígio linguístico em sua comunidade. Bem, isso é o que se diz, pois não se confirmou por pesquisas empíricas que os brasileiros cultos das diferentes regiões brasileiras falam, ou falaram, de fato como os cariocas.

Com a mudança da capital para Brasília e o desenvolvimento de outras regiões, passou a ocorrer no Brasil uma situação de policentrismo cultural, claramente prevista por Rossi (1968/1969). Hoje é uma tarefa inútil buscar na fala do Rio, de São Paulo ou de qualquer outra região um padrão válido para todo o país. Ao longo desta gramática, tenho repetido que dispomos de diversos padrões linguísticos, cujo prestígio vale para as regiões em que são praticados.

Importa igualmente dar-se conta de que a teoria da variação linguística tem tido uma grande repercussão na análise gramatical. Admite-se hoje que os falantes de uma língua operam com um conjunto de gramáticas, de acordo com a situação linguística particular em que estão envolvidos. Labov (1972a) mostrou que é possível estudar a língua em situações reais de uso, porque a heterogeneidade da língua é estruturada.

Veja no Quadro 4.2 as principais características das variedades popular e culta. Nesse quadro, não tive a preocupação de separar as regiões dialetais brasileiras.

Quadro 4.2 – Características do PB popular e do PB culto

PORTUGUÊS BRASILEIRO POPULAR	PORTUGUÊS BRASILEIRO CULTO
VOGAIS E DITONGOS	
Ditongação das vogais tônicas seguidas de sibilante no final das palavras: *mêis, luiz*.	Manutenção dessas vogais: *mês, luz*.
Perda da vogal átona inicial: *marelo, sucra*.	Manutenção da vogal átona inicial: *amarelo, açúcar*.
Nasalação das átonas iniciais: *inzame, inducação, inleição, indentidade*. Nasalação dos monossílabos tônicos: *im, vim*.	Execução oral da átona inicial, flutuando sua altura em pronúncias como *exame/izame, educação/iducação*. Manutenção dos infinitivos monossilábicos: *ir, vir*.
Queda das vogais átonas postônicas nas proparoxítonas: *pêzgu, cosca, oclos, arve, figo,* por *pêssego, cócegas, óculos, árvore, fígado*. Com isso, predominam as paroxítonas.	Mantêm-se as átonas postônicas nas proparoxítonas.
Perda da distinção entre ditongos e vogais em contexto palatal: monotongação em *caxa, pexe, bejo, quejo*; ditongação em *bandeija, feichar*.	Perda dessa distinção, variando regionalmente a presença da ditongação.
Perda da nasalidade e monotongação dos ditongos nasais finais: *eis cómi, os hómi, eis faláru, viági, reciclági,* por *eles comem, os homens, eles falaram, viagem, reciclagem*.	Manutenção dos ditongos nasais: *eles comem* [ˈkɔmẽy], *os homem* [ozˈɔzmẽy], *eles falaram* [faˈlarãw]. Monotongação desses ditongos: [ˈkɔmim], [ˈɔmi], [faˈlarum].
Monotongação dos ditongos crescentes átonos em posição final: *ciença, experiença, negoço*.	Manutenção desses ditongos: *ciência, experiência, negócio*.
CONSOANTES	
Troca de [l] por [r] em final de sílaba e em grupos consonantais: *marvado, pranta*.	Manutenção do [l]: *malvado, planta*.
Iodização da palatal *lh:* [oˈreya], [ˈvɛyu].	Manutenção da palatal: *orelha, velho*.
Perda das consoantes [d] e [b] quando precedidas de vogal nasal: *andano* por *andando, emora* por *embora*.	Manutenção dessas consoantes na fala formal: *andando, embora*. Na fala espontânea, perda dessa consoante.

SÍLABA	
Alteração da coda silábica, abrindo-se progressivamente as sílabas, mediante: (i) a perda das consoantes travadoras [-s], [-l], [-r] em sílaba final: *as criança, os papé, comê*; (ii) idem em sílaba medial: *memo, ahto*, ou substituição de [l] por [r]/[ɹ]: *mermo, arto*, ou iodização de [l]: *aytu*. (iii) inserção de vogal anterior alta: *meli, mari, calori*.	Manutenção da coda silábica: (i) perde-se apenas [-r]: *comê*, salvo quando a palavra precede outra iniciada por vogal, como em *ir andando*. Começa-se a perder [-r-] pós-vocálico, antes de fricativas: *emegência, exécito, ceveja, univesidade*, na fala culta e popular. (ii) mantém-se a consoante travadora de sílaba medial: *mesmo, alto*. (iii) mantém-se a consoante travadora de sílaba final: *mel, mar, calor*.
MORFOLOGIA	
Morfologia nominal e pronominal	
Perda progressiva do -s para marcar o plural, que passa a ser expresso pelo artigo: *os homi, as pessoa*.	Manutenção das regras redundantes de marcação do plural, salvo na fala rápida: *os homens, as pessoas*.
Perda do valor do sufixo -*ior* nos comparativos de superioridade, utilizando-se o advérbio *mais*: *mais mió, mais pió*.	Preservação do valor comparativo do sufixo -*ior*: *melhor, pior*.
Alterações no quadro dos pronomes pessoais: (i) substituição de *tu* por *você* na maior parte do país, o uso de *tu* ocorre em variação com *você*; (ii) substituição de *nós* por *a gente*; (iii) perda do [-l-] da terceira pessoa: *ey, eys*; (iv) o reflexivo *se* perde o traço de terceira pessoa gramatical (*eu se esqueci, nós não se falemo mais*); (v) perda do pronome *o*, generalização do pronome *lhe* como acusativo quando em referência à segunda pessoa (*eu não lhe vi, eu não lhe conheço*, em que *lhe* é realizado como [lê], [li]).	Alterações no quadro dos pronomes pessoais: (i) usa-se *tu* nas regiões Norte e Sul do país, e na cidade do Rio de Janeiro, neste caso sem com ele concordar o verbo: *tu sabe de uma coisa?*; (ii) substituição progressiva de *nós* por *a gente*; (iii) manutenção do [-l-] da terceira pessoa: *ele, eles*, salvo em Minas Gerais, onde se ouve com frequência *s vêm pro jantar*; (iv) o reflexivo mantém seu traço de terceira pessoa gramatical (*ele se esqueceu*) ou é omitido (*eu esqueci, eu formei em 1980*); (v) difunde-se a perda de *o* na língua falada, para referência à segunda e terceira pessoas, mantendo-se na língua escrita; difunde-se igualmente a perda de *lhe* para referência à terceira pessoa, sendo substituído por *pra ele/ela*. Mantém-se, porém, o uso de *lhe* para referência à segunda pessoa em variação com *te* em algumas regiões (*eu lhe mato/eu te mato*), mantendo-se igualmente na língua escrita.
Redução do quadro dos pronomes possessivos para *meu/seu/dele*, com perda progressiva de *teu* nas regiões em que desapareceu *tu*, e de *seu* em referência à terceira pessoa. Oliveira e Silva / Scherre (orgs. 1996) mostram que neste caso *seu* continua apenas em contextos de quantificação: *ela terá seus quarenta anos, cada um leva o seu*.	Mesmas características. O pronome *teu* pode aparecer em contextos marcados, alternando com *seu*: *Meta-se com os seus negócios, isto não é da tua conta!* O mesmo ocorre na fala popular.
Redução dos pronomes demonstrativos a dois tipos, *este/esse* vs. *aquele*, perdendo-se a distinção lexicalmente marcada entre primeira e segunda pessoa. *Este/esse* ocorrem para indicar objetos próximos ou para retomar informações próximas, mantendo-se *aquele* para indicar objetos e informações remotas.	Mesmas características.
Generalização do pronome relativo *que*, perdendo-se *cujo, onde*.	Mesmas características.

Morfologia verbal	
Elevação da vogal temática no pretérito perfeito do indicativo: *fiquemu, falemu, bebimu,* distinguindo-se do presente *ficamu, falamu, bebemu*.	Manutenção da vogal temática, continuando indistintos o presente e o pretérito: *ficamos, falamos, bebemos*.
Simplificação na morfologia de pessoa, dadas as alterações no quadro dos pronomes pessoais, reduzindo-se a conjugação a apenas duas formas diferentes: *eu falo, você/ele/a gente/eles fala*. Por hipercorreção, pode-se ouvir *a gente falamos*.	A morfologia de pessoa reduz-se a três formas (às vezes, a quatro formas diferentes): *eu falo, você/ele/a gente fala/eles falam*. Quando ocorre *nós*, ocorrerá a quarta forma: *nós falamos*.
SINTAXE	
Simplificação da concordância nominal: (i) expressa pelo determinante: *as pessoa*. (ii) simplificação acentuada quando o substantivo e o adjetivo vêm no diminutivo (*aqueles cabelim branquim*).	Manutenção da concordância nominal com redundância de marcas: *as pessoas, aqueles cabelinhos branquinhos*. Em algumas regiões do país a simplificação alcançou também os diminutivos.
Simplificação da concordância verbal: *as pessoa fala, fala, mas não resolve nada*.	Manutenção da concordância do verbo com o sujeito anteposto: *as pessoa falam, falam, mas não resolvem nada*.
Manutenção da concordância apenas quando há saliência fônica entre a forma do singular e a forma do plural: (i) Concordância nominal: *a colher/as colheres*. (ii) Concordância verbal: *as pessoa saíru, elas são bão*.	Manutenção da morfologia do substantivo e do verbo no plural: *as colheres, as pessoas saíram*. Em Minas Gerais a redução morfológica se mostra também na fala culta: *cantáru, bebêru, fizéru, saíru*.
Falta de concordância: (i) de gênero, como em *o meu sobrinha, cabelo grossa*, no Vale do Ribeira (SP) e na baixada cuiabana. (ii) de pessoa gramatical entre o verbo e o sujeito, como em *eu foi, eu apanhou 2 quilos*, nos mesmos lugares. (iii) de número entre o verbo e o sujeito posposto, como em *tava lá as empregadas*.	Manutenção da concordância nos casos (i), (ii). A regra pode não se aplicar em (iii) quando o sujeito é posposto a verbo monoargumental: *Faltou as respostas mais interessantes*. Na fala culta documentada pelo Projeto Nurc, a concordância ocorre em casos como *Haviam muitas pessoas na sala*.
Predominância do sujeito expresso e colocado antes do verbo, evitando-se o sujeito posposto.	Mesma característica. Sujeito "pesado", constituído por muitas sílabas, tende a pospor-se, mas a sintaxe torna-se progressivamente mais rígida.
Omissão do objeto direto: *eu vi Ø*. Quando expressa, essa função vem preenchida pelo pronome *ele* (*eu vi ele*) ou por *lhe*, em referência à segunda pessoa (*eu não lhe conheço*).	Omissão do objeto direto em 70% dos casos: *eu vi Ø*. Na fala culta espontânea é comum dizer-se *eu vi ele*, nas mesmas proporções da fala popular. Dependendo da região, amplia-se o uso de *lhe* como objeto direto, quando em referência à segunda pessoa: *eu lhe vi, mas não lhe reconheci*. O mesmo ocorre na escrita, em que oscilações do tipo *Isso o agrada/o interessa/este amor lhe levou a fazer loucuras* se devem à falta de familiaridade com os clíticos.
Supressão da preposição em alguns complementos oblíquos: *Eu preciso Ø isso*, ou quando o complemento preposicionado é movido para a cabeça da sentença: *Isso eu preciso*.	Manutenção da preposição: *Eu preciso disso*, salvo quando o complemento é movido para a esquerda: *Isso eu preciso*.

Uso de *ter* nas construções existenciais: *Hoje tem aula.*	Mesmo fenômeno. Manutenção de *haver* existencial na língua escrita.
Abundância de construções de tópico sujeito, com retomada pronominal no interior da oração: *A menina, ela chegou agora mesmo.*	Mesmo fenômeno.
Preferência pela oração relativa cortadora, em que se omite a preposição antes do pronome relativo (*perdi a revista que a capa estava rasgada*) e pela relativa copiadora, em que se insere pronome pessoal depois do relativo (*o menino que ele chegou trouxe a correspondência*). Nos dois casos, nota-se que o relativo se "despronominaliza", transformando-se cada vez mais numa conjunção.	Mesmos fenômenos na língua falada culta. Na língua escrita, discreta preferência pela oração relativa padrão: *perdi a revista de que a capa estava rasgada, o menino que chegou trouxe a correspondência*. Mesmo nesta variedade, há variação entre cortadoras e copiadoras. Nos registros do Projeto Nurc o relativo *cujo* desapareceu por completo.
Preferência pela oração substantiva "dequeísta": *Ele falou de que não sabia de nada.*	Há certa preferência pela oração substantiva "queísta": *Ele falou que não sabia de nada*. Nota-se, entretanto, uma variação grande mesmo na escrita, em que é frequente a queda da preposição em substantivas: *a certeza que todos vão colaborar*. Este é mais um ponto em que as falas culta e popular confluem para soluções semelhantes.

Fontes: Roberts / Kato (orgs. 1993), Oliveira e Silva / Scherre (orgs. 1996), Naro / Scherre (2007), Maria Eugênia Lamoglia Duarte (com. pessoal).

O quadro anterior confirma que (1) não há uma oposição categórica entre fala popular e fala culta, ocorrendo em muitos casos um compartilhamento de propriedades; (2) em certos casos, a preferência culta exclui fortemente a preferência popular; (3) em situações informais, diminui a distância entre essas variedades, e o falante culto pode aproximar-se bastante da execução popular, ainda que não em todos os casos; (4) as variedades populares flutuam de acordo com a região geográfica, mas a fala culta é um pouco mais homogênea, sobretudo em sua forma escrita.

Várias razões justificam a importância de comparar essas duas variedades:

(1) Tendo a escola a obrigação de ensinar o português culto, e levando em conta o ingresso nela de muitos alunos que praticam a variedade popular, é evidente que os professores têm de conhecer bem ambas as variedades para desenvolver estratégias de, respeitando a popular, expor os alunos à variedade culta. Ou seja, é preciso que professores e alunos conheçam bem ambas as variedades para escolher com adequação aquela que melhor corresponda à situação de fala: em casa, adota-se a norma familiar, qualquer que seja ela; falando com estranhos, adota-se o português padrão. É nessa espécie de "bilinguismo interno", manejado com naturalidade em sociedades desenvolvidas, que se assenta uma percepção democrática de uso da língua materna.

(2) Do ponto de vista diacrônico, viu-se que é a variedade popular que pode dar origem a outras línguas. Sabemos que o português veio do latim vulgar, não do latim culto. Foi preciso aguardar a escolarização da sociedade e a criação de instituições de cultura elaborada para que se criasse espaço para a variedade de prestígio, que é sempre a variedade culta. Com isso, pode ser que uma língua brasileira se desenvolva a partir do PB popular atual.

(3) Por outro lado, a urbanização crescente do país pôs em contato as variedades popular e culta do PB, até então presas aos seus nichos: o PB popular da zona rural, o PB culto das cidades. Presentemente, contatos entre as duas variedades mostram um forte embate entre elas. Esse embate deve estar plasmando o PB do futuro, além do já mencionado policentrismo cultural e político do país. Nenhum deles fala "melhor" ou "pior" do que os outros.

O surgimento do PB culto deve ter-se dado por volta do século XIX, quando se criaram escolas, se fundaram jornais, tem início a alfabetização dos brasileiros, e uma vida cultural mais rica dá seus primeiros passos. Isso criou uma divisão sociocultural na sociedade brasileira. Surge a classe culta, falante do PB culto. Também aqui a história se repetiu: afinal não foi o mesmo que aconteceu na Roma do século III a.C.?

Segundo Fausto (1994/1998: 237), os primeiros dados gerais sobre instrução mostram enormes carências nessa área. Em 1872, entre os escravos, o índice de analfabetos atingia 99,9%, e entre a população livre chegava a aproximadamente 80%, subindo para mais de 86% quando consideramos as mulheres. Mesmo descontando-se o fato de que os percentuais se referem à população total, estimada nesse recenseamento em 4,6 milhões, sem excluir crianças nos primeiros anos de vida, eles são bastante elevados. Apurou-se ainda que somente 16,8% da população entre 6 e 15 anos frequentavam a escola, no que seria hoje o ensino fundamental. Havia apenas 12 mil alunos matriculados no ensino médio. Calcula-se que chegava a 8 mil o número de pessoas com educação superior no país. Um abismo separava, pois, a elite letrada da grande massa de analfabetos e da gente com educação rudimentar.

Esse quadro formado por duas classes sociais torna-se mais complexo nas metrópoles, como São Paulo, que receberam no século XIX migrantes europeus e migrantes internos, sendo estes não escolarizados. Ângela C. S. Rodrigues refere-se a esta questão ao tratar do português popular de São Paulo no século XX:

> Nas grandes capitais brasileiras, principalmente na capital federal e naquelas das regiões Sul e Sudeste, de que São Paulo é legítima representante, verifica-se um fenômeno especial de variação sociolinguística, explicável pelo intenso fluxo migratório de todas as regiões do Brasil, principalmente do Nordeste, em direção aos grandes centros urbanos. Percebe-se que, na cidade grande, a variedade linguística que utilizam os migrantes em seus estados de origem deixa de representar, significar ou simbolizar sua região, já que passam a compor o imenso contingente de mão de obra não especializada, uma grande maioria de pobres, analfabetos, membros de um estrato social inferior. A variedade de língua que utilizam, regional na origem, torna-se variedade social, símbolo de uma posição social inferior. Os migrantes vão constituir, com a população da capital e de regiões próximas a ela, pertencentes ao mesmo estrato social, um extenso grupo de usuários de uma variedade popular ou não padrão, estigmatizada, que se torna, ela mesma, um indicador da classe socioeconômica a que pertencem, pois apresentam características relativamente permanentes, que não se alteram em função de diferentes situações de fala (Rodrigues, 1987: 25).

Em resumo, o PB culto é mais recente que o popular, tendo surgido com a urbanização, que diferenciou a sociedade brasileira em dois níveis sociolinguísticos: a dos escolarizados e a dos analfabetos. As cidades trouxeram as escolas, os teatros, os livros e os jornais. Inicialmente imitando o PE culto (a classe administrativa brasileira era formada em Coimbra), pouco a pouco essa classe social encontrou sua personalidade, recolhendo formas populares, mudando outras, até que a partir de 1920 se ergue a consciência de uma identidade linguística brasileira própria.

Lobo (2001 I: 27) fez uma importante observação sobre as fases do português popular e do surgimento do português padrão, que passa a conviver com o popular:

> Na primeira fase, o país é eminentemente rural, e a sua diversidade linguística caracteriza-se, principalmente, pela oposição dos dialetos rurais entre si; na segunda fase, o Brasil torna-se um país eminentemente urbano, e a variação diatópica esbate-se em favor de uma variação de tipo diastrático, que opõe falantes de níveis socioculturais distintos, com as classes baixas urbanas passando a ser integradas progressiva e majoritariamente pela população de origem rural e seus descendentes.

LEITURAS SOBRE UMA CARACTERIZAÇÃO SOCIOLINGUÍSTICA DO PORTUGUÊS BRASILEIRO
Roberts / Kato (orgs. 1993), Oliveira e Silva / Scherre (orgs. 1996), Roncarati / Abraçado (orgs. 2003), Mollica / Braga (orgs. 2003), Pagotto (2004), Naro / Scherre (2007), Noll (2008).

LEITURAS SOBRE O PORTUGUÊS POPULAR BRASILEIRO
Veja indicações de leitura na seção anterior deste capítulo, acrescentando: Palhano (1958), Ada Natal Rodrigues (1974), Ângela Rodrigues (1987, 2000, 2008b), Guy (1989), Pinto (1990a), Naro / Scherre (1993), Lucchesi (1998).

LEITURAS SOBRE O PORTUGUÊS CULTO BRASILEIRO
Para uma discussão sobre a norma culta do PB, além do que se indica na seção 1.4.1, veja: Castilho (1978a, 1980, 1982, 1983a, 1984a), Cunha (1985), Rodrigues (1987, 2000, 2006, 2007, 2008b), Lucchesi (1994, 1998), Lima-Hernandes (1997), Bagno (1997, 2000, org. 2002, 2003, 2007), Ribeiro (2004), Lopes (org. 2005), Kewitz / Simões (2009).

4.3. VARIAÇÃO INDIVIDUAL

Um conjunto de parâmetros permite observar a variação individual na execução do PB: o registro, a idade, o sexo. Outro parâmetro, o do nível socioeconômico, foi estudado no item anterior.

4.3.1. O REGISTRO: PB FORMAL E PB INFORMAL

Diferentes graus de intimidade caracterizam o espaço social interindividual. A língua produzida segundo esse eixo é denominada *registro*, em que se reconhece o PB informal (ou coloquial) e o PB formal (ou refletido).

Falamos inteiramente "à vontade" com nossa família e com nossos amigos. Falamos com mais cuidado, escolhendo as palavras e refletindo mais sobre a impressão que vamos dar, quando falamos com pessoas desconhecidas. Em consequência, escolhemos os recursos linguísticos adequados a essas situações. Veja como um mesmo indivíduo escreve um bilhete para sua namorada ou se dirige ao seu superior:

Quadro 4.3 – Amostras do PB informal e do PB formal

PB INFORMAL	PB FORMAL
Bilhete para a namorada	Carta para o patrão
Oi Bia:	*Senhor gerente:*
Seguinte. A gente combinou de ir no cinema amanhã, sessão da tarde. Não vai dar. *Me esqueci que tem uma prova no colégio, e se eu não estudar minha velha me pega pelo pé. Eu, hein?* *Tô fora. Você me entende.* *Beijocas,* *Pedrão*	*Terei de faltar amanhã ao trabalho em razão de uma prova bem difícil, no colégio.* *Precisarei estudar, pois se eu for mal nessa prova minha mãe vai ficar muito nervosa.* *Espero que o senhor compreenda minha situação e que me desculpe.* *Atenciosamente,* *Pedro*

Compare os dois textos e verifique você mesmo quais são as diferenças entre o estilo formal e o estilo informal.

4.3.2. A IDADE: PORTUGUÊS DE CRIANÇAS E DE ADULTOS

Outro ponto que faz variar nossa linguagem é dado por nossa idade. Simplificando um pouco as coisas, sabe-se que velhos falam como se falava antes, e jovens acolhem as mudanças na língua que foram generalizadas posteriormente. Jovens usam mais gírias que velhos (Naro, 1991).

4.3.3. O SEXO: PORTUGUÊS DE HOMENS E DE MULHERES

A estrutura da língua portuguesa não explorou muito fortemente a diferença entre sexos, se comparada com outras línguas. Em algumas línguas, a própria morfologia* é diferente, segundo quem fala é um homem ou uma mulher. No japonês, por exemplo, há dois pronomes para *eu* e dois para *tu*, pelos quais se esclarece o sexo do falante (Rodolfo Ilari, com. pessoal). Pesquisas sobre o PB culto mostraram, entretanto, que mulheres e homens distribuem diferentemente expressões do tipo *eh...*, *ahn...*, *eh...* quando falam, criando o que Tarallo (1993a) chamou de "sotaque sintático".

LEITURAS SOBRE A VARIAÇÃO INDIVIDUAL
- PB de crianças: Lemos (1986, 1987, 2002), Kato (org. 1992), D. D. Oliveira (1993), Val (1996), Marilza de Oliveira (2000a), Barbosa (2002), Vieira (2004), entre outros.
- PB de adultos: Preti (1984), Tfouni (1988).

4.4. VARIAÇÃO DE CANAL

A comunicação linguística pode ocorrer em presença do interlocutor, quando falamos, ou na sua ausência, quando escrevemos. Isso nos leva à variação de canal, a língua falada e a língua escrita.

Em qualquer uma dessas situações, o locutor não está sozinho na construção de seus enunciados, que são de certa forma controlados pelo interlocutor, presente ou ausente. As línguas naturais são, portanto, constitutivamente dialógicas.

4.4.1. PORTUGUÊS FALADO

A documentação, a transcrição das entrevistas, a descrição e a interpretação da língua falada marcaram profundamente a Linguística moderna. Preliminarmente, vejamos uma breve história de como isso se passou.

4.4.1.1. Histórico dos estudos sobre a oralidade

Do ponto de vista metodológico, tivemos dois momentos no estudo dessa variedade, separados pela utilização do gravador de voz.

1. Primeiro momento

No primeiro momento, situado anteriormente à invenção do gravador portátil, a observação da língua falada se fundamentava em segmentos conversacionais recolhidos de memória e depois registrados no papel, ou na observação de como os escritores documentavam em seus textos a língua falada. Nessa fase, essa modalidade era muitas vezes, erroneamente, denominada "fala popular".

Nencioni (1983: 129) e D'Achille (1990: 10) informam que Leo Spitzer foi o primeiro a trilhar esse caminho, em seu estudo dos dialetos do italiano, de 1922. Com base em textos de teatro, cartas, novelas e dramas, Spitzer tratou nesse trabalho dos seguintes tópicos: (i) formas de abertura e fechamento do colóquio; (ii) expressões afetivas e de cortesia; (iii) meios lexicais e sintáticos da oralidade. Spitzer influenciou seu discípulo Werner Beinhauer, cujo trabalho *El español coloquial*, da década de 1930, foi durante muito tempo obra de consulta obrigatória. Atuou na mesma linha Charles Bally, enquanto lançou os fundamentos de uma Linguística da Enunciação, programa que teria um grande desenvolvimento após a década de 1960 (Bally, 1942, 1951, 1952). Você verá que esses temas continuarão a ser versados no segundo momento dos estudos sobre a oralidade.

Hoje sabemos que o conhecimento da língua falada obtido por essa via é muito precário, fragmentado e simplificador. Nos textos literários que serviram de *corpora* a esses estudos, o projeto estético que aí subjaz é obviamente mais forte que o interesse documental. Nos demais casos, o ouvido "filtra", por assim dizer, o que é tipicamente oral, deixando de fora os elementos mais característicos dessa modalidade. De todo modo, é preciso reconhecer que Spitzer e Beinhauer voltaram a ter uma grande atualidade após a década de 1980, não só pelo tipo de material linguístico que estudaram como também pelas reflexões teóricas a que a oralidade deu lugar.

2. Segundo momento

O segundo momento nos estudos da oralidade é marcado pelo uso do gravador magnetofônico, pela organização de *corpora* de língua falada, pelo debate sobre as formas de sua transcrição e, finalmente, pelas análises dos materiais levantados. Esses passos constituíram a língua falada como um objeto científico.

Muitos projetos se organizaram para a documentação e o estudo da língua falada. O Quadro 4.4 apresenta uma cronologia desses projetos:

Quadro 4.4 – Cronologia dos estudos sobre a língua falada

(1) Desde 1967, na América espanhola, e posteriormente na Espanha, Proyecto de Estudio de la Norma Urbana Linguística Culta. Figura central: Juan M. Lope Blanch, do Colégio de México, falecido em 2003. Veja Lope-Blanch (1964/1967, org. 1982, 1986).
(2) Desde 1970, no Brasil, Projeto de Estudo da Norma Urbana Linguística Culta (Projeto Nurc), derivado do anterior, reunindo pesquisadores da Universidade de São Paulo, da Universidade Estadual de Campinas, da Universidade Estadual Paulista e das Universidades Federais de Pernambuco, Bahia, Rio de Janeiro e Rio Grande do Sul. Publicações do Projeto Nurc: Castilho / Preti (orgs. 1986, orgs. 1987), Preti / Urbano (orgs. 1989, orgs. 1990), Castilho (org. 1989, 1990a), Callou (org. 1992), Callou / Lopes (orgs. 1993, orgs. 1994), Mota / Rollemberg (orgs. 1994), Hilgert (org. 1997), Marques (1996), Preti (org. 1993, org. 1998, org. 2000), Preti et al. (orgs. 1997), Sá et al. (orgs. 1996), Zapparoli / Camlong (2002). Aplicações da oralidade ao ensino: Travaglia (1996b), Ramos (1997), Castilho (1998a/2004).
(3) Desde 1970, em Portugal, Projecto do Português Fundamental, que investiga também a língua escrita. Principais figuras: João Malaca Casteleiro, Maria Fernanda do Nascimento, Maria Lúcia Garcia Marques e Maria Luísa Segura da Cruz. Veja Nascimento / Marques / Cruz (orgs. 1984-1987).
(4) Desde 1974, nos Estados Unidos, Conversational Analysis, sob a liderança de Sacks, Jefferson e Schegloff. Em 1993, Sandra Thompson fez derivar desse movimento a sua Interactional Syntax, com uma vasta produção: Ono / Thompson (1994a, b).
(5) Desde 1979, na França, Groupe Aixois de Recherches en Syntaxe. Figura central: Claire Blanche-Benveniste. Veja Blanche-Benveniste (1987) e a revista Le Français Parlé.
(6) Desde 1981, na Itália, Rossana Sornicola, com seu livro Sul Parlato. Seguiu-se o projeto Lessico Italiano di Frequenza, coordenado desde 1992 por Tullio de Mauro.
(7) Desde 1982, no Brasil, Projeto Censo Linguístico do Rio de Janeiro, hoje Projeto de Estudos de Usos Linguísticos (Peul). Veja Naro (org. 1986), Oliveira e Silva / Scherre (orgs. 1996), Mollica (org. 1996), Macedo / Roncaratti / Mollica (orgs. 1996), Paiva (org. 1999), Paiva / Duarte (orgs. 2003), Roncarati / Abraçado (orgs. 2003).
(8) Desde 1985, no Brasil, Projeto Censo Linguístico do Sul (Varsul).
(9) Desde 1988, no Brasil, A Linguagem Falada em Fortaleza. Veja Aragão / Soares (orgs. 1996).
(10) Desde 1993, no Brasil. Projeto Variação Linguística no Estado da Paraíba: Hora / Pedrosa (orgs. 2001).
(11) Desde 1993, em Moçambique, Projeto Panorama do Português Oral de Maputo. Veja Stroud / Gonçalves (orgs. 1977), Gonçalves (1996, 1998).
(12) Desde 2002, no Brasil, Amostra Linguística do Interior Paulista (Alip), sob a coordenação de Sebastião Carlos Leite Gonçalves, da Universidade Estadual Paulista de São José do Rio Preto (SP).

Esse quadro mostra que Brasil e Portugal integraram-se desde cedo nessa nova fronteira do conhecimento linguístico.

4.4.1.2. Metodologia para os estudos da oralidade: a gravação e a transcrição

Para constituir a língua falada como um objeto de estudos científicos, teremos de desenvolver um percurso formado por dois momentos: a gravação e a transcrição.

Para gerar um documento da língua falada, selecionamos os falantes de acordo com critérios geográficos (ver seção **4**.1 deste capítulo) e sociolinguísticos (ver seção **4**.2), escolhemos o tipo de entrevista que queremos (monólogo informal/formal, diálogo informal/formal, conversa telefônica) e produzimos o documento.

Para analisar esses documentos, procederemos à sua transcrição, matéria a ser detalhada em **5**.1.1 e **5**.2.1.

Ao longo dos estudos sobre a oralidade, foram sendo identificadas as principais características dessa variedade. Isso nos traz à próxima seção.

4.4.1.3. Caracterização da língua falada

Uma caracterização da língua falada passa pelos seguintes pontos:
(1) É um fato bastante óbvio que a língua falada resulta de um diálogo em presença, imediato, ou de um diálogo em ausência, como na conversação telefônica. Processos e produtos da oralidade são fortemente marcados por essa dialogicidade. Descrever a língua falada é, em grande medida, identificar os sinais da dialogicidade.
(2) A língua falada documenta simultaneamente os dois momentos fundamentais da linguagem: o momento de planejamento, pré-verbal, de caráter cognitivo, e o momento de execução verbal, de caráter sociointeracional. Esses dois momentos são muito visíveis quando consultamos documentos da língua falada.
(3) No domínio da Gramática, a reunião dessas propriedades configura a *sintaxe colaborativa*, examinada em **2.4.4** e, adiante, em **4.4.1.4**.

Essas características mostram que a língua falada nos proporciona uma janela privilegiada para a inspeção de como funciona nossa mente quando falamos. O que se viu através dessas janelas? Uma verdadeira renovação das teorias sobre a linguagem.

Examinemos mais de perto essas três características.

1. Língua falada como diálogo em presença

A linguagem humana é fundamentalmente dialógica, mesmo em sua modalidade escrita. Uma diferença, entretanto, é que na língua falada os usuários estão em presença, e a construção do enunciado se ressente de maneira acentuada da interação que aí se desencadeia. Isso levou Givón (1979b: 223-231) a definir a língua falada como o "modo pragmático da fala". Uma das óbvias consequências disso é que na língua escrita é necessário explicitar as coordenadas espaço-temporais em que se movem as personagens, ao passo que na língua falada tais coordenadas já estão dadas pela própria situação de fala. Tanto é assim que a leitura de uma transcrição da língua falada em que não constem os elementos situacionais causa, por vezes, a impressão de que o locutor é afásico!

Essas constatações banais apontam, entretanto, para processos dialógicos que geram consequências formais muito importantes, tais como a organização dos turnos e dos pares adjacentes, o sistema de reparação e correção, e a ampla utilização de diferentes classes gramaticais, denominadas coletivamente marcadores discursivos* (veja **5**.1).

Fixando a atenção apenas nas estratégias de manutenção, passagem consentida e assalto ao turno, fica evidente que os interlocutores se esforçam para acompanhar e avaliar constantemente os rumos da conversação. Decorre daqui uma frequência maior de segmentos epilinguísticos (veja epilinguismo*) e de modalizadores do enunciado, procedimento em que os interlocutores ora enfatizam, ora atenuam o que vai sendo dito, através de expressões tais como *eu acho, eu sei, eu penso* etc., de advérbios modalizadores como *realmente, talvez, provavelmente* etc., e dos delimitadores *mais ou menos, um tipo de* etc. (veja **13**.2.2.1.1).

Locutor e interlocutor assumem a coautoria do texto, que vai sendo gerado numa forma interacional, obrigando ambos a uma sorte de coprocessamento sintático (Blanche-Benveniste, 1986: 91). Uma das consequências é que o texto da língua falada é rico em descontinuações, e o interlocutor deve a todo momento preencher vazios.

2. Língua falada como planejamento e execução simultâneos

Já disse anteriormente que há duas fases constitutivas da linguagem: uma fase de planejamento, ou fase cognitiva, em que selecionamos o que vai ser dito e analisamos as condições da interação para a veiculação do que pretendemos dizer, e uma fase de execução, ou fase verbal, em que representamos no léxico e na gramática as ideias consideradas adequadas àquele ato de fala, dando-lhes uma representação fonológica. Ambas as fases são simultâneas. A primeira delas tem sido designada por "diálogo interno", ou conversa consigo mesmo. Uma vez engajada a conversação, procedemos constantemente a ajustes sociopragmáticos no planejamento anterior.

Na língua falada, essas fases de planejamento e execução ocorrem simultaneamente, no tempo real. Elas se dão numa situação discursiva plena, isto é, com todos os usuários em presença, o que interfere diretamente na organização e na execução dos atos de fala. Já na língua escrita, a "audiência" tem uma atuação muito discreta, com pouca probabilidade de interferir nessa organização. Nessa modalidade, como observa Pécora (1980: 80), "a primeira pessoa é obrigada a desdobrar-se na segunda". Na língua falada, tudo "vai para o ar", por assim dizer, fazendo dessa modalidade uma fonte preciosa para a identificação dos processos estruturantes da língua, examinados em 1.2. Na língua escrita, o leitor não tem acesso nem controle sobre as estratégias de preparação do texto, tais como o plano geral, as diferentes versões etc. Gostaria de insistir que na língua falada nada se apaga, nem mesmo a própria maquinaria da linguagem, permitindo uma inspeção privilegiada. Esse fato corriqueiro é um dos fundamentos da teoria multissistêmica exemplificada nesta gramática.

Os dois grandes processos da oralidade que acabo de definir criam o pano de fundo para a postulação da "sintaxe colaborativa", que passo a examinar sumariamente.

4.4.1.4. Agenda para uma "sintaxe colaborativa"

Discuti em trabalhos anteriores o problema da língua falada e da descrição de sua sintaxe: Castilho (1994a, 1995a, 1995b, 1997c), propondo o que poderia ser considerado como uma agenda para a sintaxe colaborativa.

Vários pesquisadores identificaram o modo interacional de construir as estruturas. A sintaxe colaborativa não se configurou de imediato nas descrições sintáticas da língua falada. Ela foi tomando forma nas análises estruturalistas e nas análises funcionalistas. Mas foi a Análise da Conversação (veja **5.**1) que abriu decididamente caminho aos temas da sintaxe colaborativa (Marcuschi, 1988/1991; Castilho, 1989d; Ono / Thompson, 1994a, 1994b).

O pioneiro Grupo de pesquisas sobre a oralidade, da universidade de Aix-en-Provence, procedeu a uma análise estruturalista da língua falada, defendendo uma separação estrita dos níveis e planos de análise: de um lado, a *morfossintaxe* e, de outro, a *macrossintaxe*.

A morfossintaxe é o "ponto de partida [...], mantendo intactos o léxico e o discurso [...]" (Blanche-Benveniste, ed. 1990: 6; veja também pp. 36 e 116). A sentença é a unidade da morfossintaxe. Sua descrição subordina-se à abordagem pronominal proposta por esse grupo. Trata-se de reduzir a sentença à sua estrutura esquelética, isto é, às possibilidades de combinação do verbo com os pronomes, no quadro da teoria da recção e da valência (Blanche-Benveniste et al., 1984: 45). Essa sintaxe "se ocupa das construções fundamentadas em categorias gramaticais, como o verbo, o substantivo e o adjetivo". Nela, promove-se uma "exploração máxima da gramática antes do discurso, e da sintaxe antes do léxico". Sobre a abordagem pronominal da sentença, veja **6.**4 (Blanche-Benveniste et al., 1984: 47).

Um dos momentos mais promissores desta abordagem é a postulação do campo da macrossintaxe, em que se rejeita a sentença como a unidade única de análise da oralidade, avançando-se em direção ao domínio da macrossintaxe, assim definida:

> [...] trata-se das relações que não poderemos descrever a partir da recção das categorias gramaticais; assim, uma relação de dependência ou de interdependência se exerce entre as partes **a** e **b** dos exemplos seguintes, entretanto, **a** não é regido por **b**, nem **b** é regido por **a**: "(**a**) quanto mais eu corro, (**b**) tanto mais eu me torno esportivo; (**a**) uns se divertem, (**b**) outros caçoam [...]" (Blanche-Benveniste et al., 1984: 55).

A unidade da macrossintaxe é o *nó*, que pode ser preenchido por unidades sintáticas (verbais, nominais, adjetivais, preposicionais), por elementos como *sim, não, de jeito nenhum, de acordo, pior, melhor*, ou por agrupamentos complexos em que nenhum componente poderia por si mesmo constituir-se no nó, como em "*quanto mais eu corro, tanto mais eu me torno esportivo*". O nó macrossintático pode ser acompanhado de *prefixos* e/ou de *sufixos*, aqui entendidos como constituintes que não dão surgimento ao nó, mas que o antecedem ou o seguem. Exemplo disso vem em Blanche-Benveniste et al. (1984: 115): em "<u>*de qualquer jeito*</u> *você não tem interesse em me pagar,* <u>*pois isto vai te custar caro, viu?*</u>", em que as expressões grifadas correspondem, respectivamente, ao prefixo e ao sufixo do nó. O argumento aqui, de caráter distribucional, é que não se obtém uma construção sintaticamente aceitável reunindo o prefixo e o sufixo: "**de qualquer jeito pois isto vai te custar caro, viu?*" (Blanche-Benveniste et al., 1984: 113 e 116).

A "separação estrita dos níveis e dos planos de análise" poderá passar uma imagem demasiado estática da língua falada, obscurecendo os processos de gramaticalização, claramente revelados pela metodologia da transcrição biaxial proposta pelo mesmo grupo de Aix-en-Provence, cujas pesquisas têm repercutido em Portugal (Nascimento, 1993b-2005).

Propostas de unidades de análise da língua falada ocorreram também em outros centros de pesquisa. Sempre se reconheceu que essa variedade tem uma sintaxe "solta", voltada para o discurso, em que ela se completa. Vem daí a rejeição da sentença como a unidade sintática da língua falada, postulando-se em seu lugar a *unidade comunicativa* (Halliday, 1973), as *fatias do enunciado* (Gumperz, 1982), as *unidades de ideia* (Kroll, 1941; Chafe, ed. 1980).

Sornicola (1982: 79), por exemplo, retomou as ideias de Bally (1952) para mostrar que a sintaxe ligada de que fala o mestre genebrino não é documentável na língua falada, em que os constituintes são analisados como "blocos informativos autônomos, sintaticamente independentes, e mantidos num conjunto por um princípio coesivo de natureza semântica" (Sornicola, 1982: 79). Não que as construções do colóquio fossem desconhecidas de Bally. Pelo contrário, ele e outros pesquisadores ligados ao idealismo linguístico foram sensíveis a esses fenômenos. Eles descreviam como casos de "impressionismo linguístico" as justaposições e as sobreposições de blocos informativos, tão diferentes da sintaxe da língua escrita. Sornicola reconhece, em consequência, que será necessário ultrapassar os limites da sentença como unidade de análise, para que possamos reconhecer a multiplicidade de relações entre um dado elemento da língua falada e seu contexto. Em seu texto, ela exemplifica algumas características da sintaxe da oralidade, tais como o anacoluto, o *que* polivalente e as elipses, além de outros fenômenos.

A chamada "sintaxe colaborativa" tem operado em pelo menos três áreas de pesquisa: (i) a elipse e o anacoluto; (ii) os segmentos epilinguísticos; e (iii) a repetição.

1. Elipse e anacoluto

No exemplo a seguir, dois conhecidos conversam sobre o serviço de ônibus da cidade. Como estão num ponto de parada, não há necessidade de lexicalizar esse tópico conversacional, já suprido pela situação e assinalados na transcrição por [Ø]. Transcritas e descontextualizadas, diferentes sentidos poderiam ser atribuídos a essas unidades discursivas* (veja **5.2.2**), caso desconhecêssemos seu contexto:

(1)
    a) L1 – *mas como Ø tá demorando hoje... hein?*
        L2 – *só::... e quando Ø chega... ainda vem todo sujo... fedorento...*
        L1 – *isso sem falar no preço... que sobe todo mês... sem nenhuma vantagem prá gente...*
    b) L2 – *é o tal negócio... sei lá...[Ø] entende?* (DID RJ 18)

Como se vê, a categoria vazia tão popular nas estruturas morfológica, sintagmática e funcional da sentença figura também nas unidades discursivas, definidas em 5.2.4. Nas interações bastante espontâneas, e mais fortemente vinculadas à situação, o núcleo dessa unidade é vazio, como se vê em (1a), e o interlocutor o preenche numa forma colaborativa. Em (1b), o núcleo da unidade discursiva foi elidido, restando apenas os marcadores discursivos. Por outras palavras, a sentença ou as sentenças que desenvolveriam o tópico conversacional foram desativadas.

As transcrições da língua falada mostram uma enorme quantidade de descontinuações sintáticas, elidindo-se preposições em (2a), núcleos do sintagma nominal e categorias funcionais como o sujeito e o objeto em (2b):

(2)
   a) *bom... a cozinha também Ø estilo moderno* (= em estilo moderno). (DID SP 05)
   b) *e então entram essas máquinas grandes que limpam a terra tiram essas... Ø e Ø formam ei/leiras... leiras... são... é o seguinte... eles empurram Ø e vão empurrando toda esta... essas plantações que tem.* (DID SP 93)

Blanche-Benveniste (1987) mostrou que com frequência o locutor vai deixando para trás elementos linguísticos, produzindo anacolutos, que ela denominou *bribes*, ou "restos". Os materiais do Projeto Nurc exemplificam esses segmentos anacolúticos:

(3)
   a) *cada um já fica mais ou menos responsável por si pelo menos... por si... fisicamente né? **de higiene... de... trocar roupa...** todo esse negócio.* (D2 SP 360)
   b) *partindo do princípio... digamos... que tanto eu como minha esposa temos curso superior... somos obrigados... digamos... a enfrentar os problemas... para solucionar os problemas profissionais... temos que atualizar... digamos... **livros**... então eu iria procurar comprar uma biblioteca.* (DID SP 05)

Em (3a) temos os sintagmas preposicionais *de higiene...* e *de... trocar roupa...* não governados pela predicador *ficar responsável*; a expressão quantificada *todo esse negócio* resume o que não precisa ser dito, cobrando a colaboração do ouvinte. Em (3b), o sintagma nominal [*livros*] ocorre nas mesmas condições. Em ambos os exemplos, o interlocutor processa tais fragmentos a partir de uma instrução pragmática do tipo "*o locutor abandonou o restante a dizer e eu devo completar seu enunciado a partir de dados contextuais*".

2. Segmentos epilinguísticos

Uma das características da língua falada que denunciam a simultaneidade do planejamento e da execução é a grande quantidade de segmentos epilinguísticos (veja epilinguismo*) que aí encontramos.

São epilinguísticos os segmentos em que o falante conversa sobre a língua, não sobre o assunto, verbalizando uma sorte de diálogo interior, em que ele discute a melhor forma de expor uma ideia, ou volta atrás, negando uma expressão já verbalizada, e assim por diante. Explicam-se dessa forma as negações *de dicto*, as paráfrases lexicais e determinados marcadores discursivos. Sobre as negações *de dicto*, veja **13.2.2.2.3**.

As paráfrases lexicais ou definições por meio de estruturas equativas (veja **8.3.2.4**) são outros tantos segmentos epilinguísticos através dos quais o falante abandona momentaneamente o universo do discurso e se concentra no universo da língua, fornecendo precisões ao seu interlocutor:

(4)   *o terreiro (...) é:: um:: **como poderia chamar?** um chão.* (DID SP 18)

Além da definição de *terreiro*, aparece nesse exemplo outro segmento epilinguístico, que é a interrogação "*como poderia chamar?*". Expressões desse tipo, e ainda marcadores discursivos tais como *digamos assim, vamos dizer, por outras palavras, ou melhor, aliás*, de documentação abundante na língua falada, denunciam igualmente a confluência entre planejamento e execução:

(5) *já há um processo... seria **melhor dito** já um processo de análise, já há um exame.* (EF POA 278)

3. Repetição de constituintes

A repetição* é outra característica da língua falada derivada do sistema discursivo de correções: Perini (1980), Marcuschi, (1983/2009, 1992, 1996, 2006b), Ramos (1984), Travaglia (1989a, 1989b), Dutra (1990), Koch (1990, 1992a), Braga (1990), Castro (1994), Neves / Braga (1996), Camacho (1996b), Castilho (1997c, 1998a/2004), Mariângela R. de Oliveira (1997, 1998), Camacho / Pezatti (1998). Os interlocutores reativam itens lexicais, repetindo-os, verbalizando com isso conteúdos referenciais, conativos e emotivos. Enquanto repetem, vão construindo a estrutura funcional da sentença. O estudo da repetição permite ao observador desvendar importantes mecanismos de constituição e funcionamento da linguagem.

Existe uma considerável literatura sobre a repetição na língua falada, em que foram considerados os sistemas léxico, discursivo, semântico e gramatical. Sua visibilidade é maior como um dos processos de organização do texto e das significações (veja **5.2.3**). Já a abordagem gramatical da repetição aparece num universo mais reduzido de estudos; sobre o papel da repetição na constituição da sentença, veja **2.4.4**.

4.4.1.5. A contribuição brasileira

Linguistas brasileiros reunidos entre 1988 e 2000 no Projeto de Gramática do Português Brasileiro Falado imprimiram uma direção bem distinta às suas análises, priorizando os processos em lugar dos produtos, o que os levou a formular um ambicioso plano de indagações cujas respostas abrangem as seguintes áreas:

(i) A construção do texto: Jubran / Koch (orgs. 2006).
(ii) A construção das palavras e das construções: Ilari / Neves (orgs. 2008).
(iii) A construção da sentença: Kato / Nascimento (orgs. 2009).
(iv) A construção da palavra: Rodrigues / Alves (orgs. no prelo).
(v) A construção do som: Abaurre (org. no prelo).

Em todos esses domínios, os processos constitutivos, fundamentalmente interacionais, vieram antes, e a análise dos produtos, depois, invertendo o modo de fazer ciência até então vigente no campo da língua falada. Para uma caracterização das atividades desse projeto, será conveniente ler as apresentações aos oito volumes de ensaios que precederam a consolidação referida anteriormente: Castilho (org. 1990, org. 1993), Ilari (org. 1992), Castilho / Basílio (orgs. 1996), Kato (org. 1996), Koch (org., 1996), Neves (org. 1999), Abaurre / Rodrigues (orgs. 2002).

4.4.2. PORTUGUÊS ESCRITO

A compreensão da especificidade da língua falada e da língua escrita cindiu os pesquisadores em três direções:

(1) Apenas a língua falada tem estatuto próprio, sendo a língua escrita uma transposição da primeira. Essa posição foi sustentada pelos estruturalistas, como Câmara Jr. (1972).
(2) Língua falada e língua escrita são manifestações autônomas da linguagem. Situam-se aqui os adeptos da "dicotomia radical", como Olson / Torrance (1991/1995). Segundo esses autores, o surgimento da escrita teria constituído uma modalidade autônoma em relação à língua falada. Assim, na língua falada o sentido está no contexto, ao passo que na língua escrita o sentido está no texto. Ao sequenciar as letras que constituem as palavras,

e ao sequenciar as palavras que constituem o texto, vamos criando sentidos inteiramente dependentes desse *medium*. O mesmo não se dá na língua falada, em que o sentido é construído dialogicamente, e não pode ser inteiramente encontrado, por exemplo, nas transcrições dessa modalidade.

(3) Língua falada e língua escrita se dispõem num *continuum* de usos, integrados por diversos pontos focais, rechaçando-se a posição anterior: Tannen (1982), Chafe (1987a, 1994), Berruto (1985a), Biber (1988), Marcuschi (1997).

Tendo essas considerações como pano de fundo, vejamos rapidamente o que se sabe sobre a língua escrita.

4.4.2.1. Caracterização da língua escrita: processos e produtos

Há pelo menos dois processos constitutivos da língua escrita: (1) ela é um diálogo que ocorre na ausência do interlocutor, (2) o planejamento e a execução ocorrem em momentos distintos.

Quanto ao processo (1), é claro que escrevemos para que alguém nos leia – ou, pelo menos, essa é a presunção. Mas a ausência física do leitor nos obriga a desenvolver várias estratégias. As expressões têm que ser mais explícitas, não há uma ancoragem na situação de fala, e com isso a língua escrita se torna dependente do próprio texto, o que se reflete em sua unidade, o parágrafo.

Para compensar a ausência do leitor, usamos o artifício de fazê-lo pular para dentro do texto em elaboração. Com ele conversamos, explícita ou implicitamente. No departamento das implicitudes, a pesquisa tem demonstrado que o falante-escritor se entrega a toda sorte de suposições sobre o interlocutor-leitor, tentando corresponder às expectativas projetadas sobre este. De algum modo, o leitor vai se tornando o sujeito da escrita, tornando-a constitutivamente biautoral. Nesse ponto, a língua falada e a língua escrita se encontram.

Quando ao processo (2), quem escreve tem tempo para preparar um sumário de seu texto, produzir uma primeira redação, voltar atrás para corrigir, e assim por diante. O planejamento e a execução não coincidem no tempo. Em consequência, o texto escrito é mais elaborado, porém dissimula o processamento linguístico, mais patente no texto falado. Dadas essas peculiaridades, o estudo gramatical das línguas com base exclusivamente em textos escritos produz um tipo de conhecimento linguístico forçosamente limitado.

Que produtos resultam dos processos da escrita sumariamente examinados anteriormente? Pelo menos os seguintes: (1) o parágrafo, (2) uma sintaxe especializada, (3) diversidades de escrita e gêneros discursivos. Vamos lá. Mas, antes, exerça seu poder analítico. Pegue um texto qualquer e se pergunte: o que faz deste texto um texto? O que acontece quando escrevemos, em comparação com o que acontece quando falamos? Que categorias de texto escrito eu poderia propor? Que diferenças entre elas há, do ponto de vista de sua produção? Mais uma vez, bom trabalho!

1. O parágrafo

Os dois processos mencionados anteriormente se encontram na elaboração do parágrafo, que é a unidade da língua escrita. No parágrafo não se pode omitir o tópico, e as ligações com o que precede e o que se segue devem ser cuidadosamente anotadas, com utilização de marcadores orientados para o leitor, tais como *primeiramente, em segundo lugar, em consequência, voltando ao ponto, isso nos leva à questão seguinte* etc.

A necessidade de indicar as seções do texto levou os escribas a separar seus parágrafos por meio do símbolo §. Olhe bem esse símbolo: são dois *ss* remontados, para abreviar a expressão latina *signum sectionis*: "símbolo do corte [do texto]". Mais um conhecimento para você fazer sucesso no salão do barbeiro!

2. Uma sintaxe especializada

A tradição gramatical do Ocidente repousa sobre a língua escrita. Muito do que sabemos sobre a gramática das línguas naturais é, na verdade, uma descrição da língua escrita.

Os seguintes tópicos têm sido considerados na sintaxe da língua escrita, segundo Givón (1979b):
1. Preferência por estruturas sintáticas mais elaboradas, tais como as nominalizações e a subordinação (veja **11**.2.1.3 e **9**.2). O corolário disso é que a língua escrita foge aos anacolutos.
2. As construções de sujeito-predicado predominam sobre as de tópico-comentário, mesmo considerando-se o fato de que ambas podem ocorrer ao mesmo tempo na língua portuguesa (veja o capítulo "Estrutura funcional da sentença").
3. As sentenças declarativas predominam sobre as interrogativas e imperativas (veja **6**.3).
4. Uso mais abundante da voz passiva (**10**.2.2.2.3).
5. Maior frequência de indicações fóricas, via utilização de expressões como *voltando ao que se disse anteriormente, esse ponto nos leva à questão seguinte* etc.

3. Diversidades de escrita e gêneros discursivos

A língua escrita está igualmente sujeita ao fenômeno da diversidade. Duas grandes variedades devem ser consideradas: a língua escrita corrente e a língua escrita literária. Diversos gêneros discursivos se relacionam com essas duas variedades.

3.1. Língua escrita corrente

A língua escrita corrente tem fins utilitários, de que decorrem seus gêneros:
- Manutenção de contatos familiares e de negócios: cartas familiares, correspondência oficial, correspondência comercial etc.
- Difusão de notícias e informações: linguagem jornalística.
- Garantia de direitos privados: escritura, testamento, carta de doação etc.
- Ordenamento do direito público: constituição, foral, leis, decretos etc.
- Documentos da administração pública (requerimentos, ofícios etc.) e da administração privada (relatórios, mapas etc.) Para um detalhamento maior, veja Barbosa (2007b).

A língua escrita corrente é mais conservadora, justamente porque sobre ela assentam os direitos do cidadão e os interesses do Estado.

3.2. Língua escrita literária

A língua escrita literária tem uma finalidade artística, sendo sustentada por projetos estéticos. Ela tende a ser mais inovadora, pois os escritores buscam continuadamente interpretar seu tempo, expressando-se de modo individualizado. A língua literária não é o lugar da mesmice, e por isso mesmo é equivocado buscar nela a legitimação das estruturas gramaticais (Castilho, 2005). Melhor formulação para isso aparece em Ilari (2009b: 38), quando ele reconhece que "os poetas conhecem como ninguém as potencialidades de sua língua". O trabalho dos poetas é levar essas potencialidades aos limites extremos. Definitivamente, os produtores de literatura não escrevem para os gramáticos.

Não admira que as primeiras afirmações de independência linguística tenham partido dos autores da língua escrita literária, como se viu pela atenção que escritores românticos, como José de Alencar, e modernistas, como Mário de Andrade, deram às peculiaridades do português brasileiro. No permeio, ocorreu um movimento de reação, o dos parnasianos e simbolistas, que tentaram sem êxito repor o estilo literário lusitanizante.

Pinto (1986) identificou os seguintes eixos na língua literária brasileira:
- Da restrição à infiltração da oralidade.
- Da discriminação à aceitação dos regionalismos.

- Do estilo formal para o estilo coloquial, urbano, cotidiano.
- Da gramática do português europeu para a gramática do português brasileiro.

4.4.2.2. O *continuum* língua falada-língua escrita

A caracterização que acabo de fazer, bastante comum na literatura, tem a deficiência de situar a língua escrita e a língua falada em polos distintos. Ora, o exame da documentação oral ou escrita do PB não fundamenta essa polarização. As duas variedades se dispõem num *continuum*, indo da oralidade para a escrituralidade, percorrendo diferentes graus de formalidade.

A linha a seguir tenta captar esse *continuum*:

LÍNGUA FALADA LÍNGUA ESCRITA

←--→

Conversa – Diálogo de peça teatral – Conferência, discurso – Notícia de jornal – Ensaio

Corrêa (2004: 78) comprovou o encontro entre o escrito e o falado nas produções escritas de vestibulandos, a partir de sua hipótese sobre a heterogeneidade natural da língua escrita:

> Dito dessa forma, porém, pode-se ter uma falsa ideia sobre esses encontros. As mediações sócio-históricas que os regulam são as mesmas pelas quais simultaneamente se constituem o sujeito (e sua relação específica com a linguagem) e seu discurso. Observar o encontro entre o falado e o escrito, portanto, não é tomar essas práticas como dados autonomamente observáveis, mas apreendê-las pelas marcas que o sujeito assim constituído imprime em seu texto. Entre essas marcas, ele enumera: (1) a representação imaginária do vestibulando com respeito à sua escrita; (2) sua relação com o já falado/ouvido e já escrito/lido (seu modo de leitura); (3) movimento na direção de certos dados de ineditismo emergentes de sua individuação histórica (a partir de sua relação com o que imagina ser a gênese da escrita – supostamente a capacidade da escrita de representação integral do falado); (4) movimento na direção da reprodutibilidade de uma prática (sua relação com o que imagina ser o código escrito institucionalizado).

A partir desses eixos, algumas propriedades definidoras desse tipo de produção da escrita puderam ser propostas: (1) a propriedade da fragmentação, nos momentos de representação da gênese da escrita, e (2) a propriedade da integração/distanciamento, nos momentos de representação do código escrito institucionalizado. Escolhas lexicais mais formais, inclusão de traços prosódicos sem a pontuação adequada entre outros traços mostram que os vestibulandos têm uma percepção da escrita calcada em avaliações estereotipadas, que tomam como parâmetro um modelo abstrato de boa escrita.

Não considerarei aqui as questões da aquisição da escrita por crianças e da alfabetização de adultos, remetendo o leitor às sugestões de leitura a seguir.

LEITURAS SOBRE O PORTUGUÊS BRASILEIRO FALADO
Sobre as fases de descrição da língua falada:
- Fase 1, prévia à utilização do gravador magnetofônico: Bally (1942, 1951, 1952), Beinhauer (1964).
- Fase 2, posterior à utilização do gravador magnetofônico: veja Quadro 4.5, neste capítulo.

Para a documentação do PB falado culto:
- São Paulo: Castilho / Preti (orgs. 1986, orgs. 1987), Preti / Urbano (orgs. 1989).
- Rio de Janeiro: Callou (org. 1992), Callou / Lopes (orgs. 1993), Paiva (org. 1999).
- Salvador: Mota / Rollemberg (orgs. 1994).
- Recife: Sá et al. (orgs. 1996, orgs. 2005).

- Fortaleza: Aragão / Soares (orgs. 1996).
- Porto Alegre: Hilgert (org. 1997).
- Rio de Janeiro: Paiva (org. 1999).
- Paraíba: Hora / Pedrosa (orgs. 2001).

Sobre a descrição do PB falado culto: Castilho (1970, org. 1989, org. 1990, org. 1993), Preti / Urbano (orgs. 1990), Ilari (org. 1992), Castilho / Basílio (orgs. 1996), Preti (org. 1993, org. 1998, org. 2000, org. 2003, org. 2005, org. 2006), Preti et al. (orgs. 1997), Kato (org. 1996), Koch (org. 1996), Marques (1996), Neves (org. 1999), Abaurre / Rodrigues (orgs. 2002), Zapparoli / Camlong (2002), Jubran / Koch (orgs. 2006), Ilari / Neves (orgs. 2008), Kato / Nascimento (orgs. 2009).

LEITURAS SOBRE O PORTUGUÊS BRASILEIRO ESCRITO

Sobre as relações em língua falada e língua escrita, Nencioni (1983: 133) escreveu um erudito ensaio em que as duas modalidades são situadas no contexto da cultura ocidental. Veja ainda Stammerjohann (1977), Parisi / Castelfranchi (1977), Sornicola (1981: 5-44, 1982, 1994), Berruto (1985a), Benincà (1993), D'Achille (1990: 9-33), Voghera (1992), Oesterreicher (1996), Marcuschi (1997, 2001).

Para uma caracterização da língua escrita, veja a seção 3 de **15**.2.5 e, ainda, Martins (1957), Garcia (1967/1982), Havelock (1982/1994), Gnerre (1985), Pinto (1986), Desbordes (1990/1995), Silva (1991), Olson / Torrance (1991/1995), Kato (org. 1992), Faraco (1992), Abaurre (1993, 2001), Ângela Rodrigues (1993), Val (1996), Sampson (1996), Marcuschi (1997), Verceze (1998), Kleiman (org. 1999), Preti (org. 2000, org. 2003, org. 2005), Urbano (2003), Barbosa (2002), Corrêa (2004).

Sobre a linguagem jornalística, veja Faria (1989, 2004), Faria / Zanchetta (2002), Antunes (1996).

4.5. VARIAÇÃO TEMÁTICA: PORTUGUÊS CORRENTE E PORTUGUÊS TÉCNICO

Outra característica da fala que leva à variação linguística é o modo como tratamos o assunto que está sendo desenvolvido. Podemos falar de assuntos do dia a dia, e teremos o *português corrente*. Podemos falar de assuntos especializados, e aí teremos o *português técnico*. Essas variedades distinguem a linguagem do cidadão comum da linguagem dos cientistas, dos clérigos, dos políticos etc.

Para dar só um exemplo: o paciente procura o médico e diz que está com *dor de cabeça*. O médico prescreve um remédio para *cefalalgia*. A dor é a mesma, mas *cefalalgia* é como ela é representada na linguagem técnica, ao passo que *dor de cabeça* é uma expressão usada correntemente. Muitas piadas são construídas sobre o jogo "linguagem corrente/linguagem técnica", e você deve conhecer várias.

Veja outro exemplo no quadro a seguir.

Quadro 4.5 – Comparando a linguagem corrente com a linguagem técnica

CONTEXTO	
A pele é formada pelo epitélio e pelo tecido conjuntivo. As células de cada uma dessas partes dispõem de características próprias. As células epiteliais, por exemplo, são mais unidas, para evitar a perda de água e a invasão de bactérias.	
LINGUAGEM CORRENTE	LINGUAGEM TÉCNICA
Em alguns casos de câncer de boca, as células da pele perdem funções próprias, ganhando funções típicas das células conjuntivas. Quando isso acontece, elas produzem proteínas específicas das células conjuntivas. Uma série de eventos acontecem então, tais como a perda de sua coesão e a invasão das células conjuntivas, (em busca dos vasos sanguíneos), promovendo o espalhamento do câncer pela boca.	*A transição epitélio-mesenquimal é um processo-chave na invasão e metástase em carcinomas, sendo responsável pela ativação de genes mesenquimais como a Vimentina e pela inibição de genes epiteliais como as Citoqueratinas. Uma série de eventos segue a transição epitélio-mesenquimal, como a perda da adesão celular, a síntese de componentes exclusivos da matriz extracelular como a glicosaminoglicana Fibronectina e a síntese de proteases como a Estromelisina-1.* Fonte: Rogério Moraes de Castilho, *Transição epitélio-mesenquimal em carcinomas epidermoides bucais*, São Paulo, Universidade de São Paulo, tese de doutoramento, 2003.

Como ocorre com as outras variedades do PB, também a linguagem técnica e a linguagem corrente se encontram em mais de um ponto, o que ocasiona a migração de termos técnicos para o uso corrente. Essa migração é mais visível quando a linguagem técnica ocorre numa atividade de importância social para uma comunidade de fala.

A marinharia foi muito importante em Portugal. Isso explica a generalização de expressões técnicas tais como:

- *Não meter prego sem estopa.* Na construção das naus, era preciso envolver os pregos com estopa, para evitar a entrada de água. Usa-se a expressão para ressaltar a necessidade de prudência.
- *Os negócios vão de vento em popa.* Uma nau singra mais rápido se recebe vento pela popa. Na expressão anterior, a nau foi substituída por *negócios*. Vento pela proa é o maior prejuízo.

No Brasil, não é preciso destacar a importância do futebol e do carnaval, cuja linguagem técnica forneceu as seguintes expressões correntes:

- *Vocês são um time unido, parabéns!* Pode-se dizer de qualquer grupo, mesmo não integrando um clube de futebol.
- *Coitado, ficou para escanteio a vida toda.* Chutar para escanteio é não conseguir que a bola entre no gol; diz-se de alguém que não atingiu seus objetivos, vistos metaforicamente como um gol. Essa palavra foi emprestada ao inglês *goal* ("alvo").
- *Sabe aquele cara de mau hálito? Foi chegando e, para escapar, dei o maior chapéu. Sai fora!* A expressão *dar um chapéu* significa jogar a bola por cima do jogador adversário, escapando de sua tentativa de tomá-la.[1]
- *Você ganhou no quesito paciência.* O termo *quesito* aparece na lista de exigências feitas a uma escola de samba durante um desfile de carnaval. Os juízes pontuam a escola a partir desses quesitos, para obter uma apreciação comparável depois do desfile e conferir o prêmio. Daqui ele se generalizou para outras situações que não o julgamento de uma escola carnavalesca.

---

[1] Agradeço a meu neto Renan Castilho Alves de Lima pelos exemplos da linguagem futebolística.

A CONVERSAÇÃO E O TEXTO

ESTUDANDO A CONVERSAÇÃO E O TEXTO

Vimos no capítulo anterior que a diversidade do PB inclui a variação de canal, distinguindo-se a língua falada da língua escrita. Na seção **4.4.1** apresentei uma primeira caracterização do português falado.

Neste capítulo, vou me deter um pouco mais nesse tópico, observando como se desenvolve entre nós uma conversação e como, ao longo dela, vamos construindo um texto. Finalizarei o capítulo com algumas reflexões sobre os gêneros textuais.

5.1. A CONVERSAÇÃO

A conversação é uma atividade linguística básica. Ela integra as práticas diárias de qualquer cidadão, independentemente de seu nível sociocultural.

Numa conversação, dois ou mais participantes se alternam, discorrendo livremente sobre tópicos propiciados pela vida diária, "fora dos ambientes institucionais como o serviço religioso, as audiências de um tribunal, as salas de aula etc." (Levinson, 1983: 284). Esse autor está distinguindo a conversação natural da conversação artificial, aquela que encontramos em peças de teatro, novelas de televisão, filmes, romances etc.

Autor do primeiro livro em língua portuguesa sobre o assunto, Marcuschi acrescenta que "a conversação é a primeira das formas da linguagem a que estamos expostos e provavelmente a única da qual nunca abdicamos pela vida afora" (Marcuschi, 1986: 14).

Uma condição fundamental para que duas ou mais pessoas se engajem numa conversação é que "cada participante reconheça um propósito comum ou um conjunto de propósitos, uma direção mutuamente aceita" (Grice, 1967/1982: 86).

Parece óbvio que, para que haja conversa, os interlocutores precisem antes querer coincidir no propósito comum de conversar. Algumas vezes a ciência funciona assim mesmo, pondo diante de nosso nariz as realidades que estavam ali o tempo todo, sem que nos déssemos conta. Longe de parecer um simples truísmo, a pesquisa mostrou a importância da máxima griceana, e você encontrará suas pegadas nesta seção. Portanto, mais um princípio para a nossa coleção. Agora, vamos de princípio da cooperação.

Passemos aos fatos. Você grava uma conversação natural e está pronto para começar uma pesquisa. O primeiro passo será transcrever esse *corpus*.

5.1.1. TRANSCRIÇÃO CONVERSACIONAL

Segundo Blanche-Benveniste et al. (1979), a transcrição da oralidade representa já uma pré-análise, instituindo a língua falada como um objeto científico.

A cada pergunta sobre os materiais orais corresponderá um tipo de transcrição. Perguntas sobre como se desenrola uma conversação requerem uma transcrição conversacional para a obtenção das respostas. Perguntas sobre como se organiza um texto ao longo de uma conversação requerem uma transcrição textual. Já vimos que as pesquisas sobre a gramática exigem igualmente transcrições do nível que estamos estudando: transcrições fonéticas, fonológicas, morfológicas e sintáticas. O mesmo ocorre nos estudos de léxico, em que separamos as palavras de acordo com sua estrutura interna e sua disposição em categorias, estudando também a frequência de seu uso, como fizeram Marques (1996) e Del Carratore / Laperuta Filho (2009). Ou seja, sem transcrição dos materiais, impossível realizar uma análise.

O Projeto Nurc adotou uma transcrição conversacional, cujos critérios vêm transcritos no Quadro 5.1.

Quadro 5.1 – Critérios de transcrição conversacional adotados pelo Projeto Nurc

OCORRÊNCIAS	SINAIS	EXEMPLIFICAÇÃO
Incompreensão de palavras ou segmentos	( )	...do nível de renda... ( ) nível de renda nominal..
Hipótese do que se ouviu	(hipótese)	(estou) meio preocupado (com o gravador)
Truncamento	/	e comé/ e reinicia
Entoação enfática	maiúsculas	porque as pessoas reTÊM moeda
Alongamento de vogal ou das consoantes [r], [s]	:: ou :::	ao emprestarem os... éh:: o dinheiro
Silabação	-	por motivo tran-sa-ção
Interrogação	?	o Banco Central... certo?
Qualquer pausa	...	são três motivos... ou três razões
Comentários descritivos	((minúsculas))	((tossiu))
Comentários do locutor que quebram a sequência temática	– –	a demanda da moeda – vamos dar essa conotação – demanda de moeda por motivo
Superposição, simultaneidade de vozes	[ligando linhas	A. na casa da sua irmã? [sexta feira?
Citações literais, reprodução de discurso direto ou leitura de textos	" "	Pedro Lima... ah escreve na ocasião... "O cinema falado em língua estrangeira não precisa de nenhuma baRREIra entre nós"...

Fonte: Castilho / Preti (orgs. 1987: 9-10).

O Quadro 5.2 é uma transcrição conversacional do exemplo (1), apresentado no capítulo "O que se entende por língua e por gramática". Nessa transcrição, Loc 1 corresponde a Locutor 1, e Loc 2 corresponde a Locutor 2.

Quadro 5.2 – Transcrição conversacional do D2 SP 167: 7-35

Loc 1 – eu estive na... através de ((inaudível)) em Cumaná... é uma praia... é um lugar... um litoral muito bonito que aliás é muito parecido com o nosso litoral norte... sabe? mas eu não conheço o nosso litoral norte... e... fiquei lá durante três meses e nesse tempo todo eu conheci bastante ((inaudível)) o povo de lá... que é bem diferente e... bem diferente de nós ...   [Loc 2 – sei   [Loc 1 – eles são por exemplo esse lá... é nessa praia que pertence à Universidade... como aqui na nossa Oceanográfica também pertence à USP e... toda a Universidade detesta ir pra praia... sabe...   [Loc 2 – ah...é ?   [Loc 1 – então é coisa ((inaudível))... e todo o curso foi feito ali...inclusive nós saímos assim durante... fazer compras de material e tudo isso e... ah... e conhecemos toda a região referente... sabe? bem bonito... colorido o fundo do mar lá... é... num existe e.. e... e a água é muito transparte... sabe... muito coral...   Loc 2 – que curso ocê foi fazer ?   Loc 1 – o... o curso mesmo era só Oceanografia Biológica... aliás Física... mas eles complementavam porque a maior parte do pessoal só conhecia assim a Bi/... a Biológica... né... nessa nova parte entra Biologia... agora o maior número de alunos... estudantes... eram todos assim da América do Sul... e alguns da América Central... as aulas eram a maior parte em inglês e... porque inclusive todos falavam espanhol menos os brasileiros... né ((risos))... que é uma língua diferente...

Transcrita a conversação, chegou a hora de problematizar essa manifestação linguística, analisando-a. As seguintes perguntas podem então ser formuladas:

(1) Que unidade postularemos para a análise da conversação?
(2) Que processos discursivos são aí desenvolvidos, e de que forma poderíamos sistematizá-los?
(3) Que marcas o falante do PB utiliza ao longo de uma conversação?

Vou oferecer algumas respostas a essas perguntas, que serão complementadas por suas pesquisas sobre o assunto. Mãos à obra!

5.1.2. TURNOS CONVERSACIONAIS E PARES ADJACENTES

Como vimos no capítulo "O que se entende por língua e por gramática", para qualquer análise linguística precisamos postular previamente uma unidade de análise.

Numa conversação, os falantes se alternam em *turnos**. Esse termo, na verdade, remete a qualquer ação social em que duas ou mais pessoas estão envolvidas: passar por uma porta, entrar num elevador, principiar um jogo de cartas. Quem age primeiro? Quem espera sua vez? Numa conversação, o drama é o mesmo: quem fala primeiro? Quem espera sua vez? Como entrar no ritmo da conversa?

O turno conversacional é cada segmento produzido por um falante. Por essa definição, qualquer emissão de voz é um turno, como *sei* e *ah é?*. Assim, no Quadro 5.2 teríamos sete turnos.

Aprimorando essa definição, vamos admitir que o turno é a participação do interlocutor com direito a voz, ou seja, aquele que "tomou" o turno e está falando. Assim, no mesmo quadro, teremos apenas cinco turnos. Observe que também aqui o ponto de vista cria o objeto.

Há regras sociais que estabelecem a alternância de interlocutores com direito a voz. Essas regras foram formuladas por Sacks / Schegloff / Jefferson (1974/2003: 38). Ao conversarmos, prevemos o momento de nossa entrada na corrente conversacional, pois dispomos de uma "habilidade de projetar o final de um turno e decidir sobre o momento de entrada na corrente da fala". Segundo esses autores, há dois componentes na conversação: a construção dos turnos e a alocação dos turnos, ambos sujeitos ao princípio de projeção interacional. Mais adiante demonstrarei que a teoria da transitividade é o correlato gramatical desse princípio do discurso (veja **6.**4).

Retorne ao Quadro 5.2 e observe as seguintes estratégias ali desenvolvidas para a alocação de turnos:

(1) Manutenção do turno: para assegurar nosso direito à voz, evitamos as pausas longas, preenchemos o silêncio alongando vogais e consoantes finais, corrigimos alguma coisa que tenhamos dito, repelimos ou incorporamos a correção do interlocutor. Essas são as estratégias do locutor.

(2) Assalto ao turno: para entrar na corrente da fala, assaltamos o turno, interrompendo o locutor, corrigindo-o (manobra que ocasiona uma superposição de vozes), oferecendo-lhe nossa colaboração no desenvolvimento do tema (manobra nada inocente), aproveitando alguma pausa longa que tenha sido produzida por ele para embarcar na conversação. Essas são as estratégias do interlocutor.

(3) Passagem consentida do turno: esta é uma entrada não conflitiva na corrente da fala. O locutor pode nos passar a palavra, através do olhar ou de expressões tais como "*e você, o que pensa disso?*".

Os analistas da conversação identificaram o *lugar relevante da transição*, em que se processa uma sorte de transição pacífica de um turno para outro. Esse lugar pode ser (i) um ponto prosodicamente definido, no final de uma série rítmica; (ii) um ponto sintaticamente definido, no final de uma estrutura; (iii) um ponto culturalmente definido. O lugar relevante da transição comprovou que, ao acompanhar uma simples conversa, operamos simultaneamente com vários canais, monitorando os atos de fala: observamos a fisionomia de nosso interlocutor, tentando interpretar sinais, prestamos atenção à materialidade de sua fala, analisando sua execução fonética, gramatical e léxica, a partir de nossas práticas culturais.

Tem-se observado, também, que os turnos podem ser discursivamente independentes ou dependentes entre si, evidenciando neste caso algum tipo de vínculo pragmático. Nas situações de (i) pergunta-resposta; (ii) saudação-saudação; (iii) reclamação-pedido de desculpas; (iv) advertência-aceitação ou recusa da advertência, os respectivos turnos formam *pares adjacentes*. Formulado o primeiro turno, por exemplo, uma pergunta, espera-se que ocorra o segundo turno, a resposta (veja a face gramatical dos turnos de pergunta em **8.**2.2). Os pares adjacentes estão para o discurso, assim como a relação de dependência ou independência sintática está para a sintaxe (veja **9.**2).

É bem verdade que o turno esperado às vezes não ocorre. É esse o caso de um convite não aceito, ou de uma pergunta a que se responde com outra pergunta. A violação do comportamento linguístico esperado foi denominada *despreferência* por Marcuschi (1986).

É isso aí, amigo, conversar não é uma atividade tão simples como parecia. O que é simples nas línguas naturais?

5.1.3. SISTEMA DE CORREÇÃO

O planejamento e a execução coexistem na língua falada. Na língua escrita, como vimos em **4.**4.2, essas atividades são separadas. Quando falamos, frequentemente voltamos atrás para corrigir o que foi dito, dada a coexistência do planejamento e da execução.

Corrigimos erros de planejamento – não estamos falando aqui de erros gramaticais, que são as falhas cometidas contra a norma gramatical. Estamos falando de correções conversacionais ou pragmáticas. Ou seja, correções no rumo do papo. O sistema de correção é na verdade o alimentador da conversação. Ele é muito mais um "abra a boca e fale!" do que um "cala a boca!".

A correção discursiva não é um exercício desinteressado. Ela pode partir do locutor (= autocorreção) ou do interlocutor (= heterocorreção). No primeiro caso, corrigimos alguma estratégia discursiva para abortar o assalto ao nosso turno, prevendo que se armava uma intervenção. No segundo caso, estamos declaradamente assaltando o turno.

Também promovemos correções discursivas, (i) truncando uma palavra que consideramos inadequada, substituindo-a por outra; (ii) negando a palavra já pronunciada por inteiro e substituindo-a por outra; (iii) parafraseando sintagmas e sentenças, procurando identificar a expressão mais adequada à situação de fala.

O sistema de correção evidencia que estamos monitorando o diálogo o tempo todo.

5.1.4. MARCADORES DISCURSIVOS

Manuel Said Ali Ida (apud Urbano, 1993) teria sido o primeiro a analisar e a classificar os marcadores discursivos no PB, distinguindo os marcadores linguísticos (verbais e prosódicos) dos marcadores não linguísticos (olhar, riso, expressão corporal).

Há muitas formas de apresentação dos marcadores: pelas classes gramaticais, pelo lugar que ocupam no enunciado, pela função que desempenham. É bom ter em mente que também essa classe é polifuncional, operando o mesmo item em mais de uma função. Reuni no Quadro 5.3 a maior parte dos resultados assim obtidos, ordenando-os de acordo com sua função e, secundariamente, de acordo com sua colocação* no enunciado.

Quadro 5.3 – Marcadores discursivos: funções e colocação no enunciado

MARCADORES PRAGMÁTICOS OU INTERPESSOAIS (= orientados para o interlocutor)	MARCADORES TEXTUAIS OU IDEACIONAIS (= orientados para o texto)
Iniciais: *ah... eh... ahn...* *olha...* *e aí, tudo bem?* *tudo em cima/riba?* *escuta... vem cá...* *como você sabe...* *mas...*	Iniciam o tópico: *bom...* *bem...* *assim...* *seguinte...* *por exemplo...* *e por falar em...* *quanto a ...* *você já ouviu a última?*
Mediais: *...é...* *...é claro...* *...exato...* *...tá...* *...tô entendendo...*	Recusam o tópico: *essa não!* *peraí, sem essa!* *corta essa!* *xi:: lá vem você de novo!*

Finais:	Aceitam o tópico:
...sabe? sabia?	tá bom...
...entende?	vamos lá...
...compreende?	OK...
...não é mesmo?	fala...
...não é? né?	**Organizam o tópico:**
...tá?	inicialmente...
...viu?	primeiramente...
...pô!	em segundo lugar...
	em seguida...
	e então...
	e aí...
	agora...
	e depois...
	outra coisa...
	e tem mais...
	Operam a mudança de tópico:
	já (em *a agricultura vai bem, a indústria se expandiu, já a situação do emprego não acompanhou esse progresso todo.*)
	Modalizam o tópico:
	sim, mas...
	pra mim...
	eu acho que...
	parece que...
	pode ser que...
	possivelmente...
	provavelmente...
	disque... (= dizem que...)
	sei lá...
	não sei...
	de certa maneira...
	num certo sentido...
	basicamente...
	Finalizam o tópico:
	papapa...
	e coisa e tal...
	valeu...
	é isso aí...
	falô...

Para uma elaboração maior dos processos conversacionais, veja Castilho (1998a/2004), primeiro capítulo.

5.2. O TEXTO

Juntamente com a conversação, o texto é uma representação material do discurso.
As seguintes categorias textuais serão aqui consideradas:
(1) Tópico discursivo e sua representação: a unidade discursiva e o parágrafo.
(2) Reformulação do quadro tópico: repetição, paráfrase.

(3) Descontinuação do quadro tópico: parentetização, digressão.
(4) Conexão textual.

Essas categorias estão calcadas em Castilho (1998a/2004, capítulo III) e Jubran / Koch (orgs. 2006), *Gramática do português culto falado no Brasil*, volume I.

Previamente às análises, precisamos transcrever adequadamente nossos materiais.

5.2.1. TRANSCRIÇÃO TEXTUAL

A transcrição textual toma por unidade de análise as unidades discursivas, como se vê no Quadro 5.4 a seguir.

Dividiremos o papel em quatro colunas, enumerando as unidades discursivas (UDs) na primeira coluna, anotando os marcadores discursivos orientados para o texto na segunda coluna, as sentenças tematicamente centradas na terceira coluna e os marcadores discursivos orientados para o interlocutor na quarta coluna.

Quadro 5.4 – Transcrição textual do Quadro 5.2

UDs	Marcador discursivo orientado para o texto	Sentenças tematicamente centradas	Marcador discursivo orientado para o interlocutor
UD1	ø	*eu estive na...* *através de ((inaudível))...* *em Cumaná...* *é uma praia...* *é um lugar...* *um litoral muito bonito*	ø
UD2	ø	*que aliás é muito parecido com o nosso litoral norte...*	*sabe?*
UD3	*mas*	*eu não conheço o nosso litoral norte...*	ø
	e...	*fiquei lá durante três meses*	
	e...	*e nesse tempo todo eu conheci bastante ((inaudível)) o povo de lá...* *que é bem diferente e...* *bem diferente de nós...*	

Esse quadro mostra que os marcadores discursivos não são expressões obrigatórias, caso em que sua ausência foi marcada pelo símbolo Ø. Como você sabe, o símbolo de vazio indica a ausência de uma expressão que poderia ter aparecido. Mas compare agora o Quadro anterior com as regras descritivas (1 a 5), em **1.1.3.6**. O que se pode aprender com isso?

Por que assinalar na transcrição textual a ausência de uma expressão? Porque algumas línguas como o PB combinam o silêncio com a emissão do sinal fônico, e tanto um quanto outro são significativos. Ou seja, significamos quando emitimos sinais ou quando calamos a boca, lançando mão do silêncio. Vimos em **1**.1.2 a importância da marcação morfológica negativa, o morfema-zero. Voltaremos a considerar o papel da categoria vazia na organização da sentença nos capítulos "Primeira abordagem da sentença", "Estrutura funcional da sentença", "Minissentença e sentença simples: tipologias", "A sentença complexa e sua tipologia" e na organização do sintagma nos capítulos "O sintagma verbal", "O sintagma nominal", "O sintagma adjetival", "O sintagma adverbial" e "O sintagma preposicional". Em suma, a ausência de um sinal vocal onde ele poderia ter aparecido faz parte da estrutura do PB, como de outras línguas naturais, atravessando o discurso e a gramática.
– *Lição para casa: pode-se falar em categoria vazia nos sistemas da semântica e do léxico?*
– *Seu chato, você fica inventando moda e depois joga tudo sobre as nossas costas!*

5.2.2. TÓPICO DISCURSIVO: UNIDADE DISCURSIVA, PARÁGRAFO E QUADRO TÓPICO COMO MANIFESTAÇÕES DA DISCURSIVIZAÇÃO

O conceito de tópico discursivo é central para a abordagem dos textos. Entende-se por tópico discursivo "um conjunto de referentes concernentes entre si e em relevância num determinado ponto da mensagem". A concernência é dada pela relação de interdependência semântica entre os enunciados de um segmento verbal. A relevância diz respeito à proeminência desse conjunto, decorrente da posição focal assumida por seus elementos. A pontualização é a localização desse conjunto, tido como focal, em determinado momento do texto falado (Jubran, 2006a: 91-92; veja também Jubran et al., 1992).

Aqui nos deparamos, de novo, com uma categoria que aparece tanto no discurso quanto na gramática. No discurso, o tópico é o assunto, o tema, à volta do qual giram as intervenções. Na gramática, a construção de tópico ou tema sentencial é um constituinte localizado fora da fronteira sentencial, funcionando como uma ponte estendida entre o texto e a sentença, vale dizer, entre o discurso e a gramática (veja **7**.1 e **11**.2.3). A presença de marcas léxico-gramaticais, tais como os marcadores discursivos, assinala um tópico discursivo. A presença de marcas prosódicas (= mudança da tessitura) e morfossintáticas (= topicalizações, deslocamentos à esquerda) assinala os tópicos gramaticais.

Na literatura, o tópico discursivo tem sido designado por *unidade discursiva**. Unidade de ideia, unidade informativa, unidade entoacional (Chafe, 1984a, 1987b) são outros tantos termos correntes na literatura. Na língua escrita, o tópico discursivo é conhecido por *parágrafo*.

Um texto pode constar de uma só unidade discursiva/parágrafo, ou de um somatório dessas unidades. Os parágrafos, tanto quanto os próprios textos, apresentam propriedades tais como a conectividade conceitual, ou coerência, e a conectividade sequencial, ou coesão (Halliday / Hasan, 1976; Beaugrande / Dressler, 1981).

Como o texto não é um enunciado estático e acabado, foi necessário alargar nossa percepção sobre as unidades linguísticas, para dar lugar a uma variedade maior de possibilidades, envolvendo mecanismos interacionais que não encontramos nas unidades anteriores.

Unidades discursivas e parágrafos decorrem da ativação do discurso, ou *discursivização*, na concepção adotada por esta gramática.

Castilho (1987: 253) define a unidade discursiva na língua falada como

> um segmento do texto caracterizado semanticamente por preservar a propriedade de coerência temática da unidade maior, atendo-se como arranjo temático secundário ao

processo informativo de um subtema, e formalmente por se compor de um núcleo e de duas margens, sendo facultativa a figuração destas.

O núcleo da unidade discursiva se compõe de uma ou mais sentenças, tematicamente centradas. A margem esquerda é preenchida por marcadores discursivos orientados para a organização do texto, e a margem direita, por marcadores orientados para o interlocutor.

No Quadro 5.4, a unidade discursiva 1 compõe-se de segmentos narrativos e segmentos descritivos, interrompida pela unidade 2, em que o locutor tece alguns comentários sobre o que acaba de narrar, retomando o tópico na unidade 3.

O segmento narrativo da unidade 1 constitui a figura* do discurso, e seu segmento descritivo constitui o fundo* do discurso. A figura é ocupada pelos personagens e eventos mais relevantes, e o fundo é ocupado pela descrição do cenário em que os eventos ocorrem, ou por comentários provocados pelos eventos da figura. Essas observações apontam para os gêneros discursivos, que serão apresentados na seção final deste capítulo. Mas as categorias de fundo e figura ocorrem igualmente no sistema da gramática, como veremos no capítulo "Estrutura funcional da sentença". Mais uma categoria compartilhada pelos sistemas linguísticos!

Indagações situadas na interface Gramática/Discurso podem ser levantadas a propósito da identificação das unidades discursivas. Benveniste (1966) e Weinrich (1964/1968) foram por aqui, mostrando que duas situações básicas motivam a criação de um texto: (i) a necessidade de compartilhar experiências, impressões e opiniões (denominado *discurso* por Benveniste, uma designação excessivamente ampla, *comentário* por Weinrich, e *fundo* nesta gramática); e (ii) o impulso para informar, narrar algo supostamente desconhecido pelo interlocutor (*história* para Benveniste, *narração* para Weinrich, *figura* nesta gramática). A seleção de tempos e aspectos verbais é então associada a esses planos do discurso, entre outros recursos gramaticais.

O parágrafo é um conjunto estruturado de sentenças. Pike / Pike (1977: 25) dizem que o parágrafo corresponde a um monólogo, cuja significação é normalmente um tema asseverado e desenvolvido.

Numa conceituação funcional dos parágrafos, Garcia (1967/1982: 197) afirma que

> o parágrafo é uma unidade de composição, constituída por um ou mais de um período, em que se desenvolve ou se explana determinada ideia central, a que geralmente se agregam outras, secundárias mas intimamente relacionadas pelo sentido.

Ele acrescenta que o parágrafo é constituído de uma introdução (em que se enuncia a ideia central, a que ele denomina tópico frasal), um desenvolvimento (em que essa ideia é desenvolvida através de processos tais como a enumeração ou descrição de detalhes, o confronto, a analogia e comparação etc.) e uma conclusão.

Os parágrafos compreendem pelo menos duas subclasses: os parágrafos descritivos e os parágrafos narrativos. Em cada um deles, um conjunto de estratégias deve ser observado. Garcia (1967/1982: 197) examina cuidadosamente essas estratégias, com abundante exemplificação.

Agora, mãos à obra! Você poderia selecionar um texto de língua escrita, identificar seus parágrafos, analisando-os a partir da conceituação anterior. Atenção: cai na prova! Sobre o modo como sequenciamos os tópicos, veja **11.2.3**.

5.2.3. REFORMULAÇÃO DO QUADRO TÓPICO: REPETIÇÃO E PARÁFRASE COMO MANIFESTAÇÕES DA REDISCURSIVIZAÇÃO

Depois de estudada, ainda que brevemente, a ativação das categorias do discurso, vejamos agora o que se aprende observando como se dá sua reativação. E como a estrutura textual-interativa assenta no tópico discursivo, descrito na seção anterior, é natural esperar que a reativação discursiva corresponderá a uma reformulação tópica.

São muitas as estratégias de reformulação tópica, mas vamos focalizar aqui apenas duas: a repetição e a paráfrase.

Repetir e parafrasear é fazer retornar à consideração algum tópico já versado anteriormente. O correlato dessa estratégia na Semântica é a foricidade (veja **2.2.2.1**). A repetição e a paráfrase se integram no processo básico de manutenção da interação, identificado na Análise da Conversação por Sacks / Schegloff / Jefferson (1974/2003).

5.2.3.1. Repetição

A repetição é um dos processos constitutivos do texto e da sentença. Já tratamos da repetição sentencial em **2.4.4**.

Entende-se por repetição a recorrência de estruturas linguísticas, como os sintagmas nominais do exemplo (1), e as sentenças do exemplo (2). Marcando a primeira ocorrência com a letra M, de *matriz*, e sua *repetição* com a letra R, assim podem ser transcritas as repetições:

(1) Repetição do sintagma nominal (D2 POA 291)

M	*Peixe*	
R1	*Peixe*	*aqui no Rio Grande do Sul*
R2 *eu tenho impressão que se come*	*Peixe*	*exclusivamente na Semana Santa*

(2) Repetição de sentença (exemplo de Marcuschi, 2006b: 246)

M1 *a mercadoria mais cara no país inda é o dinheiro... como é caro comprar dinheiro*
R1 *é o negócio mais caro inda é dinheiro*
M2 *porque o dinheiro é um elemento de troca, certo?*
R2 *o dinheiro é um elemento de troca*

Comparando (1) a (2), vê-se que a repetição da sentença vem associada ao mecanismo de paráfrase que será examinado a seguir. Assim, *mercadoria* em (2M1) foi parafraseada por *negócio* em R1.

Marcuschi (1992, 2006b) descreveu cuidadosamente esse processo, mostrando que o falante (i) repete-se a si mesmo ou ao seu interlocutor, com larga predominância de autorrepetições sobre as heterorrepetições; (ii) situa as repetições em contiguidade linear ou as separa por meio de outros tópicos; (iii) repete sintagmas, com larga preferência pela repetição de sintagmas nominais e sintagmas verbais.

O mesmo Marcuschi (2006b: 232-254) destaca os diversos aspectos funcionais da repetição: (1) coesividade textual; (2) facilidade da compreensão; (3) organização tópica, pois através da repetição podemos introduzir e reintroduzir um tópico, delimitá-lo, mantê-lo; (4) condução do argumento discursivo. Para outras funções, veja Castilho (1998a/2004: 74-75).

5.2.3.2. Paráfrase

A paráfrase é outro processo constitutivo do texto, consistindo na recorrência de conteúdos. O termo remete a diversas realidades, examinadas em **6.5.1**, assumindo importância até mesmo na argumentação sintática.

Fuchs (1982: 49-50) assim a definiu: "Transformação progressiva do 'mesmo' (sentido idêntico) no 'outro' (sentido diferente). Para redizer a 'mesma coisa' acaba-se por dizer 'outra coisa', no termo de um processo contínuo de deformações negligenciáveis, imperceptíveis."

O paradoxo da paráfrase está nisto: é uma repetição de conteúdos que, precisamente por terem sido repetidos, acrescentaram-se semanticamente e, nesse sentido, mudaram. Não é preciso dizer mais nada para mostrar a importância da paráfrase na manutenção da conversação e na criação do texto.

Vejamos este exemplo, em que M representa o segmento matriz e P, o segmento parafraseado:

(3) Exemplo de Hilgert (2006: 290)

M	*então a minha de onze anos...* ***ela supervisiona*** *o trabalho dos cinco...*
	então ela vê se as gavetas estão em ordem... se o:: material escolar já foi re/arrumado para o dia seguinte... se nenhum:: fez:: arte demais no banheiro... porque às vezes... estão tomando banho e ficam jogando água pela janela
P	*quer dizer...* ***é supervisora*** *nata*

Como se vê em (3), a paráfrase "tece a macroestrutura de um tópico conversacional, na medida em que mantém a centração tópica" (Hilgert, 2006: 284).

São muitas as funções da paráfrase no tratamento discursivo do tópico: (1) expansão *vs.* redução, (2) determinação *vs.* indeterminação, (3) ênfase *vs.* atenuação etc.

Vejamos exemplos dos dois primeiros processos.

(4) Paráfrase expansiva/redutora. Exemplo de Hilgert (2006: 290-291)
    M – *não que eu deseje:::* ***liberda...de...***
    P – *deseje eh eh estar assim* ***sem obrigações*** *para com as crianças.* (D2 SP 360)

(5) Paráfrase determinadora/indeterminadora
    a) M – *eu noto que* ***muito paulista fica*** *um pouco chocado... com o linguajar carioca*
       P – ***nós ficamos*** *um pouco chocados com o esse e o erre exagerados.* (D2 SP 333)
    b) M – *agora* ***vamos usar*** *um termo que eu uso bastante*
       P – *e que* ***todo mundo usa.*** (D2 SP 333)

Em (4), foi usado o esquema "matriz expansiva → paráfrase redutora", visto que *liberdade* tem uma amplitude semântica maior do que *sem obrigações*.

Observe-se que em (5a) o locutor usou o esquema "genérico → específico", ao trocar *muito paulista*, ou seja, um paulista que não se sabe direito quem é, por *nós*, especificando o sujeito da sentença. Já em (5b) o mesmo locutor seguiu o caminho inverso, "específico → genérico", localizando em si mesmo a responsabilidade pelo uso de um termo, generalizando depois esse uso, talvez para preservar sua face de bom falante do português.

Você poderia formar um pequeno *corpus* de expressões parafraseadas, investigando a seguir os recursos linguísticos movimentados pelo parafraseamento. São fortes candidatas as relações de hiperonímia e hiponímia entre a M e a P, relações de nominalização, como em (3), em que o verbo *supervisionar* é parafraseado pela forma nominalizada *supervisora* etc. Vá à luta, testemunhe esse encontro dos sistemas discursivo, gramatical e semântico no campo da honra, também conhecido menos dramaticamente como paráfrase! Algumas dicas: parece que as paráfrases expansivas jogam com definições, explicações – e, portanto, com sinônimos (veja sinonímia/antonímia*) e hipônimos. Já as paráfrases redutoras partem para os resumos, manipulando hiperônimos. É muito provável que o desenvolvimento dessas categorias léxico-semânticas se explique através das estratégias de parafraseamento que usamos todo dia, mantendo uma conversa, organizando um texto.

5.2.4. DESCONTINUAÇÃO DO QUADRO TÓPICO: PARENTETIZAÇÃO E DIGRESSÃO COMO MANIFESTAÇÕES DA DESDISCURSIVIZAÇÃO

A construção do quadro tópico alterna-se com sua descontinuação, deixando-o de lado por alguns momentos, nos parênteses, ou mesmo encaixando um tópico novo dentro do quadro, nas digressões. As duas estratégias ilustram o fenômeno da desdiscursivização.

5.2.4.1. Parentetização

Os segmentos parentéticos se constituem de pequenos esclarecimentos, comentários, perguntas, contendo observações rápidas ao tópico em desenvolvimento, que não chegam a comprometer a centração tópica, segundo Jubran (1996a, 2006b):

(6) *aqui nós só vamos... fazer uma leitura em nível* PRE-*iconográfico nós vamos reconhecer as formas... então que tipo de formas que nós vamos reconhecer?... nós vamos reconhecer bisontes... ((vozes))...* **bisonte é o bisavô... do touro... tem o touro o búfalo:: e o bisonte MAIS lá em cima ainda...** *nós vamos reconhecer ahn:: cavalos... nós vamos reconhecer veados...* **sem qualquer (em nível) conotativo aí***... e algumas vezes MUIto poucas... alguma figura humana... aí parte... de estatuária que a gente vai reconhecer a figura humana mas é muito raro... neste período...* (EF SP 405)

Os trechos parentéticos de (6) foram negritados no exemplo anterior. Jubran (1996a: 415) identificou as seguintes marcas formais dos parênteses: (1) pausa inicial e final, (2) entoação descendente no final, em contraste com a ascendente na retomada tópica, (3) incompletude sintática do enunciado anterior ao parêntese, (4) marcas de reintrodução tópica, como *agora*, *porque*, entre outros.

Para uma análise mais fina dos parênteses, veja Jubran (2006b).

5.2.4.2. Digressão

Na digressão aprofundamos o processo de descontinuação tópica, inserindo um tópico desviante, como em

(7)
L1 – *a outra de nove quer ser bailarina*
L2 – *ahn ahn*
    [
L1 – *ela vive dançando ((risos))*
        [
L2 –   *dançan/ ((risos))*
L1 – *é ela vive dançando a Laura a:: Estela a Laura não se definiu tenho impressão*
    [
L2 – *(...)*
L1 – *de que ela vai ser PROmotora...*
L2 – *ah*
L1 – *que ela vive acusando é aquela que...*
        [
L2 –   *é aquela*
L1 – *toma conta do pessoal ((risos)) oh... agora ah::* – **nossa! foi além do que eu... imaginava... o horário (...) não... por causa das crianças na escola** *((risos)) agora a Estela vive dançando... e ela quer ser bailarina...* (D2 SP 360)

Fica bastante claro que em (7) o tópico "profissões futuras das filhas" foi interrompido por uma observação sobre o horário. Esse tópico desviante passa a ocupar longamente a atenção das locutoras, na continuação da entrevista, até que se retome o tópico das profissões. Isso mostra uma vez mais que as desativações são seguidas pelas ativações, qualquer que seja o sistema sob análise.

Uma série de marcas formais destaca a digressão do quadro tópico: (1) muda-se o tempo verbal, de presente para pretérito, (2) pausas separam a digressão do texto maior, (3) marcadores discursivos podem assinalar que se entrou por um desvio do assunto.

5.2.5. CONEXÃO TEXTUAL

Ao identificar as unidades discursivas e os parágrafos de um texto, nota-se que eles podem vir ligados por conectivos que ultrapassam obviamente os limites da sentença.

No Quadro 5.4, por exemplo, viu-se que as expressões *mas... e...* interligam unidades discursivas. Nesse uso, elas não funcionam como conjunções sentenciais, pois não ligam sentenças. Se quiser expressar isso de modo mais técnico, basta reconhecer que o escopo desses operadores tem uma extensão diferente. Conjunções vão de "escopinho". Conectores textuais vão de "escopão". Os efeitos de sentido vão acompanhar a extensão do escopo. O *mas* conectivo textual, por exemplo, não é contrajuntivo, e *e* apresenta-se repetido, num polissíndeto.

De todo modo, há certos requisitos para que os itens lexicais atuem como conectores textuais. Eles devem ser expressões fóricas, por retomarem o que se disse e anunciarem o que se segue. Uma expressão referencial não reúne as condições para atuar como conectivo. Veja o seguinte exemplo, que transcrevi de forma a pôr em relevo os conectivos textuais, negritando-os:

(8) Conectivos textuais (D2 REC 05)
L1 – *não não não é questão disso não*
mas
realmente a cadeia de supermercados aqui é de de de de de Recife provavelmente é superior a qualquer uma do país...isso vocês podem julgar lá vendo...
mas
não não não é propaganda não é coisa nenhuma
agora
o que eu acho é o seguinte... é que nós temos
L2 – *( ) problema de saneamento isso é seríssimo*
L1 – *nós temos aquelas aquelas desvantagens de qualquer civilização colocada no trópico...*
mas
como eu dizia há pouco a cada::...vantagem a desvantagem corresponde a uma vantagem também... aqui tem brisa marinha...
então
nós temos os ventos alísios que vêm aqui éh:...soprando aqui perto soprando temos a brisa terral de manhãzinha cedo...o que faz com que a poluição seja um bem mais difícil
L2 – **agora**
Recife tem um problema muito sério é porque em sendo Recife a a maior cidade do Nordeste...há uma convergência
L1 – *não Recife é a maior cidade do mundo...porque é aqui que o Capibaribe se encontra com o Beberibe pra formar o Oceano Atlântico*
[

L2 –   *eu concordo com você*
L1 – *((riu))*
L2 – **mas então**
há esse problema
então
a coisa se agrava

O que essas expressões negritadas têm em comum? Muitas coisas:
(1) Todas elas conectam segmentos textuais.
(2) Funcionalmente, *mas* "soma" a expressão anterior à expressão seguinte; *então* e *agora* marcam os diversos tempos do discurso; *mas* e *então* podem figurar em contiguidade, o que mostra que cada um desempenha um papel diferente na conectividade textual.
(3) Do ponto de vista gramatical, elas se situam fora das sentenças de (8).

Fixando a atenção em *agora*, Risso (1993: 34-35) identifica as seguintes propriedades nesse conectivo textual:

(1) "O conectivo não é desencadeado pela fórmula interrogativa 'quando?'." De fato, seria impossível interpretar *agora... Recife...* como uma resposta à pergunta *quando?*. Logo, não se trata de um adjunto adverbial de tempo.

(2) O conectivo "não é passível de enquadrar-se como foco de orações clivadas", o que faria dessa forma um constituinte da sentença. Não é possível aceitar

(8a) **é agora que Recife tem um problema muito sério.*
que nos levaria a uma paráfrase incongruente com (8).

(3) As propriedades prosódicas do *agora* de (8) o apartam do adjunto adverbial de tempo: enquanto aquele é separado por pausas e recebe uma entoação descendente, este é dito emparelhadamente com a sentença.

(4) Seja como conectivo textual, seja como adjunto adverbial de tempo, *agora* preserva sua propriedade semântica de dêixis temporal. No primeiro caso, ele marca um momento do tempo discursivo, dada pela "relação de sucessividade entre tópicos ou segmentos de tópicos". No segundo, um momento do tempo cronológico, exterior ao tempo do texto.

Ocorrências como essas deram origem a um conjunto de pesquisas, em que se indagava a relação entre os conectivos textuais e as conjunções sentenciais. O primeiro estudo do PB nessa linha foi preparado por Dias de Moraes (1987).

Nessas pesquisas, frequentemente as conjunções sentenciais foram consideradas como resultado da gramaticalização dos conectivos textuais. Ou seja, supõe-se que as conjunções venham ao mundo primeiramente como conectivos textuais, e depois se metem adentro das sentenças, transformando-se em conjunções. Sempre o insuficiente entendimento da língua como uma linha! Por que não admitir que tudo isso ocorra ao mesmo tempo?

Outro pressuposto desse raciocínio é que o discurso é um sistema primitivo, de que a gramática seria um sistema derivado – posição com que não posso concordar, como demonstrei no capítulo "O que se entende por língua e por gramática"; volto a tratar do assunto na Apresentação do capítulo "A sentença complexa e sua tipologia". Você já sabe que é desnecessariamente complicado supor essas derivações, pois elas pressupõem que nossa mente funciona linearmente, por impulsos sucessivos. Melhor entender que essas coisas acodem simultaneamente à nossa mente. Não se comprovou que em primeiro lugar você adquire os conectivos textuais, e só então está qualificado para usar as conjunções. Ou o contrário.

5.3. GÊNEROS DISCURSIVOS

A árdua tarefa de identificar os gêneros do discurso caminha entre nós desde os tempos da Retórica clássica, tendo sido retomado recentemente pelo povo da Linguística do Texto.

Uma primeira observação a fazer aqui é que os gêneros não são delimitados, sobrepondo-se de vários modos. Isso quer dizer que no interior de um diálogo se encontram narrativas, descrições e trechos argumentativos. Um mesmo segmento narrativo poderá funcionar como um recurso da argumentação. Descrevendo cenas e pessoas, estaremos narrando eventos. Como em tudo o mais, os gêneros são classificações cômodas, mas é preciso atentar para a simultaneidade de suas propriedades.

Vamos admitir como possível esquematizar as diversas situações de fala em dois tipos textuais básicos, jogando com a categoria cognitiva de PESSOA, vale dizer, com o processo da dêixis. A primeira pessoa, P1, é o locutor, entendido como o participante do discurso com direito à voz. A segunda, P2, é o interlocutor, ou ouvinte. Vamos representar por P3 o tópico conversacional, o assunto do texto que está sendo construído.

Quando P1 e P2 funcionam como articuladores principais do texto, temos o *diálogo*, passível de representação através da fórmula P1 + P2 (P3). Uma condição do texto dialógico é que locutor e interlocutor estejam em presença, e o tópico não seja dominado previamente por nenhum dos participantes, donde a representação entre parênteses.

No diálogo, como se sabe, o tópico será elaborado em coautoria, juntando-se os dados que cada participante vai veiculando. Nessa situação, constitui-se o espaço intersubjetivo, tomado pela busca da informação, do intercâmbio, da explicitação de conteúdos, enfim, das motivações todas que levam as pessoas a conversarem. Enquanto modalidade do ESPAÇO fictício, o espaço intersubjetivo vai compreender o eixo da proximidade e o eixo do afastamento, dado pelos mecanismos de atuação de um participante sobre o outro, medido ou avaliado pelas diferentes realizações da P1 e da P2. Aproximando-se ou afastando-se, afirmando ou negando, os interlocutores desenvolverão suas estratégias nesse jogo de poder verbal, que é a melhor definição para o diálogo.

Entretanto, um dos participantes pode dispor de informações e argumentos desconhecidos por seu interlocutor. Nesse caso, ele tomará a palavra por um tempo maior, para descrever, narrar ou generalizar, elaborando essa informação nova. O diálogo pode ser entendido como o gênero prototípico, suficientemente amplo para abrigar os outros gêneros aqui mencionados, ou seja, o gênero descritivo, o narrativo e o argumentativo.

Vamos ver isso mais de perto. Na circunstância esboçada anteriormente, P3 passa a ocupar o palco, diluindo-se a presença de P1 e de P2, numa situação verbal que poderia ser representada por P3 (P1 + P2).

Quando P3 predomina, poderemos ter uma descrição, uma narração ou uma dissertação, assim entendidas superficialmente: (1) a descrição é uma enumeração de propriedades de seres, coisas, paisagens etc.; (2) a narração é uma enumeração de eventos; (3) a dissertação é uma enumeração de argumentos. À medida que dialogamos, vamos passando por esses gêneros, ao sabor das necessidades do intercurso.

A narração é de longe o gênero mais estudado. Situadas no tempo da história, as narrativas compreendem dois planos, já aqui mencionados. O plano da ação, em que se situam as personagens, e o plano da situação, em que se situa o narrador. As ações, ou *figura* da narração, expressam-se através dos tempos do passado, discriminando-se o pretérito perfeito para as ações pontuais. A situação, ou *fundo* da narração, se expressa através do pretérito imperfeito, pois as situações são durativas. Numa narrativa, portanto, falam as personagens a respeito dos eventos, e fala o narrador a respeito do ambiente em que se deram os eventos. Sobre o jogo das formas de tempo, consulte **10.2.2.2.2**.

Esta é uma apresentação bastante simplificadora da narração. Se você colecionar alguns exemplos desse gênero, verá que tanto o plano da ação, ou plano das personagens, quanto o plano do narrador, ou plano do autor, podem cindir-se em mais de um.

Assim, o plano da ação habitualmente compreende uma ação principal e uma ação secundária. As novelas exploram essa possibilidade, reunindo numa só trama um conjunto de narrativas que compartilham personagens ou situações comuns. Indo por aqui, uma novela não precisa necessariamente ter um fim – que o digam os autores das novelas de televisão!

O plano da situação não fica atrás, e com isso ora o narrador descreve o ambiente das ações, ora promove uma narrativa de demonstração, em que ele faz algum comentário, argumenta – ou seja, disserta. Indo por aqui, a dissertação é um gênero derivado da narração. Nesta gramática, por exemplo, narrei no capítulo "História do português brasileiro" a formação do PB, dissertando em seguida sobre as diferentes facetas dessa história.

– *Tudo muito bonito; agora, aqui para nós, será que essa teorização toda funciona mesmo?*
– *De acordo, está na hora de lançarmos um pouco de empiria neste papo.*

Vejamos esta crônica de Paulo Mendes Campos, que transcrevi em duas colunas. Na primeira, anotei as categorias mencionadas anteriormente e, na segunda, os segmentos correspondentes.

Quadro 5.5 – Transcrição da crônica de Paulo Mendes Campos, "Menina no jardim"

Narrativa de situação (fundo)	Em seus 14 meses de permanência neste mundo, a garotinha não tinha tomado o menor conhecimento das leis que governam a nação.
Narrativa de ação (figura)	Isso se deu agora na praça, logo na chamada República Livre de Ipanema.
Narrativa de situação	Até ontem ela se comprazia em brincar com a terra.
Narrativa de ação	Hoje, de repente, deu-lhe um tédio enorme do barro de que somos feitos: atirou o punhado de pó ao chão, ergueu o rosto, ficou pensativa, investigando com ar aborrecido o mundo exterior. ( ) Determinada, levantou-se do chão e correu para a relva,
Narrativa de situação	que era, vá lá, bonita, mas já bastante chamuscada pela estiagem.
Narrativa de ação	Não durou mais que três minutos, e apareceu um guarda.
Narrativa de comentário	Diga-se, em nome da verdade, que no diálogo que se travou em seguida, maior violência se registrou por parte da infratora do que por parte da lei ( ).
Diálogo	– Desce da grama, garotinha –
Narrativa de ação	disse a lei.
Diálogo	– Blá blé bli blá –
Narrativa de ação	protestou a garotinha.
Diálogo	– É proibido pisar na grama –
Narrativa de ação	– explicou o guarda.
Diálogo	– Bá bá bá –
Narrativa de ação	retrucou a garotinha com veemência.

Fonte: Paulo Mendes Campos, *Para gostar de ler*, 2.ed., São Paulo, Ática, 1977, vol. I, pp. 16-17.

O texto transcrito no Quadro revela as seguintes características:
1. Diálogo e narrativa se sucedem ao longo do texto.
2. A narrativa de ação se expressa no pretérito perfeito simples, criando o plano da figura, ao passo que a narrativa de situação se expressa no pretérito imperfeito, criando o plano do

fundo. Essas formas temporais promovem uma sensação de aproximação, no primeiro caso, que contrasta com uma sensação de afastamento, no segundo caso. Para mais reflexões sobre a correspondência entre tipo de texto e tempo verbal selecionado, veja 10.2.2.2.2.
3. Na narrativa de comentário, o autor se torna mais presente no texto, secundarizando por um momento a ação que está narrando. O trecho não inclui uma dissertação propriamente dita, em que o tempo a escolher seria o presente do indicativo.

Saia por aí catando textos, analise-os e forme um juízo próprio. Depois compare suas descobertas com as dos autores que se seguem.

Labov (1972a), por exemplo, diz que a narrativa tem cinco partes: (1) resumo, que funciona como um prefácio da história que se vai narrar; (2) orientação: pano de fundo descritivo, com indicações sobre onde e quando os eventos ocorreram; (3) complicação: os eventos são recortados numa ordem temporal; (4) coda: movimento do interior da história para a situação conversacional em que ela ocorreu; (5) avaliação: de que modo o narrador usa uma experiência particular para concretizar o tópico.

O discurso argumentativo pode aparecer em monólogos e diálogos, em disputas, confrontos, debates. Segundo Schiffrin (1987: 18 e ss.), uma dissertação envolve três partes: (1) a posição, (2) a disputa e (3) a sustentação. A posição é a adesão a uma ideia, situação em que o falante parece dirigir-se a uma audiência maior. Na disputa, o falante se refere direta ou indiretamente à pessoa ou à ideia com que concorda/discorda. Esses movimentos verbais pressupõem muitas vezes um conhecimento que não é apresentado no interior do texto. A sustentação é a explanação de uma ideia, a justificação da adesão a ela, a defesa da forma como foi apresentada. Através desse momento, o falante induz o interlocutor a tirar conclusões sobre a credibilidade de sua posição. O esquema lógico do silogismo nem sempre é documentado nos textos argumentativos.

Outras reflexões sobre a narrativa poderão ser encontradas em manuais de Retórica, de Linguística do Texto e de Teoria Literária. Você notará que algumas intuições se repetem nos autores. Esse é o caso do diálogo ou enunciação (*mundo comentado* para Weinrich, *discurso* para Benveniste, *modo da representação* para Todorov), por oposição à narrativa ou enunciado, em suas diferentes manifestações (respectivamente, *mundo narrado*, *história*, *modo da narração*).

5.4. TRADIÇÕES DISCURSIVAS

Autores ligados à Romanística alemã têm mostrado que também os gêneros mudam ao longo do tempo, constituindo o que tem sido denominado uma *tradição discursiva*. Segundo Kabatek (2003/2005), as tradições discursivas são

> a repetição de um texto ou de uma forma textual ou de uma particular maneira de escrever ou falar que adquire valor de signo próprio (portanto é significável). Pode-se formar em relação a qualquer finalidade e expressão ou qualquer elemento de conteúdo, cuja repetição estabelece uma relação de união entre atualização e tradição; qualquer relação que se pode estabelecer semioticamente entre dois elementos de tradição (atos de enunciação ou elementos referenciais) que evocam uma determinada forma textual ou determinados elementos linguísticos empregados.

As tradições discursivas são habitualmente entendidas como toda forma de modelo textual, incluindo fórmulas, ditados, provérbios, gêneros literários, gêneros retóricos etc. Todo gênero discursivo é um modelo textual e, consequentemente, uma tradição discursiva.

Tem sido grande o impacto da teoria das tradições discursivas sobre as pesquisas diacrônicas. O objetivo da Linguística Histórica é investigar a mudança linguística, com base em testemunhos documentais de outras épocas. Sucede que esses testemunhos são vazados em diferentes tradições discursivas. Com isso, podemos tomar por história de determinada língua o que na verdade é a história de um tipo de texto.

Pesquisadores do Projeto para a História do Português Brasileiro têm considerado essa questão, tais como Simões (2007), Kewitz (2007a) e Moraes de Castilho (2008).

LEITURAS SOBRE CONVERSAÇÃO E TEXTO

Sobre unidades discursivas e parágrafos (= discursivização), veja Garcia (1967/1982), Pike / Pike (1977), Chafe (1987a), Castilho (1989b), Jubran et al. (1992), Jubran (2006a), Koch (2006), Risso / Oliveira e Silva / Urbano (2006), Risso (2006), Urbano (2006), entre outros.

Sobre reformulação tópica, repetição, correção, parafraseamento (= rediscursivização), veja Perini (1980), Marcuschi (1983/2009, 1992, 1996, 2006b), Ramos (1984), Travaglia (1989a, 1989b), Hilgert (1989, 2006), Dutra (1990), Koch (1990, 1992a), Braga (1990), Castro (1994), Neves / Braga (1996), Camacho (1996b), Castilho (1997c, 1998a/2004), Oliveira (1997, 1998), Camacho / Pezatti (1998), Fávero / Andrade / Aquino (1996, 1998, 1999, 2006), entre outros.

Sobre descontinuação tópica, hesitação, interrupção, digressão, parentetização (= desdiscursivização), veja Andrade (1995), Jubran (2006b), entre outros.

Sobre marcadores discursivos há uma rica bibliografia, desde os trabalhos pioneiros de Bally (1951, 1952), Beinhauer (1964), Keller (1979), até a explosão dos estudos sobre a oralidade, em que o Brasil assumiu uma presença forte: Ilari (1986b), Marcuschi (1986, 1989), Andrade (1990), Rosa (1990), Risso (1993, 1996, 2006), Urbano (1993, 2006), Castilho (1998a/2004, cap. II), Risso / Oliveira e Silva / Urbano (2006), entre outros.

Sobre gêneros discursivos: Weinrich (1964/1968), Benveniste (1966), Castilho (1967, 1978c, 1984c), Labov (1972a), Schiffrin (1987), entre outros.

Sobre tradições discursivas: Kabatek (2003/2005), Simões (2007), Kewitz (2007a), Moraes de Castilho (2008), entre outros.

PRIMEIRA ABORDAGEM DA SENTENÇA

O PROBLEMA DA PREDICAÇÃO

Na seção **1.1.3.6** foi apresentada uma definição de sentença, unidade que será elaborada neste e nos capítulos "Estrutura funcional da sentença", "Minissentença e sentença simples: tipologias" e "A sentença complexa e sua tipologia". Note-se que o termo *sentença* é aqui utilizado em lugar de *frase*, *oração*, *período*.

Consultando gramáticas e manuais de Sintaxe, é fácil constatar a enorme variedade de definições de sentença. Seria isso o indício de uma generalizada confusão mental?

Não, absolutamente. Essa variedade de percepções se deve a que a sentença soma em si um conjunto de estruturas que podem ser assim sistematizadas:

(1) sentença como estrutura gramatical,
(2) sentença como estrutura semântica,
(3) sentença como estrutura discursiva.

Não estou dizendo que as definições se vinculam claramente a cada um desses domínios. Na verdade, frequentemente elas transitam de um domínio para outro, sem uma excludência mútua. Entretanto, certa concentração dos argumentos permite postular o arranjo anterior.

Um importante processo atravessa essas três percepções: o processo da *predicação**. Vamos examiná-lo do ponto de vista da abordagem multissistêmica, advertindo que nem de longe esgotaremos este vasto assunto. É bem mais provável que ele nos esgotará.

1. Predicação e semântica

No sistema da semântica, a predicação pode ser definida como um processo de atribuição de traços semânticos. Um predicador* transfere traços semânticos ou papéis temáticos a seu escopo*. Nesse sentido, predicador e escopos constituem uma estrutura temática, a que corresponde uma estrutura argumental, que será examinada no item seguinte. Diz-se que uma estrutura temática está *saturada* quando todos os papéis temáticos foram preenchidos por um argumento ou adjunto. Esse conceito procede da Gramática Gerativa (Mioto / Silva / Lopes, 1999/2005: 127).

Ao transferir traços (ou propriedades) ao escopo, produzem-se pelo menos três tipos de predicação:
(1) Emissão de um juízo sobre o valor de verdade da classe-escopo: predicação modalizadora.
(2) Alteração da extensão dos indivíduos designados pela classe-escopo: predicação quantificadora.
(3) Alteração das propriedades intensionais da classe-escopo: predicação qualificadora.

Você já se deu conta de que a transferência de traços é uma das manifestações do MOVIMENTO fictício (veja **15.**1).

Seja o seguinte recorte de enunciado:
(1) *Realmente, jogador alto ganha fácil a partida.*
vamos representar no Quadro 6.1 as relações de predicação aí exemplificadas.

Quadro 6.1 – Relações de predicação

Modus sentencial	*Dictum* sentencial				
	Sintagma nominal		Sintagma verbal	
				← *fácil*	
Realmente, →	*jogador*	← *alto*	← *ganha* →		*a partida.*

No Quadro 6.1, temos as seguintes relações de predicação, assinaladas pelas flechas: (i) o verbo *ganha* predica os sintagmas nominais [*jogador alto*], a que atribui o papel de agente, e [*a partida*], a que atribui o papel de paciente; (ii) no interior do sintagma verbal [*ganha fácil a partida*], *fácil* predica o verbo *ganha*, atribuindo-lhe uma qualidade; (iii) no interior do sintagma nominal [*jogador alto*], *alto* predica *jogador*, atribuindo-lhe o traço de dimensão; (iv) *realmente* predica toda a sentença, modalizando-a asseverativamente, donde a paráfrase.

(1a) *É real que jogador alto ganha fácil a partida.*

Essas quatro predicações resultam, portanto, da relação entre os predicadores *alto, ganha, fácil, realmente* e seus escopos *jogador, jogador alto, ganha* e toda a sentença, respectivamente. Quando o predicador toma por escopo um item referencial (como em *jogador alto*), temos uma predicação de primeira ordem. Quando o escopo é outro predicador (como em *ganha fácil, jogador muito alto*), temos uma predicação de segunda ordem. Finalmente, quando o escopo é uma sentença, temos uma predicação de terceira ordem, ou hiperpredicação. Para uma elaboração dessas relações, vela Jespersen (1924/1971: cap. VII) e Kato / Castilho (1991).

Os predicadores dispõem de um potencial de escopos. Assim, *jogar* exige dois escopos: quem joga e o que é jogado. Do ponto de vista gramatical, os escopos de um predicador são preenchidos por seus argumentos, ou seja, a estrutura argumental da sentença é o correlato gramatical de sua estrutura temática.

A predicação pode incidir sobre mais de um escopo ao mesmo tempo. Adjetivos e advérbios costumam fazer esses malabarismos, como veremos nos capítulos "O sintagma adjetival" e "O sintagma adverbial". Em todos esses casos, é patente no exemplo (1) que a classe-escopo recebe uma contribuição semântica que não estava inscrita nas suas propriedades intensionais, tanto é certo que os jogadores não são necessariamente altos, não ganham necessariamente as partidas, ganhar partidas não é uma tarefa necessariamente fácil, nem a sentença (1) precisa necessariamente ser aceita como uma realidade. Pode-se dizer que através da predicação adicionaram-se propriedades novas sem, contudo, alterar as propriedades inerentes. Nesse sentido, a predicação promove a composição de significações.

A Gramática Tradicional rotulou de diferentes maneiras as predicações aí exemplificadas, denominando-a como (i) a predicação propriamente dita; (ii) qualificação (ou restrição, ou delimitação); (iii) modificação; (iv), modalização. Uma descrição mais econômica reconheceria em todos esses processos apenas o da predicação pura e simplesmente.

Mas as hesitações da Gramática Tradicional, por outro lado, evidenciam que é uma tarefa árdua teorizar sobre os significados gerados pela relação entre o predicador e seu escopo.

Neste particular, as indicações de Weinreich (1972) parecem-me de grande utilidade. Nas relações entre os signos, ele distingue dois processos básicos, o de *encadeamento* (em inglês, *linking*) e o de *transferência* (em inglês, *nesting*). Apresentarei aqui uma interpretação pessoal desse importante texto de Weinreich, dizendo que o encadeamento e a transferência representam distintas manifestações da predicação, entendida como um fenômeno semântico-sintático. Ao encadeamento e à transferência, acrescentarei a predicação por cancelamento, que será detalhada em **12.2.1.3**.

No encadeamento, há uma predicação composicional, em que às propriedades inerentes do item-escopo são acrescentadas as propriedades que procedem do predicador. Assim, em (2), houve a adição das propriedades de quantificação aspectualizadora do advérbio *normalmente* às propriedades de *divertir-se aos sábados*:

(2) *Normalmente eles se divertem aos sábados.*

Na transferência, há uma predicação não composicional, visto que o significado resultante não se encontra nos sentidos dos itens relacionados. Assim, em

(3) *Pôs-se a andar.*

o primeiro verbo toma por escopo o segundo, "nidificando" (= *nesting*) a noção de inceptividade, que não se encontra no estado de coisas descrito por *pôr* nem por *andar*. A seguinte paráfrase comprova que surgiu um sentido novo, não composicional:

(3a) *Começou a andar.*

Ilari (1992b: 17) mostrou que a não composicionalidade ocorre também nas expressões idiomáticas. Assim, comparando *romance machadiano* com *elefante branco*, ele argumenta que no primeiro sintagma há uma relação de intersecção entre as propriedades de *romance* e as de *machadiano*, ao passo que, no segundo, "o sentido que atribuiríamos, no atual estágio da língua, a cada um dos constituintes, é irrecuperável".

Pode ser que a predicação composicional e a não composicional representem polos extremos no eixo da predicação, em que haveria graus intermediários de modificação do escopo. Assim, em

(4) *A casa está praticamente vendida.*

o advérbio *praticamente* confirma alguns dos traços de *vender*, apagando outros, como se pode constatar pela paráfrase

(4a) *Existe uma casa, seu dono pretende vendê-la por um dado preço, existe um comprador, mas ambos ainda não chegaram a um acordo.*

Nota-se em (4) que a totalidade dos passos inerentes a uma ação de compra e venda não foi dada. Houve, portanto, uma predicação por cancelamento parcial dos traços; esse tipo de predicação ficaria a meio caminho entre o encadeamento/composicionalidade e a transferência/não composicionalidade.

Atuam composicionalmente os Especificadores dos sintagmas, a maior parte dos adjetivos, advérbios e verbos plenos e auxiliados. No polo intermediário do cancelamento estariam os delimitadores ou aproximadores, que serão estudados no capítulo "O sintagma adverbial". Finalmente, no polo da não composicionalidade estariam alguns verbos auxiliares e as expressões idiomáticas ou formas cristalizadas, constituídas pela associação de classes tais como verbo suporte + substantivo (por exemplo, em *dar-se conta*, *ter tempo*), substantivo + adjetivo (como em *elefante branco*) etc.

Disso se conclui que a sentença é uma espécie de "sopa predicativa", pois tanto entre os constituintes do *dictum* quanto entre este e o *modus* desencadeiam-se diversos processos predicativos.

Vejamos agora os ambientes sintáticos em que ocorre a predicação tal como definida no princípio desta seção.

2. Predicação e gramática

Se nos fixarmos no sistema da gramática, focalizando a sintaxe, veremos que as propriedades semânticas da predicação têm por correlato a estrutura argumental da sentença. Projetando argumentos, a predicação cria a sentença e os sintagmas.

2.1. Predicação e estrutura argumental da sentença

Dik (1978/1981, 1989) apresenta uma interessante contribuição à percepção funcionalista sobre a cara sintática da predicação. A principal questão levantada pelo linguista holandês é

> como os falantes e os destinatários são bem-sucedidos, comunicando-se uns com os outros por meio de expressões linguísticas? [...] como lhes é possível, por meios linguísticos, fazer-se entender mutuamente, ter influência no estoque de informação (incluindo conhecimento, crenças, preconceitos, sentimentos), e, afinal, no comportamento prático um do outro? (Dik, 1989: 1).

Para responder a essa questão, Dik concebe um modelo que parte do estado de coisas*, entendido como algo que pode ocorrer no mundo real ou mental, expresso via predicações. Para retratar o estado de coisas, ele se concentra na estrutura da sentença, postulando um conjunto de parâmetros que, reunidos na expressão, configuram os eventos e as situações na seguinte forma:

[+ dinâmico] [+ controle] → evento de ação
[+ dinâmico] [- controle] → evento de processo
[- dinâmico] [+ controle] → situação de posição
[- dinâmico] [- controle] → situação de estado

Intervindo outros traços, tais como /télico/, /momentâneo/, /experiência/, novas predicações são descritas. Em sua representação gramatical, as predicações dispõem dos seguintes constituintes, segundo Dik: *argumentos*, exigidos pela semântica do predicado, e *satélites*, não exigidos pela semântica do predicado, os quais veiculam informação suplementar.

Ele postula uma predicação subjacente, formada por *termos* (= expressões que se referem a unidades em um dado mundo) e por *estruturas de predicação* (= uma sorte de esqueleto das estruturas nas quais o predicado pode aparecer). Parece, então, que o predicado é para Dik a resultante de uma composição semântica, visto que as estruturas de predicado e os termos se reúnem no que ele chama o *fundo da língua*, dentro do qual está o léxico, que contém *as expressões básicas da língua*.

Mais observações serão encontradas no capítulo "Estrutura funcional da sentença".

2.2. Predicação e estrutura sintagmática da sentença

As predicações por determinação, por quantificação, por delimitação e por atribuição têm um correlato sintático no sintagma nominal. A predicação por modalização tem um correlato no sintagma verbal. Detalhando um pouco, e levando em conta a colocação de base:

(1) Os Especificadores tomam por escopo o núcleo do sintagma nominal, predicando à direita. Com isso, os artigos, os demonstrativos, os possessivos e os quantificadores seriam entendidos como predicadores (veja **11.5**). A esses constituintes devem ser agregados os delimitadores, analisados por Moraes de Castilho (1991).

(2) Os sintagmas adjetivais tomam por escopo o núcleo nominal do sintagma nominal, predicando à esquerda, ou tomam por escopo toda uma sentença, predicando à direita. No primeiro caso esses sintagmas funcionam como adjuntos adnominais; no segundo, como hiperpredicadores (veja o capítulo "O sintagma adjetival").

(3) Os sintagmas adverbiais tomam por escopo os núcleos do sintagma verbal, do sintagma adjetival e do próprio sintagma adverbial, como adjuntos adverbiais, ou toda uma sentença, como hiperpredicadores (veja o capítulo "O sintagma adverbial"). Esse é o caso dos advérbios de sentença.

Assim, nos exemplos (1) e (2) os advérbios tomam por escopo toda a sentença, segundo se pode constatar através das paráfrases:
(1b) *É real que* [sentença]
(2a) *É normal que* [sentença].

Ao observar as direções da predicação, entendemos seu funcionamento básico, que é movimentar traços para um lado e outro.

Outro interesse destas postulações está em identificar no interior dos sintagmas os mesmos mecanismos gramaticais que se identificam no interior das sentenças. Esta é uma generalização importante, pois poderíamos associar os Especificadores do sintagma nominal (como o artigo, por exemplo) ao Especificador da sentença (seu sujeito). O processamento mental revela aqui seu funcionamento, fazendo recorrer as regras de organização da língua (veja recorrência*).

3. Predicação e discurso

Estudamos na seção anterior a predicação do enunciado*. Veremos agora a predicação dos participantes da enunciação*.

Há situações em que o predicador toma por escopo não um termo expresso no enunciado, e sim um dos participantes do discurso. Nesses casos, direi que o escopo da predicação se encontra no sistema discursivo da língua. Sejam os seguintes exemplos:
(5) *Essa turma* **seguramente** *entrará em G3 a não ser que se faça um esforço.* (EF POA 278)
(6) *Nas feiras hippies as pessoas* **naturalmente** *compram bugigangas.*

Nesses dois exemplos, os advérbios grifados tomaram por escopo, simultaneamente, um termo gramatical e um participante do discurso.

Em (5), *seguramente* toma por escopo toda a proposição, modalizando-a como uma possibilidade epistêmica, funcionando como advérbio de sentença. É o que se comprova pelas paráfrases:
(5a) *Eu acho que P.*
(5b) *Talvez P.*
(5c) *É provável que P.*
em que P está por "proposição".

Mas se entendermos que *seguramente* pode simultaneamente tomar por escopo o locutor, a sentença complexa (5) poderá ser interpretada como
(5d) *Eu estou seguro que o conteúdo de P não é seguro.*

Através de (5d), comprova-se que o escopo de *seguramente* é o autor da sentença, que se considera seguro a respeito do conteúdo incerto de (5). As paráfrases (5 a-c) apontam para uma predicação sintática, mas a paráfrase (5d) aponta para uma predicação discursiva.

Em (6), nota-se que a predicação desencadeada por *naturalmente* pode gerar mais de um significado:
(i)   Se o interlocutor processar tal sentença interpretando *naturalmente* como um advérbio sentencial, provavelmente ele a parafraseará como
(6a) *É natural que as pessoas compram bugigangas nas feiras hippies.*
e o advérbio terá tomado a sentença por escopo, modalizando-a asseverativamente.
(ii) Se ele interpretar *naturalmente* como um advérbio de constituinte (veja **13**.2.1.1.2), que toma por escopo o verbo, provavelmente interpretará esse enunciado como
(6b) *É hábito comprar bugigangas nas feiras hippies.*
e o advérbio estará tomando o verbo por escopo, quantificando-o.
(iii) Finalmente, se o interlocutor estiver passando por uma feira *hippie*, e ouvir (6) de seu parceiro de conversação, ele poderá incluir-se entre os escopos do advérbio *naturalmente*, gerando-se um efeito perlocutório, parafraseável mais ou menos assim:

(6c) *Visto que é verdadeiro que as pessoas compram bugigangas nas feiras hippies, e isso é até mesmo um hábito, meu interlocutor está achando natural que eu lhe compre algo.*

Na interpretação (6c), o advérbio estará concorrendo para o desencadeamento de uma inferência conversacional, vale dizer, de uma significação que, à semelhança de (5d), não se encontra na "literalidade" de (6).

Em exemplos como (5) e (6) explorou-se a força ilocucionária da predicação adverbial, caracterizando-se um caso de predicação discursiva, ou pragmática.

As observações feitas nesta e na seção anterior fornecem a moldura dentro da qual se pode descrever a predicação no português.

Para concluir, vejamos que relações podem ser identificadas entre a predicação semântica e os tipos sentenciais. Relembremos que um predicador pode tomar como escopo uma classe referencial (predicação de primeira classe), uma classe predicadora (predicação de segunda classe), toda uma sentença (predicação de terceira classe) ou um participante do discurso (predicação pragmática). Como um processo semântico, as predicações manifestam uma hierarquia, a que corresponde uma tipologia sentencial.

Estudando a correlação *predicação semântica/predicação sintática*, o seguinte quadro poderá ser proposto:

Quadro 6.2 – Correlação entre tipos de predicação e tipos de sentença

TIPOS DE PREDICAÇÃO	TIPOS SENTENCIAIS
Copredicação	Minissentença (**8.**1)/sentença justaposta/sentença coordenada (**9.**1)
Hiperpredicação	Sentença matriz (**9**)
Hipopredicação	Sentença subordinada (**9.**2.2)
Parapredicação	Sentença correlata (**9.**3)

A apresentação da sentença nesta gramática atende à orientação teórica exposta em **1.**2. Como se poderá ver, a sistematização aqui adotada reflete certa polarização de argumentos, e não implica na mútua excludência dos domínios mencionados, nem na centralidade de um deles com relação aos outros. Central nas línguas naturais, só mesmo o *dispositivo sociocognitivo*, caracterizado nessa mesma seção **1.**2, e o compartilhamento de categorias cognitivas, examinadas em **15.**1.

6.1. PROPRIEDADES GRAMATICAIS DA SENTENÇA

6.1.1. PROPRIEDADES FONOLÓGICAS

As definições fonológicas aparecem misturadas a considerações sintáticas e semânticas sobre a sentença. É esse o caso de uma definição como "a sentença é uma forma linguística independente, não suscetível de segmentações menores do mesmo nível, *dotada de entonação e limitada por duas pausas*".

Uma definição mais claramente fonológica aparece em Câmara Jr. (1942/1954: 163): "a oração é um grupo de palavras dotado de uma entonação própria".

A entoação* ou curva melódica é um conjunto de variações de altura da voz humana, incidindo sobre um sintagma ou uma sentença.

Simplificando bastante, são reconhecíveis três esquemas entoacionais:

(1) Ascendente, quando as últimas sílabas da sentença são pronunciadas numa altura maior, o que é típico das sentenças interrogativas (veja **8.2.2**).
(2) Emparelhado, quando os segmentos sentenciais são produzidos numa mesma altura de voz, como no caso das sentenças asseverativas (veja **8.2.1**).
(3) Descendente, quando as últimas sílabas da sentença são pronunciadas numa altura menor, no caso das sentenças imperativas (veja **8.2.3**).

A entoação pode assumir uma função distintiva. Assim, os segmentos *ele vem* organizam uma sentença interrogativa quando entoados ascendentemente, ou uma sentença asseverativa quando entoados emparelhadamente, niveladamente.

Alterando a entoação, obtêm-se muitas variações de sentido. Imprima diferentes curvas melódicas a essa sentença e avalie os efeitos assim obtidos. Para maiores considerações, veja Ilari (1986a/1992/2004) e Cagliari (2002).

6.1.2. PROPRIEDADES SINTÁTICAS I: A SENTENÇA É UM CONJUNTO DE SINTAGMAS

A estrutura sintática da sentença fundamenta-se nos arranjos lexicais de que ela é formada, os sintagmas*, bem como nas funções que decorrem do relacionamento entre esses sintagmas, especificadas pelo verbo ou por outro predicador*. Será conveniente, portanto, distinguir na sentença uma estrutura sintagmática e uma estrutura funcional.

O relacionamento entre a sentença e as classes de palavra aparece muito cedo na reflexão ocidental. Apolônio Díscolo (séc. I d.C./1987) identificava no substantivo e no verbo as classes formadoras da sentença, denominando-as de classes *mais fundamentais* (Díscolo, sec. I d.C./1987 I: 27). A partir daqui ele passa a desenvolver um raciocínio de base semântica, e diz que sendo próprio dos substantivos designar um corpo, e como os corpos *atuam* e *sofrem*, por isso mesmo o verbo dispõe da voz ativa e da voz passiva. Além disso, o verbo pode encerrar uma noção de ação completa (no caso dos verbos intransitivos) ou incompleta (no caso dos verbos transitivos), ou então ele pode ser indiferente à noção de completude da ação (no caso dos verbos existenciais e atributivos). Um verbo de ação constrói-se com um substantivo ativo, expresso no caso reto (= nominativo), seguido de um substantivo passivo, expresso no caso oblíquo (= dativo, acusativo ou ablativo). Por caso reto e caso oblíquo (veja casos*), que disponham de representação morfológica no grego e no latim, Apolônio Díscolo quer ressaltar que o substantivo ativo (= *hô energón*, "ativo") apresenta-se em ordem coincidente com a pessoa do verbo, ao passo que o substantivo passivo (= *tó energoúmenos*, "passivo") apresenta-se numa ordem desviada, oblíqua, em relação à pessoa do verbo.

– *Uma observação central: note que Apolônio lança mão de uma metáfora geométrica para definir os casos reto e oblíquo. O primeiro, por assim dizer, está emparelhado com o verbo, visto que ambos concordam em número: nominativo no plural → verbo no plural; nominativo no singular → verbo no singular. Os casos oblíquos se afastam do verbo, pois com eles o verbo não concorda: o objeto direto (expresso no acusativo), o objeto indireto (expresso no dativo) e o complemento oblíquo (expresso no ablativo).*
– *Uma observação marginal: veja você como um termo técnico pode tornar-se corrente. Fora da gramática, energúmeno designa agora um sujeito doido, possuído pelo demônio. Ou seja, melhor ficar bem quietinho na gramática...*

Todas as demais classes que figuram numa sentença (= *lógos autotelês*) estão referidas ou ao substantivo ou ao verbo por meio de dois processos: o de acompanhamento ou conexão, e o de substituição (Díscolo, sec. I d.C./1987 I: 36). Assim, o adjetivo e o artigo acompanham o substantivo.

Os pronomes substituem o substantivo, e os proverbos substituem o verbo. Há classes que podem acompanhar ou substituir o substantivo e o verbo, como os pronomes determinativos, no caso do substantivo, e os particípios, no caso do verbo. Os particípios podem acompanhar o verbo, como, em *ele tinha feito a mala*, em que *feito* acompanha *tinha*.

Constata-se que a argumentação de Apolônio Díscolo passa pelos processos constitutivos da sintaxe de uma língua natural tanto quanto pela metodologia de sua análise, que resumidamente implica nos seguintes passos: (i) identificação das classes de palavras; (ii) identificação das funções dessas classes, via alterações na morfologia (= caso reto *vs.* caso oblíquo); e (iii) identificação das relações que se estabelecem no interior da sentença (= propriedades de acompanhamento e de substituição), as quais antecipam a percepção saussuriana dos eixos sintagmático e paradigmático, de que o estruturalismo fez derivar a segmentação, a combinatória e a comutação como ferramentas analíticas (veja **1.**1).

As seguintes definições privilegiam a estruturação sintagmática das sentenças:

(1) Tratando da sentença como uma unidade sintática, diz Gili y Gaia (1961: 22) que "[...] o núcleo da unidade sintática é, para nós, um verbo em forma pessoal. [...] O infinitivo, o gerúndio e o particípio não são formas pessoais, e por isso não constituem orações por si sós". Uma "leitura estruturalista" dessa definição mostra que Gili y Gaya destaca a importância do sintagma verbal na constituição da sentença, agregando que o núcleo do sintagma verbal tem de ser uma "forma pessoal".

(2) "A oração é um grupo de palavras composto de dois constituintes básicos, o sintagma nominal e o sintagma verbal, conectados pela relação predicativa, que é o que constitui toda oração e é assinalada por certos indícios formais" (Alarcos Llorach, 1968/1970: 111). Essa definição ultrapassa os limites da estrutura sintagmática e opera com alguns conceitos funcionais tais como "predicação" e "concordância", que examinarei além.

(3) [A oração é] "uma classe de sintagmemas de ordem hierárquica situada acima dos sintagmemas tais como o da cláusula, e abaixo dos sintagmemas tais como o parágrafo e o discurso" (Longacre, 1960/1968: 145). Para Longacre, o sintagmema é qualquer construção, sendo o tagmema o elemento de uma construção. Os sintagmemas compreendem cinco níveis: o tema (= radical + vogal temática), a palavra, a frase (= sintagma), a cláusula (= oração simples) e a oração (Longacre, 1960/1968: 20). O parágrafo e o discurso são considerados como "níveis possíveis". A oração pode encerrar uma só cláusula ou uma combinação de cláusulas.

A descrição da sentença como um conjunto de sintagmas será feita nos capítulos "O sintagma verbal", "O sintagma nominal", "O sintagma adjetival", "O sintagma adverbial" e "O sintagma preposicional".

6.1.3. PROPRIEDADES SINTÁTICAS II: A SENTENÇA É UM CONJUNTO DE FUNÇÕES ATRIBUÍDAS AOS SINTAGMAS

Uma definição funcional ampla é a que considera a sentença como a expressão do que se diz (= *dictum*), associada à expressão da atitude do falante com respeito à coisa dita (= *modus*). O *dictum* é gramaticalmente codificado pelo sujeito e seu predicado. O *modus* é codificado por meios suprassegmentais (entoação afirmativa, interrogativa, imperativa, exortativa, dubitativa), meios morfológicos (morfemas modais do verbo) e meios lexicais (verbos, adjetivos e advérbios modalizadores). Na organização do *dictum*, a Lógica clássica admite que o pensamento se constitui a partir de um suporte ou ponto de partida, e de uma declaração formulada a respeito desse suporte. A sentença, portanto, encerra duas grandes funções sintáticas, a de sujeito e a de predicado, o que acarreta uma estrutura bimembre em sua organização gramatical. E como o termo *proposição* é usado na Lógica para designar a reunião do sujeito ao predicado, sucedeu que muitos gramáticos passaram a especializar esse termo, destinando-o à designação do conteúdo que decorre dessa operação lógica, e *sentença, oração, frase*, para sua codificação gramatical. Sujeito e predicado integram, portanto, a essência mesma da estrutura funcional da sentença, e por isso as definições funcionalmente estritas concentram-se no *dictum*. Esse é o caso das definições que se seguem.

(1) "A oração é a expressão linguística, o símbolo de se terem associado na alma do que fala várias ideias ou grupos de ideias e o meio para criar na alma do que ouve a referida associação das referidas ideias" (Paul, 1880/1920/1970: 131). E mais adiante: "Todas as orações têm pelo menos dois elementos [...]: o sujeito e o predicado. Estas categorias gramaticais baseiam-se numa relação psicológica." Não convém esquecer que Herman Paul foi o porta-voz dos neogramáticos, que tinham destacado certos mecanismos psicológicos para interpretar as mudanças fonéticas impossíveis de explicar-se apenas pela acomodação sintagmática (veja 1.3.2). Pois bem, nesta altura de seu livro ele aprofunda as relações psicológicas codificadas na sentença, propondo uma distinção entre sujeito psicológico e sujeito gramatical: "O sujeito psicológico é a primeira quantidade de ideias existente no consciente do que fala, do que pensa, e a ela associa-se uma segunda, o predicado psicológico. O sujeito [...] é aquele que percebe, o predicado é o apercebido." E mais adiante, citando Gabelentz: "O sujeito psicológico é, segundo ele, aquilo sobre que aquele que fala quer fazer o ouvinte pensar, para onde ele quer dirigir-lhe a atenção; o predicado psicológico é o que ele deve pensar sobre isso" (Paul, 1880/1920/1970: 133). Paul relativiza um pouco estas definições, ao mostrar que "é verdade que a noção de sujeito está sempre no consciente da pessoa que fala, mas começando esta a falar, a noção de predicado, mais significativa, pode ir-se esforçando já de tal modo por atingir o primeiro plano, sendo o sujeito acrescentado ulteriormente" (Paul, 1880/1920/1970: 135). A distinção entre sujeito e predicado psicológico e gramatical teve grande impacto nas gramáticas portuguesas. Já a distinção entre sujeito e "noção que já está no consciente" e predicado e "noção mais significativa" seria retomada na década de 1930 pelos linguistas da Escola de Praga (veja 1.2.2.2). A questão aí implícita da predominância do substantivo sobre o verbo, ou do verbo sobre o substantivo, prosseguiu como uma fonte de debates contínuos. O fato é que o sujeito e o predicado psicológicos remetem a um "assunto no interior do texto", ao passo que o sujeito e o predicado gramaticais remetem a um "assunto no interior da oração", como o próprio Herman Paul reconheceu, antecipando-se às fortes discussões da atualidade promovidas pela Linguística do Texto.

(2) "A oração é um conjunto de palavras, atribuindo-se a esse conjunto a função predicativa". A predicação é um dos processos gramaticais básicos. Segundo Benveniste (1966), a língua além de uma estrutura de signos é uma "síntese predicativa". A predicação se codifica gramaticalmente através da relação entre um predicador (como o verbo, o adjetivo e os advérbios – restritos às suas subclasses predicativas) e as classes que esses predicadores tomam por escopo, ou seja, seus argumentos. Os argumentos sentenciais serão conceituados no capítulo "Estrutura funcional da sentença".

Outras definições da sentença como uma estrutura funcional tomam em conta o *modus*:

(3) "[...] todas as frases da língua portuguesa, por muito diferentes que sejam pela extensão, pelas palavras, pelo sentido etc., obedecem a uma mesma regra de formação: são constituídas por um tipo e por um material" (Dubois-Charlier / Leeman 1976: 58). Na nomenclatura dessa autora, o *tipo* corresponde ao *modus* (modalidades sentenciais declarativa, interrogativa, imperativa) e o *material* corresponde ao *dictum* (associação do sintagma nominal ao sintagma verbal).

(4) "A oração é composta de sujeito, modalidade, predicado e complemento e/ou modificadores, e funciona como um constituinte ou do nível próximo mais alto (isto é, o período), ou do mesmo nível (quando se trata de uma oração encaixada numa oração matriz), ou do nível próximo mais baixo (quando encaixada num sintagma)" (Agard, 1984 I: 5).

Finalmente, há definições de cunho mais formalista que levam em conta o princípio de projeção da Gramática Gerativa. De acordo com esse princípio, algumas classes têm a propriedade de projetar, ou selecionar, outras palavras, constituindo com elas uma sentença. Vejamos algumas definições gerativistas da sentença:

(5) "[...] uma frase finita na forma subjacente é uma sequência de categorias SN (= sintagma nominal), FLEX (= flexão), SV (= sintagma verbal) e constituintes opcionais, em que FLEX contém a indicação de marcas de tempo, pessoa e número" (Mira Mateus et al., 1989/2003/2005: 311).

(6) "A oração é a projeção sintática das propriedades de subcategorização de um verbo, em outros termos, a projeção da estrutura argumental desse verbo. Nesse sentido, o verbo é o núcleo da oração" (Galves, 1987: 1).

Conceituada como (5) e (6), a sentença é, em última análise, um verbo que articula seus argumentos. O ponto de partida para a identificação de uma sentença é, portanto, um verbo em forma pessoal. Nesse núcleo, o modelo distingue a *flexão*, que seleciona um sintagma nominal como argumento externo ou sujeito, atribuindo-lhe o caso nominativo, do *radical* do verbo, que subcategoriza os argumentos internos, representados por sintagmas nominais ou por sintagmas preposicionais, atribuindo-lhes um caso oblíquo (= acusativo, dativo ou ablativo). O conceito de subcategorização está fundamentado nas propriedades lexicais inerentes à significação dos verbos. Assim, um verbo como *ler* subcategoriza dois sintagmas nominais, o sintagma nominal-sujeito ("aquele que lê") e um sintagma nominal-objeto direto ("aquilo que é lido"). O essencial dessa concepção está em que a geração de uma sentença na mente humana implica na marcação de três pontos, que podem ser designados por *nós*. Um desses nós é a sentença, o segundo é o sintagma nominal e o terceiro é o sintagma verbal, de tal sorte que a sentença domina hierarquicamente o sintagma nominal e o sintagma verbal, figurando o sintagma nominal à esquerda do sintagma verbal. Segundo esse ponto de vista, não é possível afirmar que a regra de geração de uma sentença seja um processo psicológico, pois não temos certeza sobre como é esse processo. Restringimo-nos, então, ao nível da verificação das condições de formação desses nós, e nada mais (Radford, 1981: 89-90).

Finalmente, deve-se ressaltar a indissociável relação entre a estrutura sintagmática e a estrutura funcional da sentença. Como ressalta Lyons (1977/1984 II: 428), "há uma conexão intrínseca entre a função sintática de ser sujeito da sentença e a categoria sintática sintagma nominal, e, similarmente, há uma conexão intrínseca entre a função sintática de ser predicado da sentença e a categoria sintagma verbal".

O entendimento da sentença como um conjunto de funções atribuídas pelo predicador será estudado no capítulo "Estrutura funcional da sentença".

LEITURAS SOBRE AS PROPRIEDADES GRAMATICAIS DA SENTENÇA
Ver seções 7.5.3 e 7.5.4 do arranjo temático da Bibliografia na seção **15**.2.5 e Díscolo (séc. I d.C./1987), Paul (1880/1920/1970), Benveniste (1966), Alarcos Llorach (1968/1970), Gili e Gaia (1961), Longacre (1964), Firbaš (1964, 1992), Daneš (1966, 1974, ed. 1974). Azevedo (1973), Macambira (1974), Dubois-Charlier / Leeman (1976), Perini (1980, 2006), Radford (1981), Agard (1984), Dusková (1985), Ilari (1986a/1992/2004), Mira Mateus et al. (1989/2003/2005), Galves (1987), Lerner (1991), Cagliari (2002).

6.2. PROPRIEDADES SEMÂNTICAS DA SENTENÇA

As seguintes definições privilegiam a face semântica da sentença:

(1) "A oração perfeita [se constitui] pela coerência dos significados" (Díscolo, séc. I d.C./1987 I: 2). A expressão "oração perfeita" é a tradução da expressão grega *lógos autotelès*, que também significa "expressão com um fim em si mesma, autossustentada". Essa definição está calcada numa anterior, formulada por Dionísio da Trácia, no século I a.C. Ela destacou a importância da sentença numa situação

comunicativa, sublinhando suas propriedades discursivas. Apolônio Díscolo afirmava que o domínio da sintaxe é constituído pela oração perfeita, em que o *lógos autotelês* se realiza num nível duplo: (i) de um lado, ele é formado por pelo menos dois termos, o substantivo e o verbo; (ii) por outro lado, ele deve ser coerente com respeito ao texto em que se acha incluído (Bécares Botas, apud Díscolo sec. I d.C./1987: 38).[1] Segundo essa definição, a sentença tem uma atuação autotélica no interior do texto, funcionando como um conjunto de elementos ligados solidariamente, num sentido total, "não preparado pouco a pouco" (Rodríguez Adrados, 1969 I: 237). Mas *autotelês* significa também "perfeita", "completa", e assim, por via de consequência, Apolônio Díscolo desenvolveu sua teoria da elipse (em grego, *elléipsis*), que é "a falta, a insuficiência, a omissão" de algum constituinte, ou seja, a incompletude (Díscolo, séc. I d.C./1987 II: 94). Através da elipse ele justifica as sentenças em que se omitiu o desnecessário, para evitar o excesso. Aparentemente, ele foi o primeiro gramático a tratar da elipse, que tanta fortuna viria a conhecer na reflexão gramatical estruturalista e gerativista, ainda que partindo de lugares teóricos diversos (ver a seção **6.4.1.3**).

A conceituação de sentença mais frequente em nossas gramáticas guarda algumas relações com a de Apolônio Díscolo, via gramáticos latinos e gramáticos da Idade Média, mas assenta numa incompreensão, formulada na definição a seguir:

(2) "A sentença é um conjunto de palavras com sentido completo", ou "a sentença é um grupo de palavras que expressam um pensamento ou um juízo completo". À parte a incompreensão do que Apolônio Díscolo quis dizer sobre a oração perfeita, é muito difícil entender nessas definições, tão comuns em nossas gramáticas escolares, o que seja "sentido completo". Nem a sentença nem o texto são capazes de representar o sentido completo, o que quer que isso signifique. Câmara Jr. (1942/1954: 164) e Rona (1972: 182) explicam que tal expressão seria uma tradução inadequada do adjetivo *autotelês*, cuja significação acabo de discutir. Lembre-se, por fim, que as definições acima são dificilmente operacionalizáveis no trato descritivo da língua.

(3) "A sentença é um conjunto de papéis temáticos acionados pelo verbo". A teoria dos papéis semânticos será examinada na seção **6.2.2**.

6.2.1. SENTENÇA E APRESENTAÇÃO

"Apresentar" é introduzir no discurso um novo participante, ou um novo estado de coisas. "Predicar" é atribuir propriedades semânticas ao argumento de um operador. Já lidamos com isso em **2.2.2.1** e **2.2.2.2**. Para uma descrição das sentenças apresentacionais, veja **8.3.2.1**.

6.2.2. SENTENÇA E PAPÉIS TEMÁTICOS

Os papéis temáticos*, denominados em certas teorias como casos*, são traços semânticos atribuídos por um predicador ao seu escopo. Dispondo de uma base cognitiva, os papéis temáticos correspondem a outras tantas representações linguísticas do mundo que nos cerca. Dada essa base, os papéis temáticos têm um caráter universal, diferindo das categorias estritamente sintáticas, que assumem peculiaridades nas diferentes línguas naturais.

---

[1] Vê-se que o raciocínio do gramático alexandrino reúne a forma gramatical da sentença (= nome + verbo) com sua significação contextual.
– *Pois é, no mundo ocidental, o emparelhamento forma-conteúdo está presente nas reflexões gramaticais desde seus primeiros tempos.*

Não há correspondência biunívoca entre as funções sintáticas de sujeito, complemento e adjunto e os papéis semânticos de agentivo, beneficiário, passivo etc. que lhes são atribuídos. Tampouco dispomos de um quadro exaustivo desses papéis, conquanto alguns projetos interlinguísticos tenham trabalhado nessa direção.

Para bem entender o que são papéis temáticos, é necessário distingui-los dos *traços semânticos inerentes*.

Os *traços semânticos inerentes* são as propriedades intensionais (veja intensão*) das diferentes categorias léxicas: verbos (**10.2.2**), substantivos (**11.2.2.2**), adjetivos (**12.2.2**), advérbios (**13.2.2**), preposições (**14.2.2**). Para ficar com um só exemplo, num item como *menino*, podemos intuitivamente reconhecer os traços inerentes /animado/, /humano/, enquanto em *onça* teríamos /animado/, /-humano/.

Quando comparamos traços inerentes de substantivos e de verbos em dada sentença, constatamos que estes apresentam "restrições de seleção semântica" sobre aqueles. Assim, *atravessar* se combina com entidades /animadas/, /concretas/, /móveis/, e por isso aceitamos

(7)   *A onça atravessou a mata.*

mas o mesmo verbo não se combina com entidades /inanimadas/, /abstratas/, e por iso rejeitamos a famosa sentença, aqui adaptada:

(8)   **Ideias verdes atravessaram a mata.*

aceitável apenas num texto fantástico.

Diferentemente dos traços inerentes, os papéis temáticos, repetindo, são traços atribuídos por um predicador a seu escopo. É bem antiga a percepção de que as relações gramaticais podem ser entendidas como uma combinação de papéis temáticos, ou de casos. A sentença é o lugar em que se realizam essas combinações.

O termo *papel temático*, usado pela primeira vez por Gruber (1976), convive com os *casos semânticos* de Fillmore.

Em sua Gramática de Casos, Fillmore (1968) buscou identificar os universais sintático-semânticos. Deixando de lado a abordagem morfológica dos casos, vale dizer, a captação dos sentidos contidos nos afixos nominais, Fillmore submeteu o assunto a uma forte generalização, definindo casos como um conjunto de relações semânticas, descritas inicialmente nos seguintes tipos:

- Agentivo: caso do instigador da ação expressa pelo verbo, com o traço /animado/.
- Instrumental: caso que corresponde a uma força inanimada ou objeto ocasionalmente envolvido na ação ou no estado.
- Dativo: caso de um ser animado afetado pelo estado ou ação.
- Factual: caso do objeto ou ser resultante de uma ação ou estado expressos pelo verbo, direta ou indiretamente.
- Locativo: caso que remete ao local ou à orientação espacial do estado ou da ação.
- Objetivo: caso de qualquer coisa passível de representação por um substantivo, cujo papel na ação ou no estado é atribuído pelo sentido do verbo. O objetivo é uma espécie de caso *omnibus*, pois esta definição engloba todas as anteriores (Fillmore, 1968: 24-25).

Esse autor voltou ao assunto em Fillmore (1969/2003), reformulando a versão anterior e agregando outros casos.

O termo papel temático e seu conceito têm tido uma enorme fortuna crítica. De Jackendoff (1972) eles se irradiaram entre os sintaticistas gerativistas, integrando-se na teoria auxiliar da estrutura argumental da sentença. Uma notável aproximação entre funcionalistas e gerativistas se produziu quando Givón (1984) começou a estudar o fenômeno, agora rebatizado para *papéis semânticos*. Outros autores da vertente funcionalista trabalharam a questão: Heine/ Claudi / Hünnemeyer (1991) falam em *categorias metafóricas*, *funções de caso*; Svorou (1993) joga com as entidades envolvidas num dado estado de coisas, focalizando as relações espaciais. Esses e outros autores foram recolhidos por Kewitz (2007a) no Quadro 6.3, aqui reproduzido, mantidas as notas de rodapé do original.

Quadro 6.3 – Papéis temáticos

AUTOR	FUNÇÕES ou PAPÉIS TEMÁTICOS	DEFINIÇÃO
Fillmore (1971, apud Palmer 1972/1975)[2]	AGENTE	O "instigador" do evento.
	CONTRA-AGENTE	Força ou resistência contra o qual a ação é realizada.
	OBJETO	Entidade que move ou muda, ou, ainda, cuja posição ou existência está sendo considerada.
	RESULTADO	Entidade que vem à tona, que surge como resultado de uma ação.
	INSTRUMENTO	Estímulo ou causa física imediatos do evento.
	FONTE	Lugar de onde algo se move.
	ALVO	Lugar para onde algo se move.
	EXPERIENCIADOR	Entidade que recebe, aceita, experimenta ou sofre o efeito da ação.
Chafe (1970/1979)	AGENTE	Aquele que realiza a ação.
	PACIENTE	Aquele que está num determinado estado ou que sofre mudança de estado.
	EXPERIENCIADOR	Aquele que está mentalmente disposto a receber uma experiência, percepção etc. Não é o instigador da ação.
	BENEFICIÁRIO	Aquele que se beneficia da ação.
	INSTRUMENTO	Objeto que desempenha um papel no desencadeamento de um processo, não sendo, porém, a força motivadora, a causa ou o instigador. É algo que o agente usa na ação.
	COMPLEMENTO	Relação em que o verbo supõe a criação de algo (em geral, um nome cognato, como *cantar uma canção*, *jogar um jogo*).
	LUGAR	Relação do verbo com uma expressão locativa.
Radford (1988)	BENEFACTIVO	Entidade que se beneficia de alguma ação. Ex.: João comprou flores *para Maria*.
	INSTRUMENTO	Meio pelo qual algo acontece. Ex.: João bateu em Carlos *com uma vassoura*.
	LOCATIVO	Lugar em que algo está localizado ou acontece. Ex.: João colocou a carta *dentro da gaveta*.
	META	Entidade na direção da qual algo se move. Ex.: João passou o livro *para Maria*.
	FONTE/ORIGEM	Entidade a partir da qual algo se move. Ex.: João voltou *de Londres*.

---

[2] Estes papéis (*casos*, nos termos de Fillmore) foram reformulados em relação aos apresentados em Fillmore (1968). O autor substitui o caso FACTUAL por RESULTADO, e DATIVO por EXPERIENCIADOR, e desdobra o caso LOCATIVO em FONTE e ALVO.

Givón (1984)	INSTRUMENTO	Participante tipicamente inanimado, usado pelo agente para realizar a ação.
	BENEFACTIVO	Participante tipicamente animado, para cujo benefício a ação é realizada.
	LOCATIVO	Lugar, tipicamente concreto e inanimado, onde se localiza o estado, onde ocorre o evento ou para onde ou de onde algum participante se move.
	ASSOCIATIVO	Participante associado ao agente, paciente ou dativo, cujo papel no evento é semelhante, mas não tão importante.
	MODO	Modo como o evento ocorre ou como o agente realiza a ação.
Svorou (1993)[3]	BENEFACTIVO	TR é uma situação; LM é uma entidade; a situação TR ocorre para o benefício ou em nome de LM.
	MALEFACTIVO	TR é uma situação; LM é uma entidade; a situação TR ocorre em detrimento/malefício de LM.
	INSTRUMENTO	TR é uma situação; LM é uma entidade; a situação TR ocorre com LM enquanto instrumento.
	COMITATIVO	TR é uma situação; LM é uma entidade que participa da situação TR junto com outros participantes.
	AGENTIVO	TR é uma situação; LM é uma entidade que atua na situação TR.
	OBJETO DIRETO	TR é uma situação; LM é uma entidade; a situação TR é voltada para LM.
	RECIPIENTE	TR é uma situação; LM é uma entidade; LM é o recipiente em que ocorre a ação designada pela situação TR.
	FONTE	TR é uma situação; LM é uma entidade; LM é a fonte de informação ou ação que a situação TR especifica.
	RECÍPROCO	TR é uma situação; LM é uma entidade múltipla; os membros de LM participam da situação TR de forma que há interação entre eles.
	REFERÊNCIA	TR é um estado ou característica; LM é uma entidade; o estado TR existe em relação a LM.
	DESSIVO	TR é uma situação; LM é uma entidade; a situação TR envolve LM.
	VIS-A-VIS	TR é uma situação; LM é uma entidade; a situação TR ocorre na presença de LM.
	CIRCUNSTANCIAL	TR é uma situação; LM é uma entidade envolvida na situação TR, a qual ocorre enquanto LM está num determinado estado (descrito por um adjetivo) temporariamente ou por acaso. Isto é, o estado não é uma característica permanente da entidade (ex.: *ele comeu com as mãos sujas*).

Peres / Móia (1995: 57) promovem uma discussão sobre os papéis temáticos, de uma perspectiva gerativista, insistindo em que "os verbos têm propriedades de atribuição de papéis semânticos", e oferecendo os seguintes exemplos:

(9) *Rita dançou.*
(10) *Rita desmaiou.*

Nesses exemplos, foram conservados os traços inerentes de *Rita*, mas em (9) esse item atua como sujeito/controlador/, e em (10), como sujeito/não-controlador/. Conclui-se que *dançar* atribui o papel /controlador/, ao passo que *desmaiar* atribui o papel /não controlador/.

---

[3] TR refere-se a "trajector" (= entidade situada no espaço) e LM, a "landmark" (= ponto de referência; entidade de referência para a localização no espaço).

Outras observações nessa mesma linha podem ser feitas analisando as seguintes sentenças, propostas pelos mesmos autores:
(11) *Paulo bebeu água.*
(12) *Paulo engoliu água.*
(13) **Paulo bebeu a caneta.*
(14) *Paulo engoliu a caneta.*
(15) *Paulo obrigou Maria a cantar.*
(16) *Paulo obrigou Maria a desmaiar.*

Além dos sintagmas nominais que funcionam como argumentos, também as sentenças substantivas podem receber papel semântico do verbo, como se pode constatar por estes exemplos dos mesmos autores:
(17) *João espera que lhe arranjem o telhado.*
(18) *João espera que lhe possam arranjar o telhado.*
(19) *João pediu que lhe arranjem o telhado.*
(20) **João pediu que lhe possam arranjar o telhado.*

Nos exemplos anteriores, nota-se que *esperar* aceita argumentos sentenciais modalizados, ao passo que *pedir* os rejeita.

O estudo da atribuição de papéis semânticos revela a riqueza sintática dos predicadores, que selecionam classes lexicais, funções sintáticas e casos gramaticais abstratos. Assim, se fôssemos descrever o comportamento semântico-sintático de *apanhar* em
(21) *João apanhou da vizinha.*
teríamos, pelo menos,
(21a) *apanhar* SN _____ SP
Sujeito _____ Argumento oblíquo
Nominativo ____ Ablativo
Paciente _____ Agente

O arranjo de (21a) tem a vantagem de destacar que numa sentença se abrigam várias categorias: as categorias sintagmáticas de sintagma nominal (SN) e sintagma preposicional (SP), as categorias funcionais de sujeito e argumento oblíquo, seus casos gramaticais de nominativo e ablativo, e finalmente a grade temática. É interessante refletir que, ao produzir uma sentença aparentemente tão simples, estamos na verdade operando com um conjunto complexo de categorias linguísticas de variada ordem.

Cada uma dessas categorias pode ser assinalada nas diferentes línguas ou pela marcação de um caso visível nas expressões (via flexões ou via preposições/posposições), ou por sua marcação abstrata, invisível, porém detectável por expedientes sintáticos tais como a proporcionalidade a um pronome (veja o capítulo "Estrutura funcional da sentença"). O latim literário se enquadra no primeiro tipo e o português, no segundo.

Nessa rápida síntese, deve ter ficado patente que a teoria dos papéis temáticos é compartilhada por gerativistas e funcionalistas. Num excelente balanço das contribuições de ambas as perspectivas teóricas, Kato (1998) mostrou que elas confluem precisamente no domínio dessa teoria.

LEITURAS SOBRE AS PROPRIEDADES SEMÂNTICAS DA SENTENÇA
Jespersen (1924/1971), Câmara Jr. (1942/1954), Gruber (1976), Fillmore (1968, 1969/2003), Rodríguez Adrados (1969), Chafe (1970/1979, 1987b), Rona (1972), Weinreich (1972), Lyons (1977/1984), Dik (1978/1981, 1989), Cano Aguilar (1981), Givón (1984), Ilari (1986a/1992/2004, 1992b), Bécares Botas (apud Díscolo, séc. I d.C./1987), Radford (1988), Heine/ Claudi / Hünnemeyer (1991), Kato / Castilho (1991), Svorou (1993), Peres / Móia (1995), Talmy (1996, 2000), Kato (1998), Franchi (2003a, 2003b), Franchi / Cançado (2003a, 2003b), Kewitz/Simões (2009).

6.3. PROPRIEDADES DISCURSIVAS DA SENTENÇA: A INTERFACE SENTENÇA/DISCURSO

Na perspectiva discursiva da sentença, essa unidade é estudada como parte do texto, não como um objeto autônomo, livre do contexto. Se você quiser desenvolver pesquisas sobre as propriedades discursivas da sentença, terá de ultrapassar as categorias apresentadas em **6.**1 e **6.**2, olhando seu papel no desenvolvimento do texto.

Os pesquisadores que toparam esse desafio desenvolveram pelo menos dois tipos de indagação: (i) sentença e processamento da informação, (ii) sentença e representação dos atos de fala.

6.3.1. SENTENÇA E PROCESSAMENTO DA INFORMAÇÃO

Herman Paul (1880/1920/1970) identificou na sentença a sede do processo informativo da língua. Essa percepção conheceu muitos desdobramentos, sobretudo entre os linguistas da Escola de Praga.

As seguintes definições exploram a perspectiva informacional da sentença:

(1) "A sentença associa em si dois elementos, o tópico, que é aquilo sobre que o falante quer falar, e o foco, que é aquilo que é dito sobre o tópico" (Mathesius, 1915, 1929, 1939, 1942, apud Firbaš, 1964, 1992; Daneš, 1966, ed. 1974, 1974, 1995). Esse ponto de vista ficou conhecido como "perspectiva funcional da sentença", configurando a teoria da articulação tema-rema.

(2) "A oração se realiza como unidade comunicativa, bipartindo-se em tema (ou tópico) e rema (ou núcleo, ou comentário, ou foco), ou, ainda, num segmento comunicativamente estático, oposto a um segmento comunicativamente dinâmico" (Ilari, 1986a/1992/2004: 37). Ilari retoma a bipartição tema-rema à página 42, desenvolvendo o assunto da seguinte forma:

> Toda oração serve para realizar duas ações básicas e irredutíveis, que descrevemos na linguagem de todos os dias mediante os predicados "falar de" e "dizer que": o primeiro desses predicados captaria o papel de tópico, e o segundo o papel de foco. Toda frase envolveria, em suma, dois "atos de fala", cada um dos quais obedece a condições específicas.

E mais além, na página 178:

> Conquanto, nessa análise em atos de fala, as duas expressões falar a respeito de e dizer que devam ser consideradas como primitivas (no sentido de que não se deixam definir por outras expressões mais básicas), cabe perguntar que tipo de ação verbal representam: trata-se num caso de uma ação de referência, e no outro, de uma ação de asserção, ou informação.

O "objeto de predicação", o "segmento comunicativamente estático", o "objeto a respeito do qual se fala ou ao qual se faz referência", a "ação de referência" é o tema. A "predicação sobre esse objeto", o "segmento comunicativamente dinâmico", a "ação de dizer que", a "ação de asserção ou informação" é o rema.

Numa linha teórica voltada para o que se convencionou chamar *empacotamento semântico* na sentença, Prince (1981) e Chafe (1997b) pesquisaram as relações entre o *status* informacional e a organização sentencial. Eles admitiram, implicitamente, uma correspondência entre elementos de informação e estruturas sintáticas, explorando assim as propriedades discursivas da sentença.

O elemento de informação é um conceito que os falantes têm de um indivíduo, de um estado de coisas*, de uma qualidade*, e assim por diante. Tal elemento pode estar no foco* da consciência dos falantes: neste caso, ele é *ativo*, e pode ser *evocado*. Outro elemento pode ser *inferido* do elemento focal, apresentando-se no texto como *semiativo*, ou *acessível*. Finalmente, há elementos de informação que no início da interação não estão nem ativos nem semiativos na consciência dos falantes, demandando deles um esforço para integrá-los no fluxo da consciência. Tais elementos são informacionalmente *novos*.

Como se pode observar, tais reflexões retomam as distinções formuladas pela teoria da articulação tema-rema, que postulara a língua como uma entidade dinâmica. A noção de dinamicidade vem da intuição segundo a qual o rema sentencial faz avançar o texto (Ilari, 1986a/1992/2004). Por outro lado, o rema de uma sentença pode se transformar no tema da sentença seguinte, mecanismo que será descrito em **11.2.3.3**.

Essas percepções da sentença deram lugar a pesquisas sobre a ordem de figuração de seus constituintes na cadeia da fala: veja neste capítulo a seção **6.4.3**.

6.3.2. SENTENÇA E ATOS DE FALA

Observando agora as sentenças do ponto de vista dos atos de fala (**1.2.2.2**), nota-se que elas representam atos de fala asseverativos afirmativos (22), asseverativos negativos (23), interrogativos (24) e imperativos (25):

(22) *O menino estudou a lição.*
(23) *O menino não estudou a lição.*
(24) *Menino, você estudou a lição?*
(25) *Menino, estude a lição!*

A abordagem discursiva dessas sentenças evidencia que nas asseverativas predomina o assunto, nas interrogativas predomina o ouvinte, e nas imperativas predomina o falante. Toda uma tipologia das sentenças se fundamenta nessas propriedades discursivas (veja **8**.2).

LEITURAS SOBRE AS PROPRIEDADES DISCURSIVAS DA SENTENÇA
Paul (1880/1920/1970), Firbaš (1964, 1992), Daneš (1966, ed. 1974, 1974, 1995), Chafe (1997b) Prince (1981), Ilari (1986a/1992/2004).

6.4. PRINCÍPIO DE PROJEÇÃO

Nas seções **6**.1 a **6**.3, procedi a uma leitura multissistêmica das definições sobre a sentença, mostrando que o entendimento que se tem tido dessa unidade não se esgota no domínio da gramática, ocorrendo também nos domínios da semântica e do discurso.

Depois dessa dispersão de objetos teóricos, está na hora de correr atrás de uma generalização, perguntando se algum princípio unificaria essas três caras da sentença. Nesta seção, postulo como tal o *princípio de projeção**.

O termo *projeção* está sendo tomado aqui em seu sentido comum de língua: "lance, arremesso". É o que ocorre nas seguintes situações linguísticas:
  1. Durante uma conversação, prevemos nosso momento de entrada numa conversação e lançamos nosso turno à roda. Sacks / Schegloff / Jefferson (1974/2003) mostraram que ao longo de uma conversa projetamos sempre o próximo movimento verbal do interlocutor, tentando adivinhar que rumo ele vai imprimir à interação, ao mesmo tempo em que nos preparamos para entrar no papo, produzindo comentários rápidos ou até mesmo planejando tomar o turno. É assim que os humanos mantêm o andamento da conversa. Sempre um lance belicoso. Pois bem, a trinca que inventou a Análise da Conversação com o texto anterior abriu cami-

nho a uma generalização sobre seu belíssimo achado, que denominei "princípio pragmático de projeção", cuja importância na criação do texto demonstrei anteriormente (Castilho, 1998a/2004). A face discursiva do princípio de projeção foi elaborada no capítulo "A conversação e o texto". Mas o problema é que esse princípio não se esgota no domínio do discurso.

2. Para construir as sentenças de que são feitos os turnos, usamos certas expressões que arremessam/selecionam outras expressões, denominadas argumentos sentenciais*, às quais são atribuídos casos* e papéis temáticos*, dispondo-as no enunciado segundo determinada ordem e estabelecendo entre elas regras de concordância. Agora, o princípio de projeção mostra sua eficiência no domínio da gramática.

3. Para construir os sentidos, que são emparelhados com os turnos e as sentenças, movimentamos traços semânticos pelo enunciado, via predicação, metonímia e metáfora. As demais categorias semânticas mencionadas em **2.2.2** assentam igualmente no movimento de atribuição de sentidos (referenciação), sua retomada (foricidade), ampliação (inferência, pressuposição), e assim por diante. Vê-se que o princípio de projeção trabalha duro no sistema da semântica.

A Semântica Cognitiva andou arando os campos férteis da projeção, mesmo sem usar esse termo. Com a palavra a teoria dos espaços mentais. Fauconnier (1984/1985, 1996) sustenta que as estruturas gramaticais fornecem indícios sobre a construção dos espaços mentais, definíveis inicialmente como um conjunto de percepções evocadas diretamente por uma expressão linguística ou pelas situações do discurso, denominadas em seu texto "evocações pragmáticas".

Assim, uma palavra como *escritor* (domínio da expressão) evoca logo a noção de *livros* (domínio da evocação pragmaticamente sustentada), o que dá lugar a sentenças do tipo:

(26) *Platão está na prateleira da esquerda.*

isto é,

(26a) *Os livros escritos por Platão estão na prateleira da esquerda.*

Entre a expressão – que funciona como gatilho da evocação – e o espaço mental evocado, situa-se nosso conhecimento de mundo, que opera, então, como uma espécie de "conector pragmático", expressão cunhada por Fauconnier.

Suas conclusões mostram que pensamentos altamente elaborados no domínio das ciências, das artes e das literaturas, tanto quanto a compreensão elementar da significação das sentenças, produzidas nas situações do dia a dia, são regidas pela projeção (= *mapping*, em seu texto) e pela combinação de espaços mentais. Numa leitura pessoal da teoria dos espaços mentais de Fauconnier, direi que ele identificou a atuação do princípio de projeção no sistema da semântica, de que resulta a criação dos sentidos.

A bem da verdade, nós, caipiras, tínhamos formulado anteriormente a teoria dos espaços mentais. Sempre que precisamos dar um balanço em nossas prosas, ao lado do bule do café e do cigarro de palha dependurado do beiço, pomos no ar esta síntese perfeita:

– *Pois é, compadre, uma ideia sempre puxa a outra!*

E agora, um cuidado terminológico. O verbo usado nos textos em inglês para referir à projeção de argumentos sintáticos (veja argumento sentencial*) e de espaços mentais é *to mapp*, como em *Mappings in Thought and Language*, título do livro de Fauconnier (1996). Pois não é que os brasileiros deram de "traduzir" *to mapp* por "mapear"? Que bela confusão, hein? No vernáculo, *mapear* é registrar num mapa um dado já existente, com certidão de nascimento e tudo. Na Linguística, *projetar* é trazer à luz esse dado. O *mapeamento* no sentido vernáculo é um processo que vem depois.

Pode-se então reconhecer que o princípio de projeção engloba a gramática, o discurso e a semântica. Se a língua fosse uma pensão, dona Projeção seria a proprietária. Ela já tinha sido identificada pela Gramática clássica e perpetuada na tradição ocidental, em que reaparece com frequência, apesar de designada por termos diferentes.

– *Quer dizer que o princípio de projeção foi criado por você? Ou como diriam os caipiras compadres, é uma coisa de sua inventiva?*
– *Não, não. Como disse no parágrafo anterior, trata-se de uma intuição muito recorrente na história das ideias linguísticas O que fiz foi ensaiar uma generalização a partir dessas intuições, mais particularmente aquelas encontráveis na Análise da Conversação, na Gramática Gerativa, e na Semântica Cognitiva.*

Vamos agora nos limitar ao trabalho do princípio de projeção no sistema da gramática, focalizando a sintaxe.

A Gramática Tradicional identificou três modalidades de sintaxe: (1) sintaxe de regência, (2) sintaxe de colocação, (3) sintaxe de concordância. A série escrita por Carlos Góis é exemplar a esse respeito (Góis, 1931/1943, 1932/1940, 1933/1955).

Sustento que o princípio da projeção engloba e ultrapassa essas modalidades de sintaxe. No caso da gramática, ele capta o essencial da sintaxe, e neste ponto as "três sintaxes" mencionadas anteriormente confluem. As relações de regência, colocação e concordância são inseparáveis em seu estatuto. Parece impossível postulá-las como processos independentes uns de outros. As propriedades gramaticais que aí podemos identificar operam simultaneamente no momento da produção e da recepção dos enunciados.

Para comprovar essa afirmação, começo por providenciar uma base empírica, propondo o seguinte lance: suponha que você se aproxime de algum amigo seu, presenteando-o com estas expressões:

(27) *encher*
(28) *propaganda*
(29) *final de ano*
(30) *intervalo*
(31) *comercial*
(32) *enjoativamente*

Se seu amigo estiver de bom humor, várias coisas poderão lhe ocorrer:
– *E aí, maluco,[4] brincando de dicionário ambulante?*
Ou então:
– *Coitado, endoidou de vez, o que será que está tentando dizer?*

Sugiro, dados os perigos que esta experiência científica envolve, que você a conduza com alguém de confiança. Num dado momento, para salvar sua face, você poderá reordenar seus itens lexicais, apresentando-os da seguinte forma:

(33) *Seguinte: pra mim, a propaganda de final de ano enche enjoativamente os intervalos comerciais.*

Você verá o rosto de seu amigo iluminar-se, enquanto ele resmunga:
– *Ah, bom!*

O que terá restabelecido a confiança na relação? O fato óbvio de que você deixou de lado uma lista de palavras soltas e produziu uma construção aceitável pelos falantes da língua – mesmo que eles gostem de propaganda da televisão. O que terá acontecido para que tenhamos marchado numa boa de categorias lexicais soltas para categorias gramaticais ligadas, mudando o foco do léxico para a gramática? Pois foi o funcionamento do princípio de projeção, que associa a transitividade, a colocação e a concordância num só impulso de criação linguística.

Passo a examinar essas manifestações do princípio de projeção.

---

[4] No uso desta palavra, estou imitando meu neto Vinicius de Castilho Haddad Rodrigues, de 7 anos, que a emprega num contexto afetivo.

6.4.1. O PRINCÍPIO DE PROJEÇÃO E A TRANSITIVIDADE: ESTRUTURA ARGUMENTAL DA SENTENÇA

Sempre se reconheceu a propriedade das classes predicadoras (verbos, adjetivos, advérbios e preposições) de *exigir/demandar/articular/selecionar/subcategorizar* determinados *termos/actantes/argumentos* que lhes *completem/determinem/especifiquem* o sentido, constituindo juntamente com eles o predicado sentencial. Tratamos ligeiramente disso na seção "O problema da predicação" deste capítulo, item 2. Denomina-se *transitividade* essa propriedade.

Na Gramática Tradicional, assim tem sido entendida a transitividade: (i) são transitivas as sentenças que podem passar (*transire*) de ativas a passivas – e a transitividade é então vista como uma propriedade de transformação ou de comutação; (ii) verbo transitivo é aquele que passa sua ação ao complemento – e a transitividade limitava-se aos verbos de ação, deixando de fora verbos tais como *temer* e *perceber*, entre outros, o que ficou mal; (iii) verbo transitivo é aquele que não pode "exercer uma predicação completa", isto é, não pode por si só "expressar o que se deseja dizer do sujeito" (Campos, 1999: 1523).

Por que a nomenclatura da tradição gramatical teria escolhido o derivado de um verbo de ação, *transitiuus*, que vem de *transire*, "atravessar, passar, ir além (movimentando-se no ESPAÇO)", para descrever a sentença?

Arrisco uma resposta: por trás dessa decisão se reconheceu uma das manifestações da categoria cognitiva de MOVIMENTO. Entendeu-se que a língua representa uma sorte de percurso, e que a sentença pode ser vista aqui como um lugar de passagem, em que a ação "passa" do agente para o paciente, explicação que obviamente só funciona para os verbos de ação.

Para verbos de evento, como *saber*, para manter o entendimento de transitividade como "passagem", foi preciso postular uma *transitividade parasitária*, segundo Lyons (1977/1984: 370). Entretanto, se aceitarmos que *saber* representa um movimento fictício, não precisaremos de nenhum artifício para mantê-los entre os transitivos-do-movimento-físico (Talmy, 1996, 2000).

Cano Aguilar (1981: 16) acredita que a explicação tradicional repousa num entendimento defeituoso do termo *transitiuus* da gramática latina: "a concepção que dominou a gramática latina foi a de que as orações transitivas podiam passar (= *transire*) de ativas a passivas, enquanto que intransitivas eram as que não podiam efetuar tal passagem". Bem, esta já é outra interpretação de *transitiuus*, focalizando agora a relação entre voz ativa e voz passiva.

A teoria da valência estendeu o campo antes reservado à transitividade, incluindo aí também o argumento externo, ou seja, o sujeito (Busse / Vilela, 1986). Essa teoria começa por separar as palavras relacionais, ou sincategoremáticas, das palavras não relacionais, ou categoremáticas. São relacionais as palavras (ou lexemas, nessa teoria) que "incluem no seu significado uma estrutura de relação" (Busse / Vilela, 1986: 13). Assim, uma palavra como *vinda* implica em que "alguém vem de algum lugar", e por isso ela requer necessariamente dois termos com os quais se relaciona. Esses termos são seus argumentos, ou actantes, e o mesmo se pode dizer dos verbos, dos adjetivos e dos advérbios predicativos (veja **10.2.1.1**, **11.2.1.4**, **12.2.1.4** e **13.2.1.2**). Por outro lado, uma palavra como *mesa* não tem a mesma propriedade, "isto é, não se refere a um outro termo" (Busse / Vilela, 1986: 13). As palavras relacionais têm valência, e as palavras não relacionais são avalentes. A teoria da valência "distingue-se, entre outras coisas, da Gramática Tradicional (escolar) e também da Gramática Generativa, pelo fato de considerar o sujeito como um actante do mesmo nível do dos complementos do verbo" (Busse / Vilela, 1986: 15). Borba et al. (1990) aplicaram essa teoria ao estudo do verbo português, combinando-a com a Gramática de Casos de Fillmore. Vê-se ali que "um verbo como 'roubar' será identificado como verbo de três lugares – agente (Ag), Objetivo (Ob) e Origem (Or): alguém (Ag) rouba algo (Ob) de alguém/de algum lugar (Or)" (Borba et al., 1990: IX).

A teoria da valência repôs na ordem do dia a percepção da Gramática clássica sobre a dupla direção do movimento predicador: para a esquerda, predicando o sujeito, para a direita, predicando os argumentos internos. Naquele momento da reflexão gramatical no Ocidente, tinha-se observado que a sentença abriga relações assimétricas, distinguindo-se o caso reto, por meio do qual se codifica o sujeito, dos casos oblíquos, por meio dos quais se codificam os complementos. O achado dos gregos jamais deixou de frequentar nossas gramáticas, mas ocorreu um empobrecimento de sua percepção, quando os termos reto e oblíquo passaram a designar as duas subclasses dos pronomes pessoais, perdendo-se o efeito da bela metáfora geométrica que tinha sido construída.

A Gramática Gerativa integrou a velha transitividade e a valência entre os princípios gerais das línguas do mundo, cuja aplicação parametrizada especifica o que há de comum e o que há de diferente entre elas. Assim, uma dada expressão tem a propriedade de selecionar outras expressões, organizando uma estrutura sintática (Riemsdijk / Williams, 1986/1991). Esse princípio estipula que o verbo seleciona restritivamente os sintagmas que lhe servirão de argumentos (veja argumento sentencial*). O termo *argumento* decorre das afirmações de Frege (1891b/1978) sobre a lógica dos predicados. Na Sintaxe, ele nada tem a ver com seu uso no âmbito da Retórica, em que os argumentos integram os processos de convencimento.

Agora, o termo passa a designar os constituintes sentenciais dependentes de um predicador. Há o *argumento externo*, ou sujeito, assim denominado porque é gerado fora do sintagma verbal, e os *argumentos internos*, ou complementos, gerados dentro do sintagma verbal.

Independentemente da adesão a uma das três teorias aqui sumarizadas, é um fato que a transitividade gramatical é uma propriedade da sentença, e não do verbo que a constrói. Não há verbos exclusivamente transitivos, nem verbos exclusivamente intransitivos. É o uso na sentença que explicita a decisão tomada pelo falante.

Assim, um verbo como *viver* pode figurar intransitiva ou transitivamente, como em
(34)
    a) *Vivi bem.*
    b) *Vivi uma vida legal.*

Ao longo da história da língua, verbos como *saber* alteram sua capacidade de organizar a sentença, como em

(35)
    a) *Sei isso.*
    b) *Sei disso.*

Finalizando esta rápida resenha, será de interesse comparar as diferentes terminologias utilizadas para rotular a transitividade, restringindo-nos às gramáticas de maior circulação.

Quadro 6.4 – Comparando terminologias sobre transitividade

GRAMÁTICA TRADICIONAL	NOVA NOMENCLATURA GRAMATICAL BRASILEIRA	ESTA GRAMÁTICA
Verbo intransitivo de ligação	*Predicado nominal*	*Verbo monoargumental*
Outros verbos intransitivos	*Predicado verbal*	*Verbo monoargumental*
Verbo transitivo direto		*Verbo biargumental*
Verbo transitivo indireto		
Verbo bitransitivo		*Verbo triargumental*
Verbo transobjetivo	*Predicado verbo-nominal*	*Sentença plena + minissentença*

A transitividade, em suma, organiza a estrutura argumental da sentença, juntamente com a concordância e a colocação.

Um exame sistemático da transitividade nos leva a considerar menos três aspectos: (1) os casos gramaticais, (2) a diferença entre argumentos e adjuntos, (3) o preenchimento dos lugares argumentais.

Examinemos isso mais de perto.

6.4.1.1. Casos gramaticais

Como uma das manifestações gramaticais do princípio de projeção, a transitividade organiza a sentença escolhendo seus argumentos, aos quais atribui casos* e papéis temáticos*, estes já referidos em **6.2.2**.

Como identificar os casos atribuídos pelo predicador aos seus argumentos numa língua como o português, que perdeu a expressão morfológica dos casos?

Começa que há certa dificuldade ao descrever a transitividade verbal quando nos baseamos nas construções de verbo + substantivo. Salvo erro, isso foi reconhecido tacitamente pela primeira vez por Alarcos Llorach (1968/1970: 110), que preferiu examinar as relações entre o verbo e seus termos adjacentes à luz das possibilidades de pronominalização desses termos. Isso lhe permitiu identificar cinco processos de transitividade:

1) Implementação: o termo selecionado é comutável por *o*, como em *comer as ervas = comê-las*.
2) Complementação: o termo selecionado é comutável por *lhe*, como em *escrever à namorada = escrever-lhe*.
3) Suplementação: o termo selecionado é comutável por pronome pessoal do caso reto preposicionado, como em *falar de política = falar dela*.
4) Aditamento: o termo adjacente não é pronominalizável, vem normalmente preposicionado por *a, de, com, por, em*, e mostra uma mobilidade maior em sua posição relativa ao verbo do que os implementos e os complementos: *vou falar nesta manhã = nesta manhã vou falar*.
5) Atribuição: o núcleo verbal, quando constituído de itens tais como *ser, estar, ficar, permanecer*, e poucos mais, tem uma comutação bastante limitada, concentrando-se a predicação no termo adjacente, preenchido por sintagma adjetival ou por sintagma preposicionado, e não no verbo. Esse é o caso da minissentença.

Alarcos Llorach mostra ainda as compatibilidades de combinação entre esses termos. Implementos e complementos podem co-ocorrer no mesmo sintagma verbal, com verbos tais como *dar, ceder, entregar* e assemelhados. O mesmo ocorre com implementos e atributos, como em *trazia as mãos sujas, eleger Fulano secretário*. Implementos e suplementos podem ocorrer com o mesmo verbo, mas constituem estruturas diferentes: "tratar a doença = tratá-la" *vs.* "tratar da doença = tratar dela".

Alguns pronomes funcionam indiferentemente como implementos ou como complementos, como *me, te, se*.

Reflexões posteriores radicalizaram as objeções à prática de se partir da combinação verbo + substantivo para o estudo da projeção, dadas as seguintes razões:

(1) Aparentes incongruências entre verbo e substantivo têm levado a postular a inaceitabilidade de construções do tipo *vender o tempo, fumar a vida, pedras atravessam versos, plantas têm ideias* etc. Ora, como argumentam Nascimento / Marques / Cruz (orgs. 1984-1987: 200), uma vez contextualizadas, tais sentenças têm perfeitamente seu lugar, como demonstram em seu trabalho. Isso mostra a conveniência de deslocar para a combinação verbo + pronome o estudo da estrutura argumental do verbo, dado que os pronomes não apresentam restrições seletivas, por serem vazios de sentido lexical.

(2) De outro lado, a combinatória verbo + substantivo é infinita, e embaraça enormemente uma descrição que objetive ser comprovada por uma grande variedade de dados. É o que se vê em tentativas respeitáveis, como a de Gross (1975), que precisou para esse fim desenvolver um processo notacional complexo, constante de cerca de cem propriedades distribucionais e transformacionais.

O hábito de descrever a projeção verbal a partir das combinações de verbo + substantivo radica em sua postulação como uma classe "primitiva", ao passo que os pronomes seriam classes "de substituição" e, portanto, classes "derivadas". Invertendo o raciocínio, pode-se considerar o pronome, sim, como uma classe primitiva, e com isso os substantivos seriam "propronomes". Como sustentar isso?

Blanche-Benveniste et al. (1984: 26), perfilhando Quine (1964: 13), argumentam que com frequência os autores têm insistido em que

> o elemento pronominal seria o resultado, explícito ou implícito, de um processo de pronominalização, fundado frequentemente numa argumentação pragmática. Apenas recentemente os inconvenientes dessa abordagem foram denunciados por diversos autores. [...] Nós deduzimos uma teoria inversa da teoria herdada: é o pronome – ou a unidade subjacente induzida a partir do pronome – que constitui a base linguística do enunciado. Os outros elementos podem ser apresentados como sendo o resultado do processo de lexicalização.

Em consequência desta posição, postula-se que há uma relação de proporcionalidade (não de substituição) entre o substantivo e o pronome, comprometendo-se com isso o raciocínio que toma o substantivo por ponto de partida.

Esse novo estatuto atribuído ao pronome permite investigar a estrutura argumental da sentença de modo mais seguro, visto que não são acarretadas para o interior da análise todas as complicações inerentes à significação do substantivo e às restrições seletivas que se estabelecem entre ele e o verbo. Afinal, pronomes nada significam lexicalmente, e assim se pode com mais segurança descrever a estrutura sentencial em sua organização esquelética, por assim dizer. A estratégia de Blanche-Benveniste et al. (1984) foi por eles mesmos denominada "abordagem pronominal da sintaxe". Uma primeira aplicação dessa posição ao português aparece em Nascimento / Marques / Cruz (orgs. 1984-1987).

As postulações da abordagem pronominal da sintaxe, associadas ao princípio de projeção, oferecem um evidente ganho descritivo na identificação dos tipos de relação entre o verbo e seus termos adjacentes, os quais podem entreter diferentes relações argumentais. A ausência dessa relação mostra que o termo adjacente é um adjunto. Vamos elaborar um pouco mais a diferença entre argumentos e adjuntos.

6.4.1.2. Argumentos e adjuntos

O(s) termo(s) selecionados pelo verbo podem funcionar como argumentos ou como adjuntos. Os argumentos são proporcionais a pronomes, mas não os adjuntos.

Vejamos primeiro as propriedades dos argumentos.

(1) Sujeito = argumento externo, expresso por um sintagma nominal comutável pelo pronome *ele* nominativo, ou por toda uma sentença, comutável por *isso*.

(36)
    a) *O **menino** chegou.*
    b) *É certo **que vamos viajar amanhã**.*
correspondem a
(36')
    a) ***Ele** chegou.*
    b) *É certo **isso**.*

logo, *o menino* e *que vamos viajar amanhã* são sujeitos de (36a, 36b).

(2) Objeto direto = argumento interno, expresso por um sintagma nominal comutável pelos pronomes *o* e *ele* acusativo, ou por uma sentença, comutável por *isso*.

(37)
- a) *O menino pegou **a prova**.*
- b) *Ele disse **que chegaria cedo**.*

correspondem a

(37')
- a) *O menino pegou-**a**/O menino pegou **ela**.*
- b) *Ele disse **isso**.*

logo, *a prova* e *que chegaria cedo* são objetos diretos de (37a, 37b).

(3) Objeto indireto = argumento interno, expresso por um sintagma preposicional comutável pelo pronome *lhe*, *a ele*, ou por uma sentença.

(38)
- a) *O menino entregou a prova **ao professor**.*
- b) *O menino entregou a prova **a quem estava encarregado disso**.*

equivalem a

(38')
- a) *O menino entregou-**lhe**/**a ele** a prova.*
- b) *O menino entregou a prova **ao encarregado disso**.*

logo, *ao professor* e *ao encarregado disso* são objetos indiretos de (38a, 38b).

Note-se que no PB não ocorre a elisão de *lhe* com *a*, e portanto causaria muita estranheza uma sentença como

(39) *O menino entregou-**lha**.*

(4) Complemento oblíquo = argumento interno, expresso por sintagma nominal ou por um sintagma preposicional proporcionais a uma preposição + *ele/isso/lá*, por um sintagma adverbial comutável por sintagma preposicional, ou por toda uma sentença comutável por *disso*, *para isso*.

O oblíquo vem às vezes denominado "quase argumento", e na Gramática Tradicional algumas de suas ocorrências são analisadas ora como complementos terminativos, como em Pereira (1915/1933: 299), ora como adjuntos adverbiais. Alguns exemplos:

(40)
- a) *Preciso **de grana**. O menino veio **de Araçatuba**.*
- b) *Preciso **que você me empreste dinheiro**.*

correspondem a

(40')
- a) *Preciso **dela**. O menino veio **de lá**.*
- b) *Preciso **disso**.*

logo, *de grana*, *de Araçatuba* e *que você me empreste dinheiro* são complementos oblíquos de (40a, 40b). Dada a impossibilidade da comutação *preciso-o, *preciso-lhe, *vim-o, *vim-lhe, as expressões *de grana* e *de Araçatuba* não desempenham a função de objeto direto nem de objeto indireto.

(41) *O livro custou **trinta reais**.*

corresponde a

(41a) *O livro custou **isso**.*

logo, *trinta reais* é complemento oblíquo. Note-se a impossibilidade das comutações *O livro custou-o/*o livro custou-lhe.

Quando o termo adjacente ao verbo não é por ele selecionado, não será possível comutá-lo por um pronome, visto que não houve atribuição de caso gramatical. Esse é o caso dos adjuntos*, como nestes casos de adjuntos adverbiais:
(42) **Felizmente** *Fulano saiu.*
(43) *Ele sabe tudo,* **no fundo**. (Exemplos de Nascimento / Marques / Cruz, 1984-1987).

Não sendo selecionados pelo verbo, repito, as expressões *felizmente* e *no fundo* de (42-43) (i) não são comutáveis por pronomes, (ii) podem ser omitidos, e (iii) se movimentam livremente na sentença:
(42a) *Fulano saiu.*
(42b) **Fulano saiu-lhe.*
(42c) *Fulano* **felizmente** *saiu./Fulano saiu,* **felizmente**.
(43a) *Ele sabe tudo.*
(43b) **Ele sabe-o tudo.*
(43c) **No fundo**, *ele sabe tudo./Ele,* **no fundo**, *sabe tudo./Ele sabe,* **no fundo**, *tudo.*

6.4.1.3. Preenchimento dos lugares argumentais; ruptura de fronteira sintática

As línguas se distinguem segundo exijam (i) preenchimento obrigatório ou não obrigatório dos argumentos sentenciais, caso em que elas admitirão a chamada "categoria vazia", (ii) adjacência estrita ou não estrita do argumento em relação ao predicador, caso em que se estudarão as fronteiras permeáveis ou não à inserção de elementos.

6.4.1.3.1. PREENCHIMENTO DOS LUGARES ARGUMENTAIS

Quanto ao fenômeno (i), a Gramática Gerativa distingue línguas de preenchimento obrigatório dos constituintes, como o inglês e o francês, chamadas línguas "não-*pro-drop*", de línguas de preenchimento não obrigatório dos constituintes, como o português, denominadas línguas "*pro-drop*". Assim, em
(44)
    A – *Você viu quem passou por aí?*
    B – *Vi.*
observa-se que a sentença *Vi* omite o argumento externo e o argumento interno, surgindo uma estrutura gramatical aceitável. Representando o sujeito e o objeto direto omitidos pelo símbolo Ø, essa sentença seria transcrita assim:
(44a) *Ø vi Ø.*
Reconhecemos então que no português os lugares argumentais podem ser preenchidos por uma categoria vazia*.

O mesmo não ocorre no inglês e no francês. Nessas línguas, são agramaticais sentenças como:
(45)   **Saw.*
       **Ai vu.*
devendo ocorrer obrigatoriamente
(45a) *I saw him.*
      Je l'ai vu.

6.4.1.3.2. RUPTURA DAS FRONTEIRAS SINTÁTICAS

Quanto ao fenômeno (ii), a questão da adjacência dos constituintes funcionais na sentença do PB foi inicialmente levantada por Tarallo et al. (1990), a partir de sugestões contidas em Stowell

(1985). Segundo esse autor, em línguas como o inglês não é possível inserir elementos discursivos ou adjuntos adverbiais entre elementos que atribuem caso e o termo que deles recebe caso. Segundo Kato, o PB admite a possibilidade de rupturas desses espaços sentenciais.

Para examinar a questão do PB, foi necessário inicialmente estipular as seguintes fronteiras sintáticas no interior da sentença:

a) fronteira entre o verbo e seu objeto direto;
b) fronteira entre a preposição e seu objeto indireto ou seu complemento oblíquo;
c) fronteira entre o elemento verbal flexionado e o sujeito.

Segundo Braga / Nascimento (2009), de onde procede a estipulação das fronteiras sintáticas anteriores,

> Desde o início deixou-se de lado a fronteira [entre a preposição e seu complemento], dado que essa fronteira segue de forma estrita aquele princípio, não permitindo a intromissão de nenhum elemento. Examinou-se, então, a distribuição dos adjuntos e [marcadores] discursivos pelas fronteiras de constituintes da estrutura clausal subjacente às orações.

Surgiram assim dois estudos: Tarallo et al. (1990) e Tarallo (1993a). Nesses trabalhos, foi proposta a seguinte representação da estrutura sentencial do PB falado culto:

(46) [...Top (...Suj...V + Flex...Co...C1...) Antitop.

Em (46), *Top* está por tópico, *Antitop* está por antitópico, *Co*, por objeto direto e *C1*, por outros argumentos internos.

O primeiro estudo mostrou que em apenas 10,2% das sentenças houve ruptura no espaço entre o argumento interno e o verbo, número que cresce quando se examina o espaço argumento externo-verbo.

No segundo estudo, procurou-se verificar que elementos preenchem os espaços interfuncionais, constatando-se o seguinte:

(1) Em 62,8% dos casos, a fronteira intersentencial não é preenchida por elementos lexicais de qualquer espécie.
(2) Há mais preenchimentos antes do tópico e do sujeito – portanto, na margem mais à esquerda da sentença – do que após o verbo.
(3) Os elementos discursivos, ou marcadores conversacionais, e os adjuntos são os principais preenchedores.
(4) Mulheres preenchem mais que os homens os espaços intersentenciais, o que permite falar num "sotaque sintático".

6.4.2. O PRINCÍPIO DE PROJEÇÃO E A COLOCAÇÃO

Voltemos ao exemplo (33). Vemos que os itens lexicais aí reunidos obedecem a uma determinada ordem de colocação*. Se o autor dessa sentença produzisse (33a) para seu amigo imaginário, sua imagem não iria melhorar grande coisa. Olhe só para isto:

(33a) *De final de propaganda ano a comerciais enjoativamente intervalos seguinte os enche pra mim.*

A "esquisitice" de (33a) mostra que ao falarmos estamos levando em conta certas regularidades importantes:

(i) Posso prevenir o interlocutor através do marcador discursivo* *seguinte*, sinalizando que tenho algo a lhe dizer. Consequentemente, essa expressão deve encabeçar a sentença.
(ii) Especificadores sintagmáticos como *a*, em [*a propaganda de final de ano*], e *os*, em [*os intervalos comerciais*], antecedem habitualmente o núcleo dessas unidades. Esta regra de

colocação é categórica – sem lembrar que a movimentação de *os* para perto do verbo só ocorrerá se estivermos usando essa palavra como um pronome pessoal.

(iii) Complementadores sintagmáticos como *de final de ano* e *comerciais* devem seguir-se ao núcleo, embora possam movimentar-se um pouco, gerando efeitos de estranhamento, como em *a de final do ano propaganda*. Concluímos que esta regra de colocação é variável.

(iv) O núcleo do predicado verbal figura mais habitualmente no centro da sentença. Experimente deslocá-lo para o começo ou para o fim da sentença.

(v) Itens como *enjoativamente* flutuam livremente na sentença, como se pode ver em (33b a 33d):
(33b) *Seguinte:* **enjoativamente**, *pra mim, a propaganda de final de ano enche os intervalos comerciais.*
(33c) *Seguinte: pra mim, a propaganda de final de ano* **enjoativamente** *enche os intervalos comerciais.*
(33d) *Seguinte: pra mim, a propaganda de final de ano enche os intervalos comerciais* **enjoativamente**.

(vi) Mudanças na ordem dos constituintes podem alterar o sentido de uma sentença, como ressalta da comparação de *À noite todos os gatos são pardos* com *À noite todos os pardos são gatos*, um achado de Millor Fernandes (em *Veja*, 29 de abril de 2009). Colecione exemplos em que a alteração da ordem de colocação de expressões cristalizadas produzem humor.

Os elementos rapidamente examinados anteriormente mostram que há regras obrigatórias e regras variáveis governando a ordem dos constituintes no interior da sentença. A ordem dos constituintes da sílaba e da palavra exemplifica as regras obrigatórias. A ordem dos constituintes da sentença e do texto exemplifica as regras variáveis – e aí, o discurso comparece como uma espécie de coautor.

Agora só falta estabelecer um processo de observação sistemática da colocação, para entendermos como nossa mente opera com essa teoria auxiliar do princípio de projeção.

Se colocar constituintes é movimentá-los por aí, com ou sem restrições, precisaremos de um ponto de referência a partir do qual diremos que o constituinte X veio antes ou veio depois de Y. Esse ponto de referência deve ser localizado na estrutura gramatical da língua, mais propriamente em seu núcleo, descrito em 1.1.3. Vimos ali que as unidades linguísticas dispõem sempre de um núcleo, de uma margem esquerda e de uma margem direita – com perdão dos *umamás* cacofônicos que foram aparecendo por aí...

Tomaremos então o núcleo como ponto de referência para o estudo da colocação. Os constituintes figuram pré ou pós-núcleo, observando-se regras obrigatórias e regras variáveis.

As línguas naturais apresentam regularidades na colocação dos constituintes na sentença. Também aqui podem ser identificadas regras obrigatórias (o artigo vem sempre antes do substantivo) e regras variáveis (o sujeito pode antepor-se ou pospor-se ao verbo, o adjetivo pode antepor-se ou pospor-se ao substantivo). Descrevendo os dados desse ponto de vista, identificaremos (i) uma ordem de base; e (ii) movimentos dos constituintes.

Conforme anotado na seção anterior, chamam-se configuracionais as línguas de ordem rígida, e não configuracionais as línguas que admitem movimento largo de constituintes. O PB transforma-se progressivamente numa língua configuracional, distanciando-se do PE também nesse particular.

6.4.2.1. Ordem de base *vs.* ordem marcada

A ordem não marcada no português é S (= sujeito) V(= verbo) O (=objeto), como se vê em:
(47) *Francisco^S comeu^V a torta^O.*

Os constituintes SVO podem movimentar-se na sentença, criando-se estruturas do tipo:
(47a) *A torta, Francisco comeu.* [OSV]
(47b) *Francisco a torta comeu.* [SOV]
(47c) *Comeu Francisco a torta.* [VSO]

Essas variações são conhecidas como casos de ordem marcada, mais expressivas que a ordem de base, dado o estranhamento que causam. O PB repele progressivamente as construções (47a a 47c), selecionando SVO, marchando para uma língua de ordem rígida.

Uma peculiaridade do PB apontada em vários autores, como Silva (2001), é que não deslocamos o sujeito para depois do verbo nas interrogativas:
(47d) *O que* **Francisco** *comeu?*

A posposição em interrogativas cria ambiguidades:
(47e) *O que comeu* **Francisco***?*

Nesta particularidade, o PB afasta-se de outras línguas românicas, em que a posposição do sujeito é comum nas interrogativas:
(47f)
Fr.: *Qu'est-ce qu'a mangé* **François***?*
Ital.: *Che cosa ha mangiato* **Francesco***?*
Esp.: *¿Qué comió* **Paco***?*

6.4.2.2. Movimento de constituintes e de traços

A movimentação de constituintes excede largamente o domínio da sintaxe, mostrando-se como um comportamento linguístico geral, indo desde a troca de expressões (= movimento físico) até a migração de traços (= movimento fictício). Também pudera, o MOVIMENTO é uma categoria cognitiva, e sua representação haveria mesmo de ocorrer por todo lado! Vamos ver rapidamente isso.

1. Movimento físico: segmentos do enunciado mudam de lugar
   - Na fonética, uma consoante pode movimentar-se no interior da sílaba (como em *pergunto* > *pregunto*), ou de uma sílaba para outra (como em *os olhos* > pop. *o zólho*).
   - Na morfologia, um morfema pode flutuar, aterrissando em lugares inesperados. Moraes de Castilho (2007) identificou a flutuação do morfema {-s}, indicador do plural, no interior do sintagma nominal, em casos como *os menino bonito/o meninos bonito/o menino bonitos*. Marilza de Oliveira (com. pessoal), estudando o enfraquecimento do reflexivo *se* no PB, documentou a migração do morfema de nasalidade da 3ª pessoa do plural para o *se*, em *sentem-sem*.
   - Na sintaxe, o objeto direto pode movimentar-se para a cabeça da sentença, como em (47g). Na língua falada, tanto o sujeito (47h') quanto o objeto (47h") podem mover-se para a esquerda, ocorrendo ou não sua retomada por um pronome no interior da sentença, como em:

   (47g) **A torta**, *Francisco comeu.*
   (47h') **Francisco**, *ele comeu a torta.*
   (47h") *A* **torta**^{i}, *Francisco comeu-a*^{i}/*comeu ela*^{i}.

   em que a letra *i* sobreposta ao argumento interno de *comer* significa "referência idêntica". Movimento semelhante ocorre com adjuntos preposicionados os quais, movimentando-se para a esquerda, perdem a preposição (veja **14.2.1.4**).

2. Movimento fictício: traços dos segmentos (fonéticos, semânticos) mudam de lugar
   - Na fonética, o traço de nasalidade pode migrar de uma palavra para outra, como no latim *sic* > português *si* e depois *sim*, cuja nasalidade procede de seu antônimo *não*.
   - Na semântica, o traço de negação de *não* migrou para *mais*, construído muitas vezes com esse advérbio (como em *não quero mais pessoas aqui*). Esse movimento fictício está na base

da criação da adversativa *mas*, que nega o pressuposto criado pela sentença anterior. Esse fenômeno foi identificado há muito tempo, sendo denominado *metonímia* (veja **2.2.2.6**).
Faltava enquadrá-lo num princípio mais geral, o do movimento de traços.

Concentrando-se no movimento físico, Ross (1967, apud Duranti / Ochs, 1979a: 269), foi o primeiro a rotular o fenômeno como "deslocamento à esquerda". Em construções como (47a), o objeto direto se movimenta para antes do núcleo sentencial, criando uma ordem marcada. Nessa sintaxe, surge um pronome-cópia, correferencial, no lugar pós-núcleo como em (47g e 47h").

As deslocações à esquerda eram mais frequentes no português medieval, ocorrendo nas construções de redobramento sintático*. Entende-se por redobramento um sintagma X que é retomado por um sintagma Y, correferencial ou cofuncional:

(48) **O menino**^{X} encontrou-**o**^{Y} o guarda perdido na mata.
(49) *Dei*-**lhe**^{X} **a ele**^{Y} *seu endereço*.
(50) *O papel está* **ali**^{X} **na gaveta**^{Y}.
(51) **Não só**^{X} *comprei a casa* **como também**^{Y} *comprei o carro*.

Os estudos discursivos sobre a ordem dos constituintes focalizam a sentença como o lugar da veiculação da informação, explorando os seguintes aspectos:

1. O tema* se coloca antes do rema* nas estruturas não marcadas.
2. Topicidade e ordem dos constituintes: a ordem SVO é a ordem não marcada, dada a precedência da informação velha (= tema) sobre a informação nova (= rema). Berlinck (1989) mostra a importância da informatividade para explicar a ordem VS no século XVIII; Braga (1994a) correlaciona as construções de tópico* com a informação veiculada por esses constituintes (veja **7.1**).
3. A ordem SV tem sido correlacionada com a articulação discursiva de figura*, enquanto VS estaria correlacionada com o fundo* (Votre / Naro, 1989).

Uma série de instigantes descrições do PB e de outras línguas exploraram essa perspectiva, explicando problemas de topicalização, concordância, estrutura argumental preferida, entre outras, à luz das pressões discursivas, controladas por aspectos de natureza estrutural: Duranti / Ochs (1979a, 1979b), Ilari (1987), Braga (1994a), Pontes (1987), Pezatti (1992), Decat (1989), Neves (1996b), Camacho / Pezatti (1996), Neves / Braga (1996).

Comparando o PB ao PE em construções focalizadas, Kato / Raposo (1996) mostraram que em ambas as variedades há deslocamentos de constituintes para a esquerda, com algumas restrições:

1) A ordem SV é a mais comum no PB; o PE é um bom freguês da ordem VS.
2) O PB aceita sintagmas nominais definidos fronteados, rejeitados no PE:

(52)
    a) **O bolo** *a Maria comeu*.
    b) **Cinco mil euros** *me custou o carro*.
    c) **Estes discos** *a Maria me recomendou*.

3) No PB predominam os clíticos proclíticos:

(53)
    a) *Ninguém* **me** *recomendou estes CDs*.
    b) *Só estes CDs* **me** *recomendou a Maria*.

4) O PB aceita um sintagma nominal^{FOCO} definido e fronteado, seguido de *que*, rejeitado pelo PE:

(54)
    a) *A Maria* **que** *chegou*.
    b) *Quem* **que** *chegou?*
    c) *Pra quem* **que** *a Maria deu o bolo?*

As muitas pesquisas sobre a colocação dos constituintes no PB constataram a seguinte regularidade: constituintes leves se antepõem a seu núcleo, constituintes pesados se pospõem a ele. São leves os constituintes dotados de pouca massa fonética, e pesados aqueles de muita massa fonética, medida por sílabas. Assim, o sujeito leve se antepõe ao verbo, ao passo que o sujeito pesado se pospõe (veja **7.**3.1.2). Analogamente, a sentença substantiva, pesada enquanto argumento do verbo da sentença matriz, pospõe-se na ordem não marcada (veja **9.**2.2).

A correlação peso/colocação dos constituintes se observa também na movimentação do fonema /r/. Klebson Oliveira (2006: 275) mostrou que as palavras pesadas (= mais de três sílabas) são mais receptivas ao deslocamento desse fonema no ataque silábico ramificado (= sílabas que têm um grupo consonantal em sua margem esquerda). Assim, na escrita de negros no Brasil do século XIX, ele documentou *escurtino* (= *escrutínio*), *perferido* (= **pre**ferido), **por**cedimento (= **pro**cedimento) etc.

Sumarizando esta seção, vê-se que a colocação dos constituintes acompanha sua seleção, atuando em conjunto com a transitividade.

6.4.3. O PRINCÍPIO DE PROJEÇÃO E A CONCORDÂNCIA

Continuando a observar o funcionamento do princípio de projeção nas relações intrassentenciais, vemos que alguns termos da sentença (29) exibem uma semelhança morfológica entre si:
(i) *Propaganda* é um substantivo feminino, e o Especificador *a* se apresenta no mesmo gênero, explicitando uma concordância de gênero.
(ii) Em *os intervalos comerciais*, além da semelhança de gênero, encontra-se também a semelhança de número, manifesta pelo morfema {-s}, que expressa a concordância respectiva.
(iii) O verbo *enche* vem no singular, concordando com o sujeito *a propaganda*. Inversamente, o verbo não concorda com o constituinte *os intervalos comerciais*, visto que não dizemos:
(33e) **a propaganda encheram os intervalos comerciais*.

A concordância é outra das manifestações do princípio de projeção. Ela pode ser descrita como

> [...] o fenômeno gramatical no qual a forma de uma palavra numa sentença é determinada pela forma de outra palavra com a qual tem alguma ligação gramatical. A concordância é um dos fenômenos mais comuns, nas línguas em geral, mas não tem a mesma extensão em todas elas. O suaíli, o russo, o latim e o alemão têm muita concordância; o francês, o português e o espanhol, um pouco menos; o inglês muito pouco, e o chinês, nada. (Trask, 2004: 61, s.v. concordância)

Em sua conceituação, Trask se concentrou na conformidade de flexões gramaticais entre o termo determinante e o termo determinado, ambos expressos no enunciado. É o caso da sentença (55):
(55) *A totalidade dos entrevistados **deixou** de comparecer.*
em que *deixou* conforma-se com a categoria morfologicamente singular de *a totalidade*. Entretanto, a concordância não se limita ao sistema da gramática, sendo possível encontrá-la também no sistema da semântica, como em
(56) *A multidão, depois do cerco da polícia, **foram saindo** de fininho.*

Agora, o verbo concorda com sentido plural de *multidão*, não com sua forma singular. Casos como esses são descritos nas gramáticas como concordância *ad sensum*.

Finalmente, a concordância pode estabelecer-se entre um termo expresso e um participante do discurso, como em
(57) *Eu fiquei **encantada** com tudo aquilo.*

Nessa sentença, o pronome *eu* remete a algum referente feminino, e a concordância do particípio *encantada* aponta para essa realidade extragramatical.

Essas observações permitem propor o seguinte programa de pesquisas sobre a concordância em português: (1) concordância gramatical: um termo concorda com outro, como em (55); (2) concordância semântica: um termo concorda com o sentido de outro, como em (56); (3) concordância discursiva: um termo do enunciado concorda com um participante da enunciação, como em (57). Desnecessário dizer que em todos esses casos a concordância se expressa por meios gramaticais. Sua motivação é que não procede sempre da gramática.

Nas próximas seções, vou concentrar-me na concordância gramatical, em que se vem distinguindo a concordância nominal da concordância verbal.

6.4.3.1. Concordância nominal

É a concordância gramatical que ocorre nos seguintes ambientes: "o adjetivo em posição predicativa concorda com o sujeito em gênero e número; o adjetivo em posição atributiva, bem como os determinantes e quantificadores, concordam em gênero e número com o núcleo nominal da construção a que pertencem" (Xavier / Mira Mateus, orgs. 1990-1992 II: 99, s.v. "concordância"). Veja **11.2.1.6**.

6.4.3.2. Concordância verbal

É a concordância gramatical do verbo com o sujeito, em pessoa e número (veja **10.2.1.4**).

A concordância de pessoa parece mais forte que a de número. Encontramos "discordâncias" de número, como em *eles vinha todo dia pedir comida*, mas a discordância de pessoa parece impossível, como em **eu perdeu a paciência*, mesmo entre falantes que produziriam a sentença anterior.

Na gramática do PB, a concordância não pode ser descrita em termos de regras categóricas. A postulação de regras variáveis capta melhor o que ocorre aqui, dada a complexidade dos fatores determinantes da concordância e a instabilidade em sua execução em nossa língua.

Como explicar a tendência do PB a perder a concordância?

Sabemos que nas línguas configuracionais, de ordem rígida, a posição dos constituintes assinala sua função, tornando em princípio dispensável a concordância expressa através da reiteração de expedientes morfológicos. Nas línguas não configuracionais, ao contrário, a concordância expressa essas funções, e com isso as regras respectivas são mais estáveis.

A caracterização do PB como uma língua progressivamente configuracional deve explicar a instabilidade de suas regras de concordância. Parece que temos nisso a companhia do espanhol, pois, como afirma Martínez (1999 II: 2.698, apud Moraes de Castilho, 2009a), "Embora seja relativamente fácil definir ou descrever a concordância, sua aplicação aos fatos deixa uma margem de arbitrariedade, de tal forma que nem sempre há acordo sobre se em certos casos há ou não concordância. *Quer dizer, a concordância pode ser entendida de uma forma estrita ou frouxa*" (grifos meus). O tratamento da concordância deve levar em conta essas observações.

6.5. A ARGUMENTAÇÃO SINTÁTICA

Argumentar sintaticamente é explorar as propriedades gramaticais da sentença, propondo testes a partir dessas propriedades.

Ao analisar sintaticamente as expressões, com frequência lançamos mão de testes sintáticos, para encaminhar e avaliar essa atividade. Em seu conjunto, esses expedientes configuram a argumentação sintática, fundamentada nos princípios expostos na seção anterior.

Aprenda a fazer sintaxe, desenvolvendo a argumentação sintática. Os testes mais frequentes são: (1) paráfrase, (2) comutação, (3) focalização, (4) elisão, (5) movimentação.

6.5.1. PARÁFRASE

A paráfrase é basicamente um processo de criação textual, por meio de que voltamos atrás na elaboração do texto, repetindo com alterações os segmentos que o compõem (Hilgert, 1989). Veja **5**.2.3.2.

O termo é também usado na Lexicografia, visto que um verbete nada mais é que uma paráfrase da respectiva entrada.

A língua falada é rica de paráfrases epilinguísticas (veja paráfrase* e epilinguismo*), nas situações em que explicamos ao interlocutor o sentido de uma palavra ou de uma expressão usada anteriormente.

Na sintaxe, a paráfrase "voa mais baixo", por assim dizer. Aqui, testamos se a S^1 preserva o conteúdo proposicional da S^2 que estamos estudando. Assim, para verificar a causatividade de *subir*, em

(58) *O rapaz **subiu** a velhinha no ônibus.*

parafraseamos essa sentença, obtendo

(58a) *O rapaz **fez subir** a velhinha no ônibus.*

o que nos assegura que tanto (58) quanto (58a) integram a mesma proposição, e com isso a explicação de (58) como um predicado causativo pode ser comprovada.

6.5.2. COMUTAÇÃO (OU PROPORCIONALIDADE)

Vimos na seção **6**.4.1.1 que a identificação dos argumentos sentenciais pode ser feita comutando esses argumentos com os pronomes pessoais. Esse raciocínio se fundamenta em que ao selecionar seus argumentos o verbo atribui-lhes casos gramaticais. Ora, na formação da língua portuguesa, os substantivos perderam a morfologia do caso, sendo marcados atualmente por um "caso abstrato". Os pronomes pessoais, entretanto, conservaram o caso em sua morfologia. Estudar a comutabilidade entre argumentos nominais e os pronomes permite, assim, identificar o caso destes e, por via de consequência, seu estatuto funcional. Expressões não comutáveis com um pronome não são argumentais.

6.5.3. FOCALIZAÇÃO

A focalização é um mecanismo próprio da estrutura informacional da sentença, acionado sempre que queremos destacar, enfatizar, pôr em relevo algum de seus constituintes.

Como já vimos anteriormente, a focalização aciona recursos tais como (i) a prosódia, mudando a tessitura do segmento; (ii) a anteposição do segmento; (iii) a utilização de operadores tais como *é que* (clivagem), *só* e *apenas* (advérbios de focalização) etc.

Ora, uma operação importante na análise sintática é a segmentação dos constituintes, para descobrir as fronteiras gramaticais. Cometemos aqui o paradoxo de separar o que vem junto, mas essa é a metodologia da ciência. Não é verdade que, logo no início de seu curso, os futuros médicos retalham cadáveres, para decifrar sua anatomia, fisiologia e patologia? Eles estudam para nos curar, embora o cavalheiro estendido ali na mesa pareça não ter mais conserto. O mesmo se passa com os linguistas. Os retalhos que eles separam, estudam e classificam não é mais a língua, é a metalíngua*, entendendo-se por isso, também, sua fala sobre esses retalhos.

Nesta gramática o tempo todo você está sendo chamado a pensar junto. Então é isso aí, trate de picar seus fonemas, morfemas, sintagmas etc., como costuma dizer Tânia Alkmim. Com a vantagem de que você não precisará comprar avental nem bisturi.

Agora, controle seus impulsos no açougue da língua! Verifique se o corte passou no lugar certo. O teste da focalização vai ajudá-lo nisso, caso seu programa do dia seja picar constituintes sintáticos.

A focalização aparece aqui como um recurso precioso, pois apenas os constituintes de uma sentença podem ser focalizados, seja por meio dos advérbios especializados nesse trabalho, como *só* e *apenas*, seja por meio da expressão clivadora *é que*. Se a operação não der certo, você achou uma expressão situada fora da unidade sintática sob análise.

Imagine que você encasquetou com estes dois usos de *francamente*:

(59) **Francamente**, *eu imaginava a gramática como uma das sete chatices do mundo.*
(60) *Eu imaginava* **francamente** *a gramática como uma das sete chatices do mundo.*

E agora, eles são iguais ou diferentes? Atacando de focalização, vejo que não posso focalizar o primeiro *francamente*:

(59a) **Só francamente eu imaginava a gramática...*/*É francamente **que** *eu imaginava a gramática...*

A impossibilidade de focalização do advérbio de (59) é evidente, pois a sentença (59a) assim obtida não parafraseia (59), sua interpretação nos leva a outra realidade: a sentença (59a) será aceitável apenas se quisermos contrastar *francamente* com alguma outra expressão, do tipo de *mentirosamente*, num enunciado como:

(59b) **Só francamente/ é francamente que** *eu imaginava a gramática como uma das sete chatices do mundo, porque mentirosamente eu a engolia com casca e tudo, para agradar a professora, um pedaço de bom caminho.*

O teste de focalização nos levou a outra realidade, vedada pelo teste da paráfrase. Ficou assim provado que *francamente* não é um constituinte de (59), em que opera como um hiperpredicador, situado fora de seus limites (veja o capítulo "O sintagma adverbial").

Vejamos agora qual é a do segundo *francamente*. Começo por focalizá-lo:

(60a) *Eu imaginava* **só/apenas** *francamente a gramática como uma das sete chatices do mundo.*
(60b) **É francamente que** *eu imaginava a gramática como uma das sete chatices do mundo.*

Constata-se que o *francamente* de (60) pode ser focalizado, logo é um constituinte da sentença, em que funciona como adjunto de *imaginar*, o que se comprova por esta paráfrase:

(60c) *Eu imaginava* **com franqueza** *a gramática como uma das sete chatices do mundo.*

6.5.4. ELISÃO (OU OMISSÃO)

Se estamos nos perguntando sobre o estatuto de um constituinte sentencial, podemos elidi-lo, para ver se com isso a sentença continua aceitável. A elipse de constituintes é uma propriedade identificada já pelos gramáticos gregos, tendo sido postulada nesta gramática como um dos princípios sociocognitivos, o da desativação.

O recurso da elisão, que funciona numa linha auxiliar do teste anterior, nos permite, por exemplo, distinguir um argumento, cuja omissão prejudica o entendimento da sentença, de um adjunto, cuja omissão não prejudica o entendimento da sentença.

Assim, em
(61) *Perdi sem querer aquela oportunidade.*
constata-se que *aquela oportunidade* é um argumento da sentença (61), visto que
(61a) ?*Perdi sem querer.*
é uma sentença cuja interpretação depende fortemente do contexto, não parafraseando (61). Já em:
(61b) *Perdi aquela oportunidade.*
descobre-se que *sem querer* é um adjunto, pois (61b) é sintaticamente completa e perfeitamente compreensível, mesmo tendo perdido parte da informação contida em (61).

É evidente que condições especiais da enunciação permitem elidir um argumento, recuperável pelo contexto maior ou por nosso conhecimento de mundo. Nesses casos, será necessário postular a ocorrência de uma categoria vazia no lugar do argumento faltante, como em

(62) *Lutei tanto por aquela oportunidade, mas sem querer perdi Ø.*

A categoria vazia tem importância na estrutura sintática de uma língua como o PB.

6.5.5. MOVIMENTO DE CONSTITUINTES

No estudo da colocação de constituintes, podemos distinguir aqueles de ordem fixa dos de ordem livre, movimentando-os para testar essas propriedades.

Vimos neste capítulo que apenas os artigos dispõem de ordem fixa. As demais classes e respectivas funções flutuam com certa liberdade. A liberdade de movimento com restrições aponta para os argumentos. A liberdade de movimento sem restrições aponta para os adjuntos. Assim, além do teste de comutação com um pronome, também a movimentação dos constituintes nos ajuda a identificar argumentos e adjuntos. Se o PB se incluir um dia entre as línguas fortemente configuracionais, este teste perderá sua utilidade.

CONSIDERAÇÕES FINAIS

Neste capítulo, retomamos o que foi dito no capítulo "O que se entende por língua e por gramática", preparando o leitor para a compreensão dos capítulos que se seguem. Foi preciso proporcionar-lhe certa dose de teorização gramatical. Por quê?

Porque a Gramática é uma ciência guiada por princípios, pela busca de generalizações. Precisamos de determinados postulados para que nossa reflexão nos encaminhe a algumas observações consistentes sobre nossa língua. Sem esses postulados, a análise atola na primeira esquina, porque nosso objeto empírico é extremamente complexo.

Também pudera, umas ideias se formam na cabeça do locutor, ele as expressa através de sons da língua, que corporificam sua gramática, pondo no ar sua mensagem. Na cabeça do interlocutor esses passos se invertem, refazendo-se o percurso, assegurando a interação. Uma língua natural é isso, entre outros atributos.

Estamos muito habituados a este mistério: emparelhar sons a ideias. Entretanto, a atividade nada tem de trivial. Decifrar as ligações som-ideia tem sido a tarefa milenar da reflexão linguística. Ou bem nos preparamos para a empreitada, ou bem ficamos pelo caminho, tendo nas mãos uma enorme lista de ocorrências, um conjunto de observações soltas, que não nos mostram como a língua funciona. É um grande desafio interpretar esses dados, se queremos olhar a língua-continente. O risco é desembarcarmos num arquipélago. Continuaremos perdidos.

ESTRUTURA FUNCIONAL DA SENTENÇA

RETOMANDO O PRINCÍPIO DE PROJEÇÃO

Vimos no capítulo anterior que o princípio de projeção constitui as unidades linguísticas, atuando na gramática, na semântica e no discurso.

Neste capítulo, vou me deter na estrutura argumental da sentença e na colocação dos argumentos no enunciado. Ambas são manifestações desse princípio.

Tanto sintagmas quanto sentenças dispõem de estruturas compostas de três constituintes: o Especificador, o núcleo e o Complementador; para a descrição dos constituintes sintagmáticos, consulte os capítulos "O sintagma verbal", "O sintagma nominal", "O sintagma adjetival", "O sintagma adverbial" e "O sintagma preposicional".

Especificador, núcleo e Complementador são constituintes definidos por suas propriedades puramente estruturais, não se atribuindo valor semântico à nomenclatura usada para sua designação.

O Especificador é uma designação genérica para as classes à esquerda do núcleo: o artigo é o Especificador por excelência do sintagma nominal, o verbo auxiliar é o Especificador do sintagma verbal, o sujeito é o Especificador da sentença, e assim por diante.

Sintagmas e sentenças têm um núcleo: o substantivo no caso do sintagma nominal, o verbo no caso do sintagma verbal (e da sentença), o adjetivo no caso do sintagma adjetival, o advérbio no caso do sintagma adverbial e a preposição no caso do sintagma preposicional.

Ambos têm um Complementador: nos sintagmas, outros sintagmas, tais como o adjetival, o adverbial e o preposicional; na sentença, os complementos de objeto direto, indireto ou oblíquo.

Lembremo-nos, uma vez mais, que o arranjo funcional da sentença resulta do princípio de projeção. Segundo esse princípio, uma língua como a portuguesa distingue *predicação* de *adjunção*.

Na sentença, um termo predicador, habitualmente o verbo, seleciona seus argumentos externo e interno, atribuindo-lhe caso* e papel temático*. A predicação verbo → argumento externo (sujeito) é marcada pela concordância. A predicação verbo → argumentos internos (objeto direto, objeto indireto, oblíquo) não é marcada pela concordância.

Na adjunção*, os constituintes com que recheamos nossas sentenças não foram selecionados pelo predicador, e por isso não recebem caso. Os adjuntos podem vir justapostos a um verbo (= adjunto adverbial), a um substantivo (= adjunto adnominal) ou a toda uma sentença (= adjunto adsentencial). Eles dispõem de uma liberdade de movimentação pela sentença maior que a dos argumentos.

Por receberem caso do predicador, os argumentos externo e interno são proporcionais a um pronome pessoal, conforme indicado em **6.4.1.1**. Não recebendo caso, os adjuntos não são proporcionais ao pronome, dispondo de um caso inerente.

Do ponto de vista semântico, o predicador dá uma contribuição semântica ao seu escopo, operando (i) sobre sua intensão*, no caso da predicação qualificadora; (ii) sobre sua extensão*, no caso da predicação quantificadora; ou (iii) verbalizando uma avaliação sobre seu valor de verdade, no caso da predicação modalizadora (veja **2.2.2.2**). Já o adjunto toma por escopo outro constituinte da sentença, ou até mesmo toda a sentença, funcionando como uma sorte de predicador periférico.

Os conceitos de complemento e adjunto são fáceis de formular, entretanto a fronteira entre um e outro é rarefeita, como reconhece Bosque (1999: 237). Ele exemplifica com as expressões (i) *superior a ele em tudo* e (ii) *solúvel em água com sal*. Na expressão (i), *superior* seleciona a preposição *a*, núcleo do sintagma preposicionado, que funciona então como complemento nominal desse adjetivo. Na expressão (ii), *solúvel* não seleciona a preposição *em*, núcleo do sintagma preposicionado, que funciona então como adjunto adnominal.

Como já vimos, a predicação* é o processo constitutivo de sintagmas e de sentenças, gerando o sujeito e os complementos. Ela inclui a subjetificação, que é a escolha do sujeito, e a complementação, que é a escolha do complemento.

A complementação é um processo relacional obrigatório, pois, escolhido o predicador, o complemento será subcategorizado por ele. A adjunção é um processo relacional facultativo, visto que os adjuntos não são subcategorizados pelo predicador.

E agora, para esquentar o motor, vamos relacionar algumas sentenças cuja estrutura argumental será descrita neste capítulo. Negritei as expressões que serão objeto de análise.

(1)
    a) ***A casa da fazenda****... ela era... uma casa antiga... tipo colonial brasileiro... janelas largas...* (DID SP 18)
    b) *Ali havia/tinha **uns eucaliptos**, não é mesmo?/Existe **muitos outros meios de transporte** que não são explorados.* (DID SP 46, exemplo de Franchi / Negrão / Viotti, 1998)
    c) **O guarda** desviou o trânsito para longe do acidente.
    d) O guarda desviou **o trânsito** para longe do acidente.
    e) O livro pertence **ao aluno.**
    f) *Nós fomos **ao Rio de Janeiro** de carro.*
    g) *Nós fomos ao Rio de Janeiro **de carro**.*

Analisando rapidamente a estrutura argumental das sentenças, constata-se o seguinte:
1. Em (1a), [*a casa da fazenda*] localiza-se fora da sentença: é uma construção de tópico.
2. Em (1b), [*uns eucaliptos*] e [*muitos outros meios de transporte*] funcionam como argumento único de um verbo monoargumental: trata-se de absolutivos.
3. Em (1c), [*o guarda*] é proporcional ao pronome nominativo *ele*: trata-se de sujeito sentencial.
4. Em (1d), [*o trânsito*] é proporcional aos pronomes nominativo *o/ele*: é o objeto direto da sentença.
5. Em (1e), [*ao aluno*] é proporcional ao pronome dativo *lhe*: é o objeto indireto da sentença.
6. Em (1f), [*ao Rio de Janeiro*] é proporcional ao pronome-advérbio ablativo *lá*: é o complemento oblíquo da sentença.
7. Finalmente, em (1g), [*de carro*] não integra a estrutura argumental dessa sentença, já preenchida pelo sujeito *nós* e pelo complemento oblíquo [*ao Rio de Janeiro*]: trata-se de um adjunto adverbial da sentença, exercendo a mesma função de [*para longe do acidente*], de (1c e 1d).

Estas observações abrem caminho a uma exploração sistemática das sentenças, em que estudaremos (1) os constituintes não argumentais, como a construção de tópico e os adjuntos, e (2) os constituintes argumentais, tais como o absolutivo, o sujeito, e os complementos (objeto direto, objeto indireto, oblíquo).

Começaremos pelas construções de tópico, que são constituintes não argumentais da sentença. Ao longo de todo o capítulo, procuraremos identificar as propriedades sintáticas, discursivas e semânticas das funções sentenciais, lembrando sempre que, embora distintas, elas convivem na mesma expressão.

7.1. CONSTRUÇÃO DE TÓPICO

Você decerto já ouviu ou mesmo leu construções como:
(2)
    a) ***O prefeito***, *ele hoje está inaugurando umas obras.*
    b) ***a casa da fazenda***... *ela era... uma casa antiga... tipo colonial brasileiro... janelas largas...* (DID SP 18)
    c) ***peixe... peixe aqui no Rio Grande do Sul...*** *a gente come peixe somente na Semana Santa* (DID POA 291)
    d) *Dessa vez eu não pude mesmo assistir nada,* ***o seriado da televisão.***
    e) *A comida da pensão tá muito fraca,* ***a comida da pensão.***
    f) *bom...* ***eu... eu...*** *mas o que é aquela almofada está fazendo no chão?*
    g) ***A harmonização,*** *trata-se de um esforço inadiável, considerando-se as demandas da atual sociedade de informação.*

Qual é o estatuto das expressões negritadas em (2)? Do ponto de vista gramatical, temos aí desde (i) sintagmas nominais anacolúticos, ou seja, fragmentos soltos, sem conectividade sintática com o resto, como em (2f e 2g), (ii) até sintagmas nominais que funcionam como constituintes sentenciais deslocados para a esquerda ou para a direita, como em (2a a 2e). Do ponto de vista discursivo, trata-se de expressões que fornecem um quadro de referências para o que vai ser elaborado no texto, atuando na hierarquização tópica (veja **5.**2.2). Do ponto de vista semântico, essas expressões veiculam uma informação ainda não integrada na memória de curto prazo.

Essas construções têm sido denominadas *construções de tópico* em (2a a 2c, 2f e 2g) e *construções de antitópico* em (2d e 2e).

A seguir, procurarei elaborar um pouco mais sobre o estatuto dessas expressões.

7.1.1. PROPRIEDADES SINTÁTICAS

Vejam-se estes exemplos de Pontes (1987: 15):
(3)
    a) ***Essa bolsa aberta aí***, *eu podia te roubar a carteira.*
    b) ***O Mardônio*** *pifou o freio de mão do carro e ele foi levar na oficina.*

Nesses exemplos, as construções de tópico são sintagmas preposicionais movidos para a cabeça da sentença, perdida a preposição *de* (veja **14.**2.1.4). Eles funcionam como adjuntos adnominais. Numa ordem não marcada, restituindo-se a preposição, teríamos o seguinte:

(3')
    a) *Eu podia te roubar a carteira **dessa bolsa aberta aí**.*
    b) *Pifou o freio de mão do carro **do Mardônio** e ele foi levar na oficina.*

Comprovando essa análise, e lembrando que as preposições subordinam seu complemento ao termo antecedente (observe a subordinação de *essa bolsa aberta aí* a *carteira*, e de *Mardônio* a *carro*) – veja o capítulo "O sintagma preposicional" –, note-se que seria inaceitável coordenar essas expressões, como se vê em

(3")
    (a) **Eu podia te roubar a carteira e essa bolsa aberta aí.*
    (b) **O Mardônio e o freio de mão pifaram.*

que não parafraseiam (3). Como se sabe, a coordenação liga estruturas de mesmo nível gramatical, o que não ocorre em (3'). Veja **9.1.2**.

Desde quando as construções de tópico existem no português? Quem teria dado início ao estudo dessas construções? Comecemos pela segunda pergunta, atacando depois a primeira.

As construções de tópico foram identificadas no bojo dos estudos sobre a sintaxe da língua falada, caracterizada nesta gramática em **4.4.1**. Se não me engano, lá pela década de 1970, os linguistas italianos foram os primeiros a levantar a lebre das construções de tópico, a que eles denominaram "emarginações", "deslocamentos para a esquerda", "*nominativus pendens*", "tema pendente", rótulos que aparecem em Antinucci / Cinque (1977), Duranti / Ochs (1979a, 1979b). Sornicola (1981: 59-60, 1994) mostrou que a "sintaxe aberrante" da oralidade era, ademais, rica em anacolutos. Juntamente com a elipse, o pleonasmo e o cruzamento sintático, o anacoluto faz a festa nessa modalidade linguística. Essa autora dá exemplos do italiano (4a e 4b), que facilmente se aninhariam ao lado do PB (4c):

(4)
    a) ***pecchè io Napoli** la mia città mi piace moltissimo.*
    (**Porque eu Nápoles** eu gosto muitíssimo de minha cidade.)
    b) ***io** la frittura mi fà male.*
    (**Eu** a fritura me faz mal.)
    c) ***Eu agora,** cabô desculpa de concurso, né?*

Esses casos têm uma propriedade comum: são expressões anacolúticas, como (2f) e (2g), sem função sintática nas respectivas sentenças. *Eu* e *io* não funcionam como sujeito das respectivas sentenças: em (4a) o sujeito da sentença é *la mia città*; em (4b), o sujeito é *la frittura*; essas expressões não foram selecionadas pelos verbos *piacere* e *fare*, respectivamente. Em (4c), o verbo *cabô* (= *acabou*) é impessoal monoargumental (ver **8.3.2**), não tem sujeito.

Seguiram-se nestes estudos Berruto (1985b), D'Achille (1990: 91-125) e Benincà (1993: 263), autora que se junta a Sornicola para tratar gramaticalmente essa construção como uma transposição de constituintes. Ela supõe que

(4d) ***Io** speriamo che me la cavo.*
(Literalmente, **Eu** esperemos que me saio bem.)

ocorre no lugar de

(4e) *Speriamo che (io) me la cavi.*
(Esperemos que **eu** me saia bem.)[1]

em que *io* deslocou-se da sentença subordinada *che me la cavo* para a matriz *speriamo*, operação conhecida como alçamento do sujeito. É por isso que esse verbo não concorda com *io*, que funciona

---

[1] Agradeço aos colegas Rodolfo Ilari e Marilza de Oliveira pela tradução.

como um *nominativus pendens*, "nominativo dependurado". Nos dois casos, os pronomes *eu/io* não desencadeiam a concordância verbal.

(4c') **Eu agora acabei a desculpa de concurso, né?*

Uma pergunta que aparentemente veio para ficar é: haverá alguma relação entre as construções de tópico e o sujeito gramatical?

Linguistas e gramáticos têm tido dificuldades em analisar expressões que exemplificam categorias discursivas e categorias gramaticais *ao mesmo tempo*. Há, sim, um permanente esforço em tratar separadamente essas expressões, o que tem motivado as seguintes "explicações", em que (i) exclui (ii):

(i) Categorias discursivas, como as construções de tópico, derivam de categorias gramaticais, portanto, *se existe alguma construção de tópico por aí, trate logo de descobrir se é um sujeito ou um complemento que se movimentou para a esquerda da sentença*.

(ii) Categorias gramaticais procedem de categorias discursivas, no processo de gramaticalização*, portanto, *as construções de tópico foram andando, foram andando, até que de repente se transformaram em sujeito da sentença*. Assim como o sapo da fábula, que virou príncipe. Ou teria sido o contrário?

Givón (1979b) escolheu a posição (ii). Ele afirma que o sujeito sentencial é um tópico gramaticalizado (ou, mais propriamente, como ele diz, "sintaticizado"). Com isso, a noção sintático-gramatical de sujeito deriva da noção discursivo-funcional de tópico. Esse autor parece definir "discurso" como uma sorte de sintaxe pouco ligada, caracterizada (a) pelo predomínio da estrutura tópico-comentário, (b) por uma conectividade frouxa entre as palavras, (c) pela ordem não estável das palavras, e (d) pelo uso reduzido da morfologia gramatical. Sua concepção de discurso, ou "modo pragmático" da língua, fica mais clara quando ele localiza o modo de comunicação pragmático (ou discursivo) nos pidgins*, na linguagem infantil e na linguagem falada não planejada. Já o "modo sintático" ocorre nos crioulos*, na linguagem adulta e na linguagem escrita planejada. Uma leitura que se poderia fazer disso é que o discurso é um estágio primitivo, de que deriva a gramática, como seu estágio avançado. Sujeitos sentenciais de hoje são construções de tópico de antes, depois de gramaticalizadas.

– Já notei que você não acompanha esse raciocínio, preferindo sustentar que as expressões negritadas nos exemplos acima dispõem <u>simultaneamente</u> de propriedades discursivas (como tópicos do discurso), gramaticais (como sintagmas localizados fora dos limites sentenciais), semânticas (como expressões que representam ideias ausentes da memória de curto prazo) e lexicais (como um conjunto de palavras recrutadas praticamente em qualquer domínio do vocabulário).

– É isso mesmo. Não será o caso de derivar umas instâncias de outras, pois elas convivem num mesmo enunciado.

Foram elaborados vários estudos sobre as construções de tópico no português do Brasil, depois que os italianos e os americanos "levantaram a lebre". Braga (1989) oferece uma série de explicações funcionais. Pontes (1987) dispõe o PB entre as línguas tanto de tópico quanto de sujeito proeminente. Essa explicação remete a duas tipologias linguísticas distintas: (i) línguas de tópico-comentário, em que as funções sentenciais não dispõem de marcação de caso, e (ii) línguas de sujeito-predicado, em que ocorre essa marcação. Eunice Pontes está dizendo que o PB ocupa uma posição intermediária entre esses dois extremos. Com isso, a gramática do PB teria aberto espaço tanto para as construções de tópico-comentário quanto para as construções de sujeito-predicado.

Ainda segundo Pontes (1987), as construções de tópico são, frequentemente, argumentos e adjuntos movidos para a cabeça da sentença. Essa análise aparece nos seguintes exemplos, que procedem dessa autora:

(5) **A Belina** *o Hélio levou para a oficina.* (Construção de tópico-objeto direto)

(6) **Meu cabelo** *desta vez eu não gostei nem um pouco.* (Construção de tópico-complemento oblíquo)

(7) **Isso** *eu tenho uma porção de exemplos.* (Construção de tópico-adjunto adnominal)
(8) **Isso** *aí eu tenho muita dúvida.* (Construção de tópico-complemento nominal)
(9) **O seu regime** *entra muito laticínio?* (Construção de tópico-adjunto adverbial)

Na língua escrita formal, um clítico *o* promoveria a retomada pronominal dessas construções no interior da sentença; na fala e na escrita informais, o pronome acusativo *ela* faria esse papel:

(5a) *A Belina o Hélio **a** levou para a oficina.*
(5b) *A Belina o Hélio levou **ela** para a oficina.*

Em muitos desses casos, nota-se a perda da preposição quando o sintagma preposicionado é deslocado para a esquerda, como se vê também em:

(7a) **Isso** *eu tenho uma porção de exemplos.* (= disso)
(8a) **Isso** *aí eu tenho muita dúvida.* (= disso)

Pesquisando a língua escrita, Decat (1989: 118) confirmou os achados de Pontes, notando, porém, a presença regular de pronomes anafóricos, retidos na sentença, ou elididos:

(10) **Os mares da Bahia** *parece que Ø foram escolhidos para o teatro das novas proezas* (ø = os mares da Bahia).
(11) **o corpo dos ministros** *achei-**os** em uma tal desunião, uma intriga entre si.*
(12) *porq.* **aartelharia** *não havendo quem uze **della** he mesmo q se**a**não houvece.*
(13) **avião pequeno**... *não tem ar condicionado nesse tipo Ø* (Ø = de avião pequeno).

Nota-se nesses exemplos que a construção de tópico ou é um sujeito alçado, como em (10), semelhante a (4d), ou seja:

(10a) *Parece que os **mares da Bahia** foram escolhidos para o teatro das novas proezas.*

ou um objeto direto em (11), retomado pelo clítico *os*, um complemento preposicionado em (12), e um adjunto em (13).

O pronome anafórico pode ser preenchido por um clítico ou por um Ø, quando precedido de uma pausa, como em

(14) **O menino**, *Ø chegou atrasado de novo.*

A correferencialidade faz destas construções de tópico segmentos sintaticamente mais definidos. É inegável que, ao estabelecerem a correferência, os pronomes lançam uma ponte entre a categoria discursiva *tópico* e as categorias gramaticais *argumentos* e *adjuntos*.

Estabelecido o assunto nas pesquisas sobre a sintaxe do PB, as seguintes questões de caráter gramatical passaram a ser formuladas: (1) reanálise das construções como sujeito, no quadro dos estudos sobre a gramaticalização*; (2) presença de pronomes correferentes; (3) ordem do sujeito em construções de tópico-complemento. A essas questões o pessoal da Linguística Histórica acrescentou uma quarta, indagando sobre se (4) a construção de tópico seria uma inovação do PB ou uma continuidade do português arcaico. Vamos examinar brevemente esses quesitos.

1. Reanálise da construção de tópico como sujeito

As correlações entre a construção de tópico e o sujeito, os argumentos internos e os adjuntos levaram Decat (1989) e Seabra (1994) a empreender estudos diacrônicos das construções de tópico.

Decat (1989: 114) investigou as pressões estruturais que levaram essas construções, em alguns casos, a serem reanalisadas "como sujeito da sentença em que aparecem".

Essa suposta mudança do tópico para sujeito é favorecida pela estrutura [Tóp. Ø V X], em que Ø representa a ausência do sujeito. A construção de tópico, portanto, vai preencher a posição do sujeito nulo, reanalisando-se como sujeito. Um dos efeitos dessa reanálise

foi uma mudança nas restrições selecionais do verbo quanto a seu argumento externo, principalmente no que diz respeito aos traços /humano/ e /animado/. Confirma-se, então, a postulação de que uma mudança, ao resolver certas pressões estruturais, pode estar criando novas pressões e levando a mais mudanças (Decat, 1989: 136).

2. Presença de clíticos como correferentes

Os dados de Decat (1989) apontam para um desaparecimento progressivo dos clíticos correferentes, o que ocorre a partir do século XIX. Isso favoreceu a reanálise de *ele* como pronome acusativo, em (15a), e sua permanência como pronome nominativo, em (15b):

(15)
    a) ***A rapadura mofada****, meu tio jogou **ela** fora.*
    b) ***Meu tio, ele*** *jogou fora a rapadura mofada.*

3. Ordem do sintagma nominal sujeito em construções de tópico-complemento

Outra questão é a da ordem do sintagma nominal sujeito, caso ocorra, nas sentenças precedidas de uma construção de tópico interpretável como um complemento. É óbvio, nesses casos, que haverá uma variação da ordem SVO para OSV. Decat hipotetiza que "da ordem SOV (característica do latim clássico), o português chegou à ordem SVO (das línguas românicas) passando, antes, pela fase TVO, com construções de tópico e enfraquecimento de clíticos. O enquadramento na tipologia SVO é resultado de uma mudança linguística" (Decat, 1989: 129).

4. Construção de tópico: inovação do PB ou continuidade do português arcaico?

Por um bom tempo suspeitou-se que as construções de tópico fossem uma inovação do PB. Entretanto, elas são documentadas já nos primeiros textos escritos do português arcaico. O que mudou foi sua frequência de uso, que é alta no PB e baixa no PE.

Tratando desta questão, Seabra (1994) encontrou 353 ocorrências de construções de tópico no *Leal conselheiro*, obra do século XIII, dados que comparou com aqueles documentados na imprensa contemporânea brasileira. Em seu *corpus*, essas construções ocorrem com as seguintes funções (Seabra, 1994: 71-80):

    (i) Adjunto adverbial:

(16) ***E sobre a maneira do desvairo das crenças****, eu consiiro como na ffe que perteence aas cousas cellestriaes.*

    (ii) Objeto direto:

(17) ***Cousas mais altas que ty*** *non buscarás, e* ***as mais fortes*** *nom demandarás.*

    (iii) Objeto indireto:

(18) *porque* ***aos tristes*** *muytas vezes lhes praz fallar.*

    (iv) Complemento nominal:

(19) *ca* ***dos remedios, das curas****, nom sentia vantajem.*

    (v) Predicativo:

(20) *Se* ***tam poderosos*** *nom formos.*

    (vi) Agente da passiva:

(21) ***De nosso senhor deos*** *per special spiraçom nos he outorgada condiçom e discreçom.*

    (vii) Adjunto adnominal:

(22) ***Da yra*** *seu proprio nome em nossa linguagem he sanha.*

    (viii) Sujeito:

(23) *E destas riquezas* ***estos regnos****: graças a nosso senhor, som ricos.*

Quantificando seus dados, ela achou os seguintes resultados:

Tabela 7.1 – Funções da construção de tópico segundo Seabra (1994)

FUNÇÕES DA CONSTRUÇÃO DE TÓPICO	PORTUGUÊS ARCAICO	PORTUGUÊS CONTEMPORÂNEO
Adjunto adverbial	47%	90%
Objeto direto	22,4%	2,03%
Objeto indireto	16,4%	3,3%
Complemento nominal	6,7%	---
Predicativo	3,4%	1,87%
Agente da passiva	1,7%	---
Sujeito	0,85%	---
Adjunto adnominal	0,85%	---

Esses dados mostram quais funções sintáticas as construções de tópico exibem na história de nossa língua e qual é sua frequência no *corpus* examinado. Indiretamente, a Tabela 7.1 mostra também que no português arcaico predominou a elipse do sujeito, que é retido no português contemporâneo, sendo que o traço de correferencialidade parece irrelevante para explicar essa mudança. De acordo com a teoria da variação e mudança, teríamos a esse respeito:

(1) restrições: as construções de tópico-adjunto adverbial bloqueiam a mudança na construção de tópico > sujeito;

(2) encaixamento: essas construções se encaixam no subsistema dos sintagmas nominais circunstanciais, predominando no português contemporâneo os adjuntos adverbiais locativos; a mudança construção de tópico > sujeito também é bloqueada pela constatação da permanência das construções de tópico e pelo preenchimento progressivo da função de sujeito.

Moraes de Castilho (no prelo) identificou na sintaxe do português arcaico um processo sintático bastante produtivo, o do redobramento sintático*, construções em que um pronome retoma um sintagma. Ela aí enquadrou as construções de tópico, de que obteve a seguinte documentação em textos dos séculos XIII a XV:

(24) Redobramento da construção de tópico-sujeito

a) Ca **Deus en ssi meesmo**, **ele** *mingua non á, / nen fame nen sede nen frio nunca ja, /* [...] (*Cantigas de Santa Maria*, séc. XIII)

b) Mas o **grande Hercolles** [...] **este** *foy muy grãde, muy ligeiro, muy valente mais que outro homem.* (*Crônica geral da Espanha*, séc. XIV)

(25) Redobramento da construção de tópico-objeto direto

a) It **a aldeya de Gaton** *trage* **a** *por onrra Ffernam Oanes de Gaton da freeguesia de San Oane.* (*Inquirições de Dom Dinis*, séc. XIII)

b) E **esto** *nom* **o** *queremos mais dizer, porque todos sabem, que he assi como nos dizemos.* (*Livro da montaria feito por Dom João I*, séc. XV)

(26) Redobramento da construção de tópico-objeto indireto

a) E **a alma** *estando em tanto prazer disse-***lhe** *o angeo...* (*Vidas de santos*, séc. XV)

b) **Sam Filipo**, *estando em Samaria* [...] *disse-***lhe** *o angio de Nostro Senhor...* (*Vidas e paixões dos apóstolos*, séc. XV).

(27) Redobramento da construção de tópico-oblíquo/-adjunto

a) ca o demo **no seu coraçon** */ metera* **y** *tan grand' erigia, / que per ren non podia mayor* (*Cantigas de Santa Maria*, séc. XIII)

b) *E **esta dona Violante Sanches** casou **com ela** o conde dom Martim Gil de Portugal,* [...]
(*Livro de linhagens do Deão*, séc. xiv).

As pesquisas aqui relatadas demonstram que as construções de tópico do PB são continuações de estruturas do português arcaico, documentáveis em suas duas fases históricas.

7.1.2. PROPRIEDADES DISCURSIVAS

As construções de tópico têm a função discursiva de tópico discursivo*, ou tema*, e por isso aceitaríamos as paráfrases:
(3a) **Quanto a essa bolsa aberta aí**, *eu podia te roubar a carteira.*
(3b) **Falando do Mardônio**, *vou te contar uma coisa: pifou o freio de mão do carro e ele foi levar na oficina.*

Não há dúvida que essas construções dão uma dica sobre o assunto que vai ser elaborado no texto.

Uma descrição discursiva das construções de tópico deveria tomar em conta as seguintes questões, relativas à construção do texto: (1) essas construções sempre introduzem um tópico novo?; (2) qual sua atuação na reformulação do tópico, ou seja, ocorrem repetições e paráfrases em seu interior?; (3) qual sua atuação na descontinuação de um tópico, ou seja, existiria alguma relação entre elas e a parentetização e a digressão discursivas? Você está com a palavra. Antes, releia **5.2.2**.

7.1.3. PROPRIEDADES SEMÂNTICAS

O referente das construções de tópico ainda está ausente da memória de curto prazo. Ele se integrará no fluxo da consciência à medida que o texto avançar (Chafe, 1994). Uma vez presente na memória, a construção de tópico se torna discursivamente mais definida, podendo ser substituída por uma categoria vazia na expressão gramatical. A elipse*, portanto, é o correlato gramatical do tópico discursivo quando integrado na memória de curto prazo.

É importante distinguir definitude gramatical de definitude discursiva. Seja o exemplo (2e), aqui repetido:
(2e) **A comida da pensão** *tá muito fraca,* **a comida da pensão**.

Ambas as expressões são gramaticalmente definidas, pois vêm precedidas de artigo. Como veremos em **11.5.1**, essa classe acompanha o substantivo cujo referente o participante que enunciou (2e) considera conhecido de seu interlocutor.

Já a definitude discursiva é algo diferente. Assim, *a comida da pensão* em sua primeira ocorrência é um objeto mal configurado no enunciado. À medida que seu referente se fixar e continuar a ser predicado, ele vai se tornar progressivamente mais definido. Imagine uma das possíveis continuações de (2e):
(28)
A – *Que comida?*
B – **A comida da pensão**^{i} *aqui do lado. Pois é,* **ela**^{i} *me fez um mal danado. E o pior é que eu já paguei* Ø^i.

Em (28), [*a comida da pensão*] tornou-se discursivamente definida. À medida que sua definitude avança no texto, esse sintagma pode ser pronominalizado por *ela*, e finalmente pode ser omitido, pois já se fixou na atenção do interlocutor. No exemplo (28), a letra sobreposta *i* significa "referência idêntica".

Você já concluiu que a pronominalização e a categoria vazia compartilham propriedades discursivas e gramaticais. Deve ter notado, também, que essas rápidas observações comprovam a não-determinação de um sistema sobre outro, pois o que é /definido/ na gramática não é necessariamente /definido/ no discurso.

Outra indagação aparentemente ainda sem resposta diz respeito à marcação das construções de tópico pelas expressões *quanto a, no que toca a, a respeito de, em termos de, falando de, sobre isso* etc. Desconheço se essas expressões já foram analisadas do ponto de vista da Semântica Cognitiva, para que entendêssemos a razão da escolha de sinalizadores de tópico como *quanto*, e de localizadores espaciais como as preposições *a, de, sobre*. Mais transparente é a escolha de verbos de declaração tais como *falar, dizer, informar* etc. A análise deste assunto poderia ser esclarecida mediante o exame das estratégias adotadas por outras línguas, como a expressão comparativa do inglês *as for coffee, I love it*, e assim por diante.

É isso aí, melhor não ficar dizendo que as construções de tópico são discurso em estado puro, com a exclusão de propriedades gramaticais e semânticas. Não se vai longe com esse exclusivismo todo, que nega o que as línguas têm de mais natural, sua complexidade multissistêmica.

LEITURAS SOBRE A CONSTRUÇÃO DE TÓPICO
Antinucci e Cinque (1977), Durante / Ochs (1979a, 1979b), Givón (1979b), Sornicola (1981, 1994), Berrutto (1985b), Pontes (1987), Braga (1989), Decat (1989), D'Achille (1990), Benincà (1993), Seabra (1994), Moraes de Castilho (no prelo).

7.2. ABSOLUTIVO

Sejam os seguintes exemplos:
(29)
    a) *Em São Paulo tem **um problema específico de ter-se tornado um centro industrial.***
    b) *Tinha **um gato preto perto dela**.*
    c) *Ali havia **uns eucaliptos sendo plantados lá**, não?*
    d)   A – *Mas será possível que não veio ninguém hoje?*
         B – *Bem, há **eu aqui**, não serve?/ Tem **eu aqui**, não serve?*
    e) *Existe **muitos outros meios de transporte que não são explorados**.* (DID SP 46, exemplos de Franchi/ Negrão / Viotti, 1998)
    f)   A – *Mas quem será, a estas horas?*
         B – *É **o Luís**. São **eles** de novo.*
    g) *É **cedo**./É **tarde**./É **sexta-feira**./Era **uma vez um gato de botas**.*
    h) *Faz/Há/Tem **cinco anos que não o vejo**.*
    i) *Trata-se **do vizinho**, outra vez.*

Note-se que os segmentos negritados foram organizados por verbos que fronteiam a sentença, funcionando como argumento único da sentença. As seguintes perguntas nos guiarão na análise das expressões negritadas: (i) que tipo de verbo é esse e qual é o estatuto funcional do argumento único?; (ii) qual é seu estatuto discursivo?; (iii) quais são suas propriedades semânticas?

7.2.1. PROPRIEDADES SINTÁTICAS

Com respeito aos verbos que aí aparecem, veja **6.2.1** a **6.2.2**, **8.3.2** e **10.2.2.1.2**. Trata-se de verbos apresentacionais, cuja função mais saliente é introduzir participantes do discurso. Os verbos apresentacionais são monoargumentais, distinguindo-se dos verbos bi e triargumentais, que são predicativos.
– *Por que tanta insistência no processo de apresentação de referentes? Brinquedinho novo?*
– *Porque, se entendermos que <u>apresentar</u> e <u>predicar</u> são processos distintos, teremos facilitada nossa compreensão sobre o estatuto do argumento único exemplificado anteriormente, bem como sobre a tipologia da sentença correspondente.*

Sobre a função desempenhada pelo argumento único do verbo, as respostas têm oscilado em ver aí o sujeito ou o objeto direto da sentença. Note que essas respostas evidenciam o esforço em tratar essas construções como se elas contivessem um verbo biargumental, o que não é o caso.

Mas vamos lá: seriam as expressões negritadas anteriormente o sujeito dessas sentenças? Complicada essa análise:

1. Quando preenchidas por sintagma nominal de núcleo pronominal (veja o capítulo "O sintagma nominal"), o verbo não concorda com ele em pessoa. Seriam inaceitáveis
(29d') *hei eu aqui/*tenho eu aqui.
2. Quando preenchidas por sintagma nominal de núcleo nominal, a concordância de número mostra oscilações, fato que parece ser uma característica do PB. Os dados não mostram concordância com o suposto sujeito no plural, como em
(29c) *havia* **uns eucaliptos**.
(29e) *existe* **muitos outros meios de transporte**.
Entretanto, encontram-se mesmo na língua escrita concordâncias como
(29e') *existem* **muitos outros meios de transporte**.
(29b') *tinham* **trinta gatos naquela casa**.

Essa concordância pode ser explicada por uma assimilação desta sintaxe à das sentenças biargumentais, que predominam maciçamente em nossa língua.

3. O suposto sujeito não se desloca livremente para antes ou depois do verbo. Pelo contrário, o sintagma nominal único dessas construções vem categoricamente colocado depois do verbo, sendo improváveis:
(29a') *****um problema específico de ter-se tornado um centro industrial em São Paulo** tem.
(29h') *****cinco anos que não o vejo** faz/há/tem.

Benfeitas as contas, não podemos provar que o argumento único de (29) seja o sujeito sentencial.

Sobra (29i). Ninguém diria que *do vizinho* poderia candidatar-se a sujeito, dada a preposição, que subordina expressões. E o sujeito não é uma função subordinada, como veremos adiante.

O verbo *tratar* pode organizar sentenças (i) biargumentais transitivas diretas (*Fulano tratou o caso, Fulano se tratou*), (ii) biargumentais transitivas oblíquas (*Fulano tratou do caso*), (iii) monoargumentais apresentacionais (*Trata-se da doença do sono, trata-se de achar uma solução*). O argumento preposicionado de (iii) é um vestígio da estrutura (ii). Verbo e argumento estão em processo de gramaticalização*: o verbo se cristaliza na terceira pessoa do singular do presente do indicativo, a preposição se movimenta para uma posição enclítica ao verbo, de que resulta *trata-se de*, que estou postulando como um operador* apresentacional.

Se as expressões negritadas não funcionam como sujeito, funcionariam como objeto direto? Como o verbo não concorda com o objeto direto (veja **7.4.1**), essa explicação é favorecida naqueles casos em que não há concordância entre o verbo e seu argumento único. Entretanto, a proporcionalidade com um pronome pessoal acusativo é impossível. Sentenças como:

(29')
    a) *Em São Paulo tem-**no**./*Em São Paulo tem **ele**.
    b) *Tinha-**o**./*Tinha **ele**.
    c) ?Havia-**os**./?Havia **eles**.
    e) *Existe-**os**./*Existe **eles**.

não parafraseiam (29).

E agora? Se consultarmos as gramáticas prescritivas, elas nos ensinarão o seguinte:
(i)   As expressões negritadas em (29a) a (29c) funcionam como objeto direto, e o verbo não concorda com elas. Esse verbo, aliás, é impessoal, não tem sujeito, coitado.

(ii) As expressões negritadas em (29e) e (29f) funcionam como sujeito, e o verbo concorda com elas. Infelizmente os usuários do PB misturam as coisas, ora fazendo a concordância quando não devem, como em (29b'), *tinham trinta gatos pretos perto dela*, ora não concordando quando deviam, como em (29e'), *existe muitos outros meios de transporte.*

– *Dona Gramática, qual a razão dessa inconsistência toda?*
– *São erros, são desvios do vernáculo.*
– *Não sei, não.*

O problema é que essa explicação é contraintuitiva, dadas as semelhanças estruturais entre as sentenças de (29). Temos aí sempre [verbo + sintagma nominal]. O desconforto causado por essas análises se agrava quando nos damos conta de que o raciocínio subjacente à estrutura [sujeito-verbo--objeto-direto], apropriado à análise de sentenças biargumentais nominativo-acusativas, está sendo aplicado à análise de sentenças monoargumentais, que têm uma estrutura diferente.

– *Ih, é mesmo!*

Seria necessário postular uma nova função para os sintagmas nominais únicos, sensível à tipologia dos verbos com que eles aparecem. Nesta gramática, esses sintagmas serão considerados como *absolutivos**, ou seja, como o argumento único dos verbos monoargumentais.

– *Espere aí, você está me propondo uma solução ad hoc, sem nenhuma generalização. De onde você tirou esse absolutivo?*
– *Não "estou adocando", não. Essa solução fundamenta-se no estatuto dos casos gramaticais.*

O sistema de oito casos do indoeuropeu (nominativo, vocativo, genitivo, dativo, acusativo, ablativo, locativo, instrumental) foi reduzido a seis no latim culto (perderam-se o locativo e instrumental, cujas funções foram assumidas em grande parte pelo ablativo) e a três no latim vulgar (nominativo, genitivo-dativo, acusativo), de que o português recebeu só um, o acusativo. Em consequência, o caso gramatical no português tornou-se uma categoria abstrata, no sentido de sem-morfologia, sem representação fonológica, recuperável via proporcionalidade com os pronomes pessoais.

Com isso, o caso gramatical em português se transformou em matéria de postulação teórica, como já vimos em **6.4.1.1**. O caso é uma categoria gramatical atuante, como se demonstrará neste capítulo, mesmo que sua realização morfológica tenha se inviabilizado. Postularei o absolutivo como o caso abstrato projetado pelos verbos monoargumentais apresentacionais. Nos verbos biargumentais, os casos projetados são bem conhecidos: para o sujeito é o nominativo (seção **7**.3); para o objeto direto, o acusativo, para o objeto indireto, o dativo e para o complemento oblíquo, o ablativo (seção **7**.4).

7.2.2. PROPRIEDADES DISCURSIVAS

O absolutivo desempenha um papel crucial na organização do texto. É graças a essa categoria gramatical que podemos representar em nossa língua os tópicos discursivos novos, que precisamos incluir na corrente da fala. Avalie criticamente esta análise. Contextualize os exemplos anteriores, e proceda a uma busca dos verbos apresentacionais de argumento único. Depois tente identificar a função dos argumentos únicos assim levantados, fundamentando seu raciocínio na distinção entre nominativo e acusativo. Verifique se é possível analisar os dados com base nesse raciocínio.

7.2.3. PROPRIEDADES SEMÂNTICAS

O absolutivo tem o estatuto de identificável, quando preenchido por pronomes pessoais, ou não identificável, quando preenchido por substantivos. No caso do absolutivo nominal, esse traço recebe um tratamento dinâmico nos textos, migrando de um polo para outro.

Esse tratamento pode ser assim esquematizado: em sua primeira menção, o tópico discursivo novo ainda não se integrou na memória de curto prazo, exibindo o traço semântico de /indefinitude, não identificabilidade/. À medida que o respectivo referente vai sendo retomado, ele se fixa em nossa memória, passando a /definido, identificável/, independentemente de sua articulação por *um* ou *o* (veja **11.5.1**).

7.3. SUJEITO

O conceito de sujeito tem-se revestido de certa fluidez na teoria gramatical, e diferentes estudos têm focalizado as dificuldades dos gramáticos e dos sintaticistas a esse respeito (Perini, 1985; Pontes, 1987, este, um trabalho consagrado exclusivamente ao estudo dessa função).

Tais dificuldades derivam da natureza tríplice de tudo aquilo que é reconhecido como sujeito: o sujeito sintático, o sujeito discursivo e o sujeito semântico. A abordagem multissistêmica da língua trata com naturalidade a complexidade de mais essa categoria linguística. Estas considerações fornecem o roteiro para a análise do sujeito.

7.3.1. PROPRIEDADES SINTÁTICAS DO SUJEITO

Do ponto de vista sintático, considera-se sujeito o constituinte que tem as seguintes propriedades: (i) é expresso por um sintagma nominal; (ii) figura habitualmente antes do verbo; (iii) determina a concordância do verbo; (iv) é pronominalizável por *ele*; e (v) pode ser elidido.

Algumas dessas propriedades aparecem, por exemplo, na definição dada por Perini (1985: 39):

> uma função sintática se define através de relações sintagmáticas entre os diversos termos da oração: ordem das palavras, concordância, regência etc. Assim, a função de sujeito se caracteriza por certas posições na oração, e por estar em relação de concordância de pessoa e número com o verbo.

Vejamos, inicialmente, alguns exemplos de sujeito sentencial, retornando ao exemplo (1) reproduzido no capítulo "O que se entende por língua e por gramática" e acrescentando outros:

(30)
a) ***Eu*** *estive em Cumaná.*
b) *Ø Fiquei lá durante três meses.*
c) ***Eu*** *conheci bastante o povo de lá.*
d) ***Luís*** *descobriu a pólvora.*
e) *Hoje Ø te peguei.*
f) *É possível* ***que eles não venham hoje****.*

Uma rápida inspeção às expressões negritadas em (30) mostra que o sujeito pode ser expresso
1. por uma expressão nominal, como em (30d),
2. por uma expressão pronominal, como em (30a e 30c),
3. por toda uma sentença, como em (30f),
4. por um zero sintático, como em (30b e 30e).

Comparando as propriedades (1) a (4), poderemos fazer uma primeira generalização, constatando que no PB o sujeito pode ser preenchido por diferentes classes gramaticais ou pode ser elidido, postulando-se então que essa função foi "preenchida" por uma categoria vazia, também denominada anáfora-zero. Achou esquisito que em nossa língua o silêncio também seja funcional? Então, veja **1.1.3.3**.

Sujeitos preenchidos, por sua vez, podem vir antes ou depois do verbo: releia os exemplos e faça essa análise.

Essas observações fornecem os seguintes quesitos sobre as propriedades sintáticas do sujeito: (1) classes de preenchimento do sujeito, (2) colocação do sujeito e (3) sujeito e categoria vazia.

7.3.1.1. Classes de preenchimento do sujeito

Como se viu nos exemplos anteriores, as seguintes classes funcionam como sujeito: o substantivo, o pronome, toda uma sentença substantiva, uma categoria vazia. Não estranhe que uma categoria vazia possa preencher lá o que quer que seja. Basta atentar para o que se entende por categoria vazia* numa língua como o português.

7.3.1.2. Colocação do sujeito

No PB, o sujeito preenchido pode antepor-se ou pospor-se ao verbo. Na Gramática Tradicional, os argumentos sobre a questão da colocação assim se polarizaram: (1) há uma *ordem direta*, considerada regular, lógica, analítica, considerada como a ordem de base; (2) há uma *ordem inversa*, considerada anômala, ou irregular, psicológica, figurada, derivada da ordem direta. Ambas as configurações são descritas, buscando-se as motivações para a ordem inversa.

Diversos fatores são vinculados à ordem direta, todos eles apresentados de maneira um tanto vaga: o estilo, a lógica, a índole da língua, a organização do pensamento, o ritmo, a eufonia.

Barbosa (1803/1881: 288) alude a uma sorte de construção natural do sentido da sentença:

> a [ordem] *direita* é aquela em que as palavras e as orações seguem a mesma ordem de sua sintaxe, referindo-se cada uma sucessivamente àquela que lhe precede imediatamente, de sorte que o sentido nunca fica suspenso, antes se vai percebendo à maneira que se vai ouvindo ou lendo. A *invertida*, por seu lado, é aquela em que se muda a ordem da sintaxe, e as palavras e orações, ou regidas ou subordinadas, vão primeiro que as que regem ou subordinam, de sorte que o sentido vai suspenso.

Góis (1932/1940: 13) associa a ordem direta "à índole da língua", e a ordem inversa "ao capricho dos escritores, ou à licença poética". Said Ali Ida (1927: 198) destacou um fator propriamente linguístico, quando correlacionou a ordem das palavras com a entoação:

> a colocação habitual não se explica satisfatoriamente pela sequência lógica das ideias, porque, sendo esta a mesma por toda a parte, varia entretanto a colocação de um idioma para outro. Parece antes vir fundada na intonação oracional própria de uma língua ou de um grupo de línguas. O português pertence ao número daquelas que se caracterizam pelo ritmo ascendente, em que se anuncia primeiro o termo menos importante e depois, com acentuação mais forte, a informação nova e de relevância para o ouvinte.

Impossível deixar de reconhecer um vínculo entre as judiciosas afirmações de Said Ali Ida e o que viria a ser elaborado pela Escola Linguística de Praga e pela Fonologia Suprassegmental.

Quanto à descrição da ordem direta, Silva Dias (1881/1918/1954: 310) avançou bastante, ao constatar que

> a colocação mais simples (quero dizer, sem ênfase) das palavras na oração consiste em ir primeiro o sujeito com as suas pertenças, depois o predicado; o nome predicativo e o complemento direto (não sendo pronome relativo ou interrogativo) depois do verbo; as

determinações preposicionais depois da palavra determinada; os pronomes relativos e interrogativos (precedidos das respectivas preposições ou locuções preposicionais) e os advérbios pronominais relativos a interrogativos no início da oração.

Luft (1974: 17) assim sistematiza a matéria: "as posições básicas da oração: 1 - Sujeito; 2 - Complexo Verbal; 3 - Complementos/Predicativo; 4 - Circunstâncias. Havendo mais de um complemento, a ordem direta é: 3a - Objeto Direto; 3b - Objeto Indireto, ou então: 3a - Objeto Direto; 3b - Predicativo do Objeto".

Esses dois autores estão fornecendo um excelente roteiro de pesquisas: recolha um *corpus* de análise e verifique se o que eles disseram é confirmado empiricamente.

Finalmente, são propostas explicações para as rupturas da ordem direta. As mais frequentes são de caráter estilístico (isto é, discursivo), tais como a ênfase. Essa linha de argumentação desloca para a Estilística/Análise do Discurso o interesse de tais estudos: "a colocação pertence mais ao amplo domínio da Estilística do que mesmo ao da Sintaxe", diz Brandão (1963: 666). O mesmo vem em Melo (1968/1971: 235), que agrega os argumentos "história da língua", "tradição", "necessidade de clareza", "eufonia e eurritmia".

Nos estudos mais antigos, toda a documentação é de natureza literária, figurando aí as *inversões ou anástrofes*, como em

(31) *Aumentará no próximo mês* **a pressão sobre as tarifas**.

Góis (1932/1940: 15) desenvolve argumentos de caráter diacrônico:

do século XII ao século XVI predominou em nossa língua a ordem inversa, tendo culminado no século XVI exatamente o período áureo de seus grandes poetas e escritores. Só no início do século XVII manifestou a língua portuguesa preferir a ordem direta à ordem inversa, por efeito dos seguintes fatores: a) a influência francesa, a mais analítica das línguas românicas; b) a decadência clássica; c) o predomínio cada vez maior da cultura científica.

Esse autor não especifica a relação entre analiticismo e ordem inversa, e parece atribuir uma influência enorme dos escritores sobre a mudança linguística – no que vem acompanhado da totalidade dos estudiosos de seu tempo. E até dos de hoje. De todo modo, mesmo oferecendo explicações diferentes, pesquisas recentes, quantitativamente fundamentadas, têm confirmado a mudança da ordem.

Passo a resenhar alguns desses estudos, retirados de uma bibliografia caudalosa.

1. Sujeito anteposto: ordem sujeito-verbo (SV)

Numa indagação-piloto, Castilho et al. (1986) encontraram nos materiais do Projeto Nurc/SP 25% de sujeitos elípticos e 75% de sujeitos preenchidos, dos quais 60% preenchidos por pronomes e 40%, por substantivos, aqui computadas as sentenças subordinadas substantivas subjetivas. Concentrando a atenção nos sujeitos preenchidos, notou-se que 60% destes figuraram na ordem SV e 40%, na ordem verbo-sujeito (VS).

Procurando os fatores condicionantes da ordem apurada, e restringindo a observação aos sujeitos nominais, constatou-se que a ordem SV é favorecida pelo sintagma nominal sujeito dotado das seguintes propriedades:

(i)   foneticamente "leve", isto é, que contenha até 7 sílabas,
(ii) sintaticamente construído com Especificadores dispostos à esquerda do núcleo e por Complementadores dispostos à direita do núcleo,
(iii) semanticamente não específicos e agentivos, como em
(32) *então* ***cê*** *coloca o calcáreo.* (DID SP 4)
(iv) informacionalmente já conhecidos e
(v)   textualmente já mencionados.

2. Sujeito posposto: ordem VS

Os gramáticos identificaram algumas regularidades na posposição do sujeito, que ocorre:

(i) Nas sentenças reduzidas de infinitivo, gerúndio e particípio, como em

(33)
    a) *Feitas **as malas** e saindo **os convidados**, eles deixariam a mansão.*
    b) *Conversarem **as meninas** com estranhos não é bom.*

(ii) Nas orações intercaladas "construídas com verbos do tipo 'dizer', 'sugerir', 'perguntar', 'responder' e sinônimos, que arrematam enunciados em discurso direto" (Cunha / Cintra, 1985: 159), como em

(34) *Que grande asneira, ponderou **o príncipe**.*

(iii) Nas sentenças interrogativas, exclamativas, imperativas e optativas:

(35)
    a) *Que veio **ele** fazer aqui?*
    b) *Falar-me **ele** desse jeito, que desaforo!*
    c) *Venha **a nora**, fique **a sogra** de fora!*

(iv) Nas condicionais em que se tenha omitido o *se*:

(36) *Quisesse **ele**, tudo estaria arranjado.*

(v) Nas sentenças de verbo intransitivo, fato observado por Brandão (1963: obs. III), o qual enumera os verbos *aparecer, correr, andar, entrar, existir, faltar, ocorrer, sair, soar* etc.

A argumentação dos gramáticos contém intuições da mais alta relevância, e a Linguística moderna passou a explorar muitas delas, controlando quantitativamente as observações: Pinto (org. 1981), Pontes (1972, 1973, 1978), Nascimento (1993b/2005), Mollica (1995), Braga (1989), Lira (1996), Bittencourt (1999), Decat et al. (orgs. 2001).

Nesses trabalhos, são tematizados os seguintes fatores, que possivelmente explicam a ordem apurada: (1) sujeito e processamento da informação, (2) sujeito e papel semântico, (3) sujeito e estrutura argumental do verbo, (4) sujeito e estrutura do sintagma nominal, (5) sujeito e "peso fonético" desse sintagma.

Sintetizando os achados desses autores, a ordem VS é favorecida pelo sintagma nominal (1) informacionalmente novo, textualmente mencionado pela primeira vez, (2) semanticamente específico e não agentivo, (3) selecionado por verbo monoargumental, (4) cujo Complementador (= sintagma adjetival, sintagma preposicional e sentenças relativas) figure à direita do núcleo nominal, (5) foneticamente "pesado", isto é, que contenha mais de sete sílabas.

Novas indagações sobre a colocação do sujeito deveriam ser formuladas, particularmente naqueles casos em que o sintagma nominal foi repetido, como em

(37) M – *funciona mal **aquele negócio de***
    R – *aquele negócio de limite de idade funciona muito mal.* (D2 SP 360: 980).

Em (37), a ordem VS foi substituída por SV. Haveria alguma regularidade nessas mudanças de ordem?

Berlinck (1989) estudou a construção V/SNl[1] no PB, valendo-se de documentos dos séculos XVIII a XX, numa abordagem diacrônica. Ela começa por citar dois autores bem separados no tempo: Barbosa (1803/1881: 296), para quem as ordens SV ou VS "são ambas naturais", e Pontes (1986: 171), para quem a ordem VS "se mantém em casos especiais, sobretudo em orações marcadas em relação à oração declarativa, afirmativa, neutra". Essas observações dão uma pista para a diacronia da colocação do sujeito: até que ponto uma variação livre, intuída por Jeronymo Soares Barbosa, cedeu o passo a uma ordem mais rígida, postulada por Pontes?

Os dados de Berlinck apontam para um decréscimo da ordem VS, com 42% de ocorrências no século XVIII, 31% no século XIX, e apenas 21% no século XX. Diminuindo a ordem VS e predominando

SV, até que ponto o PB não estaria ingressando numa tipologia de língua configuracional, ou seja, de ordem rígida?

Mas a compreensão das "duas gramáticas", a do século XVIII e a do século XX, não passa pela consideração dos mesmos fatores favorecedores da ordem apurada. Assim,

> no momento 1 (século XVIII), é uma função discursiva do sintagma nominal – seu *status* informacional – que possui o maior peso na determinação de seu posicionamento relativamente ao verbo. [...] No intervalo de dois séculos, um fator de natureza formal – o tipo de verbo predicador – gradualmente se fortalece e acaba por assumir [...] o papel central na definição da ordem. (Berlinck, 1989: 98)

Para comprovar esse achado, a autora cruza o *status* informacional do sintagma nominal (novo, inferível, dado em sentença não imediatamente anterior, dado em sentença imediatamente anterior) com o tipo sintático do verbo (intransitivo não existencial, de ligação, expressão fixa, transitivo direto e bitransitivo).

Indagando sobre o encaixamento da mudança VS > SV no sistema da língua, Berlinck notou que "quanto maior é a chance de o sintagma nominal ser interpretado como uma função que não a de argumento externo do verbo, menor é a probabilidade de que ele ocorra em [= na ordem] verbo-sintagma nominal, e vice-versa" (Berlinck, 1989: 104-105). De fato, o *locus* pós-verbal é preenchido habitualmente pelo complemento, e com isso se pode estabelecer uma interessante correlação entre a ordem VS e a ocorrência do objeto direto vazio. É como se essa função já tivesse sido preenchida. Por esse raciocínio, empiricamente comprovado pela leitura comparada de Berlinck (1989) e Tarallo (1983), pode-se verificar que quanto mais objetos diretos vazios, tanto mais ordem VS.

7.3.1.3. Sujeito e categoria vazia

Observando o PB nos quadros de uma comparação intersistêmica, alguns pesquisadores têm notado que essa língua se inclui entre as de parâmetro "*pro-drop*", distinguindo-se de línguas que não "deixam cair" argumentos sentenciais. E mesmo comparando-se o PB com o PE, tem-se notado que a ocorrência da categoria vazia não é a mesma nessas duas variedades: no Brasil preenche-se mais a posição do sujeito que a de objeto direto, enquanto em Portugal a relação seria inversa.

Galves (1984, 1987) e Kato (1993) têm dado uma interpretação gerativista a esse fenômeno, enquanto Tarallo (1986/1993), Omena (1978) e Duarte (1989) o abordam de um ângulo funcional-variacionista. Segundo Tarallo, há um apagamento de 34,4% do sujeito, contra 81,8% do objeto direto e 59,2% do objeto indireto. Resultados muito semelhantes foram alcançados pelas outras autoras.

Num pequeno estudo sobre as condições de apagamento do sujeito, mostrei que a agentividade do sujeito favorece sua elisão, enquanto a não-agentividade favorece sua retenção, numa proporção de 63% para 37%, respectivamente (Castilho, 1987).

Na literatura sobre a diacronia da elisão do sujeito, vem-se estabelecendo uma relação entre morfologia verbal rica e omissão do sujeito, e, ao contrário, morfologia verbal pobre e retenção do sujeito. A hipótese é particularmente instigante no caso do PB, pois essa variedade vem "simplificando" sua morfologia. Assim, de um quadro de seis formas verbais (como em *canto, cantas, canta, cantamos, cantais, cantam*), tivemos, com a substituição de *tu* por *você*, e de *vós* por *vocês*, uma redução para quatro formas (visto que *você[s]* leva o verbo para a terceira pessoa) e, depois, para três formas, quando se começou a substituir *nós* por *a gente* (veja Quadro 3.8).

Duarte (1993) descreve o impacto dessa morfologia empobrecida sobre a prática bem documentada do sujeito nulo. Ela examina peças teatrais de escritores brasileiros, dos séculos XIX e XX, achando os seguintes valores: 80% em 1845, 78% em 1882, 75% em 1918, data a partir da qual cai dramaticamente o percentual até atingir, em 1992, menos de 30%. Essa queda é mais rápida na primeira e na segunda pessoas, e menos acentuada na terceira pessoa (Duarte, 1993: 117), caso em que, quando o referente é esperado, tem-se o sujeito nulo, preenchendo-se o sujeito quando o referente não é esperado. Esses resultados mostram que a categoria funcional de concordância já não identifica mais o sujeito no PB, donde seu progressivo preenchimento. Com isso, o PB vai deixando de ser uma língua em que os argumentos são omissíveis. O sujeito omissível "resiste" nos seguintes ambientes:

(i) Na primeira pessoa do singular, "em orações independentes com verbos simples no presente ou passado, quase sempre precedidos por uma negação, ou com uma locução verbal" (Duarte, 1993: 119), como em

(38) Ø Não posso mais ficar aqui a tarde toda, não, Ø tirei quatro notas vermelhas, Ø preciso dar um jeito na minha vida.

(ii) Na mesma pessoa, em orações subordinadas:

(39) Eu não sei se Ø vou conseguir numa sessão só.

Essa sentença documenta outra característica da mudança sintática, que começa pela principal e só depois se irradia para a subordinada. No caso, o preenchimento do sujeito.

(iii) Na segunda pessoa, nas interrogativas:

(40)

a) Ø já se esqueceu?

b) Ø falou com ele?

Kato et al. (1996) chegaram a resultados que nem sempre confirmam a correlação "morfologia pobre e ocorrência do sujeito nulo". Examinando dados do Projeto Nurc, eles constataram que em apenas 19% de sujeitos na primeira pessoa do singular ocorreu o sujeito nulo. Essa manifestação do sujeito mostrou-se preferida em outras situações, tais como (i) na segunda oração coordenada, (ii) na oração raiz, (iii) na oração dependente, (iv) com verbo inacusativo, (v) com verbo com argumento interno oracional, (vi) com verbo na segunda e terceira pessoas – este, um resultado particularmente inesperado.

A explicação, portanto, poderia estar em outro lugar. Negrão / Müller (1996: 135) trataram do assunto. Elas começam por afirmar que

> se o enfraquecimento da flexão é a causa do preenchimento progressivo da posição do sujeito, esperaríamos que o aumento de preenchimentos se desse especialmente naquelas pessoas para as quais a morfologia verbal não é mais capaz de identificar o sujeito (2ª e 3ª pessoas). Esperaríamos, também, uma maior proporção de preenchimentos para os casos em que há ausência de "concordância", ou seja, em que a pessoa do verbo não é a mesma que a do sujeito.

Elas hipotetizam, então, que

> estaria havendo uma especialização no sistema pronominal do PB segundo o tipo de denotação semântica que se deseja expressar. O pronome *ele* e a forma possessiva *dele* são usados para expressar sintagmas nominais referenciais. A categoria vazia não arbitrária na posição de sujeito e a forma possessiva *seu* seriam usadas para expressar uma relação anafórica entre estes sintagmas nominais e seus antecedentes.

Com isso, será necessário prestar atenção aos "mecanismos de identificação do conteúdo referencial das formas pronominais de uma determinada língua" (Negrão / Müller, 1996: 148), o que significa deslocar o argumento para fora da gramática e para dentro da semântica.

7.3.2. PROPRIEDADES DISCURSIVAS DO SUJEITO

O ponto de vista discursivo considera a sentença como o lugar da informação. Nessa perspectiva, o sujeito é aquele ou aquilo de que se declara algo. Ele é o ponto de partida da predicação, é seu tema.

Essa percepção, bastante frequente na Gramática Tradicional, foi elaborada pelos linguistas da Escola de Praga, como Daneš (1966), Dusková (1985), e ainda por aqueles que repercutiram suas ideias, como Halliday (1985a). Conforme mencionei em **1.2.2.2**, essa abordagem informacional da sentença ficou conhecida como teoria da articulação tema-rema. De acordo com ela, o tema sentencial pode ser entendido como "aquilo que vem primeiro", como "o ponto de partida da mensagem" (Halliday, 1966-1968: 212; 1985a: 39-45).

Pesquisando o português desse ponto de vista, Ilari (1987) destacou que a grande mensagem da Escola de Praga é que não dá para confundir sujeito, agente e tema, três funções diferentes realizadas numa mesma expressão.

Partindo desse conceito, examinei os temas selecionados pelo falante na entrevista D2 SP 333 do Projeto Nurc, publicada em Castilho e Preti (orgs. 1987: 239-242). Constatei que aí figuram sintagmas nominais (52%, 76% dos quais nucleados por pronomes), anáforas-zero (24%), sintagmas preposicionais (11%), sintagmas adverbiais (6%) e verbos monoargumentais (7%). Dentre os sintagmas nominais, apenas 74% assumiram a função sentencial de sujeito. Isso mostra que a categoria de tema discursivo não corresponde categoricamente à de sujeito sintático. Mostra, igualmente, dado o alto percentual apurado, que os gramáticos tradicionais não estão enganados quando dão preferência a uma definição discursiva do sujeito. É tudo uma questão de qualificar os argumentos, o que não tem sido o caso.

Os falantes cultos do PB desenvolvem estratégias discursivas interessantes para constituir o sujeito: (i) promovem uma sondagem psicopragmática do tema-sujeito, (ii) constituem o tema-sujeito por derivação do rema. Vejamos um pouco da gênese do sujeito.

7.3.2.1. Sondagem psicopragmática do tema-sujeito

Nos segmentos pouco planejados, encontram-se frequentemente determinantes de um substantivo não verbalizado, uma espécie de "sintagma nominal que não deu certo", como em

(41) *agora o::*
o::
eu não sei bem por que que chamavam colonos (DID SP 18)

Em exemplos como (41), o falante está determinando um substantivo não verbalizado. Esse fato levaria a modificar o conceito de determinação tal como definido, por exemplo, em Lyons (1977/1984: 454-455): "os determinantes são modificadores que se combinam com os nomes para produzir expressões cuja referência é determinada em termos de identidade do referente". Será necessário postular uma sorte de "determinação psicopragmática", aplicável a um tópico que se está buscando configurar, no quadro do programa de estudos desenvolvido por Dascal (1984). Nascimento / Marques / Cruz (orgs. 1984-1987: 78 e ss.) dão outros exemplos de "tentativa" de constituição do sintagma nominal, mostrando que PB e PE andam de mãos dadas neste particular.

7.3.2.2. Constituição do tema-sujeito por derivação do rema

Um rema propriamente dito pode ser retomado na sentença seguinte, e recategorizado como tema-sujeito. Essa estratégia é bem visível nos segmentos repetidos da língua falada. Marcando com

M[atriz] a primeira ocorrência do item lexical, e com R[epetição] as ocorrências subsequentes, obtêm-se as seguintes transcrições, que evidenciam um dos processos de constituição do sujeito:
(42) M – *o trabalhador recebe aquilo*
R – ***aquilo** a que ele tem direito* (D2 SP 250)
(43) M – *a gente não enxerga por bloqueio*
R – *e **esse bloqueio** tem de acabar* (EF RJ 251)
(44) M – *só depende da temperatura*
R – *mas **a temperatura** muda* (EF RJ 251)

Em (42), um sintagma nominal objeto direto foi repetido, recategorizando-se como tema-sujeito. Esse é um processo muito frequente, e evidencia que um termo sentencial migra para a função de sujeito uma vez que seu referente se tenha fixado na consciência do interlocutor. Em (43), o mesmo ocorreu com um sintagma preposicional funcionando como adjunto adverbial, que ao ser recategorizado sofreu o acréscimo de um demonstrativo na sua margem esquerda, para assegurar a continuidade do referente. Em (44), um sintagma preposicional funcionando como complemento oblíquo se recategoriza como tema-sujeito. Retomarei esta questão em **11**.2.3.3.

Uma pergunta que pode ser formulada a partir das observações anteriores é a seguinte: um tema, concebido de acordo com a teoria da articulação tema-rema, é sempre sujeito da sentença? Votre / Naro (1989) creditam que isso ocorre quando o tema tem alta topicidade, matéria que eles elaboraram no domínio da língua portuguesa.

7.3.3. PROPRIEDADES SEMÂNTICAS DO SUJEITO

A propriedade semântica mais comumente identificada no sujeito é a da agentividade. Essa função, portanto, designa o constituinte sentencial cujo referente é responsável pela ação expressa pelo verbo.

Pontes (1987: 22) reconhece que "parece mais natural que o sujeito seja um agente". Entretanto, "com os verbos intransitivos *morrer*, *machucar*, o sujeito não tem o mesmo sentido que tem um sujeito de um verbo transitivo indicador de ação, ou seja, ele não é agente".

A própria noção de agentividade nem sempre pode ser reconhecida sem ambiguidades num enunciado. Em sentenças como
(45) *O João arrancou um dente hoje.*
citada por Pontes (1987: 24), só o contexto pode dizer se *João* é agente, isto é, um dentista, ou paciente, isto é, o paciente mesmo!

Por outro lado, nada garante que um constituinte /agente/ seja necessariamente codificado como um sujeito – o que aponta para outra falta de correspondência entre o sistema semântico e o sistema sintático. Vamos nos deter um pouco nisso.

(1) Na voz passiva (46), e ainda nos chamados "verbos psicológicos" (47), o termo agentivo figura como complemento:
(46) *O assassino foi preso pelo **guarda**.*
(47) *Este filme não agradou ao **Pedro**.*
em confronto com
(48) *O Pedro gostou deste filme.*

(2) Na sentença subordinada a um verbo como *parecer*, o 'sujeito sintático" deste verbo é também o "sujeito semântico" do verbo da subordinada, como em
(49) *Adão parece ter comido a maçã.* (exemplos de C. Galves, 1998).

Ainda no domínio da caracterização semântica do sujeito, é ampla a discussão sobre (i) animacidade/não-animacidade, (ii) referencialidade/não-referencialidade, questão a que está ligada a (iii) determinação/indeterminação do sujeito. Vejamos rapidamente estas questões.

7.3.3.1. Animacidade/não animacidade

Partindo da classe dos pronomes, pode-se constatar que os pronomes de P1 e de P2 são dêiticos, remetendo necessariamente ao falante e ao ouvinte, como instâncias do discurso. Eles apontam, portanto, para entidades animadas. Já os pronomes de P3, tanto quanto os substantivos, podem remeter indiferentemente a referentes animados ou não animados.

Dois traços semânticos subordinam-se ao traço /+animado/: o de /± humano/, visto que um referente animado não precisa ser necessariamente humano, e o de /± agentivo/, visto que numa dada sentença um referente animado não precisa necessariamente ser o controlador da ação.

Os gramáticos têm-se indagado sobre o impacto dessas propriedades semânticas na organização da sentença e do texto. Pode-se reconhecer que as propriedades dêiticas dos pronomes de P1 e de P2 são inerentes, ao passo que as dos pronomes de P3, tanto quanto as dos substantivos, têm um caráter mais dinâmico, pois são especificadas no discurso. Assim, é possível identificar uma sorte de "saliência inerente" nesses traços, o que os deve levar a dispor-se numa hierarquia previsível. Indo por aqui, Stowell (1983) propôs a seguinte hierarquia:

Falante/ouvinte > pronome P3 > substantivo próprio humano > substantivo comum humano > outros substantivos /+animados/ > substantivo inanimado

Algumas línguas desenvolveram marcas morfológicas para assinalar os sintagmas nominais portadores desses traços. Em outras línguas, é a ordem das palavras que codifica essa hierarquia.

Sejam os seguintes exemplos:

(50)
    a) ***O menino*** *provocou seus colegas.*
    b) ***Ele*** *apanhou muito no colégio.*

Em (50a), o sujeito /humano/ é também /agentivo/, transpondo-se para /não agentivo/ em (50b). Ambos remetem ao mesmo referente.

7.3.3.2. Referencialidade/não referencialidade

Um sujeito /referencial/ é aquele que destaca determinado referente dentre o conjunto dos referentes possíveis que compartilham as propriedades indicadas pelo sintagma nominal-sujeito.

Uma questão correlata a essa é a da definitude do sujeito. Tratando da definitude, DuBois (1980) argumenta que esse traço é identificável a partir da dinâmica do discurso. É /definido/ o referente que ocupa um papel de relevo no texto, seja uma personagem de narrativa, seja um objeto de importância na enunciação. Os referentes /-definido/, em suas palavras, são aqueles para os quais o ouvinte teve de "abrir um arquivo" em sua mente. Referentes não definidos não têm esse requisito, por passarem fugazmente pelo texto. Rastreando os sujeitos sentenciais num texto, você poderá separar sujeitos referenciais /definidos/ dos /-definidos/.

7.3.3.3. Determinação/indeterminação

A propriedade semântica mais explorada na Gramática Tradicional é a da indeterminação do sujeito.

O autor ultimamente citado mostra que o traço de definitude é definido no texto, ou seja, nenhuma classe passível de figurar como sujeito será intrinsecamente determinada ou indeterminada. Em consequência, as seguintes representações do sujeito indeterminado teriam de ser validadas no texto: (i) sujeito expresso por pronomes pessoais de "referenciação genérica", rótulo que tomo de Neves (2000: 463), exemplificados em (51a e 51b), (ii) sujeito expresso pelo pronome *se*, exemplificado em (51c), (iii) sujeito elíptico, com o verbo na terceira pessoa do plural, como em (51d):

(51)
    a) *Normalmente, quando **você** não sabe o que fazer, é melhor não fazer nada.* (no contexto, esse *você* não remete à P2)
    b) *Depois da crise econômica, **eles** deram de dizer que as centrais de atendimento não podem passar de um minuto para te atender.* (*eles* = autoridades não identificadas no contexto)
    c) *Falou-**se** muito numa solução para o caso.*
    d) *ø Pediram agasalhos para os flagelados.*

LEITURAS SOBRE SUJEITO
Barbosa (1803/1881), Silva Dias (1881/1918/1954), Said Ali Ida (1927), Góis (1932/1940), Daneš (1966), Halliday (1966-1968, 1985a), Melo (1968/1971), Luft (1974), Omena (1978), Pinto (org. 1981), Tarallo (1983, 1986/1993), Decat (1989), Galves (1984, 1998), Dusková (1985), Ilari (1987), Duarte (1989, 1993), Nascimento / Marques / Cruz (orgs. 1984-1987), Votre/Naro (1989), Braga (1989), Cunha / Cintra (1985), Perini (1985), Castilho et al. (1986), Castilho (1987), Pontes (1987), Berlinck (1989), Kato (1993), Kato et al. (1996), Negrão / Müller (1996), Lira (1996), Maria Cristina Figueiredo Silva (1996), Bittencourt (1999).

7.4. COMPLEMENTOS: OBJETO DIRETO, OBJETO INDIRETO, COMPLEMENTO OBLÍQUO

Estudamos até aqui o sujeito. Vejamos agora os complementos.

O sujeito e os complementos de objeto direto, objeto indireto e oblíquo exercem as funções centrais da sentença. Essa centralidade decorre do fato de que esses argumentos são selecionados pelo verbo, como já vimos em **6**.4. Na seção **7**.5 estudaremos o adjunto, considerado como uma função não central, por não ser selecionada pelo verbo.

Para meter a cara na complementação, sua vida ficará facilitada se você ler esta seção juntamente com **8**.3.

Sejam os seguintes exemplos, adaptados de Mira Mateus et al. (1989/2003/2005):

(52)
    a) ***João** pôs **o livro na estante**.*
    b) ***Pedro** viajou **de Portugal para o México**.*
    d) ***Os alunos** precisam **de livros**.*
    e) ***O agente** contactou **com alguém**./**O agente** foi **com alguém**.*
    f) ***A garota** cortou-se **com a faca**.*
    g) ***O namorado** pintou **um quadro para a Maria**.*
    h) ***O turista** almoçou **no restaurante Leão**.*
    i) ***O barco** mede **vinte metros**.*
    j) ***A festa** durou **três meses**.*

Como já vimos em **6**.1.3, o argumento externo e os argumentos internos são constituintes centrais e obrigatórios da sentença, apresentando uma forte conexidade sintática com o verbo por serem por ele selecionados, donde sua proporcionalidade com os pronomes pessoais.

O teste da proporcionalidade pode ser realizado nas sentenças anteriores, demonstrando que as expressões negritadas funcionam como argumentos do verbo, de que recebem um caso* abstrato. Obviamente, os testes ganham mais naturalidade quando realizados no interior dos textos de onde procedem essas sentenças. Deixarei ao seu encargo promover as contextualizações necessárias. Vamos aos testes sintáticos.

(52')
    a) *Ele pôs **ele lá**./Ele **o** pôs **lá**.*
    b) *Ele viajou **daqui para lá**.*
    d) *Eles precisam **deles**.*
    e) *Ele contactou **com ele**./foi **com ele**.*
    f) *Ela cortou-se **com ela**.*
    g) *Ele pintou-**o para ela**.*
    h) *Ele almoçou **lá**.*
    i) *Ele mede **isso**.*
    j) *Ela durou (tudo) **isso**.*

Estranhando que *lá* e *aqui* sejam tratados como pronomes? Dê um pulo até **13**.2.2.3; ali se mostra que, sendo dêiticos, os pronomes pessoais e os advérbios dêiticos compartilham várias propriedades gramaticais. Podem, por exemplo, ser argumentais, recebendo caso e papel temático do verbo. Apenas a morfologia os separa.

Reconhecida a proporcionalidade pronominal das expressões negritadas em (52), reconhece-se o respectivo estatuto de argumentos. Aqueles proporcionais a *ele* nominativo (que suscita a concordância do verbo) são sujeitos sentenciais. Aqueles proporcionais ao clítico *o*, ou a *ele* acusativo, são objetos diretos. Aqueles proporcionais a *lhe*, um pronome dativo, são objetos indiretos. Finalmente, aqueles proporcionais à expressão preposição + pronome pessoal/advérbio dêitico/demonstrativo neutro, são complementos oblíquos. Esses argumentos não suscitam a concordância do verbo.

Esses testes resolvem a grande parte das análises. Há, entretanto, expressões que compartilham propriedades de argumento interno e de adjunto. Em casos como

(53)
    a) *ou a mulher se dedica **inteiramente** à carreira... (...) **exclusivamente** à carreira... ou (...)*
    b) *ela está assumindo tarefas assim... muito **precocemente**... não é?* (D2 SP 360)

os advérbios negritados *ao mesmo tempo* completam a transitividade dos verbos, como argumentos internos, e qualificam seu escopo, como adjuntos:

(53')
    a) *ou a mulher se dedica **com integridade** à carreira... (...) com **exclusividade** à carreira...*
    b) *ela está assumindo tarefas assim... **com** muita **precocidade**... não é?* (D2 SP 360)

Diremos que os advérbios negritados em (53) são quase argumentais, funcionando simultaneamente como complementos oblíquos e como adjuntos. Para mais detalhes, veja **13**.2.1.1.1.

Os adjuntos prototípicos não são proporcionais a pronomes, como veremos a seguir.

Um caso complicado é o dos complementos oblíquos, negritados em (52). Embora selecionados pelo verbo, eles codificam circunstâncias de lugar, tempo, medida etc., papéis temáticos tradicionalmente assimilados aos adjuntos, sempre que a argumentação se concentra nas propriedades semânticas dos constituintes sentenciais. Indo por aí, alguns gramáticos preferem ver os complementos oblíquos como adjuntos, exibindo uma relação não argumental com o verbo. Entretanto, verifica-se que o complemento oblíquo ocupa lugares na predicação verbal, que dele necessita para sua saturação (sobre este conceito, veja "O problema da predicação" no capítulo "Primeira abordagem da sentença", seção **2**). A sentença ficará incompleta se os oblíquos forem descartados – o que não acontece quando omitimos os adjuntos. Experimente omitir os complementos oblíquos de (52) para ver no que dá.

Não deveríamos ficar atolados o tempo todo na classificação dos produtos sintáticos. Deveríamos previamente inspecionar como se dá sua produção, o que fizemos anteriormente, num ensaio sumário sobre a gênese do sujeito. Afinal, como organizamos nossas sentenças à medida que falamos? Veja bem, não estou querendo fugir da raia. Mas é provável que deslocando a curiosidade das classificações de produtos para as estratégias de sua produção descubramos outras tantas coisas.
— *Tudo bem, e o que foi que você descobriu?*
— *Pois é, vou precisar de sua ajuda, pois nesta manobra estamos ainda a meio caminho. Por ora, notei o que se segue.*

Para encaminhar esse tipo de análise, retirei algumas expressões do DID POA 291, buscando identificar os caminhos da organização de uma sentença. Transcrevi gramaticalmente os resultados no Quadro 7.1, utilizando a metodologia exposta em **2.4.4**, com algumas pitadas do que se viu no capítulo "A conversação e o texto":

Quadro 7.1 – A repetição e a organização funcional da sentença: construções de tópico e argumentos verbais

Marcador conversacional	Termo à esquerda do termo repetido	Termo repetido	Termo à direita do termo repetido
Não...			
tu vês...			
por exemplo...			
		peixe...	
		peixe	aqui no Rio Grande do Sul...
	Eu tenho impressão que se come	peixe	exclusivamente na Semana Santa...

A transcrição biaxial adotada no Quadro 7.1 traz nova evidência sobre o caráter dinâmico das categorias discursivas tema e rema e das categorias gramaticais de construção de tópico e complemento. Dispondo as ocorrências de *peixe* num mesmo eixo paradigmático, poderemos demonstrar que essa palavra, à medida que vai sendo repetida, migra de uma função de construção de tópico (em 1 e 2) para a de objeto direto (em 3), abrindo pistas para o estudo da gramaticalização dessas categorias funcionais.

A seguir, consideraremos sempre que possível três aspectos no processamento sintático dos argumentos internos: (1) classes de preenchimento, (2) colocação, (3) omissão. Quando não for possível esgotar esta agenda, é sinal de que sobrou trabalho para você.

7.4.1. O OBJETO DIRETO

Complementando o que se disse anteriormente, o objeto direto tem as seguintes propriedades:
1. É proporcional aos pronomes pessoais acusativos *ele/o*
    (54) *João pôs **o livro** na estante* → *João pôs **ele/o** pôs na estante.*
2. Na passiva correspondente, o objeto direto assume a função de sujeito:
    (54') ***O livro*** *foi posto por João na estante.*
3. Pode ser preenchido por sintagma nominal de núcleo pronominal (55a) ou nominal (55b), e por sentença substantiva objetiva direta (55c), colocando-se habitualmente após o verbo:

(55)
    a) *Viu-**me** na rua.*
    b) *Viu **o rapaz** na rua.*
    c) *Disse **que viu o rapaz na rua.***

4. O papel temático do objeto direto é /paciente/, como em (55a e 55b), mesmo com verbos causativos:

(56) *O passageiro **desceu** o pacote.*

5. O objeto direto pode ser omitido na sentença:

(55a') *Viu Ø na rua.*

Essas propriedades serão exploradas nas seções a seguir.

7.4.1.1. Classes de preenchimento do objeto direto. Objeto direto e categoria vazia

Os estudos descritivos e diacrônicos sobre o objeto direto, particularmente no PB, tomaram em conta as transformações no quadro dos pronomes pessoais, e sua repercussão no preenchimento dessa função (veja **11.4.1.1**).

Numa pesquisa sobre as estratégias de pronominalização no PB, Tarallo (1983) comprovou uma continuada queda no preenchimento do objeto direto, conforme demonstra esse quadro que ele apresenta nas páginas 166 e 193 de seu trabalho:

Tabela 7.2 – Frequência de retenção do objeto direto anafórico em cinco momentos históricos, segundo Tarallo (1983)

I. Primeira metade do séc. XVIII	82%
II. Segunda metade do séc. XVIII	96,2%
III. Primeira metade do séc. XIX	83,7%
IV. Segunda metade do séc. XIX	60,2%
V. *Corpus* sincrônico do séc. XX (1982)	18%

A Tabela 7.2 aponta para o século XX como o momento decisivo na virada do processamento do objeto direto: sendo uma função de preenchimento praticamente categórica até a primeira metade do século XIX, a partir de então é a categoria vazia que começará a predominar nesse lugar da sentença, o que fica evidente no *corpus* sincrônico do século XX. Isso certamente tem a ver com a mudança sofrida pelos clíticos. Seu desaparecimento da gramática do PB justificaria a preferência pela categoria vazia.

As pesquisas de Tarallo deram origem a vários trabalhos, dos quais resenharei aqui apenas Duarte (1989) e Cyrino (1997).

Duarte (1989) estuda o preenchimento do objeto direto (OD) num *corpus* de língua falada, constituído de quarenta horas de entrevistas com falantes de São Paulo, originários de três camadas socioculturais (curso primário, curso colegial, curso superior) e de três faixas etárias. Ela encontrou quatro processos de preenchimento do OD:

    1. Clítico acusativo – apenas 4,9% das ocorrências, como em

(57)
    a) *Ele veio do Rio só para **me** ver.*
    b) *Então eu fui ao aeroporto para buscá-**lo**.*

    2. Pronome *ele* (= pronome lexical, na terminologia da autora): 15,4% das ocorrências:

(58) *Eu amo meu pai e vou fazer **ele** feliz.*

3. Sintagma nominal anafórico – 17,1% das ocorrências:
(59)
   a) *Ele vai ver a Dondinha e o pai da Dondinha manda **a Dondinha** entrar, ele pega o facão...*
   b) *No cinema a ação vai e volta. No teatro você não pode fazer **isso**.*
4. Categoria vazia – 62,6% das ocorrências:
(60) *O Sinhozinho Malta está tentando o Zé das Medalhas a matar o Roque. Mas ele é muito medroso. Quem já tentou matar Ø foi o empregado da Porcina. Ontem ele quis matar Ø, a empregada é que salvou Ø.*

De acordo com a abordagem laboviana, Duarte se pergunta sobre os condicionamentos linguísticos e extralinguísticos que presidiram a escolha de uma das regras variáveis anteriormente listadas.

Começando pelos condicionamentos linguísticos, ela notou que um verbo conjugado num tempo simples do indicativo favorece em 40,2% dos casos a emergência do clítico antes desse verbo. Se no infinitivo, ele favorece em 59,5% dos casos o clítico acusativo enclítico, como em (57a, 57b).

Para analisar os condicionamentos sintáticos, a autora distinguiu as estruturas sentenciais em simples [s + v + od, s + v + od + oi] e complexas [s + v + od + predicativo]. Separando os objetos diretos preenchidos, exemplos (56) a (58), acima dos não-preenchidos (caso da anáfora-zero de (60)), ela constatou o seguinte:

(i) Se o falante constrói uma estrutura simples, aumentam as possibilidades de elidir o objeto direto, o que ocorre na estrutura [s + v + od] de (61b) (= 62,3% de não-preenchimentos, contra 37,7% de preenchimentos), e em [s + v + od + oi] de (61b):
(61)
   a) *Conta essa história do seu avô de novo.*
   b) *Você já contou Ø pra ele?*
em que há 78% de não-preenchimentos, para 22% de preenchimentos.

(ii) Se o falante opta por uma estrutura complexa, aumentam as possibilidades de retenção do objeto direto, seja por meio do pronome *ele* ou de uma sentença infinitiva, como em
(62)
   a) *Eu não tenho nada pra reclamar não. Eu acho **ela** sensacional.*
   b) *Ontem ele foi ao cardiologista. Eu já deixei **ele** ir ao cardiologista sozinho há muito tempo.*
   c) *Eu queria ter uma irmã. Eu acho **ter uma irmã** tão bom!*

Quanto ao condicionamento semântico, Duarte observou que 76,3% dos objetos diretos retidos exibem o traço /animado/, contra 23,7% de elididos, ao passo que 76,8% dos objetos diretos elididos, uma vez restituídos ao enunciado, exibem o traço /-animado/.

Deixando de lado os fatores morfológicos, e cruzando os fatores sintáticos e semânticos, ela pôde observar o seguinte: (i) o traço /-animado/ favorece a elisão do objeto direto, não importando em que estrutura sintática ele ocorra; (ii) o traço /animado/ favorece a realização do objeto direto, principalmente através do pronome lexical, com destaque para as construções complexas, numa proporção de 87,3% dos casos. Esses resultados mostram a importância do sistema semântico no processamento da função objeto direto no português contemporâneo de São Paulo, de onde procedem seus dados.

Refletindo agora sobre os condicionamentos extralinguísticos, ou sociais, ela se indagou se a idade, a formação escolar, a formalidade/informalidade da situação exercem alguma influência na escolha das estratégias de representação do objeto direto. Ela descobriu o seguinte:

(i) Os clíticos não aparecem entre os falantes jovens, e só começam a ser utilizados à medida que eles progridem em sua formação escolar. Isso mostra que o uso diferenciado dos clíticos é um caso de diglossia*.

(ii) Por outro lado, a idade e a formação escolar não têm a menor importância na emergência da categoria vazia, o que mostra que a elipse do objeto direto está bem estabelecida na estrutura dessa variedade do PB.

(iii) Nas situações mais formais, evita-se o pronome lexical e cresce a utilização dos sintagmas nominais, mas de qualquer forma o clítico não é utilizado. Isso pode mostrar que essa classe bate em retirada, mas ainda resiste na língua escrita.

Finalmente, pondo à parte os condicionamentos linguísticos e extralinguísticos que interferem na gramática do objeto direto, Duarte investigou as atitudes dos falantes diante dos pronomes lexicais e dos clíticos. Ela descobriu que os falantes do PB de São Paulo consideram pedante o uso dos clíticos nas situações informais, e estigmatizam o uso do pronome *ele* nas situações formais, mesmo que o empreguem na norma objetiva.

Quanto à diacronia do preenchimento de objeto direto por um clítico, tem sido um problema intrigante nas línguas românicas explicar a transformação do demonstrativo *ille* em várias classes de palavras: o pronome pessoal nominativo *ele* (< *ille*), o artigo *o* (< *illu*), o clítico acusativo *o* (< *illu*), e o clítico dativo *lhe* (< *illi*). Vamos nos fixar no artigo e no clítico acusativo, ambos originados do mesmo étimo *illu*.

Como demonstrativo, *ille* tinha um papel dêitico, pois situava o referente do substantivo em dado lugar, e fórico, pois funcionava também na retomada de referentes. Como artigo, ele continua a atuar como um fórico, pois se antepõe a um substantivo cujo referente o interlocutor deve buscar ou no texto ou na situação de fala (para mais detalhes, veja **11.5.1**). O mesmo se pode dizer do clítico acusativo.

Ora, o português mostra dois movimentos de cliticização: (i) da direita para a esquerda, donde *tôdolos, chame-o*, (ii) da esquerda para a direita, donde *o-menino, o-chame*. Além disso, essa língua admite a elipse do núcleo do sintagma nominal tanto quanto da função de objeto direto.

Em face disso, pode-se hipotetizar que o artigo e o pronome pessoal decorreram de uma mudança simultânea, em que *lo menino* (i) pode aparecer como sintagma nominal pleno, procliticizando-se *lo* ao substantivo, como um Especificador desse sintagma, como em

(63) guarda **lo-menino**.

ou (ii) pode aparecer como um sintagma nominal de núcleo vazio, encliticizando-se *lo* ao verbo precedente, como objeto direto, correferenciado ao substantivo Ø, em

(63a) guarda-**lo** Ø.

Como vimos na Tabela 7.2, Tarallo (1983: 166, 193) comprovou uma continuada queda no preenchimento do objeto direto. As observações de Tarallo foram confirmadas por Cyrino (1997). Essa autora mostra que a partir da segunda metade do século XIX começam a aparecer os primeiros pronomes lexicais *ele* em função de objeto direto, numa frequência de 8,6% se comparados com os clíticos.

Ora, os clíticos têm propriedades fonológicas diferentes no português. Alguns têm uma estrutura silábica (consoante-vogal), como em *me, te, se*, e outros perderam o ataque silábico, como *o*, vindo do português arcaico *lo*, e suas variações de gênero e número.

Estas e outras observações permitiram a vários autores observar o seguinte:

(i) A direção de cliticização fonológica não é a mesma no PE e no PB. No PE ela é enclítica, movimentando-se da direita para a esquerda, como em *Quem-me vê?, Não-te vi, Já-te digo, Vamo-nos encontrar*, o que impede iniciar sentença por clíticos. No PB, ela é proclítica, movimentando-se da esquerda para a direita, como em *Já te-vi, João vai te-ver, João tinha me-visto, Vamos nos-encontrar*, o que permite iniciar sentença por clíticos. A mudança na direção de cliticização se deu a partir da segunda metade do século XIX, época em que Cyrino (1997) encontrou as primeiras ocorrências de próclise a imperativo afirmativo.

(ii) Podendo figurar em início de sentença, o clítico *o* corresponde a uma vogal átona, no plano fonológico. Ora, átonas iniciais tendem a cair, o que dificultaria o processamento sintático da sentença. Isso explica a emergência de *ele* nessa função, segundo Câmara Jr. (1957b), ou sua omissão, com o desenvolvimento do objeto direto nulo.

(iii) Ao operar com *o*, a criança tem de introduzir novas regras em sua gramática, para licenciar o ataque silábico que ocorre em *fazê-lo, fizeram-no*. A outra alternativa, segundo Nunes (1993: 216), seria "adquirir uma gramática sem clíticos acusativos de terceira pessoa [e] as crianças brasileiras do início [deste] século optaram por esta possibilidade".

Sintetizando, quatro fenômenos teriam ocorrido simultaneamente, na segunda metade do século XIX: (i) aparecimento da construção com objeto direto nulo, (ii) aparecimento da construção com objeto direto *ele*, (iii) mudança na direção de cliticização, e (iv) desaparecimento de *o*. Estudos sincrônicos mostram que a sobrevida deste clítico se deve à ação da escola, e por isso ele é mais frequente na língua escrita. Estudos diacrônicos recuaram para o português arcaico a sintaxe (ii).

7.4.1.2. Colocação do objeto direto

A colocação de base do objeto direto é depois do verbo.

As pesquisas têm privilegiado a construção objeto direto topicalizado. Braga (1989) estudou o fenômeno nos dados do Projeto Censo Linguístico do Rio de Janeiro. Ela notou que os seguintes fatores favorecem o deslocamento à esquerda do objeto direto: (i) objeto direto preenchido por pronome demonstrativo neutro, (ii) objeto direto codificador de "entidades inferíveis e evocadas e apenas secundariamente entidades novas", (iii) objetos diretos que implicam numa retomada de item anteriormente mencionada, o que faz dessa função um fator de coesão textual.

7.4.2. O OBJETO INDIRETO

As coisas se complicam bastante quando ingressamos no campo do objeto indireto e do oblíquo. É que essas criaturas são sempre preposicionadas, e aí precisaremos decidir sobre se tais complementos foram selecionados pelo verbo, ou se foram selecionados pela preposição ela mesma. Você verá no capítulo "O sintagma preposicional" que as preposições são operadoras de predicação, à semelhança do verbo, do adjetivo e do advérbio predicativos. E agora? Bem, de novo façamos como Jack, o Estripador: vamos por partes.

Sejam os seguintes exemplos:

(64)
    a) *O livro pertence **a mim, a ti, ao aluno***.
    b) *O Diretor escreveu cartas **aos pais***. (exemplo de Bechara, 1992/1999: 421)
    c) *Dou esta maçã **ao amigo***.

As expressões negritadas funcionam como objeto indireto sentencial por exibirem as seguintes propriedades:

1. São proporcionais aos pronomes dativos *me, te, lhe*:

(64')
    a) *O livro pertence-**me**, -**te**, -**lhe***.
    b) *O Diretor escreveu-**lhes** cartas*.
    c) *Dou-**lhe/te** esta maçã*.

2. São preenchidas por sintagma preposicionado nucleado por *a* e *para*, preposições que foram selecionadas, respectivamente, por *pertencer, escrever, dar*.

3. A construção em que figuram não é conversível à voz passiva.

4. Podem coocorrer juntamente com o objeto direto, como em (64c). Nessas construções, o PB é avesso à pronominalização de ambos os complementos, habitual no PE, dadas as restrições em nosso quadro de clíticos:

(64")
- b) ?*O Diretor escreveu-lhas.*
- c) ?*Esta maçã, dou-lha/ta.*

5. O papel temático do objeto indireto é, em geral, /beneficiário/, como nos exemplos anteriores.
6. Sua colocação de base é após o verbo; ocorrendo objeto direto, após este.

7.4.3. O OBLÍQUO

O complemento oblíquo é uma espécie de vagalume em nossas gramáticas: ora aparece, denominado então *complemento terminativo/complemento relativo*, ora desaparece, sendo rotulado de adjunto, ora aparece de novo, agora rebatizado como *complemento oblíquo*.

Comecemos caçando alguns deles:

(65)
- a) *João pôs o livro **na estante**.* (exemplo de Mira Mateus et al., 1989/2003/2005: 294)
- b) *Saio **de casa** mal nasce o dia e volto **ao recesso do lar** (como diz o outro) morto de cansaço.*
- c) *Viajei **de Campinas para São Paulo** pela rodovia Bandeirantes.*
- d) *Chego **ao trabalho** com um cansaço precoce, coisas da grande cidade.*
- e) *Fui **à festa com uma amiga** e voltei **com outra**, não estou entendendo nada.*
- f) *Preciso **de paciência**, caso contrário...*
- g) *Não gosto de assistir **às novelas** (= papo de intelectual).*

As expressões negritadas funcionam como complemento oblíquo por exibirem as seguintes propriedades:

1. São proporcionais a pronomes-advérbios dêiticos ou a preposição + pronome:

(65')
- a) *João pôs o livro **nela**.*
- b) *Saio **de lá** mal nasce o dia e volto **aqui** morto de cansaço.*
- c) *Viajei **daqui para lá** pela rodovia Bandeirantes.*
- d) *Chego **lá** com um cansaço precoce, coisas da grande cidade.*
- e) *Fui **lá com ela** e voltei **com outra**, não estou entendendo nada.*
- f) *Preciso **disso**, caso contrário...*
- g) *Não gosto de assistir **a elas**.*

2. Ocorrem como argumento interno único da sentença, coocorrem com o objeto direto, como em (65a).
3. Ocorrem mais frequentemente com verbos de movimento, como em (65b a 65e).
4. Exploram com frequência os papéis temáticos /locativo/, (i) apresentado em sua genericidade em (65a), (ii) especificado como /alvo/ em (65d), (iii) especificado como /origem/ e /alvo/ em (65c), e (iv) /comitativo/ em (65e).

A troca da preposição *a* por *em* assegura que a mesma palavra ora funcione como objeto indireto, ora como oblíquo, como demonstram Mira Mateus et al. (1989/2003/2005: 289):

(66)
    a) *Maria deu uma pintura **às estantes*** (= deu-**lhes** uma pintura, logo, *às estantes* funciona como objeto indireto)
    b) *Maria deu uma pintura **nas estantes*** (= deu uma pintura **nelas**, logo, *nas estantes* funciona como oblíquo)

LEITURAS SOBRE OS COMPLEMENTOS
Câmara Jr. (1957b), Tarallo (1983), Braga (1989), Duarte (1989), Cyrino (1993, 1997, 2000), Nunes (1993), Berlinck (1997, 2000a, 2000b), Saraiva (1997, 2001), Bosque (1999), Kato (2001), Cyrino / Reich (2002), Gärtner (2005).

7.5. ADJUNTOS

Os adjuntos têm as seguintes propriedades:
1. Discursivamente, agregam informações acessórias à sentença e ao texto.
2. Semanticamente, operam sobre seu escopo (i) predicando-o; (ii) verificando-o; ou (iii) localizando-o no espaço e no tempo. Sobre estes conceitos, veja **2**.2.2.
3. Sintaticamente, (i) são preenchidos por sintagmas adjetivais, adverbiais e preposicionais; (ii) podem tomar por escopo os substantivos, funcionando como *adjuntos adnominais*, ou o verbo, o adjetivo, o advérbio, como *adjuntos adverbiais*, ou toda a sentença, como *adjuntos adsentenciais*; (iii) quando preposicionados, desenvolvem em seu interior uma relação de predicação como aquela que constitui a sentença; (iv) desempenham um papel periférico na sentença, visto que não são selecionados pelo verbo e, portanto, não recebendo caso do predicador, não são proporcionais a um pronome; (v) deslocam-se no espaço sentencial com mais liberdade que os argumentos.

Vejamos alguns exemplos:
(67)
    a) *A criança caiu da cama **durante a noite**.* (exemplo de Bechara, 1992/1999: 436)
    b) *Eu gosto de viajar **de trem**.*
    c) *Viajei daqui para lá **pela rodovia Bandeirantes**.*
    d) ***Realmente**, cair da cama **à noite** deve ser bem chato.*

Observando os constituintes negritados, nota-se que:
1. Eles agregam uma informação apenas acessória, pois a transitividade dos verbos *cair* e *viajar* projetou e preencheu seus argumentos externos (*a criança, eu, deve ser bem chato*) e internos oblíquos (*da cama, de viajar, daqui para lá*), fornecendo a informação essencial.
2. *Durante a noite* tomou por escopo *cair da cama*, localizando esse estado de coisas no tempo; *de trem* tomou por escopo *gosto de viajar*, predicando-o qualitativamente; *pela rodovia Bandeirantes* tomou por escopo *viajei*, dispondo-o no eixo dêitico locativo; *à noite* tomou por escopo o predicado *cair de cama*, dispondo-o no eixo dêitico de tempo. Trata-se, portanto, de adjuntos adverbiais. Já *realmente* toma por escopo toda a sentença, predicando-a. Trata-se de um adjunto adsentencial.
3. Nenhum desses adjuntos é proporcional a um pronome, propriedade sintática já atendida pelos argumentos presentes na sentença.
4. Os adjuntos "passeiam" livremente pela sentença, como se pode ver em:

(67')
    a) *A criança caiu da cama **durante a noite**./**Durante a noite**, a criança caiu da cama./A criança **durante a noite** caiu da cama.*

b) *Eu gosto de viajar **de trem**./**De trem** eu gosto de viajar.*
c) *Viajei **pela rodovia Bandeirantes** de Campinas para São Paulo./**Pela rodovia Bandeirantes**, viajei de Campinas para São Paulo.*
d) ***Realmente**, cair da cama à noite deve ser bem chato./Cair da cama à noite, **realmente**, deve ser bem chato./Cair da cama à noite deve ser bem chato, **realmente**.*

Conclui-se que essa categoria funcional – tal como as demais classes lexicais e funcionais da língua – assume dimensões diferentes (e até contraditórias), na dependência do subsistema linguístico que estejamos considerando. De novo e sempre, é o ponto de vista que cria o objeto.

Vejamos agora como criamos os adjuntos adverbiais. A língua falada é o canal linguístico ideal para descobrir isso. O processamento dos adjuntos na língua falada pode ser inspecionado quando observamos a repetição de expressões (Castilho, 1997c).

No Quadro 7.2, o termo repetido é gramaticalizado inicialmente como uma construção de tópico, regramaticaliza-se sucessivamente como um adjunto adnominal, objeto direto, sujeito, retornando depois à função de objeto direto e de adjunto adverbial.

Essa sequência de sintaticizações, dessintaticizações e ressintaticizações de um mesmo vocábulo, no caso, *trem*, se torna mais visível se transcrevermos os dados de tal modo que o termo repetido ocupe uma posição central no Quadro:

Quadro 7.2 – A repetição e a organização funcional da sentença: os adjuntos

M/R	MC	SUJEITO	Termo à esquerda de R	Termo repetido	Termo à direita de R
M	olha			trem...$^{Construção\ de\ tópico}$	
R1		Eu	sou fã	de trem$^{Adjunto\ adnominal}$	
R2		Eu	acho	trem$^{Objeto\ direto}$ *assim...*	
R3		Eu	escolheria	o trem$^{Objeto\ direto}$	
R4				no trem$^{Adjunto\ adverbial}$	eu acho que há o repouso integral
R5				o trem^{Sujeito}	não tem mobilidade
R6				o trem^{Sujeito}	é mais estável
R7				o trem^{Sujeito}	tem a vantagem sobre o avião (...)
R8		Eu	vou tomar	o trem$^{Objeto\ direto}$	
R9				uma viagem	por trem$^{Adjunto\ adverbial}$	para mim sempre repousou
R10					sempre foi repousante

M = termo matriz; R = termo repetido. Exemplo retirado de D2 SP 255.

A repetição de toda uma sentença, de que resultam as chamadas "construções em quiasmo" ou "estruturas especulares", correlaciona-se com a deslocação do adjunto para a cabeça da sentença, como em

(68) M – *já mora muita gente **aqui na Cidade Universitária**?*
R – ***aqui na Cidade Universitária** já mora muita gente.*

Nesses casos, se o adjunto for expresso por um sintagma preposicional, este perde seu núcleo, dando origem ao chamado "adjunto sem cabeça", estudado por Rocha (1996, 2001):

(69) ***Beira de córrego** não vou mais pescar.*

A classe que sofre a adjunção permite distinguir adjuntos adnominais de adjuntos adverbiais. De acordo com Braga / Nascimento (no prelo),

> Com isto em mente, partimos de uma análise dos dados do *corpus*, já realizada por autores citados no capítulo, na qual se tomou a correlação entre fatores categóricos e não

categóricos como parâmetro básico para o estudo da maneira como os falantes operam com a sintaxe da predicação/complementação para integrar adjuntos e discursivos na organização dos enunciados. Em relação à distribuição entre adjuntos e discursivos, as conclusões teoricamente mais instigantes são:

a) o aparecimento de adjuntos em posições usualmente ocupadas por argumentos ocorre na posição à direita do verbo, quando os complementos são pressupostos, sendo nesse caso o adjunto interpretado como foco. O mesmo pode ser dito para a posição à esquerda do verbo. Se o sujeito é elíptico ou nulo, um adjunto pode assumir a posição, que é interpretada como tópico.

b) A hipótese de que a fronteira de adjacência entre regente e regido seria desfavorável a preenchimento, seja de adjuntos ou de discursivos, não foi confirmada. Contudo, estranhamente, em relação aos discursivos verificou-se que, até certo ponto, essa hipótese inicial é referendada pelos discursivos na fronteira entre o sujeito e o verbo flexionado;

c) As fronteiras mais desencorajadas para preenchimento são as mesmas para os adjuntos e os discursivos, a saber, as posições entre argumentos ($C_o...C_1; C_o...C_0$), a fronteira Top...S. Isso indica que uma teoria que explique as distribuição dos adjuntos deve explicar também, ao menos, a distribuição de alguns tipos de preenchedores discursivos (Kato / Nascimento, orgs. 2009).

Como já se disse, a classe-escopo dos adjuntos permite distinguir adjuntos adnominais de adjuntos adverbiais.

7.5.1. ADJUNTOS ADNOMINAIS

Os adjuntos adnominais tomam por escopo um substantivo, predicando-o, classificando-o ou dispondo-o no eixo espaço-temporal. Com base nessa atuação semântica, é possível distinguir três classes de adjuntos adnominais, as quais reproduzem as propriedades semânticas dos adjetivos (veja **12.2.2**):
1. Adjuntos adnominais predicativos;
2. Adjuntos adnominais de verificação classificadores;
3. Adjuntos adnominais dêiticos.

7.5.1.1. Adjuntos adnominais predicativos

(70) Adjuntos adnominais modalizadores
    a) *A causa **real** da crise política são as elites.*
    b) *A causa **provável/possível/plausível** da crise política são as elites.*
    c) *O recurso **necessário** para isso é a mobilização.*
    d) *Você vê rostinhos bonitinhos **simpáticos** olhando para você.* (DID SP 164)

(71) Adjuntos adnominais quantificadores
    a) *Aqui a saída **normal/habitual/semanal** é nas quintas-feiras.*
    b) *A posição **ideológica** dos partidos do Ocidente se complicou muito após a queda do muro de Berlim.*
    c) *Você não pode ter essa avaliação **pessoal** neste caso.* (D2 SP 343)

(72) Adjuntos adnominais qualificadores
    a) *No Oriente há um símbolo **clássico**... a serpente que morde a própria cauda.* (EF SP 124)
    b) *O Brasil anda cheio de **meias**-verdades.*

c) *Esse presidente exibe uma **relativa** disposição para com os descamisados.*
d) *E as moças... usavam vestidos mais ou menos **longos**... para os bailes* (D2 SP 396).
e) *Os musicais fazem um sucesso **tremendo**.* (DID SP 161)

7.5.1.2. Adjuntos adnominais de verificação: os classificadores

(73) Pátrios ou gentílicos
 a) *Pioraram as relações **franco-americanas**.*
 b) *Mais da metade da população **paulista** reside no interior do estado.*
 c) *A indústria **asiática**, mais propriamente a **chinesa**, entrou com tudo na globalização.*
 d) *As populações **indígenas** reclamam seus direito com grande vigor.*
 e) *A humanidade se divide em povos **amarelos, brancos, pretos**.*

7.5.1.3. Adjuntos adnominais dêiticos

Essa classe é proposta por Nespor (1988: 434).
(74) Dêiticos
 a) *tempo **atual***
 b) *mês **próximo**, mês **passado***
 c) *situação **precedente***

7.5.2. ADJUNTOS ADVERBIAIS

Os adjuntos adverbiais tomam por escopo um adjetivo ou um advérbio:
(75)
 a) *Você está **quase** certo* (o escopo de *quase* é *certo*).
 b) *Você agiu **muito** acertadamente* (o escopo de *muito* é *acertadamente*).

Tais como os advérbios e os pronomes adverbiais, os adjuntos adverbiais desempenham três grandes funções, de onde inferimos sua tipologia:
• predicam seu escopo, atribuindo-lhe uma propriedade semântica nova: adjuntos adverbiais modalizadores, qualificadores e quantificadores;
• verificam a veracidade expressa por seu escopo: adjuntos adverbiais de afirmação, negação e focalização;
• situam seu escopo numa perspectiva locativa ou temporal: adjuntos adverbiais locativos e temporais.
Segue-se uma descrição dos adjuntos adverbiais de acordo com essa tipologia.

7.5.2.1. Adjuntos adverbiais predicativos

(76) Adjuntos adverbiais qualificadores
 a) *Discutiu **francamente** seu problema. Discutiu **com franqueza** seu problema.*
 b) *A coisa **mais** fácil é comprar qualquer coisa... agora... sustentar (...) é que são elas.* (D2 SSA 98)
 c) *Espero não ter problemas com elas porque... nós mantemos **assim**... um diálogo bem aberto... sabe?* (D2 SP 360)
 d) *Temos duas orelhas, dois olhos, mas uma só boca: logo, falar **muito** é asneira.*
 e) *Procure **bastante**, está por aí.*

(77) Adjuntos adverbiais modalizadores
   a) Precisa **realmente** estar convencido de tudo.
   b) **Felizmente** essa fase ainda não começou.
   c) Nosso produto nacional é... eu acho... **sem dúvida nenhuma** a mulata.
   d) Com as crianças... necessitando da gente não pode precisar mesmo... **com certeza**. (D2 SP 360)
   e) Agora outro tipo de escola que **talvez** não tenha esse objetivo... (DID SSA 231)
   f) Toda e qualquer cirurgia... no campo médico... (...) implica **obrigatoriamente** em despesas. (DID REC 131)
   g) **Francamente**... essas atitudes me desconcertam.
(78) Adjuntos adverbiais quantificadores
   a) **Às vezes**, ela fica em casa.
   b) **Sempre** o carnaval dá mais preocupação.
   c) **Muitas vezes** repeti que este assunto não era fácil.
   d) Vão ao cinema **todas as manhãs**.

7.5.2.2. Adjuntos adverbiais não predicativos de verificação

(79) Adjuntos adverbiais de afirmação
   a) Expliquei, **sim**, que não aceitaria aquele encargo.
   b) Mas, **claro**, será que você ainda não entendeu?
(80) Adjuntos adverbiais de negação
   a) A ordem **não** foi executada.
   b) Eu pelo menos desisti, **não** se toca mais no assunto.
   c) Ela está com três anos e pouco e ainda não fala... então ela faz reeducação... reeducação, **não**... exercícios. (D2 SP 360)
   d) Loc. 1 – que te aconteceu ontem à noite?
      Loc. 2 – bem... **não**... um ladrão me ameaçou com um revólver...
   e) **Não** falei **coisa alguma/ nada disso**.
   f) **Não** falei **bulhufas/ lhufas**.
   g) **Não** falei **coisa nenhuma/ merda nenhuma**.

Observe-se que em (80a e 80b) nega-se o conteúdo da proposição: esta é uma negação *de re*. Em (80c), nega-se o vocábulo inicialmente escolhido, um caso de negação *de dictu*. Em (80d) ocorreu uma negação psicopragmática, ou seja, o falante negou seu pensamento, ainda não verbalizado. De (80e) a (80g) ocorreu uma negação bipolar, em que se observa a estrutura [Neg + V + Neg].

(81) Adjuntos adverbiais de inclusão/exclusão
   a) Aquela artista magrinha de televisão... aquela moreninha que é bailarina **também**... eh... (DID SP)
   b) Mas **até** a comunicação de quem mora em Olinda é um pouco diferente de quem mora em Recife. (D2 REC 05)
   c) **Fora** você, o resto da turma foi aprovada.
   d) Deu tudo certo, **exceto** o que deu errado.
(82) Adjuntos adverbiais de focalização
   a) Um médico era **só** médico, o engenheiro era **só** engenheiro... pelo menos naquela altura (D2 SP 360)

b) *Não é **bem** restaurante... é lanchonete mesmo* (DID RJ 328)
c) *Cuidaram da sinalização... **inclusive** da sinalização vertical.*
d) *São **autenticamente** brasileiros.*
e) *Queria falar **justamente** a respeito disso.*

(83) Adjuntos adverbiais de tempo
   a) *Te encontro logo **à noite**.*
   b) *Cheguei aqui **anteontem**.*

Braga / Botelho Pereira (1981) mostram que os adjuntos adverbiais de tempo (e também os de frequência, denominados quantificadores nesta gramática) topicalizam-se mais que os de lugar, modo, quantidade e companhia, numa proporção de 43,5% de construções de tópico daqueles, para 56,5% não topicalizados destes. As autoras apresentam os seguintes exemplos:

(84) Adjuntos adverbiais de tempo topicalizados
   a) ***Pela altura/naquela época***, *eu ainda achava que iria ficar rico.*
   b) ***Naquele dia***, *eles me levaram...*
   c) ***Sábado e domingo*** *eu não gosto de passar sem dinheiro.*

(85) Adjunto adverbial de aspecto
   a) *Vão ao cinema **todas as tardes**.*
   b) ***Às vezes**, ela fica em casa.*
   c) ***Sempre** o carnaval dá mais preocupação.*

(86) Adjunto adverbial de fim
   *Tenho de sair **para não perder o avião**.*

7.5.3. ADJUNTOS ADSENTENCIAIS

Estes adjuntos tomam por escopo toda a sentença, predicando-a. A maior parte dos advérbios predicativos, bem como os correspondentes adverbiais, pode funcionar como adjunto adsentencial:

(87)
   a) ***Provavelmente** hoje vai chover.*
   b) ***Exatamente**, os associados tratam das vantagens de seu emprego.*
   c) ***Logicamente** eu gostaria de fazer tudo isto direito.*

LEITURAS SOBRE A ADJUNÇÃO E OS ADJUNTOS
Braga / Botelho Pereira (1981), Nespor (1988), Rocha (1996, 2001), Castilho (1997c, 2002d/2005), Braga / Nascimento (no prelo).

MINISSENTENÇA E SENTENÇA SIMPLES: TIPOLOGIAS

AINDA O PRINCÍPIO DE PROJEÇÃO

Vimos no capítulo "Primeira abordagem da sentença" que a sentença é uma unidade gramatical bastante complexa, definindo-se como um verbo com flexão modo-temporal e número-pessoal que (i) articula seus argumentos, atribuindo-lhes caso e papel temático; (ii) especifica sua concordância com o argumento externo; (iii) especifica a colocação dos argumentos no enunciado; (iv) expressa a predicação e veicula a informação; (v) desempenha vários papéis na organização do texto. A estrutura argumental da sentença foi estudada no capítulo "Estrutura funcional da sentença".

Nesta altura, vamos retomar o capítulo anterior, estudando a minissentença e a sentença simples, buscando identificar as respectivas tipologias. Não será difícil perceber que o princípio de projeção organiza ambas as estruturas sintáticas.

8.1. A MINISSENTENÇA

Em diferentes situações sociais – que você facilmente identificará, como falante do português –, ouvimos expressões como estas:

(1)
- a) *Seu maluco, seu doido!*
- b) *Esse menino!*
- c) *Liquidação, meu!*
- d) *Negócio fechado.*
- e) *Ei, você aí!*
- f) *Eu primeiro.*
- g) *Ainda em Guarulhos.*
- h) *Ladrões para a cadeia!*
- i) *Coitado do homem!*
- j) *Meu guarda-chuva!* (exemplos de Melo, 1976: 123)
- k) *Difícil, cara!*
- l) *Só eu, não, violão!*

Abrindo um jornal, você vai lendo as manchetes e os títulos das matérias, e encontra expressões como estas, retiradas da *Folha de S. Paulo* de 25 de janeiro de 2008:

(2)
    a) *Em observação*
    b) *O voo de Jobim*
    c) *Prêmio ao invasor*
    d) *Lula, Karzai, Nehru*
    e) *Feijão, pagode e globalização*

Em gravações da língua falada, ou mesmo bisbilhotando a conversa dos outros, ouve-se isto com frequência:

(3)
    a) *aliás Física* (D2 SP 167)
    b) *uma coisa interessante* (D2 REC 05)
    c) *bom... o pior horário... de saída... da cidade de manhã...* (D2 SSA 98)
    d) *esse aqui atrás* (D2 RJ 355)
    e)
        Loc 2 – *filhos da pílula não?* ((risos))
        Loc 1 – *não...* ((risos))
        Loc 2 – *nem da tabela?* ((risos)) (D2 SP 360)
    f)
        Loc 2 – *uma ração... isso... balanceada*
        Loc 1 – *balanceada* (D2 POA 291)

E agora? Onde é que está o verbo, central na construção de uma sentença? E os argumentos do verbo, onde é que estão?

– Procure no Afeganistão, no Curdistão ou no Paquistão. Ou na República dos que Prakistão.

(Este último, aliás, designava uma república de estudantes, em Coimbra).

– Epa, epa, seriedade no pedaço! De volta ao trabalho!

Em (1d) e em (3f) há particípios acompanhando um substantivo. O particípio é uma forma nominal do verbo, sem morfologia de pessoa, e, portanto, não organiza uma sentença simples, prototípica.

Em outros casos, parece que foram omitidos os verbos *ser* e *estar* atributivos em (1', exceto 1c') e *ser* existencial em (2') e (1c'), como se comprova por estas paráfrases:

(1')
    a) *Esse aí é um maluco, é um doido!*
    c) *É liquidação, meu!*
    d) *O negócio está fechado.*
    f) *Eu sou o primeiro.*
    g) *(O avião) ainda está em Guarulhos.*
    (k) *Está difícil, cara!*

(2')
    a) *Está em observação.*
    b) *É o voo de Jobim.*
    c) *É um prêmio ao invasor*
    d) *É Lula, Karzai, Nehru.*
    e) *É feijão, pagode e globalização,*

e assim por diante. Mas o teste da paráfrase não funciona em (1e), (1h), (1i), (1k). Além do mais, essas operações de paráfrase denunciam um esforço de redução das ocorrências anteriores à estrutura das sentenças simples (prototípicas), derivando aquelas destas. Será mesmo razoável procurar essa derivação?

A resposta será *sim*, se estivermos motivados pelas afirmações da ciência clássica, caso em que talvez não consigamos delinear um estatuto categorial para essas expressões. A resposta será *não*, se estivermos motivados pela ciência dos domínios complexos, caso em que poderemos postular esse estatuto.

Tomaremos o segundo caminho nesta gramática. Em consequência, não trataremos (1) a (3) como derivações de sentenças simples, em que se apaga um constituinte aqui, se retorce outro acolá etc. Como falantes do português, temos à nossa disposição mais de um esquema de produção de estruturas sintáticas, com ou sem verbo, que acionaremos de acordo com as conveniências do ato discursivo.

As estruturas de (1) a (3) não são palavras soltas, numa sequência doida, como aquelas dos exemplos (27) a (32) do capítulo "Primeira abordagem da sentença". Podem ser analisadas, é verdade, como sintagmas, e você poderá fazer isso facilmente, consultando os capítulos "O sintagma verbal", "O sintagma nominal", "O sintagma adjetival", "O sintagma adverbial" e "O sintagma preposicional". Estudando a organização sintagmática dos exemplos anteriores, você encontrará aí sintagmas nominais, sintagmas preposicionais, sintagmas adjetivais e sintagmas adverbiais. Mas sintagmas são sentenças?

Para começo de conversa, não dá para descartar essas estruturas, pois elas são perfeitamente possíveis e compreensíveis. É verdade que a definição de sentença, aquela com direito a um verbo na forma pessoal, acompanhado de sujeito, complementos, adjuntos, casos gramaticais, papéis temáticos, dá conta de grande parte das expressões, e foi o que vimos no capítulo anterior. Entretanto, e sobretudo, quando o objeto empírico é a língua falada, topamos com mais sintaxes do que sonha nossa vã filosofia. Aí estão os exemplos de (1) a (3) que não me deixam mentir.

Diante do impasse, das duas, três:

(1) Excluo esses dados de minhas análises – a famosa pasteurização mencionada no capítulo "O que se entende por língua e por gramática".

– *Muito feio!*

(2) Nego a gramaticalidade dessas expressões e jogo tudo no colo do discurso. Não vai dar, pois, de acordo com a teoria aqui esposada, toda expressão linguística encerra ao mesmo tempo propriedades lexicais, semânticas, discursivas e gramaticais. Indo por aí, o discurso não exclui a gramática, nem se constitui de estruturas "agramaticais".

– *Esquisito, não?*

(3) Trato de alargar meu entendimento sobre o que raios é uma sentença.

– *Alternativa bem melhor.*

Epa! O primeiro e o terceiro comentários em itálico forneceram mais exemplos para a lista das sentenças sem verbo!

Adotada a estratégia (3), façamos uma rápida análise multissistêmica das expressões listadas de (1) a (3) para ver no que dá.

1. Propriedades gramaticais

Todos os exemplos são sintagmas simples ou coordenados, contendo outros sintagmas encaixados, conforme já se reconheceu aqui:
- Sintagma nominal: (1a) a (1f), (1h), (1j) e (1l); (2b) a (2e); (3a) a (3f).
- Sintagma adjetival: (1k).
- Sintagma adverbial: (1g) e (3a).
- Sintagma preposicional: (1k) e (2a).

Do ponto de vista da Fonologia Suprassegmental, eles se distinguem dos sintagmas que integram uma sentença por contarem com prosódia própria[1], a ser descrita.

2. Propriedades semânticas

Os casos aduzidos exemplificam quase todas as categorias semânticas mencionadas em **2.2.2**:
- Dêixis: em (1f) e (3d) há dêixis espaciais, expressas por *primeiro*, que coloca numa dada ordem as pessoas no espaço físico, e *aqui atrás*, que dispensa comentários. Em (1e) a (1f) e em (1l) há dêixis pessoal, expressa por *eu* e *você*; note-se que em (1e) se combinam a dêixis pessoal, de *você*, e a espacial, de *aí*. Menos mal, pelo menos os locutores ou as pessoas que foram mencionadas podem contar com uma ancoragem cognitiva básica, sua localização nos eixos da PESSOA e do LUGAR. Como vimos em **2.2.2.1**, não há enunciado sem dêixis.
- Referenciação: os sintagmas nominais relacionados anteriormente remetem a um referente, à cuja volta o enunciado está construído.
- Predicação: os sintagmas adjetivais, alguns adverbiais e os preposicionais enumerados anteriormente predicam sujeitos e complementos.
- Verificação: em (1g) e (3a) os sintagmas adverbiais incluem no espaço de *Guarulhos* e de *física* participantes não mencionados. Em (1l) nega-se a inclusão de um participante num evento pressuposto.
- Pressuposição: todos os exemplos pressupõem participantes da cena discursiva, estados, ações ou eventos que não foram verbalizados.

3. Propriedades discursivas

Uma vez contextualizados, os exemplos aduzidos asseguram grande velocidade ao texto, justamente por pressuporem participantes, estados, ações e eventos facilmente identificáveis no contexto.

E então, em que ficamos? Uma solução razoável, sempre nos agarrando à estratégia (3), será postular que no mundo da gramática os *sintagmas* e as *sentenças* convivem com outra unidade sintática, a *minissentença*, exemplificada na abertura deste capítulo.

A minissentença pode ser definida como sintagmas que
a) não são selecionados por um verbo em forma pessoal,
b) são dotados da mesma pauta prosódica encontrável nas sentenças,
c) predicam entidades pressupostas,
d) são utilizados quando se quer imprimir rapidez ao texto.

O termo *minissentença* é formado por *mini* e por *sentença*. O formante *mini* se justifica: as minissentenças não têm verbo pleno. O formante *sentença* foi usado porque sentenças e minissentenças compartilham as propriedades anteriores. Dentre elas, valeria a pena destacar a predicação, dada sua importância no arranjo das expressões.

Indo por aqui e analisando de novo as expressões de (1) a (3), pode-se observar que as nossas minissentenças predicam um escopo inferível a partir desses enunciados. Afinal, se grito *Seu maluco! Liquidação, meu!* atribuí a alguém ou a alguma coisa (um indivíduo, uma loja) as propriedades de maluquice e de liquidação, respectivamente. Temos predicação, temos seu escopo, ainda que não expresso no enunciado. Vamos então insistir em que as minissentenças expressam uma predicação do que foi pressuposto. A predicação do posto é uma tarefa muito bem desempenhada pelas sentenças simples e complexas.

---

[1] Agradeço a minha colega Leda Bisol por ter alertado para o fato de que a prosódia se compõe dos seguintes elementos: entoação, juntamente com o acento, tom e mora. Assim, as palavras têm uma leitura morfológica (raiz e seus afixos) e prosódica (palavra com seu acento). Os sintagmas e as sentenças têm uma leitura sintática (Especificador + núcleo + Complementador) e prosódica (sintagma/sentença com sua entoação). A essas unidades, agrego a minissentença.

A flutuação terminológica que se tem observado na rotulação da minissentença, ao mesmo tempo em que aponta a dificuldade apresentada por seu estatuto, aponta igualmente para a percepção comum de que a minissentença é um dado que não deve ser descartado nas descrições da língua. Nesta gramática, sustento que as minissentenças são perfeitamente habilitadas a uma vida útil em sociedade.
– *Uma nova unidade sintática foi postulada?*
– *Sim!*
– *Houve originalidade no pedaço?*
– *Não! Jespersen (1924/1971: 308), Sechehaye (1926: 11-38), Bally (1951), Melo (1976: 123), Stowell (1983) e Kato (1998), entre outros, chegaram bem antes, denominando essa unidade, respectivamente, monorremas, orações unimembres, frase inorgânica, small clause.*

Os exemplos que esses autores trazem não coincidem totalmente com os meus. É que nesta gramática estou descrevendo essas estruturas de modo deliberadamente amplo.

Resumindo o que foi dito até aqui, um verbo pleno seleciona seus sintagmas, organizando uma sentença simples. Sintagmas nominais, adjetivais, adverbiais e preposicionais não selecionados por um verbo em forma pessoal organizam uma minissentença.

Falta identificar a tipologia das minissentenças. Retornando aos exemplos de (1) a (3) e observando as classes gramaticais que atuam como núcleos das minissentenças, nota-se que é possível identificar aí pelo menos quatro tipos: nominal, adjetival, adverbial, preposicional.

8.1.1. MINISSENTENÇA NOMINAL

Um sintagma nominal funciona como minissentença quando não foi selecionado por um verbo pleno. Tratando-se de expressões referenciais, esses sintagmas "aceleram" o texto, agregando tópicos e propriedades de tópicos sem amarração sintática com os verbos plenos que os antecedem.

São exemplos de minissentenças nominais (1a) a (1f), (1h), (1j) e (1l); (2b) a (2e); (3a) a (3f). A estas, acrescento:

(4)
  a) *Fantasiou vários doentes na imaginação.* **Uma velha.** *Sequinha e miúda, tossindo, tossindo, sentada na cama...* **Uma menina.** *Abrindo os olhos, espantada com o luar no quarto, e sentindo no peito o aperto, aquele aperto.* (D. S. Queirós, *Floradas na serra*, p. 19)
  b) *Rosa fizera da boca uma rosa vermelha.* **Os dentes regulares muito brancos.** (M. de Andrade, *Os contos de belazarte*, p. 16)
  c) *Algum tempo depois Colodino se despediu.* **A trouxa no ombro, o fifó na mão, o revólver na cintura.** *Nós sentíamos o coração apertado.* (J. Amado, *País do Carnaval*, 235)
  d) *Germar Pinto, Jerônimo, ele nasceu no vale? Eu não o vi nascer, Jerônimo disse, a sua fisionomia agora inescrutável como o próprio vale. (...) Tinha um ofício, Gemar Quinto, mas não trabalhava a terra. (...)* **Um caçador, Gemar Pinto.** *Seu fraco eram as noites, as armadilhas, a caatinga. (...)* **Um caçador, Gemar Pinto.** *Em Jerônino, quando assim se detinha para revelar episódios do vale ou erguer a vida de um habitante, (...) o que impressionava era a vigilância do olhar. (...)* **Um caçador, Gemar Quinto.** *Dele diziam que usava o arco como um índio e nele realmente havia muita coisa de bugre. (...)* **Gemar Quinto, um caçador.** (A. Filho, *Memórias de Lázaro*, pp. 66-67)

Em (4a), o contexto maior não permite a leitura *X fantasiou uma velha, X fantasiou uma menina*, em que teríamos uma sentença simples. *Velha* e *menina* são propriedades da mesma personagem, retratada em diferentes momentos de sua vida. Em (4a), *os dentes* dá mais informações sobre a equação *boca = rosa vermelha*, e assim por diante.

As minissentenças nominais não integram predicações desencadeadas por verbos plenos, mas elas podem encerrar processos predicativos em seu interior. É o caso dos adjetivos *regulares, muito brancos*, que predicam *dentes* em (4b), e *caçador*, que predica *Germar* em (4d); esse é também o caso de *no ombro, na mão, na cintura*, sintagmas preposicionais que predicam *trouxa, fifó, revólver*, em (4c). Reconheci em outra altura desta gramática que qualquer construção encerra uma verdadeira sopa predicativa. As minissentenças não haviam de escapar a isso.

De um ponto de vista estrutural, as minissentenças nominais podem ser:
(i) simples, quando dotadas de um só sintagma nominal, como em (4a);
(ii) complexas, quando dotadas de vários sintagmas nominais justapostos, como em (4c).

É acentuada a densidade semântica das minissentenças e o papel discursivo que elas assumem. Como não dispõem de um verbo finitivo, elas aceleram a narração dos eventos e a caracterização descritiva das personagens, como já se disse aqui. Mas atenção: ao insistir nessas propriedades, não estou dizendo que elas não têm sintaxe!

8.1.2. MINISSENTENÇA ADJETIVAL

Nas mesmas condições do caso anterior, sintagmas adjetivais podem organizar uma minissentença, quando dispõem de autonomia entoacional, como em (5), ou quando em adjunção a argumentos internos da sentença, como em (7):

(5)
a) *Já nossa amiguinha Graciete Santana quer o "Dia da Progenitora", como se já não bastasse o "Dia da Genitora". (...)* **Lamentável**. (S. Ponte Preta, *Última Hora*, 19 abr. 1965)
b) **Invisível, macio, traiçoeiro**, *o tempo passa.* (Otto Lara Resende, *Folha de S. Paulo*, 8 abr. 1992)
c) **Horrível** *o teu cabelo.*
d) **Combinado**, *eu como a comida e você paga a conta.*

Em sentenças organizadas por *ter/haver* + particípio, minissentenças adjetivais semelhantes a (5d) deram origem ao pretérito perfeito românico (Castilho, 1967; Ribeiro, 1993 e **10**.2.1.2.2).

Os exemplos anteriores, a que você pode agregar (1k), mostram sintagmas adjetivais funcionando como adjuntos adsentenciais, ou seja, em adjunção a sentenças. O escopo de *lamentável, invisível, macio, traiçoeiro*, em (5b), é toda a sentença simples que antecede ou se segue. Apenas os adjetivos predicativos podem funcionar como minissentenças, donde a inaceitabilidade apontada em **12**.2.2:

(6)
a) **Rural, esta casa.*
b) **Governamentais, estes problemas.*

Em (5a) a (5d), as minissentenças adjetivais estão justapostas a sentenças simples. A estrutura assim produzida responde à pergunta "como ficou X após ter feito Y?". A estrutura da resposta é uma sentença organizada por verbos do tipo "X faz Y e Y é/está Z", em que se encaixa a minissentença:

(7)
a) *Os pesquisadores encontraram o povo* **doente**.
b) *O índio encarna,* **idealizadas, utópicas**, *a pureza e a inocência que todos perdemos na vida brutal da cidade.* (Otto Lara Resende, *Folha de S. Paulo*, 20 jun. 1992)

Em (7a), o sintagma nominal *o povo* é objeto direto de *encontraram* e sujeito da minissentença *doente*. Em (7b), os sintagmas nominais coordenados *a pureza e a inocência* funcionam como objeto direto de *encarna* e sujeito das minissentenças *idealizadas, utópicas*. Uma só estrutura desempenhando duas funções. Mais um exemplo do multifuncionalismo dos constituintes sintáticos, fenômeno denominado *anfilogismo* na Gramática Tradicional. Mais um caso da simultaneidade dos impulsos verbais, conforme destacado no capítulo "O que se entende por língua e por gramática".

Etiquetando esses exemplos, obtém-se:

(7a') *Sentença simples*[Os pesquisadores encontraram o povo] *Minissentença*[**doente**]

(7b') *Sentença simples*[O índio encarna a pureza e a inocência] *Minissentenças*[**idealizadas, utópicas**]

Esta análise por colchetes separa as minissentenças [*doente*] e [*idealizadas, utópicas*] dos sintagmas verbais [*encontraram o povo doente*] e [*encarna a pureza e a inocência*]. A notação mostra que as minissentenças adjetivais não se integram nos sintagmas nominais [*o povo*] e [*a pureza e a inocência*], respectivamente. Por outras palavras, a parentetização mostra que há uma fronteira sintática entre a sentença simples e a minissentença adjetival, que não está encaixada nos sintagmas nominais.

Numa análise diferente da que é aqui apresentada, Kato (1982/1988) identificou duas funções de minissentenças adjetivais:

(8) Minissentenças em função de complemento
Considero os meninos [*inocentes*].
Maria acha o João [*um gênio*].
Eu vi as visitas [*saindo*].

(9) Minissentenças em função de adjunto
Eu como as cenouras [PRO *cruas*].
Encontrei o dinheiro [PRO *escondido*].

Ela considera que essas estruturas ocorrem com verbos de alçamento:

(10) Minissentenças com verbos de alçamento
Os meninos^i parecem [t^i *inocentes*].
Essa conversa^i soa [t^i *falsa*].
Os soldados^i continuam [t^i *feridos*].

Reveja agora os exemplos contidos nesta seção, e responda se a tipologia das minissentenças nominais se replica aqui: haveria também minissentenças adjetivais simples e complexas?

8.1.3. MINISSENTENÇA ADVERBIAL

Veremos nos capítulos "O sintagma adjetival" e "O sintagma adverbial" que adjetivos e advérbios compartilham várias propriedades sintáticas e semânticas, distinguindo-se em que estes não dispõem de morfologia flexional. Nesta seção estudaremos o compartilhamento de outra propriedade, pois também os advérbios funcionam como minissentenças.

Os advérbios (i) predicativos (11e-f), (ii) de verificação (o *só* de 11 a-b, e o *também* de 11d) e (iii) dêiticos (o *amanhã* de 11a) são núcleos de sintagmas adverbiais que funcionam como minissentenças:

(11)
a) **Hoje, só amanhã**. (= trabalhador no final de sua jornada)
b) A – *E aí, vamos ou não vamos passear?*
B – **Só!** (= vamos passear, sim)
c) **Aqui! Aqui!** (= jogador pedindo a bola)
d) *Eu* **também!**

e) *Isso mesmo!* **Assim!**
f) **Felizmente**, *arre!*

8.1.4. MINISSENTENÇA PREPOSICIONAL

Nos exemplos (12) e (13), funcionam como minissentenças vários sintagmas preposicionais não governados por um predicador. As minissentenças preposicionais aparecem adjungidas à sentença simples:

(12) *Os eleitores escolheram um advogado* **para prefeito**.
(12a) $^{Sentença\ Simples}$[*Os eleitores escolheram um advogado*] ^{Minissentença}[*para prefeito*]
(13) **Sobre globalização**, *eu gostaria que o senhor falasse sobre o significado da globalização no mundo moderno.*
(13a) ^{Minissentença}[*Sobre globalização*] $^{Sentença\ complexa}$[*eu gostaria que o senhor falasse sobre o significado da globalização no mundo moderno*]

A minissentença preposicional de (13) é uma construção de tópico, funcionando como um adjunto da sentença simples que se segue.

Obtida uma definição e uma classificação das minissentenças, está na hora de verificar como a literatura as tem tratado. Há uma bibliografia razoável sobre as minissentenças, com a esperada flutuação de rótulos.

A Gramática Tradicional viu em alguns dos exemplos anteriores uma estrutura única, organizada por um verbo *transobjetivo*, ou seja, um verbo que "vai além" das relações transitivas, visto escolher simultaneamente um complemento de objeto e um complemento de qualidade, que é a nossa minissentença adjetival.

A Nova Nomenclatura Gramatical Brasileira se deu conta da duplicidade dessa estrutura, denominando todo o predicado como *predicado verbo-nominal*. Esse predicado é verbal porque escolhe um objeto direto, e é nominal porque encaixa um adjetivo predicativo no conjunto.

Na Linguística moderna, creio que o primeiro a tratar das minissentenças foi Bally (1951). Operando no quadro da Estilística linguística, ele as denominou *orações nominais*, para sublinhar que se tratava de sentenças sem verbo. Ele observou em seus dados que as minissentenças nominais ora dispunham de um só sintagma nominal, que ele denominou *monorrema*, como (4a), ora de sintagmas nominais sequenciados, aos quais dele denominou *dirremas*, como (4b). Muito provavelmente esse autor escolheu o termo *rema* para destacar a função predicadora das orações nominais.

Outros autores postulam que as minissentenças são construídas através da omissão de verbos como *ser, estar*, e, portanto, poderiam ser analisadas como sentenças de "grau verbal zero" (Navas Ruiz, 1962). Vê-se que esse autor reduz a minissentença a uma variante da sentença simples.

O rótulo *minissentença* – do inglês *small clause*, habitualmente traduzido por *mineração* pelos linguistas brasileiros – foi lançado por Williams (1975).[2] Creio que o primeiro trabalho gerativista sobre essa estrutura foi elaborado no mesmo ano por Bisol (1975), que a tratou como um predicado complexo. Stowell (1983, 1985: 272) assim a definiu:

> A teoria da mineração ("*small clause*") está baseada na convicção de que esta relação semântica reflete-se uniformemente na estrutura de constituintes, no sentido de que a relação sujeito/predicado é sempre codificada sintaticamente em termos de um par de constituintes irmãos, tal como S → sujeito + predicado.

---

[2] Agradeço ao professor Mílton do Nascimento, que comentou este capítulo, por essa indicação bibliográfica.

Na análise de Stowell (1985), o adjetivo que constitui a minissentença não é considerado como constituinte do sintagma nominal, e sim como unidade autônoma, lição que seguimos aqui. Para uma análise gerativista, veja Kato (1982/1988) e Mioto / Silva / Lopes (1999/2005: 41-46), que elaboraram essa teoria no domínio da língua portuguesa.

Uma interessante questão teórica pendente de solução aparece nas citações anteriores. Em Stowell, vê-se a tendência comum na literatura formalista de tratar as minissentenças adjetival e preposicional como um constituinte da sentença simples, entendida como uma estrutura de base. De acordo com essa percepção, a sintaxe é o componente central da língua, e as estruturas devem por si mesmas permitir uma interpretação semântica satisfatória.

Para manter esse ponto de vista, lança-se mão de vários artifícios, tais como:

(i) Lançar um programa de análises assentenciais (*non sentential analysis*) para a interpretação das minissentenças (Progovac, 2004: 49, apud Mioto / Silva / Lopes, 1999/2005).

(ii) Nesse programa, postular o caso *default* para explicar por que em português as minissentenças vêm com caso nominativo, como *Eu primeiro*, enquanto em inglês é acusativo (*Me first*) e no francês é dativo (*Moi le premier*): Kato (1999).

Estudos descritivos da língua falada mencionados em **3.**1 analisam exemplos semelhantes a (1) a (13), tão comuns nessa modalidade, como *fragmentos, anacolutos, restos*, entre outros.

A posição teórica que orienta esta gramática não aconselha que as minissentenças sejam tratadas seja como fragmentos soltos, com um estatuto sintático incerto, seja como constituintes das sentenças simples. Em lugar disso, parece mais natural admitir um *continuum* entre os sintagmas que serão estudados nos capítulos "O sintagma verbal", "O sintagma nominal", "O sintagma adjetival", "O sintagma adverbial" e "O sintagma preposicional", e as sentenças simples e complexas estudadas nos capítulos "Primeira abordagem da sentença", "Estrutura funcional da sentença", "Minissentença e sentença simples: tipologias" e "A sentença complexa e sua tipologia".

Encarando essas três estruturas de acordo com a teoria dos protótipos, referida em **1.**2.2.1, direi que os sintagmas e as sentenças simples e complexas ocupam os pontos extremos de um eixo, cujo ponto médio é ocupado pelas minissentenças, que compartilham propriedades de ambos:

Sintagmas Minissentenças Sentenças

Essa representação mostra que há uma relação de gradiência entre essas estruturas, e não uma relação de derivação.

LEITURAS SOBRE A MINISSENTENÇA
Jespersen (1924/1971: 308), Sechehaye (1926: 11-38), Bally (1951), Navas Ruiz (1962), Castilho (1967), Bisol (1975), Williams (1975), Melo (1976: 123), Stowell (1983, 1985), Kato (1982/1988), Ribeiro (1993), Cardinaletti / Guasti (eds. 1995), Mioto / Silva / Lopes (1999/2005: 41-46), Foltran / Mioto (orgs. 2007), Simões (2007).

8.2. MODALIDADE E TIPOLOGIA DA SENTENÇA SIMPLES

Vimos em **6.**3 que uma sentença contém dois componentes, o *modus** e o *dictum**.

O *dictum** é a informação contida na sentença, é seu conteúdo proposicional, representados gramaticalmente pelos constituintes [sujeito-predicado].

O *modus** é a avaliação que fazemos sobre o *dictum*, que podemos apresentar como uma certeza, uma dúvida, uma ordem etc.; ele é representado gramaticalmente pela entoação, pelo modo verbal e por advérbios e adjetivos sentenciais.

Agregue-se a isso a modalidade*, que é o propósito com que enunciamos o conteúdo da sentença, tal como asseverar, indagar, ordenar. Com base nas diferentes modalidades, podemos propor uma tipologia discursivamente orientada das sentenças, objeto desta seção.

Assim, em

(14) *O menino estudou a lição na sala.*

consideramos verdadeiro o estado de coisas aí relatado, composto pelo sujeito (*o menino*) e pelo predicado (*estudou a lição na sala*). Uma sentença estruturalmente semelhante a (14) é enunciada quando dispomos de informações que pretendemos veicular, codificando-as nos respectivos lugares funcionais, produzindo assim uma *sentença asseverativa afirmativa*.

Mas se considerássemos que o conteúdo de (14) contraria a realidade, ele seria negado, dando lugar a uma *sentença asseverativa negativa*, como, por exemplo, em:

(14a) *O menino não estudou a lição na sala.*

Outra possibilidade é quando nos falta alguma das informações contidas em (14), situação em que produziríamos uma *sentença interrogativa*, como, por exemplo:

(15)
- a) *Quem estudou a lição na sala?* (não tenho informações sobre o sujeito sentencial)
- b) *O menino estudou o que na sala?* (não tenho informações sobre o complemento do verbo)
- c) *Onde o menino estudou a lição?* (não tenho informações sobre o local do evento)
- d) *O menino fez o que na sala?* (não tenho informações sobre o evento)

Finalmente, queremos transformar o estado de coisas* descrito em (14) em uma ordem, e aí produziremos uma sentença imperativa, como:

(15e) *Estuda/estude essa lição, menino!*

Ao descrever essas três estruturas, nota-se que as sentenças asseverativas são menos complexas que as demais. Isso tem levado os gramáticos a considerá-las como estruturas de base, de que as interrogativas, negativas e imperativas seriam estruturas derivadas. Dispondo de propriedades diferentes no domínio da gramática, elas compartilham propriedades idênticas no domínio do discurso, exemplificando uma vez mais que não há determinações de um sistema linguístico sobre o outro (veja **1.2**).

Identificar relações de derivação *no interior de cada sistema linguístico* é uma estratégia descritiva que traz alguns ganhos à pesquisa. Algo muito diferente é postular *relações de determinação entre os sistemas*. No presente caso, não me parece adequado considerar que exigências do discurso (afirmar, perguntar, ordenar) especificam as estruturas gramaticais (sentenças asseverativas, interrogativas e imperativas), pois estaríamos elegendo um sistema como central e os outros como derivados, comprometendo-se o princípio da complexidade natural das línguas.

8.2.1. SENTENÇAS ASSEVERATIVAS

A sentença asseverativa é um ato de fala que revela engajamento com a verdade do *dictum*. Ela abriga um tipo afirmativo e um tipo negativo.

8.2.1.1. Asseverativas afirmativas

Na sentença asseverativa afirmativa, a entoação predominante é nivelada, podemos tomar como tema o causador do estado de coisas descrito pelo verbo – e aí teremos uma asseverativa afirmativa ativa, como em (14) – ou podemos tomá-lo como o termo afetado – e aí teremos uma asseverativa afirmativa passiva, como em (15f):

(15f) *A lição foi estudada pelo menino na sala.*

A relação entre (14) e (15f) tem sido tratada na gramática como uma transformação por apassivação, em que o sujeito da ativa transforma-se no complemento da passiva, e o objeto direto da ativa transforma-se no sujeito da passiva, mudando-se a morfologia do verbo. Nessa análise intrassistêmica, a estrutura de (14) é postulada como uma estrutura de base, e a de (15f) como uma estrutura derivada.

A nominalização* de um verbo como *estudar* pode igualmente dar origem a construções passivas, como em

(15g) *O estudo da lição pelo menino na sala teve sucesso.*

Sobre a nominalização, veja **11.2.1.3**.

8.2.1.2. Asseverativas negativas

Sejam as seguintes sentenças:
(16)
    a) *O menino **não** estudou na sala.*
    b) *O menino **não**, a menina é que estudou a lição na sala.*
    c) *Bom... **não**... o que eu quero dizer é outra coisa.*
    d) ***Não** vou fazer isso **de jeito nenhum**.*

Para negar, lançamos mão de operadores tais como *não, nunca, jamais* (veja **13.2.2.1.3**).

Esses operadores podem tomar por escopo* o conteúdo proposicional, vale dizer, toda uma sentença, nos casos da *negação de re*, como em (16a), ou apenas um dos constituintes da sentença, na *negação de dictu*, como em (16b). A negação *de re* pode aplicar-se também a um único constituinte sentencial, quando se quer obter algum efeito de contraste:

(16)
    a') ***Não** o menino, mas a menina, estudou na sala.*
    a") *O menino estudou **não** na sala, e sim na cozinha.*

Na língua falada, é comum negar uma expressão ainda não verbalizada, como em (16c), fenômeno considerado como uma negação psicopragmática, nos termos do programa lançado por Dascal (1984).

Os operadores de negação podem ser simples (*não*), precedendo sempre o verbo, ou redobrados, compostos por duas expressões, uma pré-verbal e outra pós-verbal, como em (16d). Nesses casos, obtém-se um significado de reforço.

As negativas redobradas têm a seguintes estruturas:

1. *Não* + advérbios e pronomes negativos (*nada, nenhum, ninguém*), estes funcionando como argumentos sentenciais.

(17)
    a) *O menino **não** estudou **não** na sala.*
    b) *O menino **não** estudou **nada** na sala.*
    c) ***Não** vi **ninguém** hoje.*

Por um processo de gramaticalização, a cliticização do primeiro *não* ao verbo reduz a representação fonológica desse advérbio, ocorrendo uma execução pré-nasalizada exemplificada em (17c'), primeiro passo para seu desaparecimento:

(17c') *O menino **n'estudou não** na sala.*

A diminuição da massa fonológica do vocábulo *não* leva ao seu desaparecimento (desgramaticalização; veja gramaticalização*). Com isso, fica parecendo que a negação se pospôs, compondo-se uma estrutura comum no Nordeste brasileiro, que tem sido atribuído à influência africana. Esse fenômeno foi estudado por Cavalcante Proença, que o explica como um processo de fonética sintática assim resumido: *não estudou não > n'estudou não > estudou não*. Ou seja, pode-se explicar a posposição da negação documentada em (18a) a (18c) com base no sistema gramatical do PB, sem a necessidade de atribuí-la a contatos linguísticos. Organizam-se assim as seguintes expressões:

(18)
a) *O menino estudou **não**.*
b) *O menino estudou **nada**.*
c) *Vi **ninguém** hoje.*

2. *Não* + verbo + sintagma nominal, formando expressões cristalizadas, como em:

(19)
a) ***Não** vi **coisa igual** na minha vida.*
b) ***Não** moveu **um dedo** em minha defesa.*
c) ***Não** tinha **uma alma** naquela rua.*
d) *Apanhado com a boca na botija, o bandido **não** deu **um pio**, não fez o menor esforço para defender-se.*

3. Nas expressões indicadas nas seções 1 e 2, *não* pode desaparecer e o segundo termo do redobramento pode ser substituído por expressões como *uma ova*, *bulhufas* etc., comuns nas gírias:

(20)
a) *O menino estudou **uma ova**.*
b) *O menino estudou **bulhufas**.*
c) *O menino estudou **merda nenhuma*** (com perdão da má palavra).

Com a aparência de asseverativas afirmativas, essas sentenças negam com veemência a proposição, o que explica o surgimento do palavrão. O leitor é convidado a completar esta lista...

8.2.2. SENTENÇAS INTERROGATIVAS

Indagado sobre a razão última da existência das sentenças interrogativas neste mundo, o conselheiro Acácio concentrou-se, suspirou fundo, movimentou bravamente seus neurônios e largou, com a calva alagada pelo esforço:
— *Perguntamos porque queremos saber!*

Só que, desta vez, em lugar de seus costumeiros truísmos, o personagem de Eça de Queirós disse algo relevante, pois as interrogativas são construídas a partir do que queremos saber. E sobre isso se assentam as diferentes estratégias sintáticas movimentadas na construção dessas sentenças, como veremos.

8.2.2.1. Interrogativas diretas

Se dispusermos previamente de uma ideia mesmo vaga a respeito da informação que buscamos, e estivermos querendo apenas obter uma "confirmação ou desconfirmação de um fato", construiremos uma sentença sem nenhum operador especial, bastando imprimir uma entoação ascendente à sentença asseverativa correspondente, obtendo assim as "interrogativas sim/não", como nestes exemplos de Braga / Kato / Mioto (no prelo):

(21)
    a) *Você gosta de literatura de cordel?* (D2 REC 05)
    b) *A sua família é grande?* (D2 SP 360)

Teremos produzido uma interrogativa direta, cuja resposta é dada habitualmente entre nós pela repetição do verbo nas respostas positivas, ou pela repetição do verbo precedido de *não* nas respostas negativas:

(21')
    a') *Gosto./Não gosto.*
    b') *É./Não é.*

Advérbios de negação podem figurar na finalização de sentenças interrogativas diretas, como em:

(22)
    a) *Você **não** veio, veio?*
    b) *Você veio, **não** veio?*

A interrogativa direta ocorre igualmente nos casos em que desconhecemos um dos termos da sentença asseverativa. Para obter essa informação, inserimos no lugar sintático ocupado regularmente pelo termo ignorado um dos seguintes pronomes interrogativos, ou "formas Q": *que, quem, qual, quando, quanto, como*, em que por praticidade incluímos *onde*.

Assim, retomando (14), se quiséssemos nos informar sobre seu tema, construiríamos uma sentença interrogativa, inserindo uma forma Q em seu lugar, dando ao conjunto uma entoação ascendente:

(23)
    a) ***Quem** estudou a lição?*

Se o desconhecimento recair sobre o rema propriamente dito (= o objeto direto, neste caso), uma forma Q ocorreria igualmente em seu lugar:

(23)
    b) *O menino estudou **o que** na sala?*

Finalmente, se queremos nos informar sobre o lugar ou o tempo em que se deu o estado de coisas de (14), produziremos a seguinte interrogativa:

(23)
    c) *O menino estudou **onde/quando**?*

Observando (23a) a (23c), constatamos que as formas Q ocorrem no lugar da sentença asseverativa em que se codificaria a informação de que não dispomos. Estes outros exemplos confirmam a sintaxe das interrogativas com formas Q:

(24)
    a) *<u>Fulano</u> vem jantar hoje.* → ***Quem** vem jantar hoje?*
    b) *<u>O livro</u> caiu da estante.* → ***O que** caiu da estante?*
    c) *Você disse <u>a verdade.</u>* → *Você disse **o quê**?*
    d) *Minhas férias chegam <u>na próxima semana</u>.* → *Minhas férias chegam **quando**?*
    e) *Você quer <u>dez mil reais</u> por seu calhambeque.* → *Você quer **quanto** por seu calhambeque?*
    f) *Você se escondeu <u>nos fundos</u>, seu diabo!* → *Você se escondeu **onde**, seu diabo?*
    g) *Você vai se sair dessa <u>da forma habitual</u>.* → *Você vai se sair dessa **como**?*

Nestas estruturas, *que* é utilizado nas perguntas sobre coisas, *quem* e *qual* nas perguntas sobre pessoas, *quando* nas perguntas sobre tempo, *quanto* nas perguntas sobre quantidades, *onde* nas perguntas sobre lugares e *como* nas perguntas sobre o modo de executar um estado de coisas.

A exemplificação anterior tem o objetivo de demonstrar que as formas Q substituem o constituinte desconhecido das sentenças. Entretanto, como elas são advérbios interrogativos, a sintaxe mais habitual é seu fronteamento:

(24')
- d) **Quando** *chegam minhas férias?*
- e) **Quanto** *você quer por seu calhambeque?*
- f) **Onde** *você se escondeu?*
- g) **Como** *você vai se sair dessa?*

Uma vez fronteadas, essas formas vêm frequentemente focalizadas por *é que*, sobrepondo-se dois mecanismos da focalização, o deslocamento para a esquerda e a clivagem:

(25)
- a) **O que/o que é que** *você disse?*
- b) **Quando/quando é que** *chegam as minhas férias?*
- c) **Quanto/quanto é que** *você quer pelo seu calhambeque?*
- d) **Onde/onde é que** *você se escondeu, seu diabo?*
- e) **Como/como é que** *você vai se sair dessa?*

Na língua falada espontânea, a gramaticalização de algumas dessas estruturas focalizadas dá origem a expressões utilizadas para fazer humor:

(26)
- a) **Quique** *você disse?*
- b) **Cumeque** *você vai se sair dessa?* **Cuma**?
- c) *Quer dizer que eu cheguei* **no que é que** *ele saiu?* → *Qué dizê que eu cheguei* **niquique** *ele saiu?*

8.2.2.2. Interrogativas indiretas

As perguntas indiretas representam uma forma mais polida de obter uma informação. Neste caso, a pergunta vem codificada no verbo da sentença matriz e o dado desconhecido vem codificado na sentença encaixada, produzindo-se uma sentença subordinada substantiva interrogativa indireta:

(27)
- a) *Quero saber* **o que você disse**.
- b) *Pergunto* **quem vem jantar hoje**.
- c) *Indago* **se um de vocês vai pagar a conta**.

8.2.2.3. Interrogativas finalizadas por marcadores discursivos

Alguns marcadores discursivos podem finalizar uma pergunta:

(28)
- a) *Agora vou sair,* **tá/falô**?
- b) *Vê se presta atenção,* **entende?/viu?/compreendeu**?
- c) *Esse negócio tá muito enrolado,* **é ou não é**?

Nesses casos, temos perguntas retóricas, pois o locutor não espera respostas como:

(28')
- a') *?Tá. *Falei.*
- b') *?Entendi. Vi. Compreendi.*
- c') *?É.*

8.2.3. SENTENÇAS IMPERATIVAS

As sentenças imperativas ocorrem em situações sociais em que o locutor ordena/sugere/pede ao seu interlocutor que faça algo. Em geral, as imperativas são dotadas de uma entoação descendente.

À semelhança das interrogativas, as imperativas podem ser diretas ou indiretas, em correspondência com os fatores sociais decorrentes de sua produção.

8.2.3.1. Imperativas diretas

A imperativa direta ocorre quando o locutor ocupa uma posição socialmente superior ao interlocutor, surgindo assim sentenças nucleadas por verbos ou por advérbios:

(29)
    a) *Vaza! Some! Dá o fora! Cai fora!*
    b) *Ponha-se na rua! Desapareça! Deite-se! Ajoelhe! Agache!*
    c) *Saindo, saindo! Circulando! Andando! Direita, volver!*
    d) *Vai saindo! Pode ir andando! Pode sair!*
    e) *Para fora! Para dentro!*
    f) *Já! Agora! Agora mesmo!*
    g) *Já para dentro, agora mesmo!*

As seguintes estruturas sintáticas ocorrem nas imperativas diretas:
1. Predomina o sujeito elíptico, certamente devido à presença de seu referente no ato de fala.
2. O verbo vem conjugado no imperativo, no subjuntivo, no indicativo (29a a 29c), no gerúndio ou no infinitivo, usados sozinhos ou em perífrases (29c a 29d).
3. Preposição seguida de advérbio (29e).
4. Advérbio sozinho (29f e 29g) ou preposicionado.

Observa-se nos exemplos anteriores que o locutor deseja imprimir ao seu interlocutor uma ação ou movimento (29a a 29d), uma mudança de sua localização no espaço (29e), no tempo (29f) ou em ambos (29g).

Mas se locutor e interlocutor compartilharem a mesma situação social, a estratégia será partir para um ato de fala perlocutório, sugerindo, aconselhando, ponderando:

(30)
    a) *Pense deste modo...*
    b) *Leve em consideração esta possibilidade...*
    c) *Em seu lugar eu agiria assim...*

8.2.3.2. Imperativas indiretas

Invertendo-se a relação social entre o locutor e o interlocutor, temos a ordem indireta, ou seja, o pedido, surgindo sentenças complexas, como em:

(31)
    a) *Eu lhe peço que fique lá fora.*
    b) *Eu queria que o senhor saísse.*
    c) *Eu gostaria que o senhor entrasse.*
    d) *Eu quero que você faça isso para mim.*

As seguintes estruturas sintáticas ocorrem nas imperativas indiretas:

1. O sujeito é expresso na sentença matriz e elidido na sentença encaixada (31a).
2. O verbo da matriz vem conjugado no indicativo presente, no imperfeito e no futuro do pretérito, este considerado forma de cortesia (31c).
3. O verbo da encaixada vem no subjuntivo, no estilo formal, observando-se uma correlação de tempos com o verbo da matriz: presente-presente em (31a), imperfeito-imperfeito em (31b), futuro do pretérito-imperfeito em (31c).

No estilo informal, o indicativo pode aparecer em lugar do subjuntivo:

(31')

d) *Eu quero que você faz isso para mim.*

A forma do imperativo bate em retirada no PB, dando-se preferência ao indicativo e, secundariamente, ao subjuntivo. Esta constatação tem sido frequentemente tematizada na literatura.

Faraco (1986) mostra que as formas do indicativo implicam numa relação de intimidade, informalidade, ao passo que as formas do subjuntivo ocorrem quando há uma assimetria na interação, implicando numa relação de formalidade. No PB do Sul, Sudeste e Centro-Oeste, o indicativo substitui progressivamente as formas de imperativo e de subjuntivo, sobretudo em contextos em que ocorre *você*, como em (31d'). Scherre (2004) estudou as histórias em quadrinhos de Maurício de Sousa, notando que 57% das estruturas imperativas vêm associadas ao indicativo. O pronome reto depois do verbo, como em *deixa eu ver*, favorece o uso do imperativo na forma do indicativo. Nos verbos irregulares temos uma oposição menos marcada, alternando-se formas como *dá/dê*, *vai/vá*, *sai/saia*, *põe/ponha*, *vem/venha*. Com base em documentos de língua de uma mesma época, Henrique Braga (2008) mostrou que nos anúncios predomina o subjuntivo, e no teatro, o indicativo, comprovando (i) que há uma relação entre o gênero discursivo e a seleção da morfologia verbal, (ii) que a mudança não tem uma teleologia, visto que em seus dados o indicativo e o subjuntivo *operam simultaneamente*. Rodrigues / Lima-Hernandes / Spaziani (2009: 263) focalizaram os graus de imperatividade nas cartas brasileiras, concluindo que, para além da diferença morfológica, "conta mesmo no uso cotidiano a nuança de sentido que se pretende construir", na seguinte escala de aproximação/distanciamento entre os falantes:

imperativo propriamente dito – súplica afirmativa – exortativo – proibitivo/conselho – premonitivo – súplica negativa – optativo

LEITURAS SOBRE A MODALIDADE E A TIPOLOGIA DA SENTENÇA SIMPLES
Macambira (1974), Faraco (1986), Duarte (1992), Lopes Rossi (1993, 1996), Torres Morais (1999b), Oliveira (2000a), Alkmin (2001, 2002a), Scherre (2004), Henrique Braga (2008), Braga / Kato / Mioto (no prelo), Rodrigues / Lima-Hernandes / Spaziani (2009).

8.3. ESTRUTURA ARGUMENTAL E TIPOLOGIA DA SENTENÇA SIMPLES

Apresentei em **6.4**.1 a transitividade como um princípio de conexidade sintática, que faz de uma sequência de palavras uma sentença simples.

Nesta seção, veremos como essa propriedade provê as sentenças de uma tipologia adequada às diferentes funções da linguagem.

8.3.1. SENTENÇAS NÃO ARGUMENTAIS

Os verbos não argumentais constituems sentenças simples sem quaisquer argumentos:
(32)
   a) *Chove.*
   b) *Relampeja.*

Os verbos não argumentais são simultaneamente impessoais e intransitivos, não dispondo nem de sujeito nem de argumento interno. Maior pobreza!

8.3.2. SENTENÇAS MONOARGUMENTAIS

Há uma motivação cognitiva na organização das sentenças, o que explica o número de argumentos que elas apresentam. Para explicitar essa motivação, Heine / Claudi / Hünnemeyer (1991: 40) postulam as "proposições-fonte", de motivação cognitiva, de que a transitividade representa sua gramaticalização. Essa reflexão é muito importante, pois mostra que tudo é motivado nas estruturas das línguas naturais, princípio que foi registrado em **1.4.2**.

Quadro 8.1 – Gramaticalização das proposições-fonte

Proposições-fonte	Gramaticalização das proposições-fonte
"X está em Y"	Proposição locativa
"X se move para/de Y"	Proposição de movimento
"X faz Y"	Proposição de ação/atividade
"X é parte de Y"	Proposição parte-todo
"X é (como) um Y"	Proposição equativa
"X está com Y"	Proposição comitativa

Veremos nas seções seguintes como se dá a representação sintática das proposições-fonte. Estatisticamente menos frequentes que as sentenças biargumentais, as sentenças monoargumentais dispõem de pelo menos quatro tipos: (i) apresentacionais; (ii) ergativas; (iii) atributivas; (iv) equativas.

8.3.2.1. Sentenças apresentacionais ou existenciais

As sentenças monoargumentais apresentacionais respondem à pergunta "quem é X?"/"o que é X?", funcionando no discurso para a introdução de um tópico novo. Sua estrutura sintagmática é [verbo + sintagma nominal].

Bolinger (1975) descreve a motivação discursiva das sentenças apresentacionais, nas quais reconhece uma "função apresentativa" que não tinha sido ainda identificada entre as funções da linguagem. Franchi / Negrão / Viotti (1998: 113) reconhecem nas apresentacionais um processo sintático "que coloca em proeminência um de seus constituintes, [...] o 'foco apresentativo'". Anteriormente a esses autores, Suñer (1982) tinha dedicado todo um livro ao tema.

Seguem-se alguns exemplos, alguns deles retirados de Franchi / Negrão / Viotti (1998):
(33)
   a) *Em São Paulo **tem** um problema específico de ter-se tornado um centro industrial.*
   b) ***Tinha** um gato preto perto dela.*

c) *Ali **havia** uns eucaliptos sendo plantados lá, não?*
d) ***Existe** muitos outros meios de transporte que não são explorados* (DID SP 46)
e) *A – Mas será possível que não veio ninguém hoje?*
   *B – Bem, **há** eu aqui, não serve?*
f) *A – Mas quem **será**, a estas horas?*
   B – É o Luís.
g) *É cedo./ É tarde. É sexta-feira. **Era** uma vez um gato de botas.*
h) ***Faz/ Há** cinco anos que não o vejo.*

As sentenças apresentacionais exibem as seguintes propriedades:

1. O verbo é impessoal, fronteado, organizando a estrutura sintagmática [verbo + sintagma nominal], tendo-se gramaticalizado como verbo funcional (veja verbo*), isto é, como um verbo que não atribui papel temático. Com isso, a predicação sentencial não é exercida por ele, e sim pelas expressões locativas e temporais que coocorrem.

2. O sintagma nominal único é geralmente indefinido e o verbo não é predicativo, isto é, ele não dá contribuições semânticas ao argumento único. Ele vem habitualmente posposto ao verbo, salvo quando há repetição da sentença (34a), ou quando ele é topicalizado (34b):

(34)
a) *– Afinal, não há **dinheiro**?*
   *– **Dinheiro** há, só que não é suficiente.*
b) ***O trinco** só tem numa porta.*

É incerto o estatuto funcional do sintagma único, matéria examinada em 7.2. Em exemplos como (33a) a (33c), a Gramática Tradicional o considera como um objeto direto, ao mesmo tempo em que em (33d) ele é considerado como sujeito, dada a concordância que por vezes aí se verifica, tanto quanto sua comutação por um pronome nominativo:

(33d') ***Existem** muitos meios de transporte. **Eles** existem.*

Conforme mencionado anteriormente, essas explicações são contraintuitivas, dadas as semelhanças estruturais entre essas sentenças. O desconforto causado por essas análises se agrava quando nos damos conta de que o raciocínio subjacente à relação [sujeito + verbo + objeto direto], apropriado à análise de sentenças biargumentais nominativo-acusativas, está sendo aplicado à análise de sentenças monoargumentais. Nesta gramática, postulei que esses sintagmas exercem a função de *absolutivos**, ou seja, atuam como o argumento único dos verbos monoargumentais.

3. Expressões locativas e temporais ocorrem explícita ou elipticamente, com frequência movidas para a esquerda da sentença. Segundo Lyons (1977/1984: 410),

   as frases existenciais podem ser consideradas implicitamente locativas, pois para serem devidamente interpretadas a afirmação de que alguma coisa existe ou existiu requer complementação com uma expressão locativa ou temporal, tanto é assim que em várias línguas indoeuropeias essas construções vêm acompanhadas de um advérbio locativo, como no inglês "**there** is/are", francês "il **y** a", italiano "**ci** sono".

No português arcaico, *haver* construía-se com os pronomes-advérbios locativos *y/hi/i*, derivados do latim *ibi*. A elisão de *há* com *i* deu origem à expressão *hai*, que sobrevive ainda hoje em falares do PB. Em nossos exemplos, os locativos ocorrem em (33a), *em São Paulo*, em (33b), *perto dela*, em (33c), *ali*, e em (33e), *aqui*; a expressão de tempo *cinco anos* ocorre em (33h).

Dada a estreita relação entre as apresentacionais e a expressão da existência, estas sentenças têm sido também denominadas *existenciais*.

8.3.2.2. Sentenças ergativas

Vários sintaticistas notaram que línguas não indoeuropeias marcam gramaticalmente o paciente, deixando de codificar o agente, dando lugar a um grande número de verbos monoargumentais. Nestes exemplos, há um sintagma nominal genérico /não controlador/ que codifica o rema da sentença, funcionando como um ergativo*.

O termo *ergativo* vem do grego *ergázomai*, "causar", "produzir", "criar" (Lyons, 1977/1984: 372). Salvi (1988: 47 e ss.) e outros tratadistas definem o verbo ergativo, causativo ou inacusativo como "os verbos intransitivos que têm um correspondente transitivo tal que o complemento objeto do verbo transitivo corresponde ao sujeito do verbo intransitivo".

O argumento único dos verbos ergativos exibe propriedades típicas do objeto direto dos verbos transitivos. Outros sintaticistas têm denominado *inacusativo* tal sintagma nominal, apelando para uma propriedade negativa.

No quadro dos esforços pela fixação de uma tipologia linguística, alguns autores tomaram como ponto de partida três papéis sintático-semânticos básicos: S, A, O (Dixon, 1994). Segundo este autor, S representa o argumento nominal único de uma sentença monoargumental. A é o argumento externo /agente/ de uma sentença biargumental, na qual O designará o argumento interno /paciente/. Os esquemas de agrupamento de S, A e O apontam para duas tipologias linguísticas: (1) línguas nominativo-acusativas são as que tratam S e A da mesma forma, distinguindo-os de O; (2) línguas ergativas-absolutivas são as que tratam A diferentemente de S e O, confluindo num mesmo tratamento S e O.

As seguintes sentenças, retiradas de Franchi / Negrão / Viotti (1998), salvo (35e), exemplificam a estrutura ergativa:

(35)
    a) *Os benefícios **diminuíram**.*
    b) *A porta **bateu**.*
    c) *Ultimamente **apareceu** um programa que estava num nível razoável.*
    d) *Aí então **começou a aparecer** os vestidos feitos.*
    e) *Então **chega** uma outra firma e diz assim: "Preciso de um gerente de produção".*

Propriedades das sentenças ergativas:
1. O sujeito de algumas dessas sentenças é um argumento não controlador do estado de coisas descrito pelo verbo, ou seja, os benefícios não podem *diminuir* nada, não é a porta que *bate* etc.
2. Sentenças como (35a) e (35b) não explicitam o causador da ação. Se tivesse ocorrido (35')
    a) *O governo **diminuiu** os benefícios,*
    b) *Alguém **bateu** a porta.*

o sujeito de (35a) e (35b) passaria a objeto direto de (35a') e (35b'), surgindo o sujeito causativo *o governo*. Dizemos que há uma relação ergativa entre (35) e (35').

Segundo Salvi (1988), os seguintes verbos integram a classe dos inacusativos: (i) ergativos de forma ativa, como *afundar, aumentar, cessar, começar, acabar, melhorar, piorar* etc., ou de forma reflexiva, como *concentrar-se, interessar-se, desenvolver-se, sujar-se* etc.; (ii) verbos essencialmente reflexivos, como *congratular-se, enervar-se, envergonhar-se, suicidar-se* etc.

Silva (2001: 88-89) apresenta a seguinte classificação: (i) verbos de mudança de estado: *aborrecer-se, crescer, entristecer-se, cristalizar, acordar, afundar, aumentar, brotar, começar, congelar* etc.; (ii) verbos de movimento direcionado: *avançar, cair, chegar, descer, entrar, escapar, fugir* – esses verbos também organizam sentenças com dois argumentos, possibilidade em que foram considerados biargumentais oblíquos nesta gramática; (iii) verbos de existência: *acontecer, aparecer, ocorrer, suceder* etc.

Ambos os autores mostram que o particípio desses verbos "pode ser usado como atributo apenas dos nomes que representam o complemento objeto do próprio verbo" (Salvi, 1988), como em
(36)
    a) *Um estudante apresentado recentemente.* (de *Apresentaram recentemente o estudante.*)
    b) *Um estudante encontrado recentemente.* (de *Encontraram recentemente o estudante.*)
o que não ocorre com os biargumentais:
(36')
    a) **Um estudante telefonado recentemente.* (de *Telefonaram recentemente para o estudante.*)
    b) **O palhaço rido bastante.* (de *As crianças riram bastante do palhaço.*)
3. A ordem de base nesses casos é [absolutivo-verbo], sendo que esta função ocupa o lugar habitualmente preenchido pelo objeto direto, como em
(37)
    a) *A porta **bateu**.* (de *O vento bateu a porta.*)
    b) *Os combates **cessaram**.* (de *Alguém fez cessar os combates.*)

8.3.2.3. Sentenças atributivas

As sentenças atributivas respondem à pergunta "como é X?", segundo Lyons (1977/1984: 472), gramaticalizando a proposição-fonte "X está em Y", segundo Heine / Claudi / Hünnemeyer (1991). Elas qualificam o referente do argumento único (38a e 38b) ou o localizam no espaço (38c e 38d):
(38)
    a) *O menino **é** alto.*
    b) *O menino **está** doente.*
    c) *O menino **é** de Araçatuba.*
    d) *O menino **está** com a tia/**está** na rua.*
As sentenças atributivas exibem as seguintes propriedades:
1. O verbo é preenchido por itens que integram uma classe fechada de verbos intransitivos: *ser, estar, permanecer, ficar, tornar-se, parecer* e poucos mais.
2. A estrutura sintagmática é [SN^{sujeito} + V + SADj/SP^{predicativo}], e a predicação se concentra no sintagma adjetival ou no sintagma preposicional que se seguem ao verbo. A Gramática Tradicional identifica adequadamente a função do segundo sintagma ao considerá-lo como predicativo.
3. Apagando o verbo, as sentenças atributivas podem ser convertidas num sintagma nominal:
(38')
    a) *menino alto*
    b) *menino doente*
    c) *menino de Araçatuba*
    d) *menino com a tia*

8.3.2.4. Sentenças equativas

As sentenças equativas são usadas quando se quer estabelecer uma relação de igualdade entre X e Y, em que X é o sujeito, e Y é o equativo*. Elas correspondem à proposição-fonte "X é (como) Y" proposta por Heine / Claudi / Hünnemeyer (1991: 40):
(39)
    a) *A fita **é** a base do inquérito.*
    b) *Nesta sala aqui, o professor **é** o aluno.* (= a sentença descreve uma aula em que o professor é um aluno realizando estágio)

c) *Fora dessas situações,* **professor é professor** *e* **aluno é aluno**.
d) *Só queria dizer que* **eu sou eu**. Ø *Não consigo ser* **nós**. (Ignacio de Loyola Brandão, *Zero*, Rio de Janeiro, Brasília, 1975: 199)

As sentenças equativas exibem as seguintes propriedades:

1. O verbo das sentenças equativas é preenchido por *ser*, que organiza a estrutura sintagmática e funcional [SN$^{1\ sujeito}$ + V + SN$^{2\ equativo}$]. Essa sentença estabelece no nível sintático uma relação de equação entre o sintagma nominal sujeito e o sintagma nominal equativo. Por isso mesmo, esses constituintes podem trocar de posição na sentença, sem que se altere sua interpretação semântica:

(39')
   a) *A base do inquérito* **é** *a fita*.
   b) *Nesta sala aqui, o aluno* **é** *o professor*.

2. O equativo* não pode ser tratado como se fosse um predicativo, como se vê em muitas gramáticas escolares, visto que ele não predica o sujeito. Compare as estruturas sintagmáticas de atributivas e equativas para comprovar isso.

3. O sujeito e o equativo podem ser preenchidos por palavras iguais, como em (39c) e (39d), ou por palavras diferentes, como em (39a) e (39b). Temos neste caso uma situação peculiar, visto que a estrutura sintática estabelece uma equação gramatical entre elas, ao passo que no domínio semântico ambas continuam a remeter a referentes distintos: os referentes de *fita* e *professor* continuam diferentes do de *base do inquérito* e *aluno*. Mostra-se uma vez mais que os sistemas linguísticos não interferem uns nos outros, o que alimenta a complexidade das línguas naturais.

4. O SN^1 e o SN^2 das sentenças equativas não podem ser convertidos num substantivo único, como ocorre com os constituintes das sentenças atributivas. Uma conversão como essa nos levará a um substantivo composto:

(39")
   a) **fita base*, mas *fita-base*
   b) **professor aluno*, mas *professor-aluno*

5. Não sendo proporcional a um pronome, o termo equativo não é argumental, constituindo-se numa função privativa das sentenças equativas. Nas paráfrases seguintes, o SN$^{1\ sujeito}$ é proporcional a *ele/ela*, mas o SN$^{2\ equativo}$ não é proporcional a um clítico:

(39''')
   a) *Ela é-*a*.
   b) *Ele é-*o*.

Em (39''') os pronomes *a/o*, na verdade, retomam algum participante do discurso anterior, funcionando como demonstrativos, e não substituindo, respectivamente, *a base do inquérito* e *aluno*.

6. Do ponto de vista do sistema discursivo, as sentenças equativas correspondem muitas vezes a uma paráfrase epilinguística (veja paráfrase* e epilinguismo*) em que o falante, por supor que o conteúdo do SN^1 não é conhecido pelo interlocutor, substitui-o pelo SN^2 sinônimo. Nos dicionários, a estrutura equativa é utilizada na redação do verbete, situação em que temos uma paráfrase metalinguística (veja metalinguismo* e **2.1.2.1**).

(40)
   a) **Jatobá** *é* **uma fruta**, *você nunca viu?*
   b) **Matriarcado** *é* **a autoridade exercida pela mãe**.
   c) **Balela** *é* **uma notícia ou boato**, *sem fundamento*.

8.3.3. SENTENÇAS BIARGUMENTAIS

As sentenças simples biargumentais podem ser transitivas diretas, transitivas indiretas e transitivas oblíquas. Em geral, elas respondem à pergunta "o que X faz?", exibindo a estrutura sintagmática [SN^1 + V + SN^2/SP].

8.3.3.1. Sentenças transitivas diretas

Estas sentenças exibem um argumento externo sujeito e um argumento interno objeto direto, proporcional a um pronome acusativo:
(41)
    a) *Luís **descobriu** a pólvora.*
    b) *Luís **descobriu** que quer ser aviador.*
    c) *O mesmo governo **afirma** ser inócua a aprovação.*
    d) *Hoje te **peguei**.*
Propriedades das sentenças transitivas diretas:
1. A estrutura sintagmática e funcional dessas sentenças é [SN$^{1\ sujeito}$ + V + SN$^{2\ objeto\ direto}$]; o verbo é apassivável:
(41')
    a) *A pólvora **foi descoberta** por Luís.*
    b) ***Foi descoberto** por Luís que ele quer ser aviador.*
2. O sintagma nominal sujeito é habitualmente /agentivo/ e o objeto direto é habitualmente /paciente/, proporcional a um pronome acusativo se substitui um sintagma nominal, ou a um pronome demonstrativo neutro se substitui uma sentença:
(41")
    a) *Luís descobriu-**a**.*
    b) *Luís descobriu **isto**.*
    c) *O mesmo governo afirma **isto**.*
3. O objeto direto pode ser preenchido por um sintagma nominal de núcleo nominal, como em (41a), um sintagma nominal de núcleo pronominal, como em (41d), por uma sentença finitiva, como em (41b) ou por uma sentença infinitiva, como em (41c).
4. As estruturas causativas [SN + V + objeto direto] apresentam um sintagma nominal sujeito /causador/ e um objeto direto /agentivo, não paciente/:
(42)
    a) *O rapaz **subiu** a velhinha no ônibus.*
    b) *O passageiro **desceu** o pacote.*
    c) *Este sapato **dói** meu pé.*
Nessas sentenças, o participante representado pelo objeto direto é de fato o agente das ações expressas pelo verbo: *a velhinha subiu no ônibus, o pacote desceu, meu pé dói.*

8.3.3.2. Sentenças transitivas indiretas

Estas sentenças exibem um argumento externo sujeito e um argumento interno objeto indireto, proporcional a um pronome dativo:
(43)
    a) *O livro **pertence** ao aluno.*
    b) *O livro pertence-**lhe**.*

Propriedades das sentenças transitivas indiretas:
1. A estrutura sintagmática e funcional é [SN^{sujeito} + V + sintagma preposicionado$^{objeto\ indireto\ /beneficiário/}$].
2. O verbo não é apassivável.
3. O argumento interno é um objeto indireto dativo, proporcional a *lhe*.

É amplo o debate sobre o papel temático do complemento indireto. A análise anterior deve ser entendida em sua genericidade.

8.3.3.3. Sentenças transitivas oblíquas

Estas sentenças dispõem de um argumento externo sujeito e de um argumento interno oblíquo, frequentemente confundido pela Gramática Tradicional com o objeto indireto:

(44)
a) *Luís **foi** ao Peru.*
b) *Luís **foi** com Maria.*
c) *Luís **veio** do Peru*
d) *Luís **veio** com Maria.*
e) *Luís **precisa** de nota.*
f) *Luís **gosta** de peras.*
g) *Caso se **chegue** a esse ponto extremo, abandonaremos o barco.*
h) *Fulano **falou** assim/francamente/desse jeito.*
i) *A greve **durou** três meses.*
j) *O número de filiados **baixou** para trinta mil.*

Propriedades das sentenças transitivas oblíquas:
1. A estrutura sintagmática e funcional é [SN^{sujeito} + V + SP/SN^{oblíquo}], o verbo não é apassivável e integra diversas classes semânticas, entre elas a de verbo de movimento.
2. O complemento oblíquo manifesta-se às vezes como um complemento meio adverbial, comutando com um sintagma preposicional complementado por um advérbio dêitico locativo (veja **13**.2.2.3):

(44')
a) *Luís foi **lá**.*
c) *Luís veio **de lá**.*

3. O complemento oblíquo comuta com *Prep + ele/isso/lá*, na dependência do respectivo referente nominal:

(44")
d) *Luís veio **com ela**.*
e) *Luís precisa **dela**.*
f) *Luís gosta **delas**.*
g) *Caso se chegue **a isso**, abandonaremos o barco.*
i) *A greve durou **isso**.*
j) *O número de filiados baixou **para isso**.*

8.3.4. SENTENÇAS TRIARGUMENTAIS

São organizadas pelos verbos bitransitivos, que selecionam um argumento externo e dois argumentos internos. Essas sentenças exibem a estrutura [SN^{agentivo} + V + SN^{paciente} + SP^{alvo}]:

(45)
   a) Luís **passou** a bola ao seu companheiro.
   b) Luís **colocou** as malas no carro.
   c) Luís **convidou** os amigos para um passeio.
   d) Luís **escreveu** Ø ao amigo.

LEITURAS SOBRE ESTRUTURA ARGUMENTAL E TIPOLOGIA DA SENTENÇA SIMPLES
Ver a seção 7.5 da Bibliografia na seção 15.2.5 e Lyons (1977/1984), Bolinger (1975), Suñer (1982), Dascal (1984), Ilari (1986a/1992/2004), Salvi (1988), Heine / Claudi / Hünnemeyer (1991), Dixon (1994), Franchi / Negrão / Viotti (1998), Marilza Oliveira (2000a), Silva (2001), Scherre (2004), Braga/Soares/Santos/Oliveira (2008), Braga / Kato / Mioto (no prelo).

8.4. AS PROSSENTENÇAS

Sejam os seguintes exemplos, parte dos quais são de Lobato (1989):
(46)
   a) Fulano pulou o muro e Beltrano **também**.
   b) Miguel é fácil de agradar, e João **também**.
   c) Os frangos estão prontos para comer, e os patos **também**.
   d) A – Você gosta de frango assado?
      B – **Só**. Outro dia comi dois de uma assentada!
   e) A – Você fez a lição?
      B – **Sim.**/**Não**.
   f) A – Afinal, você vai nadar?
      B – **Talvez**.

Esses exemplos mostram que advérbios de inclusão, afirmação, negação e modalizadores epistêmicos quase asseverativos operam como prossentenças.

O que diferencia as prossentenças das minissentenças, é que as primeiras estão ligadas por anáfora a uma sentença implícita anterior, como se constata em:
(46')
   a) Fulano pulou o muro e Beltrano **também** pulou o muro.
   b) Miguel é fácil de agradar, e João **também** é fácil de agradar.
   d) B – **Só** gosto de frango assado.
   e) **Sim**, eu fiz a lição.

CONSIDERAÇÕES FINAIS

Tenho dialogado com o leitor ao longo desta gramática, sobretudo para chamá-lo à reflexão gramatical, reagindo contra as explicações que lhe são servidas, buscando sempre alternativas.

Se fôssemos trazer para a descrição das sentenças simples as duas grandes classes semânticas identificadas entre os verbos, os adjetivos e os advérbios (capítulos "O sintagma verbal", "O sintagma adjetival" e "O sintagma adverbial"), ou seja, predicativos *vs.* não predicativos, poderíamos ordenar as sentenças aqui descritas em duas categorias, mudando o esquema adotado: (i) sentenças apresentacionais, as da seção **8**.3.2.1; (ii) sentenças predicativas, as demais.

Da motivação semântica, migraríamos para as categorias gramaticais, buscando identificar as propriedades sintáticas desses dois grandes agrupamentos. Deixo a você, leitor, esta sugestão de Mílton do Nascimento (com. pessoal).

A SENTENÇA COMPLEXA E SUA TIPOLOGIA

COMBINAÇÃO DE SENTENÇAS E GRAMATICALIZAÇÃO DE CONJUNÇÕES

Este capítulo tem por objetivo (i) discutir o estatuto da sentença complexa como resultante da combinação intersentencial; (ii) propor uma tipologia para essas combinações; (iii) estudar a gramaticalização das conjunções e, finalmente; (iv) descrever os tipos de sentenças complexas. O termo *sentença complexa* será preferido em lugar de *período*, visto que este não é uma unidade sintática diferente da sentença simples. Ou seja, tudo o que ocorre numa sentença simples ocorre numa sentença complexa.

Sejam as seguintes ocorrências:

(1) *Escreveu, não leu, o pau comeu.*
(2) *Não pagou, foi para a cadeia*
(3) *O aluno falou e o professor saiu.*
(4) *O aluno que falou era o melhor da classe.*
(5) *O aluno falou que o professor tinha saído.*
(6) *O aluno entrou quando o professor saiu*
(7) *O aluno não só falou como também foi aplaudido.*
(8) *O aluno ou falava ou ficava quieto.*
(9) *O aluno falou tanto que ficou rouco.*
(10) *O aluno falou mais do que desejava.*

Os enunciados têm em comum disporem de mais de um verbo, contendo, portanto, mais de uma sentença. Dizemos que eles organizam uma sentença complexa.

Nosso primeiro problema será verificar que tipos de relação foram estabelecidos entre as sentenças que integram essas sentenças complexas. Para isso, formularemos quesitos a respeito de suas (i) formas de ligação; (ii) graus de coesão; e (iii) tipologia.

1. Formas de ligação das sentenças

As sentenças complexas exibem as seguintes formas de ligação:

- As sentenças (1) e (2) estão justapostas umas às outras. Pausas, assinaladas na língua escrita por vírgulas, representam uma relação que pode ser interpretada como de condição ou de causa, explicitáveis pelas paráfrases de (1a) e (2a):

(1a) *Se escrever e não ler o pau comerá.*
(2a) *Foi para a cadeia porque não pagou.*
Dizemos que uma *relação de justaposição* se estabeleceu entre elas. A Gramática Tradicional trata as justapostas como coordenadas assindéticas, ou seja, coordenadas não conjuncionais. Sentenças justapostas podem ser convertidas em sentenças conjuncionais, como se viu nas paráfrases anteriores.

- As sentenças de (3) a (6) estão ligadas pelas conjunções *e, que, quando*, que figuram no início da segunda sentença, estabelecendo um vínculo sintático entre elas. Dizemos que ocorreu uma *relação conjuncional*. Essa relação compreende a (i) *coordenação*, em (3), formada por sentenças independentes umas de outras, ou de (ii) *subordinação*, em (4) e (5), formada por sentenças encaixadas umas em outras, tanto quanto em (6), formada por uma sentença adjunta à outra.
- Em (5a) e (6a) não há conjunções, e a relação de subordinação foi marcada por um verbo em forma nominal. Dizemos que há uma *relação de subordinação não conjuncional* entre elas:

(5a) *O aluno falou ter saído o professor.*
(6a) *Saindo o professor/Depois de ter saído o professor, o aluno entrou.*
As subordinadas não conjuncionais são descritas na seção **9**.2.4.

- Nas sentenças de (7) a (10), ocorreu na primeira sentença um elemento juntivo (*não só, ou, tanto, mais*) que determinou a ocorrência de um elemento redobrado na segunda (*como também, ou, que, do que*). Dizemos que há uma relação de *correlação* entre elas.

2. Graus de integração das sentenças

Para avaliar o grau de coesão entre as sentenças, poderemos alterar sua ordem de figuração para ver o que se aprende com isso.

Em (2a), (3a) e (8a), a inversão da ordem nos leva a um enunciado gramatical e semanticamente aceitável:
(2a) *Foi para a cadeia, não pagou.*
(3a) *O professor saiu e o aluno entrou.*
(8a) *O aluno ou ficava quieto ou falava.*
Nos demais casos, a inversão das sentenças relacionadas conjuncionalmente dá origem:
- a construções inaceitáveis, como (1b), (4a), (7a) e (9a):
(1b) **O pau comeu, não leu, escreveu.*
(4a) **Que falou era o melhor aluno da classe.*
(7a) **Como também foi aplaudido o aluno não só falou.*
(9a) **Que ficou rouco o aluno falou tanto.*
- a construções marcadas, isto é, semanticamente mais expressivas, como em (5b) e (6b) e (10a):
(5b) *Que o professor tinha saído o aluno falou.*
(6b) *Quando o professor saiu o aluno entrou.*
(10a) *Mais do que desejava, o aluno falou.*
- a construções que liberam outro sentido, como (2a):
(2a) *Foi para a cadeia, não pagou.*
Esses testes revelam que essas sentenças estão estruturadas de formas diferentes:
1. Em (2a), (3a) e (8a) as sentenças são reversíveis, constituindo cada uma um ato de fala, patenteando-se que elas têm o mesmo nível. Um ato de fala é qualquer "ação realizada por um falante, através de um enunciado, considerando as intenções de sua realização e os efeitos que visa alcançar no alocutário" (Xavier / Mateus, orgs. 1990-1992: s.v. "acto de linguagem"). Reafirmamos que essas sentenças constituem *estruturas independentes*, ou *coordenadas*.

2. Em (4), a sentença *que falou* está encaixada no sintagma nominal *o aluno*, de que faz parte como um Complementador, alternando-se aí com sintagmas adjetivais ou com sintagmas preposicionais. Em (5), a sentença *que o professor saiu* está encaixada no sintagma verbal *falou*, de que é um argumento interno. Em (6), a sentença *quando o professor saiu* é um adjunto do sintagma verbal *entrou*, como se vê pela possibilidade de substituí-la por um sintagma preposicional que funcionará igualmente como adjunto adverbial:
(6c)   *O aluno entrou **naquele momento*** (= *quando o professor saiu*).

Constatamos que entre as sentenças há uma relação de dependência, e as duas sentenças juntas constituem um único ato de fala*. Diremos que elas constituem *estruturas dependentes*, ou *subordinadas*. O termo *dependente* assume nesta literatura um valor puramente gramatical, visto que as sentenças dependentes são constituintes de um sintagma nominal (= as adjetivas), de um sintagma verbal (= as substantivas) ou de toda uma sentença (= as adverbiais). Não se está querendo dizer que haja sentenças *discursivamente* independentes, no sentido de "indiferentes ao contexto social e ao contexto da fala". Não há esse tipo de independência entre as sentenças.

3. Finalmente, em (9), nota-se que a sentença *que ficou rouco* se correlaciona com *falou tanto*, de tal forma que a omissão de *tanto* leva a uma sentença que não parafraseia (9):
(9b)   *O aluno falou que ficou rouco.*

A manobra faria (9b) migrar para uma estrutura de (5), alterando seu estatuto gramatical. O mesmo se pode dizer de (10). Reconhecemos que há uma relação de interdependência entre essas sentenças, que constituem as *estruturas interdependentes*, ou *correlatas*.

Os três tipos de relação intersentencial aqui constatados caracterizam as *sentenças complexas*, entendendo-se por isso duas ou mais sentenças que funcionam como constituintes de uma mesma unidade sintática, estruturada por coordenação, subordinação ou correlação. Como se disse anteriormente, a Gramática Tradicional denomina *período* tal unidade. Como não há nada num período que não ocorra numa sentença, o período não é uma unidade sintática diferente.

3. Tipologia das sentenças complexas

Não é pacífica, na literatura especializada, a forma de tratar as sentenças complexas. A maior parte dos autores desconsidera a correlação, que será aqui considerada.

As sentenças complexas podem ser descritas a partir dos seguintes parâmetros:
3.1. Coordenação ou independência[1]

3.1.1. Sentenças complexas justapostas: uma sentença se apõe à outra, sem qualquer nexo conjuncional. Estas são as justapostas ou coordenadas assindéticas, exemplificadas em (1) e (2).

3.1.2. Sentenças complexas coordenadas: uma sentença se coordena à outra por meio de nexos conjuncionais, como em (3). Como não há relação de dependência entre elas, não é adequado considerar a primeira como a *principal*.

3.2. Subordinação ou dependência[2]

3.2.1. Sentenças complexas encaixadas: uma sentença está encaixada num constituinte de outra, gerando-se os seguintes tipos de dependência: (i) o encaixamento ocorreu no sintagma verbal, como em (5), estabelecendo uma relação argumental com esse sintagma – estas são as *substantivas*, ou *integrantes*; (ii) o encaixamento ocorreu no sintagma nominal, como em (4), estabelecendo uma relação de adjunção a esse sintagma – estas são as *adjetivas*, ou *relativas*. Denomina-se *matriz* a

---

[1] As coordenadas também são denominadas *paratáticas*, termo derivado do grego *paratáxis*, "ordenado lado a lado".
[2] As subordinadas também são denominadas *hipotáticas*, termo derivado do grego *hypotáxis*, "ordenado sob outro". Este termo se especializou na indicação das subordinadas adverbiais.

sentença que contém o constituinte gerador da dependência. Sobre a denominação *principal*, veja o item 5 – "Estatuto da primeira sentença e sua denominação", p. 345.

3.2.2. Sentenças complexas em adjunção: uma sentença está em relação de adjunção com outra, sem encaixamento. As subordinadas adverbiais integram esse tipo de dependência, exemplificada em (6).

3.3. Correlação ou interdependência

Sentenças complexas correlatas: uma sentença está em relação de interdependência com outra quando na primeira figura uma expressão correlacionada com outra expressão, constante da segunda sentença. As complexas correlatas verbalizam dois atos de fala com relacionamento recíproco.

Se raciocinarmos em termos da teoria dos conjuntos, diremos que as sentenças independentes constituem conjuntos autônomos, as dependentes são conjuntos inseridos em outro conjunto, hierarquicamente superior, e as interdependentes são conjuntos que se interpenetram (veja os exemplos de 7 a 10).

Como nas sentenças complexas as ligações intersentenciais se fazem por meio das conjunções, serão feitas menções mais detalhadas a essa classe de palavras.

4. As conjunções e sua gramaticalização

4.1. As conjunções na encruzilhada: gramática, semântica, discurso

Com o surgimento da Linguística do Texto e da Análise Conversacional, muita luz foi lançada sobre a multifuncionalidade das conjunções. Beaugrande (1980), por exemplo, identifica entre as propriedades do texto a junção, em que ele localiza três possibilidades:

1. Conjunção: junção de pelo menos dois elementos cujo contexto é visto aditivamente ou como uma semelhança (*e, também, além do mais, em aditamento a* etc.);
2. Disjunção: dois elementos cuja relação com o contexto é alternativa (*ou, ou... ou, ora... ora* etc.);
3. Contrajunção: elementos relacionados antagonicamente com o contexto (*mas, contudo, todavia* etc.).

Bazzanella (1986) mostra que se vêm distinguindo, sob denominações diversas, *conectivos pragmáticos* de *conectivos semânticos*. Ela organiza um quadro, no qual são reunidas as propriedades de uns e outros:

Quadro 9.1 – Conectivos pragmáticos e conectivos semânticos segundo Bazzanella (1986)

CONECTIVOS PRAGMÁTICOS	CONECTIVOS SEMÂNTICOS
1. Expressam relações entre atos de fala e por isso figuram no início da sentença, seguidos de pausa, assumindo um contorno entoacional específico.	1. Expressam relações entre fatos denotados, não figuram no início de sentença, não são seguidos de pausa, nem têm um contorno entoacional específico.
2. Ligam atos linguísticos diversos.	2. Ligam núcleos proposicionais no interior de um mesmo ato linguístico.
3. Não são expressos no discurso indireto, ou são expressos por outros meios lexicais.	3. Permanecem invariáveis no discurso indireto.
4. Aparentemente, não podem ser modificados por advérbios, mas isso precisa ser pesquisado.	4. Podem ser modificados por advérbios e por expressões modais.
5. Não são recuperáveis pelo contexto.	5. São recuperáveis pelo contexto.
EXEMPLOS	EXEMPLOS
(1) *Ma sta' zitto* (**Mas** fique quieto)	(1a) *Avevamo il vangelo **ma** nessuno lo leggeva* (Tínhamos o evangelho, **mas** ninguém o lia)
(2) *Allora, ci vediamo* (**Então**, nos vemos)	(2a) *A un certo punto non vedono più, **allora** tornano indietro* (A certa altura não vêm mais, **então** voltamos para dentro)
(3) ***Dunque**, ho scelto di parlare della pax romana* (**Portanto**, escolhi falar sobre a *pax* romana)	(3a) *E **dunque** del periodo di Augusto* (E **portanto** do período de Augusto)

Bazzanella (1986: 86) propõe um terceiro tipo de conjunção, a que denomina *metalinguística*, do tipo de *come ripeto* ("como repito"), *come ti dicevo* ("como te falava") etc. Segundo essa autora, as conjunções pragmáticas se subdividem em (1) pragmáticas textuais: as que aceitam as propriedades 3, 5, 7; (2) pragmáticas fáticas: (i) não aceitam as propriedades 1 e 4, e às vezes parecem construir um enunciado autônomo, sem uma colocação rígida; (ii) podem ser repetidas no interior do enunciado; (iii) não são retomadas na frase-eco; e (iv) podem condensar todo um enunciado.

Porroche Ballesteros (1982: 71) descreve os usos de *pues* e *pero* na língua falada, argumentando que

> dado que o espanhol não parece contar com partículas exclusivamente "de discurso" ou "de texto", os "marcadores de discurso" são entidades suscetíveis de funcionar dentro dos limites da oração; sofrendo modificações que afetam sua morfologia, sua distribuição sintática e seu conteúdo, podem operar num domínio trans- ou extraoracional.

Os conectivos pragmáticos do PB foram denominados *marcadores discursivos* (veja 5.1.4).

Retomando as considerações feitas sobre a língua como um multissistema nos capítulos "O que se entende por língua e por gramática" e "Os sistemas linguísticos", torna-se claro que os autores aqui citados consideraram as conjunções a partir de mais de um sistema, examinando o polifuncionalismo que assinala esta como qualquer outra classe de palavra. Na seção a seguir, focalizo a cara gramatical das conjunções.

4.2. Gramaticalização das conjunções

As conjunções procedem da recategorização de várias classes:

(1) Substantivo > conjunção. As palavras *modo* e *amor* foram usadas no passado para formar as locuções conjuncionais causais *a modos que* (variantes *amoque*, *mode*) e *por amor de* (variante *pramor de*), registradas por Amaral (1922/1977) no falar caipira:

(11) Hei d'i na vila dumingo **pramor de** vê se compro os perciso.

Outras variantes constituem uma sorte de conjunção composta, como em

(12) Mas home, ocê tá falando essas coisa, **mode que** não imagina os acontecido.

com o sentido de "parece" (Marroquim, 1943/1996).

(2) Verbo > conjunção. Em várias línguas da África, *uerba dicendi et sentiendi* transformam-se em conjunções. Hopper / Traugott (1993/2004: 14) mostram que mesmo no inglês isso é possível, quando uma conjunção condicional pode ser substituída pelo verbo *to say*, como em "**Say**/*If the deals falls through, what alternative do you have?*". O fenômeno ocorre também em algumas línguas românicas, como

(13)
    a) Francês: **Mettons** *qu'on puisse y aller*. (Admitamos que se possa ir lá./Se se puder ir lá.)
    b) Espanhol: **Pongamos** *que yo pueda marchar para allá*. (Admitamos que eu possa ir até lá./Se eu puder ir até lá.)
    c) Português: **Digamos** *que eu possa ir lá./Se eu puder ir lá*.

Em todos esses casos, segundo Lygia Corrêa Dias de Moraes (com. pessoal), o verbo em processo de transformação parece funcionar como um índice de modo irreal.

Outra forma que ensaia sua mudança para conjunção é o particípio *feito*, uma nova conjunção comparativa, que se limita por ora a comparar constituintes da sentença:

(14)
    a) *Ele anda por aí **feito** doido.* (= Anda por aí como doido)

(3) Advérbio > conjunção. Um caso notável é o da transformação do advérbio latino *magis* ("mais") na conjunção coordenativa *mas*. Vestígios dessa transformação, examinados por Ducrot / Vogt (1978), podem ser claramente documentados na língua falada, como demonstraram Andrade (1995: 124) e Castilho (1995b). Encontramos aí as seguintes fases no *continuum advérbio de inclusão > conjunção adversativa*:

1. *Mais/mas* preservam os valores originais de inclusão, soma, comparação:
    (15)
    a) *A gente vive de motorista o dia inteiro,* **mas** *o dia inteiro.* (D2 POA 360)
    b) *Nós temos tantos amigos desintegrados...* **mas** *nós só temos amigos assim de família desestruturada.* (D2 RJ 147)
    c) *Este vestido é* **mais** *para festas, para trabalhar é* **mais** *este outro.*

Nesses exemplos, *mas* soma sintagmas nominais e sentenças, *mais* desencadeia uma comparação, notando-se que o segundo termo não tem relação de contrajunção com o primeiro, tanto que não é parafraseável por uma concessiva:

(15b)**Temos amigos desintegrados...* **embora** *nós só tenhamos amigos assim...*

A literatura dialetal registra com abundância o *mais/mas* inclusivo:
(16)
    c) *Stava a Rosita,* **mas** *seu Roberto, sem cerimônia.* (Laytano, 1940)
    d) *Passarim avôe mais baixo, quando ocê cantá* **mais** *eu.*
    e) *Minha filha está pra casar* **mais** *o filho do Manuel cargueiro.*
    f) *E fosse bolir* **mais** *ele, fosse!* (Marroquim, 1943/1996).

2. *Mas* em contexto de negação

Contextos de negação explícita dão início à recategorização do advérbio, como em

(17) *Ela está lá* **mas não** *funciona.* (D2 SP 343)

isto é,

(17') *Ela está lá embora não funcione.*

3. *Mas* incorporando o sentido de negação

Por metonímia, *mas* incorporou o sentido de negação, recategorizando-se plenamente como conjunção adversativa, dispensando contextos com a negação, como em

(18) *As mais velhas estão entrando na adolescência* **mas** *são muito acomodadas.* (D2 SP 360)

Em (17) e (18), a conjunção altera as expectativas geradas na sentença anterior. A gramaticalização de *mas* será examinada com mais detalhe em 9.1.2.

Examinando os itens *contudo, todavia, entretanto,* Câmara Jr. (1975: 188) reconhece que "parece antes acharam-se na fronteira indecisa que medeia entre o advérbio e a conjunção". Observa-se a esse respeito uma sorte de "memória diacrônica", em que propriedades semânticas dos "advérbios antigos" convivem com propriedades "adquiridas pelas conjunções novas".

(4) Pronome > conjunção. Amaral (1922/1977), Câmara Jr. (1972) e Tarallo (1983) mostraram que os pronomes relativos estão perdendo suas propriedades pronominais, com uma severa redução em seu quadro, restringindo sua atuação gramatical à de uma conjunção sem papel funcional. As adjetivas copiadoras (19a, 19b, 19c) e as adjetivas cortadoras (19a', 19c') decorrem dessa mudança:

(19)
    a) *Este é o homem* **que** *eu falei com ele ontem.*
    a') *Este é o homem* **que** *eu falei ontem.*
    b) *Eu tenho um amigo* **que** *ele comprou um terreno na praia.*
    c) *A casa* **que** *eu morei nela.*
    c') *A casa* **que** *eu morei.*

(5) No item anterior, mencionei indiretamente a redução dos pronomes relativos a apenas um item, *que*. Esse mesmo item está passando por outras formas de generalização de uso, operando como conjunção aditiva/temporal/condicional/comparativa, como nestes exemplos, os três primeiros dos quais retirados de Marroquim (1943/1996):

(20)
   a) *Eu tomei pula vareda* (= eu segui pela vereda), ***qui*** (= e) *quando caí no engano tinha andado meia légua.*
   b) *Eu não sei **qui** (= quando) ele veio.*
   c) *Se o olhar fosse alfinete e **que** (= se) desse alfinetada, tu ficava furadinha, **que** (= que nem) só renda de almofada.*

Uma condição para o sucesso das palavras que se candidatem a conjunções é que tenham algum valor fórico, para retomar o que foi dito e anunciar o que se segue, tanto quanto algum valor dêitico, para localizar as proposições no tempo do discurso.

Risso (1993) e Simões (1997), entre outros pesquisadores, trataram dos papéis desempenhados por *agora* na articulação de segmentos do discurso e das sentenças.

4.3. Propriedades semântico-sintáticas das conjunções

Ilari (2008a) discute as principais propriedades atribuídas às conjunções:

1. Trata-se de palavras dotadas de uma função conectiva, cuja peculiaridade entre os demais conectivos seria a capacidade de se aplicarem a um tipo particular de objetos linguísticos, as orações. Essa característica bastaria para distinguir as conjunções de outro tipo de conectivo que sempre se aplica a termos da oração, as preposições (Ilari, 2008a: 810).

Ele mostra que muitas conjunções ditas coordenativas associam sintagmas, como em

(21) *O escritório do tradutor fica entre o Teatro Municipal **e** a Doceira Vienense.*

Para preservar a propriedade 1, muitos gramáticos argumentam que, após a conjunção negritada no exemplo (21), pode-se postular uma sentença elíptica, manobra que não funcionaria neste caso:

(21a) **O escritório do tradutor fica entre o Teatro Municipal e o escritório do tradutor fica entre a doceira Vienense.*

Por outro lado, há preposições que ligam sentenças, como no caso das reduzidas de infinitivo. Ora, essa classe pode ser exigida por algum termo regente, ou então decorre de uma "opção significativa", adquirindo nestes casos independência em relação a termos regentes. Assim, em

(22) *Essa necessidade **de** se manter vivo.* (EF SP 405)

a preposição integra a estrutura argumental de *necessidade*, ao passo que em

(23) *Vamos tentar reconstruir a maneira de vida desse POvo **para** depois poder entender como surgiu a arte.* (EF SP 405)

a preposição decorre de uma escolha, podendo mesmo ser substituída por *sem*.

2. Uma conjunção típica é externa às orações que conecta, no sentido de que não desempenha nelas qualquer função definida pela estrutura gramatical das mesmas (Ilari, 2008a: 811).

Com respeito a essa propriedade, tem-se lembrado que os pronomes relativos, ao mesmo tempo que conectam constituintes, desempenham papéis argumentais ou de adjuntos no interior da sentença. Ilari argumenta que outras conjunções têm comportamento semelhante, como as correlatas, cujo primeiro termo é um adjunto adverbial, como nas correlatas concessivas, ou nas interrogativas indiretas "que correspondem a perguntas localizadas de tempo, causa, lugar, modo etc." (Ilari, 2008a: 813), em que a conjunção funciona como argumento ou adjunto da subordinada, e, ao mesmo tempo, de tema da oração regente, como em

(24) *Ao padrão brasileiro então primeiro se aplica em vários grupos... **quantos** grupos a estatística disser que é necessário, não é?* (EF SP 377)

3. Considerando que uma conjunção está sempre entre duas orações, é possível derivar a principal subdivisão das conjunções do tipo de relação que se estabelece entre ambas [...], donde as coordenativas e as subordinativas (Ilari, 2008a: 815).

O exame de dados da língua falada mostra que relações tais como a de causa não dependem de conjunções. A causa pode ser expressa (i) por um complemento interno à oração; (ii) por verbos do tipo de *causar, provocar*; (iii) pela retomada mediante um anafórico, em função de complemento de causa; (iv) por substantivos que indicam causa ou motivo; e (v) pela implicitação, intermediada pela noção de relevância, como se pode ver, respectivamente, por:

(25)
   a) *Então a arte SURge não **em função de** uma necessidade de autoexpressão (...) mas unicamente **em função da** necessidade de eu assegurar a caça.* (EF SP 405)
   b) *Três ou quatro citações que faziam referência exatamente a isso que estilo **mudava**... com... a mudança... de vida.* (EF SP 405)
   c) *Muitas vezes a gente supõe que as coisas tenham ocorrido assim... e **por isso** eu vou precisar que vocês... se disponham a usar da imaginação.* (EF SP 405)
   d) *Outras vezes... em vez da representação da flecha então da morte simBÓlica não? Re presentada... nós íamos encontrar MARcas aqui de que flechas reais foram atiradas... então **esta seria uma das razões**.* (EF SP 405)
   e) *hoje para nós... **extremamente racionalistas e com um::** ... aparelho conceitual alta mente desenvolvido é MUIto difícil a gente desenhar estritamente o que a gente vê separar a percepção... da... do conceito que nós fazemos do objeto.* (EF SP 405)

Em (25a), a locução prepositiva negritada poderia ser substituída por *por*; em (25c), *isso* retoma o conteúdo da sentença anterior, e a causalidade fica por conta da preposição *por*; em (25f), o nexo causal está implicitado. Na interpretação desse enunciado, o ouvinte emite um juízo de relevância que poderia ser assim formulado:

> Se o falante mencionou o racionalismo e o conceitualismo do homem moderno na sentença 1, é mais provavelmente porque isso era relevante para compreender a dificuldade do homem moderno em desenhar apenas aquilo que se vê (sentença 2); se a sentença 1 ajuda a entender a sentença 2 nesse contexto, é mais provavelmente porque há entre ambos uma relação de determinação – e temos aqui um esquema de implicatura (Ilari, 2008a: 817).

Como as conjunções derivam de advérbios e de outras classes autossemânticas, caberia indagar que tipo de contribuição semântica as conjunções trazem às sentenças. O assunto, já mencionado neste capítulo, foi tematizado por Sweetser (1990: 76 e ss). Ela estabelece uma relação entre as conjunções inglesas *because, and, or, but* e os verbos modais, mostrando sua ambiguidade. Tais conjunções podem, por isso, atuar em três domínios independentes: como conjunções de conteúdo, como conjunções epistêmicas e como conjunções de ato de fala. Estudos de sintaxe interacional têm demonstrado isso, conforme indicarei no corpo deste capítulo.

No caso das derivações no interior da língua, nota-se que substantivos como *tipo*, inicialmente núcleos de um sintagma nominal, são reanalisados, passando a operar como seu Especificador, na expressão *um tipo de* + N: [[[um] [tipo] [de caderno]]] > [[um tipo de] [caderno]]. Num segundo momento, *tipo* autonomiza-se, figurando em expressões como "*comprei um negócio assim... tipo caderno... mas não é bem caderno...*", tornando-se advérbio delimitador, estudado no português falado por Moraes de Castilho (1991). Num terceiro passo, encaminham-se para usos quase conjuncionais, como em

(26)   *Não sei mais como lidar com ela... já enjoei... **tipo** não tenho mais saco para essa amolação toda.*

Parece que o mesmo se pode dizer de *repente*, na expressão *de repente*:

(27)   *Vamos resolver logo de uma vez, pô, **de repente** cai uma chuvarada e a gente fica no prejuízo.*

É patente que essa expressão está a caminho de sua gramaticalização. Enquanto conjunção, liga *vamos resolver* a *cai uma chuvarada*; enquanto adverbial, modaliza a sentença que se segue:

(27a) *Vamos resolver logo de uma vez, pô, vai que cai uma chuvarada/admitamos que caia uma chuvarada.*

A essas propriedades agrego a da polifuncionalidade das conjunções. Para ficar num único exemplo, *quando* é (i) temporal em *Quando ele chegar me avise*; (ii) temporal-condicional em *Falarei quando quiser*; (iii) temporal-concessivo em *Você fica teimando que é inocente, quando todo mundo te viu roubando discretamente a jaca*. Saia por aí colecionando exemplo das conjunções subordinativas e documente você mesmo outras polifuncionalidades.

LEITURAS SOBRE A GRAMATICALIZAÇÃO DE CONJUNÇÕES
Amaral (1922/1977), Marroquim (1943/1996), Oiticica (1952), Câmara Jr. (1972, 1975), Stammerjohan (1977), Ducrot / Vogt (1978), Beaugrande (1980), Tarallo (1983), Bazzanela (1986), Guimarães (1987), Sweetser (1990), Hopper / Traugott (1993/2004: 171-203), Risso (1993), Koch (1995), Ilari (2008a), Andrade (1995), Castilho (1995b), Neves (1996), Porroche Ballesteros (1982), Lima-Hernandes (1998), Barreto (1999, 2004), Moraes de Castilho (1991, 2004b), Pezatti (2000, 2001), Longhin-Thomazi (2003, 2006, 2009), Módolo (2004, 2006, 2008, 2009), Lima-Hernandes / Galvão (2005), Rocha (2009).

5. Estatuto da primeira sentença e sua denominação

Nas seções anteriores, discutimos o estatuto da segunda sentença que integra a sentença complexa. Qual é o estatuto da primeira sentença, e como denominá-la? Não se trata de uma questão trivial, pois os rótulos gramaticais refletem uma percepção teórica sobre as estruturas denominadas.

Também aqui há mais desacordos que acordos. Até parece a questão do acordo ortográfico...

As designações correntes são: (1) principal, (2) nuclear, (3) matriz, (4) superordenada. Como tudo na vida, cada uma delas tem uma vantagem e uma desvantagem.

A designação *principal* é frequente em nossas gramáticas, que inicialmente escolheram esse termo por uma razão sintática: a *principal* encabeça a coordenada e a subordinada. Mas logo se instalou uma interpretação semântica desse vocábulo, considerando-se que essa sentença veicula a informação principal da proposição. Como bem assinala Jespersen (1924/1971: 134), "importa em primeiro lugar perceber que a ideia principal não é sempre expressa pelo que se chama 'proposição principal'". Nas substantivas, por exemplo, a informação mais relevante está na subordinada.

Os termos *nuclear* e *matriz* são mais razoáveis, servindo à denominação da sentença em que as subordinadas substantivas e adjetivas se encaixam ou estão em adjunção: (i) as substantivas se encaixam no sintagma verbal, como seu argumento; (ii) as adjetivas se encaixam no sintagma nominal, como seu Complementador; (iii) as adverbiais se adjungem à matriz, funcionando como adjuntos. Ora, esse não é o caso das coordenadas e das correlatas, que não funcionam como constituintes da primeira sentença. Você disse *primeira sentença*? Ótimo, fiquemos com esse rótulo, no caso das sentenças complexas por coordenação e por correlação.

Finalmente, o termo *superordenada* é o antônimo de *subordinada*, servindo para denominar a primeira sentença das subordinadas substantivas, adjetivas e adverbiais. De novo, a primeira coordenada e a primeira correlata não poderiam ser assim denominadas, pois não são "subordenadas".

Impossível, portanto, contar com uma única designação para a primeira sentença da sentença complexa. A solução adotada nesta gramática será denominá-las:

1. Primeira coordenada, no caso da sentença complexa por coordenação.

2. Primeira correlata, no caso da sentença complexa por correlação.

3. Matriz, no caso da sentença complexa por subordinação substantiva, adjetiva e adverbial.

9.1. A COORDENAÇÃO

9.1.1. ESTATUTO DA COORDENAÇÃO

A polarização coordenadas/subordinadas é bem antiga na reflexão gramatical, e estava associada à questão da concordância. Apolônio Díscolo (séc. I d.C./1987) descreve a similitude das terminações flexionais constatáveis entre o adjetivo e o substantivo, e entre o verbo e o substantivo-sujeito como uma *relação de igualdade*. Para denominar tal relação, vale-se de diversos verbos prefixados por *syn-*, preposição grega que corresponde à latina *cum* (>*co-*, em *coordenada*), adequada a ressaltar que os termos relacionados apresentam-se em pé de igualdade, concordes entre si. Bécares Botas (apud Díscolo, séc I d.C./1987: 42) destacou esse fato, listando os verbos utilizados por Apolônio Díscolo para indicar a relação de coordenação: *synparalambáno* ("ligar em conjunto", *synérchomai* ("reunir-se [através de sufixos]") e *synécho* ("manter-se ligado a"). Já as *relações de dependência* foram denominadas por meio de verbos prefixados por *epí-*, do latim *super*, empregando os verbos *epidzetéo* ("procurar, buscar", pois o verbo transitivo "procura o objeto direto", sem o qual não se produz uma oração perfeita) e *epartáo* ("ligar a, pendurar a", pois o termo subordinado pendura-se no termo subordinador).

Vê-se que Apolônio Díscolo tratava a concordância como um epifenômeno que abrigava tanto a concordância nominal e verbal quanto as relações entre sentenças, que podiam concordar (= coordenadas) ou não (= subordinadas).

Vários argumentos retomaram na Linguística moderna a conveniência de distinguir sentenças coordenadas de sentenças subordinadas, tendo-se examinado a natureza dessas relações:

(1) na coordenação, as sentenças são idênticas ou equivalentes; na subordinação, elas não se equivalem;
(2) as sentenças coordenadas não podem ser focalizadas, pois não funcionam como constituintes de outra sentença, o que ocorre com as subordinadas;
(3) há simetria semântica entre as coordenadas, e assimetria entre as subordinadas;
(4) as relações de coordenação e subordinação ocorrem também no processo de derivação morfológica;
(5) "casos de coordenação [podem ser tratados] como expansões de estruturas equivalentes sintática e semanticamente, o que os aproxima dos casos de repetição, um compromisso teórico marcadamente funcionalista" (Camacho / Pezatti, 1998: 88).

Passo a elaborar alguns desses argumentos.

1. Coordenadas e subordinadas representam expansões de uma sentença simples. Na coordenação, "a função do elemento acrescentado é idêntica à dos elementos preexistentes" (Martinet, 1968, apud Dias de Moraes, 1987: 33). Já na subordinação, o elemento subordinado tem natureza sintática distinta da do superordenado, ao qual modifica semanticamente. A identidade sintática das sentenças coordenadas é sua propriedade mais lembrada. Como diz Rojas Nieto (1970: 18-19), "a coordenação é um procedimento combinatório sintático de termos equivalentes, insertos no mesmo nível de estrutura hierárquica, que opera seja por simples justaposição, seja por meio de um elemento conectivo". Do ponto de vista semântico, um elemento coordenado não modifica o outro, nisto que não lhe dá qualquer contribuição de sentido. As relações de subordinação ocorrem (i) entre o substantivo e o adjetivo; (ii) entre o verbo e seu complemento; (iii) entre a sentença subordinada e a superordenada, ou matriz.

2. Alguns testes sugeridos, entre outros, por Scorretti (1988), permitem distinguir a coordenação da subordinação:

2.1. As subordinadas podem ser focalizadas por clivagem, visto que funcionam como constituintes integrados em sentenças hierarquicamente mais altas. As coordenadas não têm essa propriedade, e por isso não podem ser clivadas. A clivagem afeta o operador da ligação sintática:
(28) *Disse **que voltaria logo**. Se **eu quiser** eu saio. Eu saio **quando quiser**.*
(28a) *Disse é que voltaria logo. É se eu quiser que eu saio. É quando eu quiser que eu saio.*
(29) *Clara encontrou Mário **e saiu com ele**. Clara encontrou Mário **ou saiu com ele**. Clara encontrou Mário **mas saiu com Alberto**.*
(29a) **Clara encontrou Mário é e que saiu com ele. *Clara encontrou Mário é ou que saiu com ele. *Clara encontrou Mário é mas que saiu com Alberto.*

2.2. Os elementos coordenados são simétricos, visto que não se modificam, e por isso podem mudar de lugar no enunciado, sem alterar sua interpretação semântica. Os elementos subordinados, quando intercambiados, liberam outros significados. Isso pode ser demonstrado pelas seguintes paráfrases:
(30) *Mário chegou **e André saiu**. Amanhã chega Mário **ou André**? É jovem **mas é disciplinado**.*
(30a) *André saiu e Mário chegou. Amanhã chega André ou Mário? É disciplinado mas é jovem.*
(31) *Buzina **quando chega**. Disse **que vinha**. Comeu **porque estava com fome**.*
(31a) *Chega quando buzina. Que vinha, disse. Estava com fome porque comeu.*

Aparentemente, apenas as sentenças coordenadas são simétricas, isto é, reversíveis, ao passo que as subordinadas são assimétricas, irreversíveis.

Estas propriedades são de natureza maiormente discursiva. O conhecimento de mundo pode afetar a aplicação desses testes. Assim, os predicadores "encontrar X" e "sair com X" implicam numa sequencialidade que não pode ser alterada se o sujeito é idêntico, como em
(29b) **Clara saiu com Mário e o encontrou.*
possível apenas em caso de sujeito diferente:
(32) *Clara saiu com Mário e Josefa encontrou André.*
(32a) *Josefa encontrou André e Clara saiu com Mário.*

Tanto em (30) quanto em (31), a mudança na ordem das sentenças altera a orientação argumentativa, o foco, e as implicaturas. Assim, na terceira sentença de (30), a equação por implicitação *jovem = indisciplinado* é alterada. Na primeira sentença de (31), o predicado *buzina* é uma evidência da chegada de alguém, mas em (31a) é apenas um modificador de *chega*. Na segunda sentença de (31a), a reversão apenas focaliza a sentença subordinada. E assim por diante.

2.3. Prefixos podem ser ligados por coordenação, não por subordinação:
(33) *Quero uma máxi e uma minidesvalorização do dólar/máxi ou minidesvalorização/não uma máxi, mas uma minidesvalorização.*
(34) *Ordenou que uma máxi e uma minidesvalorização do dólar integrasse as negociações.*
(34a) **Ordenou uma máxi que uma minidesvalorização do dólar...*

Vê-se que Scorretti operou com argumentos gramaticais (2.1, 2.3) e semânticos (2.2). Quando os testes falharam, a explicação correu para os lados do discurso. De acordo com a teoria que movimenta esta gramática, qualquer um dos fenômenos invocados pode merecer uma análise multissistêmica.

3. Hockett (1958/1971) distingue estruturas endocêntricas de estruturas exocêntricas. As estruturas coordenadas são endocêntricas, no sentido de que têm seu núcleo em seu interior, e as subordinadas são exocêntricas, no sentido de que seu núcleo se encontra fora de seus limites, vale dizer, na estrutura matriz. Esse argumento foi retomado por Neves (1984: 63) no caso das coordenadas: "o traço central que define dois segmentos entre os quais ocorre uma conjunção coordenativa é o da exterioridade: o segundo segmento é, sintaticamente, externo ao primeiro".

O português brasileiro não dispõe de marcação morfológica para as coordenadas, apenas para as subordinadas. Na coordenação, construímos as sentenças sem conjunção, apondo-as umas às outras, ou nos valemos das conjunções do tipo de *e*, *mas*; nas coordenadas de sujeito idêntico, apaga-se o sujeito da segunda sentença, nas construções de ordem não marcada. Na subordinação, além das conjunções, jogamos também com o modo verbal: lembre-se que o termo *subjuntivo* para designar um deles é etimologicamente semelhante a subordinado.

Nossa tradição gramatical pós-Nomenclatura Gramatical Brasileira de 1959 (NGB), identificou cinco estruturas coordenadas: as aditivas, as adversativas, as alternativas, as explicativas e as conclusivas.

As duas primeiras exibem propriedades comuns, que justificam sua inclusão entre as coordenadas. Já as alternativas, as explicativas e as conclusivas não passam pelos mesmos testes, enquadrando-se as alternativas entre as correlatas, e as explicativas e conclusivas entre as subordinadas.

Uma questão que ocupou particularmente os gramáticos foi a da distinção entre coordenadas explicativas e subordinadas causais. Considera-se causal a sentença a cujo conteúdo proposicional está associado um efeito ou consequência, verbalizado na sentença principal.

(35)
    a) *A rua está molhada porque choveu.*

Em (35a), temos uma sentença complexa com ordem não marcada, isto é, a sentença matriz de consequência é seguida pela sentença subordinada de causa. O operador *porque* liga os dois conteúdos proposicionais da direita para a esquerda, donde a interpretação semântica de causação da segunda sentença sobre a primeira.[3]

O problema aparece quando se adota a ordem marcada (= sentença matriz de causa + sentença subordinada de efeito), como em

(35)
    b) *Choveu, porque a rua está molhada.*

Ao dar a (35b) um tratamento pautado pela relação lógica entre sentenças, torna-se difícil aceitar que *rua molhada* seja uma causa que tenha por efeito *chover*. Nesta sentença há muito mais uma explicação do que uma causação: a rua estar molhada se explica pelo fato de ter chovido. A tradição gramatical optou por considerá-la explicativa, dispondo-a entre as coordenadas, considerando como subordinada adverbial causal apenas (35a).

Uma questão sempre levantada sobre as conjunções coordenativas e sobre as subordinativas diz respeito ao conteúdo semântico de que elas dispõem. Se tais operadores conservam algum sentido, como considerá-los "fora das sentenças" que ligam? Esse é, na verdade, o problema da gramaticalização das conjunções que, como vimos na seção 4.2 de "Combinação de sentenças e gramaticalização de conjunções" neste capítulo, derivam de advérbios e de outras classes.

Se as conjunções guardam algum sentido lexical, ficamos diante da incômoda constatação de que elas constituem uma lista aberta – constatação que contraria nossas expectativas quando se trata de classes gramaticais. Dias de Moraes (1987: 52) recolheu nas gramáticas brasileiras pós-NGB as seguintes conjunções lexicalmente densas:

> além disso, além de que, aliás, ao demais, ao passo que, assim que, bem assim, bem como, certo que, com efeito, conseguintemente, daí, depois, de sorte que, de mais, de mais a mais, de mais nisso, de resto, de sorte que, enfim, então, enquanto, finalmente, mais, não menos, na verdade, neste comenos, neste ínterim, parte... parte, por conseguinte, por consequência, senão, somente, quanto ao mais, por isso etc.

Rojas Nieto (1970: 124) considera que os seguintes traços são relevantes para separar conjunções coordenativas de advérbios: "a) relacionar tanto orações quanto constituintes; b) introduzir

---

[3] A direção de operador para escopo, neste caso, da direita para a esquerda, é uma das manifestações da categoria cognitiva do MOVIMENTO fictício.

construções com ordem fixa; c) poder relacionar orações de imperativo; d) relacionar elementos introduzidos por nexos subordinantes".

Uma questão que não será examinada aqui é a relação entre a coordenação e a aposição. O tratamento das sentenças apositivas tem sido basicamente semântico, examinando-se seu impacto no discurso (Dias, 2009). No domínio da sintaxe, apositivas e coordenadas assindéticas têm sido assimiladas, como se pode ver nos exemplos colhidos dessa autora:

(35')
    Vou de carro, vou de Kombi.
    Uma coisa é certa: sua aliança é comportamental e programaticamente gelatinosa.

9.1.2. COORDENADAS ADITIVAS

As sentenças coordenadas aditivas são ligadas pela conjunção *e*, que indica que "cada um [dos segmentos entre os quais ocorre] é externo ao outro e que o segundo se soma ao primeiro no processo de enunciação; ao mesmo tempo, mantém-se neutro quanto à direção relativa das informações ou argumentos enunciados" (Dias de Moraes, 1987: 15).

Assim, o que é dito do primeiro termo vale para o segundo:

(36) *Vi um homem e um cão.*

A conjunção *e* deriva do étimo latino *et*, que significava aproximadamente "e também", "e mesmo", "e mais", "e então", servindo para acrescentar informações adicionais a algo já dito, às vezes com um valor de inclusão.

9.1.2.1. Propriedades sintáticas de *e*

Neves (2000: 740 e ss.) mostra que a conjunção *e* coordena os mais variados segmentos, unindo elementos de composição de uma palavra (37a), constituintes do sintagma (37b), sintagmas (37c), sentenças (37d):

(37)
    a) *Movimentos de **vai e vem**.*
    b) *Com **este e aquele argumento** acabou convencendo a todos.*
    c) ***Com um bom argumento e grandes gritos**, acabou convencendo a todos.*
    d) *Convenceu a todos **e** não precisou mais gritar.*

Pezatti / Longhin-Thomazi (2008) descrevem a sintaxe de *e*, mostrando que essa conjunção pode coordenar sentenças independentes, sentenças dependentes, termos sentenciais, predicados, modificadores e operadores, ligando uma grande quantidade de estruturas de mesma hierarquia.

Quando uma negação precede a conjunção aditiva, usamos *nem*, como nestes exemplos dessas autoras:

(38)
    a) *então a arte SURge não em função:: de uma necessidade de auto-expressão... **nem** em função de_uma necessiDAde... de::... embelezar o ambiente em que eu vivo... deveria ser uma necessidade estética de ver coisas bonitas... mas unicamente... em função da necessidade de eu assegurar... a caça... e continuar podendo comer e me manter vivo.* (EF SP 405)
    b) *gente vai pensar no homem do paleolítico superior... como um homem que ainda não conseguiu se organizar socialmente **nem** politicamente... eles ainda vivem em bandos.* (EF SP 405)

Em (38a) e (38b), *nem* aparece como segundo termo da negação reduplicada *não... nem*, ligando termos sentenciais. Essa conjunção também figura ligando duas sentenças, mantida a negação redobrada:

(39) **Não** saio **nem** te deixo entrar.

9.1.2.2. Propriedades discursivas de *e*

No início de enunciados, *e* preserva seu valor latino original, de adicionador de atos de fala, ocorrendo nos seguintes ambientes:

1. Unindo turnos conversacionais, funcionando como um marcador importante da alternância de turnos, como neste exemplo de Dias de Moraes (1987: 101 e ss.):

(40) L1 – ***E...***
L2 – ***E** daí o entusiasmo (...)*
(...)
L1 – *É... **e...** mas...depois (...)*
L2 – *Ahn ahn...*
L1 – *Não é? e estamos muito contentes e...*
L2 – ***E** dão muito trabalho (...)*

Em enunciados como (40), a conjunção *e* sinaliza ao interlocutor que ainda não ocorreu o lugar relevante de transição, mencionado em **5.**1.2, e que o falante com direito ao turno manterá seu turno. Por outras palavras, esse *e* assinala "a entrada de cada locutor, dessa forma 'colchetando' [traduzindo Schiffrin ao pé da letra] a conversação" (Schiffrin, 1987: 78).

Ao comentar esses usos, Scorretti (1988: 234) opina que *e* nem sempre funciona como coordenativo. Quando ele figura no início da sentença, parece ser *sintaticamente inativo*, como em:

(41)
  a) ***E** se eu não o encontro?*
  b) ***E** dizer que eu mal o conhecia!*
  c) ***E** que me importa?*

É complicado admitir que as expressões possam ser sintaticamente inativas. Observe-se, por exemplo, que em (41) a conjunção *e* preserva seu lugar de figuração antes de seu escopo, o que impede
(41')
  a) ******Se eu não o encontro **e**?*
  b) ******Dizer que eu mal o conhecia **e**!*
  c) ******Que me importa **e**?*

Em (41), é patente que *e* seja "discursivamente ativo", e o que o falante está fazendo é explorar as propriedades quer sintáticas, quer discursivas de *e*. Tais propriedades não são excludentes, e de todo modo temos uma ligação de atos de fala, fato reconhecido por esse autor, quando afirma que as ocorrências anteriores suscitam a impressão de um discurso preexistente à sentença com *e*.

2. Adicionando temas, concorrendo para a progressão temática, como neste exemplo de Neves (2000: 745):

(42) *Deus lhe acompanhe – dissera-lhe a mulher no dia da viagem. **E** o retirante juntou-se à leva.*

3. Adicionando sentenças interrogativas:

(43) ***E** aí, como vão as coisas?*

4. Acumulando um conjunto de enunciados, nos polissíndetos:

(44) *Temos por aqui de tudo. Terras que não acabam mais. **E** chuvas na hora certa. **E** uma temperatura muito favorável. **E** grande variedade de plantas, **e** animais, **e** aves.*

5. Finalizando um enunciado, implicitando que "o resto já se sabe" por meio de expressões fixas:

(45)
a) *Alguma com mais conteúdo... mais sério... que não seja comédia **e tal**.* (DID SP 234)
b) *E fico naquelas lides domésticas **e uma coisa e outra**.* (D2 SP 360)
c) *Manter contato com entidades aqui do bairro... com... os pais de alunos **e tudo o mais**.* (D2 SP 360)

9.1.3. COORDENADAS ADVERSATIVAS

As coordenadas adversativas ou contrajuntivas são ligadas pela conjunção *mas*. O que é dito no segundo termo contraria as expectativas geradas no primeiro, ou, em outros termos, essa conjunção é um "bloqueador da aposição do segundo segmento ao primeiro" (Dias de Moraes, 1987: 5). É o que se vê em:

(46) *Pensei que ia dar certo, **mas** me enganei.*

O estudo das adversativas, particularmente da conjunção *mas* na língua falada, oferece interessantes perspectivas sobre a gramaticalização desse item, comprovando que estágios mais gramaticalizados convivem com estágios menos gramaticalizados. Comprova, também, que na língua falada se documenta por vezes uma sorte de "memória histórica" da trajetória dos itens lexicais. Essas observações nada têm de trivial, pois mostram que não há uma teleologia na mudança gramatical, e diferentes gramáticas seguem em convivência.

Vou retomar e ampliar o que foi esboçado rapidamente na seção 4.2 da Apresentação deste capítulo. Relembremos, inicialmente, que *mas* deriva de *magis*, advérbio latino cujo valor semântico de base era estabelecer comparações de quantidade e de qualidade, identificando-se ainda valores secundários de inclusão de indivíduos num conjunto:

(47)
    a) *Precisamos de **mais** linguistas.*
    b) *Ele tem **mais** livros do que seu vizinho.*
    c) *Falou **mais** alto do que seu colega.*

Em (47a) e (47b), *mais* toma por escopo expressões referenciais, funcionando como um quantificador. Em (47c), ele toma por escopo uma expressão predicativa, funcionando como um advérbio predicativo qualificador.

Segundo Ernout / Meillet (1932/1967, s.v. *magis*), já no latim falado *magis* se construía com *sed*, tomando deste o valor adversativo. Inicialmente, o conjunto *sed magis* servia "para indicar uma ação que se completa de preferência a outra". Desde então, "ele chegou a ser empregado sozinho, com valor adversativo". Esse ensinamento, bastante difundido, choca-se com o fato de que *sed* não ocorria no latim vulgar (Maurer Jr., 1959: 168). *Magis* não poderia, portanto, ter coocorrido com *sed*.

O valor adversativo desenvolveu-se por metonímia*, visto que em muitas de suas ocorrências *mas* aparece precedido de *não*, sendo que a negação de expectativas é o valor básico dessa conjunção: veja exemplos (17) e (18) e a seção **9.1.2.2**. Ducrot / Vogt (1978) apresentam outra explicação, calcada nos argumentos da Semântica Argumentativa.

O valor inclusivo de *mais* o predispôs a atuar no sistema do discurso, como uma espécie de conectivo interacional e textual. Esse mesmo valor, após transformações metonímicas, preparou-o para atuar no sistema da gramática, como uma conjunção de contrajunção. Discurso e gramática, portanto, exploram propriedades léxico-semânticas de *mais*, dando origem a um conjunto de expressões sincrônicas, que poderíamos dispor num eixo que iria de /inclusão/ para /contrajunção/. Quero sublinhar que será ilusório supor que haja uma grande nitidez separando um uso do outro.

9.1.3.1. Propriedades discursivas de *mas*

1. *Mas* como marcador discursivo*

Na interação conversacional, *mas* ocorre no lugar relevante da transição, organizando uma unidade de construção de turno:

(48)
    a) L2 – *não... Recife é a maior cidade do mundo... porque é aqui que o Capibaribe se encontra com o Beberibe para formar o Oceano Atlântico.*
        L1 – *eu concordo com Você.*
        L2 – *((riu))*
        L1 – **mas então** *há esse problema... então a coisa se agrava.* (D2 REC 5)
    b) L1 – *gosto do campo pra dormir... descansar por lá... negócio de cultivar não é comigo...*
        Doc. – **mas** *você falou que você passava férias numa fazenda...*
        L1 – *eu gosto de andar a cavalo...*
        Doc. – *sim* **mas** *você não pode descrever pra ele pelo menos como é que é essa fazenda?* (D2 RJ 158)
    c) L1 – *(...) a televisão está promovendo Flávio Cavalcante.*
        L2 – **mas mas** *só pode promover mesmo.* (D2 REC 5)

Situado no início da interrupção da fala do locutor anterior, *mas* verbaliza por parte do interlocutor sua percepção do completamento da atividade verbal, e da decorrente necessidade de gerar novas atividades. Desse ponto de vista, muitas construções com *mas* configuram o princípio de projeção mencionado em **6.4**. Assim, em (48a), o locutor procura retomar o tópico conversacional; em (48b), o documentador toma o turno de L1, esforçando-se por agregar o tópico "atividades na fazenda", sobre o qual L1 não parece disposto a falar; em (48c), L2 toma o turno para asseverar o que L1 quer desqualificar como argumento. Em todos esses casos, *mas* encabeça os enunciados, agregando novos enunciados em continuação.

Este valor de *mas* já tinha sido analisado por Dias de Moraes (1987). *Mas* pode, igualmente, somar atos de fala não explicitados, seja assinalando a retomada de conversas habituais, no chamado "uso retórico", como em (49a), seja associando marcadores marginais de uma unidade discursiva cujo núcleo não foi verbalizado, como em (49b):

(49)
    a) **Mas** *e aí ... como vão as coisas foi?*
    b) L1 – *eu poderia me alimentar só de carne (...)*
        L2 – *não... eu... bom...* **mas** *claro.* (D2 POA 291)

2. *Mas* como conectivo textual

Certos marcadores discursivos funcionam como conectivos textuais, unindo unidades discursivas*. Ora, os valores léxico-semânticos de *mas* o predispõem a atuar também como ligador dessas unidades, como se pode ver nos seguintes exemplos:

(50) Unidade A – *e:: aí eu comecei a prestar atenção naquela tela pequena... vi...não só que já se fazia muita coisa boa e também muita coisa ruim... é claro...*
       Unidade B – **mas** *vi também todas as possibilidades... que aquele veículo ensejava e que estavam ali laTENtes para serem aproveitados.* (D2 SP 333)

3. *Mas* como operador argumentativo

Em seus novos usos, *mas* altera o eixo da argumentação, como demonstraram Ducrot / Vogt (1978) e Neves (1984). Dias de Moraes (1987: 15) agrega a isso que "*mas* acrescenta ao valor sintático de coordenador, isto é, de bloqueador da oposição do segundo segmento ao primeiro, o traço sêmico de *desigualdade*".

Operando na mesma linha analítica da Semântica Argumentativa, Koch (1995: 36-37) mostra que essa conjunção passa a ter um funcionamento bastante semelhante ao de *embora*:

> Do ponto de vista semântico, os operadores do grupo MAS e os do grupo EMBORA têm funcionamento semelhante: eles opõem argumentos enunciados de perspectivas diferentes, que orientam, portanto, para conclusões contrárias. A diferença entre os dois grupos diz respeito à estratégia argumentativa utilizada pelo locutor: no caso do MAS, ele emprega (segundo E. Guimarães) a "estratégia do suspense", isto é, faz com que venha à mente do interlocutor a conclusão R, para depois introduzir o argumento (ou conjunto de argumentos) que irá levar à conclusão ~R; ao empregar o EMBORA, o locutor utiliza a "estratégia de antecipação", ou seja, anuncia, de antemão, que o argumento introduzido pelo embora vai ser anulado, "não vale".

9.1.3.2. **Propriedades semântico-sintáticas de** *mas*

O uso gramatical de *mas* como uma conjunção adversativa implica (i) na perda de suas propriedades semânticas de comparação e inclusão, preservadas enquanto marcador discursivo e enquanto conectivo textual; (ii) na perda ainda mais severa de massa fonética, reduzindo-se o dissílabo latino *magis* ao monossílabo português *mas*; (iii) no ganho da propriedade de contrajunção.

Será interessante indagar como foi que o valor de inclusão, de soma, preservado no sistema discursivo, atenuou-se no sistema gramatical, surgindo neste o valor de contrajunção. Creio que a caminhada de *magis* pode ser refeita observando-se seus usos conversacionais, nos quais encontramos: (i) *mas* inclusivo, em sentenças afirmativas; (ii) *mas* contrajuntivo, em sentenças negativas; (iii) *mas* contrajuntivo, em sentenças formalmente afirmativas, mas com um valor implícito de negação de expectativas. Vejamos alguns exemplos dessa escala:

1. *Mas* inclusivo, aditivo

(51)
   a) *a gente vive de motorista o dia inteiro, **mas** o dia inteiro.* (D2 SP 360)
   b) *tem um choque uma diferença uma depressão um vazio... sabe?... uma coisa incrível mesmo... **mas** incrível.* (D2 RJ 147)
   c) *é muito difícil (...) **mas** de um modo geral é difícil... sabe ?* (D2 RJ 147)
   d) *nós temos tantos amigos desintegrados (...) **mas** nós só temos amigos assim de família desestruturada.* (D2 RJ 147)

Os exemplos mostram *mas* preservando seu sentido de base de inclusão, ora somando sintagmas (51a), ora somando constituintes de sintagmas (51b), ora somando sentenças (51c), sem que o segmento por ele introduzido se contraponha ao conteúdo do segmento anterior. Nem seria esse o caso, pois nestes exemplos se repetiu a palavra, como resultado do princípio sociocognitivo de reativação (cf. *o dia inteiro, mas o dia inteiro* etc.), provocando um efeito de ênfase, não de contrajunção. Na contrajunção, o valor argumentativo do segundo segmento é maior que o primeiro, o que não ocorre em (51), afinal eles são idênticos.

2. *Mas* contrajuntivo, unindo segmentos negativos

Nestes casos, o segmento negado pode preceder ou seguir o item *mas*. O valor contrajuntivo ainda se concentra nessas negações explícitas, que podem vir expressas por prefixos negativos, ou pelo advérbio *não*:

(52)
   a) *agora caminha por... talvez **não** por caminho direto **mas** por caminhos indiretos.* (D2 REC 5)
   b) *eu acho bonito tudo aquilo como paisagem... assim... **mas** como meio de vida eu **não** me adaptaria a isso... eu gosto de ficar em lugares isolados por algum tempo... **mas não** por muito tempo.* (D2 RJ 158)
   c) *ela está lá **mas não** funciona.* (D2 SP 343)
   d) *a programação... havia sido planejada... **mas não** deu certo.* (D2 SP 360)
   e) *talvez os tempos **não** fossem os mesmos... **mas** ela conseguiu.* (D2 POA 291)
   f) *(a pajem) **não** vive em função deles **mas** de manhã a única função dela é me ajudar com eles.* (D2 SP 360)

3. *Mas* contrajuntivo, unindo segmentos afirmativos

O valor de contrajunção acaba por concentrar-se em *mas*, consumando-se o movimento de traços do advérbio de negação *não* para a conjunção *mas* (= metonímia):

(53)
   a) *tem Ituaçu... que é uma cidadezinha lá... que inclusive oferece hospedagem... **mas** me disseram que é uma miséria...* (D2 SSA 98)
   b) *eu acho por exemplo cebola uma coisa imprescindível... **mas** acho horrível o gosto puro da cebola.* (D2 POA 291)
   c) *a Fazenda Sampaio... (...) pertence ao Banco do Brasil (...) **mas** ela é aberta ao público...* (D2 RJ 158)
   d) *(o garoto) é mais novo que eu... **mas** tem uma compreensão.. uma visão fora do comum.* (D2 RJ 147)
   e) *as mais velhas estão entrando na adolescência **mas** são muito acomodadas.* (D2 SP 360)

Enquanto operador de inclusão, *mas* tem seu escopo à direita, ligando expressões da esquerda para a direita. Enquanto operador argumentativo de contrajunção, *mas* tem seu escopo à esquerda, ligando constituintes da direita para a esquerda, contrapondo o segundo segmento ao primeiro.

Na mesma linha da "exploração conversacional" de advérbios em processo de gramaticalização, Dias de Moraes (1987: 143) estuda os itens *então* e *agora*, e se indaga: "teremos aí novas conjunções coordenativas a caminho? Até onde terá chegado o seu grau de gramaticalização?". Longhin-Thomazi (2003) descreveu a gramaticalização de *só que*.

As demais conjunções adversativas mencionadas nas gramáticas descritivas, tais como *porém, contudo, todavia* e *entretanto*, refugiaram-se na língua escrita, sendo raras suas ocorrências na língua falada (Dias de Moraes, 1987: 127-128). Elas derivam da gramaticalização ou de sintagmas pre-posicionados (cf. *por + inde > porende > porém; com + tudo > contudo; entre + tanto > entretanto*) ou do sintagma nominal (*tota + via > todavia*). A presença dos quantificadores *tudo, todo* e *tanto* unifica esses processos.

Não é pacífico que estas conjunções tenham as mesmas propriedades de *mas*, como dizem as gramáticas. Perini (1995: 145) mostra que *porém* ainda é um adverbial, pois se desloca livremente pela sentença, o que não ocorre com *mas*:

(54)
   a) *Titia adormeceu; porém vovó continuou a cantar.*
   b) *Titia adormeceu; vovó, porém, continuou a cantar.*
   c) *Titia adormeceu; vovó continuou, porém, a cantar.*
   d) *Titia adormeceu; vovó continuou a cantar, porém.*

O mesmo se pode dizer de *entretanto* e *contudo*.

LEITURAS SOBRE COORDENAÇÃO E JUSTAPOSIÇÃO
Maurer Jr. (1959), Rojas Nieto (1970), Ducrot / Vogt (1978), Kehdi (1982), Neves (1984, 2000), Dias de Moraes (1987), Scorretti (1988), Sweetser (1990), Koch (1995), Perini (1995), Camacho (1996b, 1999), Castilho (1997b), Camacho / Pezatti (1998), Urbano (1998), Pezatti (1999), Longhin-Thomazi (2003), Pezatti / Longhin-Thomazi (2008).

9.2. A SUBORDINAÇÃO

9.2.1. ESTATUTO DA SUBORDINAÇÃO

As subordinadas dispõem de dois processos de marcação gramatical: (i) por operadores, que são as conjunções subordinativas; (ii) por morfemas do modo subjuntivo e das formas nominais do verbo; e (iii) pela gramaticalização de verbos evidenciais seguidos da conjunção *que*.

O *subjuntivo* é o modo de vários tipos de *subordinadas*, como veremos; esses termos são praticamente homônimos e certamente sinônimos, e nada disso ocorreu por acaso, como explica Badia Margarit (1953).

Os romanistas costumam contrastar o latim às línguas românicas, lembrando que aquele era sinteticista, e estas, analiticistas. O sinteticismo do latim culto decorreu de seu uso de morfemas de caso, de modo-tempo e de número-pessoa, entre outros recursos; esse perfil era bastante atenuado no latim vulgar. O analiticismo das línguas românicas decorre de seu abundante uso de preposições, de conjunções, de formas verbais compostas, entre outros recursos.

É singular que o português brasileiro tenha preservado um traço de sinteticismo: a marcação da subordinação através dos morfemas {-*e*/-*a*} do subjuntivo, e {-*r*, -*do*/-*to*, -vogal nasal + *do*} das formas nominais, respectivamente, infinitivo, particípio e gerúndio. Neste caso, estamos falando das subordinadas reduzidas, descritas em **9.2.4**.

— *"Traço preservado"? Você está dizendo que essas formas são relíquias do passado, quando representam a subordinação?*
— *Sim e não, pois a mudança linguística não ocorre numa só direção. Embora as formas analíticas batam folgado as formas sintéticas, seria um erro imaginar que estas desapareceram, acocorando-se pelos cantos, com a discrição das relíquias. Repetidas vezes mostrei nesta gramática que o PB desenvolve uma marcação prefixal do plural nominal, de tempos verbais e de outras categorias. Ora, isso representa uma solução apoiada no sinteticismo.*
— *Tudo bem, mas haveria igualmente prefixos para assinalar a subordinação?*
— *Pois é, corra até a seção das subordinadas substantivas e verifique sua marcação prefixal por formas como "acho que" ['aʃki], "diz que" ['diski], fora outras coisas que me escaparam.*

Em "Combinação de sentenças e gramaticalização de conjunções" neste capítulo, mostrei que propriedades sintáticas diversas levam a concluir que há três tipos de relações de subordinação: as substantivas (que são argumentais), as adjetivas e as adverbiais (que são adjuncionais).

Quanto às substantivas e às adverbiais, Vogt (1977) destaca as seguintes propriedades:
(1) Substantivas: tendo uma relação argumental com a matriz, a sentença complexa assim estruturada serve, em seu todo, de escopo da negação e da interrogação:

(55)
    a) *Disse que está chovendo.*
    b) *Não disse que está chovendo* (= a negação afeta *disse* e *está chovendo*).
    c) *Disse que está chovendo?* (= a pergunta afeta *disse* e *está chovendo*).

(2) Adverbiais: como têm uma relação de adjunção com a matriz, apenas estas servem de escopo à negação e à interrogação:

(56)
  a) *Embora jogue bem, não foi convocado* (= a negação só se aplica a *foi convocado*).
  b) *Embora jogue bem, não foi convocado?* (= a pergunta só se aplica a *não foi convocado*).

Seria necessário estudar estas propriedades em outras sentenças adverbiais.

Segundo Fauconnier (1984/1985), as expressões linguísticas complexas funcionam como gatilhos de espaços mentais igualmente complexos. Assim, em

(57) *Fulano disse que Beltrano vem.*

a sentença matriz gera um espaço mental A, enquanto a sentença encaixada gera um espaço mental B. Mas suponhamos agora

(58) *Fulano disse que (ou Beltrano ou Sicrano/seja Beltrano seja Sicrano/tanto Beltrano quanto Sicrano) também vêm.*

Em (58), as expressões correlatas *ou... ou, seja... seja, tanto... quanto* geram um espaço B e um espaço C.

Também as sentenças condicionais criam espaços mentais: "'Contrafactual' na perspectiva dos espaços é uma noção relativa: um espaço M1 é contrafactual por relação a outro espaço M2 se uma relação explicitamente especificada em M1 não foi satisfeita pelos elementos correspondentes de M2" (Fauconnier 1984/1985: 141-142).

Passo a descrever as subordinadas substantivas, adjetivas e adverbiais.

9.2.2. SUBORDINADAS SUBSTANTIVAS

9.2.2.1. Gramaticalização das conjunções integrantes

Retomando a sentença complexa exemplificada em (5), aqui repetida como (59a), nota-se que ela poderia ter sido igualmente formulada como (59b):

(59)
  a) *O menino falou **que** o professor tinha saído.*
  b) *O menino falou **ter saído** o professor.*

Em (59a), a matriz *o menino falou* liga-se por meio da conjunção *que* à subordinada substantiva com verbo no indicativo (*o professor tinha saído*); dizemos que essa conjunção gramaticaliza a subordinação da segunda à primeira sentença. Em (5b), o verbo vem numa forma nominal e não aparece a conjunção; dizemos que a relação de subordinação foi gramaticalizada por uma forma nominal (veja **2.**1.3.2; para sua descrição, veja **9.**2.4). Conclui-se que as substantivas podem ser conjuncionais, com o verbo no indicativo ou no subjuntivo, ou não conjuncionais, com o verbo no infinitivo, no gerúndio ou no particípio. Salvo o infinitivo, essas formas não têm marcação morfológica de pessoa, o que traz embaraços para a afirmação feita em **6.**1.3, segundo a qual o verbo que estrutura uma sentença deve ter o traço de pessoa.

Se o verbo da matriz fosse interrogativo, em lugar da conjunção *que* teríamos a conjunção *se*, organizando-se uma substantiva interrogativa indireta:

(60) *O menino perguntou **se** o professor tinha saído.*

De onde vieram esse *que* e esse *se*?

A conjunção integrante *que* deriva do latim vulgar *quid*. Nessa variedade, várias conjunções ligavam as substantivas às matrizes (*quod, quid, quia, quomodo*), mas foi *quid* a que sobreviveu (Maurer Jr., 1959: 167-168, 217). As seguintes sintaxes eram possíveis: *dixit quod/quid/quia/quomodo*

+ verbo, em que o português arcaico encontra suas raízes: *disse que* (< *quid*)/*ca* (< *quia*)/*como* (< *quomodo*) + verbo.

A conjunção integrante e a conjunção condicional *se* derivam de um mesmo étimo latino, *si*. Provavelmente, quando fazemos uma pergunta indireta, pressupomos diferentes respostas como hipóteses, o que teria levado a escolher o mesmo vocábulo conectivo em ambas as sintaxes. Uma vez mais, a pressuposição se reflete na estrutura da língua (veja 2.2.2.5).

Fixando a atenção no *que*, conjunção que marca as substantivas asseverativas, vê-se que essa forma resulta da gramaticalização do pronome relativo, via elipse de seu antecedente e final despronominalização. Os seguintes passos devem ter ocorrido nessa recategorização do relativo *que*:

(61)
    a) *Digo isto:* **que** *amanhã é sábado* (= *isto*, antecedente do pronome relativo *que*).
    b) *Digo* **que** *amanhã é sábado* (= *isto* se elide e *que* é reanalisado como conjunção integrante).

De (61a) para (61b), ocorreu a elipse de *isto*, antecedende do relativo *que*. Sem antecedente, o item se despronominaliza, reanalisando-se como conjunção integrante – o *complementizador* dos gerativistas. Com isso, a sentença *que amanhã é sábado*, encaixada no sintagma nominal *isto*, muda seu relacionamento sintático, torna-se adjacente ao sintagma verbal *digo* em que se encaixa, funcionando como seu objeto direto. Por essa explicação, o pronome relativo deu lugar a uma conjunção integrante, e uma sentença subordinada adjetiva deu lugar a uma sentença subordinada substantiva. As voltas que o mundo dá!

Para uma descrição sistemática das substantivas, vejamos inicialmente os seguintes exemplos:

(62)
    a) *Ordenei* **fechar a porta.**
    b) *Ordenei* **que fechassem a porta.**
    c) *Começa* **que eu não sei onde isso vai parar.**
    d) *É preciso* **que todos entendam o seguinte...**
    e) *Parece* **que eu não sei**, sô.
    f) *Luís descobriu* **que pólvora queima.**
    g) *Eu acho* **que não vai mais parar de chover.**
    h) *Gosto* **de que ele tenha essas companhias.**
    i) *Não há necessidade* **de que você se preocupe.**

Observando as sentenças complexas anteriores, notamos que (1) verbos e substantivos organizam a sentença matriz, (2) a subordinada pode ter o verbo em forma infinitiva ou em forma finitiva, (3) elas desempenham uma função argumental, posicionando-se em geral após a matriz, (4) há uma correlação modo-temporal entre o verbo da matriz e o verbo da subordinada, (5) a matriz modaliza a subordinada. Essas rápidas observações permitem organizar o estudo das substantivas, de acordo com a proposta multissistêmica desta gramática.

9.2.2.2. Propriedades lexicais da sentença matriz

As seguintes classes de palavras organizam a sentença matriz:
1. Verbos impessoais e estruturas formadas por *ser* + adjetivo especificam uma sentença subjetiva, como em (62c) a (62e).
2. Verbos transitivos diretos especificam uma sentença objetiva direta, como em (62f) e (62g). Sendo o português uma língua basicamente nominativo-acusativa, as objetivas diretas predominarão numericamente sobre as outras. As gramáticas relacionam os seguintes verbos que operam na matriz das objetivas diretas:

- Verbos declarativos: *dizer, declarar, informar, fazer saber, comentar.*
- Verbos evidenciais: *pensar, raciocinar, supor, achar.*
- Verbos volitivos e optativos: *querer, desejar.* A negação desses verbos implica na negação da subordinada: "não quero que você venha" significa "quero que você não venha".
- Verbos causativos: seu sujeito é o causador do estado de coisas expresso na subordinada: *deixar, fazer, mandar, conseguir.*
- Verbos perceptivos: *ver, ouvir.*
- Verbos de inquirição: *perguntar, indagar,* com conjunção *se.*
- Verbos avaliativos: *lamentar, adorar, sentir.* Sua negação não implica na negação da substantiva. "Não gosto que você falte" não implica na negação de "você faltar".
3. Verbos transitivos oblíquos como *gostar,* em (62h).
4. Substantivos e adjetivos transitivos oblíquos: a substantiva pode funcionar igualmente como um complemento nominal, sempre preposicionada, como em (62i). Completivas nominais ocorrem com substantivos deverbais tais como *necessidade, preocupação, impressão* e com adjetivos tais como *ciente, consciente* etc. Gonçalves/ Souza / Galvão (2008: 1068) mencionam as seguintes expressões nominais em que se encaixam as substantivas:

aspectuais (*acostumado, habituado*), de modalidade deôntica orientada para o agente ou para o evento (*apto, capacidade, capaz, condição, possibilidade, oportunidade, obrigação*), avaliativos (*dificuldade, facilidade, problema, besteira*), de modo/maneira (*jeito, modo, maneira, forma*), anunciativos (*fato, assunto, negócio, conceito*), finalidade (*finalidade*) e de manipulação (*forçado, impelido, obrigado*).

Verbos declarativos têm admitido a preposição *de* antes da conjunção integrante, dando lugar a substantivas objetivas diretas preposicionadas:

(62')
    a) *Disse **de que não sabia nada.***
    b) *Afirmo **de que não sou o criminoso** que vocês procuram.*

Segundo Mollica (1995), essa construção foi denominada *dequeísmo* por seu primeiro estudioso, o linguista chileno Ambrosio Rabanales. Mollica argumenta que o dequeísmo convive com o queísmo, que é a omissão da preposição *de* nas adjetivas (como em "*o livro que eu preciso*") e nas substantivas cuja sentença matriz exige tal preposição (como em "*ele ainda não me convenceu que tem razão*", em lugar de "*ele ainda não me convenceu de que tem razão*"). Ela interpreta (62a') e (62b') como sintaxes motivadas, icônicas, em que a separação por preposição do verbo da matriz em relação à subordinada assinala que o falante quer se distanciar do conteúdo proposicional desta, separado da matriz por meio da preposição. A manobra dequeísta se presta, portanto, para evitar comprometimentos com o valor de verdade da subordinada.

Mira Mateus et al. (1989/2003/2005: 617-620) documentam o fenômeno também no português europeu, em que a preposição aparece mesmo antes de substantivas subjetivas:

(62')
    c) *O Secretariado Europa 1992 faz constar (...)* ***de que pretende contratar três funcionários.***

Essas autoras propõem uma explicação sintática para o dequeísmo, que ocorre igualmente no português moçambicano. Segundo elas, o dequeísmo aparece com verbos de regência heterogênea, que selecionam argumento interno não preposicionado, como se vê com o mesmo verbo *dizer* em (61), e que selecionam também argumentos sentenciais preposicionados, como em (62'). Haveria "uma tentativa de uniformização das propriedades de seleção categorial desses verbos", atestando-se ademais uma expansão da marcação de caso através da preposição *de* (Mira Mateus et al., 1989/2003/2005: 619).

Os verbos de inquirição produzem as sentenças substantivas interrogativas indiretas estudadas em **8.**2.2.2.

9.2.2.3. **Propriedades gramaticais**

9.2.2.3.1. SENTENÇA MATRIZ E PROJEÇÃO DE ARGUMENTOS

Estudamos nos capítulos "Estrutura funcional da sentença" e "Minissentença e sentença simples: tipologias" as funções desempenhadas pelos constituintes da sentença, e de que modo elas especificam a tipologia das sentenças simples. Assim, em
(63) Disse **a verdade**.
o sintagma nominal *a verdade* é o argumento interno de *dizer*. No lugar desse sintagma poderíamos perfeitamente ter uma sentença, como em
(64) Disse **que diria a verdade**.
em que a sentença "*que diria a verdade*" funciona como argumento interno de *dizer*. Ela é então denominada sentença substantiva, completiva ou argumental, por funcionar como um objeto direto, função também desempenhada pelos substantivos.

As substantivas são encabeçadas por uma posição sintática preenchida por conjunções. Essa posição é a do complementizador, podendo ou não ser preenchida (Tarallo, 1990a: 161).

As seguintes funções são desempenhadas pelas sentenças reunidas em (62):
- Sujeito: (62c, d, e);
- Objeto direto: (62a, b, f, g);
- Complemento oblíquo do verbo da matriz: (62h);
- Complemento oblíquo do substantivo contido na matriz: (62i).

9.2.2.3.2. COLOCAÇÃO DAS SUBSTANTIVAS

As sentenças substantivas são colocadas após o verbo da sentença matriz, na ordem não marcada, como em (62), analogamente ao que ocorre com os argumentos nominais. Na ordem marcada, elas se antepõem à sentença matriz, como nestes exemplos:
(65)
   a) **Que a Maria não tenha vindo à festa** surpreendeu o João. (exemplo de Mira Mateus et al., 1989/2003/2005: 606)
   b) **Viajar de Kombi** não é moleza, viu? (exemplo de Gonçalves / Souza / Galvão, 2008)
   c) **Trabalhar depois de uma refeição dessas** é realmente impossível. (exemplo de Gonçalves / Souza / Galvão, 2008)

Gonçalves / Souza / Galvão (2008) observaram que a mesma tendência a pospor argumentos pesados se observa no caso das substantivas. Isso explica a colocação quase categórica dessas estruturas depois do verbo, visto que as sentenças são mais complexas que os argumentos nominais.

9.2.2.3.3. CORRELAÇÃO MODO-TEMPORAL ENTRE A MATRIZ E A SUBSTANTIVA

De um modo geral, os verbos declarativos e perceptivos demandam o indicativo na substantiva (66a e 66b); os demais verbos selecionam o subjuntivo (66c a 66f):
(66)
   a) **Declaro** que você **está** aprovado.
   b) **Vi** que você se **esforça** bastante.

c) **Suponho** que você **venha**.
d) **Quero** que você **venha**.
e) **Consigo** que você **venha**.
f) **lamento** que você **venha**.

Embora as coisas não sejam tão simples assim, observa-se uma correlação entre o tipo de modalização desempenhado pela sentença matriz e a morfologização dessa noção, como veremos a seguir. Assim, as asseverações coocorrem com o indicativo, e as não asseverações coocorrem com o subjuntivo.

9.2.2.3.4. Gramaticalização do verbo da sentença matriz

Alguns verbos da matriz vêm-se fundindo com a conjunção integrante *que*: as palavras *diz que* e *acho que* reúnem-se numa só palavra fonológica, *disque* [ˈdiski] e *ach'que* [ˈaʃki], a primeira já documentada na língua escrita.

As seguintes alterações apontam para essa gramaticalização:
1. Fonologização: do ponto de vista fonológico, desaparece a fronteira entre o verbo e a conjunção, que se aglutinam, dando origem às palavras fonológicas anteriores. Por outras palavras, desativação da fronteira e ativação de uma nova unidade lexical.
2. Morfologização: do ponto de vista morfológico, esses vocábulos fonéticos são reanalisados como uma conjunção-advérbio, ora em processo de afixação, de que surgirão os marcadores de subordinação *disque*, *ach'que*. Ou seja, desativação de duas classes de palavras diferentes e ativação de uma nova classe.
3. Sintaticização: do ponto de vista sintático, *dizque* e *achoque* se dessentencializam (= desativam seu estatuto de sentença), funcionando como uma conjunção-advérbio que se movimenta livremente pela sentença:

(67)
    a) **Disque** esse candidato ganhará as próximas eleições.
    b) Esse candidato **disque** ganhará as próximas eleições.
    c) Esse candidato ganhará as próximas eleições, **disque**.

(68)
    a) **Ach'que** vai faltar luz.
    b) Vai, **ach'que**, faltar luz.
    c) Vai faltar luz, **ach'que**.

No sistema da semântica, a semanticização de *disque* e *ach'que* alterou

(i) o verbo *dizer*, que muda de epistêmico asseverativo para epistêmico dubitativo, com o sentido de "não tenho certeza", "talvez", como em:

(69)
    a) A – Será que esse candidato ganha as próximas eleições?
        B – **Disque** vai ganhar, sei lá.
    b) A – Você acha que a situação vai melhorar?
        B – **Disque**.

(ii) o verbo *achar*, quando coocorre com verbos epistêmicos asseverativos, como *acreditar*, que muda de dubitativo para asseverativo, por metonímia, como em:

(70)
    Eu **ach'que**... eu **acredito** muito no futuro deste país. (trecho de entrevista em televisão)

No domínio do discurso, a discursivização dessas conjunções-advérbio acarreta seu funcionamento como marcadores discursivos, introduzindo normalmente respostas que não comprometem o locutor.

Acresce que *ach'que* é usado também como um marcador de ato de fala, assinalando que se inicia a resposta a uma pergunta:

(71)
 A – *Ministro, por que vai acontecer o apagão?*
 B – **Ach'que** *o negócio é o seguinte: faltou grana para investir em novas hidrelétricas.*

Os casos aqui brevemente examinados mostram que as substantivas se alinham ao lado de muitas expressões do PB, cuja marcação gramatical progressivamente passa a pré-nuclear (cf. a marcação do plural em *os menino*, da pessoa verbal em *cevai*, do tempo verbal em ***vo****falá*, do modo em ***pò****pará*, ***què****falá*, do aspecto em ***ta****falano*, ***ta****falado* etc).

9.2.2.4. Propriedades semânticas da sentença matriz

A sentença matriz expressa uma avaliação do conteúdo proposicional da subordinada substantiva, que é (i) asseverado; (ii) posto em dúvida; (iii) considerado como uma ordem.

Quando um verbo ou adjetivo modais integram a sentença matriz, as seguintes possibilidades podem ocorrer:

1. Modalizadores epistêmicos asseverativos integram o núcleo da matriz quando o falante apresenta o conteúdo da proposição numa forma asseverativa (afirmativa ou negativa), ou interrogativa (polar ou não polar).
2. Modalizadores epistêmicos dubitativos integram o núcleo da matriz quando o falante expressa sua dúvida com relação ao conteúdo proposicional.
3. Modalizadores deônticos integram o núcleo da matriz quando o falante considera obrigatório o conteúdo proposicional.

A literatura costuma distinguir o *modus* em modalidade e modalização. O processo 1 é habitualmente rotulado como *modalidade*, e os processos 2 e 3, como *modalização*. O *modus* pode implicar também numa avaliação sobre a *forma*, não apenas sobre o conteúdo proposicional do *dictum*. Sobre a modalidade, definível como o propósito com que enunciamos o conteúdo da sentença, tal como asseverar, indagar, ordenar, veja **8.2**.

Sobre esse pano de fundo, vamos descrever os verbos e adjetivos que constituem no português a sentença matriz.

9.2.2.4.1. A MATRIZ CONTÉM VERBOS E ADJETIVOS EPISTÊMICOS ASSEVERATIVOS

Verbos como *ver, ouvir, saber, dizer, declarar, perguntar, negar, interrogar*, e adjetivos como *certo, correto, verdade, claro*, entre outros, asseveram afirmativa ou negativamente ou expressam interrogações a respeito do conteúdo da sentença substantiva que neles se encaixa:

(72)
 a) *Eu **sei** que os filmes eram muito ruins.*
 b) ***Digo/afirmo/declaro*** *que os filmes eram muito bons.*
 c) ***Nego*** *que os filmes fossem ruins.*
 d) ***Pergunto*** *se os filmes eram muito ruins.*
 e) *É **certo/exato/claro** que os filmes eram muito ruins.*
 f) *É **verdade** que os filmes eram muito ruins.*

As classes da matriz enfatizam o conteúdo proposicional (72a a 72f), revelando um alto grau de adesão do falante em relação à proposição. Em (72c) nega-se esse conteúdo, e em (72d) interroga-se a respeito desse conteúdo.

Os modalizadores epistêmicos asseverativos, como a própria designação deixa ver, expressam uma avaliação sobre o valor de verdade da sentença, cujo conteúdo o falante apresenta como uma afirmação ou uma negação que não dão margem a dúvidas, configurando uma necessidade epistêmica. Nesse tipo de predicação, o falante manifesta um alto grau de adesão ao conteúdo proposicional, donde a significação enfática que igualmente aí se identifica, como uma sorte de efeito colateral. Esse aspecto particular da modalização epistêmica asseverativa foi descrito por Hare (1970, apud Lyons,1977/1984 II: 749).

Outros asseverativos como *exato*, *claro*, *certo*, *lógico* e *pronto* têm enquanto marcadores discursivos uma taxa de ocorrência significativa. Eles são construídos sobre uma base adjetiva, e Basílio (1991) caracterizou como adverbiais o estatuto gramatical desses itens. Eles modalizam asseverativamente a fala do outro, frequentemente em situações de heterocorreção, e assinalam a intenção de manter o diálogo. No primeiro caso, seu escopo está em alguma expressão do enunciado e, no segundo, eles tomam por escopo a própria situação discursiva.

9.2.2.4.2. A MATRIZ CONTÉM VERBOS E ADJETIVOS EPISTÊMICOS DUBITATIVOS

Verbos como *achar*, *julgar*, *parecer*, *considerar*, *supor* e adjetivos como *provável* e *possível* integram a matriz quando não se tem certeza sobre o conteúdo proposicional da substantiva, indicando uma possibilidade:

(73)
    a) Eu **acho** que esse salário de dez mil cruzeiros fará diferença.
    b) **Julgam** que esse salário de dez mil cruzeiros fará diferença.
    c) **Parece** que esse salário de dez mil cruzeiros fará diferença.
    d) **Consideram** que esse salário de dez mil cruzeiros fará diferença.
    e) **Supõem** que esse salário de dez mil cruzeiros fará diferença.
    f) Segundo os economistas, é **provável** que esse salário de dez mil cruzeiros fará diferença.
    g) É **possível** que este supermercado de Recife seja o maior do Brasil.

Nesses exemplos, os verbos e adjetivos da matriz predicam o conteúdo da substantiva apresentando-o apenas como uma crença, isto é, o falante acredita na veracidade de que o salário de dez mil cruzeiros vai fazer diferença, mas não pode comprometer-se com isso, expressando sua dúvida. Trata-se de uma possibilidade epistêmica.

Os modalizadores epistêmicos dubitativos expressam, portanto, uma avaliação sobre o conteúdo sentencial da subordinada, dado pelo falante como quase certo, próximo à verdade, como uma hipótese que depende de confirmação. Ao usá-lo, o falante se furta "a toda responsabilidade sobre a verdade ou a falsidade [da proposição]" (Barrenechea, 1969/1982: 320). Através dos dubitativos avalia-se a sentença como uma possibilidade epistêmica, decorrendo daqui uma baixa adesão do falante ao conteúdo que está sendo verbalizado.

Os verbos que expressam a modalidade epistêmica têm sido denominados *evidenciais* ou mediadores: Hattnher (1996, 2001); Hattnher et al. (2001), Grosse (2000), Guentchéva (1994, apud Campos, 2001: 331); Freitag (2003); Galvão (2004); Sebastião Gonçalves (2004). Eles designam apenas "o modo como se criam e/ou se coletam informações", como em "*ouvi dizer que P*", "*deduzi que P*", "*parece que P*", "*aparentemente P*" etc. (Grosse, 2000: 411). Nesses casos, "o juízo contruído é 'mediado' pela interpretação, subjetiva e não necessária, de indícios" (Campos, 2001: 333). Em algumas línguas, os evidenciais apresentam morfologia própria. Seu rótulo decorre de que nessa modalização o falante se fundamenta em evidências tais como uma experiência, uma inferência ou mesmo uma citação, que lhe oferecem certa margem de certeza, todavia não completamente configurada. Hattnher (1996: 62 e ss.) descreveu os evidenciais no português brasileiro, resenhando a literatura sobre a evidencialidade direta e a evidencialidade indireta, focalizando o verbo *parecer*. Galvão (1999) concentrou-se na gramaticalização do verbo *achar*.

9.2.2.4.3. A MATRIZ CONTÉM VERBOS E ADJETIVOS DE MODALIZAÇÃO DEÔNTICA

Locuções como *ter de/ter que* e adjetivos como *obrigatório* predicam o conteúdo proposicional da substantiva liberando a significação de que o estado de coisas ali descrito é uma obrigação, tem de necessariamente acontecer:

(74)
    a) *Toda cirurgia **tem de** implicar em despesas.*
    b) *agora... para ele chegar à análise ele **tem que** ter passado pelo conhecimento... pela compreensão... mas não necessariamente precisa aplicar.* (EF POA 268)
    c) *É **obrigatório** que toda cirurgia implique em despesas.*

Os modalizadores deônticos predicam o conteúdo sentencial, que passa a ser entendido como um estado de coisas que precisa ocorrer obrigatoriamente. Não é mais o valor de verdade da sentença que está em jogo, como nas classes anteriores. Esses modalizadores correspondem à função desiderativa da linguagem, donde a noção de futuridade que os acompanha.

De um ponto de vista mais amplo, a modalização deôntica compreende a obrigação, a proibição, a permissão e a volição. Quirk et al. (1985) consideram-na como uma modalidade intrínseca (= há um controle humano sobre os eventos), ao passo que a modalização epistêmica encerra uma modalidade extrínseca (= não há esse controle).

9.2.2.4.4. A MATRIZ CONTÉM VERBOS E ADJETIVOS DE MODALIZAÇÃO PRAGMÁTICA

Os modalizadores epistêmicos enquadram a proposição do ângulo de seu valor de verdade, e os modalizadores deônticos o fazem do ângulo da obrigatoriedade de sua ocorrência. Já os modalizadores pragmáticos deixam o conteúdo sentencial num discreto segundo plano, tomando por escopo basicamente os participantes do discurso, verbalizando as reações do locutor (ou do locutor em face do interlocutor) com respeito ao conteúdo sentencial. Estes modalizadores são decididamente orientados para o discurso, exemplificando a função emotiva da linguagem e podem ser representados pelo predicador *"eu sinto X (diante de Y) em face de P"*. Há dois tipos de modalizadores pragmáticos, os subjetivos e os intersubjetivos, mas os limites entre eles são muito frouxos.

1. Modalizadores pragmáticos subjetivos

Os modalizadores pragmáticos subjetivos põem em relevo os sentimentos que são despertados no locutor pelo conteúdo sentencial, e por isso podem ser parafraseados por *"eu fico [Adj] que P"*; *"eu V [deadjetival] por P"*; *"é (um) N que P"*. Trata-se, portanto, de um predicador de segunda ordem.

Os seguintes itens dessa subclasse integram a matriz: *lamentar que, ser uma felicidade/infelicidade que, ser curioso/lamentável/surpreendente, espantoso, estranho que*. Alguns exemplos:

(75)
    a) *Eu **lamento** que não exista essa preocupação no Brasil.*
    b) *É uma **felicidade** que ainda não começaram...*
    c) *É **lamentável** que não exista essa preocupação no Brasil.*
    d) *É **curioso** que não exista essa preocupação no Brasil.*
    e) *É uma **curiosidade** que nesse ano os mineiros tenham suspendido a exportação de cachaça.*

2. Modalizadores pragmáticos intersubjetivos

Os pragmáticos intersubjetivos põem em relevo os sentimentos do locutor diante do interlocutor com respeito ao conteúdo sentencial, e por isso podem ser parafraseados por *"eu sinto X diante de*

você devido a P". Trata-se de um predicador de segunda ordem que, como predicador pragmático, toma por escopo a primeira e a segunda pessoas do discurso. Os seguintes itens integram essa subclasse: *ser sincero/franco/ingrato que,* ocorrendo aí também substantivos calcados nesses adjetivos:
(76)
   a) *Sou **sincero** com você em que não consegui entender.*
   b) *Sou **franco** com você em que os advérbios me desconcertam.*
   c) *Sou **ingrato** por não me recordar mais do apresentador do programa.*

Essas matrizes funcionam simultaneamente como um predicador discursivo e um predicador proposicional, tomando por escopo simultaneamente um participante da enunciação e um constituinte do enunciado, como se pode constatar pelas paráfrases:

(76a') *É uma sinceridade não ter conseguido entender.*

Comparando (75b) a (76a), constata-se que *infelicidade* e *sincero* têm em comum tomarem por escopo o locutor, como se vê, para o caso de

(77) *Eu estou sendo sincero (em reconhecer) que não consegui entender.*

Os adjetivos *infeliz* (e *feliz*) são referenciados ao locutor, ao passo que *sincero* (e *franco*) põem em relevo a relação entre o locutor e o interlocutor. Foi com base nessa observação que os modalizadores pragmáticos foram subdivididos em subjetivos e intersubjetivos.

9.2.2.5. Propriedades discursivas

Quando olhamos as sentenças matrizes do ângulo de seu papel na organização do texto, poderemos identificar pelo menos quatro possibilidades: (1) introduzimos um tópico discursivo, (2) fazemos declarações sobre esse tópico, (3) argumentamos com base em evidências indiretas, (4) manifestamos nossa vontade sobre como tal tópico deveria ser. Os verbos que aí funcionam, relacionados em **9.**2.2.2 mostram a que vieram. Vejamos alguns poucos exemplos.

9.2.2.5.1. Matriz apresentacional

Já vimos que "apresentar" é introduzir no discurso um novo participante, um tópico, um novo estado de coisas.

Os verbos apresentacionais são monoargumentais, figurando na cabeça da sentença complexa. Em (78), *acontecer* e *ocorrer* introduzem na corrente do discurso os estados de coisas *Fulano aparecer* e *jogar numa próxima crise*, à volta dos quais o texto passará a girar.

(78)
   a) ***Acontece*** *que Fulano apareceu quando menos se esperava. E aí...*
   b) ***Acontece*** *que sair de uma crise com uma reforma repelida pelos eleitores pode nos jogar numa próxima crise.* (F. Gabeira, "Reforma a toque de caixa", *Folha de S. Paulo*, 8 maio 2009)
   c) *então com essa massa éh:: ela é simplesmente espalhada e::... aplaiNAda... sobre a parede... **acontece** que:: éh... essa... aplicação... nunca fica muito uniforme... então ela torna-se um pouco grosseira...* (DID REC 004)
   d) ***ocorreu*** *na conclusão da construção de um edifício aqui próximo... que a prefeitura exigiu... para esse edifício... éh o serviço de coleta: sanitária...* (DID REC 004).
   e) ***Ocorre*** *que tal condescendência não só afeta a eficiência da máquina mas também gera multiplicação de exigências burocráticas sobre o povo.* (I. G. da Silva Martins, "Radio grafia atual da crise", *Folha de S. Paulo*, 8 maio 2009)

Uma vez instalado o tópico do discurso, seguem-se declarações sobre ele, manifestações de vontade, e outras possibilidades que o leitor facilmente documentará. Os exemplos que se seguem são meramente ilustrativos.

9.2.2.5.2. MATRIZ DECLARATIVA

Declarar é esclarecer, pôr às claras, visibilizando determinado tópico textual:
(79)
   a) *É bem verdade que é da índole presidencial uma grande tolerância com relação a essa multiplicidade de aliados.* (I. G. da Silva Martins, "Radiografia atual da crise", *Folha de S. Paulo*, 8 maio 2009)
   b) *Diz-se que a nova Lei das Falências foi "recomendada" pelo Banco Mundial ao governo brasileiro.* (J. E. Gonçalves, "A verdade sobre a nova Lei das Falências", *Folha de S. Paulo*, 8 maio 2009.
   c) *Alega, à época, que a "fraternidade entre os colegas" retirava dos parlamentares a condição de fazer julgamentos de quebra de decoro de seus pares.* (*Folha de S. Paulo*, 8 maio 2009)
   d) *nós imaginávamos... no princípio... trazer... ou fazer a con/a: cobertura da casa com telha canal... telha canal aparente... ou seja telha de barro finalmente como se **diz** que/se usa por aí... com os ca:ibros apa/aparecendo tudo isso...* (DID REC 004)
   e) *Declarou perante todos que estava exausto.*

9.2.2.5.3. MATRIZ EVIDENCIAL

Esclareceu-se em **9.2.2.4** o que se entende por modalização evidencial. Do ponto de vista do discurso, quando a matriz traz um verbo evidencial, quer-se atenuar a afirmação:
(80)
   a) *Ou alguém **acha** que banqueiros e empresários financiam campanhas sempre movidos pelo ideal democrático?*
   b) *você vê que: nós não nos preocupamos e **acho** que nós nunca vamos nos preocupar... em dar uma mão de massa nas paredes ficou na chamada massa única...* (DID REC 004)
   c) *Parece que os deputados estão querendo ver o circo pegar fogo.*
   d) *a cada dia que você chega de manhã **parece** que esse trabalho se/andou à noite...* (DID REC 004)

9.2.2.5.4. MATRIZ VOLITIVA

Verbos volitivos e verbos-suporte manifestam a inclinação do falante com respeito ao tópico previamente escolhido, lançam hipóteses que serão desenvolvidas na continuação do texto, e assim por diante:
(81)
   a) *Gostaria de que, pelo menos, três pontos fossem bem examinados pelas autoridades brasileiras.* (I. G. da Silva Martins, "Radiografia atual da crise", *Folha de S. Paulo*, 8 maio 2009)
   b) *eu **gostaria** que você faLAsse... a respeito da sua casa eu sei que você... lutou MUIto para construir.* (DID REC 004)
   c) *Daqui em diante, **quero** que todo mundo fique lendo dicionários.*

LEITURAS SOBRE AS SUBORDINADAS SUBSTANTIVAS
Badia Margarit (1953), Tarallo (1990a), Basílio (1991), Mollica (1995), Callou et al. (1996), Cezario / Gomes / Pinto (1996), Hattnher (1996, 2001), Galvão (1999, 2004), Grosse (2000), Hattnher et al. (2001), Campos (2001), Freitag (2003), Gonçalves (2004, 2009), Gonçalves / Souza / Galvão (2008).

9.2.3. SUBORDINADAS ADJETIVAS

As adjetivas ou relativas são sentenças encaixadas num sintagma nominal, em que atuam como Complementadores (veja **11.6**). O processo de *relativização* é, portanto, o relacionamento de dois sintagmas nominais correferenciais, como se pode ver em:
(82)
    a) [*O aluno atento*]^i *passa de ano.*
    b) [*O aluno estudioso*]^i *passa de ano.*
    c) → [*O aluno atento **que é estudioso***] *passa de ano.*

Em (82), *aluno atento* e *aluno estudioso* são correferenciais, remetem ao mesmo indivíduo, fato que nessa transcrição vem assinalado por um *i* (= "idêntico") sobrescrito.

Como Complementadoras dos sintagmas nominais, descritos no capítulo "O sintagma nominal", é claro que as adjetivas podem encaixar-se em qualquer expressão-núcleo desse sintagma, aí incluída a categoria vazia, assinalada abaixo por ø:
(82)
    d) *E eu **que não tinha nada com aquilo** quase apanhei.*
    e) *Isso **que você me disse** não faz o menor sentido.*
    f) *O Ø **que passou**, passou.*
    g) *Tudo **que eu queria dizer** já foi dito.*
    h) *Aquele Ø **que disser o contrário** vai apanhar.*
    i) *Os nossos Ø, **que não contavam com essa declaração**, trataram de cair fora.*

As adjetivas são introduzidas por pronomes relativos, que integram uma classe fechada, a saber, *que, qual, cujo, quanto, onde*. Na língua falada, *que* é uma espécie de pronome relativo universal, que está ocupando os espaços dos outros.

9.2.3.1. Sintaxe das adjetivas

Se você quiser estudar a sintaxe das subordinadas adjetivas, provavelmente precisará percorrer pelo menos os seguinte tópicos: (i) estratégias de relativização e tipologia das adjetivas: relações entre os pronomes pessoais e os pronomes relativos; (ii) funções do pronome relativo; (iii) as adjetivas livres.

9.2.3.1.1. ESTRATÉGIAS DE RELATIVIZAÇÃO E TIPOLOGIA DAS SENTENÇAS ADJETIVAS

Uma pergunta frequente nas pesquisas sobre as estratégias de relativização é a seguinte: já que a sentença adjetiva está encaixada num sintagma nominal, que funções desses sintagmas favoreceriam os processos de relativização? Alguns autores têm mostrado que as línguas variam quanto ao número de posições passíveis de relativização, sendo mais acessíveis os sintagmas nominais de sujeito, em seguida os que funcionam como objeto direto, objeto indireto, oblíquo e genitivo; na escala final se situam as línguas que dispensam um pronome-conjunção para a relativização.

Eles denominaram sua descoberta de "hierarquia de acessibilidade dos sintagmas nominais à relativização", sustentando que (1) qualquer língua pode relativizar sujeitos; (2) as estratégias de relativização não podem saltar pontos nessa hierarquia, isto é, se se relativiza um sintagma nominal objeto indireto, será necessário relativizar antes um sintagma nominal objeto direto; (3) essas estratégias podem interromper-se em qualquer ponto da hierarquia. Uma razão semântico-cognitiva explica essa hierarquia, pois é mais fácil processar a informação contida num sintagma nominal de sujeito, depois a informação contida num sintagma nominal de objeto direto, e assim por diante.

A sintaxe das sentenças adjetivas sempre chamou a atenção dos pesquisadores do PB, pois aparentemente elas apontam para um distanciamento em relação ao PE. Amaral (1922/1977) foi o primeiro a observar esse fato. Lemle (1978) destacou que no PB há três estratégias de relativização:

1. Sentença adjetiva padrão

Na adjetiva padrão, os pronomes relativos exibem as formas correspondentes ao caso que recebem de seu verbo:

(83)
- a) *O livro **que estou lendo** é de história.* (caso nominativo, função de sujeito)
- b) *Perdi o livro **que estava lendo**.* (caso acusativo, função de objeto direto)
- c) *Devolvi o livro ao aluno **a quem ele pertencia**.* (caso dativo, função de objeto indireto)
- d) *Não há uma área em São Paulo **em que a polícia não entre**.* (caso ablativo, função de complemento oblíquo)
- e) *Os painéis solares geram a energia **com que sempre sonhamos**.* (caso ablativo, função de complemento oblíquo)
- f) *O livro de história **cuja capa está rasgada** merece ser encadernado.* (caso genitivo, função de adjunto adnominal)

Como se sabe, o conjunto dos pronomes relativos vem sofrendo séria restrição no PB, com a consequente generalização de *que*. Esta observação nos leva ao tipo seguinte:

2. Sentença adjetiva copiadora

Quando o pronome relativo se despronominaliza, reduzindo-se à condição de conjunção, ele perde a propriedade fórica, que será preenchida por um pronome pessoal preposicionado ou não:

(84)
- a) *Não há uma área em São Paulo **que a polícia não entre nela**.*
- b) *Os painéis solares geram a energia **que sempre sonhamos com ela**.*
- c) *O livro de história **que a capa dele está rasgada**...*

Na língua formal, que ainda conserva o valor pronominal dos relativos, teríamos:

(84')
- a) *Não há uma área em São Paulo **em que a polícia não entre**.*
- b) *Os painéis solares geram a energia **com que sonhamos**.*
- c) *O livro de história **cuja capa está rasgada**...*

O desaparecimento de *cujo* no PB contemporâneo torna a estrutura (84c') cada vez mais rara, mesmo no padrão culto, variedade em que esse pronome é substituído por *de que*.

3. Sentença adjetiva cortadora

Apagando-se os pronomes pessoais de (84), estrutura-se a adjetiva cortadora de (85), que já ocorre no PB escrito veicular:

(85)
- a) *Não há uma área em São Paulo **que a polícia não entre*** (Folha de S. Paulo, 17 dez. 2008, pág. C3)
- b) *Os painéis solares geram a energia **que sempre sonhamos**.*
- c) *O livro de história **que a capa está rasgada** merece ser encadernado.*

Deve haver alguma relação entre a sintaxe de (85a) e o uso crescente do advérbio *onde*, que substituiria a estrutura padrão *em que*:

(85)
    a') *Não há uma área em São Paulo **onde a polícia não entre**.*

Braga / Manfili (2004) descreveram a variação *onde/pronome relativo preposicionado*, observando que essas expressões têm a mesma chance de ocorrência quando o antecedente representa a categoria de LUGAR ou TEMPO, como em:

(85)
    d) *Qualquer lugar **onde/ que** você vai, o preço é o dobro.*
    e) *Os moradores poderão reviver aquela época **onde/em que** a cidade era a capital da laranja.*

Essas autoras notaram que a função de adjunto favorece a opção por *onde*, e a de argumento, a opção pelo pronome relativo preposicionado.

Outras pesquisas estabeleceram uma correlação entre a tipologia das sentenças adjetivas e as alterações dos clíticos no PB contemporâneo (sobre as alterações dos clíticos, veja 11.4.1.1). Explorando essa correlação, Mary Kato hipotetizou que as estratégias de relativização correspondem à gramática de clíticos disponível pelo falante. Ela mostrou que há uma harmonia no tratamento dos clíticos e dos pronomes relativos, pois ambos compartilham a propriedade da foricidade. Assim, o falante que usar os clíticos na anáfora, como em

(86) *Eu descasquei as laranjas e Pedro **as** comeu.*

utilizará a adjetiva padrão:

(86a)   *Eu descasquei as laranjas **que Pedro comeu**.*

O falante que substitui o clítico pelo pronome acusativo *ele*, como em

(86b) *Eu descasquei as laranjas e Pedro comeu **elas**.*

selecionará a adjetiva copiadora:

(86c) *Eu descasquei as laranjas **que Pedro comeu elas**.*

Finalmente, o falante que anaforiza através da elipse, como em

(86d)*Eu descasquei as laranjas e Pedro comeu Ø.*

selecionará a adjetiva cortadora, como em

(86e) *Eu descasquei as laranjas que Pedro comeu Ø.*

semelhante na aparência a (86a).

O rápido desaparecimento dos clíticos no PB vem favorecendo o uso das adjetivas copiadoras e cortadoras. Exemplos de cortadoras ocorrem, entretanto, entre os clássicos portugueses: estude, desse ponto de vista, os exemplos aduzidos por Bechara (1992/1999: 492).

Investigando a perspectiva aberta por Mary Kato, Tarallo (1983) mostrou que os pronomes relativos estão perdendo suas propriedades pronominais, restringindo progressivamente sua atuação gramatical à de um nexo, sem papel funcional, fato já apontado anteriormente. Ele examinou essa possibilidade no português de São Paulo, confirmando em parte a hipótese de Kato. Tarallo demonstra que o uso da adjetiva copiadora é favorecido pelas seguintes condições: (i) quando o antecedente da adjetiva é /humano, singular, indefinido/; (ii) quando o sintagma nominal relativizado ocupa funções sintáticas na seguinte hierarquia: genitivo > objeto indireto > oblíquo > sujeito > objeto direto; (iii) em adjetivas afastadas do sintagma nominal por um segmento encaixado; (iv) quando o falante procede de classes não escolarizadas; (v) quando fala informalmente. Quanto à adjetiva cortadora, ela corresponde às altas taxas de apagamento do pronome em função oblíqua.

9.2.3.1.2. FUNÇÕES DO PRONOME RELATIVO

O pronome relativo desempenha simultaneamente dois papéis: enquanto pronome, recebe funções argumentais ou de adjunção do verbo da sentença que ele encabeça; enquanto conjunção, liga a adjetiva ao núcleo do sintagma da matriz. Nos exemplos a seguir, indica-se a função argumental do pronome relativo:

(87)
- a) *O homem **que** comprou o livro veio trocá-lo.* (pronome relativo sujeito)
- b) *O livro **que** o homem leu era uma droga.* (pronome relativo objeto direto)
- c) *O homem **a quem** dei o livro está aí, querendo outro.* (pronome relativo objeto indireto)
- d) *O livro **de que** lhe falei está bem guardado. O Brasil será o país **com que** sonhamos.* (pronome relativo oblíquo)
- e) *O livro **cuja/ de que a** capa se estragou apareceu todo mofado.* (pronome relativo adjunto adnominal)
- f) *Demoliram a casa **onde** nasci.* (pronome relativo adjunto adverbial)

Vamos insistir um pouco na progressiva despronominalização dos relativos. Sucede que, despronominalizando-se, o relativo *que* se aproxima formalmente da conjunção integrante *que*, que encabeça uma sentença substantiva. O quadro se complica no caso das substantivas que funcionam como argumento de um substantivo, como em

(87)
- g) *Não há necessidade **que me abale**, continuarei sempre na luta.*

E agora, *que me abale* é uma sentença substantiva ou adjetiva?

Se você quiser uma solução baseada na Morfologia, argumente que o pronome relativo dispõe do alomorfe *qual*; com isso, se a palavra *que* pode ser substituída por *qual*, você está diante de um pronome relativo, que introduz uma sentença adjetiva:

(87g') *Não há necessidade **a qual** me abale, continuarei sempre na luta.*

Mas você pode fazer um raciocínio sintático. *Necessidade* é um substantivo abstrato, como *saudade*. Essas palavras regem argumento interno preposicionado, denominado tradicionalmente complemento nominal (cf. *saudade da paçoquinha, necessidade de paçoquinha*). Em consequência, o *que* integrante virá preposicionado, como em

(87h) *Não há necessidade **de que você me abale**.*

e teremos uma substantiva.

Entretanto, como as expressões linguísticas podem enquadrar-se em mais de uma classe, há situações em que ficamos numa espécie de intervalo, entre a substantiva e a adjetiva. Isso nos leva à seção seguinte.

9.2.3.1.3. A ADJETIVA LIVRE

Um problema complicado é o das estruturas em que figura o pronome relativo *quem*:

(88)
- a) ***Quem foi a Portugal*** *perdeu o lugar.*
- b) *Já se apresentou ao emprego **quem você recomendou**.*

Em (88) não vêm expressos os sintagmas nominais em que a adjetiva estaria encaixada, ou seja, o antecedente não apareceu. Logo, não teríamos aí sentenças adjetivas. Nesse caso, que diabo de estrutura é essa?

As seguintes análises têm sido feitas:

(i) "*Quem foi a Portugal*" e "*quem você recomendou*" são sentenças encaixadas nos sintagmas verbais "*perdeu o lugar*" e "*já se apresentou ao emprego*", funcionando como sujeito; logo, são substantivas. Luft (1974) foi por aqui, incluindo (88) entre as substantivas, a que denomina *substantiva de adjunto adnominal*. Nesse caso, teríamos de admitir que a palavra *quem* é uma conjunção integrante, e que as substantivas funcionam também como adjuntos, disputando um lugar ao sol com as adverbiais.

(ii) O pronome *quem* tem por antecedente uma expressão omitida de traço /humano/, parafraseável por [*aquele* Ø]. Com isso, desdobrando-se *quem* em *aquele que*, a candidatura das adjetivas volta a ser cogitada:

(88)
    a') *Perdeu o lugar aquele* Ø ***que foi a Portugal***.
    b') *Já se apresentou ao emprego aquele* Ø ***que você recomendou***.

Explicitado o antecedente de *quem*, pode-se argumentar que essas sentenças estão encaixadas num sintagma nominal de núcleo elíptico, algo como

(88)
    a") [*Aquele sujeito que*] *foi a Portugal perdeu o lugar*.

Tudo bem, só que agora estamos analisando a paráfrase de (88a), que traz uma estrutura sintática diferente.

(iii) O pronome *quem* organiza uma sentença adjetiva apenas quando preposicionado, situação em que ele funciona como argumento interno do verbo ou do substantivo da sentença adjetiva por ele encabeçada. Esta é a solução de Bechara (1992/1999: 487) e Neves (2000: 385):

(88)
    c) *Só trato de negócios* **com quem** *me respeita*.
    d) *Entreguei o presente* **a quem** *me pediu*.
    e) *Vivia colado no profeta,* **de quem** *se tornara seguidor*.

Móia (1996, apud Mira Mateus et al., 1989/2003/2005: 675), as denominou *relativas livres*, talvez pela dificuldade de localizar seu ponto de encaixamento.

Uma característica geral dessas análises é que, aparentemente, queremos decidir sobre o estatuto dessas construções jogando com dois polos: ou são substantivas, ou são adjetivas. Ora, como vimos na seção **9**.2.2.1, a conjunção integrante derivou do pronome relativo. Isso nos permite raciocinar que as estruturas com *quem* situam-se no ponto da passagem do pronome relativo para a conjunção integrante, localizando-se num *continuum* categorial que tem, numa ponta, o encaixamento no sintagma verbal e, na outra ponta, o encaixamento no sintagma nominal.

9.2.3.2. Semântica das adjetivas

As gramáticas classificam habitualmente as sentenças adjetivas com base em suas propriedades semânticas. Assim, elas podem ser:

9.2.3.2.1. Restritivas ou determinativas

Quando especificam o sentido do sintagma nominal em que estão encaixadas, agregando alguma informação relevante, como nos exemplos anteriores. Neves (2000: 375) esclarece o que se quer dizer com "especificação do sentido do sintagma nominal", mostrando que nas restritivas "a informação introduzida serve para identificar um subconjunto dentro do conjunto [expresso pelo núcleo desse sintagma]". Assim, em (88a), a relativa destaca um subconjunto de homens no interior do conjunto homem. Mira Mateus et al. (1989/2003/2005: 655) mostram que "as restritivas contribuem para a construção do valor referencial da expressão nominal".

9.2.3.2.2. Explicativas ou apositivas

Quando operam como um aposto do sintagma nominal, explicitando "um comentário do locutor acerca da entidade denotada por um sintagma nominal, o antecedente da relativa" (Mira

Mateus et al., 1989/2003/2005: 671). Entenda-se por "comentário" que as adjetivas explicativas não identificam "nenhum subconjunto dentro de um conjunto" (Neves, 2000: 375).

(89) *A neve, **que é branca**, transforma-se numa lama escura depois de muito pisada.*

9.2.3.2.3. RESTRITIVAS FINAIS

Quando agregam uma noção de finalidade à adjetiva, trazendo o verbo no subjuntivo:
(90) *Mandou retirarem seus sapatos enlameados, **que não sujassem sua sala**.*

9.2.3.2.4. RESTRITIVAS CAUSAIS

Quando agregam uma noção de causalidade à adjetiva:
(91) *O cão, **que é amigo fiel**, vigiou a casa durante toda a noite.*

Outra questão levantada pela semântica das adjetivas é a seguinte: que função adicional as adjetivas desempenhariam, considerando-se que as línguas já dispõem de adjetivos e de expressões adjetivais para especificar o sentido do sintagma nominal?

Comparando
(92)
   a) *Vi um vestido **vermelho**.*
   b) *Vi um vestido **de tecido vermelho**.*
   c) *Vi um vestido **que era feito de tecido vermelho**.*

verifica-se que a adjetiva predica o sintagma nominal de modo mais complexo, identificando seu referente como "participante de um estado de coisas" (Dik, 1997: 23-92). Além do mais, através das adjetivas o falante aplica a esse sintagma a categoria de tempo, não encontrada no adjetivo ou nos adjetivais.

LEITURAS SOBRE AS SUBORDINADAS ADJETIVAS
Lemle (1978), Tarallo (1983), Cohen (1989), Moraes de Castilho (2004a, 2006), Braga / Manfili (2004), Braga / Kato / Mioto (no prelo).

9.2.4. SUBORDINADAS ADVERBIAIS

Imagine a cena: você pretende ficar em dado lugar, porém a situação discursiva em que se encontra exige algo mais do que simplesmente declarar *Ficarei*. Por qualquer razão, não cairá bem se você for tão telegráfico, tão econômico em seus meios verbais. Você, definitivamente, precisará acrescentar informações adicionais a isso. Ah, meu amigo, nessa hora você caiu em cheio nos braços das sentenças adverbiais! Elas existem precisamente para fornecer informações desse tipo.

Eis aqui algumas de suas alternativas:
(93)
   a) *Ficarei **porque Maria vem**.*
   b) ***Se Maria vier** eu fico.*
   c) *Ficarei **quando Maria vier**.*
   d) *Ficarei **para que Maria venha**.*
   e) *Ficarei, **embora Maria venha**.*
   f) *Ficarei mais tempo **do que Maria pensa**.*
   g) *Ficarei tanto tempo **que Maria se chateará**.*
   h) *Maria falou alto, **como costumava fazer**.*
   i) *Inscrevi-me entre os pretendentes a Maria, **à medida que ela os chamava para o teste**.*

Nos exemplos, as sentenças negritadas verbalizam informações adicionais. A informação central veiculada por uma sentença está contida no verbo e em sua estrutura argumental. Não é esse o caso das adverbiais, que funcionam em adjunção ao verbo da sentença matriz, predicando ou verificando esse escopo.

A tradição gramatical tenta captar essas informações adicionais, extraindo daí uma tipologia para essas sentenças:
- Causal (93a): a adverbial expressa uma causa para *ficar*.
- Condicional (93b): a adverbial submete *ficar* a uma condição.
- Temporal (93c): a adverbial localiza *ficar* no tempo.
- Final (93d): a adverbial estabelece uma finalidade para *ficar*.
- Concessiva (93e): a adverbial contraria a expectativa criada por *ficar*.
- Comparativa (93f): a adverbial compara a duração de *ficar* a *pensar*.
- Consecutivas (93g): a adverbial expõe uma consequência de *ficar*.
- Conformativa ou modal (93h): a adverbial modula *falar*.
- Proporcional (93i): a adverbial estabelece uma proporção para *inscrever-se* (Cunha / Cintra, 1985: 589-593).

Se fôssemos identificar todas as alterações de sentido que as adverbiais provocam na sentença matriz, teríamos uma tipologia inesgotável. Melhor fazer como os outros, parando por aqui.

Dotadas de propriedades semanticamente homogêneas, essas sentenças, entretanto, mostram propriedades sintáticas heterogêneas, distintas.

– *Pois é, dona Ciência clássica, tudo ia indo tão bem!*

Funcionando como constituintes em adjunção ao verbo da sentença matriz, elas deveriam aceitar o teste da focalização por meio de *somente* e *é que*. Como vimos em **6.**5, os constituintes sentenciais são identificáveis por meio desse processo. Admitindo-se que todas elas funcionem como um adjunto adverbial, todas poderiam ser focalizadas.

Mas se as focalizarmos, notaremos que elas mostram um comportamento heterogêneo. Assim, podem ser focalizadas as causais, as condicionais, as temporais, as finais e as proporcionais, estas, na verdade, um subtipo das temporais (Castilho / Carratore, 1965). Não podem ser focalizadas as concessivas, as comparativas, as consecutivas e as conformativas, que não são, portanto, sentenças adverbiais:

(93')
a) *Ficarei somente porque Maria vem. Ficarei é porque Maria vem.*
b) *Somente se Maria vier eu fico. É se Maria vier que eu fico.*
c) *Ficarei somente quando Maria vier. Ficarei é quando Maria vier.*
d) *Ficarei somente para que Maria venha. Ficarei é para que Maria venha.*
e) **Ficarei somente embora Maria venha. *Ficarei é embora que Maria venha.*
f) **Ficarei somente mais tempo do que Maria pensa. Ficarei é mais tempo do que Maria pensa.*
g) **Ficarei somente tanto tempo que Maria se chateará. *Ficarei é tanto tempo que Maria se chateará.*
h) **Maria falou alto somente como costumava fazer. *Maria falou alto é como costumava fazer.*
i) *Inscrevi-me entre os pretendentes a Maria, somente à medida que ela os chamava para o teste. Foi à medida que ela os chamava para o teste que me inscrevi entre os pretendentes a Maria.*

O que fazer com as sentenças "reprovadas no teste"? Fazer de conta que não existem? Integrá-las em outra tipologia? Admitir um *continuum* entre as adverbiais, metendo de um lado as aprovadas e de outro as reprovadas, considerando-as pouco gramaticalizadas? Vamos ver.

Concessivas e adversativas compartilham a mesma propriedade discursiva, a da contrajunção, distinguindo-se gramaticalmente no uso do modo verbal. E como as concessivas selecionam o subjuntivo, que é o modo da subordinação, será difícil deixar de considerá-las subordinadas, mesmo "reprovadas no teste".

As correlatas comparativas e consecutivas se distinguem gramaticalmente das demais por conterem uma conjunção redobrada, cujos termos ocorrem espaçosamente na primeira e na segunda sentenças: em (93f), o advérbio *mais*, que se correlaciona com *do que*, e em (93g), o advérbio *tanto*, que se correlaciona com *que*. Vamos considerá-las como correlatas, descrevendo-as na seção **9.3**. Bom, pelo menos isso ficou resolvido.

Refletindo sobre o estatuto das adverbiais, Matthiesen / Thompson (1988) e Hopper / Traugott (1993/2004) reconheceram nelas um tipo distinto tanto das encaixadas quanto das coordenadas. As adverbiais teriam o estatuto de sentenças "hipotáticas de realce".

Dentre as adverbiais, as condicionais, temporais e causais têm sido as mais estudadas. Neves / Braga (1998: 197) partem da escala unidirecional da gramaticalização para estabelecer que causa e condição são bem gramaticalizadas. As temporais e condicionais ocupam "posições diferenciadas no *continuum* da gramaticalização". Para medir os diferentes graus de gramaticalização das adverbiais, as autoras aplicam os seguintes critérios de integração da adverbial (a que denominam *hipotática*) na matriz: (i) realização do sujeito como anáfora pronominal ou nula, (ii) determinação de tempo e modo da subordinada pelo tempo e modo da nuclear. Sobre as condicionais, veja também Gryner (1990), Decat (1995).

Há sem dúvida certo desconforto na análise das adverbiais, o que tem suscitado algumas alternativas no campo da abordagem funcionalista:

1. As adverbiais podem ser integradas em três grandes tipos: (i) causalidade *lato sensu*: causais, condicionais, concessivas e explicativas ou conclusivas – foram assim salvas as concessivas; (ii) temporalidade, aí incluídas as proporcionais; (iii) finalidade.

A busca de uma generalização para as muitas classes de adverbiais justifica esse esforço de integração.
2. As adverbiais não ficam confortáveis ao lado das substantivas e das adjetivas, pois apresentam uma ligação mais fraca com a sentença matriz. Se de um lado elas são menos estruturadas sintaticamente, o que faz as delícias dos gramaticalizadores, de outro elas são mais sensíveis às necessidades do discurso, animando tremendamente a tribo dos funcionalistas! Faça um cálculo rápido: quantos gerativistas examinaram as adverbiais? Pois é, as diferentes orientações teóricas demonstram um tremendo apego a certas partes da língua-elefante. Lembra-se da fábula dos cegos e do elefante?

Neves / Braga / Hattnher (2008: 937) propõem um estatuto próprio para as adverbiais, situando-as a meio termo entre as coordenadas e as subordinadas:

> O melhor critério para analisar as subordinadas adverbiais considera, por um lado, o grau de interdependência com a sentença nuclear a que se vinculam, e, por outro, o tipo de relação lógico-semântica que expressam, constituindo um tipo distinto tanto das subordinadas propriamente ditas (as tradicionalmente chamadas completivas e adjetivas restritivas), que se caracterizam pelos traços /+encaixamento/ e /+dependência/, quanto das coordenadas, que se caracterizam pelos traços /-encaixamento/ e /-dependência/. Elas se deixam identificar pelos traços /-encaixamento/ e /+dependência/ e serão rotuladas de hipotáticas, neste capítulo.

3. Em seu conjunto, as adverbiais são análogas às relações retóricas que constituem um texto, como foi apontado por Matthiesen / Thompson (1988). Essas autoras não concordam com a identificação mecânica das subordinadas adverbiais aos advérbios, pois, embora também possam ser parafra-

seadas por um sintagma preposicional, elas se combinam com uma sequência de sentenças, o que excluiria sua aproximação àquela classe. Elas seriam, portanto, mais bem descritas como um caso de "combinação de cláusulas", pois as adverbiais podem combinar-se mais do que as substantivas e as adjetivas, distinguindo-se nisso das encaixadas. Você pode testar esta afirmação, combinando as subordinadas entre si, para ver que tipo se mostra mais combinável.

Nas seções que se seguem, repertoriamos sumariamente o conhecimento acumulado sobre as adverbiais.

9.2.4.1. Causais

Neves / Braga / Hattnher (2008: 946) assim descrevem a semântica das adverbiais causais:

> Sob uma perspectiva lógico-semântica, a construção causal pode ser caracterizada como a junção entre um evento-causa e um evento-consequência ou evento-efeito. Concebida dessa forma, a relação causal implica uma sequência temporal entre os eventos, à qual se soma a ideia de que o segundo evento é previsível a partir do primeiro (ou porque tem nele a sua razão, ou porque há entre eles uma sucessão regular).

Mais adiante, as autoras identificam as seguintes propriedades discursivas das causais: "nas construções causais se instaura um jogo entre fundo, ou parte recessiva do significado (o segmento causal), e figura, ou parte dominante da construção (o segmento que representa o que foi "causado"), partes que, afinal, se definem pelo seu valor informativo".

As seguintes conjunções introduzem uma adverbial causal: *porque, desde que, como, que, já que*. A primeira é a conjunção prototípica da causalidade no PB. Segundo Paiva (1995), na língua falada a conjunção *porque* passa por um processo de abstratização, vale dizer, continua a gramaticalizar-se, deixando de assinalar as relações de causa e efeito para indicar a enumeração de proposições. Nesse uso, elas criam o esquema "*porque sentença 1, porque sentença 2, porque sentença 3*", e assim por diante, em que *porque* acentua seu uso como marcador discursivo.

O mesmo fato tinha sido anotado por Dias de Moraes (1987: 152 e ss.), que identificou as seguintes ocorrências de causais de *porque* na língua falada:

1. *Porque* como marcador discursivo, (i) situado no início dos enunciados, em tomadas de turno, às vezes para reorientar tematicamente a conversação; (ii) situado no meio do turno; e (iii) como sequenciador de atos de fala, nos quais "*porque* parece ter-se despojado de suas funções sintáticas, mantendo apenas as conversacionais" (Dias de Moraes, 1987: 176):

(94)
    a) Doc. – *Ah... vale a pena.*
        L2 – *É ... me disseram que vale...*
        L1 – **Porque** *ele ainda não está trabalhando bem... né?*
    b) L1 – *e uma linha só não cobre isso...* **porque você veja**... *metrô é um transporte em linha reta né?* (combinação com outros marcadores discursivos)
    c) *e as moças é que usavam sapato sem conforto* **porque** *não é... apesar de quando às vezes usavam ua/uma forma para moça... a forma japonesa era muito calçante... muito cômodo... lembra da forma japonesa?*

2. *Porque* depois de imperativo:

(95) *não me chame de madame H...* **porque** *madame aqui no Brasil (...) casa de madame... como se fosse uma casa de uma coleteira...* (causa explícita)

3. Uso epilinguístico (veja epilinguismo*) de *porque*:
(96)
   a) *então a gente aproveita a reunião das pessoas – **porque** lá em casa nós somos ba/bastante né?... somos seis...* (causal metalinguístico, segundo a autora; explica-se o que significa nesta famíia uma reunião de pessoas)
   b) *então desen/o desenvolvimento é bom... **porque** ele dá chance de emprego para mais gente* (explicação sobre a importância do desenvolvimento)
   c) *é... a minha posição coincide também com a do C.... de maneira que nós temos também mais um ponto em comum... **porque** realmente eu não só me utilizo pouco... mas as poucas vezes que me utilizo me sinto bem atendido* (a presença de *porque* se deve à necessidade de expor a causa de ter havido todo o enunciado imediatamente anterior, não só uma palavra ou segmento, como ocorreu nos casos anteriores)

4. *Porque* expressa a causa por remeter à asserção de verdade ou falsidade contida na proposição anterior:
(97) *É uma concepção falsa... **porque** supôs... (...) que eles atribuíam uma alma a objetos e plantas...*
A preposição *por* e as locuções prepositivas *por causa de, devido a, em razão de* + infinitivo concorrem com as conjunções causais:
(97')
   a) *É uma concepção falsa, **por supor** que eles atribuem uma alma a objetos e plantas.*
   b) *É uma concepção falsa, **devido a/em razão de supor** que eles atribuem uma alma a objetos e plantas.*

9.2.4.2. Condicionais

Leão (1961: 60) escreveu um dos estudos mais abrangentes sobre as condicionais, ascendendo ao latim vulgar e às línguas românicas, para aí situar o período hipotético no português dos séculos XIX e XX. Ela afirma que "No período hipotético propriamente dito, a ideia de condição ou hipótese se exprime não só pela conjunção, mas ainda pelo tempo e o modo dos verbos."
Tanto assim é que, omitindo a conjunção e mantendo o subjuntivo, obtém-se o efeito da condição:
(98)
   a) *O patrão é porque não tem força. Tivesse ele os meios e isto viraria um fazendão.*
O exemplo (98) mostra que a colocação das sentenças substitui a conjunção. Vale o mesmo para os sintagmas preposicionais introduzidos por *sem*:
(99)
   b) *Sem a mulher o mundo voltaria ao caos.* (Leão, 1961: 60, 64)
Tradicionalmente, reconhece-se que as condicionais apresentam três tipos semânticos de relacionamento entre a primeira sentença, ou prótase condicionante, doravante S1, e a segunda sentença, ou apódose condicionada,[4] doravante S2.
1. Condicional real ou factual: o enunciado da prótase é concebido como real, e em decorrência disso o enunciado da apódose é tido como uma consequência necessária, igualmente real. Essas condicionais remetem para o mundo do já sabido, e geralmente apresentam o esquema [*se* + indicativo/indicativo], como se vê em

---

[4] Os dois termos derivam do grego *prótasis* > *prótase*, literalmente "o que é colocado antes"; *apódosis* > *apódose*, deverbal de *apodídomi*, significa literalmente "o que resulta de, o que deriva de", no caso, o que resulta da apódose.

(100) *Se eu **estudo**, **passo** de ano.*
As condicionais reais mostram paralelismo com as causais, e as conclusivas, como se vê pelos esquemas:
(101)
   a) Se S1, é porque S2: *porém **se** há persistência do nódulo... **é porque** aquele nódulo é patológico.* (EF SSA 49)
   b) Se S1, então S2: *Se essa aréola possui uma série de tubérculos... **então** o tubérculo é nomeado de (...)* (EF SSA 49)

2. Condicionais eventuais ou potenciais: a prótase é eventual, e a apódose confirma a hipótese anterior desde que seja satisfeita a condição verbalizada na prótase. As condicionais eventuais representam o mundo epistemicamente possível: Gryner (1990). O esquema habitual é [*se* + subjuntivo / indicativo]:

(102) *eu acho que **se sair** antes das seis horas da manhã **sai** melhor.* (D2 SSA 98)

Geraldi (1978) denomina *implicativas* tais condicionais, visto que o preenchimento da condição na prótase implica na consequência contida na apódose. Segundo Neves / Braga (1998), "os esquemas eventuais constituem os hipotéticos prototípicos, porque neles é que se está em dúvida sobre o mundo A, estando, pois, a oração condicional *se X* fazendo uma adição hipotética e provisória ao estoque de conhecimento partilhado entre falante e ouvinte".

3. Condicionais contrafactuais ou irreais: a prótase encerra uma afirmação falsa, contrária à realidade. Temos aí o esquema [*se* + subjuntivo/forma em *-ria*], como em:

(103) *a imagem que eu fazia era a seguinte: **se** o Japão **fosse** uma Birmânia (...) as economias industriais que ganharam a Segunda Guerra não **teriam ajudado** o Japão.* (EF RJ 379)

Deslocando o debate para as propriedades discursivas das condicionais, Leão (1961: 101 e ss.) mostra que os seguintes processos lhes conferem realce: (1) *Se... então*: "*Se o senhor casar com Iaiá, então há de ver o anjo que ela é*". (2) *Se é que...*: "*Se é que ele pensa, verá o erro*". (3) *Se... é/era/foi*: "*Se corre, é porque tem medo*"; "*se corria, era porque tinha medo*"; "*se correu, foi porque teve medo*". Esses exemplos mostram que as condicionais se combinam com sentenças causais e comparativas: "*Correu como se tivesse medo*" (Leão, 1961: 109-120).

As condicionais têm suscitado um conjunto expressivo de interpretações:
a) Elas se relacionam com outras adverbiais, fato já aqui lembrado.
b) As condicionais "são tópicos das construções em que ocorrem" (Haiman, 1978, apud Neves / Braga, 1998). Quer dizer, a estrutura *Se p* contém o quadro de referências com respeito ao qual se aceitará a estrutura *q*. A partir dessas afirmações, essas autoras escrevem que "os tópicos podem ser estabelecidos como tais pelos significados de miniconversações como as que, seguindo Jespersen, podem estabelecer-se, por exemplo, para as seguintes ocorrências" (Neves / Braga, 1998: 193):

(104)
   a) *Dependendo do tipo de pimenta **se** for pimenta malagueta por exemplo eu não gosto* (D2 POA 291).
   b) *A alternativa que a gente dá para ele é se não quiser ir à escola então vai trabalhar.* (D2 SP 360).

isto é,
(104')
   a) A – *É pimenta malagueta?*
      B – *(É)*
      A – *Então eu não gosto.*
   b) A – *Não quer ir à escola?*
      B – *(É)*
      A – *Então vai trabalhar.*

c) As condicionais criam espaços mentais, segundo Fauconnier (1984/1985): veja **11.2.2.1**.

9.2.4.3. Finais

As adverbiais, de modo geral, exemplificam construções em que comparecem os modos indicativo e subjuntivo. Já as finais só se constroem com o subjuntivo, como se pode ver em:
(105)
    a) *Vestiu-se bem **para que todos notassem**.*
    b) *Vestiu-se bem **a fim de que todos notassem**.*
ou com o infinitivo preposicionado por *para*:
(105)
    c) *Vestiu-se bem **para ser notada por todos**.*
Elas são introduzidas pelas conjunções *para que, a fim de que, para* + infinitivo. Segundo Bechara (1992/1999: 501), as adverbiais finais expressam *a intenção, o objetivo, a finalidade do pensamento* contido na sentença matriz.

9.2.4.4. Concessivas

As concessivas estabelecem um contraste com a matriz, assumindo a estrutura "*Embora p, q*". Também figuram como conjunções concessivas *se bem que, mesmo que, apesar que*.

Há um caso gramaticalmente mal resolvido entre as adversativas e as concessivas. Que elas mantêm uma relação, não há dúvida, pois as primeiras podem ser parafraseadas pelas segundas:
(106)
    a) *As adversativas e as concessivas andam de mãos dadas, **mas** deveriam discutir a relação.*
    b) ***Embora** as adversativas e as concessivas andem de mãos dadas, deveriam discutir a relação.*
Vê-se em (106a) e (106b) um fato discursivo e alguns fatos gramaticais – e vamos parando por aqui, antes que sobrem outras coisas. Discursivamente, elas alteram o eixo argumentativo: enquanto na adversativa adiamos a negação de expectativas para a segunda sentença, na concessiva o desgosto vai estampado logo de cara, na primeira sentença. Ou seja, você escolhe discursivamente se quer negar logo de uma vez ou se acha melhor adiar o conflito. Gramaticalmente, as adversativas se expressam no indicativo e se situam em segundo lugar na sentença complexa; as concessivas se expressam no subjuntivo, que é o modo da subordinação, e se colocam em primeiro lugar na sentença complexa.

A tradição gramatical tem falado mais alto, e com isso as adversativas foram despachadas para a coordenação e as concessivas, para a subordinação.

– *E agora, como é que eu faço, separo na terra o que os deuses da gramática ligaram lá no paraíso? Não será pecado?*
– *Calma no pedaço, a teoria multissistêmica mostra que esta é uma falsa questão. No discurso temos a perspectiva dos eixos argumentativos, em que ambas as sentenças são descritas em conjunto. Na gramática temos a perspectiva dos modos verbais e da ordem de colocação das sentenças, e com isso essas sentenças são descritas em separado. E tudo continua em paz, convivendo em nossa mente propriedades que se excluem.*

Testes de focalização excluem as concessivas de entre as subordinadas. Geraldi (1978: 83-84) sustenta que "a análise estrutural que propomos aos enunciados concessivos é de que eles se constituem por duas enunciações coordenadas entre si". As concessivas não são, portanto, subordinadas adverbiais prototípicas.

As intuições sobre as concessivas, colhidas em gramáticos e em linguistas, mostram que uma das sentenças envolvidas encerra um conteúdo negado explícita ou implicitamente. Eis aqui algumas dessas intuições, recolhidas por Neves (1999c):

(i) um antecedente concessivo contém um fato, ou noção, apesar do qual a proposição principal se sustém (Burnham, 1911);
(ii) nas concessivas, contrariamente a uma expectativa justificável, a escolha do elemento disjunto é totalmente irrelevante, pelo menos para o resultado expresso na proposição principal (Haiman, 1974);
(iii) numa sentença concessiva, a verdade da oração principal é asseverada, a despeito da proposição contida na oração subordinada (Mitchell, 1985).

Com esse perfil, as concessivas se prestam ao jogo argumentativo, surpreendido em muitos estudos. Assim, Bechara (1954: 9-10) afirma que "duas etapas existem no pensamento concessivo que o aproximam do pensamento condicional: elaboração de hipótese de objeção por parte do ouvinte, e refutação dessa objeção". Assim, essa construção "deve ter nascido no momento em que as declarações do falante sentiram o peso da argumentação contrária do interlocutor". E mais além: "a prática cotidiana habilitou o homem a pressupor, no correr de suas asserções, a objeção iminente".

Vamos interromper um pouco a descrição para refletir sobre a gramaticalização de *embora*.

A conjunção concessiva *embora* deriva do sintagma preposicionado *em boa hora*, usado até o século XV após o verbo *ir* no subjuntivo volitivo, para expressar um bom augúrio:

(107)
a) *Vá **em boa hora**!*
b) *Vamos **em boa hora** nosso caminho*

Seu antônimo *em má hora*, e a variante arcaica *ieramá*, expressavam os maus augúrios.

Em (107), o subjuntivo volitivo figura sem as expressões *oxalá que*, *tomara que*, que especificam esse modo.

Um primeiro passo na gramaticalização de *em boa hora* foi dado quando a expressão perdeu a noção de volição, sofreu redução fonológica, dando origem ao advérbio dêitico locativo *embora*, que indica um espaço vago. O novo advérbio continua a figurar posposto ao verbo de movimento:

(108)
a) *Fomos **embora**.*
b) *... a firma fala "tchau... vai **embora**!"* (D2 SP 343)
c) *com todos os problemas por aí a gente vai **embora**.* (DID RJ 135)
d) *empilhava as carcaças e ia **embora**.* (DID RJ 135)

Outros verbos passam a figurar com esse advérbio:
(108)
e) *tem todo direito... ninguém vai poder mandar ele **embora**.* (EF RJ 364)

Um segundo passo é dado quando são esquecidas as restrições de seleção, e *embora* passa a construir-se com verbos quaisquer, migrando para a cabeça de uma sentença negativa, figurando antes de *que* volitivo, que rege o subjuntivo:

(109)
a) ***Embora que** não tenha razão, ainda assim insiste.*
b) ***Embora** não tenha razão, ainda assim insiste.*

Nos termos da Sintaxe Gerativa, segundo Jairo Nunes (com. pessoal), em (109a) *embora* subiu para a posição de Comp, encontrando-se aí com *que* volitivo. Isso explicaria a seleção de subjuntivo por essa conjunção.

Num terceiro passo, *embora* desaloja *que*, assume seu papel de conjunção, desenvolvendo, segundo Rodolfo Ilari (com. pessoal), um sentido aproximado de:

(109')
b) *OK, tudo bem, admito que não tenha razão.*

Contruído com uma negação, *embora* parece ter seguido a mesma trajetória de *magis*, absorvendo por metonímia o valor de negação de expectativas, como em (110b):
(110)
   a) **Embora** *o que o C. falou seja verdade, não vou cair nessa.*
   b) **Embora** *não tivesse tirado o hábito, já se comportava como um leigo.*

A sintaxe de (110a) passa a residual; de um ponto de vista quantitativo, a construção concessiva *embora* + subjuntivo é de longe a mais frequente.

Num quarto passo, o emprego concessivo de *embora* se alarga, e a nova conjunção passa a reger formas nominais do verbo, como em (111a) e (111b), e a ligar constituintes sentenciais, como em (111c) e (111d):
(111)
   a) **embora** *não tendo tido interesse momentâneo.* (D2 SP 255)
   b) *nós não podemos nos esquecer de que* **embora** *rotulando-as por uma questão de análise nós vamos verificar que...* (EF RJ 364)
   c) *viajei de ônibus... de avião... de trem... de navio...* **embora** *tudo dentro do Brasil* (DID RJ 112)
   d) *tive oportunidade de fazer pesquisas sobre a maneira de falar do cearense... do bahiano... ahn* **embora** *nordestinos.* (D2 SP 255)

O exame das ocorrências mostra dois esquemas sintáticos:
1. P, embora não Q
(112) *eu gosto muito de chuchu* **embora** *todo mundo ache chuchu uma coisa sem graça.* (DID RJ 328)

Aqui o caráter negativo de Q está implícito em "achá-lo uma coisa sem graça, portanto não gostar dele".

O símile com a adversativa é evidente:
(112a) *Todo mundo acha chuchu uma coisa sem graça, mas eu gosto de chuchu.*

2. Não P, embora Q
(113) *Evito comer queijos,* **embora** *goste muito.*

Aqui, o caráter negativo de P está na sequência "*evito comer*", isto é, "não como". A paráfrase adversativa evidencia o esquema mencionado:
(113a) *Não como queijos, mas gosto muito.*

9.2.4.5. Temporais

As temporais expressam um tempo anterior, simultâneo ou posterior ao da matriz, sendo introduzidas por *quando, enquanto, ao mesmo tempo em que, à medida que, antes que, depois que*.

Koch (1987: 84) divide as temporais comparando a noção de tempo que elas encerram, em relação ao tempo da matriz. Ela encontrou as seguintes possibilidades:
1. Tempo simultâneo/anterior/posterior
   (114)
   a) *Comi toda a sobremesa* **enquanto/ao mesmo tempo em que** *você falava.*
   b) **Quando você chegou** *eu já tinha comido toda a sobremesa.*
   c) **Quando você chegar,** *eu já terei comido toda a sobremesa.*

2. Tempo progressivo
(115) **À medida que eu comia a sobremesa,** *eu via bater seu desespero.*

Braga (1999) mostra que as temporais podem corresponder a um sintagma preposicionado, como em:

(116) *Fomos... fomos a/viemos... **quando nós voltamos da Argentina** nós fizemos pernoite só em Curitiba.* (DID RJ 328)

parafraseável por

(116a) *Na nossa volta da Argentina nós fizemos pernoite só em Curitiba.*

A mesma autora identificou as seguintes propriedades formais das temporais: (i) no português falado culto do Brasil, predominam as conjunções *quando* (97,5% dos casos), *logo que* e *enquanto* (2,5%); (ii) o sujeito da temporal é majoritariamente codificado por anáfora pronominal; (iii) quanto à correlação tempo-modo, em 66% dos casos a sentença matriz e a temporal compartilham o mesmo tempo e modo, com previsível prevalência do indicativo; (iv) predomina a anteposição das temporais em relação à sentença matriz, em 72% dos casos. Ela observou que fica prejudicada a assimilação das temporais a um advérbio, porque essas sentenças podem combinar-se "não com uma outra oração mas com uma sequência de orações" (Braga, 1999: 455), como em

(117) *Eu adorei o tal do acarajé... **porque quando serviram aqui de uma vez**... eu vi e não gostei.*
(DID RJ 328)

As sentenças de (117) ocupam três níveis: (i) *eu adorei o tal do acarajé*; (ii) *porque eu vi e não gostei*; (iii) *quando serviram aqui de uma vez*. A identificação desses níveis motra que a combinação de sentenças é um fato linear, não estrutural.

Paiva / Pereira (2004) estudaram o estatuto das sentenças formadas com as construções *na hora (em) que, no dia (em) que* e *na época (em) que*, que poderiam ser descritas como adverbiais temporais ou como adjetivas, concluindo que elas mostram um comportamento maiormente temporal, competindo essas construções com a conjunção *quando*:

(118)
   a) **Na época em que eu dançava** *eu saía.*/ **Quando eu dançava** *eu saia.*

LEITURAS SOBRE AS SUBORDINADAS ADVERBIAIS

Leão (1961), Castilho / Carratore (1965), Geraldi (1978), Haiman (1980), Gryner (1990), Dias de Moraes (1987), Koch (1987), Morais (1988), Matthiesen / Thompson (1988), Oliveira (1993), Decat (1995), Paiva (1993, 1994), Neves (1999b, 1999c, 1999d), Neves / Braga (1998), Koch / Marcuschi (1998), Tapazdi / Salvi (1998), Braga (1999), Lima-Hernandes (2000, 2004), Paiva / Pereira (2004), Neves / Braga / Hattnher (2008).

9.2.5. SUBORDINADAS NÃO CONJUNCIONAIS INFINITIVAS, GERUNDIAIS, PARTICIPIAIS

Descrevi nas seções anteriores as sentenças subordinadas conjuncionais. Nesta seção, serão descritas as subordinadas não conjuncionais, aquelas que gramaticalizam seu estatuto de subordinadas através dos morfemas do infinitivo, do gerúndio e do particípio aplicado a seu verbo. Elas são conhecidas como *reduzidas* em nossa tradição gramatical. Em outras análises, essas sentenças são interpretadas como as minissentenças descritas em **8.**1 (Moraes de Castilho, 2005a; Simões, 2007, 2009).

Quaisquer sentenças substantivas, adjetivas e adverbiais podem figurar com seu verbo numa forma nominal, exceto as comparativas, conformativas, consecutivas, locativas e proporcionais (Cunha / Cintra, 1985: 598).

Vejamos a seguir as sentenças organizadas pelas formas nominais do verbo.

9.2.5.1. Sentenças infinitivas

Maurer Jr. (1959: 216) explica que as infinitivas eram muito vivazes no latim culto, em que traziam o sujeito no acusativo, construindo-se com verbos tais como *dizer, pensar, saber*. Isso não ocorria no latim vulgar, e sua sobrevivência no português é uma questão de latinização de sua sintaxe: "Em português se sente bem o cunho literário de fases como *creio ter ele chegado ontem, sei ele estar na cidade*" (Maurer Jr., 1959: 216).

1. Infinitivas substantivas

Agrego os seguintes exemplos, parte dos quais retirados de Gonçalves / Sousa / Galvão (2008):

(119)
  a) *Eu vi o ladrão **retirar a tranca da porta**.*
  b) *Eu... espero **não:: ter problemas com elas** porque...nós mantemos assim um diálogo bem aberto sabe?* (D2 SP 360).
  c) *Declarou **não saber de nada**.*
  d) *Lamento **ter de te dizer estas coisas**.*
  e) *Ordenei **fechar a porta**.*
  f) *É MUIto difícil **a gente desenhar estritamente o que a gente vê a gente separar a percepção... da... do conceito que nós fazemos do objeto**...* (EF SP 405)
  g) *Ele lastima **não ter e::aprendido** antes a ler...*
  h) *Despesas essas que os associados não têm realmente condições... **de... conseguir... um meio ou uma maneira**... digamos assim... **de levar adiante aquela coisa**...* (DID REC 131)

Esses exemplos mostram que as substantivas infinitivas, também denominadas "sentenças reduzidas de infinitivo" na Gramática Tradicional, têm seu uso favorecido pelas seguintes condições:

- Nas sentenças de (119a) a (119e), os seguintes verbos da matriz selecionam o infinitivo sentencial: (a) percepção, (b) volição, (c) elocução, (d) atividade mental, (e) jussivo.
- A subordinada infinitiva desempenha praticamente as mesmas funções das substantivas conjuncionais: (i) sujeito, quando a matriz é preenchida por *ser* + adjetivo (119f), (ii) objeto direto (119a a 119e e 119g), (iii) complemento nominal oblíquo (119h).
- A sentença (119a) resulta do encaixamento de *o ladrão retirou a tranca da porta* em *eu vi o ladrão*. Com isso, *o ladrão* funciona ao mesmo tempo como sujeito de *retirar* e objeto direto de *eu vi*. Por não admitirem a simultaneidade de funções de uma mesma expressão, os modelos formais rejeitam essa análise, propondo que *retirar* tem um sujeito nulo, correferencial ao objeto direto *o ladrão*.

2. Infinitivas adverbiais

Sentenças adverbiais finais, temporais e comparativas podem ter seu verbo no infinitivo preposicionado:

(120)
  a) *Mandei seu presente logo cedo, **para você receber** o meu antes dos outros.*
  b) ***Depois de/ antes de tocar fogo** no mato, escondeu-se da polícia florestal.*
  c) ***Ao apertar** minha mão, vi que estava nervoso.*
  d) *O incendiário foi bastante/demasiado/muito decidido **para tocar fogo** no mato.*

9.2.5.2. Sentenças gerundiais

O gerúndio no latim culto constituía-se numa declinação do infinitivo, dispondo de quatro casos: genitivo *amandi*, dativo *amando*, acusativo *amandum*, ablativo *amando*. O latim vulgar se valia apenas do caso ablativo, com o qual (i) substituiu o particípio presente em {-*nt*}, assumindo os valores que lhe eram próprios (121a), (ii) explorou amplamente os valores próprios ao gerúndio (121b):

(121)
  a) <u>Latim culto</u>: *libros **continentes** picturas*; <u>latim vulgar</u>: *libros **continendo** picturas*; <u>português</u>: *livros **contendo** gravuras.*

b) Latim vulgar: *Omnia loca, quae filii Israel tetigerant **eundo** vel **redeundo** ad montem Dei*; português: *os filhos de Israel tocaram todos os lugares, **indo** e vindo ao monte de Deus* (*Peregrinatio ad locca sancta*, exemplo de Maurer Jr., 1959: 189).

As gerundiais adverbiais exploraram os valores típicos do caso ablativo, que tinha "como função básica exprimir o complemento de meio, de instrumento e de modo, que se mantém nas línguas românicas" (Maurer Jr., 1959: 188).

Dadas suas propriedades de adjetivo e advérbio verbais, o gerúndio passou a operar em nossa língua como núcleo de sentenças adjetivas e adverbiais. Braga (2005) discute o estatuto dessas sentenças reduzidas, mostrando que não é claro que todas sejam subordinadas. Seus dados mostram que umas têm propriedades de subordinadas, e outras, de coordenadas. Mais um *continuum* para nossa coleção!

Vejamos algumas ocorrências de gerundiais adjetivas e adverbiais.

1. Gerundiais adjetivas
    (122)
    a) *Ouvimos os vizinhos **reclamando** do barulho.*

Em (122a), a sentença gerundial se encaixa no sintagma nominal *os vizinhos*, organizando uma sentença que funciona como Complementador desse sintagma, correspondendo a
    (122)
    b) *Ouvimos os vizinhos que reclamavam do barulho.*

Campos (1980) indagou sobre a função sentencial do sintagma nominal em que o gerúndio está encaixado, tendo obtido os seguintes resultados:
    (i) Sujeito: *A água fria, **batendo** no estômago limpo, deu-lhe pancada dolorosa.*
    (ii) Objeto direto, como em (122a).
    (iii) Complemento oblíquo: *Havia uma tradução portuguesa naquela coleção romântica com uma moça na capa, **lendo** um livro.*

Voltando à seção **9.2.3.1.1**, compare as sentenças adjetivas introduzidas por pronome relativo com estas adjetivas gerundiais não conjuncionais. Elas mostram o mesmo comportamento? Que estrutura está mais gramaticalizada?

2. Gerundiais adverbiais
    (123) ***Reclamando** do barulho, acabou arranjando encrenca com o vizinho.*
    que pode ser parafraseada pela adverbial causal
    (123') *Porque reclamou do barulho, acabou arranjando encrenca com o vizinho.*

3. Gerundiais ambíguas

A semelhança entre adjetivos e advérbios, que será examinada nos capítulos "O sintagma adjetival" e "O sintagma adverbial", mostra também aqui sua cara, pois algumas sentenças gerundiais podem ter uma interpretação como adjetivas e como adverbiais:
    (124) *Encontrou a garota **lavando a roupa**.*
    ou seja,
    (124') *Encontrou a garota **que lavava a roupa**.*
    (124") *Encontrou a garota **quando lavava a roupa**.*

Mais uma ambiguidade para sua coleção, mostrando a flexibilidade das classificações gramaticais.

Descrições elaboradas até aqui mostram que o sujeito da sentença gerundial é predominantemente o mesmo da sentença matriz, reduzindo-se a uma média de 16% as ocorrências de gerúndio com sujeito próprio (Campos, 1980). Nessa marcha, o gerúndio continuará a estruturar uma sentença subordinada ainda por muito tempo.

Num amplo estudo sobre a diacronia do gerúndio em textos brasileiros dos séculos XVIII a XX, do ponto de vista da teoria multissistêmica da língua, Simões (2007) concluiu o seguinte:

1. Sintaticização do gerúndio
Na análise sintática dos gerúndios, Simões (2007: 52) considerou dois grupos de ocorrências:
(i) Gerúndios dependentes do sujeito da sentença matriz (sentenças adverbiais de gerúndio): gerúndios em minissentença, gerúndio ambíguo e gerúndio adjetivo;
(ii) Gerúndios independentes do sujeito da sentença matriz (construções absolutas): gerúndios como núcleo de predicação primária, gerúndio em nominalizações, gerúndio imperativo, gerúndio como articulador discursivo e gerúndio em perífrases verbais.

Suas conclusões são as seguintes:

> Os resultados apontaram uma significativa e progressiva redução dos gerúndios adverbiais no decorrer dos três séculos, [seja nas construções de tipo (i), seja nas construções de tipo (ii)]. A comparação com as orações adverbiais conjuncionais mostrou que também diminuiu a frequência deste tipo de construção ao longo dos três séculos, acompanhando o ritmo de redução das orações adverbiais gerundiais. Em contrapartida, observou-se um aumento progressivo das perífrases com gerúndio ao longo dos três séculos analisados. Os índices obtidos para os gerúndios adjetivos indicam que houve um índice mais elevado desse tipo de gerúndio durante o século XIX em comparação com os outros dois séculos (Simões, 2007: 266).

2. Discursivização do gerúndio
Na organização interna de textos escritos, os resultados

> mostraram que as orações adverbiais [seja nas construções de tipo (i), seja nas construções de tipo (ii)] são pouco frequentes em textos de pouca formalidade como as cartas particulares, os diálogos de teatro e os inquéritos de língua falada da segunda metade do século XX, permanecendo bastante produtivas em textos de maior planejamento como as memórias, as cartas da administração privada e as cartas oficiais. Comparando-se as orações adverbiais gerundiais com as conjuncionais, notou-se uma maior preferência por orações conjuncionais no século XX (74,7%). Em relação às perífrases com gerúndio, foram encontrados os menores índices nas memórias históricas, nas cartas de administração privada e nas cartas oficiais, contextos de maior formalidade e planejamento de texto. As memórias são o contexto mais resistente às perífrases nos três séculos. À exceção das memórias, notou-se uma tendência de aumento em todos os tipos de textos, de um século para o outro. Os índices mais altos de perífrases aparecem nas cartas particulares e nas peças teatrais. O *corpus* de língua falada do séc. XX mostrou que o contexto mais propício à realização de perífrases é o de fala popular. O uso de perífrases em elocuções formais mostrou-se condicionado à semântica envolvida no uso das perífrases como recurso de relevo. O gerúndio adjetivo aparece de forma bem distribuída no séc. XIX na tipologia textual analisada. Embora diminua bastante, no séc. XX o gerúndio adjetivo ligado ao objeto direto da sentença matriz ainda está bem representado nas cartas particulares e na língua falada. Os gerúndios em nominalizações do tipo afirmações, exclamações e perguntas são produtivos na língua falada, bem como o gerúndio imperativo (Simões, 2007: 303).

3. Semanticização do gerúndio
Estabelecendo inicialmente um elo entre as propriedades discursivas e as propriedades semânticas do gerúndio, Simões (2007: 363-364) concluiu que

> em textos mais narrativos e dissertativos como as memórias e as cartas, o aspecto imperfectivo inerente ao gerúndio desempenha um papel preponderante na construção da cena, ou nas estratégias de debreagem enunciativa, ou seja, como forma de interromper um tópico em curso para agregar uma informação nova ou secundária. A análise dos valores proposicionais

das sentenças adverbiais de gerúndio mostrou que é preciso ampliar a lista de valores proposicionais atribuídos a estas construções. A análise quantitativa que cruzou os valores semânticos segundo a tipologia das construções gerundiais acusou um decréscimo na variedade de valores semânticos das sentenças adverbiais de gerúndio ao longo do período analisado. Em contrapartida, as construções absolutas mantiveram a amplitude de valores circunstanciais, por serem estruturas mais conservadoras, mais frequentes em contextos formais.

Em síntese, Simões (2007) constatou um declínio significativo das sentenças adverbiais de gerúndio contrabalançado pelo aumento das perífrases de gerúndio nos três séculos examinados. A pesquisa mostrou a importância de separar as ocorrências de acordo com o gênero textual analisado, pois os declinantes gerúndio das sentenças adverbiais "são mais frequentes em textos de maior planejamento como as memórias, as cartas da administração privada e as cartas oficiais", ao passo que o gerúndio das perífrases é mais usado "em textos menos formais como as cartas particulares e textos mais próximos da oralidade como os diálogos de teatro, bem como os inquéritos da língua falada" (Simões, 2009: 462). Esses resultados comprovam, uma vez mais, que a mudança linguística não é documentada da mesma forma nos diferentes documentos da língua.

9.2.5.3. Sentenças participiais

As sentenças participiais funcionam em adjunção a sentenças cujo verbo figura numa forma pessoal, assumindo habitualmente um valor adverbial:
(125)
    a) ***Aborrecido*** *com aquilo tudo, decidiu abandonar o projeto.*
    a') *Porque ficou aborrecido, decidiu (...)*: valor causal.
    a") *Depois que ficou aborrecido, decidiu (...)*: valor temporal.
    b) *Embora/mesmo **aborrecido** com aquilo tudo, decidiu permanecer no projeto*: valor concessivo.

A sobrevivência das sentenças participiais agrega outra evidência sobre a latinização da sintaxe do português. Elas mantém a chamada construção de ablativo absoluto do latim, em que o particípio e seu sujeito apareciam nesse caso gramatical:
(126) ***Roma locuta, causa finita***. (Roma tendo falado, a causa está encerrada.)

É patente que o infinitivo é bem mais flexível que o gerúndio e o particípio na organização das sentenças subordinadas não conjuncionais. Comparando estes exemplos com aqueles das seções **9.2.1** a **9.2.3**, você notará quantas sentenças conjuncionais não podem ser construídas com o verbo na forma nominal. Ensaie uma explicação para esse fato.

LEITURAS SOBRE AS SUBORDINADAS ADVERBIAIS
Leão (1961), Castilho / Carratore (1965), Geraldi (1978), Gryner (1990), Dias de Moraes (1987), Koch (1987), Matthiesen / Thompson (1988), Hopper / Traugott (1993/2004), Decat (1995), Neves / Braga (1998), Braga (1996, 1999, 2005), Lima-Hernandes (2004), Simões (2007, 2009), Neves / Braga / Hattnher (2008).

9.3. A CORRELAÇÃO

9.3.1. ESTATUTO DA CORRELAÇÃO

Busquei caracterizar a coordenação e a subordinação nas seções anteriores. Você notou a precariedade dessa distinção, que procura organizar um objeto em si mesmo bastante complexo.

Nenhuma novidade. Vimos como são tênues as relações entre coordenadas explicativas e subordinadas causais, entre coordenadas adversativas e subordinadas concessivas, entre sentenças gerundiais adjetivas e adverbiais etc. Pesquisas sobre a modalidade falada trouxeram evidências adicionais sobre a precariedade da linha que separa a coordenação da subordinação.

Agregue-se a tudo isso o estatuto das correlatas como um terceiro tipo de relações intersentenciais, objeto desta seção.

Como outras vezes, em lugar de sair classificando expressões, vejamos previamente o que deve se passar na mente de um falante do português que esteja às voltas com dois estados de coisas*, *estudar* e *aprender*.

Se ele não quiser estabelecer nenhuma relação entre *estudar* e *aprender*, construirá duas sentenças absolutas, como em (127a) e (127b):

(127)
    a) *O aluno estuda.*
    b) *O aluno aprende.*

Entretanto, se ele quiser relacionar esses dois estados de coisas, atribuindo-lhes um sujeito correferencial, construirá com eles uma sentença complexa, coordenando a segunda sentença à primeira, através de uma conjunção, como em (127c):

(127)
    c) *O aluno estuda e ∅ aprende.*

Em (127), o falante não considerou necessário repetir o sujeito na segunda sentença. Numa língua como a nossa, basta representá-lo por meio de uma categoria vazia, assinalada em sua transcrição por meio do símbolo [∅].

Ainda não satisfeito, nosso inquieto falante, levado pelo senso comum de que só aprende quem estuda, subordinou *estudar* e superordenou *aprender*, encaixando um estado de coisas no outro, via estratégia de relativização, de que obteve:

(128) *O aluno que estuda aprende.*

Comparando as sentenças complexas obtidas em (127) e (128), ainda insatisfeito, esse hipotético falante achou melhor dar um ar de autoridade a essa formulação. Resultado: subordinou tudo a um bom verbo de declaração, de que obteve:

(129) *Fazemos saber que o aluno que estuda aprende.*

O falante dispõe agora de um hiperpredicador, *fazemos saber*, que tomou por escopo (129), subordinando essa sentença por meio da conjunção integrante *que*. Yes! Os vizinhos, admirados, perceberiam que ele sabia muito bem jogar com aquela enfiada de *quês*, pronomes relativos uns, conjunções integrantes outros. Tinha sido um grande esforço!

Passado o primeiro momento de glória, entretanto, nosso diligente produtor-de-exemplos retomou o fio da meada, matutando sobre o seguinte ponto: por que teria ele jogado inicialmente com esse lance de "estudar" e "aprender"? Decerto por que repassara em sua mente, com a velocidade do raio, um conjunto enorme de estados de coisas, e escolhera estes dois, muito convenientes, aliás, a uma gramática. Mas isso não resolvia suas angústias linguísticas. Por que *estudar*? Por que *aprender*?

Para excogitar alguma resposta satisfatória, começou então um longo percurso de comparações entre *estudar* e *aprender*. Num primeiro momento, focalizou *estudar*, conseguindo "*somente estudar*". Depois, incluiu *aprender* no bolo, conseguindo "*também estudar*". Indo adiante, negou "*somente estudar*", recitando pelo quarteirão esta palavra de ordem: "*não somente estudar!*". Mas essa era uma pregação estéril, pois essa expressão não era comparada a nada. Melhor esclarecer a opção feita por meio de um termo de comparação, exigência que o levou a "*como também estudar*". Ótimo, agora ele dispunha de uma construção bastante complexa, que ultrapassava as anteriores:

(130) *Fazemos saber **que** o aluno **não somente** estuda **como tamb**ém aprende.*
Uma nova sentença complexa tinha surgido, segmentável em
o aluno não somente estuda
(130a) *Fazemos saber que*
como também aprende.

Nas construções (127) a (129), uma sentença ou um sintagma foram ligados a outra sentença ou a outro sintagma por meio de uma conjunção simples. É isso mesmo que fazemos, quando coordenamos ou subordinamos estados de coisas.

Já na construção (130), a conjunção se desdobrou em duas expressões, atirando uma para a primeira sentença e outra para a segunda. Essas sentenças não são, portanto, ligadas por coordenação nem por subordinação, e sim por correlação. Observe que a correlação em (130) associa vários processos linguísticos:

(i) comparação, donde o *como*,
(ii) negação, por meio de *não*,
(iii) focalização, através de *somente*,
(iv) inclusão, donde o *também*.

Vamos examinar as correlatas mais de perto. Sejam as seguintes sentenças:

(131)
a) *O aluno **não só** estuda **como também** trabalha.*
b) ***Não só** o aluno **como também** a aluna trabalham.*
c) *O aluno **não só** inteligente **como também** esforçado só tem a ganhar.*
d) *Você **ou** estuda **ou** trabalha, as duas coisas ao mesmo tempo serão muito difíceis.*
e) ***Seja** o aluno, **seja** a aluna, ambos dão duro na universidade.*
f) *O aluno, **seja** do colégio, **seja** da universidade, tem de dar duro para passar de ano.*
g) *Dona ministra e sua coleção de escudeiras capricharam **tanto** para a coletiva **que** a mistura de perfumes deixou a galera mareada.* (Folha de S. Paulo, 15 maio 1993, exemplo de Módolo, 2004).
h) *Apareceu com um perfume **tão** adocicado **quanto** enjoativo.*
i) *Hoje eu tenho **mais** medo de economista **do que** de general* (Folha de S. Paulo, 30 maio 1993, exemplo de Módolo, 2004).

Observando as sentenças anteriores, nota-se que em (131) a primeira sentença contém um elemento gramatical, negritado nos exemplos, a que corresponde obrigatoriamente outro elemento gramatical da segunda, igualmente negritado, sem os quais o arranjo sintático seria inaceitável ou duvidoso:

(131')
a) **O aluno não só estuda trabalha.*
a') *?O aluno estuda como também trabalha.*
d') **Você estuda trabalha...*
e') **O aluno a a aluna, ambos dão duro na universidade.*
g') **Ministra e escudeiras capricharam que a mistura de perfumes deixou a galera mareada.*
g") **Ministra e escudeiras capricharam tanto a mistura de perfumes deixou a galera mareada.*
h) *?Apareceu com um perfume adocicado enjoativo.*
i') **Hoje eu tenho mais medo de economista de general.*
i") **Hoje eu tenho medo de economista do que de general.*

Vê-se que as conjunções de (131) não são formas simples nem se resumem a encabeçar a segunda sentença. Pelo contrário, trata-se de conjunções complexas, assim estruturadas:

1. Junção de advérbios de negação, focalização na primeira sentença, comparação e inclusão na segunda sentença, em (131a) a (131c).
2. Repetição de expressões em (131d) a (131f).
3. Junção de advérbios de intensificação a Complementadores em (131g) a (131i).

O processo de redobramento sintático* está na base da gramaticalização das conjunções correlatas.

Esse processo consiste na ocorrência de um segmento X a que corresponde obrigatoriamente um segmento Y. Os efeitos do redobramento sintático estão por toda parte na gramática do português, porém nem sempre nos damos conta de que estamos diante de um mesmo fenômeno. Moraes de Castilho (2005a: 15-20) identificou as seguintes estruturas redobradas:

(1) Redobramento por repetição, em que o termo Y funciona como antitópico: X = sintagma nominal/sintagma preposicional; Y = sintagma nominal/sintagma preposicional. Exemplos: *O menino^X saiu de casa logo cedo, o menino^Y./De fofoca^X, nunca mais quero saber de fofoca^Y.*

(2) Redobramento por topicalização: X = construção de tópico; Y = pronome resumptivo. Exemplos: *O menino^X, ele^Y saiu de casa logo cedo./De fofoca^X, nunca mais quero saber disso^Y.*

(3) Redobramento de pronomes pessoais, possessivos e demonstrativos: X = pronome pessoal, possessivo, demonstrativo; Y = sintagma preposicionado. Exemplos: *Eu te^X disse pra você^Y./Acharam o seu^X livro dele^Y.*

(4) Redobramento de pronomes adverbiais locativos e temporais: X = pronome circunstancial locativo, temporal; Y = sintagma preposicional. Exemplos: *Vai ter confusão lá^X em casa^Y./O presidente ia falar hoje^X, neste dia^Y.*

(5) Redobramento da negação: X = advérbio de negação; Y = advérbio de negação. Exemplos: *Não^X fala não^Y./Não^X fala nada^Y.*

(6) Redobramento de quantificadores: X = quantificador; Y = quantificador. Exemplo: *Você vale tanto^X quanto^Y pesa.*

(7) Redobramento por correlação: X = sentença 1; Y = sentença 2. Exemplo: *Você falou tanto^X que fiquei rouco só de ouvir^Y./Na verdade, você fala mais^X do que a boca^Y.*

A criação das conjunções correlatas é, portanto, mais uma consequência do processo sintático de redobramento.

O arranjo sintático que daí resultou recebeu o nome de *correlação*, que significa "relacionamento simultâneo". Aparentemente, Oiticica (1952: 22-40) foi o primeiro a destacar que as relações de coordenação e de subordinação não captam todas as possibilidades de relacionamento intra ou intersentencial. Em seu estudo, ele propôs estatuto próprio para as correlatas, de que identificou a seguinte tipologia:

(i) correlação aditiva, como em (131a);
(ii) correlação comparativa, como em (131h) e (131i);
(iii) correlação consecutiva, como em (131g).

A pesquisa posterior acrescentou a estas a

(iv) correlação alternativa, como em (131d) a (131f).

Não é adequado tratar as aditivas e as alternativas exclusivamente como coordenadas, nem as comparativas e as consecutivas como subordinadas adverbiais. Elas são diferentes (i) discursivamente, pois põem em relevo dois atos de fala; (ii) semanticamente, pois combinam diferentes categorias; e (iii) gramaticalmente, pois são interligadas por meio de conjunções complexas.

Câmara Jr. (1975: 62-69) não concorda com esse ponto de vista. Fiel ao princípio de que arranjos binários captam melhor as estruturas linguísticas, ele afirmou que "isto posto, se agora nos voltarmos para os conceitos de justaposição e correlação, verificamos facilmente que não passam de modalidades de coordenação e de subordinação. Em princípio, só há duas ligações oracionais: coordenação ou parataxe, subordinação ou hipotaxe".

Ocorre que os processos correlativos anteriores são recorrentes, vale dizer, gramaticalizados. Basta verificar que eles podem ocorrer também entre sintagmas (131b, 131c, 131e, 131f) e até mesmo entre constituintes dos sintagmas (131f). Vejamos em detalhe os quatro tipos de correlatas.

9.3.2. CORRELATAS ADITIVAS

Módolo (2008: 1094) enumerou as seguintes conjunções correlatas aditivas:
(i) constituídas de uma única partícula na segunda parte correlacionada: *não só... mas, não só... senão, não só... porém, não só... como, não só... também, não somente... mas, não somente... senão, não somente... porém, não somente... como;*
(ii) constituídas de duas partículas na segunda parte correlacionada: *não só... mas também, não só... mas ainda, não só... mas até, não só... senão também, não só... senão ainda, não só... senão que, não só... porém também, não só... porém sim, não só... que também, não somente... mas também, não somente... mas até, não somente... senão também, não somente... senão ainda, não somente... senão que, não somente... porém também, não somente... como também;*
(iii) constituídas, por cruzamento sintático, de três partículas na segunda parte correlacionada: *não só... senão que também, não somente... senão que também.*
(iv) o termo intensificador interferindo no primeiro elemento da correlação: *não tão somente... mas, não tão somente... mas ainda.*

Abundantes na língua escrita, as correlatas têm uma presença discreta na língua falada documentada pelo Projeto da Norma Urbana Linguística Culta. Módolo (2008) argumenta que as correlatas são favorecidas pelo discurso argumentativo, tendo encontrado os seguintes exemplos na língua falada:

(132) *porque eu estou habituada... a ler sentenças de juízes colocam... uma interpretação... nas suas sentenças... fundamentando-se em conhecimentos...* **não somente** *da Psicologi:a...* **mas também**... *da Sociologi:a da Economi:a não é?* (DID SSA 231)

Em (132), o falante correlacionou por adição dois sintagmas preposicionais encaixados em outro sintagma preposicional:
não somente da Psicologia
(132') em conhecimentos
mas também de Sociologia

9.3.3. CORRELATAS ALTERNATIVAS

As coordenadas alternativas ou disjuntivas são marcadas pelo redobramento por repetição de expressões tais como *ou... ou, ora... ora, seja... seja, quer... quer*. O que é dito para o primeiro termo não vale para o segundo.

As correlatas alternativas se aplicam a sintagmas, como em:
(133)
a) *Às 8 da noite estarei* **ou** *em casa* **ou** *na universidade./***seja** *em casa* **seja** *na universidade./***quer** *em casa,* **quer** *na universidade.*
b) **Estarei* **ora** *em casa,* **ora** *na universidade.*
ou se aplicam a sentenças, como em:
(134)
a) **Ou** *estarei na universidade* **ou** *ficarei em casa./Estarei* **seja** *em casa,* **seja** *na universidade./Estarei* **quer** *em casa,* **quer** *na universidade.*
b) ***Seja** *estarei na universidade,* **seja** *ficarei em casa.*

Os exemplos mostram que as expressões alternativas não têm um comportamento homogêneo, por serem ainda muito fortes suas características lexicais. Por outras palavras, algumas das conjunções correlatas ainda se encontram a começo de sua gramaticalização, o que diminui sua combinatória com outras expressões.

A sentença (133a) documenta a alternância de sintagmas preposicionais locativos, vetados pelo uso de *ora... ora* em (133b), pois a origem temporal desta conjunção impede mais de uma localização espacial. Algo parecido ocorre em (134b): *seja... seja* não se aplica a verbos dada a origem apresentacional do verbo de que surgiu essa conjunção, aplicando-se a sintagmas preposicionais, como se viu em (134a).

Agrupadas, *ou* e *seja* funcionam como marcadores discursivos, introduzindo uma paráfrase, sem noção de alternância, o que mostra que as alternativas dependem crucialmente da repetição da expressão, o que é comprovado por este exemplo de Dias de Moraes (1987: 98):

(135) L1 – **Ou seja**... *uma época há vontade de fazer hecatombe... outra não.*

Nessa sentença, *ou seja* identifica a expressão seguinte à expressão anterior.

9.3.4. CORRELATAS COMPARATIVAS

Segundo Módolo (2008: 1096),

> A comparação correlativa pode manifestar-se estabelecendo uma igualdade (*tanto... quanto*), uma superioridade (*mais... que* ou *do que*), uma inferioridade (*menos... que* ou *do que*) entre duas realidades ou conceitos. A tipologia das correlativas comparativas é bastante rica e variada. Nas correlatas comparativas encontramos basicamente três construções:

1) Na primeira sentença, há intensificação relativa de um processo (verbo), de uma qualidade (adjetivo), de uma circunstância (advérbio) ou quantificação relativa de um elemento (substantivo). Na segunda sentença, há apenas um segundo termo da comparação, da mesma natureza que o primeiro:[5]

(136)
    a) Tecnologia importa ***mais que*** capital. (***mais*** intensificador de ***importa***)
    b) Afinal quem é este Madruga, a voz agora ***menos*** agressiva ***que*** antes. (***menos*** intensificador de ***agressiva***)
    c) Vós a conheceis ***tão*** bem ***quanto*** eu. (***tão*** intensificador de ***bem***)
    d) Tenho ***mais*** coragem ***do que*** muito homem safado. (***mais*** quantificador de ***coragem***)

2) Na primeira sentença, um termo é destacado por uma marca formal, como primeiro membro de um cotejo, enquanto a segunda sentença também traz um membro destacado por meio de uma marca formal, o segundo membro do cotejo (da mesma natureza que o primeiro). Tais construções são sempre de igualdade, implicando uma adição correlativa do tipo *não só... mas também*, que se soma a uma comparação.

(137) ***Tanto*** Dozinho ***quanto*** Rodopião tinham morrido por vaidade.

Assim, poderíamos ter em (137) a ideia de adição:

(137a) ***Não só*** Dozinho ***como também*** Rodopião tinham morrido por vaidade.

3) Na segunda sentença, o segundo termo correlacionado é posto à altura do primeiro, expresso na primeira sentença, ocorrendo ambos em pé de igualdade:

(138) ***Assim como*** nas discussões atuais sobre o aborto há opiniões divergentes, ***assim*** nos papos de botequim sobre o futebol nunca há acordo à vista.

---

[5] Os exemplos de Módolo foram renumerados.

A sentença (138) é considerada na literatura como uma correlata equiparativa.
A elipse da segunda sentença é uma particularidade das correlatas comparativas:
(138a') *Tecnologia importa **mais que** capital (importa)*.

9.3.5. CORRELATAS CONSECUTIVAS

As correlatas consecutivas apresentam uma causa na primeira sentença, de que a segunda apresenta a consequência:
(139)
   a) *Falou **tanto que** me deixou confuso.*
   b) *e então nós:: ficávamos jogando... aí que eu aprendi a jogar buRAco... e a gente gostou **tanto que** ficava todo o dia jogando...* (DID POA 45)

Módolo (2008: 1099) mostra que as seguintes conjunções aparecem nas correlatas consecutivas:
(i) A correlação consecutiva apresenta normalmente como primeiro elemento conjuntivo: *tanto, tão, tal, tamanho, quamanho, assim*, e, como segundo, a conjunção *que*.
(ii) Formas substantivas entram na composição do primeiro membro da consecutiva, com o elemento *tal* + substantivo antecedido de preposição: *de tal arte... que, de tal feição... que, de tal sorte... que, em tal maneira... que, por tal figura... que, por tal guisa... que*.
(iii) Às vezes, o advérbio *tal* pode ser elidido: *de feição... que, de forma... que, de guisa... que, de jeito... que, de maneira... que, de modo... que, de sorte... que, por forma... que, por maneira... que, por modo... que*.

LEITURAS SOBRE AS CORRELATAS
Chediak (1944, 1963, 1971), Oiticica (1952), Ilari (1987), Morais (1988), Pauliukonis (1988, 2001), Oliveira (1995), Módolo (2004, 2006, 2007, 2008, 2009).

CONSIDERAÇÕES FINAIS

A descrição linguística procura identificar as categorias de estruturação das línguas naturais, vale dizer, seus processos e seus produtos.

O processo de gramaticalização das relações intersentenciais dispõe as coordenadas e as subordinadas nos extremos de um *continuum* mediado pelas correlatas e pelas hipotáticas, ou seja, pelas subordinadas adverbiais concessivas, comparativas, consecutivas e conformativas, algumas das quais têm propriedades das correlatas.

Neste capítulo, vimos que os processos de combinação das sentenças não são binários nem unilineares. Eles podem ser ordenados em blocos que entretêm mais de um ponto de intersecção e que poderiam ser razoavelmente representados no gráfico a seguir:

Hipotaticização adverbial
Coordenação |--|--|Subordinação
Correlação

Extremamos neste gráfico as coordenadas das subordinadas, admitindo que as hipotáticas adverbiais e as correlatas ficam a meio caminho desses dois extremos, compartilhando algumas de suas propriedades.

O SINTAGMA VERBAL

ESTRUTURA DO SINTAGMA VERBAL

Estudamos a sentença nos capítulos "Primeira abordagem da sentença", "Estrutura funcional da sentença", "Minissentença e sentença simples: tipologias" e "A sentença complexa e sua tipologia", nos quais ficou clara a importância do verbo na constituição dessa unidade sintática. Assim, na altura desta gramática em que começamos a estudar a estrutura sintagmática da sentença, será conveniente começar pelo sintagma verbal.

O sintagma verbal é a construção nucleada pelo verbo. E como a sentença é um verbo que articula seus argumentos, segue-se que a única diferença entre um sintagma verbal e uma sentença é que naquele não figura o sujeito, que aparece nesta. Dado isso, alguns tratadistas não reconhecem no sintagma verbal a condição de "constituinte da sentença", título que só poderia ser ostentado pelos sintagmas nominal, adjetival, adverbial e preposicional. Não vamos seguir essa lição aqui, dadas as razões que se pronunciam.

Sejam as seguintes sentenças, em que os sintagmas verbais foram separados por colchetes, tendo seu núcleo negritado:

(1)
a) *Infelizmente, pobres [não **vivem**], pobres [**vegetam**].*
b) *A fita [**é** a base do inquérito].*
c) *A apresentação das provas [**foi** inócua].*
d) *O rapaz [**disse** toda a verdade].*
e) *O rapaz [[**disse** que [**ia contar**] toda a verdade]].*
f) *O livro [**pertence** ao aluno].*
g) *O carteiro [**entregou** a correspondência ao vizinho].*
h) *O governo [**acha-se** seguro].*
i) *[**Tenho visto** o Fulano] ultimamente.*
j) *As grades da cadeia [**foram serradas** pelos presos].*
k) *Os preços [**estão subindo** pelo país todo].*
l) *Os alunos [**querem ter** suas férias].*
m) *Os aposentados [já se **deram conta** da inutilidade de suas reclamações].*
n) *Ela [não **tem tempo** para sair].*

Observando o núcleo dos sintagmas verbais contidos nessas sentenças, constata-se o seguinte:
(i) Em (1a) a (1h), o núcleo foi preenchido por um único verbo, constituindo-se um sintagma verbal simples; em (1e), considere apenas o primeiro sintagma verbal. Os verbos que preenchem esses núcleos são denominados *verbos plenos*, pois preservam em sua plenitude suas propriedades de organização do sintagma verbal e da sentença.
(ii) No segundo sintagma verbal de (1e), e em (1i) a (1l), essa unidade foi preenchida por dois verbos, constituindo-se um sintagma verbal composto. O primeiro verbo é um *auxiliar*, e o segundo, um verbo pleno, ou auxiliado. Verbo auxiliar é o que perdeu a capacidade de organizar um sintagma verbal e uma sentença, restringindo-se a atribuir ao verbo auxiliado os traços de pessoa, aspecto, tempo e modo de que este morfologicamente não dispõe.
(iii) Em (1m) a (1n), o núcleo foi preenchido por um verbo fortemente preso a um substantivo, constituindo-se um sintagma verbal complexo. Esse verbo é denominado verbo *suporte*.

Atentando para os termos adjacentes à direita do verbo, nota-se o seguinte: em (1a), os dois sintagmas verbais dessa sentença não são seguidos por nenhum constituinte nessa posição; em (1b), figura aí o sintagma nominal *a base do inquérito*; em (1c), o sintagma adjetival *inócua*; em (1d), o sintagma nominal *toda a verdade*; em (1e), a sentença *que ia contar toda a verdade*; em (1f), o sintagma preposicional *ao aluno*; em (1g), simultaneamente um sintagma nominal e um sintagma preposicionado; em (1h), um sintagma nominal de núcleo pronominal e um sintagma adjetival, e assim por diante. Isso mostra que alguns verbos dispensam termos adjacentes, enquanto outros os exigem. Vamos chamar de *argumentos* os termos exigidos pelo verbo. O sentido técnico de *argumento* foi explicado em **6.4.1**.

Os argumentos verbais decorrem das propriedades lexicais que têm os verbos de requerer ou não um argumento. A observação trivial de que o verbo articula seus argumentos, constituindo assim a sentença, tem um grande alcance teórico, pois mostra que uma característica lexical de alguns vocábulos, a falta de autonomia semântica, tem um correlato na sintaxe das línguas, reconhecido como o princípio de projeção. Esse princípio explica a rede argumental estabelecida por certos itens da classe dos verbos, dos adjetivos e dos advérbios.

Essas rápidas observações permitem constituir um plano de indagações sistemáticas sobre o sintagma verbal (sv), para o qual proporei o seguinte formato, já apresentado em **1.1.3.5**:

sv → (Especificadores) + Verbo + (Complementadores)

Esse formato será assim explorado: (1) o núcleo do sintagma verbal, (2) os Especificadores, (3) os Complementadores. Primeiramente, vejamos o que se entende por verbo.

10.1. ESTATUTO CATEGORIAL DO VERBO

O reconhecimento do estatuto categorial do verbo toma em conta os sistemas de que é feita uma língua. Haverá, portanto, definições (i) gramaticais; (ii) semânticas; e (iii) discursivas dessa classe, de que não se excluem as definições mistas.

10.1.1. PROPRIEDADES GRAMATICAIS DO VERBO

Uma definição gramatical de qualquer classe toma em conta sua morfologia e sua sintaxe.
Do ponto de vista morfológico, são identificadas como verbos as classes que dispõem de um radical e de morfemas flexionais sufixais específicos. A morfologia do verbo (V) é descrita pela seguinte regra:

V → morfemas-vocábulo prefixais + radical + morfemas flexionais sufixais

O radical dos verbos compreende a raiz e a vogal temática. O português dispõe de três vogais temáticas (VT), que configuram três conjugações: VT {a}, de que resultam os verbos da primeira conjugação (C1); VT {e}, de que resultam os verbos da segunda conjugação (C2); VT {i}, de que resultam os verbos da terceira conjugação (C3):

Quadro 10.1 – Classes temáticas do verbo

C1: *andar*	Raiz <*and*> + VT {*a*}, de que resulta o radical *anda* + SMT* {*r*}
C2: *vender*	Raiz <*vend*> + VT {*e*}, de que resulta o radical *vende* + SMT {*r*}
C3: *partir*	Raiz <*part*> + VT {*i*}, de que resulta o radical *parti* + SMT {*r*}

*SMT = sufixo modo-temporal

Os morfemas-vocábulo prefixais compreendem os verbos auxiliares *ser, estar, ter, haver* e *ir*, entre outros, que operam como Especificadores do sintagma verbal, cujo núcleo serão as formas nominais: particípio, infinitivo e gerúndio. Esse conjunto de expressões organiza as perífrases, que expressam o tempo, o aspecto e o modo, e que serão descritas na seção **10.3**.

Os morfemas flexionais compreendem os sufixos modo-temporais (SMT), que se aplicam ao radical, seguidos dos sufixos número-pessoais (SNP [P1, P2, P3, P4, P5, P6]), que se aplicam aos sufixos modo-temporais.

Os sufixos modo-temporais foram reunidos no Quadro 10.2.

Quadro 10.2 – Morfemas sufixais modo-temporais do PB: formas verbais simples

TEMPOS	ESTRUTURAS MORFOLÓGICAS	EXEMPLOS
INDICATIVO		
1. Presente	Rad + SMT {Ø} + SNP	*Falo, falas, fala...; vendo, vendes, vende...; parto, partes, parte...*
2. Pretérito perfeito simples	Rad + SMT {ra}^{P6} + SNP	*Falei, falaste, falou... falaram; vendi, vendeste, vendeu... venderam; parti, partiste, partiu... partiram*
3. Pretérito imperfeito	Rad + SMT {va^{C1}/ia^{C2+C3}} + SNP	*Falava; vendia; partia*
4. Pretérito mais-que-perfeito	Rad + SMT {ra} + SNP	*Falara, falaras, falara...; vendera, venderas, vendera...; partira, partiras, partira...*
5. Futuro do presente	Rad + SMT {re$^{P1, P4}$/rá$^{P2, P3}$/rã$^{P5, P6}$} + SNP	*Falarei, falarás, falará...; venderei, venderás, venderá; partirei, partirás, partirá...*
6. Futuro do pretérito	Rad + SMT {ria} + SNP	*Falaria, falarias, falaria...; venderia, venderias, venderia...; partiria, partirias, partiria...*
SUBJUNTIVO		
1. Presente	Rad + SMT {e^{C1}/a^{C2+C3}} + SNP	*Fale, fales...; venda, vendas; parta, partas...*
2. Pretérito imperfeito	Rad + SMT {se} + SNP	*Falasse, falasses, falasse...; vendesse, vendesses, vendesse...; partisse, partisses, partisse...*

3. Futuro	Rad + SMT {r} + SNP	Falar, falares, falar...; vende, venderes, vender...; partir, partires, partir...
IMPERATIVO		
1. Afirmativo	Rad + SMT {Ø}^{P2} Rad + SMT {y/í/des}^{P5}	Fala tu; vende tu; parta tu Falai vós; vendei vós; parti vós Ide vós
2. Negativo	Rad + SMT {e$^{C\,1,\,P2,\,P5}$/a$^{C\,2\,+\,C3,\,P2,\,P5}$} + SNP	Não fale; não venda; não parta
FORMAS NOMINAIS		
1. Infinitivo simples	Rad + SMT {r} + SNP	Falar; vender; partir
2. Particípio	Rad + SMT {do/to}	Falado; vendido; partido; posto
3. Gerúndio	Rad + SMT {ndo}	Falando; vendendo; partindo

Observações:
(1) O Quadro 10.2 registra apenas as formas simples. As formas compostas e perifrásticas serão tratadas nas seções **10.3.1** e **10.3.2**.
(2) Os morfemas alternantes, separados por uma barra inclinada, são selecionados pelas classes conjugacionais do verbo, ou se devem a regras morfofonológicas de adaptação à vogal do radical.
(3) O pretérito mais-que-perfeito simples e o futuro do presente do indicativo batem em retirada, sendo substituídos pela forma composta correspondente.
(4) O morfema de gerúndio está transcrito graficamente; na verdade, trata-se de {do} precedido de vogal nasal.

Os sufixos número-pessoais foram reunidos no Quadro 10.3.

Quadro 10.3 – Morfemas sufixais número-pessoais do PB: formas verbais simples

PESSOA	MORFEMA	EXEMPLO
1. Primeira pessoa do singular (P1)	{o}/{y/í}	Eu fal*o*, eu fal*ei*; eu vend*o*, eu vend*i*; eu part*o*, eu part*i*
2. Segunda pessoa do singular (P2)	{Ø}/{s}/{ste}	Tu fala**s**; vende**s**; parte**s**; Você/o senhor fala; vende; parte
3. Terceira pessoa do singular (P3)	{Ø}	Ele fala; vende; parte
4. Primeira pessoa do plural (P4)	{mos/Ø}	Nós fala**mos**; vende**mos**; parti**mos** A gente fala; vende; parte
5. Segunda pessoa do plural (P5)	{ys/ís}/{stes}/{ditongo nasal grafado -am, -em}	Vós fala**is**; vende**is**; part**is** Vós fala**stes**; vende**stes**; parti**stes** Vocês/os senhores falam; vendem; partem
6. Terceira pessoa do plural (P6)	{ditongo nasal grafado -am, -em}	Eles falam; vendem; partem

Observações:
(1) O Quadro 10.3 reflete a simplificação do quadro dos pronomes que vêm ocorrendo no PB (veja o capítulo "O sintagma nominal", Quadro 11.4). A barra vertical separa na P2 o morfema {Ø}, dos morfemas {s}/{ste}. O mesmo ocorre na P5, em que *vocês/os senhores* escolhem {ditongo nasal}, e *vós*, praticamente desaparecido no PB, escolhe {ys}/{stes}. Esses morfemas só ocorrem no PB formal, em que ainda são usados os SMT da P5 {ys}/{is}/{stes}/{des} (cf. *vós falais, pedis, falastes, ides*, respectivamente).
(2) Os SNP do PB limitam-se a um contraste geral entre três formas {-o/Ø/vogal nasal} (cf. *eu falo; você/ele/a gente fala; eles falam*). No PE, mantém-se o contraste entre seis formas diferentes: *eu falo, tu falas, ele fala, nós falamos, vós falais, eles falam*.
(3) As P5 e P6 tiram proveito do traço de nasalidade vocálica, distintivo no subsistema fonológico do português. Essa nasalação atinge a vogal temática do radical ou a última vogal do SMT.

O verbo pode ser elidido, mas isso ocorre em situações mais limitadas do que a elisão de seus argumentos. A elipse do verbo ocorre após ter figurado previamente, como escopo por um advérbio, com pausa intercorrente:

(2) Elipse do verbo
   a) *Sem provas vale pouco, juridicamente, Ø nada.*
   b) *Fulano come muito, mas Beltrano, Ø nada.*

O advérbio de inclusão *também* e o verbo *fazer*, então denominado "vicário", podem substituir o verbo, organizando prossentenças (veja **8.**4), como em:

(3) Substituição do verbo
   a) *Fulano come muito, e Beltrano **também**.*
   b) *Fulano come muito, e Beltrano também o **faz**.*

LEITURAS SOBRE A MORFOLOGIA DO VERBO
Ver seção 7.4 da Bibliografia na seção 15.2.5, e Kahane / Hutter (1953), Elson / Pickett (1962/1973), Eastlack (1964a), Câmara Jr. (1969a, 1970), Sandman (1991), Heckler / Back / Massing (1994), Martelotta / Leitão (1996), Kehdi (1997), Mendes (1999), Galvão (2000, 2002), Callou / Avelar (2001), Duarte (2001), Kewitz (2002a, 2002b), Gonçalves (2003), Moraes de Castilho (2005a).

Prosseguindo na caracterização gramatical do verbo, considera-se como tal do ponto de vista da sintaxe a palavra que articula seus argumentos, via princípio de projeção. Esta bela definição traz alguns problemas, visto que também o substantivo deverbal, o adjetivo e o advérbio têm a propriedade de subcategorizar argumentos. Portanto, todos eles integrariam uma só classe. Para evitar confusões categoriais, o jeito é lembrar que dona Morfologia tem uma opinião diferente a respeito desses três cavalheiros, como veremos nos capítulos "O sintagma nominal" e "O sintagma adjetival".

Ainda no departamento das correspondências entre verbos e adjetivos, Lakoff (1965/1970, apud Casteleiro, 1981: 28-45), enumerou os seguintes argumentos:

1. Adjetivos e verbos apresentam as mesmas relações gramaticais, visto que ambos podem predicar um sujeito, ou argumento externo, e reger um complemento, ou argumento interno:

(4)
   a) *O governo **exige** o cumprimento da lei.*
   b) *O governo é **exigente** no cumprimento da lei.*

2. Adjetivos e verbos aceitam os mesmos sujeitos e complementos, representáveis estes por sintagmas nominais ou por sentenças substantivas. Assim, há verbos e adjetivos transitivos e intransitivos:

(5)
   a) *O Paulo **contentou**-se com a bola.*
   b) *O Paulo está **contente** com a bola.*

(6)
   a) *Ele **deseja** partir./Ele **deseja** que tu partas.*
   b) *Ele está **desejoso** de partir./Ele está **desejoso** de que tu partas.*

3. Adjetivos e verbos incluem as subclasses de ação e de estado, exibindo propriedades assemelhadas como, por exemplo, a admissibilidade de sentenças imperativas para verbos/adjetivos de ação, o que não ocorre com os de estado:

(7)
   a) *Fulano **lê** um livro.* (= verbo de ação)
   b) ***Leia** este livro, Fulano!*

(8)
   a) *Fulano é **cuidadoso**.* (= adjetivo de ação)
   b) *Seja **cuidadoso**, Fulano!*

(9)
   a) *Fulano se **alegra**.* (= verbo de estado)
   b) **Alegre*-se, Fulano!* (aceitável como exortação, não como ordem)

(10)
    a) *Fulano é **alto**.* (= adjetivo de estado)
    b) **Seja **alto**, Fulano!*

Nem por isso, entretanto, vai-se aceitar que verbos e adjetivos sejam reunidos numa classe só, pois, como pondera Casteleiro (1981: 44):

> Em conclusão, não há dúvida de que existem propriedades sintáticas e semânticas que são comuns aos verbos e aos adjetivos. O estudo de Lakoff, se outro mérito não tivesse, teria pelo menos servido para pôr em destaque muitas dessas propriedades. [...] Algumas dessas objeções põem em destaque a existência de propriedades semânticas e sintáticas que, além de serem comuns aos verbos e aos adjetivos, também são extensíveis aos substantivos. Por que não incluir então, na mesma superclasse lexical, verbos, adjetivos e substantivos? A verdade é que as semelhanças entre estas três classes resultam do seu comportamento funcional. Mas a função não basta para definir classes lexicais, sendo necessário tomar em conta as característics formais, e verbos são formalmente diferentes de adjetivos, nisto que eles exibem possibilidades inflexionais negadas aos adjetivos.

10.1.2. PROPRIEDADES SEMÂNTICAS DO VERBO

Do ponto de vista semântico, os verbos expressam os estados de coisas*, entendendo-se por isso as ações, os estados e os eventos de que precisamos quando falamos ou quando escrevemos. São comuns as definições que combinam os sistemas linguísticos, como a de Barrenechea (1969/1982: 315), segundo a qual o verbo pode ser definido como a palavra que exerce "função obrigatória de predicado [= propriedade semântica] e tem um regime próprio [= propriedade gramatical]".

São muitas as pesquisas sobre a semântica do verbo, apresentadas em **10.2.2.1**.

10.1.3. PROPRIEDADES DISCURSIVAS DO VERBO

Quanto ao discurso, considera-se como verbo a palavra (i) que introduz participantes no texto, via processo da apresentação, por exemplo; (ii) que os qualifica devidamente, via processo da predicação; (iii) que concorre para a constituição dos gêneros discursivos, via alternância de tempos e modos.

Sobre o papel do verbo no discurso, veja **10.2.3**.

10.2. DESCRIÇÃO DO NÚCLEO VERBAL

10.2.1. SINTAXE DO VERBO

10.2.1.1. Verbo e estrutura argumental da sentença. Tipologia dos predicados

A transitividade é sem dúvida alguma a propriedade gramatical mais importante do verbo. Sendo um princípio, encontramos sua atuação por toda a língua. Sua importância gramatical está em estruturar a sentença, ao selecionar seus argumentos (veja **6.4.1**).

O verbo e seus argumentos constituem o *predicado*, em que é possível reconhecer a seguinte tipologia:

1. Predicados agentivos, tais como "X *faz* Y".
2. Predicados experienciais, que exprimem propriedades de natureza perceptiva, cognitiva ou estados afetivos, tais como "X *sabe/pensa/ama* Y".
3. Predicados possessivos, ou de transferência de posse, tais como "X *tem/possui/envia/dá/recebe* Y de/a Z".
4. Predicados locativos, em que se estabelece uma relação não dinâmica de localização espacial, tais como "X *está* em/é de Y".
5. Predicados causativos, em que um dos argumentos designa a entidade que sofre uma mudança de estado ou de lugar, como em "X *abre/destrói/sobe* Y".

Predicados agentivos podem figurar em sentenças imperativas, como em *Abra a porta!* e *Rache a lenha!*, o que não ocorre com predicados experienciais e estativos, como em **Envelheça!* e **Não sejas doente!* etc.

10.2.1.2. Gramaticalização do verbo

O fenômeno mais interessante na gramaticalização* do verbo é sua migração de verbo pleno para verbo funcional e deste para verbo auxiliar, captada pela seguinte escala:

verbo pleno > verbo funcional > verbo auxiliar

Essa escala representa uma generalização sobre as alterações sofridas pelos verbos. Ela não indica uma sequência obrigatória de pontos num percurso.

Verbos plenos são os que funcionam como núcleos sentenciais, selecionando argumentos e atribuindo-lhes papéis temáticos.

Verbos funcionais são os que transferem esse papel aos constituintes à sua direita, geralmente sintagmas nominais, sintagmas adjetivais, sintagmas adverbiais e sintagmas preposicionais, reduzindo-se a portadores de marcas morfológicas e especializando-se na constituição de sentenças apresentacionais, atributivas e equativas, já estudadas no capítulo "Minissentença e sentença simples: tipologias".

Verbos auxiliares são os que desempenham papel assemelhado ao dos verbos funcionais, com a diferença que à sua direita ocorrem verbos plenos em forma nominal, aos quais os auxiliares atribuem categorias de pessoa e número, especializando-se como indicadores de aspecto, tempo, voz e modo.

Vamos exemplificar a escala anterior, estudando a gramaticalização dos verbos *ser* e *estar*, *ter* e *haver*. A respeito desses verbos, Mattos e Silva (1994) assim resume a questão:

1. a variação de *ser* e *estar* e o avanço deste em estruturas atributivas, 2. a variação de *haver* e *ter* e o avanço deste em estruturas possessivas, 3. a variação singular/plural e a perda de concordância no particípio passado em estruturas com *haver/ter* analisáveis como tempo composto [...].

Confluências entre *ter* e *estar* são documentadas no PB coloquial, como em:

(11)
a) *Eu tive lá* (por *eu estive lá*).
b) *Eu tive estudando na sua casa* (por *eu estive estudando na sua casa*).

Essas ocorrências mostram que os verbos mais gramaticalizados integram uma classe especial, em que muitas permutas de formas são feitas.

10.2.1.2.1. GRAMATICALIZAÇÃO DE *SER* E *ESTAR*

As diferenças sintáticas constatadas entre *ser* e *estar* constituem um dos mais desafiadores problemas da língua portuguesa, maiormente quando as comparamos às línguas românicas. Esses verbos constituem um complicador também no ensino do português como língua estrangeira.

Os dois verbos desfrutam de grande frequência de uso, seja como verbos funcionais, seja como verbos auxiliares. Outras línguas românicas conservaram o uso de *ser* locativo, deprimindo o uso de *estar*. O português mostra-se conservador a esse respeito, mantendo construções atributivas do tipo
(12)
    a) *Meu filho é alto./Meu filho está alto.*
    b) *Esta casa é cara./Esta casa está cara,*
tanto quanto construções locativas do tipo
(13)
    a) *O bar é na esquina.*
    b) *O bar está na esquina.*

Em (12), *ser* parece atribuir ao sujeito propriedades permanentes, ao passo que *estar* parece atribuir propriedades transitórias. As sentenças (13), locativas, têm igualmente desafiado explicações.

Lemos (1987) identifica dois traços no sujeito locativo: /móvel/ e /imóvel/. Entidades móveis são as que movimentam por si mesmas, ou são movimentadas. Assim, a seleção de uma entidade móvel por *estar* pressupõe que alguém a deslocou para lá, ao passo que sua seleção por *ser* significa que há uma relação de fixidez entre essa entidade e o lugar que ocupa, ou ao menos uma localização habitual:
(14)
    a) *O telefone está na sala.* (trata-se de um telefone móvel)
    b) *O telefone é na sala.* (trata-se de um telefone fixo; esse telefone está sempre na sala)

O traço auxiliar de /veracidade/ distingue igualmente os dois verbos, segundo essa autora. *Ser* não valida o sujeito locativo por certo período de tempo, propriedade que *estar* preenche, por pressupor uma noção de dinamismo, que vem de sua etimologia: para pôr-se de pé, o indivíduo se movimenta, o que não ocorre com *sedere* > *ser*, "estar assentado". Esse traço explica sentenças como
(15)
    a) **João será no escritório às 2 horas.*
    b) *João estará no escritório às 2 horas.*

Tratando agora das entidades /imóveis/, Lemos (1987) afirma que o uso de *estar* pressupõe no falante a intenção de se mover até a entidade localizada, ao passo que o uso de *ser* pressupõe uma entidade previamente localizada, excluindo a intenção de movimentar-se:
(16)
    a) *A estação está do outro lado da ponte.* (= você terá de deslocar-se para lá)
    b) *A estação é do outro lado da ponte.* (= a informação não implica que você precisará deslocar-se para lá).

Em suma, *estar* "parece relacionar-se à posição do falante/ouvinte como ponto de referência – convencionalizado ou pressuposto pragmaticamente" (Lemos, 1987: 53). Já o verbo *ser* é usado independentemente dessa localização.

As observações de Lemos têm um fundamento cognitivista evidente, pois implicam verificar que a VISÃO exerce de fato um papel na organização gramatical das línguas. Quando usamos *estar*, focalizamos o falante e o ouvinte. Quando usamos *ser*, os participantes da cena linguística ficam fora de nosso ângulo de visão.

1. *Ser* e *estar* como verbos plenos

Enquanto núcleos do predicado, *ser* e *estar* são verbos plenos, que se constroem com um sintagma nominal único. Essa construção vai liberar duas interpretações semânticas não excludentes: uma interpretação existencial, com o verbo *ser* (= "X existe"), e uma interpretação de negação da animacidade, com o verbo *estar* (= "X posiciona-se de pé", "X parou"). Eventuais termos à direita do verbo operam como adjuntos, podendo ser descartáveis, sem interferência nas interpretações anteriores. Vejamos alguns exemplos:

(17)
    a) *Deus **é**.*
    b) *e alçaron por sseu rrey hum homen, que auia nome Bamba, que era do linhagem dos reis que ante **foron**.* (exemplo de Silveira, 1975/1980: 50)

Ser é um verbo de etimologia complexa. Três radicais latinos confluíram em sua conjugação:
(i) *Esse*, em sua forma latino-vulgar *essere*, donde as formas do presente do indicativo (*sou, somos, sois, são, é, és*) e do imperfeito do indicativo (*era*). O verbo *esse* latino reunia mais de um radical, como se pode ver comparando as formas anteriores.
(ii) *Sedere*, donde as formas do presente do subjuntivo (*seja*), do futuro do presente e do pretérito (*serei, seria*), do imperativo formal (*sê, sede*) do gerúndio (*sendo*), do particípio (*sido*) e do infinitivo (*ser*).
(iii) *Ire*, donde as formas do pretérito perfeito do indicativo (*fui, foste, foi, fomos, fostes, foram*), do mais-que-perfeito do indicativo (*fôra*), do imperfeito do subjuntivo (*fosse*) e do futuro do subjuntivo (*for*).

Estar deriva de uma única etimologia: *stare*, que atribui a seu sujeito a noção de localização física no espaço, especificamente, "estar de pé". Sobre *estar* como verbo pleno, Moraes de Castilho (2005a) apresenta estes exemplos, recolhidos na *Demanda do Santo Graal*, do século XIII, e aqui renumerados:

(18) *Estar* intransitivo e locativo posicional (= "de pé")
    a) *Ao serão, quando siiam comendo, aqui vos vem a donzella laida* [...] *E vio Galuam **star** e foi-se para ante elle e disse-lhe assi.* (= "ficar de pé")
    b) *Os touros se partirom dali* [...] *os que tornarom eram tam magros e tam cansados que nom podiam **estar** se adur nom.* (= "não podiam ficar de pé")
    c) [...] *e tanto perdera ja do sangue que nom podia ja **estar**.* (= "não podia conservar-se de pé")
    d) [...] *e filhou-lhi tam tam gram doo ao coraçom que nom pode **estar** e caeu em terra com Gaeriet.* (= "não pôde ficar em pé e caiu")
    e) *Entom disse* [a] *Agravaim: **estade** atá que vos diga um pouco, e el **esteve**.*

Observe-se que nos exemplos (18), o sujeito é /humano, animado/ e /-humano/, como (18b).
O uso apresentativo de *ser* representa uma sobrevivência de seu uso como verbo pleno:
(19)
    a) A – *Quem está aí?*
        B – ***É*** *Fulano.*
    b) ***Era*** *uma vez um rei.*

Nos dois casos, o verbo tem um único argumento, posposto. Sobre apresentação, veja **6.2.1**.

2. *Ser* e *estar* como verbos funcionais

A maior parte dos empregos de *ser* e *estar* como verbos plenos deve ter desaparecido no século XIV. É verdade que uma estrutura sintática nunca se apaga radicalmente, e por isso são correntes usos como (19).

De todo modo, a partir de certo momento, tais verbos foram reanalisados, deixando de operar como núcleos do predicado, função que se deslocou para o termo adjacente à sua direita.

O tipo de termo adjacente vai configurar as estruturas locativa, modal, atributiva e equativa, organizadas por esses verbos.

2.1. Estrutura locativa: *ser/estar* + sintagma preposicionado /comitativo/, como em (20a), /locativo/, como em (20b) e (20c), /temporal/ como em (20d):

(20)
   a) *Breve **serei** convosco.*
   b) *Eu **estava** em casa/lá.*
   c) *ca non quise i **estar** pois vi que todos eram desbaratados.* (*Demanda do Santo Graal* 331: 14)
   d) *e Galaaz foi mui alegre e **esteve** i tres dias.* (*Demanda do Santo Graal* 48)

2.2. Estrutura modal: *ser/estar* + sintagma adverbial
(21)
   a) *É mal que você não se preocupe com seus amigos.* (= fica mal que...)
   b) *Ele **está** bem agora.*

2.3. Estrutura atributiva (veja **8.3.2.3**): *ser/estar* + sintagma adjetival/sintagma preposicional
(22)
   a) *esta jente **he** boa e de boa sijnprezidade.*
   b) *abandeira de Xpos* [= Cristo] *em que sayo debelem a qual **esteue** senpre alta aaparte do auamjelho.*

Na construção atributiva, os sintagmas adjetivais e os sintagmas preposicionados podem liberar o significado de uma qualidade permanente ou transitória, como já se viu anteriormente.

2.4. Estrutura equativa (veja **8.3.2.4**): *ser* + sintagma nominal
   (23) *Meu primo **é** aquele rapaz ali.*

3. *Ser* e *estar* como verbos auxiliares

Ser ensaiou uma perífrase de gerúndio, que não decolou. Os exemplos são raros, e há uma restrição sobre as formas de *ser* nessas construções, pois derivam sempre do étimo *sedere*. Nessas estruturas, é bem visível que o gerúndio opera como um adjunto modalizador de *ser*:

(24)
   a) *A mais fremosa* [...] *e que mais desejo, e en que sempre **cuidando sejo**.* (= forma arcaica concorrente de *sou*, derivada de *sedeo*) (*Crestomativa Arcaica* 821: 14)
   b) *E **seendo fallando** aquele cavalleiro que ao padre nom podia squecer.* (*Demanda do Santo Graal* 49: 19)
   c) *h a pastor **siia cantando** con outras tres pastores.* (= *siia* é forma arcaica, derivada de *sedebat*, tendo sido substituída por *era*, que deriva de *esse*; observe que *pastor* não flexionava em gênero) (*Crestomatia Arcaica* 320: 21).
   d) *eu **sia pensando**, deu h a voz.* (*Demanda do Santo Graal* 6: 9).

Destacando a escassa gramaticalização dessas construções, Mattos e Silva (1989: 450) afirma que "as passagens em que ocorre parecem indicar dois atos simultâneos", como fica patente através da paráfrase

   (24c') *h a pastor **estava sentada, cantando** con outras tres pastores.*

Não tendo havido casamento com o gerúndio, *ser* foi à luta, e descobriu sua verdadeira praia em seu processo de auxiliarização, em companhia do particípio. Consta de velhos documentos da língua que *ser* trazia o churrasco, e o particípio, a caipirinha. Ou seja, um casal feliz.

Não deu outra: o emprego de *ser* + particípio na formação da voz passiva foi um sucesso:

   (25) *Confusão na praia: desgostoso com a qualidade da pinga, o indivíduo ser agrediu o particípio, qualificado na delegacia de polícia como particípio passado, apesar de seus protestos, pois ele alegava que a* NGB *tinha abolido o passado dessa denominação. A autoridade esclareceu que no seu pedaço* NGB *nenhuma mandava. Os dois **foram presos** pelo delegado de plantão.*

Outro sucesso perifrástico foi a formação da forma composta do passado, altamente produtiva no português arcaico, e hoje em dia um tanto sumida. Silva Dias (1881/1918/1954: § 326) estudou essa formação, estabelecendo comparações com a forma simples correspondente. Vejam-se estes exemplos de Mattos e Silva (1989: 444-445):

(26) *Ser* + particípio como formas compostas do passado
   a) *e aquele que ouve lecença de o matar non ouve lecença de comer dele depois que* **morto foi**. (= morrera)
   b) *Aquel meu amigo* **era passado** *deste mundo.* (= passara deste mundo, morrera)
   c) *A alma non* **era partida** *ainda do corpo.* (= partira)
   d) *E quando vio já de todo em todo que* **era chegado**. (= chegara)
   e) *Pera saberem os que* **nados eram** *e os que avian de nacer.* (*nado* = nascido; *nados eram* = nasceram)

Omite-se por vezes o particípio *feito*, surgindo estruturas do tipo:

(27) *O que é* (feito) *do Fulano?*

A construção (26) brilhou nas bilheterias, ofuscando as perífrases congêneres. Mas houve um senão. Um belo dia, o particípio se esqueceu de trazer a caipirinha e foi miseravelmente chutado para fora da cena. Ele se desculpou, dizendo tratar-se de uma elisão etílica, tipo de sumiço temporário. Mas o estrago já estava feito e, omisso ou não, o certo é que de (27) surgiu a simpática expressão *quedê*, uma expressão interrogativa tão rica que na atualidade se apresenta nos palcos com três fantasias, expostas em (28a) a (28c):

(28)
   a) *Quedê (Fulano)?*
   b) *Cadê (Fulano)?*
   c) *Quedelhe/cadelhe (o Fulano)?*

Esse *quedelhe/cadelhe* de (28c) se deve a que o sintagma preposicional *do Fulano* de (27) fazia-se acompanhar do sintagma nominal *o Fulano*, a título de pós-tópico, surgindo a construção:

(28)
   d) *O que é feito dele, o Fulano?*

Omitido o particípio, tem-se *que é dele* > *quedelhe* > *cadelhe*, variantes dialetais de *quedê*.

Estar acompanhava com interesse as evoluções de *ser* no picadeiro, e resolveu tomar parte na brincadeira. Ele também queria ser um verbo auxiliar! Muito jeitoso, tratou logo de se associar aos seus termos adjacentes, surgindo daqui uma extraordinária proliferação de perífrases. Você sabe: negociou, é lucro na certa!

Parece que tudo começou com sua estrutura locativa. Precedida da preposição *a*, essa estrutura abriu caminho à auxiliarização de *estar*, na organização da perífrase *estar a* + infinitivo. Assim, o *a* de (29a) aparece na perífrase de (29b):

(29)
   a) **Estou** à mesa.
   b) **Estou a fazer** *a lição,* **estou a escrever** *um livro.*

Segundo Moraes de Castilho (2005a), a perífrase de (29b), embora pouco frequente, já ocorria no século XIII, tendo-se tornado mais frequente no português europeu do que no português brasileiro.

Ao mesmo tempo, *estar* mirava demoradamente suas construções modais, como (21a), e imaginou que dali poderia surgir outra perífrase, se em lugar do advérbio ele convidasse seu primo-irmão, o gerúndio. Convite aceito, surgiram as perífrases aspectuais de gerúndio, como uma expansão das estruturas modais. Já vimos em (24) que nos documentos mais antigos da língua o gerúndio, como forma ablativa, modaliza o verbo anterior. Há, portanto, uma relação entre as estruturas modais *estar bem* e *estar lendo*, em harmonia com (30):

(30)
   a) **Estou** bem.
   b) **Estou** lendo.

A nova perífrase se mostrou muito útil para a expressão do aspecto imperfectivo. Mas o sentido original de *estar* verbo pleno se recupera quando ocorrem expressões entre ele e o gerúndio:

(31) *E,* **estando** *(ele) a h a feestra* **rogando** *Nosso Senhor e* **louvando-o** *mui de coraçon, viu h a luz viir...* (Estando ele junto a uma janela, rogando a Nosso Senhor e louvando-o...)
[*Demanda do Santo Graal* 88: 17]

em que o sujeito de *estar* é predicado estativamente, agregando-se-lhe um modalizador, *rogando* e *louvando*, isto é,

(31a)   ao mesmo tempo em que ele estava de pé junto da janela, ele rogava e louvava.

No exemplo (31a), temos ainda dois verbos independentes, associáveis por uma conjunção coordenativa. Passou muita água debaixo da ponte até que *estar* e o gerúndio finalmente se encontrassem, celebrando sua união perifrástica. Exatamente como no título daquele dramalhão de circo mambembe, "*e o céu* [da gramática] *uniu dois corações*". Neste momento de intensa emoção gramatical, espera-se que você enxugue discretamente suas lágrimas.

Contente com o sucesso obtido, *estar* tratou logo de repetir sua estratégia. Agora, foi a vez de a estrutura atributiva abrir caminho para a estrutura *estar* + particípio, visto que os particípios também são adjetivos. Ou seja, tudo a ver:

(32)
   a) **Estou** *quente*, pode vir fervendo.
   b) **Estou** *calado*, melhor assim, não direi que estou com dor de cabeça.

Estar + particípio expressa o aspecto resultativo, como em

(33) *Falou,* **está falado**.

4. Redução de *estar* a prefixo

Como acontece a muitos verbos auxiliares, *estar* vem se reduzindo a sufixo no PB. No PB coloquial, é comum ouvir-se:

(34)
   a) *Falou,* **tafalado**.
   b) *Ele* **tafalano** *no telefone*.

As expressões de (34) apontam para uma mudança tipológica do PB, que vem dando preferência à marcação gramatical pré-núcleo do aspecto, do plural e do tempo. Mendes (1999) mostrou que quase 80% de *estar* no PB falado culto ocorrem com a perda da primeira sílaba e proclitização ao termo que se segue.

10.2.1.2.2. Gramaticalização de ter e haver

1. *Ter* e *haver* como verbos plenos

Como verbos plenos, esses verbos selecionam um sujeito /possuidor/, e se constroem com objeto direto. Em latim, *tenere* (em português, *ter*) significava "ter em suas mãos, possuir", e *habere* (em português, *haver*), "ter em sua posse, ser dono, guardar".

1.1. Estrutura possessiva: sintagma nominal + *ter/haver* + sintagma nominal

Mattos e Silva (1994: 78) ensina que

no período arcaico, *(h)aver* e *teer* não estavam, no princípio, em variação livre nas estruturas de posse: *(h)aver* ocorria com complemento de qualquer valor semântico: a) bens materiais adquiríveis, como em "(h)aver pan, remédio, horto", b) qualidades intrínsecas adquiríveis, como em "(h)aver fé, graça, poder", e c) qualidades intrínsecas ao sujeito, como em "(h)aver barvas, ceguidade, cinquenta aos, enfermidade". Do século XIV para o XV, se pode observar que *teer* [primeiro e nasalado] só ocorria comutando com *(h)aver* com atributos do tipo a) e, menos frequentemente, do tipo b); na primeira metade do século xv aparece *teer* nos três "tipos de posse", sendo ainda *(h)aver* mais frequente; já na segunda metade do mesmo século se evidencia o recesso de *(h)aver* e o avanço de *teer* com os três tipos de atributo.

Ela dá os exemplos (35a e 35b) na p. 73:

(35) *Haver* como verbo pleno
 a) *Mig'**ouv**'eu a que queria bem.* (= Eu tive comigo aquela a que queria bem)
 b) *Tal sazom foi, mas já'migo non **ei**.* (= Essa estação [do ano] já passou, e não tenho mais meu amigo)
 c) *Era um senhor que **tinha** muitas posses.*

A partir do século xvi, *ter* predominou nas estruturas possessivas, afastando *haver*.

1.2. Estrutura existencial: verbo + sintagma nominal

Deslocado por *ter* nas estruturas possessivas, *haver* especializou-se nas construções existenciais, deslocando, por sua vez, o verbo *ser* existencial. Mas o embate entre *ter* e *haver* voltaria a ferir-se, e *ter* vai afastando *haver* nas estruturas existenciais.

2. *Ter* como verbo funcional ou verbo-suporte (veja a seção **10.2.1.3.2**).

3. *Ter* e *haver* como verbos auxiliares: formação do futuro e do pretérito perfeito composto

Da auxiliarização de *ter* e *haver* surgiram o futuro do presente e do pretérito, e o pretérito perfeito composto. Vejamos como foi isso.

3.1. Formação do futuro do presente e do pretérito

O futuro do presente e do pretérito do português derivaram da construção latina de infinitivo + *habere*:

(36) *Scribere litteram habeo.* (Eu tenho uma carta para escrever)

Essa estrutura remetia a uma posse referida ao futuro, algo como "possuir uma carta" e "precisar escrever uma carta". Posse, futuridade e modalização se reuniriam nessa estrutura, que ocorria no latim vulgar.

No latim vulgar, construções semelhantes concorreram vitoriosamente com as formas simples do futuro, de (37):

(37) Expressão do futuro
 a) Latim culto: *Litteram scribam.*
 b) Latim vulgar: *Littera(m) scribere habeo./Littera(m) scribere habeba(m).*
 c) Português: *Escreverei uma carta./Escreveria uma carta.*

A estrutura possessiva desses verbos deu surgimento, portanto, a duas novas formas verbais perifrásticas latinas, de que surgiriam, por redução fonética, o futuro do presente e o futuro do pretérito no português e em outras línguas românicas. Ambas as perífrases acabariam por substituir entre os séculos vii e viii d.C. o futuro em {-bo^{C1}} e em {-am$^{C2, C3}$}. O latim vulgar não dispunha de uma forma para o futuro do pretérito, de cujo sentido se encarregava o imperfeito e o mais-que-perfeito do indicativo.

Vejamos as mudanças fonéticas sofridas por *amare habeo* e *amare habebam*, de que resultaram *amarei* e *amaria*.

Comecemos pelo verbo pleno latino *habere*, que selecionava um sujeito /possuidor/ e um objeto direto /possuído/:

(38) *Discipula*   *habet*   *litteras*
 Sujeito nominativo   Verbo   Objeto direto acusativo
 A aluna   tem   cartas

Posposto a um verbo pleno no infinitivo, como em *amare habeo*, esse verbo começa seu processo de auxiliarização, perde o sentido de possessivo, e passa a indicar obrigatoriedade ("tenho de amar"). A perífrase assim formada sobrevive no português, mudada a posição dos verbos envolvidos, metendo-se a preposição *de* entre os dois, e, com isso, hoje o que mais se lê em para-choques de caminhão é a forma cristalizada:

(39) *Hei de vencer.*

Mas vamos devagar com o andor. *Amare habeo* sofreu redução fonológica, cumprindo o seguinte percurso: *amarábeo > amaráveo > *amaráeo > *amarayo > amaray > amarei.* Vê-se por essa sequência que *habeo*, palavra de três sílabas no latim culto, se reduz ao monossílabo *ei* no português. Prejuízo de duas sílabas, ganho de novos valores, pois, agregado ao morfema de infinitivo {-r}, *ei* dá origem a um morfema novinho em folha, {-rei}, indicador de futuro, desaparecendo de vez o morfema latino correspondente {-bo}. Lembre-se que o iode de {-rei} foi reanalisado no português como sufixo número-pessoal da P1.

Amare habebam passou pelas seguintes alterações: *amare habebam > amare aveva > *amaravéa > *amarea > amaria.* Esta explicação sobre a origem do futuro do pretérito, anteriormente conhecido como condicional, estava bem assente na romanística, quando Marilza de Oliveira (2003/2004) balançou fortemente o coreto, mostrando que um caminho mais óbvio é partir de *amare + iva*, sendo esta segunda forma o imperfeito do indicativo vulgar de *ire*. Recomendo que você não morra antes de ler o texto de Oliveira.

Uma pergunta que nos assalta o espírito – sejamos barrocos, nem que seja só um pouquinho – é por que *habere* se colocava depois do verbo no infinitivo, que viria a ser o núcleo da predicação. A resposta pode ser dada por um argumento de caráter tipológico. Representando por V o núcleo de uma estrutura qualquer, e por X uma variável dessa estrutura, é possível reconhecer em (37a) a ordem [V-X], ou [V-O], em outra representação (cf. *scribere litteram*, "escrever uma carta"). Quer dizer que, se o núcleo da estrutura sentencial é um verbo pleno, depois dele virá o verbo em processo de alteração para verbo auxiliar, exatamente como em (37b). Evita-se assim a quebra da adjacência entre o verbo pleno e seu argumento X: [[*scribere litteram*] *habeo*]]. Nessa tipologia, analogamente, se o núcleo do sintagma nominal é um substantivo, o adjetivo virá depois, na estrutura [substantivo-adjetivo], e assim por diante. Numa fase posterior, a ordem passou a ser [X-V], e isso explica sequências tais como *habeo scriptum*, adiante examinadas.

Recapitulando tudo, vê-se que um verbo pleno *habere* acaba por se transformar num sufixo. É de supor-se que durante algum tempo a forma simples *amabo*, que poderíamos representar por A, sofreu a competição da perífrase *amare habeo*, que poderíamos representar por B, com ela convivendo, até que esta última acabou por suplantar a primeira, num ritmo que poderia ser assim notado: A >A/B > B. Uma nova forma flexional abriu suas asas sobre a Romênia, desde o português *amarei*, passando pelo espanhol *amaré*, pelo francês *aimerai*, até desembarcar no italiano *amerò*. Sucede que, tendo atropelado a forma simples *amabo*, a perífrase *amare habeo* ao fim e ao cabo desembocou em outra forma simples, *amarei*. Benfeito! Mas e agora?

A continuidade da inovação, que funciona como um dos princípios da gramaticalização, pôs-se logo a caminho. Veja este exemplo:

(40) Falando do jogo do domingo:
 a) *Amanhã **sairei** logo cedo, para garantir meu lugar na arquibancada.*
 b) *Amanhã **vou sair** logo cedo, para garantir meu lugar na arquibancada.*

Pensando na variedade falada informal do português brasileiro, qual das duas sentenças você ouve com mais frequência? Eu, que não sou surdo nem nada, ouço mais (40b) do que (40a), que só encontro na língua escrita. Não precisa me dizer: na língua escrita não se ouve nada, só se lê. Tudo bem, eu só leio *sairei*. Mas Pontes (1973: 93) nos lembra que a forma em {-rá} ainda sobrevive em expressões do tipo

(41) *Será que ele vem?*
Note que se alterarmos essa expressão para
(41a) ***Será* que *vai chover* hoje?**
as duas formas de expressão do futuro convivem num mesmo recorte de língua: de fato, a sincronia e a diacronia convivem pancronicamente, sem atritos.

Em suma, depois de tanta trabalheira para formar a forma *sairei*, deixando na poeirada das estradas aquele *hei de vencer*, damos-lhe um pontapé e começamos tudo de novo, formando nova perífrase, agora com o verbo *ir*: *vou sair*.

Por que desta vez se escolheu um verbo de movimento para formar outra perífrase com valor de futuro? Muito simples: o futuro não integra nossa experiência de vida. Só conhecemos o passado (e por isso a gramática escancara as portas para ele, inventando várias formas de passado) e o fugidio presente (e por isso habitualmente temos só uma forma para gramaticalizar o presente). E como fica o futuro nesse barulho todo? Bem, parece que terá de ser tratado imageticamente. Ou esperamos que um estado de coisas venha a acontecer necessariamente, donde a perífrase modal *amare habeo*, "tenho de amar", ou nos imaginamos caminhando para o momento futuro, donde a perífrase construída a partir de um verbo de movimento, *vou amar*, me dá um tempo. Assim, em *vou amar* e *vou sair logo*, represento *amar* e *sair* como espaços idealizados para os quais me dirijo. Legal, não?

Ao transitar de verbo pleno para verbo auxiliar, na indicação do futuro, *ir* perdeu o sentido original de movimento referido ao falante, por contraste com *vir*, que é movimentar-se em direção ao falante. Com isso, tornaram-se possíveis construções aparentemente contraditórias como no português *ele vai ir*, *ele vai vir* (afinal, "ele vai" ou "vem"?). Note que essa contradição só ocorreria se os sentidos originais de *ir* e *vir* se tivessem mantido.

Na perífrase de futuro *vou falar*, o auxiliar de novo se transforma num afixo, desta vez um prefixo, dando origem a estruturas como *vofalá*, análogas a *tofalano*, *tafalado*. Sobre a associação entre a noção de movimento e a gramaticalização do futuro, veja Bybee / Perkins / Pagliuca (1991) e Bybee / Perkins / Pagliuca (eds. 1994: 243-280).

– *É mesmo! Quase me esqueço de explicar como se formou o pretérito perfeito composto do português!*

3.2. Formação do pretérito perfeito composto

Pois é, foi mais um que derivou dos verbos *habere/tenere*, só que desta vez quando esses verbos selecionam um objeto direto seguido do predicativo desse objeto, expresso por um particípio passado, vulgo minissentença (veja **8.**1). Tal sintaxe ascende ao latim vulgar, e foi atestada também no latim medieval:

(42) Formação do pretérito perfeito composto
   a) *Habeo epistolam scriptam.*
   b) *Episcopum inuitatum habes.*

O significado de (42) é tão complexo como o de (37). (42a) quer dizer "eu tenho uma carta escrita", e (42b), "eu tenho um bispo convidado", em que os particípios *scriptam* e *inuitatum* concordam com *litteram* e *episcopum*, respectivamente, funcionando como predicativo do objeto direto, na terminologia da Gramática Tradicional, ou minissentenças nesta gramática. Quem diria, hein, *habere* e *tenere* promovendo também as minissentenças?! Como se já não fosse pouco criar o futuro do presente, o futuro do pretérito e o pretérito perfeito composto. Uma dupla do barulho!

Trabalhando nesse tema, Salvi (1988) enfatizou que nas línguas românicas atuais não são visíveis as relações que existem entre a forma verbal plena de *habere*, como indicador de posse, e a forma de auxiliar *avere*. Parecem ser dois verbos totalmente diferentes um do outro. Entretanto, quando se tem uma visão diacrônica do problema, pode-se perceber a conexão entre as duas formas, evidenciando-se que os auxiliares *ter* e *haver* são gramaticalizações dos verbos plenos *ter* e *haver*. O latim fornece essas evidências. Nessa língua, em construções como (42a), considerada precursora da perífrase românica, *habeo* ainda tem o sentido de posse, como um verbo pleno. Nesse exemplo, a sentença tem o

sentido de "tenho uma carta escrita" e não "tenho escrito uma carta". De um ponto de vista sintático, *habeo* vem seguido de dois complementos: o objeto direto *epistolam* e a minissentença *scriptam*:
   (42a') *Habeo*   *epistolam.*   *scriptam*
         Haver (1ª pes. sg.)   carta (acusativo)   escrita (acusativo)

Segundo Salvi, o particípio *scriptam* é ambíguo do ponto de vista sintático, podendo ser interpretado como verbo ou como adjetivo. Como verbo, tem o sentido de uma passiva (*a carta foi escrita*), compatível com um advérbio (*a carta foi escrita rapidamente*). Como adjetivo, expressa um estado (*a carta está em um estado de ser escrita*), não sendo compatível com um advérbio (**a carta está em estado de ser escrita rapidamente*). A primeira paráfrase indica que a escritura da carta tem lugar no momento presente; a segunda paráfrase explicita o estado resultante da escrita da carta.

O verbo *habeo* rege a minissentença (veja **8**.1) com núcleo adjetival. O sujeito do particípio funciona como objeto direto do verbo *habeo*. O sentido de (42a) é "Eu próprio (o resultado do fato que) tenho uma carta escrita". Nessa estrutura não há conexão entre *habeo* e *scriptam*, e o sujeito de *habeo* pode ser diferente do sujeito lógico de *scriptam*, isto é, aquele que escreveu a carta pode ser diferente daquele que tem a carta.

Mas voltemos ao latim *habere*. Nessa língua, *habere* podia ser substituído por *tenere*. Ao se espalhar durante a Antiguidade Clássica, esses verbos foram sendo diferentemente selecionados ao longo do território. No noroeste da península ibérica, *tenere* levou a melhor sobre *habere*, que tinha caído nas graças do francês *avoir* e do italiano *avere*, entre outras línguas românicas. Daí a diferença de estruturação entre as formas de passado português *tenho dito*, o francês *j'ai dit*, e o italiano *ho detto*.

Como o predicativo/minissentença concorda com o objeto direto, eram frequentes no português arcaico e clássico ocorrências que seguiam de perto a estrutura latina:
(43)
    a) *e el-rei **avia** muitos cavaleiros **chagados**.* (= o rei tinha muitos cavaleiros feridos) (*Demanda do Santo Graal* 452: 5)
    b) *E porque, como vistes, **têm passados**./Na viagem tão ásperos perigos* (Camões, *Os Lusíadas* I: 29).

O significado de (42a), *habeo epistolam scriptam*, era o de posse no presente, resultante de uma ação no passado, como se pode comprovar pela paráfrase:
(42a") *Escrevi uma carta e agora tenho uma carta escrita.*

Isso equivale a dizer que essas construções codificavam o aspecto resultativo, expresso no indoeuropeu e no latim por uma forma redobrada, neste caso, do tipo de *tangere – tetigi* ("tocar – toquei"), *pungere – pupugi* ("furar – furei") etc. Perdido o pretérito redobrado no trâmite do latim vulgar para o romance, e deste para o português, e persistindo a necessidade discursiva de representar o resultado presente de uma ação passada, passaram a desempenhar esse papel as estruturas de [sintagma nominal^{sujeito} + *ter/haver* + sintagma nominal$^{objeto\,direto}$ + sintagma adjetivo predicativo do objeto direto^{minissentença}].

Uma vez constituídas, essas estruturas passaram a mudar, aparentemente no seguinte ritmo: fase 1: [verbo + objeto direto + predicativo] > fase 2: [verbo + predicativo + objeto direto], ou seja, *tenho uma carta escrita > tenho escrito uma carta*, surgindo o pretérito perfeito composto, que é uma criação românica.

Na fase 1, o predicativo, codificado por um particípio, concordava com o objeto direto, como já se viu. Segundo Câmara Jr. (1975: 166), "enquanto a forma verbal adjetiva se mantém articulada com o objeto da ação, não há a rigor uma conjugação verbal composta, mas uma construção frasal que põe em evidência um estado de posse".

Na fase 2, o particípio passou a figurar adjacente ao verbo flexionado, e perdeu progressivamente o traço de concordância com o objeto direto, ocorrendo uma reanálise da fase 1. Nesta segunda fase, perde-se também a noção de posse e a de um presente que se referia ao passado, ganhando-se a noção de um passado que se refere ao presente, conforme notou Bourciez (1956: § 126b). A mudança do enfoque temporal pode ter resultado da gramaticalização de *ter/haver* e do particípio: o valor de tempo presente procede de *ter/haver*, que passam a auxiliares; o valor de tempo passado procede do particípio, que passa a ocupar o núcleo do predicado, surgindo o valor identificado por Bourciez. O português preservou a noção de passado que se estende ao presente: *tenho dito* significa "disse" e "continuo dizendo". No francês e no italiano as formas compostas *j'ai dit* e *ho detto* se tornam sinônimas do pretérito perfeito *je dis* e *disse*. O espanhol ficou no meio dessa clivagem (Boléo, 1936).

Bem, sabemos que na sintaxe o estágio antigo convive com o estágio mais recente, e por isso ainda hoje se encontram construções no PB tais como:

(44) *e onde o levais a enterrar, Irmãos das Almas / Com a semente de chumbo que **tem plantada**?*
(Cabral de Melo Neto, *Vida e morte Severina*)

O sentido de (44) é que alguém plantou uma semente de chumbo (= a bala) na personagem, e agora a bala está plantada, ou seja, resultado presente de uma ação passada.

Estudando a gramaticalização de *ser* e *estar*, lidamos com verbos locativos, que dão surgimento também a verbos possessivos, invadindo a praia de *ter* e *haver*. A construção latina de *esse* com dativo /recipiente/ exemplifica a alteração locativo > possessivo:

(45) *Mihi est liber.* (*Eu tenho um livro*, literalmente, *um livro é para mim*)

Verbos tipicamente possessivos, como no latim *habere* e *tenere* (de que derivaram no português *haver* e *ter*), no germânico **kap* ("agarrar, tomar") > **haf* > no inglês *have*, tinham o sentido original de "agarrar com as mãos", "ter nas mãos". Esse sentido ainda se conserva nos derivados do português *tenente* e do espanhol *tierrateniente* ("proprietário"), originalmente, o que tem (a terra) em suas mãos, sob seu domínio, posteriormente, o que detém um cargo na hierarquia militar, talvez por ser proprietário.

Temos de reconhecer a fecundidade dos verbos locativos, que dão surgimento igualmente aos verbos existenciais, transitando de verbos plenos para verbos funcionais. Tratando desta alteração, Lyons (1977/1984: 409-410) mostra que é natural raciocinar que se uma pessoa ou algo ocupa determinado lugar é porque existe. O lugar é, cognitivamente falando, mais concreto que a existência. Um sinal da alteração locativo > existencial pode ser encontrado naquelas línguas cujas estruturas existenciais ainda mantêm um advérbio de lugar, seja como um "sujeito *dummy*" (em inglês *there is*), seja acompanhando o verbo (francês *il y a*, italiano *ci sono*, castelhano *hay* [< *habet ibi*] e português arcaico e regional do Brasil *hai*), como nestes exemplos, citados por Amaral (1922/1977: 77) e Marroquim (1943/1996: 213):

(46)
    a) *Num **hai** quem num sabia.*
    b) *Não **hai** home mais home do que outro não.*

Em *hai*, o locativo se cliticiza ao verbo, perdendo sua tonicidade.

LEITURAS SOBRE A GRAMATICALIZAÇÃO DO VERBO

Ilari (1989/2004), Martelotta / Leitão (1996), Mattos e Silva (1999b), Mendes (1999), Galvão (2000, 2002), Callou / Avelar (2001), Kewitz (2002a, 2002b), Gonçalves (2003), Freitag (2003), Moraes de Castilho (2005a), Wotjak (2006), Simões (2007).

Sobre ser e estar: Castilho (1967, 1968a), Porroche Ballesteros (1988), Ribeiro (1993), Mattos e Silva (1999b), Callou / Avelar (2001), Mendes (1999, 2005a, 2005b, 2009).

Sobre ter e haver: Borba (1967), Castilho (1968a), Silveira (1975/1980), Lemos (1987), Mattos e Silva (1999b), Kewitz (2002a, 2002b), Moraes de Castilho (2005a).

10.2.1.3. Tipologia do sintagma verbal

Na abertura deste capítulo, observamos que os exemplos de sintagmas verbais aduzidos comportavam três tipos: (i) sintagma verbal simples; (ii) sintagma verbal composto; e (iii) sintagma verbal complexo. Vamos descrever essas estruturas.

10.2.1.3.1. Sintagma verbal simples

O sintagma verbal simples tem seu núcleo preenchido por um verbo pleno. Ponto final.

10.2.1.3.2. Sintagma verbal composto: as perífrases e as formas nominais do verbo

O sintagma verbal composto tem seu núcleo preenchido por verbo pleno numa forma nominal, especificado por um verbo auxiliar. Os especificadores do sintagma verbal composto, bem como o problema da perífrase, serão descritos na seção **10.3**. Nesta seção, concentro-me nas formas nominais do verbo: o infinitivo, o particípio e o gerúndio.

Se imaginássemos um quadro em que se inscrevesse a classe dos verbos plenos numa extremidade e as classes de substantivo, adjetivo e advérbio na outra, o infinitivo, o particípio e o gerúndio ocupariam a coluna do meio nesse quadro imaginário, em sua qualidade de formas quase verbais, ou seja, de formas verbais não prototípicas:

Quadro 10.4 – Formas nominais do verbo

Verbo pleno	Infinitivo Particípio Gerúndio	Substantivo Adjetivo Advérbio
/+ **Verbo**/	/± **Verbo**/	/- **Verbo**/

Basta você colecionar usos dessas formas para notar que infinitivo, particípio e gerúndio não são nem prototipicamente verbais, nem prototipicamente substantivos, adjetivos ou advérbios.

Começa que essas formas não têm pessoa. A única exceção aí é o mais que anômalo infinitivo pessoal do português, único em sua espécie nas línguas românicas, com exceção do sardo. Foi um suadouro arranjar um rótulo para o esquisito infinitivo pessoal! Você decerto já notou que esse rótulo encerra uma contradição nos termos. Como uma forma pode ser *infinitiva*, palavra que etimologicamente quer dizer "sem limites, indeterminada", e ao mesmo tempo *pessoal*, ou seja, portadora da categoria de pessoa, a mais delimitadora e finitiva das categorias, não é mesmo? O infinitivo pessoal concretiza bem aquele fado composto e "executado" por Lauro Borges e Castro Barbosa, em seu programa humorístico "rádio PRK30", transmitido pela Rádio Nacional, ali pelas décadas de 1940 e 1950:

– *"Ai, eu não sei, se vou ou se fico, ou se fico ou se vou!"*

Embora o nosso infinitivo pessoal também não saiba se vai ou se fica infinito, nós nos orgulhamos dele assim mesmo, como a vitória do meio-termo e a derrota do maniqueísmo. Melhor parar por aqui, antes de cair no ufanismo do *porque me orgulho da língua portuguesa e de seu infinitivo pessoal*.

O gerúndio não quis ficar atrás, e até mesmo ensaiou uns passinhos à busca dos cobiçados morfemas número-pessoais. Ele desenvolveu umas formas até aqui rejeitadas pela variedade padrão, porém muito respeitadas em algumas áreas dialetais. São coisas do estilo:

(47)
    a) ***Saíndomos*** *tarde, perderemos a sessão de cinema.*
    b) ***Víndeis*** *de fora, havereis de achar o caminho.* (apud Simões, 2007)

Não consta que o particípio tenha tido dessas ambições.

Pois os espertos gramáticos latinos se deram conta do povinho-da-coluna-do-meio, incluindo as três formas nominais do verbo (redija um ensaio sobre o adjetivo *nominais* dessa nomenclatura) no departamento dos *particípios*. Olhe a etimologia: o termo *particípio* resulta do substantivo latino *partis* + o verbo *capio*, ou seja, "aquele que toma parte", nesse caso, aquele que toma parte na categoria nominal e na categoria verbal, simultaneamente. Foi uma bela sacada terminológica, que logo perdemos quando especializamos o termo *particípio* para a designação de apenas uma das formas participiais, aquela portadora do morfema {-do/-to}, como em *falado, posto*.

Em suma, as formas nominais do verbo têm seu estatuto categorial ancorado num ponto de indecisão. Quer ver? Que venham os dados.

(48) Formas nominais usadas como /+ Verbo/
- a) Infinitivo
  - Como núcleo de sentença simples: *Mentir, eu?* **Trabalhar** *para quê? Não* **fumar**.
  - Como núcleo de sentença subordinada: *Mande esse povo* **calar** *a boca. E além de* **roubá-lo/ tê-lo roubado**, *ainda o espancaram. Não tinham armas com que* **defender-se**. *Falou sem* **medir** *as consequências. Ao* **deitar-se** *tomou um banho. Fugiram por não* **terem** *munição*.
- b) Particípio
  - Como núcleo de sentença simples: *Polícia,* **parado** *aí!* **Dito e feito**!
  - Como núcleo de sentença subordinada: **Passado** *o perigo, saíram do esconderijo*. **Apoiado** *num bordão, comecei minha viagem*.
- c) Gerúndio
  - Como núcleo de sentença simples: *Você sempre* **ameaçando**! **Circulando, circulando**!
  - Como núcleo de sentença subordinada: **Dizendo/tendo dito** *aquelas palavras, despediu-se*. **Fazendo-se** *tarde/* **Tendo-se feito** *tarde, saímos*.

Observações:

1. Nas sentenças simples, as formas nominais podem aparecer em usos metafóricos, substituindo o imperativo.
2. Nas sentenças subordinadas, as formas nominais comparecem em seus diferentes tipos, descritos no capítulo "A sentença complexa e sua tipologia".
3. O particípio pode vir antes ou depois do sujeito, antes ou depois da sentença matriz (cf. **Passado** *o perigo/O perigo* **passado**, *saíram do esconderijo./Saíram do esconderijo,* **passado** *o perigo*. **Apoiado** *numa bengala, comecei a viagem./Comecei a viagem,* **apoiado** *numa bengala*.

(49) Formas nominais usadas como /- Verbo/
- a) Infinitivo como substantivo, nas seguintes funções:
  - sujeito: **Chorar** *alivia. É melhor* **prevenir** *do que* **remediar**.
  - equativo: **Viver** *é* **lutar**.
  - complemento nominal, preposicionado: *Isto é fácil* **de dizer**, *difícil* **de realizar**.
  - adjunto adnominal, preposicionado: *Na gramática do* PB, *há muitos temas* **a pesquisar**.
- b) Particípio como adjetivo, nas seguintes funções:
  - adjunto adnominal: *Tinha uma bela figura, os cabelos* **penteados**, *o ar sério*.
  - núcleo de minissentença: *O teatro resplandecia, completamente* **lotado**. *Achei-o* **abatido**.
- c) Gerúndio como adjetivo e advérbio
  - adjunto adnominal restritivo, seguindo um substantivo sem pausa intercorrente: *Queimou-se com água* **fervendo**. *Vi seu pai* **tomando** *um refresco*.
  - adjunto adnominal explicativo, seguindo um substantivo com pausa intercorrente: *Lá vai o pelotão dos recrutas,* **marchando** *sob as ordens do sargento. A luz do sol,* **passando** *pela fresta da porta, atingia o espelho*.
  - adjunto adverbial, seguindo um verbo: *Saiu* **gritando**. *Durante aquele dia nos distraímos* **brincando** *de pega-pega*.

LEITURAS SOBRE AS FORMAS NOMINAIS DO VERBO
Moreira (1909), Rodrigues (1932-1933), Fahlin (1946-1947), Prado Coelho (1950), Maurer Jr. (1952), Sten (1951, 1952), Lope-Blanch (1957), Molho (1959), Hampejs (1959-1960, 1961), Lockett (1968), Campos (1980), Móia / Viotti (2004), Menon (2004), Simões (2007).

10.2.1.3.3. Sintagma verbal complexo: o verbo-suporte

Na abertura deste capítulo, foram mostrados dois exemplos de verbo-suporte, aqui repetidos:
(50)
  a) *Os aposentados já se **deram conta** da inutilidade de suas reclamações.*
  b) *Ela não **tem tempo** para sair.*

Neves (1996b) apresenta outros exemplos, aqui renumerados:
(51)
  a) *Ele é obrigado a **fazer estágio**.*
  b) *Às vezes estão **tomando banho**.*
  c) *Ele não pode **fazer uma síntese**.*

aos quais podem ser acrescentados:
  d) *Ontem **teve lugar** a entrega dos prêmios.*
  e) *Não **tenho obrigação** nenhuma.*
  f) *Fui logo **dar parte** na polícia sobre o ocorrido.*
  g) *A – Dê minhas lembranças à madrinha.*
     *B – **Farei presente**.*

Observando-se esses exemplos, nota-se o seguinte:

(1) Os verbos-suporte apresentam uma forte solidariedade sintática com o substantivo que se segue, ao qual não atribuem caso. Observe que esse substantivo dispõe de uma baixa referencialidade, não vem antecedido de especificadores, não funciona como argumento interno do verbo, e por isso não é proporcional a um pronome (sobre esta argumentação sintática, veja **6.4.1**).

(50')
  a) **Os aposentados já deram-na da inutilidade...*
  b) **Ela não o tem para sair.*

(51')
  a) **Ele é obrigado a fazê-lo.*
  b) **Às vezes estão tomando ele.*
  c) **Ele não pode fazê-la.*

Esses testes mostram que em sentenças como (50) e (51), verbo e substantivo operam integradamente como o núcleo do sintagma verbal $^{SV}[[\textbf{deram conta}]^{Núcleo}$ *da inutilidade de suas reclamações*$^{Complementador}]]^{SV}$, inexistindo fronteira sintática entre *deram* e *conta*.

(2) O sentido do sintagma verbal complexo deriva do conjunto formado pelo verbo-suporte + substantivo, tornando impossível a substituição do verbo suporte por um sinônimo:

(50'')
  a) **Os aposentados já se **entregaram** conta...*
  b) **Ela não **possui** tempo para sair.*

(3) O verbo-suporte supre certas faltas no léxico da língua, como se vê em (52), um fato já assinalado por Neves (1996b):

(52)
  a) *Eu até gostaria de **fazer ginástica** (cf. *ginasticar).*
  b) *Esperemos que o público **tome conhecimento** de tudo (cf. ?conhecer de tudo).*
  c) *Ele **tem nojo** de marisco (cf. ?ele se enoja de marisco).*

Essa correspondência também se dá quando um Especificador ocorre antes do sintagma nominal encaixado num sintagma verbal complexo, como em

(53)
a) *Esse menino só [faz perguntas].* → substantivo sem especificadores: verbo-suporte, sintagma verbal complexo.
b) *Esse menino só faz [as perguntas que os outros evitam].* → o substantivo é núcleo de sintagma nominal, dispondo de Especificador e de Complementador: verbo pleno, sintagma verbal simples.
c) *Esse menino faz só [as perguntas que os outros evitam].* → o substantivo é focalizado: verbo pleno, sintagma verbal simples.

O estudo da gramaticalização de *ser, estar, ter* e *haver* e ainda os exemplos (52) e (53) mostram que um mesmo verbo pode funcionar como verbo pleno ou como verbo funcional (ou verbo-suporte), dependendo da construção. Assim, na expressão *dar certo*, o verbo pode funcionar como verbo-suporte (53d), ou como verbo pleno (53e):

(53)
d) *Ele não **deu certo** naquela profissão* (= "não acertou").
e) – *Ele não achou o endereço.*
– *Será que você **deu** Ø certo?* (em que Ø = o endereço)

Aqui, como por toda parte, a língua marca os itens lexicais com uma forte polifuncionalidade.

Outras designações para verbo suporte são *verbos funcionais, verbalizadores*. O sintagma verbal complexo situa-se no intervalo entre a sintaxe, e sua liberdade de construção, e o léxico, com suas unidades "prontas", com escassa possibilidade de intervenção. A este respeito, Jespersen (1924/1971) distinguiu "sintaxe livre" de "sintaxe presa", incluindo os verbos-suporte nesta última.

Outra construção interessante do ponto de vista da gramaticalização dos verbos é a chamada "construção foi fez", que tem sido analisada por Angélica Rodrigues (2006, 2009), de quem retiro os seguintes exemplos:

(53')
*Não gostei do sapato, **fui trouquei** por outro.*
*Ele pediu dinheiro emprestado, eu **fui e dei**.*
*Aí minha mãe **pegou fez**.*
*Eu **peguei e falei** para ele que assim não dava mais*

Essas ocorrências se formam "a partir de uma sequência mínima de dois verbos, V1 e V2, em que V1 e V2 partilham sujeito e flexões modo-temporais e número-pessoais" (Angélica Rodrigues, 2009: 271). O primeiro elemento da construção integra uma classe fechada, *ir* e *pegar*, e o segundo verbo integra uma classe aberta. Eles podem ou não ser ligados por conjunção aditiva, num caso possivelmente de falsa coordenação. A construção ocorre como marcador discursivo de sequenciação.

LEITURAS SOBRE VERBO-SUPORTE E A "CONSTRUÇÃO FOI FEZ"
Jespersen (1924/1971), Neves (1996b), Wotjak (2006), Angélica Rodrigues (2006, 2009).

10.2.1.4. Concordância verbal

A concordância é a conformidade morfológica entre uma classe (neste caso, o verbo) e seu escopo (neste caso, o sujeito). Essa conformidade implica, portanto, na redundância de formas, ou seja, se houver marcação de plural no sujeito haverá marcação de plural no verbo, como se vê em

(54) *As portas da cidade caíram ante o ímpeto das tropas invasoras.*

Em (54), as marcas de número, o plural, aparecem redundantemente no sujeito, cf. {-s}, e no verbo, cf. {-ram}. O sintagma nominal [*as portas da cidade*] integra intrinsecamente a P3, e o verbo o acompanhou também nesta categoria.

Já vimos nesta gramática que a sentença é assimétrica com relação à concordância. No PB padrão, o verbo concorda em pessoa e número com seu sujeito, e não concorda com os argumentos internos nem com os adjuntos. A assimetria vem daí: concordância com o sujeito, expresso no caso reto, não concordância com os complementos, expressos nos casos oblíquos. Mas o PB não padrão exibe outras regras de concordância.

Sejam os seguintes exemplos:
(55) Concordância verbo-sujeito
   a) [+] ***Deus deu*** *o mundo aos animais,* ***o homem*** *lhes* ***deu*** *a jaula.*
   b) [-] ***Os filho sai*** *de manhã só* ***chega*** *de noite* (exemplo de Hora / Espínola, 2004).
   c) [-] *Nossa,* ***ficou*** *demais* [*de boas*] ***as fotos****!*
(56) Concordância verbo-adjunto adnominal genitivo
   a) [+] *O aumento desses crimes* ***estão provocando*** *situações irreversíveis.*
   b) [-] *O aumento desses crimes* ***está provocando*** *situações irreversíveis.*
(57) Concordância verbo-complemento
   a) [+] *Morador do bairro há muitos anos* ***compraram*** *cestas de alimento para os flagelados.*
   b) [-] *Morador do bairro há muitos anos* ***comprou*** *cestas de alimento para os flagelados.*

Estes e outros exemplos serão descritos a seguir. Eles mostram que as regras de concordância no PB estão sujeitas a regras variáveis, dependendo de um conjunto de fatores, que passo a enumerar.

1. Saliência morfológica

Uma condição óbvia para que se observe a concordância é que a gramática do falante disponha de um verbo rico na marcação da pessoa. Estudaremos em **11.4.1.1** a simplificação do quadro pronominal no PB falado. Esse fato levou o verbo a simplificar sua morfologia. Em consequência, a concordância verbo-sujeito perderá sua importância nesse canal. Inversamente, a concordância assume importância maior no PB escrito. Lemle / Naro (1977) descobriram que a saliência morfológica maior acarreta mais casos de concordância na P6 do que a saliência menor. Assim,

(58) Concordância e saliência morfológica
   a) *Esses meninos* ***são*** *muito desobedientes.*
   b) *Eles* ***fala*** *que eles* ***faz*** *o que eles* ***quer****.*

A concordância observada em (58a) se deve à distância entre a forma singular *é* e a forma plural *são*. A ausência de concordância em (58b) se deve à proximidade mórfica entre as formas singular *fala, faz* e *quer* e as formas plurais *falam, fazem* e *querem*. Naro (1981) mostrou que essa proximidade mórfica se acentuou com a perda da nasalidade na P6, em que as formas têm mudado no seguinte ritmo:

C1: *falam > fálum > fálu*
C2: *pedem > pédim > pédi*
C3: *partem > pártim > párti*

A perda da nasalidade identificou *ele pede* a *eles pede*, *ele parte* a *eles parte*, restando uma pequena diferença entre *ele fala* e *eles fálu*. Tudo isso levou à perda da concordância nessa pessoa gramatical. Segundo esse mesmo autor, essas características ascendem ao português arcaico, de que o PB é uma continuidade, hipótese já mencionada em **3.3.3**.

2. Proximidade/distância entre o verbo e o sujeito

Quando o verbo se localiza adjacente ao sujeito, há mais probabilidade de ocorrer a concordância do que quando o verbo está distanciado:

(59) Concordância e proximidade do verbo em relação ao sujeito
   a) *As contas pesaram* muito na minha decisão de fazer mais economia.
   b) *As contas* deste ano, sobretudo depois que eu tive um pequeno aumento salarial, *pesou* na minha decisão de fazer mais economia.

3. Posição do sujeito na sentença
Sujeito anteposto favorece a concordância. Sujeito posposto desfavorece:
(60) Concordância e colocação do sujeito
   a) *As roupas* que você encomendou já *chegaram*, depois de muita espera.
   b) *Chegou*, depois de muita espera, *as roupas* que você encomendou.

4. Paralelismo linguístico

Poplack (1980, apud Hora / Espínola, 2004) tinha descoberto que a presença da marca de plural favorece a concordância, ao passo que a ausência de uma marca precedente favorece a falta de concordância. Esse mecanismo foi denominado "paralelismo linguístico". Scherre (1988: 238) analisou dados do PB à luz desse princípio, mostrando que a presença de um sintagma verbal marcado no plural leva a novos sintagmas verbais no plural, ou seja, "*marcas conduzem a marcas*; inversamente, um sintagma verbal no singular leva a outros sintagmas verbais no singular, ou seja, *zeros conduzem a zeros*", como se vê em:

(61) Marcas conduzem a marcas
   a) *Eles ficavam* lá os dois, mas nunca se *faláru* assim.
   b) *Então essas pessoas* me *conhecem*, também *acham* que eu sou uma católica.
(62) Zeros conduzem a zeros
   a) A – *Então você acha que as pessoas do Rio, São Paulo, fala* diferente de você?
      B – *Fala, fala* muito diferente.
   b) *Tem outros que fala* demais e num *diz* nada que se aproveite.

O paralelismo linguístico, tanto quanto saiba, está esperando por alguma teorização. Vale aproximá-lo do "efeito gatilho"?

5. Nível sociocultural dos falantes

Pesquisas sobre o PB mostraram que as classes socioculturais altas dispõem de mais regras de concordância que as classes mais baixas. Mas daí a sinonimizar nível baixo com ignorância gramatical vai uma enorme distância, pois no PB popular há uma sofisticada relação entre concordar e não concordar o verbo com o sujeito na dependência da complexidade maior ou menor da morfologia verbal, como vimos no item número 1 anterior.

Pode-se reconhecer que as regras de concordância são variáveis tanto entre os brasileiros cultos quanto entre os brasileiros não escolarizados. O que distingue essas classes é a seleção do fator determinante da regra. Assim, para os primeiros os fatores 2 e 3 são decisivos e, para os seguintes, os fatores 1 e 4. Do ponto de vista diacrônico, parece que as regras de concordância deixarão de ser uma propriedade gramatical, visto que a colocação dos constituintes sentenciais se torna progressivamente rígida. A rigidez da colocação identifica as funções argumentais, tornando dispensável fazê-lo através da concordância.

LEITURAS SOBRE CONCORDÂNCIA VERBAL
Lemle / Naro (1977), Naro (1981), Rodrigues (1987), Scherre (1988), Galves (1998), Naro / Scherre (2003), Moraes de Castilho (2009b). Para uma bibliografia sobre os últimos trabalhos no PB, veja Hora / Espínola (2004). Sobre a aquisição da concordância pelas crianças, veja Capellari / Zilles (2002).

10.2.1.5. Colocação do verbo

Sendo o PB uma língua sujeito-verbo-objeto (SVO), a colocação de base do verbo é no centro da sentença, antecedido pelo argumento externo e seguido pelo(s) argumento(s) interno(s).

Encabeçam a sentença os verbos apresentacionais e os ergativos, descritos na seção **10**.2.1.1, e as formas nominais do verbo, que organizam sentenças subordinadas.

10.2.1.6. Elipse do verbo

A omissão do verbo requer que em seu lugar figure alguma expressão que nos permita recuperá-lo. Trata-se de proformas tais como:

(63)
    a) *Cheguei tarde, e o professor* ***também****.*
    b) *Comi bastante, e a visita também o* ***fez****.*
    c) *Gosto de jantares finos, um negócio* ***geralmente*** *com requinte.*
    d) *Em sua sala de aula,* ***constantemente*** *de terno, o professor desfiava seus argumentos.*

Nos exemplos, as expressões negritadas atuam como índices ou vestígios de que se ocultou um verbo. Em (63a), *também* representa *cheguei* na segunda sentença; em (63b), o chamado verbo vicário *fazer* permite a omissão de *comer*. O mesmo se pode dizer de *geralmente*, que remete a *organizado*, e de *constantemente*, que remete a *vestido*.

10.2.2. SEMÂNTICA DO VERBO

Esta seção compreende um estudo sobre as tipologias semânticas propostas para o verbo e a descrição das categorias verbais de aspecto, tempo, voz e modo.

10.2.2.1. Estudos sobre a semântica do verbo

São muitas as propostas de tipologia semântica do verbo. Nesta seção, vou concentrar-me em apenas três delas: (i) as sistematizações de Aristóteles e de Halliday; (ii) a distinção básica entre predicar e apresentar; e (iii) as classes acionais do verbo. Para uma tipologia de verbos que selecionam preposições, veja **14**.1.1.

10.2.2.1.1. As sistematizações de Aristóteles e de Halliday

Parece que a primeira investigação sobre a semântica do verbo foi feita por Aristóteles. Ilari / Basso (2008a: 264) resumiram com muita clareza a classificação aristotélica:

> A primeira sistematização conhecida para as características acionais do verbo foi feita, até onde sabemos, por Aristóteles [...]. Ela separava os verbos em três grandes categorias: "estados", "movimentos" e "atividades", segundo o quadro a seguir:

Quadro 10.5 – Classificação semântica dos verbos

ESTADOS	PROCESSOS	
	Movimentos (*kínesis*)	Atividades (*enérgeia*)

Fonte: Quadro (5-1) de Ilari / Basso (2008a: 264)

Segundo a explicação de Aristóteles, os estados se caracterizam por não serem propriamente ações, mas sim situações que perduram durante algum tempo sem modificar-se; essa "ausência de modificação" é o que opõe os estados aos processos. Exemplos típicos de verbo

estativo seriam, nesse sentido, *ter dificuldade para falar* e *ser aluno de um colégio particular*, tais como são empregados nas frases a seguir:
(5-2) *...fonoaudiólogos [...] essa palavra eu* **tenho uma dificuldade** *louca pra falar.* (DID SP 251)
(5-3) *Eu* **fui** *aluno de um colégio particular durante muito tempo.* (D2 POA 120)
Entre os processos, Aristóteles distinguiu as "atividades", que exemplificamos pelas expressões grifadas em (5-4), e os "movimentos", exemplificados pelas expressões negritadas de (5-5) e (5-6):
(5-4) a) *são operários da construção civil? não acredito que ganhem salário mínimo na grande maioria [...] são sujeitos que atendem ao setor terciário, que é prestação de serviço, que* ***fazem*** *biscates e, e* ***vendem*** *na rua,* ***vendem*** *verdura, e* ***dão*** *recado e, e* ***cuidam*** *de automóvel e* ***fazem*** *aquilo.* (D2 POA 120)
b) *o zelador...* ***zela*** *pelo prédio todo... e tem sob sua guarda todos os empregados... do prédio.* (DID SP 251)
(5-5) *[o cachorro] não permitia que a gente medicasse então pra* **dar** *um comprimido ou uma injeção... ele* **ia** *todos os dias ao enfermeiro...* (DID SP 251)
(5-6) *se o próximo animal (que eu) preciso caçar é um cavalo eu vou* **desenhar** *um cavalo em cima daquilo... não tem importância... ficar uma sobreposiçao de imagens... porque nao é para ser visto... certo?* (EF SP 405)
A diferença que podemos notar entre os predicados assinalados em (5-4) e (5-5)-(5-6) e, consequentemente, entre predicados "de atividade" (*enérgeia*) e predicados "de movimento" (*kínesis*) é que os primeiros descrevem um processo que não tem um fim predeterminado ao passo que os segundos descrevem processos que têm um fim predeterminado. O que se quer dizer com isso é que *vender verdura* e *cuidar de automóvel* são processos que podem durar indefinidamente (à parte o fato de que algumas pessoas ganham na loteria esportiva e mudam de vida, e outras se aposentam), ao passo que o processo de *dar um comprimido ao cachorro* alcança o seu fim natural assim que o cachorro deglutiu o medicamento.

Na parte final dessa citação, os autores agregam o campo léxico-sintático ao campo léxico-semântico. Isso aponta para a conveniência de estudar a semântica dos verbos mostrando sua combinatória com seus argumentos. Voltaremos a isso em **10.2.2.2.1**.

Halliday (1985a) propôs os seguintes tipos semânticos: (i) verbos de processo material, correspondentes a experiências externas que representam ações e eventos; (ii) verbos de processo mental, que correspondem a ações e eventos internos; (iii) verbos de processo relacional, que ocorrem quando classificamos e identificamos, para avaliar e verificar se algo é igual ou diferente.

10.2.2.1.2. Uma distinção básica: apresentação vs. predicação

Apresentar é incluir um referente no discurso. Predicar é atribuir propriedades aos referentes do discurso (veja **6.2**).

Quanto à predicação, sempre se reconheceu que o verbo é o núcleo do predicado. Agora, o que vem a ser predicar, o que vem a ser predicação?

Essa importante pergunta recebeu algumas respostas em **2.2.2**. Como se viu ali, o verbo toma por escopo seus argumentos, atribuindo-lhes traços de que eles não dispunham antes.

Ao predicar, o verbo transfere seus traços semânticos inerentes aos seus argumentos. A predicação retrata o estado de coisas*, entendendo-se por isso a "concepção de algo real ou imaginário que possa ocorrer em algum mundo". Assim, em *João deu o livro à bibliotecária*, estamos admitindo um mundo em que se dá o fato de que uma pessoa chamada João deu algo do tipo livro a uma pessoa do tipo bibliotecária (Dik, 1989: 46-47). O estado de coisas é uma entidade conceitual, ao passo que as entidades reais podem ser representadas linguisticamente de várias maneiras, dependendo da angulação estabelecida pelo falante.

Entre outros autores, Franchi / Negrão / Viotti (1998: 107) contrastaram *apresentação* e *predicação*, diferença que estou acolhendo aqui. A esse respeito, eles afirmaram:

> na predicação [...] o sujeito se interpreta como referindo-se a um indivíduo cuja existência é pressuposta no universo do discurso; o sintagma verbal expressa uma propriedade do sujeito, que é, pois, temático. Na apresentação [...], o sintagma verbal denota, essencialmente, a introdução do sujeito no universo do discurso.

A predicação dispõe de várias propriedades semântico-sintáticas, tais como a estrutura argumental (a rede temática, o sistema de casos), as classes acionais, o aspecto, o tempo, o modo, a voz etc. Sobre a estrutura argumental, veja **6.4** e **7.2** a **7.4**.

10.2.2.1.3. Classes acionais do verbo

Considerem-se as seguintes sentenças:
(64)
a) *A criança **brinca** no jardim.*
b) *A criança **caiu** do balanço.*

Uma análise intuitiva do sentido lexical dos verbos aí contidos mostra que em (64a) não se requer o término da ação de *brincar* para que ela tenha existência, sendo este um requisito obrigatório para a interpretação de (64b). Por outras palavras, basta que uma criança comece a brincar para que a predicação centrada nesse verbo passe a existir. Dizemos que *brincar* constrói uma predicação imperfectiva, que exclui a pontualidade. Entretanto, para existir, a ação de *cair* tem que ter um começo e um fim quase simultâneos. Dizemos que *cair* constrói uma predicação perfectiva, que exclui a duração.

Essas duas classes semânticas sempre foram reconhecidas na literatura, tendo-se proposto mais de um par de termos para sua designação. Diez (1876 III: 186-187) fala em *verbos imperfectivos* e em *verbos perfectivos*. Bello (1883: 175) propõe o termo *verbos permanentes*, "aqueles cujo atributo subsiste durando", e *verbos desinentes*, "aqueles cujo atributo chegou à sua perfeição". Para Jespersen (1924/1971), o par conceitual *verbos não conclusivos/verbos conclusivos* dá conta dessas classes, denominadas por Sten (1953: 25) *verbos de fase/verbos de ação global*, por Bull (1960: 45-46) *verbos não cíclicos/verbos cíclicos*, e por Garey (1957) *verbos télicos/verbos atélicos*. A última terminologia será adotada aqui. Ela se assenta no grego *télos*, "fim".

O que unifica os verbos imperfectivos /permanentes/não conclusivos/não cíclicos/atélicos é que o estado de coisas que eles descrevem envolve diferentes fases em sua execução. É razoável supor que em *brincar* haja um começo da ação, sua continuação e seu término. Não se pode dizer o mesmo de *cair*, em que o começo e o fim da ação coincidem.

Quando foram dados os primeiros passos para o estudo da categoria verbal de aspecto (veja aspecto verbal*), logo se notou que a consideração exclusiva das classes acionais não dava conta dos fatos, como veremos além. Parece que foi Sten (1953) quem deu início aos estudos da relação entre a *Aktionsart* (= classes acionais, segundo Ilari / Basso, 2008a, termo aqui utilizado) do verbo e a flexão em que ele vem conjugado. O linguista dinamarquês observou que os valores semânticos representados nas classes acionais são genéricos, visto que a língua pode deixá-los de lado em determinadas circunstâncias. Exemplificando seu raciocínio a partir dos verbos franceses *jouer* ("jogar") e *se noyer* ("afogar-se"), ele diz que diante de uma ocorrência como:
(65) X se afogava, estava a ponto de afogar-se, mas felizmente uma pessoa o socorreu, de sorte que não se afogou.

qualquer falante, indagado sobre se se pode dizer que "X se afogava", responderá afirmativamente. Isso significa que um verbo télico como *afogar-se* pode receber na sentença uma interpretação imperfectiva, quando conjugado no pretérito imperfeito.

Garey (1957) ponderou que a matéria é mais complexa, pois a resposta à pergunta proposta por Sten dependerá do tempo verbal em que a pergunta foi formulada. Se se perguntar "X afogou-se?", a resposta será "não!", mas se se perguntar "X se afogava?", a resposta será "sim!", o que mostra que, além das propriedades semânticas próprias aos verbos "em estado de dicionário", é preciso levar em conta as propriedades semânticas das diferentes flexões modo-temporais. Ele propôs a realização do seguinte teste:

(66) Se alguém estava -ndo, mas foi interrompido quando -va/-ia, pode-se dizer que -ou ?

Se a resposta for afirmativa, o estado de coisas descrito pelo verbo examinado não precisa de um desfecho para ter existência, e por isso tal verbo integrará a classe dos atélicos. Se a resposta for negativa, o verbo será télico. Portanto,

(66a) Se alguém estava brincando, mas foi interrompido quando brincava, pode-se dizer que brincou?
– Sim, ainda que por pouco tempo, logo **brincar** é atélico.
(66b) Se alguém estava se afogando, mas foi interrompido quando se afogava, pode-se dizer que se afogou?
– Não, logo **afogar-se** é télico.

Uma forma abreviada de aplicar esse teste é restringir-se ao esquema adversativo implícito nas sentenças anteriores. Se o teste construir uma sentença semanticamente aceitável, teremos um verbo télico, se não, um verbo atélico:

(66)
    c) *Ele brincava, mas não brincou
    d) Ele se afogava, mas não se afogou.

Em suma, não se pode fazer uma descrição aspectual dos verbos se não se tomar em conta como eles foram flexionados. Uma indagação importante aqui será a de verificar a "vocação aspectual das flexões verbais", questão que levantei em Castilho (1968a). Aparentemente, o presente e o imperfeito simples e o gerúndio favorecem a emergência do imperfectivo. As formas de pretérito e o particípio favorecem a emergência do perfectivo. As formas de futuro e as perífrases de *ir* + *-r* parecem bloquear o aspecto, mas tudo isso precisa ser examinado mais de perto.

Enfim, está na hora de estudar as categorias semânticas do verbo, começando pelo aspecto verbal*.

10.2.2.2. Categorias semânticas do verbo

10.2.2.2.1. Aspecto verbal

O aspecto verbal* é uma propriedade da predicação que consiste em representar os graus do desenvolvimento do estado de coisas aí codificado, ou seja, as fases que ele pode compreender. O termo *aspecto*, que encerra o radical indoeuropeu **spek*, "ver", capta outra propriedade dessa categoria: trata-se de um ponto de vista sobre o estado de coisas. E você, que está afiado em Linguística Cognitiva, já percebeu que o aspecto é uma das gramaticalizações da categoria visão. É como se o falante, tangido por um inesperado transporte místico, visualizasse de fora, do alto, do além, os estados de coisas que ele mesmo acionou, separando diligentemente (i) o que dura, (ii) o que começa e acaba, e (iii) o que se repete. Os aspectos imperfectivo, perfectivo e iterativo resultam desse lance meio esquisito.

Mas voltemos à gramática. O aspecto não dispõe de morfologia própria no português. Para codificar os significados aspectuais, o usuário combina diversos ingredientes linguísticos, dando uma de cozinheiro. O estudo dos pratos que daí resultou foi constituindo a Aspectologia, especialidade em que é possível reconhecer as seguintes fases históricas:

(1) Uma fase léxico-semântica, durante a qual foram identificadas as classes acionais semântico-aspectuais do verbo, ou classes acionais. Esta perspectiva atribui à semântica do radical verbal as noções aspectuais apuradas. Observações de Diez (1876), Bello (1883), Jespersen (1924/1971), Bull (1960) e ainda os comentários de Sten (1953) e Garey (1957) situam-se nesta perspectiva.

(2) Uma fase semântico-sintática, ou composicional, durante a qual se examina o aspecto como a resultante da combinação das classes acionais do verbo (i) com a flexão e os verbos auxiliares, (ii) com os argumentos do verbo e os adjuntos adverbiais, aqui incluídas as sentenças condicionais-temporais. Nesta perspectiva, o aspecto passa a ser encarado mais claramente como uma propriedade da predicação. Os trabalhos de Castilho (1968a), Verkuyl (1972), Dietrich (1973), Comrie (1976), Almeida (1973/1980), Travaglia (1981), Soares (1987) e Ilari (1998), entre outros, situam-se nesta fase.

(3) Uma fase discursiva, em que se investigam as condições discursivas que favorecem a emergência dos aspectos assim constituídos: Hopper (1979a, 1979b), Hopper / Thompson (1980).

Vou fundamentar-me nessas fases para descrever as opções do falante do PB ao codificar o aspecto. Para esse fim, ele precisa (1) escolher um item no léxico marcado pela classe acional requerida por sua necessidade expressiva; (2) confirmar ou alterar a classe acional, por meio de recursos morfológicos e sintáticos; (3) acomodar o aspecto assim configurado na articulação discursiva. Tudo isso acontece simultaneamente.

Embora aspecto e tempo possam ser concebidos como propriedades da predicação, estabelecerei, entretanto, uma forte distinção entre eles, valendo-me de Buhler (1934/1961). Esse autor dividiu os campos linguísticos em simbólico e dêitico. Proporei que o aspecto integra o campo simbólico, e o tempo, o campo dêitico.

Tempo é uma propriedade da predicação cuja interpretação tem de ser remetida à situação de fala. É assim que se pode representar a anterioriedade, a simultaneidade e a posterioridade. Só podemos entender essas fatias do tempo tomando como ponto de referência o sujeito falante. O tempo também depende da noção de intervalo ou de duração entre um ponto e outro. Por outras palavras, o tempo pressupõe o aspecto, mas este não pressupõe aquele. Se quiser mais argumentos sobre esta posição, leia Bull (1960). No final de seu livro, esse autor reconheceu que, se não conseguiu esgotar o assunto "tempo", pelo menos o assunto o tinha esgotado. Não é sempre que topamos com essa sinceridade na tribo dos linguistas!

O aspecto, em contrapartida, não depende, como o tempo, da postulação de conceitos como o de intervalo e de inserção do ponto primário na linha do tempo, aplicando os conceitos desenvolvidos por Bull (1960). O conceito de aspecto é primordial, vale dizer, essa categoria tem a autonomia que lhe é dada por sua propriedade simbólica. Assim, não me parece necessário concebê-lo como uma sorte de "tempo interno" da predicação.

Na fase de aquisição da linguagem, primeiro vem o aspecto, como categoria simbólica, e depois o tempo, como categoria dêitica (Lemos, 1987). Esses argumentos foram debatidos num trabalho que escrevi em 1966 (Castilho, 1968a), e ainda em Comrie (1976: 5) e em Lyons (1977/1984 II: 705). Mas parece que foi Jakobson (1957: 134-135) quem primeiro formulou com clareza as diferenças entre aspecto e tempo: "O aspecto caracteriza o evento narrado sem envolver seus participantes e sem referência ao evento de fala. [...] O aspecto quantifica o evento narrado. O tempo caracteriza o evento narrado com referência ao evento de fala. Assim, o pretérito nos informa que o evento narrado é anterior ao evento da fala".

Hopper (ed. 1982: 12) também foi por aí, quando reconhece que "na construção do estado ou da ação, o aspecto não depende da intervenção do observador".

Após esta mini-história da Aspectologia, passo a descrever o aspecto, propondo uma tipologia. Sejam os seguintes exemplos:

(67)
a) *Você primeiro **arruma** as malas... você já está na rua... a mala já **está arrumada**.* (D2 SSA 98)
b) ***Fecha** os olhos e **concentra**-se: por que os vizinhos **vivem dizendo** tantas coisas sobre sua família?*
c) ***Pôs-se a citar** de memória as dívidas de cada um de nós, **calou**-se por um momento, e **acabou de fumar** seu charuto.*

Em *fecha* e *concentra-se*, representa-se uma ação pontual, acabada, isto é, uma ação cujo começo coincide com seu desfecho, tornando-se irrelevantes as fases de seu desenvolvimento. Temos aqui o *aspecto perfectivo*, frequentemente expresso por verbos de classe acional télica ou global, que lexicalizam uma predicação que tende inexoravelmente a um fim, sem o qual ela não se sustenta. Retomando a chave do transporte místico, quando você, flutuando nos páramos da glória, espia cá para baixo, o que vê nesses casos é um ponto (.). Ora, um ponto, já explicaram os sábios gregos, é uma figura geométrica cujo começo coincide com seu fim.

Já em *calou-se + por um momento*, o sintagma preposicional em função adverbial compromete o traço de telicidade de *calar-se*, e a resultante é durativa. Aí, tanto quanto em *arruma*, *vivem dizendo* e *pôs-se a citar*, temos o *aspecto imperfectivo*, expresso habitualmente por verbos de classe acional atélica, que representam uma predicação que tem existência tão logo iniciada, dispensando seu desfecho. É possível reconhecer diferentes fases de processamento no imperfectivo: uma fase inicial, exemplificada por *pôs-se a citar* (= imperfectivo inceptivo), uma fase medial, retratada em pleno curso de seu desenvolvimento, como em *arruma*, *vivem dizendo*, *calou-se por um momento* (= imperfectivo cursivo), e uma fase final, dada por *acaba de fumar* (= imperfectivo terminativo). De novo, levitando, quando alguém usa um imperfectivo, o que você vê é uma linha, com seu contorno inicial (|---), final (---|) ou sem contorno algum (---).

— *E aí, valeu a pena voar pelo espaço da imaginação? Ah, não?! Bem, pelo menos você não teve de comprar a passagem.*

O perfectivo e o imperfectivo configuram a face qualitativa do aspecto.

Observa-se, entretanto, que em *arruma*, *está arrumada*, *fecha*, *pôs-se a citar*, *calou-se* e *acabou de fumar*, o estado de coisas descrito por esses verbos ocorreu uma única vez, ao passo que em *vivem dizendo* e *dizer* esse estado ocorreu mais de uma vez. Isso leva a reconhecer que o aspecto tem igualmente uma face quantitativa, distinguindo-se a ocorrência singular (= semelfactivo) da ocorrência múltipla, habitual ou reiterada (= iterativo). Agora, sua percepção extrassensorial captou um conjunto de pontos ou um conjunto de linhas. Não vá ficar mareadinho!

Estudos sobre os advérbios e os adjetivos identificaram pelo menos três tipos de predicação: a modalização, a qualificação e a quantificação (Ilari et al., 1991; Castilho, 1993a, 1994b). A qualificação e a quantificação têm um interesse particular quando se trata de descrever o aspecto, e serão aqui acolhidas.

Confrontando agora os aspectos identificados nessas sentenças com *está arrumada* de (67a), constata-se que se expõe aí um ponto de vista complexo sobre o sujeito, de que se ressalta um estado presente resultante de uma ação passada. *A mala está arrumada* pressupõe que *alguém arrumou a mala*. Esta noção é captada pelo *aspecto resultativo*, que configura uma predicação que vai da ação ao seu resultado, representando-se gramaticalmente apenas este último. Mas como o resultativo implica numa predicação acabada, concluída, vou dispô-lo como um subtipo do perfectivo. Retornando às metáforas geométricas, de um ponto inferiu-se um resultado.

Isso dito, podemos agora reunir num quadro a tipologia do aspecto. Convém advertir, entretanto, que seria um erro exercer aqui, como sempre, o chamado *either-or thinking*, pois cada ocorrência verbal assume simultaneamente mais de uma face. Nas expressões linguísticas combinam-se, em verdade, os planos que separamos anteriormente. Nem poderia ser de outro modo, pois a variedade dos estados de coisas representados pela predicação verbal havia mesmo de requerer um quadro pluridimensional, cujos termos não se excluem, não se negam. A tipologia do aspecto, por isso mesmo, é um assunto muito controvertido. Já houve aspectologistas abatendo o coleguinha a tiros! A paz voltaria a reinar entre eles se, para retratar o aspecto (epa!, outra metáfora baseada na VISÃO), postulássemos classes problemáticas, ou "quase-classes", em que a identificação de uma não significasse a exclusão das outras.

Com esses cuidados todos, e deixando de lado os predicados estativos, proporei a seguinte tipologia do aspecto:

Quadro 10.6 – Tipologia do aspecto

FACE QUALITATIVA DO ASPECTO		FACE QUANTITATIVA DO ASPECTO
IMPERFECTIVO	PERFECTIVO	SEMELFACTIVO
Inceptivo	Pontual	
Cursivo	Resultativo	ITERATIVO
Terminativo		Imperfectivo/Perfectivo

A perspectiva discursiva do aspecto não será muito elaborada, ocorrendo referências incidentais. Deixo isso para você. O fato é que traços semânticos dos argumentos sentenciais externo e interno, bem como sua figuração no singular ou no plural, interferem na constituição do significado aspectual. Sintagmas nominais /não específicos/ tendem a cancelar as noções de aspecto e tempo, com o surgimento dos tempos "indivisíveis", segundo Imbs (1960), ou do aspecto indeterminado, uma sorte de aoristo, de que tratei em Castilho (1968a). Por outro lado, sintagmas nominais /específicos/ favorecem a emergência do imperfectivo e do perfectivo. No singular, eles tendem a codificar o semelfactivo, e no plural, o iterativo.

Os adjuntos adverbiais aspectualizadores têm igual importância na composição do tipo de aspecto obtido. Para seu estudo, será necessário, inicialmente, distinguir (i) advérbios aspectualizadores qualitativos durativos ("escalares", segundo Bull, 1960) e/ou pontuais; de (ii) advérbios aspectualizadores quantitativos: para uma elaboração maior, veja Castilho (1993a), que reanalisa Ilari et al. (1991). Veja também o capítulo "O sintagma adverbial" desta gramática. Esses advérbios entretêm diferentes relações com o tipo semântico do verbo, mostrando que a categoria de aspecto ocorre em quaisquer expressões predicativas.

Habitualmente, advérbios durativos + verbos atélicos confirmam a imperfectividade destes (como em *andaram durante três horas*). Combinados com verbos télicos, suscitam a iteratividade (como em *caíram durante três horas*). De outro lado, advérbios pontuais + verbos atélicos especificam uma imperfectividade inceptiva (como em *andaram às três horas*, isto é, *começaram a andar às três horas*). Combinados com verbos télicos, confirmam a perfectividade destes (como em *caíram às três horas*). Esta formulação precisará ser examinada mais detidamente, pois há incompatibilidades de determinados verbos télicos com adverbiais durativos, como em **achei seu anel durante três minutos*. Talvez essa sentença seja bloqueada pelo estado de coisas codificado na expressão *achar o anel*.

Passo à descrição dos aspectos mencionados no Quadro 10.3.

1. Aspecto imperfectivo

O aspecto imperfectivo tem as seguintes propriedades:
Apresenta uma predicação dinâmica de sujeito /específico/, na maior parte dos casos.

Essa predicação compreende fases: uma fase inicial (imperfectivo inceptivo), uma fase retratada em pleno curso (imperfectivo cursivo), ou uma fase final do estado de coisas (imperfectivo terminativo).

O imperfectivo ocorre com alta frequência nas estruturas de fundo das narrativas, entendendo-se por isso as informações que servem de moldura ao evento central (veja **5.**3).

As perífrases predominaram sobre as formas verbais simples na expressão do imperfectivo. Dentre as perífrases que veiculam o aspecto, num total de 913 ocorrências, 65% são gerundiais, 32% são participiais e apenas 3% são de infinitivo. Muito provavelmente estas últimas expressam o tempo futuro.

1.1. Imperfectivo inceptivo

O imperfectivo inceptivo expressa uma duração de que se destacam os momentos iniciais. Esse aspecto depende fortemente de construções perifrásticas de infinitivo e gerúndio, tendo por verbo auxiliar *principiar (a), começar (a), pôr-se a, pegar a.*

Embora as perífrases de infinitivo sejam mais escassas que as de gerúndio, elas são cruciais para a expressão do imperfectivo inceptivo. Como verbo auxiliar, *começar* predominou em 65% das ocorrências, como em

(68) *Começou a falar mal de mim.*

parafraseável por

(68a) *Principiou a falar mal de mim.*

Em (68) e (68a), a significação inceptiva decorre do verbo auxiliar. Testes de escopo da negação e focalização mostram que tanto o verbo auxiliar quanto o verbo pleno na forma nominal mantiveram intactos seus sentidos, caracterizando uma escassa gramaticalização do verbo auxiliar e uma baixa coesão sintática do conjunto:

(69) *Começa a andar direito.*
(69a) *Não começa a andar direito.*
(69b) *Começou a não andar direito.*
(69c) *Só começa a andar direito.*
(69d) *Começa a só andar direito.*

Caso distinto é o dos auxiliares *pegar* e *agarrar*. Associados a um infinitivo, esses verbos indicam o começo do estado de coisas codificado por este último:

(70)
    a) **Pegou** *a falar.*
    b) **Garrou** *a criar uma coisa assim, parecia uma verruga.*
    c) **Garrou** *a atacar.*

Em (70), a significação inceptiva não decorre do verbo auxiliar, cujo sentido foi intensamente alterado. Casos como esses foram examinados por Benveniste (1966: 1-15) e Weinreich (1972), autor que os trataria como casos de *nesting*.

Rodrigues (1974) identificou as ocorrências (70b) e (70c) no falar piracicabano, à semelhança do espanhol *se agarró hablando*.

1.2. Imperfectivo cursivo

O imperfectivo cursivo apresenta o estado de coisas em seu pleno curso, sem referências às fases inicial ou final.

O presente de verbos atélicos codifica usualmente o imperfectivo cursivo, parecendo irrelevantes os traços de animacidade do sintagma nominal de sujeito:

(71)
    a) *Uma amiga minha que **faz** Medicina e ela vai sempre para o Xingu.* (DID SP 343)
    b) *Segundo o médico, a doença dele **evolui** mais depressa que o habitual.*

Verbos atélicos construídos com advérbios aspectualizadores durativos, bem como com sintagmas preposicionais com ou sem núcleo, codificam o esperado imperfectivo cursivo:

(72)
    a) *Há uma ênfase que **dura muitas décadas** nas Ciências Sociais.* (EF SP 124)
    b) *Eu faço uma dieta vegetariana, mas não **faço permanentemente**.*
    c) ***Muito tempo eu andei** por lá... sem te encontrar.*

Verbos télicos podem ser recategorizados semanticamente como atélicos nas seguintes circunstâncias:

(1) O verbo está conjugado no tempo presente, associado a expressões adverbiais quantificadoras progressivas, ou "de fases":

(73)
    a) *Porque [o avião] chega depressa e [se] a gente vai morrer ... morre de vez... eu não gosto de **morrer aos pedacinhos**... **aos poucos**.* (D2 SSA 98)
    b) *E cada vez você vê que a máquina **substitui mais** o homem.* (DID SP 343)
    c) *E **cada vez mais** o comprador **adquire** [= vai adquirindo] uma capacidade de calcular as coisas.* (DID SP 343)

(2) O verbo está conjugado no pretérito imperfeito e no gerúndio. É o que se pode constatar, retornando a um exemplo anterior, aqui renumerado:

(74)
    a) *Ele se **afogava**.*
    b) *Vi um menino se **afogando**.*

(3) O verbo está conjugado no pretérito perfeito simples, modificado por adverbiais aspectualizadores durativos, como *durante aquele dia* em:

(75) <u>*durante aquele dia*</u> ***perdi*** *muito dinheiro.*

A grande maioria das perífrases gerundiais expressa o aspecto imperfectivo cursivo. Examinando-as, constata-se que em geral 70% têm *estar* como verbo auxiliar, seguindo-se de *ir* (10%), *acabar* (8%), *ficar, continuar, vir, viver, passar* e *permanecer* (12%) + *ndo*:

(76)
    a) *Ele **estava falando** que a topografia da cidade é muito bonita.* (D2 SP 343)
    b) *A cidade (...) **está crescendo** desordenadamente.* (D2 SP 343)
    c) *Aquele (...) que tem esperança (...) **vai... vai lutando**...* (D2 SP 62)
    d) *À medida que **for barateando**... então (...) o empresário médio já pode...* (D2 SP 62)
    e) *A população **irá aprendendo** a... a assistir esses programas* (D2 SP 255)
    f) *Então essa linguagem **vai evoluindo** no seu país de origem.* (D2 SP 333)
    g) *É isso que a gente **vem dizendo** até agora... certo?* (EF SP 405)
    h) *Mandei a ela umas flores com um cartão de... cartão de Natal e pus "do seu noivo"... entre parênteses... e daí **vim vindo vim vindo** e em cinquenta e nove (...) nos casamos.* (D2 SP 343)
    i) *Enquanto não houver concurso **continuam trabalhando**.* (D2 SP 360)
    j) *Facilmente ela é descontinuada e:: já vem uma outra:: uma outra linha **substituindo**.* (D2 SP 62)
    k) *E eu mexendo dentro d'água a pedra era redonda me lembro de ter escorregado... caído... dentro d'água e **estava me afogando**... vinha vim para cima assim...* (DID POA 45)
    l) *Temos que o teatro **está sucumbindo** e eles não... não não têm como apresentar uma justificativa.* (D2 SP 62)

Verbo no gerúndio indicando mudança de estado, como em (76b), (76d) e (76f), indica uma duração mais gradual. Essas perífrases constituem um subtipo dos imperfectivos cursivos, que poderiam ser mais adequadamente denominadas "progressivas".

Nesses exemplos, as perífrases apenas confirmaram o valor durativo já contido nos verbos atélicos aí exemplificados. Em (76j) a (76l), a semântica télica do verbo pleno foi alterada para atélica.

Ilari / Mantoanelli (1983) mostram que a perífrase de gerúndio é incompatível com verbos que indicam permanência, como em

(77) *O plantão de vacinações **está ficando** à rua X.

em que só se admite o presente:

(77a) O plantão de vacinações fica à rua X.

Dascal (1982b) chama a atenção para as perífrases de gerúndio com mais de um verbo auxiliar. Algumas ocorrências:

(78)
    a) Se não conseguir **vamos ficar andando** até amanhã. (DID SP 208)
    b) Ele **vai continuar lendo** bobagens.
    c) Eu **costumo ir falando** alto, mas isso é uma maneira própria. (DID SP 18)

Uma primeira indagação seria verificar se há uma hierarquia no arranjo sequencial dos verbos auxiliares que especificam o verbo pleno, no que diz respeito à expressão das demais propriedades da predicação. Em (78a) e (78b), os auxiliares de tempo *vamos* e *vai* figuram em primeiro lugar. Em (78c), o auxiliar iterativo *costumo* precedeu o auxiliar imperfectivo *ir*, o que reforçaria a hipótese, adiante examinada, da especificidade do iterativo.

Também as perífrases de infinitivo denotam as fases da duração do estado de coisas:

(79) Então **vai trabalhar** o dia inteiro. (D2 SP 62)

Em (79), a futuridade de *ir* + infinitivo é apresentada numa forma durativa, para o que sem dúvida a expressão adverbial *o dia inteiro* assume um papel crucial.

Perífrases de particípio, notadamente aquelas com auxiliar *ter*, no pretérito perfeito composto, expressam o iterativo imperfectivo com verbos atélicos:

(80) Essa criança **tem brincado** bastante.

Embora as sentenças com *ter* + particípio sejam muitas vezes ambíguas com relação ao aspecto, nota-se que (i) com verbos atélicos elas favorecem uma interpretação iterativa imperfectiva, ou seja, repetem-se durações; e (ii) com verbos télicos uma interpretação iterativa perfectiva, ou seja, repetem-se pontualidades. Sendo muito raras no *corpus* do Projeto Nurc, parece que essa forma está em processo de desaparecimento, pelo menos na modalidade falada.

Nessa perífrase, como já se disse anteriormente, o verbo auxiliar exibe o mais alto grau de gramaticalização, o que talvez explique seu rápido desaparecimento no português falado. Como se sabe, expressões altamente cristalizadas tendem a ingressar na fase zero da gramaticalizacão (Castilho, 1997a, 1997b, 1997c). A verificação do escopo da negação e da focalização comprova-o claramente:

(80a) Essa criança não **tem brincado** bastante.

(80b)*Essa criança tem não brincado bastante.

possível apenas nos casos de contraste:

(80c) Essa criança tem não brincado, e sim falado bastante.

Quanto à focalização, observe-se a aceitabilidade de

(80d) Essa criança **só tem brincado**.

ao lado de

(80e) *Essa criança tem só brincado.

mais aceitável nas mesmas condições de (80c):

(80f) Essa criança tem só brincado, não tem falado.

1.3. Imperfectivo terminativo

O imperfectivo terminativo assinala os momentos finais de uma duração, o que só é possível em perífrases de *acabar de/por, cessar de, deixar de, terminar de* + infinitivo:

(81) *Essa criança* **termina de brincar**.
no sentido de
(81a) *Essa criança estava brincando, mas deixou de brincar.*

Uma primeira conclusão sobre o imperfectivo em suas modalidades anteriormente examinadas mostra que esse aspecto é bastante dependente da classe acional do verbo, seja conjugado em formas simples, seja organizando perífrases. Isso se deve a um fenômeno léxico bastante óbvio, que é a predominância estatística dos verbos atélicos sobre os télicos. Outros tipos de aspecto dependem mais fortemente da composição semântica entre a classe acional, a morfologia da conjugação, os argumentos e os adjuntos sentenciais.

2. Aspecto perfectivo

O aspecto perfectivo tem as seguintes propriedades:
(1) Apresenta a predicação em sua completude, sem qualquer menção a fases.
(2) Tal como o imperfectivo, ocorre em predicações dinâmicas, com sujeito /específico/ na maior parte das vezes.
(3) Ocorre na figura das narrativas, isto é, nos segmentos em que se narra o evento central.

Os dados permitiram identificar dois subtipos de perfectivo: o pontual e o resultativo.

2.1. Perfectivo pontual

O presente, o pretérito perfeito simples e o pretérito mais-que-perfeito do indicativo flexionados com verbos télicos confirmam a pontualidade deste, caso não intervenham outros fatores:

(82)
    a) *Quer dizer que o teu conhecimento especializado não dá para... só* **atinge** *uma área muito limitada.* (DID SP 343)
    b) *Um momentinho porque eu* **encontrei** *uma definição.* (EF REC 337)
    c) *E:: eles arrumaram os quartos e tudo... e as gurias de noite* **amarraram** *cordão nas PORtas* **fizeram** *o diabo lá... pra pra mexer com o pessoal sabe?* (DID POA 45)
    d) *Porque...* **matou** *tanta galinha eu sei que aquele dia se comeu foi uma comilança de galinha porque* **morreu** *na hora ali elas* **morreram** *sufocadas né ?* (DID POA 45)

Nos exemplos, observa-se uma regularidade no traço semântico /específico/ do sujeito. Bertinetto (1991: 28-29) sugere que certas propriedades intensionais do sintagma nominal de sujeito afetam a telicidade dos verbos. Assim, em

(83) *O projétil* **golpeia** *a posição inimiga.*

temos um perfectivo, ao passo que em

(84) *O vento* **golpeia** *nosso rosto.*

temos um imperfectivo, com a recategorização de *golpear*.

O mesmo Bertinetto mostra que a presença de determinados argumentos internos, como em *desenhar um retrato, cantar uma canção, fumar um cigarro, passar uma camisa*, transpõe esses verbos de atélicos para télicos (ou de *accomplishment*), e com isso essas expressões representariam ações completas. Assim, uma sentença como

(85) *A empregada* **passa** *a camisa.*

teria interpretação perfectiva.

Essa questão nos devolve às propriedades não negativas, problemáticas dos tipos aspectuais, e, também, à questão mais particular que estamos focalizando no estado de coisas. Assim, se em *passar uma camisa* nos concentrarmos no ato em si, é evidente que será sua imperfectividade que nos interessará, como se pode constatar pela paráfrase

(85a) Se alguém está passando uma camisa, mas é interrompido enquanto a passa, pode-se dizer que passou a camisa?

a resposta será "sim!", se se pensa que "passar uma camisa" envolve diferentes fases, algumas das quais já foram executadas.

Mas se nos concentrarmos no resultado desse ato, que é "ter a camisa passada", a resposta será "não!", ressaltando a interpretação perfectiva. Este deve ter sido o caminho percorrido por Bertinetto. Em consequência, considerar (85) ao mesmo tempo imperfectivo e perfectivo não será um absurdo, sobretudo se divisamos nos estados de coisas sua "operação" separadamente de seu "resultado".

Os adverbiais pontuais atribuem aos verbos a que se aplicam o sentido de subitaneidade da ação, que se torna, assim, pontual, não durativa. Por assim dizer, a face pontual desses adverbiais neutraliza qualquer duração acaso contida na classe acional do verbo, a não ser, é claro, que ele já integrasse a classe dos télicos.

Há, portanto, duas situações: (i) o verbo já é télico, e o adverbial apenas reforça sua perfectividade: este é o caso de (86a) e (86b); (ii) o verbo é atélico e o advérbio aspectualizador altera suas propriedades intensionais, que passam a expressar um perfectivo pontual, como em (86c) e (86d):

(86)
a) *A juventude **absorveu completamente** a moda do cabelo comprido.*
b) *Eu **pus** o camarão naquele refogado... **rapidamente**... só mexi o camarão.* (D2 POA 291)
c) ***Ajeitou** os cabelos **de um golpe**.*
d) *Você acha que ele não vai fixar essa ideia? **Já fixou**!*

Parece que os adverbiais aspectualizadores pontuais são mais raros do que os durativos.

2.2. Perfectivo resultativo

O perfectivo resultativo tem as seguintes propriedades: (1) ocorre nas predicações estático-dinâmicas, associando uma ação a um estado; (2) a ação, necessariamente tomada no passado, é pressuposta; (3) o estado presente decorre dessa ação; (4) há relações entre o resultativo e a voz passiva, estudadas por Comrie (1981) e Camacho (2002): veja **10.2.2.2.3**.

Formas simples e perifrásticas codificam o resultativo. Alguns verbos simples assinalam a mudança do estado do sujeito, expressando lexicalmente o resultativo:

(87)
a) *Aquilo **se torna** uma imposição.* (EF REC 337)
b) *Então **ficou** muito bonito (quando a gente entrou).* (DID POA 45)

Nos exemplos acima, depreende-se que houve uma mudança no atributo do sujeito. Em (87a), *aquilo* não era anteriormente uma imposição. Em (87b), X não era *bonito* antes.

Perífrases de particípio codificam habitualmente o resultativo. Dentre elas, *estar* ocorre em geral em 59% dos casos, *ter* em 32%, distribuindo-se os restantes 9% pelos verbos auxiliares *ficar*, *continuar*, *andar*. Vejamos alguns exemplos:

(88)
a) *As provas **estão corrigidas**.*
b) *As provas **foram corrigidas**.*
c) *A gente **tem** uma série de dados **levantados**.* (EF SP 405)
d) ***Ficou resolvido** que não sairíamos de casa.*
e) *A reunião do departamento **continuou acertada**.*

Ter + particípio em (88c) recupera a história do pretérito perfeito composto do português já aqui narrada, como se pode verificar pela concordância do particípio passado com o adjunto adnominal de *de dados*, enquanto *ter* continua a ser verbo pleno (Castilho, 1967). O traço de concordância é igualmente crucial para a interpretação resultativa dessa sentença.

Estar + particípio é bastante comum na língua coloquial, quando se deseja enfatizar os resultados presentes de alguma decisão passada. Nesses casos, repete-se o verbo, como em:

(89)
    a) *Falou,* **tá falado**.
    b) *Combinou,* **tá combinado**.

Alguns autores valorizam nos exemplos anteriores o caráter durativo do estado resultante. Mas note-se que tal duração decorre de uma implicatura, por meio da qual se constitui uma significação discursiva. Suponho que a percepção mais espontânea do falante com respeito a (89a) não será, por exemplo

(89a') *Porque as provas estão corrigidas, agora elas permanecerão nesse estado.*

e sim

(89a'') *Alguém corrigiu as provas, e agora elas estão corrigidas.*

Essa questão explica por que há tanto desentendimento com respeito ao aspecto expresso numa mesma sentença, e é porque diferentes níveis conceptuais da proposição estão sendo valorizados por diferentes analistas. Neste trabalho, procurei ater-me aos significados proposicionais.

3. Aspecto iterativo

O aspecto iterativo tem as seguintes propriedades:

(1) Representa uma quantificação do imperfectivo e do perfectivo. Desse ponto de vista, não se trata, a rigor, de "outro aspecto" e, em consequência, haverá um iterativo imperfectivo e um iterativo perfectivo. Nesta descrição, não me fixarei nesses subtipos, para deixar mais claros os mecanismos de composição de uma predicação iterativa.

(2) O sujeito das predicações quantificadas é habitualmente /não específico/, pluralizado. Como nas entrevistas do Projeto Nurc predomina uma articulação discursiva de genericidade, o iterativo se mostrou muito produtivo.

(3) O componente léxico é irrelevante na composição iterativa, se descontarmos poucos itens com marcação iterativa derivacional em *-ejar* e *-itar*, ou auxiliares como *costumar* e *habituar-se a*. Com isso, o iterativo depende mais acentuadamente que os outros aspectos dos fatores de natureza composicional.

Desnecessário dizer que os componentes da iteratividade podem somar-se numa mesma expressão. A separação das vertentes da iteração nos exemplos a seguir procura apenas pôr em relevo um fator de cada vez, sem prejuízo dos demais.

3.1. Iteração e flexão modo-temporal

O presente (90a), o imperfeito (90b, 90c e 90h), o pretérito perfeito composto (90d a 90f), a perífrase (90g) e mesmo a repetição do verbo (90h), expressam a iteração:

(90)
    a) *Para fazer as coisas calmamente não* **dá**... *pura e simplesmente não* **dá**... *então a gente* **corre** *depressa* **vai** *para o carro* **troca** *de roupa correndo* **faz** *isso* **faz** *aquilo.* (D2 SP 360)
    b) **Vestiam-se** *muito mais modestamente (...)* **usavam** *chita.* (D2 SP 396)
    c) *Nós* **tomávamos** *o bonde e* **íamos** *na rua Direita né?* (D2 SP 396)
    d) **Tenho saído** *sim... assim em termos.* (D2 SP 360)
    e) *Eu* **tenho ido** *ao teatro.* (DID SP 234)
    f) **Tenho ouvido** *dizer que (...) aquele programa aquilo é abaixo da crítica.* (D2 SP 333)
    g) *Olha eu* **costumo dizer**:: *ao meu primo-irmão (...) que eu gosto tanto de teatro.* (D2 SP 333)
    h) *Eram papelotes*:: **enrolavam**... *um pedacinho de papel* **enrolava enrolava** *e* **amarrava** *um papelzinho.* (D2 SP 333)

Dentre as perífrases, é preciso destacar aquelas que, como em (90g), têm um auxiliar iterativo. Outros exemplos seriam *habituar-se (a)*, *costumar*, *andar (a)*, *viver (a)*, seguidas de infinitivo ou de gerúndio, e *ser de* seguida de infinitivo, como em:

(91) *Mas ele não **era de fazer** essas coisas!*

Uma série de requisitos são obrigatórios para que *estar* + gerúndio – a perífrase mais recorrente nos dados – expresse a iteratividade, tais como a pluralização dos argumentos e/ou a ocorrência de adverbiais. Faltando tais requisitos, exemplificados adiante, essa perífrase expressa o semelfactivo, seja imperfectivo ou perfectivo. Vamos examinar esses requisitos.

3.2. Iteração e argumentos verbais

Os dados mostram que a iteratividade pode ser gerada pelos argumentos do verbo nas seguintes situações: (i) sujeito nulo, seguido ou não de complemento nulo; (ii) sujeito retido, seguido ou não de complemento pluralizado; (iii) sujeito e/ou complemento quantificados. Nessas situações, será irrelevante se o núcleo da predicação verbal for preenchido por um verbo simples ou por uma perífrase. Examinemos esses casos.

(a) Sujeito nulo, seguido ou não de complemento nulo:

(92)
   a) *Porque **tem que levantar**... **tem que vestir** os dois...* (D2 SP 360)
   b) *Eles **telefonam**... **falam** com a pessoa (...) ou **ligam** para a casa da pessoa... aí **conversam** e a pessoa diz se está interessada.* (D2 SP 360)
   c) *Porque é MUIto a gente **vive** de motorista o dia inTEIro mas o dia inTEIro... uma corrida bárbara e **leva** Ø na escola (...) e **vai buscar** Ø... e **vou trabalhar**.* (D2 SP 360)

(b) Sujeito retido seguido ou não de complemento pluralizado:

(93)
   a) *Hoje qualquer classe eles **fazem** sessão de cinema.* (DID SP 208)
   b) *Talvez a palavra seja gargantilha... e que agora esteja lembrando mas estou ligando com a coisa que as mulheres **estão usando**.* (DID SP 18)
   c) ***Estão controlando** a poluição de ar agora né?* (DID SP 263)

isto é,

(94a) [...] *eles fazem habitualmente sessão de cinema.*

O mesmo ocorrerá com um sintagma nominal de objeto direto no plural. Em

(94) *A criança comeu um doce na hora do almoço.*

há uma ação durativa singular e, portanto, um imperfectivo semelfactivo. Já em

(95) ***Comem** doces na hora do almoço naquela creche.*

há uma ação durativa que se repete, favorecida pela elipse do sujeito e pelo efeito distributivo de *na hora do almoço*, portanto, um iterativo imperfectivo.

(c) Sujeito e/ou complemento quantificados:

Segundo Negrão / Müller (1996: 132), "um determinado sintagma quantificado tem escopo sobre outro sintagma quantificado quando a interpretação deste último depende da interpretação do primeiro". Assim, em

(96) *O jornalista **entrevistou** uma artista famosa.*

entrevistou é semelfactivo. Já em

(97) *Cada jornalista **entrevistou** uma artista famosa.*

entrevistou é iterativo, pois o sintagma nominal quantificado [*cada jornalista*][sujeito], ao dominar [*uma artista famosa*][objeto direto], dará lugar à interpretação de que há várias artistas, tendo-se, portanto, repetido a ação de *entrevistar*. O mesmo fenômeno ocorre neste bocado de prosa de Eça de Queirós (*Alves & Cia.*, Lisboa, Livria Lello & Irmão Editores, 1945: 122):

(98) *Viu-se pertencendo a essa tribo grotesca dos maridos traídos que não podiam entrar em casa sem que, de qualquer canto, **escapasse** um amante.*

Comparando o semelfactivo "*um amante escapa de um canto*" com o iterativo "*um amante escapava de qualquer canto/de cada canto*", isto é, "*muitos amantes escapavam de muitos cantos*", nota-se que a direção da quantificação pode ser também do complemento para o sujeito. O que interessa aqui é que sintagmas nominais quantificados afetam o núcleo do sintagma verbal, que passa a expressar a repetição do estado de coisas. Deve-se notar, também, que tipos de quantificadores provocam o sentido de iteração; aparentemente, apenas os que exprimem distribuição, como *cada*.

Diferentes efeitos de sentido são gerados pelo sujeito expresso por um sintagma nominal cujo Especificador é um quantificador:
  (i) definido, como em
(99) *Três es/**vão** para o colégio e dois **vão** para uma... um cursinho de matemática... e o menor então esses cinco **saem**... e **vão**... para Pinheiros.* (D2 SP 360)
  (ii) indefinido, como em
(100)
  a) *Muitos comendadores **compravam** título.* (D2 SP 396)
  b) *Todo mundo **andava** de colete... principalmente as mocinhas depois de quinze anos e tudo.* (D2 SP 396)
  (iii) partitivo, em
(101) *Vários professores **viviam** daquilo.* (D2 SP 255)
e (iv) distributiva, em
(102)
  a) *Cada tábua que **caía, doía** no coração.* (Adoniran Barbosa, *Saudosa Maloca*).
  b) *Era só galinha morta que saía... cada galinha que **saía** a minha minha avó **gritava** mais... "velho maluco está caduco".* (DID POA 45)

3.3. Iteração e advérbios quantificadores

Os advérbios quantificadores aspectualizadores selecionam mais de um indivíduo no conjunto constituído pela predicação verbal. Os significados iterativos assim gerados apresentam a predicação como que se repetindo não especificamente, indeterminadamente, ou numa forma específica, determinada, em que os intervalos são previsíveis.

(a) Iteração /não específica/

Evocam e/ou concorrem para uma interpretação iterativa não específica (i) os advérbios em *-mente* derivados de adjetivos em cujas propriedades intensionais se encontra o traço de frequência; (ii) o advérbio *sempre*; e (iii) os adverbiais formados com o item *vez* quantificado universalmente.

É evidente que os exemplos não se integram rigidamente na categoria da iteração /não específica/ *versus* iteração /específica/, pois o fenômeno da correção – tão presente na língua falada – leva constantemente o mesmo verbo a passar de uma interpretação para outra, quando modificado por mais de um advérbio ou expressão adverbial quantificadora. Vejamos alguns exemplos:
(103)
  a) *O meu problema é doce... **raramente** eu **como** doce...* (D2 POA 291)
  b) ***Normalmente** a gente **tira** exatamente o pedaço do livro.* (EF POA 278)
  c) *Tendo em vista os elevados custos... que nós... **habitualmente verificamos**... quando se trata por exemplo (...) de um problema de internação.* (DID REC 131)
  d) *Em custos demasiadamente elevados... para o... o público ou para a coletividade... ou a grande massa como nós... **chamamos habitualmente**.* (DID REC 131)
  e) *Bom... eu **exijo sempre** a salada... ahn... verdura... isso... diariamente* (D2 POA 291)

f) *A gente se **encontra sempre** todos os meses nesse jantar com os amigos.* (DID POA 45)
g) *É a nossa opinião... é que as pessoas... ao... ao comerem ou ao saborearem um prato **fiquem sempre perguntando** como é... como foi feito.* (D2 POA 291)
h) *Ele é:: presidente lá da AAAMPA (...) **está sempre sonhando** naquilo lá.* (DID POA 45)
i) *O de laboratório é mais válido João... **sempre** que você **pode fazer**.* (EF REC 337)
j) *Embora não tenhamos a lista... que vocês são... no total cinquenta e um... quer dizer **sempre tá faltando**... não é um pouco.* (EF REC 337)
k) *Tem os amigos **às vezes** a gente **dá uma fugidinha** até a casa deles bater um papinho assim né?* (DID POA 45)
l) *Isso a gente **vai de vez em quando**.* (DID POA 45)
m) *Tu viajas deixa o apartamento e **muitas vezes** essa segurança também **pifa**.* (D2 POA 291)
n) *Tanto assim que os próprios exemplos dados por Bloom na bibliografia específica **muitas vezes** eles se **repetem**.* (EF POA 278)
o) *Se **usa muito** o termo extrapolação.* (EF POA 278)

Em (103o), estou postulando a omissão de *vezes* no núcleo do sintagma nominal cujo Especificador é *muito*, mas é evidente que não se exclui uma predicação intensificadora, provocada pela polifuncionalidade do item *muito* (Castilho, 2003c).

O mecanismo de quantificação da predicação por meio de advérbios e de adverbiais não difere da quantificação do sintagma nominal sujeito, examinada anteriormente. Assim, alguns advérbios selecionam a totalidade dos indivíduos desse conjunto (*muitas vezes, toda vez*), parte deles (*poucas vezes, às vezes, inúmeras vezes, várias vezes, algumas vezes*). A quantificação partitiva se acentua naqueles casos em que antes de *vezes* aparece a preposição *de*, como em *a maior parte das vezes, a menor parte das vezes, uma porção de vezes*.

(b) Iteração /específica/

A quantificação aspectualizadora específica é gerada por adverbiais temporais formados por um sintagma preposicional quantificado, cujo núcleo é frequentemente omitido, e cujo Complementador nominal tem por referente "intervalos de tempo":

(104)
a) <u>Todo mês</u> nós **jantamos** fora.
b) <u>Cada três meses</u> nós **jantamos** fora.
c) *Ele já **ia** à escola <u>de manhã</u> porque eles **dormem** <u>sete e meia</u> e **acordam** <u>seis e meia</u>... é o horário normal deles.* (D2 SP 360)

Em (104a), o falante transitou de uma repetição não específica (= *encontrar-se sempre com os amigos*) para uma repetição específica (= *encontrar-se todos os meses com os amigos*).

3.4. Iteração e padrão sentencial

Os dados mostram que o padrão sentencial é outro fator de quantificação do verbo, gerando-se o significado iterativo. Encontramos aqui pelo menos três padrões: (i) as aditivas em polissíndeto de (105a), (ii) as condicionais-temporais de (105b) a (105d), e (iii) as temporais-proporcionais de (105e) e (105f):

(105)
a) *Os rapazes **be::rram e berram** porque to/... na sua maioria são pais de família então **be::rram e vo::tam e fa::lam e acontecem**... e as mulheres (...) são meio ausentes na hora de lutar.* (D2 SP 360)
b) *E vejam que eu sempre que eu **tou falando** eu me **refiro** aos autores porque nós estamos seguindo uma posição* (EF POA 278)
c) *Quando é que o aluno utiliza ou trabalha naquela categoria conhecimento? quando ele **evoca**... quando ele **enumera**... quando ele...* (EF POA 291)

d) *Prende-se ao fato de que os autores dizem que quando o aluno **interpreta** ela já **faz** um exame na interpretação já há uma uma subdivisão já há um processo seria melhor dito já há um processo de análise já há um exame quando ele **identifica** a aplicação ele já **separa** o essencial do acessório.* (EF POA 278)
e) *Enquanto houver concursados:: (...) **vão sendo chamados.*** (D2 SP 360)
f) *Na medida que **vai chegando** na altura da pirâmide o problema de idade **vai diminuindo.*** (D2 SP 360)

No exemplo (105d), a interpretação iterativa permanece qualquer que seja a perspectiva temporal, o que mostra uma vez mais a independência do aspecto em relação ao tempo:

(105')
d') *quando o aluno **interpretar** ele já **fará** um exame.*
d'') *quando o aluno **interpretou** ele já **fez** um exame.*
d''') *quando o aluno **interpretava** ele já **fazia** um exame.*

Rodolfo Ilari (com. pessoal) mostra que um contraexemplo seria

(106) *Quando Mário se **irritou**, ele estava influenciado pela fofoca dos vizinhos.*

de interpretação semelfactiva. Aparentemente, uma interpretação iterativa só é posssível quando o tempo verbal da sentença condicional-temporal é o mesmo do da sentença principal, como em nossos exemplos (105). Diferindo esses tempos, bloqueia-se a iteração, fenômeno que teria de ser explicado, e que se comprova por (106a), cujos verbos vêm no mesmo tempo verbal:

(106a) *Quando Mário se **irrita**, ele **está influenciado** pela fofoca dos vizinhos.*

3.5. Iteração e articulação discursiva

A iteratividade imperfectiva e perfectiva é favorecida pelas narrativas de eventos habituais e pelos discursos argumentativos em que se fazem:

(107)
a) *O meu marido todos os meses ele **vai** pra Caxias ele **faz** a praça lá de Caxias né então eu aproveito e **vou** junto o dia que eu não **tenho** aluno ele sempre **vai** num dia que eu não **tenho** aluno mesmo (...) eu sempre **vou** a Caxias.* (DID POA 45)
b) *Já estou por aqui **tomo** um lanche e depois já **vou** para a aula né? (e lá assim para as) dez e vinte mais ou menos já **estamos saindo** felizes descansados e tal.* (D2 SP 62)

Iris Gardino (com. pessoal) notou que os conectivos textuais encadeadores de evento, como *então, aí* e *agora*, aparecem nesses exemplos, configurando a articulação discursiva a que venho me referindo:

(108) *quando não é dia do meu marido ir para a faculdade... eu **fico** por Pinheiros e **volto** para casa... agora em dois dias da semana eu **levo** faculdade tambem... não é? (...) e depois **volto** (...) mas **chego** já **apronto** o outro (...) e **fico** naquelas lides domésticas (...) e: uma coisa e outra... e:: agora à tarde **vão** dois para a escola mas... tem ativi/ (...) então é um corre-corre realmente... não é? agora eu assumi também uma secretaria da APM...* (D2 SP 360)

A hipótese que anima esta descrição do aspecto no português falado se fundamenta no caráter composicional dessa propriedade da predicação. Aplicada essa hipótese, aprende-se o seguinte:

(1) Papel do léxico e da semântica
(i) Verbos atélicos favorecem o imperfectivo, e verbos télicos favorecem o perfectivo, predominando numericamente aqueles sobre estes.
(ii) A classe acional do verbo, decisiva na emergência do imperfectivo e do perfectivo, não é fator importante para o iterativo, salvo se o verbo vier sufixado por *-itar* e *-ejar*.
(2) Papel da gramática: a flexão e as perífrases
(i) O imperfeito do indicativo e o gerúndio encerram traços de /duração/ mais fortes que as outras formas verbais, transformando-se em codificadores altamente frequentes do imperfectivo.

(ii) O presente e o pretérito perfeito simples são mais dependentes de adjuntos para codificar o aspecto; será necessário desenvolver uma reflexão mais detalhada sobre as combinações-classe acional-flexão, para o que o livro-resenha de Koefoed (1979: 125-139) apresenta interessantes indicações.
(iii) As perífrases de gerúndio, além de mais numerosas, são as mais inclinadas a expressar o imperfectivo, com grande predominância do papel lexical do verbo pleno, ou verbo auxiliado, nesse processo; as perífrases de valor iterativo são mais dependentes dos arranjos sintáticos e do contexto que excede a sentença. Por outro lado, pode-se propor que o presente, o imperfeito e o pretérito perfeito composto são "flexões aspectualmente não específicas", pois predominam nas expressões iterativas, o que não parece ser o caso das "flexões aspectualmente específicas", como o pretérito perfeito simples e o pretérito mais-que-perfeito.
(3) Papel da gramática: os argumentos e os adjuntos quantificados
(i) Argumentos no singular favorecem o semelfactivo, enquanto argumentos pluralizados favorecem o iterativo.
(ii) Argumentos verbais /não específicos/ favorecem o iterativo, ao passo que os /específicos/ favorecem mais o imperfectivo e o perfectivo.
(iii) Adjuntos adverbiais qualificadores durativos favorecem a emergência do imperfectivo, e os pontuais, do perfectivo, ao passo que os adjuntos adverbiais quantificadores favorecem o iterativo.
(4) Papel do discurso
(i) Narrativas favorecem o imperfectivo e o perfectivo.
(ii) Textos argumentativos com generalizações favorecem o iterativo.

LEITURAS SOBRE ASPECTO VERBAL

Holt (1943), Togeby (1953), Sánchez Ruiperez (1954), Garey (1957), MacLennan (1962), Castilho (1963, 1968a, 1970, 1984c, 1999a, 2002c), Černy (1969), Sabršula (1969), Verkuyl (1972), Dietrich (1973), Comrie (1976, 1981), Hopper (1979a, 1979b, ed. 1982), Travaglia (1981), Soares (1987), Barroso (1994), Kato / Nascimento (1996a), Ilari (1998), Mendes (2005a), Ilari / Basso (2008a).

10.2.2.2.2. TEMPO

Deve ter ficado claro na seção anterior que o aspecto conserva seus valores independentemente do tempo. É o que se pôde constatar em vários momentos, como em (67) e em (90), e na sequência a seguir:
(109)
  a) *O ônibus **está demorando** para chegar.*
  b) *O ônibus **esteve demorando** para chegar na semana passada.*
  c) *Do jeito que as coisas andam, o ônibus **estará demorando** para chegar durante o ano todo.*

As três sentenças retratam um estado de coisas apanhado em três perspectivas temporais diferentes: o presente, o passado e o futuro. Mas o aspecto imperfectivo permaneceu o mesmo. É praticamente impossível descrever o tempo verbal sem considerar o aspecto ao mesmo tempo. Uma rápida inspeção na morfologia de tempo e na seleção da terminologia correspondente mostra isso:

• Em algumas línguas, a terminologia distingue o presente simples (como em *eu falo*) do presente contínuo (como em *eu estou falando*). O PB abriga ambas as formas, porém não dispõe de nomenclatura para o presente perifrástico, talvez porque essas formas ainda não tenham valores temporais idênticos.

• O pretérito perfeito e o futuro perfeito representam os estados de coisas completados no passado (como em *eu fiz*) ou no futuro (como em *eu terei feito*). O termo *perfeito* usado na nomenclatura dessa forma remete ao aspecto perfectivo.

- O pretérito imperfeito representa os estados de coisas que duraram no passado. O termo *imperfeito* remete ao aspecto imperfectivo.

Outra afirmação preliminar é necessária: não utilizamos as formas temporais unicamente para fixar cronologias dos estados de coisa, situando-nos num tempo real, mensurável pelo relógio, descrito em termos de:
- tempo simultâneo ao ato de fala, ou presente,
- tempo anterior ao ato de fala, ou passado,
- tempo posterior ao ato da fala, ou futuro,

e, sim, igualmente, para nos deslocarmos livremente pela linha do tempo, de acordo com nossas necessidades expressivas, refugiando-nos:
- num tempo imaginário, que escapa à medição cronológica, ou
- num domínio vago, genérico, impreciso, atemporal.

Temos, portanto, pelo menos três situações de uso:
1. Quando o falante descreve um estado de coisas coincidente com o tempo cronológico, temos os usos do *tempo real*.
2. Quando o falante se desloca para um espaço-tempo imaginário, que não coincide com seu tempo real, temos os usos do *tempo fictício*. Ele lançará mão dos "usos metafóricos das formas verbais", arrastando consigo sua simultaneidade/anterioridade/posterioridade. A terminologia adotada pelos descritores do tempo tenta apanhar essas metáforas, quando aludem ao presente universal (presente extenso/presente das verdades eternas/presente genérico, situado no domínio da vagueza), ao presente histórico (= o passado, no tempo cronológico), ao *praesens pro futuro* (= o futuro, no tempo cronológico) etc. Desnecessário dizer que não há sinonímia absoluta entre o tempo fictício e o tempo real.
3. Finalmente, quando o falante se desloca para o domínio do vago, do impreciso, igualmente não coincidente com o tempo real, ele estará fazendo um *uso atemporal* das formas verbais.

Na seção **10.**2.3 mostrarei que o texto é outra vertente das escolhas das flexões temporais.

Com base nesse tripé analítico, passo a caracterizar os usos dos tempos verbais do indicativo e do subjuntivo no domínio da sentença. Para a identificação dos autores dos exemplos, veja Castilho (1967).

1. Tempos verbais do indicativo

1.1 Presente

(110) Presente real, indicando simultaneidade com o momento da fala
   a) Presente estreito, ou perfectivo: **Levanta** os olhos e **dá** comigo à janela.
   b) Presente largo, ou imperfectivo: **Vivemos** uma época feliz.
   c) Presente de hábito, ou iterativo: **Janto** sempre muito bem./A professora **deixa** a escola às três da tarde.

(111) Presente metafórico
   a) Presente pelo passado: *Quando* **sai**, **vê** *que chovia.*
   b) Presente pelo futuro do presente: *Qualquer dia* **cais** *e* **partes** *uma perna./Fulano se* **casa** *no dia 20 de fevereiro.*
   c) Presente pelo futuro do pretérito: *A princípio, olham-me desconfiados, com medo uns dos outros. Sem dúvida,* **gostam** *de viver mais um século, mas dois séculos, mas não sabem ainda que emprego hão de dar à existência.*
   d) Presente pelo futuro do subjuntivo/do indicativo na sentença complexa condicional: *Se a tempestade* **continua, morrem** *todos.*
   e) Presente pelo imperfeito do subjuntivo: *Se* **dou** *um passo a mais, tinha caído.*

(112) Presente atemporal

a) Presente gnômico, ou presente dos ditados: *Água mole em pedra dura, tanto **bate** até que **fura**.*
b) Presente das verdades eternas: *A terra **gira** à volta do sol.*
c) Presente de predisposição: *Fulano é muito bom, só que **bebe**.* (= não está bebendo agora)/*Ih, a casa tem cachorro, será que ele **morde**?* (= não está mordendo agora)
d) Presente dos marcadores discursivos: ***Sabe**, ele já chegou.*

1.2. Tempos do passado

A) Pretérito perfeito simples

(113) Pretérito perfeito real, indicando anterioridade
    a) Pretérito pontual: *Andou um pouco e **caiu** logo em seguida.*
    b) Pretérito durativo: ***Andou** um pouco e caiu logo em seguida.*
    c) Pretérito iterativo: ***Perdi** sempre no jogo do bicho.*

(114) Pretérito perfeito metafórico
    a) Pelo imperfeito: *Quando trabalhei lá, eu o **vi** diariamente*
    b) Pelo mais-que-perfeito: *Eu **avisei** que o padeiro tinha chegado, por que você não saiu logo para comprar o pão?*
    c) Pelo futuro do presente: *Bateu em meu filho? **Morreu**!*
    d) Pelo futuro do presente composto: *Pode passar por aqui às seis horas, porque até lá já **acabei** o trabalho.*
    e) Pelo pretérito perfeito do subjuntivo: *Quem o **fez** que o diga!*

(115) Pretérito perfeito atemporal
    a) Pretérito aorístico: *Quem **morreu**, **morreu**.*
    b) Pretérito nos marcadores discursivos: *Faça isso hoje, **viu**?*

B) Pretérito imperfeito

(116) Pretérito imperfeito real, indicando anterioridade não pontual
    a) Estado de coisas durativo: *Quando cheguei, ela **olhava** pelo buraco da fechadura.* (a propósito: sabe qual foi a coisa mais interessantes que já se viu pelo buraco da fechadura? Outro olho!)
    b) Estado de coisas iterativo: *Lá vejo o atalho que vai dar na várzea./Lá o barranco por onde eu **subia**.*

(117) Pretérito imperfeito metafórico
    a) Pelo presente, nos usos de atenuação e polidez: *Eu **vinha** saber se você já pode devolver meu carro./**Queria** que vocês aceitassem minha proposta.*
    b) Pelo pretérito perfeito, no chamado "imperfeito de ruptura": *Conheceram-se em maio, em junho se **casavam**.*
    c) Pelo imperfeito do subjuntivo: *Se eu **percebia** que o carro ia resvalando para o buraco, tinha saltado muito antes.*
    d) Pelo futuro do pretérito, no discurso indireto/no discurso indireto livre: *Ela disse que **vinha** logo./**Era** necessário, mesmo, libertá-lo?/Você bem que **podia** me arranjar um emprego./Numa viagem ao norte, desistiu de fazer a conferência. Os colegas insistiram. Não, não **fazia**.*

(118) Pretérito imperfeito atemporal ("imperfeito *de conatu*"): *Sentada na borda da cama, afinal ela **ia** embora.*

C) Pretérito mais-que-perfeito simples e composto

(119) Pretérito mais-que-perfeito real, indicando anterioridade remota em relação a outra ação anterior: *Ao irromper o incêndio, ele **despertara**/ **tinha despertado**/ **havia despertado**.*

(120) Pretérito mais-que-perfeito metafórico
   a) Pelo imperfeito do subjuntivo, na prótase da sentença condicional, e pelo futuro do pretérito, na apódese da sentença condicional, na linguagem literária formal: *Se não foras tão trapaceiro, outro amigo te ajudara.*
   b) Pelo pretérito perfeito, nos usos de atenuação ou polidez: *Eu tinha vindo para te lembrar daquela dívida.*
   c) Em expressões optativas cristalizadas: *Tomara/ quisera eu ter ganho esse prêmio!/ Quem me dera ser rico!/ Também, pudera, o que você estava esperando?*

D) Pretérito perfeito composto
   (121) Pretérito perfeito real, indicando uma anterioridade que se estende até o presente
      a) Pretérito perfeito durativo: *Tem andado muito alegre, é uma tonta.*
      b) Pretérito perfeito iterativo: *Tenho perdido muitos amigos por causa desse meu gênio.*
   (122) Pretérito perfeito metafórico
      a) Pelo pretérito perfeito simples, na finalização de discursos (usos muito raros no PB): *Tenho dito!/ Tenho chegado ao final de minhas considerações.*
      b) Pelo mais-que-perfeito do indicativo, na sentença complexa condicional: *Se eu tenho sabido disto a tempo, não vinha a esta reunião.*

1.3. Tempos do futuro

A) Futuro do presente simples e composto
   (123) Futuro do presente real, indicando posterioridade problemática em relação ao ato da fala: *Cuidaremos/ teremos cuidado disto amanhã./ O médico diz que virá./ Dizem que o médico terá vindo./ Se eu gritar, ele obedecerá.*
   (124) Futuro do presente metafórico
      a) Pelo presente do indicativo, nos usos de atenuação e polidez: *Quanto custará/ terá custado isto?/ Que será/ terá sido aquilo?*
      b) Futuro jussivo, nas leis, decretos, contratos: *Este acordo durará/ terá durado cinco anos./ O ano letivo será/ terá sido de 220 dias.*
      c) Pelo presente do subjuntivo: *É provável que ele fará/ terá feito isso./ Talvez ele dirá/ terá dito a verdade.*
      d) Pelo pretérito perfeito simples, no chamado "futuro profético": *Esta foi a decisão que mudará/ terá mudado o curso da história.*
   (125) Futuro atemporal, ou gnômico: *Trás mim virá quem melhor me fará.*

B) Futuro do pretérito simples e composto
   (126) Futuro do pretérito real, indicando posterioridade problemática em relação a um ato de fala anterior/remoto: *O médico disse que viria/ teria vindo./ Eu supus/ acreditei/ soube/ pensei que ele viria/ teria vindo hoje./ Se eu gritasse, ela viria/ teria vindo.*
   (127) Futuro do pretérito metafórico
      a) Pelo presente do indicativo, quando se manifesta opinião de modo reservado, ou nos usos de atenuação ou polidez: *Eu acharia/ teria achado melhor irmos embora./ Isto aqui seria/ teria sido o bacilo de Koch, pelo menos ele não está/ estava sentado nem deitado./ Que seria/ teria sido aquilo?*
      b) Pelo pretérito imperfeito do indicativo: *Quando cheguei, seriam/ teriam sido oito horas./ Fulano teria/ teria tido seus setenta anos quando morreu.*
      c) Pelo pretérito perfeito simples do indicativo: *Chegaria/ teria chegado esta manhã a São José do Rio Preto.* (falando de um viajante cujo trajeto se conhece de antemão)

2. Tempos verbais do subjuntivo

Descrevo nesta seção os tempos do subjuntivo na sentença simples. Na sentença complexa, o subjuntivo ocorre por pressões estruturais, descritas em **9.2.1**.

2.1. Presente

(128) Expressa simultaneidade problemática, somada aos valores modais de:
   a) Incerteza, probabilidade, possibilidade: *Por que o portão não abre? Talvez **esteja que brado**./Talvez/possivelmente/provavelmente **venha**./Quiçá **apareça** o livro perdido.*
   b) Volição, opção: *Oxalá **venha**!/Que **venha** logo!/Antes **chova**, bem melhor do que faltar água.*
   c) Exortação, imprecação: *Que se **dane**!/Um raio te **parta** e o diabo que te **carregue**!*
   d) Pedido, ordem: ***Traga-me** um copo d'água, por favor./**Desculpe-me**, não vi que você deixou o pé na minha frente.*

(129) Presente do subjuntivo metafórico
   a) Pelo futuro do presente do indicativo: *Suponho que ele **venha**.*
   b) Pelo pretérito perfeito composto do subjuntivo: *Espere até que o ônibus **pare**.*
   c) Pelo imperfeito do subjuntivo: *Ele pediu-me que o **faça**.*

2.2. Tempos do passado

A) Pretérito perfeito composto

(130) Expressa anterioridade problemática de estado de coisas inteiramente concluído anteriormente a outro estado de coisas: *Espero que ao chegar você **tenha chegado** antes.*

(131) Pretérito perfeito composto metafórico
   a) Pelo futuro do presente composto do indicativo: *Talvez no próximo sábado ele já **tenha acabado** tudo.*
   b) Pelo imperfeito do subjuntivo: *Não é possível que **tenha vindo** em tão curto espaço de tempo.*

B) Pretérito imperfeito

(132) Expressa anterioridade problemática, nas mesmas circunstâncias modais do presente do subjuntivo: *Talvez **viesse**./Que **viesse** logo.*

(133) Imperfeito metafórico, pelo mais-que-perfeito do subjuntivo: *Não teria sido possível que o deputado **deixasse** de atendê-lo.*

C) Pretérito mais-que-perfeito

(134) Expressa anterioridade remota, com os mesmos valores modais do presente do subjuntivo: *Talvez **tivesse vindo**./Que **tivesse vindo** logo.*

2.3. Futuro simples e composto

(135) Expressa posterioridade problemática, em sentenças subordinadas: *Só virei a perguntar se ele previamente **tiver demonstrado** disposição para responder.*

Depois deste porre de exemplos, decerto você está se perguntando:
— *Mas como é que conseguimos operar com tudo isto?*

Em primeiro lugar, temos visto nesta gramática que as formas linguísticas são polifuncionais. A cada signo sempre corresponde mais de um significado. Em segundo lugar, você está pedindo uma formalização dos tempos verbais. Para isso, leia Ilari (1997) e Ilari / Basso (2008a: 243-263).

LEITURAS SOBRE O TEMPO VERBAL

Boléo (1934-1935), Sánchez Barrado (1934-1935), Sten (1944, 1953), Badia Margarit (1953), Said Ali Ida (1957/1964/1980: 141-149), Mourin (1959), Carpinteiro (1960), Bull (1960), Heger (1960), Imbs (1960), Montes (1962), Irmen (1966), Castilho (1967, 1978b), Câmara Jr. (1968a,b), Ilari (1979/1981, 1997, 1999), Hopper (ed. 1982), Ilari / Mantoanelli (1983), Pontes (1992), Coroa (1993), Fiorin (1996), Ilari / Basso (2008a). Os valores durativo e iterativo do pretérito perfeito composto foram objeto de vários estudos: Boléo (1936), Castilho (1967); para um tratamento formal, Ilari (1999).

10.2.2.2.3. Voz

A voz verbal assinala o tipo de participação do sujeito sentencial no estado de coisas: Ilari / Basso (2008a). Se ele for agente, teremos a voz ativa, se for paciente, teremos a voz passiva, e se for ao mesmo tempo agente e paciente, teremos a voz reflexiva. Vimos em **2.3.2** que a voz verbal gramaticaliza a perspectiva, uma das categorias constitutivas do discurso.

1. Voz ativa

Na voz ativa, o verbo atribui ao sujeito da sentença o papel de /agente/, e ao objeto direto o papel de /paciente/:

(136) *O moleque **espetou** o gato da vizinha.*

Como a voz ativa depende de um sujeito e de um objeto direto, ela é privativa dos verbos biargumentais transitivos diretos ou bitransitivos (veja **8.3.3.1**).

A voz ativa é expressa por um sintagma verbal simples.

2. Voz passiva

O verbo na voz passiva atribui ao sujeito da sentença o papel de /paciente/, e ao complemento o papel de /agente/:

(137) *O gato da vizinha **foi espetado** pelo moleque.*

A voz passiva é expressa por um sintagma verbal composto, constituído por *ser* + particípio. No latim vulgar e nas línguas românicas, o verbo auxiliar de voz passiva *esse* substituiu a passiva afixal, formada pelos morfemas da P1 {-r}, P2 singular {-ris}, P2 plural {-mini}, P3 {-tur}. No português, *ser* + particípio forma a passiva padrão; *estar* + particípio forma a passiva resultativa. Em outras línguas românicas, verbos dêiticos como *ir* e *vir* formam a passiva, como no italiano *viene detto*, *va detto*, "precisa ser dito", ou seja, voz passiva com sentido de obrigatoriedade.

As regras de transformação da voz ativa na passiva habitam nossas gramáticas desde sempre. A receita é mover o objeto direto da ativa para a cabeça da sentença, produzir o movimento inverso com o sujeito da ativa, fazendo-o preceder da preposição *por* ou *de*. Pronto! Uma ativa virou passiva. É claro que a base desse raciocínio é que na língua há estruturas primitivas, a voz ativa, no caso, e estruturas derivadas, a voz passiva.

Se o verbo é bitransitivo, apassiva-se seu segmento transitivo direto:

(138) *O gato **foi doado** à vizinha pela mãe do moleque.*

Blanche-Benveniste (1987) mostrou as inconveniências dessas transformações, pois vários verbos transitivos diretos produzem uma "passiva má", como:

(139)
   a) *Eu vi o filme.* → *O filme foi visto por mim.* (possível só em determinados contextos)
   b) *O rio atravessa a cidade.* → *A cidade é atravessada pelo rio.*
   c) *O carro atravessa a cidade.* → **A cidade é atravessada pelo carro.* (agramatical dado o papel semântico não agentivo do sujeito)

A operação ao contrário também traz dificuldades, se estivermos operando com a passiva resultativa construída com *estar*:

(140) *Hoje o mar está muito salgado.* → **Alguém salgou muito o mar hoje.*

Para uma descrição mais acurada da voz passiva, Blanche-Benveniste propõe uma distribuição dos verbos de acordo com sua abordagem pronominal da sentença, mencionada em **6.4.1.1**.

Agora, um conselho: não defina a voz passiva como aquela em que o sujeito "sofre os efeitos da ação verbal". Já me estrepei em sala de aula por ter usado essa definição, pois ao pedir a um aluno que me desse um exemplo de voz passiva ele me saiu com esta:

(141) *Eu **cortei** o dedo.*

Reclamei que o verbo estava na voz ativa, mas o aluno replicou que o sofrimento tinha sido todo dele, e que gramática não é anestésico. Daquele dia em diante passei a desconfiar das explicações puramente semânticas. E aprendi que no domínio do sistema semântico, o falante mais cria sentidos do que apenas decodifica os sentidos veiculados pelas expressões linguísticas.

Blasco (1987) mostrou que a ocorrência da voz passiva é favorecida quando se tira uma conclusão de uma sentença ativa:

(142) *Então eu **enrolei** o filme. Depois que o filme **foi enrolado**, guardei tudo no armário.*

A seguinte fórmula capta sua observação:

[X V Y], *então, porque* [Y V^{-do} X]

Esta observação mostra que não é o caso de derivar a voz passiva da ativa. Usamos a voz passiva por outras motivações, encontradas no discurso, não na sentença. Ao desenvolver seu discurso, o locutor acumula diversas apresentações, e a voz passiva aparece quando se quer ressaltar o resultado de uma ação anterior, como em (142). Ou seja, tratar a voz passiva como um caso de aspecto perfectivo resultativo tem mais interesse, se quisermos descobrir como o verbo e suas categorias operam na organização de um texto. Essa posição, defendida também por Comrie (1981) e Camacho (2002), foi acolhida nesta gramática. O uso da passiva perifrástica resultativa se deve, portanto, a exigências de construção do texto, donde sua frequência maior nas narrativas, nos textos de instruções sobre como operar um aparelho, e em outras situações em que precisamos tirar consequências de um estado de coisas anterior.

3. Voz reflexiva

Na voz reflexiva, o verbo atribui ao sujeito da sentença o papel ao mesmo tempo de /agente/ e /paciente/:

(143) *O menino se **cortou**.* (= o menino cortou, o menino foi cortado)

A voz reflexiva ocorre com os verbos pronominais, tais como *vestir-se, ferir-se, enfeitar-se, congratular-se, enervar-se, envergonhar-se* etc. (Bechara, 1992/1999: 223).

Na voz reflexiva, o sujeito e o objeto direto são correferenciais. Em (143), *menino* e *se* remetem a um mesmo indivíduo. O traço /paciente/ de *menino* permite uma leitura passiva de (143):

(143a) *O menino **foi cortado** por ele mesmo.*

Dado isso, se frontearmos o verbo, pospusermos o sujeito e omitirmos o complemento paciente, teremos produzido o que tem sido denominado "passiva pronominal":

(143b) ***Cortou**-se o menino.*

Em construções assim, sendo sujeito o sintagma nominal posposto, a concordância do verbo com esse sintagma nominal se mostrou obrigatória por um bom tempo na língua:

(143c) ***Cortaram**-se os meninos.* (= os meninos foram cortados)

e o pronome reflexivo *se* foi denominado *pronome apassivador*.

Como foi que um pronome reflexivo se tornou apassivador? Como foi que esse pronome perdeu essa propriedade no PB? Não perca a próxima atração de nosso programa: vá correndo ver como tudo isso aconteceu em **11.4.1.2**.

10.2.2.2.4. MODO

Como vimos anteriormente, uma sentença se compõe do *modus* e do *dictum*. Entende-se por *modus*, no português *modo*, a avaliação que o falante faz sobre o *dictum*, considerando-o real, irreal, possível ou necessário.

Há três modos no PB: o indicativo, o subjuntivo e o imperativo. Todos eles apresentam uma propriedade discursiva comum, a de representarem atos de fala: segundo Ilari / Basso (2008a: 316-317), há uma relação entre indicativo, subjuntivo e imperativo e a teoria dos atos de fala:

[...] a teoria dos atos de fala [...] separa cuidadosamente os conteúdos proposicionais e os usos que deles podemos fazer: um dos usos que ela estuda é a asserção, pela qual damos fé de que aquele determinado conteúdo se realiza no mundo; outro é a construção de situações imaginárias que não precisam corresponder pontualmente com aquilo que acontece no mundo, mas podem ser úteis como exercícios do pensamento; outra ação ainda, bem diferente da asserção e da suposição, é a ordem.

Essas observações são muito importantes, pois nos levam para fora da sentença enunciada e para dentro da situação de enunciação, mostrando que a seleção dos modos não tem uma motivação exclusivamente sintática. Cada *dictum* vem associado a um ato de fala. O *modus* evidencia de que ato de fala se trata: o dos "conteúdos que se realizam no mundo" (indicativo), o das "situações imaginárias que não precisam corresponder ao que acontece no mundo" (subjuntivo) e o da "ordem", bem diferente "da asserção e da suposição" (imperativo).

Ora, uma operação linguística tão importante quanto é a avaliação sobre o que estamos falando, ao mesmo tempo em que falamos, e não poderia ser entregue apenas à morfologia do verbo. Ilari / Basso (2008a) mostram que a língua dispõe de diferentes operadores de modalização, tais como *não dá, não tem alternativa, tem que, seria o caso de, é imprescindível que, é capaz de, com certeza* etc. Algumas dessas alternativas serão descritas nesta gramática (veja os adjetivos modalizadores em **12**.2.2.1.1 e os advérbios modalizadores em **13**.2.2.1.1).

O modo se gramaticalizou em português (i) por meio de sufixos modo-temporais, no caso do indicativo, do subjuntivo e do imperativo; (ii) por meio de morfemas-vocábulos, ou seja, os verbos auxiliares *poder, dever, querer*, entre outros; (iii) por meio de outros operadores de modalização, como aqueles mencionados no parágrafo anterior. A representação do tipo (i) aparece no sintagma verbal simples, a representação do tipo (ii), no sintagma verbal composto, e a representação do tipo (iii), em expressões complexas.

Sejam os seguintes exemplos:

(144)
- a) *O doce de leite **é** a oitava maravilha do mundo.*
- b) *Quem não entende de nada diz que talvez o doce de leite **seja** a oitava maravilha do mundo.*
- c) ***Coma** doce de leite, **ajude** as companhias de laticínios.*
- d) *Se você **pode** comer doce de leite, você **deve** comê-lo todos os dias.*
- e) ***Quero** comer doce de leite até me empanturrar.*

Vamos ver o que o doce de leite pode nos ensinar.

1. O indicativo

A representação morfológica do indicativo se faz por sufixos, que representam cumulativamente esse modo e os tempos, daí serem denominados sufixos modo-temporais (veja **1**.1.3.3).

Do ponto de vista sintático, o indicativo predomina nas sentenças simples, asseverativas e interrogativas (veja **8**.2).

Do ponto de vista semântico, expressamos através do indicativo uma avaliação do *dictum* como um estado de coisas real, verdadeiro (é o caso do exemplo 144a).

2. O subjuntivo

Analogamente ao indicativo, a representação morfológica do subjuntivo se faz por meio de sufixos.

Do ponto de vista sintático, o subjuntivo predomina nas sentenças subordinadas. Observe que *subjuntivo* e *subordinado* são termos sinônimos, pois remetem à "ordenação das sentenças numa posição de dependência", "debaixo de X", em que X é a sentença matriz, como vimos no capítulo "A sentença complexa e sua tipologia".

Semanticamente, o subjuntivo expressa um estado de coisas duvidoso, como em (144b).

O subjuntivo tem vacilado na pia batismal da gramática. Antes, esse cristão era conhecido como *conjuntivo*, ou seja, um modo verbal precedido das conjunções *desde que, embora, mesmo que, para que, nem que* etc. (Ilari / Basso, 2008a). O problema é que o indicativo também pode ser precedido de conjunções. Passou-se então a usar o termo *subjuntivo*, que retrata esse modo em sua figuração quase que absoluta em sentenças subordinadas.

3. O imperativo

Retornando ao Quadro 10.2, você verá que o imperativo dispõe de morfemas próprios em sua forma afirmativa, tomando morfemas de empréstimo ao subjuntivo em sua forma negativa. Será que no PB as coisas se passam assim mesmo?

Do ponto de vista sintático, o imperativo é o modo das sentenças simples, já descritas no capítulo "Minissentença e sentença simples: tipologias".

Do ponto de vista semântico, expressamos através do imperativo uma ordem, como em (144c). Os verbos auxiliares de modo expressam uma grande variedade de outros modos, tais como possibilidade, necessidade (144c, 144d), volição (144e) etc.

Como o imperativo expressa uma ordem ou um pedido, dirigido ao interlocutor, ele só deveria ser conjugado na P2. As outras pessoas não expressam uma ordem, e sim uma volição. Por isso mesmo, de acordo com a gramática prescritiva, as formas imperativas do indicativo estão associadas ao uso do pronome *tu*, e as formas do subjuntivo, ao pronome *você* e ao tratamento *o senhor*.

A P2 apresenta uma forma etimológica: cf. latim P2 *canta > canta, cantate > cantai; debe > deve, debete > devei; parte > parte, partite > parti*. Nas outras pessoas, o imperativo tomou de empréstimo formas do subjuntivo. Mas por que o subjuntivo haveria de figurar na linha auxiliar do imperativo? Porque historicamente o subjuntivo latino resultou da confluência de dois modos verbais diferentes do indoeuropeu, o optativo e o subjuntivo das subordinadas. É o antigo optativo que opera no imperativo da P1 e da P3.

Esquecida essa história, as gramáticas escolares criaram uma regra mnemônica, ensinando que o imperativo da P2 singular e plural corresponde ao presente do indicativo, subtraído o {-s}. Nada a ver.

Estavam as coisas neste pé quando o PB modificou o quadro dos pronomes pessoais substituindo (i) *tu* por *você*, um pronome discursivamente da P2, porém gramaticalmente da P3, pois deriva do sintagma nominal *Vossa Mercê*; (ii) *vós* por *os senhores*, outra expressão nominal que também leva o verbo para a P3; e (iii) *nós* por *a gente*, de novo uma expressão nominal que, igualmente, leva o verbo para a P3. Já está ficando monótono!

O impacto dessas alterações sobre a gramática do PB foi devastador, já ia dizendo "tsunâmico". Olhe o que rolou com o imperativo: o indicativo entrou na dança e, na prática, nosso imperativo hoje é um jogo entre formas do indicativo e formas do subjuntivo:

(145)
a) **Fica** *quieto!/* **Fique** *quieto!*
b) **Diz** *aí, eu ganhei ou não ganhei no jogo do bicho?/* **Diga** *aí, eu ganhei ou não ganhei no jogo do bicho?*

O que acaba de ser dito envolve alguns probleminhas:

1. Se a ordem pode ser expressa no indicativo ou no subjuntivo, quer dizer então que o PB não dispõe de uma morfologia própria para o coitado do imperativo? Como ficaram aquelas formas recolhidas no Quadro 10.2? Não ficaram?
2. Se o indicativo e o subjuntivo se alternam nas expressões da ordem, quer dizer então que estamos diante de expressões em variação? Eu sei, eu sei, isso é um prato cheio para os sociolinguistas variacionistas, mas como é que eles trataram desse tema?

Vamos por partes.

Com respeito à primeira pergunta, olhando os dados, o imperativo mais parece uma corda bamba estendida entre o discurso (mais propriamente, um ato de fala ilocutório) e a gramática (mais propriamente, as flexões verbais). Dependurados nessa corda estamos nós, falantes, linguistas, gramáticos – ou seja, toda a nação brasileira! Os dados apontam para uma disputa entre o indicativo e o subjuntivo nas sentenças imperativas, e por isso as atenções se voltaram para esse fato. Isso nos leva à segunda questão.

O tratamento variacionista da dupla indicativo/subjuntivo na indicação da ordem envolveu muita gente, entre outros Scherre (2004, 2007), Paredes Silva / Santos / Ribeiro (2000) e Henrique Braga (2008).

Os seguintes grupos de fatores têm sido escolhidos para a pesquisa, segundo Henrique Braga (2008):

(1) Fatores do sistema gramatical: (i) substituição progressiva de *tu* por *você*; Faraco (1986) provavelmente foi o primeiro a se referir esse fator; (ii) preenchimento e ordem do sujeito; (iii) posição proclítica do clítico em *Agora se manda!*, enclítica em *Deixe-se disso!*.

(2) Fatores do sistema discursivo: (i) tipo de tratamento dado ao interlocutor, se *tu* ou se *você*; (ii) tipo de relação entre os interlocutores, se formal ou se informal; (iii) relação de simetria ou de assimetria entre os locutores; (iv) gênero discursivo de que procedem as ocorrências.

(3) Fatores do sistema semântico: polaridade afirmativa ou negativa da sentença simples imperativa.

Pesquisando em peças teatrais escritas entre 1850 e 1875, Henrique Braga (2008) concluiu o seguinte:

(1) Sistema gramatical:
(i) O imperativo não dispõe de formas próprias no PB. Ao apresentar uma lista de morfemas de imperativo, nossas gramáticas retratam uma época que já passou.
(ii) A esperada ausência do sujeito nas sentenças imperativas não se confirmou: em lugar de Ø *Vá à padaria e traga oito pãezinhos*, é mais frequente **Você** *vá na padaria e traga oito pãezinhos*.
(iii) As formas do indicativo predominaram sobre as do subjuntivo, sendo favorecidas quando o sujeito é *tu*, e apenas ligeiramente quando ocorre um pronome proclítico: *Tu* **cala** *essa boca, senão vai preso!*
(iv) As formas de subjuntivo ocorrem com o sujeito *você* e *o senhor*, com peso relativo quase categórico, e ligeiramente quando ocorre pronome enclítico: *Você* **cale** *essa boca!* **Cale-se!**
(v) Comparando a seleção do indicativo e a do subjuntivo, constata-se que há uma mudança em curso.
(vi) Há um enfraquecimento da relação de concordância entre o pronome sujeito e a forma verbal.

(2) Sistema semântico:
(i) A polaridade negativa favorece a emergência do subjuntivo, ao passo que a polaridade positiva favorece a emergência do indicativo: *Ora, adeus, não me* **aborreça!** / **Cala** *a boca!*

(3) Sistema discursivo:
(i) Os atos ilocutórios próprios às sentenças imperativas compreendem no *corpus* examinado o comando cordial, o comando rude, o conselho, a súplica e o pedido de desculpas.
(ii) Relações de intimidade favorecem o uso do indicativo.
(iii) Nas relações entre superior e subordinado, ou entre subordinado e superior, predomina o subjuntivo.

Dando um balanço em seus achados, Henrique Braga (2008: 147) notou que os fatores determinantes do que se apurou flutuam ao longo dos períodos históricos examinados. No primeiro período, foram os fatores semântico-pragmáticos que justificaram as escolhas entre o indicativo e o subjuntivo jussivos. No segundo período, foram os fatores gramaticais e, no terceiro, de novo os fatores semântico-pragmáticos. Essas conclusões encerram um ganho teórico evidente: (1) a mudança linguística não é teleológica, não converge para um dado fim; (2) a mudança linguística não é unidirecional, conforme tenho postulado (Castilho, 2007).

Especificamente quanto à posição do pronome-sujeito, Scherre (2004) apurou que a posposição favorece o imperativo na forma subjuntiva, ao passo que a anteposição favorece o indicativo:

(146)
    a) **Faça** _você_ o trabalho, eu estou cansado.
    b) _Você_ **faz** o trabalho, eu estou cansado.

4. O condicional: modo ou tempo?

Anteriormente à Nova Nomenclatura Gramatical Brasileira, a famosa forma em {-ria}, a que Câmara Jr. (1968b) dedicou todo um livro, era considerada como um modo, o *condicional*, alinhando-se com o indicativo, o subjuntivo e o imperativo.

A NGB retirou a coitadinha de entre os modos, incluindo-a entre os tempos, com o rótulo de *futuro do pretérito*.

Ora, o rótulo *condicional* retrata seu lado modal, visível quando ele figura na sentença complexa condicional, como em (147a). O rótulo *futuro do pretérito* retrata seu lado temporal, quando essa forma figura na sentença complexa substantiva, como em (147b):

(147)
    a) *Se eu pudesse, eu **comeria** todo o doce de leite do mundo!*
    b) *Ela disse que me **daria** doce de leite de sobremesa.*

Como tudo o mais, a forma em {-ria} é polifuncional, atuando como modo ou como tempo. O que se nota é que a pergunta "modo ou tempo?" que agitou as mentes encerrava uma falsa questão. Não há resposta que alegre os povos quando a pergunta está errada.

5. Auxiliares modais

Os auxiliares modais também derivam de verbos plenos:

(148)
    a) *Tudo **posso**, mas nem tudo me convém.* (cf. ***Posso comer*** *doce de leite, vocês é que não deixam*)
    b) ***Quero*** *mais doce de leite.* (cf. ***Quero comer*** *mais doce de leite*)
    c) ***Devo****, reconheço, pagarei quando **puder**.* (cf. ***Devo pagar*** *minhas contas, quando **puder arranjar** o dinheiro*)

Também esses auxiliares estão em processo de cliticização no PB:

(149)
    a) *Pode parar com isso!* → ***po****pará com isso!*
    b) *Quer parar com isso?* → ***que****pará com isso?*

Faça uma pesquisa para entendermos por que *dever* aparentemente ainda não entrou nessa dança. Para uma elaboração sobre a gramaticalização dos modais, veja Bybee / Perkins / Pagliuca (eds. 1994: 176-242).

10.2.3. DISCURSO E VERBO: O VERBO NO TEXTO

Os estudos sobre o papel discursivo do verbo demandaram a postulação de categorias propriamente textuais, para que se enriquecesse a mirada de gramáticos e linguistas a respeito dessa classe (Castilho, 1978c, 1984c). As categorias do texto foram examinadas no capítulo "A conversação e o texto".

Antes de o discurso entrar na dança, as observações sobre o verbo ocorriam timidamente, como apêndices das pesquisas verbo-sentenciais. Nessa fase de namoro, foram identificadas as seguintes categorias:

1. Presente cênico (Sten, 1953: cap. I; Weinrich, 1964/1968: 73); presente gnômico, ou presente das definições, ou das verdades eternas (Imbs, 1960: 27-30); presente descritivo, documentável nas narrativas de ações coletivas (Szertics, 1967: cap. III); presente histórico, usado na narração de "atos diferentes que se sucederam uns aos outros com decisão e rapidez", segundo Said Ali Ida (1923: 311).
2. Pretérito perfeito simples cênico (Sten, 1953: 71); pretérito narrativo, que sugere objetividade (Gilman, 1961; Weinrich, 1964/1968: 131), ou que expressa ações que se sucedem com rapidez (Szertics, 1967: 39).
3. Pretérito imperfeito descritivo (Sten, 1952: 164), com as seguintes modalidades: (i) imperfeito pitoresco, usado em lugar do pretérito perfeito simples para "evocar fatos únicos dispostos numa série, vistos porém em sua duração interior" (Imbs, 1960: 92); (ii) imperfeito "desrealizador", próprio a indicar o pensamento fantasioso e a narrar os sonhos [imperfeito onírico] (Szertics, 1967: 73), ou nas conversas de crianças, quando se combinam jogos, brincadeiras [imperfeito hipocorístico] (Imbs, 1960: 97); (iii) imperfeito cênico (Mourin, 1959: 120); (iv) imperfeito de ruptura, usado na abertura ou no encerramento brusco de uma descrição (Imbs, 1960: 93); (v) imperfeito de polidez ou de atenuação (Imbs, 1960: 97).
4. Pretérito mais-que-perfeito cênico (Sten, 1952: 219).
5. Futuro cênico (Sten, 1953: 42, 55, 73).
6. Infinitivo de narração (Sten 1952).

Vê-se que a categoria "cênico" ganhou de longe a parada, sob o patrocínio de Holger Sten. Você já advinhou que ele se fundamentou em peças de teatro, buscando exemplos nas instruções dadas pelo autor para a montagem dos cenários.

Enfim, foi a época de "levantar a lebre". A partir da década de 1960, os estudos sobre a dimensão textual do verbo ganharam relevo, graças a Stephen Gilman, Harald Weinrich, Joseph Szertics e Thomas Montgomery, entre outros – precedidos, no Brasil, por intuições muito interessantes de Manuel Said Ali Ida. Isso nos leva ao tópico sequente.

Os novos tempos abriram caminho a perguntas tais como: (1) relação entre a tipologia sintática do verbo e a categoria do tópico discursivo; (2) relação entre o tempo presente e a dissertação; (3) relação entre os tempos do passado e a narração. Vamos lá.

10.2.3.1. Verbo apresentativo e inserção de tópico discursivo

Estudamos em 8.3.2.1 as propriedades dos verbos apresentacionais. Esses verbos não predicam seu sujeito nem seus argumentos internos, no sentido de que não lhe atribui traços procedendes de suas propriedades intensionais. Seu papel decorre da "função apresentacional", identificada por Bolinger (1975).

Essa função ocorre nas situações de inserção de um tópico discursivo*, representado gramaticalmente por um sintagma nominal, precedido por um verbo apresentacional:

(150)
    a) **Era** uma vez uma princesa. O pai da princesa queria casá-la com um príncipe bonito e rico. E aí...
    b) **Tinha** uma coisa naquela festa que não ia mesmo dar certo. Que coisa? Falta de animação. Para contornar o problema, o dono da casa...
    c) **É** o seguinte: de hoje em diante não haverá mais aulas aos sábados...

10.2.3.2. O tempo presente e a dissertação. Os tempos do passado e a narração

É possível reduzir as diferentes articulações discursivas a duas situações básicas: podemos dialogar prolongadamente a propósito de determinado assunto, intercambiando turnos, ou podemos tomar a palavra por um espaço de tempo maior, para narrar ou descrever algo.

No primeiro caso, A fala com B, a primeira e a segunda pessoas do discurso estão em presença, e o assunto vai sendo tecido com os dados que um interlocutor obtém do outro. O texto assim produzido é o resultado de uma coautoria, o que vem assinalado por dados formais. Nessa situação, própria do *diálogo*, abre-se um espaço intersubjetivo, necessário à busca de informação, de intercâmbio, da ação de um locutor sobre o outro, com atuações que vão da aproximação ao distanciamento entre elas, segundo aconselhem as estratégias dessa sorte de "jogo de poder", dependente de suas qualificações sociais e graus de intimidade. O diálogo gira à volta do eixo da pessoa.

No segundo caso, um dos interlocutores dispõe de informações constantes de ações para narrar e de situações para descrever, um tanto independentes da atuação do ouvinte, cuja estimulação se torna desnecessária. Temos aqui a *narração*.

Weinrich (1964/1968) e Benveniste (1966) distinguiram essas duas situações, a que o primeiro denominou "mundo comentado", em que dissertamos sobre ideias, e "mundo narrado", em que mencionamos eventos.

Ele mostrou que na narração predominam verbos de ação conjugados nos tempos do passado, ao passo que no comentário (e no diálogo) predominam os verbos de atribuição, conjugados no presente. Em termos valenciais, os verbos de ação selecionam dois argumentos, o agente e o alvo, ao passo que os verbos de atribuição exigem um só argumento. Esse autor deixou claro que a seleção do tipo de verbo e de suas formas temporais é dada discursivamente, e atende ao tipo de texto que pretendemos produzir. O tempo verbal, portanto, é mais um dado do texto do que da representação cronológica.

A crônica analisada no Quadro 5.5 do capítulo "A conversação e o texto" exemplifica essas duas situações básicas do discurso. Com base nesse e em outros textos, o leitor poderá monitor a seleção dos tempos verbais, em correlação com duas articulações discursivas: o diálogo e a narração.

10.2.3.3. Transitividade e discurso

A transitividade pode também ser vista de um ângulo discursivo. Alguns autores definem a transitividade também como a passagem da informação nova para a velha, o que se dá no quadro da perspectiva informacional da sentença. Exemplos da transitividade assim entendida foram oferecidos em **6.**2 e **7.**2.2.

LEITURAS SOBRE VERBO E DISCURSO
Said Ali Ida (1923), Criado de Val (1948, 1953), Gonzáles Muela (1951), Sten (1952), Mourin (1959), Imbs (1960), Gilman (1961), Weinrich (1964/1968), Halliday (1966-1968), Szertics (1967), Montgomery (1968), Castilho (1978c, 1984c).

10.3. DESCRIÇÃO DOS ESPECIFICADORES

Os exemplos (1) a (8) que abriram este capítulo mostram verbos únicos em formas flexionadas ou finitivas, operando no núcleo do sintagma verbal. De (9) a (12) encontramos dois verbos combinados, sendo o primeiro um verbo em forma finitiva, e o segundo um verbo em forma não finitiva: *ter* + particípio em (9) formando um tempo composto do passado *ser* + particípio em (10) formando a voz passiva perifrástica, *estar* + gerúndio em (11) formando uma perífrase aspectual, e *querer* + infinitivo em (12) constituindo uma perífrase modal. Observe-se que nos sintagmas verbais duplos os dois verbos têm o mesmo sujeito, o que distingue esses exemplos de

(151) *Mandou falar a verdade.*

em que o sujeito de *mandou* é *ele*, e o de *falar* é *você*, donde a paráfrase

(151a) *Ele mandou que você falasse a verdade.*

Em (151) temos, portanto, dois verbos e duas sentenças. Conclui-se que a mera adjacência de dois verbos não constitui um sintagma verbal duplo. Analisando sintagmaticamente o exemplo (152), encontramos a estrutura indicada em (152a):

(152) *Os preços estão subindo pelo país todo.*
    a) $^S[\ ^{SN}[Os\ preços]^{SN}\ ^{SV}[estão\ subindo\ pelo\ país\ todo]^{SV}\ ]^S$

ao passo que (151) tem a estrutura
(151a) $^{S1}[\ ^{SV}[Mandou]^{SV}\ ]^{S1}\ ^{S2}[\ ^{SV}[ø\ falar\ a\ verdade]^{SV}\ ]^{S2}$

Nas notações, S corresponde a sentença, SN corresponde a sintagma nominal, e SV corresponde a sintagma verbal.

10.3.1. O PROBLEMA DA AUXILIARIDADE

Notamos no capítulo "Primeira abordagem da sentença" que os verbos organizam as sentenças. Na seção **10**.2.1.2 deste capítulo, estudamos a gramaticalização dos verbos, que de plenos se tornam funcionais e auxiliares, até sua redução à condição de afixos, fase que precede seu desaparecimento. Essas reflexões são importantes para o estudo do estatuto categorial dos verbos auxiliares. Sobre elas assentam os seguintes testes, que têm sido aplicados para a identificação dos verbos auxiliares (doravante V1): (i) sujeito da expressão; (ii) escopo da negação; (iii) inserção de expressões entre V1 e V2; (iv) alterações do sentido lexical de V1. Os três primeiros testes focalizam a coesividade sintática entre V1 e V2. O quarto opera com argumentos semânticos.

Vejamos como esses testes podem ser aplicados aos seguintes exemplos:

(153) Expressões temporais
    a) **Tenho visto** *o Fulano.*
    b) *O mensageiro* **tinha saído.**
    c) *Ele* **vai comprar** *um livro.*

(153')
    a') *Não tenho visto o Fulano.*
    b') *O mensageiro não tinha saído.*
    c') *Ele não vai comprar o livro.*
    a") *Tenho não visto o Fulano.*
    b") *O mensageiro tinha não saído.*
    c") *Ele vai não comprar um livro.*

(154) Expressões na voz passiva
    a) *As grades da cadeia* **foram serradas** *pelos presos.*
    b) *O mensageiro* **foi desviado** *de seu caminho.*
    a') *As grades da cadeia não foram serradas pelos presos.*
    a") ?*As grades da cadeia foram não serradas pelos presos.*

(155) Expressões modalizadas
    a) **Mandei-o entrar.**
    b) *Os alunos* **querem ter** *suas férias.*
    a') *Não o mandei entrar./Mandei-o não entrar.*
    b') *Os alunos não querem ter suas férias./Os alunos querem não ter suas férias.*

(156)   Expressões aspectuais
    a) *A situação* **está ficando** *muito complicada.* (D2 SP 343)
    b) *Nosso trato* **está sendo** *assim.*

c) *O mensageiro **ia indo**.*
d) ***Começou a andar** direito.*
e) *O asssunto **está encerrado**.*
f) *A frente fria **vem chegando** da Antártida.*
g) *Ele **estava falando** que a topografia da cidade é muito bonita.* (D2 SP 343)
h) *Os preços **estão subindo** pelo país todo.*
a') *A situação não está ficando muito complicada./*A situação está não ficando complicada.*
d') *Não começou a andar direito./Começou a não andar direito.*

1. Sujeito da perífrase

Quando dois verbos ocorrem em adjacência, a seleção de sujeitos diferentes por cada um deles mostra que se trata de dois verbos plenos:

(155a") *Eu **mandei** ele **entrar**.*

Em (155a"), V1 não é auxiliar, nem V2 é auxiliado, logo, o conjunto não organizou uma perífrase.

Já em (153) e em (154), ambos os verbos selecionaram o mesmo sujeito. Logo, V1 é auxiliar, V2 é um verbo pleno auxiliado, e o conjunto formou uma perífrase.

Uma situação intermediária entre o verbo pleno e o verbo auxiliar é aquela em que os dois verbos compartilham o mesmo sujeito, além de outra propriedade comum, por exemplo, quando ambos são verbos de movimento, como em (156c) e (156f), ou ambos são verbos de estado, como em (156a) e (156b), respectivamente. Lobato (1975a) denominou-os "auxiliantes". Os testes abaixo demonstram que nessas sentenças há compartilhamento do mesmo sujeito:

(156a") *A situação está muito complicada./A situação fica muito complicada.*
(156b') *Nosso trato está assim./Nosso trato é assim.*
(156f') *A frente fria vem da Antártida./A frente fria chega da Antártida.*

Quanto convivem um V1 estativo com um V2 de ação em que ambos têm um mesmo sujeito, de novo V1 é um V auxiliar, V2 é um V pleno auxiliado, e o conjunto é uma perífrase. Nesses casos, V1 não organiza a sentença, como se pode constatar por:

(156g) **Ele estava que a topografia da cidade é muito bonita.*

2. Escopo da negação

Se a negação toma por escopo os dois verbos, e não apenas um deles, V1 é um verbo auxiliar, V2 é um verbo pleno auxiliado, e o conjunto se constitui numa perífrase:

(156g') *Ele não **estava falando** que a topografia.../ *ele estava não falando que a topografia...*
(156f") *A frente fria não **vem chegando**.../*A frente fria vem não chegando...*
(156h') *Os preços não estão subindo.../*Os preços estão não subindo...*

O teste do escopo da negação verifica a coesividade sintática entre V1 e V2. Isso mostra que (156a) a (156c) e (156f) a (156h) são perífrases, pois não é possível negar só o segundo verbo. O mesmo não ocorre com (156d), o que mostra que entre as perífrases aspectuais há diferentes graus de gramaticalização.

3. Alterações semânticas do verbo auxiliar

Durante o processo de gramaticalização (melhor se diria semanticização), o vocábulo sofre alterações semânticas. Trabalhos sobre a auxiliarização focalizaram esse fenômeno, investigando se o sentido lexical do V1 foi alterado.

As perífrases documentam casos em que o sentido de V1 foi mantido, juntamente com casos em que o sentido de V1 foi comprometido. No primeiro caso, houve composicionalidade semântica, no segundo, não-composicionalidade.

Vamos comparar (157) com (158):

(157) *Ele vai caminhar até o centro da cidade.*
(158) *Ele vai ficar de pé.*

Em (156), *ir* e *caminhar* são verbos de movimento, houve composicionalidade de sentidos, ou ligação (*linking*). Em (158), o segundo verbo é de estado, não houve composicionalidade de sentido. Vê-se que uma perífrase de futuro assenta em pelo menos dois processos semânticos. Diremos então que em (157) *ir* é um *auxiliante*, ao passo que em (158) ele é um *auxiliar*. Como auxiliar, *ir* ingressou no sistema gramatical da língua, em que atua como um morfema-vocábulo, concorrendo com {re/ra} na indicação do futuro. Por esse modo de ver as coisas, *ser*, *estar*, *ter* e *haver* são auxiliares, ao passo que *ir*, *querer*, *andar*, *começar* e *acabar* são auxiliantes. Os auxiliantes ficam a meio caminho entre o verbo pleno e o verbo auxiliar. Essa não é uma propriedade absoluta dos verbos, pois tudo vai depender da composicionalidade semântica com o verbo adjacente.

Alguns testes permitem avaliar os diferentes graus de esvaziamento semântico do V1, segundo combinemos os verbos do sintagma verbal duplo com alguns complementos e adjuntos semanticamente aparentados:

(159)
    a) *Ele tem um livro.*
    a') *Ele tem um livro só dele.*
    b) *Ele tem lido o livro.*
    b') **Ele tem um livro lido só dele.*
    b") *?Ele tem lido o livro só dele.*
(160) *Ele vai depressa à papelaria.*
    a) **Ele vai depressa ficar de pé.*
    b) *?Ele vai depressa andar.*
(161) *Ele acabou a tarefa agora mesmo.*
    a) **Ele acabou morrendo na miséria agora mesmo.*
    b) **Ele acabou morando na cidade agora mesmo.*

Roca-Pons (1958: 14) mostra que nesse processo de esvaziamento semântico passamos do concreto para o abstrato, como em (159b), em que o sentido de posse contido em (159a) foi alterado para o de posse no passado referida ao presente, vale dizer, para o de um resultativo, obliterando-se o sentido de posse. Em (160), há um sentido de movimento físico que se perde completamente em (160a), substituído por um movimento fictício, próprio da intencionalidade, caso a situação indicasse que, se o referente do sujeito sentencial não correr, não conseguirá lugar para sentar-se. O sentido de desfecho pontual da ação de (161) quase se perde em *acabou morrendo*, como se mostra por (161a), parcialmente neutralizado que foi pelo caráter durativo de *-ndo*. Em (161b), desenvolveu-se o significado conativo de *esforçou-se por morar*, não encontrado em *acabou morrendo*, sinônimo de *morreu*. Aqui, uma combinação das propriedades télicas de *morrer* e atélicas de *morar* com as propriedades de V1 explica os diferentes efeitos de sentido obtidos a partir de perífrases formalmente semelhantes.

Um caso extremo é aquele em que V1 perde totalmente seu sentido original, criando com V2 um significado inteiramente novo, não identificável em seus constituintes. Benveniste (l966: 1-15) e Weinreich (1964/1968) chamaram a atenção para o fenômeno, que exemplifico em Castilho (1968a: 113) com o seguinte caso:

(162) *Pôs-se a falar mal de mim.*

isto é, "começou a falar mal de mim", em que a noção de imperfectividade inceptiva não se inscreve no sentido original dos constituintes.

Os testes que envolvem a combinatória dos verbos com adjuntos e complementos encerram uma grande dificuldade. É que eles acabam por criar novas realidades, frustrando-se o resultado esperado.

Fatal para quem está preocupado em testar sintaticamente as expressões, essas manobras encerram o maior interesse para quem deseja investigar sua composicionalidade semântica. Também aqui se atira no que se vê, acertando-se no que não se vê, como o significado conativo identificado em (161b).

LEITURAS SOBRE AUXILIARIDADE
Roca Pons (1958), Castilho (1967, 1968a), Dietrich (1973), Lobato (1975a), Almeida (1973/1980), Dascal (1982b), Ilari / Mantoanelli (1983).

10.3.2. O ESTATUTO DAS PERÍFRASES

A dificuldade levantada pelo estatuto gramatical das perífrases se reflete nas denominações dadas a esses sintagmas verbais compostos, registrando-se expressões tais como *locução verbal*, *torneio*, *tempo composto*, *formas analíticas*, *conjugação perifrástica*, entre outras.

As primeiras perífrases descritas nas gramáticas foram as dos tempos compostos do passado e da voz passiva "analítica". Esse fato assenta numa intuição correta dos gramáticos: de fato, as perífrases em que a um verbo se segue um particípio são mais gramaticalizadas do que as perífrases de gerúndio e de infinitivo.

Entre outras características, algumas perífrases de particípio correspondem a uma forma simples, como no caso do mais-que-perfeito. Seguiram-se pesquisas sobre as perífrases de infinitivo que expressam tempo (*vou falar*) e modo (*devo/quero/posso falar*) e as perífrases de gerúndio, que expressam aspecto (*estou falando*). Apesar da similitude entre *vou falar* e *falarei*, não surgiu o rótulo "tempo composto do futuro" para *vou falar*.

Lobato (1975a) traz uma extensa discussão a respeito das denominações dadas às perífrases. Ela não vê razão para conservar "a tradição de separar tempo composto de conjugação perifrástica sem se preocupar em verificar se há fundamento para mantê-la". Em lugar de perífrase, ela prefere a denominação "locução verbal".

A percepção do estatuto das perífrases desenvolveu-se lentamente na história da gramática portuguesa. Nesta seção, verificarei como o assunto foi tratado por Fernão de Oliveira (1536/1994/2000), João de Barros (1540/1971), Jeronymo Soares Barbosa (1803/1881), Epiphânio da Silva Dias (1881/1918/1954), Maximino Maciel (1910/1926, 1928/1931), Ernesto Carneiro Ribeiro (1915), Eduardo Carlos Pereira (1915/1933), Manuel Said Ali Ida (1964/1988/2002), Joaquim Mattoso Câmara Jr. (1956/1964/1977), Celso Pedro Luft (1974) e Celso Cunha (1970): veja o Quadro 10.7.

Quadro 10.7 – As perífrases na gramática do português

Forma nominal	Verbo auxiliar	Fernão de Oliveira 1536	João de Barros 1540/1971	Soares Barbosa 1803/1881	Silva Dias 1881	Maximino Maciel 1910/1926, 928/1931	Carneiro Ribeiro 1915	Carlos Pereira 1915/1933	Said Ali Ida 1964/1988/2002	Câmara Jr. 1956/1961/1977	Bechara 1958	Celso Luft 1960	Celso Cunha 1970
Particípio	Ser	-	-	-	-	+	+	+	+	+	+	+	+
Particípio	Estar	-	-	-	-	+	+	+	+	+	+	+	+
Particípio	Ter	+	+	+	-	+	+	+	+	+	+	+	+
Particípio	Haver	+	+	+	-	+	+	+	+	+	+	+	+
Gerúndio	Estar	-	-	+	+	+	-	+	+	+	+	+	+
Gerúndio	Andar	-	-	+	+	+	+	+	+	+	+	+	+
Gerúndio	Ir	-	-	-	+	+	-	+	+	+	-	+	+
Gerúndio	Vir	-	-	-	+	+	-	+	+	+	+	+	+
Gerúndio	Começar	-	-	-	-	+	-	-	-	-	-	-	-
Gerúndio	Ficar	-	-	-	-	+	-	-	-	-	-	-	-
Infinitivo	Ir	-	-	+	+	+	-	-	+	+	+	+	+
Infinitivo	Vir (a, de)	-	-	+	+	+	-	-	+	+	+	+	+
Infinitivo	Ter (de, que)	-	-	+	+	+	-	+	+	+	+	+	+
Infinitivo	Haver (de, que)	-	-	+	+	+	-	+	+	+	+	+	+
Infinitivo	Querer	-	-	-	+	-	-	+	-	+	+	+	+
Infinitivo	Poder	-	-	-	-	+	-	-	+	-	+	+	+
Infinitivo	Começar	-	-	-	-	-	-	-	+	-	-	-	-

O exame desse quadro revela algumas coisas:
1. *Ter* e *haver* + particípio é quase uma unanimidade. Como essa perífrase expressa o tempo passado, conclui-se que o olhar dos gramáticos privilegiou a expressão do tempo sobre a do aspecto e do modo.
2. O quadro também aponta para a desigual representação dos demais verbos auxiliares, que os gramáticos intuíram tratar-se de estruturas em diferentes graus de gramaticalização. De fato, as de modo e aspecto foram registradas posteriormente àquelas.
3. *Estar* + gerúndio, que expressa o aspecto, obteve um ligeiro favorecimento sobre *estar* + particípio, que além do aspecto também expressa a voz passiva.
4. Em suma, a descrição das perífrases de particípio mostrou desde logo uma grande consistência. Seguem-se os demais, com ligeira concentração nas perífrases de gerúndio. De todo modo, nota-se que os gramáticos consideraram mais difícil integrá-las na gramática. A própria terminologia revela as dificuldades do tema, pois há certa unanimidade em considerar que as perífrases de particípio constituem as *formas compostas*, os *tempos compostos*, a *voz passiva perifrástica*.

Como já registrado anteriormente, a terminologia para as perífrases de gerúndio e infinitivo oscila bastante. Barros (1540/1971: 33-36) fala em *rodeios*, Massa (1888), em *circunlóquio*, sobretudo nos casos em que uma preposição separa o V1 do V2. Ribeiro (1915: 355) enumera alguns auxiliares e depois informa que só os considera como tais quando formam as *ditas linguagens compostas*, Maciel (1910/1926: 117-118) avança uma classificação de V1 seguido de infinitivo, quando fala em *verbo promissivo* (como em *havemos de passar*), *obrigativo* (*temos de passar*), *proibitivo* (*deixamos de cantar*), *probativo* (*devemos de partir*) e *hipotético* (*acertamos de chegar*). Melo (1968/1971: 167) diz que é necessário separar as *locuções verbais* dos *tempos compostos*, porque estes "fazem parte da conjugação normal, têm cada qual seu nome dentro da conjugação inteira e nascem das necessidades da expressão mais complexa, em que se busca traduzir o aspecto verbal".

Você já notou que os gramáticos e os linguistas focalizaram a questão dos diferentes graus de gramaticalização das perífrases, comparando-as com as formas simples, possivelmente correspondentes.

Silva Dias (1881/1918/1954: 83) diz que "a combinação do verbo vir com o infinitivo de certos verbos precedidos de *a* tem quase o mesmo valor que esses verbos empregados sós, v. g. 'Isto vem a significar' é quase o mesmo que 'Isto significa'". José Leite de Vasconcelos observou que *fui falar* é o mesmo que *falei*. O que se nota aqui é uma tentativa de expandir a compreensão dos tempos compostos para além das perífrases de particípio. Dietrich (1973) considera que quanto mais gramaticalizada uma perífrase, tanto mais ela "encontrará seu lugar no quadro flexional do verbo, emparelhando-se com a forma simples". Observe-se que aqui o termo "gramaticalização" está sendo usado no sentido de "coesão sintática" de V1 + V2, e não no de "alterações gramaticais de V1".

Também os verbos auxiliares *ir* e *vir* entraram nessas comparações. Alguns gramáticos concluíram que sua combinação com o infinitivo preposicionado por *a* tem quase o mesmo valor que as formas simples correspondentes. Assim,

(163)
    a) *Isto vem a significar que...*
    b) *Fui falar...*
é quase o mesmo que
    a') *Isto significa que...*
    b') *Falei...*

Nessa mesma linha de comparações, podia-se hipotetizar que *estar* + gerúndio se transforma num presente composto no PB. Ilari / Mantoanelli (1983) argumentam contrariamente a isso, apresentando, entre outros, os seguintes argumentos:

a) O presente assume um papel catafórico (= o completamento de seu sentido dá-se através do que se segue), enquanto *estar* + gerúndio refere-se ao que já foi dito, sendo anafórico.

b) O discurso genérico seleciona o presente, e o discurso referencial, como o dos relatórios, selecionaria a perífrase.

Agrego a essas observações que

c) A perífrase indica um estado de coisas simultâneo ao ato de fala, o que nem sempre ocorre com o tempo presente, bastante rico em usos metafóricos (Castilho, 1984b). Entretanto, vindo V1 no imperfeito, a correspondência parece quase perfeita:

(164) *Meu pai **estava morando** em Piracicaba.* (DID SP 208)

parafraseável por

(164a) *Meu pai **morava** em Piracicaba.*

Os resultados dos testes não esclarecem de todo o problema da auxiliaridade – e o leitor pode comprovar isso. Alguns deles permitem a identificação de um auxiliar, enquanto outros testes a que a mesma perífrase é submetida apontam para a identificação de um auxiliante. Os resultados revelam a existência de diferentes graus de gramaticalização dos verbos plenos em sua alteração para verbos auxiliares.

Em que ficamos? Bem, há uma razoável convicção de que são auxiliares os verbos *ser, estar, ter, haver* + particípio; *estar* + gerúndio e *ir* + infinitivo. Já *tornar a, voltar a, querer, dever, começar, continuar* + infinitivo constituem núcleos contíguos de sentenças distintas.

Essas conclusões permitem-nos enumerar os Especificadores do sintagma verbal. Para isso, entenderemos perífrase de modo amplo, reunindo às mais cristalizadas aquelas ainda a caminho de sua gramaticalização.

10.3.3. ESPECIFICADORES DE TEMPO: *TER + DO, IR + R*

10.3.3.1. Perífrases de particípio

(165) Tempos compostos do passado
    a) **Tem-se calado** *desde que tomou pé na situação.*
    b) **Terá/teria se calado** *se conhecesse os detalhes da negociação.*

10.3.3.2. Perífrases de infinitivo

(166) Futuro do presente (a), futuro do pretérito (b), pretérito perfeito (c), futuro iminente (d), conativo (e):
    a) **Vou fazer** *o trabalho amanhã./* **Hei de fazer** *o trabalho amanhã.*
    b) *Disse que* **ia fazer** *o trabalho.*
    c) **Fui falar** *a verdade, me estrepei./* **Veio a falecer** *três dias depois.*
    d) *Ele* **está por/está para/está a ponto de** *perder a cabeça.*
    e) **Chegou a escrever** *a carta./* **Acabou por escrever** *a carta./* **Terminou por escrever** *a carta.*

10.3.4. ESPECIFICADORES DE ASPECTO: *ESTAR + NDO*

10.3.4.1. Perífrases de particípio

(167) Resultativo
   a) ***Está acabado,*** *coitado!*
   b) ***Encontra-se pressionado*** *pelas circunstâncias.*
   c) ***Viu-se encurralado*** *pelos próprios amigos.*
   d) ***Achou-se engrandecido*** *no final de sua carreira.*
   e) ***Permaneceu emudecido*** *o tempo todo.*
   f) ***Manteve-se calado.***

10.3.4.2. Perífrases de infinitivo

(168) Imperfectivo inceptivo: ***Principiar a/ começar a/ passar a/ pôr-se a/ desatar a/ dar a, para, em/ cair a/ deitar a/ romper a/ entrar a/ pegar a/ despejar a/ desandar a falar*** *da vida.*
(169) Imperfectivo cursivo: ***Ficar a/ deixar a/ continuar a/ passar a falar*** *da vida.*
(170) Imperfectivo terminativo: ***Acabar por/ terminar por/ cessar de/ deixar de/ vir de falar*** *a verdade.*
(171) Iterativo: ***Habituar-se a/ acostumar a/ andar a/ viver a falar*** *mal da vizinhança.*

10.3.4.3. Perífrases de gerúndio

(172) Imperfectivo inceptivo: ***Principiou/ começou gaguejando,*** *pois não tinha muita certeza.*
(173) Imperfectivo cursivo: ***Ir/ estar/ vir/ ficar/ deixar/ continuar falando*** *a verdade.*
(174) Imperfectivo terminativo: ***Terminar/ acabar falando*** *a verdade.*
(175) Iterativo: ***Viver/ andar caindo*** *de bêbado.*

10.3.5. ESPECIFICADORES DE MODO: *DEVER, QUERER, PODER + R*

10.3.5.1. Perífrases de infinitivo

(176) Certeza: ***Saber falar*** *em público.*
(177) Incerteza: ***Poder/ propor-se a/ dispor-se a/ tentar falar*** *em público.*
(178) Volição, opção, obrigação, ordem, conação: ***Querer/pretender/precisar/desejar/dever/ haver de/ter de, que/poder/buscar/ esforçar-se por falar*** *em público.*

10.3.6. ESPECIFICADORES DE VOZ

10.3.6.1. Perífrases de particípio

(179) *A notícia **foi difundida** pela estação de rádio.*

LEITURAS SOBRE AS PERÍFRASES
Mota (1937: 42-43), Schneer (1954), Roca Pons (1958), Kloppel (1960), Castilho (1968a), Almeida (1973/1980), Pontes (1973), Lobato (1975a).

10.4. DESCRIÇÃO DOS COMPLEMENTADORES

Os complementadores do sintagma verbal atuam como argumentos internos da sentença, já descritos no capítulo "Estrutura funcional da sentença".

O SINTAGMA NOMINAL

ESTRUTURA DO SINTAGMA NOMINAL

Retomando a fórmula apresentada em **1.**1.3.5, obtém-se a seguinte regra descritiva do sintagma nominal (= SN):

SN → (Especificadores) + Núcleo + (Complementadores)

Segundo esta regra, o sintagma nominal é uma construção sintática que tem por núcleo um substantivo ou um pronome, o primeiro uma classe basicamente designadora, e o segundo uma classe dêitica/fórica/substituidora.

Sejam os seguintes exemplos:

(1)
- a) [*Fogo*] *queima.* [*Isso*] *dói pra caramba.*
- b) [*Este menino*] *exige* [*tudo*], [*aquele Ø*] *já não quer nada.*
- c) *Ainda bem que* [*as encomendas*] *chegaram* [*todas*].
- d) [*A opinião pública*] *tem presenciado* [*acontecimentos verdadeiramente lamentáveis*]. *Numa sequência estonteante,* [*ex-ministros*], [*ministros*] *e* [*autoridades diversas*] *veem-se envolvidos em denúncias de corrupção. Como se* [*uma reação à seriedade administrativa*] *tivesse sido detonada.*
- e) [*Ninguém*] *pode ter* [*saudades dos tempos em que as irregularidades*] *eram abafadas,* [*os corruptos*], *encobertos, e* [*os cofres públicos*], *franqueados a aproveitadores.*
- f) [*Nada*] *pode explicar* [*a condução espalhafatosa dada ao caso Magri*]. (excertos do editorial "Jogo perigoso", *Folha de S.Paulo*, 22 mar. 1992)
- g) [*Quem*] *disse que* [*ele*] *viria?*
- h) [*Gente que se respeita*] *não sai por aí falando alto.*

Nas expressões, os sintagmas nominais foram negritados e representados entre colchetes. Observando os substantivos e os pronomes aí contidos, nota-se o seguinte:

(i) Os substantivos *fogo* e *ministros* de (1a) e (1d) apresentam-se sozinhos, sem outras palavras à sua esquerda ou à sua direita. O mesmo se observa nos pronomes *isso* de (1a), *tudo* de (1b), *todas* de (1c), *ninguém* de (1e), *nada* de (1f), *quem* e *ele* de (1g).

(ii) Em (1b) e (1c), os substantivos *menino* e *encomendas* aparecem com palavras à sua esquerda, respectivamente **este** *menino* e **as** *encomendas*.

(iii) Em (1d) e (1h), *acontecimentos*, *autoridades* e *gente* nada mostram à sua esquerda, mas sua margem direita vêm preenchida, respectivamente, por *verdadeiramente lamentáveis*, *diversas* e a sentença relativa *que se respeita*.

(iv) Em (1d), *opinião* e *reação* e, em (1e), *cofres* exibem palavras à sua esquerda e à sua direita: *a opinião pública, uma reação à seriedade administrativa, os cofres públicos*.

(v) Finalmente, em (1b) há um substantivo que não foi preenchido, tendo-se assinalado seu lugar de figuração com o símbolo Ø, de categoria vazia. O contexto sentencial mostra que Ø = *menino*.

Essa rápida análise mostra que o *sintagma nominal* é uma estrutura cujo núcleo vem preenchido pelo substantivo e por alguns pronomes, tendo por Especificador o artigo e os pronomes, e por Complementadores os sintagmas adjetivais e preposicionais.

Vamos verificar agora se a regra descritiva se mantém. Organize um *corpus*, selecionando recortes de língua, estude o comportamento sintático dos substantivos e dos pronomes aí identificados e finalize organizando uma lista de sintagmas nominais. Na segunda parte da receita, separe os constituintes dos sintagmas nominais, indiciando-os como indicado a seguir. Pronto? Agora, relacione as classes de palavras que funcionam à esquerda do núcleo, como Especificadores, e as que funcionam à sua direita, como Complementadores.

Seu trabalho será facilitado se você inserir uma sigla à esquerda de cada constituinte, designando-o, e dispondo entre colchetes a expressão analisada. Veja na Introdução desta gramática a lista das siglas habitualmente utilizadas na descrição linguística. Nas fronteiras inicial e final do sintagma nominal, repita os colchetes usados na análise; contando-os, você saberá de quantos constituintes foi formado o sintagma nominal analisado. Nos exemplos a seguir, o primeiro e o sexto sintagmas nominais de (1d) têm três constituintes, e o de (1h) tem dois constituintes:

(1d') $^{SN}[[[\ ^{Esp/Art}[a]\ ^{Núcleo/Sub}[\textbf{\textit{opinião}}]\ ^{Comp/SAdj}[pública]]]^{SN}$
$^{SN}[[[\ ^{Esp/Art}[uma]\ ^{Núcleo/Sub}[\textbf{\textit{reação}}]\ ^{Comp/SP}[à\ seriedade\ administrativa]]]^{SN}$
(1h') $^{SN}[[\ ^{Núcleo/Sub}[\textbf{\textit{gente}}]\ ^{Comp/Srel}[que\ se\ respeita]]^{SN}$

Acabou o exercício? Observe agora seus achados e descreva-os. Seus resultados serão provavelmente os seguintes:

1. Os Especificadores compreendem (i) artigos; (ii) demonstrativos; (iii) possessivos; (iv) quantificadores; (v) expressões qualitativas do tipo *o estúpido do*, *a porcaria do* etc.; e (vi) delimitadores descritos por Moraes de Castilho (1991) e Lima-Hernandes (2005a), tais como:

(2)
    a) *Comprei [uma espécie de **boneca**]*.
    b) *Isso aqui é [um tipo de **macarrão**]*.

Deve ter-se em conta que o termo *Especificadores* é um rótulo de caráter sintático, que designa um constituinte sintagmático e sentencial, qualquer que seja sua interpretação semântica. Assim, haverá Especificadores semanticamente determinados e Especificadores semanticamente indeterminados, matéria examinada mais além.

2. O núcleo, como já se disse, compreende os substantivos e os pronomes (i) pessoais; (ii) neutros; (iii) pronomes adverbiais.

3. Os Complementadores compreendem (i) os sintagmas adjetivais, que funcionam como adjunto adnominal (*a opinião [pública]*, *acontecimentos verdadeiramente [lamentáveis]* etc.); (ii) os

sintagmas preposicionais, que funcionam como complementos nominais (*uma reação* [*à seriedade administrativa*], *saudades* [*dos tempos*] etc.); e (iii) as sentenças relativas (*gente* [*que se respeita*]). Terminamos tudo? Calma, ainda faltam alguns ingredientes para o nosso bolo.

Observando-se os constituintes dos sintagmas nominais, será possível agora identificar sua tipologia sintática. Nenhum mistério a esse respeito. Temos desde um sintagma pelado até um sintagma nominal todo enfatiotado. As seguintes estruturas (E) podem ser identificadas a partir de várias análises:

1. E1: sintagma nominal simples, ou pelado, para os íntimos, composto apenas pelo núcleo nominal ou pronominal: *fogo* em (1a), *tudo* em (1b), e assim por diante.
2. E2: sintagma nominal composto pelo Especificador + núcleo: *este menino, aquele* Ø em (1b) etc. Ué, mas podemos contar Ø como um constituinte? Ih, cara, parece que você precisará reler as seções **1.1.2.** e **1.1.3**! Para uma generalização, veja **1.2.2.6.3**.
3. E3: sintagma nominal composto por núcleo + Complementatador: *acontecimentos verdadeiramente lamentáveis, autoridades diversas* em (1d).
4. E4: sintagma nominal máximo, em que seus três constituintes foram preenchidos: *os cofres públicos* em (1e) etc.

Para que essa classificação? Porque vimos no capítulo "Estrutura funcional da sentença" que há uma correlação entre os argumentos nominais das sentenças e a estrutura dos sintagmas nominais que desempenham essas funções. De todo modo, o nosso bolo ficou pronto. Bem, pode ser que ao longo de seu exercício outras perguntas foram surgindo. É sempre assim. Talvez o bolo esteja precisando de um recheio, ou de uma cobertura, sei lá. Você dirá.

Os constituintes assim descritos oferecem um bom roteiro para a descrição sistemática do sintagma nominal, como segue: (1) o núcleo do sintagma nominal: substantivos e pronomes, (2) os Especificadores do sintagma nominal, (3) os Complementadores do sintagma nominal. Vamos lá, mas antes não deixe de ler Perini et al. (1998) e Camacho / Hattnher / Gonçalves (2008).

11.1. ESTATUTO CATEGORIAL DO SUBSTANTIVO

Substantivos e adjetivos eram reunidos na tradição gramatical sob a designação *nome*, ainda hoje mantida em *sintagma nominal*. *Substantivo* significa literalmente "o que está debaixo, na base", e é a tradução latina do grego *hypokéimenon*. Com este termo, os gramáticos gregos aparentemente desejavam dizer que os substantivos são o fundamento do texto, pois não se pode construir um texto sem utilizar essa classe.

O substantivo e o verbo constituem as categorias sintáticas de base, sem as quais não se constrói uma sentença. Já a *Gramática* de João de Barros o reconhecia: "E como pera o jogo de enxedrez se requerem dous reies [...] assi todalas linguagens tem dois reis, diferentes em gênero, e concordes em ofício: a um chamam Nome e ao outro Verbo" Barros (1540/1971: 293).

Substantivo e adjetivo compartilham um grande número de traços mórficos. Eis alguns deles:

(1) Ambos têm a mesma morfologia, compartilhando vogais temáticas: {-o}, como em *banco, branco*, {-e/consoante}, como em *dente, grande/giz, feliz* (Câmara Jr., 1970: 77).

(2) Ambos têm os mesmos processos de flexão de gênero e de número: *menino/menina, branco/branca, meninos/meninas, brancos/brancas*.

(3) Ambos apresentam casos de homonímia*, como nestes exemplos de Cunha / Cintra (1985: 239):
(3)
    a)   *Uma preta **velha** vendia laranjas.*
    b)   *Uma velha **preta** vendia laranjas.*

em que se toma *preta* como substantivo em (3a), postulando-o como o núcleo do sintagma nominal [*uma preta velha*], e por adjetivo em (3b), postulando-o como Complementador do mesmo sintagma nominal. Assim, os traços morfológicos são insuficientes para distinguir substantivo de adjetivo, havendo necessidade de lançar-se mão de "um critério basicamente sintático, funcional" para obter algum resultado aceitável (Cunha / Cintra, 1985: 239).

Os vocábulos negritados em (3a) e (3b) são classificados nos dicionários simultaneamente como substantivos e como adjetivos, aparecendo numa única entrada lexical, como assinala Casteleiro (1981: 66). Esse autor agrega outros exemplos: (i) itens morfologicamente primitivos, como os de (3a) e (3b), a que ele agrega *amigo*; (ii) itens derivados em *-dor* (*caçador, demolidor, destruidor, impostor, instrutor*), em *-ada* (*maçada, perturbada*), em *-ário/-eiro* (*sectário, tarefeiro*), em *-ente* (*valente*).

Um item como *amigo* é ambíguo, e por isso deve entrar no vocabulário como *amigo*[1] e *amigo*[2]. Em

(4)   *O Júlio é **amigo** da família.*

ele será um adjetivo se for interpretado como

(4a)   *O Júlio gosta da família.*

e como substantivo se for interpretado como

(4b) *O Júlio é um amigo (entre vários) da família.*

O mesmo Casteleiro ensina que determinados contextos podem desambiguizar (4). Se ocorrer um infinitivo como complemento de *amigo*, em

(4c)   *O Júlio é amigo de ler.*

trata-se de adjetivo, pois pode ser graduado:

(4c') *O Júlio é muito amigo de ler.*

Mas se ocorrer um sintagma preposicionado de valor adverbial como Complementador, como em

(5)   *O Júlio é (um) amigo de longa data.*

trata-se de substantivo, pois não pode ser graduado:

(5a) **O Júlio é muito amigo de longa data.*

Um complemento nominal mantém a ambiguidade:

(5b) *O Júlio é (um) amigo da família/das árvores.*

pois tanto se pode usar com o Especificador (*determinante*, na terminologia do autor) como se pode graduar:

(5c) *O Júlio é muito amigo da família.*

(4) Especificado pelo artigo, o adjetivo (como qualquer outra palavra) pode funcionar como núcleo do sintagma nominal, nominalizando-se, como se vê nestes exemplos de Cunha / Cintra (1985):

(6)
    a) *O céu cinzento indica chuva.*
    b) *O cinzento do céu indica chuva.*

em que *cinzento* é adjetivo em (6a) e substantivo em (6b).

Os seguintes processos ocorrem na *gramaticalização* dos substantivos:

1. Verbos dão origem a substantivos, como os infinitivos *(comer é bom)*, os particípios (em expressões nas quais se apagou o nome, como *collecta pecunia* > *coleta*, *promessa* etc.), gerundivos no plural neutro (*fazenda, legenda* > *lenda*).

2. Verbos dão origem a substantivos via nominalização (veja **11.2.1.3**).

3. Adjetivos se recategorizam como substantivos (*canis gallicus*, "cão das Gálias" > *galgo*; *tempus hibernus*, "tempo de inverno" > *inverno*).

Os exemplos anteriores mostram que a gramaticalização dos substantivos decorre dos seguintes movimentos, também conhecidos como *nominalização*: *verbo* > *substantivo*, ou *adjetivo* > *substantivo*.

11.2. DESCRIÇÃO DO NÚCLEO NOMINAL

11.2.1. SINTAXE DO SUBSTANTIVO

11.2.1.1. Funções sentenciais do substantivo

Este tema foi discutido no capítulo "Estrutura funcional da sentença".

11.2.1.2. Substantivos e transitividade

Propus em **6.**4, o princípio de projeção, cujo funcionamento se pode documentar em verbos, substantivos, adjetivos, advérbios e preposições. Vamos examinar nesta seção como esse princípio atua entre os substantivos.

Retornando aos exemplos (1a) a (1h), constata-se que *fogo, menino, encomendas, ministros, autoridades* e *cofre* são substantivos intransitivos, não argumentais. Ao ouvir uma dessas palavras, entendemos logo seu sentido, sem a necessidade de maiores informações – e é por isso que elas foram batizadas de categoremáticas*. Parece haver uma correlação entre substantivos concretos e intransitividade.

Já em (1d), ao substantivo *opinião* poderia seguir-se um sintagma preposicional, como *de todos*. Em (1e), *saudades* veio acompanhado do sintagma preposicional *dos tempos*. Ao ouvir ou ler uma dessas palavras, precisaremos de informações complementares – elas são sincategoremáticas*, ou seja, seu sentido não tem autonomia. Esses substantivos são transitivos, ou argumentais. Assim, em (1f), poderíamos ter tido *condução dos negócios*.

Há uma correlação entre substantivos abstratos e substantivos deverbais e transitividade. Os deverbais, como o termo indica, derivam de verbos: *opinião* deriva de *opinar, condução* deriva de *conduzir*.

É preciso ter em conta que, a rigor, um substantivo transitivo seleciona uma preposição, e esta – como núcleo predicador – seleciona por sua vez um complemento, como veremos no capítulo "O sintagma preposicional". Por ora, vejamos mais de perto como se criam os deverbais. Esse processo é conhecido como nominalização*.

11.2.1.3. Nominalização

Nominalização é a transformação de determinadas classes em substantivos e em adjetivos. A nominalização é uma das caras da gramaticalização*.

Os substantivos que resultaram da nominalização de verbos documentam os seguintes processos, sendo de se notar que o mesmo ocorre com os advérbios (veja **13.**2.1.2):

(1) Apagamento do morfema de infinitivo e adição das vogais temáticas nominais. Said Ali Ida (2001) descreveu este processo, ordenando os deverbais segundo seu gênero: (i) masculinos em *-o*: *amparo, arranjo, bloqueio, choro* etc.; (ii) masculinos em *-e*: *combate, corte, embarque, levante* etc.; (iii) femininos em *-a*: *apanha, disputa, escolha, perda* etc.; (iv) masculinos e femininos: *pago/paga* etc.

(2) Apagamento do morfema de infinitivo e adição de sufixos derivacionais que denotam

- (i) ação ou resultado: *-ada* (chegar → chegada); *-ança* (vingar → vingança); *-ância* (tolerar → tolerância); *-ença* (crer → crença); *-ência* (concorrer → concorrência);
- (ii) agente ou instrumento da ação: *-ante* (estudar → estudante); *-ente* (combater → combatente); *-inte* (pedir → pedinte), *-(d)or/-(t)or/-(s)or*: (jogar → jogador, interromper → interruptor, agredir → agressor);

(iii) lugar ou instrumento de ação: *-douro/-tório* (*beber* → *bebedouro*; *vomitar* → *vomitório*);
(iv) resultado da ação: *-(d)ura/-(t)ura/-(s)ura* (*atar* → *atadura*, *formar* → *formatura*, *clausurar* → *clausura*);
(v) ação, resultado ou instrumento da ação: *-mento/-ção* (*acolher* → *acolhimento*, *falar* → *falação*, *armar* → *armamento*). É importante observar nessa listagem que os sufixos derivacionais não são vazios de sentido.

(3) Toda uma sentença subordinada pode ser transformada em substantivo, graças às derivações anteriores: isso ocorre com uma substantiva, como em (7a), ou com uma relativa, como em (7b), mantidos os mesmos processos derivacionais:

(7)
a) *Previmos **que a tempestade chegaria**.* → *Previmos a **chegada da tempestade**.*
b) *O maestro **que dirigia a orquestra** foi aplaudido.* → *O maestro **dirigente da orquestra** foi aplaudido.*

Outras classes gramaticais podem ser nominalizadas mediante a anteposição do artigo, conformando-se à morfologia dos substantivos:

(8)
a) *Tenho de ficar pagando minhas culpas **no sozinho**.* (= na solidão)
b) *Deixarei esse problema para **o depois**. Afinal, **os meus antes** e **os meus depois** já não são poucos mesmo!*
c) *Vamos chegar logo aos **finalmentes**, sem enrolação.* (como advérbio, *finalmente* não tem plural)

Será que os substantivos deverbais preservam as mesmas propriedades dos verbos de que derivam? Para responder a essa pergunta, vejamos que propriedades são exibidas pelos produtos que resultam dos processos de nominalização.

Os substantivos deverbais conservam o esquema de transitividade dos verbos de que derivam. Na seção **10**.2.1.1, foram estudadas as propriedades argumentais dos verbos. Descartados os não argumentais, vejamos como as demais classes se nominalizam:

(9) Nominalização de verbos
(i) Verbos monoargumentais produzem substantivos monoargumentais:
Atributivos, existenciais: *ser* → *essência*, *ter* → *tenência*, *existir* → *existência*, *aparecer* → *aparecimento*. Compare *a galinha é X* → *a essência da galinha*. *Fulano existe* → *a existência de Fulano* etc.
(ii) Verbos biargumentais produzem substantivos biargumentais:
Transitivos diretos: *descobrir* → *descoberta / descobrimento*, *afirmar* → *afirmação*, *pegar* → *pegador*, *subir* → *subida*, *descer* → *descida*, *pertencer* → *pertença / pertinência*, *fazer* → *fatura / fazimento*. Compare *Cabral descobriu o Brasil* → *a descoberta do Brasil por Cabral*. *Eu afirmei que não ia dar certo*. → *minha afirmação de que não ia dar certo*, etc.
Transitivos oblíquos: *estar* → *estância/estadia*, *ir* → *ida*, *vir* → *vinda*, *precisar* → *precisão*, *chegar* → *chegada*. Compare: *Eu estive em Cumaná* → *minha estadia em Cumaná. O homem foi à lua* → *a ida do homem à lua*.
(iii) Verbos triargumentais produzem substantivos triargumentais:
Doar → *doação*, *passar* → *passação*, *colocar* → *colocação*, *convidar* → *convite*, *escrever* → *escritura/escrevente*. Compare: *O governo doou terras aos lavradores* → *a doação de terras aos lavradores pelo governo* etc.

A frequência de uso dos substantivos deverbais oscila bastante: alguns se arcaizaram (*tenência*), outros se especializaram (*fatura*, *pertença*). Alguns verbos dão origem a substantivos e a adjetivos, outros só a substantivos.

Camacho (2009: 157) mostrou que 52% das expressões nominalizadas exercem funções argumentais, e o restante funciona como adjunto.

11.2.1.4. Estrutura argumental dos substantivos

Concentrando a atenção na estrutura argumental dos substantivos, comecemos por construir sintagmas nominais cujo núcleo seja preenchido por substantivos deverbais:
(10) Substantivos deverbais
 (i) Monoargumentais
    a) **aparecimento** *de Fulano*
    b) **essência** *da galinha*
    c) **consulta** *bibliográfica*
    d) **pesquisa** *científica*

Observe-se que os complementos nominais de *consulta* e *pesquisa* são adjetivos que apresentam o sufixo *-ica*. Ao serem parafraseados, torna-se clara sua relação argumental com o substantivo: *consulta à bibliografia, pesquisa da ciência*.
 (ii) Biargumentais
    a) *alguém* **estudioso** *do movimento*
    b) **diminuição** *das taxas pela prefeitura*
    c) *algum* **indicador** *da crise*
    d) **reação** *à seriedade administrativa pelos eleitores*
    e) **eleição** *presidencial pela comunidade*
 (iii) Triargumentais
    a) **doação** *dos livros aos alunos pelos professsores*
    b) **aquisição** *de livros das editoras pela bibliotecária*

As três classes de verbos serão mantidas após sua nominalização, mesmo que o sujeito seja elidido – processo que ocorre também com os verbos. Note que os complementos nominais são sempre preposicionados. Ora, apenas os verbos biargumentais oblíquos e os triargumentais exigem uma preposição. E agora, como explicar esse comportamento dos deverbais?

Para explicar por que eles selecionam uma preposição, precisaremos atribuir um papel sintático aos sufixos derivacionais *-oso*, *-ção*, *-dor*, que funcionariam como núcleos de estruturação. Assim, esses sufixos selecionam em (10) a preposição *de*, e esta os argumentos *movimento, taxas, crise* etc., constituindo um sintagma preposicionado.

Você poderá achar estranho identificar relações gramaticais entre morfemas de um lado e funções sintáticas de outro. Mas observe que a morfologia não é inimiga da sintaxe, e mesmo muita gente prefere casá-las para sempre, sob a denominação de *morfossintaxe*. Estruturas lexicais e estruturas sintáticas são manifestações diferentes do mesmo impulso criativo. Frequentemente divorciamos os dois só para descrevê-los mais sossegadamente. Feito isso, anulamos o divórcio e restabelecemos a paz conjugal. Lembre-se, por exemplo, que ao definir gramaticalmente as sentenças, vimos o papel desempenhado pelos morfemas flexionais do verbo na seleção do sujeito, tanto quanto de seu morfema radical na seleção dos argumentos internos. A história está se repetindo na residência dos substantivos deverbais.

Quanto à exigência categórica de uma preposição para introduzir o argumento nominal, precisaremos reconhecer que as preposições selecionam argumentos, tanto quanto os verbos. Portanto, repetindo o que foi dito anteriormente, verbos, adjetivos e advérbios selecionam preposições, e estas selecionam seu argumento, num processo gramatical recorrente responsável pela felicidade que reina na terra. Coincidindo nesse processo, é verdade que há uma diferença entre essas classes, reconhecida no seguinte diálogo:

Preposição – *E aí, verbinho, virou substantivo, hein?*
Verbo – *Pois é, dona preposição, veja o que foi me acontecer!*
Preposição – *Só tem um probleminha: quando eu apareço, imponho regras próprias para a seleção dos argumentos. É uma regra única, você vai entender fácil, fácil: onde há um substantivo deverbal, ali haverá uma preposição, e onde há uma preposição, ali haverá seu argumento. Para impor respeito, vou dizer isso em latim macarrônico: ubi nominis constructio, ibi praepositio, sicut ubi praepositio, ibi complementum. ("onde houver uma construção nominal, aí haverá uma preposição, assim como onde houver uma preposição, aí haverá um complemento"). Já você...*

O verbo retirou-se furioso com sua instabilidade psicológica, por selecionar ora argumentos preposicionados, ora argumentos não preposicionados. Dizem por aí que entrou em depressão. Depressão gramatical. Para sossegá-lo, outras classes logo acorreram:

– *Liga não, tonto! Afinal, os deverbais não ultrapassam você no quesito "número de argumentos". Vocês dois podem ser mono, bi ou triargumentais. E, ainda por cima, a frequência de uso dos dois é muito parecida: 20% de monoargumentais, 20% de triargumentais e 60% de biargumentais, em média. O jogo está empatado! E tem mais: você organiza as sentenças, enquanto os deverbais mostram a cara maiormente como argumentos de você mesmo, seu Verbão! E trate de sarar logo! Se você morrer, teremos de sobreviver à custa das minissentenças, aquelas criaturinhas telegráficas que o dispensaram!*

Parece que, com isso, o verbo diminuiu sua dose de antidepressivos.

Outro ponto em que o jogo está empatado, é que tanto os verbos como os substantivos deverbais gostam de esconder seus argumentos. *Esconder?* Que digo eu? *Elidir*, que é mais chique e menos comprometedor. Veja como os substantivos deverbais elidem seus argumentos:

(11)
    a) *O réu fez a mesma **afirmação** Ø.*
    b) *A lavoura teve uma grande **perda** Ø.*
    c) *O prefeito não esboçou a menor **reação** Ø.*

Em alguns estudos se mostrou que 70% dos deverbais elidem seus argumentos, com ênfase maior entre os triargumentais. Ou seja, quanto maior a estrutura argumental, tanto mais tesoura nela!

Também o aspecto verbal é preservado nas nominalizações. Assim, temos substantivos imperfectivos em

(12) *acusação, adoração, agrado, busca* etc.

e substantivos perfectivos em

(13) *alarme, adoção, ameaça, aquisição, ataque* etc.

Esses substantivos remetem a referentes que duram, como em (12), e a referentes pontuais, como em (13).

Nessa mesma linha de raciocínio, há substantivos deverbais que remetem à operação e ao resultado, como em

(14) *A **construção** do prédio está demorando.*

em que *construção* é o ato de construir, a operação, distinguindo-se de

(15) *A **construção** era imponente e luxuosa.*

em que o substantivo *construção* remete à coisa já construída, o prédio que resultou de se construir. McCawley (1976) registrou as alterações na representação semântica desse deverbal.

11.2.1.5. Colocação dos constituintes do sintagma nominal

Ao longo deste capítulo, estudaremos a colocação dos constituintes do sintagma nominal. De imediato, constata-se que dois deles obedecem a uma regra categórica de colocação: o artigo é sempre pré-nuclear (cf. *o menino*, **menino o*), e a sentença relativa é sentença sempre pós-nuclear (cf. *gente que se respeita*, **que se respeita gente*).

Todos os demais Especificadores e Complementadores exemplificam regras variáveis de colocação, que serão referidas passo a passo neste capítulo.

11.2.1.6. Concordância nominal

Tratamos da concordância em **6**.4.3 e em **10**.2.1.4. Nesta seção, vamos encarar o que vem rolando a esse respeito no interior do sintagma nominal.

Tem-se dito que a concordância no PB tende a uma enorme simplificação, se não mesmo ao desaparecimento. Scherre (1988, 1996) tem mostrado um quadro diferente, em seus estudos sobre a concordância nominal. Vê-se ali que as regras de concordância na modalidade popular do PB são altamente sofisticadas.

Ela descobriu isso combinando habilmente três variáveis: (i) classe gramatical; (ii) posição dessa classe no interior do sintagma nominal; e (iii) ocorrência eventual de marcas precedentes de plural. Dispensando aos dados um tratamento estatístico rigoroso, Scherre notou o seguinte:

(1) As classes se distinguem em sua marcação do plural. Marcam mais (i) aquelas que funcionam como Especificadores do sintagma nominal, sobretudo o artigo, o demonstrativo e os pronomes indefinidos; e (ii) aquelas que distinguem mais salientemente o singular do plural, como em *lugar – lugares*. Em formas como esta, o plural tem uma sílaba a mais que a do singular. Marcam menos os substantivos no diminutivo (como em *aqueles cabelim branquim*) e os adjetivos, salvo quando na segunda posição.

(2) A posição da classe no interior do sintagma nominal mostrou ser um fator importante, nesta e em outras pesquisas. A classe disposta na primeira posição recebe a marca de plural, como em *as menina pequena*, o que reforça uma característica geral do PB, a da marcação gramatical pré-núcleo. Dito de outro modo, as classes antepostas ao núcleo recebem as marcas da pluralidade.

(3) Mas a descoberta mais interessante foi assim formulada: marcas no item anterior levam a marcas no item seguinte, ausência de marca no item anterior leva à ausência de marca no item seguinte. Em *milhares de coisas*, a marcação de *milhares* levou à marcação de *coisas*. Inversamente, em *umas porçãoØ de coisaØ*, a ausência de marcação em *porção* levou à sua ausência em *coisa*.

Não pense que esta descoberta se limita à concordância nominal: já vimos isso em **10**.2.1.4.

A descoberta formulada em (3) desafiou as explicações segundo as quais a língua tende a eliminar a redundância da marcação. Por que tanto {-s} se espalhando ao longo do sintagma nominal, como em *os livros antigos*? Economia, pessoal! Basta dizer *os livro antigo*, como no francês *les vieux livres* (em que os morfemas de plural não soam na língua falada), e todo mundo se entende!

Scherre descobriu que na verdade ninguém está economizando nada, apenas está distribuindo as marcas segundo um mecanismo de gatilho. Atirado o primeiro {-s}, outros virão, sem nenhum senso de economia. Mas se a garrucha emperra, nada de tiro, nada de {-s} se sucedendo por aí.

Seria preciso situar cognitivamente esse comportamento. Proponho que o dispositivo sociocognitivo mencionado no capítulo "O que se entende por língua e por gramática" está por trás dessas marcas que saem do cano da arma ou que ficam lá dentro. Num caso, tivemos a ativação do processo de marcação. Mas como a língua não se guia por um impulso único, em outras situações tivemos a desativação desse processo, reativando-o logo adiante. Com ativações, reativações e desativações, vamos tocando a complexidade habitual das línguas. Parece inútil apontar para um rumo único.

11.2.2. SEMÂNTICA DO SUBSTANTIVO

11.2.2.1. Substantivo e teoria da referência. Substantivo e espaços mentais

Fizemos na seção **2.2.2.2** uma apresentação da teoria da referência, ou teoria da designação. Gilles Fauconnier levanta várias questões muito interessantes sobre o tema, no âmbito de sua teoria dos espaços mentais, que ele vem formulando desde 1984.

De acordo com essa teoria, o domínio da semântica não é diretamente o da referenciação e o das condições de verdade, e sim o da estruturação dos espaços mentais (Fauconnier, 1984/1985, 1996; Fauconnier / Sweetser, eds. 1996; Fauconnier / Turner, 1996, 1998, 2002).

Essa teoria passou por três momentos, aqui sumarizados.

(1) Conceito de espaços mentais

Rejeitando a explicação clássica segundo a qual as "ideias", os "sentidos", os "conteúdos" são codificados nas palavras, nas sentenças e no discurso, Fauconnier argumenta que os significados podem ser descritos como a construção mental permanente de espaços, de elementos, de papéis e de relações no interior desses espaços, a partir de índices gramaticais e pragmáticos. Falar é engajar-se nessa construção, é estabelecer analogias, operando com esquemas conceituais, modelos cognitivos idealizados, cenários, *scripts* e papéis estereotipados "que servem de fundação necessária à construção dos espaços" (Fauconnier, 1984/1985: 10). As estruturas gramaticais fornecem indícios sobre a construção desses espaços, o que permite uma primeira definição dos espaços mentais: trata-se de percepções evocadas diretamente por uma expressão linguística ou por uma situação pragmática. A passagem do espaço verbalizado para o espaço evocado é assegurada pelos conectores pragmáticos. Assim, uma palavra como *escritor* (domínio da expressão) evoca logo a noção de *livros* (domínio da evocação, pragmaticamente sustentado), o que dá lugar a sentenças do tipo:

(16) *Platão está na prateleira da esquerda.*

isto é

(16a) *Os livros escritos por Platão estão na prateleira da esquerda.*

Uma representação gráfica do que se passou poderia ser a seguinte:

$$A \text{-----------------} F \text{----------------} B$$

em que A é o gatilho (espaço mental evocado pela expressão verbal) que dispara para um alvo B (espaço mental novo, inferido a partir de A), graças à mediação do conector pragmático F (nosso conhecimento do mundo). Nesse modelo, as entidades A, F e B são localizadas numa "situação genérica", expressão que Fauconnier viria a substituir mais tarde por "espaço genérico". Os conectores pragmáticos fazem parte dos "modelos cognitivos idealizados" que tinham sido propostos por Fillmore (1968).

Outros exemplos de construção de espaços mentais ocorrem em exemplos do tipo:

(17)
 a) Num restaurante: *A omelete foi embora sem pagar a conta.* "Omelete" é conectado pragmaticamente a "cliente".
 b) Num laboratório de análises clínicas: *Eu sou fezes, e você? Eu sou urina.* Sem comentários.
 c) *Lisa sorri na foto, embora ela estivesse deprimida há vários meses.* A Lisa da foto não estava deprimida quando foi fotografada.

Quer dizer que os espaços mentais são distintos das estruturas ou expressões linguísticas, pois "[são] construídos em cada discurso de acordo com as indicações fornecidas pelas expressões linguísticas". Portanto, "será cômodo falar de espaço mental construído ao longo do discurso", sabendo-se que um espaço se associa a outro, criando diferentes cadeias cujo relacionamento importa esclarecer

(Fauconnier, 1984/1985: 32). Observe que esse autor está se desligando de uma percepção estrita do signo saussuriano, em que a cada significante corresponde um significado. Agora, o significado é construído ao longo dos usos mais do que propriamente "depositado" em cada signo utilizado, na formulação saussureana mencionada na seção **1**.1.3.

As seguintes expressões linguísticas criam espaços mentais:
• Espaço-tempo:
(18) *Em 1929, a senhora de cabelos brancos era loira.*
• Espaço propriamente dito:
(19) *No outro apartamento, esse lustre fica tão bem!*
• Espaço como domínios de atividades:
(20) *Nesta nova religião, o diabo é um anjo.*
• Espaços hipotéticos:
(21) *Se eu fosse milionário, meu Fusquinha seria um Rolls Royce.*

Os conectores pragmáticos têm as seguintes propriedades: o princípio de identificação (18 a 20), a possibilidade de ter antecedentes, e a possibilidade de serem múltiplos (21) – Fauconnier (1984/1985: 56).

Expressões linguísticas complexas funcionam como gatilhos de espaços mentais igualmente complexos. Assim, em
(22) *Fulano disse que Beltrano vem.*
a sentença-matriz gera um espaço A, enquanto a sentença subordinada gera um espaço B. Mas suponhamos agora
(22a) *Fulano disse que [**ou** Beltrano ou Sicrano/ **seja** Beltrano **seja** Sicrano/ **tanto** Beltrano **quanto** Sicrano] também vêm.*

Em (22a), as sentenças correlatas subordinadas à matriz geram um espaço B e um espaço C.

Também as sentenças condicionais criam espaços mentais: "'Contrafactual' na perspectiva dos espaços é uma noção relativa: um espaço M1 é contrafactual por relação a outro espaço M2 se uma relação explicitamente especificada em M1 não foi satisfeita pelos elementos correspondentes de M2" (Fauconnier, 1984/1985: 141-142).

Alguns verbos têm a esse respeito um papel interessante: *existir* cria um espaço A, *ser* equativo iguala um espaço A a um espaço B, *achar* aciona dois espaços: "de um lado uma realidade no sentido extenso, na qual há objetos, relações etc., e de outro um espaço de percepção do sujeito que pode, segundo as situações, corresponder ao que ele vê, ou pode tocar, ou pegar e, mais metaforicamene, ao que ele pode apreender, ao que ele pode compreender" (Fauconnier, 1984/1985: 191).

(2) Espaço mental e projeção

Definidos os espaços mentais, Fauconnier (1996) vai preocupar-se com as ligações entre eles, tendo por pano de fundo as pesquisas sobre a metáfora, que já tinham apontado para esse tema (veja seção **2**.2.2.6).

Ele mostra que partindo de um domínio-fonte chegamos a um domínio-alvo, sendo que a projeção dessa trajetória (epa!, outra metáfora) constitui o programa científico apresentado em seu livro. Suas observações têm repercussões sobre a teoria da gramaticalização que ainda não foram examinadas extensivamente.

Fauconnier mostra que a organização do raciocínio está ligada à conceitualização do espaço e do movimento, como se pode comprovar pelo uso de expressões espaciais nestes exemplos da linguagem argumentativa:
(23)
    a) *Isto **conduz** a um novo teorema.*
    b) *Eles **chegaram** a diferentes conclusões.*

c) *Esta prova **situa-se como um obstáculo no caminho** da sua conjectura.*
d) *Procure pensar de modo **direto** (= como se fosse numa linha reta).*
e) *Esta **linha** de raciocínio está **levando você para a direção errada**.*

Em (23), o espaço MOVIMENTO foi projetado sobre o espaço do arrazoado científico, gerando-se assim as significações representadas nesse exemplo.

A projeção (em inglês, *mapping*) é um comportamento científico que fundamenta a matemática e estrutura muitas teorias científicas. Curiosamente, essa forma de arrazoar não tinha sido apropriada por linguistas, por cultivarem uma concepção da linguagem como uma estrutura autônoma e contida em si mesma. Essa posição tornava invisível a projeção. Ora, o estudo de expressões contrafactuais, hipóteses, quantificações, dêiticos e tempos da narração, discurso direto e indireto, entre outros fenômenos da linguagem, só tem a beneficiar-se se examinados a partir da ótica da projeção de espaços mentais, vale dizer, da projeção de um espaço sobre outro para a criação de novos espaços, e assim sucessivamente.

Suas conclusões mostram que pensamentos altamente elaborados no domínio das ciências, das artes e das literaturas, tanto quanto a compreensão elementar da significação das sentenças, produzidas nas situações do dia a dia, são regidas pelos mesmos princípios de projeções e de combinação de espaços mentais. Esta última observação deu lugar ao mais recente desdobramento da teoria de Fauconnier.

(3) Mesclagem de espaços mentais

Dois ou mais espaços mentais, atuando como entradas (em inglês, *inputs*), podem ser integrados via projeção num novo espaço combinado de saída, que tem sua própria e única estrutura. Devemos aqui renunciar à tentação de considerar os espaços de entrada como primitivos e os espaços combinados como derivados, operando com a noção de domínio-fonte e domínio-alvo. Estes processos são simultâneos, e é apenas por uma busca de clareza que por vezes os enumeramos.

O seguinte exemplo esclarece este terceiro momento da teoria dos espaços mentais:

(24) O enigma do monge budista

Um monge budista começa no crepúsculo de um dia a subir uma montanha. Ele atinge seu pico no pôr do sol, ali medita por vários dias, até que em outro crepúsculo ele começa a voltar ao sopé da montanha, aonde chega no pôr do sol. Deixando de lado sua partida, sua parada no pico da montanha ou mesmo seus passos durante a viagem, prove que há um lugar no trajeto que ele ocupa na mesma hora do dia nas duas viagens separadas. Para solucionar este enigma, temos de conceber um lugar em que o monge se encontra consigo mesmo, sendo que ele ocupa esse lugar no mesmo tempo, nas duas diferentes viagens.

Nesse exemplo, há dois espaços de entrada: num deles o monge viaja morro acima, e no outro ele viaja morro abaixo. Os dois espaços são projetados, reunindo-se montanhas, monges e trajeto, todos idênticos, e a dias e a movimentos, não idênticos, porém superpostos. A partir dessa projeção se constrói a combinação, que é o espaço mental de saída. Neste espaço há uma projeção seletiva e uma fusão, pois apenas certos traços de cada entrada são projetados na combinação: as datas dos trajetos são omitidas, os dois trajetos são fundidos num só, e os dois percursos são mantidos em separado. Esta reflexão de Fauconnier mostra que "podemos fazer referência a coisas irreais (como uma certa coincidência espaço-temporal, uma situação imaginária) que nunca se concretizaram e que talvez sejam impossíveis, mobilizando capacidades linguísticas" (Rodolfo Ilari, com. pessoal).

A estrutura que emerge da combinação de dois espaços mentais é um ato de criação dos significados, governado pelos princípios adiante especificados, os quais funcionam simultaneamente (Fauconnier / Turner, 2002: 82).

1. Princípio de identidade
O princípio de identidade permite estabelecer as relações entre os espaços de entrada e o novo espaço. Assim, em
(25) *Em* Uneasy Rider, *o irmão de Peter Fonda faz com sua irmã uma viagem de motocicleta atravessando o país.*
esse princípio nos permite identificar Jane Fonda no espaço mental *Uneasy Rider*, que é o título de um filme, em que a atriz Jane Fonda é a irmã de Peter Fonda. No enigma do monge budista, o monge do *input* 1 é absolutamente idêntico ao monge do *input* 2.

O reconhecimento da identidade, da "mesmicidade", da equivalência – considerado axiomático nas análises formais, tanto quanto a oposição –, é de fato "o produto espetacular de um trabalho complexo, imaginativo e inconsciente" (Fauconnier / Turner, 2002: 10). Esses produtos não poderiam, portanto, ser considerados como pontos primitivos de partida nas análises das expressões.

2. Princípio da integração
Por esse princípio, conectamos os espaços de entrada e os projetamos seletivamente no espaço mental combinado, em que todos os elementos são fortemente ligados por associação funcional ou metonímica. Nem sempre nos damos conta do funcionamento desse princípio, pois a integração dos espaços ocorre com grande rapidez nos bastidores da cognição. A imaginação permite a integração desses elementos; assim, quando dizemos "se", criamos um espaço mental que vai ser associado a outro. Ora, a Semântica Cognitiva se assenta precisamente na capacidade humana de imaginação, e a integração está no centro da imaginação (Fauconnier / Turner, 2002: 125).

Fenômenos individuais díspares, dos quais não dispomos senão de descrições parciais, tais como a categorização, a invenção matemática, a metáfora, a analogia, a gramática, o pensamento contrafactual, a integração de eventos, o aprendizado, a criação artística, se encontram na "ciência da combinação" como produtos da mesma operação imaginativa de que essa ciência deve tratar.

3. Princípio da imaginação
Identidade e integração por si sós não dariam conta do espaço combinado. O cérebro, mesmo na ausência de estímulos externos, desenvolve simulações imaginativas que encontramos na ficção, nos cenários "se", nos sonhos e nas fantasias. A admissibilidade de que o monge budista possa encontrar-se com ele mesmo é um dos efeitos desse princípio.

Esses três princípios operam inseparavelmente juntos, e são primitivos na construção dos significados. Algumas operações mentais que têm sido pesquisadas subjazem a esses princípios: a analogia (de que decorrem a metáfora, a metonímia, as imagens mentais, que são por assim dizer os "tripulantes" da analogia) e o emolduramento conceitual. Essas e outras habilidades mentais básicas são enormemente complexas, e não temos delas uma consciência mais forte talvez porque sua formação seja tão precoce em nossas mentes.

Em síntese, os seguintes passos são dados quando estamos elaborando o espaço mental combinado:
(1) dois ou mais espaços mentais de entrada são combinados;
(2) em qualquer momento da elaboração, a estrutura encontrada nos espaços mentais de entrada compartilha características, que recolhemos no "espaço genérico";
(3) selecionamos e projetamos algumas propriedades dos espaços de entrada para a configuração do espaço combinado de saída, que é a estrutura emergente;
(4) qualquer espaço de entrada pode ser modificado; assim, quando se monta o enigma do monge budista, voltamos atrás na projeção dos espaços de entrada, para lhes acrescentar o lugar em que se dá o encontro do monge com ele mesmo;
(5) muitos espaços mentais combinados são gerados "on-line", mas há espaços já cristalizados em nosso conhecimento, dos quais nem sempre nos damos conta.

De novo, deixemos claro que esta enumeração não pode ser lida como um conjunto sequencial de instruções. A formação das entradas, a projeção, o completamento e a elaboração, todos ocorrem ao mesmo tempo e mais um conjunto de "andaimes conceituais" ainda insuficientemente identificados operam simultaneamente (Fauconnier / Turner, 2002: 103).

O significado construído que emerge no espaço mental combinado não é copiado de um ou outro dos espaços de entrada. Três aspectos desse significado emergente operam concertadamente: a composição, o completamento, a elaboração.

A composição de espaços reúne elementos e cria relações que não existem nos espaços de entrada. Assim, no exemplo (24), a composição permite que no espaço de saída haja dois monges fazendo uma viagem no mesmo tempo e no mesmo trajeto, mesmo que nos espaços de entrada só se tenha mencionado um monge, uma viagem e um trajeto.

O completamento é um processo mental através do qual aduzimos inconscientemente elementos que não estão presentes na cena. É bem conhecido o experimento psicológico que consiste em desenhar uma figura na qual um retângulo está ladeado por dois segmentos de linha. Mostrando esse desenho, habitualmente as pessoas dizem que há uma linha passando "por trás" do retângulo. A sinfonia sincopada joga com essa capacidade mental. Nessa composição, notas são subtraídas do compasso, e os ouvintes "completam" a música, preenchendo os vazios. É possível que o processamento das categorias vazias da sintaxe assente nesse processo mental. Assim se explica por que aceitamos a existência de dois monges no espaço mental combinado do exemplo (24).

Finalmente, a elaboração é o tratamento simultâneo e imaginativo dos dois espaços de entrada, de acordo com os princípios apresentados. Mas é preciso advertir que nesta cadeia de ações mentais não há terminalidade. O significado emergente não finaliza o processo de combinação conceitual (Fauconnier / Turner, 2002: 122). Seria de fato confortável, alegam os autores, se o estudo científico do significado pudesse ser mais fácil para os significados simples, e mais complexo para os significados complexos. O que ocorre, entretanto, é que os chamados significados simples acabam por mostrar-se tão complexos quanto quaisquer outros – e por aqui se vê que os significados que emergem dos espaços combinados não têm nada de especial. Eles operam com todo o nosso potencial cognitivo apenas para se chegar ao senso comum (Fauconnier / Turner, 2002: 76).

Retornando à conceituação dos espaços mentais, Fauconnier / Turner (2002: 129 e ss.) afirmam que diversas relações vitais estruturam o espaço mental: a mudança operada sobre os participantes de uma cena, sua identidade, o tempo que é relacionado com a memória e a mudança, o espaço físico em que se situam os participantes, e que é comprimido no espaço combinado, a relação de causa-efeito entre os participantes, tanto quando a relação parte-todo, a representação do participante, seu papel, a similaridade ou analogia que estabelecemos entre os participantes, suas propriedades, a similaridade que reúne participantes com propriedades comuns, a categoria a que pertencem os participantes, sua intencionalidade, a experiência primária, maiormente conectada com a visão (só sabemos quando vemos), a contrafactualidade, a contradição e a compressão.

As pesquisas de Fauconnier parecem propor que a face semântica dos substantivos seja enquadrada numa teoria da referenciação, de certo mais flexível que a teoria da referência. Forçando um pouco a barra, diria que a teoria da referência está para as ciências clássicas assim como a teoria da referenciação está para as ciências dos domínios complexos. Demonstrar isso é um belo desafio que dependerá de indagações futuras.

11.2.2.2. Substantivo e traços semânticos inerentes

Retomando a referenciação como apresentada em **2.2.2.2**, definem-se os traços semânticos inerentes como as propriedades intensionais dos substantivos. Também conhecidos como "traços lexicais", os traços inerentes são propriedades relevantes das entidades que as palavras designam, de interesse para a observação de sua sintaxe (Peres / Móia, 1995: 55).

Quando comparamos os traços inerentes de substantivos e de verbos que figuram numa mesma expressão, constatamos que estes apresentam "restrições de seleção semântica", ou seja, combinam-se com os substantivos de uma forma regrada. Assim, *atravessar* seleciona entidades /animadas/, /concretas/, /móveis/, e por isso aceitamos

(26)
  a) *A onça atravessou a mata.*
  b) *O rio atravessa o país.*

mas rejeitamos

(27)
  a) **Ideias verdes atravessam a mata.*
  b) **O país atravessa o rio.*

Construindo sentenças com *beber* e *comer* e outros verbos, você descobrirá outras tantas restrições de seleção.

Diferentes traços semânticos têm sido identificados entre os substantivos, e eles têm importância na organização do sintagma nominal e da sentença, mesmo sendo menos dramáticos do que seria o estudo da formação dos sentidos.

Assim, voltando ao de sempre, referirei os substantivos (1) contáveis/não contáveis (e, como subclasse, os concretos e os abstratos), (2) animados/inanimados (e como subclasse dos primeiros, os humanos/não humanos) e (3) os comuns/próprios.

11.2.2.2.1. SUBSTANTIVOS CONTÁVEIS/NÃO CONTÁVEIS

Os substantivos contáveis ou numeráveis "referem-se a conjuntos encarados como grandezas descontínuas, discretas, i.e, conjuntos em que é possível distinguir partes singulares e partes plurais, e enumerá-las", como *criança*, *árvore*. Os não contáveis, ou substantivos de massa, ao revés, não podem ser enumerados, e por via de consequência não são pluralizáveis (Mira Mateus et al., 1989/2003/2005: 78), como em

(28) *presença, ansiedade, água, ar, vinho*

Compare:

(28a) **os açúcares,* *os leites

Quando no plural, esses substantivos alteram sua referência, passando a indicar os "tipos ou qualidades de uma dada substância", como em

(29) *ótimas águas, excelentes vinhos*

ou então, "elipticamente, objetos feitos de uma dada matéria" (Mira Mateus et al., 1989/2003/2005: 78), como em

(30) *os estanhos, as pratas*

Outra pluralização de não contáveis, bastante frequente no PB, ocorre quando se deseja individualizar o comparecimento de pessoas a uma cerimônia, como em:

(31) *Agradecemos as presenças dos senhores.*

Marcantonio / Pretto (1988: 325 e ss.) aponta as seguintes propriedades sintáticas dos substantivos não contáveis:

 (1) Não podem ser pluralizados, salvo com as alterações de sentido mencionadas anteriormente.
 (2) Podem ser modificados pelos quantificadores *muito, pouco, bastante* quando no singular:

(32) *muito/pouco/bastante açúcar* (cf. ?*muitos açúcares*)

Os substantivos contáveis quando quantificados produzem efeitos de sentido diversos. No singular,
(33) *muito livro, pouca criança*
designam o conteúdo do substantivo numa forma genérica, como em:
(33a) *Havia **muito livro** naquela sala.*
No plural, os substantivos contáveis quantificados individuam os elementos que integram o conjunto, representando-os numa forma discreta, mecanismo que não se encontra com os não contáveis:
(33b) *Havia muitos livros naquela sala.*
(3) Os não contáveis aceitam o partitivo, aparentemente inaceitável no caso dos contáveis:
(34) *beber do leite, comer do açúcar* (no significado de "beber leite", "comer açúcar")
comparado com
(34a) *ler do livro (no significado de "ler o livro")
(4) Não aceitam o indefinido *um*, que alterna livremente com o artigo *o* no caso dos contáveis:
(35) *o leite, o açúcar*
comparado com **um leite,* *um açúcar, só realizáveis quando especificados por Complementadores:
(35a) *um leite que não vale nada, um açúcar de má qualidade*
comparado com
(36) *a criança/uma criança, o livro/um livro*
que não apresentam essas restrições de combinação:
(36a) *a criança que chegou/uma criança que chegou*
Os substantivos não contáveis frequentemente são também *abstratos*, e designam "entidades não perceptíveis fisicamente" e, portanto, não facilmente enumeráveis. A pluralização dos substantivos abstratos compromete seu sentido lexical de base, como em
(37) *os amores* (= os casos de amor), *as verdades* (= as declarações verdadeiras) etc.

11.2.2.2.2. Substantivos humanos/não humanos

Os substantivos humanos/não humanos apresentam um interesse maior quanto às restrições seletivas dos verbos. Ao selecionar seus argumentos nominais, os verbos selecionam também os traços inerentes aos substantivos:
(38) *Os alunos liam os livros.*
(38a) **Os livros liam os alunos.*

11.2.2.2.3. Substantivos comuns/próprios

A representação das coisas é um empreendimento que diferencia substantivos comuns de substantivos próprios, quando tomamos por parâmetro a propriedade de denotar/conotar. Um substantivo comum tanto denota quanto conota seu referente, ao passo que apenas os substantivos próprios detêm a propriedade exclusiva de denotar. Essa distinção tem uma tradição sólida na Gramática ocidental. Os latinos atribuíam aos substantivos a função de nomear ou denominar, distinguindo-se os apelativos comuns, que representam muitos objetos, dos apelativos próprios, que representam um único objeto.

A distinção entre substantivos comuns/próprios tem importância para o estudo do artigo. Normalmente, os substantivos comuns são usados com ou sem o artigo, mudando apenas seu valor de genericidade. Já os substantivos próprios são articulados quando o sintagma nominal que organizam dispõe de um Complementador, como em *o Machado de Assis de Helena*. Também uma questão de variabilidade geográfica está envolvida, pois predomina no PB do Sul a articulação do subtantivo próprio, bem mais rara no PB do Nordeste.

11.2.3. O SUBSTANTIVO NO TEXTO: REFERENCIAÇÃO E FLUXO INFORMACIONAL

Como vimos, o substantivo tem por propriedade básica referenciar, desempenhando um papel importante no texto.

Em nossa tradição gramatical e linguística, o termo *referência* se especializou para indicar "designação, denominação" de seres e coisas, especializando-se o termo *anáfora* (ou, mais amplamente, foricidade) na indicação dos processos linguísticos de retomada do que já foi dito. Autores como Marcuschi / Koch (2006: 382-383) identificam em *referir, remeter* e *retomar* as principais categorias na construção interacional do texto, substituindo a noção tradicional de referência pela de referenciação:

> A discursivização ou textualização do mundo por via da linguagem não se dá como um simples processo de elaboração informacional, mas de construção, estruturação e fundação do próprio real. [...] A retomada implica remissão e referenciação; a remissão implica referenciação e não necessariamente retomada; a referenciação não implica remissão pontualizada nem retomada.

Segundo esses autores, a referência é um processo que se contrói no texto, concorrendo para sua coesão. A referência, portanto, não remete a um conjunto estável de sentidos, e sim à construção desses sentidos à medida que o texto progride. Você encontrará pontos de contato desta percepção com o que Fauconnier diz sobre os espaços mentais.

Diferentes estratégias de referenciação textual têm sido identificadas: (1) a inserção do tópico novo, (2) a derivação referencial por evocação, inferência e repetição, (3) a criação de espaços mentais. Vejamos o papel do substantivo nessas estratégias.

11.2.3.1. Inserção de tópico novo

A língua opera com um conjunto de expressões sinalizadoras de que um novo assunto, bem como suas subdivisões, está sendo trazido à baila. Os substantivos integram essas expressões, como se pode ver por este fragmento de aula:

(39) *agora nós vamos passar para o nosso outro* **assunto**... *o outro assunto... é a* **região mediastínica**... *então nós vamos começar a nossa região mediastínica (...). Definição... nós vamos definir região mediastínica... aquela região... limitada pelas pleuras... .pelas pleuras mediastínicas direita e esquerda (...) nós temos o cavado da aorta... nós temos aorta dependente... aorta toráxica... esses* **elementos**... *nós temos que encontrar os troncos arteriais (...) esses elementos... todos estão encontrados... estão situados na região denominada de região mediastínica... que é esta aqui que vocês estão vendo... quanto aos* **limites**... *qual o limite dessa região? (...) não há... um limite desde que essa região para cima se constitua... como as regiões do pescoço... e para baixo nós temos... aquele elemento que já conhecemos e mais... que é o nosso diafragma... esses elementos então constituem... um limite... do::.../da região mediastínica (...) pois bem... nesta* **parte** *interna em relação aos hilos do pulmão (...) não há um plano... não há um elemento que sirva de:: limite eXAto... para este/essa* **divisão**... *diz-se que essa região para cima se continua com as regiões do pescoço...* (EF SSA 49)

O texto começa pelo hipertópico *região mediastínica*, que vai sendo dividido nos seguintes tópicos: (i) *limites da região mediastínica* (= pleura etc.); (ii) *elementos* (= troncos arteriais); e (iii) *limites* (= região do pescoço, diafragma, parte interna, divisão), os quais expressam o quadro tópico que se vai construindo.

Quadro 11.1 – Substantivos e organização do quadro tópico

```
                    Assunto = região
                       mediastínica
                            ↓
   ┌────────────────────────┼────────────────────────┐
   Região mediastínica      Elementos                Limites
        ↓                                              ↓
     pleuras            Troncos arteriais →      Região do pescoço
   cavado da aorta                                  Diafragma
   aorta dependente                                     ↓
   aorta toráxica →                             Parte interna/divisão
```

O Quadro 11.1 capta os tópicos versados pelo autor de (39), segundo minha leitura. Mais do que uma lição de anatomia, para nós importa reter que nesse texto os substantivos que vão sendo inseridos são (i) novos, como os inscritos no quadro; (ii) repetidos (como *assunto, região mediastínica, limites*); e (iii) inferidos (= *elementos*, que resume o que se achou na região mediastínica). Os demonstrativos exercem nessa dança de substantivos um importante papel, pois apontam para a identidade e para a alteridade dos referentes, como veremos em **11.5.2**.

Chama-se *quadro tópico* o conjunto dos tópicos, ou assuntos, que movimentam um texto (veja **5.2**). O quadro tópico configura o *status* informacional do texto, comportando as informações dadas, sabidas, já contidas no texto ou ocorrentes no contexto, e as informações novas, não sabidas, não vinculadas no contexto. Entre ambas, insere-se a informação inferida.

11.2.3.2. Derivação referencial: repetição e inferência

Por derivação referencial estou designando o processo de constituição do texto que implica que "uma referência puxa a outra", ou, em termos mais técnicos, "um espaço mental projeta outro", seja por repetição pura e simples do item lexical, seja por sinonímia, seja por inferência. Da repetição *verbatim* já tratamos anteriormente, em **4.4.1.3**.

Em (40) temos exemplos de derivação:

(40) *Apareceu aí um **rapaz** pedindo **emprego**. O **moço** dizia que tinha muitas **habilidades** e que poderia aceitar qualquer **incumbência**. As **referências** que apresentava eram bem razoáveis. O **desemprego** está em alta nestes dias e a **tentação** de cair no crime ronda o tempo todo os jovens à procura de **trabalho**. O rapaz certamente não queria cair na **esparrela**, e esperava arranjar trabalho.*

Quadro 11.2 – Substantivos e derivação referencial

Informação nova	rapaz, emprego
Informação velha, derivada por sinonímia	moço, trabalho
Informação velha, derivada por inferência	habilidade, incumbência, referências, tentação de cair no crime, desemprego, esparrela

Por ora, basta constatar que o demonstrativo exerce aqui um papel importante, promovendo a identidade referencial do termo repetido, como se vê em:

(41) *e depois já com <u>trator</u>... **esse trator** tinha peças sobressalentes.* (DID SP 18)

ou especificando a nominalização de um verbo:

(42) *precisa <u>carpir</u> o café... **essa carpa** do café se faz duas vezes por ano.* (DID SP 18)

A informação inferida a rigor não é nova, pois decorre de um espaço mental projetado a partir de um dado veiculado no texto. Além de (40), veja-se:

(43) *nós somos:: seis filhos (...) e a do marido... eram doze agora são onze... quer dizer somos de famílias GRANdes e::... então ach/acho que::... dado este **fator** nos acostumamos a:: muita gente...* (D2 SP 405)

em que *esse fator* é projetado pelos elementos linguísticos anteriores, ou seja, o tamanho da família é um fator de acomodação à convivência com muita gente. O demonstrativo, aqui, desliza de operador de uma identidade explícita para a ativação de uma identidade inferida, assegurando a continuidade da interação.

Um substantivo inferido pode também resultar da paráfrase de termo anterior. Esse preocesso já foi apontado como um fator importante na construção do texto (Hilgert, 1989). Assim, em

(44) *o <u>entusiasmo</u> contagiou muitas áreas... os ecos dessa **animação** chegaram aos brasileiros.* (EF SP 153)

animação parafraseia *entusiasmo*. Ao repetir ou parafrasear um sintagma nominal, o falante assegura a identidade entre ambos através da especificação de um demonstrativo.

11.2.3.3. Encadeamento temático

Observando a sucessão dos temas sentenciais, Daneš (1966) fez uma importante observação, de interesse para o estudo das propriedades discursivas do substantivo: partindo da ideia de que tema e rema são categorias dinâmicas, o que se aprende sobre a organização textual, quando nos deslocamos do tema sentencial para o tópico conversacional, navegando da gramática para o discurso? Alguns esquemas podem ser aí identificados: o tema caótico, o tema constante, o tema derivado e o tema fendido – atenção, escrevi *fendido*, nada de associações vocabulares! Venham exemplos:

11.2.3.3.1. TEMA CAÓTICO

Nas conversações mais espontâneas, não planejadas, o falante hesita em fixar-se em determinado tema, produzindo sequências truncadas, separadas por reticências:

(45) *aí a **lama** desceu sobre os **barracos**... **o corpo de bombeiros** ficou lá embaixo... **criança** berrava pela **mãe**... **o governador** em Nova Iorque... **a escola de samba**... aí então... mas do que é mesmo que eu estava falando?*

11.2.3.3.2. TEMA CONSTANTE

O tema é sempre o mesmo, podendo ser introduzido por um substantivo e retomado por pronomes ou por um zero. Ele se articula com diferentes remas, num procedimento comum nas narrativas:

(46)
a) ***o cinema brasileiro**... nun::ca... nunca morreu... houve sempre uma continuidade... ah marginalizado... ah completamente... (...) mas **o cinema** sempre... sempre continuou a existir... **o cinema brasileiro**... e no começo dessa década... que nós vamos abordar aqui... **o cinema brasileiro** estava exTREmamente vivo...* (EF SP 153)

a) ***o rei** vivia muito preocupado... **esse rei** era viúvo... e ainda por cima Ø tinha um filha solteirona... **ele** concebeu um plano para casá-la... Ø começou então a procurar um príncipe...*

11.2.3.3.3. TEMA DERIVADO

No processo de derivação temática, o rema da primeira sentença fornece o tema da segunda sentença, através dos seguintes processos:
   (i) Tema e rema repetem o mesmo item lexical:
(47) *e eu queria uma fuga... **a minha fuga**... era deitar na cama.* (D2 SP 360)
   (ii) O tema derivado é uma nominalização do rema:
(48) *o assassino foi preso ontem... **sua prisão** deixou todo mundo aliviado.*
   (iii) O tema derivado é preenchido por um substantivo inferido a partir do rema:
(49) *o diretor da escola encarregou os professores de organizar a festa... **a decisão** foi tomada na última reunião.*
   (iv) O tema derivado tem uma relação antonímica com algum termo do rema:
(50) *soluções técnicas para resolver o problema da moradia popular temos em excesso... **a escassez** está na vontade política para enfrentar esse problema...*

11.2.3.3.4. TEMA FENDIDO

O primeiro tema se desdobra em diversos temas sentenciais, como em
(51) *A **Linguística** é a ciências dos signos verbais. A **Pragmática** estuda as relações entre os signos e a sociedade. A **Semântica**, as relações entre os signos e seus referentes. A **Gramática**, as relações dos signos entre si.*
— *Pô, professor, até aqui!!!*

LEITURA SOBRE SUBSTANTIVOS, SUA GRAMATICALIZAÇÃO E SUAS PROPRIEDADES GRAMATICAIS, SEMÂNTICAS E DISCURSIVAS
Câmara Jr. (1970), Abbud (1973), Casteleiro (1981), Fauconnier (1984/1985, 1996), Fauconnier / Sweetser (eds. 1996), Fauconnier / Turner (1996, 1998, 2002), Camacho / Pezatti (1996), Marcantonio / Pretto (1988), Koch / Travaglia (1990), Ilari et al. (1993), Neves (1993b, 1996a, 2007), Peres / Móia (1995), Camacho (1996a, 2009), Bittencourt (1999), Camacho / Santana (2004a, 2004b), Koch (2006), Marcuschi / Koch (2006), Jubran (2006a), Travaglia (2006), Camacho / Hattnher / Gonçalves (2008).

11.3. ESTATUTO CATEGORIAL DOS PRONOMES

Na tradição gramatical ocidental, os argumentos utilizados para a caracterização da classe dos pronomes levaram em conta suas propriedades semânticas, discursivas e gramaticais (= sintáticas e morfológicas).
Apolônio Díscolo (séc. I d.C./1987) operou com o conjunto desses argumentos, desenvolvendo reflexões de uma notável atualidade:
   (i)   "é parte da oração que faz as vezes de um nome [= substantivo] na forma dêitica ou anafórica, e que não se acompanha de artigo" (Díscolo, séc. I d.C./1987: 164);
   (ii) são representativos da 1ª e 2ª pessoas, mas também da 3ª pessoa: "e tome-se em conta que a definição do pronome abarca até a terceira pessoa, pois também se realizam como anafóricos desde que as pessoas sejam conhecidas de antemão, e como dêiticos se a pessoa está à vista" (Díscolo, séc. I d.C./1987: 165);
   (iii) com respeito às categorias de dêixis e anáfora, ele esclarece que a 1ª e a 2ª pessoas são só dêiticas e nunca anafóricas, e por isso não podem ser empregadas na substituição de nomes: "[...] os dêiticos, não é que sejam empregados em substituição aos nomes, mas sim onde

os nomes não possam ser usados". Já a 3ª pessoa pode ser tanto dêitica como anafórica: "graças à qual se pode fazer referência a nomes previamente mencionados. [...] Só na medida em que um pronome possa colocar-se no lugar de um nome previamente usado será portador da anáfora, posto que a peculiaridade da anáfora é uma segunda menção da pessoa anteriormente nomeada" (Díscolo, séc. I d.C./1987: 162). Os pronomes anafóricos (de 3ª pessoa) estão no lugar de substantivos que levam artigo, pois o substantivo por si só não é anafórico e só se torna anafórico quando acompanhado de artigo. "Assim, eles se dividem em dêiticos e anafóricos, embora todos caiam sob a rubrica de pronomes, pois, apesar de suas respectivas diferenças, numa coisa coincidem: denominar no lugar do nome, já que se usam ou quando o nome não pode ser empregado, ou quando, dito uma vez, não pode voltar a ser repetido" (Díscolo, séc. I d.C./1987: 163).

Sobre dêixis e foricidade, veja **2.2.2.4**.

Os gramáticos latinos se interessaram mais pela classificação e pelas propriedades morfológicas dessa classe, embora não deixassem de lado suas propriedades funcionais, um assunto tão forte entre os gregos. Assim, Donato (séc. IV d.C.) dividia os pronomes em (i) finitos (= dêiticos): chamam-se assim porque designam as pessoas, como *ego, tu, ille*; (ii) infinitos (= indefinidos): não designam pessoas e não são nem dêiticos nem anafóricos, como *quis, qualis, talis, quantus, tantus, quotus, totus*; (iii) menos que finitos, podendo ser ora dêiticos ora anafóricos, como *ipse, iste, is, hic, idem, sui*; (iv) possessivos: *meus, tuus, suus, noster, vester*. Já Prisciano (séc. V d.C.), seguidor das ideias de Apolônio, define o pronome como a parte da oração que se põe em lugar do próprio nome e que recebe pessoas finitas. Ele considerava como pronomes *ego, tu, ille, ipse, iste, hic, is, sui*, aos quais chama pronomes primitivos e simples, e *meus, tuus, suus, noster, voster, nostras, vestras*, aos quais chama de pronomes derivados.

Vejamos agora alguns gramáticos ibéricos renascentistas, pois durante a Idade Média as lições de Prisciano foram repetidas, ocorrendo certa "escolarização" da reflexão.

Nebrija (1492/1980: 180) define o pronome como "uma das dez partes da oração, a qual se declina por casos, e tem pessoas determinadas. E chama-se pronome, porque se põe em lugar do nome próprio". Ele diz que os pronomes podem ser primogênitos (*io, tú, sí, éste, ésse, él*), ou derivados (*mío, tuio, suio, nuestro, vuestro, mí, tú, su*), podendo ainda ser simples (*éste, ésse, é*), ou compostos (*aquéste, aquésse, aquél*). As pessoas do pronome são três: a 1ª, que fala de si (representada pelos pronomes *io, nos*, e "daquelas originadas e ajuntadas com ela: *mío, nuestro, esto, aquesto*"), a 2ª, com a qual a primeira fala (*tú, vos, tuio, vuestro, esso, aquesso*) e a 3ª, da qual fala a primeira (*él, ellos*; e todos os outros pronomes e nomes).

João de Barros (1540/1971: 319), acompanha Donato e Nebrija. Ele define o pronome como sendo "ua párte da oraçom que se põe em lugár do próprio nome". Segundo esse autor, os pronomes podem ser primitivos ou primeiros: *eu, tu, si, este, esse, ele*, e derivados (pois derivam dos primeiros): *meu, teu, seu, nósso, vósso*. Tais pronomes têm uma função demonstrativa (ou dêitica) porque "cási demóstram [= apontam para] a cousa" (João de Barros, 1540/1971: 320): *eu, nós, tu, vós, este, estes*, ou uma função relativa (= anafórica) "por fazerem relaçom e lembrança da cousa dita posto que o seu prinçipál ofíçio seja demonstrativo" (João de Barros, 1540/1971: 320). Quanto "à figura" (= morfologia), os pronomes podem ser simples: *eu, tu, este, esse*, ou compostos: *eu mesmo, tu mesmo, aqueste, aquesse*. As pessoas do pronome são três: "*eu*, primeira, que fála de si mesmo; *tu*, a segunda, à qual fála a primeira; *ele*, a terçeira, da quál a primeira fála" (João de Barros, 1540/1971: 320).

Até aqui, não se incluíam os relativos, os interrogativos e os exclamativos como subclasses dos pronomes, o que passou a acontecer após o século XVII, surgindo o cânon que permanece até hoje: pessoais, demonstrativos, possessivos, relativos, interrogativos, recíprocos e indefinidos.

A Gramática de Port Royal retomou a temática dos gregos, repondo o substantivo numa posição central, a partir da qual as outras classes são definidas. Assim, porque os pronomes substituem os substantivos, eles tomam de empréstimo dessa classe as propriedades de caso, gênero e número (Arnauld / Lancelot, 1671/1830/1969: 44). A exemplificação dada mostra que esses gramáticos entendiam como pronomes apenas os pessoais, os possessivos e os relativos.

Jeronymo Soares Barbosa (1803/1881: 76), que repercutiu algumas das ideias de Port Royal, não considerava o pronome como uma classe à parte, tendo-o incluído na classe dos adjetivos, sob o argumento de que "os pronomes referem-se sempre aos nomes substantivos que trazem à memória, e algumas vezes, quando se faz preciso, se ajuntam imediatamente a eles, como: eu Antonio, tu Pedro, ele Sancho". Com isso, Barbosa deu origem a um novo processo classificatório, ao dividir os adjetivos em determinativos, explicativos e restritivos. Os pronomes foram incluídos entre os adjetivos determinativos, que foram subdivididos em determinativos de qualidade (artigo definido *o*, artigo indefinido *um*, possessivos e demonstrativos) e determinativos de quantidade (atualmente, os quantificadores indefinidos *todo*, *nenhum*, *ninguém*, *nada*, *cada*, *qualquer*).

No século XIX, o interesse classificatório continuou em detrimento do debate semântico. Essa tendência se acentuou no século seguinte, sobretudo após 1959, com a emissão da Nova Nomenclatura Gramatical Brasileira.

Salum (1983: 330) mostra que com isso muitos termos como *demonstrativo* e *relativo* sofreram alterações lentas e desastrosas de sentido. Com respeito ao primeiro termo, ele aponta para o fato de que

> demonstrativo, tradução perfeita de *deiktikós*, desvinculou-se dos pronomes pessoais, particularmente dos da 1ª e 2ª pessoa – os mais "dêicticos" de todos os pronomes – e passou a vincular-se exclusivamente com alguns dos pessoais da "3ª pessoa", do "próximo" e do "remoto", que podem também ser "anafóricos", constituindo-se em classe à parte. E relativo, tradução perfeita de *anaphorikós*, desligou-se dessa noção específica, para designar uma outra classe, sempre anafórica, mas às vezes também dêictica, gramaticalizando-se no sentido de "conectivo" – donde a designação de conjuntivo, hoje marginalizada.

Ou seja, o raciocínio discursivo e semântico desenvolvido pela Gramática greco-latina foi reduzido a uma questão de classificação de formas:

> os comparatistas da primeira geração, impressionados mais com as formas do que com a função dos pronomes no discurso, alienados ou esquecidos da análise arguta da Gramática greco-latina, sancionaram esse deslizamento semântico ou de uso metalinguístico. Perderam a oportunidade de restituir a demonstrativo e relativo o seu significado original, ou de importar os termos gregos que os tinham condicionado. Assim se desfaria o quiproquó. Mas eles valorizaram demasiado os chamados pronomes pessoais "eu" e "tu", separando-os dos da "3ª pessoa", e deram a estes exatamente o nome de demonstrativos, que melhor convinha aos da 1ª e 2ª, que são apenas "demonstrativos", enquanto aqueles podem ser "demonstrativos" ou "relativos" (Salum, 1983: 332).

Sintetizando, para definir o estatuto categorial dos pronomes, será necessário examinar suas propriedades discursivas, semânticas e gramaticais, e também sua gramaticalização.

Do ponto de vista semântico-discursivo, os pronomes (1) representam as pessoas do discurso, pelo caminho da dêixis, (2) permitem a retomada ou antecipação de participantes, pelo caminho da foricidade (anáfora e catáfora).

Do ponto de vista gramatical, essa classe exibe as propriedades morfológicas de (i) caso; (ii) pessoa e número; (iii) gênero. Morfemas afixais e lexemas distintos expressam essas propriedades. Quanto ao caso, embora o português seja uma língua de caso abstrato, uma subclasse dos pronomes, a dos pessoais, preservou a distinção de casos herdada do latim vulgar, marcando-a através de seus lexemas. É o caso dos itens nominativos (*eu, tu, ele, nós*), o acusativo (*o*), os acusativos-dativos (*me, te, se, nos*), e o dativo (*mim, ti, si, lhe*). Essa marcação de caso particulariza os pronomes pessoais dentre os demais. Mesmo os possessivos, que equivalem semanticamente ao genitivo, não apresentam a variação lexêmica de caso encontrada entre os pessoais.

Quanto à sintaxe, a Gramática greco-latina enfatizava duas relações de base, como se pode ver em Apolônio Díscolo: a da *proximidade* ou *adjacência*, quando a forma acompanha o substantivo, e a da *substituição*, quando a forma substitui o substantivo.

A substituição foi sempre lembrada como a propriedade por excelência dos pronomes, e estaria na base da escolha do vocábulo *pro + nome*, "em lugar do substantivo" para a designação dessa classe. Segundo as primeiras análises, a substituição evitaria a repetição monótona dos substantivos. O fato é que, ao selecionar as propriedades de proximidade e substituição, pretendiam os gramáticos distinguir os pronomes dos substantivos, esta considerada como uma classe central.

Restringindo a observação ao comportamento dos pronomes pessoais, surgiu na atualidade uma discussão sobre o que os pronomes da P1 e da P2 substituem, quando contrastados com os pronomes da P3. Aqueles substituem as pessoas do discurso, ou, antes, as representam no enunciado? Como você vê, questões resolvidas pela Gramática greco-latina voltaram à baila.

As propriedades sintáticas de adjacência e substituição cindem os pronomes em:
(1) Possessivos, demonstrativos e quantificadores, que acompanham e substituem os substantivos, e
(2) Pessoais, que (i) na P1 e P2 não acompanham nem substituem os substantivos; e (ii) na P3 apenas os substituem.

Isso explica por que na tradição gramatical os pronomes pessoais foram considerados como "pronomes essenciais", reduzindo-se os outros a "pronomes acidentais". Na nomenclatura linguística, os pronomes essenciais são considerados como o núcleo do sintagma nominal, enquanto os pronomes acidentais possessivos, demonstrativos e indefinidos (juntamente com o artigo) são integrados na classe dos Especificadores. Comparando a terminologia *essenciais* e *acidentais* de um lado a *núcleo* e *Especificadores* de outro, vê-se que a intuição inicial continua intocada. Assim, em:

(52) **Este** menino exige **tudo**, **aquele** já não quer **nada**.

os pronomes (essenciais) *tudo* e *nada* funcionam como núcleos do sintagma nominal, pois não podem figurar ao lado de um substantivo, ao passo que *este* e *aquele* são Especificadores (pronomes acidentais), pois podem acompanhar o substantivo *menino*, expresso ou omitido. O terceiro sintagma nominal de (52) tem a seguinte estrutura:

(52a) $^{SN}[[aquele]\ [\emptyset]]^{SN}$
$\quad\quad {}^{SN}[[Esp]\ [núcleo\ vazio]]^{SN}$

Assim delimitado o campo, vejamos agora as propriedades dos pronomes. Sejam os seguintes exemplos:

(53)
    a) **Eu** vou descrever para **você** a minha viagem. (D2 ssa 98)
    b) Olha, é o seguinte: daqui para frente é melhor **eu aqui** e **você lá**, tá bom?
    c) Por **hoje** ainda passa, mas **amanhã** eu te acerto.
    d) Essa menina vive pegando no meu pé. **Ela** está com a bola toda!
    e) Você já viu que negócio?! Eu trabalho pra burro e **eles** me abaixaram o ordenado!!!
    f) **Eu me** pergunto se este país ainda tem jeito.
    g) Não **lhe** dê atenção, assim **você** sossega.

Em (53a) e (53b), *eu* e *você* remetem às pessoas do discurso. Em (53b) e (53c), *aqui* e *lá* remetem à sua localização espacial, e *hoje* e *amanhã* remetem à sua localização temporal. Em (53d), *ela* retoma *a menina*, sintagma nominal dado na sentença anterior. Em (53e), *eles* retoma um sintagma nominal indefinido, não localizável no contexto anterior, mas que pode ser pragmaticamente identificado como "o governo, o patrão". Em (53f), *eu* é o sujeito e *me*, o argumento interno dos respectivos verbos. Finalmente, em (53g) *lhe* é argumento interno da primeira sentença, e *você* é o argumento externo da segunda sentença.

Nota-se que a cada função corresponde à seleção de uma forma diferente do pronome. Em seu conjunto, esses exemplos apontam para as principais propriedades dos pronomes:

(1) Dêixis* de pessoa, lugar e tempo, nas sentenças de (53a) a (53c).
(2) Foricidade* ou retomada de conteúdos anteriores, nos exemplos (53d) e (53e).
(3) Caso*, que permite aos pronomes desempenharem funções argumentais nas sentenças (53a e 53b, 53d a 53g).

Por que será que a classe dos pronomes se tornou assim tão complexa? Pode-se mesmo aceitar que ela seja uma classe secundária em relação ao substantivo, limitando-se a substituí-los? Vamos meter o nariz em mais esta complexidade.

Aparentemente, as línguas naturais organizam seu quadro pronominal privilegiando a codificação (i) das pessoas do discurso; (ii) dos lugares ocupados por elas no espaço físico; e (iii) de seu tempo. Por estas propriedades, os pronomes são fundamentalmente dêiticos. Mas aí surge o pronome pessoal da terceira pessoa, que traz para dentro do quadro outra propriedade, a de retomar conteúdos já mencionados. Ao caráter dêitico, mostrativo dos pronomes, agrega-se outra propriedade, a da retomada de elementos do texto, ou anáfora. Enquanto a dêixis aponta para o lugar físico ocupado por esses participantes, a anáfora aponta para um lugar abstratizado, que é o lugar-no-texto. A terceira pessoa não acarretou aos pronomes uma perda de propriedades, e sim um acréscimo, e quem saiu ganhando foram as categorias cognitivas de MOVIMENTO, PESSOA, ESPAÇO e TEMPO (veja **1.2.2.1**).

– *Então quer dizer que a terceira pessoa balançou o coreto?*
– *Ah, lá isso, balançou mesmo!*

Estava o coreto nessa situação até que Benveniste (1966) pôs ordem na bagunça, com seu célebre ensaio sobre os pronomes. Ele começa por mostrar que a "esquisitice" de um pronome de terceira pessoa é geral: (i) o latim não dispunha de formas para essa pessoa; (ii) no francês (e no português), essa forma é a única que exibe uma morfologia tipicamente nominal, expressando o plural e o feminino; (iii) em outras línguas de morfologia escassa, como o inglês, o surgimento dessa forma obriga a pespegar um morfema {-s} ao verbo, como em *I want/he wants*. Em face disso, Benveniste decretou a não-pronominalidade de *ele/ela*. E valorizou a dêixis como a grande marca dos pronomes.

E depois deste porre de teorias, vamos aos fatos. Pelo menos estamos agora preparados para vê-los melhor.

LEITURAS SOBRE A GRAMATICALIZAÇÃO DOS PRONOMES E DAS EXPRESSÕES DE TRATAMENTO
Freitas (1995), Omena / Braga (1996), Vitral (1996), Vitral / Ramos (1999), Ramos (2000, 2001b), Salles (2001b), Menon et al. (2003), Lopes (1999/2002, 2001), Zilles (2002, 2005).

11.4. DESCRIÇÃO DO NÚCLEO PRONOMINAL

11.4.1. SINTAGMAS NOMINAIS NUCLEADOS POR PRONOMES PESSOAIS

Como vimos, os pronomes pessoais da primeira e da segunda pessoa são dêiticos, e os da terceira são anafóricos, salvo no caso previsto por Apolônio Díscolo, em que a terceira pessoa está presente no ato de fala, ocorrendo a dêixis por ostensão, como em

(54) *Eu vou, mas **ele** aí não vai.* (quem está dizendo isso aponta com o dedo o coitado do *ele*)

A dêixis e a foricidade tiveram um tratamento gramatical bem nítido no quadro dos pronomes pessoais da língua portuguesa: (i) os dêiticos não flexionam em gênero e número; (ii) os fóricos flexionam em gênero e número.

– *Professor, poderíamos então inventar uma 1ª pessoa feminina, contrastando eu com *eia.*
– *Não vai dar: como seria, então, o feminino de tu: *tua? *teia?*

Os pronomes pessoais são bastante suscetíveis a mudanças. Estudos recentes têm apontado para sua reorganização no PB, sobretudo em sua modalidade falada, com fortes consequências na estrutura sintática da língua. A centralidade desses pronomes no sistema das línguas explica por que a reorganização do quadro dos pronomes repercute nos demais pronomes, na morfologia verbal, na concordância verbal e na estrutura funcional da sentença. Ufa! Não é pouca coisa!!!

Comecemos pela apresentação do quadro dos pronomes pessoais no PB na atualidade (veja o Quadro 11.4, para sua transformação em prefixos verbais):

Quadro 11.3 – Quadro dos pronomes pessoais no PB

PESSOA	PB FORMAL		PB INFORMAL	
	Sujeito	Complemento	Sujeito	Complemento
1ª pessoa sg.	eu	me, mim, comigo	eu, a gente	eu, me, mim, Prep + eu, mim
2ª pessoa sg.	tu, você, o senhor, a senhora	te, ti, contigo, Prep + o senhor, com a senhora	você/ocê/tu	você/ocê/cê, te, ti, Prep + você/ocê (= docê, cocê)
3ª pessoa sg.	ele, ela	o/a, lhe, se, si, consigo	ele/ei, ela	ele, ela, lhe, Prep + ele, ela
1ª pessoa pl.	nós	nos, conosco	a gente	a gente, Prep + a gente
2ª pessoa pl.	vós, os senhores, as senhoras	vos, convosco, Prep + os senhores, as senhoras	vocês/ocês/cês	vocês/ocês/cês, Prep + vocês/ocês
3ª pessoa pl.	eles, elas	os/as, lhes, se, si, consigo	eles/eis, elas	eles/eis, elas, Prep + eles/eis, elas

Nota-se que as formas contraídas *cê* e *ei* não funcionam como complemento, a não ser que preposicionadas, fato já apontado por Vitral / Ramos (1999) e Reich (2004). Assim, não ocorrem **ele procura cê*, **eu procuro ei*, **isto é pra cê*, requerendo-se para isso a forma *ocê*: *ele precisa docê, ele vai cocê, isto é procê* (= *de, com, para + ocê*).

Neves (2008b) mostra que

> No *corpus* estudado, e mais amplamente nos inquéritos do Nurc, não há ocorrências de *vós*. Quanto à expressão *a gente*, ela comuta com a forma *nós* nos mesmos contextos, o que confirma que os falantes do português brasileiro as entendem como sinônimas:
> (1-45)   *Então toda aplicação já supõe uma interpretação que para **nós**, se **a gente** analisa objetivamente é que vê que vai se constituir numa análise.* [EF POA 278]
> (1-46)   *Então, quando **nós** fazemos, por exemplo, uma pesquisa, quando **nós** fazemos uma consulta bibliográfica, a rigor, eu tenho que dizer que é a rigor, porque normalmente **a gente** tira exatamente o pedaço do livro que (...) **a gente** tira retalhos.* [EF POA 278]
> (1-47)   *meu marido ele... ele é vice-presidente lá da ANPA (...) Até domingo passado mesmo **nós** fizemos um... um chá em benefício (...). Que(r) dize(r) que o mais que **a gente** anda assim de... diversão é com esta turma da diretoria.* [DID POA 45, com adaptações]."

Com respeito ao par *tu/você*, Neves (2008b) faz uma revelação impressionante: examinando o *corpus* do Projeto Nurc ela encontrou 0,25% ocorrências de *tu*, concentradas em falantes de Porto Alegre, contra 99,75% ocorrências de *você*. Ou seja, a fala culta de brasileiros que viviam entre 1970 e 1978 em cinco capitais brasileiras (Recife, Salvador, São Paulo, Rio de Janeiro e Porto Alegre) tinha praticamente enterrado a forma *tu*. E como *você* leva o verbo para a terceira pessoa, imagine o terremoto que está ocorrendo na morfologia verbal e em nossas regras de concordância!

Aliás, não imagine, faça você mesmo um exercício de conjugação de verbo no português formal e no português informal, e responda: que variedade está simplificando sua morfologia? Quais as consequências disso nas regras de concordância?

Pelo menos três processos são identificáveis na reorganização do quadro dos pronomes pessoais do PB: (i) criação, substituição e alteração de formas pronominais; (ii) perdas e ganhos no quadro dos reflexivos; (iii) transformação progressiva dos pronomes pessoais em morfemas prefixais de pessoa. Examinemos isso de perto.

11.4.1.1. Reorganização do quadro dos pronomes pessoais: alteração, criação, substituição e perda

1. Primeira pessoa

Na primeira pessoa do plural, *nós* tem sido substituído pelo sintagma nominal indefinido *a gente*, como se vê em:

(55) *A gente* como pronome pessoal
   a) **A gente** não está sabendo bem como sair desta.
   b) **Nós** rimos muito ontem à noite, e aí **a gente** começamos a se entender.
   c) **Nós** tem uma sinuquinha lá que nós fizemos, **a gente** não se fala legal.

Omena (1978) estudou o fenômeno, mostrando que *nós* e *a gente* ocorrem com frequência maior na posição de sujeito, mas a substituição por *nós* é mais acentuada na função de adjunto adverbial. Na língua padrão, *a gente* leva o verbo para a P3. Na língua não padrão, *nós* e *a gente* levam o verbo para a P4, como em (55b), ou para a P3, como em (55c). Assim, a antiga expressão indeterminada penetrou no quadro dos pronomes pessoais, funcionando basicamente como *nós*, mas também como *eu*. Diferenças discursivas têm sido apontadas na seleção de uma ou de outra forma: nas sentenças que funcionam como figura* das narrativas, isto é, em seu nó dramático central, predomina *nós*; nas sentenças de fundo* (= atividades, comportamento, costumes, opiniões e generalizações), predomina *a gente*.

Uma relação interessante é aquela que se estabelece entre a primeira pessoa do singular *eu* e *me*, e as formas plurais correspondentes *nós* e *nos*. Em textos escritos, é comum identificar a variação entre essas formas, como se vê neste exemplo:

(55d) **Eu** administrarei a cidade em sintonia com o governador do Estado e o presidente da República. **Nós** temos grande afinidade com o governador, e por isso posso **me** comprometer a cumprir as metas apresentadas durante a campanha eleitoral. Nos últimos tempos **nos** dirigimos sempre que necessário ao presidente. **Posso** assegurar aos munícipes que **temos** conseguido o necessário apoio sempre que o **pedi**.

O vaivém entre a primeira pessoa do singular e a do plural tem mais de uma motivação. A forma plural coloca em discreto segundo plano a presença do locutor, ao passo que a forma singular a põe em relevo. Os pronomes pessoais e as correspondentes formas do verbo prestam-se bem a esse jogo de figura* e fundo*. É patente que nessas situações a categoria de espaço proximal e distal está por trás das estratégias discursivas do falante.

2. Segunda pessoa

Na segunda pessoa do singular, *tu* tem sido substituído por *você*, forma que surgiu por alterações fonológicas da expressão de tratamento *Vossa Mercê*, um sintagma nominal que deu origem a *você*, seguindo então para *ocê* > *cê*. A gramaticalização desse sintagma se produziu simultaneamente nos seguintes campos: (1) alterações fonológicas bilineares (= fonologização) de *Vossa Mercê*: numa linha, tivemos as derivações *Vossa Mercê* > *vosmecê* > *você* > *ocê* > *cê*; em outra linha, tivemos *Vossa Mercê* > *vosmicê* > *vassuncê*; (2) alterações sintáticas: um sintagma nominal é reanalisado como pronome pessoal; (3) alterações pragmáticas: *Vossa Mercê* era um tratamento dispensado aos reis. Com o desenvolvimento da burguesia, os novos-ricos quiseram esse tratamento para eles também. Indignado, o rei passou a reclamar *Vossa Majestade* para ele, lembrando decerto aos burgueses que uma forca tinha sido convenientemente erigida defronte ao paço, caso eles resolvessem repetir a gracinha. De todo modo, *Vossa Mercê* e derivados eram um tratamento cerimonioso, dado "pelos de baixo" "aos de cima". Veja como é a roda da fortuna: pois não é que o derivado *você* passou a ser no PB um tratamento de igual para igual? Para o tratamento cerimonioso, inventou-se *o senhor*. Em regiões brasileiras em que o tratamento *tu* continua vigente, o uso de *você* traz de volta o antigo distanciamento. E onde o *tu* bateu com as botas, ele e seus derivados ressuscitam, quando se quer afetar distanciamento, como nesta bronca familiar:

(56) *Olhe aí o que o **teu** filho aprontou! Eu **te** falei para vigiar esse menino!*

Quando chega a hora do arreglo, um dos falantes pode dirigir-se ao outro nestes termos:

(56a) *Eu **te** falei pra **você** meu bem, precisamos de mais rigor na casa!*

E o redobramento* pronominal traz de volta a paz familiar!

Esses e outros exemplos mostram que, alterando o tratamento, seja ele qual for, assinala-se uma mudança no relacionamento. Portanto, cuidado! Sobre *você* alternando com *tu*, veja Galves / Abaurre (1996).

3. Terceira pessoa

Na caracterização do estatuto gramatical dos pronomes, mostrei que essa classe preservou os casos da gramática latina, perdidos no quadro dos substantivos e dos adjetivos.

O latim não dispunha de forma pronominal para a terceira pessoa. O português, dando continuidade ao romance, reanalisou o demonstrativo no nominativo *ille* > *ele*, no acusativo *illum* > *lo* > *o*, e no dativo *illi* > *lhe*, que passaram a pronomes pessoais. Um belo grupo, sem dúvida! Entretanto, a P3 continuou a ser um bicho estranho no ninho. Lembre-se que P1 e P2 são dêiticos, remetem às pessoas do discurso. P3 é fórico, remete ao assunto. Disso lhe têm vindo muitos sobressaltos, que serão aqui examinados.

Voltemos à fabricação dos pronomes pessoais da P3. Como você viu no parágrafo anterior, a coisa foi assim: o quartel dos demonstrativos foi duramente assaltado, arrancando-se de lá *ele*, *o*, *lhe*, mediante hábeis manipulações conhecidas como gramaticalização*. As figurinhas atravessam o Atlântico e desembarcam no Brasil. Em plagas americanas, o PB popular deu de produzir novas alterações nessas formas, se é que elas já não tinham embarcado em Lisboa, isso ainda não se sabe: (i) a forma singular do pronome *ele* mudou para *ei*, e o plural *eles* mudou para *eis*, funcionando como sujeito (57a); (ii) *ele* preservou o nominativo e ganhou o caso acusativo, funcionando como objeto direto (57b); (iii) o acusativo *o* tem os alomorfes *lo* e *no*, e está desaparecendo, talvez por conta dessa riqueza toda, sendo substituído pela forma única *ele* acusativo (57c); (iv) *lhe* mudou para *li* e ganhou o caso acusativo (57d); (v) os reflexivos entraram num turbilhão danado, e por isso mesmo merecem uma seção só para eles:

(57)
a) ***Ei** disse que num vem.*/***Eis** disse que num vem.*
b) *Ainda não vi **ele** hoje.*/*Ainda não vi Ø hoje.*
c) *Será que vão achá-**lo**?*/*Acharam-**no**? Será que vão achá **ele**?*
d) *Eu **li** disse que ficasse quieto!*/*Eu não **li** vi, eu não **li** conheço.*

A redução fonológica de *ele* pode ser explicada pelo peso fonético dessa forma dissilábica, quando a contrastamos com as formas monossilábicas *eu, tu/cê*.

O desaparecimento progressivo de *o* foi explicado fonologicamente por Câmara Jr. (1957b): predominando no PB a próclise, esse pronome quando junto ao verbo organiza uma palavra fonológica, como em *o vi*, transcrito /ovi/ e dito [u'vi]. Sendo constituído por uma vogal átona, o pronome sofre aférese*, fato comum nesses casos, como se vê em *magina*, no lugar de *imagina*. Sucede que a perda fonológica dessa vogal acarreta um transtorno morfológico (aparece uma casa vazia no quadro dos pronomes) e sintático (não temos como representar o objeto direto pronominal). Para resolver tudo, atribui-se a *ele* o caso acusativo, donde (57b), ou omite-se o clítico, como em (57b). Bueno (1955/1995: 210-212) dá abundante documentação da sintaxe de (57b) no português arcaico.

Uma perda: o clítico *o*. Dois ganhos: *ele*, que já era nominativo, agora é também acusativo; *lhe*, que era dativo, agora é também acusativo.

Marcuschi (2006b: 229) encontrou evidências indiretas da perda dos pronomes pessoais: como os sintagmas nominais são muito repetidos no discurso oral, evita-se a necessidade de substituí-los por pronomes.

No português arcaico, *homem* alterou-se para *ome*, que andou ameaçando *se*, em

(58)   **Ome** *não deve fazer isso.* (= *não se deve fazer isso*)

Esse exemplo mostra que a pronominalização de sintagmas nominais não é coisa rara em nossa língua.

11.4.1.2. Perdas e ganhos no quadro dos reflexivos

Quanto aos reflexivos, vejamos os exemplos a seguir, transcritos de Marilza de Oliveira (2006) e de Nunes (2007):

(59)
a) *Que **me** importa **me**-lá.*
b) *Abre **Ti**sésamo.* (interpretação de *abre-te Sésamo*, com idêntica deslocação para a direita do reflexivo)
c) *Eu **se** alembro, você **se** alembra, ele **se** alembra.*
d) *S'embora, pessoal!* (PB padrão, *vamos embora, pessoal!*)
e) *Aí eu **mi**fu./Aí ele **si**fu.* (de *foder-se*)
f) *A gente **si**vê por aí./Eu **si**squeci./Eu **se**lembrei.*
g) *Eu ø conformei com a decisão dele./Ele ø conformou com a decisão tomada.*
h) *Eu **se** conformei com a decisão dele.*
i) *Ele **se** conformou-**se** com a decisão dele.*
j) *Sentem-**sem**.*
k) *Então eu procuro Ø levantar mais cedo.* (D2 SP 360)
l) *Vende-**se** casas como uma boa vista, só que à vista.*

Vejamos o que está acontecendo com os reflexivos no PB:

1. Perda do traço de pessoa

Os reflexivos estão perdendo seu traço de pessoa. Para um pronome, perder o traço de pessoa equivale a perder seu estatuto categorial. Isso pode ser o começo de seu fim. Inicialmente, ele se generaliza para qualquer pessoa, campeonato em que o *se* está levando a melhor, por ora na modalidade não padrão do PB (59c e 59h). Nesses exemplos, *se* acomodou-se à P1, à P2 e à P3, ou seja, a todas as pessoas gramaticais. Já diz a sabedoria popular que quem é tudo não é nada. Se Camões estivesse entre nós, alteraria seu célebre verso para

– *Mais pessoas houvera, e mais pessoas o se ganhara.*

2. Perda do traço de reflexividade

Como se sabe, *me*, *te* e *se* podem ser usados reflexivamente (59a a 59c). A repetição do pronome *se* e sua nasalação em contexto nasal apontam para a dificuldade do falante em operar com esse vocábulo: espie os exemplos (59i) e (59j). Os exemplos (59c), (59d), (59f) e (59h) apontam para uma perda generalizada do traço de reflexividade, que se estende por todas as pessoas. Talvez as sequências *eu mesmo*, *você mesmo* e *ele mesmo* venham a substituir *me* e *se* reflexivos, considerando-se ademais a debilidade já mencionada de *te*. Essas alterações afetaram a passiva pronominal (veja **10.2.2.3**).

3. Perda do traço de apassivação

Todos nós já sofremos com a celeuma do problema do pronome *se* apassivador (e da voz passiva pronominal) em nossas gramáticas. Afinal, o verbo concorda ou não concorda com o substantivo no plural em (59l)?

Esses sofrimentos gramaticais estão chegando ao fim. Está na hora de examinar diacronicamente a questão: como surgiu o *se* apassivador? Por que a concordância do verbo seguido de *se* está desaparecendo, juntamente com esse pronome?

Para entender essas coisas, nada como a boa diacronia! Maurer Jr. (1951b) escreveu a esse respeito um ensaio muito esclarecedor. Ele mostrou que o latim vulgar tinha agregado novas funções ao *se* reflexivo, entre elas a de apassivador. Nessa variedade, o *se* ocorria:

(1) Na indicação da reciprocidade, com verbos transitivos, como em *inter se amant*.

(2) Na indicação da espontaneidade, com verbos intransitivos, com sentido semelhante ao da voz média indo-europeia, como em *vadit se unusquisque in ospitium suum*, "cada um vai para seu alojamento". A voz média indo-europeia era usada para indicar que o sujeito praticava uma ação em seu próprio interesse, sem ser forçado a isso. No exemplo anterior, retirado da *Peregrinatio ad locca sancta*, célebre fonte do latim vulgar, se quer dizer que cada um se vai porque assim o quer.

(3) Na indicação da passividade, derivada da noção de espontaneidade: afinal, se alguém pratica uma ação de seu interesse, obviamente sofre as consequências. Segundo Maurer Jr., já na linguagem popular latina se encontrava esse *se* apassivador, em construções como *Myrina, quae Sebastopolim se vocat*, "Myrina, que se chama (= é chamada) Sebastopol", em que *se vocat* está no lugar da forma passiva *vocatur*.

Nas circunstâncias sintáticas de (3), basta enunciar o agente da ação para consumar-se o valor passivo da construção. E de fato, durante certa fase da língua, a passiva pronominal vinha acompanhada do complemento agente, como se vê na célebre passagem de *Os lusíadas*: "Por ele o mar remoto navegamos/Que só <u>dos feios focas se navega</u>". Com suas focas masculinas, Camões registrou a sintaxe que faltava para a consumação da voz passiva pronominal.

Estavam as coisas nesse pé quando o reflexivo *se* entra na dança dos outros pronomes pessoais da P3, e começa a alterar as propriedades examinadas nos itens 1 a 3. A perda de traços do pronome *se*, que culminará com seu desaparecimento (= grau final da gramaticalização), trouxe várias alterações na estrutura da passiva pronominal: (i) seu sentido passivo ficou comprometido, surgindo em seu lugar o sentido de indeterminação do sujeito; (ii) desapareceu a concordância do verbo com seu sujeito passivo, agora reanalisado como objeto direto; lembre-se que essa concordância era importante, pois indicava que *flores* era o sujeito passivo da sentença. Esses fatos aparecem em (60):

(60)
    a) *Vende-se flores.* (= alguém vende flores)
    b) *Cortou-se os meninos.* (= alguém cortou os meninos)

Nesta situação se encontra o PB, em que a interpretação passiva (e consequente concordância do verbo com o sintagma nominal no plural) se mantém apenas no estilo formal.

4. Omissão dos reflexivos

Assim desidratados, os reflexivos deram de desaparecer nas expressões do PB em que seriam esperados: veja os exemplos de (59g). O fenômeno ocorre também no português falado culto documentado pelo Projeto Nurc, em que a manutenção do reflexivo com os verbos *lembrar-se* e *levantar-se* ocorre em apenas 37% dos casos, contra sua não-ocorrência em 63% dos casos (veja o exemplo 59k). Particularmente com referência ao *se*, Nunes (1995) constatou que no português ele desaparece em 52% dos casos em média, valor que é afetado pela escolaridade dos falantes: primeiro grau (65%), segundo grau (57%) e ensino superior (32%).

Essas pesquisas mostram que a gramaticalização desses pronomes estaria se aproximando do grau zero.

5. Reanálise, ou "como uma perda se transforma num ganho": pronomes pessoais passam a morfemas afixais de pessoa e caso

A perda do traço de pessoa e de reflexividade dos pronomes acarretou sua reanálise, via aceleração de seu processo de gramaticalização. Depois de várias perdas, surge um ganho, pois os pronomes pessoais caminham para sua transformação em prefixos pronominais, reflexivos, de acordo com a sugestão de Raquel Santos, referida em Nunes (2007).

Nunes (1990b, 1993, 2007) notou que os reflexivos estão se procliticizando aos vocábulos que se seguem, integrando-se neles como uma sorte de prefixo (veja os exemplos 59a, 59b, 59d a 59f). O novo prefixo decorre do movimento dos pronomes pessoais átonos para a direita, procliticizando-se ao pronome-advérbio *lá* (59a) e ao advérbio *embora* (59d), a nomes próprios (59b) – por ora considerado um fenômeno do mineirês – e finalmente a verbos, como em (59e) e (59f). Ilari (com. pessoal) não reconhece o pronome *se* em *s'embora*, em que o *s'* deve proceder de *vamos embora*.

11.4.1.3. Transformação progressiva dos pronomes pessoais em morfemas prefixais de pessoa

A postulação de que os pronomes pessoais se transformam em morfemas prefixais já estava contida nas entrelinhas do ensaio de Câmara Jr. sobre o clítico *o*. Azevedo (2005) e Nunes (2007) explicitaram esses achados, sendo que estes agregam o *me*, no exemplo *mefalado*.

Observe que os prefixos número-pessoais funcionam tanto na posição de sujeito quanto na de complemento:

Quadro 11.4 – Transformação dos pronomes pessoais em morfemas verbais número-pessoais no PB informal

Pessoas	Prefixos em função de sujeito no PB não padrão	Prefixos em função de complemento no PB não padrão	Sufixos em função de sujeito no PB padrão
P1	{e-}: Eu vou > *Evô* {noi-}: Nós vamos > *noivamo*	Me encontrou > *Mincontrô*	{-o}: *falo* {-mos}: *falamos*
P2	{ce-}: Você vai > *Cevai* {ceis-}: Vocês vão > *ceisvão*	Te encontrou > *Tincontrô*	{-s}: *falas* {-ys}: *falais*
P3	{ey-}: Ele vai > *Eivai* {eys-/es-}: Eles vão > *eisvão/esvão*	Se encontrou > *Sincontrô*	{-Ø}: *fala* {-āw/-ī}: *falam/falim*

A quarta coluna do Quadro 11.4 mostra que o tratamento afixal da categoria de número e pessoa agora se amplia, com o surgimento dos prefixos anotados na segunda e na terceira colunas.

Será interessante comparar as soluções do PB com as de outras línguas românicas a este respeito. No francês falado, por exemplo, os pronomes transformaram-se igualmente em prefixos em função de sujeito: *je parle* [ʒ'parl], *tu parles* [tü'parl], *il parle* [i'parl] etc. Nessa língua, também o reflexivo vem perdendo o traço de pessoa, prefixando-se: *je s'appelle, tu s'appelles* etc.

Os morfemas prefixais do Quadro 11.4 por ora são mais frequentes no PB popular e no PB culto coloquial. Já os morfemas sufixais são compartilhados nas duas variedades, notando-se a não ocorrência de P2 plural nas variedades popular e culta e algumas alterações fonológicas nas outras pessoas: {-mo} em lugar de {-mos}, desaparecimento progressivo de {-s} e {-ys}. Lembremo-nos que as alterações linguísticas sempre começam pela variedade popular. Um dia...

Diante dos achados registrados nesse quadro, seria grande a tentação de proclamar:

– *Então já temos a língua brasileira! Nossa gramática representa as pessoas por meio de itens lexicais e de morfemas sufixais, e nisso o jogo fica empatado com o português europeu. Mas representamos ditas pessoas também com morfemas prefixais, e aqui tomamos a dianteira!*

Parece ótimo, mas precisaríamos ter a certeza de que essas formas não ocorriam também no português arcaico. Ainda conhecemos mal o português médio (1450-1620), que é na verdade nosso latim vulgar. Precisaríamos estudar o comportamento dos pronomes nessa fase histórica para melhor entender o ponto atual de sua mudança. Pode ser que os fenômenos aqui examinados já ocorressem no português que saiu das caravelas, ali na baía de São Vicente, em 1532.

Por outro lado, é um fato que o surgimento dos prefixos pronominais agrega uma evidência a mais ao movimento de anteposição das marcas gramaticais no PB, fato que vem ocorrendo na indicação (i) do plural **oz**óme, **essas** coisarada bonito (Amaral, 1922/1977: 48); (ii) do tempo futuro **vo**falá; (iii) do aspecto imperfectivo e perfectivo **ta**falano, **ta**falado; (iv) do modo verbal **po**pará, **que**pará; (v) da modalização sentencial asseverativa **disque** vai chover; (vi) da modalização sentencial dubitativa **áxki** vai chover etc. Já tratamos na seção 6.4.3 as consequências disso para a concordância nominal.

O problema da procliticização nos leva ao próximo tema.

11.4.1.4. Colocação dos clíticos no PB

Os pronomes pessoais átonos ou clíticos *me, te, se, o, lhe* expressam argumentos verbais, colocando-se antes ou depois de verbo no PE, e predominantemente antes no PB (Pagotto, 1992, 1993; Martins, 1994; Schei, 2000; Galves, 2001).

Ao longo da história do português, observou-se certa mobilidade de colocação dos clíticos, predominando inicialmente a ênclise, até o século XIV, começando então o domínio da próclise, até o século XVI.

A gramática normativa assim descreve o problema:

(1) a ênclise é a colocação posição básica dos clíticos, como em (61a);
(2) a próclise é de regra quando ocorrem os seguintes elementos atratores: (i) conjunção integrante ou pronome relativo (61b); (ii) advérbio de negação/tempo/focalização (61c); (iii) sujeito quantificado (61d);
(3) não se começa sentença com um clítico (61e): (i) nas perífrases de gerúndio e particípio, os pronomes se colocam antes ou depois do verbo auxiliar, seguindo essas mesmas regras (61f e 61g); (ii) em perífrases de infinitivo, o verbo é sempre enclítico, mesmo que ocorram atratores (61h):

(61) Colocação dos pronomes segundo a Gramática Tradicional
 a) *Maria encontrou-**me**.*
 b) *Disseram que Maria **me** encontrou. A Maria que **me** encontrou não é a mesma.*

c) *Maria não **me** encontrou. Maria já **me** encontrou. Maria só **me** encontrou quando eu bobeei.*
d) *Muitas Marias **me** encontraram.*
e) ****Me** diga se você aceita isso.*
f) *Maria está-**me** encontrando. Maria não/já/só **me** está encontrando. ****Me** está encontrando a Maria.*
g) *Foi-**lhe** dito que ficasse quieto. Não/já/só **lhe** foi dito que ficasse quieto. ****Lhe** foi dito que ficase.*
h) *Maria vai encontrar-**me**. Disseram que Maria vai encontrar-**me**. A Maria que vai encontrar-**me** não é a mesma. Maria não vai encontrar-**me**. Maria já vai encontrar-**me**. Maria só vai encontrar-**me** se eu deixar pistas.*

Será que as coisas sempre foram desse jeito? Focalizando os tempos modernos, vê-se que o português europeu é predominantemente enclítico, ao passo que o PB é predominantemente proclítico. Nas perífrases e nos tempos compostos, o PB favorece a colocação do pronome antes do verbo pleno na forma nominal, enquanto no português europeu a ênclise ocorre em relação ao verbo auxiliar. A respeito do PB, Azevedo (2005: 233) diz o seguinte: "Assim, na seguinte estrofe de quatro versos, cada linha é escandida em quatro batidas, como demonstrado pelos hífens: vo-cê-ti-nha / **me**-cha-ma-do / de-ban-di-do / de-ta-ra-do".

Essa opinião é compartilhada por vários linguistas: enquanto em Portugal se diz *tinha-me chamado*, no Brasil se diz e se escreve *tinha me chamado*.

Pesquisas de caráter diacrônico mostraram que os nossos clíticos nunca foram tão bem-comportados assim, tendo-se apurado uma oscilação entre a ênclise e a próclise ao longo dos séculos, assim representável: ênclise > próclise > ênclise. Essa oscilação tem um interesse teórico muito grande, pois mostra que a mudança linguística não tende a um fim, não dispõe de uma teleologia. Ou seja: ponto para a percepção da língua como um fenômeno complexo, multissistêmico. Vamos aos dados.

Salvi (1990) estudou textos do século XIII ao XX, constatando que o auge da preferência pela próclise se deu no século XVI, registrando-se um rápido declínio após esse período, voltando a predominar a ênclise observada inicialmente. Martins (1994: 56) apurou dados ligeiramente diferentes dos de Salvi, sem, entretanto, discrepar deles. De acordo com sua tabela, o século XV foi crucial na mudança ênclise > próclise. Os resultados obtidos por esses linguistas estão recolhidos na Tabela 11.1:

Tabela 11.1 – Colocação dos clíticos no português europeu

Colocação dos clíticos segundo Salvi (1990)									
	1267-1348	1425-1450	1510-1520	1550-1600	1655	1727	1746	1846	1878
Próclise	29%	50%	61%	100%	57%	81%	49%	10%	5%
Ênclise	71%	50%	39%	0%	43%	19%	51%	90%	95%
Colocação dos clíticos no português arcaico segundo Martins (1994)									
	1250-99	1300-49	1350-99	1400-49	1450-99	1500-50			
Próclise	6,7%	18,8%	37,8%	71,4%	94,4%	100,0%			
Ênclise	93,3%	81,2%	62,2%	28,6%	5,6%	0%			

Pagotto (1992, 1993) estudou a diacronia da posição dos clíticos no PB, fundamentando-se em documentos dos séculos XVI a XX. Seus resultados aparecem na Tabela 11.2:

Tabela 11.2 – Colocação dos clíticos no PB segundo Pagotto (1992: 69)

	1530-1550	1551-1599	1600-1650	1650-1699	1700-1750	1751-1799	1800-1850	1851-1899	1900-1950	1951-1992
Próclise	83%	84%	92%	88%	85%	85%	89%	55%	29%	46%
Ênclise	17%	16%	8%	12%	15%	15%	11%	45%	71%	54%

A Tabela 11.2 evidencia desde logo uma inclinação pela próclise no PB. Uma alteração estaria ocorrendo a partir do século XX, em direção à ênclise. Talvez as regras da Gramática Tradicional mencionadas anteriormente espelhem essa virada, começada em Portugal no século XIX, segundo os resultados de Salvi (1990).

Comparando os resultados desses autores, vê-se que a virada proclítica do PE se situa no século XV, e nas primeiras décadas do século XVI, quando começam a chegar os primeiros colonizadores portugueses ao Brasil. Ou seja, a "próclise brasileira" teria suas raízes no PE do século XV, dados mais evidentes nos achados de Martins (1994), e que apontam para a hipótese da ancianidade do PB, examinada em **3.3.3**.

É evidente que as coisas não são tão simples assim. Os dados anteriores, por exemplo, dão ênfase à colocação pronominal na sentença simples e nas sentenças complexas coordenadas. Mas esses mesmos autores examinam diversos fatores, tais como a natureza do sujeito, o papel temático assumido pelo clítico na sentença, a ocorrência de atratores etc. Segue-se que os diversos resultados têm de ser comparados a partir da seleção do mesmo fator nas duas variedades do português.

Outro complicador surgiu com a entrada dos estudos sobre a língua falada. É que na modalidade culta desse canal predominam *me* e *se*, observando-se baixa frequência de *o*, *nos*, *te*, *lhe* (Galves / Abaurre, 1996). Concentrando-se no PB literário, Ane Schei constatou que não existe um modelo único entre os escritores, de que estudou minuciosamente seis deles (Autran Dourado, Rubem Fonseca, Lya Luft, Josué Montello, Raquel de Queirós e Moacyr Scliar). Ela conclui que há predominância da próclise quando se trata de *me*, e de ênclise quando se trata de *o* (Schei, 2000: 147).

11.4.2. SINTAGMAS NOMINAIS NUCLEADOS POR PRONOMES NEUTROS

Sejam os seguintes exemplos, separados por classes de palavras:
(62) Demonstrativos neutros
   a) ...***isto*** *seria a Espanha... e aqui... a França.* (EF SP 405)
   b) *então vai perguntar de uma maneira maniqueísta correto ou errado...* ***isso*** *aí não é nem correto nem errado.* (EF REC 337)
   c) ***O*** *que eu quero dizer é o seguinte (...)*
(63) Quantificadores indefinidos
   a) *aí você talvez você não faça* ***algo*** *por questões [de diplomacia].* (D2 SP 62)
   b) *mesmo esquema... de comportamento pode se repetir... dezenas de gerações em seguida até* ***alguém*** *interromper.* (D2 SP 343)
   c) *É* ***tudo*** *ou* ***nada***!
   d) *Olinda* ***ninguém*** *mora (...)* ***ninguém*** *diz é lá que eu moro não diz é lá que eu pernoito.* (D2 REC 5)
   e) *eu acho que é* ***tudo*** *é um conjunto né?...* (DID SP 234)

Em todos esses exemplos, não resta dúvida de que as expressões negritadas funcionam como núcleos de um sintagma nominal, organizando a Estrutura 1.

Habitualmente estudadas separadamente, reunimos essas classes num só conjunto, dadas as seguintes propriedades que elas ilustram:
1. Todas funcionam como núcleo do sintagma nominal.
2. Todas são dêiticas, expressando pessoa indeterminada (63b e 63d) e a não pessoa ou coisa (63a, 63c, 63e). Lembremo-nos que essas categorias cognitivas não são excludentes. Assim, quando se indica lugar ou tempo, é impossível interpretar as expressões respectivas sem relação com a pessoa do discurso.
3. Muitas são fóricas exofóricas (62a), anafóricas (62b), catafóricas (62c).

A seguir, examinaremos os demonstrativos neutros e os quantificadores indefinidos como núcleo do sintagma nominal.

11.4.2.1. Sintagmas nominais nucleados por demonstrativos neutros

O demonstrativo neutro pode retomar toda uma sentença. Além disso, ele pode ainda agregar-lhe a modalidade asseverativa, equivalendo a um *sim*, fato já apontado por Pavani (1987):
(64)
    a) L2 – *cada um já fica mais ou menos responsável por si (...) pelo menos na... a... ah por si... fisicamente... né?*
       L1 – **isso**.
    b) L1 – *certo... e quem não arrisca não petisca, não é?*
       L2 – *exatamente... né? então vamos tentar::: (...) ver se conseguem.*
       L1 – **Isso**.
    c) L2 – *tem que... falar com essa pessoa e agir com essa pessoa dentro da máxima ética... porque essa pessoa provavelmente será cliente futuro... não é?*
       L1 – **Isso** *mesmo*. (D2 SP 360)

Nesses exemplos, o demonstrativo se desdobra em várias funções: do ponto de vista semântico, ele retoma tudo o que o interlocutor disse, asseverando; do ponto de vista da sintaxe, funciona como uma prossentença.

11.4.2.2. Sintagmas nominais nucleados por quantificadores indefinidos

Os quantificadores indefinidos que nucleiam um sintagma nominal não se combinam com um substantivo, dado seu estatuto privativamente pronominal. Alguns gramáticos consideram que esses quantificadores têm o mesmo papel dos substantivos, opção que não será acolhida aqui, dadas as propriedades pronominais dessa classe.

Eles desempenham na sentença as funções típicas de um sintagma nominal: sujeito, complemento, equativo e antitópico:
(65) Quantificador sujeito
    a) **alguém** *aqui não entendeu isso?* (EF REC 337)
    b) *o governo acabou nomeando uma comissão para tratar do assunto... mas aconteceu* **algo** *que depois se repetiria muitas vezes... até nossos dias...* (EF SP 153)
    c) *não tem* **ninguém** *para servir o café para ele na hora que ele levanta...* (EF SP 405)
(66) Quantificador complemento de objeto direto e agente da passiva
    a) *...prometi também... que diria a vocês se... eu iria exigir cobrar...* **algo** *do que vocês já fizeram...* (EF REC 337)
    b) *então o próprio leite que ela... vamos dizer produzia... era consumido pelo bezerro... e... por* **ninguém** *mais...* (DID SP 18)

(67) Quantificador equativo: ...*o mito é **algo** que aconteceu... segundo... um esquema narrativo... que pode obedecer a variações.* (EF SP 124)
(68) Quantificador em função de antitópico: *então... toda a responsabilidade não só de administração da casa... como de compras... **tudo**... de todas as medidas a serem tomadas.* (D2 SP 360)

11.4.3. SINTAGMAS NOMINAIS NUCLEADOS POR PRONOMES ADVERBIAIS

Sejam os seguintes exemplos:
(69) Pronomes-advérbios de lugar e tempo
   a) *tu vai **atrás** disso.* (D2 REC 05)
   b) *sua mulher está aí junto, vou **lá** chamar ela.* (D2 REC 05)
   c) *Eu gosto demais de **lá**.* (D2 RJ 355)
   d) *nós temos os ventos alíseos que vêm **aqui** éh... soprando **aqui perto**.* (D2 REC 05)
   e) *nós vamos chegar **aí**.* (EF SP 405)
   f) *Mãe, então quer dizer que **hoje** é o **amanhã de ontem**!*[1]

As expressões negritadas em (69) são dêiticas, indiciando o lugar e o tempo em que se passa o estado de coisas expresso pelo verbo, podendo ademais desempenhar papel argumental.

Dadas essas propriedades, compartilhadas com os pronomes, é muito razoável concluir que as expressões de lugar e tempo se integram entre os pronomes. Foi a opção de Ilari et al. (1991), que retiraram as expressões de lugar e tempo dentre os advérbios, dispondo-as entre os pronomes. Moraes de Castilho (2004a) aceitou essa solução:

> Acompanhando Ilari et al. (1991), vou considerá-los todos como pertencentes à mesma classe dos pronomes, porque os locativos e os pronomes pessoais compartilham os seguinte traços:
>
> (i) Ambos têm a forma átona/clítica ou tônica/não clítica:
>   (1)
>   Cá está a Maria./A Maria está aqui.
>   Eu lhe telefonei ontem./Eu telefonei para ele ontem.
> (ii) Ambos podem ser retidos ou elididos na sentença:
>   (2)
>   Pedro veio (aqui) ontem.
>   Pedro comprou (isso) ontem.
> (iii) Ambos podem ser duplicados, fazendo-se seguir de um sintagma nominal ou de um sintagma preposicional:
>   (3)
>   Pedro veio aqui na minha casa ontem.
>   Pedro a viu ontem, a Maria.
> (iv) Ambos ocupam a mesma colocação em relação ao verbo (próclise ou ênclise):
>   (4)
>   Ele cá esteve ontem./Ele esteve cá ontem.
>   Ele só a viu ontem./Ele viu-a só ontem.

---

[1] Exemplo providenciado por um dos filhos de minha colega Lygia Corrêa Dias de Moraes. A percepção do eixo dêitico representa uma grande descoberta na aquisição da linguagem.

(v) Ambos podem ser dêiticos:
(5)
Olhe para cá.
Pegue-o!
(vi) Ambos podem funcionar como argumentos do verbo:
(6)
João veio aqui.
João deu-o a uma ONG.

Na continuação da pesquisa do Projeto de Gramática do Português Culto, entretanto, constatou-se que os locativos e temporais dispõem de propriedades não prototípicas de pronomes e advérbios, o que os situa num *continuum* entre ambas as classes. Eles foram então rotulados de *pronomes adverbiais*, lição que vai ser seguida aqui. De fato "seu sentido os torna adequados para funcionar como argumentos de um predicado, mas não para operar sobre outras expressões" (Castilho et al., 2008: 410). Ou seja, os advérbios de tempo e de lugar não modificam o que vem expresso no verbo. Para mais detalhes, veja Neves (2008a).

Como núcleos de sintagma nominal, os pronomes-advérbios recebem dos verbos os mesmos papéis que um sintagma nominal de núcleo nominal:

(70) Pronome adverbial sujeito, em sentenças equativas (ver **8**.3.2.4)
   a) **Amanhã** *é segunda-feira, dia de voltar ao trabalho.*
   b) **Aqui** *é Campinas.*
(71) Absolutivo, em construção apresentacional (ver **8**.3.2.1): *É **cedo**, vou voltar pra cama.*
(72) Pronome adverbial funcionando como adjunto adverbial
   a) *viajo que não é brinquedo.* **Hoje** *mesmo eu fiz uma viagem daqui pra Camaçari.* (D2 SSA 98)
   b) *uma pesquisa **agora** da* ONU *determinou.* (D2 REC 05)
   c) *vou trabalhar...* **depois** *saio na hora de buscá-los.* (D2 SP 360)

LEITURAS SOBRE OS PRONOMES PESSOAIS, SUA GRAMATICALIZAÇÃO E PROPRIEDADES
Bueno (1955/1995), Maurer Jr. (1951b), Câmara Jr. (1957b), Omena (1978), Bortoni-Ricardo (1985: 226), Galves (1987, 1998, 2001), Ilari et al. (1991), Salvi (1990), Nunes (1990a, 1990b, 1993, 1995, 2007), Pagotto (1992, 1993), Lobo (1992), Martins (1994), Freitas (1995), Galves / Abaurre (1996), Vitral (1996), Vitral / Ramos (1999), Omena / Braga (1996), Castilho (1997a), Schei (2000), Lopes (1999/2002, 2001), Lopes / Duarte (2002), Zilles / Mazzoca (2000), Zilles (2002, org. 2005), Menon et al. (2003), Silva (2003), Reich (2004), Moraes de Castilho (2005a), Azevedo (2005), Marilza de Oliveira (2006), Osório / Martins (2007), Neves (2008b), Castilho et al. (2008), Teixeira (2008).

11.5. DESCRIÇÃO DOS ESPECIFICADORES

Os *Especificadores* têm uma cara gramatical e uma cara semântica.

Nesta gramática, o termo é usado em sua dimensão gramatical, entendendo-se por ele as classes gramaticais que povoam a margem esquerda dos sintagmas e das sentenças.

Um grande esforço se registrou ultimamente para entender a gramática dos Especificadores do sintagma nominal (Lemle, 1984: 98; Lobato, 1986: 120; Mira Mateus et al., 1989/2003/2005: 184-197; Perini, 1989: 184). Segundo Perini, as propriedades gramaticais dos Especificadores ("determinantes", em sua nomenclatura) podem ser captadas da seguinte forma: (1) Especificadores centrais: são os que não se combinam no mesmo sintagma nominal, como os artigos e os demonstrativos; (2) Pré-Especificadores: são os que se dispõem antes dos Especificadores centrais, como os quantificadores; (3) Pós-Especificadores: são os que podem dispor-se depois dos Especificadores centrais, como os possessivos, os quantificadores definidos (ou numerais) e os quantificadores indefinidos (ou pronomes indefinidos).

A semântica dos Especificadores compreende (i) a determinação definida ou indefinida; (ii) a quantificação; e (iii) a qualificação. Lyons (l977/1984: 452) fixa-se na primeira dessas propriedades, quando diz que os determinantes, "determinam [= restringem, tornam mais precisa] a referência dos sintagmas nominais nos quais eles ocorrem". Eles operam basicamente sobre a extensão do núcleo. Intuitivamente fáceis de entender, os Especificadores são altamente refratários às explicitações que se esperam de uma descrição gramatical, pois ainda não está claro o que é *determinação* ou *especificação* na teoria gramatical.

Passo a examinar as principais propriedades dos Especificadores.

11.5.1. O ARTIGO

O artigo é um marcador pré-nominal, átono, associado necessariamente ao substantivo, com o qual constitui um vocábulo fonético.

As gramáticas portuguesas atuais consignam duas subclasses para os artigos, os definidos e os indefinidos. As primeiras gramáticas registravam apenas as formas definidas *o*, *a*, *os* e *as*. A subdivisão ocorreu no século XIX, aparentemente por algum critério semântico. Testes sintáticos não sustentam essa subdivisão.

Alonso (1933/1967: 132) mostra que há mais diferenças que semelhanças entre os artigos definidos e os indefinidos:

(1) O artigo indefinido tem uma forma negativa própria, *nenhum*, o que não acontece com o definido:

(73)   *Chegou **um** homem.*
(73a) *Não chegou **nenhum** homem.*
confrontado com
(74)   *Chegou **o** homem.*
(74a) *Não chegou **o** homem.*

Os exemplos (73) e (74) mostram que *um* e *nenhum* integram a mesma classe, mas o mesmo não se pode dizer de *o* e *um*.

(2) Os artigos indefinidos são formas tônicas, alternando na sentença com outras palavras da mesma classe, como *certo* e *outro*:

(75)   ***Um** dia, a fada disse...*
(75a) ***Certo** dia/**outro** dia a fada disse...*

Acresce que *um* e *outro* podem vir coordenados, o que não acontece com *o* e *outro*:

(76)   *você vê **uma ou outra** árvore.* (DID SP 123)
mas
(76a) **você vê **a ou uma** árvore.*

o que reforça a ideia de que *a* e *um* não têm comportamento sintático semelhante, integrando classes diferentes. De fato, o artigo definido só pode alternar com Ø, como em

(77)   *Beber **o** vinho é bom.*
(77a) *Beber Ø vinho é bom.*

(3) O artigo indefinido pode ser usado como Especificador de um sintagma nominal de núcleo vazio, o que não ocorre com os artigos definidos:

(78) Comi **um** bolinho.
(78a) Comi **um** Ø.
(79) Comi **o** bolinho.
(79a) *Comi **o** Ø.

O exemplo (79a) seria aceitável apenas se reanalisássemos *o* como um pronome pessoal clítico, assunto retomado em **11.5.2**.

Esses testes demonstram que o chamado artigo indefinido *um/uma* é na verdade um pronome. As gramáticas posteriores ao século XIX incluem esses vocábulos ao mesmo tempo entre os artigos indefinidos e os pronomes indefinidos.

Não seguiremos essa lição aqui. Tudo indica que convém (i) restringir a classe dos artigos unicamente às formas *o*, *a* e suas flexões; e (ii) incorporar os chamados artigos indefinidos entre os quantificadores indefinidos, ao lado dos numerais, que são quantificadores definidos.

Em trabalho anterior, estudei uma amostra do DID SP 123, na qual identifiquei 112 sintagmas nominais de núcleo nominal, dos quais 17 eram pré-verbais (= SN^1) e 95 eram pós-verbais (= SN^2), aí incluídos os sintagmas nominais preposicionais encaixados.

Os resultados dessa análise estão anotados na Tabela 11.3:

Tabela 11.3 – Ocorrência *vs.* não-ocorrência de artigos numa amostra do Projeto Nurc

	SN^1	SN^2	
		SN^2 não preposicionado	SN^2 preposicionado
Articulados	15/17 – 88%	15/34 – 44%	33/61 – 54%
Não articulados	2/17 – 12%	19/34 – 56%	28/61 – 46%
Subtotal	17	34/95 – 35%	61/95 – 65%
Total geral	17/112 – 15%	95/112 – 85%	

A Tabela 11.3 mostra o seguinte:

(i) Na amostra estudada, ocorreram 15% de SN^1 e 85% de SN^2. Isso comprova a assimetria das sentenças, que têm mais peso fonético à direita do núcleo verbal.

(ii) Dentre os SN^1, 88% foram articulados, contra apenas 50% de SN^2. Se considerarmos que o SN^1 codifica habitualmente o dado conhecido e o SN^2, o dado novo, observa-se que o artigo é um marcador de informação conhecida.

(iii) Comparando agora o comportamento dos SN^2 não preposicionados com os preposicionados, observa-se um resultado inverso, com um predomínio ligeiro de sintagmas nominais articulados entre os preposicionados. Isso aconselha a separar essas duas classes no estudo do artigo.

De acordo com essa pré-análise, e também com a orientação teórica seguida nesta gramática, adotarei uma estratégia descritiva em que a argumentação sintática (= estrutura e função dos sintagmas) será separada da argumentação semântico-discursiva (= papel informacional dos sintagmas). É o que faremos a seguir.

11.5.1.1. Propriedades gramaticais do artigo

1. Combinatória do artigo

(1) O artigo (i) ocorre em distribuição complementar com os demonstrativos *este*, *esse*, *aquele*, o que mostra que artigo e demonstrativo integram a mesma classe gramatical; (ii) pode combinar-se com outros demonstrativos (*próprio*, *semelhante*, *tal*), o que mostra que estes demonstrativos constituem

uma subclasse; (iii) não pode seguir-se ao substantivo, o que mostra que o artigo é categoricamente um marcador nominal pré-nuclear, distinguindo o português do romeno, cujo artigo é pós-nuclear:
(80)
    a) *O este carro/*este o carro
    b) o próprio indivíduo, o semelhante indivíduo, o tal indivíduo
    c) *carro o

(2) O artigo se combina com o possessivo e com o quantificador definido (= numeral), antecedendo-os, e com os quantificadores indefinidos, seguindo-os:
(81)
    a) os meus carros/*meus os carros
    b) os dois carros/*os carros dois
    c) todos os carros/?os todos carros

2. Presença do artigo

Do ponto de vista sintático, é indiferente a presença ou a ausência do artigo. Na maior parte dos casos, os sintagmas nominais sem artigo são gramaticalmente aceitáveis, exceto quando o artigo nominaliza outras classes de palavras, como exemplificado em (7) e (8) anteriormente, ou em alguns casos em que a complementação do sintagma nominal torna a referenciação do substantivo altamente definida, como veremos mais adiante em (85c).

Também neste caso a sintaxe e a semântica tomam caminhos independentes, pois se a presença/ausência do artigo é irrelevante para a boa formação estrutural, sua ausência altera fortemente a interpretação semântica das expressões. Os exemplos a seguir devem ser testados pelo leitor, que verá se essa afirmação é correta.

Favorecem a presença do artigo:

(1) Sintagmas nominais pré-verbais, de Estrutura 2, nucleados por substantivos de referência sabida ou inferida:
(82)
    a) **O** turista desaparecera no mato. **Os** leões lambiam o beiço de satisfeitos.
    b) **O** problema é o seguinte.

O exemplo (82) mostra que a referencialidade definida dos substantivos requer a presença de um artigo como marcador da identidade, como se poderá ver pelos exemplos (83) a (85).

(2) Sintagmas nominais superlativizados e complementizados por sintagmas preposicionais:
(83)
    a) eu trabalho **a** maior parte **do** tempo sentada... (DID RJ 328)
    b) ?eu trabalho maior parte do tempo sentada...

(3) Sintagmas nominais cujo núcleo foi precedido de quantificador definido ou seguido de quantificador indefinido:
(84)
    a) **a** primeira praia é Camboriú.
    b) Então você tem a paisagem do litoral que são **as** praias **todas** desde Santa Catarina.

(4) Sintagmas nominais complementizados por sintagma adjetival (85a e 85b), por sintagma adjetival superlativizado (85c), ou por sentença relativa (85d e 85e):
(85)
    a) Bom... **o** caminho normal você sai daqui e...
    b) Eu não conheço **a** região inteira.
    c) Acabei **a** lição mais difícil.
    d) Comeu **a** banana que estava na cesta, e depois passou mal.
    e) Cometi **os** erros que qualquer um comete.

3. Ausência do artigo

Conforme apontaram Cunha / Cintra (1985: 228), a ausência do artigo acarreta a perda da particularização da referencialidade, substituída pelos efeitos de acumulação e dispersão, como em

(86) *...teria condições de cultivo para alguns tipos, quer dizer,* **bananas,** *frutas, e* **madeira***.*

A ausência do artigo ocorre nas seguintes circunstâncias:

(1) Em sintagma nominal cujo substantivo tem uma referencialidade indefinida

Castilho (1989a) e Braga et al. (2008a) mostram que o artigo se ausenta em substantivos de referencialidade indefinida que ocorrem (i) em ditados, como em (87a e 87b), (ii) em expressões formulaicas, como em (87c e 87d), (iii) precedidos de verbo suporte, como em (87e) e (iv) nas definições, como em (87f a 87h):

(87)
 a) **Pau** *que nasce torto morre torto.*
 b) **Olho** *por olho,* **dente** *por dente.*
 c) *L2 – ...depois ainda tem que* **escovar dente** *para sair... éh tem que cada um pegar sua lancheira o menino pega a pasta porque ele já tem lição de casa.* (D2 SP 360)
 d) *a gente nunca pode precisar o tempo... de ah ahn:: (...) com as crianças... necessitando da gente não pode precisar mesmo...* **com certeza** *então eu tenho impressão de que quando o menor... já:: estiver assim... pela quarta série terceira quarta série... ele já estará mais... independente.* (D2 SP 360) [cf. também *pedir perdão, cometer erros, dizer tolices, dar parte/motivo/valor, aprender inglês*]
 e) *A professora na sala de aula:*
   – Joãozinho, cinquenta vacas passam por uma cidade. Morre uma, quantas ficam?
   – Fica uma, as outras **seguem viagem***.*
 f) *Amor:* **palavra** *de quatro letras, duas vogais e dois idiotas.*
 g) *Cérebro:* **órgão** *que serve para que pensemos que pensamos.*
 h) *Diplomacia:* **arte** *de dizer "lindo cachorro" até encontrar uma pedra para atirar nele.*

A condição descrita em (1) se repete nas demais construções enumeradas a seguir.

(2) Nos sintagmas preposicionais encaixados em sintagmas nominais não articulados:

(88) **Comportamento de rio** *não é controlado ainda.* [cf.: *o comportamento do rio não é controlado ainda.*]

(3) Nos sintagmas nominais absolutivos em construções apresentacionais:

(89)
 a) *Quando tem* **gente** *atravessando o rio é perigoso.*
 b) *Vai ter* **congresso** *na Bahia.*

(4) Nos substantivos especificados por quantificador definido indicador de percentagem ou por quantificador indefinido:

(90)
 a) *Parece que* **noventa por cento** *é assim.* [cf. **o noventa por cento*, e em espanhol, *un noventa por ciento*]
 b) *Tive* **alguns contatos** *lá.* [cf. **os alguns contactos*]

4. O artigo como marcador de número

Temos visto nesta gramática o movimento de marcação gramatical para a posição pré-nuclear gerando novos prefixos, em substituição à marcação pós-nuclear ou sufixal.

Os artigos agregam uma nova evidência a essa tendência, fato que tem sido reconhecido na bibliografia. Segundo Scherre (1996: 88), quando a marcação de número deixa de ser redundante, é no primeiro elemento do sintagma nominal que aparece essa marcação, como em **as perna** *toda* *marcada*. Enquanto substantivos e adjetivos desfavorecem a marcação do plural, os Especificadores, sobretudo os artigos, seguram a peteca, favorecendo essa marcação.

11.5.1.2. Propriedades semânticas do artigo

Do ponto de vista semântico, o artigo apresenta as seguintes propriedades:
1. Assinala que o referente do substantivo é identificável
O artigo é usado sempre que o referente do sintagma nominal é representado como identificável pelo locutor:
(91)
   a) *na minha casa por exemplo... se come verdura... eu como... minha mulher não come... meus filhos adoram... principalmente* **o guri**. (D2 POA 291)
   b) *não... Recife é* **a maior cidade do mundo**... *porque é aqui que* **o Capibaribe** *se encontra com* **o Beberibe** *pra formar* **o oceano Atlântico**. (D2 REC 05)

2. Assinala que o referente do substantivo tem uma descrição definida
O artigo se aplica a substantivos cujo conteúdo possa receber uma descrição definida de uso particularizante, como no exemplo anterior, ou uma descrição definida de uso generalizante, como o inescapável exemplo

(92) **O** *cão é o maior amigo dos homens.*

Sobre as descrições definidas, Braga et al. (2008a: 103) explicam que:

> As descrições definidas [...] têm procedências diferentes, mas, do ponto de vista de seu uso, são muito parecidas: todas destacam para fins de predicação um indivíduo em particular, isto é, uma pessoa, lugar, momento, período de tempo... "identificáveis". É a função semântica que tem sido chamada tradicionalmente de "referencial". Ora, a função referencial é apenas uma das tantas que o artigo definido pode desempenhar. Na bibliografia pertinente, é possível encontrar inúmeras classificações dos usos do artigo definido e algumas dessas classificações distinguem dezenas de casos: no fundo, identificar mais ou menos usos dessa classe de palavras (ou de qualquer outra) depende apenas de nossa disposição para analisar e distinguir.

Identificabilidade e descrição definida dos referentes expressos por substantivos são as duas propriedades semânticas de base do artigo. Vejamos o correlato discursivo disso.

11.5.1.3. Propriedades discursivas do artigo

Para identificar as propriedades discursivas do artigo, alteraremos a estratégia de análise adotada até aqui, comparando agora as expressões precedidas do artigo *o* ou do quantificador indefinido *um*, como em:
(93)
   a) **O** *menino apareceu.*
   b) **Um** *menino apareceu.*

Segundo a análise tradicional, o referente de (93a) é determinado, definido, ao passo que o referente de (93b) é indeterminado, indefinido.

Se nos mantivermos no limite da sentença, vemos que há contraexemplos que comprometem essa generalidade. Verifique você mesmo em qual das duas sentenças a seguir o referente de *cão* recebe uma descrição definida:
(94)
   a) **O** *cão é o maior amigo do homem.*
   b) **Um** *cão entrou na sala.*

E agora? Bem, mantendo o foco no esquema *o* substantivo ~ *um* substantivo, ultrapassemos o limite da sentença para ver o que se aprende. Sejam os seguintes exemplos:
(95)
   a) **Um** *rapaz apareceu no escritório pedindo emprego.* **O** *rapaz parecia muito esperançoso de que o atenderiam.*
   b) *Doc – E qual é o tipo de terra lá?*
   Loc – Lá nós temos... é **uma** *terra roxa... misturada... quer dizer...* **Ø** *terra um pouco arenosa, né? Roxa pura. Existe... vários tipos de terra roxa...* **a** *roxa granulada... que é a melhor que nós temos... e temos* **a** *roxa comum... e... temos* **a** *roxa misturada com areia... A nossa lá... a... predominância principal é* **a** *roxa misturada... e ela... tem algumas van tagens... em relação* **à** *roxa granulada...* (D2 SP 15)

Em (95a) e (95b) temos o esquema **um** *substantivo* → *o substantivo*, em que aparentemente vamos de um referente até então desconhecido, indeterminado, para um referente conhecido, determinado. Mas o esquema *o substantivo* → **um** *substantivo* também ocorre, como em (96):
(96)
   a) *– Como é* **a** *estrada para Santa Catarina?*
   – **A** *estrada é::* **uma** *estrada estreita... né... tem muito trânsito de caminhão...*
   b) *Então* **os** *colonos... que eram* **os** *trabalhadores normais... porque* **o** *colono tinha um tipo de... é um tipo de atividade interessante sob o ponto de vista... né... de legislação tra balhista... porque... né... trabalhava* **a** *família inteira... quer dizer... o contrato era do... da fazenda com* **o** *chefe da família... e* **o** *chefe da família às vezes tinha sessenta... setenta anos e tinha filhos de quarenta com... noras... genros... e aquele conjunto familiar trabalhava (...) então...* **um** *homem cuida de de quatro a cinco mil pés de café... então* **um** *menino cuidava de quinhentos...* (D2 SP 15)

Em (96a) e (96b), o pressuposto é que o tópico conversacional é compartilhado, portanto podemos articulá-lo com *o*, mas como estamos respondendo a uma pergunta, ou quando estamos detalhando uma atividade supostamente desconhecida pelo interlocutor, ingressamos na resposta/na explicação em terreno por ele desconhecido, donde a anteposição do substantivo pelo quantificador indefinido *um*, como em *uma estrada, um homem* etc. Particularmente em (96b), ao iniciar o ato de fala com o hiperônimo (veja hiperonímia/hiponímia*), *os colonos*, o locutor não vê problema em enumerar com o artigo os hipônimos (veja hiperonímia/hiponímia*) *os trabalhadores, a família inteira* (do colono), *o chefe da família*. Quando ingressa no detalhamento das atividades agrícolas dos membros da família, ele supõe estar veiculando uma informação desconhecida de seu interlocutor; por exemplo, de quantos pés de café os membros da família podem cuidar? Com isso, o locutor detecta a necessidade de assinalar a transição, e por isso muda o esquema *o substantivo* → **um** *substantivo*.

Aprende-se com isso que a seleção do artigo *o* ou do quantificador indefinido *um* é matéria de interação discursiva, de difícil explicação se nos detivermos nos sistemas da gramática ou da semântica. Por outras palavras, a instituição de um tópico e sua recuperação não dependem de esquemas sintáticos fixos, ficando a matéria sujeita a um tipo de "acordo interacional" em que, estabelecido um esquema inicial, será sua mudança de *o substantivo* para *um substantivo*, ou o contrário, que desempenhará os papéis de instituição e recuperação do tópico. Ou seja, insiro um tópico ou o retomo seja por *o*, seja por *um*, indiferentemente. Assim, além de garantir descrições definidas, o artigo (e o quantificador indefinido) operam no discurso, seja endofórica, seja exoforicamente.

Na endófora*, retomo o substantivo por *o*, pois considero que seu referente se tornou conhecido no ato de fala, como em (95). Na exófora*, o artigo pode acompanhar mesmo os referentes ainda

não mencionados, mas compreensíveis, dada a moldura discursiva dentro de que são gerados os atos de fala (sobre moldura, veja **2.3.2**):
(97) Artigo exofórico
a) *Greve em São Paulo.* **Os** *metalúrgicos exigem reajustes trimestrais, para compensar a inflação.*
b) *Fulano veio para a festa do aniversário, mas esqueceu* **o** *presente.*

LEITURAS SOBRE O ARTIGO
Alonso (1933/1967), Raposo (1964-1973), Weinreich (1964/1968), Kato (1975, 2005), Castilho (1989a), Scherre (1996), Baxter / Lopes (2004), Braga et al. (2008a).

11.5.2. OS DEMONSTRATIVOS

Num trabalho que se afasta deliberadamente da tradição gramatical portuguesa, Rodrigues (1978: 65) aponta para as seguintes possibilidades de análise dos demonstrativos:

> Do ponto de vista morfo(fono)lógico, o subsistema dos demonstrativos se caracteriza pelo seguinte:

a) Quatro bases ou temas, distribuídas segundo a natureza da indicação: 1. /este/ indicação ostensiva de proximidade ao falante, 2. /ese/ indicação ostensiva de proximidade ao ouvinte, 3. /akele/ indicação ostensiva de afastamento dos interlocutores, 4. /ele/-/o/ indicação contextual. Em algumas variedades do português do Brasil desaparece a distinção entre 1 e 2, prevalecendo só 2 (ou só 1) ou usando-se ambos aparentemente de modo indistinto.
b) Acréscimo do sufixo -o para a referência a objeto não especificado. As bases 1 a 3 sofrem mudança morfofonêmica da vogal acentuada que, sendo média, passa a alta: 1. /isto/, 2. /iso/, 3. /aˈkilo/. Na base 4 o sufixo se acrescenta ao alomorfe /o/, com o qual se funde: *o-o > /o/.
c) Acréscimo do sufixo -a para a concordância com nomes do gênero feminino. As bases 1 a 3 e o alomorfe /ele/ da base 4 sofrem mudança morfofonêmica da vogal acentuada que, sendo média, passa a baixa: 1. /ˈɛsta/, 2. /ˈɛsa/, 3. /aˈkɛla/, 4. /ˈɛla/. A junção do sufixo -a ao alomorfe /o/ da base 4 acarreta a supressão do o, segundo regra morfofonêmica de aplicação mais geral, e resultam em /a/ (cf. /bonito/ + /-a/ > /bonita/).
d) A distribuição dos dois alomorfes da base 4 é a seguinte: /ele/ ocorre como sujeito, como predicativo e como complemento preposicionado (***Ele*** veio. Não sou ***ele***. Saí com ***ele***.), mas nunca diante de nomes; /o/ ocorre nas mesmas situações sintáticas em que ocorre /ele/, mas diante de nomes (***O*** professor veio. Não sou ***o*** professor. Saí com ***o*** professor.) e, além disso, também como objeto direto (***O*** aluno conhece-***o***. ***O*** aluno conhece ***o*** professor.), diante de orações relativas restritivas (***A*** {aluna} que esteve aqui não viu nada. ***O*** {professor} que ensina matemática é simpático. ***O*** {a coisa} que você diz é verdade (objeto não especificado).) e diante dos pronomes qual e tal (***O*** homem com o qual eu falei, não veio. ***Ele*** é ***o*** tal, de quem você falou.). No português do Brasil o alomorfe acentuado /ele/ ocorre também como objeto direto (***O*** aluno conhece ***ele***.), ficando o alomorfe átono /o/ limitado a uma distribuição proclítica.

A análise de Rodrigues oferece uma série de estímulos ao estabelecimento de quesitos a serem analisados:
1. Mesmo reconhecendo as dificuldades sintáticas do argumento, ele reúne num único subsistema morfológico, constante de *quatro bases ou temas*, as classes dos artigos, pronomes pessoais clíticos e demonstrativos, dispersas em nossa tradição gramatical. O caso mais interessante é o do vocábulo *o*, habitualmente descrito como artigo, pronome pessoal e demonstrativo. É verdade

que outros linguistas propuseram a mesma análise, ainda que a partir de pontos de vista teóricos diferentes. Câmara Jr. (1971:104) afirma que o artigo "categoricamente continua a ser uma partícula pronominal demonstrativa", e agrega que "há razões sintáticas, bem como semânticas, para tratar o chamado artigo definido e os demonstrativos como uma só classe". Desconheço outro texto em que Câmara Jr. possa ter exposto essas razões. Partindo das postulações gerativistas de Paul Postal, que fazia um percurso inverso ao de Câmara Jr. (pois propunha que os pronomes devem ser entendidos como artigos), Raposo (1964-1973) sustenta que os demonstrativos *este, esse* e *aquele* são na verdade artigos. Finalmente, Pontes (1978: 155) retoma Câmara Jr. e argumenta que em construções do tipo *o do vizinho* (em que *o* é considerado um demonstrativo pela Gramática Tradicional) temos na verdade um artigo, tendo havido nesse sintagma nominal uma "elipse de nome idêntico" (Pontes, 1978: 147). Certamente seria possível continuar caçando na bibliografia autores incomodados com a tripartição do item *o*, mas por ora o que importa reter é que, numa descrição mais econômica, essa é uma questão que tem de ser encarada.
2. Às quatro bases está associada a "natureza da indicação", o que significa que seu caráter dêitico pesou na decisão descritiva tomada por Rodrigues, além de sua caracterização propriamente morfológica. Ele parece distinguir a dêixis espacial (= "indicação ostensiva") do que é por vezes chamada dêixis textual (= "indicação contextual"), a que prefiro denominar foricidade.
3. Mas Rodrigues toma outra decisão em sua análise, que é a de eleger a propriedade /referência a objeto não especificado/ para a explicação das formas neutras do demonstrativo, bem caracterizadas morfologicamente em seu texto. Ele rejeita, assim, a habitual escolha do traço /-animado/, que considera insatisfatório para a descrição de *isto, isso* e *aquilo*, e sustenta que tais formas são /-específicas/, isto é, não distinguem número nem gênero. Já *este, esse* e *aquele* são /+específicos/ e distinguem o feminino e o plural. Finalmente, mostra que esse traço pode igualmente explicar outros determinativos no português. De qualquer forma, a questão da referência é outro ponto que tem de ser considerado numa descrição desses itens, para o que será necessário desdobrar o entendimento do que se possa ter de referência.

Além de *este, esse, aquele, isto, isso, aquilo, o*, as gramáticas incluem entre os demonstrativos também os seguintes vocábulos: (1) *tal*, quando sinônimo de *este, esse, aquele* (como em *quando tal ouvi, respirei*) e como sinônimo de "semelhante" (como em *tal situação confundia-a fortemente*); (2) *mesmo* e *próprio*, quando têm o sentido de "exato", "idêntico", "em pessoa" (como em "*eu não posso viver muito tempo na mesma casa*", "*foi a própria Carmélia quem me fez o convite*"); (3) *semelhante*, quando marca a identidade (como em "*a jovem Aurora podia deixar de recorrer às fórmulas que se usam em <u>semelhantes</u> conjunturas*"): formulação e exemplos de Cunha / Cintra (1985: 332-333). Vou discutir este ponto na próxima seção.

11.5.2.1. Propriedades gramaticais dos demonstrativos

Comparados com os artigos e os pronomes pessoais, os demonstrativos apresentam um interessante problema na identificação das classes. Rodrigues (1978) e Castilho (1993b) discutiram essa questão.

Seja o seguinte exemplo:

(98) Quanto **à** aréola, apenas eu digo a vocês o seguinte: (...) **esta** aréola possui uma série de tubérculos, são tubérculos denominados de Morgagni. Tubérculos **esses** de Morgagni que, durante a gestação (...) **estes** tubérculos de Morgagni **eles** se hipertrofiam de uma maneira considerável (...). Então **os** tubérculos de Mogagni são **os mesmos** tubérculos de Montgomery (...). **Estes** tubérculos, (...) chegou-se à conclusão (...) que **estes** tubérculos nada mais são que glândulas mamárias pequenas. (EF SA 49)

Observando-se o lugar sintático ocupado pelas expressões grifadas e sua comutabilidade, pode-se postular que o artigo, o demonstrativo e o pronome pessoal de terceira pessoa integram uma mesma classe, que poderia ser denominada *mostrativos*, segundo minha proposta (Castilho, 1993b).

As classes mostrativas compartilham as propriedades semânticas de verificação de identidade, foricidade e dêixis, sendo de notar que não coocorrem, o que demonstra sua integração na mesma classe gramatical:

(98a) **a esta aréola/*os estes tubérculos/*os eles se hipertrofiam*
Já a possibilidade da coocorrência demonstrada em
(98b) *os mesmos, estes mesmos, esses mesmos, aqueles mesmos*
   os tais, estes tais, esses tais, aqueles tais
   o próprio, este próprio, esse próprio, aquele próprio
   o outro, este outro, esse outro, aquele outro

mostra que *mesmo, tal, próprio* e *outro* integram uma subclasse dos mostrativos, pois exibem propriedades sintáticas não exatamente coincidentes com as dos demais itens. Note-se, entretanto, que esses vocábulos desempenham o mesmo papel semântico, como operadores de identidade, o que aponta uma vez mais para a assimetria entre o sistema gramatical e o sistema semântico.

Diversos autores destacaram que o artigo, apresentado separadamente dos demonstrativos em nossa tradição gramatical, "categoricamente continua a ser uma partícula pronominal demonstrativa" (Câmara Jr., 1971: 104).

Os demonstrativos funcionam como Especificadores do sintagma nominal, ocupando o mesmo lugar sintagmático dos artigos, possessivos, quantificadores indefinidos, expressões qualitativas (como *o estúpido do rapaz*), delimitadores (como em *um tipo de/uma espécie de* + N); sobre estes, veja Moraes de Castilho (1991) e Lima-Hernandes (2005a).

Isso não quer dizer que eles figurem categoricamente antes do substantivo. Na chamada sintaxe especular, quando repetimos o demonstrativo, ele pode figurar no final da sentença, como em

(98c) *Uma democracia danada, **essa**.*
derivado de
(98c') ***Essa** Ø^i é uma democracia^i danada.*

em que o *i* sobre-escrito indica identidade de referentes.

Conforme indiquei anteriormente, vou considerar como Especificador demonstrativo apenas as formas masculinas e femininas, pois as neutras são exclusivamente pronominais e, portanto, núcleo do sintagma nominal, tendo sido descritas em **11.4.2.1**.

Vejamos agora as propriedades semânticas dos demonstrativos.

11.5.2.2. Propriedades semânticas dos demonstrativos

As gramáticas do português fixaram-se na cara dêitica de *este, esse* e *aquele*, estabelecendo que esses vocábulos apontam para referentes localizados proximamente à primeira, à segunda e à terceira pessoa, respectivamente. Teríamos, então, um esquema ternário, do tipo:

Quadro 11.5 – Esquema ternário dos pronomes demonstrativos

PESSOA	PRONOME PESSOAL	DEMONSTRATIVO
Primeira	eu	este
Segunda	*você/tu*	*esse*
Terceira	ele	aquele

A pesquisa mostrou desde logo que o esquema ternário não corresponde ao uso contemporâneo do PB. Primeiro, porque esses vocábulos não são exclusivamente dêiticos, não remetem unicamente às pessoas do discurso, como veremos a seguir. Segundo, porque mesmo em seus usos dêiticos eles não mostram uma estrita adesão às três pessoas do discurso. Nascentes (1965) aludiu ao uso equivalente de *este* e *esse*, e hipotetizou que *este* acabaria por suplantar *esse*, constituindo-se um sistema binário que já ocorre em outras línguas românicas, como no francês. Câmara Jr. (1971) afirma que *esse* já é mais comum na fala do Rio de Janeiro, o que tem sido confirmado em pesquisas posteriores. Esse é, por exemplo, o caso do português falado culto de São Paulo. Castilho (1993b) encontrou nessa variedade 13% de *este*, 58% de *esse* e 29% de *aquele*, confirmando-se a explicação de Câmara Jr.

Estudos diacrônicos revelam que *este* e *esse* correspondem até o século XVI a 68% dos demonstrativos, ficando *aquele* com os restantes 32%, assegurada a *este* a primazia, com uma média de 60% de usos, para apenas 8% de usos de *esse*.

É uma situação curiosa, pois no PB falado culto contemporâneo os valores se inverteram, como se mostrou anteriormente. Esse resultado aponta para um esquema binário generalizado, com uma disputa entre *este/esse*, e uma estabilidade em *aquele*. Como entender essa disputa, ao lado dessa estabilidade, e quando ela passou a ocorrer?

O PB atenuou fortemente a representação da categoria de /pessoa/ entre os demonstrativos, dadas as transformações dos pronomes pessoais, que se irradiaram para os outros pronomes que exibiam igualmente esse traço. Essa categoria vem sendo substituída pela de /lugar/, subcategorizada em /lugar proximal/ ~ /lugar distal/. O lugar proximal é expresso indiferentemente por *este* e *esse*. O lugar distal, por *aquele*. Quanto ao momento em que a alteração se deu, se tomarmos como ponto de referência o total geral da tabela anterior, vê-se que houve uma mudança entre o século XV e o XVI, pois *este* acentuou sua frequência de uso em relação a *esse*, enquanto *aquele* permanecia praticamente estável. Em comparação com os demonstrativos flexionáveis, os neutros se constituem quase como uma classe à parte no interior do sistema: eles contribuem com apenas 16% das ocorrências do total geral. É evidente que os materiais usados nessas pesquisas podem explicar as discrepâncias.

Mesmo assim, decretar que o sistema ternário dessa subclasse tenha desaparecido é um pouco precipitado, pois na língua escrita, quando se configuram algumas necessidades dêiticas, esse sistema reaparece claramente, como já observou Bechara (1972). Entretanto, as pesquisas não justificam a associação entre as pessoas gramaticais e a seleção dos demonstrativos, afirmação corrente em nossas gramáticas.

Outra propriedade dos demonstrativos não valorizada pelas gramáticas é a foricidade. Castilho (1978b) mostrou que em alguns materiais do Projeto Nurc/SP o uso fórico ultrapassa o uso dêitico, numa proporção de 73% para 9%. Essas conclusões foram referendadas por Cid / Costa / Oliveira (1986), num estudo fundamentado nos materiais do Projeto Nurc/RJ.

Mencionei em **2.2.2.1** que a foricidade é uma das manifestações da categoria cognitiva de MOVIMENTO. Pois muito bem, os dados apurados anteriormente mostram que o demonstrativo enquanto operador de foricidade:

1. aponta para trás, retomando o que veio antes, situação em que teremos duas possibilidades: (i) retomada anafórica de um elemento expresso anteriormente, introduzido no discurso pelo artigo, no esquema o + substantivo ← *este/esse/aquele* + substantivo, como em "*o brasileiro, esse desconhecido*"; (ii) retomada anafórica de um elemento não expresso, mas inferido do contexto, como em "*vim para a festa, mas esqueci aquele negócio, o presente*"; este movimento produz o efeito de ralentamento temático.
2. aponta para frente, anunciando cataforicamente o que virá depois, situação em que o demonstrativo não tem um antecedente seja expresso, seja suposto, organizando-se o esquema *este/esse/aquele* + substantivo → o + substantivo, como em *esse desconhecido, o brasileiro*.

Entre anáforas e catáforas, os dados mostram que o primeiro movimento saiu ganhando no campeonato. O demonstrativo sagrou-se campeão na retomada de ideias já mencionadas. Ao fazê-lo, ele assume um papel que ultrapassa os limites da sentença, contribuindo poderosamente para a articulação do texto.

3. o substantivo especificado repete o substantivo anterior (especificado ou não), assegurada a identidade entre ambos. Esse processo pode ser representado pelo esquema o + substantivo →*esse*+ substantivo:

(99) *e depois já com o trator **esse** trator tinha peças sobressalentes.* (DID SP 18)

Em (99), assegura-se através do sintagma nominal *esse trator* que está havendo continuidade temática, confluindo aí a repetição do item lexical e sua especificação por um demonstrativo.

Os demonstrativos funcionam também como operadores de verificação, indicando que o referente de seu escopo é de nosso conhecimento (sobre verificação, veja **2.2.2.4**). O uso dessa classe indica que houve uma comparação não verbalizada do referente A com o referente B, tomados por escopo. Dessa comparação resultam pelo menos três possibilidades: (i) os referentes de A e B são idênticos, e por isso são expressos com precisão; (ii) os referentes de A e B são apenas parecidos, e por isso são expressos com imprecisão; (iii) os referentes de A e B são diferentes, e por isso são expressos por alteridade. Identidade, semelhança e alteridade parecem ser os mecanismos semânticos que acionamos quando produzimos as expressões catalogadas como demonstrativos.

Vamos detalhar essas três estratégias.

1. Verificação de identidade: referente preciso

Os Especificadores masculinos e femininos *este, esse, aquele* (seguidos facultativamente de um locativo), *mesmo* e *próprio* são usados para indicar que as entidades comparadas são idênticas, e com isso seu significado é apresentado de modo preciso:

(100)
a) ***Este** livro/**esse** livro aqui está muito caro.* (em comparação com outros referentes possíveis de *livro*, escolheu-se o referente idêntico, preciso, determinado)
b) ***Aquele** livro lá é mais barato.*
c) *Outro dia achei o **mesmo** livro por um valor mais baixo.*
d) *Eu não vou chegar em Belo Horizonte no **mesmo** dia... vou ter que dormir ou em Conquista.* (D2 SSA 98)
e) *L2 – é difícil porque tem que manter... do dos dos **próprios** clientes não pode ser feito isso... é uma questão de ética.* (D2 SP 360)
f) *Naquele tempo DENtro do:: do **próprio** rio fizeram cerCAdos... assim com FUNdo... uma espécie duma piscina né?* (DID POA 45)
g) *Tu fez alguma pergunta, André? bem, por exemplo na translação, o **próprio** nome já diz, pode ser uma tradução.* (EF POA 278)

Por meio desses exemplos, damos a entender que, tendo comparado implicitamente os indivíduos dos conjuntos *livro, dia, cliente, rio* e *nome*, reconhecemos que os itens lexicais correspondentes usados em (100) remetem à mesma entidade.

2. Verificação de semelhança: referente impreciso

O Especificador *semelhante* marca imprecisamente a identidade de seu escopo, como em:

(101)
a) *a jovem Aurora podia deixar de recorrer às fórmulas que se usam em **semelhantes** conjunturas.* (= comparando as conjunturas possíveis, selecionou-se uma conjuntura aproximada, e portanto, imprecisa) [exemplo de Cunha / Cintra, 1985: 332-333]
b) *então abaixo da pele como eu lembro a vocês que o nosso (...) de anatomia topográfica é **semelhante** camada...* (EF SSA 49)

Após a mesma operação de comparação implícita, indica-se em (101) que *conjunturas* e *camadas* têm um referente parecido, mas não idêntico, donde a imprecisão com que essas expressões são verbalizadas. A combinação de *semelhante* e *isso* em expressões do humor acentua a imprecisão aqui ressaltada:

(102) *Onde é que já se viu **semelhante isso**?*

3. Verificação de alteridade

Os demonstrativos *outro* e *tal* indicam que a verificação dos referentes apontou para uma alteridade, ou seja, comparando implicitamente os indivíduos que compõem os conjuntos *rapaz, bairro, negócio, filme* e *motivo*, selecionou-se aquele que é diferente dos demais referentes possíveis:

(103)
    a) ***Outro** livro caro nesta livraria!* (= selecionou-se um livro diferente dentre os demais livros possíveis)
    b) *L2 – eles estão gravando com Lula Porto acompanhados por Lula e por **outro** rapaz.* (D2 REC)
    c) *L1 – também isso... isso você vê em qualquer bairro do Recife também... nos **outros** bairros do Recife você também vê...* (D2 REC 05)
    c) *É o **tal** negócio, assim meu dinheiro não vai dar para nada.*
    d) *o pessoal que vai "ah::" diz que **tal** filme não é bom eu prefiro ficar em casa e não ir a cinema.* (DID SP 234)
    e) *porque você disse* PARA ALGUNS *auto:res... ou alguns estudiosos... existe diferença... mas:... para outros ou na minha opinião... não existe por **tal**... motivo ou **tais** motivos...* (EF REC 337)

Em (103), *outro* e *tal* identificam *livro, rapaz* e *negócio* por diferença, não por semelhança, expressando que a identidade de seu escopo sobrevém após uma operação de confronto entre referentes. Assim, através de *este livro* simplesmente aponto verbalmente para o referente *livro* situado no centro de meu campo visual, ao passo que em *outro livro* comparei previamente dois livros e informei que o segundo deles não está no centro de meu campo visual. Com isso, a cada um desses substantivos é atribuída uma identidade por diferença. O mesmo vale para *este negócio* e *tal negócio*.

11.5.2.3. Propriedades discursivas dos demonstrativos

Como temos visto, em muitos casos o papel dos demonstrativos ultrapassa os limites da sentença. É disso que nos ocuparemos nesta seção.

Como operadores de identidade, os demonstrativos desempenham na organização do texto o papel de associar-se a outros dispositivos para assegurar a coesão textual, como se demonstrou em (98). Naquele exemplo, a especificação dos sintagmas nominais foi expressa por meio da seguinte escala:

(98c, 98d) (preposição +) artigo *a* + substantivo > demonstrativo *esta, esses, estes* + substantivo > pronome pessoal *eles* > artigo *os* + substantivo > demonstrativo *os mesmos, estes, estes* + substantivo.

O falante ativa essa escala para conectar os referentes necessários à sua descrição, a saber, *aréola, tubérculos, glândulas*, oferecendo pistas para que se entenda que ele segue elaborando o mesmo tópico discursivo. O último sintagma nominal da escala aparece desmarcado de qualquer operador de identificação, talvez por vir seguido de complementadores: o sintagma adjetival não predicativo *mamária* e o sintagma adjetival predicativo *pequenas*.

Em sua qualidade de Especificadores, demonstrativos + substantivos atuam em conjunto, servindo ao desenvolvimento das seguintes estratégias discursivas:

1. Inserção do tópico discursivo
Ver a primeira ocorrência de *esta* em (98).
2. Continuidade do tópico discursivo
Ver a primeira ocorrência de *esses*, coocorrendo com *estes* em (98).
3. ,Encerramento do tópico discursivo
(104) *Espero que todos tenham entendido as estratégias de uso dos demonstrativos. É **isso** aí.*
Concluindo, este é o quadro dos demonstrativos que ocorrem no PB:

Quadro 11.6 – Novo quadro dos demonstrativos no PB

IDENTIDADE		ALTERIDADE
Identidade precisa	Identidade vaga	*outro*
este, esta/esse, essa	*isto ~ isso*	*tal*
aquel, aquela	*aquilo*	
mesmo, mesma	*o (neutro)*	
próprio, própria	*semelhante*	
o, a		

LEITURAS SOBRE OS DEMONSTRATIVOS
Nascentes (1965), Raposo (1964-1973), Câmara Jr. (1971), Bechara (1972), Rodrigues (1978), Castilho (1978c, 1993b), Pontes (1978), Cid / Costa / Oliveira (1986), Pavani (1987).

11.5.3. OS POSSESSIVOS

Reconhece-se tradicionalmente que o possessivo é a classe que estabelece uma relação entre um possuidor e uma coisa possuída. Assim, em

(105)
a) *eu acho que o **meu** conceito de morar bem é diferente um pouco da maioria das pessoas que eu conheço...* (D2 REC 05)
b) *porque eu tenho que complementar o **meu** salário com o dinheiro dum, dum cargo à noite* (D2 RJ 355)
c) *o:: esporte predileto **nosso** era andar de bicicleta..., mas a gente podia andar na:: na avenida Farrapos.* (DID POA 45)
d) *a gente:: recebia o **seu** castiguinho... e agora já não...* (DID POA 45)
e) *(então a firma) não pode tirar das pessoas... dos **seus** próprios clientes não pode tirar:::... elementos* (D2 SP 360)
f) *cada homem vai cuidar de seu grupo mais próximo (...) aquele grupo mais próximo **dele**...* (EF SP 405)
g) *Vocês não passaram naquela zona ali do Paraná... eu tenho parentes lá... as sobremesas **deles** você teve oportunidade de...* (DID RJ 328)

temos as seguintes relações:

Quadro 11.7 – **Pronomes possessivos: relações entre pessoa gramatical do possuidor e coisa possuída**

PARTICIPANTE /POSSUÍDO/	PARTICIPANTE /POSSUIDOR/	PRONOME POSSESSIVO
conceito, salário	P1	*meu*
esporte	P4	*nosso*
castiguinho	P2	*seu*
	P5	
clientes		
grupo	P3	*dele*
sobremesas	P6	

O Quadro 11.7 encerra pelo menos três lições:

1. O participante /possuído/ pode ser pessoa ou coisa, ocupando sempre a terceira pessoa gramatical. Já o fato de termos aí substantivos /humanos/, como os *clientes* de (105e), *secretária* e *filho* de (106) a seguir, mostra a inadequação do traço /possuído/, tradicionalmente aplicado ao substantivo especificado pelo possessivo no interior do sintagma nominal. Com efeito, não há uma relação de posse entre *seus* e *clientes*, *nossa* e *secretária*, *nossos* e *filhos*, como nesta historinha edificante:
(106) O marido chega preocupado em casa e diz à esposa
   Marido: *Tenho um problema no serviço.*
   Esposa: *Não diga "tenho um problema", diga "temos um problema", porque os **teus** problemas são **meus** também.*
   Marido: *Tá bem, temos um problema no serviço: a **nossa** secretária vai ter um filho **nosso**.*
Além do mais, note que ninguém está sendo "possessivo" nesta história.

2. O participante "possuidor", expresso pelo Especificador possessivo, distribui-se pelas três pessoas do discurso. No PB, *vosso* não foi documentado no *corpus* compartilhado do Projeto Nurc. Com o enfraquecimento de *teu* e *vosso*, deixou-se uma "casa vazia" na segunda pessoa do quadro pronominal, que foi ocupada por *seu, seus*, depois de um processo de reanálise de sua pessoa gramatical, migrando essas formas de P3 para P2. Esse fato já foi observado por Perini (1985). Estudando conjuntamente os pronomes pessoais e os possessivos, ele notou que o paradigma dos pronomes pessoais vigente na região central do Brasil omite *tu* e *vós*, ficando assim organizado: P1 *eu/nós*, P2 *você/vocês*, P3 *ele/eles*. Ajustando-se a isso, os possessivos têm o seguinte paradigma: P1 *meu/nosso*, P2 *seu/seus*, P3 *dele/deles*. Deslocando-se *seu* para a segunda pessoa, abre-se nova casa vazia, a da terceira pessoa, que passou a ser ocupada por *dele, deles*. Moraes de Castilho (2005a) explica a inclusão de *dele* no quadro dos possessivos como o resultado do redobramento sintático de *seu*. Em dados do português arcaico, ela encontrou abundante exemplificação desse redobramento, que envolve todos os pronomes, como se vê nos exemplos dessa autora:

(107) Duplicação de pronomes pessoais e possessivos
   *e entom aguilharom mais de X a Paramades e matorom-lhe o cavalo e chagarom-**no a el** de muitas chagas.* (*Demanda do Santo Graal*, documento do séc. XIII; cf. duplicação do pronome pessoal)
   *se este he o seu filho Joane de que **me a mim** alg uas vezes fallarom.* (*Crônica de D. Pedro*, de Fernaão Lopes, documento do séc. XV; cf. duplicação do pronome pessoal)
   *Tan grand' [é] a **sa merçee/da Virgen** e sa bondade, / que sequer nas beschas mudas / demostra sa piadade.* (*Cantigas de Santa Maria*, documento do séc. XIII; cf. duplicação do possessivo)
   *Tanto, se Deus me perdon, / son **da Virgen** connoçudas / **sas merçees**, que quinnon / queren end' as bestias mudas.* (*Cantigas de Santa Maria*, documento do séc. XIII; cf. duplicação do possessivo)

*E o monge Libertino outrossi deitou-se ante os pees de seu abade e disse-lhi que aquele mal que el recebera non for a per **sa crueza do abade**, mais for a per **sa culpa del mesmo**.* (Demanda do Santo Graal, documento do séc. XIII; cf. duplicação do possessivo)

Ela observou que a estrutura do sintagma nominal $^{SN}[[seu\,\text{substantivo}]\,^{SP}[de\,substantivo]^{SP}]^{SN}$, de (107c) e (107e) sofreu várias mudanças ocorridas simultaneamente: (i) deslocamento do sintagma preposicional para a esquerda do sintagma nominal em que estava encaixado, como em (107d); (ii) desaparecimento das formas átonas *ma, ta, sa*; (iii) reanálise de *dele* como um possessivo, fenômeno que se acentuou no século XV, de onde chegou ao PB.

3. O Quadro 11.7 aponta igualmente para um problema de concordância: enquanto *meu* e *seu* concordam em gênero e número com o substantivo que designa o referente possuído, (*meu carro, sua casa*), *dele* concorda com o substantivo que designa o referente possuidor (*carro dele, carro dela*). O não surgimento de *de mim* e *de nós* em lugar de *meu* e *nosso* ilustraria o princípio de inércia do sistema, que "resiste à mudança o quanto possível". A este princípio opõe-se o da solução da ambiguidade, que acarretou a substituição de *seu* por *dele*, como possessivo da P3. Observe-se que no PB uma expressão como
(108) *Ô João, você sabia que seu filho Antônio perdeu **seu** carro?*
não se sabe se o carro é de João ou Antônio. A ambiguidade se resolve com
(108a) *Antônio perdeu seu carro dele*, ou *Antônio perdeu o carro dele*.

Seu e *dele* – aquele em seu papel primitivo de possessivo da P3 – variam no PB, por enquanto ainda com mais frequência de *seu*. Oliveira e Silva (1996) notou que o possuidor com o traço /genérico/ constitui-se num fator categórico para o uso da forma *seu*, como em *Todos vão para seus lugares*, em contraste com um possuidor /específico/, que seleciona *dele*: *João vai para o lugar dele*. Essa autora constatou a rápida substituição de *seu* por *dele* na língua falada, e num grau menor na língua escrita. Neves (2008b: 572) reforça essa percepção, lembrando que, por concordar com o referente possuído, *dele* vencerá a parada, pois "traz maiores informações para a referenciação". A isso deve agregar-se o valor genitivo da preposição *de*, que traz mais areia para o caminhãozinho de *dele*.

Em suma, os possessivos estabelecem uma relação entre um referente e as pessoas do discurso. Nessa perspectiva, em que essa classe ressalta como maiormente dêitica, a definição segundo a qual os possessivos estabelecem uma relação de posse entre dois termos, o possuidor e o possuído, não se sustenta, reduzindo-se a poucos casos. Nem podia ser diferente, se nos damos conta de que o quadro dos possessivos acompanha de perto as pessoas gramaticais (Neves, 2008b).

11.5.3.1. Propriedades gramaticais dos possessivos

Depois dessas observações, vejamos quais são as propriedades gramaticais dos possessivos, fixando-nos em sua sintaxe. A primeira delas, já mencionada, é que os possessivos atuam como um dos constituintes Especificadores do sintagma nominal.

A colocação dos possessivos no sintagma nominal segue uma regra variável, ocorrendo numa posição pré-núcleo não marcada, e numa posição pós-núcleo marcada, enfática. Vê-se por aqui que os possessivos compartilham mais essa propriedade com os demonstrativos:

(109)
    a) **Meu filho/ seu filho** *não anda por aí em más companhias.* **Filho meu/ filho seu** *leva as coisas a sério.*
    b) *porque diSSEram não sei se é mesmo... que enquanto existe um **projeto nosso**... e::provavelmente ele deve ter falado com você.* (D2 SP 360)

A regra variável de colocação dos possessivos ocorre apenas com as formas da P1 e da P2. A forma possessiva de P3 pospõe-se categoricamente – e isso é um argumento a mais a favor da gramaticalização das pessoas:

(110) *o estatístico é o homem que senta numa barra de gelo e bota a cabeça **dele** dentro do forno e diz que a temperatura média está ótima...* (D2 REC 05)

(110a) *...bota a **dele** cabeça dentro do forno

O possessivo assume diferentes papéis quando o núcleo do sintagma nominal é um substantivo nominalizado:

(1) Sujeito do sintagma nominal, como em

(111) *o estudante tem... no fim do curso... o **seu** aproveitamento através de frequência... e de doentes que ele vê em enfermaria... então* (DID SSA 231)

correspondente a

(111a) *O estudante aproveitou seu curso.*

(2) Sujeito de substantivo nominalizado encaixado em um sintagma preposicionado, como em (112)

  a) ***O seu desenvolvimento, a sua manutenção*** *no emprego dependerá de **sua atuação**.*
  b) ***Minhas criações*** *têm sido bem recebidas pela crítica.*
  c) *De agora em diante, **nossa sobrevivência** vai depender de expedientes.*

que correspondem a

(112')

  a) *Você se desenvolve, você se mantém no emprego na dependência de como você atua.*
  b) *O que eu criei tem sido bem recebido pela crítica.*
  c) *De agora em diante, nós sobreviveremos na dependência de expedientes.*

Os exemplos (109) a (112) trazem outra evidência sobre a harmonia transcategorial que pode ser observada ao compararmos sintagmas com sentenças: ambos têm uma estrutura tripartite [Especificador + núcleo + Complementador], podendo-se correlacionar o Especificador dos sintagmas com o sujeito das sentenças, o núcleo dos sintagmas com o núcleo verbal das sentenças, e os Complementadores dos sintagmas com os argumentos internos da sentença. Os substantivos nominalizados mostram também que o princípio de projeção articula igualmente os sintagmas. Para mais exemplos, veja Neves (1993b).

11.5.3.2. Propriedades semânticas dos possessivos

Os sintagmas nominais especificados por possessivo se constituem numa realidade semanticamente complexa, em que o substantivo remete a um referente, privativamente da P3, ao qual atribui o papel semântico de /possuído/, enquanto o possessivo remete a qualquer uma das pessoas gramaticais, atribuindo-lhe o traço de /possuidor/. Isso quer dizer que o possessivo é um operador dêitico que seleciona dois escopos, sendo um textual, referencial, e outro contextual, que são as pessoas do discurso. Os dois processos semânticos são simultâneos.

Atuando como um fórico, os possessivos contribuem para a coesão do texto, assinalando a contituidade do tópico conversacional. Veremos isso na próxima seção.

11.5.3.3. Propriedades discursivas dos possessivos

Veja-se o seguinte exemplo:

(113) *qual é a necessidade de um professor ah trabalhar, conhecer uma taxionomia? é, porque ao rever os **seus** objetivos, taxionomia de Bloom, é a taxionomia de objetivos educacionais, ao rever os **seus** objetivos, muitas vezes, o professor se dá conta que ele só exigia o processo mental e memória do aluno, ele não exigia interpretaçoes, ele não exigia que o aluno fizesse análise ou apresentasse **seu** ponto de vista.* (EF SP 405)

Em (113), a manutenção do tópico *objetivos* é obtida pela repetição desse item e pela anteposição de um possessivo. O sintagma nominal *seu ponto de vista* é projetado pelo hipertópico "discussão de uma taxonomia". A elisão dos possessivos nesse exemplo "desconecta" o referente possuído das pessoas do discurso, que se torna assim mais genérico, impessoal.

LEITURAS SOBRE OS POSSESSIVOS
Perini (1985), Oliveira e Silva (1996), Neves (1993b, 2008b), Ramos (2002b), Moraes de Castilho (2005a).

11.5.4. OS QUANTIFICADORES INDEFINIDOS

A quantificação* insere-se no processo semântico da predicação*, estudado em **2.2.2.3**. Na predicação quantificadora, opera-se sobre a extensão* do escopo. Várias classes funcionam como operador de quantificação no português: o morfema {-s}, o artigo pluralizando o sintagma nominal, os pronomes e advérbios quantificadores. A quantificação também se manifesta no vocabulário, por meio dos substantivos coletivos.

Os quantificadores pronominais são "atualizadores do nome que não estabelecem relação entre o que é designado pelo nome e as pessoas envolvidas no processo da comunicação, como os demonstrativos e possessivos, mas que acrescentam ao que é designado alguma informação sobre a quantidade" (Mattos e Silva, 1989: 188).

A informação sobre a quantidade pode ser definida, no caso dos numerais, ou indefinida, no caso dos quantificadores indefinidos, denominados pronomes indefinidos na Gramática Tradicional, ou artigo indefinido, no caso do vocábulo *um*.

Vimos em **11.4.2.2** que alguns quantificadores indefinidos figuram exclusivamente no núcleo do sintagma nominal: *algo, algum, alguém, ninguém, tudo, nada*. Aqui nos concentraremos nos quantificadores indefinidos, em seus usos como Especificadores do sintagma nominal.

Por "indefinido" entenda-se mais amplamente desde um número indeterminado de objetos (*muitos dias*) até uma quantidade indeterminada deles (*bastante água*), na dependência de ser /contável/ ou /não contável/ o substantivo que funciona como núcleo do sintagma nominal respectivo.

Vejamos alguns exemplos:

(114)
a) *nós vamos reconhecer bisontes... (...) ...nós vamos reconhecer ahn cavalos... (...) ...e **algumas** vezes muito **poucas**... **alguma** figura humana...* (EF SP 405)
b) *quando o Brasil se lança realmente como criador de coisa aí não vai **nenhuma** paixão nenhum bairrismo nem nada é excepcional.* (DID REC 131)
c) *quando eu ia ainda bem pequeno... aí tinha café... **bastante** café...* (DID SP 18)
d) *então **cada** parente resolveu oferecer um jantar um dia e chamava a parentela **toda** atrás né?* (D2 SSA 98)
e) *outra finalidade... a que o sindicato... se propõe... evidentemente é... aquela de proporcionar... o lazer... aos seus... **inúmeros**... associados...* (EF REC 337)
f) *mas... se a gente está num nível de vida... em que a preocupação principal é manter vivo... **qualquer** atividade nossa vai estar relacionada com essa preocupação...* (EF SP 405)
g) *as incursões (ou aquilo que) eu estou rotulando de incursões foram **quaisquer** tipos de quê? De relações em função de aumento de ampliação de território.* (EF RJ 379)
h) *na cidade **todo** mundo estava comentando o filme...* (DID SP 234)
i) *vamos reconhecer **alguma** figura humana* (afirmação)

j) *vamos reconhecer figura humana **alguma*** (negação: não reconheceremos figura nenhuma)
k) *vamos reconhecer **qualquer** figura humana* (indefinitude)
l) *vamos reconhecer uma figura humana **qualquer*** (indefinitude + depreciação)
m) *a pessoa de **certa** idade nunca diz a idade certa*
n) *na cidade **todas** as pessoas estavam comentando o filme...*
o) *na cidade as pessoas **todas** estavam comentando o filme...*
p) *na cidade as pessoas estavam comentando o filme... **todas***
q) *há **várias** tentativas de reconstrução....*

Os exemplos revelam que os quantificadores indefinidos integram uma classe heterogênea, visto que:
1. Quanto à sua morfologia, uns se flexionam (114a, 114b, 114e a 114p), outros não (114c, 114d, 114m).
2. Alguns quantificadores indefinidos funcionam como Especificadores do sintagma nominal, como em (114), outros funcionam como núcleo do sintagma nominal, como já vimos anteriormente.
3. A posição dos quantificadores indefinidos Especificadores no sintagma nominal pode ser variável: (i) alguns não se movimentam no sintagma, ocupando sempre a posição pré-nominal, como (114d) e (114m): **parente cada*; (ii) outros quando se movimentam alteram seu sentido, como em (114i) a (114l), ou alteram sua classe, como *certa* em (114m), que posposto é um adjetivo: *idade certa*; (iii) outros têm "movimento longo", colocando-se antes ou depois do núcleo, e até mesmo ultrapassando os limites do sintagma, sem alteração do sentido, como em (114n) a (114p). O movimento longo tem sido descrito como "flutuação de quantificadores" (Negrão, 2002).
4. Uns são privativamente negativos, como (114b), outros não têm modalidade marcada.

Com base nessas observações, é possível construir o quadro dos quantificadores indefinidos no PB.

Quadro 11.8 – Quadro dos quantificadores indefinidos no PB

ITENS	PROPRIEDADES GRAMATICAIS		PROPRIEDADES SEMÂNTICAS
	Morfologia	Posição no SN	Modalidade
um	+Flex	-Mov	Af
alguém	-Flex	-Mov	Af
ninguém	-Flex	-Mov	Neg
algum	+Flex	+Mov	Af
nenhum	+Flex	+Mov	Neg
todo	+Flex	+Mov	Af
tudo	-Flex	-Mov	Af
nada	-Flex	-Mov	Neg
pouco	+Flex	+Mov	Af
muito	+Flex	+Mov	Af
bastante	-Flex	-Mov	Af
qualquer	+Flex	+Mov	Af
inúmeros	+Flex	+Mov	Af
certo	+Flex	-Mov	Af
demais	-Flex	-Mov	Af
diverso	+Flex	+Mov	Af
tanto	+Flex	+Mov	Af

Observe-se que além dos quantificadores indefinidos, há também sintagmas nominais de significação indefinida, tanto quando sintagmas preposicionais que tomam esses sintagmas como Complementador, terminados por um partitivo:

(115)
a) Sintagmas nominais indeterminados
coisa: *qualquer coisa, uma coisa qualquer, coisa assim, qualquer coisa assim, alguma coisa assim, uma coisa e outra, outras coisas mais, (não sei o que e) tal e coisa*
gênero: *nesse gênero*
maneira: *de qualquer maneira, de maneira alguma*
modo: *de todo modo*
forma: *de qualquer forma, de uma certa forma*
negócio: *esse negócio todo, um negócio assim, o tal negócio*
troço: *um troço assim*
ponto: *até certo ponto, a tal ponto*
b) Sintagmas preposicionais indeterminados
parte: *a maior parte de*
série: *uma série de*
maioria: *a maioria de*
tanto: *um tanto de*
montão: *um montão de*
porção: *uma porção de*
cacetata/porrada: *uma cacetada de, uma porrada de*

O estudo dos quantificadores indefinidos tomará em conta suas propriedades (1) gramaticais, (2) semânticas e (3) discursivas.

11.5.4.1. Propriedades gramaticais dos quantificadores indefinidos

Do ponto de vista morfológico, os quantificadores indefinidos abrigam classes flexionáveis e classes não flexionáveis. O quantificador indefinido flexionável *todo* não dispõe do morfonema {o}/{ɔ}, alinhando-se aos possessivos, em que a vogal do radical igualmente não concorre para a expressão do gênero e do número: cf. *todo, toda, todos, todas, nosso, nossa, nossos, nossas*. Em compensação, os quantificadores indefinidos se alinham aos demonstrativoss na seleção de uma vogal alta para indicar o neutro: cf. *tudo, isso-isto-aquilo*. Para uma explicação histórica dos morfonemas em português, veja Castilho (1963).

Do ponto de vista sintático, já vimos igualmente que os quantificadores indefinidos operam no núcleo do sintagma nominal, quando em suas formas neutras, e como Especificadores, concorrendo para a organização dos sintagmas nominais.

Os quantificadores indefinidos Especificadores apresentam problemas interessantes quando observamos o lugar que ocupam no sintagma nominal e sua combinatória com outros Especificadores.

Moraes de Castilho (2008a) estudou essa questão, postulando que a posição de afastamento em relação ao substantivo fornece informações sobre as subclasses de quantificadores indefinidos. Para a descrição dessa propriedade, ela adotou as seguintes notações, aqui ligeiramente alteradas: P para "posição", P⁰ para "núcleo do sintagma nominal", prevendo-se posições pré-nominais enumeradas progressivamente a partir de P⁰ (P^{1}Sub, P^{2}Sub...) e o mesmo para as posições pós-nominais (SubP^1, SubP^2....).

O Quadro 11.9 recolhe suas observações (Moraes de Castilho, 2008a: 145):

Quadro 11.9 – Colocação dos quantificadores indefinidos no sintagma nominal

P⁶Sub	P⁵Sub	P⁴Sub	P³Sub	P²Sub	P¹Sub	P⁰	SubP¹
todos	os	meus	outros	três	primeiros	carros	
	todos	os	meus	três	primeiros	carros	
		todos	os	meus	três	carros	
			todo	o	meu	carro	
				todo	o	carro	
					todo	carro	
			um	outro	segundo	carro	
				um	outro	carro	
					um	carro	
				[os] demais	três	carros	
					demais	carros	
					pouco/ muito	carro	
					cada	carro	
					bastante	carro	
					qualquer	carro	
					certo	carro	
					os	carros	todos
						carro	algum/ nenhum

Vê-se que somente o quantificador indefinido *todo* pode ocupar as posições P⁶Sub e SubP¹. *Um* ocupa a posição P³Sub; como ele se comportam também *algum, nenhum, outro, vários, certo, diversos, inúmeros* e *qualquer*. Como se sabe, *algum* e *nenhum* derivam historicamente de *um*. *Demais* e *um* são aparentemente os únicos quantificadores indefinidos que ocupam a P²Sub, aquele sempre associado ao artigo. Como P¹Sub ocorrem *demais, pouco, muito, cada, bastante, qualquer, certo*, que exibiriam, portanto, um grau máximo de conexidade com o núcleo.

Nota-se ainda no Quadro 11.9 que a presença do demonstrativo *outro* altera a posição de todos os quantificadores indefinidos P⁶Sub e P³Sub. Isso mostra que ele exibe uma alta capacidade combinatória (só ficam de fora dessa combinação os quantificadores *demais, pouco* e *cada*), pois *outro* atua como um operador de inserção de conjunto, desencadeando um processo de comparação implícita entre dois conjuntos. Um processo, portanto, de quantificação – uma evidência a mais da polifuncionalidade dos itens lexicais.

Por fim, o Quadro 11.9 apresenta a projeção máxima dos sintagmas nominais quantificados.

11.5.4.2. Propriedades semânticas dos quantificadores indefinidos

Os vocábulos recolhidos nos quadros aqui organizados partilham da propriedade de quantificação indefinida, por contraste com os numerais, que promovem uma quantificação definida, como já se disse.

Acompanhando Longobardi (1988), pode-se reconhecer que os quantificadores indefinidos tomam por escopo substantivos que remetem aos seguintes conjuntos:

1. Conjunto unitário – o quantificador especifica apenas um elemento do conjunto, variando o termo de acordo com o traço semântico do substantivo: *um, algum, algo, alguém, qualquer, todo*.

2. Conjunto vazio – o quantificador especifica um conjunto vazio de elementos: *nenhum, nada, ninguém*.
3. Conjunto global – o quantificador especifica a totalidade dos elementos que compõe o conjunto: *todos, tudo, muitos, poucos, inúmeros, vários, diversos, demais*.

Observe-se que Longobardi está considerando a totalidade dos quantificadores, não interessando se figuram como Especificadores ou como núcleo do sintagma nominal.

Acrescente-se a isso que é possível reconhecer subclasses de quantificação universal (*todos*) e partitiva (*cada*), sendo que os quantificadores indefinidos podem expressar a modalidade /afirmativa/ (*alguém, tudo, algum*) ou /negativa/, estes, os do conjunto vazio de Longobardi (*ninguém, nada, nenhum*). Como já se mostrou, a interpretação negativa pode vir associada à posposição do quantificador indefinido em relação ao substantivo.

11.5.4.3. Propriedades discursivas dos quantificadores indefinidos

Os quantificadores indefinidos concorrem para que um texto tenha um caráter de indefinitude, imprecisão.

Sejam os seguintes exemplos:

(116)
    a) L1 – *é difícil saber se se teria sido consequência de tradição oral... se eles teriam absorvido essa cultura no no no nos... nos embates de cantoria... ou se efetivamente eles:: com a preocupação de querer:: éh::... fazer parecer que conhecem efetivamente mais do que conhecem se eles teriam lido* **alguma coisa** *ou ou ou ou procurado éh::... de* **qualquer** *forma... se enfronhar mais em em em* **coisas** *de civilização... mas eles falam da da Grécia... antiga... citam a::... figuras mitológicas... de modo que* **alguma coisa** *eles conhecem.* (D2 REC 05)

    b) L1 – *sempre isso,* **ninguém** *vai na casa de* **alguém** *faze(r)* **uma uma** *reunião e de repente se não é comer* **alguma coisa** *ah bebe(r)* **um** *drinquezinho mas é normal... não é... então quando tem* **algum**... **algum**..., **alguma coisa um pouco** *mais especial... então... o que se... o que que acontece* **uma** *jantinha... então se entra nos mínimos detalhes... um* **negócio** *geralmente com requinte... claro.* (D2 POA 291)

Em (116a), o locutor discorre sobre os cantadores de cordel, e em (116b) fala-se sobre as atividades familiares rotineiras. Nos dois casos, pratica-se um discurso genérico, em que se veiculam conhecimentos compartilhados, sem o interesse de focalizar e explorar com precisão os tópicos conversacionais.

Um conjunto de recursos linguísticos é movimentado:

1. Os quantificadores indefinidos, negritados nos exemplos.
2. Os substantivos de conteúdo genérico: *coisa, forma, negócio*.
3. A pluralização, afetando substantivos (*coisas, figuras mitológicas*), os pronomes (*eles*), os estados de coisas iterativizados (*eles teriam aborvido essa cultura,* [eles] *conhecem efetivamente mais do que conhecem, eles falam da Grécia*).
4. Advérbios aspectualizadores (*sempre isso*) também dão sua mão (veja **13**.2.2.1.3).

Esta rápida análise mostra que, ao imprimir o tom de indefinitude ao seu discurso, os falantes movimentam diferentes setores da língua.

O Quadro 11.10 reúne as classes que operam como Especificadores do sintagma nominal:

Quadro 11.10 – Classes de Especificadores do sintagma nominal

ESPECIFICADORES				
Artigos	Demonstrativos	Quantificadores	Expressões qualitativas	Deliminatores
o, a, os, as	este, esse, aquele, mesmo, próprio, tal, outro	Definidos: *dois, quarenta* etc. Indefinidos: *um, todos, poucos, muitos* etc.	[*essa beleza de*] *livro* [*o idiota do*] *rapaz*	[*uma espécie de*] *livro* [*um tipo de*] *saia*

LEITURAS SOBRE OS QUANTIFICADORES
DuBois (1980), Mattos e Silva (1989), Kato / Nascimento (1996a), Castilho (1999b), Negrão (2002), Moraes de Castilho (1993, 2008).

11.6. DESCRIÇÃO DOS COMPLEMENTADORES

Na Apresentação deste capítulo, descrevemos a estrutura do sintagma nominal e indicamos as classes que povoam seus constituintes. Vimos ali que os Complementadores são representados pelos sintagmas adjetivais, sintagmas preposicionais e sentenças adjetivas.

Sobre as sentenças adjetivas, veja **9**.2.2; sobre os sintagmas adjetivais, o capítulo "O sintagma adjetival"; sobre os sintagmas preposicionais, veja o capítulo "O sintagma preposicional".

O SINTAGMA ADJETIVAL

ESTRUTURA DO SINTAGMA ADJETIVAL

Os adjetivos constituem um sintagma de formato semelhante ao dos demais sintagmas:

SAdj → (Especificador) + Adj + (Complementador)

Este capítulo está organizado de forma a explorar sistematicamente o formato anterior, começando pela apresentação do adjetivo enquanto categoria, seguindo-se a descrição do núcleo, dos Especificadores e dos Complementadores.

12.1. ESTATUTO CATEGORIAL DO ADJETIVO

Como vimos anteriormente, a Gramática latina não distinguia adjetivos de substantivos, reunindo-os sob a denominação de *nomen*, em português *nome*, com as especificações *nomen substantiuum* e *nomen adiectiuum*. Essa decisão se deve aos pontos de contato morfológico entre essas classes.

A partir do século XVIII os gramáticos das línguas românicas passaram a tratar o adjetivo separadamente do substantivo, tendo em vista os argumentos examinados a seguir.

12.1.1. DIFERENÇAS MORFOLÓGICAS ENTRE ADJETIVO E SUBSTANTIVO

Adjetivo e substantivo compartilham as propriedades morfológicas de gênero e número, afastando-se no seguinte:

(1) O adjetivo aceita flexão de grau, expressa por sufixos produtivos (como em *branquíssimo*), ou por terminações que são vestígios do latim (como em *maior, menor, melhor, pior*), ou por Especificadores e Complementadores: [*mais* Adj *do que* X], [*tão* Adj *como* X], [*o mais* Adj *dos* X], como em "*mais branco do que neve*", "*tão branco como a neve*", "*a mais branca das neves*".

Câmara Jr. (1970: 73) mostra que as duas classes se comportam da mesma forma quanto ao morfema {-s}, marcador de plural, como se vê no substantivo *mesas* e no adjetivo *brancos*. Já o sufixo {-*íssimo*} só ocorre com o adjetivo, sendo repelido pelo substantivo: *branquíssimo*, mas **mesíssima*. Quando esse sufixo se aplica a um substantivo, ocorrerá sua recategorização, como se vê em "*o governador é candidatíssimo à presidência da República*". Grau é a intensificação ou a atenuação de traços predicativos, e os substantivos são expressões referenciais, não graduáveis. O que sim os substantivos têm são sufixos derivacionais que indicam o tamanho, como em *mesona*, *mesinha*, mas tamanho não é grau. Dizem que tamanho nem documento é...

(2) Adjetivos podem ser criados por derivação de modo, expressa por {-*vel*}, como em *amável* ("o que pode ser amado"), *provável* ("o que pode ser provado") etc. Substantivos não aceitam esse sufixo: **mesável*, salvo quando se quer transformá-los em adjetivo, como em *reitorável*, *papável*, exemplos que devo a Rodolfo Ilari.

(3) O adjetivo aceita a derivação por {-*mente*}, transformando-se em advérbios como em *facilmente*, o que não ocorre com substantivos, como em **mesamente*, salvo quando se pretende adverbializá-lo, como no título simpático que Basílio (1998a) deu a um texto seu, "Morfológica e Castilhamente, um estudo das construções X-mente no português do Brasil".

(4) O adjetivo aceita a derivação de quantificação, expressa por {-*oso, -al*}, como em *estudioso* ("o que estuda muito"), *sensacional* ("o que causa muita sensação") etc., o que não ocorre com os substantivos: **mesosa, *mesal*.

Esses argumentos apontam para a conveniência de distinguir adjetivos de substantivos do ponto de vista da morfologia. Vejamos agora o que Dona Sintaxe tem a dizer.

12.1.2. DIFERENÇAS SINTÁTICAS ENTRE ADJETIVO E SUBSTANTIVO

Alguns critérios sintáticos têm sido igualmente propostos para distinguir adjetivos de substantivos. Quirk et al. (1985: 402 e ss.) fornecem pistas interessantes: são adjetivos as expressões que (i) ocorrem na função atributiva, como constituintes de um sintagma nominal, como em [*um livro* **caro**]; (ii) ocorrem na função predicativa, como constituintes de um sintagma verbal, como em [*o livro é* **caro**]; (iii) podem ser pré-modificados pelo intensificador *muito*, como em [*um livro muito* **caro**]; e, finalmente, (iv) podem assumir formas comparativas e superlativas, como em [*um livro mais caro que um caderno*], [*livro caríssimo*]. Os critérios (i) e (ii) foram considerados os mais importantes, suficientes para identificar os adjetivos centrais ou prototípicos, que atendem a esses critérios, e os adjetivos periféricos ou não prototípicos, que não os atendem, ou apenas os atendem parcialmente.

A posição de Quirk encontra eco na literatura corrente, na qual se elege a predicação* como um traço relevante para a postulação do estatuto categorial dos adjetivos. Assim, Bolinger (1967) mostrou que alguns adjetivos são *ser*-predicativos, enquanto outros, não. Os adjetivos *ser*-predicativos derivam de uma transformação de apagamento da sentença relativa, argumento da Gramática Transformacional que já aparecia na Gramática de Port-Royal. Teríamos aqui enunciados como

(1) *Eu comprei a mesa. A mesa era grande* à *Eu comprei a mesa que era grande* à *Eu comprei a mesa grande.*

Tais adjetivos são considerados atributivos. Entretanto, outros itens também considerados adjetivos não exemplificam a mesma derivação, como em

(2) *a razão principal* (cf. **a razão é principal*); *o engenheiro civil* (cf. **o engenheiro é civil*)

Katz (apud Borges Neto, 1980), fixou-se no traço /± gradação/ para distinguir os adjetivos graduáveis dos adjetivos não graduáveis. Os adjetivos /+grad/ foram denominados relativos, por se caracterizarem por uma oposição relativa a seus antônimos, como nos pares *quente/frio, bonito/feio, grande/pequeno* etc. Os adjetivos /-grad/ foram denominados absolutos, por implicarem numa oposição absoluta a outros adjetivos, como em

(3)
    a) *brasileiro/inglês/francês*
    b) *circular/triangular/retangular*
    c) *municipal/estadual/federal*

Esta observação reaparece na literatura quando se distinguem, por exemplo, adjetivos predicativos (os relativos) de adjetivos não predicativos (os absolutos, ou de verificação).

São *predicativos* os adjetivos que (i) predicam o substantivo ou toda uma sentença; (ii) exibem flexão de grau, concordando em gênero e número com o substantivo a que se aplicam. São *não predicativos* os adjetivos que classificam o referente dos substantivos.

Vejamos em detalhe esta subdivisão dos adjetivos, proposta por Casteleiro (1981: 52-66). Ele propõe inicialmente a organização de duas séries:

(4) *as crianças alegres*   (5) *as flores campestres*
     as casas bonitas   *os parques citadinos*
     as paisagens calmas   *os problemas governamentais*
     as manhãs frias   *as câmaras municipais*
     as cidades sombrias,   *as casas rurais,*
     os livros azuis   *os engenheiros civis*
                                      as ciências naturais

Estudando as propriedades de distribuição desses itens, Casteleiro observa o seguinte:
1. Propriedade predicativa: os itens da classe (4) correspondem a sentenças relativas, os da classe (5), não:

(4a) *Adoro as paisagens que são calmas.*
(5a) ?*Adoro as casas que são rurais.*

Casteleiro mostra que a designação *não predicativos* para (5) encerra alguns problemas:
(i) Em "contextos do tipo enfático-contrastivo", esses adjetivos ocorrem na posição predicativa, como em

(6) *Esses problemas são rurais, e não urbanos.*
(7) *A interpretação dada a esse conflito e publicada nos jornais é governamental, e não sindical.*

(ii) A natureza semântica do substantivo modificado assegura a propriedade predicativa, o que mostra a importância de analisar semanticamente os substantivos:

(8) *Essas viaturas são municipais./Essas flores são campestres.*

(iii) Determinantes com valor semântico particularizador têm o mesmo papel:

(9) *Umas viaturas são municipais, outras são estatais./Certas flores são campestres.*

(iv) Contrastando as restrições (i), (ii) e (iii), parece que a natureza semântica do substantivo tem uma saliência maior, dada a inaceitabilidade de

(10) **Essas ciências são naturais, e não geográficas./*Essa prevenção é rodoviária, e não ferroviária.*

pois *ciências naturais* é uma lexia complexa estável, seus termos não são habitualmente dissociados, salvo em contextos marcados.

Dadas essas observações, e também levando em conta a atuação semântica de adjetivos e advérbios, os não predicativos serão denominados nesta gramática *adjetivos de verificação*; sobre esse conceito, veja **2.2.2.4**. Busco dessa forma evitar a dispersão da terminologia.

Casteleiro prossegue na diferenciação entre adjetivos predicativos e não predicativos.

2. Propriedade de grau: os itens da classe (4) admitem a gradação, o que não ocorre com os da classe (5):
 (4b) *Adoro as paisagens muito calmas.*
 (5b) ?*Adoro as casas muito rurais.*
3. Propriedade pós e pré-nominal: os adjetivos predicativos podem antepor-se ou pospor-se ao substantivo, o que não acontece com os não predicativos, que ocupam geralmente uma posição pós-nominal:
 (4c) *Adoro as paisagens calmas./Adoro as calmas paisagens.*
 (5c) *Adoro as casas rurais./*Adoro as rurais casas.*

Casteleiro argumenta que a posição dos adjetivos e sua relação com as sentenças relativas explicativas e restrivas é uma questão mal resolvida na língua portuguesa. Ele concorda que a posição pré-nominal favorece uma interpretação conotativa do adjetivo, ao passo que a posição pós-nominal favorece uma interpretação denotativa, mas a gradação destrói essa diferença, como em

 (11) *Ele perdeu seu riquíssimo amigo.*

e de novo o tipo de substantivo parece mudar não predicativos em predicativos, como se vê em

 (12) *explorações subterrâneas*
  *subterrâneas explorações,
  ciências naturais
  *naturais ciências

confrontados com

 (13) *intenções subterrâneas*
  subterrâneas intenções
  aptidões naturais
  naturais aptidões

o que aconselharia a "definir as combinatórias possíveis de N + Adj através de traços comuns aos dois elementos", levando o adjetivo a selecionar os substantivos que contivessem o mesmo traço (Casteleiro, 1981: 59). Por outro lado, essa classe tem uma enorme mobilidade na língua portuguesa, registrando-se ainda os adjetivos exclusivamente pré-nominais, como *mero*, por exemplo.

4. Propriedade de comutabilidade com uma paráfrase nominal, "constituída de uma preposição (em geral *de*) e um sintagma nominal de cujo nome o adjetivo deriva" (Casteleiro, 1981: 60):
 (4d) *cidades sombrias*
  *cidades de sombra
  comportamento doentio
  *comportamento de doente
 (5d) *ciências naturais*
  ciências da natureza
  sistema nervoso
  sistema dos nervos

Apenas os adjetivos não predicativos "passam" por esse teste, sendo esta mais uma razão para denominá-los relativos, isto é, relacionados a um substantivo.

5. Os adjetivos predicativos são ligados ao substantivo pelos verbos copulativos *ser* e *estar*; os não predicativos rejeitam *estar*:
 (4e) *Essas paisagens são/estão calmas*
  Essas crianças são/estão alegres
 (5e) **Essa ciência é natural*
  Essas flores são/*estão campestres
  Essas viaturas são/*estão municipais

6. Os adjetivos predicativos podem funcionar como predicativos do objeto direto, constituindo uma minissentença, construindo-se com verbos como *achar, considerar, admitir, julgar* e outros, o que não acontece com os não predicativos:
(4f) *Acho essas paisagens calmas/sombrias/bonitas.*
  Acho essas crianças alegres/tristes/irrequietas.
(5f) **Acho (= julgo) esse engenheiro civil/químico/eletrotécnico.*
  *Considero essas ciências naturais/geográficas/médicas.

Esta propriedade é uma decorrência da anterior, visto que, de acordo com a posição teórica assumida por Casteleiro, as construções de (4f) derivam de (4e) por apagamento de *que... ser* e transformação do sujeito da sentença completiva em objeto do verbo superior:
(4f') *Acho que essas paisagens são calmas.* → *Acho essas paisagens calmas.*

Por outro lado, a inadmissibilidade de (5e) bloqueia (5f).

7. Os adjetivos predicativos podem funcionar como apostos (antepostos ou pospostos) do substantivo, o que não ocorre com os não predicativos:
(4g) *As crianças, alegres, partiram para o campo.*
  Alegres, as crianças partiram para o campo.
(5g) **Os engenheiros, civis, partiram paro o campo.*
  *Civis, os engenheiros partiram para o campo.

A impossibilidade de (5g) decorre da propriedade predicativa examinada anteriormente: os adjetivos não predicativos não podem ser inseridos em sentença relativa, que é a estrutura subjacente dos adjetivos apostos.

8. "Os adjetivos predicativos podem ser coordenados entre si e os não predicativos também, mas os de uma subclasse não podem ser coordenados com os de outra" (Casteleiro, 1981: 63):
(4h) *paisagens calmas e bonitas*
  comportamento doentio e condenável
  crianças alegres e irrequietas
(5h) *ciências naturais e geográficas*
  geradores elétricos e solares
mas
(14) **engenheiros competentes e eletrotécnicos*
  *geradores brilhantes e elétricos

9. Adjetivos não predicativos aceitam prefixos numéricos como *mono-, multi-, poli-, omni-* etc., ao passo que os adjetivos predicativos não os aceitam:
(4i) **terras bivermelhas*
  *crianças tricontentes
(5i) *paisagem monocromática*
  questões bi/multinacionais

10. Adjetivos predicativos aceitam prefixos de negação, rejeitados pelos não predicativos:
(4j) *crianças infelizes/descontentes*
  soluções irreais/desagradáveis
(5j) **geradores insolares*
  *problemas desurbanos/inestatais

11. Adjetivos predicativos aceitam sentenças substantivas como sujeito; os não predicativos, somente quando prefixados:
(4k) *É bom/agradável/útil que essas dificuldades sejam vencidas.*
(5k) **É governamental/nacional que certas repartições públicas não funcionam/funcionem devidamente.*

mas

(5k') *É antigovernamental/antinacional que certas repartições públicas não *funcionam/funcionem devidamente.*

O reconhecimento dessas propriedades explica por que os predicativos são também chamados em nossa tradição gramatical de *verdadeiros adjetivos, adjetivos prototípicos, adjetivos centrais* ou *adjetivos atributivos*. Os não predicativos são também chamados *pseudoadjetivos, adjetivos não prototípicos, adjetivos classificatórios* ou *adjetivos de relação*.

A riqueza dessa terminologia mostra que é generalizada a percepção de que os adjetivos são uma classe heterogênea. No fundo, como tudo o mais.

Quanto à sua *gramaticalização*, diferentes processos gramaticais asseguram a adjetivização de outras classes:

1. Através da intensificação, um substantivo torna-se adjetivo:

(15) *Fulano é muito homem.*

2. Através da sufixação gramatical, um verbo torna-se adjetivo: é o caso dos particípios passados. Os particípios sempre foram considerados como verbos não prototípicos, meio verbos, meio adjetivos, e disso decorre sua denominação.

3. Substantivos se recategorizam como adjetivos. Assim, *vermelho* deriva do substantivo diminutivo *vermiculus*; *louro* deriva do substantivo *laurus* (Maurer Jr., 1959: 248-250).

Os argumentos aqui apresentados ressaltam que é complicado procurar distinções taxativas entre as classes de palavras. Isso dá razão à teoria dos protótipos, sumarizada em **1.2.2.1**, segundo a qual determinados itens vocabulares concentram um número maior de propriedades que outros itens. A teoria dos sistemas complexos opera com mais felicidade também nestes casos, por reconhecer que as entidades possuem diferentes graus de integração em sua categoria, permitindo que muitas relações possam ser reconhecidas entre os membros de categorias diferentes.

LEITURAS SOBRE O ESTATUTO CATEGORIAL DO ADJETIVO
Borges Neto (1980, 1985), Casteleiro (1981), Basílio (1990), Ilari (1992b), Castilho / Moraes de Castilho (1993), Negrão et al. (2008).

12.2. DESCRIÇÃO DO NÚCLEO

O sintagma adjetival tem por núcleo o adjetivo, que é uma classe basicamente predicadora, funcionando como adjunto adnominal enquanto constituinte do sintagma nominal, ou como predicativo, enquanto constituinte do sintagma verbal (veja **8.**1.2).

À semelhança dos verbos e dos substantivos, os adjetivos podem apresentar-se numa forma simples, como em *carro* **azul**, ou composta, como em *estilo* **claro-escuro**.

Sejam as seguintes ocorrências do sintagma adjetival:

(16) Encaixado no sintagma nominal, como adjunto adnominal

    a) *Fizeram um barulho* **terrível** *por causa de um mero acidente de trânsito.*
    b) *Pioraram as relações* **franco-americanas**.
    c) *A situação* **brasileira** *depende das condições existentes.*
    d) *Mente* **ocupada** *é melhor que mente* **vazia**.
    e) **Novos falsos** *picassos estão aparecendo na praça.*
    f) *A* **depravada** *civilização massacrou os índios.*

(17) Encaixado no sintagma verbal, como núcleo de minissentença
   a) *A sala estava extremamente **cheia** de curiosos.*
   b) *Visto que todos ficaram **calados**, eu também fico Ø.*
   c) *(...) o índio, mais que símbolo, encarna, **idealizadas**, **utópicas**, a pureza e a inocência que todos perdemos na vida brutal da cidade.* (Otto Lara Resende, Folha de S. Paulo, 20 jun. 1992)
   d) *Ele quer as coisas muito **rápidas**.*
   e) *Li um jornal **repleto** de mentiras.*
   f) *A mulher chama-lhe **antipático**.* (Cunha / Cintra, 1985: 256).

(18)
   a) ***Invisível, macio, traiçoeiro**, o tempo passa.* (Otto Lara Resende, Folha de S. Paulo, 8 abr. 1992)
   b) ***Horrível** essa prova.*

Observando o comportamento sintático dos adjetivos constantes dessas sentenças, notamos que eles
   (i) Concordam com o substantivo, sempre que variáveis em gênero e número.
   (ii) Acompanham o substantivo, pospondo-se a ele, como em (16a) a (16d), *um barulho **terrível**, situação **brasileira*** etc., em que se observa a ordem substantivo-adjetivo, ou antepondo-se, como em (16e) e (16f), ***novos falsos*** *picassos*, ***depravada*** *civilização*, na ordem adjetivo-substantivo.
   (iii) Acompanham a sentença, hiperpredicando-a, em (18).
   (iv) Apresentam um Especificador quantificador à sua esquerda, como em (17a), *extremamente **cheia**.*
   (v) Podem apresentar um Complementador à direita, como em (17a), ***cheia** de curiosos*, e em (17g), ***repleto** de mentiras*.
   (vi) Podem assumir uma forma deverbal, como em *ocupada*, em (16f).
   (vii) Podem assumir uma forma simples, em (16a) e outras, ou composta, como em (16b).
   (viii) Podem ser elididos, como em (17b), em que *também fico* corresponde a *também fico calado*.

Com respeito à adjetivação múltipla, Lemle (1978) estuda tais casos ocorridos no ambiente do sintagma nominal, em que se combinam adjetivos predicativos a não predicativos, formando os *sanduíches adjetivais*:

(19) Sanduíches adjetivais
   a) *pobre menina rica*
   b) *comunidade científica brasileira*
   c) *música popular brasileira*
   d) *físico nuclear brasileiro*

12.2.1. SINTAXE DO ADJETIVO

Como vimos anteriormente, o adjetivo tem as seguintes propriedades sintáticas:
(1) Funciona como adjunto adnominal, no interior do sintagma nominal.
(2) Funciona como núcleo de minissentença, no interior do sintagma verbal.
(3) Funciona como adjunto adsentencial, fora da sentença.
(4) Dispõe de propriedades de transitividade, concordância, colocação.

Essa ordenação não deve obscurecer o fato unificador de que em todos esses ambientes o adjetivo mantém sua propriedade semântica básica de operador de predicação/de verificação/de dêixis, tomando uma classe por escopo. É a diversidade do escopo que permite descrevê-lo nas escalas anteriores.

12.2.1.1. Adjetivo como adjunto adnominal, encaixado no sintagma nominal

Nos exemplos (16a) a (16f), os sintagmas adjetivais aparecem encaixados num sintagma nominal como seu Complementador, funcionando como adjunto adnominal. O adjunto adnominal agrega ao núcleo do sintagma nominal propriedades semânticas que ele não tem, adensando a informação. Analise você mesmo que contribuições os adjetivos dão aos substantivos nos exemplos citados, e em outros, que você poderá localizar na linguagem do dia a dia.

Como adjunto adnominal, o sintagma adjetival toma por escopo o substantivo, e não o verbo, donde a impossibilidade de parafraseá-lo pelo advérbio correspondente:

(16')
   a) *Fizeram **terrivelmente** um barulho...
   b) *Pioraram **franco-americanamente** as relações.
   c) *A situação depende **brasileiramenete** das condições existentes.

12.2.1.2. Adjetivo como núcleo de minissentença, encaixado no sintagma verbal

Nos exemplos (17a) a (17g), os sintagmas adjetivais aparecem encaixados num sintagma verbal, funcionando como uma minissentença, mais conhecida em nossa tradição gramatical como predicativo do complemento.

Esta última designação é insuficiente, na medida em que capta uma propriedade semântica geral de verbos, adjetivos e advérbios – a propriedade de predicação*.

Como minissentença, ele pode predicar o sujeito *a sala*, em (17a), o objeto direto *a pureza e a inocência, as coisas* e *o jornal* em (17c) a (17f), o objeto indireto *lhe* em (17g).

Integrando o sintagma verbal, os sintagmas adjetivais minissentenciais predicam simultaneamente o sintagma nominal dependente do sintagma verbal e o sintagma verbal, como se pode constatar pelas seguintes paráfrases:

(17')
   a) *A sala estava **cheia** de curiosos.* (= sala cheia/estava cheia)
   b) *Quer **rapidamente** as coisas.* (= coisas rápidas/quer com rapidez)

12.2.1.3. Adjetivo como adjunto adsentencial

Nos dois ambientes anteriores, o escopo do sintagma adjetival é um constituinte da sentença. Mas o sintagma adjetival pode igualmente tomar por escopo toda a sentença, funcionando como um hiperpredicador adsentencial, localizado fora de suas fronteiras, como em (18b) e (18c). Temos aqui mais um paralelismo com os advérbios (veja **13**.2.1.1.2).

12.2.1.4. Transitividade do adjetivo

À semelhança dos verbos e das classes que resultaram da nominalização (veja **11**.2.1.3) e da adverbialização (veja **13**.2.1.2), os adjetivos podem ou não selecionar argumentos. Há, portanto, adjetivos não argumentais ou intransitivos (como *branco, veloz* etc.) e adjetivos argumentais ou transitivos, que dispõem de uma estrutura argumental (como *contrário, diferente, demorado* etc.).

Sejam os seguintes exemplos:
(20)
- a) *[foi um insulto do] comércio estabilizado... né?* **vinculado** <u>ao estrangeiro</u> *contra os cine grafistas brasileiros... esse nome "cavadores" acabou sendo realmente um nome* **aceito** <u>por eles próprios</u>. (EF SP 92)
- b) *situações... eh... em determinadas situações* **separadas** <u>de um contexto</u>. (EF SP 33)
- c) *[pelo fato de ele] estar muito* **ligado** <u>às funções neurovegetativas</u>. (EF SP 31)
- d) *o presente era muito* **especial** <u>para aqueles casos</u>.
- e) *este texto é muito* **típico** <u>de Van Gogh</u>. (EF SP 81)

Estes poucos exemplos mostram que a *adjetivização* produz vocábulos transitivos, derivados de verbos (20a a 20c) e de substantivos (20d e 20e). Os primeiros são participiais; como já vimos, particípios como os de (20a) a (20c) compartilham propriedades com os verbos e os adjetivos.

Alguns autores mencionam o "argumento parasítico" do adjetivo. Vendler (1967a: 180) mostra que os adjetivos dimensionadores predicam indiretamente o substantivo. Assim, em *elefante pequeno* não se quer dizer "animal pequeno", e sim "pequeno para um elefante". Bierwisch (1971: 88 e ss.) também tratou do argumento parasítico dos adjetivos dimensionadores, denominados *relativos* em sua terminologia. Ele afirma que tais adjetivos "na realidade, não representam objetos, mas propriedades de objetos em que estas propriedades são tratadas como uma espécie de argumento parasítico ou subsidiário".

— *Espere aí, você está dizendo que a predicação, além de atribuir propriedades a expressões contidas no enunciado, também atrubui propriedades a expressões situadas fora do enunciado?*
— *Pois é, a predicação é um processo semântico (e simultaneamente sintático) mais extenso do que imaginávamos! Valendo-se do Índice desta gramática, você poderá rastrear as ocorrências da predicação, em sua atuação para dentro ou para fora do enunciado. Feito isso, pendure na sua cabeça a seguinte pergunta: "haverá alguma relação entre a predicação e a representação da categoria cognitiva de* MOVIMENTO*"? Vá refletindo, até chegar ao capítulo "Algumas generalizações sobre a gramática do português brasileiro. A reflexão gramatical".*

12.2.1.5. Concordância do adjetivo

O adjetivo concorda com o substantivo em gênero e em número, como se pôde constatar nos exemplos de (17) a (20). Em (17f), o adjetivo *antipático* concorda com um dos participantes do discurso, não verbalizado no enunciado. Quando núcleo de sentença exclamativa, como em (18), o adjetivo cristaliza-se no masculino singular, forma não marcada em gênero e número em nossa língua.

A simplificação da morfologia verbal e nominal do PB tem afetado as regras de concordância do adjetivo, que se torna progressivamente invariável.

Tratando amplamente da concordância no interior do sintagma nominal, Scherre (1988) retoma alguns pressupostos de Braga (1978), relativos ao requisito de maior saliência fônica para a ocorrência da marcação de plural, notando que essa marcação é condicionada aos seguintes fatores, que favorecem a concordância: (1) traços estilísticos, como a formalidade; (2) traços semânticos, como a animacidade; (3) traços mórficos, como a derivação aumentativa ou diminutiva.

Scherre (1988: 23) sustenta que

> é possível então prever que qualquer item lexical [+informal], [+diminutivo] e [+humano] terá mais chance de não ser marcado em relação à pluralidade, como em "aqueles cabelim branquim", para limitar-me apenas à concordância entre o adjetivo e o substantivo no português semiescolarizado.

Veja **11**.2.1.6.

12.2.1.6. Colocação do adjetivo

Vimos anteriormente que a colocação do adjetivo em relação ao substantivo representa um traço sintático muito importante dessa classe, (i) permitindo subdividi-la em adjetivos de ordem livre e adjetivos de ordem presa; e (ii) mostrando os efeitos de sentido que ocorrem quando se altera sua colocação.

Apenas os adjetivos predicativos gozam de plena liberdade de colocação, enquanto os de verificação (= não predicativos) exibiriam uma regra categórica quanto a isso. Kato (org. 1981: 38), ainda que não partindo da distinção que estamos aqui formulando, afirma que essa liberdade sofre algumas restrições, pois apenas os "adjetivos de apreciação subjetiva (como em **bom** *menino*, **bela** *casa*, **interessante** *história*, **fantástica** *notícia*) podem ser pré-nominais". Posteriormente, em Kato (1983: 7), ela acrescenta a estes os adjetivos de intensificação, como em **perfeito** *idiota*, e os atitudinais, como em **mero** *espectador*. Nos demais casos, a ordem preferida é a pós-nominal, que se torna categórica quando o adjetivo é participial, como em *casa* **refrigerada**, *menino* **comportado** e *notícia* **divulgada**.

A ordem pós-nominal liga-se ao fato de ser o português uma língua SVO (= sujeito-verbo-objeto). Perfilhando a teoria da harmonia transcategorial de Hawkins, Kato (1982/1988) mostra que nas línguas VO (= verbo-objeto) se observa uma regra não categórica de anteposição do substantivo ao adjetivo e ao genitivo, como em *casa* **alta** e *casa* **de madeira**. De todo modo, a ordem pré-nominal não deveria ser vista como algo idiossincrático, marcado ou acidental em português, e sim como parte de "algum princípio sincrônico mais geral".

Indagando-se sobre se não haveria alguma correlação entre objeto após o verbo (que é seu núcleo) e adjetivo após o substantivo (que é também seu núcleo), Kato (1982/1988: 5) conclui que "a distribuição do adjetivo em português é uma consequência natural de sua estrutura SVO". Assim, "adjetivo + substantivo será harmônico com sintagma verbal, e substantivo + adjetivo [será harmônico] com VO".

Alguns fatores interferem na posição do adjetivo em relação ao substantivo. Desse modo, adjetivos habitualmente pós-nominais, como em *situação* **embaraçosa**, figuram pré-nominalmente caso o substantivo receba argumentos, como em *a* **embaraçosa** *situação do governo* (exemplo de Kato, 1983: 7).

Abordando esta questão de um ângulo diacrônico, Cohen (1989) mostrou que há uma crescente preferência pela ordem substantivo-adjetivo, como se vê pela seguinte tabela de percentuais de uso:

Tabela 12.1 – Colocação dos adjetivos segundo Cohen (1989)

Século/Colocação	XIV	XV	XVI	XVII	XVIII	XIX	XX
substantivo-adjetivo	24%	18%	52%	29%	49%	66%	79.5%
adjetivo-substantivo	76%	82%	48%	71%	51%	34%	20,5%

A Tabela 12.1 mostra que após o século XVIII a colocação pós-nominal passou a predominar.

Estudando o mesmo fenômeno na fala carioca do século XX, Rio Nobre (1999) encontrou resultados muito próximos aos de Cohen: 77% para substantivo-adjetivo, em confronto com 23% para adjetivo-substantivo.

Em exemplos como (21), o caráter aposicional do adjetivo pode comprovar-se por sua mobilidade na sentença, segundo Quirk et al. (1985):

(21)
    a) *O homem, muito nervoso, abriu a carta.*
    b) *O homem abriu a carta, muito nervoso.*

e por sua equivalência a um advérbio de sentença (veja **13**.2.1.2):

(21c) **Nervosamente**, *o homem abriu a carta.*

Os mesmos testes podem ser aplicados em (22), que repete (18), cujos adjetivos equivalem igualmente a um advérbio predicador qualitativo polar:
(22)
    a) *O tempo passou de modo **invisível, macio, traiçoeiro**.*
    b) ***Invisível, macio, traiçoeiro**, o tempo passou.*
equivalente a
(22b') *O tempo passou **invisível, macio** e **traiçoeiramente**.*

Examinando esta questão do ângulo variacionista, Tarallo (1990a: 148-149) identificou um fator funcional-informacional que coocorre no caso dos adjetivos pospostos: "Na expansão dos sintagmas nominais em português cabe ao adjetivo a última posição: a menina *bonita*, o menino *inteligente*".

O que rege essa posição do adjetivo é, segundo Câmara Jr. (1977: 250), um fator de ordem funcional: "Há um princípio básico, que consiste em atribuir ao último termo do enunciado o máximo valor informativo".

É certo que dentro do sintagma nominal, o adjetivo também pode aparecer anteposto ao substantivo. Não se trata, pois, de uma ordem rígida, gramaticalmente fixa. O adjetivo posposto exibe uma ordem menos marcada, no sentido de mais comum. Assim,

    a posposição é [...] a pauta fundamental, porque a função usual do adjetivo é acrescentar um dado de informação nova a respeito do substantivo; é essencialmente um elemento descritivo suplementar para a significação contida no substantivo [...]
    [E mais além:] sobre essa [configuração não marcada] se imporá o princípio funcional que atribuirá colorações estilísticas diferenciadas aos enunciados, na medida em que a ordem básica é quebrada (Câmara Jr., 1977: 252).

Observando os dados da língua falada, pode-se constatar que uma dessas "colorações estilísticas" é a quase modalização do substantivo pelo adjetivo anteposto, ou mesmo a recategorização do próprio adjetivo quando movido para antes do substantivo. A anteposição assegura uma caracterização mais subjetiva, como se vê pelos seguintes exemplos:
(23)
    a) *então ela [= a pessoa] às vezes vai ser um **péssimo** médico, quando ela poderia ser um **ótimo** lixeiro...* (DID SP 251)
    b) *Belo Horizonte é uma **bela** cidade.* (DID SP 137)
    c) *o pessoal já está esperando mancada dos artistas e:: uma coisa de **baixa** qualidade.* (DID SP 161)
    d) *Presidente Prudente é uma **grande** cidade.* (DID SP 137)

Nesses exemplos, as qualidades expressas pelos adjetivos correspondem a avaliações do falante, como se constata pela paráfrase
(23d') *Para mim, Presidente Prudente é uma cidade **grande**.*

Alterações de sentido associadas à colocação dos adjetivos frequentam já há tempos os trabalhos sobre essa classe (Said Ali Ida, 1923; Lapa, 1945/1968; Câmara Jr., 1977). Tem-se notado que, quando se antepõem, os adjetivos favorecem uma predicação mais subjetiva do substantivo, ressaltando seus valores afetivos, como se viu em (15), e também em:
(24) ***grande** homem*
isto é, "excelente homem".
Neste caso, o adjetivo não deriva de uma sentença adjetiva, como afirma Casteleiro (1981: 59).

Quando se pospõem, eles favorecem uma qualificação objetiva do substantivo, podendo-se estabelecer uma relação de derivação entre o adjetivo e uma sentença relativa:

(25) homem **grande**
isto é, *homem que é **grande***.

A posição dos adjetivos de ordem livre dá lugar a jogos argumentativos bem humorados, como este:

(26) *O líder udenista começa tachando o voto por distrito de "uma tolice **grande**", uma vez que "uma **grande** tolice" ainda tem um certo mérito.* (*Correio de Marília*, 17 jan. 1965)

Mas há casos em que a anteposição ou a posposição afetam o processo semântico desencadeado pelo adjetivo, transpondo-o de predicativo em

(27) mulher **atual**

isto é, "mulher moderna, atualizada", para adjetivo dêitico, como em

(28) **atual** mulher

isto é, "a esposa de hoje", por contraste com "ex-mulher".

Borges Neto (1980) tematiza esses problemas de mudança de significação, aduzindo exemplos como

(29)
   a) ***falso** estudante, estudante **falso***
   b) ***suposto** comunista, comunista **suposto***

em que a anteposição do adjetivo tem um efeito negativo sobre o substantivo, visto que (i) *falso estudante* e *suposto comunista* significam "alguém que não é estudante" e "alguém que não é comunista", enquanto (ii) *estudante falso* e *comunista suposto* pressupõem que "há um estudante" e "há um comunista".

A mobilidade dos adjetivos se torna mais patente em casos de aposição, em que o adjetivo se move para fora da fronteira do sintagma nominal, que se torna descontínuo:

(30) **Muito nervoso**, *o homem abriu a carta*.

Mais adiante, voltaremos a considerar a relação entre anteposição e posposição do adjetivo e sua classe semântica.

Simões (1993/2006) submeteu os dados do Projeto Nurc a uma análise quantitativa, identificando os seguintes fatores que explicam a colocação:

(1) Especificadores do sintagma nominal: possessivos, como em *seu pequeno e clássico filme*, e artigos definidos favorecem a anteposição, o primeiro com probabilidade .95, e o segundo com probabilidade .61. Os pronomes indefinido e demonstrativo favorecem a posposição.

(2) Complementadores do sintagma nominal: o sintagma preposicionado e a sentença relativa favorecem a anteposição, como em *a bela cidade de meus sonhos, a bela cidade que visitamos*].

(3) Núcleo do sintagma nominal: núcleos preenchidos por substantivos concretos favorecem discretamente a anteposição, quando comparados aos substantivos abstratos.

(4) Verbo da sentença: sintagma nominal figurando como argumento de verbos ergativos favorece a posposição do adjetivo encaixado, como em *apareceu também* [*uma belíssima senhora*]].

(5) Qualificadores graduadores favorecem a anteposição, numa probabilidade .69. Com respeito aos fatores sociais, Simões notou que as mulheres antepõem mais os adjetivos que os homens.

Uma questão a estudar em detalhe é a da ordenação dos adjetivos no caso dos "sanduíches adjetivais", denominação dada por Lemle (1978) à sequência [adjetivo + substantivo + adjetivo]. Pesquisadores do Projeto Nurc encontraram os seguintes dados,

(i) 3% dos casos exemplificam essa sequência, como em

(31) *acrescentaria apenas a esse... a esta série de filmes dentro dessa mesma linha... ahn...* [*os **bons** filmes **policiais***]. (D2 SP 255)

em que se combinam um adjetivo predicativo a um não predicativo,

(ii) 65% ilustram a sequência [substantivo + adjetivo + adjetivo], como em
(32) *o Correio da Unesco tem um número excepcional sobre* [*o problema **demográfico mundial***].
(D2 SP 255)
em que se pospõem dois adjetivos não predicativos,
(iii) apenas 1% das ocorrências integra a classe [adjetivo + substantivo + adjetivo + adjetivo], como em
(33) *não é à toa que* [*a **atual** indústria **naval japonesa***]... *atual e já no início do século vinte...*
(EF RJ 379)
igualmente composta por não predicativos, dispersando-se os restantes 20% por estruturas variadas. Constatou-se que o primeiro adjetivo dessas sequências é majoritariamente não predicativo. Esses adjetivos formam lexias complexas com o substantivo.

Dentre os predicativos, tendem a antepor-se os qualificadores dimensionadores, pospondo-se os demais. Esses resultados confirmam Simões (1993/2006) quanto ao constituinte mais pesado, e dele se afastam no que diz respeito às classes semânticas. Isso sugere que a hierarquia de figuração do adjetivo no sintagma nominal pode ser afetada pela classe e pela quantidade dos adjetivos coocorrentes. Ainda com respeito ao peso dos constituintes, Peruchi (1993) notou que 87,4% dos sintagmas nominais adjetivados pospõem-se ao verbo, acompanhando a tendência de posposição dos constituintes pesados, já comprovada em outros estudos.

LEITURAS SOBRE A SINTAXE DO ADJETIVO
Nascimento et al. (1973), Lemle (1979), Borges Neto (1979/1991, 1980, 1985), Casteleiro (1981), Kato (1982/1988), Cohen (1989), Basílio (1991), Franchi (1992), Peruchi (1993), Bastos (1993), Simões (1993/2006), Rio Nobre (1989), Neves (2000), Silva / Dalla Pria (2001), Negrão et al. (2008).

12.1.2. SEMÂNTICA DO ADJETIVO

Como se viu em **12.**1.1, a ordem de colocação dos adjetivos em relação ao substantivo permite identificar duas grandes classes semânticas, a dos adjetivos predicativos, de ordem livre, e a dos não predicativos, de ordem mais fixa. Nesta seção, agregaremos uma terceira classe, a dos adjetivos dêiticos.

Sistematizando as propriedades semânticas dos adjetivos, Castilho / Moraes de Castilho (1993) mostraram que há pontos de contato entre adjetivos e advérbios, tais como estes foram descritos por Ilari et al. (1991). Assim, partindo do rearranjo dos advérbios proposto por Castilho (1993a: 88-89), foram considerados três grandes processos de predicação adjetival: (i) emissão de um juízo sobre o valor de verdade da classe-escopo; (ii) modificação da extensão dos indivíduos designados pela classe-escopo; ou (iii) modificação das propriedades intensionais da classe-escopo.

Sobre essas considerações, assenta a seguinte subdivisão dos adjetivos predicativos:
(1) Adjetivos modalizadores: verbalizam um juízo emitido sobre o conteúdo do substantivo.
(2) Adjetivos qualificadores: afetam as propriedades intensionais do substantivo.
(3) Adjetivos quantificadores: afetam a extensão do substantivo.

Considerando agora os adjetivos não predicativos, constata-se outro paralelo entre eles e os advérbios não predicativos ou verificadores. Vista a coisa do ângulo dos adjetivos, os verificadores desempenham maiormente um papel descritivo, integrando o substantivo em determinadas classes. Obtemos assim a seguinte subdivisão dos adjetivos de verificação:
(1) Pátrios
(2) Gentílicos
(3) De cor

Finalmente, nota-se que alguns adjetivos dispõem sua classe-escopo numa perspectiva locativa e temporal. Estes são os adjetivos dêiticos, que dispõem da seguinte subdivisão:
(1) Dêiticos locativos
(2) Dêiticos temporais
Passemos a descrever cada uma dessas classes.

12.2.2.1. Adjetivos predicativos

12.2.2.1.1. Modalizadores

Os adjetivos modalizadores predicam o sentido de um substantivo numa forma subjetiva, visto que eles verbalizam uma avaliação pessoal do falante sobre o conteúdo desse substantivo. O significado que resulta dessa operação realça a intervenção do locutor, razão por que parece adequado caracterizá-los como adjetivos orientados para o falante.

A harmonia transcategorial que une esses adjetivos aos advérbios modalizadores permite postular três subclasses de modalizadores: epistêmicos, deônticos e discursivos.

1. Adjetivos modalizadores epistêmicos

Esses adjetivos veiculam uma avaliação sobre o referente do substantivo, o que implica em pelo menos duas possibilidades: a avaliação gera uma certeza (= adjetivos epistêmicos asseverativos) ou uma incerteza (= adjetivos epistêmicos quase asseverativos).

No caso dos modalizadores epistêmicos asseverativos, o falante considera verdadeiras as propriedades intensionais do substantivo tomado como escopo:

(34)
    a) *Eu vejo a telenovela como um **verdadeiro** laboratório posto no ar.* (D2 SP 333)
    b) *A causa **real** da crise política são as elites.*

Em (34), o falante assevera através dos adjetivos *verdadeiro* e *real* que tudo o que se possa entender por *laboratório posto no ar* e *causa da crise política* é um dado do conhecimento que assegura a equação *telenovela = verdadeiro laboratório, causa da crise política = elites*, como se depreende das paráfrases

(34b') *É um fato/é uma evidência que a causa da crise política são as elites*
(34b") *Eu sei que a causa da crise política são as elites.*

A mesma interpretação cabe a sintagmas tais como

(34c)   *o fundamento **evidente***
        *a consequência **natural/óbvia***
        *o raciocínio **seguro/exato/claro/verdadeiro/certo***

O falante escolhe um modalizador epistêmico quase asseverativo quando deseja manifestar insegurança quanto às propriedades intensionais do substantivo-escopo. Vários desses adjetivos são derivados em {-vel}:

(35) *A causa **provável/possível/plausível** da crise política são as elites.*
parafraseáveis por
(35')
    a) *É uma hipótese razoável que a causa da crise...*
    b) *Acho que a causa da crise são as elites.*
    c) *Não sei com certeza se a crise é causada pelas elites.*

O mesmo se verificaria em

(36) *A manta protege o pelo do cavalo de uma **possível** machucadura.* (DID SP 18)

Casteleiro (1981: 146, nota 87) mostra que há uma correspondência entre os adjetivos em {-vel} e a passiva com *ser* (ou *se*) modalizada por *dever* e/ou *poder*, conforme o adjetivo. Assim,

(37) *A causa **provável** do incêndio foi um curto-circuito.*

corresponde a

(37')
   a) *Pode-se provar que a causa do incêndio tenha sido um curto-circuito.*
   b) *Acho que se pode provar que a causa do incêndio...*

Semelhantemente,

(38) *o que a gente vê no Louvre é **indescritível** (...) dá assim uma sensação uma emoção até incansável.* (DID SP 137)

2. Adjetivos modalizadores deônticos

Esse adjetivo é usado quando o falante considera o referente do substantivo como algo necessário:

(39)
   a) *Temos uma decisão **obrigatória** a tomar no caso da crise política.*
   b) *O recurso **necessário** para isso é a mobilização.*

3. Adjetivos modalizadores discursivos

Certos adjetivos, também descritos como psicológicos, têm a propriedade de predicar o substantivo expresso no enunciado, e também um dos participantes do discurso não expresso no enunciado, em geral o próprio falante. Esses adjetivos atuam bidirecionalmente, ou seja, são biargumentais. Tanto numa direção quanto na outra, o que se observa é que o usuário está emitindo através desses adjetivos um juízo sobre o sentido do substantivo e sobre um participante, tendo como pano de fundo o referente dado pelo substantivo:

(40)
   a) *São Paulo é uma cidade **asfixiante**.* (DID SP 137)
   b) *você vê rostinhos bonitinhos **simpáticos** olhando para você.* (DID SP 164)
   c) *Belo Horizonte é uma cidade **atrativa**, uma cidade limpa.* (DID SP 167)
   d) *O Brasil vive uma situação **infeliz**.*
   e) *Esse aí é um caso **curioso/espantoso/lamentável**.*
   f) *A comunidade tomou uma decisão **surpreendente**.*

Vimos em **2.2.2.3** que a predicação é um movimento de traços lexicais do predicador em direção a seu escopo. Os modalizadores discursivos tomam mais de um escopo (são bidirecionais), afetando simultaneamente um termo do enunciado e um participante da enunciação, o que se pode comprovar através das seguintes paráfrases:

(40')
   a) *São Paulo me asfixia.*
   b) *Eu me simpatizei com esses rostinhos.*
   c) *Belo Horizonte me atrai.*
   d) *Fico infeliz com a situação do Brasil.*
   e) *Acho curioso/espantoso/lamentável o caso desse aí.*
   f) *A decisão da comunidade me surpreendeu.*

Por outro lado, adjetivos tais como *bonitinhos*, de (40b), e *limpa*, de (40c), não exibem o mesmo comportamento, visto que não predicam o falante, tornando impossíveis as paráfrases:

(40")
  b) *Eu fiquei bonitinho por causa desses rostinhos.
  c) *Belo Horizonte é uma cidade que me limpa.

Estes últimos funcionam como qualificadores. Tanto os modalizadores quanto os qualificadores atribuem traços semânticos à classe-escopo, mas enquanto os primeiros o fazem a partir de uma avaliação subjetiva do sentido do substantivo, os segundos o fazem a partir de uma descrição objetiva do sentido do substantivo. Conclui-se que os modalizadores são predicadores bidirecionais e os qualificadores são predicadores unidirecionais – o que diferencia essas classes.

12.2.2.1.2. QUALIFICADORES

Os adjetivos qualificadores interferem nas propriedades intensionais do substantivo, alterando-as de forma a agregar traços (i) de qualificação polar, por antonímia; (ii) de dimensão; (iii) de graduação; e (iv) de aspectualização. É evidente que esses traços derivam das propriedades intensionais do adjetivo. O que vemos aqui é, de novo, um movimento de traços do adjetivo predicador em direção ao substantivo.

É preciso reconhecer que a grande maioria dos adjetivos qualificadores se concentra na subclasse (i), atribuindo aos substantivos traços de difícil sistematização, visto cobrirem campos semânticos muito diversos.

Demonte (1999: 175-182) propôs o seguinte arranjo para os qualificadores: (i) de dimensão (*alto, baixo, grosso, fino, estreito, amplo* etc.); (ii) de velocidade (*rápido, lento, lerdo, veloz*); (iii) de propriedade física (*redondo, curvo, quadrado, leve, pesado, espesso, fluido, doce, amargo, picante, duro, áspero, suave, cheiroso, fétido, quente, frio, cálido, grave, agudo, surdo*); (iv) de cor (*branco, preto, azul, amarelado, azulado, embranquecido, rubronegro, preto e branco, claro-escuro, salmão, mostarda, alaranjado, rosáceo*); (v) de idade (*velho, arcaico, jovem*); (vi) de avaliação (*bom, mau, lindo, feio*); (vii) de atitude (*inteligente, idiota, sensível, amável*).

1. Adjetivos qualificadores polares

São qualificadores polares os adjetivos que se ordenam em pares antonímicos, tais como *limpo/sujo, bonito/feio, igual/diferente, fácil/difícil, bom/mau, amável/grosseiro* etc. Nascimento et al. (1973) mostraram que esta classe é a mais frequente do ponto de vista estatístico. Deixarei ao leitor a tarefa de exemplificá-los.

2. Adjetivos qualificadores dimensionadores

Os dimensionadores predicam o substantivo /contável/, atribuindo-lhe traços de dimensão horizontal (*largo, longo, comprido*), vertical (*alto, baixo, curto, fundo, raso*). Vejamos alguns exemplos:
(41)
  a) *a casa da fazenda... ela era uma casa antiga... tipo colonial brasileiro... janelas **largas**.* (DID SP 18)
  b) *e realmente acho que ne/muito pouca gente ainda mora lá assim de nível socioeconômico mais **alto** né?* (D2 SP 343)
  c) *e as moças... usavam vestidos mais ou menos **longos**... para os bailes.* (D2 SP 396)
  d) *ah cabelo... a gente tinha cabelo **comprido**... enrolava (...) que a cabeça ficava parecendo... nem sei... um BALde.* (D2 SP 396)

Esses adjetivos conferem aos substantivos apenas uma dimensão, e por isso podem ser considerados unidimensionais.

Outros adjetivos dimensionadores adicionam ao referente do substantivo uma dimensão não específica, integrando a classe dos dimensionadores não unidimensionais:

(42)
    a) *Deve ser uma delícia ter uma família **gran/bem grande**.* (D2 SP 360)
    b) *O melhor mesmo é uma família **pequena**.*
    c) *porque às vezes eu vejo assim pontes **enormes** que:: se gastam fábulas para construí-la.* (D2 SP 343)

Os mesmos itens adjetivais anteriores, quando combinados com substantivos cujo referente seja /-discreto/ e /+graduável/, geram significados graduadores ou mesmo aspectualizadores, como veremos a seguir.

Os adjetivos dimensionadores não desenvolveram a sofisticada representação linguística das dimensões do espaço proporcionada pelas preposições (veja o capítulo "Diversidade do português brasileiro").

3. Adjetivos qualificadores graduadores

Os graduadores predicam substantivos /+graduáveis/, /-concretos/, /-contáveis/, de processo, estado, relação, cujas propriedades eles graduam para mais (graduadores intensificadores) ou para menos (graduadores atenuadores):

(43)
    a) *A – vocês têm certeza?*
       *B – **absoluta**... quem é que não entendeu?* (DID SP 161)
    b) *tem uma diferença vamos dizer **grande**.* (DID SP 18)
    c) *outras [peças] ao contrário fazem um sucesso **enorme**.* (DID SP 161)
    d) *os musicais fazem um sucesso **tremendo**.* (DID SP 161)
    e) *poderíamos tomar em consideração o ritmo **vertiginoso** que tem por exemplo Nova Iorque.* (DID SP 137)
    f) *e todos os carros da cidade pequena podem fazer uma fumaceira **desgraçada** que vão poluir a cidade.* (D2 SP 343)
    g) *ele tinha um poder de previsão **incrível**.* (D2 SP 343)
    h) *mas a não ser por alguns atrasos **homéricos** né? **excepcionais** assim em termos de... viagens.* (D2 SP 255)

Os adjetivos recolhidos em (43) são graduadores intensificadores, correspondendo a alguns deles os atenuadores:

(43')
    a) *certeza **relativa***
    b) *diferença **pequena***
    c) *sucesso **modesto***

4. Adjetivos qualificadores aspectualizadores (imperfectivos e perfectivos)

Os qualificadores aspectualizadores selecionam substantivos deverbais, aos quais atribuem traços de imperfectividade, como em (44a), ou de perfectividade, como em (44b):

(44)
    a) *A Bolsa de Valores sofreu uma queda **lenta** na última semana.*
    b) *aqueles assuntos que:: não provocam em mim um interesse **momentâneo** muito grande.* (D2 SP 255)

Em (44a), a noção de imperfectividade foi obtida composicionalmente, pois *queda* é um substantivo télico, ao passo que *lenta* é um adjetivo atélico. Tomando *queda* por escopo, o adjetivo *lenta* alterou as propriedades intensionais desse substantivo, e agora se admite que uma queda possa ser durativa. O mesmo se pode dizer de (44b), cuja noção de perfectividade foi obtida através da ação do adjetivo *momentâneo*, télico, sobre o substantivo *interesse*, atélico, e agora se admite a possibilidade de que *interesse* tenha um começo e um fim coincidentes. Sobre telicidade/atelicidade, veja **10**.2.2.1.3; sobre aspecto, veja **10**.2.2.2.1.

5. Adjetivos delimitadores aproximadores

O termo *delimitador* é aqui utilizado em correspondência ao inglês *hedges*, proposto por Lakoff (1975: 234), que assim os definiu: "palavras [...] cuja tarefa é tornar as coisas mais ou menos imprecisas". Moraes de Castilho (1991) e Lima-Hernandes (2005a) descreveram a delimitação no PB.

A delimitação é um processo de predicação que encerra simultaneamente uma face qualitativa e uma face quantitativa. Lembra-se do aspecto verbal? Pois é, o lance da multiplicação das faces está se repetindo aqui no meio dos adjetivos.

Do ponto de vista qualitativo, o adjetivo delimitador repassa ao substantivo "escopado" suas propriedades intensionais, tornando imprecisa, aproximada sua interpretação semântica. Ou, por outras palavras, esses adjetivos desferem um tremendo pontapé nos substantivos, fazendo com que alguns de seus traços intensionais saiam por aí, catando coquinho. É esse o caso de:

(45)
    a) *Depois de um **teórico** período de experiência junto à firma do pai, o Toninho foi nomeado vice-presidente da empresa.* (exemplo criado por R. Ilari)
    b) *O Brasil anda cheio de **meias**-verdades.*
    c) *Esse presidente exibe uma **relativa** disposição para com os descamisados.*
    d) *Ele tem uma idade **aproximada** de dezoito anos.*
    e) *Envelhecer é uma fatalidade **biológica**.*

Duvido que alguém ponha sua mão no fogo por uma interpretação estrita de *período de experiência, verdades, disposição, idade* e *fatalidade* em (45a) a (45e).

Depois de ensopados e "escopados" pela chuva de traços intensionais que chegavam de *teórico, meias, relativa* e *aproximada*, esses substantivos não são mais aqueles... Sua intensão* foi afetada.

Entretanto, do ponto de vista quantitativo, os delimitadores afetam igualmente a extensão* do substantivo, submetendo-a a uma severa restrição. *Extensão* virou uma **extensinha*! Uma guerra!

Diante de um jogo tão complexo, jogar os delimitadores nos braços da qualificação ou nos da quantificação será tomar decisões igualmente parciais. Melhor ficar com as duas possibilidades, aceitando mais esta ambivalência. É o que farei nesta gramática, dispondo a delimitação atenuadora de (45a) a (45c) entre os qualificadores e a delimitação de domínio de (45d) entre os quantificadores.

– Que é isso, cara, não tá sabendo onde encaixar essa coisa? Então ficasse quieto, deixando a delimitação pra lá.
– Pois é, meu ilustre, é que deixar fenômenos pra lá não faz bem o gênero desta gramática. E depois, qual é o problema? Sabemos que a língua se compõe de categorias que funcionam simultaneamente, sem exclusões nem negações. Qualificação e quantificação representam mais um exemplo dessa integração de duas faces da mesma moeda. Além do mais...
– Tá, tá, então distribua esses delimitadores entre os dois processos, pronto!
– Bem estou vendo que meu público não ficou muito convencido. Vamos a outros argumentos.

Para ficar com apenas um exemplo, em *um teórico período de experiência*, o adjetivo *teórico* afetou os traços intensionais de *período de experiência*, da seguinte forma:

Confirmou o traço "espaço de tempo durante o qual indivíduos trabalham numa empresa sem deter formalmente um emprego".

Agregou outros de que *período de experiência* não dispunha, como "protecionismo disfarçado", por exemplo.

De acordo com o conceito acolhido nesta gramática, os predicativos qualificadores afetam as propriedades intensionais de seu escopo. Logo, os delimitadores são qualificadores, não posso fazer nada.

Verifiquemos agora o trabalho do adjetivo *biológica*, em *fatalidade biológica* em (45e). Intuitivamente, os traços intensionais de *fatalidade* foram mantidos. Entretanto, o teor de verdade do

referente desse substantivo ficou delimitado pelos traços de *biológica*, que classificou *fatalidade* dentro das perspectivas abertas por um setor do conhecimento científico. O termo *hedge*, que significa "cerca", atinge neste exemplo sua capacidade explanatória máxima, pois o sentido de *fatalidade* ficou literalmente "cercado", vedando-se qualquer outro entendimento não aceito por *biológica*.
– *Pois é, meu caro, já se deu conta de quantas operações mentais rolaram na sua cabeça antes de você abrir a boca e dizer **fatalidade biológica**?!*
Em suma, a extensão de *fatalidade* ficou bastante delimitada por esse tipo de "cerca verbal". Estamos falando em (45e) de qualquer fatalidade? Não, apenas a fatalidade biológica terá livre trânsito nesse enunciado, e as outras que se recolham ao dicionário!

Afetar a extensão é um processo de quantificação, desempenhado também pelos quantificadores indefinidos examinados em **11.5.4**. Desempenhados *também*, não da mesma forma. Em consequência, delimitadores de domínio (e também os delimitadores genéricos e os específicos, descritos além) estarão entre os quantificadores.

Como se fazia no final da demonstração dos teoremas, escrevamos aqui CQD, ou seja, "como queríamos demonstrar". Mas se você tem outras ideias, bastante encorajadas nesta gramática, escreva FNM, ou seja, "fiquei na mesma", e parta para outras demonstrações.

12.2.2.1.3. Quantificadores

Os adjetivos quantificadores modificam a extensão dos substantivos. Ao quantificar por meio dos adjetivos, adicionamos ou subtraímos indivíduos e/ou traços semânticos de um conjunto, resultando daí duas subclasses de adjetivos predicativos quantificadores: os aspectualizadores iterativos, que operam por adição, e os delimitadores, que operam por subtração.

1. Adjetivos quantificadores aspectualizadores iterativos
Estes adjetivos, por assim dizer, "pluralizam" o estado de coisas descrito pelos substantivos deverbais a que se aplicam. Conforme Castilho (1984b), o aspecto tem uma face quantitativa e uma face qualitativa. Em (46a) e (46b), os adjetivos negritados exemplificam a face quantitativa do aspecto:
(46)
    a) *Talvez o afluxo enorme que havia de pessoas se devesse a circunstância que era um sábado... de quando já não havia mais o trabalho **normal** da cidade né?* (DID SP 137)
    b) *Aqui a saída **normal/ habitual/ semanal** é nas quintas-feiras.*
Veja a correspondência com os advérbios aspectualizadores:
(46')
    a) *aos sábados, **normalmente** não se trabalha na cidade... né?*
    b) *aqui se sai **normalmente/ habitualmente/ semanalmente** nas quintas-feiras.*
No caso de substantivos não deverbais, os aspectualizadores aparentemente predicam um verbo elidido, de que o substantivo adjetivado funciona como argumento. Neste exemplo, sugerido por Rodolfo Ilari,
(47) *lá está ele com sua cerveja **habitual**.*
depreende-se
(47') *lá está ele com a cerveja que ele bebe habitualmente.*
Pode-se reconhecer entre os aspectualizadores uma quantificação específica (como em *diário, semanal, mensal, anual*) a que se contrapõe uma quantificação não específica (como em *normal, habitual, costumeiro*). Esses processos se integram no "empacotamento semântico específico/não específico" discutido por DuBois (1980). Você já se deu conta de que essas propriedades pipocam por toda parte na língua.

2. Adjetivos quantificadores delimitadores

Os adjetivos delimitadores também afetam a extensão da classe-escopo, que passa a restringir-se a uma perspectiva (i) específica; (ii) genérica; ou (iii) dada por determinado domínio do conhecimento.

Conforme mencionado na seção anterior, o estudo das expressões de delimitação foi inicialmente proposto por Lakoff (1975: 234). Kay (1983: 128) mostra que "uma sentença delimitada, quando usada, contém muitas vezes comentários [*metalinguísticos*, como ele agregou posteriormente] sobre si mesma ou sobre alguns de seus constituintes". Adjetivos, advérbios e adverbiais expressam a delimitação.

Os adjetivos quantificadores delimitadores de domínio operam no sentido de fornecer ao ouvinte instruções sobre como entender o referente codificado no substantivo. No PB falado, essas instruções encerram pelo menos três tipos:

(1) Tome o substantivo em seu sentido literal, denotativo, limitado por uma perspectiva individual. Interpretações metafóricas não são permitidas aqui.

Aplique essa receita e grite, do alto do cesto da gávea:
— *Delimitadores específicos à vista!*

Eis aqui alguns exemplos:

(48) Delimitadores específicos
   a) *A filosofia grega foi um dos componentes **essenciais** do cristianismo.* (EF SP 124)
   b) *A ideia **básica** aqui é que...*
   c) *(...) noções relativas aos problemas **fundamentais** da existência.* (EF SP 124)
   d) *Tem peças que são **autênticas** porcarias.* (DID SP 161)
   e) *Toda italiana gosta de comer macarrão... portanto eu sou uma **boa** italiana* (= uma italiana autêntica). (DID SP 235)
   f) *Nos dias que correm é necessário dar atenção **particular/específica** ao problema econômico.*
   g) *Você não pode ter essa avaliação **pessoal** neste caso.* (D2 SP 343)

Em (48a), *essenciais* nos faz interpretar a expressão *componentes do cristianismo* em seu sentido básico, para que possamos entender corretamente sua conexão com *filosofia grega*. Isso também significa que o falante selecionou todos os traços semânticos de *componentes do cristianismo*, numa espécie de quantificação confirmadora. A mesma interpretação tem cabimento nas demais sentenças, em que a referência dos substantivos adjetivados teve sua extensão restrita à perspectiva expressa pelo adjetivo.

(2) Tome o substantivo em seu sentido metafórico, conotativo. Não seja estrito em sua interpretação, pois não se deu muita importância à seleção desse substantivo.

Anunciamos a chegada dos delimitadores genéricos:

(49) Delimitadores genéricos
   a) *De uma forma **genérica**... genericamente... essa fórmula é expressa assim: (...)* (EF SP 338)
   b) *Há uma **relativa** esperança de que as coisas melhorem.*
   c) *Num cálculo **aproximado**, há 180 milhões de brasileiros agora.*
   d) *O Brasil anda cheio de **meias**-verdades.*
   e) *Esse presidente exibe uma **relativa** disposição para com os descamisados.*

Os autores das sentenças não se comprometeram com uma asserção forte, estrita, sobre *forma* (e também *fórmula*), *esperança*, *cálculo*, *verdades* e *disposição*. Bem ao contrário, os adjetivos delimitadores instanciam aqui um sentido aproximativo.

(3) Submeta a interpretação do substantivo ao ponto de vista ou à área científica expressa pelo adjetivo.

Os delimitadores de domínio vieram fazer companhia aos seus colegas:

(50) Delimitadores de domínio:
   a) *Uma questão **econômica** dificulta a demarcação das terras dos índios.* (= interprete o sentido de *questão* do ponto de vista da Economia)

b) *Tem uma palavra... vamos dizer... eh... **literária** pra dizer ordenha do gado.* (DID SP 235) (= alguém está procurando uma palavra aceitável, no domínio da literatura, para expressar "ordenha de gado"; inútil, literatos não tiram leite, linguistas também não)
c) *A posição **ideológica** dos partidos do Ocidente se complicou muito após a queda do muro de Berlim.* (= depois da queda do muro, a posição dos partidos encontra dificuldades no domínio da ideologia)
d) *Uma peça de cunho:: vamos supor... mais **psicológico** você não pode apresentar a:: adolescentes... entende?* (DID SP 235)
e) *Criações do povo são na verdade formas de arte **erudita**... que caíram.* (EF SP 156)

Os adjetivos listados em (50) restringem a extensão dos substantivos a que se aplicam, fornecendo uma moldura estabelecida pelo arranjo do saber enciclopédico, de tal sorte que o referente desses substantivos deve entender-se a partir de ponto de vista desse saber. Também os advérbios operam esse tipo de delimitação (veja **13.2.2.1**).

Os adjetivos quantificadores delimitadores não são predicativos prototípicos, visto que não admitem a anteposição ao substantivo.

12.2.2.2. Adjetivos de verificação

Como vimos anteriormente, entende-se por verificação o processo pelo qual determinadas classes promovem uma comparação implícita entre seu escopo e o correspondente sentido prototípico. Ao verificar, isto é, ao estabelecer o valor de verdade expresso pela classe-escopo, podemos introduzi-la na corrente do discurso, afirmar ou negar sua existência, incluí-la ou excluí-la, focalizá-la etc. Assim, em

(51)
a) *reforma **universitária***
b) *energia **solar***
c) *situação **brasileira***

os adjetivos negritados foram escolhidos após uma comparação não verbalizada dos substantivos a que se aplicam com o respectivo sentido prototípico. Disso resultou que se achou conveniente adjetivar *reforma* por meio de *universitária*, para assegurar o valor de verdade desse substantivo no contexto maior em que esse sintagma figurou.

Normalmente derivados de um substantivo, os adjetivos de verificação podem provocar ambiguidades, pois em (51) eles podem significar:

(51')
a) *reforma da universidade/reforma promovida pela universidade*
b) *energia do sol/energia causada pelo sol*
c) *situação do Brasil/situação no Brasil*

Isso se deve a que os substantivos *reforma*, *energia* e *situação* recebem diferentes papéis temáticos atribuídos pelo adjetivo, observando-se o seguinte:

(1) Em *reforma da universidade*, *energia do sol* e *situação do Brasil*, os substantivos receberam do adjetivo, respectivamente, os papéis temáticos de /paciente/, /origem/, /locativo/.
(2) Em *reforma promovida pela universidade*, *energia causada pelo sol* e *situação no Brasil*, os dois primeiros substantivos receberam dos adjetivos o papel temático de /agente/ e o terceiro, de /locativo/.

Os adjetivos de verificação (ou adjetivos não predicativos, ou adjetivos relativos) têm por função dispor o conteúdo do substantivo em diferentes perspectivas, operando como (1) classificadores, (2) pátrios, (3) gentílicos e (4) de cor.

12.2.2.2.2.1. CLASSIFICADORES

São adjetivos de verificação classificadores itens como *legislativo* (em *assembleia legislativa*), *civil* (em *casamento civil, código civil*), *religioso* (em *casamento religioso*), *universitária* e *solar* (como em 51a e 51b) etc.

Esses adjetivos sempre se pospõem ao substantivo, vedada a anteposição (**legislativa assesmbleia*, **civil código*, **religioso casamento*, **solar energia* etc.).

12.2.2.2.2. PÁTRIOS

São adjetivos de verificação pátrios *africanos, americanos, asiáticos, brasileiros, sulistas, paulistas, campineiros* etc.

Segundo Cunha / Cintra (1985: 241), os adjetivos pátrios são "os que se referem a continentes, países, regiões, províncias, estados, cidades, vilas e povoados".

(52)
  a) *de modo que é importante que essa sócia/essa... é... a sociedade **BRAsileira** cresça.* (D2 REC 05)
  b) *Hemingway dizia que as duas grandes tragédias **americanas** do século tinham sido Pearl Harbor e Pearl Buck... é... a grande tragédia **pernambucana** é **olindense** apaixonado ((riu)).* (D2 REC 05)
  c) *eu acho que teatro está bem mais caro... então o público prefere... apesar do (público) **paulista** não ter n::/nada para para ver né?* (DID SP 234)

12.2.2.2.3. GENTÍLICOS

São adjetivos de verificação gentílicos *indígenas, amarelos, brancos, negros* etc., sempre que se "apliquem a raças e povos" (Cunha / Cintra, l985: 241):

(53)
  a) *...e os nomes realmente eu... não guardei porque são nomes muito... que têm assim uma influência muito **indígena** né?... o Norte principalmente no Amazonas e no Pará... a influência **indígena** sobre a alimentação é muito grande... eles comem MUItas coisas todos assim muito relacionados a coisas comidas pelos **indígenas**... principalmente no Amazonas...* (DID RJ 328)
  b) *foi outro cantor também foi.,. um americano **negro** que eu não me recordo o nome agora... mas foi um dos que mais gostei que ele cantou.* (DID POA 45)

12.2.2.2.4. DE COR

Adjetivos que atribuem uma cor ao substantivo não se comportam como adjetivos predicativos, o que o leitor poderá verificar por si mesmo.

Seguindo Demonte (1999), é possível reconhecer nos adjetivos de cor as seguintes subclasses: (i) adjetivos simples, designativos de cores básicas; (ii) adjetivos compostos, que associam as cores básicas; (iii) substantivos regramaticalizados. Exemplos:

1. Adjetivos simples
  (54)
  a) *Eu gosto muito de coalhada... iogurte esses produtos derivados realmente do leite eu... mas só... queijos **brancos**... eu só como queijos **brancos**...* (DID RJ 328)

b) *se é peixe a gente usa vinho **branco**...* (DID RJ 328)
c) *sabe como é essas casas bem de brasilei::ro aquelas casinhas **brancas** com caramanchão do LAdo...* (DID POA 45)
d) *e por fim nós temos a glândula mamária... ela se acha constituída... por duas porções... uma porção periférica... **amarelada**... e uma porção central... de coloração branca...* (EF SSA 49)

Esses adjetivos são morfologicamente simples, por constarem de um único item lexical. Por sua vez, esse item pode ser primitivo, como em (54a) a (54c), ou derivado, como em (54d).

Na ordem não marcada, a impossibilidade de anteposição ao substantivo comprova que esses adjetivos são não predicativos: **branco queijo,*branco vinho, *branca casinha*.

É verdade que os outros testes propostos por Casteleiro (1981) não levam a essa conclusão, devido talvez a alguma idiossincrasia dos adjetivos de cor, a ser mais bem investigada.

2. Adjetivos compostos
(55)
a) *Ele gostaria de ser jogador de futebol ((risos)) não é? então... ele:::torce... pelo Palmeiras e é o::... o:: xodó dele é o... o **verde e branco*** (D2 SP 360)
b) *e então PAra serem servidos eles chaMAvam... o casal que tiver a vela **cor-de-rosa*** (DID POA 45)
c) *Meu sogro Dirceu fez bercinhos **rosa-choque** para as gêmeas Cláudia e Célia. É a cor da moda, explicou ele.*

Os adjetivos compostos reúnem mais de um item lexical, tendo constituído um dos elos que levaram à gramaticalização de substantivos como adjetivos.

Esses adjetivos também não podem ser antepostos, embora alguns deles possam ser graduados, figurar em aposição e como núcleo de minissentença. Essas propriedades mostram que os adjetivos compostos não integram prototipicamente a classe dos predicativos: **verde e branco time, *cor-de-rosa vela, *rosa-choque bercinhos*.

3. Substantivos regramaticalizados como adjetivos

Alguns substantivos mudam de categoria, dando origem a adjetivos de classificação de cores. Já se mencionou aqui o adjetivo *vermelho*, que deriva do substantivo *vermiculus*. Qual teria sido a trajetória na gramaticalização desse e de outros substantivos, em sua trajetória em direção aos adjetivos de cor?

Para especificar maiormente as tonalidades de cor, os falantes se servem de comparações, expressas por meio de sintagmas nominais em que dois sintagmas preposicionais estão encaixados, tais como:
(56)
a) *vestido da cor de canário*
b) *calças da cor de salmão*
c) *lábios da cor de rosa*

Com o apagamento da preposição, formaram-se sequências como *calças da cor de salmão* > *calças cor de salmão* > *calças salmão*, consumando-se a mudança de categoria lexical.

As expressões *cor-de-rosa* e *verde-canário* se situam no meio dessa trajetória. Isso explica por que *canário, salmão* e *rosa* se tornaram de todo independentes de sua roupagem estrutural anterior, em que *rosa*, por exemplo, é usada para designar um vermelho pálido:

(57)
   a) *Não deixa cozinhá o camarão... só água fervendo no camarão... por isso que ele fica um pouco **cor-de-rosa**... não de todo... branquinho ainda... aí põe aquele refogado... mexe... apaga o fogo e põe dois ovos.* (D2 POA 291)
   b) *Então é MAIS difícil do que você criar... uma figura de mulher qualquer que você pode distorcer da maneira que você bem:: entender... que você pode pintar de vermelho... não precisa se manter... a a cor da tez... uma (cor) **rosa** porque é muito difícil exatamente você chegar... a esse tom de pele...* (EF SP 405)

12.2.2.3. Adjetivos dêiticos

Há adjetivos dêiticos locativos e temporais. Desnecessário acentuar a proximidade de sentido entre essas duas subclasses.

12.2.2.3.1. LOCATIVOS

São dêiticos* locativos os adjetivos *próximo, remoto, distante, fronteiriço, serrano, praieiro, ribeirinho* etc.

(58)
   a) *(quer dizer) cada homem vai cuidar de seu grupo mais **próximo** que a gente poderia talvez denominar de grupo familiar:: já...* (EF SP 405)
   b) *– **Próximo**!* (diz o atendente para um cliente da fila)
   c) *Tomou uma direção **remota**.*
   d) *O banco que você procura fica perto do bar, ali, **fronteiriço**.*

Alguns desses locativos foram reanalisados como marcadores discursivos, ao cabo de uma sucessão de expedientes sintáticos. Assim, (58c) resultou do apagamento do Especificador do sintagma nominal [*o cliente próximo*], apagando-se depois o núcleo e dotando o adjetivo de uma entonação imperativa: *o cliente próximo > cliente próximo > próximo!*

12.2.2.3.2. TEMPORAIS

São dêiticos temporais os adjetivos *atual, semanal, hodierno, precedente, passado*, e também *próximo, seguinte* quando aplicados a substantivos que indicam tempo (Nespor, 1988: 434). Vejam-se estes exemplos:

(59)
   a) *L1 com grandes com grandes esperanças no futuro **próximo**... embora seja lamentável a gente dizer a vocês (...) a gente dizer a vocês o seguinte... de que o Nordeste só cresce em termos absolutos... em termos relativos fica cada vez mais distante do Sul...* (D2 REC 05)
   b) *Então ela vê se as gavetas estão em orde/... em ordem se o::material escolar já foi re/arrumado para o dia **seguinte**... se nenhum::* (D2 SP 360)

À semelhança de *próximo*, também *seguinte* é reanalisado como marcador discursivo (veja mais adiante a seção **12.2.3**).

Para finalizar o estudo das propriedades semânticas dos adjetivos, lembremo-nos de uma classificação fortemente arraigada em nossa tradição gramatical: a distinção entre adjetivos explicativos e restritivos. Foi provavelmente Barbosa (1803/1881: 123-126) quem mais elaborou essa matéria.

Ele começa por dizer que

   os explicativos não acrescentam à significação de seu substantivo ideia alguma nova, e o que fazem só é desenvolver as que o mesmo substantivo contém na sua noção, ainda que confusamente. Os restritivos, porém, acrescentam ao apelativo uma ideia nova, não compreendida na sua significação, pela qual esta fica restringida a um menor número de indivíduos. Quando por exemplo digo: *Deus é justo*; o adjetivo *justo* é explicativo, porque modifica o substantivo *Deus* como uma ideia que já tinha. Quando porém digo: *homem justo*, o mesmo adjetivo já não é explicativo, mas restritivo, por a ideia de justiça não se conter necessariamente na ideia de homem, e portanto restringe a classe mais geral dos homens todos à mais particular dos homens justos, que são poucos.

Para operar com tais distinções de modo sintaticamente mais controlado, Barbosa hipotetiza que o adjetivo explicativo

> pode resolver-se por uma proposição causal *porque*; e quando é restritivo, se pode resolver por outra proposição, porém com as conjunções restritivas *se, quando*. Exemplo: *Deus justo castiga os maus*, onde o adjetivo *justo*, aposto ao nome próprio *Deus*, é explicativo, e por isso se pode resolver por esta proposição: *Deus, porque é justo, castiga os maus*. E quando digo: *o homem justo dá a cada um o que é seu*, o adjetivo *justo*, aposto ao apelativo *homem*, é restritivo, e por isso se pode resolver por esta proposição: *o homem, quando é justo, dá a cada um o que é seu*.

Ele também argumenta que os explicativos são descartáveis "sem prejuízo de sua verdade [como em *Deus castiga os maus*], ao passo que com os restritivos não se dá o mesmo [como em *o homem dá a cada um o que é seu*]". Finalmente, mostra que os explicativos podem antepor-se ou pospor-se livremente ao substantivo, ao passo que com os restritivos a posposição é a regra geral, como em *homem rico*; se anteposto, eles "fazem tomar o nome comum em um sentido individual", como em *rico homem*.

Rodolfo Ilari (com. pessoal) desloca a distinção restritivos/explicativos para o campo da pragmática (discurso, nesta gramática), argumentando que tal distinção é negociada conversacionalmente. Assim, em *as portas fechadas*, o adjetivo só será considerado explicativo se no contexto anterior se vinham mencionando *portas fechadas*; em outra situação que não pressuponha o fechamento de portas, essa expressão será restritiva. O mesmo se pode dizer de *Deus justo*, se um ateu entra em cena.

LEITURAS SOBRE A SEMÂNTICA DO ADJETIVO
Borges Neto (1979/1991, 1980, 1985), Nespor (1988), Ilari (1992b), Ilari et al. (1993), Castilho / Moraes de Castilho (1993, 2002), Fiorin (2002).

12.2.3. O ADJETIVO NO TEXTO

Eça de Queirós tornou-se famoso, entre outras coisas, por sua habilidade no manejo dos adjetivos (Guerra da Cal, 1969). Nesta seção, examinaremos o papel textual do adjetivo na configuração dos gêneros, no arranjo informacional e em sua utilização nos eixos argumentativos dos textos. Há muitos outros pontos a revelar sobre as propriedades discursivas do adjetivo. Ficam para você.

12.2.3.1. Adjetivo na narração e na descrição

DuBois (1980) estabelece uma distinção entre *modo narrativo* (em que as sentenças representam o progresso de uma história, seu fundo) e *modo descritivo* (em que as sentenças servem à caracterização das personagens de uma narrativa, às descrições de roupas, às afirmações sobre o relacionamento com outros participantes do discurso etc., sua figura). Para uma associação entre ação narrativa e a figura, a situação narrativa e o fundo, veja **5.3**, Quadro 5.5. Ele mostra que os adjetivos são muito frequentes nas descrições, e quase ausentes das narrações. Nas descrições, eles aparecem tanto na função predicativa quanto na de verificação, com restrições para partes do corpo humano e roupas. DuBois esclarece não ter investigado a correlação entre tais adjetivos e suas classes semânticas.

A mesma correlação entre gênero discursivo e emergência de adjetivos é exemplificada pelos advérbios, como veremos no próximo capítulo.

12.2.3.2. Adjetivo e status informacional

Thompson (1988, apud Bastos, 1993: 120 e ss.), hipotetiza que "os adjetivos [têm] também uma dimensão informativa", visto que eles desempenham um importante papel na introdução de referentes dos sintagmas nominais em que ocorrem. Assim, em

(60) *E esse... lá na Europa... como é que tá o problema do comércio **brasileiro**.* (D2 RJ 355)

Bastos argumenta que *comércio brasileiro* funciona como um apresentador de tópico discursivo. Somam-se, desta forma, a propriedade referencial do substantivo ao papel modificador do adjetivo, de tal sorte que no texto se está falando de *comércio brasileiro*, e não apenas de *comércio*. Ou, em suas palavras: "proponho que no discurso os adjetivos em sintagmas nominais funcionam genericamente como cofuntores na identificação de entidades" (Bastos, 1993: 122).

A análise de Bastos a afasta, de certa forma, da hipótese de Thompson, pois seus dados apontaram para o papel maiormente continuador de tópico (e não de apresentador) dos sintagmas nominais adjetivados. Deve-se lembrar, porém, que grande parte de seus exemplos é de lexia complexa, em que substantivo e adjetivo estão constituindo uma entidade lexical inseparável. Em tais situações, compromete-se o caráter mais fortemente predicativo do adjetivo. Por outro lado, exemplos de adjetivos continuadores de tópico são frequentes na língua escrita. Construídos em aposição à sentença, esses adjetivos concorrem para a coesão textual, como se vê em

(61) *A sociedade deveria receber do presidente o exemplo de comportamento. Está, ao contrário, dando-lhe uma lição de maturidade. **Paciente** e **atenta**, acompanha os fatos e interfere neles.* (Renan Calheiros, *Folha de S. Paulo*, 2 jul. 1992, I-3).

A par da veiculação da informação, Bastos (1993: 134) aponta a expressividade como outra dimensão discursiva do adjetivo. Ela entende por expressividade em parte o que será aqui rotulado como modalização: "a expressividade está sendo compreendida como a autoexpressão de disposições internas, emoções e atitudes avaliativas".

Ainda com respeito às propriedades discursivas do adjetivo, Negrão et al. (2008) mostram que o adjetivo dêitico *seguinte* opera como marcador discursivo de introdução de tópicos novos, como em

(62)
   a) *agora tem **o seguinte** aspecto, a nossa conversa está em torno de dinheiro, de inflação.* (D2 RJ 355)
   b) *o lugar mais perigoso do mundo é a cama... porque noventa por cento das pessoas morrem na cama... então é o lugar mais perigoso... não vá pra cama que você não morre... bem... mas o que acontece é **o seguinte**: não não é olhando pra as estatísticas não mas São Paulo cresceu engolindo São José da Coroa do Campo e várias outras cidades que foram assassina das...* (D2 REC 05)
   c) *o que está acontecendo é **o seguinte**, é que quando eu comprei o apartamento me disseram (...)* (D2 RJ 355)
   d) *e depois acontece **o seguinte**... ah as no no mundo empresarial no no fim... vai virando como em todo lugar uma panelinha...*(D2 SP 360)
   e) ***Seguinte**: convém não me amolarem mais.*

Um rápido levantamento dos usos de *seguinte* mostra que ele pode figurar em diferentes estruturas sintáticas:
(1) Como Complementador de um sintagma nominal: [*o seguinte assunto*], [*o seguinte aspecto*]: (62a).
(2) Na mesma estrutura, com omissão do substantivo: (62b) a (62d). Tanto (1) como (2) podem vir acompanhados de verbos apresentacionais como *ser* (62b e 62c), *acontecer* (62d), *ter* (62a).
(3) Na cabeça do enunciado, desprovido do artigo, introduzindo tópico discursivo, como em (62e).

O papel discursivo de *seguinte* se correlaciona com as estruturas (62a) a (62d) em que, por metonímia, esse adjetivo incorporou traços dos verbos apresentacionais. Portanto, mais um dêitico anunciando e conectando segmentos do texto. Mais um caso de gramaticalização bem sucedida.

12.2.3.3. Adjetivo e eixo argumentativo

Mosca (1990) examina os adjetivos do ângulo de suas funções argumentativas, reconhecendo, entre outras, as seguintes funções:

1. Função de caracterização e determinação, por meio do fato que os adjetivos "aumentam a compreensão do substantivo" ou "delimitam a extensão do substantivo" (Mosca, 1990: 122). Transpondo para a terminologia adotada neste capítulo, a função de caracterização é desempenhada pelos qualificadores e os quantificadores.

2. Função indicial:

> o adjetivo faz parte de um procedimento utilizado pelo enunciador para imprimir ao discurso as marcas de veridição de que este necessita para ser aceito. [...] Certos tipos de adjetivos são talhados para dotar o discurso dessas marcas de veridição, especialmente aqueles que constituem núcleos predicativos em torneios como "é certo que", "é inegável que", "é necessário que", "é obrigatório que" (Mosca, 1990: 134).

Esses adjetivos indiciais são aqui tratados como modalizadores – e não deixa de ser interessante destacar a recorrente valorização desse tipo de adjetivos entre os que se ocuparam de sua dimensão discursiva.

3. Função modal: são mencionados aqui os adjetivos em {-*vel*}. Aparentemente, a autora os separa dos anteriores por um critério morfológico.

4. Expressão da gradação, associada à orientação argumentativa do texto.

5. Expressão da afetividade, em certa medida assimilada à força ilocucionária dos adjetivos.

Esta breve resenha mostra os pontos de contato entre a semântica dos adjetivos e a organização textual, evidenciado suas propriedades discursivas. Novas indagações nesta linha dependem de uma caracterização semântica mais elaborada, a ser desenvolvida emparelhadamente com as categorias textuais.

LEITURAS SOBRE O ADJETIVO NO TEXTO
Lapa (1945/1968: 104-118), Guerra da Cal (1969), Mosca (1990), Bastos (1993).

12.3. DESCRIÇÃO DOS ESPECIFICADORES

Advérbios predicativos qualificadores atuam como Especificadores do sintagma adjetival:
(63)
    a) *indivíduo* [***fortemente*** *marcado pelo destino*]
    b) *funcionário* [***muito*** *contente com a promoção*]
    c) *aluno* [***absolutamente*** *seguro de sua atuação*]

Note-se a forte presença de advérbios em {-*mente*} nesse *locus* do sintagma adjetival. Outros advérbios que aí podem ocorrer são *incrivelmente, barbaramente, tremendamente* etc.

Se o núcleo do sintagma adjetival é ocupado por um adjetivo graduável, dois advérbios graduadores podem figurar em sua margem esquerda:

(64) *passagem* [**muito mais** *cara*]

Os clientes mais fiéis do Especificador adjetival são os advérbios graduadores intensificadores. Sendo invariáveis, eles não concordam com o núcleo do sintagma adjetival, que, por sua vez, concorda com o substantivo. Entretanto, alguns desses advérbios estão em processo de reanálise e ameaçam bandear-se para o lado dos adjetivos:

(65) *figuras* **meias** *doidas* (PB formal: *figuras* **meio** *doidas*)

12.4. DESCRIÇÃO DOS COMPLEMENTADORES

Adjetivos argumentais selecionam sintagmas preposicionais e sentenças para atuar como seus Complementadores:

(66) Sintagmas preposicionais como Complementadores de sintagmas adjetivais
   a) Adjetivo deverbal: *acomodado* **com as coisas**, *convencido* **de tudo**, *baseado* **em evidências**, *acostumado* **a isso** etc.
   b) Adjetivo não deverbal: *bom* **para isso**, *nervoso* **com o barulho**, *diferente* **de seu irmão**, *avesso* **a festas**, *cheio* **de si mesmo**, *contrário* **à guerra**, *amável* **com seus credores** etc.

(67) Sentença substantiva objetiva funcionando como Complementador de sintagmas adjetivais
   a) *Ficou surpreendido* **de que conseguira o emprego**.
   b) *Estava preocupado* **por não ter conseguido resultados**.

Alguns sintagmas preposicionais e expressões comparativas que funcionem como Complementadores de um sintagma adjetival organizam expressões idiomáticas como:

(68)
   a) *doido* **de pedra**
   b) *feio* **de matar**
   c) *amargo* **como jiló**

Um Complementador que tem desafiado as análises é aquele preenchido por sintagma preposicional, quando a preposição, por sua vez, tem por Complementador um verbo transitivo no infinitivo, com interpretação passiva:

(69)
   a) *osso duro* **de roer**
   b) *lição fácil* **de fazer**
   c) *problemas impossíveis* **de solucionar**

Não há dúvida que (69a) a (69c) podem ser parafraseados por *osso duro de ser roído, lição fácil de ser feita, problemas impossíveis de serem solucionados*. Nessas expressões, os adjetivos *duro, fácil* e *impossível* atribuem papel temático /paciente/ aos substantivos *osso, lição* e *problemas*. Caso contrário, elas poderiam ser parafraseadas por *o osso rói* [um objeto] *duro, a lição faz* [ela mesma], *os problemas solucionam* [uma questão] *impossível*. Tais paráfrases são vetadas pelas restrições seletivas dos substantivos em questão.

Um dos mistérios das construções de (69) é que estruturas assemelhadas não têm interpretação passiva, segundo Demonte (1999: 247), de onde recolho o seguinte exemplo:

(70) *nação contente **de votar***

Comparando (69) a (70), vê-se o seguinte:

(1) Os adjetivos de (69) atribuem papel temático /paciente/ aos substantivos, mas *contente de* (70) atribui a *nação* papel temático /agente/.

(2) Os verbos no infinitivo em (69) e (70) são transitivos, vedada a utilização de verbos intransitivos:

(69')
    a) **osso duro de cair*
    b) **lição fácil de crescer*
    c) **problemas impossíveis de morrer*

Esses verbos parecem omitir sistematicamente o objeto direto.

As duas últimas características parecem apontar para a solução do problema, pois é intuitivo que os objetos diretos de *roer, fazer* e *solucionar* são, respectivamente, *osso, lição* e *problemas*, que foram topicalizados. Desfeito o movimento desses constituintes, obtém-se:

(69")
    a) *É duro roer o osso.*
    b) *É fácil fazer a lição.*
    c) *É impossível solucionar o problema.*

Em (69"), os substantivos *osso, lição* e *solucionar* são objetos diretos dos verbos *roer, fazer* e *solucionar*, de que recebem o papel /paciente/. O movimento de que resultaram as expressões recolhidas em (69) acarretou o preposicionamento da forma infinitiva desses verbos com *de*. Como se sabe, preposições tomam por Complementador tanto um sintagma nominal quanto um sintagma verbal, sendo que a preposição *de* marca o complemento agente da passiva, como se pode ver em *procurado de todos* e *roído de vermes*, o mesmo que *procurado por todos* e *roído pelos vermes*.

Consumado esse movimento, as estruturas resultantes recebem a análise feita anteriormente. O requisito da transformação passiva dos verbos veda a emergência dos verbos intransitivos, o que explica a agramaticalidade de (69"). Nesse sentido, (70) não é um contra-argumento a (69), pois *nação* é sujeito de *votar*, e não seu objeto direto topicalizado, e *contente* aí funciona como um advérbio, não como um adjetivo, donde a paráfrase

(70') *A nação vota contente.*

Em síntese, não há identidade entre as estruturas (69) e (70), e a interpretação passiva dos Complementadores infinitivos do sintagma adjetival resulta de um movimento de constituintes. Satisfeito? Então finalizamos com um CQD. Insatisfeito? Então marque a exposição anterior com um FNM, e a argumentação terá de ser retomada. Nesse caso, leia Demonte (1999: 247-269) para esquentar seu motor.

O SINTAGMA ADVERBIAL

ESTRUTURA DO SINTAGMA ADVERBIAL

Sejam os seguintes exemplos:
(1)
 a) [*Provavelmente*] [*hoje*] vai chover.
 b) Discutiu [*francamente*] seu problema.
 c) O candidato falou [*demais*] durante a entrevista, mas em geral falou [*muito bem*].
 d) Cheguei [*aqui*] [*anteontem*].
 e) Um médico era [*só*] médico o engenheiro era [*só*] engenheiro... pelo menos naquela altura. (D2 SP 360)
 f) Expliquei, [*sim*], que [*não*] aceitaria aquele encargo.
 g) Não é [*bem*] restaurante... é lanchonete [*mesmo*]. (DID RJ 328)
 h) A coisa [*mais*] fácil é comprar qualquer coisa... [*agora*]... sustentar (...) é que são elas. (D2 SSA 98)
 i) [*Relativamente* à sua proposta], devo dizer que ela foi acolhida por todos.

Nos exemplos, os sintagma adverbiais (SAdvs) foram transcritos entre colchetes e negritados.

Outras expressões aí presentes, como *em geral* e *pelo menos*, são constituídas por sintagmas preposicionais. Embora funcionem como advérbios, não integram a estrutura sintagmática destes, recebendo a designação de adverbiais*. Deve ficar claro que os adverbiais assumem as funções dos sintagmas adverbiais, mas não integram a classe dos advérbios.

Observando-se os sintagmas adverbiais, nota-se que alguns constam apenas do núcleo adverbial, como *provavelmente*, *hoje*, *francamente* etc., ocupados por palavras invariáveis. Outros, como ***muito*** *bem*, exibem um Especificador, enquanto outros ainda, como *relativamente* ***à sua proposta***, exibem um Complementador, expresso por um sintagma preposicional, organizando uma preposição complexa (veja **14**.1.3).

Constatamos que a mesma regra descritiva postulada anteriormente se aplica a esses sintagmas:

SAdv → (Especificador) + Núcleo + (Complementador)

À semelhança dos capítulos anteriores, vamos tomar a regra anterior como um roteiro para a descrição dos sintagmas adverbiais, depois de considerar seu estatuto categorial.

13.1. ESTATUTO CATEGORIAL DO ADVÉRBIO

A Gramática Tradicional do português considera o advérbio como uma palavra invariável, funcionando "fundamentalmente [como] um modificador do verbo" (Cunha / Cintra, 1985: 529). Entende-se por modificação o mesmo que predicação.

Dado que grande parte dos adjetivos também predica, tem-se atribuído aos advérbios o papel de adjetivar ("o advérbio é o adjetivo do verbo") e de substituir ("o advérbio substitui o sintagma preposicional").

A Nova Nomenclatura Gramatical Brasileira apresenta 7 espécies de advérbios, número que chega a 14 se a Nomenclatura Gramatical Portuguesa for considerada:

1. Afirmação: *sim, certamente, efetivamente, realmente.*
2. Dúvida: *acaso, porventura, possivelmente, provavelmente, quiçá, talvez.*
3. Intensidade: *assaz, bastante, bem, demais, mais, menos, muito, pouco, quanto, quão, quase, tanto, tão.*
4. Lugar: *abaixo, acima, adiante, aí, além, ali, aquém, aqui, atrás, através, cá, defronte, dentro, detrás, fora, junto, lá, longe, onde, perto.*
5. Modo: *assim, bem, debalde, depressa, devagar, mal, melhor, pior* e a maioria dos terminados em *-mente.*
6. Negação: *não, nunca, jamais, sequer.*
7. Tempo: *agora, ainda, amanhã, anteontem, antes, breve, cedo, depois, então, hoje, já, jamais, logo, nunca, ontem, outrora, sempre, tarde.*
8. Ordem: *primeiramente, ultimamente, depois.*
9. Inclusão: *inclusive, somente, mais, também, até*; e exclusão: *apenas, salvo, senão, só.*
10. Designação: *eis.*

Finalmente, Oiticica (1952) inclui entre os advérbios as "palavras denotativas":

11. Realce: *lá* (em *sei* **lá**), *cá.*
12. Retificação: *aliás, ou antes, isto é, ou melhor.*
13. Situação: *afinal, agora, então* (em **então**, *conheceu a vizinha?*), *mas* (em *desculpe-me...* **mas** *sente-se mal?*).
14. Advérbios interrogativos: de causa (*por que?*), de lugar (*onde?*), de modo (*como?*) e de tempo (*quando?*).

Análises críticas desse modo de ver as coisas têm apontado para o acerto em identificar na modificação/predicação o traço forte dos advérbios e, ao mesmo tempo, a dificuldade de explicar por esse processo a totalidade dos tipos aí arrolados.

Assim, o caráter predicador dos advérbios só pode ser comprovado nas sentenças (1a) a (1c) e (1h). Em (1a), *provavelmente* toma por escopo toda a sentença, tornando duvidoso seu conteúdo. Em (1b), (1c) e (1h), *francamente, demais, muito bem* e *mais* tomam por escopo os verbos *discutiu* e *falou* e o adjetivo *fácil,* qualificando-os. Esses advérbios desempenham o papel de predicadores (sobre predicação, veja **2.2.2.3**).

Mas a lista anterior traz outros advérbios que tomam igualmente por escopo o verbo para o qual, entretanto, não transferem propriedades. É esse o caso de *só* em (1e), que focaliza *médico* e *engenheiro, sim* em (1f), que confirma *expliquei,* e *não,* aí mesmo, que nega *aceitaria,* e assim por diante. Esses advérbios desempenham o papel de verificadores (sobre verificação, veja **2.2.2.4**).

Finalmente, *hoje*, em (1a), *aqui* e *anteontem*, em (1d), situam numa perspectiva temporal e locativa o estado de coisas expresso pelos verbos a que afetam. *Agora*, em (1h), e também as classes 12 e 13 anteriores, funcionam como conectivos textuais, promovendo a ligação de unidades discursivas, via retomada do que se disse antes e anúncio do que se seguirá. Em seu conjunto, esses advérbios são dêiticos (sobre dêixis, veja **2.2.2.1**).

Para dar conta desses e de outros problemas, pesquisadores do Projeto de Gramática do Português Falado optaram por reconhecer nos advérbios não uma classe homogênea, mas "pelo menos [como um] conjunto de expressões que funcionam de maneira sensivelmente semelhante" (Ilari et al., 1991: 78). De maneira bastante intuitiva, foram identificadas duas "dimensões para a classificação das expressões tradicionalmente reconhecidas como advérbios: a primeira dimensão é a dos segmentos sintáticos a que o advérbio se aplica [...] e a segunda dimensão é a das 'funções' que os chamados advérbios desempenham" (Ilari et al., 1991: 80). O grupo concluiu pela impossibilidade de reunir todos os advérbios sob a função única da modificação/predicação, sendo necessário postular duas outras funções, a de verificação e a de dêixis. Essa orientação foi mantida na versão da gramática propriamente dita, em que se substituiu a designação "advérbios dêiticos" por "advérbios circunstanciais", lição que não será seguida aqui (Castilho et al., 2008).

Esses mesmos pesquisadores descreveram os advérbios a partir de três campos, o semântico, o sintático e o discursivo, embora este tenha sido deixado de fora em Ilari et al. (1991), pois disso se ocuparam os pesquisadores do grupo de organização textual-interativa (Jubran / Koch, orgs. 2006).

Do ponto de vista morfológico, os advérbios são palavras invariáveis, conquanto a precária fronteira entre eles e os adjetivos criem certa trepidação nessa propriedade.

Sintaticamente, os advérbios são palavras relacionadas ao verbo, ao adjetivo ou a outro advérbio, classes que ele toma por escopo. A tradição gramatical localiza aqui uma das diferenças entre advérbio e adjetivo, visto que estes se relacionam com os substantivos. O exame dos fatos mostra que os advérbios podem igualmente aplicar-se aos substantivos, em expressões metafóricas tais como: *ele é* **muito** *homem* e *ele é* **muito** *gente*, no sentido de *muito viril* e *muito generoso*.

A dimensão semântica implica em identificar três grandes classes funcionais de advérbios: os predicativos, os de verificação e os dêiticos.

Finalmente, a dimensão discursiva permite identificar os advérbios que atuam como conectivos textuais. Outra função é a de orientar o eixo argumentativo do texto.

Estudando agora a *gramaticalização* dos advérbios, aprende-se que as seguintes classes podem ser reanalisadas como tais:

1. Substantivo > advérbio

O substantivo *passo*, derivado do latim *passu*, deu origem ao advérbio de negação *passo*, usado no português arcaico.

Essa palavra ocorria após um advérbio de negação com verbos de movimento (2a), e depois com outros verbos (2b), e finalmente sem a primeira forma negativa, completando-se a trajetória de gramaticalização substantivo > advérbio (2c):

(2) Gramaticalização de *passo*
    a) *Não andou* **passo**.
    b) *Nom vejo* **passo**.
    c) *Olhou* **passo** (= não olhou).

Em (2c), a transformação do substantivo *passo* em advérbio de negação é tão completa que ele já não podia mais receber o artigo, como seria em

(2c') *Olhou **o passo**.

Outro fenômeno que deve ser estudado é a progressiva abstratização do substantivo *tipo* no português falado. De

(3)   *Isto aqui é um **tipo** de camisa.*

em que *tipo* é o núcleo do sintagma nominal [*um tipo de camisa*], temos inicialmente a reanálise dessa unidade, em que *tipo* cede o núcleo a *camisa*, recategorizando-se como Especificador do sintagma nominal, constituindo uma expressão adverbial delimitadora, estudada por Moraes de Castilho (1991) e Lima-Hernandes (2005a). Num segundo momento, *tipo* se localiza fora do sintagma nominal, ampliando seu uso, como em

(3a)   *bom... **tipo**... que tal comer uma pizza?*

Um dos casos mais notáveis de transformação de um substantivo em advérbio – na verdade, transformação de um substantivo no sufixo -*mente*, bastante produtivo na criação de advérbios – foi o que aconteceu ao substantivo latino *mens, mentis* ("mente").

Esse substantivo ocorria em sintagmas preposicionais tais como *agir de boa mente*, "com bons propósitos". Perdido seu acento vocabular, *mente* cliticizou-se ao adjetivo, que virá sempre no feminino, pois esse é o gênero de *mente*.

Nem todos os adjetivos aceitam esse sufixo. Ficam de fora alguns adjetivos predicativos (*lavavelmente, *comestivelmente), muitos dos adjetivos de verificação, como os classificadores pátrios (*inglesamente, *paulistamente, *cariocamente, *olindensemente, mas *brasileiramente*, *africanamente*), gentílicos (*indigenamente, *amarelamente) e de cor (*verdemente, *azulmente, mas *amareladamente*, *brancamente*): Kovacci (1999: 711).

2. Adjetivo > advérbio

Adjetivos operam frequentemente como adverbiais, tornando-se invariáveis:

(4)   Adjetivos funcionando como advérbios
   a)   *a Kombi dá pra fazer isso de modo que vou **tranquilo**.* (D2 SSA 98)
   b)   *eu aproveito e vou **junto**.* (DID POA 45)
   c)   *eu fiz o [registro] macrobiótico... cinco meses... mas não deu muito... vim **ligeiro** pra carne.* (D2 POA 291)

LEITURAS SOBRE O ESTATUTO CATEGORIAL DO ADVÉRBIO E SUA GRAMATICALIZAÇÃO
Oiticica (1952), Klum (1961), Bonfim (1988), Lobato (1989), Ilari et al. (1991), Basílio (1991), Cunha (1996), Vitral (2000), Pezatti (2000, 2001), Braga / Silva / Soares (2001), Ramos (2002a), Braga / Paiva (2003), Costa (2003), Castilho et al. (2008).

13.2. DESCRIÇÃO DO NÚCLEO

13.2.1. SINTAXE DO ADVÉRBIO

Para examinar o comportamento sintático do advérbio, precisaremos formular as seguintes perguntas: (i) quais são as funções sentenciais dessa classe? (ii) advérbios selecionam argumentos? (iii) qual é sua colocação no enunciado? Nas seções seguintes oferecemos algumas respostas.

Observando o comportamento sintático dos advérbios, você notará que uns tomam por escopo* um constituinte da sentença – esses são os *advérbios de constituinte*. Outros, mais gulosos, tomam por escopo toda a sentença, ou seja, todo o conteúdo proposicional – esses são os *advérbios de sentença*. Exploraremos as propriedades gramaticais desses advérbios ao longo desta seção.

13.2.1.1. Funções sentenciais do advérbio

Poderiam os advérbios funcionar como argumentos? Ou se restringiriam à função de adjuntos adverbiais, com a qual andamos mais acostumados? Só isso? Parece pouco para uma classe tão complexa.

O exame das funções sintáticas dos advérbios mostra que eles podem (i) atuar como quase argumentos; (ii) atuar como adjuntos; (iii) atuar como marcadores sintáticos de argumentos e adjuntos.

Vamos lá, que o rolo está armado.

13.2.1.1.1. Advérbio quase argumental

Poderiam os advérbios funcionar como argumentos sentenciais? Parece impossível, pois os argumentos são referenciais, recebem caso e papel temático, o que é próprio dos substantivos e dos pronomes que os substituem. Os advérbios trabalham em outro departamento. Os substantivos e seus substitutos podem ficar sossegados em seu papel de referenciadores, selecionáveis como argumentos.

Mas há situações em que os advérbios – e também os adjetivos (veja **12.2.1.4**) – são proporcionais a sintagmas preposicionais, e aí a coisa se complica. Sintagmas preposicionais encerram sintagmas nominais, e estes encerram os substantivos – e aí a referencialidade volta à cena. Vai daí que esses advérbios podem ser considerados "quase argumentais".

Para evitar que você estranhe o termo "quase argumental", vamos situar essas criaturas no quadro da Gramática Tradicional, e assim teremos uma sorte de *anagnoríseis*[1] no palco da Gramática. Elas são consideradas ali como advérbios de modo, comutáveis pelos sintagmas preposicionais *de modo X*, *de maneira X*, e aqui você troca o X pelo adjetivo que está na base desses advérbios. Enrolado? Tudo bem, vamos aos dados:

(5)
    a) *ou a mulher se dedica **inteiramente** à carreira... (...) **exclusivamente** à carreira... ou (...)* (D2 SP 360)
    b) *depois de estabelecida a causa aí vai ser::... **automaticamente** necessário... uma atitude mais rápida.* (D2 SP 360)
    c) *ela está assumindo tarefas assim... muito **precocemente**... não é?* (D2 SP 360)
    d) *se a gente for parar para fazer as coisas **calmamente** não dá.* (D2 SP 360)
    e) *afrouxa a gravata e abre o colarinho então ele está vestido **adequadamente**.* (D2 POA 291)
    f) *se a gente analisa **objetivamente** é que vê que vai se constituir numa análise...* (EF POA 278)
    g) *se o salário que me pagassem na Escola de Belas Artes me desse para co/viver **condignamente**.* (D2 RJ 355)

Faça você mesmo os testes: onde há um advérbio, troque por um sintagma preposicional e verifique se resultou em uma expressão aceitável. Vamos lá:

(5)
    a') *ou a mulher se dedica **de modo inteiro** à carreira, **de modo exclusivo** à carreira...*
    b') *(...) aí vai ser necessário [sic] **de maneira automática** uma atitude mais...*

---

[1] Momento na tragédia clássica em que estranhos de repente se descobrem conhecidos, ou mesmo parentes. Foi numa dessas que Édipo quase pirou. Mas como em tudo há ganhos e perdas, os psicanalistas aplaudiram de pé essa *anagnoríseis*.

Deu certo. Então, os advérbios negritados em (5) são sintaticamente quase argumentais. No interior do sistema semântico, eles qualificam semanticamente seu escopo. No interior do sistema gramatical, mais propriamente, no subsistema sintático, esses advérbios são "quase-argumentos" do verbo. E nossa mente continuará operando multissistemicamente, atribuindo conjuntos de propriedades a uma mesma expressão.

E o que fazer com os "advérbios de modo" da Gramática Tradicional? Não podemos acolher essa denominação, dada sua amplitude significacional. Vários linguistas destacaram a inadequação dessa etiqueta. *Modo* é um termo que remete habitualmente às circunstâncias e às modalidades do estado de coisas, caso em que os advérbios de modo compreenderiam os modalizadores, remetendo também às qualidades específicas de um processo, caso em que eles compreenderiam os predicativos qualificadores. Nesta gramática, preferi ir por aqui, desdobrando o que estava contido sob o rótulo "advérbio de modo", restituindo cada macaco ao seu galho.

(6) Outros quase argumentais em *-mente*:
   a) *atender* **rapidamente** (D2 SP 62)
   b) *permanecer* **globalmente** *no campo* (EF SP 153)
   c) *ele pode* **concretamente** *ver no animal* (EF SP 405)
   d) *mudou* **completamente** *o clima de São Paulo* (D2 SP 390)
   e) *ser* **regiamente** *tratado* (D2 SP 255)

Vamos agora aos exemplos de advérbios em adjunção.

13.2.1.1.2. Advérbio como adjunto

A análise dos dados revela que os advérbios operam como adjuntos adverbiais e como adjuntos adsentenciais. Outra semelhança com os adjetivos.

1. Adjuntos adverbiais

Como adjuntos adverbiais, os sintagmas adverbiais serão passíveis de (i) focalização por *apenas, só*; (ii) clivagem por *é que*; (iii) interrogação. Esses testes permitem identificar os constituintes de uma sentença. No caso, eles identificam os advérbios de constituinte.

Assim, os cavalheiros alinhados de (1b') a (1i') podem ser focalizados, clivados e interrogados (não fique preocupado, isso não dói):

(1)
   b') *Discutiu* **apenas** *francamente./* **Foi** *francamente* **que** *ele discutiu./Discutiu francamente?*
   c') *O candidato falou* **só** *demais, mas em geral falou* **só** *muito muito bem.* (ou seja, no restante esteve bem)/**Foi** *demais* **que** *o candidato falou./O candidato falou demais?*
   d') *Cheguei* **apenas** *aqui,* **apenas** *anteontem* (ou seja, não cheguei a outros lugares, não cheguei em outros dias)/**Foi** *aqui* **que** *eu cheguei,* **foi** *anteontem* **que** *eu cheguei./Cheguei aqui, cheguei anteontem?*

etc.

(7) *A glândula mamária (...)* **infelizmente** *é sede de muitos tumores malignos.* (EF SSA 49)

Observe-se que os advérbios de (1a) e (7) "não passam" por esses testes:

(1a') **Só** *provavelmente hoje vai chover./*É *provavelmente* **que** *hoje vai chover./*Provavelmente *vai chover?*

(7') **Só** *infelizmente a glândula mamária é sede de muitos tumores malignos./*É *infelizmente* **que** *a glândula.../*Infelizmente *a glândula mamária é sede...?*

2. Adjuntos adsentenciais

Como adjuntos adsentenciais, os sintagmas adverbiais precisam ser preenchidos pelos advérbios em -*mente* que (i) podem ser transformados em sentença matriz nucleada pelo verbo *ser* + o adjetivo que está na base do advérbio respectivo, (ii) não passam pelos testes indicados em 1, anteriores:

(1a") *É provável que hoje vá chover.*
(7") *É uma infelicidade que a glândula mamária seja sede de muitos tumores malignos.*

Esses testes mostram que *provavelmente* e *infelizmente* tomam por escopo toda a sentença, funcionando como adjuntos adsentenciais, movidos para fora da sentença, e atuando como um hiperpredicador (Kato / Castilho, 1991). Identificamos por esse meio os advérbios de sentença.

Por isso mesmo, os advérbios de constituinte não passam por esses testes:

(1)
b") **É franco que ele discutiu.*
i") **É relativo que à sua proposta, devo dizer que ela foi acolhida.*

Os advérbios de sentença são ergativos*, e tomam a sentença como seu argumento interno único, como se demonstra em Kato / Castilho (1991), partindo da hipótese da harmonia transcategorial sustentada em Kato (1982/1988).

Comprovando uma vez mais a multifuncionalidade dos itens lexicais, note-se que um mesmo item pode funcionar como advérbio de constituinte, como *francamente* em (8a), ou como um advérbio de sentença, em (8b):

(8)
a) Falei **francamente** tudo o que queria a esse respeito,
b) **Francamente**, falei tudo o que queria a esse respeito.

O leitor mesmo poderá comprovar essa multifuncionalidade, aplicando os testes sintáticos mencionados nesta seção.

13.2.1.1.3. ADVÉRBIO COMO MARCADOR GRAMATICAL DE ARGUMENTOS E ADJUNTOS

Os pesquisadores do Projeto de Gramática do Português Falado identificaram no final da década de 1980 usos muito frequentes de *assim*, aparentemente privativos da língua falada. Trata-se de casos como:

(9)
a) *espero não ter problemas com elas porque... nós mantemos...* **assim** *... um diálogo bem aberto... sabe?* (D2 SP 360)
b) *ela está assumindo tarefas...* **assim**... *precocemente... não é?* (D2 SP 360)

A Gramática Tradicional considera *assim* um advérbio de modo, exemplificado em *agir assim, falar assim*, parafraseáveis por *agir desse jeito, falar desse jeito* etc. Não é desse *assim* que estamos tratando aqui.

O *assim* de (9) e (10) adiante, com sua dissilabicidade humilde,[2] pode concorrer vantajosamente no campeonato multifuncionalista. Olhe aqui algumas de suas propriedades:

1. Propriedade sintática de colocação: sua figuração no enunciado é bastante regular, sempre adjacente à categoria que está anunciando.
2. Propriedade sintática de marcação de argumentos e adjuntos. Que constituintes *assim* anuncia? Bem, prepare-se, porque temos aqui um prato cheio. Veja em (10) adiante alguns dos santos que esse são-joão-batista traz ao nosso convívio gramatical.

---

[2] Cuidado com essas palavras curtas! No mais das vezes, resultam de gramaticalizações que apontam para alterações profundas em sua gramática. Já sei, você acaba de se lembrar do que leu em **2.4**.

3. Propriedade semântica de foricidade: ele retoma o verbo expresso anteriormente ao qual atribui o argumento ou o adjunto que se seguem: *manter... um diálogo, assumir tarefas... precocemente*.
4. Propriedade semântica de modalização: *assim* modaliza os constituintes que ele anuncia, passando a instrução de que eles devem ser interpretados aproximativamente, sem muita certeza. Assim, o falante se mostra inseguro quanto ao objeto direto *um diálogo* de (9a) tanto quando ao adjunto de (9b) que *assim* anuncia, comportando-se como um modalizador quase asseverativo. O mesmo se aplica a (10).
5. Propriedade discursiva: os analistas da conversação têm descrito esse advérbio como um preenchedor de silêncio: enquanto organiza seu próximo movimento verbal, o locutor preenche com ele o vazio conversacional, evitando a perda do turno. Essa propriedade decorre da propriedade 3, pois vimos em **5.1.4** que os marcadores discursivos são fóricos, em sua grande maioria.
6. Propriedade prosódica: *assim* marcador de argumento e de adjunto é produzido num tom descendente, com pausas intercorrentes, o que o distingue do *assim* qualificador propriamente dito, produzido numa tessitura emparelhada com os constituintes adjacentes.

Nos exemplos a seguir, *assim* foi classificado de acordo com o constituinte que ele anuncia.

(10) Estruturas anunciadas pelo marcador sintático *assim*
   a) Minissentenças
      *hoje parece **assim** meio... incrível.* (EF SP 405)
      *bem normal graças a Deus não é nenhum:: geniozinho **assim**... quieto... ele::... passa horas... lendo...* (D2 SP 360)
   b) Argumento externo
      ***assim**... o cara lá do fundo parece incomodado.*
      *e depois de tudo isso... **assim**... os convidados ainda compraram pizzas e cervejas... parece.*
   c) Argumentos internos
      *vez por outra... vocês terão **assim**... um pouco ... da Sociologia...* (EF REC 337)
      *a gente precisa...**assim**... de diversão.*
      *ele falou... **assim** que não sabia de nada.*
   d) Adjuntos adnominais
      *um potezinho **assim** com flores.* (DID POA 45)
      *um olhar **assim** um tanto voltado à realidade.* (EF REC 337)
      *ele se interessava muito por aquela figura **assim**... ah:: disforme do homem pré-histórico dos animais pré-históricos e tudo mais.* (D2 SP 360)
   e) Adjuntos adverbiais
      *eu não lembro mais... **assim** muito...* (DID RJ 328)
      *o paciente não parecia bem... estava falando **assim**... com dificuldades.*

Seria possível enquadrar *assim* em algum tipo de generalização?

Não deixa de ser interessante notar que o PB está movendo um conjunto de marcadores gramaticais para a posição pré-núcleo. Poderíamos hipotetizar que *assim* entrou nessa dança, apontando ademais para um recurso pouco desenvolvido em nossa língua e que consistiria em marcar previamente as funções sentenciais, anunciando-as.

O latim marcava as funções através de morfemas sufixais de caso, pessoa, tempo e modo em suas virações gramaticais. Mas atenção: esses morfemas são pós-nucleares, e o nosso já agora velho amigo *assim* é pré-nuclear.

A modalidade popular do latim e a língua portuguesa que dele derivou passaram a substituir as marcações para uma posição pré-nuclear: (i) os artigos para assinalar os substantivos, seu gênero e número; (ii) os verbos auxiliares (cliticizados no PB) para assinalar a pessoa, o tempo-modo e o

aspecto dos verbos plenos; (iii) as preposições para assinalar argumentos e adjuntos da sentença, e assim por diante. Parece que o nosso amigo *assim* entrou discretamente na categoria do "assim por diante", apontando para o surgimento de um novo dispositivo gramatical que tem passado despercebido. Até que gravações eletrônicas da língua falada e suas transcrições documentaram esse mineirinho-come-quieto.
- *Sobrou pra mim! No próximo parágrafo você vai me recomendar um trabalho histórico, para ver como o* **assim** *e assemelhados se sucederam no tempo, desempenhando funções semânticas de foricidade, funções gramaticais de marcadores pré-nucleares de argumentos e adjuntos e funções discursivas de marcadores interacionais. Quanto trabalho!*
- *Ótima ideia! Vamos que vamos!*

13.2.1.2. Advérbio e transitividade: estrutura argumental do advérbio

Advérbios derivados de verbos e de adjetivos transitivos reproduzem frequentemente a respectiva estrutura argumental, analogamente ao que acontece com os substantivos deverbais descritos em **11.2.1.3**. A *adverbialização* leva às seguintes estruturas:
(11)
    a) *Agiu* **vinculadamente** *ao estrangeiro.*
    b) *Estudar os fatos gramaticais* **separadamente** *de seu contexto não nos levará muito longe.*
    c) **Especialmente** *para aqueles casos, o remédio se mostrou bastante eficiente.*
    d) *Esta foi uma tirada* **tipicamente** *do comendador Acácio.*

13.2.1.2.1. Advérbios intransitivos

São intransitivos os advérbios de verificação a serem descritos em **13.2.2.2**.

13.2.1.2.2. Advérbios transitivos

Percorrendo a exemplificação dos advérbios qualificadores, você poderá examinar a estrutura argumental respectiva. Verifique quais advérbios são monoargumentais, quais são biargumentais.

13.2.1.2.3. Advérbios dêiticos e estruturas de redobramento sintático

Os advérbios dêiticos a serem descritos em **13**.2.2.3 podem ser redobrados por sintagmas preposicionais, nas estruturas de redobramento sintático estudadas por Moraes de Castilho (2005a), como em:
(12) Advérbios verificadores de tempo
    a) *Pois é,* **hoje** *em dia as coisas andam mesmo assim, porca magra não tem rim.*
    b) **Depois** *disso ainda tive problemas.* (D2 SP 360)
(13) Advérbios verificadores de lugar
    a) **Aqui** *em casa quem manda é minha mulher.*
    b) *São considerados elementos chaves* **dentro** *de sua estrutura.* (DID REC 131)
    c) *Você encontrará pouso* **proximamente** *do rio.*
    d) *Dê um jeito nesse cara, você ainda não percebeu que ele anda* **atrás** *de confusão.*
Note-se que em (13) os advérbios negritados organizaram preposições complexas com seus Complementadores (veja **14**.1.2).

13.2.1.3. Colocação do sintagma adverbial

O estudo da propriedade gramatical de colocação dos sintagmas adverbiais compreende três programas de pesquisa: (1) colocação dos Especificadores e dos Complementadores no interior do sintagma adverbial, (2) colocação do sintagma adverbial no interior da sentença, (3) colocação do sintagma adverbial na periferia da sentença (ver Posição 1 e Posição 2, adiante).

A colocação dos constituintes do sintagma adverbial em seu interior não será descrita aqui, mas é certo que nas estruturas não marcadas os Especificadores são maiormente pré-nucleares, e os Complementadores são pós-nucleares.

Já a colocação do sintagma adverbial no interior da sentença é um caso bem complicado, dada a enorme mobilidade dessa categoria, quando ela não integra a estrutura argumental da sentença. Duas estratégias de análise se abrem: descrever a colocação do advérbio em relação ao seu escopo ou no interior da estrutura argumental da sentença. Neste capítulo, procurarei combinar essas estratégias.

Em relação às funções sentenciais, teremos as seguintes possibilidades de colocação:
(i) Posição 1: Sintagma adverbial antes da sentença;
(ii) Posição 2: Sintagma adverbial depois da sentença;
(iii) Posição 3: Sintagma adverbial entre o sujeito e o verbo;
(iv) Posição 4: Sintagma adverbial entre o verbo e seu argumento interno.

Dispõem-se em P1 e em P2 os modalizadores e as outras classes semânticas que tomam por escopo toda a sentença, como hiperpredicadores:

(14) Posição 1
    a) **realmente** *você vê que aqui você passa melhor.* (D2 SSA 98)
    b) *e agora* **realmente** *ele não gasta muito.* (D2 SP 360)

Confira:
(15) Posição 2
    a') *você vê que aqui você passa melhor,* **realmente**.
    b') *e agora ele não gasta muito,* **realmente**.
    c) *eu tenho* **realmente** *muito cuidado.* (DID RJ 328)
    d) *uma definição... na qual mostra* **realmente** *(Ø)* (EF REC 337)
    e) *os associados tratam...* **realmente** *como já disse das vantagens salariais.* (DID REC 131)

Dispondo de um nível mais alto em sua qualidade de predicador de terceira ordem, os advérbios de sentença apresentam como correlato sintático uma mobilidade maior que os de nível mais baixo, como se pode comprovar em:

(15a") Posição 3, Posição 4
    você **realmente** *vê que aqui você passa melhor.*
    você vê **realmente** *que aqui você passa melhor.*
    você vê que **realmente** *aqui você passa melhor.*
    você vê que aqui **realmente** *você passa melhor.*
    você vê que aqui você **realmente** *passa melhor.*
    você vê que aqui você passa **realmente** *melhor.*

Pode-se reconhecer que advérbios como *realmente* dispõem de um movimento longo no interior da sentença. Entretanto, alguns advérbios nas Posições 3 e 4 desencadeiam significados diferentes – outros paralelos com os adjetivos – na dependência de sua classe-escopo.

Assim, *exatamente* é um confirmador nas Posições 1 ou 2
(16)
    a) **Exatamente**, *os associados tratam das vantagens de seu emprego.*
    b) *Os associados tratam das vantagens de seu emprego,* **exatamente**.

Deslocado para a Posição 3, esse advérbio opera como um verificador focalizador:
(17) *os associados tratam **exatamente** das vantagens...*

A significação contida em (17) é de *verificação de coincidência com um protótipo*, nos termos de Ilari et al. (1991). E *exatamente*, advérbio de sentença em (16), retorna agora como advérbio de constituinte.

Intimamente relacionada com as classes de advérbios, sua colocação será examinada ao longo da seção que se segue.

LEITURAS SOBRE A SINTAXE DO ADVÉRBIO
Braga / Botelho Pereira (1981), Casteleiro (1982), Ilari et al. (1991), Kato / Castilho (1991), Possenti (1992), Oliveira (1992), Oliveira e Silva (1993), Martelotta / Barbosa / Leitão (2002), Castilho (2002d/2005), Moraes de Castilho (2004b), Móia / Alves (2004).

13.2.2. SEMÂNTICA DO ADVÉRBIO

Como vimos em **13**.1, os advérbios compreendem três classes semânticas: os predicativos, os de verificação e os dêiticos.

Inicialmente, vejamos os seguintes exemplos, tomados de Ilari et al. (1991):
(18)
    a) *comer **bem**; buzinar **brabamente*** (qualificadores)
    b) *fala **muito**; procurar **bastante*** (qualificadores intensificadores)
    c) *precisa **realmente** estar convencido; **felizmente** essa fase ainda não começou* (modalizadores)
    d) ***normalmente** eles se divertem aos sábados* (quantificador aspectualizador)
    e) *[esse caminhão] **sim** passa... mas ocupa a estrada toda* (afirmação *de re*)
    f) *põe um ou mais tomates, **não** mais do que isso* (negação *de re*)
    g) *os três primeiros... **não**... nos primeiros meses daquele trimestre...* (negação *de dicto*)
    h) *trabalhei **só** no início de casada* (inclusão)
    i) *são **autenticamente** brasileiros; queria falar **justamente** a respeito disso* (focalizadores)
    j) *preso desde **ontem** dentro da casa, o cãozinho gania, querendo sair **fora**.* (dêiticos)

Do ponto de vista semântico, os advérbios são palavras predicativas, vale dizer, operadores que transferem para seu escopo propriedades semânticas de que elas não dispunham (veja **2**.2.2.3). Se considerarmos por um artifício de análise as palavras-escopo enquanto "palavras em estado de dicionário", veremos que (i) em (18a) a (18d) *comer* e *buzinar* foram qualificadas por *bem* e *brabamente*; (ii) *falar* e *procurar* foram intensificadas por *muito* e *bastante*; (iii) *precisa estar convencido* e *essa fase ainda não começou* foram objeto de uma avaliação por parte do falante via advérbios *realmente* e *felizmente*; (iv) *eles se divertem* foram quantificados iterativamente por *normalmente*.

Nem todos os advérbios exemplificados em (18) são predicativos, ou modificadores. Em (18e) a (18j) não ocorreu a esperada transferência de traços semânticos típica da predicação. Em seu lugar, as classes-escopo foram afirmadas, negadas, incluídas, focalizadas ou localizadas no tempo e no espaço. Em (18g), a negação se aplica à expressão *os três primeiros*, substituída por *nos primeiros meses...* Negou-se o que foi dito, não o conteúdo do que foi dito, como em (18f). Os demais exemplos são autoexplicativos.

A tradição gramatical atribui a todos esses advérbios o papel de modificação. Nesta gramática, a semântica dos advérbios será enquadrada em três processos semânticos, já detalhados no capítulo "Os sistemas linguísticos": predicação, verificação e dêixis.

Descreveremos a seguir os advérbios predicativos (modalizadores, qualificadores, quantificadores), os de verificação (focalização, inclusão/exclusão, afirmação e negação) e os dêiticos (locativos e temporais).

13.2.2.1. Advérbios predicativos

Diferentes propriedades semânticas caracterizam os advérbios predicativos:

1. Estatuto semântico da classe predicada
Se a classe predicada é uma categoria lexical referencial, teremos uma predicação de primeira ordem, como em ***muito*** *homem*, em que o advérbio incidiu sobre um substantivo não deverbal. Se a classe predicada é uma categoria lexical predicadora (um substantivo deverbal como em *é **muita** crença*, ***demais*** *para o meu gosto*, um adjetivo, como em ***muito*** *esperto*, um verbo, como em *falou **muito***, outro advérbio, como em ***muito*** *demais*), teremos uma predicação de segunda ordem. Se a classe predicada é uma sentença (como em ***realmente***, *o advérbio é complicado pacas*), teremos uma hiperpredicação, ou predicação de terceira ordem.

A hiperpredicação é entendida como uma "predicação mais alta", o que a habilita a funcionar simultaneamente como uma "predicação mais baixa", modificando constituintes da sentença. Seja o seguinte exemplo:
(19) ***Realmente***, *o advérbio é complicado pacas.*
O exemplo (19) libera pelo menos dois significados possíveis:
(19a) *É real que o advérbio é complicado.*
em que o advérbio ***realmente*** está operando como um predicador de terceira ordem, pois tomou toda a sentença como escopo, e
(20) *O advérbio é **muito** complicado.*
em que o advérbio opera como predicador de segunda ordem, pois tomou por escopo o adjetivo *complicado*.
A recíproca parece não ser verdadeira. Assim, um predicador de segunda ordem como *muito*, em
(21) *Aquele aluno é **muito** esperto.*
não tem a mesma amplitude de escopo. Não poderia, por exemplo, modificar toda a sentença, como um hiperpredicador:
(21a) ****Muito*** *aquele aluno é esperto.*
– Parece que também aqui quem pode é hiper, e quem não é hiper obedece, se tiver juízo.
– De acordo, mas não se esqueça que as ordens de predicação se definem no uso linguístico, e nenhum advérbio é essencialmente um predicador de primeira, segunda ou terceira ordem. Numa sentença como "José lê muito atentamente", ***muito***, por exemplo, pode funcionar como predicador de terceira ordem. Nesse exemplo, ***lê*** predica ***José*** em primeira ordem, ***atentamente*** predica o predicado ***José lê*** em segunda ordem, e ***muito*** predica ***José lê atentamente***.

2. Quantidade de classes predicadas (ou escopadas, para os íntimos)
A quantidade de escopos de um advérbio explica em grande parte a natureza complexa dos significados identificados.
Se o advérbio predicar uma única classe, como em (21), o significado gerado será unívoco. As gramáticas classificam os advérbios a partir dessa sorte de significado único, derivado de um "escopo único".
– *Na minha gramática, vou chamar esses aí de advérbios de escopinho, tadinhos. Tarefas para casa: descreva a expressão **esses aí** e explique a etimologia de **tadinho**.*

Se o advérbio predicar mais de uma classe, como em (19), o significado gerado será plurívoco, e você sairá por aqui catando escopos para entender o que rolou.
– São os meus advérbios de escopão! Outra coisa: você está insinuando que catar escopinhos é o mesmo que catar coquinho? Seu engraçadinho! Estude esse uso de *seu*.

A ordenação dos advérbios predicadores nesta seção levará em conta sua atuação semântica, assim sistematizada:

1. Predicação por avaliação da classe-escopo: advérbios modalizadores;
2. Predicação por quantificação da classe-escopo: advérbios quantificadores;
3. Predicação por qualificação da classe-escopo: advérbios qualificadores.

As designações não remetem a itens adverbiais únicos e distintos, e sim a processos semânticos razoavelmente identificáveis, não excludentes, não opositivos, não negativos. Um mesmo item pode desencadear mais de uma significação, gerando outras tantas ambiguidades que fazem das línguas naturais objetos constitutivamente imprecisos. Com isso, o valor semântico apurado representa aquilo que corresponde no contexto à significação mais saliente, mais relevante para a interação em curso. A descrição dos usos de *realmente* é exemplar a esse respeito, pois esse item tanto pode modalizar quando qualificar.

Resumindo, se ainda tivermos algumas reservas quanto a encarar a língua como um sistema complexo, em que as categorias ocorrem simultaneamente, não linearmente, basta meter o nariz nesse lance dos advérbios para se convencer rapidamente. Sobre a língua como um sistema complexo, veja Castilho (2007).

13.2.2.1.1. ADVÉRBIOS MODALIZADORES

A avaliação sobre o conteúdo e a forma da proposição expressa-se de dois modos:
(1) O falante apresenta o conteúdo da proposição numa forma asseverativa (afirmativa ou negativa), interrogativa (polar ou não polar) e jussiva (imperativa ou optativa).
(2) O falante avalia o teor de verdade de proposição, ou expressa um julgamento sobre a forma escolhida para a verbalização desse conteúdo.

O processo (1) é habitualmente rotulado de *modalidade*, e o processo (2), *modalização*. Essas diferenças terminológicas não serão aqui levadas em conta, por retratarem ambas numa apreciação do *dictum*.

Inicialmente, enumero algumas ocorrências de advérbios e de expressões adverbiais suscetíveis de verbalizar a avaliação do falante sobre as significações contidas na proposição:

(22)
a) **realmente**... *[os filmes] eram muito ruins.* (EF SP 153)
b) **provavelmente** *esse [cara] de dez mil [cruzeiros] vai fazer mais diferença.* (EF SP 388)
c) *toda e qualquer cirurgia... no campo médico... (...) implica* **obrigatoriamente** *em despesas.* (DID REC 131)
d) **infelizmente** *Recife é uma cidade de mais de um milhão de habitantes.* (D2 REC 05)
e) **sinceramente**... *não consegui... não consegui entender.* (D2 SP 62)

As sentenças (22a) a (22e) têm em comum o fato de que os advérbios em -*mente* aí utilizados explicitam a apreciação do falante com respeito à natureza epistêmica da proposição. Em (22a), *realmente* apresenta o conteúdo da sentença como um conhecimento válido, isto é, o falante sabe que os filmes eram ruins, e por isso lança mão desse advérbio para predicá-lo, assim como poderia ter-se valido de outros predicadores semelhantes, o que se constata por meio das paráfrases

(22a')
>   eu sei que os filmes eram muito ruins
>   é certo que os filmes eram muito ruins/é claro que os filmes eram muito ruins
>   na verdade, os filmes eram muito ruins
>   os filmes eram muito ruins mesmo

Estamos diante, portanto, de uma necessidade epistêmica, e o caráter modalizador de advérbios desse tipo gera sobre seu escopo sentencial a significação adicional de enfatização do conteúdo proposicional, captado pela última paráfrase de (22a'), revelando um alto grau de adesão do falante em relação ao conteúdo proposicional, comprovado pelas três primeiras paráfrases de (22a').

Em (22b), *provavelmente* predica o conteúdo da sentença, apresentando-o apenas como uma crença, isto é, o falante acredita na veracidade de que o salário de dez mil cruzeiros vai fazer diferença para o cara, mas não pode comprometer-se com isso, expressando sua dúvida. Trata-se de uma possibilidade epistêmica evidencial, cuja representação sentencial foi vista em **9.2.4.2**. As seguintes paráfrases permitem verificar a modalização epistêmica evidencial:

(22b')
>   eu acho/eu penso/eu acredito/é provável que esse de dez mil...
>   talvez esse de dez mil...

Os advérbios de (22a) e (22b) serão denominados modalizadores epistêmicos, admitindo que eles se organizam em duas subclasses, a dos asseverativos, como em (22a) e a dos quase asseverativos, como em (22b). Naturalmente, o itens que integram essas subclasses podem coocorrer, como se vê em

(22f) **realmente**... *os filmes eram ruins* **mesmo/ sem dúvida/ efetivamente**.

(22g) **provavelmente** *esse cara vai fazer falta*... **eu acho/ eu acredito/ eu suponho**.

Em (22c), o advérbio *obrigatoriamente* predica o conteúdo sentencial, liberando a significação de que o estado de coisas ali descrito é uma obrigação, tem de necessariamente acontecer, donde as paráfrases

(22c')
>   toda cirurgia tem de implicar em despesas.
>   é obrigatório que toda cirurgia implique em despesas.

Esses advérbios e seus assemelhados serão denominados modalizadores deônticos. Sua significação corresponde à função desiderativa da linguagem, donde a noção de futuridade que a acompanha, que se explicita em

(22c") *toda e qualquer cirurgia implicará obrigatoriamente em despesa.*

Finalmente, em (22d) e (22e) os advérbios tomam por escopo simultaneamente um participante do discurso e o conteúdo proposicional.

A predicação do locutor pode ser comprovada através da paráfrase

(22d') *eu fico infeliz com o fato de que Recife é uma cidade de mais de um milhão de habitantes.*

A predicação do conteúdo proposicional se evidencia por meio da paráfrase

(22d") *é uma infelicidade Recife ser uma cidade de mais de um milhão de habitantes.*

Segue-se que *infelizmente* predica ao mesmo tempo uma categoria do discurso, neste exemplo, o locutor, e uma categoria semântico-sintática, a proposição. A dupla incidência desse advérbio não afeta a significação por ele gerada, como se constata através das paráfrases anteriores.

Vejamos agora a sentença (22e). Comparando-a com (22d), constata-se que *infelizmente* e *sinceramente* têm em comum tomarem por escopo o locutor, como se vê por

(22e') *eu estou sendo sincero [em reconhecer] que não consegui entender.*

mas distinguem-se pelo fato de que *sinceramente* não pode tomar por escopo o conteúdo da sentença, donde a impossibilidade de

(22e") *é uma sinceridade [reconhecer] que não consegui entender.

Valorizando o fato de que (22d) e (22e) predicam participantes da enunciação, deve-se reconhecer que eles constituem uma só subclasse dos modalizadores, aqui denominada modalizadores discursivos.

Por outro lado, os adjetivos que serviram de base à formação dos advérbios aqui examinados integram classes semânticas diversas. *Infeliz* e *feliz* são referenciados ao locutor, ao passo que *sincero* e *franco* põem em relevo a relação entre o locutor e o interlocutor. Tais restrições seletivas justificam a impossibilidade de (22e"), e a admissão de (22d'). Segue-se que os modalizadores discursivos compreendem uma subdivisão em *discursivos subjetivos*, os advérbios de (22d), e *discursivos intersubjetivos*, os advérbios de (22e).

Vejamos os modalizadores com algum detalhe.

1. Modalizadores epistêmicos

Os modalizadores epistêmicos asseverativos, como a própria designação deixa ver, expressam uma avaliação sobre o valor de verdade da sentença, cujo conteúdo o falante apresenta como uma afirmação ou uma negação que não dão margem a dúvidas, tratando-se, portanto, de uma necessidade epistêmica. Desse tipo de predicação decorre um efeito colateral, que é manifestar o falante um alto grau de adesão ao conteúdo sentencial, donde a significação enfática que igualmente aí se identifica.

1.1. Modalizadores epistêmicos asseverativos

Os asseverativos podem ser representados pelo predicador "eu sei com certeza que P", em que P corresponde ao conteúdo sentencial. A asseveração pode ser afirmativa ou negativa. As seguintes palavras integram a classe dos advérbios asseverativos:

A) Asseverativos afirmativos: *realmente, evidentemente, naturalmente, efetivamente, obviamente, reconhecidamente, logicamente, seguramente, verdadeiramente, certamente, absolutamente, forçosamente, fatalmente, incontestavelmente, inegavelmente, indiscutivelmente, indubitavelmente*.

Fora da classe dos advérbios, atuam como adverbiais asseverativos os adjetivos *exato, claro, certo, lógico*, e os adverbiais representados por sintagmas preposicionais *na realidade, sem dúvida* etc.

Alguns exemplos:

(23)
    a) *eu tenho vontade de ir lá (...) porque **realmente** é um espetáculo bonito.* (D2 SSA 98)
    b) ***evidentemente** a ele caberá tomar a decisão.* (DID REC 131)
    c) *bem... **naturalmente** havia festa de formatura.* (DID SP 242)
    d) *e portanto... todos os serviços... que ele presta... aos seus associados são **efetivamente** de um valor... inestimável.* (DID REC 131)
    e) ***logicamente** eu gostaria de fazer.* (D1 RJ 355)
    f) *nosso produto nacional é... eu acho... **sem dúvida nenhuma** a mulata.* (D2 POA 291)
    g) *com as crianças... necessitando da gente não pode precisar mesmo... **com certeza**.* (D2 SP 360)

Um caso interessante é o de *pronto*, no exemplo

(23)
    h) *aí vieram três pajés e ficaram duas horas suando ali em cima... mas fazendo os maiores estardalhaços e tal... acabaram tirando uma pena de passarinho... uma galinha... um negócio assim... **pronto** sarou.* (D2 SP 343)

em que *pronto* ao mesmo tempo que avalia a sucessão dos fatos apresenta o conteúdo proposicional numa forma asseverativa.

B) Asseverativos negativos: *de jeito nenhum, de maneira nenhuma, coisa nenhuma*.

Os exemplos anteriores demonstram que a significação de asseverar decorre de vários fatores, pois além dos advérbios concorrem também a entoação e o modo verbal empregado.

Numa amostra de 254 modalizadores asseveradores colhidos no Projeto Nurc, 95% eram afirmativos e 5% negativos. Dentre os afirmativos, *realmente* toma a dianteira, distribuindo-se os itens da seguinte forma: *realmente*, 50%; *exato, claro, certo, pronto* e *lógico*, 20%; outros em *-mente*, 15%; *evidentemente*, 10%; *sem dúvida, na realidade* e *mesmo*, 5%.

1.2. Modalizadores epistêmicos quase asseverativos

Os modalizadores epistêmicos quase asseverativos expressam uma avaliação sobre o conteúdo sentencial, dado pelo falante como quase certo, próximo à verdade, como uma hipótese que depende de confirmação. Ao usá-lo, o falante não assume nenhuma responsabilidade sobre o conteúdo proposicional. Através dos quase asseverativos, avalia-se a sentença como uma possibilidade epistêmica, decorrendo daqui uma baixa adesão do falante com respeito ao conteúdo que está sendo verbalizado.

Os modalizadores epistêmicos quase asseverativos podem ser representados pelos predicadores *eu acho, eu suponho, é provável que*. Os seguintes itens desempenham esse papel: *talvez, assim, possivelmente, provavelmente, eventualmente*. Alguns exemplos:

(24)
- a) *agora outro tipo de escola que* **talvez** *não tenha esse objetivo.* (DID SSA 231)
- b) *mas realmente a cadeia de supermercados aqui é de de Recife...* **provavelmente** *é superior a qualquer uma do país.* (D2 REC 5)
- c) **eventualmente eventualmente** *as linhas eróticas... e a religiosa se cruzam.* (EF SP 153)
- d) *e* **possivelmente** *passe essa fase.* (D2 SP 360)

2. Modalizadores deônticos

Os modalizadores deônticos predicam o conteúdo sentencial, que passa a ser entendido como um estado de coisas que precisa ocorrer obrigatoriamente. Não é mais a natureza do conhecimento expresso pela sentença (crença, dúvida, certeza) que está em jogo, como na classe anterior. Os mais comuns são *necessariamente* e *obrigatoriamente*.

De um ponto de vista mais amplo, a modalização deôntica compreende a obrigação, a proibição, a permissão e a volição. Os materiais do Projeto Nurc, constituídos por entrevistas tematicamente orientadas, em que prevalece a função referencial da linguagem, não criaram as condições discursivas para uma emergência significativa dos deônticos. Alguns exemplos:

(25)
- a) *toda e qualquer manifestação que a gente for procurar vai ter que estar* **necessariamente** *ligada a esta preocupação vital.* (EF SP 405)
- b) *toda e qualquer cirurgia... no campo médico... (...) implica* **obrigatoriamente** *em despesas.* (DID REC 131)
- c) *não que* **necessariamente** *ele precise saber que...* (EF POA 278)
- d) *agora... para ele chegar à análise ele tem que ter passado pelo conhecimento... pela com preensão... mas não* **necessariamente** *precisa aplicar.* (EF POA 268)

Propriedades sintáticas e semânticas dos modalizadores deônticos mostram que eles são hiperpredicadores, ocupando a Posição 1:

(25a') *é necessário que toda e qualquer manifestação (...) vai ter que estar ligada a esta preocupação vital./é uma necessidade que toda e qualquer manifestação...*

3. Modalizadores discursivos

Os modalizadores epistêmicos enquadram a proposição do ângulo de seu valor de verdade, e os modalizadores deônticos o fazem do ângulo da obrigatoriedade de sua realização. Já os modalizadores do discurso deixam o conteúdo sentencial num discreto segundo plano, tomando por escopo basicamente os participantes da interação, verbalizando as reações do locutor (ou do locutor em face do interlocutor) com respeito ao conteúdo sentencial. Em suma, eles são decididamente orientados para o discurso.

Os modalizadores do discurso exemplificam a função* emotiva da linguagem e podem ser representados pelo predicador "eu sinto X (diante de Y) em face de P". Há pelo menos dois tipos desses modalizadores: os subjetivos e os intersubjetivos, mas os limites entre eles são muito frouxos.

3.1. Modalizadores subjetivos discursivos

Esses modalizadores põem em relevo os sentimentos que são despertados no locutor pelo conteúdo sentencial, e por isso podem ser parafraseados por "eu fico [adjetivo] que P"/"eu verbo [deadverbial] por P"/"é (um) substantivo [adverbial] que P". Trata-se, portanto, de um predicador de segunda ordem.

As seguintes palavras integram-se habitualmente nessa subclasse: *felizmente, infelizmente, lamentavelmente, curiosamente, surpreendentemente, espantosamente, estranhamente*. Alguns exemplos:

(26)
   a) **felizmente** *ainda não começaram [aquela fase mais difícil]* (D2 SP 360)
   b) *não existe preocupação no Brasil... ainda...* **lamentavelmente** (D2 POA 291)
   c) **curiosamente**... *é nesse ano que os mineiros conseguem depois de anos de esforço... completar "O calvário de Dolores"* (EF SP 153)

Esses advérbios são biorientados: eles predicam ao mesmo tempo o locutor e o conteúdo sentencial, como ressalta destas paráfrases:

(26a') *eu fiquei feliz porque ainda não começaram.../é uma felicidade que ainda não começaram...*

(26b') *eu lamento que não exista preocupação no Brasil./é lamentável que não exista preocupação no Brasil.*

(26c') *eu fico curioso [ao constatar] que P.../é uma curiosidade que é nesse ano que os mineiros...*

Como advérbio de sentença, a colocação dos modalizadores discursivos subjetivos é quase categoricamente em Posição 1 e Posição 2.

3.2. Modalizadores intersubjetivos discursivos

Esses advérbios põem em relevo os sentimentos do locutor diante do interlocutor, com respeito ao conteúdo sentencial, e por isso podem ser parafraseados por "eu sinto X diante de você devido a P". Trata-se de um predicador de segunda ordem que toma por escopo a primeira e a segunda pessoas do discurso. Integram essa classe *sinceramente, francamente*; e *ingratamente* parece ser um caso à parte. Exemplos:

(27)
   a) **sinceramente**... *não consegui... não consegui entender.*
   b) **francamente**... *os advérbios me desconcertam.*
   c) *não me recordo... não me recordo também...* **ingratamente** *não me recordo do apresentador do programa.* (DID SP 161)

Eles tomam por escopo o locutor, o interlocutor e o conteúdo sentencial, como se vê por estas paráfrases:

(27)
   a') *sou sincero com você a propósito de sinceramente não ter conseguido entender.*
   b') *sou franco com você... os advérbios francamente me desconcertam.*

O escopo triplo desses advérbios não autoriza paráfrases do tipo

(27)
   a") **é uma sinceridade que eu não consegui entender.*
   b") **é uma franqueza que os advérbios me desconcertam.*

Na Posição 4, esses advérbios podem mudar de classe, tomando como escopo apenas o verbo, e atuando como qualificadores quase argumentais, como em

(28) *falei* **francamente** *sobre a dificuldade que os advérbios levantam.*

isto é,

(28') *falei com franqueza sobre...*

Ao tomarem por escopo participantes do discurso, o estatuto sintático desses advérbios torna-se bastante complexo. Testando (27b), mostra-se que *francamente* não é um advérbio de sentença. Seriam então advérbios de constituinte? Também não:

(27a''') **só sinceramente não consegui entender.*
(27a'''') **é sinceramente que não consegui entender.*

O caso de *ingratamente* é ainda mais ingrato, pois aparentemente ele passa por todos os testes, o que é igualmente despistador:

(27c') *é uma ingratidão que eu não me recorde do apresentador do programa.*

logo, advérbio de sentença, funcionando como adjunto adsentencial. Mas,

(27c'') *só ingratamente não me recordo, isto é, só por ingratidão...*
(27c''') *é ingratamente que não me recordo.*

logo, advérbio de constituinte, funcionando como adjunto adverbial.

Uma análise dos adjetivos que estão na base desses advérbios poderia imprimir outros rumos na busca de seu estatuto sintático. Estamos precisando, aqui, de uma teoria semântica forte.

13.2.2.1.2. Advérbios qualificadores

A predicação qualificadora é um processo semântico-sintático por meio do qual um operador incide sobre uma classe modificando ou confirmando sua intensão, isto é, suas propriedades específicas, seus traços semânticos (ou *semas*, na terminologia da Semântica Estrutural).

A qualificação é codificada gramaticalmente através dos adjetivos predicativos e dos advérbios e adverbiais predicativos, estes geralmente representados por um sintagma nominal ou por um sintagma preposicional. Todos esses operadores dão uma contribuição semântica à classe-escopo.

Os advérbios predicativos qualificadores, portanto, tomam outros predicadores por escopo, predicando adjetivos, verbos e os próprios advérbios. Sejam os seguintes exemplos:

(29)
a) *eu posso representar **graficamente** uma comunicação...* (EF POA 278)
b) *o brasileiro em princípio eu acho que come muito **mal*** (D2 POA 291)
c) *vocês escolheram um péssimo entrevistado... porque eu sou um sujeito que gosto **muito** de falar **muito pouco*** (D2 SSA 98)
d) *eles colocam melancia... pra mim eu acho **um pouquinho** indigesto* (DID RJ 328)
e) *então surgiu (...) um movimento de vanguarda jovem (...) e claro (...) foi absorvido **imediatamente**.* (D2 POA 291)
f) *os preços caíram **lentamente** demais para o gosto do ministro.*
g) *uma comida **praticamente** indiana... **tipicamente** indiana.* (D2 POA 291)
h) *começa que **quase** nem compareçem [às assembleias]* (D2 SP 360)

Nos exemplos, constata-se que os advérbios adicionaram à classe-escopo um traço semântico de que esta não dispunha previamente, ou então alteraram os traços dessa classe. Vejamos o que os advérbios estão aprontando no domínio da qualificação de seu escopo.

Em (29a) e (29b), *graficamente* e *mal* acrescentaram a *representar* e a *comer* propriedades intensionais inexistentes nesses itens: uma representação não precisa ser necessariamente gráfica, nem comer implica comer mal. O comportamento desses advérbios aproxima-os dos adjetivos que estão em sua base, como se pode ver por estas correspondências com os sintagmas nominais complementados por sintagmas adjetivais:

(29a') *representar graficamente* = *representação gráfica*
(29b') *comer mal* = *comida má*

As correspondências apontadas evidenciam que há compartilhamento de propriedades com os adjetivos. Eles serão denominados qualificadores propriamente ditos.

Em (29c) e (29d), *muito, pouco* e *pouquinho* acrescentaram uma graduação a *gostar*, a *falar* e a *indigesto*. Essa graduação pode ser para mais, em *gostar muito*, e para menos, em *falar pouco* e em *um pouquinho indigesto*. Os advérbios que aí figuram serão denominados por isso qualificadores graduadores.

Em (29e), *imediatamente* descreve como pontual o estado de coisas de *foi absorvido*, deixando intacto o traço télico desse verbo (veja **10.2.2.1.3**). Em (29f), ao contrário, *lentamente* altera a classe acional de *cair*, que de télico tornou-se atélico. Esses advérbios receberão a denominação de qualificadores aspectualizadores.

Em (29g) e (29h), *praticamente* e *quase* cancelaram alguns traços de *indiana* e de *não comparecer*, criando o significado de que nem todos os atributos da comida indiana estavam presentes, assim como nem todos os sindicalizados comparecem às assembleias. Eles serão denominados qualificadores delimitadores (em inglês, *hedges*).

Finalmente, em (29g) também aparece *tipicamente*, que opera no sentido oposto ao dos aproximadores, confirmando os traços intensionais de *indiana* e reformulando, assim, o juízo do falante quanto à "indianidade" da comida. Serão denominados qualificadores confirmadores.

Descrevo a seguir cada um dos subtipos anteriormente identificados.

1. Qualificadores propriamente ditos

Sejam os seguintes exemplos:

(30)
- a) *eu acho que essa turma vai **bem** nessa disciplina.* (EF POA 278)
- b) *comer **bem** não é comer demais.* (D2 POA 291)
- c) *não faz **mal**... o professor pode ficar confuso.* (EF POA 278)
- d) *cada qual quer fazer **melhor** que o outro.* (DID POA 45)
- e) *vocês nem têm tantas [disciplinas] **assim**?* (EF POA 278)
- f) *olha... tudo bem... mas **assim** não vai dar...*
- g) *a expressão habilidades mentais cabe muito **bem**.* (EF POA 278)
- h) *mas correu tudo **bem**.* (DID POA 45)

Os advérbios qualificadores propriamente ditos guardam várias relações com os adjetivos qualificadores polares:

(1) Ambos são passíveis de ordenação por antonímia (cf. adjetivos *bom/mau*, advérbios *bem/mal*).

(2) Ambos são passíveis de comutação com um sintagma nominal: *comer bem* = *comida boa*, fato já referido aqui. Essas semelhanças explicam as frequentes confusões ortográficas entre *mau* e *mal*.

(3) Ambos se comportam como clíticos verbais, segundo Oliveira (1992). Também pudera, um bando de monossílabos quase átonos! *Bem* e *mal* cliticizam-se progressivamente ao escopo, formando os vocábulos fonológicos [*vaibem*], [*comerbem*], [*fazmal*]. Já sabemos a trepidação gráfica na hora de representar esses vocábulos: *bem-vindo, benvindo*. Agradeço a Verena Kewitz pela lembrança desta questão.

(4) Em consequência, é difícil inserir expressões entre eles e seu escopo. Isso seria destruir um vocábulo fonológico, uma coisa muito sofrida.

(5) Outra dificuldade está em mover esses advérbios para fora de um casamento que deu tão certo, abençoado que foi pela Fonologia. Daí a esquisitice de:

(30)
    a') *eu acho que essa turma vai nessa disciplina **bem**.
    b') *comer não é comer demais **bem**.

O advérbio qualificador *assim* tem um comportamento bem distinto de seu homônimo marcador de argumentos e adjuntos, descrito em **13.2.1.1.1**, exemplificado com (5c). Enquanto aquele não pode ser comutado por um sintagma preposicional:

    (5c') *ela está assumindo tarefas desse jeito... muito **precocemente**... não é? (D2 SP 360)

os qualificadores admitem essa comutação, mantendo a mesma significação proposicional:

    (30e') vocês têm tantas [disciplinas] desse jeito?
    (30f') olha... tudo bem... mas desse jeito não vai dar...

Os qualificadores propriamente ditos são predicadores de segunda ordem, modificando o verbo e seus argumentos como um todo, seja quando se posicionam entre o verbo e seu argumento, seja quando figuram pospostos ao conjunto verbo + argumento, seja, finalmente, quando figuram pospostos ao verbo monoargumental, como na maioria dos casos.

2. Qualificadores graduadores

Os qualificadores graduadores são habitualmente denominados *intensificadores* na literatura gramatical. O problema dessa designação é que ela supõe apenas uma graduação para mais, ao passo que os dados apontam igualmente para uma graduação para menos. Nesta gramática, os dois processos são reunidos sob a denominação mais geral de graduação, com dois subtipos: os intensificadores e os atenuadores. A investigação levou em conta as diferentes possibilidades que se abrem ao falante, segundo ele queira interferir na extensão ou na intensão da classe modificada.

A graduação codifica-se gramaticalmente através de sufixos derivacionais (prefixos como *super-*, sufixos como *-íssimo*), classes de palavras tais como certos adjetivos e advérbios, além de expressões preposicionadas tais como *de lascar* (em *uma ingratidão de lascar* = *muita ingratidão*), *de morrer* (em *lindo de morrer* = *muito lindo*), *pra chuchu* (em *caro pra chuchu* = *muito caro*) etc. Os graduadores têm propriedades que os aproximariam dos pronomes indefinidos, tanto que em alguns estudos eles são alinhados nessa classe (Koch, 1984). Note-se, entretanto, que os itens *muito, pouco, bastante, bem* e *mais* desencadeiam processos semânticos distintos. Em

(31)
    a) *falou **muito/pouco**, é **muito/pouco** loquaz*
    b) *falou **bastante***
    c) *ela é **mais** elegante*

os advérbios negritados afetam as propriedades intensionais das classes sobre que se aplicam, acrescentando-lhes uma noção de graduação, ao passo que em

(32)
    a) *chegou **muito/pouco** povo*
    b) *chegou **bastante/mais** gente*
    c) *eram **bem** umas quinhentas pessoas*

os advérbios tomam substantivos como escopo, agindo sobre a extensão, adicionando indivíduos aos conjuntos *povo* e *gente* em (32a) e (32b), e focalizando o conjunto quantificado *quinhentas pessoas* em (32c). Isso quer dizer que atuam como predicativos qualificadores graduadores apenas os advérbios de (32a) e (32b). Em (32c) temos um advérbio verificador focalizador.

A combinatória rica desses itens pode gerar ambiguidades, sobretudo quando aplicados a substantivos, como em:

(33)
    a) *ele é **muito** homem*
    b) *ele é **mais** gente*

em que os advérbios parecem suscitar as propriedades intensionais de *homem* e de *gente*:
(33a') *ele é muito viril*
(33b') *ele é mais humano*

Os graduadores agregam um traço de grau inexistente nas propriedades intensionais de sua classe-escopo. Ao utilizar um graduador, o falante entende que essas propriedades se dispõem numa escala socialmente estabelecida. O graduador indicará se a intensão está num ponto acima da normalidade (= graduador intensificador) ou num ponto abaixo da normalidade (= graduador atenuador). É evidente que a escolha de determinado ponto nessa escala é de natureza pragmática, dependente de cada situação da enunciação, muito mais do que de valores absolutos da classe graduada. Esta observação aponta para a vagueza natural das expressões linguísticas, uma questão elaborada por Ilari et al. (1993).

Os graduadores também funcionam como proformas:
(34)
    L1 – *Ela é pontual?*
    L2 – ***Muito!***

Encapsulados na estrutura sintagmática da sentença, esses advérbios podem ser repetidos:
(35)
    a) *Ela gosta **muito muito** de você, até mandou esta continha para você pagar.*
    b) *Comeu **bem bem** que o quê.* (analise esse *que o quê*)
    c) *Falou **mal mal mal** de você, impressionante! **Mal**.*

Outros advérbios predicativos não costumam ser repetidos, salvo em casos de gagueira:
(36)
    a) ****Realmente realmente** *parece que o rolo está armado.*
    b) **Agora ela quer discutir a relação,* **lamentavelmente lamentavelmente**. (pague as contas que tudo se resolve)

Os graduadores se aplicam a uma grande variedade de advérbios:
(1) Graduação de qualificadores propriamente ditos:
(37)
    a) *Saiu **muito** silenciosamente.*
    b) *Comeu **muito** bem.*

(2) Graduação de quantificadores aspectualizadores:
(38a) *Saiu **muito** frequentemente.*
mas
(38b) **Saiu **muito** sempre.*

(3) Graduação de modalizadores:
(39)
    a) ***Muito** provavelmente chove hoje.*
    b) ***Muito** lamentavelmente ela resolveu discutir a relação.*

(4) Graduação de dêiticos:
(40)
    a) *Saiu **muito** cedo.*
    b) *Faça isso **mais** do que agora, faça já!*

(5) Graduação dos focalizadores:

(41) Está aí **bem** exatamente a diferença. (EF POA 278)

Vejamos agora como se comportam os graduadores intensificadores e atenuadores.

2.1. Graduadores intensificadores

Os seguintes itens graduam "para mais" a intensão da classe-escopo: certos advérbios em -*mente*, *muito, mais, demais, bastante, bem*.

(42) Advérbios *muito, demais, bastante, bem, tanto*
   a) *eu gosto muito de verdura... gosto também **muito** de de carne.* (D2 POA 291)
   b) *gostaria **demais** de ter tido... mais irmãos.* (D2 SP 360)
   c) *[os homens] penam... penam **bastante**.* (D2 SP 360)
   d) *então tira aquilo ali... limpa **bem** o camarão.* (D2 POA 291)
   e) *ele falava **tanto tanto tanto** e eu o admirava **muito**.* (D2 SP 360)
   f) *olha... de folclore eu não estou **muito** a par.* (DID POA 45)
   g) *olha... nós visitamos **muito** pouco.* (DID POA 45)

(43) Advérbios em -*mente*
   a) *na maioria das vezes [as riscas no chão] estão todas apagadas... o que dificulta **terrivelmente** dirigir.* (D2 SSA 98)
   b) *depois o que eu li de Gabriel Garcia Marques achei **extremamente** fraco.* (D2 REC 5)
   c) *você traçando ali uma moqueca de... de peixe com uma cervejinha e tal... um negócio **altamente** boêmio... ouviu? **altamente** boêmio.* (D2 SSA 98)
   d) *outras taxonomias que (...) colocam em níveis **completamente** diferentes.* (D2 RJ 355)
   e) *calefação... que é pra tu ficar **perfeitamente** à vontade.* (D2 POA 291)
   f) *pode estar esporte... **tremendamente** esporte... simplesmente uma blusa e uma calça.* (D2 POA 291)
   g) *numa cidadezinha **totalmente** desconhecida.* (D2 POA 291)
   h) *a divisão tem que ser **absolutamente** exata.* (D2 SP 360)
   i) *Carmem Miranda era **imensamente** popular.* (EF SP 153)
   j) *igreja **extraordinariamente** moderna.* (DID SP 242)
   k) *filmes **incomparavelmente** melhores.* (EF SP 153)
   l) *a televisão era **infinitamente** pior* (D2 SP 333)
   m) *o que me revolta **profundamente** é o programa Cinderela.* (D2 SP 333)

Nos graduadores em -*mente*, vê-se que a graduação procede dos adjetivos que estão na base lexical desses advérbios, os quais retratam o mais alto grau de uma qualidade (*extremo, alto* etc.), a completude dessa qualidade (*completo, perfeito, total, absoluto* etc.) ou o impacto que o alto grau pode causar sobre o interlocutor (*terrível, tremendo* etc.).

2.2. Graduadores atenuadores

Os seguintes itens graduam "para menos" a intensão:

(44)
   a) *sobre essa parte de preços... eu **pouco** posso dizer.* (DID RJ 328)
   b) *então tinha que dormir com a cama **ligeiramente** inclinada.* (DID SP 208)
   c) *um quindim por quinze cruzeiros é... **um pouco** caro...* (DID RJ 328)
   d) *eles colocam melancia... pra mim eu acho **um pouquinho** indigesto.* (DID RJ 328)
   e) *[eu como] só carne... impressionante... e **mal** passada.* (D2 POA 291)

3. Qualificadores aspectualizadores

A análise dos qualificadores aspectualizadores assenta no entendimento das duas faces do aspecto verbal, uma face quantitativa e uma face qualitativa, segundo Castilho (1968a, 1984a, 1984b, 1999a,

2002c): veja **10.2.2.2.1**. Naquela seção, descreveu-se a contribuição dos advérbios à organização da face qualitativa do aspecto.

Observando-se a relação verbo-adverbial, contata-se que os advérbios ora confirmam a classe acional do verbo, ora a alteram. Numa ou noutra situação, configura-se a ocorrência de aspectualizadores imperfectivos e de aspectualizadores perfectivos.

3.1. Aspectualizadores imperfectivos

Atuam como aspectualizadores imperfectivos alguns advérbios em *-mente*, *sempre* e diversos adverbiais constituídos seja por sintagmas preposicionais com seu núcleo (45b e 45c) ou sem ele (45h, em que foram omitidas as preposições *durante* e *por*), seja por sintagmas nominais quantificados (45d e 45f) ou não (45e):

(45)
    a) *[Fazer] uma dieta vegetariana (...) eu acho válido, mas não **permanentemente**.* (D2 POA 291)
    b) *Porque [o avião] chega depressa e [se] a gente vai morrer... morre de vez... eu não gosto de morrer **aos pedacinhos... aos poucos**.* (D2 SSA 98)
    c) *Ela teve escritórios **durante... oito anos**:: mais ou menos.* (D2 SP 360)
    d) *Essas coisas vêm vindo **pouco a pouco/paulatinamente**.*
    e) *Observe **um momentinho** isso.* (EF RJ 251)
    f) *Eu fico trabalhando em casa, mas tomando conta **toda hora**.* (D2 SP 360)
    g) *A gente vive de motorista **o dia inteiro**.* (D2 SP 360)
    h) *No tempo de solteiro ele jogava no... no Colégio... depois jogou **um tempo** no Força e Luz... no Cruzeiro... mas foi **pouco tempo**.* (DID POA 45)

Na maior parte das vezes, tais expressões apenas confirmam a classe acional durativa dos verbos a que se aplicam, com exceção de (45b), em que a telicidade de *morrer* foi comprometida por *aos pedacinhos... aos poucos*.

3.2. Aspectualizadores perfectivos

Os adverbiais perfectivizadores atribuem aos verbos a que se aplicam o sentido de subitaneidade da ação, que se torna, assim, pontual, não durativa. Por assim dizer, a face pontual desses adverbiais neutraliza qualquer duração acaso contida na classe acional do verbo, a menos que ele já integrasse a classe dos télicos.

Vejam-se os seguintes exemplos:

(46)
    a) *E claro... pronto... quer dizer... [o cabelo comprido] foi absorvido **imediatamente**.* (D2 POA 291)
    b) *E põe o camarão naquele refogado... **rapidamente**... só mexe o camarão.* (D2 POA 291)
    c) *Ajeitou os cabelos **de um golpe**.*
    d) *Corre **de repente** a notícia de que o dólar ia subir.*
    e) *Você acha que ele ainda vai fixar essa ideia? **já** fixou!* (resultativo)
    f) *Você chegou tarde... agora eu **já** autorizei a saída.*

À semelhança do que ocorre com os aspectualizadores imperfectivos, também estes ou bem confirmam a classe acional do verbo, ou a alteram, como em (46c) a (46f), em que verbos atélicos passam a expressar perfectividade, pontualidade.

Os aspectualizadores perfectivos se mostraram mais raros no *corpus* do que os imperfectivos, o que ocorre igualmente com o aspecto verbal.

Há uma interessante interface entre qualificadores aspectualizadores e os quantificadores aspectualizadores. Os quantificadores atribuem um tom de vagueza, de genericidade ao discurso, ao passo que os qualificadores, aqui examinados, especificam-no, pessoalizam-no.

4. Qualificadores delimitadores aproximadores

Estes advérbios promovem a imprecisão da classe-escopo, comprometendo sua interpretação prototípica. Decorre daí a denominação "delimitadores aproximadores" para denominar esta classe, que funciona na qualificação e na quantificação da classe-escopo. A expressão *delimitadores aproximadores* remete à qualificação do escopo, enquanto a expressão *delimitadores de domínio* remete à quantificação do escopo, processo que será descrito adiante.

Os seguintes exemplos comprovam que os aproximadores são operadores de não prototipicidade:

(47)
   a) *a professora ela... no fundo ela é uma orientadora... porque **quase** sempre ela é procurada pelos alunos.* (D2 SP 360)
   b) *e nós fazemos **um tipo de** frequência... né? (...) a frequência é um relatório.* (DID SSA 231)
   c) *mas o exame de mestre era muito mais complicado (...) o de arrais é **uma espécie de** exame de curso infantil.* (D2 SSA 98)
   d) *o público assim **em geral** eu acho que vai ao cinema mesmo.* (DID SP 234)
   e) ***basicamente** ele está pensando na condução amanhã... no táxi... na gasolina... amanhã.* (EF SP 388)
   f) *"Coisas Nossas" passou **praticamente** em todas as grandes cidades brasileiras.* (EF SP 153)

Os delimitadores afetam as propriedades intensionais da classe-escopo, apagando algumas e mantendo outras. Em (47a), a iteratividade de *ser sempre procurada* ficou comprometida, e o que se está dizendo é que a orientadora não é tão procurada quanto se podia imagina. Em (47b), o falante está inseguro sobre se o item *frequência* representa adequadamente o documento que ele está procurando denominar. Em (47c) se diz que o exame de arrais não é precisamente o que se pode entender por *exame*. E assim por diante.

Ao comprometer a prototipicidade da classe-escopo, os aproximadores desempenham na esfera do discurso o importante papel de "controlar" a recepção dos significados. Por meio deles, passamos ao nosso interlocutor instruções sobre como ele deve acionar os mecanismos linguísticos da significação. E como as instruções que eles passam implicam numa ação sobre o interlocutor relativamente ao entendimento desejado do *dictum*, esses advérbios foram também denominamos *metacomunicativos* ou *pragmáticos*.

Os inquéritos do Projeto Nurc elegeram *quase* como o delimitador mais frequente. Ele pode ser colocado

(48) No interior do sintagma verbal simples e composto
   a) *minhas filhas conhecem o Brasil **quase** todo.* (D2 REC 5)
   b) *sei lá... não tenho **quase** assistido filmes né?* (DID SP 234)
(49) Em Posição 3, entre o sujeito e o verbo: *eu... **quase** não vou ao cinema* (DID SP 234)
(50) Em Posição 4, entre o verbo e seu argumento interno: *eu estudei mas não me apresentei **quase** nada.* (DID SP 234)

A variedade de posições que pode ocupar no enunciado estende-se também às classes que pode tomar por escopo:

(51)
   a) Advérbio dêitico: *a manga do casaco dava **quase** aqui.* (D2 POA 291)
   b) Numerais: *homem que tinha... já **quase** quarenta anos de rádio.* (DID SP 208)
   c) Outros aproximadores: *então eu vivo assim **quase que praticamente** em constante regime.* (DID RJ 328)

Outro delimitador aproximador importante é *tipo*. Esse advérbio resulta da alteração do substantivo *tipo*, na expressão *um tipo de*, que figura como Especificador do sintagma nominal:

(52a) *Rhesus é* [[***um tipo de***] *macaco*]].
Em (52a), *tipo* age sobre a extensão de *macaco*, restringindo-o a determinada classificação.
Alterando-se a sintaxe de (52a), *tipo* deixa de operar como um Especificador nominal, movendo-se para fora do sintagma, obtendo-se o delimitador aproximador de (52b), que atua sobre a intensão do substantivo:
(52b) *Entrei no mato e vi um bicho assim...* ***tipo*** [*macaco*].
Em (52b), quer-se dizer que o macaco em questão não dispõe de todos os traços da "macaquidade", sem ofensas para o símio em questão.

5. Qualificadores confirmadores

Os qualificadores confirmadores desempenham na produção dos significados um papel oposto ao dos delimitadores aproximadores.

Enquanto estes introduzem um elemento de imprecisão no sentido de sua classe-escopo, apresentando-o como não prototípico, os confirmadores especificam o sentido, selecionando todas as propriedades intensionais da classe sobre que se aplicam. Em consequência, os confirmadores podem ser considerados operadores de protipicidade.

Sejam os seguintes exemplos:
(53)
    a) *Me convidou para esse negócio... comendo uma comida **tipicamente** indiana... mas que foi adotada na China.* (D2 POA 291)
    b) *Nós aqui ficamos mais **autenticamente** brasileiros.* (D2 REC 5)
    c) *São derivados de conceitos... que... radicam vamos dizer que... saem... se não se se não são **totalmente** determinados são em grande parte determinados... por... hábitos linguísticos.* (EF SP 124)
    d) ***Rigorosamente** seria provavelmente um negócio desse jeitão aqui... certo?* (EF SP 338)
    e) *Minhas viagens de avião eram mesmo por negócio... **estritamente**.* (D2 SP 255)
    f) *Ele **simplesmente** nunca viu aquilo... certo?* (EF SP 377)
    g) *Quer dizer... cenário é **puramente** secundário... o principal é a interpretação... é o valor do artista.* (DID SP 161)
    h) *Se [a firma] não puder fazer isso ela vai à falência... **pura e simplesmente**.* (DID SP 250)

Sintagmas preposicionais como *no fundo* e *a rigor* funcionam como adverbiais confirmadores. Tomados em seu conjunto, esses advérbios provocam um efeito de sentido confirmador tão evidente que se decidiu por reconhecer neles uma classe semântica própria.

13.2.2.1.3. ADVÉRBIOS QUANTIFICADORES

A predicação quantificadora é o processo pelo qual se modifica a extensão da classe-escopo, ou seja, sua propriedade de designar um conjunto de indivíduos.

Ao gramaticalizar a quantificação, a língua movimenta diferentes subsistemas gramaticais: (1) na morfologia flexional, os morfemas de número; (2) na morfologia derivacional, sufixos tais como *-itar*, *-ejar* e poucos mais; (3) na sintaxe, (i) os sintagmas nominais e os sintagmas preposicionais cujo substantivo disponha de certas propriedades intensionais e/ou sejam especificados por quantificadores tais como os numerais, os pronomes quantificadores indefinidos e as expressões partitivas; (ii) os sintagmas adjetivais cujo núcleo contenha um adjetivo quantificador (tema estudado em Castilho / Moraes de Castilho, 1993); e (iii) os sintagmas adverbiais aqui examinados.

Ao conceituar a quantificação, não é incomum que a atenção se fixe numa dessas classes, em suas combinações com os substantivos, donde os termos *determinação* e *quantificação*, usados para etiquetar diferentes Especificadores dos sintagmas nominais.

Além dos substantivos, também os verbos, os adjetivos e as sentenças podem ser quantificados. Isso significa que um quantificador será entendido basicamente como um tipo de predicador, fato reconhecido por Leech (1974: 171), entre outros.

Sendo um predicador, e não um argumento, os quantificadores (i) não podem ser graduados; e (ii) podem ser negados, como se constata pelos seguintes exemplos:

(54)
 a) **Uma vez por semana** eu me dou o luxo de comer do::ces... sabe? (DID RJ 328)
 a') *mais/menos uma vez por semana eu me dou o luxo de comer doces.
 a") nenhuma vez por semana eu me dou o luxo de comer doces.
 b) Agora... como **muitas vezes** o brasileiro tem a mania de se receitar... (D2 POA 291)
 b') *mais/menos muitas vezes o brasileiro...
 b") não muitas vezes o brasileiro...
 c) No entanto não se usa [chapéu]... um ou outro que usa **normalmente**. (D2 POA 291)
 c') *se usa mais normalmente/menos normalmente...
 c") ?não **normalmente** um ou outro usa chapéu.
 d) Está **sempre** emperrado aquilo lá (DID POA 45).

A partir daqui, realize você mesmo os testes indicados:
 e) Você encontra fruta-de-conde **a cada passo**. (DID RJ 328)
 f) Então eles **seguido** estão aqui. (DID POA 45)
 g) Estamos pensando não **ofi/oficialmente** não está encerrado [ter mais filhos]. (D2 SP 360)
 h) **Geologicamente**, a Serra do Mar é uma falha na crosta terrestre, não uma cadeia de montanhas.

Nos exemplos, os advérbios e adverbiais negritados interferem na extensão das classes a que se aplicam. Em (54a), *uma vez por semana* quantifica *dar-se o luxo de* para indicar que o estado de coisas* aí descrito tem uma ocorrência singular, em contraste com (54b) a (54e), em que os estados de coisas têm uma ocorrência pluralizada. Pode-se reconhecer que a quantificação implicou numa "restrição ou ampliação de extensão". São aspectualizadores, portanto, esses advérbios.

Em (54g) e (54h), a operação foi distinta. Circunscreve-se agora a extensão de *estar pensando* e de *ser uma falha na crosta terrestre* aos limites dados pelos advérbios *oficialmente* e *geograficamente*. Há uma "limitação de extensão", e assim o predicado verbal não ultrapassa o campo especificado por esse advérbio. Temos aqui os delimitadores de domínio.

Vejam-se agora estes casos:

(55)
 a) Alguém **mais** quer dar palpites aí? (EF POA 268)
 a') *alguém não mais quer dar palpites aí?
 b) Todo mundo vai ao cinema, **menos** você.
 b") *todo mundo vai ao cinema, não menos você.

Será que (55a) e (55b) funcionam também como predicadores quantificadores?

Certamente que não, pois as expressões aí grifadas incluem ou excluem indivíduos de um conjunto, sem alterar suas propriedades semânticas. Diferentemente dos aspectualizadores e dos delimitadores, eles não trazem uma contribuição semântica ao sentido da classe-escopo. Essas expressões ilustram o processo de verificação de inclusão/exclusão, que serão descritos adiante.

Os aspectualizadores e os delimitadores de domínio têm em comum, portanto, o fato de funcionarem como operadores de quantificação. A quantificação não interfere nos traços intensionais da classe-escopo, mesmo porque extensão* e intensão* representam propriedades que ocorrem simultaneamente. Entretanto, ampliar a extensão (via aspectualizadores) ou circunscrevê-la (via delimitadores de domínio) implica dar uma contribuição semântica às classes-escopo, o que é próprio dos advérbios predicativos.

Os advérbios quantificadores assim identificados são descritos a seguir.

1. Quantificadores aspectualizadores

Dentre os aspectualizadores, pode-se distinguir os advérbios escalares, que remetem à duração, e os advérbios vetoriais, que especificam os pontos no eixo do tempo. Esses advérbios entretêm diferentes relações com o tipo semântico do predicador, criando diferentes significados composicionais. Aparentemente, advérbios escalares + verbos atélicos confirmam a imperfectividade destes, como em *andaram a manhã toda*. Se combinados com verbos télicos, suscitam a iteratividade, como em *caíram a manhã toda*. De outro lado, advérbios vetoriais + verbos atélicos especificam uma imperfectividade inceptiva, como em *andaram às três horas*, isto é, *começaram a andar às três horas*. Combinados com verbos télicos, confirmam a perfectividade destes, como em *caíram às três horas*.

Os advérbios quantificadores aspectualizadores podem predicar um único indivíduo do conjunto descrito pela classe-escopo, ou mais de um indivíduo. Os do primeiro tipo são os semelfactivos, e os do segundo tipo, os iterativos. Os iterativos contam com uma variedade maior de formas para sua expressão do que os semelfactivos.

1.1. Aspectualizadores semelfactivos

Os aspectualizadores semelfactivos predicam quantitativamente um indivíduo:

(56)
    a) *E **uma vez por semana** eu me dou o luxo de comer do::ces...sabe?* (DID RJ 328)
    b) *Quando chega em cima você espera... pega o trem **novamente** e desce.* (D2 SSA 98)

Em (56a) e (56b), as expressões negritadas selecionaram apenas um indivíduo dos conjuntos *dar-se o luxo de comer* e *pegar o trem*. Os estados de coisas aí descritos foram apresentados como tendo ocorrido apenas uma vez.

1.2. Aspectualizadores iterativos

Os iterativos predicam mais de um indivíduo do conjunto. Pode-se observar que esses indivíduos vêm apresentados de uma forma indeterminada, não especificada, quando as propriedades intensionais do adjetivo que formou o advérbio em *-mente* contêm os traços semânticos /determinado/, /especificado/, ou quando o adverbial (i) inclui a palavra *vez*; ou (ii) é um sintagma preposicional quantificado de que se omitiu o núcleo. Finalmente, o aspectualizador *sempre* é um pouco mais complicado, pois acrescenta à quantificação o conteúdo de permanência, ficando a meio termo entre a quantificação e a qualificação. Esses casos são examinados a seguir.

1.2.1. Aspectualizadores iterativos em *-mente*

Expressam a quantificação aspectualizadora iterativa os advérbios em *-mente* construídos a partir de adjetivos que exprimem frequência. Esses advérbios se colocam em Posição 1 e 2, mas há ocorrências também no interior do sintagma:

(57)
    a) *Então... quando tem (...) uma jantinha... então se entra nos mínimos detalhes... um negócio **geralmente** com requinte... claro.* (D2 POA 191)
    b) *E... eu mesmo... aqui... agora no gabinete de fotografia... **constantemente** de terno... não é... não dá!* (D2 POA 291)

Os exemplos (57a) e (57b) levantam a questão da classe predicada pelos aspectualizadores negritados. Seria contraintuitivo admitir que esses advérbios afetam apenas as classes manifestadas no enunciado. A admissibilidade dessa análise nos levaria a restringir a quantificação adverbial ao constituinte que se segue: *geralmente com requinte*, *constantemente de terno*, o que seria, no mínimo, estranho. Uma interpretação mais adequada leva a postular que esses advérbios predicam um verbo elíptico:

(57')
   a) *Um negócio que se organiza **geralmente** com requinte.*
   b) *Eu vivo **constantemente** de terno aqui no gabinete.*

A escalaridade de *geralmente* e *constantemente* é indefinida, isto é, não se especifica o intervalo entre a organização de um negócio e a organização do próximo negócio. É necessário constatar, ainda, que por meio desses advérbios se quantifica o estado de coisas descrito pelos verbos respectivos, sem que se anule a face qualitativa de cada um deles. Isso é evidenciado pelo fato de que em (57a') e (57b') temos a iteração associada à duração. A iteração é dada pelos advérbios escalares em questão, e a duração, pela atelicidade dos verbos.

Quanto à colocação, os aspectualizadores predominam antes da sentença, sendo mais rara sua posição em Posião 2 ou 3:

(58)
   a) *O meu problema é doce... **raramente** eu como doce...* (D2 POA 291)
   b) ***Geralmente** essas ocasiões são muito breves... quando elas... se elas existirem.* (D2 POA 291)
   c) ***Normalmente** a gente tira exatamente o pedaço do livro.* (EF POA 278)
   d) *Porque o que acontece **mensalmente** ou **trimestralmente**... né... é mais subdividido.* (D2 RJ 355)
   e) *Bom... eu exijo sempre a salada... ahn... verdura... isso ... **diariamente**.* (D2 POA 291)

Os exemplos de (58a) a (58c) quantificam o escopo numa forma indeterminada, isto é, não se especifica o número de vezes em que se repete o estado de coisas descrito pelo verbo. Os advérbios aí utilizados promovem uma escalaridade indeterminada. Já em (58d) e (58e), o tipo de adjetivo que está na base desses advérbios implica numa escalaridade determinada, especificada pelos intervalos entre um ponto no tempo e outro, típicos dos calendários. A iteração se torna mais precisa.

Sistematicamente, habitualmente, frequentemente, esporadicamente, constantemente, repetitivamente, comumente, entre outros, operam também como aspectualizadores iterativos de escalaridade indeterminada.

1.2.2. Adverbial constituído pelo item *vezes*.

Sejam os seguintes exemplos:

(59)
   a) *Tu viajas deixa o apartamento e **muitas vezes** essa segurança também pifa.* (D2 POA 291)
   b) *Ao rever os seus objetivos **muitas vezes** o professor se dá conta de que (...)* (EF POA 278)
   c) *Também nós ouvimos... **muitas vezes**.* (EF POA 278)
   d) *A tradução literal... palavra por palavra... **muitas vezes** não permite...* (EF POA 278)
   e) *Então uma mesma questão **muitas vezes** pode exigir... ãh... diferentes processos mentais.* (EF POA 278)
   f) *Se usa **muito** o termo extrapolação.* (EF POA 278)

Outras combinações de *vezes* muito comuns são *às vezes, inúmeras vezes, várias vezes, algumas vezes, uma porção de vezes*.

Os dados anteriores encerram um conjunto de fenômenos que poderiam ser assim examinados: (i) o sentido de *vezes*; (ii) a omissão desse item; e (iii) o tipo de quantificação desencadeada pelos adverbiais formados a partir dessa base. Vamos nos deter um pouco nesses temas.

Com respeito ao sentido de *vezes*, Ilari (1992b: 198) distingue vez[1], que "expressa a reiteração cíclica de eventos", construindo expressões que respondem à pergunta *quantas vezes?*, de vez[2], "ensejo", "ocasião", "oportunidade", que "intervém nas expressões *certa vez, uma vez*, normalmente utilizadas para introduzir desenvolvimentos narrativos bastante amplos".

Naturalmente é de vez[1], vetorial, que se trata aqui. Os exemplos mostram vetoriais indeterminados, mas poderíamos ter tido vetoriais determinados, como *trinta vezes, milhões de vezes* etc.

É comum omitir o núcleo do sintagma nominal constituído por *vezes*, restando apenas o Especificador quantificador preenchido por *muito, pouco, bastante*, numa forma aparentemente neutra, preservada a noção de iteratividade:

(60)
- a) *Esta comida se faz **muito** na China.*
- b) *Eu que saio **bastante**...* (DID POA 45)
- c) *Nós visitamos **muito pouco**.* (DID POA 45)
- d) *Se usa **muito** o termo extrapolação.* (EF POA 279)
- e) *A gente visita **tão pouco**.* (DID POA 45)

As seguintes paráfrases comprovam a omissão do núcleo do sintagma nominal, que funciona como adverbial:

(60')
- a) *Esta comida se faz **muitas vezes/habitualmente** na China.*
- b) *Eu que saio **bastantes vezes**.*
- c) *Nós visitamos **muito poucas vezes**.*
- d) *Se usa **muitas vezes** o termo extrapolação.*
- e) *A gente visita **tão poucas vezes**.*

A esse processo de adverbialização dos quantificadores indefinidos corresponde a adverbialização de adjetivo estudada por Basílio (1990).

Também um adjetivo participial pode sofrer o mesmo processo de omissão de *vezes* e recategorização da classe remanescente:

(61) *Então eles **seguido** estão aqui.* (DID POA 45)

(61') *Então eles seguidas vezes estão aqui.*

1.2.3. Tipos de quantificação gerados por *vezes*

A iteratividade representada pelos adverbiais examinados pode ser universal, partitiva ou distributiva.

Na iteratividade universal, o advérbio seleciona a totalidade dos indivíduos que compõe o conjunto descrito pela classe-escopo:

(62)
- a) *Síntese é **toda vez** que for produzida uma nova comunicação.* (EF POA 278)
- b) *Chove em São Paulo **todas as vezes** que saio sem guarda-chuva.*

Na iteratividade partitiva, o advérbio seleciona uma parte dos indivíduos que compõe o conjunto descrito pela classe-escopo, como em *muitas vezes, poucas vezes, às vezes, inúmeras vezes, várias vezes, algumas vezes, uma porção de vezes*. A quantificação partitiva se acentua naqueles casos em que antes de *vezes* aparece a preposição *de*, como em *a maior parte das vezes, a menor parte das vezes*.

Finalmente, na iteratividade distributiva o advérbio seleciona alguns desses indivíduos, omitindo outros:

(63)
- a) ***Cada vez** que chego à Universidade, lá está ele plantado na porta.*
- b) *Esse meu orientando me procura **umas vezes** sim, **outras vezes** não, já estou ficando maluco por causa dos prazos.*

1.3. Adverbiais de escalaridade determinada

A quantificação aspectualizadora iterativa é também expressa por adverbiais de escalaridade determinada, formados a partir de um substantivo que designa intervalos de tempo:

(64)
  a) **Todo mês** nós temos um jantar de diretoria. (DID POA 45)
  b) **Cada três meses** também tem um jantar dançante. (DID POA 45)
  c) **Quase todos** os anos tem [festa] aqui no Rio Grande do Sul. (DID POA 45)
  d) Porque **toda a hora** é chá da igreja aqui... chá do colégio ali. (DID POA 45)
  e) A gente **todo o dia** pegava com uma amiguinha. (DID POA 45)
  f) Você encontra fruta-de-conde **a cada passo** que você dá. (DID RJ 328)
  g) Confesso que fiz isso **com muito mais frequência** quando diretor do instituto. (D2 POA 291)

Nos exemplos, ocorrem os mesmos processos de quantificação universal, partitiva e distributiva mencionados anteriormente.

1.4. A palavra s*empre*

Esse quantificador aspectualizador iterativo ocorre no interior do sintagma verbal, separando o verbo auxiliar do auxiliado, ou na estrutura argumental da sentença, mais habitualmente em Posição 3 e 4. Talvez mais acentuadamente que os anteriores, ele quantifica sua classe-escopo sem eliminar sua classe acional atélica ou télica.

(65)
  a) É a nossa opinião... é que as pessoas... ao... ao comerem ou ao saborearem um prato fiquem **sempre** perguntando como é... como foi feito. (D2 POA 291)
  b) Está **sempre** emperrado aquilo lá. (DID POA 45)
  c) Ele vai **sempre** querer mais.
  d) Eu **sempre** vou a Caxias. (DID POA 45)
  e) Todo o pessoal **sempre** faz... sorteio... alguma coisa. (DID POA 45)
  f) Eu aqui na minha família nós **sempre** nos tratamos todos por tu. (DID POA 45)
  g) Alguns anos atrás uma professsora recém (...) ingressana escola usava **sempre** (...) esse tipo de vestimenta. (D2 POA 291)
  h) A gente se encontra **sempre** todos os meses nesse jantar. (DID POA 45)

Há usos mais acentuadamente durativos de *sempre*:
  i) **Sempre** é em função dessa sociedade que meu marido está. (DID POA 45)

isto é,
(65i') *É permanentemente em função dessa sociedade...*

2. Quantificadores delimitadores de domínio

Os quantificadores de domínio restringem a extensão da classe-escopo, confinando-a ou a um domínio científico ou a uma perspectiva pessoal.

2.1. Delimitadores de domínio científico

Sejam os seguintes exemplos, vários dos quais retirados de Moraes de Castilho (1991: 50-55):

(66)
  a) **Economicamente** o negócio... **economicamente** aquilo atingiu... (D2 POA 291)
  b) Porque a abelha **biologicamente** vive numa colméia... como a formiga num formigueiro... (D2 SP 255)
  c) Oito mil anos... um período muito maior do que... o que nós conhecemos **historicamente**. (EF SP 405)
  d) Tive oportunidade de fazer pesquisas sobre a maneira de falar do gaúcho... a maneira de falar do cearense... do baiano... a maneira de falar do amazonense... isto **geograficamente** tem uma importância muito grande... (D2 SP 255)
  e) Oduvaldo Viana... partiu para a América... a fim de se documentar **tecnicamente** sobre o cinema falado. (EF SP 153)

f) *A gente... **teoricamente**... não tem controle rígido [sobre o computador].* (D2 SP 343)

Nos exemplos, os advérbios negritados circunscrevem, delimitam a extensão de seu escopo a um determinado domínio científico, donde a denominação advérbios de domínio, utilizada por Barrenechea (1969/1982).

2.2. Delimitadores de domínio subjetivo
(67)
a) *Embora eu **pessoalmente** não gosto do nome Shangri-lá.* (D2 SP 255)
b) *Então eu... **particularmente** eu aprecio muito o cinema nacional.* (D2 SP 62)
c) *Uma ceia de Natal é **tradicionalmente** composta com um peru, né?* (DID SP 235)
d) *Bom tinha a solenidade de formatura... hoje essa solenidade tão... caindo... **até certo ponto** é válido...* (DID SSA 231)
e) *...que as nossas são sete e cinquenta **em geral**.* (D2 SSA 98)

Nesses exemplos, a delimitação da classe-escopo decorre de uma abordagem (66) ou de um ponto de vista (67).

Tais como os predicativos qualificadores aproximadores, estes também abalam a prototipicidade da classe-escopo, com a diferença de que os aproximadores interferem nas propriedades intensionais da classe-escopo, e os delimitadores restringem sua extensão – donde serem capitulados entre os quantificadores.

Não é pacífica a interpretação quantificadora desses advérbios. Alguns autores ressaltam a feição modalizadora dos delimitadores ou *hedges*, como Ilari et al. (1991: 82 e 95).

Aqui, como sempre, estamos diante da plurivocidade natural das expressões, fato que acarretará mais de uma descrição. Essa constatação nos leva de volta a **1.**2: diferentes análises podem perfeitamente enquadrar-se numa perspectiva teórica, desde que incluamos o estudo das línguas naturais no quadro das ciências dos domínios complexos.

Ainda no campo da epistemologia, as propriedades de quantificação dos delimitadores de domínio e de qualificação dos delimitadores aproximadores ressaltadas neste capítulo mostram que não é conveniente desenvolver um raciocínio do tipo "sim ou não" em matéria de descrição linguística. Como tantas outras classes, o advérbio é multifuncional. Assim, ao destacar o fato de que a operação delimitadora desses advérbios afeta a extensão da classe-escopo, estaremos selecionando apenas uma de suas dimensões. Nos exemplos de (66), os indivíduos contidos nos estados de coisas afetados pelo advérbio ficaram restritos à extensão dada pela moldura do conhecimento científico descrito pelo adjetivo que está na base dos advérbios mencionados. Esses domínios do conhecimento são convencionados pela comunidade, que os organiza segundo o saber enciclopédico.

Já nos exemplos (67), a moldura se desloca do domínio científico para as formas de abordagem científica, estabelecendo uma sorte de classificação dessas abordagens. Nesses casos, há uma nova mudança do ponto de vista, que se desloca para a abordagem individual, para a perspectiva dada pelo falante, fora dos arranjos "oficiais" do conhecimento. De uma forma ou de outra, estamos delimitando.

13.2.2.2. Advérbios de verificação

A verificação adverbial foi assim definida por Ilari et al. (1991: 76):

> [Advérbios de verificação] são expressões que, para usar uma metáfora, aplicam a algum constituinte um carimbo de "conferido", sugerindo que o locutor está de posse dos resultados de alguma verificação, que poderá ser de contagem, como em ***somente*** *três dias*, uma identificação, como em *eu gostaria de lembrar a você* ***justamente*** *a respeito de linguagem o seguinte* [...], ou ainda uma investigação sobre o sentido exato de uma relação de causa e efeito, como em *Loc. 1 – seus filhos são filhos da tabela? Loc. 2 – não...* ***justamente*** *porque a tabela não deu certo é que os filhos vieram ao acaso.*

Os advérbios de verificação se organizam como classes bem configuradas. Como não predicam a classe sobre que se aplicam, não são advérbios prototípicos. Pode-se defini-los por uma propriedade positiva, por desencadearem o processo semântico da verificação, ou por propriedades negativas, visto que, não sendo predicativos, não dão uma contribuição semântica à classe-escopo.

A negação é uma operação sobre proposições que inverte sua suposição de verdade (Ilari et al., 1991: 92). Os advérbios de negação/afirmação são operadores dessa natureza, mas também os de inclusão/exclusão (*inclusive*, *só*) e os de focalização (*justamente*, *exatamente*).

No processo de verificação, verbalizamos o resultado de uma comparação que ficou implícita. Assim, quando dizemos

(68) Você pegou **justamente** a laranja que eu ia pegar.

estamos partindo de duas proposições implícitas:

(68') *você ia pegar uma laranja*

(68") *eu ia pegar uma laranja*

Comparando (68') a (68"), verifica-se que o argumento interno de *pegar* remete ao mesmo referente. *Justamente*, aplicando-se a *laranja*, focaliza essa identidade de referentes.

13.2.2.2.2.1. Advérbios focalizadores

Os advérbios de focalização são expressões que, aplicadas a um segmento da sentença, (i) explicitam que esse segmento fornece informações mais exatas que a média do texto, em decorrência de uma operação prévia de verificação; (ii) implicitam uma comparação com algum modelo ou parâmetro nem sempre verbalizado, porém recuperável no co(n)texto, segundo Ilari (1992a: 196). Integram esta classe os itens *até, justamente, exatamente, mesmo, mais ou menos, realmente*.

O processo de focalização tem muita importância nas línguas naturais, em que ele aciona vários expedientes: (1) uso dos advérbios estudados neste item, (2) deslocação do segmento a focalizar para a cabeça da sentença, (3) clivagem, (4) recursos prosódicos, (5) negação do foco pressuposto, como em "*não, ele não estuda* **Física***, ele estuda* **Matemática**".

Em (69), por exemplo, a expressão *esses biscoitos tipo integral* é duplamente focalizada, pela construção *é que*, e pelo advérbio *mesmo*, de acordo com a análise de Luiz Carlos Travaglia:

(69) *Às vezes como biscoito... geralmente biscoito... assim... esses biscoitos tipo integral... é que eu como mais* **mesmo** *de manhã... de manhã.* (DID RJ 328)

Os advérbios focalizadores compreendem cinco tipos, propostos por Ilari (1992a):

1. Verificação de número: há aparentemente duas estratégias nestes casos. Uma consiste em apresentar o número como um resultado exato (*exatamente*). A outra consiste em apontar o número como resultado de uma operação específica (é o caso de *no total*, que faz supor uma contagem). Souza (2002/2003) apresenta os seguintes exemplos:

(70) L2 – *e daí o entusiasmo para nove filhos.*
    L1 – **exatamente** *nove ou dez.* (D2 SP 360)

2. Verificação de proporção: este processo de verificação constitui um tipo de construção que trata de propriedades e relações (expressas por adjetivos, verbos etc.), associando-lhes uma ideia de proporcionalidade:

(71) *Eu acredito que já tenham tido entre cinco e oito aulas de teoria geral do estado... portanto... já devem estar* **mais ou menos** *por dentro até da linguagem.* (EF REC 337)

3. Verificação de coincidência com um protótipo: são usos que podem indicar que uma propriedade ou relação se realiza de maneira "prototípica" ou "exemplar":

(72) Doc – *E como passavam o dia?*
    L1 – *Olha... eu era tão pequena que não me lembro disto... O que é que a gente fazia? A gente andava pra... por aqui, por ali... mas o que a gente fazia* **mesmo** *não posso dizer.* (DID POA 45)

4. Verificação de identidade ou congruência: este tipo de verificação ocorre quando há coincidência não com um protótipo implícito a ser evocado ou reconstituído, mas com indivíduos, lugares e momentos explicitados no próprio texto:

(73)
    a) *Os limites da região [mamária] são os mesmos limites da glândula... se é uma região ocupada por ela... os limites são **exatamente** os mesmos limites da glândula mamária propriamente dita.* (EF SSA 49)
    b) *Entrega um instrumento **realmente** científico.* (EF REC 337)
    c) *Com uma preocupação **realmente** de homem de ciência.* (EF REC 337)
    d) *Espera-se que em algum tempo possa-se **realmente** reformularem.* (D2 POA 291)

5. Verificação de factualidade: aqui se sugere que é possível fundamentar a afirmação na observação imediata dos fatos ou em premissas facilmente compartilhadas e evocam-se, polifonicamente, opiniões divergentes:

(74) *Essas glândulas se hipertrofiam... às vezes a extração periga até deixar sair um líquido semelhante a um colostro provando que **realmente** não são glândulas sebáceas...* (EF SSA 49:129)

No exemplo (74), *realmente* pode desencadear mais de uma significação, "gerando outras tantas ambiguidades que tipificam as línguas naturais como produtos de situações sociais" (Castilho, 2000a: 154). Assim, o valor semântico do elemento adverbial é decodificado pelo contexto, ou seja, pela significação mais relevante (saliente) para a interação em curso. A descrição dos usos do advérbio *realmente* é, nesse caso, um exemplo de sua plurifuncionalidade, pois ele atua tanto como um modalizador quanto como um focalizador.

Como já se viu neste capítulo, o escopo é entendido como o conjunto de conteúdos afetados por algum operador, no caso, os advérbios focalizadores. Baseado nessa definição, Possenti (1992: 307) assinala que, em determinadas situações, o comportamento de advérbios como *também* e *só* pode se distanciar do uso prototípico, principalmente no que diz respeito à delimitação do escopo. Segundo esse autor, advérbios como *também* pressupõem sempre algo (seja uma coisa, uma ação, um evento, uma qualidade, uma relação etc.) ao qual se soma, explicitamente, outra coisa (evento, qualidade etc.), dada pelo escopo de *também*. O usual é que se explicite tanto o elemento pressuposto quanto o que se inclui, embora haja exemplos em que o pressuposto não é expresso, como em (75):

(75) ***Também** nós ouvimos... muitas vezes... podemos dizer... faça resumo.* (EF POA 278)

em que está pressuposto que outras pessoas, além de "nós" explicitamente presente, ouviram *faça resumo*.

É importante dizer que esse mesmo elemento "pode ter no seu escopo várias classes de palavras, além de sintagmas com várias funções sintáticas" (Possenti, 1992: 309). Os exemplos confirmam essa afirmação:

(76)
    a) *Quando nós falamos em instrumentos de avaliação... fala-se **também** em níveis de consecução de objetivos.* (EF POA 278)
    b) *Tudo é à base de peixe e peixes **também** desconhecidos para nós.* (DID RJ 328)
    c) *Certo... eu **também** concordo.* (EF POA 278)

Em (76a) nota-se que o escopo do advérbio *também* incide sobre o objeto *em níveis de consecução de objetivos*, tomado como a informação mais importante. Em (76b), o foco recai sobre o adjetivo adjunto adnominal *desconhecidos para nós*, perfazendo um caso em que o advérbio aparece na posição pós-verbal. Já em (76c), um pouco mais complicado, *também* tem sob o seu escopo o sujeito *eu*, e não o verbo *concordar*, já que parece ficar claro que o locutor tem a mesma opinião do interlocutor, daí, segundo Possenti, ser possível a paráfrase *também eu concordo*.

Advérbios como *só* e *apenas*, que produzem o efeito semântico de exclusão de tudo o que não está no seu escopo, são definidos pelo autor como detentores de um comportamento mais tranquilo e relativamente mais "lógico". De acordo com Possenti, os advérbios apresentados aqui costumam ter um escopo definido, com sua posição dependendo estritamente dele. Isso não significa, no entanto, que a ordem seja sempre rígida, pois ela apresenta "uma liberdade de posicionamento cujo limite é a possibilidade de o escopo resultar por demais obscurecido" (Possenti, 1992: 308). Como regra geral, os advérbios investigados por Possenti tendem a se colocar em posição adjacente ao escopo, anterior a ele.

De acordo com Ilari et al. (1991: 109), em sentenças sintaticamente mais articuladas, a interpretação de *só*, *apenas* e *somente* pode ser mais delicada, conforme se nota a seguir:

(1) O escopo desses advérbios à direita varia bastante, embora coincida geralmente com um dos constituintes posicionados à sua direita; é o que se pode verificar em sentenças como *João só saiu* (e não fugiu, por exemplo), *João saiu só com Maria* (e não com outras pessoas), *João só saiu por alguns minutos* (e não por mais tempo), cuja análise envolve outros problemas (de entoação etc.).

(2) Os advérbios que expressam exclusão interagem com a negação com resultados bastante variados. Em *Não só João saiu*, continua pressuposta a saída de João, mas, no nível da asserção, nega-se explicitamente que essa saída seja a única. Em *Só João não saiu*, o pressuposto é que João não saiu, e afirma-se que *não sair* diz respeito exclusivamente a João.

Os advérbios focalizadores tendem a aparecer sempre à esquerda dos elementos que tomam por escopo, o que nem sempre acontece, já que, em algumas ocorrências, os advérbios ficam distantes dos elementos que eles focalizam (Souza, 2002/2003: 97). Esse mesmo autor mostra a preferência pelo focalizador *também* (36% dos casos), seguindo-se *só* (27%), e os demais advérbios.

(77)
    a) *(O garoto) não é muito guloso não... ele come **só** aquilo das refeições... ela também faz de manhã... ela dá frutas... ela faz vitaminas com frutas né? usando maçã... pera... mamão... eh... laranja lima... e depois ela dá o almoço... na hora do café ela usa o leite... ela não toma leite puro... então ela mistura o leite com uma dessas farinhas que::a gente por aí... né?* (DID RJ 328)
    b) *Abaixo da pele portanto... nós vamos encontrar os elementos vasculares de::... hormônios responsáveis pela... irrigação... e pela inervação da glândula... quais são esses elementos?... nós temos... as artérias... intercostais aorta e nós temos desde já a mamária interna e mamária externa... as veias... são... as veias... nós temos **também** as veias homônimas... ou sejam... intercostais aorta... mamária interna... mamária externa...* (EF SSA 49)

Em (77a), verifica-se que o advérbio focalizador *só* aparece entre o verbo e seu complemento, com o escopo incidindo sobre o objeto *aquilo das refeições*, e, em (77b), *também* aparece entre o verbo e o seu complemento *as veias homônimas*, fato que parece ser característico desse tipo de advérbio.

Em (78), o advérbio *apenas* aparece focalizando o objeto *uma missa em ação de graças*:

(78) *o baile de formatura... geralmente tinha o baile de formatura... bom hoje em dia não tem mais isso é::... tinha geralmente o culto... religioso... ou católico ou protestante né dependendo da/do grupo... hoje em dia isso tá caindo eles fazem **apenas** uma missa em ação de graças e aí mesmo tem a colação de grau já não tem mais aquela solenidade aquelas roupas todas né?* (DID SSA 231)

Advérbios do tipo *principalmente*, *exatamente*, *especialmente* e *especificamente* são outros tantos focalizadores:

(79)
    a) *As:: manifestações artísticas começaram a aparecer no paleolítico superior... **especificamente** no período madalanense que é o último período do paleolítico... e que vai abranger... aproximadamente de vinte mil... a doze mil antes de Cristo...* (EF SP 405)

b) *E realmente os melhores cantadores têm vindo daquela zona... você quer ver um meio de comunicação que já já já tá se extinguindo pelo menos aqui no Brasil quase extinto não têm nada que presta?... o circo... o circo é uma beleza né?... **especialmente** o circo péssimo... esse é ótimo.* (D2 REC 05)
c) *O norte **principalmente** no Amazonas e no Pará... a influência indígena sobre a alimentação é muito grande... eles comem MUItas coisas todos assim muito relacionados à coisas comidas pelos indígenas... principalmente no Amazonas.* (DID RJ 328)
d) *Aí... o re... sobrou **exatamente** o arroz com frutos do mar.* (D2 POA 291)

Nas ocorrências anteriores observa-se que os advérbios *especificamente, especialmente, exatamente* e *principalmente* focalizam, respectivamente, o adjunto de tempo *no período madalanense*, o sujeito *o circo péssimo*, o complemento verbal *o arroz com frutos do mar* e, por último, o adjunto de lugar *no Amazonas e no Pará*. Em todos esses casos, o falante seleciona em um universo discursivo a informação que ele considera ser desconhecida para o ouvinte.

Para terminar, apresentaremos exemplos dos focalizadores *mesmo* e *justamente*, para que o próprio leitor os analise:

(80)
a) *Então a primeira coisa que inflaciona... a construção é o poder econômico de determinados grupos ou pessoas que ficam... ah... senhores proprietários de áreas e eles **mesmos** especulam sobre aquilo... entendeu?* (D2 RJ 355)
b) *Em Salvador... nós comemos sobremesas des/desse tipo... e no sul eu me/eu me prendi mais foi **justamente** às frutas... né?* (DID RJ 328)

13.2.2.2.2. ADVÉRBIOS DE INCLUSÃO E EXCLUSÃO

O papel desses advérbios é o de incluir (*mais, até, inclusive, também*) ou retirar indivíduos de um conjunto (*menos, exceto, salvante, tirante*). Eles tomam por escopo um substantivo, que pode ser expresso ou não, atuando como Especificador de um sintagma nominal:

(81)
a) *O endocrinologista proibiu terminantemente de ter tido **mais** irmãos.*
b) *se um tiver **mais** Ø do que o outro...*
c) *A UPC era o quê? quarenta cruzeiros ou **até menos**.*
d) *aquela artista magrinha de televisão... aquela moreninha que é bailarina **também**...eh.* (DID SP 234)

Dada a origem de *até*, o referente do substantivo que ele toma por escopo fica incluído no ponto máximo numa escala argumentativa, segundo Vogt (1977), Guimarães (1987) e Viaro (1995). *Até* funciona também como preposição, atribuindo papel semântico META ao seu complemento. Exemplos de *até* como advérbio:

(82)
a) *Morar no centro da cidade... perto de tudo... nos locais onde tem assim mais facilidade **até** de comunicação ou de solidão.* (D2 REC 05)
b) *Os vizinhos se comunicam de forma mais **até** como cidade de interior.* (D2 REC 05)
c) *Como aquela pessoa que ele às vezes fica **até** apavorado amedrontado né?...* (DID SSA 231)
d) *Não vou lá mais... **até** eu sempre digo para o pai... eu digo eu queria uma vez ir lá... para me me recorDAR.* (DID POA 45)

A expressão "*até* + X" explicita o ponto máximo, o ponto final de um trajeto, e essa semântica tem predisposto o advérbio a figurar em posição final da sentença, após o verbo:

(83)
   a) *Mas assim... pode chamá de comida exótica **até**... inclusive as bebidas.* (D2 POA 291)
   b) *Fulano falou **até**.*

Em (83b), o significado é o de que "Fulano falou demais, até o limite máximo".

Itens que habitualmente operam como advérbios de inclusão, como *também* e *só*, também podem fugir do uso prototípico dessa classe:

(84)
   a) *É um dos pratos que ele faz... imagina **só** os outros...* (D2 POA 291)
   b) *Esses adjuntos vão ganhar metade... mas **também**... são pessoas que não têm a menor formação.* (D2 RJ 355)
   c) *Mas eu li... um projeto que eu vi acabaram naquele viaduto do Rio Doce... mas eu vi esse projeto... **inclusive** porque nós íamos entrar na concorrência.* (D2 SSA 98)

Nesses exemplos, os itens negritados não incluem indivíduos num conjunto, mencionados ou pressupostos. Em (84a) e (84b), *só* e *também* atuam como uma "justificativa dentre outras possíveis (talvez a mais forte, a mais relevante, e por isso suficiente) a uma informação específica", segundo Possenti (1992: 305). Em (84c), através de *inclusive*, o locutor tenta não enunciar uma causa entre outras, mas justificar seu ato ou informação anterior (*eu vi este projeto*). Estes são usos discursivos, em que se ultrapassam os limites do constituinte e também da sentença.

13.2.2.2.2.3. ADVÉRBIOS DE AFIRMAÇÃO E NEGAÇÃO

Afirmar ou negar é uma operação pela qual se estabelece conformidade (ou ausência de conformidade) de uma dada proposição com aquilo que acontece no mundo (veja **8.2.1.2**). Essa operação é tradicionalmente denominada afirmação/negação *de re*:

(85)
   a) ***Sim**... foi isso mesmo que eu falei... por quê? **não** está gostando **não**?*
   b) *Eu pelo menos desisti, **não** se toca **mais** no assunto.*
   c) *O futuro pertence a Deus, **não** a nós.*

Nos exemplos, afirmamos ou negamos todo o conteúdo proposicional – e o advérbio funciona como um advérbio de sentença – ou, como em (85c), negamos apenas o argumento do verbo *pertencer* – e o advérbio funciona como um advérbio de constituinte. Esses exemplos documentam também o redobramento da negação.

Em (85a), o redobramento se dá através da repetição da palavra, no esquema "*não* + verbo + *não*". Nesse esquema, o primeiro advérbio pode cliticizar-se ao verbo, sofrer desgaste fonológico, perdendo inicialmente o ditongo nasal, substituído por uma vogal nasal, como em *num tá gostano não?*, reduzindo-se depois a uma consoante pré-nasalizada, algo como *n'tá gostano não?*, até atingir o estágio zero nesse processo, permanecendo a negação posposta, como em *tá gostano não?*, que permeou o padrão culto.

Em (85b), o segundo termo do redobramento é a expressão *mais*, organizando-se o esquema "*não* + verbo + *mais*", em que mais funciona simultaneamente na marcação do tempo (*não falo mais* = "não falo depois de certo momento") e no reforço da negação (= "*não falo mesmo*"). No lugar do segundo termo podem aparecer diversos vocábulos, ora pronomes quantificadores indefinidos, ora substantivos de variada ordem, organizando-se esquemas como

(86)
   a) **Não** + *verbo* + **de jeito nenhum**: *Então diriam **não** há **de jeito nenhum** complementariedade...* (EF REC 337)

b) **Não** + verbo + **coisa alguma**: *Não te empresto dinheiro **coisa alguma**.*
c) **Não** + verbo + **bulhufas/lhufas**: *Não entendi **bulhufas** naquela conferência.*
d) **Não** + verbo + **merda/porra nenhuma**: *Até agora, **não** vendi **merda nenhuma**.*

Há dois termos nessas negações: o primeiro é ocupado pelo advérbio, e o segundo, por uma expressão nominal ou preposicionada, que redobra o advérbio. A parte mais divertida desta história concentra-se no segundo termo, povoado por palavrões na linguagem espontânea. Quando as ações desses dois termos foram lançadas no mercado, aquelas relativas à linguagem escatológica "realizaram enormes lucros", como dizem os economistas. Nada como um bom palavrão para uma bem-sucedida "operação descarrego". Baixa a pressão arterial e não custa nada. E, de quebra, citações nas gramáticas, dada a alta criatividade que aí se documenta.

No domínio da terminologia linguística, esse esquema de negação tem recebido dois rótulos: negação polar e negação redobrada. Sobre este último, veja Moraes de Castilho (2005a).

Essa autora mostra que, ao integrar a negação redobrada, o advérbio pode ser omitido, desencadeando um processo que goza de enorme popularidade na tribo das estruturas redobradas. Em nosso caso, a omissão dá lugar a uma estrutura negativa com aparência afirmativa, como se pode contatar em:

(86')
a) *Diriam complementariedade **de jeito nenhum**.* (variante popular: *de jeito maneira*, em que se combinam *jeito* e *maneira*, que figura em *de maneira nenhuma*)
b) *Empresto dinheiro **coisa alguma**.*
c) *Entendi **bulhufas** naquela conferência.*

Há quatro colocações básicas do advérbio *não* em sentenças sem redobramento:
1. Imediatamente antes da palavra, o que faz dele um quase clítico:
(87)
a) *A programação havia sido planejada, mas **não** deu certo.* (D2 SP 360)
b) *Oficialmente **não** está encerrado, mas de fato está.* (D2 SP 360)
2. Pós-verbal nas estruturas redobradas, quando ocorreu apagamento do primeiro termo:
(88) *Tá gostando **não**?*
3. No final da sentença, funcionando como uma pergunta em eco, termo proposto por Castilho et al. (2008), de quem tomo este exemplo:
(89) *A menina toma conta – precocemente...**não**? – das atividades dos irmãos...* (D2 POA 291)
Na linguagem espontânea, a pergunta em eco pode ser repetida, como em
(90) *Hoje parece que vai chover, **né não**?*
em que *né* < *não é*.
4. A cliticização de *não* o transforma num quase prefixo, como em *atividades não lucrativas*, *advérbio não epistêmico* etc.

Os acordos ortográficos oscilam em recomendar ou não o uso do hífen entre *não* e a palavra que se segue.

Os dados da língua falada apontam para um mecanismo epilinguístico bastante frequente, que é a negação da expressão linguística previamente escolhida, e não de seu valor de verdade:

(91)
a) *Ela está com três anos e pouco e ainda não fala... então ela faz reeducação... reeducação **não**... exercícios.* (D2 SP 360)
b) *Eu soube que também provocou uns certos ciúmes... isso eu soube... **não**... eu vi... lá em senti um certo ciúme.* (D2 SP 360)
c) *Loc 1 – que te aconteceu ontem à noite?*
*Loc 2 – bem... **não**... um ladrão me ameaçou com um revólver...*

Nos exemplos, nega-se em (91a) o argumento do verbo, que é substituído por *exercícios*, termo que preserva a face da criança de que se está falando. Em (91b), nega-se o verbo que tinha sido selecionado, substituindo-o por *vi*, deslocando a evidencialidade* de indireta para direta. Finalmente, em (91c), nega-se alguma expressão, talvez um substantivo não verbalizado, numa sorte de negação psicopragmática.

Essa negação será denominada negação *de dicto*. Através dela, constata-se que o falante monitora sua linguagem, confirmando ou rejeitando as expressões usadas, ao mesmo tempo em que vai compondo seu texto.

13.2.2.3. Advérbios dêiticos

À semelhança dos adjetivos descritos em **12.**2.2.3, também os advérbios operam no campo da dêixis*. E como a dêixis é uma propriedade maiormente exemplificada pelos pronomes, que podem ser argumentos de um predicador, a inclusão dos dêiticos entre os advérbios se faz acompanhar sempre de uma enorme trepidação.

Na seção **13.**2.1.2, foi apresentada a seguinte questão: os advérbios podem ser argumentais? Bom, melhor esta pergunta do que a famosa *quantos anjos cabem na cabeça de um alfinete?*

Naquela altura, mostrei que alguns advérbios operam como quase-argumentos, ou seja, passam perto, mas argumento, argumento, ali na batata, difícil.

Entretanto, espie estes exemplos aqui:

(92)
   a) *Eu vou **daqui**, você vem **de lá**, e vamos cercar esse frango. Caso contrário, necas de comida, e será preciso passar zíper na boca **hoje**.*
   b) ***Aqui** é São Paulo, **lá** é Belo Horizonte.*
   c) ***Hoje** é sexta-feira. **Ontem** foi quinta, se não erro na data.*

E agora? Em (92a), as expressões grifadas funcionam como complemento oblíquo dos verbos (veja **7.**4.3).

— Tá certo, você vai dizer que isso se deve às preposições selecionadas pelos verbos **ir** e **vir**. Tudo bem, mas nesse caso o que fazer com (92b), hein? Nessa sentença, **aqui** e **ali** funcionam como sujeito equativo do verbo **ser**. Já lidamos com as estruturas equativas em **8.**3.2.4. E o que dizer de (92c)? Mais sujeitos equativos!

Também não precisamos exagerar. Não estou dizendo que onde aparece um advérbio de tempo ou de lugar teremos obrigatoriamente um sujeito ou um complemento. Isso não acontece nem com os substantivos, apesar de toda a sua referencialidade. Aquele *hoje* escondidinho no final de (92a) vai de adjunto adverbial, numa boa. Em todo caso, há advérbios quase argumentais, capazes mesmo de receber papel temático, como nestes exemplos de Castilho et al. (2008):

(93)
   a) Origem: *A maioria do, do material todo vinha **de lá**, era importado* (D2 POA 291)
   b) Meta:
      *Nós estamos na obrigação de ir **para lá**, manter certos contactos.* (D2 SSA 98)
      *Vamos **até lá**.* (DID POA 45)
   c) Percurso: *Na volta eu volto **por aí**.* (D2 SSA 98)

O caráter dêitico desta classe os predispõe a isso. E ainda mais: essa propriedade lança uma ponte entre os advérbios e os pronomes, tanto é assim que elas ora são incluídas entre os pronomes, ora são inscritas num espaço intermediário, donde o rótulo de pronomes adverbiais.

Os pesquisadores da Gramática do Português Falado caminharam por essas difíceis decisões. Difíceis? Que digo eu! Difíceis se nos apoiarmos nos postulados da ciência clássica. Se acolhermos os postulados das ciências dos domínios complexos, nada mais natural aceitar que os itens lexicais passeiem pelas categorias, assumindo um papel pronominal aqui, um papel adverbial ali, ou fazendo um jogo duplo, simultaneamente pronominais e adverbiais. É o caso.

13.2.2.3.1. Advérbios dêiticos de lugar

Também aqui o ESPAÇO é considerado em várias de suas dimensões, distribuindo-se os advérbios e os adverbiais por eles todos:
(94) Advérbios dêiticos de lugar
    a) eixo horizontal: *antes, durante, depois*
    b) eixo vertical: *em cima, embaixo*
    c) eixo transversal: *atrás, à frente, ante, diante*
    d) eixo distal: *lá, longe, distante, distantemente, remoto, remotamente*; eixo proximal: *aqui, perto, próximo, proximamente*
    e) eixo de continente dentro/fora: *dentro, fora*

Veremos em **14.**1.2 que esses advérbios, quando seguidos de um Complementador, constituem as preposições complexas.

13.2.2.3.2. Advérbios dêiticos de tempo

(95)
    a) presente: *agora, hoje, atualmente, modernamente, presentemente, contemporaneamente*
    b) passado: *ontem, anteriormente, remotamente, antigamente*
    c) futuro: *amanhã, posteriormente, futuramente*

A língua dispõe de várias estratégias adverbiais para a marcação adverbial do tempo:
1. Marcações imprecisas, mais indeterminadas, cobrando muitas vezes a companhia de outro advérbio de tempo: *cedo, tarde, à noite, hoje cedo, amanhã à tarde*.
2. Marcações sem especificação de tempo, valendo para qualquer uma de suas dimensões: *então, ainda, já*.

Não nos esqueçamos dos advérbios dêiticos que funcionam como coringas, entrando indiferentemente na indicação do lugar ou do tempo, como *depois, ainda, então*.

LEITURAS SOBRE A SEMÂNTICA DO ADVÉRBIO
Barrenechea (1969/1982), Molinier (1982), Carneiro (1989), Neves (1990b), Ilari et al. (1991), Ilari (1992a, 1992b, 2007), Moraes de Castilho (1991), Castilho / Moraes de Castilho (1990/1992), Castilho (1993a, 1999b, 1999c), Bluhdorn (2001), Souza (2002/2003, 2004), Viaro (2003), Móia / Alves (2004), Módolo (2004), Lima-Hernandes (2005a), Castilho et al. (2008), Pereira (2009).

13.2.3. O ADVÉRBIO NO TEXTO

13.2.3.1. Advérbios e gêneros discursivos

Ao longo deste capítulo, mencionamos a relação entre o gênero discursivo e a emergência dos advérbios. Assim, os advérbios modalizadores asseverativos têm uma presença desigual nas entrevistas do Projeto Nurc. Eles se ausentam por completo nas receitas de comida (D2 POA 291: 163-195; DID

RJ 328: 385-455), nos relatos da vida familiar (DID POA 45) e nos momentos de estabelecimento de premissas (como em EF POA 278: 88-109). Percebe-se que os conteúdos não objetáveis desses gêneros dispensam esse advérbio.

Em contrapartida, os modalizadores são altamente frequentes nos trechos em que se tiram as conclusões de um raciocínio (EF POA 278: 109-125), e nas entrevistas gnômicas, em que o nível de informatividade é baixo, como neste trecho:

(96) *normalmente... quando existe um presidente [de sindicato]... que: procure defender... os interesses da classe... que seja **realmente** dinâmico... no sentido amplo da palavra... o sindicato **realmente** sofre um processo... evolutivo... nós verificamos por exemplo que determinados sindicados **realmente** tomam... um passo... adiante.* (DID REC 131).

Nessa entrevista, ocorreram 107 advérbios em 429 linhas de transcrição, dos quais 48 são modalizadores. Pode-se reconhecer aqui mais uma evidência do chamado "sotaque sintático", expressão cunhada por Tarallo et al. (1990), para indicar que homens e mulheres não jogam com os advérbios na mesma proporção. Constata-se ademais que ao primeiro *realmente* sucedem-se vários outros, num trecho escassamente informativo, em que o falante se entrega a uma estratégia de argumentação altamente previsível. Mais uma manifestação do efeito gatilho, ou seja, aquele lance das marcas que levam a marcas, e ausência de marcas que levam a ausência de marcas (veja 11.2.1.6).

Esses advérbios funcionam como operadores argumentativos. Para acrescentar relevo a informações irrelevantes, o locutor esforça-se por conferir um tom de autoridade à sua fala, recheando-a de modalizadores asseverativos.

Em outras situações, o advérbio *realmente* presta-se a uma sorte de manobra do locutor, que antecipa uma reação do interlocutor. Num relato de visita ao Norte do país, em que se destaca a multiplicidade de frutas desconhecidas dos sulistas, o locutor detecta um momento de desconfiança por parte do interlocutor, em face de tanto exotismo junto. Para abortar uma intervenção, ou para preservar sua face, ele se sai com esta modalização de uma sentença relativa:

(97) *mas frutas **realmente** que eu nunca havia visto.* (DID RJ 328)

Tanto em (96) quanto em (97), o que se assevera não é apenas o conteúdo proposicional, e sim a disposição do falante em sustentá-lo – o que resulta o advérbio assumir dois escopos, um situado no enunciado, outro situado na enunciação, como um predicador de dois lugares, fenômeno já examinado anteriormente.

Outra questão discursiva interessante é a contribuição dos advérbios na construção de textos genéricos e de textos específicos. Os quantificadores atribuem um tom de genericidade ao discurso, ao passo que os qualificadores especificam-no, pessoalizam-no. Lavandera (1984b) discute as estratégias de pessoalização e impessoalização do discurso.

Ao comprometer a prototipicidade da classe-escopo, os aproximadores desempenham na esfera do discurso o importante papel de "controlar" a recepção dos significados. Por meio deles, passamos ao nosso interlocutor orientações do tipo "não me tome ao pé da letra", "faça ajustes no que estou dizendo". E como essas instruções implicam uma ação sobre o interlocutor relativamente ao entendimento desejado do *dictum*, esses advérbios foram também denominanos "metacomunicativos" ou "pragmáticos".

O polifuncionalismo dos advérbios assume, assim, uma nova fisionomia, estendendo-se para o domínio do discurso, isto é, para o texto. Ele pode, por exemplo, reforçar a intenção de manter a interação, como se vê em

(98) L1 – *(...) A nossa conversa está em torno de dinheiro... de inflação... de desvalorização da moeda... e eu acho que primeiro por incapacidade minha... despreparo em relação a mercado de capitais... e... a outros...*

L2 – *Daí vamos fazer um curso...*
L1 – **Exatamente**... *em outros campos de aplicação de dinheiro... eu acho... todo o dinheiro que eu ganhar... eu primeiro aplicaria sempre em obra de arte...* (D2 RJ 355)
Nota-se que em (98) o poder predicador de *exatamente* produz as seguintes significações:
(98a) *Concordo com você em que o melhor será fazer um curso, visto que não estou sabendo encaminhar a conversa sobre dinheiro.*
em que *exatamente* é um asseverador da intervenção de L2, e
(98b)*quero continuar a conversa com você e aceito sua correção.*
em que *exatamente* assevera a intenção de L1 em manter a conversa.

Outros asseverativos como *exato, claro, certo, lógico* e *pronto* têm enquanto marcadores discursivos uma taxa de ocorrência significativa. Eles são construídos sobre uma base adjetiva, operando sem nenhuma dúvida como adverbiais (Basílio, 1990). Esses advérbios modalizam asseverativamente a fala do outro, frequentemente em situações de heterocorreção, e assinalam a intenção de manter o diálogo. No primeiro caso, seu escopo está em alguma expressão do enunciado e, no segundo, eles tomam por escopo a própria situação discursiva:
(99) L1 – *é a qualidade...*
L2 – **naturalmente**... *exato... qualidade... eu acho que a qualidade é um negócio sensacional.* (D2 POA 291)

Uma significação aditiva é a fática, pois asseverativos como *certo* sinalizam que se entendeu a estratégia discursiva do interlocutor, como neste exemplo, em que o locutor assegura ter entendido o alcance da pergunta que lhe foi formulada pelo documentador:
(100) Doc – *A senhora chega no cinema a senhora faz o quê?*
Loc – **Certo** *eu acho que antigamente o cinema (...)* (DID SP 234)

13.2.3.2. Advérbios e conectivos textuais

Os conectivos sentenciais e textuais derivaram de advérbios, por gramaticalização. Lidamos com isso na Apresentação do capítulo "A sentença complexa e sua tipologia". Aqui, vamos verificar quais são as classes semânticas dos advérbios que se prestam a conectar também as unidades discursivas*.

Advérbios dêiticos de lugar e de tempo operam como conectivos de sentenças complexas e de unidades discursivas. Veja os seguintes exemplos:
(101)
a) *Vamos agora estudar como se deu a chegada dos portugueses no Brasil.* **Antes**, *porém, precisaremos entender como se deu a formação dos impérios europeus.*
b) *Gravar e transcrever entrevistas é um trabalhão danado.* **Agora**, *analisar tudo isso é que são elas.*
c) *Agora farei um tremendo discurso sobre os advérbios.* **Primeiramente**, *discutirei seu estatuto categorial.* **Em segundo lugar**, *falarei sobre sua distribuição nos textos escritos, e então procurarei destrinçar suas manhas semânticas.* **Agora**, *o primeiro aí que bocejar vai ter que catar exemplos.*
d) *Traduzir é servir.* **Consequentemente**, *trabalho de inferiores.* (João do Rio, *Folha de S. Paulo*, 28 mar. 1993)

Nos exemplos, ocorre uma abstratização ainda maior desses advérbios, que simultaneamente (i) ligam segmentos textuais; (ii) localizam esses segmentos no tempo e no espaço do discurso; (iii) estabelecem relações de causa e consequência, como em (101d).

Em continuação, investigue você mesmo as diferentes classes semânticas de advérbios, identificando, além dos dêiticos, aqueles que conectam segmentos do texto.

LEITURAS SOBRE DISCURSO E ADVÉRBIO
Braga / Paiva (2003).

13.3. DESCRIÇÃO DOS ESPECIFICADORES

Visto que o advérbio é a classe que incide sobre várias outras, inclusive sobre ela própria, outros advérbios podem funcionar como Especificadores do sintagma adverbial. Os qualitativos graduadores levam vantagem nesse ofício:
(102)
    a) Advérbio Especificador de advérbio qualificador: *Agiu **muito** bem. Agiu **muito** mal. O brasileiro em princípio eu acho que come muito **mal**.* (D2 POA 291)
    b) Advérbio Especificador de advérbio modalizador: ***muito** provavelmente hoje vai chover.*
    c) Advérbio Especificador de advérbio quantificador: *ele vem **bem** raramente aqui.*

São necessárias condições excepcionais para que os advérbios de verificação e os dêiticos possam ser especificados. Para mais exemplos de Especificadores graduadores, releia a seção **13**.2.2.1.3.

13.4. DESCRIÇÃO DOS COMPLEMENTADORES

Assim como as demais classes estudadas nesta gramática, há advérbios argumentais ou transitivos, e advérbios não argumentais ou intransitivos.

Terão Complementadores os advérbios argumentais, como em

(103) ***Contrariamente** às expectativas, os preços baixaram.*

Para mais observações sobre a complementação de advérbios, veja **13**.2.1.2.

O SINTAGMA PREPOSICIONAL

ESTRUTURA DO SINTAGMA PREPOSICIONAL

À semelhança dos capítulos anteriores, descreveremos a estrutura do sintagma preposicionado (SP), que é a seguinte:

SP → (Especificadores) + Núcleo + (Complementadores)

Começaremos pelo estudo do estatuto categorial das preposições.

14.1. ESTATUTO CATEGORIAL DAS PREPOSIÇÕES

As preposições são palavras invariáveis que atuam como núcleo do sintagma preposicional, desempenhando as seguintes funções: (i) função sintática: ligação de palavras e de sentenças; (ii) função semântica: atribuição ao seu escopo de um sentido geral de localização no espaço; (iii) função discursiva: acréscimo de informações secundárias ao texto e organização do texto, no caso das construções de tópico preposicionado.

A função sintática aproxima as preposições das conjunções, e por isso ambas as classes são reunidas sob a denominação geral de *nexos*. A diferença entre elas é que preposições ligam palavras e sentenças apenas por subordinação, enquanto as conjunções ligam palavras e sentenças por coordenação, subordinação ou correlação.

Frequentemente os gramáticos afirmam que as preposições são palavras "vazias de sentido", certamente dada a dificuldade de identificar o sentido nessa classe. Nesta gramática, vamos admitir que cada preposição tem um sentido de base, de localização espacial ou temporal. Nem sempre temos uma consciência clara disso, mas nem por isso vamos aceitar a "explicação" do "sentido vazio". Palavras sem sentido seriam ruídos, signos dotados só de significante – enfim, uma aberração. Por outro lado, se as preposições não têm sentido, por que as sentenças de (1), iguais em tudo, menos na escolha das preposições, teriam significados diferentes?

(1)
   a) *Cheguei **de** Recife.*
   b) *Cheguei **em** Recife.*
   c) *Você está rindo **pra** mim ou está rindo **de** mim?*

Repetindo, o sentido básico das preposições é o de localizar no espaço ou no tempo os termos que elas ligam. Por localizar entidades, as preposições atuam como operadores* de predicação*, ou seja, atribuem propriedades semânticas às palavras que relacionam.

Os gramáticos intuíram o papel predicador das preposições, quando afirmam que as preposições são "palavras invariáveis que relacionam dois termos da sentença, *de tal modo que o sentido do primeiro (o antecedente) é explicado ou completado pelo segundo (o consequente)*" (Cunha / Cintra, 1985: 542, grifos nossos).

Numa abordagem cognitiva da gramática, Cifuentes Honrubia (2001) estipula que as preposições funcionam como "predicações relacionais", isto é, predicados que "perfilam uma relação entre duas entidades":

> Na Gramática Cognitiva, as preposições são entendidas como expressões relacionais, já que expressam como o conceitualizador configura as partes que constituem uma cena espacial com respeito a outra [...] Assim, pois, as preposições, *na qualidade de predicações relacionais*, perfilam uma relação entre duas entidades segundo uma base. A base é aquela parte do esquema que está no escopo da predicação que é conceitualmente coberta (Cifuentes Honrubia, 2001: 103-104, grifos nossos).

A localização é uma operação relacional por excelência. Localizar um objeto ou um evento é sempre relacioná-lo com outro objeto ou evento. Nesta gramática, o objeto ou evento a ser localizado será denominado FIGURA, e o objeto ou evento por referência ao qual a FIGURA será localizada será denominado PONTO DE REFERÊNCIA. Objeto e evento são aqui tomados como termos técnicos, o primeiro para designar pessoas, animais, coisas, e o segundo para designar qualquer ação, estado ou processo que afetam os objetos.

Essa é uma condição necessária para a localização espacial e temporal, independentemente do eixo em que ela é feita e da classe morfossintática a que pertencem as palavras relacionadas. O termo FIGURA corresponde ao termo *antecedente* das gramáticas tradicionais, e o termo PONTO DE REFERÊNCIA corresponde a *consequente*.

A predicação preposicional pode ser de primeira ordem (= predicação de um referente), como acontece nos exemplos do Quadro 14.1 adiante, em que o sintagma preposicional predica o núcleo do sintagma nominal, ou de segunda ordem (= predicação de outro predicado), em que o sintagma preposicional predica o núcleo do sintagma verbal, como acontece nos exemplos do Quadro 14.2. Mas atenção: quanto mais as preposições se tornam opacas em sua tarefa de localizar a FIGURA no espaço, configurado pelo PONTO DE REFERÊNCIA, mais abstrato se torna seu papel predicador. Imagine por exemplo as expressões *sorvete de morango*, *homem de pé*, *homem sem braço*, em que o PONTO DE REFERÊNCIA tem um funcionamento distinto, seja classificando a FIGURA, seja criando expressões cristalizadas com a preposição.

As preposições, em suma, são operadores que realizam a relação assimétrica entre o objeto A que queremos localizar (a FIGURA) e o objeto B com referência ao qual queremos localizar o objeto A (o PONTO DE REFERÊNCIA):

Quadro 14.1 – Sintagma preposicional encaixado num sintagma nominal

FIGURA	PREPOSIÇÃO	PONTO DE REFERÊNCIA
bicicleta	**diante da**	igreja
livro	**sobre**	a mesa
goiabada	**com**	queijo

Já se reconheceu que essa localização funciona à base de assimetrias. É assimétrica a relação entre o objeto cuja localização queremos expressar e o ambiente em que ele está localizado, dadas suas diferenças de tamanho, conteúdo, orientação, ordem, direção, distância, movimento, ou até mesmo dada a combinação dessas propriedades. Daí serem pouco habituais expressões tais como *igreja atrás de uma bicicleta, mesa debaixo do livro* etc., embora perfeitamente compreensíveis em histórias infantis, contos fantásticos e outras articulações discursivas (Svorou, 1993: 8 e ss.).

Outros arranjos espaciais são criados quando um verbo se associa à preposição para relacionar a FIGURA ao PONTO DE REFERÊNCIA, tratado então como /origem/, /meta/, /recipiente/ etc.:

Quadro 14.2 – Sintagma preposicional encaixado num sintagma verbal

FIGURA	VERBO + PREPOSIÇÃO	PONTO DE REFERÊNCIA
A comida	veio **de**	casa.
A mulher	foi **para**	casa.
O livro	está **na**	sala.

A topologia promovida pelas preposições nem sempre é muito nítida. De modo geral, a preposição localiza a FIGURA: (i) em lugares precisos e em estados de coisa dinâmicos, considerando um percurso hipotético, tais como o ponto inicial do percurso, o segmento medial do percurso, o ponto final do percurso; (ii) em lugares precisos e em estados de coisa estáticos, tais como em cima/embaixo, à frente/atrás, à direita/à esquerda; (iii) em lugares imprecisos, tais como dentro/fora, longe/perto, ausência/copresença.

Sabemos que na língua os sentidos de base ou sentidos prototípicos das palavras convivem com seus sentidos derivados. As preposições não fogem a esta regra, e seu sentido de base é reconhecível quando elas expressam as categorias POSIÇÃO NO ESPAÇO, DESLOCAMENTO NO ESPAÇO e DISTÂNCIA NO ESPAÇO. Seus sentidos derivados se devem a processos metafóricos, a composições de sentido e a mudanças do esquema imagético, entre outras motivações (veja **1.2**).

Para representar linguisticamente as relações de ESPAÇO, as preposições mobilizam algumas categorias e subcategorias cognitivas, de que resultam os papéis semânticos derivados, mostrados no Quadro 14.3:

Quadro 14.3 – As preposições e o tratamento da categoria cognitiva de ESPAÇO

CATEGORIA COGNITIVA	ORGANIZAÇÃO DA CATEGORIA COGNITIVA *ESPAÇO*	SUBCATEGORIAS COGNITIVAS	PAPÉIS SEMÂNTICOS DERIVADOS
ESPAÇO	POSIÇÃO NO ESPAÇO	Eixo horizontal	/origem/, /meio/, /meta/
		Eixo vertical	/superior/ ~ /inferior/
		Eixo transversal	/anterior/ ~ /posterior/
	DISPOSIÇÃO NO ESPAÇO	Eixo continente/conteúdo	/dentro/ ~ /fora/
	PROXIMIDADE NO ESPAÇO	Eixo longe/perto	/proximal/ ~ /distal/
	MOVIMENTO NO ESPAÇO	Eixo real/fictício	/dinâmico/ ~ /estático/

Admitindo-se que as preposições localizam a FIGURA em relação a um PONTO DE REFERÊNCIA, segue-se que seu sentido de base pode ser captado por meio dos seguintes eixos:

1. Eixo espacial horizontal: localização lateral *à esquerda de, à direita de*. O eixo horizontal implica na imagem de percurso, de deslocamento, assinalado pelos traços PONTO INICIAL, ORIGEM (*de, desde, a partir de*), PONTO MEDIAL (*por, no meio de*), PONTO FINAL, META (*a, para, até, em, contra*).

2. Eixo espacial vertical: localização SUPERIOR (*sobre, por cima de, em cima de*), localização INFERIOR (*sob, embaixo de, por baixo de, debaixo de*).
3. Eixo espacial transversal: localização ANTERIOR (*ante, antes de, diante de, em frente de, em face de, defronte de, defronte a, à frente de*), localização POSTERIOR (*atrás (de), por trás de, após, depois (de)*). Liga-se a este eixo a categoria de TEMPO, associando-se imageticamente ao FUTURO o espaço à nossa frente, para o qual nos dirigimos, e ao PASSADO o espaço posterior, do qual nos afastamos.
4. Eixo espacial da proximidade: localização PROXIMAL (*perto de, acerca de, a cabo de, junto de, a par de, em presença de, à beira de*), localização DISTAL (*longe de, distante de*).
5. Eixo espacial continente/conteúdo: localização DENTRO (*em, com, entre, dentro de, em meio de, em meio a*), localização FORA (*sem, fora de, na ausência de*).

Tomamos em conta o corpo humano na organização desses eixos espaciais. Sua natureza tridimensional é considerada nos itens 1, 2, 3 anteriores, o que está próximo ou distanciado dele em 4, o que se encontra dentro ou fora dele em 5. Nesses eixos, a FIGURA pode ser apresentada estática ou dinamicamente, real ou ficticiamente, o que provoca o desenvolvimento de outros tantos sentidos.

A lista de preposições que aparece após cada eixo é meramente exemplificativa, pois um mesmo item pode integrar mais de um eixo. Assim, *em* pode exemplificar tanto o eixo continente ~ conteúdo, como em *O doce está na geladeira*, quanto o eixo horizontal, em *Fui na feira*, entrando, ademais, na formação de várias preposições complexas. Ou seja, também as preposições são polifuncionais.

De todo modo, essa lista apresenta uma organização das principais categorias cognitivas que a língua mobiliza para tratar de ESPAÇO. Mas atenção: as expressões que nele aparecem não são as únicas de que os falantes dispõem para localizar objetos e estados de coisa. Na realidade, os exemplos que ilustram esse quadro poderiam ser procurados em outras classes morfossintáticas, tais como substantivos, adjetivos, verbos e advérbios (Ilari et al., 2008). Assim, a ideia de posição superior que integra o eixo vertical está presente nos substantivos *topo* e *montante*, nos adjetivos *alto* e *superavitário*, nos verbos *encimar* e *cobrir*, e no advérbio *acima*. A preposição é apenas *um* dos recursos que localizam objetos no ESPAÇO. Você já notou que esses recursos são de natureza lexical.

Deslocando o argumento para os lados da morfologia, nota-se que a língua portuguesa não explorou sistematicamente a representação do ESPAÇO por meio de morfemas afixais, detendo-se nos morfemas derivacionais. Este é o caso dos sufixos *-ório/-tório* (em *ambulatório, dormitório*), *-douro* (em *matadouro, bebedouro*), *-aria* (*enfermaria*), *-eiro* (*canteiro*): Alves / Rodrigues (orgs., no prelo). Os prefixos desempenham a esse respeito um papel mais rico, podendo representar os seguintes eixos:

- Eixo horizontal: afastamento de um ponto de origem (*abs-*, em *abstrair*); localização no meio do percurso (*per-*, em *percurso, perdurar*); aproximação do ponto final (*a-/ad-*, em *adjunto*).
- Eixo vertical: localização superior (*super-/supra-/sobre-*, em *superposto, supramencionado, sobreteto*); localização inferior (*sub-*, em *subestimar, subvalorizar*; *des-*, em *descair*; *infra-*, em *infra-assinado*).
- Eixo transversal: localização anterior (*ante-*, em *antessala*; *pré-*, em *prefácio*); localização posterior (*pos-/post-*, em *pós-escrito, pós-graduação*).
- Eixo de proximidade: localização proximal (*cis-*, em *cisplatino*); localização distal (*ultra-*, em *ultrapassar*).
- Eixo continente/conteúdo: localização dentro (*en-*, em *enterrar*; *intro-*, em *introduzir*); localização fora (*ex-/es-/e-*, em *expulsar, esvaziar, emigrar*; *extra-*, em *extramuros*).

O que está no horizonte das expectativas é que as preposições se regramaticalizem como morfemas prefixais, mas isso ainda não é claramente visível.

A literatura sobre as preposições sempre reconheceu a importância das categorias cognitivas para o estudo dessa classe, mesmo antes de o adjetivo *cognitivo* ter passado a designar um ramo da Linguística. Para ficar com dois autores apenas, vejamos o que pensam sobre a relação "categoria cognitiva/categoria linguística de preposição" Jeronymo Soares Barbosa, gramático português do século XVIII, e Viggo Bröndal, teórico da linguagem do século XX.

Barbosa (1803/1881: 218-236) define a preposição como "uma parte conjuntiva da oração, que posta entre duas palavras indica a relação de complemento que a segunda tem com a primeira". Em seguida, fundamentado numa teoria localista, reconhece duas classes de preposições, dizendo o essencial sobre essa classe:

> PRIMEIRA CLASSE – PREPOSIÇÕES DE ESTADO E EXISTÊNCIA. As preposições d'esta classe exprimem as relações dos objectos por ordem ao logar *onde* existem, ou absolutamente, ou tambem em respeito a outros objectos que no mesmo se acham. Porque a idéa do logar *onde*, é geral e indeterminada, e por isso susceptivel de várias determinações particulares, quaes são as differentes *situações* de um objecto a respeito de outro mesmo logar, e os *acompanhamentos* que com elle concorrem, ou deixam de concorrer. As situações podem-se considerar relativamente ou ás superficies horisontaes, ou ás perpendiculares. Tudo são modificações do logar *onde*, que as preposições d'esta classe exprimem do modo seguinte [...].

Ele situa aqui as seguintes preposições: *em*, relativa ao lugar *onde* em geral; *sobre, sob, entre*, relativas às situações horizontais do mesmo lugar *onde*; *ante, após, contra*, relativas à situação perpendicular no mesmo lugar *onde*; *com, sem*, relativas aos acompanhamentos no mesmo lugar.

> SEGUNDA CLASSE – PREPOSIÇÕES DE AÇÃO E MOVIMENTO. Toda a acção é um movimento ou real ou virtual, e todo o movimento tem um principio *d'onde* parte, um meio *por onde* passa, e um fim *aonde* ou *para onde* se dirige. Estas são as relações geraes das preposições activas, cujo primeiro destino, tendo sido o de indicar o logar *d'onde* começa qualquer movimento, o espaço *por onde* passa, e o termo *aonde* se encaminha; d'aqui, por analogia do espaço local com o espaço do tempo, passaram a significar as mesmas relações por ordem ao tempo em que uma coisa começa, pelo qual continua, e aonde termina.

Ele situa aqui as seguintes preposições: *de, desde, por*, pertencentes ao lugar *de onde*; *per*, pertencente ao lugar *por onde*; *a, até, para*, pertencentes ao lugar *para onde*.

Viggo Bröndal, em sua *Teoria das preposições* de 1950 (apud Borba, 1971a: 80), afirma que

> o primeiro sentido, comum a todas as preposições é o espaço-temporal, ou melhor, a localização no espaço ou no tempo. [Ele explica que] a imagem sensorial é a primeira que se apresenta e muitas vezes é indispensável como ponto de partida do pensamento, ainda que a língua nem sempre se assente sobre imagens sensoriais.

Do ponto de vista morfológico, as preposições – sempre invariáveis – podem ser simples, quando formadas por um só vocábulo, e complexas, quando formadas por mais de um vocábulo.

14.1.1. PREPOSIÇÕES SIMPLES

A observação de algumas propriedades permite classificar as preposições simples em mais gramaticalizadas e em menos gramaticalizadas, segundo Ilari et al. (2008). As mais gramaticalizadas (i) podem mais facilmente ser amalgamadas a outros elementos linguísticos: *pelo, co'a, cocê, ao, àquela, no, num, nisto, do, dum, disso, docê, pro, prum, praquilo, procê* etc.; (ii) possuem valor semântico mais complexo; (iii) podem funcionar como introdutoras tanto de argumentos como de adjuntos do verbo; e (iv) são mais frequentes que as menos gramaticalizadas.

Essa classificação é mais sustentável que as complicadas classes das preposições essenciais/preposições acidentais, preposições primárias/preposições secundárias, comuns na literatura. Juntamente com a distribuição das preposições por eixos espaciais, esse critério é mais controlável.

O Quadro 14.4 reúne as preposições simples, ordenadas de acordo com o critério da gramaticalização.

Quadro 14.4 – Preposições menos e mais gramaticalizadas, segundo Ilari et al. (2008)

MENOS GRAMATICALIZADAS	MAIS GRAMATICALIZADAS
(-)	(+)
←---→	
contra < sem < até < entre < sobre < sob	por < com < a < em < de < para

"A seta bidirecional na segunda linha indica que a gramaticalização deve ser entendida como um *continuum*, não como uma alternativa bipolar. O sinal "<" indica a gradação da gramaticalização" (Ilari et al., 2008: 647).

14.1.2. PREPOSIÇÕES COMPLEXAS

Outra questão é a das preposições complexas, denominadas locuções prepositivas em nossa tradição gramatical. Seu estatuto é aí mal definido, como já assinalado por Câmara Jr. (1970: 144-146), Lemle (1984: 128 e ss., 160 e ss.), Bonfim (1988), Lobato (1989), entre outros. Macêdo (1997) fez uma revisão bibliográfica sobre o assunto.

Tradicionalmente, as preposições complexas são definidas como um advérbio ou um substantivo antecedidos opcionalmente por certas preposições e seguidos obrigatoriamente pelas preposições *de* ou *a*. As "estruturas" assim identificadas são as seguintes:

Quadro 14.5 – Preposições complexas

ADV + PREP	PREP + SUB + PREP	PREP + ADV + PREP	PREP + PREP
dentro de	*a cabo de*	*diante de*	*por trás de*
fora de	*a par de*	*por/debaixo de*	*para com*
perto de	*ao redor de*	*por/em cima de*	*por entre*
longe de	*por amor de*	*acerca de*	*de a*
antes de	*em meio de/a*		
depois de	*em vez de*		
quanto a	*a respeito de*		
junto de	*defronte de*		
através de	*em presença de*		
ademais de	*à beira de*		
	em prol de		

Se tomarmos em conta o processo de regramaticalização de substantivos e advérbios, as regras de estruturação do sintagma, e a contextualização dessas expressões, ficará claro que as "locuções prepositivas" do Quadro não dispõem de estatuto categorial próprio, não representam outra classe morfossintática, devendo ser tratadas como *preposições complexas*. Sua listagem não passa de um desajeitado recorte dos enunciados, tal como se nada existisse depois das preposições de finalização *de* e *a*. O que temos aqui na verdade são sintagmas adverbiais ou sintagmas preposicionais:

1. Sintagma adverbial estruturado como [advérbio + sintagma preposicional], como em ^{Preposição complexa}[[^{Advérbio}[*perto*] ^{Sintagma preposicional}[*da casa*]]]^{Preposição complexa}, o que dá conta das expressões reunidas na

primeira coluna. Note-se que em alguns casos uma preposição prefixou-se ao advérbio, regramaticalizando-se. Assim, em *dentro, depois, através* e *ademais* perdeu-se no português contemporâneo a percepção de que as preposições *de* e *a* tinham-se fixado aos advérbios *intro* > *entro*, donde *de* + *intro* = *dentro*; *post* > *pois*, donde *de* + *pois* = *depois*; *través*, donde *a* + *través* = *através*; *magis* > *mais*, donde *a* + *de* + *mais* = *ademais*.

2. Sintagma preposicional estruturado como [preposição + sintagma nominal/sintagma adverbial], ocorrendo outro sintagma preposicional encaixado tanto no sintagma nominal quanto no sintagma adverbial: (1) a preposição rege um sintagma nominal: ^{Preposição complexa}[Preposição[*a*] ^{Sintagma nominal}[*o redor da casa*]]^{Preposição complexa}; (2) a preposição rege um sintagma adverbial: ^{Preposição complexa}[[Preposição[*por*] ^{Sintagma adverbial}[*debaixo do pano*]]^{Preposição complexa}, o que dá conta das expressões reunidas na segunda e na terceira colunas.

3. A quarta coluna do Quadro 14.5 apresenta casos em que, aparentemente, uma preposição está regendo outra, o que violaria a regularidade de constituição dos sintagmas preposicionais. Entretanto, é visível que as expressões aí arroladas representam a confluência de duas estruturas do tipo 2, com elisão do sintagma nominal repetido. Assim, *bom para ele* e *bom com ele* reuniram-se em *bom **para com** ele*, com o apagamento do sintagma nominal repetido *ele*. O mesmo se pode dizer de *caminhar **por entre** as árvores, andar **de a** pé* etc.

14.1.3. GRAMATICALIZAÇÃO DAS PREPOSIÇÕES

Consideramos na seção **14.1** o critério da gramaticalização na apresentação das preposições simples. A gramaticalização das preposições consta dos seguintes passos: (1) recategorização de outras classes, (2) regramaticalização de preposições já existentes, e (3) desaparecimento de preposições. As próximas seções tratam desses passos.

14.1.3.1. Recategorização de outras classes

1. Substantivo > preposição

Designações de partes do corpo humano são frequentemente gramaticalizadas como preposições complexas (ou "substantivos funcionais", como também são denominadas). Isso ocorreu com *fronte* > *frente*, em *à frente de* e *testa* ("cabeça"), em *à testa de*. Outros substantivos passam pela mesma transformação, como *amor*, em *por amor de* ("por causa de"), preposição complexa de que resultaram, na variedade popular, a preposição simples *prumode* e suas variantes *pramode, mode*, como em *isso aqui é pramode ocê aprender*, mencionadas por Amaral (1922/1977) e Nascentes (1952).

A seguinte escala capta a transformação de um substantivo em preposição:

Substantivo > Preposição Complexa > Preposição Simples > Afixo

A fase de transformação em afixo só ocorre com as preposições simples (veja **15.1.3**).

2. Verbo > preposição

Formas nominais do verbo podem recategorizar-se como preposições, como *exceto, salvo, durante, mediante*.

3. Numeral ordinal > preposição

Esse processo de gramaticalização se deu com *segundo*, na expressão

(2)   **Segundo** *as testemunhas, o ladrão teria saltado o muro.*

14.1.3.2. Regramaticalização de preposições

As preposições simples se regramaticalizam combinando-se com outra preposição, aparentemente porque elas vão se tornando opacas quanto à representação do ESPAÇO. No português arcaico, conhece-se o caso de *des*, oriundo de *de + ex*, e no português moderno o caso de *desde*, oriundo de *des + de*. Nessas formas, repetiu-se *de* e se agregou a preposição latina quase sinônima *ex*. No francês há uma incrível série de repetições e combinações, criadas a partir do latim *in*, (i) reforçado por *tus*, donde *intus*; (ii) combinado em seguida com *de*, donde *de intus* (> *dans*); (iii) repetindo-se o *de*, donde *de de intus* (> *dedans*); (iv) repetindo-se de novo essa preposição, donde *de de de intus* (> *de dedans*): Lehmann (1982b: 18). Fenômeno parecido ocorreu em português com a preposição *com*, em que tivemos do latim *mecum* > para o português arcaico *migo* > para o português moderno *comigo*, em que *com* é repetido.

14.1.3.3. Desaparecimento de preposições

Quando uma preposição é substituída por outra, ambas convivem por algum tempo, até que uma delas desapareça. Esse é o grau zero da gramaticalização das preposições, fenômeno que ocorre igualmente com outras classes.

Tem-se admitido que as seguintes preposições estão em processo de substituição no PB, de que resultará o desaparecimento da primeira:

1. *A* por *em* ou *para*
2. *Em* por *ni*
3. *De* por *desde*
4. *Ante* por *diante de*
5. *Após* por *depois de*

Em 1, a substituição de *a* por *para* representa, na verdade, uma regramaticalização, pois *a* provém do latim *ad*; reforçada por outra preposição latina, *per*, donde *perad* > português arcaico *pera* > português moderno *para*. Procure num dicionário etimológico o sentido original de *ad* e *per*, o que abrirá caminho à sua compreensão do processo. Já a troca de *a* por *em* representa quase um atestado de óbito para aquela.

O desaparecimento progressivo de *a* deve explicar as dificuldades atuais em operar com a questão da crase, tanto quanto as flutuações na transitividade de verbos como *agradecer*, que de transitivo indireto caminha para transitivo direto:

(3) *Não respondo aos insultos e aos elogios, que chegaram em partes iguais. Ignoro os primeiros e **agradeço os segundos**.* (*Folha de S. Paulo*, 19 jan. 2009).

Segundo Bisol (2003) e Kewitz (2007a), também um fator prosódico está por trás do desaparecimento de *a*, pois no PB não distinguimos fonologicamente o artigo da preposição.

No caso de *em*, em processo de substituição por *ni*, temos um caso de regularização morfológica. A preposição *em* dispõe duma forma de base, o ditongo nasal [ẽy] e das formas amalgamadas *no*, *na*, *num*, *numa*, de que *ni* representa uma sorte de neutralização da categoria de gênero.

Nos demais casos, há substituições por preposição complexa, como 4 e 5, numa listagem incompleta. O item que sai e o item que o substitui entram em variação, assumindo uma das variantes um valor mais geral, e a outra um valor mais específico, até que a substituição seja consumada.

O caso mais examinado na literatura é o da substituição de *a* por *para* ou por *em*.

Borba (1971a: 133) mostra que com os verbos *ir*, *vir*, *levar*, *chegar*, *conduzir*, *voltar*, *mandar*, *descer* etc. a preposição *a* indica a direção desse movimento, como em *ir ao restaurante* e *voltar à fazenda*, ao passo que a preposição *em* indica que o falante não está interessado em representar a direção em si, mas apenas sua inclusão no ponto de chegada, como em *ir no restaurante* e *voltar na fazenda*. Nova diferença entre essas preposições, ainda que em outro contexto sintático, ocorre na indicação de datas: *a* tem valor pontual, como em *às oito horas, às nove horas*, ao passo que *em* indica a duração, empregando-se com períodos mais longos, como em *em agosto, em 1970* (Borba, 1971a: 142). O autor está repercutindo o ensinamento de Varrão, para quem essas preposições não são sinônimas, visto que *in forum ire* significava *entrar no forum*, ao passo que *ad forum ire* significava ir a um lugar próximo ao forum.

Pontes (1992: 25) dá exemplos em que *a* é mais geral e *em* é mais específico, quando introduzem complementos de verbo de movimento: *em* é mais geral que *ni*; *de* é mais geral que *desde*.

Mollica (1996) sustenta que a variação *a/para* e *em* depende de características morfossintáticas do substantivo encaixado no sintagma preposicional, explicando-se ainda por fatores discursivo-textuais.

Torres Morais (1999a) tratou do emprego da preposição *a* na introdução de sintagmas preposicionais dativos topicalizados, com papel temático /origem/, como em

(4)   *a Antonio José de Babo Broxado (...) fugiu (...) um negro crioulo de idade de 50 annos.*
(exemplo de Torres Morais, 1999a)

Como ambas as preposições trazem associado o papel /origem/, ele explica a mudança como uma competição entre as formas, vencida por *de* quando *a* perdeu esse papel. Hoje, de fato, *a* foi substituído por *de* nessa construção.

Berlinck (1997, 2000a, 2000b) pesquisou os complementos preposicionados no português paulista do século XIX. Ela constatou uma diminuição progressiva da frequência de *a*, em favor de *para*, confirmando-se assim o prognóstico de Pontes (1992: 20-31). Comparando o PB moderno com o PB do século XIX, tal como documentado em textos de Martins Pena, Simões Lopes Neto e em anúncios de jornais, ela encontrou os seguintes valores, que falam por si:

Tabela 14.1 – Desaparecimento de *a* segundo Berlinck

Época/preposição	a	para	em
PB séc. XIX	72%	20%	8%
PB contemporâneo	4%	74%	22%

LEITURAS SOBRE O ESTATUTO CATEGORIAL DAS PREPOSIÇÕES
Borba (1971a), Câmara Jr. (1970), Lemle (1984), Travaglia (1985), Bonfim (1988, 2000), Lobato (1989, 1995), Pontes (1992), Viaro (1994, 1995), Baião / Arruda (1996), Rocha (1996, 2001), Macêdo (1997, 2003), Berlinck (1997, 2000a, 2000b), Poggio (1999/2002), Castilho et al. (2002), Castilho (2002b, 2003b/2006, 2004a, 2004b, 2009b), Kewitz (2004, 2007a, 2007b), Kleppa (2004), Módolo (2004), Mollica (1996), Torres Morais (1999a), Marilza de Oliveira (2001b), Ilari et al. (2008).

14.2. DESCRIÇÃO DO NÚCLEO

14.2.1. SINTAXE DA PREPOSIÇÃO

As seguintes questões serão aqui examinadas: (1) escopo da preposição, (2) funções do sintagma preposicional, (3) verbos e seleção de preposições, (4) colocação dos sintagmas preposicionais na sentença.

14.2.1.1. Escopo da preposição

As seguintes classes, transcritas entre colchetes, funcionam como escopo das preposições, constituindo o Complementador desse sintagma:

14.2.1.1.1. SINTAGMA NOMINAL

(5)
  a) *Em* [*casa*], *tudo bem.*
  b) *Andando* *por* [*aquele caminho*] *você encontrará o lobo mau.*

14.2.1.1.2. OUTRO SINTAGMA PREPOSICIONAL

(6)
  a) *Vamo* *de* [*a pé*] *na casa do vovô.* (título de Kleppa, 2004)
  b) *Eu gostava de andar* *de* [*a cavalo*] *no sítio de meu pai.*

14.2.1.1.3. SINTAGMA ADVERBIAL

(7)
  a) *Anda* *por* [*aí*], *meio perdidão.*
  b) *Por* [*hoje*] *chega.*
  c) *É* *no* [*sim*] *e* *no* [*não*] *que mora a confusão.*

14.2.1.1.4. SENTENÇA COM VERBO EM FORMA NOMINAL

(8)
  a) [*Ao retirar o carro da garagem*], *vi o ladrão.*
  b) *O comer e o coçar está* [*no começar*].
  c) [*Em se fazendo tarde*], *melhor ir embora.*
  d) [*Apesar de abalado com os resultados*], *mesmo assim continuou dando aulas.* (veja também **9**.2.5.1)

14.2.1.2. Funções do sintagma preposicional: argumentos, adjuntos, construções de tópico

Os sintagmas preposicionais funcionam como argumentos e como adjuntos sentenciais. (veja também **7**.1; **7**.4.2 a **7**.4.3 e **7**.5)

14.2.1.2.1. SINTAGMAS PREPOSICIONAIS FUNCIONANDO COMO ARGUMENTOS PREPOSICIONADOS

Objeto indireto
(9)   *Deu a prova* *ao aluno.*
Complemento oblíquo
(10)
  a) *Preciso* *de remédios.*
  b) *Um homem não pode hesitar* *entre a escolha* *de um desencaminhamento e* *a disposição de tais bens ameaçados de próxima perda.* (exemplo de Kewitz, 2007b)

14.2.1.2.2. Sintagmas preposicionais funcionando como adjuntos adverbiais e adnominais

1. Adjunto adverbial

São muitas as funções dos adjuntos adverbiais constituídos por um sintagma preposicional. Alguns exemplos são dados abaixo.

(11) Locativo
  a) *Eles se encontraram **no bar**.*
  b) ***Naquele país**, tudo podia acontecer.*
(12) Aspectual
  a) *Eles se falavam **com frequência**.* (imperfectivo)
  b) *Ajeitou os cabelos **de um golpe**.* (perfectivo)
(13) Temporal
  a) ***Naqueles tempos**, as coisas eram assim mesmo.* (tempo indeterminado)
  b) *Tenho meditado profundamente **desde hoje cedo até a hora do almoço** na crise que abala o mundo. Nem por isso perdi o apetite.* (tempo determinado)
(14) Qualidade
  *Falei **com franqueza** tudo o que estava atravessado na minha garganta.*
(15) Instrumento
  *Cortei o bolo **com a faca**.*
(16) Companhia
  *Saí **com os colegas** para comer umas pizzas.*
(17) Modalização
  a) *Mas **sem dúvida alguma**... dizer que é uma economia desenvolvida...* (EF RJ 379)
  b) *Ele falou isso **com certeza** porque tinha evidências do caso.*

2. Adjunto adnominal

Os adjuntos adnominais preposicionais ocorrem encaixados num sintagma nominal indicando posse, companhia etc.

(18)
  a) *Comi pão **com** manteiga.*
  b) *Encontrei o livro perdido **do** meu colega.*

14.2.1.3. Verbos e seleção de preposições

As sequências formadas por verbo + sintagma preposicional encerram uma cadeia de transitividades, pois o verbo seleciona uma preposição, e esta seleciona um sintagma nominal como seu complementizador, constituindo com ele um sintagma preposicional.

Importante, portanto, refletir um pouco sobre as classes de verbos que selecionam preposições. Esta seção trata disso.

Fundamentada em Brandão (1963) e Ortiz Ciscomani (2006), Kewitz (2007a) identificou seis classes semântico-sintáticas de verbos que selecionam as preposições *a* e *para*, a que agregou uma sétima classe.

14.2.1.3.1. Verbos de movimento/direção

Esses verbos envolvem o deslocamento da FIGURA em direção a um PONTO DE REFERÊNCIA, sendo a FIGURA representada pelo sujeito verbal, ou seja, é o sujeito que se desloca ao PONTO DE REFERÊNCIA (*ir, vir, chegar, seguir, partir, caminhar, dirigir-se, viajar, passar, entrar, sair, mudar-se, transferir-se* etc). Exemplos:

(19)
    a) *A criança deve ir o mais cedo possível **à escola**, entendeu?* (DID SSA 231)
    b) *Seguimos brevemente **para o Guarujá**, onde vamos passar uns quinze dias.* (correspondência passiva de Washington Luís, apud Kewitz, 2007a).

14.2.1.3.2. VERBOS DE TRANSFERÊNCIA

Envolvem um sujeito que dirige sua força a uma entidade por ele manipulada e deslocada para o âmbito da entidade representada pelo sintagma preposicional. O verbo *dar* representa a estrutura prototípica desse grupo de verbos, associada aos traços semânticos do sujeito /+humano/, do objeto direto /-animado/ e do sintagma preposicional /+humano/ ou /+lugar/destino/ (Jane Silva, 1999). Alguns verbos desse grupo são: *oferecer, fornecer, levar, trazer, enviar, proporcionar, deixar, comprar, vender, pagar, dever* etc. Exemplos:

(20)
    a) *A Prefeitura Municipal dava novecentos reais **aos professores**.*
    b) *Mande as cópias **para mim**, que eu mando o dinheiro pelo correio.*

14.2.1.3.3. VERBOS DE COMUNICAÇÃO

Neste grupo, o referente do objeto direto não é manipulado nem pelo sujeito, nem pelo participante representado no sintagma preposicional, mas é deslocado virtualmente de um para outro. Trata-se da transferência de informação, conceitualizada em termos de uma entidade concreta, via metáfora. Neste grupo, há dois tipos de verbo, segundo o modo como o objeto direto é percebido:
1. Percepção auditiva, como *dizer, falar, prometer, contar, apelar, rogar, declarar, avisar* etc.
    (21) *O meliante contou uma nova história **ao guarda**.* (a preposição deslocou virtualmente a história ao guarda; o referente de *história* não é manipulado pelo sujeito *meliante*, como aconteceria, por exemplo, em *o meliante jogou a pedra no guarda*)
2. Percepção visual: o sujeito faz com que o referente do objeto direto entre no campo visual do participante codificado no sintagma preposicional, experienciando-o (Jane Silva, 1999; Berlinck, 1997). São verbos como *mostrar, ensinar, apresentar, expor, indicar, apontar, provar, exibir* etc. Exemplos:
    (22)
        a) *Eu mostrei a roupa nova **a você**.* (a preposição fez com que o referente *roupa nova* entrasse no campo visual de *você*)
        b) *O promotor exibiu/mostrou/apresentou as provas **ao júri**.*

14.2.1.3.4. VERBOS DE CRIAÇÃO/PRODUÇÃO

As construções promovidas por este grupo se caracterizam por ter como objeto direto uma entidade não preexistente, mas como produto da ação verbal. Verbos como *fazer, escrever* e *produzir* destacam o evento em si. Exemplos:
    (23) *O escriturário fez a procuração **para o advogado**.* (a procuração passou a existir, como um produto do verbo *fazer*)

14.2.1.3.5. VERBOS DE COMPLEMENTO FINAL

São verbos que estabelecem, de alguma forma, uma relação de finalidade com o sintagma preposicional: *trabalhar, prestar, servir, preparar-se, adaptar(-se), concorrer, contribuir, subscrever, esforçar-se* etc. Exemplos:

(24)
    a) *Eu não... não me adaptaria **a isso*** [= viver numa fazenda]. (D2 RJ 158)
    b) *A impressora não serve mais **para nosso trabalho**.*

14.2.1.3.6. VERBOS DE APROXIMAÇÃO/UNIÃO/SEMELHANÇA

São os verbos que estabelecem uma relação de aproximação, ligação ou semelhança (física ou metafórica) entre a FIGURA e o PONTO DE REFERÊNCIA: *agregar, unir, ligar, telefonar, aproximar-se, aplicar(-se), acrescentar, inserir, aderir, interessar* etc. Exemplos:
(25)
    a) *Ela ligou **pra cá**, queixando-se de que tinha se perdido na cidade.*
    b) *Acrescento **ao que ele falou** que...*

14.2.1.3.7. OUTROS VERBOS

São eles *pertencer, morar, ficar, faltar, assistir, convir, competir, convidar, gratificar, satisfazer* etc.
(26)
    a) *Ela morava **para as bandas de Santana**.*
    b) *Os objetos dos bêbados pertencem **ao mundo**.*

14.2.1.4. Colocação dos sintagmas preposicionais na sentença

Sobre a colocação dos constituintes na sentença, veja **6.4.2**. Funcionando como adjuntos adverbiais, os sintagmas preposicionais movem-me mais na sentença do que os argumentos.

Braga/Botelho Pereira (1981) mostraram que os adjuntos adverbiais de tempo (e de aspecto) movimentam-se para a esquerda mais que os de lugar, modo, quantidade e companhia, numa proporção de 43,5% deslocados para os temporais, e de 56,5% não deslocados para os demais:
(27)
    a) ***Naquele dia**, eles me levaram...* (tempo)
    b) *Ø **Sábado** e domingo eu não gosto de passar sem dinheiro.* (tempo, com apagamento da preposição *a*)
    c) ***Às vezes**, ela fica em casa.* (aspecto iterativo)

Expressões preposicionadas movidas para a esquerda elidem habitualmente a preposição. Rocha (1996) as denominou *adjuntos sem cabeça*, mostrando que os papéis temáticos /temporal/, /locativo/ e /frequentativo/ coocorrem com a elisão das preposições. Os seguintes nomes encabeçam os adjuntos sem cabeça: unidades do calendário (*dia, mês, ano, minuto, hora*), intervalos particulares do calendário (*abril, segunda, manhã, noite, dia, sábado*), nomes comuns (*tempo, vez, ocasião, férias, época*), nomes comuns ou próprios indicativos de lugar. Em outro trabalho, tratando de "adjuntos que ocorrem à margem esquerda da sentença sem serem regidos por um núcleo visível", Rocha (2001: 41) dá o seguinte exemplo:

(28) *Ø O Norte, principalmente **no Amazonas** e **no Pará**, a influência indígena é muito grande.*

O exemplo mostra a elipse da preposição *em* em *O Norte*, e sua retenção nos constituintes focalizados *no Amazonas* e *no Pará*.

LEITURAS SOBRE A SINTAXE DAS PREPOSIÇÕES

Silveira (1951), Brandão (1963), Borba (1971a), Câmara Jr. (1970), Braga/Botelho Pereira (1981), Lemle (1984), Travaglia (1985), Bonfim (1988, 2000), Lobato (1989), Pontes (1992), Viaro (1994, 1995), Baião / Arruda (1996),

Mollica (1996), Rocha (1996, 2001), Macêdo (1997, 2003), Berlinck (1997, 2000a, 2000b, 2000c), Jane Silva (1999), Rio Nobre (1999), Poggio (1999/2002), Torres Morais (1999a), Marilza de Oliveira (2001a, 2001b), Castilho et al. (2002), Castilho (2002b, 2002d/2005, 2003b/2006, 2004a, 2004b, 2005, 2009b), Kleppa (2004), Kewitz (2004, 2007a, 2007b), Módolo (2007), Symeonidis (2004), Ilari et al. (2008).

14.2.2. SEMÂNTICA DAS PREPOSIÇÕES

Admitimos anteriormente que as preposições têm um sentido de base, funcionando como predicadores de espaço (veja Quadro 14.3).

Seria simplificador admitir que as preposições espelham perfeitamente os eixos espaciais indicados nesse Quadro. Como se reconhece amplamente na literatura cognitivista, "entre a linguagem e o mundo físico ou objetivo há um nível intermediário que nós chamamos 'cognição'" (Svorou, 1993: 2). A cognição intervém aí de diferentes modos, promovendo alterações nos sentidos prototípicos, de que derivam os sentidos de aspecto, tempo e qualidade (Castilho, 2002a).

Viaro (1994) propôs várias categorias para dar conta do desenvolvimento semântico das preposições latinas em sua mudança para o português e o romeno. Esse autor operou com as seguintes categorias:

- Afastamento (*ab, ex, de, sine, se(d), *an, dis-*).
- Aproximação (*ad, usque, tenus, paene, illac*).
- Meio (*per*).
- Circularidade (*circum, circa, ambi-*)
- Verticalidade (*de, *an-, au-, *ni-, infra, sub, super, sursum, deorsum, subter, subtus, supra, per*).
- Sequência (*ob, prae, por-, pri-, pro, ante, contra, erga, re-, pos, secus*).
- Interioridade (*ex, in, inter, indu-, intro-, intra, foras, foris, penes*).
- Proximidade (*apud, iuxta, cum, ad, ab, prope, cis, citra, uls, ultra, trans, longo*).

As categorias de "afastamento", "aproximação", "meio" e "sequência" de Viaro (1994) correspondem nesta gramática ao eixo espacial horizontal; "verticalidade", ao eixo espacial vertical; "interioridade", ao eixo continente/conteúdo; "circularidade" não aparece em nosso Quadro 14.3. Ele é gramaticalizado em português por meio das preposições complexas e no latim por meio da preposição simples *circum* e *circa*.

Examinamos a seguir os sentidos de base das preposições, de acordo com o arranjo previsto no Quadro 14.3, e ainda os sentidos daí derivados, de acordo com mecanismos cognitivos que vêm sendo estudados.

14.2.2.1. Preposições do eixo espacial horizontal

As preposições do eixo horizontal dispõem a FIGURA em pontos específicos de um percurso imaginário: o ponto inicial, o ponto medial e o ponto final. O Quadro 14.6 recolhe as preposições que atuam nesse eixo:

Quadro 14.6 – Preposições do eixo horizontal

PONTO INICIAL	PONTO MEDIAL	PONTO FINAL
de, desde, a partir de	*por, no meio de*	*a, em, para, até (a), contra*

Verbos de movimento físico e de movimento fictício, tais como *ir, vir, chegar, partir, entrar, sair, viajar* etc., ocorrem com as preposições do eixo horizontal.

1. Ponto inicial do percurso: /origem/

Nos verbos anteriores, a FIGURA é disposta numa localização inicial verbalizada pelo PONTO DE REFERÊNCIA.

O movimento assim balizado pode ser real, quando se dá no ESPAÇO ou no TEMPO reais, deslocando-se o participante de um ponto de origem para um ponto de destino. Nem sempre ambos os pontos são representados gramaticalmente:

(29)
    a) *E realmente os melhores cantadores têm vindo **daquela** zona...* (D2 REC 05).
    b) *Eu estou justamente na dúvida na/ da hora de eu sair **daqui*** (D2 SSA 98).
    c) *L1 – mas nós não... nós não sabemos quanto tempo Olinda ainda vai viver porque ela tá escorregando para o mar.*
       *L2 – escorrega **desde** sua construção.* (D2 REC 05)

Outros verbos exemplificam o movimento causado, em que um participante da cena acarreta o deslocamento da FIGURA; essa parece ser a função de verbos como *retirar, remeter, conduzir, carregar, levar, transferir, mandar* etc., e os substantivos deles derivados:

(30)
    a) *Eu acho que é uma exigência que... que... se faz talvez... por deformação já **de** berço.* [= a deformação se deslocou imageticamente a partir do berço] (D2 POA 291)
    b) *Retirei o rótulo **da** garrafa.* [= o rótulo se deslocou da garrafa]
    c) *Mudei a estante **da** sala para o escritório.*

O falante pode operar com um movimento fictício, em que a FIGURA se desloca imaginariamente pelo ESPAÇO. A operação cognitiva que subjaz ao partitivo integra esses casos, figurando-se que de um todo se retirou uma parte, movimentando-a para fora desse todo:

(31)
    a) *Uma **delas**... uma de/ ah uma das gêmeas.. .quer ser arquiteta... decoradora...* (D2 SP 360) [= uma gêmea se movimentou para fora do conjunto formado pelas gêmeas]
    b) *(Há) a ginástica rítmica... mas a natação **de** todos [os esportes] eu acho que toda a escola devia praticar a natação.* (DID SSA 231) [= a natação foi movimentada para fora do conjunto dos esportes]

Por composição com seu complementizador, vale dizer, com o PONTO DE REFERÊNCIA, o sintagma preposicional indica o TEMPO inicial de um processo:

(32)
    a) *Mas **desde** o momento em que eu... o perdi eu:: preferi uma carreira profissionalizante...* (D2 SP 360)
    b) ***Desde** criança fui criada nesse ambiente de negócio de apartamento, de compra e venda, troca, e casa, e terrenos e tal.* (D2 RJ 355)

2. Ponto médio do percurso

A preposição mais frequente na indicação de ponto médio de um percurso é *por*. A observação de seus usos mostra que essa preposição se tornou polissêmica, pois convergiram para esse item as preposições latinas *pro* ("em favor de", "em benefício de"), que indica o papel temático /beneficiário/, e *per* ("através de", "por meio de"), que indica o ponto médio de um percurso. *Por*, originário de *per*, predica a FIGURA, atribuindo-lhe a propriedade de estar no ponto intermediário de um trajeto:

(33)
    a) *Mas não é aquela [estrada] que... ainda passa **por** (Monlevade)?* (D2 SSA 98) [= a estrada tem em Monlevade seu ponto médio]
    b) *Eu sei que... que essa viagem **por** Governador Valadares está boa.* (D2 SSA 98)
    c) *Como que nós chegamos a ela?... **por** alguns fatos... primeiro... alguns desses animais eram representados com:: uma flecha...* (EF SP 405)

Da noção de "percurso através" deriva a de duração, exemplificada em
(34)
a) *O que é que que a gente fazia? a gente andava para... **por** aqui **por** ali mas...* (DID POA 45)
b) *Porque passou **por** um passado feudal muito grande, porque teve a sua agricultura...* (DID POA 45)

Outro efeito predicador de *por* é o da quantificação distributiva da FIGURA:
(35)
a) *Então dermatologia e moléstia tropical... seria um departamento só... era **por**:: número... departamento dez... agora eles resolveram agrupar.* (EF POA 278) [= o departamento é distribuído por números]
b) *Porque a tradução literal... palavra **por** palavra... muitas vezes não permite... é preciso que o indivíduo compreenda o todo.* (DID SSA 231)
c) *Se não tivesse uma piscina pelo menos ah::levar::o grupo a um clube a uma piscina pública uma vez **por** semana pra o/ pras crianças praticarem... a natação...* (DID SSA 231) [isto é, uma vez ao longo da semana, tomando semana como um percurso a percorrer, no meio da qual se ia (uma vez) à piscina]
d) *(O do) estudante de medicina ele além de assistir aula... ele é obrigado a fazer estágio em todas as... especialidades... então ele faz **por** período... de dois ou três meses em cada especialidade...* (DID SSA 231)

3. Ponto final do percurso: /meta/

As preposições *a, em, para, até* e *contra* atribuem à FIGURA a noção de ponto final de um percurso. Como nos casos anteriores, coocorre um verbo de movimento (ou um verbo suporte) cujo sujeito é controlador do evento.

(36) Preposição *a*
a) *L1 ... O que acontece é o seguinte hoje em dia... prá você ir por... nós vamos por exemplo todo dia **a** Camaçari... já é hoje em dia uma viagem... () hoje mesmo eu fiz uma viagem daqui prá Camaçari... que parecia que eu tinha ido quase **a**::... Feira de Santana... devido ao/à incidência de tráfego que existe...* (D2 SSA 98) [Camaçari e Feira de Santana representam o ponto final do percurso de *ir*]
b) *Ele já ia **à** escola da manhã (...) quando eu comecei trabalhar.* (D2 SP 360)
c) *O Japão, que já tinha conseguido fazer em 1905 – lutar com a Rússia – e já tinha chegado **à** Malásia, tá?, já tinha chegado **à** India.* (EF RJ 379)

(37) Preposição *em*
a) *(...) que manda entradas para a gente e a gente não pode às vezes se negar então a gente vai **no** chá né?* (DID POA 45)
b) *Eu não vou chegar **em** Belo Horizonte no mesmo dia...* (D2 SSA 98)
c) *Aquele que sai de Governador Valadares um/um que vai sair **em** (Monlevade).* (D2 REC 05)
d) *Entregam o prédio mas sempre falta alguma coisa e essas coisa vai entrando **no** dinheiro da gente.* (D2 RJ 355)

(38) Preposição *para*
a) *Então eu os levo **para** a escola... e vou trabalhar.* (D2 SP 360)
b) *É dia do meu marido ir **para** a faculdade.* (D2 SP 360)
c) *Mas eu trago muito processo **para** casa e faço em casa...* (D2 SP 360)

Os exemplos (36) a (38) mostram que as preposições *a, para* e *em* entraram em variação sintática quando acompanham verbos de movimento. *A* vem diminuindo de frequência, ao passo que o uso de *para* se espande, não sendo identificável neste caso o sentido de "deslocamento que implica no retorno", comumente apontado nas gramáticas para diferenciar essas preposições (Berlinck, 2000a, 2000b).

(39) Preposição *até*
   a) *Mas o melhor é puxar **até** Governador Valadares... eu ainda acho melhor...* (D2 SSA 98) [*puxar* = "deslocar-se"]
   b) *Todos aqueles... que vão... **até** lá em busca de paz de sossego e de tranquilidade...* (DID REC 131)
   c) *Eu tenho que ir **até** em casa buscar o carro senão não cabe... ((risos)) num táxi.* (D2 SP 360)

A preposição *até* tem uma etimologia controversa (veja Viaro, 1995), mas especifica habitualmente o ponto final de um percurso, cujo ponto inicial fica pressuposto.

Como ponto final de um curso, o item *contra* era muito rico no período medieval da língua, em que se dizia *caminhar contra as montanhas*, isto é, "em direção às montanhas". Esse uso se encontra muito atenuado no português culto falado no Brasil, em que assumiu com mais frequência o sentido de "adversidade", como em *falar contra os governantes*. Alguns casos de termo final de um percurso podem ainda ser documentados:

(40) Preposição *contra*: *...Nós íamos encontrar MARcas aqui de que flechas reais foram atiradas... **contra** a imagem...* (EF SP 405)

As preposições aqui estudadas podem ocorrer no interior de uma mesma sentença, constituindo escalas em que se assinala o ponto inicial e o ponto final do percurso.

(41) Ponto inicial e ponto final num percurso
   a) *Aquela viagem principalmente esse trecho **de** Conquista **até** Governador Valadares é insuportável.* (D2 SSA 98)
   b) *A gente sempre toma a batidinha antes de... das refeições agora bebida alcóolica eu gosto de qualquer tipo de bebida... cachaça... **desde** a cachaça **até** o vinho mais fino champanhe...* (DID RJ 328)

Também as preposições que indicam o ponto final de um percurso passam facilmente à indicação de TEMPO. Requer-se nesses casos que o PONTO DE REFERÊNCIA seja uma expressão de tempo:

(42) Tempo como ponto final de uma escala
   a) *De seis e meia quinze **para** as sete está todo mundo acordado...* (D2 SP 360)
   b) *L2 – Hein? não eu vou que eu tenho o congresso... mas **para** o ano o Congresso vai ser aqui na Bahia... e: nós tamos... na obrigação de ir prá lá manter certos contatos...* (D2 SSA 98)
   c) *Não... de seis ainda sai bem... mas entre sete... **até** umas oito e meia... é a pior... hora de saída...* (D2 REC 05)

Podemos tratar o movimento imageticamente, encaminhando uma pergunta a um *técnico*, como em (43a), "movimentando-se" para debaixo de um superior hierárquico, como em (43b), "transportando" casos a *estudantes*, como em (43c), e assim por diante. Estes casos documentam o movimento fictício estudado por Talmy (2000), em que a preposição esclarece a direção do movimento, mesmo que acionado por uma entidade não controladora:

(43)
   a) *Bom você devia perguntar isso **ao** técnico e não **a** mim.* (D2 SSA 98)
   b) *Ela... tem que ser subordi/tem que se subor bordinar **AO** Secretário da Justiça... ela não é autônoma... não é? ela tem que se subo/bordinar **ao** Secretário da Justiça e tem que:: atender **aos** seus... assessores não é?...* (D2 SP 360)

c) *Então nós temos condições de mostrar... bem... casos... interessantes **aos** estudantes...* (DID SSA 231)

14.2.2.2. Preposições do eixo espacial vertical

Quadro 14.7 – Preposições do eixo vertical

POSIÇÃO SUPERIOR	POSIÇÃO INFERIOR
sobre, em cima de, por cima de	sob, embaixo de, debaixo de

A linha horizontal fundamenta a metáfora geométrica do movimento, do percurso que tem um começo, um meio e um fim, através do qual nos deslocamos no ESPAÇO e no TEMPO. Compreensível, portanto, que as entidades aí depositadas sejam maiormente representadas em movimento, real ou fictício.

Já as preposições do eixo vertical são mais comedidas nesse particular, equilibrando-se o MOVIMENTO com a ausência de MOVIMENTO.

1. Preposições indicativas de ESPAÇO SUPERIOR

Essas preposições indicam que a FIGURA se situa num plano mais elevado do que o PONTO DE REFERÊNCIA, expressos ambos por substantivos /concretos/:

(44)
a) *Ela representa a forma de uma semiesfera... de uma semiesfera... apresentando... uma parte superior convexa... E::a sua parte inferior é um tanto plana... é a parte que descansa **sobre** o plano aponeurótico... ou seja... **sobre** a aponeurose do grande peitoral...* (EF SSA 49)
b) *Junta com... aquela couvinha bem partidinha ba/faz na::... na... frigideira... depois põe **em cima da** carne e põe os legumes em cima...* (DID RJ 328)

Se o PONTO DE REFERÊNCIA é expresso por um numeral ou por expressão que remeta a "medida, valor" mantém-se o sentido de ESPAÇO SUPERIOR, mas a preposição libera um sentido mais abstrato de escalaridade, gerado por essa composição, como em (45):

(45)
a) *Eu não viajo nem num outro carro **acima de** oitenta ou noventa... de velocidade...* (D2 SSA 98)
b) *Até aquele que ganha... **acima de** quarenta acima de cinquenta... mas dentre uma... e outra... há uma faixa enorme.* (D2 SP 369)
c) *Houve uma tentativa de se limitar a carga por roda quer dizer de evitar que carros muito pesados com cargas muito pesadas... trafeguem... acima quer dizer **acima do** peso para o que ela foi construída.* (D2 SSA 98)

Se a FIGURA é uma entidade abstrata, o ESPAÇO SUPERIOR será igualmente abstrato, como em:

(46)
a) *Entidades portanto... que não são obrigadas... a pagar o chamado imposto **sobre** a renda...* (DID REC 131) [imageticamente, o *imposto* é visto como uma entidade localizada acima da *renda*]
b) *Uma sensação... de poder... uma sensação... de domínio **sobre** a natureza... que no final das contas toda a evolução humana... não deixa de ser exatamente a evolução do domínio que o homem tem **sobre** a natureza...* (EF SP 405) [= o *domínio* está em cima, a *natureza* está embaixo]
c) *O governo ainda não jogou a toalha **sobre** essas negociações.*
d) *Construí esta hipótese **em cima dos** dados colhidos nas entrevistas.*

Os dados mostram que a preposição *sobre* está desaparecendo, pressionada pelas preposições complexas calcadas sobre o substantivo *cima*. Ela resiste em predicações tais como *falar sobre, responder sobre*, cujos sujeitos se deslocam ficticiamente para uma posição superior ao referente expresso pelo complemento da preposição, liberando assim com frequência o sentido de "a respeito de":

(47)
- a) *Então nós vamos conversar **sobre** ensino né?...* (DID SSA 231)
- b) *L1 – eu num posso no momento... lhe dar... uma resposta afirmativa **sobre** essa questão...* (DID REC 131)

2. Preposições indicativas de ESPAÇO INFERIOR

Essas preposições invertem a posição da FIGURA e do PONTO DE REFERÊNCIA: aquela se situa agora num plano inferior a este, sendo ambos expressos por substantivos /concretos/:

(48)
- a) *O carteiro passou a correspondência **sob** a porta.*
- b) *Fiz uma brincadeira... botei um:: colei **embaixo de** cada prato assim... (...) sem eles ver um papelzinho né?* (DID POA 45)
- c) *Em seguida nós temos o tecido subcutâneo... então **abaixo da** pele... então nós teremos a primeira camada que é a pele... **abaixo da** pele o tecido subcutâneo...* (EF SSA 49)
- d) *é impressionante o Brasil tá (montado) em cima de caminhão... (tudo **pra baixo** e pra cima) em cima de caminhão (quer dizer) então... não tem solução mesmo.* (D2 SSA 98)

Embora (48a) pareça bastante espontâneo, são muito raras as ocorrências de *sob*, que sofre a concorrência das preposições complexas *embaixo de, debaixo de*, construídas com o advérbio *baixo* (48b a 48d).

Sob encontrou nas lexias *estar sob tensão, fazer X sob várias formas* etc., uma espécie de nicho sintático, em que resiste a seu desaparecimento:

(49)
- a) *Essa gente (es)tá quieta por quê? porque (es)tão **sob tensão**, é isso?* (EF POA 278)
- b) *L1 – Peixe a gente co/galinha também... uma vez por semana a titia faz quando não faz durante a semana... faz de dias de domingo... (faz) as galinhas **sob várias formas** em casa come várias coisas de galinha...* (DID RJ 328)

Outro refúgio de *sob* é ocorrer como prefixo, na forma latina *sub*, em *subestimar, subliterato, subordinado* etc.

Os falantes avaliam positivamente as preposições complexas calcadas no item *cima*, donde "*ele está por cima da situação*", e negativamente as preposições calcadas em *baixo*, como em "*coitado, ficou por baixo mesmo*", "*está com baixo astral*" etc. (Lakoff, 1987).

14.2.2.3. Preposições do eixo espacial transversal

Quadro 14.8 – Preposições do eixo transversal

POSIÇÃO ANTERIOR	POSIÇÃO POSTERIOR
ante, diante, perante, diante de, antes de, em frente de, em face de, defronte (de, a)	trás, por trás de, atrás de, após, depois de

As preposições do eixo transversal representam o ESPAÇO também tomando por referência a orientação do corpo humano: olhando para frente se constrói o ESPAÇO ANTERIOR, olhando para trás se constrói o ESPAÇO POSTERIOR. A visão, portanto, assume um papel importante na postulação deste eixo. Valores temporais de futuro e passado, respectivamente, derivaram daqui. À nossa frente, miramos o futuro. Às nossas costas, o passado.

1. Preposições indicativas de ESPAÇO ANTERIOR

As preposições indicativas do ESPAÇO ANTERIOR representam o espaço situado à nossa frente. Elas se repartem por três étimos, tendo todas em comum a designação original da parte da frente do corpo: (i) preposições calcadas no étimo indo-europeu *ant ("testa, fachada, frontispício"), segundo Viaro (1994: 178), de que deriva o advérbio latino *ante* ("adiante, antes, anteriormente") e as preposições *ante, perante, diante de, antes de*; (ii) preposições calcadas no latim *fronte* ("fronte, testa, parte anterior do rosto"): *defronte de/a, a/em frente de/a*; (iii) preposições calcadas no latim *facies* ("face, semblante, beleza, ar, aparência"): *em face de*.

Os dados mostram que o valor locativo de *ante* e *antes de* (50) perde terreno para o valor de tempo anterior (51):

(50) Valor espacial de *ante, antes de*
   a) *Não posso ficar mudo **ante** o espetáculo doloroso que acabo de presenciar.*
   b) *A sala de jantar é **antes da** cozinha.* (= a cozinha é após a sala de jantar)

(51) Valor temporal de *antes de*
   a) *Eu estou justamente na dúvida na/da hora de eu sair daqui... eu não sei se sairei justamente **antes de** seis horas da manhã ou saio depois das oito.* (D2 SSA 98)
   b) *A gente sempre toma a batidinha **antes de**... **das** refeições.* (DID RJ 328)
   c) *Uma peça muito comentada... assisti **antes dessa** "Caiu o Ministério" essa úl/a última eu não lembro o nome...* (DID SP 234)

As preposições simples e as complexas calcadas em *ante* situam o PONTO DE REFERÊNCIA (i) no ESPAÇO ANTERIOR (52), verbalizado em geral por expressão /contável/, (ii) no tempo simultâneo e no aspecto durativo, quando verbalizado por expressões que indiquem duração no tempo (53):

(52) Espaço anterior
   a) *Toda aquela assistência médica hospitalar... que: os sindicatos vêm habitualmente cumprindo ou que vêm / os sindicatos se propõem a fazer... **perante** seus associados.* (DID REC 131)
   b) *O cara era fanático por correr a cavalo para aparecer lá **perante** as garotinhas.* (D2 SP 343)
   c) *Numa sociedade do tipo socialista... nós estamos **diante**... **de** uma situação... em que... apenas a voz... de uma entidade faz valer...* (DID REC 131)

Também aqui se desenvolve um valor de causação, se o PONTO DE REFERÊNCIA for um demonstrativo neutro, portanto um anafórico, condição idêntica à que encontramos na expressão *por aí*:

(53)
   a) *a mãe diz que na escola não proc...cura não tem educação física que a criança não pratica esporte... então... **diante disso**... (...) eu acho que não::... (cabe)... **diante disso** eu acho que não está... né?... difundido o esporte ainda... né?...* (DID SSA 231)
   b) *então... **diante disso** eu:: vislumbrei outras... coisas... para... aquele gosto dela não só arquitetura não é?*
   (D2 SP 360)

As preposições que dispõem da base *fronte* mostraram-se menos produtivas no português culto falado no Brasil. De *defronte*, encontrou-se apenas uma ocorrência:

(54) *Eu acho que uma:: última peça que eu assisti foi da::... foi lá **defronte** o SESC.* (DID SP 234)

O substantivo *frente* gramaticalizado como preposição é de uso escasso, figurando maiormente ou como adverbial (em *vá em frente*) ou como preposição complexa:

(55)
   a) *E como a gente vê é um período... eNORme **frente ao** que a gente conhece da história humana.* (EF SP 405)
   b) *Lá em Ipanema 5 **em frente aquele** cine-parque (...)* (DID POA 45)

2. Preposições indicativas de ESPAÇO POSTERIOR

As preposições indicativas do ESPAÇO POSTERIOR representam o espaço situado às nossas costas. São as seguintes: (i) preposições derivadas de *trans* e de *atrás de* (do latim *ad + trans*, "no lado oposto à face [nos humanos]", "lado oposto àquele que se vê ou de que se fala"): *trás, por trás de, atrás de*; (ii) preposições derivadas de *ad + post*: *pós, em pós de, depois de*.

Trás, como em (56), é de uso raro na língua falada, sendo mais frequentes as preposições complexas *atrás de, por (de)trás de* (57):

(56)
    a) **Trás** *mim virá quem melhor me fará.*
    b) **Trás** *aquela fala macia, existe uma grande raiva contida.* (exemplo de Houaiss, 2001)

(57)
    a) *Vive correndo* **atrás do** *prejuízo.*
    b) *Quando ela nasce... aqui...* **por trás desse** *casario... compreendeu (...)* (DID SSA 135)
    c) *...éh* **por detrás dos** *bastidores é uma coisa horrível né?... é tudo tão::... parece tão tão mascarado sei lá e quando aparece em cena o público vê uma coisa totalmente bonita né?* (DID SP 234)

O item *pós*, de uso igualmente raro, é documentado na língua escrita por Houaiss (2001), "*corria o cão em pós de uma lebre*". *Após* é uma regramaticalização de *pós*, tendo derivado de *ad + post* ("atrás de, depois de, em momento ou ocasião posterior a"). *Depois* é uma nova regramaticalização da mesma base *post*, de etimologia controvertida. Aparentemente, as formas *de + post* (> *depos, depois*) e *de + ex + post* (> arcaico e popular *despois*) entraram em variação, recaindo sobre a primeira a preferência da língua culta.

Tanto a preposição simples *após* quanto as preposições complexas mencionadas indicam ESPAÇO e TEMPO POSTERIOR, respectivamente (58a), (58b) e (58c), e (59a), (59b) e (59c):

(58)
    a) *O lugar que você procura fica* **após** *a ponte.* (= a ponte fica antes do lugar que você procura)
    b) *Onde... depois... ou* **após** *muitos anos... nós tivemos... o imenso prazer... de: observar um diálogo... cada vez mais crescente entre... os presidentes dos diversos sindicatos...* (DID REC 131)
    c) *E nos mudamos... de qualquer forma... tanto que assim que as últimas janelas e as últimas portas foram pintadas já* **após** *a mudança...* (DID REC 04)

(59)
    a) *E* **depois da** *sala de estar se você sobe um lance de escada você chega a dois quartos e um banheiro e* **depois de** *mais outro lance e você chega a um outro quarto.* (D2 RJ 355)
    b) *L2 – Não o meu problema é chegar a Governador Valadares... porque aquele trecho de Milagres... e o trecho* **depois de** *Conquista... ave-maria já não aguento mais...* (D2 SSA 98)
    c) *Preenchendo também éh::... as intenções da consorte... ((ri))* **depois de** *muita discussão "não porque a cozinha deve ser maior do que aquilo e:: falta a área da:::... áh:... éh: área de serviço"...* (DID REC 04)

Os exemplos mostram uma presença maior da predicação temporal entre as preposições do eixo transversal, certamente conectada à categoria cognitiva de visão subjacente a este eixo. A noção de ESPAÇO físico se neutraliza em favor da noção de tempo, quando a preposição liga uma FIGURA preenchida por expressão referencial concreta a um PONTO DE REFERÊNCIA preenchido por indicações cronológicas precisas ou imprecisas ou por um deverbal, entre outros arranjos sintáticos.

Confrontando as preposições de ESPAÇO ANTERIOR com as preposições de ESPAÇO POSTERIOR, observa-se que as primeiras têm uma variedade de formas e uma frequência de uso superiores às segundas, pois os objetos localizados no espaço diante dos olhos integram uma hierarquia cognitiva mais alta que aqueles localizados às costas, conforme já se notou neste capítulo (Lakoff, 1987).

14.2.2.4. Preposições do eixo espacial proximal/distal

Quadro 14.9 – Preposições do eixo proximal/distal

PROXIMAL	DISTAL
a, com, junto com, perto de	sem, longe de, distante de

As preposições deste eixo localizam a FIGURA num espaço próximo ou distante em relação ao PONTO DE REFERÊNCIA. As noções que configuram este eixo são maiormente expressas por advérbios. A utilização dessas preposições acarreta noções de "copresença" para o traço /proximal/, e de "ausência" para o traço /distal/.

1. Preposições indicativas de ESPAÇO PROXIMAL

Rareia no português culto falado o emprego de *a* em seu sentido etimológico de "proximidade":
  (60) *Não não não é não é uma casa grande né... apenas com com um jardim com planta com passarinho (...)* ***a: a: a*** *cem metros do rio Capibaribe que é o meu rio sagrado...* (D2 REC 05) [= a *casa grande* está localizada próximo ao *rio Capibaribe*]

A preposição *com* ocupa o lugar de *a* na predicação do ESPAÇO PROXIMAL, com o sentido de /instrumento/, se a FIGURA e o PONTO DE REFERÊNCIA forem expressos por palavras com o traço /concreto/ (61a); nas mesmas circunstâncias, ela indica proximidade, e por via de consequência, companhia (61b e 61c):

(61)
  a) *Fechei a porta* ***com*** *sete chaves.* [*a sete chaves*]
  b) *Não é prá se dizer que era um caminhão muito largo não... caminhão* ***com*** *a carreta comum.* (D2 SSA 98) [= caminhão e carreta estão próximos]
  c) *Vende-se uma roça bem plantada,* ***com*** *boa casa, e água de beber.* (exemplo de Romero, 2005)

A proximidade/companhia no espaço pode ser expressa também por meio (i) do prefixo *com-*, que veicula um sentido de proximidade nem sempre perceptível para os falantes de hoje; e (ii) da repetição da preposição *com* antes do complemento ou do adjunto, como se pode ver em:

(62)
  a) *Então investigando o fenômeno social: não é? em* ***correlação com*** *a realidade social.* (EF REC 337)
  b) *E* ***contando*** *basicamente* ***com*** *o quê?* ***com*** *a sua mão de obra grande... sabendo que tinha que trabalhar para sobreviver às outras potências, tá?* (EF RJ 379)

Em (62), os termos associados pela preposição ocupam um lugar próximo no ESPAÇO. Se a FIGURA apresenta traço /abstrato/, atenua-se a percepção de proximidade:

(63)
  a) *Mas não posso porque eu tenho que complementar o meu salário* ***com*** *o dinheiro dum, dum cargo à noite* (D2 RJ 355) [= o *dinheiro* é copresente ao *salário*, ambos se localizam no mesmo espaço idealizado]
  b) *Ela faz... reeduca/... reeducação não mas seria... exercícios...* ***com*** *a fonoaudióloga.* (D2 SP 360)

O valor de copresença ou de companhia da preposição *com* é o mais assinalado em nossas gramáticas, mas é bom notar que ele deriva da localização de um objeto no ESPAÇO PROXIMAL.

Analogamente às preposições descritas anteriormente, quando o PONTO DE REFERÊNCIA é uma expressão de tempo, atenua-se a localização espacial da FIGURA em favor de sua localização no tempo:
(64) *Ela foi à escola **com** um ano e quatro meses... eu a coloquei na maternal **com** um ano e quatro meses.* (DID SSA 231) [= *ela* e *um ano e quatro meses* imageticamente estavam copresentes quando se deu o evento *ir à escola*]

Um efeito interessante da copresença é que a partir dessa noção pode-se desembocar na de /instrumento/, entendido como o meio através do qual se dá o evento:
(65)
   a) *Três ou quatro citações que faziam referência exatamente a isso... que o estilo mudava... **com**... a mudança... de vida... e que o estilo e que a arte sempre vão refletir uma deter minada maneira.* (EF SP 405) [= a *mudança de vida* intrumentou a *mudança do estilo*]
   b) *É o mesmo troço do sujeito fazer uma casa... entendeu... **com** uma lagezinha bem fininha e botar em cima um depósito de peso muito grande...* (D2 SSA 98)

De /instrumento/ para /causa/ é um pequeno salto, condicionado por um PONTO DE REFERÊNCIA /abstrato/, como se pode ver em:
(66)
   a) *Sabemos por exemplo que **com**... aplicação... do chamado fundo de garantia por: tempo de serviço... se verificou neste país... um processo acentuado de rotatividade... da mão de obra.* (DID REC 131) [= a *aplicação do fundo de garantia* causou que se *verificasse um processo de rotatividade*]
   b) *Mas é possível a gente olhar para elas e ainda se espantar **com** a qualidade da representação.* (EF SP 405) [= a *qualidade* causou o evento de *espantar-se*]

A preposição *com* aparentemente atinge sua maior semanticização quando passa a constituir juntamente com o PONTO DE REFERÊNCIA expressões de qualificação da FIGURA, como em:
(67)
   a) *livro **com** páginas rasgadas* [= *livro rasgado*]
   b) *guerra **com** ramificações várias* [= *guerra ramificada*]
   c) *prédio **com** rachaduras* [= *prédio rachado*]

Os exemplos aqui estudados permitem refazer o percurso de *com*, que deve ter percorrido a seguinte escala:

   espaço proximal > tempo > instrumento > causa > qualidade

As preposições complexas *acerca de, a cabo de, junto de, a par de, em presença de, à beira de* são de maior uso na língua escrita.

2. Preposições indicativas de ESPAÇO DISTAL

A preposição simples *sem* e as preposições complexas *longe de* e *distante de* localizam a FIGURA num espaço distante, por vezes não encontrável, em relação ao PONTO DE REFERÊNCIA:
(68)
   a) *Eu acho que é uma exigência que, que se faz talvez, por deformação já de berço que se tenha **sem** com isso eu quere(r) banca(r) o esnobe, né?* (D2 POA 291) [= *deformação de berço* e *querer bancar o esnobe* são situações distanciadas uma de outra]
   b) *Você viu agora Recife passou quase uma semana **sem** água...* (D2 REC 05) [= *uma semana* está localizada longe de *água*]
   c) *É tudo **sem** problema.* (D2 SP 360)
   d) *Mar eu não entendo se morar **longe do** mar.* (D2 REC 05)
   e) *O Nordeste só cresce em termos absolutos... em termos relativos fica cada vez mais **distante do** Sul...* (D2 REC 05)

Em outra semelhança com seu antônimo *com*, *sem* pode formar expressões atributivas, como um quase prefixo:
(69)
a) *sujeito **sem graça***
b) *camponês **sem terra***
c) *moradores **sem teto***
d) *Então o caso é um caso **sem jeito**... quando esses linfáticos são atingidos...* (EF SSA 49)

Também o ESPAÇO DISTAL é expresso com mais frequência por meio de preposições complexas, como em (67d) e (67e), de que predominam na língua escrita *na ausência de, distante de*.

14.2.2.5. Preposições do eixo espacial continente/conteúdo

Quadro 14.10 – Preposições do eixo continente/conteúdo

ESPAÇO INTERIOR	ESPAÇO EXTERIOR
em, entre, dentro de, em meio de	fora de, na ausência de

Nestas preposições, a FIGURA é considerada como um conteúdo que será localizado dentro ou fora do espaço verbalizado através do PONTO DE REFERÊNCIA, interpretado como um continente, real ou imaginário. O mundo, uma cidade, uma sala, uma situação, um momento são imageticamente considerados como um continente, dentro do qual é possível situar um conteúdo expresso pela FIGURA. Os estados de coisas predicados por essas preposições são predominantemente estáticos.

1. Preposições indicativas de ESPAÇO INTERIOR

Estas preposições situam a FIGURA no interior do espaço representado pelo PONTO DE REFERÊNCIA. Elas excluem a noção de fases de um percurso, distinguindo-se aqui particularmente a preposição *em*, em relação aos seus usos estudados anteriormente.

As preposições complexas expressam com mais clareza que as simples a localização no ESPAÇO INTERIOR. Vamos comparar a localização espacial expressa pela preposição simples de (70a) a (70c) com aquela expressa pela preposição complexa de (70d) a (70f):

(70) Preposições simples e complexas tomando uma localidade como PONTO DE REFERÊNCIA
a) *Tanto é que eu não moro **em** Recife eu moro **em** Olinda...* (D2 REC 05) [*morar* é uma atividade que ocorre no interior do espaço de *Olinda*]
b) *Quase todo mundo **em** São José do Egito é poeta...* (D2 REC 05) [= *São José do Egito* é um continente, *todo mundo* é um conteúdo situado no interior desse continente]
c) *Morar bem é morar num apartamento de luxo... é morar **no** centro da cidade...* (D2 REC 05)
d) *Dizem que o estatístico é o homem que senta numa barra de gelo e bota a cabeça dele **dentro do** forno e diz que a temperatura média está ótima.* (D2 REC 05) [= a cabeça está localizada no espaço interior do forno]
e) *Eu por exemplo moro numa grande cidade moro **dentro de** Recife.* (D2 REC 05)
f) *A estrada já (es)tava suportando um tráfego de mil novecentos e oitenta... quer dizer já tava **dentro de** sua vida útil.* (D2 SSA 98)

O PONTO DE REFERÊNCIA pode ser um lugar, como em (70), uma expressão abstrata, como em (71), ou ainda uma expressão de tempo como em (72):

(71) Preposição tomando uma entidade abstrata como PONTO DE REFERÊNCIA
a) *Fica **em** dúvida? são iguais exato... olha... é mais fácil... pensar:... que não há distinção... a distinção é uma distinção mais verbal...* (EF REC 337) [= a *dúvida* é imageticamente considerada como um continente, no interior do qual se situa o estado de *ficar*]

b) *Aquela em que por exemplo atinge o homem **em** qualquer fase... qualquer idade...* (EF SSA 49)
c) *Se limita a atuar **em** outros casos...* (EF SSA 49)

Em (71), o falante considera que situações tais como *dúvida, fase, caso* etc. constituem espaços dentro dos quais é possível alojar estados de coisas tais como *ficar, atuar,* e entidades tais como *homem*.

(72) Preposição tomando uma expressão de tempo como PONTO DE REFERÊNCIA
a) *Você tem:: **em** época de São João em Olinda você ainda vê fogueira.* (D2 REC 05)
b) *Eu pretendo chegar sair daqui... sexta-feira de manhã prá poder estar **no** sábado em Belo Horizonte... tranquilo.* (D2 SSA 98)

De novo imageticamente, o falante representa *época* e *sábado* como espaços no interior dos quais se alojam as entidades e os estados de coisa *fogueira* e *estar*.

Em sentenças existenciais, as expressões locativas introduzidas pela preposição *em* atenuam seu valor prototípico de "localização de X no interior de Y", em favor de "existência de X no interior de Y, expresso por um sintagma preposicional":

(73)
a) *Nós VA:MOS (...) admitir... aqui... **em** aula... que: existe uma: complementariedade entre esses três saberes...* (EF REC 337)
b) *Por exemplo... **no** setor odontológico... sabemos... que... existe uma demanda... muito grande... atualmente...* (DID REC 131)
c) ***Em** São Paulo tinha uns cinemas ótimos eu acho que aGOra o::o pessoa:: sei lá eles vão de qualquer jeito* (DID SP 234)

Como vimos anteriormente, a existência pressupõe uma localização (veja **8**.3.2.1).

A preposição *entre*, que etimologicamente é um comparativo de superioridade de *em* (< *in* + *ter*), significando, portanto, "mais dentro", denota um espaço físico, que pode ser também um espaço de tempo, situado "mais no interior" de dois termos, em seu intervalo, organizando a estrutura [*entre* X e Y]:

(74)
a) *Fica mais ou menos **entre** seis e oito horas né?* (D2 SSA 98) [= o espaço de tempo é concebido como um intervalo situado no interior das seis e das oito horas]
b) *A senhora... procurou dar espaço de tempo **entre** um e outro...* (D2 SP 360)
c) *Mas **dentre** uma... e outra... há uma faixa enorme.* (D2 SP 360)

A não ocorrência dos termos X e Y interrompe a interpretação de "intervalo", e agora a preposição *entre* perde seu sentido prototípico, liberando um sentido mais indeterminado de "no meio de":

(75)
a) *Isso realmente provocou eh ciúmes **entre** os homens éh::* (D2 SP 360) [o *ciúme* é um espaço idealizado no interior do qual se localizam os *homens*]
b) *Porque **entre** nós por exemplo... há muita ignorância...* (EF REC 337) [= *ignorância entre nós*: nós estamos localizados no espaço interior representado pela ignorância]

2. Preposições indicativas de ESPAÇO EXTERIOR

A representação gramatical das entidades que se situam fora de um continente é consideravelmente mais pobre que seu antônimo, tendo-se registrado no Projeto Nurc apenas a locução preposicional *fora de*, que ocorre nos mesmos ambientes de *dentro de* e *em*:

(76)
a) *Dentro de uma sala de aula... precisa isso... agora num ambiente **fora de**... **da** sala de aula... que é que nós (precisamos) de ter... um ambiente bem::... gostoso pro doente pro:: doente ahn?* (DID SSA 231) [= o *ambiente* está localizado no espaço exterior à *sala de aula*]

b) *Eu acho que morar bem é morar **fora da** cidade... é morar onde você respire... onde você acorde de manhã como eu acordo e veja passarinho à vontade no quintal é ter um quintal... é ter árvores...* (D2 REC 05)

LEITURAS SOBRE A SEMÂNTICA DAS PREPOSIÇÕES
Veasey Rodrigues (1974), Vandeloise (1986/1991), Langacker (1992), Almeida (1995), Bonfim (2000), Castilho et al. (2002), Castilho (2002b, 2002d/2005, 2003b/2006, 2004a, 2004b, 2005, 2009b), Kleppa (2004), Kewitz (2004, 2007a, 2007b), Ilari et al. (2008).

14.2.3. AS PREPOSIÇÕES NO TEXTO

Pelo menos dois expedientes construídos com preposições concorrem para a organização do texto: as construções de tópico preposicionadas e as expressões de conectividade textual.

14.2.3.1. Construções de tópico preposicionadas

Os sintagmas preposicionais completam a predicação verbal, quando funcionam como argumento, ou agregam informações secundárias, quando funcionam como adjuntos. Seu papel textual mais saliente é, portanto, o de concorrer para o conteúdo informacional.

Além disso, as construções de tópico preposicionadas criam a moldura à volta da qual girará o texto. Essa moldura opera na modalização, na temporalização e na delimitação do texto. Em consequência, teremos construções de tópico modalizadoras, temporalizadoras e delimitadoras. Vejamos alguns exemplos.

(77) onstrução de tópico modalizadora
    a) **De certo**, *logo havendo o uniforme fica sempre o mesmo vicio que se quer evitar.* (correspondência de leitor, *Farol Paulistano*, 1828)
    b) **Porventura** *estes mesmos estudantes pobres não têm uma casaca para o seu passeio?* (correspondência de leitor, *Farol Paulistano*, 1828)
(78) Construção de tópico temporalizadora
    a) **De volta**, *sentei-me a descansar na ponte franca e aí estavam talvez ao mesmo fim dois sujeitos.* (correspondência de leitor, *Farol Paulistano*, 1828)
    b) **Antes de tudo**, *vamos estabelecer os parâmetros teóricos que fundamentam esta tese.*
    c) **Depois disto**, *para que continuar insistindo nesse ponto?*
(79) Construção de tópico delimitadora
    a) **Para nós**, *a situação de Ruanda é igual à de Botsuana.*
    b) **Com respeito à globalização**, *eu gostaria que o senhor falasse sobre o significado da globalização no mundo moderno.*

As construções de tópico organizadas por expressões preposicionadas tomam por escopo toda a sentença, e não apenas um de seus constituintes (sobre as construções de tópico, veja **7**.1).

Assim, em (77a), a expressão negritada hiperpredica a sentença por modalização asseverativa, produzindo o mesmo efeito de *com efeito, de fato*; em (77b), temos agora uma hiperpredicação modalizadora não asseverativa, expressa por uma construção de tópico preposicionada que atua como um adverbial interrogativo. Em (78), as expressões localizam no tempo os estados de coisa aí mencionados. Em (79a), a construção negritada indica que o conteúdo proposicional é considerado verdadeiro dentro do quadro de referências criado por *para nós*; em (79b), a construção de tópico delimita a pergunta ao problema da globalização. São igualmente delimitadoras as expressões *na prática* e *em certo sentido*. Esses sintagmas preposicionais funcionam semanticamente como adverbiais hiperpredicadores, e sintaticamente como adjuntos adsentenciais (sobre a hiperpredicação, veja Kato / Castilho, 1991).

14.2.3.2. Expressões de conectividade textual

Construções de tópico preposicionadas funcionam também como conectivos textuais:
(80)
   a) **Enfim**, *é vestimenta muito cômoda; eu via em Coimbra os estudantes trazerem dentro do gorro o livro, o tinteiro.* (correspondência de leitor, *Farol Paulistano*, 1828)
   b) *As chuvas chegaram com uma fúria incontrolável, as lavouras foram destruídas, perdeu-se a criação.* **Com isso/desse modo** *os prejuízos se avolumaram, e a miséria se abateu sobre a região.*
   c) **Entretanto/no entanto**, *verifique se eu não estou lá na esquina.*

Em (80a), *enfim* representa o tempo do discurso, funcionando como conjunção textual; em (80b), *com isso/desse modo* conectam as expressões à sua direita as expressões à esquerda, estabelecendo uma relação de causa e consequência. *Entretanto* e *no entanto* de (80c) mostram a ligação bastante produtiva das preposições *em*, *entre* e *por* ao quantificador *tanto*, de que resultam as conjunções sentenciais e os conectivos textuais *em tanto*, *entretanto*, *no entretanto*, *portanto*.

LEITURAS SOBRE A SEMÂNTICA DAS PREPOSIÇÕES
Veasey Rodrigues (1974), Vandeloise (1986/1991), Macedo (1987), Langacker (1992), Svorou (1993), Viaro (1994), Bonfim (2000), Cifuentes Honrubia (2001), Castilho (2002a, 2003a/2007, 2004a), Kewitz (2004, 2007a, 2007b), Ilari et al. (2008).

14.3. DESCRIÇÃO DOS ESPECIFICADORES

Como vimos na seção **14.**1.2, advérbios funcionam como Especificadores do sintagma preposicional, organizando preposições complexas (veja outros exemplos no Quadro 14.5).

14.4. DESCRIÇÃO DOS COMPLEMENTADORES

Vimos na seção **14.**2.1.1 quais são as classes que a preposição toma como escopo. Essas classes constituem os Complementadores do sintagma preposicional: (i) um substantivo, como em *para casa*; (ii) um verbo, como em *para comer*; (iii) um pronome, como em *para mim, para estes, para os meus, para quem*; (iv) um quantificador definido, como em *para dois*; (v) um quantificador indefinido, como em *para muitos*, e assim por diante.

Concluindo, vê-se que os sintagmas preposicionais podem organizar as seguintes estruturas:
1. E1: sintagma preposicional composto pelo Especificador + núcleo:
(81)
   a) *Ih, cara, você ainda está* [**longe de**]!
   b) *Leve o guarda-chuva,* [**junto com**].

Em (81), elidiu-se o sintagma nominal encaixado no sintagma preposicional, que funcionaria como seu Complementador, numa E3 adiante:

(81')
>Você está **longe de casa**!
>Leve o guarda-chuva, **junto com a capa**.

2. E2: sintagma preposicional composto por núcleo + Complementador:
(82)
   a) *Este sentimento vem* [***do coração***].
   b) *Você não deveria atirá-lo* [***para o espaço***].

3. E3: sintagma preposicional máximo, composto por seus três constituintes:
(83)
   a) *Ih, cara, você ainda está* [***longe de casa***]!
   b) *Leve o guarda-chuva,* [***junto com a capa***].

Como o Especificador do sintagma preposicionado é um advérbio, e como esta palavra organiza igualmente um sintagma, (83) poderia ter ocorrido com um Especificador do sintagma adverbial/Especificador do sintagma preposicional, numa estrutura como:

(83a') *Ih, cara, você ainda está* [***muito longe de casa***]!

ALGUMAS GENERALIZAÇÕES SOBRE A GRAMÁTICA DO PORTUGUÊS BRASILEIRO. A REFLEXÃO GRAMATICAL

A PESQUISA CONTINUA

As gramáticas promovem uma descrição sistematizada das expressões linguísticas, mas nem sempre buscam generalizações sobre elas, de interesse para facultar ao leitor uma mirada de conjunto sobre os achados.

Uma generalização só pode ser alcançada a partir de um recorte teórico sobre o que é a língua, e sobre o que é a gramática. Uma percepção funcionalista-cognitivista orientará as generalizações contidas na primeira seção deste capítulo.

Descrevi nesta gramática as estruturas sintáticas do PB do capítulo "A conversação e o texto" ao capítulo "O sintagma preposicional", indo das formas para suas propriedades gramaticais, semânticas, discursivas. Denomina-se semasiologia* esse percurso analítico.

Para generalizar, inverterei o jogo, caminhando das categorias cognitivas para as estruturas que as representam. Denomina-se onomasiologia* esse percurso analítico. O objetivo do exercício é mostrar ao leitor que *muitas representações linguísticas*, com sua variadíssima terminologia, relacionam-se na verdade a *poucas categorias cognitivas*.

Se não descobrirmos a relação que há entre esses muitos e esses poucos, não perceberemos como a língua é criada nem como é adquirida tão cedo pelas crianças. Para aprender uma língua, é provável que as crianças identifiquem as categorias cognitivas "escondidas" por trás das estruturas linguísticas a que estão expostas. Tentarei restabelecer essas conexões.

Por outro lado, na Introdução desta gramática e ao longo de seus capítulos, convidei o leitor a desenvolver observações próprias sobre o PB. Discuto na segunda seção deste capítulo a metodologia necessária ao desenvolvimento dessas observações, e enumero na terceira seção alguns temas de trabalho, perseguindo sempre o objetivo de habilitar o leitor a raciocinar sobre a gramática de sua língua, e a tirar suas próprias conclusões.

15.1. ALGUMAS GENERALIZAÇÕES SOBRE A GRAMÁTICA DO PORTUGUÊS BRASILEIRO

A Linguística Cognitiva nos oferecerá o quadro teórico para uma reflexão onomasiológica sobre as estruturas aqui descritas. Essa direção teórica foi apresentada nesta gramática em **1**.2.2.1; para mais detalhes, veja Geraerts (1995, apud Silva, 2001: 3).

Os linguistas cognitivistas evitam cuidadosamente estabelecer relações de causa/efeito entre as categorias cognitivas e as estruturas linguísticas. Ao emparelharem esses campos, eles se servem de predicadores tais, como "interação", "paralelismo", "reflexo", "representação" – raramente algo como "derivação", "consequência", "relação primitivo/derivado" etc. Eles reconhecem que as línguas naturais corporificam as categorias cognitivas de PESSOA, COISA, ESPAÇO e TEMPO, MOVIMENTO, QUALIDADE, QUANTIDADE, entre outras, mediadas sempre por sua interpretação, promovida pelas respectivas culturas (veja **1**.2.2.1). A representação dessas categorias muda de língua para língua, ou no interior de uma mesma língua, ao longo de seu percurso histórico. Mas as categorias cognitivas propriamente ditas permanecem, pois integram os atributos da raça humana.

Nas seções que se seguem, rastreio resumidamente a presença de algumas dessas categorias, sempre que mencionadas ao longo dos capítulos desta gramática. Para esse fim, é preciso ter em conta que as designações das categorias cognitivas são bastante genéricas. Por PESSOA, entende-se qualquer ser animado; por COISA, as entidades inanimadas, como os objetos; por ESPAÇO ou LUGARES, os ambientes ocupados por PESSOAS e COISAS, entendendo-se por TEMPO uma metáfora do ESPAÇO: o ponto inicial de um percurso ocorre num dado segmento do TEMPO, distinto do momento em que ocorre seu ponto final; por MOVIMENTO, as deslocações reais ou fictícas de PESSOAS e COISAS pelo ESPAÇO e pelo TEMPO; por QUALIDADE, as propriedades intensionais de uma entidade, e por QUANTIDADE, sua extensão.

No que segue, procedo a uma apresentação sumária da presença dessas categorias no PB.

15.1.1. REPRESENTAÇÃO DA CATEGORIA DE *PESSOA*

Quadro 15.1 – Representação da categoria de PESSOA

DISCURSO	SEMÂNTICA	VOCABULÁRIO	GRAMÁTICA
A categoria de PESSOA é constitutiva do discurso (veja **2.3.1**, **2.3.2**, **5.1.2** e **5.3**). Sobre ela se assentam os gêneros discursivos: no diálogo, a primeira e a segunda pessoas estão em presença; na narração, a segunda pessoa está ausente (veja **5.3**).	A categoria semântica da dêixis representa as categorias de PESSOA e ESPAÇO (veja **2.2.2.1**). Central na organização do discurso, a dêixis é também central na administração dos sistemas linguísticos (veja **1.2.3**).	A PESSOA é representada pelas seguintes classes de palavras: 1) Pronome pessoal (veja capítulo "História do português brasileiro", Q 3.8; capítulo "Diversidade do português brasileiro", Q 4.2; capítulo "O sintagma verbal", Q 10.3. 2) Pronome demonstrativo (veja capítulo "O sintagma nominal", Q 11.5 e Q 11.6). 3) Pronome possessivo (veja capítulo "O sintagma nominal", Q 11.7).	A PESSOA tem a seguinte expressão gramatical: 1) Flexão verbal (veja capítulo "Os sistemas linguísticos", Q 2.6; capítulo "Diversidade do português brasileiro", Q 4.2. 2) Voz e modo verbais: **10.2.2.2.3** e **10.2.2.2.4**. 3) Argumentos sentenciais são proporcionais aos pronomes pessoais (veja **6.4.1.1**; **7.3** e **7.4**). 4) A sentença apresentacional caracteriza-se pela ausência da PESSOA (veja **8.3.2.1**). 5) A saliência da flexão de PESSOA favorece a concordância do verbo com o sujeito (veja **10.2.1.4**).

15.1.2. REPRESENTAÇÃO DA CATEGORIA DE *COISA*

Quadro 15.2 – Representação da categoria de COISA

DISCURSO	SEMÂNTICA	VOCABULÁRIO	GRAMÁTICA
1) O tópico discursivo materializa a COISA nos textos (veja **11.2.3.1**). 2) A derivação referencial é a recorrência da COISA no texto (veja **11.2.3.2**). 3) O encadeamento temático é um relacionamento das COISAS no texto (veja **11.2.3.3**).	1) A categoria semântica da referenciação representa a COISA (veja **2.2.2.2**). 2) A foricidade é uma retomada da COISA (veja **2.2.2.1**). 3) Conotação e denotação constituem estratégias de representação da COISA (veja **2.1.2.1**). 4) Intensionalidade / extensionalidade são propriedades da COISA (veja **2.2.2.2**). 5) Os referentes podem ser definidos ou indefinidos (veja **11.5.1.2**).	A categoria de COISA é representada pelas seguintes classes de palavras: 1) Substantivo (veja **11.2.2.1**, capítulo "O sintagma nominal"). 2) Pronomes demonstrativos e quantificadores neutros (veja **11.4.2**). 3) Possessivos e a COISA possuída (veja **11.5.3**). 4) O artigo desempenha um papel importante na identificabilidade da COISA (veja **11.5.1.3**).	A COISA tem a seguinte representação gramatical: 1) Sintagma nominal (veja o capítulo "O sintagma nominal"). 2) Nominalização (veja **11.2.1.3**). 3) Minissentença nominal (veja **8.1.1**).

15.1.3. REPRESENTAÇÃO DAS CATEGORIAS DE *ESPAÇO* E *TEMPO*

Por comodidade, reúno as categorias anteriores no quadro abaixo, o que não significa que ambas ocorram em todos os itens enumerados.

Quadro 15.3 – Representação das categorias de ESPAÇO e TEMPO

DISCURSO	SEMÂNTICA	VOCABULÁRIO	GRAMÁTICA
1) Moldura, no sentido de recorte do ESPAÇO e do TEMPO em que PESSOAS, COISAS, EVENTOS serão tematizados (veja **2.3.2**).	1) A categoria da dêixis representa a PESSOA, o ESPAÇO e o TEMPO (veja **1.2.3**, **2.2.2.1**).	1) Pronomes adverbiais de lugar e de tempo (veja **11.4.3**).	1) Flexão verbal modo-temporal (veja capítulo "Os sistemas linguísticos", Q 2.6; capítulo "O sintagma verbal", Q 10.2).
2) Perspectiva: ponto de vista sobre os participantes do discurso, sobretudo a PESSOA (veja **2.3.3**).	2) O ESPAÇO pode ser entendido a partir dos eixos horizontal, vertical, transversal, proximal/distal, continente/conteúdo (veja **14.2.2**).	2) Adjetivos temporais e locativos (veja **12.2.2.3**). 3) Advérbios temporais e locativos (veja **13.2.2.3**).	2) Há um ESPAÇO gramatical entre o verbo e o sujeito, entre o verbo e os argumentos internos que pode ser preenchido ou não preenchido (veja o capítulo "Estrutura funcional da sentença").
3) ESPAÇO interpessoal (veja **2.3**).	3) O TEMPO pode ser entendido a partir dos eixos de anterioridade/simultaneidade/posterioridade (veja **10.2.2.2.2**).	4) Preposições (veja capítulo "O sintagma preposicional", Q 14.3, **14.2.2**). 5) Conjunções temporais (veja a Apresentação do capítulo "A sentença complexa e sua tipologia", seção 4.2).	
4) TEMPO do discurso (veja **2.2.2.1**, **2.3.1**, **5.3**).			3) A categoria de TEMPO configura a sentença independente (veja **6.1.3**).
5) Tipologia textual: as formas temporais do verbo constroem a narração e a descrição (veja **5.2.2**; **5.3**; **10.1.3**.; **10.2.3**).	4) A mente constrói os espaços mentais (veja **11.2.2.1**).		4) Alguns complementos oblíquos e adjuntos adverbiais expressam TEMPO (veja **7.4**, **7.5**).
	5) O aspecto verbal é uma representação não dêitica do ESPAÇO nos estados de coisa (veja **10.2.2.2.1**).		5) Algumas sentenças expressam TEMPO: sentença simples interrogativa (veja **8.2.2**); sentença imperativa (veja **8.2.3**); sentença apresentacional (veja **8.3.2.1**).
			6) A correlação modo-temporal entre a matriz e as sentenças complexas configuram essas estruturas: (i) substantiva (veja **9.2.2.3.3**); (ii) adverbial temporal (veja **9.2.2.5**).

15.1.4. REPRESENTAÇÃO DA CATEGORIA DE *MOVIMENTO*

Quadro 15.4 – Representação da categoria de MOVIMENTO

DISCURSO	SEMÂNTICA	VOCABULÁRIO	GRAMÁTICA
1) O princípio de projeção interacional, que constitui a conversação, representa o MOVIMENTO fictício (veja **5.1**). 2) O princípio de projeção textual, que constitui o texto, representa o MOVIMENTO fictício (veja **5.2**).	1) O princípio de projeção semântica é uma representação do MOVIMENTO fictício (veja **2.2.2.3**). 2) Esse princípio explica a metonímia (veja **2.2.2.6**, **9.1.2.2**) e a metáfora (veja **2.2.2.6**).	1) Verbos de movimento (veja **10.2.1.2.2**). 2) Substantivos de movimento (veja **11.2.2.1**). 3) Substantivos deverbais/dinâmicos (veja **11.2.1.4**).	1) Princípio de transitividade, que também poderia ser denominado "princípio de projeção gramatical", constitui as sentenças, como uma representação do MOVIMENTO fictício (veja **6.4**). 2) A metátese e hipértese fonológicas são representações do MOVIMENTO físico (veja capítulo "Os sistemas linguísticos", 2.4.2.1). 3) Também pode ser assim explicada a flutuação do morfema verbal e nominal {-s} e do morfema de gênero {-a} na morfologia 4) Movimentos de constituintes sintáticos (veja **6.**4.3, **6.**5.5, **7.**3.1.2, **7.**4.1.2, **7.**5, **9.**2.2.3.2, **9.**2.3, **11.**4.1.4, **12.**2.1.6, **13.**2.1.3, **14.**2.1.4).

Dada a complexidade da categoria de MOVIMENTO, o assunto será elaborado num anexo a esta parte.

15.1.5. REPRESENTAÇÃO DA CATEGORIA DE *QUALIDADE*

Quadro 15.5 – Representação da categoria de QUALIDADE

DISCURSO	SEMÂNTICA	VOCABULÁRIO	GRAMÁTICA
Num texto, a descrição de atributos representa a QUALIDADE (veja **5.2**).	1) Predicação por qualificação (veja **2.2.2.3**). 2) Qualidade permanente, intrínseca (veja **10.2.1.2.1, 10.2.1.2.2**). 3) Qualidade transitória (veja **10.2.1.2.1**). 4) Aspecto verbal qualitativo (veja capítulo "O sintagma verbal", Q 10.5).	1) Verbos predicativos (veja **10.2.2.1.2**). 2) Adjetivos predicativos qualificadores (veja **12.2.2.1.3**). 3) Advérbios predicativos qualificadores (veja **13.2.2.1.2**).	1) Adjuntos adverbiais qualificadores (veja **7.5.2.1**). 2) Adjuntos adnominais qualificadores (veja **7.5.1.1**). 3) Minissentença adjetival (veja **8.1.2**). 4) Minissentença adverbial (veja **8.1.3**). 5) Estrutura sentencial atributiva (veja **10.2.1.2.1**).

15.1.6. REPRESENTAÇÃO DA CATEGORIA DE *QUANTIDADE*

Quadro 15.6 – Representação da categoria de QUANTIDADE

DISCURSO	SEMÂNTICA	VOCABULÁRIO	GRAMÁTICA
1) Quantificação real e repetição de segmentos na constituição do texto (veja **5.2.3**). 2) Quantificação real e repetição de segmentos na constituição da sentença (veja **2.4.4**). 3) Quantificadores e marcação de tópico (veja **7.1.3**).	1) Quantificação como um tipo de predicação (veja **2.2.2.3**); predicação quantificadora por composicionalidade (veja **6.2.2**). 2) Aspecto verbal quantitativo (veja capítulo "O sintagma verbal", Q 10.5); aspecto verbal iterativo quantificador (veja **10.2.2.2.1**). 3) Quantificação definida, indefinida, partitiva, distributiva (veja **10.2.2.2.1**, seção 3.3) 4) Delimitação e subtração de traços (veja **13.2.2.1.3**).	1) Substantivos contáveis (veja **11.2.2.2**). 2) Quantificadores definidos, ou numerais; quantificadores indefinidos, ou pronominais (veja **11.4.2.2, 11.5.4**). 3) Adjetivos predicativos quantificadores (veja **12.2.2.1.2**). 4) Advérbios predicativos quantificadores (veja **13.2.2.1.3**). 5) Conjunções aditivas (veja **9.1.1**).	1) Soma de traços na constituição do fonema (veja **1.1.3.1**). 2) Soma de constituintes na formação (i) da sílaba (veja **1.1.3.2**); (ii) da palavra (veja **1.1.3.4, 2.1.4**); (iii) do sintagma (veja do capítulo "O sintagma verbal" ao "Algumas generalizações sobre a gramática do português brasileiro. A reflexão gramatical"); (iv) da sentença (veja do capítulo "Primeira abordagem da sentença" ao "A sentença complexa e sua tipologia). 3) Flexão nominal de número (veja **2.4.2.2**). 4) Especificação quantificadora do sintagma nominal (veja **11.5.4**). 5) Soma de proposições na constituição da sentença complexa (i) coordenada aditiva (veja **9.1.2**); (ii) subordinada (veja **9.2**); (iii) correlata (veja **9. 3**). 6) Subtração de constituintes e princípio sociocognitivo de desativação (veja **12.2.2.1.2**). Subtração de constituintes e caracterização das seguintes classes gramaticais: (i) morfema-zero (veja **1.1.3.3**, capítulo "Os sistemas linguísticos"); (ii) argumentos sentenciais vazios (veja **7.3.1.3, 7.4.1.2**); (iii) elipse do verbo (veja **10.2.1.6**); (iv) descontinuação do quadro tópico (veja **5.2.4**). 7) Adjuntos adnominais e adverbiais quantificadores (veja **7.5.1.1, 7.5.2**).

ANEXO: MAIS SOBRE A CATEGORIA DE *MOVIMENTO*

Antes de mais nada, precisamos entender que as categorias cognitivas são problemáticas, no sentido de não exclusivas, não negativas, mas, ao contrário, integrativas, simultâneas. Assim, ao falar em MOVIMENTO, as demais categorias cujas representações foram estudadas nos Quadros 15.1 a 15.6, anteriormente, não estão sendo excluídas.

Enquanto categoria problemática, o MOVIMENTO pode ser encarado como um movimento fictício ou como um movimento físico.

O MOVIMENTO fictício é representado na gramática pelo princípio de transitividade, em que traços imageticamente "decolam" de um operador e "aterrissam" em seu escopo. Note-se que os termos *transferir* e *projetar* compartilham propriedades semânticas comuns, basta dar uma espiada em suas etimologias. Na semântica, o movimento fictício comparece na teoria do escopo, de que se ocuparam Ilari / Geraldi (1985). Os pesquisadores do Projeto de Gramática do Português Falado (PGPF) toparam inúmeras vezes com escopinhos, escopões etc. No discurso, essa categoria é representada pelo princípio de projeção interacional. Aparentemente, o movimento fictício não tem representação no vocabulário, mas o assunto merece considerações mais demoradas.

O MOVIMENTO físico é representado na gramática pelas deslocações de constituintes, e no vocabulário por meio de vocábulos dêiticos, de verbos e substantivos de movimento. Aparentemente, o movimento físico não tem representação no discurso e na semântica.

A categoria de MOVIMENTO, portanto, se manifesta na língua-enunciação e na língua-enunciado, simultaneamente como um processo e como um produto. Como é natural, na tradição gramatical recente nos demos conta primeiramente dos MOVIMENTOS-PRODUTO, ou movimentos físicos, mais visíveis, e depois dos MOVIMENTOS-PROCESSO, ou movimentos fictícios, mais dissimulados.

Os exemplos a seguir girarão à volta desses conceitos.

1. Representação do MOVIMENTO físico

Concentrando-nos no sistema da gramática, e admitindo que ele abriga três subssistemas, a fonologia, a morfologia e a sintaxe, veremos que em todos eles se pode notar a ação do MOVIMENTO físico.

1.1. MOVIMENTO físico na fonologia

Os neogramáticos (veja **1**.3.2) estudaram laboriosamente as mudanças dos sons no interior da palavra. Deram a essas mudanças o nome genérico de *metaplasmos*, considerando as perdas de som (aférese, síncope, apócope), os acréscimos de sons (prótese, epêntese, epítese) e os movimentos dos sons (metátese, hipértese).

Fixando a atenção nas metáteses (movimento de sons no interior da sílaba) e nas hipérteses (movimento de sons no interior da palavra), descobre-se que algumas consoantes são especialistas em metáteses e hipérteses. Esse é o caso de /r/, que pode migrar no interior da sílaba, como em *pergunto > pregunto*, ou de uma sílaba para outra, como *Breatiz > Beatriz*, documentada nos *Inventários e testamentos de São Paulo*, século XVI, por Moraes de Castilho (2009b).

Outra consoante pula-pula é o /s/, que em *os olhos, as orelhas* e *as unhas* deixou o artigo falando sozinho e foi morar com o substantivo: *zolho, zoreia* e *zunha*. Isso já foi classificado como um caso de metanálise ou falsa partição. Mais um rótulo para a coleção. As terminologias sobrecarregadas, as muitas classificações, muitas vezes obscurecem o objeto.

O badalado traço de nasalidade não ficou atrás, migrando de uma palavra para outra, procedendo seja de palavras *in absentia*, do eixo paradigmático, seja de palavras *in praesentia*, aquelas do eixo sintagmático. A palavra *assim* viajou entre as duas estações. Do latim *sic* saiu primeiramente o português *si*, depois *sim*, cuja nasalidade proveio de seu antônimo, o *não*, num movimento fictício.

Ou será que quando afirmamos estamos mesmo é querendo negar? A nasalidade do português popular *ansim* foi um caso de hipértese, pois veio de *assim*, num movimento físico. Numa palavra, movimento paradigmático, e depois movimento sintagmático.

1.2. MOVIMENTO físico na morfologia

Temos testemunhado, neste final dos tempos, a decolagem de morfemas-afixo, que flutuam e depois aterrissam de qualquer jeito, em lugares inesperados. Tudo isso só para contrariar os estruturalistas, que equacionavam os morfemas-afixo a formas presas.

São bem conhecidos os exemplos de Amadeu Amaral (1922/1977) e de Marta Scherre (1988) sobre a anteposição da marca de plural. O morfema {-s} divorciou-se do núcleo do sintagma nominal e fugiu para o Especificador, como seu novo endereço exclusivo. Basta ver exemplos como ***essas** coisarada bonito* etc., recolhidos por Amaral (1922/1977: 48), entre outros. Moraes de Castilho (2009a) identificou a flutuação do morfema nominal de plural {-s} no interior do sintagma nominal, em documentos paulistas do século XVI, em casos como *os menino bonito/o meninos bonito/o menino bonitos*. Ela concluiu que há uma harmonia transcategorial entre quantificadores lexicais como *todo*, e quantificadores morfêmicos como {-s}, ou seja, todo mundo flutua.

Um fato importante destacado nesta gramática é que a deslocação da marca do plural da posição pós-núcleo para a posição pré-núcleo conduz à "perda morfológica 'à direita'" já ocorrida no francês (Guisan, 2008: 261).

O morfema número-pessoal {-s} dos verbos rivaliza com seu correlato nominal, sendo capaz de outras manobras, embalado pelo MOVIMENTO dos sábados à noite. Ele deu de aparecer em outros vagões da língua-trem-de-ferro, como no de seu alomorfe {-ste}, gerando {-stes}, que aparece, por exemplo, na piada em que o padre pergunta ao sacristão: "*tu fostes e viestes, o que é que trouxestes?*". Infelizmente, a aventura custou uma trombada com o formalíssimo morfema da segunda pessoa do plural, que viajava no vagão de primeira classe. Para não se dar por achado, este último desenvolveu um ditongo, desfilando como *vós fôsteis, vós viésteis*. Ainda bem que hoje em dia não se sabe bem o que fazer com esse *vós*, no PB, muito menos com a morfologia verbal correspondente.

Na mesma composição em que os verbos viajavam, Marilza de Oliveira (2006), estudando o enfraquecimento do reflexivo *se* no PB, detectou a migração do morfema de nasalidade da 3ª pessoa do plural para o malfadado *se*, que se transformou em *sem*, receptor de nasalidades, como em *sentem-sem*. Mais um caso de movimento físico.

1.3. MOVIMENTO físico na sintaxe

Os sintaticistas foram os primeiros a flagrar as pistas da categoria de MOVIMENTO físico na sentença, quando estudaram a movimentação dos constituintes, aí incluídos os clíticos. Eles mostraram que uma tipologia linguística pode ser construída com base nisso, distinguindo-se as línguas configuracionais, de movimentação escassa, das línguas não configuracionais, de movimentação intensa.

Depois, partiram para cima das construções de tópico, de argumentos e de adjuntos, surpreendendo movimentos por todo lado. Eles notaram que tanto o sujeito quanto o objeto podem mover-se para a esquerda, ocorrendo ou não sua retomada por um clítico no interior da sentença. Foi a época de ouro das construções de tópico. Justo quando os clíticos abandonavam o PB, enfastiados decerto por sua pequenez corpórea.

Não deixa de ser curiosa essa tendência esquerdista dos argumentos. Outras substâncias se movem para a esquerda, no domínio fonológico e no domínio morfológico, com exemplos já aduzidos aqui.

Nunes (2007) mostrou que também há MOVIMENTOS para a direita. Estudando os clíticos, ele constatou movimentos nessa direção, como em *abre ti**sé**samo* (interpretação de *abre-te Sésamo*), *S'embora, pessoal!*, semelhantes a *a gente si**vê** por aí/eu **si**queci/eu **se**lembrei*.

A onda bidirecional também rola na organização dos textos, como veremos adiante.

A preposição sempre foi o passageiro mais desastrado nessa movimentação. Ela costuma despencar entre um vagão e outro, toda vez que o sintagma preposicionado, mirando-se no exemplo do objeto direto e do sujeito, sai em disparada para a cabeça da sentença. Rocha (1996, 2001) nos serviu doses generosas de preposições desaparecidas. A coisa é tão séria que ela arranjou o rótulo de "adjuntos sem cabeça" para denominar esses animaizinhos.

O grupo de trabalho "classes de palavras" do PGPF compareceu ao baile, desenvolvendo observações sobre o movimento do adjetivo à volta do substantivo, e do advérbio à volta de seus muitos escopos. Entre outros lances, esse grupo identificou advérbios modalizadores como *realmente*, que se movimentam bravamente pela sentença, ocupando todos os seus espaços, sem a menor cerimônia. Esse advérbio é um hiperpredicador; juntamente com outros operadores dessa classe, ele anda à beça por aí, catando[1] seus muitos escopos. Sua movimentação é enorme, sobretudo quando comparados aos qualificadores, coitados, agarrados a um escopo só, a ponto de perderem a própria identidade. Vejam o caso dos qualificadores *bem* e *mal*, em *bem-vindo* e *malmequer*. Mirando as virações de adjetivos e advérbios, topamos com aqueles que até mesmo mudam de sentido, na dependência do lugar para onde se deslocaram (Ilari et al., 1991; Neves, 1990b; Castilho et al., 2008; Negrão et al., 2008). O que será isso, senão novas maquinações da categoria de MOVIMENTO?

2. Representação do MOVIMENTO fictício

Vejamos o que os pesquisadores descobriram em termos de MOVIMENTO fictício. Trata-se de um processo estruturador bem mais discreto, porém de resultados mais fortes que aqueles evidenciados por seu análogo, o MOVIMENTO físico.

Agora, não são mais constituintes estruturais que navegam pelo enunciado. Agora, são traços de variada ordem, que se retiram de sua base (que permanecerá no mesmo lugar), lançando-se por aí, instituindo a conversação, o texto, a sentença e tudo o mais.

Temos aqui outro problema terminológico. Movimentos físicos de constituintes foram denominados *movimento* mesmo. Já os movimentos fictícios têm sido denominados *projeção*, o que diminui a visibilidade do fenômeno.

A projeção é um conceito invasivo, que vai do texto para a gramática, com um *pit stop* na semântica. Façamos um rastreamento desse conceito pela cozinha do PGPF. No domínio do discurso, ela é conhecida como *perspectiva*, no sentido de movimento do olhar para determinado objeto; no da semântica, como *foricidade* (= movimento mental em busca do referente), *metáfora* e *metonímia* (= movimentos de traços semânticos); e no da gramática, como princípio de transitividade (= movimento de propriedades de um operador para seu escopo). Processos de criação linguística aparentemente tão diversos confluem, pois representam o movimento fictício.

A conversação, como um objeto em si mesmo, não tinha sido incluída na agenda do PGPF, visto que os pesquisadores do Projeto Nurc estavam elaborando seguidamente esse tema. Mas Sacks / Schegloff / Jefferson (1974/2003: 18), os pais da matéria, assim formularam o princípio de projeção: ao conversarmos, prevemos o momento de nossa entrada na conversação, pois dispomos de uma "habilidade de projetar o final de um turno e decidir sobre o momento de entrada na corrente da fala". O movimento fictício se manifesta nesta projeção do final de um turno, a que denominei anteriormente princípio de projeção pragmática (Castilho, 1998a).

A teoria do escopo se fundamenta no movimento fictício. A coisa se passa assim: um operador mira seu escopo, literalmente, e zás!: atira uma propriedade sua sobre o lombo da indefesa criatura,

---

[1] *Catar* vai aqui no sentido moderno de "escolher"; mas seu sentido arcaico de "ver, olhar", que sobrevive em *homem de má catadura*, também teria cabimento aqui, pois os hiperpredicadores "miram" muitas expressões do enunciado, além dos participantes da enunciação, como vimos no capítulo "O sintagma adverbial".

que nunca mais será a mesma, passado o ataque. Essa é a sina dos *escopos*. A palavra vem do grego *skopéuo*, "ver". Os escopos são vistos pelo olhar de lince dos operadores.

Vejamos os achados do PGPF sobre o movimento fictício, à medida que eles investigavam os sistemas do discurso, da semântica e da gramática.

2.1. O MOVIMENTO fictício, a organização do texto e o princípio de projeção textual

Marcuschi / Koch surpreenderam propriedades notáveis na organização do texto. Segundo minha leitura, eles estavam lidando com o movimento fictício quando afirmaram que:

> O processamento textual se dá numa oscilação entre dois movimentos: um para frente *(projetivo)* e outro para trás *(retrospectivo)*, representáveis parcialmente pela catáfora e anáfora. Além disso, há movimentos abruptos, há fusões, alusões, etc. (Marcuschi / Koch, 2006: 383, grifos meus).

Cabe, ainda, ressaltar que um texto não se constrói numa continuidade progressiva linear, somando elementos novos a outros já postos em etapas anteriores, como se resultasse duma soma progressiva de partes.

Este ir para frente e voltar atrás, em momentos simultâneos, não lineares, é a quintessência da movimentação fictícia, fortemente acolhida pela ciência dos domínios complexos, esta prima-irmã da Linguística Cognitiva (Castilho, 2007, 2009a). O termo técnico cunhado para denominar o processo – *foricidade*, se quisermos um radical grego, *referência*, se quisermos um radical latino – já mostrava que catáforas e anáforas fotografam a ação do MOVIMENTO fictício em sua tarefa de montar textos, sentenças, sintagmas. Vamos para a semântica.

2.2. O MOVIMENTO fictício, a predicação e o princípio de projeção semântica

A predicação ocupou por muito tempo as atenções dos pesquisadores do grupo de trabalho de classes de palavras do PGPF. Foi nesse grupo que descobrimos a predicação como um dos filhotes do MOVIMENTO fictício. Traços semânticos inerentes se descolam de sua "base", ou classe predicadora, e migram para seu ponto de pouso, ou classe-escopo.

A predicação pode ser definida como a relação entre um predicador e seu escopo, sobre o qual o predicador lança traços semânticos, papéis temáticos e casos gramaticais. Deve ser isso o que se passa em nossa mente quando predicamos.

Vários processos auxiliares acomodam-se sob as asas da predicação, entre eles a localização espacial e temporal dos estados de coisas. Indo por aqui, topamos de novo com o movimento fictício, na formulação do aspecto e do futuro, por exemplo.

O aspecto verbal gramaticaliza os estados de coisas numa perspectiva espacial, distinguindo entidades que imageticamente duram, não duram ou se repetem. O tempo futuro, não integrado em nossa experiência de vida, gramaticaliza-se via localização dos estados de coisas num ponto do tempo para o qual ficticiamente nos dirigimos.

Para expressar o aspecto durativo, selecionamos o verbo *estar*, entre outros. Para expressar o tempo futuro, selecionamos o verbo *ir*, entre outros. No PB, esses verbos se integram progressivamente ao radical do verbo pleno, transformando-se em prefixos, como se vê em *tafalano, tafalado, vofalá, vopará* etc. Dois movimentos se reuniram aqui: o movimento fictício, que nos levou a selecionar os verbos *estar* e *ir* para representar o aspecto e o tempo, e o movimento físico, quando transportamos a marcação do aspecto imperfectivo e do tempo futuro do final do verbo pleno para sua cabeça, ou seja, quando deixamos de lado os sufixos e inventamos novos prefixos.

2.3. O MOVIMENTO fictício, a organização da sentença e o princípio da transitividade

Chegamos agora a domínios mais familiares, em que a categoria de MOVIMENTO fictício é frequentemente utilizada nas descrições gramaticais, postulando-se a sentença como um percurso. Pois é, insistiram tanto na centralidade da sintaxe, que apenas a sentença foi vista como um percurso. A semântica e o discurso andam furiosas com o esbulho.

Na sentença, propriedades lexicais do núcleo predicador transitam para seus argumentos, criando essa unidade da língua; temos aqui o princípio da transitividade, examinado em **6**.4. Cada item predicador tem o potencial de projetar suas propriedades lexicais sobre outros itens, selecionando-os. Um sintagma ou uma sentença são organizados toda vez que um predicador movimenta suas propriedades, praticando tiro ao alvo gramatical.

Seleção, projeção, transitividade: muitas designações, um fenômeno só.

Concluindo, vê-se que os movimentos físicos de constituintes e os movimentos fictícios de traços saltam por toda parte, organizando as línguas naturais.

15.2. A REFLEXÃO GRAMATICAL, OU, NO DIA EM QUE VIREI LINGUISTA-GRAMÁTICO

Para começo de conversa, você deve reportar-se aos capítulos "O que se entende por língua e por gramática" e "Os sistemas linguísticos". No primeiro, foram referidas as três grandes "famílias teóricas" sobre a linguagem articulada: em **1**.1, apresentam-se os princípios teóricos e metodológicos que devem ser observados quando se vai descrever a estrutura de uma língua; em **1**.2, mostra-se como essas estruturas foram criadas. No segundo, apresento a temática relevante dos quatro sistemas linguísticos, verticalizando alguns dos temas ao longo dos capítulos.

Para a formação de sua cultura linguística, é necessário obviamente ler de modo crítico a rica literatura produzida sobre a sincronia e a diacronia do português. Isso implica, de um lado, compreender a vertente teórica em que se situa o linguista, para bem acompanhar as indagações que ele está fazendo, identificando a atitude que ele assumiu diante de sua tarefa. A Bibliografia desta gramática vai ajudá-lo neste particular. Ela vem precedida de um arranjo temático, para facilitar suas consultas.

15.2.1. ESCOLHA DE UM PROBLEMA E DA PERSPECTIVA TEÓRICA

Pode-se caracterizar a pesquisa linguística por meio de três predicadores: (i) identificar um problema, (ii) descrevê-lo/historiá-lo, (iii) buscar generalizações sobre os achados. Identificar um problema é atender às curiosidades que a língua provoca em nós. Descrever/historiar é buscar evidências sincrônicas/diacrônicas do problema em questão. Generalizar, explicar ou explanar é enquadrar o tratamento identificado em algum princípio geral. Esquematizando um pouco, dir-se-ia que para descrever e historiar é preciso induzir, e para explicar é preciso deduzir.

Para induzir, (i) reunimos alguns dados, (ii) estabelecemos algumas hipóteses de trabalho a partir de intuições provocadas por sua pré-análise, ou a partir dos princípios de uma dada teoria, (iii) ordenamos tais dados de uma forma satisfatória. Essa atitude descritiva nos levará à preparação de um trabalho empírico, que descreve os usos linguísticos num dado recorte de tempo ou na sequência do tempo em dado recorte da língua, tendo por pressuposto que ela é um conjunto de dados observáveis numa forma direta. A descrição e a história são feitas de hipóteses, pré-análises, reformulação das hipóteses, novas incursões nos dados, até que o texto adquira certa estabilidade.

Para deduzir, procuramos identificar nos dados analisados os princípios estabelecidos no modelo teórico escolhido. Não deu certo? Ou, como diz a molecada da escola: *o exemplo não encaixou na regra, professor, não encaixou!* Calma no pedaço! Desde Dionísio da Trácia, ou talvez antes dele, os dados da língua e os postulados teóricos brincam de gato e rato. O fato é que – para dizer as coisas com certa elegância – princípios e dados apresentam uma relação dialética. Ou seja, aqueles iluminam estes, e estes mostram que a luz daqueles nem sempre é suficientemente forte, exigindo-se troca da lâmpada, perdão!, exigindo-se retoques na teoria. Nem por isso vamos reunciar à busca de uma formulação que por sua generalidade possa dar conta dos dados com que operamos, e ainda dos dados prováveis, que não encontramos diretamente no *corpus*. Como bem reconhece Chomsky (apud Bach, 1974/1981: 247), a gramática que daí resulta é mais uma "teoria da língua":

> Uma gramática pode ser encarada como uma teoria de uma língua: possui adequação descritiva na medida em que descreve corretamente a competência intrínseca do falante nativo idealizado. As descrições estruturais atribuídas às orações pela gramática, as distinções que ela faz entre estruturas bem formadas e estruturas defeituosas, bem como outras formulações deverão corresponder – para que a gramática seja adequada ao nível descritivo – à intuição linguística do falante nativo (ainda que ele próprio não tenha consciência imediata do fato) dentro de uma classe substancial e significativa de casos cruciais.

A gramática assim caracterizada decorre de uma atitude explanatória, e será uma gramática preditiva, que tem por pressuposto a língua como um conjunto de processos mentais não observáveis diretamente. Mas é o mesmo Bach (1974/1981: 261) que adverte para o caráter relativo de "explanar", quando acrescenta:

> O conceito geral de explanação é, aparentemente, relativo. Ou seja: não há um sentido absoluto em que se possa dizer que uma determinada hipótese ou teoria fornece uma explanação definitiva. As explanações surgem a partir das perguntas que formulamos, e parece fazer parte da natureza humana o fato de que as respostas sempre levam a novas perguntas.

Indução e dedução não constituem momentos separados no processo de descoberta linguística. Descoberta? Epa! Melhor falar em "redescoberta", se você está pesquisando sua língua materna.

Podem ocorrer exageros nos dois casos.

Alguns empiricistas, por exemplo, gostam de dizer que "os dados falam por si", o que é uma falácia, dada a especificidade de nosso objeto. Quem fala é o linguista, quem fala é você, a partir de um lugar caracterizado pelo modelo teórico selecionado. As teorias resultam da articulação de princípios, a partir dos quais os dados são analisados.

Os racionalistas, por sua vez, podem levar tão longe seu esforço modelizador e introspectivo que os dados por eles apresentados acabam por ter pouca ou nenhuma confiabilidade e representatividade. A língua a que se reportam comparece em seus textos como uma sorte de "Pilatos no credo", reduzida a um campo de provas, e assim a atividade teórica passa a ser um fim em si. Ingenuidade empírica ou racionalismo exacerbado são riscos a que os linguistas se expõem o tempo todo. Vai acontecer com você também, não se iluda.

Resta como consolo constatar que desde o final do século xx não se tem separado tão fortemente uma atitude de outra, e o que vemos é uma saudável combinação de hipóteses racionalistas com hipóteses empiricistas, de que tem resultado análises instigantes do pb. Uma vez mais, lembremo-nos de que empirismo e racionalismo guardam uma evidente relação dialética, e sempre se reconheceu que é impossível assumir uma atitude explanatória sem a ajuda do trabalho descritivo prévio (Radford, 1988: 2). Ou seja: fique com os dois.

Não há pesquisa linguística sem uma pergunta prévia, sem a curiosidade de entender o que se esconde por trás dos usos linguísticos. Ao longo desta gramática, fui sugerindo temas que você poderá desenvolver, melhorando assim a apresentação feita.

Entretanto, a curiosidade tem de ser sua. Desenvolver temas dados por outros só funciona nos primeiros momentos de seu treinamento. Aí, de fato, conviver com um pesquisador sênior, sobretudo quando integrado num projeto coletivo, é o melhor dos mundos. Aprende-se a pesquisar pesquisando – aqui fica mais um pensamento profundo, bem acaciano! Se você for um aluno de Letras, saia correndo atrás de um projeto de iniciação científica que atenda à sua curiosidade.

Mas se você prefere trabalhar em casa, arranje-se com esta gramática, procurando na internet algum projeto ali disponibilizado. Se quiser pesquisar com grupos regionais brasileiros, procure as páginas do Grupo de Estudos Linguísticos do Estado de São Paulo (GEL), Grupo de Estudos Linguísticos do Nordeste (Gelne), Centro de Estudos Linguísticos e Literários do Paraná (Cellip), Círculo de Estudos Linguísticos do Sul (Celsul), entre outros. Se quiser ingressar em grupos nacionais, consulte as páginas da Associação Brasileira de Linguística (Abralin), ou da Associação Nacional de Pós-Graduação e Pesquisa em Letras e Linguística (Anpoll). Mas se quiser imprimir uma dimensão latino-americana ao seu trabalho, consulte a página da **Asociación de Lingüística y Filología de América Latina** (www.mundoalfal.org), onde você encontrará muitos projetos em andamento. O próximo passo será a conquista da galáxia! Não será por falta de projetos que você ficará repetindo o que os outros dizem sobre a língua.

Sua interação com os grupos de pesquisa ali detalhados pode ser feita por correio eletrônico. Procure não trabalhar sozinho. A sinergia que se desencadeia no interior dos grupos de pesquisa é uma experiência de que você não deveria abrir mão. Mas se isso não combinar com sua personalidade, toque seu projeto sozinho.

Já escolheu um problema para pesquisar? Selecione agora uma perspectiva teórica. Lembre-se de que essas perspectivas muitas vezes se definem a partir do tipo de problema a ser investigado. O capítulo "O que se entende por língua e por gramática" e os manuais de introdução aos estudos linguísticos relacionados na Bibliografia repassam essas teorias, que enfocam a língua como um conjunto de estruturas prontas, ou como um conjunto de processos estruturantes, ou como um conjunto de usos de prestígio social. Para que lado vai sua curiosidade? Só você mesmo poderá responder.

15.2.2. FORMULAÇÃO DAS HIPÓTESES DE TRABALHO

Agora que você escolheu uma questão e uma perspectiva para iluminá-lo, proponha algumas hipóteses de trabalho. Esta gramática repassou muitas delas. Mas se você for daqueles que gostam de situar os problemas num quadro maior, posso dar um exemplo.

Apresentei no livro *A língua falada no ensino de português* (Castilho, 1998a/2004) uma proposta que apresenta respostas à crise do ensino de Português em nossas escolas do ensino fundamental e médio. Nessa proposta, começamos pelo sistema do discurso, examinando conversações e os textos que daí resultam, chegando depois disso à gramática, estabelecendo as classes de palavras, os sintagmas que algumas delas organizam, desembocando na sentença. O percurso proposto inverte o ritmo recomendado nos materiais didáticos. Vejamos isso mais de perto.

Professores e alunos de Português enfrentam atualmente duas crises distintas: a crise social e a crise científica. Sem falar na crise do magistério. A crise social diz respeito às mudanças da sociedade brasileira, sobretudo no que toca ao seu rápido processo de urbanização e seus reflexos no ensino formal. Nesta conjuntura, a escola precisa assegurar uma acolhida favorável ao cidadão acossado pela nova vida que passará a viver. A crise científica reside nos embates entre uma Linguística do Enunciado e uma Linguística da Enunciação. Isso complica um pouco a vida dos professores de Português. E é que eles precisarão capacitar-se dos novos temas, visto que estes permitem encarar mais adequadamente os problemas linguísticos suscitados por uma sociedade em mudança. As duas são excelentes crises, são crises de crescimento, e sua solução dependerá de nossa atitude.

Falando em soluções, ou melhor, em encaminhamento de soluções, proponho que em sala de aula professor e alunos comecem por uma observação mais intuitiva da língua, como um conjunto de situações de enunciação, para em seguida desembocar numa observação mais "técnica" da língua, como um conjunto de enunciados, enriquecendo-se nesse percurso a percepção do fenômeno linguístico.

Quanto à gramática, sua percepção habitual como uma reprodução de esquemas classificatórios deveria ceder lugar ao entendimento de que essa disciplina é o lugar do debate, da descoberta, levada a efeito por meio de um conjunto de projetinhos que o professor desenvolverá em sala de aula com seus alunos. Esses projetos poderiam tomar a língua falada como ponto de partida, e a língua escrita como ponto de chegada. Eles começariam pela identificação dos processos constitutivos da conversação, do texto e da sentença. Com isso, a análise dos produtos passa necessariamente para um segundo lugar, o que não significa que deva ser esquecida.

Seguir este ritmo é retomar a própria história da reflexão gramatical do Ocidente. Como se sabe, a Gramática não tinha autonomia no mundo greco-latino, em que aparecia como um modo de produzir e de entender os textos. Nos dias de hoje se testemunha um grande empobrecimento da reflexão gramatical, sobretudo após a Nova Nomenclatura Gramatical Brasileira, que fez da Gramática um exercício classificatório, sem que sejam previamente discutidos os processos que estão sendo classificados.

Para bem dosar as coisas, imagino que um modo de aproximar-se da Gramática é das bordas para o centro, assim como quem toma um prato de sopa quente. Faremos inicialmente algumas observações sobre a conversação, depois sobre a estrutura do "texto falado", e finalmente sobre a sentença.

Vamos refazer a história recente da reflexão linguística, começando pela enunciação conversacional até atingirmos o enunciado sentencial, indo da língua falada para a língua escrita. Suponho que um bom ritmo para alcançar esse objetivo seria documentar e examinar emparelhadamente os seguintes tipos de texto: (i) conversação simétrica/diálogos em peças de teatro; (ii) conversação assimétrica/cartas, crônicas e noticiário de jornais e revistas; (iii) aulas e conferências/dissertações contidas em romances, contos, textos filosóficos.

Esta proposta tem um caráter modular, animada pelos seguintes vetores, que aqui resumo:

(1) Vetor teórico: da língua como atividade social (e, portanto, de um modelo funcional de Gramática) para a língua como uma estrutura (donde um modelo estrutural de Gramática), e finalmente para a língua como uma atividade mental (donde um modelo cognitivo de Gramática, desenvolvendo observações que transcendam o português, buscando comparações com outras línguas).

(2) Vetor metodológico: (i) da Análise da Conversação para a Linguística do Texto e desta para a Gramática; (ii) da língua falada para a língua escrita, passando por uma caracterização comparativa dessas modalidades, mediante a recolha de recortes variados da língua, de forma a abranger variedades regionais não escolarizadas, documentos da norma culta, variedades de registros, emparelhando-os conforme sugerido anteriormente.

(3) Vetor pedagógico: das aulas de veiculação de "pacotes prontos", para as aulas como uma oportunidade para o desenvolvimento da reflexão e da descoberta, alimentadas por projetinhos de pesquisa a partir de dados previamente selecionados, em que a reflexão vem primeiro e a classificação vem depois.

Enumero a seguir os passos que podem ser dados em cada um dos momentos do projeto. Começo por projetos de caráter geral, que serão complementados na seção **15**.3 por projetos específicos.

15.2.2.1. Análise da conversação

1. Gravação de conversas de alunos, em sala de aula, ou nos intervalos.
2. Transcrição da conversação, negociando-se com os alunos as anotações a adotar, de forma a transpor para o papel as características mais notáveis da língua falada.
3. Exame dos turnos conversacionais como unidade conversacional: estratégias discursivas de manutenção e de passagem do turno.
4. Observação do sistema de correções na conversação: de que modo autocorrigindo-se ou corrigindo a fala do outro mantemos o turno conversacional ou o assaltamos?
5. Observação dos marcadores discursivos*, entendidos como um conjunto de sinais pré-lexicais ou lexicais através dos quais organizamos o texto que está sendo produzido e monitoramos o intercâmbio verbal.

15.2.2.2. Análise do texto

1. Aprimorando o senso de observação, proporemos nesta fase um processo de transcrição que faça ressaltar os tópicos com que se tece um texto. A língua escrita dispõe do parágrafo (veja unidade discursiva*), com sua sinalização gráfica. A língua falada dispõe das unidades discursivas*, com sua sinalização prosódica.
2. A unidade textual será o ponto de observação dos textos, assentando numa hipótese interpretativa. Identificaremos os segmentos de que é feito o texto, separando as sentenças tematicamente centradas, e verificando se algumas marcas formais acompanham a unidade que resulta daí.
3. O conjunto de unidades revelará a hierarquia tópica constituída pelos alunos. De que falaram eles? Como passaram de um assunto para outro?
4. Poderemos agora repertoriar os conectivos textuais, ressaltando que as mesmas classes que cimentam as unidades textuais serão aproveitadas como conjunções sentenciais. Este é um momento importante na reflexão, pois os alunos perceberão que uma mesma expressão exerce mais de uma função na linguagem. A polifuncionalidade natural das línguas mostrará aos alunos que é impossível dar uma resposta única às perguntas sobre a língua.
5. Voltando atrás, poderemos agora identificar os processos constitutivos dos textos falados: a repetição, a paráfrase, a digressão, os parênteses.

15.2.2.3. Análise da sentença

1. Na fase anterior das indagações, notou-se que as sentenças têm um papel na construção do texto. Cada uma é um juízo que "tem um fim em si" nessa construção.
2. De novo, para que se visualize bem a sentença, precisaremos de uma transcrição adequada. Em meu livro, colho a lição de Blanche-Benveniste et al. (1979) e transcrevo as sentenças numa forma biaxial, anotando-as em suas sequências sintagmáticas e em suas repetições paradigmáticas.
3. Sendo o verbo a classe que organiza a sentença, proporemos novos projetinhos, começando pelo debate de seu estatuto categorial, isto é, observaremos sua estrutura morfológica e seu papel sintático. Repetiremos a dose com as demais classes lexicais.
4. O verbo apontará para os arranjos particulares das sentenças. Estamos fazendo perguntas sobre a estrutura argumental da sentença, sobre o preenchimento ou não preenchimento dos argumentos, sobre o papel da repetição na organização da sentença.

5. O próximo passo será examinar os padrões de concatenação das sentenças. Alguns marcadores discursivos e conectivos textuais mostrarão agora sua outra cara, de nexos de segmentos sintáticos.

15.2.2.4. Análise das palavras

1. Projetinhos formulados a partir de **15.2.2.3** focalizaram a atuação das palavras no interior dos sintagmas e das sentenças. Mas você poderia também pesquisar sobre as palavras isoladamente, "em estado de dicionário", para servir-me de uma expressão de Carlos Drummond de Andrade.
2. Organize então um *corpus* de palavras retiradas de entrevistas ou de jornais, e separe as que são flexionadas das que são derivadas e das que não aceitam alterações em seu radical.
3. Separe o radical dos morfemas flexionais e dos morfemas derivacionais. Como é que vou saber quem é quem? Há umas dicas em **1.1.3**.
4. Concentrando a atenção nas flexionadas, identifique seus morfemas e observe como eles se combinam com o radical.
5. Proceda da mesma forma com os morfemas derivacionais.
6. Chegou a hora de dar uma espiada na forma como criamos palavras a partir da composição de classes entre si, aglutinando-as (*ferrovia, pontapé, aeromoça*), ou justapondo-as: V + Sub (*guarda-chuva, arranca-rabo*), Sub + Sub (*fruta-pão*), Sub + Prep + Sub (*pé de moleque*), Adj + Adj (*azul-celeste*) etc.
7. Verifique agora como as palavras organizam campos semânticos. O que é isso? Consulte o setor de *léxico* da Bibliografia, espiando em particular os dicionários analógicos.

Escolhido seu tema – e na última seção deste capítulo são feitas sugestões de pesquisa mais pontuais – como o trabalho pessoal por meio de projetinhos pode funcionar? Em primeiro lugar, observemos que a língua falada é uma modalidade privilegiada para a inspeção dos processos e dos produtos da língua. Em segundo lugar, refletir sobre a língua não é apenas refletir sobre a sentença. A Gramática, na verdade, deveria ser enquadrada numa análise mais ampla. Tambem será ótimo liquidar de vez a mania de reduzir as aulas de Gramática a uma questão de certo/errado, ou de classificação de estruturas sintáticas.

Umas palavras finais. Na conversação, o tempo todo um ser humano busca interagir com o outro, chamando-o para a arena verbal, informando-o sobre conteúdos, expondo seus sentimentos e suas emoções, buscando compartilhar sua experiência de vida, para compará-la com a do outro, avançando nesse interesse, voltando atrás, abandonando estratégias, desenvolvendo sua humanidade na plenitude, graças ao dom da língua.

Enquanto fala, ele faz revelações sobre como está processando seu texto, cujas palavras às vezes esclarece, e cujas estratégias com frequência negocia, numa busca incessante de comunhão.

E o que é a pesquisa senão uma busca? Uma busca do conhecimento, em que o professor é um aprendiz mais experimentado. Por que, então, uma busca tão densa de intercâmbio não pode ser uma atividade prazerosa, que nos encha de inspiração a todos nós, alunos, professores e interessados em geral?

15.2.3. O *CORPUS* DE ANÁLISE E A ORGANIZAÇÃO DOS DADOS

A instalação dos cursos de pós-graduação no Brasil, a partir da década de 1970, trouxe a exigência da organização de boas bibliotecas em nossas universidades. Um dos maiores problemas foi manter ativas as assinaturas de periódicos científicos, sobretudo nos tempos da oscilação cambial.

As agências de fomento apoiaram financeiramente as universidades nessas frentes. Mas um salto adiante foi dado quando elas passaram a disponibilizar em seus sítios as principais revistas científicas, agrupando investimentos que eram fragmentados pelas universidades. Tornou-se vitoriosa a iniciativa da Fundação de Amparo à Pesquisa do Estado de São Paulo (Fapesp) e do Conselho Nacional de Desenvolvimento Científico e Tecnológico (CNPq) em oferecer à ciência brasileira o sítio (www.scielo.br) em que você encontrará todos os números da revista *D.E.L.T.A.*, por exemplo. Novos periódicos na área da Linguística deverão ser acrescentados. A Coordenação de Aperfeiçoamento de Pessoal de Nível Superior (Capes) igualmente traz sua contribuição, em sua página (www.periodicos.capes.gov.br).

Com respeito à divulgação de livros, o sítio da Capes (www.capes.gov.br) traz as teses e dissertações defendidas no Brasil, e o do CNPq (www.cnpq.br) inclui um vínculo subtitulado "livro eletrônico". Há verdadeiras bibliotecas esperando por você na internet. Vá à luta! Nunca se desculpe, dizendo que em sua cidade ou em seu bairro não há bibliotecas públicas.

Para construir sua cultura linguística, não faça consultas bibliográficas ao acaso. Procure sequenciar suas demandas, indo das obras de referência para aquelas mais focadas no domínio de seu interesse.

Para descrever determinado estado de língua é necessário dispor de um *corpus* (veja Linguística de *Corpus**). O *corpus* é um recorte de língua que se considera representativo de suas diferentes fases históricas, ou de uma fase sincrônica. Nesse caso, é preciso levar em conta os diferentes canais linguísticos (língua falada, língua escrita), as variedades geográficas, sociais e temáticas, e os diferentes gêneros discursivos.

Pode-se dizer que um *corpus* é constituído de um conjunto de enunciados, termo este de larga circulação nos estudos descritivos sobre a linguagem.

A Gramática Tradicional entende por enunciado a sentença, colhida em textos literários. Isso gerou uma distorção em suas observações, pois a língua literária desvia-se deliberadamente dos usos comuns. É tão forte a ligação entre a Gramática Tradicional e a linguagem praticada pelos grandes autores que frequentemente elas incluem capítulos sobre a estilística literária e a versificação.

Já a Gramática Estrutural confere ao enunciado uma significação mais idealizada de "conjunto invariável de dados linguísticos possíveis". Entre o dado e sua descrição interpõe-se o olhar do linguista, de tal sorte que um *corpus* de análise acaba sendo sempre uma idealização em maior ou menor grau. Os estruturalistas preconizam como *corpus* de análise um breve segmento conversacional, em que um mesmo locutor interage com um mesmo ouvinte, a propósito de um mesmo tópico, num mesmo espaço de tempo. Isso deveria assegurar a homogeneidade do *corpus*, requisito para que se processe a descrição, visto que esses pesquisadores postulam a língua como uma entidade homogênea.

A Linguística moderna desenvolveu bastante o nível de exigência para a constituição de um *corpus*. Para bem representar uma língua, o *corpus* deve tomar em conta as variedades que descrevemos no capítulo "Diversidade do português brasileiro". E as conclusões devem sempre restringir-se ao tipo de documento que serviu de base para as análises. Com a chegada da Linguística de *Corpus*, grandes bases de dados foram organizados e disponibilizados na internet. Esse é o caso do sítio de O *Corpus* do Português (www.corpusdoportugues.org), que inclui um bom mecanismo de busca. Consultando a página do Museu da Língua Portuguesa (www.museudalinguaportuguesa.org) você encontrará uma relação de *corpora* eletrônicos.

Um documento linguístico qualquer será sempre a amostra de um conjunto infinito de atos de fala, mas para efeito da reflexão tal documento será considerado como representante da língua sob análise. Esse artifício permitirá que se descrevam fatos da língua e se obtenham generalizações sobre eles, de forma a conjurar o risco a que se expôs a Gramática Tradicional, que reúne às vezes um conjunto impressionante de dados, mas com insuficiente generalização.

15.2.4. REDAÇÃO DO TRABALHO E COMPARAÇÃO DOS RESULTADOS OBTIDOS

Agora que você tem uma questão para pesquisar, selecionou um ponto de vista, leu a bibliografia pertinente e levantou os dados, está na hora de planejar seu texto.

Prepare previamente um roteiro para expor seus achados. Em geral, os textos científicos têm a seguinte organização:

15.2.4.1. Título e autor

Você vai achar estranho, mas nem sempre é fácil dar título a trabalho. Meu amigo, Prof. Massaud Moisés, dizia que nos casos de extrema modéstia, ou de desconfiança quanto ao valor do texto, acrescento eu, o melhor será intitulá-lo *Prolegômenos a uma introdução prefaciatória: o caso de...* (insira aqui o tema). A escala dos prefixos *pro-, intro- e pre-* é garantia de máxima segurança.

15.2.4.2. Resumo

Atenção, resumo é resumo, não ultrapasse meia página.

15.2.4.3. Apresentação

Indique aqui o problema e o ponto de vista selecionados, oferecendo um breve resumo do conhecimento acumulado sobre ele. Ao apresentar a bibliografia lida, evite sequenciar simplesmente seus resumos por autor. Em lugar disso, identifique os pontos recorrentes nos textos lidos, organizando seu resumo à volta desses pontos. Dando um balanço nas leituras, você encontrará os pontos carentes de mais pesquisa. Encarregue-se de um deles, ajustando suas perguntas iniciais. Relacione seus objetivos e mostre como seu texto está organizado.

15.2.4.4. Capítulos e suas seções

Dedique um capítulo a cada aspecto do tema escolhido, subdividindo-o em seções, se for o caso.

Ao longo de seu trabalho, cite apropriadamente suas fontes, sobretudo quando (1) veicular as ideias e opiniões ali encontradas, (2) utilizar-se de estatísticas, gráficos, desenhos, mapas e outras gravuras, (3) parafrasear seus autores. A não observância desses cuidados configura plágio, coisa muito feia. Sem contar que o plágio é punível com base na lei.

Faça uma primeira redação. Relendo-a, verifique se há clareza e concatenação entre as partes, e se os exemplos foram bem escolhidos. Prepare uma segunda redação, procedendo aos ajustes necessários. Dica importante: nas ciências humanas, as sucessivas redações fazem parte do processo de descoberta. Elas têm uma importância tremenda. Daí a necessidade das sucessivas redações, até que o texto adquira certa estabilidade. Outra dica: reúna em quadros e tabelas os resultados obtidos. Isso lhe permitirá visualizar os avanços conseguidos.

Preste atenção ao uso da terminologia. Sempre que for o caso, oriente-se consultando glossários de terminologia linguística e gramatical, arrolados na seção 1.3 do Arranjo Temático da Bibliografia (15.2.5) desta gramática.

15.2.4.5. Conclusões e referências bibliográficas

Ao redigir as conclusões, faça um resumo do que você notou e aponte as questões não consideradas em seu trabalho. Lembre-se de que qualquer texto, científico ou literário, é sempre um intertexto, que dialoga com os que vieram antes. Cite-os sempre que for o caso.

A Apresentação (ou Introdução) e as Conclusões não devem ser numeradas, e devem guardar uma proporção com os capítulos. De um modo geral, os capítulos correspondem a dois terços do trabalho. Muita resenha do que se fez e poucos resultados mostram que seu trabalho ainda não está maduro. Pondere bem o peso de cada uma das partes.

Nas referências bibliográficas, relacione apenas os trabalhos que foram importantes na elaboração do seu.

Bom trabalho!

15.2.5. ARRANJO TEMÁTICO DA BIBLIOGRAFIA

1. Introdução aos estudos sobre a língua portuguesa
    1.1. Introdução à Linguística Geral e Portuguesa
    1.2. História da Linguística Geral e Portuguesa
    1.3. Glossários terminológicos
    1.4. Revistas especializadas
    1.5. Miscelâneas de estudos. Atas de congressos
    1.6. Bibliografias da Linguística Portuguesa

2. Documentação da língua portuguesa. *Corpus* para análise
    2.1. Português brasileiro moderno e contemporâneo
    2.2. Fontes arquivísticas. Critérios para a edição de textos
    2.3. Linguística de *Corpus*. Bancos de dados

3. Aquisição da fala e da escrita

4. História do português brasileiro
    4.1. Introdução à Linguística Histórica
    4.2. Linguística Românica: formação do português europeu e do galego
    4.3. História social do português brasileiro
    4.4. Mudança gramatical do português brasileiro
    4.5. História lexical do português brasileiro

5. Variedades do português brasileiro
    5.1. Introdução à descrição do português brasileiro
    5.2. Estudos dialetológicos do português brasileiro
    5.3. Estudos sociolinguísticos do português brasileiro
    5.4. Português brasileiro falado e escrito
    5.5. Português brasileiro popular e culto; a norma e as gírias

6. Léxico da língua portuguesa
    6.1. Introdução à Lexicologia e à Lexicografia. Teorias lexicais. História do léxico português
    6.2. Dicionários descritivos
    6.3. Dicionários etimológicos
    6.4. Dicionários de brasileirismos, fraseologia, locuções, gíria, estudos lexicológicos e lexicográficos

7. Gramática da língua portuguesa: descrição e história
   7.1. Introdução aos estudos gramaticais. Gramaticalização
   7.2. Gramáticas da língua portuguesa
   7.3. Teoria fonológica. Fonética e Fonologia do português
   7.4. Teoria morfológica. Morfologia do português
   7.5. Teoria sintática. Sintaxe do português
      7.5.1. Introdução à Sintaxe
      7.5.2. Classes de palavras e sintagmas
      7.5.3. Sentença simples: predicação, estrutura argumental, adjunção, concordância e colocação
      7.5.4. Sentença complexa: coordenação, subordinação, correlação

8. Semântica da língua portuguesa
   8.1. Introdução à Semântica. Teoria semântica. Mudança semântica
   8.2. Semântica Lexical e Combinatória
   8.3. Semântica Pragmática. Semântica Cognitiva

9. Discurso e texto na língua portuguesa
   9.1. Retórica. Estilística. Mudança dos gêneros discursivos
   9.2. Análise do Discurso
   9.3. Análise da Conversação
   9.4. Linguística do Texto
   9.5. Pragmática Linguística

10. Política linguística. Ensino da língua portuguesa
    10.1. Política linguística
    10.2. Linguística Aplicada
    10.3. Ensino da língua portuguesa como língua materna
    10.4. Ensino da língua portuguesa como língua estrangeira

— *Por onde começo? Como posso formar minha cultura linguística? Onde encontro informações para meu trabalho?*

1. INTRODUÇÃO AOS ESTUDOS SOBRE A LÍNGUA PORTUGUESA
1.1. Introdução à Linguística Geral e Portuguesa

ADRADOS (1969)
APRESJAN (1966/1980)
AZEVEDO (2005)
BIDERMAN (1978)
BOLÉO (1946)
BORBA (1963)
BUENO (1954)
BÜHLER (1934/1961)
CÂMARA JR. (1942/1954)
CASTILHO (2007)
CHOMSKY (1968/1971)
COSERIU (1962, 1981)
CUNHA / OLIVEIRA / MARTELOTTA (2003)
DASCAL (org. 1982)
DÍSCOLO (séc. I d.C./1987)
FIORIN (org. 2003)
GRIMES (ed. 1998/2000)
HERCULANO DE CARVALHO (1967-1973)
HJELMSLEV (1943/1975)
HOCKETT (1958/1971)

ILARI (1989/2004)
LEPSCHY (1966/1971)
LOPES (1976)
LYONS (1979)
MARTELOTTA (org. 2008)
MARTINET (1964)
MELO (1946b/1971)
MOUNIN (1970)
MUSSALIM / BENTES (orgs. 2004)
OLIVEIRA / OLIVEIRA (orgs. 1999)
PALMER (1972/1975)

PAUL (1880/1920/1970)
QUEIXALÓS /
 RENAULT-LESCURE (orgs. 2000)
ROBINS (1964-1971)
ROCA PONS (1967)
RODRIGUES, Aryon Dall'Igna (1986, 1993)
SAPIR (1921/1954)
SAUSSURE (1917/1972)
SILVA (org. 2001)
SILVA NETO (1951, 1957b)
WALTER (1997)
WARTBURG / ULLMAN (1975)

1.2. História da Linguística Geral e Portuguesa
ALTMAN (2003)
BORGES NETO (2004)
CÂMARA JR. (1964, 1969b)
CASTILHO (org. 1970, 1981b/1988,
 1988, 1989e, 1989f, 1990a,
 1999d, 2002a, org. 2003)
CASTILHO / ALTMAN (1994)
ELIA (1955/1978)
GÄRTNER (1997a)
ILARI (1989/2004, 2001a)
KATO (1998)
KATO / RAMOS (1999)
LINGUÍSTICA ESTRUTURAL. Número
 especial da revista *Tempo Brasileiro*
 15/16, 1968
LYONS (ed. 1973/1976, 1979)

MALMBERG (1966/1974)
MATTOS E SILVA (2003)
MIRA MATEUS (2002)
NARO (org. 1976)
NEVES (1999a)
PENHA (2002)
PINTO (org. 1981)
RODRIGUES (1966)
ROSSI (1968/1969)
SCHLIEBEN-LANGE (1993)
SEKI (1999)
SILVA, Augusto da (1997)
TARALLO (1984)
VOTRE / NARO (1989)
WEEDWOOD (2002)
XAVIER / CORTEZ (orgs. 2003)

1.3. Glossários terminológicos (Veja também o glossário desta gramática)
BORBA (1971b)
CÂMARA JR. (1956/1964/1977)
CANEVARI (1959/1962)
CARRETER (1953/1962)
CASTILHO / CARRATORE (1965)
CHARAUDEAU / MAINGUENEAU (2004)
CHEDIAK (1960)
COSTA (1923)
DUBOIS et al. (1973)
DUCROT / TODOROV (1972/1998)
FLORES et al. (2009)
HARTMAN / STORK (1972)

JOTA (1975)
KRIEGER / FINATTO (2004)
LUFT (1967)
MAROUZEAU (1934/1943/1951)
NASCENTES (1946)
PEI / GAYNOR (1964)
RONAI et al. (1960)
SPALDING (1971)
TRASK (2004)
VACHEK (1960)
XAVIER / MIRA MATEUS (1990-1992)

1.4. Revistas especializadas

ALFA. Revista de Linguística da Universidade Estadual Paulista. Marília, desde 1962.
BIBLOS. Faculdade de Letras da Universidade de Coimbra. Coimbra, Portugal.
BOLETIM DA ABRALIN. Associação Brasileira de Linguística. Localizações várias, desde 1979.
BOLETIM DE FILOLOGIA. Centro de Estudos Filológicos (posteriormente Centro de Estudos Linguísticos) da Universidade de Lisboa. Lisboa, Portugal.
CADERNOS DE ESTUDOS LINGUÍSTICOS. Departamento de Linguística do Instituto de Estudos da Linguagem da Universidade Estadual de Campinas. Campinas, desde 1978.
D.E.L.T.A. Revista de Documentação de Estudos em Linguística Teórica e Aplicada. Editora da Pontifícia Universidade Católica de São Paulo. São Paulo, desde 1986.
ENSAIOS DE LINGUÍSTICA. Faculdade de Letras da Universidade Federal de Minas Gerais. Belo Horizonte, desde 1978.
ESTUDOS LINGUÍSTICOS. Revista de Linguística Teórica e Aplicada. Instituto de Idiomas Yázigi. São Paulo, 1966-1967, 4 números publicados, descontinuada.
ESTUDOS LINGUÍSTICOS. Anais dos seminários do Grupo de Estudos Linguísticos do Estado de São Paulo. Várias localidades do Estado de São Paulo, desde 1978.
ESTUDOS LINGUÍSTICOS E LITERÁRIOS. Programa de Pós-Graduação em Letras e Linguística da Universidade Federal da Bahia. Salvador, desde 1995.
ESTUDOS PORTUGUESES E AFRICANOS. Revista do Núcleo de Estudos de Cultura e Expressão Portuguesa. Universidade Estadual de Campinas.
FILOLOGIA E LINGUÍSTICA PORTUGUESA. Programa de Pós-Graduação em Filologia e Língua Portuguesa da Faculdade de Filosofia, Letras e Ciências Humanas da Universidade de São Paulo. São Paulo, desde 1997.
GRAGOATÁ. Universidade Federal Fluminense.
IBÉRIDA. Rio de Janeiro, 1959-1961, 6 números publicados, descontinuada.
ILHA DO DESTERRO. Journal of Language and Literature. Universidade Federal de Santa Catarina.
JORNAL DE FILOLOGIA. Livraria Saraiva. São Paulo, 1953-1961, 5 volumes publicados, descontinuada.
JOURNAL OF PORTUGUESE LINGUISTICS. Lisboa, Edições Colibri/AEJP.
LETRAS. Universidade Federal de Santa Maria. Santa Maria, desde 1991.
LETRAS DE HOJE. Pontifícia Universidade Católica do Rio Grande do Sul. Porto Alegre, desde 1966.
LÍNGUA E LITERATURA. Departamento de Letras da Faculdade de Filosofia, Letras e Ciências da Universidade de São Paulo. São Paulo, desde 1972.
LUSORAMA. Revista de Estudos sobre os Países de Língua Portuguesa. Frankfurt am Main.
PAPIA. *Revista de Crioulos de Base Ibérica*. Universidade de Brasília. Brasília, desde 1990.
REVISTA BRASILEIRA DE FILOLOGIA. Rio de Janeiro, 1952-1961, 6 volumes publicados, descontinuada.
REVISTA CAMONIANA. Sociedade Brasileira de Estudos Camonianos. São Paulo, desde 1964, várias séries.
REVISTA DA ABRALIN. Associação Brasileira de Linguística, desde 2002.
REVISTA DO GEL. Grupo de Estudos Linguísticos do Estado de São Paulo, desde 2004.
REVISTA DE ESTUDOS DA LINGUAGEM. Faculdade de Letras da Universidade Federal de Minas Gerais. Belo Horizonte, desde 1992.
REVISTA DE LETRAS. Revista da Faculdade de Letras da Universidade Federal do Paraná. Curitiba, desde 1955.
REVISTA DE LETRAS. Faculdade de Filosofia, Ciências e Letras da Universidade Estadual Paulista. Assis, desde 1960.
REVISTA PORTUGUESA DE FILOLOGIA. Faculdade de Letras da Universidade de Coimbra. Coimbra, Portugal, desde 1956.
SCRIPTA. Revista do Programa de Pós-Graduação em Letras do Centro de Estudos Luso-Afro-Brasileiros da Pontifícia Universidade Católica de Minas Gerais. Belo Horizonte, desde 1999.
TEMPO BRASILEIRO. Editora Tempo Brasileiro. Rio de Janeiro, desde 1962.
TRABALHOS DE LINGUÍSTICA APLICADA. Departamento de Linguística Aplicada da Universidade Estadual de Campinas. Campinas, desde 1980.
VEREDAS. Universidade Federal de Juiz de Fora. Juiz de Fora, desde 1999.

1.5. Miscelâneas de estudos. Atas de congressos

ALBANO et al. (orgs. 2003)
ALTMAN (org. 2001, org. 2004)
ASHBY et al. (eds. 1993)
AZEVEDO FILHO (org. 1967)
BARBARA (org. 1998)
BASTOS (org. 2004)
BORBA (org. 1981)
CASTILHO (org. 1984)
CASTILHO / ILARI (orgs. 1993-1998)
CASTILHO et al. (orgs. 2007)
DECAT et al. (orgs. 2001)
DUARTE (org. 1999)
FROMM /
    LIMA-HERNANDES (orgs. 2004)
GALVES / NUNES / RAPOSO (orgs. 2000)
GÄRTNER / HUNDT / SCHÖNBERGER
    (eds. 2000a, eds. 2000b, eds. 2000c)
GIL / ROCA (orgs. 2009)
GRIMES (ed. 1998/2000)
GUEDES / BERLINCK / MURAKAWA
    (orgs. 2006)
HENRIQUES / SIMÕES (orgs. 2004)
HERCULANO DE CARVALHO (org. 1968)
HEYE (org. 1995)
HORA / ALVES / ESPÍNDOLA (orgs. 2009)
HORA / COLLISCHONN (orgs. 2003)
KATO (org. 1981)
KREMER (ed. 1988)
LOPES (org. 2005)
MAIA (org. 2001-2002)
MATTOS E SILVA /
    MACHADO FILHO (orgs. 2002)
MEGALE (org. 2000)
MOURA (org. 2005)
NEGRI et al. (org. 2004)
OLIVEIRA (org. 2006)
PAIVA / DUARTE (orgs. 2003)
PEREIRA / PEREIRA (orgs. e coords. 1995)
PEREIRA / ROCA (orgs. 2009)
RONCARATI / ABRAÇADO (orgs. 2008)
SAMPER PADILLA /
    TROYA DÉNIZ (orgs. 2000)
SANTIAGO-ALMEIDA / COX (orgs. 2005)
SCHLIEBEN-LANGE / KOCH /
    JUNGBLUTH (eds. 2002)
SILVA, Augusto da (org. 2001)
SILVA / MOURA (orgs. 2000)
SOLÁ (ed. 1984)
VOTRE / RONCARATTI (orgs. 2008)

1.6. Bibliografias da Linguística Portuguesa

ARAGÃO (1988, 1997)
BOLÉO (1951)
DIETRICH (1980)
HERCULANO DE CARVALHO /
    RADEFELDT (orgs. 1984)
HOGE (1968)
KEMMLER / SCHÄFER-PRIESS /
    SCHÖNBERGER (eds. 2002)
MANUPPELLA (1950)

— *Onde encontro materiais para minhas pesquisas?*

2. DOCUMENTAÇÃO DA LÍNGUA PORTUGUESA. *CORPUS* PARA ANÁLISE

2.1. Português brasileiro moderno e contemporâneo

ARAGÃO / SOARES (orgs. 1996)
BARBOSA / LOPES (orgs. 2002/2006)
BARBOSA / LOPES / CALLOU (orgs. 2000)
CALLOU (org. 1992)
CALLOU / LOPES (orgs. 1993, orgs. 1994)
CARNEIRO (2005)
CARNEIRO / ALMEIDA (2002)
CASTILHO / PRETI (orgs. 1986, orgs. 1987)
GONÇALVES (1996)
GUEDES / BERLINCK (orgs. 2000)
HILGERT (org. 1997)
HORA / PEDROSA (orgs. 2001)
LOBO (2001, org. 2001)
LOBO / OLIVEIRA (2003)

MÓDOLO (1998)
MOTA / ROLLEMBERG (orgs. 1994)
NASCIMENTO / MARQUES / CRUZ (1984-1987)

OLIVEIRA, Klebson (2003)
PAIVA (org. 1999)
PRETI / URBANO (orgs. 1989)
SÁ et al. (orgs. 1996)
STROUD / GONÇALVES (orgs. 1997)

2.2. Fontes arquivísticas. Critérios para a edição de textos
CAMBRAIA (2001)
CARNEIRO / ALMEIDA (2001)
GUEDES / BERLINCK (2001)
LORENZO (1997)

MATTOS E SILVA (2002a)
MEGALE (2001)
MEGALE / OSAKABE (orgs. 1999)
SALLES (2001a)
TOLEDO NETO (2001, 2002)

2.3. Linguística de *Corpus*. Bancos de dados
BERBER SARDINHA (2004)
CARAVEDO (1999)
CASTILHO / OLIVEIRA E SILVA / LUCCHESI (1995)
CYRINO / BARRICHELLO / FIGUEIREDO DE PAULA (2002)
MATTOS E SILVA (2002a)
MEGALE / TOLEDO NETO (orgs. 2005)

MEGALE / TOLEDO NETO / FACHIN (orgs. 2009)
MÓDOLO (1998)
RAMOS (2001e)
RIBEIRO / REBOUÇAS (2002)
www.corpusdoportugues.org
www.museudalinguaportuguesa.org
www.ime.usp.br/tychobrahe
www.ufba.br/prohpor

— *Como aprendemos a falar e a escrever?*

3. AQUISIÇÃO DA FALA E DA ESCRITA
ABAURRE (2001)
BARBOSA (2002)
COBBE (1977)
DEESE (1976)
HAVELOCK (1982/1994)
KATO (org. 1992)
LAJOLO / ZILBERMAN (1996)
LEMOS (1986, 1987, 2002)
OLIVEIRA (1993)
RIBEIRO (org. 2003)

ROJO (org. 1999)
SCLIAR-CABRAL (1991)
SIGNORINI (org. 2001)
SILVA (1991)
SILVA et al. (1998)
SOARES (2001, 2003, 2005)
TFOUNI (1988, 1994, 1997)
VIEIRA (2004)
VYGOTSKY (1984)

– *Por que falamos português no Brasil?*

4. HISTÓRIA DO PORTUGUÊS BRASILEIRO
4.1. Introdução à Linguística Histórica

BYNON (1977/1981)
COUTINHO (1938/1973)
FARACO (1991/2005)
HÜBER (1933/1986)
MAURER JR. (1951b, 1952, 1967a, 1967b)

MIAZZI (1972)
PALMER (1972/1975)
SILVA NETO (1951)
TARALLO (1991/1993)

4.2. Linguística Românica: formação do português europeu e do galego

AGARD (1984)
ALVAR (1960)
BALDINGER (1962)
BASSETTO (2001)
BASTOS / MACHADO FILHO (orgs. 2004)
BERTOLOTTI et al. (orgs. 2005)
CÂMARA JR.(1975)
CARDEIRA (1999/2005)
CARVALHO (1996)
CASTILHO (1993c)
CASTRO (1996)
CASTRO et al. (1991)
CORREDOIRA (1998)
COSERIU (1987)
ENTWISTLE (1969/1973)
FERNÁNDEZ REI (1990)
FONSECA (1959, 1985)
HERCULANO DE CARVALHO (1968)
ILARI (1989/2004)
IORDAN / MANOLIU (1972)
LAUSBERG (1963/1965)
LEÃO (1983)
LLEAL (1990)
LORENZO (1975, 1975-1977, 1985)
MACHADO (1967)
MAIA (1986, 1988, 1994)

MARIÑO PAZ (1999)
MATTOS E SILVA (1989, 1991, 1993, 1994)
MEIER (1948)
MIRA MATEUS (ed. 2002)
MONTEAGUDO (1999)
MORAES DE CASTILHO (1998/2001, 2002, 2004a, 2004b, 2006)
MORAIS-BARBOSA (1959, org. 1967)
NARO (1973, 1991)
NUNES (1919/1945)
PARODI et al. (eds. 1996)
PEREIRA (1915/1933)
QUER et al. (eds. 2003)
RENZI (1976-1982)
SAID ALI IDA (1957/1964/1980, 1964/1988/2002)
SILVA / OSÓRIO (2008)
SILVA DIAS (1881/1918/1954)
SILVA NETO (1952/1957)
SILVEIRA (1975/1980)
STROUD / GONÇALVES (orgs. 1997)
TARALLO (1984, 1990a)
TEYSSIER (1959, 1980/1982)
TORRES MORAIS (1999b)
WILLIAMS (1961)

4.3. História social do português brasileiro

ALKMIN (2001)
BACELLAR (2005)
BARBOSA (2007a)
BAXTER / LUCCHESI (1993, 1997)
BENATTI (1974)
BORTONI-RICARDO (1985, 1989)
BOSCO / JORDÃO NETTO (1967)
CALLOU / AVELAR (2002)

CASTILHO (2000b)
CASTRO (1980, 2001)
COUTO (2009)
ELIZAINCÍN / BEHARES / BARRIOS (1987)
GONÇALVES (1996, 1998, 2004)
GONÇALVES / FERREIRA (2001)
GROPPI (2001)

GUY (1981, 1989)
HENSEY (1967, 1975)
JEROSLAV (1974)
LIMA-HERNANDES (2001)
LOBO (2001)
LUCHESI (2001)
MARIANI (2004)
MATTOS E SILVA (1998, 1999a, 2000b, 2001b, 2002b, 2004)
MEGALE (org. 2000)
MELLO / HOLM (2001)
MENDONÇA (1935/1973)
MONTEIRO (1995)
MUSSA (1995)
NARO / SCHERRE (1993)
OLIVEIRA, Gilvan (1998, 1999, 2000a, 2000b, 2001, 2004)
OLIVEIRA / KEWITZ (2002)
OLIVEIRA / PEREIRA (2006)
OLIVEIRA, Marilza de (1998a)
PAGOTTO (2007)
PARKVALL / ÁLVARES LÓPEZ (2003)
PESSOA (2001, 2002, 2003)
QUEIXALÓS / RENAULT-LESCURE (orgs. 2000)
RAMOS (1998a, 2001a)
RAMOS / VENÂNCIO (2002)
RIBEIRO (2002)
RODRIGUES, Aryon Dall'Igna (1986, 1993)
RONCARATI / ABRAÇADO (orgs. 2003)
TARALLO (1986/1993)
TARALLO / ALKMIN (1987)
VALKHOFF (1966)
VENÂNCIO (2001)
VITRAL (2001)
VOGT / FRY (1985, 1990, 1996)

4.4. Mudança gramatical do português brasileiro
CASTILHO et al. (orgs. 2007)
KATO et al. (2006)
KEWITZ (2002a, 2002b, 2007a, b)
LIMA-HERNANDES (1997)
MÓDOLO (2004)
MORAES DE CASTILHO (1998/2001, 2002, 2004a, 2004b, 2005b, 2006)
NARO (1981)
NEGRÃO (1999)
OLIVEIRA, Marilza de (1998b, 2000b, 2001a, 2001b)
PENHA (1970)
RAMOS (1998b)
RIBEIRO, Ilza (1998, 2001, 2002)
ROBERTS / KATO (orgs. 1993)
SANTIAGO-ALMEIDA / COX (orgs. 2005)
SIMÕES (2007)
TARALLO (1991/1993)
TORRES MORAIS (1993, 1998, 1999a, 1999b)
ZILLES (2002, 2005)

4.5. História lexical do português brasileiro
AGUILERA (2002)
LIMA-HERNANDES (2005b)
VIARO (2004)

— *Por que há tantos modos diferentes de se falar no Brasil?*

5. VARIEDADES DO PORTUGUÊS BRASILEIRO
5.1. Introdução à descrição do português brasileiro
ALKMIN (org. 2002)
BAGNO (2000, 2001a)
BEARZOTI FILHO (2002)
CÂMARA JR. (1953, 1957b, 1966, 1968a, 1968b, 1969a, 1969b, 1970, 1975)
CARDOSO / MOTA / MATTOS E SILVA (orgs. 2006)

CASTILHO (1962, 1989c, org. 1998, 1998d, org. 2003)
CASTILHO et al. (orgs. 2007)
CUNHA (1964, 1970)
DIETRICH / NOLL (orgs. 2004)
DUARTE / CALLOU (orgs. 2002)
ELIA (1940)
GROSSE / ZIMMERMANN (eds. 2000)
HORA (org. 1997)
LIMA SOBRINHO (1958)
LOBO et al. (orgs. 2006)
MARROQUIM (1943/1996)
MASSINI-CAGLIARI et al. (orgs. 2005)
MATTOS E SILVA (org. 1997, 1998, 1999b, 2000b, org. 2001)
MELLO (1997)
MELO (1946b, 1971)
MONTEIRO (1958)
NASCENTES (1922)
NOLL (2008)
OLIVEIRA E SILVA / SCHERRE (orgs. 1996)
PAIVA / DUARTE (orgs. 2003)
PINTO (org. 1978, org. 1981)
RAMOS / ALKMIN (orgs. 2007)
RONCARATI / ABRAÇADO (orgs. 2003, orgs. 2008)
SCHMIDT-RIESE (2002)
SILVA NETO (1951)
UCHÔA (org. 1972)

5.2. Estudos dialetológicos do português brasileiro
AGUILERA (1994, org. 1998, org. 2005)
AMARAL (1922/1977)
ANDRADE (1974)
ARAGÃO / MENEZES (1984)
AZEVEDO (1973)
BOLÉO (1942, 1953-1962)
BRANDÃO (1991)
BUNSE (1959)
BUNSE / KLASSMAN (1969)
CARDOSO (1999, 2001-2002, 2002)
CARENO (1997)
CARUSO (1982, 1983)
CARVALHO (1967)
CASTILHO (1973a, 1973b, 1983b)
FERREIRA et al. (1986, 1987)
HEAD (1973a)
KOCH / KLASSMAN / ALTENHOFEN (2002)
LAYTANO (1940)
MARROQUIM (1943/1996)
MOTA (1964)
MOTA / CARDOSO (orgs. 2006)
NASCENTES (1922, 1958-1961)
PENHA (1997)
RAZKY (2004)
RODRIGUES (1974)
ROSSI / FERREIRA / ISENSEE (1963, 1965)
SILVA NETO (1957a)
TEIXEIRA (1938, 1944)

5.3. Estudos sociolinguísticos do português brasileiro
ALVES (1979)
BAGNO (1997)
BORTONI-RICARDO (1985)
CALLOU / OMENA / PAREDES DA SILVA (1991)
CALVET (2002)
COHEN et al. (1997)
COHEN / RAMOS (orgs. 2002)
ELIZAINCÍN (1979a, 1979b)
ELIZAINCÍN / BEHARES / BARRIOS (1987)
FRY / VOGT / GNERRE (1981)
GÄRTNER / HUNDT / SCHÖNBERGER (eds. 2000a, eds. 2000b, eds. 2000c)
HORA (org. 1997)
MACEDO / RONCARATI / MOLLICA (orgs. 1996)
MARCUSCHI (1975)
MOLLICA (org. 1996)
MOLLICA / BRAGA (orgs. 2003)
PAGOTTO (2004)
RONCARATI / ABRAÇADO (orgs. 2003, orgs. 2008)
TARALLO (org. 1989, 1990a, 1990b)
TARALLO / ALKMIN (1987)
VANDRESEN (org. 2002)

5.4. Português brasileiro falado e escrito

ABAURRE (1993)
AUROUX (1992)
BESSA NETO (1991)
BLANCHE-BENVENISTE (1985, 1986, 1990, ed. 1990)
CASTILHO (org. 1970, org. 1989, 1994a, 1995a, 1998a/2004, 1998b, 1998c, 1998e)
CASTRO (1994)
CORRÊA (2004)
DESBORDES (1990/1995)
MARCUSCHI (1992, 1996, 1997, 2001)
MARQUES (1996)
MARTINS (1957)
OESTERREICHER (1996)
OLSON / TORRANCE (1991/1995)
PRETI (org. 1993, org. 1998, org. 2000, org. 2002, org. 2003, org. 2005, org. 2006)
PRETI et al. (orgs. 1997)
PRETI / URBANO (orgs. 1990)
RAMOS (1984, 1997)
RODRIGUES, Ângela (1993)
THOMAS (1969)
TRAVAGLIA (1989a, 1989b, 1996a)
URBANO (2003)

5.5. Português brasileiro popular e culto; a norma e as gírias (Veja também 6.4)

BAGNO (2001a, org. 2002, 2003)
BIDERMAN (1973)
CASTILHO (1973a, 1973b, 1978a, 1980, 1982, 1983a, org. 1989)
COHEN / RAMOS (orgs. 2002)
FIORIN (2000a)
FROEHLICH (1973)
GUÉRIOS (1967)
HEAD (1968)
LUCCHESI (1994, 1998)
MELLO (1997, 2002)
PAIVA / SCHERRE (1999)
PALHANO (1958)
PINTO (1990a)
PRETI (1974, 1984)
RECTOR (1975)
RODRIGUES, Ângela (1987, 2000)
RODRIGUES, Aryon Dall'Igna (1968)
RONCARATI / ABRAÇADO (orgs. 2003)
TARALLO (org. 1989)
VANDRESEN (1973, org. 2002)

— *Quero fazer pesquisas sobre as palavras.*

6. LÉXICO DA LÍNGUA PORTUGUESA

6.1. Introdução à Lexicologia e à Lexicografia. Teorias lexicais. História do léxico português

ALVAR (1960)
ALVES (1990/2007)
BASÍLIO (1980, 2004)
BENVENISTE (1995)
BIDERMAN (1978)
BIZZOCCHI (1997)
CASTILHO / CARRATORE (1967)
COSTA (2000/2006)
DUARTE, Paulo Mosânio Teixeira (1999)
GAMARSKI (1988)
ILARI (2002)
LÜDTKE (1968/1974)
MACHADO (1952)
MEIER (1961)
MESSNER (1990)
PIEL (1933-1940, 1942)
PINHO (1973)
PRETI (org. 2003)
RAMOS / VENÂNCIO (2002)
STEIGER (1932)
VIARO (2004)
ZAPPAROLI / CAMLONG (2002)

6.2. Dicionários descritivos (Para a cronologia dos dicionários, veja o capítulo "Os sistemas linguísticos", Quadro 2.1)

BORBA (1970, 1990, 2002)
DOZY / ENGELMAN (1915)
FERNANDES (1945)
FERREIRA (1986)
HOUAISS (2001, 2002-2003)
HOUAISS / VILLAR /
　MELLO FRANCO (2001)
SCHWSAB SVD (1985)
SPITZER (1936/1955)

6.3. Dicionários etimológicos
CUNHA (1982, 1989)
MACHADO (1956/1977)
NASCENTES (1952, 1966)

6.4. Dicionários de brasileirismos, fraseologia, locuções, gíria, estudos lexicológicos e lexicográficos

CHAMBERLAIN / HARMON (1983)
FAUSTICH (1981)
LAUAND (1973)
MAGALHÃES JR. (1974)
NEVES (1971, 1973)
RIBEIRO (1960)
SILVA, Euclides Carneiro da (1973)
VIOTTI (s/d/1956)

– *Quero fazer pesquisas sobre a gramática do português brasileiro.*

7. GRAMÁTICA DA LÍNGUA PORTUGUESA: DESCRIÇÃO E HISTÓRIA
7.1. Introdução aos estudos gramaticais. Gramaticalização

BRANDÃO (1963)
CASTILHO (1997a, 2003b/2006, 2004b, 2004d)
DECAT et al. (orgs. 2001)
GALVÃO (2000, 2002)
GALVES (2001)
GÄRTNER / HUNDT / SCHÖNBERGER (eds. 2000a, eds. 2000b, eds. 2000c)
GONÇALVES (1994)
GORSKI et al. (2003)
ILARI (1986a/1992/2004)
KATO (1996/2002, 1998)
KATO / NEGRÃO (eds. 2000)
KURY (1997)
LEMLE (1984)
LEMLE / NARO (1977)
LOBATO (1986)
MARTELOTTA / VOTRE / CEZARIO (orgs. 1996, 1996)
MATTOS E SILVA (2002c)
MELO (1954)
MIOTO / SILVA / LOPES (1999/2005)
MOURA (org. 2005)
NARO / BRAGA (2000)
NEVES (1987/2004, 1997, org. 2001)
OITICICA (1952)
PASSOS / PASSOS (1990)
PERINI (1989, 2006)
PEZATTI (2004)
QUERIDO (1967)
RAMEH (1970)
RAMOS (1991)
SOUZA CAMPOS (org. 1999)
TARALLO (1987)
THOMAS (1969)
VOTRE / CEZARIO / MARTELOTTA (orgs. 2004)
ZILLES (2002, org. 2005)

7.2. Gramáticas da língua portuguesa (Para uma cronologia das gramáticas do português, veja o capítulo "Os sistemas linguísticos", Quadro 2.8)

ABAURRE / RODRIGUES (orgs. 2002)
BARBOSA (1803/1881)
BARROS (1540/1971)
BECHARA (1992/1999)
BUENO (1944)
CASTILHO (org. 1990, org. 1993)
CASTILHO / BASÍLIO (orgs. 1996)
CUNHA (1972)
CUNHA / CINTRA (1985)
ILARI (org. 1992)
ILARI / NEVES (orgs. 2008)

JUBRAN / KOCH (orgs. 2006)
KATO (org. 1996)
KATO / NASCIMENTO (orgs. 2009)
KOCH (org. 1996)
LUFT (1974)
MIRA MATEUS et al. (1989/2003/2005)
NEVES (org. 1999, 2000)
OLIVEIRA (1536/1994/2000)
PERINI (1985, 1995)
VILELA / KOCH (2001)

7.3. Teoria fonológica. Fonética e Fonologia do português

ABAURRE GNERRE (1973, 1979)
ALBANO (1990)
ARAGÃO (1974/1978, 1997)
AUBERT (1975)
BISOL (org. 1999)
CAGLIARI (1974)
CALLOU (1980/1987)
CALLOU / LEITE (1990)
CÂMARA JR. (1953)
CARVALHO (1995)
FERREIRA NETTO (2001)
HEAD (1964, 1973a)
HERCULANO DE CARVALHO (1958)
HORA / COLLISCHONN (orgs. 2003)
JAKOBSON (1967)
LACERDA / ROSSI (1958)
LEITE (1974)
LORENZO (1988, 1993, 1995)
LÜDTKE (s/d)

MAIA (1985)
MARCHERPE (1970)
MASSINI-CAGLIARI (1999)
MIRA MATEUS (1975, 2002)
MIRA MATEUS / D'ANDRADE (2000)
RAMOS (1995)
ROSETTI (1973)
ROSSI (1965)
SCARPA (org. 1999)
SILVA (1999, 2003)
SOUZA / SANTOS (2003)
TENANI (1995)
VAGONES (1974)
VANDRESEN (1969)
VIANA (1973)
WISE (1964)
ZÁGARI (1988)
ZAPPAROLI (1970)

7.4. Teoria morfológica. Morfologia do português

AUDUBERT (1972)
BASÍLIO (1990, 1991, 1998a, 2004)
CAGLIARI (2002)
CÂMARA JR. (1970, 1971)
DUARTE / LIMA (2000)
DUARTE,
    Paulo Mosânio Teixeira (1999, 2001)
EASTLACK (1964a)
ELSON / PICKETT (1962/1973)

FREITAS (1979)
GAMARSKI (1988)
HECKLER / BACK / MASSING (1994)
KEHDI (1997)
MACAMBIRA (1970, 1974)
OLIVEIRA FILHO (1961)
PETTER (2003)
PONTES (1972)
POTTIER / AUDUBERT / PAES (1972)

ROCHA (1998)
ROMANELLI (1964)

ROSA (2000)
SANDMANN (1989, 1991)

7.5. Teoria sintática. Sintaxe do português
7.5.1. Introdução à Sintaxe
BACH (1974/1981)
BIDERMAN (1978)
BORBA (1979)
BUSSE / VILELA (1986)
COSERIU (1991)
DUBOIS-CHARLIER / LEEMAN (1976)
ELSON / PICKETT (1962/1973)
FRANCHI (1976, 1977, 1979)
KATO (1996/2002, 1998)

LEVIN / HOVAV (2005)
NARO / VOTRE (1992/1996)
NASCIMENTO (1990, 1993a, 1993b/2005)
NEVES (1999a, 2002)
PERES / MÓIA (1995)
RAPOSO (1992)
RIEMSDIJK / WILLIAMS (1986/1991)
SCLIAR-CABRAL (1977)

7.5.2. Classes de palavras e sintagmas
ALKMIN, Mônica (2001, 2002a)
ALKMIN, Tânia (1975)
ALMEIDA (1973/1980)
ALMEIDA PRADO (1975)
ARRAIS (1974)
AZEVEDO (1973)
BAIÃO / ARRUDA (1996)
BARBOSA (2000)
BARRETO (1999, 2004)
BASTOS (1993)
BASTOS / MACHADO FILHO (orgs. 2004)
BONFIM (1988, 2000)
BORBA (1967, 1971a)
BORGES NETO (1979/1991, 1980, 1985)
BRAGA (1994b)
BRAGA / BOTELHO PEREIRA (1981)
BRAGA / PAIVA (2003)
BRAGA / SILVA / SOARES (2001)
CALLOU (1998)
CALLOU / AVELAR (2002)
CALLOU / DUARTE / AVELAR (2001)
CAMACHO / PEZATTI (1996)
CAMACHO / SANTANA (2004a, 2004b)
CÂMARA JR. (1956/1964/1977, 1957b, 1972)
CAMPOS (1980)
CARNEIRO (1989)
CASAGRANDE (1972)
CASTELEIRO (1975, 1981, 1982)

CASTILHO (1967, 1968a, 1970, 1978b, 1978c, 1981a, 1984a, 1984b, 1984c, 1987, 1993a, 1993b, 1997b, 1999a, 1999b, 1999c, 2000a, 2003a/2007, 2004a, 2004d)
CASTILHO / KATO (1991)
CASTILHO / MORAES DE CASTILHO (1990/1992, 1993, 2002)
CASTILHO et al. (2002)
CINTRA, Ana Maria (1973)
CINTRA, Luís (1963)
COSTA (2003)
CUNHA (1996)
DECAT (1995)
DIAS DE MORAES (1987)
DUARTE / LIMA (2000)
FREITAS (1995)
GALVES (2003)
GUIMARÃES (1987)
ILARI (1979/1981, 1986b, 1992a, 1992b, 1993, 1997, 1998)
ILARI / FRANCHI / NEVES (1996)
ILARI / MANTOANELLI (1983)
ILARI et al. (1991)
KATO (1975)
KEWITZ (2002a, 2002b, 2004, 2007a, 2007b)
LEMLE (1979)

LIBERATO (2001)
LIMA-HERNANDES (2005a, 2005b)
LOBATO (1970, 1975b, 1989)
LONGHIN-THOMAZI (2003)
LOPES (1999/2002, 2001)
LOPES / DUARTE (2002)
LOPES / GARCIA / SILVA (2001)
MACÊDO (1997, 2003)
MAGO / GORSKI (2002)
MARTELOTTA (1996)
MARTELOTTA / ALCÂNTARA (1996)
MARTELOTTA / BARBOSA / LEITÃO (2002)
MARTELOTTA / LEITÃO (1996)
MARTELOTTA / RODRIGUES (1996)
MATTOS E SILVA (1999b)
MAURER JR. (1967b)
MENON et al. (2003)
MÓDOLO (2004)
MORAES DE CASTILHO (1991, 1993, 2008)
NASCIMENTO (1973)
NEVES (1984, 1990a, 1993a, 1993b, 1996a, 1996b)

OLIVEIRA, Marilza de (2001b)
OLIVEIRA E SILVA (1993, 1996)
OLIVEIRA, Marco Antônio de (1992)
OMENA / BRAGA (1996)
PAGOTTO (1993)
PAIVA / DUARTE (orgs. 2003)
PERINI (1974)
PEZATTI (1992, 1996a, 2000, 2001)
POGGIO (1999/2002)
PONTES (1973, 1978)
POSSENTI (1992)
RAMOS (2000, 2001b, 2002a, 2002b)
RIBEIRO (1993)
RODRIGUES (1974)
SALLES (2001b)
SILVA, Ademar (2002a, 2002b)
SILVEIRA (1951)
TOLEDO (1976)
TORRES MORAIS (1999b)
TRAVAGLIA (1981)
UPPENDHAL (1979)
VIARO (1994, 1995)
VITRAL (1996, 2000)
VITRAL / RAMOS (1999)

7.5.3. Sentença simples: predicação, estrutura argumental, adjunção, concordância e colocação

AMBAR (1992)
BERLINCK (1989, 1995, 1997, 2000a, 2000b, 2000c)
BISOL (1975)
BITTENCOURT (1999, 2001)
BORBA (1996)
BRANDÃO / CALLOU / DUARTE (2000)
BRITTO (1998)
CALLOU et al. (1993, 1996)
CAMACHO (1996a)
CASTILHO (1994b, 1997c, 2000b)
CAVALCANTE (2001)
CYRINO (1993, 1997, 1998, 2000, 2001)
CYRINO / REICH (2002)
DILLINGER et al. (1996)
DUARTE (1992, 1993, 1998, 2000)
DUARTE / LOPES (2002)
FRANCK (1981/1986/1988)
GALVES (1984, 1998, 2003)

IGNACIO / HINTZE (2001)
ILARI (1986a/1992/2004)
KATO (1982/1988, 1983, 1989, 1993, 1999, 2001, 2002, 2003, 2004, 2005)
KATO / CASTILHO (1991)
KATO / NASCIMENTO (1996a, 1996b)
KATO / NEGRÃO (eds. 2000)
KATO / RAPOSO (1996)
KATO / TARALLO (1988)
KATO et al. (1993, 1996, 1997)
LEITE et al. (1996)
MACEDO (1987)
MENON (1994)
MOINO (1996)
MOLLICA (1996)
NUNES (1990a, 1990b, 1993)
OLIVEIRA (1995)
PÁDUA (1960)
PEZATTI (1996a)

PONTES (1986, 1987)
QUICOLI (1972)
RAMOS (1992)
RIBEIRO (2001)
ROCHA (1996, 2001)
RODRIGUES,
    Ângela Cecília de Souza (1987)

SARAIVA (1997, 2001)
SCHEI (2000)
SEABRA (1994)
SILVA (1996)
TARALLO (1993a)
TARALLO et al. (1990, 1992)

7.5.4. Sentença complexa: coordenação, subordinação, correlação
BARBARA (1975)
BATTYE / ROBERTS (eds. 1995)
BRAGA (1995, 1996, 1999)
BRITTO (2000)
CAFEZEIRO (2002)
CAMACHO (1996b, 1999, 2002)
CEZARIO / GOMES / PINTO (1996)
CHEDIAK (1971)
COHEN (1989)
DECAT et al.(orgs. 2001)
FIAD (1975)
GERALDI (1978)
GONÇALVES (2003)
GROSSE (2000)
KATO / MIOTO (2005)
KATO / RIBEIRO (2005)
KEHDI (1982)

KOCH (1995)
LEÃO (1961)
LIMA-HERNANDES (1998)
LOPES ROSSI (1993, 1996)
MÓDOLO (2004)
MOLLICA (1995)
MORAES DE CASTILHO (2004a, 2005b)
MORAIS (1988)
NEVES (1999b, 1999c, 1999d)
NEVES / BRAGA (1996, 1998)
OLIVEIRA FILHO (1961)
PAIVA (1994)
PEZATTI (1999)
ROMUALDO (1975)
SIMÕES (2004, 2007)
VOTRE / CEZARIO /
    MARTELOTTA (orgs. 2004)

– *Quero entender como produzimos sentidos quando falamos ou quando escrevemos.*

8. SEMÂNTICA DA LÍNGUA PORTUGUESA
8.1. Introdução à Semântica. Teoria semântica. Mudança semântica
AMARAL (1976)
BALDINGER (1970)
CANÇADO (2005)
CHIERCHIA (2003)
DUCROT (1972/1977)
GUIRAUD (1955/1975)
ILARI (2001b)
ILARI / GERALDI (1985)
KEMPSON (1977/1980)
LAHUD (1979)
LEECH (1974)
LOBATO (org. 1976)
LYONS (1977/1984)

MORRIS (1938)
MÜLLER / NEGRÃO /
    FOLTRAN (orgs. 2003)
OGDEN / RICHARDS (1923/1972)
PINTO (1977)
RECTOR / YUNES (1981)
SAID ALI IDA (1930)
SEGRE (1974)
SILVA, Euclides Carneiro da (1973)
SILVA JR. (1903)
ULLMAN (1962/1973)
WEINREICH (1972)

8.2. Semântica Lexical e Combinatória

BARROSO (1994)
BIERWISCH (1971)
BUENO (1947)
GREIMAS (1966/1973)
LYONS (1977/1984)
MARQUES (1976)
REHFELDT (1980)
SOARES (1987)

8.3. Semântica Pragmática. Semântica Cognitiva

ABREU (2004)
BLUHDORN (2001)
CASTRO (1977)
COSTA (1995)
DUCROT (1987b)
DUCROT / VOGT (1978)
FIGUEIRA (1974)
GUIMARÃES (1979, 1987)
KOCH (1984)
LAKOFF / JOHNSON (1980/2002)
PÊCHEUX (1988/1995)
PONTES (org. 1990, 1992)
SACKS (org. 1992)
SILVA (2006)
TALMY (1988, 1996, 2000, 2003)
VOGT (1977, 1980/1989)

– *Quero entender como organizamos nossos textos, quando falamos ou quando escrevemos.*

9. DISCURSO E TEXTO NA LÍNGUA PORTUGUESA

9.1. Retórica. Estilística. Mudança dos gêneros discursivos

BIDERMAN (1968)
CÂMARA JR. (1977)
CAMARGO (1973)
CASTILHO (1964, 1965)
CASTRO (1970)
CRESSOT (1974/1980)
DISCINI (2003)
DUBOIS et al. (1974)
GALVÃO (1954/1967)
GARCÍA MOREJÓN (1966)
GUERRA DA CAL (1969)
GUIRAUD (1970)
KABATEK (2003/2005)
LAPA (1945/1968)
LAUSBERG (1960/1966)
LESSA (1966)
LEVIN / HOVAV (2005)
MARTINS (1989, 2001)
MELO (1976)
MOSCA (org. 1997)
RIFFATERRE (1973)
SEGRE (1974)
VILANOVA (1977)

9.2. Análise do Discurso

AUTHIER-REVUZ (1998)
BAKHTIN (1929/1979, 1992)
BARROS / FIORIN (orgs. 1994)
BRANDÃO (1998, coord. 1999, 2003, 2004a, 2004b)
CITELLI (1994, 2004)
CORÔA (1993)
DECAT (1995)
DOLZ / SCHNEUWLY (2004)
FIORIN (1989, 1996)
FRANCK (1981/1986/1988)
LAVANDERA (1984b)
LONGO (1993)
LOPES (1997)
MAGALHÃES / LEAL (orgs. 2003)
MAINGUENEAU (1989, 2001, 2005)
MEURER / MOTTA-ROTH (orgs. 2002)
MORATO (1997)
MOSCA (1990)
MUSSALIM (2001)
OESTERREICHER (2000)
ORLANDI (1983, 1999)
OZAKABE (1987, 1999)
PESSOA (2001, 2002, 2003)
POSSENTI (1988, 1998b, 2002)

9.3. Análise da Conversação
ANDRADE (1990)
AQUINO (1997)
BARROS (1993, 2002)
BEAUGRANDE (1980)
BEAUGRANDE / DRESSLER (1981)
BRAIT (1993, 2002)
CASTILHO (1989d, 1998a/2004)
COULMAS (ed. 1981)
COULTHARD (1987)
GALEMBECK (2002)
GAVASI (1997)
GOODWIN (1981)
GRICE (1967/1982)
HILGERT (2002)
KOCH / BARROS (orgs. 1997)
MARCUSCHI (1986, 1989, 1988/1991, 1992, 1996, 2006a, 2006b)
OLIVEIRA, Mariângela (1997, 1998)
PRETI (org. 2002, 2002)
SCHENKEIN (ed. 1978)

9.4. Linguística do Texto
ADAM (1992)
ANDRADE (1995, 1997, 2003)
ANTUNES (1996)
AQUINO (1991)
BARROS (org. 1999)
BASTOS (1985)
BEACCO (l99l)
BESSA NETO (1991)
BRONCKART (1999)
CAMPOS (1979)
CASTILHO (1989b)
FÁVERO / KOCH (1983)
FÁVERO (1991, 1993, 1997, 2002, 2003)
FÁVERO / ANDRADE / AQUINO (1996, 1999)
FONSECA (2004)
HILGERT (1989, 1993a, 1993b, 1996, 1997, 2003)
JUBRAN et al. (1992)
JUBRAN (1993, 1996a, 1996b, 1999)
JUBRAN / KOCH (orgs. 2006)
KOCH (1989a, 1989b, 1992a, 1992b, 1997a, 1997b, 2002, 2004)
KOCH / TRAVAGLIA (1990)
KOCH et al. (1991)
KOCH / SOUZA E SILVA (1996)
KOCH / BARROS (orgs. 1997)
KOCH / MARCUSCHI (1998)
KOCH / BENTES / CAVALCANTE (2007)
KOCH / ELIAS (2009)
MAINGUENEAU (2001)
MARCUSCHI (1983/2009, 2002)
MEURER / MOTTA-ROTH (orgs. 2002)
PINHEIRO (2005)
RAMOS (1984)
RISSO (1993, 1996, 2006)
RISSO / OLIVEIRA E SILVA / URBANO (2006)
RISSO / JUBRAN (1998)
SALUM (1971, 1972)
SAUTCHUK (2003)
SCHMIDT (1973/1978)
SILVA, Jane (1999)
SOUZA (2001)
SOUZA E SILVA / KOCH (1996)
TAVARES / GORSKI (2002)
TENANI (1995)
TRAVAGLIA (1996a)
URBANO (1998, org. 2001, 2003, 2006)

9.5. Pragmática Linguística
BRAIT (1996)
DASCAL (1986)
FIORIN (2000a)
ILARI (1986a/1992/2004, 1986b, 1998)
PARRET (1988)
SCHLIEBEN-LANGE (1975/1987, 1993)

— *Quero fazer pesquisas sobre o ensino do português. A propósito: o que vem a ser política linguística?*

10. POLÍTICA LINGUÍSTICA. ENSINO DA LÍNGUA PORTUGUESA. (Veja também 3. Aquisição da fala e da escrita)

10.1. Política linguística

BARRIOS (1999)
BORN (1997/1999)
CASTILHO (2002b, 2005)
CUNHA (1964, 1970)
ESCOBAR (1988)
FERREIRA (1988)
FISCHER (1999)
FRY / VOGT / GNERRE (1981)
GABBIANI (1999)
GNERRE (1985)
HAMEL (1995, 1999)
HOUAISS (1960)
LEHNEN / CASTELLO / BRACLI (orgs. 1994)
LIMA-HERNANDES / FROMM (orgs. 2005)
MAGALHÃES / LEAL (orgs. 2003)
MATOS (1972)
MENEGHEL (1998)
MIRA MATEUS (2002)
OLIVEIRA / OLIVEIRA (1996)
OLIVEIRA, Gilvan (1997, 1999, 2000b, 2004)
ORLANDI (org. 1988)
SCLIAR-CABRAL (1999)

10.2. Linguística Aplicada

ALMEIDA FILHO (2005)
CAVALCANTI (1986)
KLEIMAN (1990)
KOCH (1987)
MATOS (1972)
MOITA LOPES (1996, org. 2006)
PASCHOAL / CELANI (orgs. 1990/1992)
PEREIRA / ROCA (orgs. 2009)
SIGNORINI / CAVALCANTI (orgs. 1998)
SOUZA E SILVA / KOCH (1983a, 1983b)

10.3. Ensino da língua portuguesa como língua materna

ARROJO (org. 1992)
BAGNO (1997, 1999a, 1999b, 2000, org. 2002, 2003, 2007)
BECHARA (1985)
BONTEMPI JR. (2004)
BORTONI-RICARDO (2005)
BRANDÃO (coord. 1999)
BRANDÃO / MICHELETTI (cords. 1997)
CABRAL (2003a, 2003b)
CAGLIARI (1992)
CÂMARA JR. (1957a)
CARNEIRO, Agostinho Dias (2004)
CASTILHO (org. 1978/1983, 1980, 1990a, 1998a/2004, 2004c)
CHARTIER / HÉBRARD (1989-1995)
CITELLI (coord. 1997)
CLEMENTE (1976)
CORRÊA (2004)
DIONÍSIO / MACHADO / BEZERRA (orgs. 2002)
DOLZ / SCHNEUWLY (2004)
FARACO (1992)
FARIA (1989, 2004)
FARIA / ZANCHETTA (2002)
FÁVERO / ANDRADE / AQUINO (2006)
FIORIN (2000b)
FROMM / LIMA-HERNANDES (orgs. 2003)
FULGÊNCIO / LIBERATO (1992)
GARCIA (1967/1982)
GENOUVRIER / PEYTARD (1970/1975)
GERALDI (org.1984, 1996)
GERALDI / CITELLI (coords. 1997)
HALLIDAY / MACINTOSH / STREVENS (orgs. 1974)
HEAD (1973b)
HENRIQUES / SIMÕES (orgs. 2004)
ILARI (1985)
KATO (org. 1992)
KLEIMAN (1989, 1993, 1996, org. 1999)
LIBERATO / FULGÊNCIO (2007)
LIMA-HERNANDES (org. 2002)
LIMA-HERNANDES / FROMM (orgs. 2005)
LUFT (1985)
MARTINS (2001)
MASSINI-CAGLIARI (1997)
MATENCIO (2001)

MATTOS E SILVA (1996, 2000a, 2004)
MOLLICA (1998)
NEVES (1990b, 2002, 2003)
PAULIUKONIS / GAVAZZI (2003)
PERINI (1997)
POSSENTI (1998a)
POSSENTI / ILARI (2001)

RAMOS (1997)
RIBEIRO (2004)
SILVA / MOURA (orgs. 2000)
SILVA, Luiz Antonio (2002)
TRAVAGLIA (1996b, 2003)
VAL (1996)
VILELA (1995)

10.4. Ensino da língua portuguesa como língua estrangeira

ALMEIDA FILHO (org. 1991, 1993, org. 1997, 2005)
ALMEIDA FILHO / LOMBELLO (orgs. 1992)
CARIELLO / GIMÉNEZ (1994)
CARNEIRO LEÃO (1935)

COBBE (1977)
MARCHANT (1954)
MATOS / BIAZIOLI (1976)
SCHMIDT (1935)
SCHMITZ (1975)

15.3. SUGESTÕES DE PROJETOS

15.3.1. PESQUISANDO A DIVERSIDADE DO PORTUGUÊS BRASILEIRO

15.3.1.1. A variação geográfica

a) Escolha uma área para seu estudo. Pode ser a região em que você mora.
b) Estude a organização social nessa área. Selecione informantes representativos dessa organização.
c) Prepare um questionário sensível à experiência dos moradores. Em **4.1**, você encontrará algumas indicações sobre como organizar esse questionário.
d) Aplique-o aos informantes selecionados. Transcreva as gravações. Selecione uma questão integrada num dos sistemas linguísticos para o estudo desses materiais.
e) Disponha seus dados no mapa da região estudada e redija uma monografia.

15.3.1.2. A variação sociocultural

a) Selecione uma variedade sociocultural para seu estudo e levante seus dados.
b) Selecione uma questão (fonológica, morfológica, sintática, léxica) para a descrição desses materiais.
c) Alternativa 1: Indague como se formaram historicamente o PB popular ou o PB culto. Nesse caso, seu *corpus* deverá ser ampliado.
d) Alternativa 2: Indague como se tem tratado a questão da norma culta em nossas escolas, após verificar como se dá a identificação do padrão culto.

15.3.1.3. A variação individual

a) Como se caracteriza a linguagem das crianças/dos jovens/dos velhos, quando investigadas a partir de fenômenos fonológicos, morfológicos, sintáticos, lexicais?
b) Em que aspectos o registro formal se distingue do registro informal?
c) Homens e mulheres falam diferentemente?

15.3.1.4. A língua falada

a) Grave e transcreva conversações espontâneas, analisando-as a partir dos seguintes quesitos: (i) administração do turno conversacional: estratégias de tomada e manutenção do turno; (ii) funcionamento do sistema de correções; (iii) descrição dos marcadores conversacionais.
b) Estude a repetição de itens lexicais numa transcrição, analisando-a a partir dos seguintes quesitos: (i) que itens lexicais são passíveis de repetição?; (ii) a repetição ocorre indiferentemente no *dictum* e no *modus* sentencial?; (iii) haverá alguma harmonia entre a repetição de constituintes funcionais da sentença e a repetição de constituintes do sintagma?; (iv) em que lugares sintagmáticos ocorrem mais repetições, e por quê?; (v) em que lugares sentenciais ocorrem mais repetições, e por quê?; (vi) existirá alguma harmonia entre os lugares sintagmáticos e sentenciais da repetição?
c) Estude a repetição de segmentos do texto, seja na língua escrita, seja na língua falada. A repetição tem importância na organização do texto?

15.3.1.5. A língua escrita

a) Organize um *corpus* de língua escrita, selecionando textos não literários (jornal, relatórios, correspondência etc.) e textos literários (crônicas, contos, novelas, romances). Lembre-se de que tudo isso está disponível na internet.

b) Comparando transcrições da língua falada com trechos da língua escrita, em que esses canais se diferenciam?

c) Tomando o parágrafo como unidade da língua escrita, estude sua estrutura, dividindo seus materiais em três grandes tipos: descrição, narração, dissertação. A estrutura do parágrafo se altera quando esses gêneros são versados?

15.3.2. PESQUISANDO O TEXTO E SUA ORGANIZAÇÃO

15.3.2.1. Processos constitutivos do texto

a) Em textos da língua falada e da língua escrita, identifique as unidades discursivas, ou seja, os tópicos discursivos, estudando sua hierarquia (= macrotópico, tópico, subtópico) e os recursos gramaticais utilizados quando estruturamos os textos dessa forma. Com base nos resultados obtidos, você poderá dedicar-se aos temas (b) e (c) adiante.
b) De que modo a repetição de itens lexicais e de segmentos textuais concorre para a produção do texto?
c) De que modo a paráfrase de itens lexicais e de segmentos textuais concorre para a produção do texto?
d) Aprofundando a pesquisa, examine agora o núcleo das unidades que você identificou, ou seja, as sequências de sentenças tematicamente centradas, para identificar o tema e o rema de cada uma delas. Em seguida, verifique como essas categorias se sucedem no texto, identificando processos de manutenção do tema, transformação do rema de uma sentença no tema da sentença seguinte, abandono do tema, e assim por diante.

15.3.2.2. Os textos enquanto produtos

a) Estrutura de uma unidade discursiva/parágrafo narrativo, com particular atenção à escolha dos tempos verbais.
b) Idem, de uma unidade descritiva.
c) Idem, de uma unidade argumentativa.
d) Tipologia textual e suas marcas lexicais e gramaticais.
e) Estudo de uma tradição discursiva.

15.3.3. PESQUISANDO A ESTRUTURA FUNCIONAL DA SENTENÇA

15.3.3.1. Construções de tópico

a) Levante sentenças com ou sem construções de tópico em transcrições de língua falada e em peças de teatro.
b) Gramática das construções de tópico: (i) organização sintagmática; (ii) construções de tópico com/sem retomada pronominal; (iii) estrutura argumental das sentenças em que apareceram suas construções de tópico: as construções de tópico exibem preferência por algum tipo argumental?; (iv) ordem de colocação do sujeito e dos complementos nessas sentenças: as construções de tópico exibem preferência por algum esquema de colocação?
c) Discurso e construções de tópico: (i) que estratégia foi adotada para inserir o tópico novo: uma construção de tópico?, um sintagma com função sintática atribuída pelo verbo?; (ii) marcadores discursivos "anunciaram" a construção de tópico?, qual a frequência de construções de tópico "anunciadas" por esses marcadores, em relação àquelas que os dispensaram?
d) Semântica das construções de tópico: (i) traço semântico da construção de tópico; (ii) caracterização definida/indefinida do referente da construção de tópico; (iii) efeito textual dessa escolha: parece que nos textos opacos caracteriza-se com vagueza o tópico, optando-se pelo ritmo indefinido a definido, ao passo que nos textos didáticos a opção é inversa.

15.3.3.2. Propriedades gramaticais do sujeito sentencial

Aproveitando os materiais recolhidos para o projeto anterior, observe agora as sentenças desprovidas de construções de tópico, separe os dados por texto pesquisado, e procure respostas para os seguintes quesitos:

a) Separe sintagmas e sentenças com função de sujeito. Quantifique. Que explicação poderia ser dada ao fato de que dispomos dessas duas estratégias para representar o sujeito?
b) Separe agora os sintagmas nominais que têm um substantivo em seu núcleo daqueles que trazem aí um pronome. Quantifique e ensaie uma explicação para as duas estratégias. Por exemplo, em seus dados, que sujeito figurou no texto em primeiro lugar, o nominal ou o pronominal? O que se aprende com a resposta que você obteve?
c) Separe e quantifique sujeitos retidos de sujeitos elípticos. Que estratégia predominou? Haverá alguma correlação entre continuidade tópica e elisão do sujeito?
d) Concentrando-se nos sintagmas de sujeito de núcleo nominal, descreva sua estrutura sintagmática. Para isso, leia o capítulo "O sintagma nominal".

e) Separe sujeitos antepostos e sujeitos pospostos, e verifique se há alguma correspondência com a estrutura sintagmática apurada. Será mesmo verdade que "sintagmas leves" se antepõem ao verbo, e "sintagmas pesados" se pospõem?

15.3.3.3. Concordância do verbo com o sujeito

a) Separe em seu *corpus* verbos que concordam e verbos que não concordam com o sujeito.
b) Haverá alguma correlação entre concordância/não concordância e a posição do sujeito?
c) Haverá alguma correlação entre concordância/não concordância e a estrutura sintagmática apurada no projeto anterior?
d) Apaceram casos em que o verbo concorda com o complementizador do sintagma de sujeito, e não com seu núcleo?

15.3.3.4. Propriedades gramaticais do objeto direto

Repita os passos previstos no projeto **15**.3.3.2. Lembrando-se que a colocação habitual do objeto direto é após o verbo, separe os casos de anteposição e procure alguma explicação gramatical para isso.

15.3.3.5. Adjuntos adverbiais

a) Identifique os sintagmas preposicionais que funcionam como adjuntos adverbiais.
b) Classifique os exemplos por tipo de adjunto.
c) Estude a colocação dos adjuntos adverbiais em relação ao verbo: há alguma regularidade entre os tipos de adjunto e a colocação mais frequente?

15.3.3.6. Ordem preferida de figuração das funções sentenciais

Luft (1974) propôs a seguinte ordem de colocação das funções sentenciais: 1) sujeito; 2) complexo verbal; 3) complementos/predicativo; 4) circunstâncias. Havendo mais de um complemento, a ordem direta é: 3a) objeto direto; 3b) objeto indireto. Ou então: 3a) objeto direto; 3b) predicativo do objeto.

Verifique em seus dados se essa ordem foi observada, a partir dos dados coletados para o desenvolvimento dos projetos **15**.3.3.2 a **15**.3.3.5. Quantifique-os, de forma a identificar quais das ordens são mais frequentes: SVO, OSV, VSO, VS etc.

15.3.4. PESQUISANDO A SENTENÇA SIMPLES E SUA TIPOLOGIA

15.3.4.1. A minissentença

a) Levante exemplos de minissentenças em jornais, transcrições de gravações e grafite.
b) Classifique seus dados segundo o núcleo da minissentença identificada: sintagma?, forma nominal do verbo?
c) Separando os tipos minissentenciais, verifique se todos podem ter uma estruturação simples (só um núcleo) ou complexa (mais de um núcleo, coordenados). No caso das minissentenças organizadas por um sintagma, verifique se qualquer subtipo de nome, adjetivo e advérbio funcionam aqui. Não se esqueça de verificar se os verbos em forma infinitiva também integram alguma tipologia. Procure uma explicação para os seus achados.

d) Procure relacionar os tipos de minissentença identificados e o segmento do texto de onde procederam. Haverá alguma relação entre tipo de minissentença e tipo de texto?
e) Compare explicações dadas em manuais de estilística e em estudos linguísticos sobre as minissentenças que você descreveu. Concordou? Discordou?

15.3.4.2. Como é mesmo que damos ordens ou apresentamos um pedido?

a) Em peças de teatro, ou em novelas de televisão, colecione sentenças imperativas.
b) Separe as ordens dos pedidos ou sugestões.
c) Estude a forma do verbo dessas sentenças. Que formas são preferidas: imperativo, indicativo, subjuntivo?
d) Explique os achados. Há alguma correlação entre o perfil sociolinguístico dos autores das sentenças e as formas verbais selecionadas?

15.3.4.3. Como a sintaxe nos ajuda a introduzir participantes numa cena linguística

a) Selecione um conto e identifique o respectivo quadro tópico. A seção **5**.2.3 poderá ajudá-lo nisto.
b) Separe as sentenças que serviram ao propósito de incluir pessoa ou coisa no fluxo informativo do texto.
c) Identifique as respectivas estruturas sintáticas. Além dos verbos apresentacionais, que outros recursos serviram para a inclusão referida na seção anterior?
d) Uma vez introduzido um participante, que sintaxe foi movimentada para a caracterização desse participante?

15.3.4.4. Há um campeonato aí entre verbos mono, bi e triargumentais. Quem está levando a melhor?

a) Organize um *corpus* em que se reúnam descrições, narrações e dissertações.
b) Separando as sentenças de acordo com os gêneros de que procederam, liste os verbos segundo sua classe argumental. Há alguma relação entre tipo argumental do verbo e gênero discursivo?
c) Organize quadros estatísticos e responda a esta pergunta: que tipo de verbo foi mais frequente?
d) Procure explicar o porquê da classe vencedora.

15.3.5. PESQUISANDO A SENTENÇA COMPLEXA E SUA TIPOLOGIA

15.3.5.1. A sentença coordenada aditiva

a) A partir de seus dados, estude a gramaticalização das conjunções aditivas. Identifique os diferentes passos dessa gramaticalização.
b) Expressões ligadas pela conjunção *e*.
c) Polissíndeto e gênero discursivo.
d) A negação e a conjunção *nem*.

15.3.5.2. A sentença coordenada adversativa

a) Estude a gramaticalização das conjunções adversativas. Identifique os diferentes passos dessa gramaticalização.
b) Sentenças principiadas por *mas*: ordem de colocação em relação à sentença predominante.
c) Sentenças adversativas principiadas por *contudo*, *porém*, *todavia* e *entretanto*.

15.3.5.3. A sentença subordinada substantiva conjuncional

a) Estude a gramaticalização dos pronomes relativos e da conjunção integrante *que*: ocorrem pontos de contato na história desses conectivos?
b) Estude a gramaticalização da conjunção integrante e da condicional *se*: ocorrem pontos de contato na história desses conectivos?
c) Separe as substantivas conjuncionais das substantivas não conjuncionais, estudando a frequência de uso de cada tipo. Que motivações gramaticais haveria para a escolha de uma ou de outra forma?
d) Estude as funções das substantivas conjuncionais em correlação com o tipo de verbo da matriz.
e) Estude a ordem de colocação das substantivas em relação à sentença matriz.
f) Estabeleça a correlação entre o tipo do verbo da sentença matriz e o modo verbal da substantiva.

15.3.5.4. A sentença subordinada adjetiva

a) Estude a gramaticalização dos pronomes relativos.
b) Que pronome relativo predomina na abertura da sentença adjetiva?
c) Identifique em seu *corpus* as adjetivas padrão/adjetivas copiadoras/adjetivas cortadoras e tente correlacionar os resultados obtidos com o gênero textual de que procedem.
d) Examine agora a colocação da adjetiva na sentença complexa, considerando o problema da relativa livre.

15.3.5.5. A sentença subordinada adverbial conjuncional

Observação: adote o seguinte ritmo na análise das adverbiais: (i) gramaticalização das conjunções que introduzem as adverbiais; (ii) ordem de colocação em relação à matriz; (iii) modo verbal escolhido. Procure fazer alguma generalização a partir das estruturas descritas.

a) Descrição das causais: usos discursivos e gramaticais de *porque*. Descrição das demais conjunções causais.
b) Descrição das condicionais: construções condicionais factuais ou reais, contrafactuais ou irreais, construções eventuais ou potenciais. Estudo das correlações modo-temporais.
c) Descrição das finais.
d) Descrição das concessivas.
e) Descrição das temporais.

15.3.5.6. A sentença subordinada não conjuncional

a) Sentenças infinitivas. Comparando substantivas com as infinitivas, cujo verbo da matriz integre a mesma tipologia (como em *Disseram vir ele/Disseram que ele vinha*), que estrutura predomina? Que fatores discursivos favorecem essas estruturas?

b) Sentenças gerundiais. Elaborado seu *corpus* de análise, observe a função sentencial do sintagma nominal em que estão encaixadas as adjetivas e as gerundiais. As duas estruturas exibem o mesmo comportamento desse ponto de vista? Eventuais diferenças de comportamento mostrariam algo com respeito à sua gramaticalização?
c) Sentenças participiais. Compare as adjetivas com as participiais.

15.3.5.7. A sentença correlata e a gramaticalização das conjunções redobradas

a) Correlatas aditivas.
b) Correlatas alternativas.
c) Correlatas comparativas.
d) Correlatas consecutivas.

15.3.6. PESQUISANDO O SINTAGMA VERBAL

15.3.6.1. Sintagma verbal simples: estrutura argumental do verbo
Introdução: estatuto categorial do verbo e formato do sintagma verbal (sv).
a) Estruturas do sv. Distribua seus dados pelos seguintes quadros: Quadro 1: E1 → [V]; E2 → [V + SN]; E3 → [V + SP]; E4 → [V + SAdj/Sadv]; E5 → [V + S]. Prepare a Tabela 1, na qual será identificada a estrutura sintagmática preferida).
b) Estruturas argumentais da sentença: sentenças não argumentais, monoargumentais, biargumentais, triargumentais (Tabela 2: identificação da estrutura argumental preferida).
c) O português como língua nominativo-acusativa.

15.3.6.2. Sintagma verbal simples: verbos apresentacionais existenciais

Introdução: estatuto categorial do verbo e formato do sv.
a) Conceito de verbos apresentacionais existenciais.
b) Sintaxe do verbo *ser* monoargumental apresentacional.
c) Sintaxe dos verbos *haver*, *ter* e *existir* apresentacionais.

15.3.6.3. Os verbos *ter* e *haver* como verbos plenos

Introdução: estatuto categorial do verbo e formato do sv; fases de gramaticalização dos verbos.
a) Gramaticalização de *ter* e *haver* (Tabela 1: produtividade dos usos possessivos e existenciais).
b) *Ter* e *haver* possessivos: traços semânticos do possuidor (Tabela 2: possuidor /+animado/ versus possuidor /-animado/).
c) *Ter* e *haver* existenciais: posição pré- e pós-verbal dos locativos, de acordo com sua representação gramatical (Tabela 3).

15.3.6.4. Os verbos *ter* e *haver* como verbos auxiliares

Introdução: estatuto categorial do verbo e formato do sv; fases de gramaticalização dos verbos.
a) Auxiliarização de *ter* e *haver* + *-do* e a formação dos tempos compostos do passado. Os verbos *ter* e *haver* + *-do* na formação do pretérito perfeito composto (Tabela 1: produtividade desses auxiliares).

b) Os verbos *ter* e *haver* + *-do* na formação do pretérito mais-que-perfeito composto (Tabela 2: produtividade desses auxiliares).
c) Comparação dos resultados obtidos.

15.3.6.5. Os verbos *ser* e *estar* como verbos plenos

Introdução: estatuto categorial do verbo e formato do SV; fases da gramaticalização dos verbos.
a) Gramaticalização de *ser* e *estar* (Tabela 1: produtividade dos usos locativos, atributivos e equativos).
b) *Ser* e *estar* locativos e a representação gramatical dos locativos: pronomes circunstanciais/sintagmas preposicionados/sintagmas nominais/Ø (Tabela 2).
c) *Ser* e *estar* atributivo e a representação gramatical do predicativo: sintagmas adjetivos (Tabela 3).
d) *Ser* e *estar* equativo e a representação gramatical do termo equativo: sintagmas nominais (Tabela 4).

15.3.6.6. Os verbos *ser* e *estar* como verbos auxiliares

Introdução: estatuto categorial dos verbos e formato do SV; fases de gramaticalização dos verbos.
a) Auxiliarização de *ser* + *-do* e formação da passiva perifrástica.
b) Auxiliarização de *estar* + *-do* e formação do resultativo perifrástico.
c) Auxiliarização de *estar* + *-ndo* e formação do imperfectivo perifrástico.

15.3.7. PESQUISANDO O SINTAGMA NOMINAL

15.3.7.1. Primeira descrição do sintagma nominal

Introdução: estatuto categorial do substantivo e formato do sintagma nominal (SN).
a) Identifique e enumere os sintagmas nominais do *corpus*.
b) Descreva suas estruturas, identificando a mais produtiva, reunindo os dados na Tabela 1.
c) Correlacione as estruturas identificadas com as funções sentenciais desses sintagmas nominais, expressando os resultados na Tabela 2.
Conclusões: comparando as Tabelas, resuma o que você aprendeu com isso.

15.3.7.2. Sintagma nominal de núcleo nominal: estrutura argumental dos nomes abstratos e deverbais

Introdução: estatuto categorial do substantivo e formato do sintagma nominal.
a) Substantivos argumentais *vs.* substantivos não argumentais (Tabela 1).
b) Estruturas argumentais dos substantivos deverbais e dos substantivos abstratos (Tabela 2).
c) Preenchimento dos lugares argumentais nos substantivos biargumentais (Tabela 3).
d) Funções sintáticas dos substantivos deverbais.
Conclusões.

15.3.7.3. Sintagma nominal de núcleo pronominal: pronomes pessoais

Introdução: estatuto categorial dos pronomes pessoais e formato do sintagma nominal.
a) Estude a gramaticalização dos pronomes pessoais, indagando sobre a formação do quadro de pronomes tônicos e átonos, do latim vulgar ao português (Tabela 1: frequência de ocorrência).
b) Examine a variação *você/tu* no sistema pronominal (Tabela 2).
c) Examine a variação clítico-acusativo *o*/pronome *ele* acusativo/categoria vazia Ø (Tabela 3).
d) Examine a variação *nós/a gente* (Tabela 4).

15.3.7.4. Sintagma nominal: pronomes demonstrativos

Introdução: estatuto categorial dos pronomes demonstrativos e formato do sintagma nominal.
a) Gramaticalização dos demonstrativos: formação do quadro de pronomes do latim vulgar ao português (Tabela 1: frequência de ocorrência de todos os demonstrativos).
b) Ocorrências de *este/esse/aquele*: sistema binário ou ternário? (Tabela 2).
c) O sistema dos neutros *isto/isso/aquilo* na retomada fórica: retomada de sentenças *vs.* retomada de segmentos textuais (Tabela 3).

15.3.7.5. Sintagma nominal: pronomes possessivos

Introdução: estatuto categorial dos pronomes possessivos e formato do sintagma nominal.
a) Gramaticalização dos possessivos: formação do quadro de pronomes tônicos e átonos, do latim vulgar ao português, explicando as alterações fonológicas (Tabela 1: frequência de ocorrência de todos os possessivos encontrados).
b) A variação pronomes possessivos/sintagmas preposicionados possessivos: *meu ~ de mim, teu ~ de ti, seu ~ dele* (Tabela 2).
c) Particularidades da variação *seu/dele*: reanálise de *seu* como pronome de segunda pessoa (Tabela 3).
d) Casos em que *seu* mantém seu valor de possessivo da terceira pessoa.

15.3.7.6. Os quantificadores definidos

Introdução: como as línguas naturais contam seres e coisas.
a) Formação histórica dos numerais cardinais, ordinais e distributivos.
b) Gramaticalização do dual: descrevendo os usos de *ambos*.
c) Problemas fonológicos no tratamento da sequência [k^w]: o caso de *cinco, catorze, quarenta, cinquenta*.
d) Formação de compostos a partir da base *dez*: *dezesseis/dezasseis*; *dezessete/dezassete*; *dezenove/desanove*.

15.3.7.7. Os quantificadores indefinidos

Introdução: definitude e indefinitude nas línguas naturais.
a) Descrição dos indefinidos *alguém, ninguém*.
b) Descrição dos indefinidos *um, algum, nenhum*.

c) *Todo* e a flutuação dos quantificadores.
d) Posição dos indefinidos e interpretação semântica da expressão.

15.3.7.8. Definitude *vs.* indefinitude textual

Introdução: motivações para a produção de textos focalizados e genéricos.
a) Recursos morfológicos de definitude/indefinitude.
b) Recursos lexicais de definitude/indefinitude.
c) Recursos sintáticos para a obtenção do efeito de definitude/indefinitude.

15.3.8. PESQUISANDO O SINTAGMA ADJETIVAL

15.3.8.1. Funções sentenciais do sintagma adjetival

Introdução: estatuto categorial do adjetivo e formato do sintagma adjetival (SAdj).
a) Adjunto adnominal.
b) Adjunto adsentencial.
c) A colocação sentencial do sintagma adjetival como adjunto adnominal.

15.3.8.2. Estrutura argumental do adjetivo

Introdução: estatuto categorial do adjetivo e formato do sintagma adjetival.
a) Adjetivos argumentais *vs.* adjetivos não argumentais (Tabela 1).
b) Estruturas argumentais dos adjetivos deverbais (Tabela 2).
c) Preenchimento dos lugares argumentais dos adjetivos argumentais (Tabela 3).

15.3.8.3. Concordância do adjetivo

Introdução: estatuto categorial do adjetivo e formato do sintagma adjetival.
a) Concordância do adjetivo anteposto adjacente ao substantivo.
b) Concordância do adjetivo posposto adjacente ao substantivo.
c) Concordância do adjetivo não adjacente ao substantivo.

15.3.8.4. Colocação do adjetivo

Introdução: estatuto categorial do adjetivo e formato do sintagma adjetival.
a) Anteposição *vs.* posposição do adjetivo ao substantivo (Tabela 1).
b) Colocação dos adjetivos de sentença (Tabela 2).
c) Classes semânticas dos adjetivos predominantemente antepostos (Tabela 3).
d) Classes semânticas dos adjetivos predominantemente pospostos (Tabela 4).
e) A correlação "colocação-sentido do adjetivo".

15.3.8.5. O adjetivo como núcleo de minissentença

Introdução: estatuto categorial do adjetivo e formato do sintagma adjetival.
a) Minissentença predicadora do sujeito.
b) Minissentença predicadora do objeto direto.
c) Minissentença predicadora de complementos preposicionados.

15.3.8.6. Os adjetivos modalizadores

Introdução: classes semânticas dos adjetivos e formato do sintagma adjetival.
a) Modalizadores epistêmicos (Tabela 1).
b) Modalizadores deônticos (Tabela 2).
c) Modalizadores do discurso (Tabela 3).

15.3.8.7. Os adjetivos qualificadores

Introdução: classes semânticas dos adjetivos e formato do sintagma adjetival.
a) Qualificadores dimensionadores (Tabela 1).
b) Qualificadores graduadores (Tabela 2).
c) Qualificadores aspectualizadores (Tabela 3).

15.3.8.8. Os adjetivos delimitadores qualificadores e quantificadores

Introdução: classes semânticas dos adjetivos e formato do SAdj.
a) Delimitadores aproximadores (Tabela 1).
b) Delimitadores de domínio (Tabela 2).

15.3.8.9. Os adjetivos aspectualizadores

Introdução: classes semânticas dos adjetivos e formato do SAdj.
a) Aspectualizadores imperfectivos (Tabela 1).
b) Aspectualizadores perfectivos (Tabela 2).
c) Aspectualizadores iterativos (Tabela 3).

15.3.8.10. Os adjetivos dêiticos

Introdução: o que é a dêixis.
a) Dêiticos locativos.
b) Dêiticos temporais.
c) Gramaticalização dos dêiticos e surgimento de marcadores discursivos.

15.3.8.11. Os adjetivos verificadores de cor

Introdução: o que é verificar.
a) Adjetivos simples primitivos.
b) Adjetivos simples derivados por sufixação.
c) Adjetivos compostos.
d) Gramaticalização de substantivo > adjetivo de cor.

15.3.9. PESQUISANDO O SINTAGMA ADVERBIAL

15.3.9.1. Primeiras explorações sobre o sintagma adverbial predicativo

Introdução: estatuto categorial do advérbio; formato do sintagma adjetival.
a) Estruturas do sintagma adjetival predicativo e sua produtividade (Tabela 1: E1 → [advérbio]; E2 → [Esp + Adv]; E3 → [Adv + Complementador]; E4 → [Esp + Adv + Comp]).
b) Colocação do sintagma adverbial (SAdv) predicativo na sentença (Tabela 2, recolhendo Posição 1, P2, P3, P4).

15.3.9.2. Colocação dos advérbios predicativos

Introdução: estatuto categorial do advérbio; formato do SAdv.
a) Colocação em Posição 1 e P2 (Tabela 1).
b) Colocação em P3 (Tabela 2).
c) Colocação em P4 (Tabela 3).
d) Comparando modalizadores, qualificadores e quantificadores, qual dessas classes se caracteriza por movimentos largos no enunciado?

15.3.9.3. Colocação do advérbio dêitico locativo e temporal

Introdução: estatuto categorial do advérbio; formato do SAdv.
a) Ocorre a colocação em Posição 1 e P2?
b) Colocação em P3 (Tabela 1).
c) Colocação em P4 (Tabela 2).
d) Comparando as colocações apuradas, qual é o nicho sintático preferido pelos advérbios dêiticos? Avance alguma generalização sobre a resposta obtida.

15.3.9.4. Funções sentenciais do sintagma adverbial predicativo

Introdução: estatuto categorial do advérbio; formato do SAdv.
a) SAdv como adjunto adverbial (Tabela 1).
b) SAdv como adjunto adsentencial (Tabela 2).
c) Comparando as Tabelas 1 e 2, é possível identificar a função gramatical preferida do SAdv?

15.3.9.5. Processos de delimitação adjetival e adverbial

Introdução: predicação *versus* delimitação.
a) Adjetivos e adjetivais de delimitação (Tabela 1).
b) Advérbios e adverbiais de delimitação (Tabela 2).
c) Comparando os resultados obtidos, pode-se identificar a classe com vocação maior para a delimitação?

15.3.9.6. Sintagma adverbial predicativo

Introdução: estatuto categorial do advérbio e as subclasses adverbiais: advérbios predicativos *versus* advérbios não predicativos; formato do SAdv.
a) SAdvs modalizadores (Tabela 1).
b) SAdvs qualificadores (Tabela 2).
c) SAdvs quantificadores (Tabela 3).
d) Comparando os resultados obtidos, que tipo de predicação é maiormente exercida pelos advérbios?

15.3.10. PESQUISANDO O SINTAGMA PREPOSICIONAL

15.3.10.1. Sintagma preposicional: preposições mais gramaticalizadas

Introdução: estatuto categorial das preposições; formato do sintagma preposicional (SP). Estudo das preposições mais gramaticalizadas: *a/para/em, de, por*.
a) Preposições introdutoras de argumento. Ordem de colocação em relação ao verbo (Tabela 1: produtividade das preposições anteriores nesse ambiente; Tabela 2: a colocação [SP-V] / [V-SP] dos SP argumentais).
b) Preposições introdutoras de adjuntos adverbiais (Tabela 3: produtividade das preposições nesse ambiente; Tabela 4: colocação dos adjuntos adverbiais preposicionados nos seguintes ambientes: [__SVO], [S__VO], [SV__O], [SVO__]).
c) Movimento dos SP-argumento e dos SP-adjuntos: síntese dos capítulos anteriores.
d) Os SP "sem cabeça": há casos de omissão da preposição nos SP deslocados à esquerda da sentença? Correlação com as funções sentenciais em que isso acontece.

15.3.10.2. Sintagma preposicional: preposições menos gramaticalizadas

Introdução: estatuto categorial das preposições; formato do SP. Estudo das preposições menos gramaticalizadas: *sob/sobre, desde, ante/após, sem, entre*.
a) Preposições introdutoras de argumento. Ordem de colocação em relação ao verbo (Tabela 1: produtividade das preposições acima nesse ambiente; Tabela 2: [SP-V] / [V-SP]).
b) Preposições introdutoras de adjuntos adverbiais (Tabela 3: produtividade das preposições nesse ambiente; Tabela 4: colocação nos seguintes ambientes: [__SVO], [S__VO], [SV__O], [SVO__]).
c) Movimento dos SP-argumento e dos SP-adjuntos: síntese dos capítulos anteriores.

15.3.10.3. Sintagmas preposicionais em função de adjunto adnominal

Compare o rendimento de adjetivos e de sintagmas preposicionais na função de adjunto adnominal.

15.3.10.4. Sintagmas preposicionais em função de adjunto adverbial

Compare o rendimento de advérbios e de sintagmas preposicionais na função de adjunto adverbial.

15.3.10.5. Preposições simples e preposições complexas

Estude a concorrência entre as preposições simples e complexas:
- *a/para*;
- *de/desde*;
- *ante/diante de*;
- *após/depois de*;
- *sobre/por cima de, em cima de*;
- *sob/embaixo de, por baixo de*;
- *atrás/por trás de, por detrás de*;
- *com/junto com*;
- *em/dentro de*.

GLOSSÁRIO

Abordagem teórica
Determinada concepção sobre as línguas naturais. O mesmo que visão abstrata ou filosófica sobre as línguas. As principais abordagens teóricas das línguas são o funcionalismo, o formalismo, o normativismo.

Absolutivo
Função sentencial do argumento único de verbos monoargumentais apresentacionais, como em *tem gente aqui, há dinheiro no banco, existe corrupção no pedaço*.

Acusativo
Uma das flexões de caso* que um substantivo, um adjetivo ou um pronome pode assumir nas línguas de caso morfológico, como o latim, o grego e o alemão. O acusativo é a flexão que expressa o objeto direto e que se generalizou como o único caso gramatical do latim vulgar falado na península ibérica.

Adjetivais, adverbiais
Expressões preposicionadas que funcionam, respectivamente, como adjetivos (em, por exemplo, *garrafa de vidro*), ou como advérbios (em, por exemplo, *falar em geral*).

Adjunto, adjunção
Constituinte da oração ou sentença* que não foi selecionado pelo verbo, movimentando-se livremente pela sentença e podendo ser omitido sem prejuízo da estruturação sintática. Em *Vou sair de casa de manhãzinha*,
1. O segmento grifado não foi selecionado pelo verbo, que selecionou apenas *de casa* e o sujeito omitido *eu*, visto que o verbo *sair* projeta dois argumentos sentenciais*: (i) o sujeito "aquele ou aquilo" que sai, (ii) o complemento oblíquo "de que lugar" se sai.

2. O segmento grifado pode movimentar-se pela sentença mais livremente que *de casa* (compare *De manhãzinha vou sair de casa*, *Vou de manhãzinha sair de casa* e *Vou sair de manhãzinha de casa*), ao passo que seria pouco usual dizer *De casa vou sair* ou *Vou de casa sair*.
3. O constituinte *de manhãzinha* não é fundamental para a boa formação sintática da sentença, e poderia ser omitido sem prejuízo de sua compreensão, como em *Vou sair de casa*. A omissão do complemento oblíquo tornaria incompleta essa sentença: *Vou sair de manhãzinha*.

Aférese
Transformação fonética que consiste na perda de um som situado no início da palavra: latim *attonitu* > português *tonto*.

Afixação
Processo das línguas flexivas em que sílabas curtas (= afixos) se agregam a uma raiz, formando o radical. Os afixos mais importantes são os prefixos, como em *refazer*, que vêm antes da raiz, e os sufixos, que vêm depois, como em *refazendo*.

Agramaticalidade
Construção que não foi formada de acordo com princípios e regras de uma determinada gramática, como em **não eu meu hotel sei fica onde*. Não se confunde com ininteligível: uma sentença pode ser inteligível apesar de agramatical, como, por exemplo, *eu não saber onde ficar meu hotel*.

Anáfora
Veja **Foricidade**.

Análise do Discurso
Espaço científico no qual interagem várias disciplinas interessadas em tratar da totalidade dos enunciados que circulam numa sociedade. Fortemente influenciada por modelos franceses, a Análise do Discurso que se tem feito no Brasil tem-se caracterizado (i) pela reflexão sobre o modo como o sujeito se insere nos seus discursos; (ii) pela ideia de que todo discurso é um interdiscurso; (iii) pelo interesse em discursos que revelam os usos ideológicos da linguagem. A Análise do Discurso da vertente anglo-americana preocupa-se com a estruturação do texto, quais são seus constituintes, que processos linguísticos os textos revelam etc.

Antonímia
Sentido contrário, como em *branco*, antônimo de *preto*. Veja também **Homonímia, Polissemia, Sinonímia**.

Apócope
Transformação fonética que consiste no desaparecimento do último som ou da última sílaba de uma palavra. Na passagem da palavra latina *amore* para o português *amor* houve apócope da vogal final *-e*.

Apofonia
Transformação fonética que consiste na mudança da vogal do radical quando ocorre a junção de um prefixo. Assim, a primeira vogal de *barba* sofre apofonia quando essa palavra é prefixada por *in-*, donde *imberbe*, "homem sem barba".

Argumento sentencial
Constituinte da sentença* selecionado pelo verbo ou outro predicador*, no processo da predicação*. O argumento sentencial pode ser externo, ou sujeito*, quando situado fora do sintagma* verbal, ou interno, ou complemento*, quando situado no interior do sintagma verbal.

Articulação tema-rema
1. Segundo a Escola Linguística de Praga, a articulação tema-rema (ATR) é uma propriedade das sentenças relativa à distribuição da informação por seus constituintes, de tal forma que a informação menos dinâmica, supostamente conhecida e mais compartilhada pelos falantes, é codificada no constituinte inicial, denominado *tema* (= aquilo de que se vai falar), e a informação mais dinâmica, supostamente desconhecida pelos falantes, mais nova, é codificada no constituinte nuclear, denominado *rema* (= aquilo que se vai declarar sobre o tema).
2. O tema tem por correlato sintático a construção de tópico e o sujeito. O rema tem por correlato sintático o predicado (verbo + complementos). O tema-sujeito é estruturalmente mais simples, e portanto mais leve que o rema-complemento, também chamado "rema propriamente dito", estruturalmente mais complexo, mais extenso e, portanto, mais pesado.
3. A ATR ocorre também nos textos, interpretando-se o tema como a margem esquerda da unidade discursiva*, e o rema como o núcleo dessa unidade, formado pelas sentenças tematicamente centradas.

Aspecto verbal
Ponto de vista sobre o desenvolvimento da ação verbal, que pode ser apresentada em sua (i) duração (aspecto imperfectivo), (ii) completamento (aspecto perfectivo) ou (iii) repetição (aspecto iterativo). Cada um desses aspectos principais envolve subtipos, como (i) imperfectivo inceptivo/durativo/terminativo, quando se quer referir os diferentes pontos da duração, (ii) perfectivo pontual/resultativo, se se quer indicar apenas o completamento da ação, ou a ação completa e seu resultado, (iii) iterativo imperfectivo/perfectivo, se a repetição é durativa ou pontual.

Assimilação
Transformação fonética que ocorre quando, em dois sons próximos, um deles transfere para o outro seus traços articulatórios, tornando-o idêntico (na assimilação total) ou parecido (na assimilação parcial). No segmento *rs* da palavra *persona*, *r* assimilou-se (= assemelhou-se) a *s*, transformando-se em *s*, grafado *ss*, surgindo *pessoa* (= assimilação total). Da palavra latina *vipera* derivou a palavra portuguesa *víbora*, em que [p] > [b], por assimilação total da sonoridade das vogais [i] e [e], e em que [e] > [o], por assimilação parcial da labialidade de [b].

Ato de fala
O mesmo que manifestação linguística. Um ato de fala pode ter uma finalidade comunicativa (= ato locutório), comunicativa e jussiva (= ato perlocutório, como nos imperativos), comunicativa e "insinuativa" (= ato ilocutório).

Casos
1. Flexões das formas nominais, às quais estão ligadas as funções sintáticas assumidas por essas formas no interior da sentença. O latim culto dispunha de seis casos, quatro deles diretamente ligados à construção das sentenças: o nominativo (caso do sujeito), o vocativo, o genitivo (caso

do adjunto adnominal), o acusativo (caso do objeto direto), o dativo (caso do objeto indireto) e o ablativo (caso do complemento oblíquo). O latim vulgar os reduziu a três: nominativo, genitivo-dativo e acusativo-ablativo. Esses três casos confluíram para um só nos substantivos do português, o acusativo. Os demais casos foram parcialmente conservados apenas nos pronomes pessoais: *eu, tu, ele, nós, vós, eles* são formas do nominativo; *me, te, se, nos, vos* são formas do acusativo; *mim* e *ti* são formas do dativo; *comigo, contigo, consigo* são formas do ablativo. As preposições substituíram os casos flexionais em nossa língua. Sua denominação procede daí: enquanto os casos flexionais eram posposições, ou seja, sufixos, as preposições se localizam antes do núcleo, como uma espécie de prefixo.
2. O termo "caso" é também usado no sentido de papel temático*.

Catáfora
Veja **Foricidade**.

Categoremático
Diz-se da palavra autossemântica, que não depende de outra para transmitir um sentido. Veja **Sincategoremático**.

Categoria vazia
Ausência significativa de um constituinte. Postula-se que ocorreu uma categoria vazia quando se omitiu:
1. O núcleo silábico, na pronúncia rápida (por exemplo, *antes* pode soar [‘ãts]).
2. Um morfema flexional no espaço da palavra em que ele poderia ter ocorrido. O presente do indicativo não dispõe de morfema modo-temporal após o radical, como se vê em *fala*, transcrito morfologicamente como <fala{Ø}>. No lugar indicado por {Ø} ocorre no imperfeito do indicativo o morfema {-va}: *fala__va__*.
3. Um argumento referencial do verbo, como em *sei*, em que o sujeito e o objeto direto foram "esvaziados".
4. Toda uma sentença, ocorrendo em seu lugar uma prossentença*.
5. O núcleo da unidade discursiva*.

O preenchimento *versus* não preenchimento dos argumentos sentenciais divide as línguas em dois grupos: as que como o português dispensam o preenchimento – ostentando uma categoria vazia ou anáfora-zero no lugar argumental – e as que como o inglês e o francês não dispensam esse preenchimento. Veja também **Argumento sentencial**, **Princípio de projeção**, **Quase categorias**.

Centração tópica
Propriedade que define o tópico discursivo pela interdependência de sentidos entre os enunciados componentes de um tópico, que faz com que os elementos do tópico se projetem de forma relevante em um determinado ponto do texto.

Classes linguísticas
1. São classes linguísticas as expressões que exibem as seguintes propriedades: (i) regularidade de ocorrência, (ii) lugar privilegiado de ocorrência, (iii) desempenho de determinadas funções* e não de outras, (iv) capacidade de combinar-se com certas classes e não com outras, (v) possibilidade de incluir subclasses.

2. As classes linguísticas ajudam a recortar o campo dos sistemas linguísticos, correspondendo aos níveis de análise que forem definidos: (1) léxico: lexema*; (2) gramática: fonema*, unidade da fonologia; morfema*, unidade da morfologia; sintagma* e sentença*, unidades da sintaxe; (3) semântica: semema; (4) discurso: unidade discursiva*, parágrafo.

Coerência
Entendeu-se inicialmente a coerência como uma propriedade centrada no texto, que faz com que este faça sentido para o receptor. Atualmente, concebe-se a coerência como a construção de sentidos efetuada no processo de interação, a partir do texto. Isso porque a coerência está diretamente ligada à possibilidade de se estabelecer um sentido para o texto, em uma determinada situação comunicativa, o que depende de vários fatores, dentre eles o conhecimento de mundo e o conhecimento partilhado pelos interlocutores. Se o interlocutor não dispõe de conhecimentos prévios para apreender o sentido do texto e se o locutor não calcula adequadamente o sentido de seu texto, omitindo informações não conhecidas pelo interlocutor, fica prejudicada a construção de sentidos para o texto, ou seja, a construção da coerência.

Coesão
Forma como os elementos de um texto se interligam. A coesão comporta o conjunto de elementos linguísticos que assegura as ligações entre frases ou no interior de frases, que assegura a textualidade a um enunciado falado ou escrito. São coesivos os seguintes elementos: as conjunções, os advérbios ou expressões adverbiais que funcionam para organizar o texto (*então, agora, a seguir, abaixo, acima, primeiramente*), as expressões como *isto é, quer dizer, de um lado, de outro lado, além disso*, os pronomes pessoais de terceira pessoa, os possessivos e os demonstrativos quando retomam um elemento já posto no texto. A coesão se faz também por recursos lexicais, como a repetição de palavras, o uso de sinônimos, ou ainda pelo uso de termos pertencentes ao mesmo campo lexical (*férias, lazer, passeio, diversão*).

Colocação
Propriedade gramatical da sentença que especifica o lugar de figuração dos constituintes em relação aos outros constituintes. Tradicionalmente, a colocação é descrita em termos de ordem direta ou não marcada, como a de SVO (= sujeito-verbo-complemento), e ordem inversa ou marcada, como a de OSV, VSO, VOS.
A colocação é uma das manifestações do princípio de projeção*.

Combinação de sentenças
Reunião de mais de uma sentença, através dos processos de justaposição*, coordenação*, subordinação*, correlação*.

Comparatistas
Veja **Linguística Histórica**.

Complementador
Constituinte das unidades gramaticais situado à direita do núcleo respectivo. Não se confunde com *complementizador*. Veja **Sintagma**, **Sentença**.

Complementos
Constituintes da sentença* selecionados pelo verbo, comutáveis por um pronome acusativo, no caso do complemento de objeto direto; por um pronome dativo, no caso do complemento de objeto direto; ou por um pronome ou expressão ablativa, no caso do complemento oblíquo. Os complementos preenchem os lugares sintáticos projetados pelos verbos. Veja também **Argumento sentencial**, **Princípio de projeção**.

Composição lexical
União de mais de um radical constituindo-se uma palava composta: *guarda-chuva*, *pé de moleque*. Veja também **Derivação lexical**.

Concordância
1. Propriedade gramatical da sentença* que decorre do princípio de projeção*.
2. Propriedade morfológica compartilhada por constituintes da sentença, tais como os morfemas de plural, de gênero, número-pessoal. A concordância evidencia as relações de dependência entre o núcleo da estrutura e os constituintes por ele organizados: os Especificadores* e os Complementadores* concordam com o núcleo do sintagma* nominal, o verbo concorda com o sujeito.

Condições de produção
Instância verbal de produção do discurso, tais como o contexto histórico social, os interlocutores, o lugar de onde eles falam e a imagem que fazem de si, do outro e do tópico discursivo*.

Conjunção
Classe de palavras que une (1) palavras, como em *cães **e** gatos*; (2) sintagmas, como em *livro caro **e** muito chato* (junção dos sintagmas adjetivais *caro* e *chato*); (3) sentenças coordenadas, como em *entrou por uma porta **e** saiu por outra*; (4) sentenças subordinadas, como em *disse **que** ia voltar* (junção de *disse* e *ia voltar*); (5) sentenças correlatas, como em *falou **tanto que** ficou rouco*. As conjunções assinalam constituintes coordenados, como nos três primeiros exemplos; subordinados, como no quarto exemplo; ou correlatos, como no quinto exemplo. O mesmo que complementizador. Veja também **Marcador discursivo**.

Consonantismo
Termo proposto pelos neogramáticos para referir o conjunto de transformações fonéticas regulares nas consoantes de uma língua–mãe, em sua mudançapara a língua-alvo. No latim, são exemplos de consonantismo a mudança de *t* para *d*, em *cata > cada*, ou de *pl* para *ch* em *plumbum > chumbo*, e assim por diante.

Constituinte
Unidade estrutural de natureza fonológica, morfológica, sintática ou semântica (respectivamente, fonema, morfema, palavra, sintagma, sentença, traço semântico) que ocorre como componente de uma construção mais ampla.

Construção de tópico
Constituintes movidos para fora dos limites sentenciais, para representar o tópico discursivo*.

Contexto
Conjunto de elementos que cercam a produção de um texto: quem fala, a quem se fala, relação do enunciado ou texto com outros enunciados ou textos, o lugar e o momento da produção do texto.

Continuidade tópica
Processo de organização sequencial dos tópicos discursivos ao longo de um texto, que se caracteriza pela introdução de um tópico após o encerramento do anterior.

Continuum
Série longa de elementos dispostos numa determinada sequência, em que cada um difere minimamente do elemento contíguo, daí resultando diferença acentuada apenas entre os elementos iniciais e finais da sequência.

Convergente
Confluência de mais de um étimo (= palavra que dá origem a outra) numa só palavra homônima na língua derivada. Assim, o latim *sunt* mudou para *são* (em *eles são*), tornando-se homônimo de *sanu* > *são* (em *homem são*). Dizemos então que *são* (verbo) e *são* (adjetivo) são formas convergentes.

Conversa, conversação
Veja **Diálogo**.

Coordenação
Relação de constituintes gramaticalmente independentes tal que ambos continuem sintaticamente autônomos, ou seja, não desenvolvam dependência gramatical. A coordenação pode se dar por contiguidade de constituintes, como em *Escreveu, não leu, o pau comeu*, ou pela ligação de constituintes por meio de conjunções coordenativas, como em *um e outro saíram* (coordenação das palavras *um* e *outro* por meio da conjunção *e*), *pão de alho ou de queijo* (coordenação dos sintagmas preposicionados *de alho* e *de queijo* por meio de *ou*), *entrou por uma porta e saiu por outra* (coordenação das sentenças *entrou por uma porta* e *saiu por outra* por meio de *e*). O mesmo que hipotaxe.

Correção
1. Correção textual: estratégia de reformulação textual que consiste na substituição de um elemento do texto por outro, por se ter considerado que o primeiro elemento se mostrou inadequado aos propósitos discursivos do locutor.
2. Correção gramatical: conformação dos textos ao padrão culto, à norma gramatical*.

Correlação
Relacionamento intersentencial tal que na primeira sentença figura uma expressão necessariamente conectada a uma expressão que aparecerá na segunda sentença, criando-se uma relação de interdependência entre elas. A combinação sentencial por correlação participa simultaneamente das propriedades da coordenação*, pois uma sentença é independente em relação à outra, e da subordinação*, pois uma sentença não fica bem formada sem a outra. Assim, em *Falou <u>mais do que</u> devia*, dada a interdependência entre essas sentenças, não se pode omitir o primeiro termo

da correlação (pois *Falou do que devia cria outra sentença, que não tem o mesmo sentido proposicional de Falou mais do que devia), nem se pode omitir o segundo termo da correlação (pois *Falou mais devia não é reconhecida como uma sentença bem formada na língua portuguesa). Em algumas teorias, o mesmo que parataxe.

Crioulo
1. Adaptações de uma língua europeia por falantes de outras línguas, em geral africanas ou asiáticas, com as quais os europeus entraram em contato por interesse mercantil.
2. O mesmo que uma nova língua, híbrida de uma língua autóctone com outra língua falada por um grupo hegemônico, que se aproximaram por razões de comércio ou conquista.
3. Evolução de um *pidgin**, ocorrida em gerações posteriores, depois que um código simplificado é substituído por uma *língua crioula* de maior poder referencial. Um crioulo pode se tornar uma língua de prestígio ou língua nacional, ou permanecer como língua de comunicação ampla (= língua franca), mas sem prestígio suficiente para se estabelecer como língua nacional plena, com uma forma escrita (o crioulo cabo-verdiano, por exemplo).

Dêixis
Expressões que têm a propriedade de apontar para as pessoas do discurso (como *eu*, *você*, *nós*), o lugar ocupado por elas (*aqui*, *ali*) e seu tempo (*ontem*, *hoje*, *amanhã*). Os pronomes pessoais de primeira e segunda pessoas e os pronomes demonstrativos funcionam como dêiticos: a primeira pessoa é a que fala de si mesma, a segunda é a que fala com a primeira pessoa. A terceira pessoa será dêitica apenas quando remete a um participante presente ao ato de fala, como em **Ele** ali, o Antônio, me deve dinheiro. Em outras circunstâncias, *ele* designa a terceira pessoa, tendo uma interpretação fórica (**Ele** já chegou?), em que *ele* substitui algum participante conhecido na situação discursiva (*ele=o professor*, por exemplo). O substantivo deverbal *dêixis* deriva do verbo grego *déiknymi*, "apontar, mostrar". Os gramáticos romanos traduziram dêixis por *demonstrativo*, palavra calcada em *monstrare*> *mostrar*. O termo *demonstratiuus* designava os pronomes pessoais, os pronomes demonstrativos e os pronomes-advérbio de lugar e tempo. Mais tarde, o termo especializou-se na designação de uma das formas dêiticas, os pronomes demonstrativos, perdendo-se seu efeito de generalização.

Derivação lexical
Processo pelo qual agregamos sufixos e prefixos a um radical, obtendo outra palavra, derivada da primeira. Assim, de *fazer* podemos derivar *refazer*, *desfazer*, *fazimento*. Veja também **Composição lexical**.

Descontinuidade tópica
Processo de abandono de um tópico discursivo e inserção de um tópico novo, que pode ser projetado pelo tópico descontinuado.

Diacronia
Conjunto de fases históricas (= sincronias*) de uma língua natural, assinaladas pela mudança linguística lexical, semântica, discursiva, gramatical. Estudar diacronicamente uma língua é observar seu percurso histórico a partir de uma língua-mãe.

Diálogo
1. Situação linguística em que dois ou mais interlocutores* desenvolvem cooperativamente um tópico discursivo*, alternando suas falas. O diálogo é centrado na primeira e na segunda pessoas do discurso.

2. Sequência de turnos conversacionais. Veja também **Turno**.
Segundo alguns teóricos, todo discurso tem uma dimensão dialógica, (i) pois quando falamos ou escrevemos temos em mente a pessoa que nos escuta ou nos lê, e (ii) também porque trazemos no nosso discurso as falas de outros, usando a citação (discurso direto, discurso indireto) de forma clara ou implícita.Veja também **Narração**.

Dicotomia
Processo de divisão em dois de um conceito ou de uma proposição.

Dictum
Informação veiculada pela sentença, gramaticalmente representada pelo sujeito, pelo núcleo do predicado e pelos complementos e adjuntos.

Dialeto
1. Variedade linguística* especificada por sua distribuição geográfica. O português brasileiro compreende dialetos do Norte (amazônico, paraense), do Nordeste (pernambucano, bahiano), do Sudeste (caipira, carioca), do Centro-Oeste (cuiabano) e do Sudeste (paranaense, catarinense, gaúcho).
2. Inicialmente opunham-se os *falares*, variedades regionais de fácil intercompreensão, aos *dialetos*, variedades regionais de difícil intercompreensão. Por essa distinção, o Brasil só dispõe de falares.
3. Recentemente, deixou-se de lado o termo *falar*, e *dialeto* se generalizou como termo indicador das variedades regionais assinaladas por diferentes graus de intercompreensão.

Dialetologia
Disciplina da Linguística que estuda os dialetos, valendo-se de registros magnetofônicos, seguidos da anotação dos resultados fonéticos, vocabulares, morfológicos, sintáticos e semânticos nos pontos do mapa em que eles ocorreram. A geografia linguística é o método da Dialetologia.

Diglossia
Situação linguística em que falantes da mesma língua, integrados em faixas etárias e classes socioeconômicas distintas, aprendem na escola as categorias gramaticais que não ocorrem em sua variedade vernácula, adquirida em sua infância. A diglossia ocorre quando a língua familiar tem um estatuto sociolinguístico inferior ao da língua oficial. O mesmo que bilinguismo interno.

Discurso
1. Um dos sistemas das línguas naturais. Os outros sistemas são o léxico, a semântica e a gramática.
2. O mesmo que toda atividade comunicativa, produtora de sentidos e dos efeitos de sentidos entre interlocutores, que são sujeitos situados social e historicamente. Nessa atividade de construção de sentidos o que se diz (i) significa explicitamente o que se pretende dizer; (ii) significa em relação ao lugar social de onde se diz, a quem se diz; (iii) significa em relação a outros discursos que circulam (ou circularam) na sociedade.
3. O discurso se manifesta por meio de textos orais ou escritos.

Elipse
Omissão de segmentos no enunciado, quando integrados no fluxo da consciência. Veja também **Categoria vazia**.

Encaixamento sintático
Inclusão de um constituinte sentencial em outro, subordinando-se a ele. No sintagma nominal [*a galinha do vizinho*], encaixou-se o sintagma preposicional [*do vizinho*]. Na sentença complexa *Ele disse que não viria*, a sentença *que não viria* encaixou-se no sintagma verbal [*disse*].

Encaixamento social
Segmento de uma sociedade que acolheu uma mudança linguística.

Endófora
Veja **Foricidade**.

Entoação
Entoação ou curva melódica é um conjunto de variações de altura da voz humana, incidindo sobre um sintagma ou uma sentença. A entoação ascendente ocorre nas sentenças interrogativas; a descendente, nas imperativas; e a emparelhada, nas asseverativas.

Enunciação
Conjunto de elementos presentes numa interação: o falante, o ouvinte, o assunto, o meio linguístico escolhido, a situação que envolve os interlocutores, os objetivos. O sujeito da enunciação fornece seu eixo dêitico. Veja também **Dêixis***.

Enunciado
1. Produto da enunciação: palavras, estruturas gramaticais, significados, textos.
2. Noção discursiva que se distingue da noção de estrutura gramatical, referindo-se à produção de um sujeito concreto, que expressa suas atitudes, suas ideias, preconceitos, crenças, emoções etc.
3. O mesmo que oração ou sentença*.
4. O mesmo que texto*.

Epilinguismo
Situação em que o locutor fala "sobre" a língua, não sobre o tópico conversacional. Esse termo técnico foi formado pela expressão grega *epí*, que significa "sobre, a respeito de" + *linguismo*. Segmentos epilinguísticos ocorrem quando se verbaliza uma sorte de diálogo interior, em que o locutor conversa consigo mesmo sobre a conveniência ou não de utilizar determinado recurso linguístico em lugar de outro, ou então quando acha conveniente explicar o sentido de alguma palavra usada. Ao assim agir, ele "põe no ar" expressões que têm tudo a ver com o processamento do texto, e pouco com o texto em si mesmo. Veja também **Metalinguismo**.

Equativo
Segundo termo de uma sentença nucleada por *ser*, quando esse verbo associa dois sintagmas nominais, estabelecendo uma relação de equação entre eles. Na estrutura equativa, o primeiro termo é considerado como sujeito da sentença e o segundo, como o termo equativo.

Ergativo
Entende-se por verbo ergativo, causativo ou inacusativo os "verbos intransitivos que têm um correspondente transitivo tal que o complemento objeto do verbo transitivo corresponde ao

sujeito do verbo intransitivo" (Salvi, 1988: 48). O termo *ergativo* vem do grego *ergázomai*, "causar", "produzir", "criar".

Escopo
Termo ou expressão sobre que incide um operador*. O termo deriva da palavra grega *skopéuo*, que significa "ver". A metáfora é evidente: é como se o operador visse, mirasse, um dado termo. Assim, em *vi alguém se esgueirando por trás da cerca*, os operadores *vi*, *esgueirando* e *por trás de* tomaram por escopo, respectivamente, *alguém*, *se* e *a cerca*.

Especificadores
Constituinte dos sintagmas* que se localiza à esquerda do núcleo.

Estado de coisas
Algo que pode ocorrer no mundo real ou mental. O estado de coisas vem retratado na estrutura da sentença*, que reúne um conjunto de expedientes para configurar os eventos e as situações. Por vezes, o mesmo que proposição*.

Estruturalismo
O rótulo estruturalismo designa os seguintes campos científicos:
1. Ramo da Linguística interessado na depreensão das estruturas linguísticas a partir do comportamento linguístico observado. Para postular a estrutura linguística, o estruturalismo concebe a língua como um conjunto de níveis hierárquicos, cada qual com sua unidade de análise, de tal sorte que as propriedades de um nível concorram para constituição das propriedades do nível imediatamente superior:

NÍVEIS DE ANÁLISE	UNIDADES DE ANÁLISE
fonologia*	fonema*
morfologia*	morfema*
sintaxe*	sintagmas*, sentenças*

Esse quadro deve ser lido assim:
- Características dos fonemas interferem nos morfemas. Por exemplo, a perda do fonema que fecha a sílaba* como o /s/ ou /r/ modificará o morfema de plural de uma palavra como *casas* e o morfema do infinitivo de uma palavra como *falar*, que passarão a *casa* e a *falá*.
- Características dos morfemas interferem nos sintagmas. Por exemplo, se o sintagma nominal [*as casas*] mudar para [*as casa*], caberá ao artigo *a* indicar a concordância, e assim esse Especificador do sintagma nominal terá ampliado suas funções.
- Características dos sintagmas interferem nas sentenças. Por exemplo, se [*as casa*] for o sujeito de uma sentença, não haverá concordância do verbo com o sujeito, surgindo a estrutura *as casa caiu*.

Para o estruturalismo, a língua não se confunde com as expressões concretas que as pessoas usam, nem com o comportamento verbal que observamos no dia a dia. Ao contrário, a língua é uma abstração, um conhecimento socializado que todos os falantes de uma comunidade compartilham, uma espécie de código que os habilita a se comunicarem entre si.

2. Movimento científico nas humanidades ancorado no pressuposto de que fenômenos complexos se organizam por partes para constituir um todo estruturável.
A Linguística Estruturalista se ocupa do enunciado*, no qual identifica regularidades linguísticas* a partir de um conjunto de princípios e de uma metodologia. Tudo o que for regular integrará a gramática da língua, que compreende a fonologia, a morfologia e a sintaxe. Tudo o que for irregular integrará o léxico dessa língua, entendido como o lugar das idiossincrasias, como um componente das línguas naturais distinto do da fonologia, da morfologia e da sintaxe.

Etnolinguística
Estudo das relações entre a língua e as características da comunidade que a fala. Da pauta da Etnolinguística fazem parte, por exemplo, a compreensão do modo como as pessoas se comunicam em diferentes sociedades, e a compreensão das funções que a língua desempenha em sociedades primitivas ou tecnologicamente avançadas.

Evidencialidade
Informação obtida indiretamente, através de outras pessoas, de comentários, de rumores, e assim por diante. Distingue-se da informação obtida diretamente, por meio da percepção visual, auditiva, táctil, olfativa, ou por inferência (veja também **Implícito**).
As línguas românicas não representaram a evidencialidade na morfologia de suas gramáticas, sendo então necessário lançar mão de expressões como *acho que*, *penso que*, *creio que*, *aparentemente* etc. Línguas indígenas como o tuyuca (Brasil e Colômbia) dispõem de morfologia para expressar esse tipo de informação.

Exófora
Veja **Foricidade**.

Extensão
Conjunto de indivíduos denotados através das propriedades lexicais das palavras. Dizemos que a extensão foi alterada quando indivíduos de um conjunto são retirados ou acrescentados, por meio dos processos de quantificação. Os operadores da extensão recebem a denominação geral de quantificadores*. Veja também **Intensão**.

Figura
1. Informação mais importante veiculada pela sentença, expressa pelos argumentos internos (veja também também **Argumento sentencial**). Foco* da informação, por contraste com fundo*.
2. Eventos mais importantes de uma narrativa, expressos no pretérito perfeito.

Filologia
Disciplina histórica voltada para a compreensão dos textos produzidos na antiguidade clássica e nos tempos modernos. Ao desenvolver métodos e técnicas destinados a recuperar a forma original dos textos que chegaram até nós, a Filologia reuniu uma enorme massa de conhecimentos linguísticos e históricos necessários para a compreensão dos textos, posteriormente aproveitados pela Gramática e pela Linguística.
É o objetivo da Filologia estabelecer a genuinidade do texto, tornando-o inteligível à leitura. Há três tipos de edição filológica de um texto: (1) edição diplomática: reprodução do texto tal como

se apresenta no original; (2) edição fac-similada: fotografia do texto original; (3) edição crítica: atividade também conhecida como edótica, compreende três fases: (i) recensão: confronto dos manuscritos e eliminação das cópias coincidentes; (ii) estemática: classificação dos manuscritos (original, autógrafo ou texto da mão do autor, apógrafo ou cópia) e estudo de como se deu sua transmissão (vertical, horizontal, transversal), fixação da árvore genealógica dos manuscritos; (iii) correção dos erros, separação das palavras ligadas, desenvolvimento das abreviaturas. Fixado o texto, segue-se sua publicação, que compreenderá (a) o prefácio, com a história do manuscrito; (b) o texto apurado, acompanhado do aparato crítico, ou seja, da menção em notas de rodapé às intervenções realizadas, levando o leitor a acompanhar o trabalho do editor; (c) hermenêutica e exegese do texto; (d) glossário; (e) reprodução dos fac-símiles; (f) índices e bibliografia.
A Filologia é às vezes impropriamente identificada à Linguística Histórica*.

Focalização
Destaque que se dá a algum elemento da sentença ou do enunciado, por apresentar a informação nova, considerada mais importante. Veja também **Focalizador**.

Focalizador
Recurso prosódico ou gramatical para assinalar o foco*. A focalização pode ser obtida mediante (1) a pronúncia enfática do segmento que se quer destacar, pôr em relevo, como em _você é que deveria falar_; (2) o uso de operadores* tais como a expressão clivadora _é que_, em _Você é que deveria falar_, ou o uso de um advérbio de focalização, como em _Só/apenas/unicamente você deveria falar_.

Foco
1. Entidade sobre a qual se fala num episódio discursivo. O mesmo que tópico discursivo*.
2. Constituinte que codifica no texto ou na sentença a informação mais importante.
3. Constituinte da sentença pronunciado com ênfase, ou assinalado por meio de focalizadores*.

Fonema
Unidade mínima do sistema fonológico (veja também **Fonologia**) definível por seu contraste com outros fonemas, identificáveis nos pares mínimos. Os fonemas têm uma função diacrítica, pois sobre eles se fundamenta a distinção entre as palavras. Assim, distinguimos _pata_ de _bata_ porque o segmento inicial desses vocábulos contém os fonemas /p/ ~ /b/. Veja também **Estruturalismo**.

Fonética
Ramo da Linguística que estuda as formas de produção dos sons (Fonética Articulatória) e as formas de recepção dos sons (Fonética Acústica). Cada som é identificado e transcrito de acordo com as convenções adotadas no Alfabeto Fonético Internacional, estudando-se sua distribuição no interior da sílaba e da palavra.

Fonologia
Parte da Gramática que estuda os sons da língua em seu papel distintivo. A Fonologia é a disciplina que melhor ilustra a ideia estruturalista de que as unidades da língua têm uma natureza opositiva. Uma de suas principais tarefas é identificar os sons com os quais podemos distinguir umas palavras

de outras, esclarecendo os contextos fônicos em que isso ocorre. Assim, para distinguir as palavras *morte* e *morde*, dependemos da oposição entre /t/ e /d/ postulados como fonemas*, mesmo que cada uma dessas unidades seja realizada foneticamene de várias maneiras, conforme a região e conforme sua posição na palavra. Veja também **Estruturalismo**.

Foricidade
1. Elementos gramaticais que retomam informações já veiculadas. O vocábulo deriva do grego *phéro*, "levar, trazer".
2. Propriedade de retomada de conteúdos expressos anteriormente (anáfora), a expressar posteriormente (catáfora) ou inferidos a partir do contexto (exófora).
3. As expressões fóricas podem ter um escopo largo, quando retomam porções do enunciado (como as formas neutras *isto, isso, aquilo, tudo, nada*), ou um escopo estreiro, quando retomam apenas um constituinte do enunciado (como em *o menino caiu, esse menino pode ter-se machucado*).

Fricativa
Conjunto de consoantes produzidas com certa fricção, como *f, v, s, z, j, x*.

Função, funções linguísticas
Propriedade assumida pelas classes linguísticas* decorrentes de suas relações linguísticas* com outras classes.
Na gramática, (i) os fonemas assumem funções diacríticas; (ii) os morfemas e os sintagmas assumem funções gramaticais no interior da sentença (= funções de sujeito, núcleo do predicado, argumentos e adjuntos); (iii) as sentenças funcionam como atos de fala.
Na semântica, registram-se as funções de referenciação, predicação, verificação, dêixis, foricidade, conectividade, quantificação, qualificação etc.
No discurso, há funções de (i) veiculação da informação, (ii) emissão de instruções e ordens, (iii) exteriorização de desejos e sentimentos.

Funcional, verbo
Veja **Verbo**.

Funcionalismo
1. Ramo da Linguística que consiste em descrever e explicar as unidades linguísticas vistas como veiculadoras da comunicação e como produtoras de sentido, desempenhando funções na comunidade de fala, para além de suas propriedades puramente estruturais.
2. Estudo das unidades linguísticas que leva em conta seus propósitos como atos de fala*.
3. Tendência dos estudos gramaticais em que se ultrapassa o limite da sentença, investigando os correlatos discursivos e semânticos das unidades gramaticais.
4. Estudo das preferências, escolhas e tendências de uma língua, deixando para um segundo plano a formulação de regras formais.

Fundo
1. Informação sentencial secundária, veiculada pelos adjuntos. Veja também **Figura**.
2. Segmentos descritivos e argumentativos no interior de uma narrativa, habitualmente expressos no presente ou no pretérito imperfeito.

Gênero de discurso
Toda e qualquer forma de manifestação do discurso produzida pelos falantes em uma determinada esfera social do uso da linguagem. Dado seu caráter social, o gênero é uma forma codificada historicamente por uma determinada cultura, visando a comunicação entre seus membros. Sabemos o que é uma carta, um bilhete, uma piada, uma fábula etc., na medida em que usamos essas formas para interagir com o outro em nossa sociedade. Os gêneros do discurso se materializam sob a forma de textos*.

Gramática
Um dos sistemas de que se compõem as línguas naturais, ao lado do léxico*, da semântica* e do discurso*. O termo *gramática* recolhe muitas significações:
1. Distinguimos inicialmente *gramática implícita*, ou gramática mental, que adquirimos quando aprendemos a falar, de *gramática explícita*, que é o esforço sempre incompleto de descrever e interpretar a gramática implícita. O estudo da gramática implícita se faz mediante a dedução dos princípios internalizados na mente dos falantes quando eles adquiriram a língua materna. Ninguém conseguiria se expressar se não identificasse os princípios da gramática implícita, na fase da aquisição da linguagem.
2. Estudo das regras ou regularidades de acordo com as quais se constroem palavras e sentenças numa língua. O mesmo que construção. A expressão "regra gramatical" significa: (i) regularidade constatada nas construções da língua; (ii) expectativa criada pelos princípios da gramática internalizada; (iii) norma gramatical, que é a variedade linguística* do Estado.
3. A essas diferentes maneiras de entender o que seja uma regra correspondem três concepções diferentes de gramática: (i) Gramática Descritiva*, (ii) Gramática Explicativa, ou Gramática Geral*, (iii) Gramática Normativa*.
4. Uma das disciplinas que compõem o *curriculum* escolar. Enquanto disciplina escolar, a Gramática compreende pelo menos três tipos de atividades em sala de aula: (i) levar os alunos a explicitar a gramática implícita que eles adquiriram na infância; (ii) levar os alunos a identificar as regras da gramática explícita; (iii) levar os alunos a observar a regras da Gramática Normativa, adquirindo prestígio em suas atividades sociais.

Gramática Descritiva
Ramo dos estudos linguísticos interessado em identificar as unidades da língua, estudando sua combinatória com outras unidades.

Gramática Estruturalista
Veja **Estruturalismo**.

Gramática Explicativa, ou Gramática Geral
Ramo dos estudos linguísticos interessado em desenvolver generalizações, para identificar as razões últimas das unidades e de seu comportamento, tanto quanto para esclarecer as razões da mudança linguística. Seus achados são formulados por meio de princípios.

Gramática Funcionalista
Veja **Funcionalismo**.

Gramática Gerativa
Denominação que abrange as teorias linguísticas inspiradas pelo linguista americano Noam Chomsky, que constituíram uma das principais referências teóricas para o estudo da linguagem humana, a partir da década de 1950.

A Gramática Gerativa desenvolveu uma concepção inovadora da sintaxe, procurando criar um mecanismo matemático capaz de simular nossa competência sintática, isto é, nossa capacidade de reconhecer, entre todas as possíveis sequências de palavras, aquelas que correspondem a sentenças bem formadas da língua.

A teoria distingue uma língua I, interna ou intensional, dada pela "competência" do ser humano, de uma língua E, externa ou extensional, dada pelas diferentes "execuções" que o falante promove a partir dessa base. A língua I é "algum elemento da mente da pessoa que conhece a língua adquirida pelo aprendiz e usada pelo falante", e a língua E é "uma coleção de ações ou enunciados ou formas linguísticas (palavras, sentenças) emparelhadas com a significação, ou [como um] sistema de formas linguísticas ou eventos. O construto é entendido independentemente das propriedades da mente/cérebro" (Chomsky, 1986: 20-22). Segundo esse linguista, a competência linguística é uma faculdade inata, dada de antemão ao homem, como um "componente particular da mente humana". Acionando sua competência, e exposto no momento da aprendizagem a um número reduzido de dados, o homem é capaz de gerar sentenças que nunca tinha ouvido antes. Repele-se, com isso, a explicação behaviorista, implícita na Gramática Estrutural, segundo a qual aprendemos a falar através de um processos de captação, acumulação e associação de estímulos, processos esses mais de reprodução que de criação. Em lugar disso, a competência linguística chomskyana é uma propriedade que permite ao homem "reconhecer-se nos dados recebidos" [pois] "os princípios que determinam a forma de uma gramática são idênticos aos princípios mesmos de sua faculdade interna. [...] Esses princípios, com suas regras e operações, constituiriam os elementos de uma gramática geral", vale dizer, da gramática universal (Chomsky, 1986: 20-22).

Segue-se daqui que a sintaxe de Chomsky é o estudo do funcionamento da mente, muito mais do que a descrição das estruturas linguísticas concretas, nas quais, entretanto, se fundamenta em seu esforço de generalização. A sintaxe é considerada o componente central da gramática implícita, constituída de um conjunto de regras puramente mentais, formuladas pela criança durante a fase de aprendizagem linguística, e continuamente ampliada pela vida afora. A gramática universal "pode ser vista como uma caracterização da faculdade linguística geneticamente dada" (Chomsky, 1986: 3).

Gramática Normativa
Disciplina que informa como devem expressar-se as pessoas escolarizadas, as pessoas que querem usar expressões prestigiadas pela comunidade. Veja também **Norma gramatical**.

Gramática Tradicional
Ramo dos estudos sobre a língua que surgiu na Grécia, por volta do século II a.C. Voltada inicialmente para a descrição das formas linguísticas de interesse para a argumentação e o convencimento, portanto como uma disciplina auxiliar da Retórica, esse tipo de estudo pouco a pouco desligou-se de seu primeiro objetivo, autonomizando-se, e passando a descrever os sons, as palavras e as sentenças das línguas naturais, tomando como *corpus* de análise a língua literária, e renunciando a uma articulação teórica precisa.

Gramaticalização

Alterações provocadas nas palavras, levando-as a mudar de estatuto, caminhando de um uso mais lexical para um uso mais gramatical, indo daí para sua transformação num afixo, até seu desaparecimento. Atingido esse estágio, outra palavra é acionada, reiniciando-se o mesmo ciclo.
A formação do futuro no português é um exemplo de gramaticalização sempre lembrado. Perdido o morfema* modo-temporal latino {-bo}, presente em *amabo*, cria-se a perífrase de infinitivo + *habeo*, como em *amare habeo*, via atribuição de novas funções ao verbo *habere*, que deixa de organizar uma sentença, transformando-se em auxiliar de um verbo no infinitivo (*amare*, neste exemplo). O conjunto *amare habeo* passa por várias transformações fonológicas (*amare habeo* > *amaráveo* > *amaráeo > *amarei*), surgindo {-re-} como um novo morfema modo-temporal, presente em *amarei*. A nova forma nos leva de volta a uma forma simples, o que desencadeia novo ciclo de gramaticalização, surgindo agora uma nova perífrase, formada por *ir/ter de* + infinitivo, como em *vou amar, tenho de amar*. Comparando *amare habeo* com *vou amar*, nota-se que a marcação gramatical de tempo e modo migrou da posição latina pós-núcleo para a posição portuguesa pré-núcleo. No português brasileiro, o auxiliar *ir* quando seguido de verbo começado por consoante dá origem a um novo morfema prefixal, {vo}, presente em *vofalá*.

Hiperonímia/Hiponímia

Relação semântica entre as palavras tal que o hiperônimo tem um leque referencial mais amplo, compreendendo vários hipônimos, de poder referencial menor. Na terminologia científica, determinado *gênero* é um hiperônimo, a que se ligam as *espécies*, como seus hipônimos. Veja também **Sinonímia/Antonímia**.

Hipotaxe

Veja **Subordinação**.

Homonímia

Semelhança fônica entre palavras diferentes: o verbo *são*, o adjetivo *são*, derivados respectivamente do latim *sanctu* ("santo"), em *São Paulo*, e de *sanu* ("sadio"), em *homem são*, exemplificam o fenômeno da homonímia. Veja também **Sinonímia/Antonímia**, **Polissemia**.

Implícito

1. Tipo de sentido dependente do contexto em que um enunciado é dito, ocultando-se por trás do sentido explícito.
2. O sentido implícito deve ser construído, inferido ou deduzido pelo ouvinte ou pelo leitor, levando em conta os fatores extralinguísticos. Por exemplo, *Faz calor* pode significar explicitamente que temos calor, mas em certos contextos pode significar *Abra a janela*, ou *Desligue o aquecedor*, ou *Me dê um copo d'água* etc.

Intensão

Intensão é o conjunto de propriedades semânticas inerentes das palavras. São chamados operadores de intensão as expressões que tomam outra expressão por seu escopo, alterando seus traços semânticos inerentes. Os operadores de intensão recebem a denominação geral de qualificadores*. Veja também **Qualidade, qualificação, qualificadores**, **Extensão**.

Intensificação
Recurso para tornar mais forte, mais intenso, um processo (verbo), uma qualidade (adjetivo) ou uma circunstância (advérbio), por meio de classes próprias, coletivamente denominadas *intensificadores*.

Interlocutor
Pessoa que dialoga, discute, conversa com outra. No plural, interlocutores pode significar ainda as pessoas envolvidas numa situação de interação comunicativa.

Intervocálico
Diz-se de qualquer som que apareça entre vogais.

Justaposição
Diz-se da expressão posta ao lado de outra, sem que haja uma relação de determinação entre elas. São justapostas as sentenças *Fulano bebeu, caiu, levantou-se*.

Lenização
Transformação fonética em que as plosivas se tornam fricativas. O mesmo que "enfraquecimento da articulação vocal".

Letras
1. Conjunto das ciências humanas. Uma faculdade de Letras engloba a História, a Geografia e a Sociologia.
2. Denominação tradicional das ciências da linguagem. A expressão designa os estudos das letras clássicas, dos escritos consagrados de grandes pensadores, poetas e ficcionistas. Muitas vezes se confunde com Literatura e algumas vezes com Linguística, que constituem duas das três vertentes de que se compõe hoje uma formação ampla no âmbito da linguagem.
3. Curso superior que responde pela formação de professores e pesquisadores na área de Língua e Literatura. Tradicionalmente, ministram-se nos cursos de Letras conhecimentos de línguas vivas (como o portugues, o inglês e o francês) ou de línguas mortas (como o latim, o grego e o sânscrito) e das literaturas correspondentes.

Lexema
Constituinte invariável da palavra, que pode ser antecedido ou seguido por morfemas*. O mesmo que radical.

Léxico
Um dos sistemas de que se compõem as línguas naturais, caracteriza-se por ser um inventário de categorias/subcategorias cognitivas/traços semânticos pré-verbais, concentrados num vocábulo por meio da *lexicalização*. Denomina-se *vocabulário* o conjunto das palavras criadas por esse meio.

Língua
Qualquer manifestação significativa, por meio de sons vocais (= língua em seu sentido mais geral), de gesticulação (= língua de sinais) ou de odores (= língua do perfume, por exemplo). Denomina-se *língua natural* a linguagem vocal adquirida na infância.

Língua franca
Língua não materna utilizada como língua segunda adquirida e/ou aprendida por falantes de outras línguas. Em consequência das grandes navegações, o português tornou-se língua franca nos portos da Índia e do sudeste da Ásia, entre os séculos XVI e XVIII. Outros exemplos de línguas francas são o swahili e o mandinga, praticados nas costas africanas oriental e ocidental, respectivamente.

Língua geral
Não há consenso sobre o sentido da expressão "língua geral", que recobre as seguintes realidades:
1. O mesmo que "língua geral brasileira", falada por mulatos e brancos brasileiros a partir do século XVIII. Essa língua geral não é africana nem indígena, mas sim continuadora do português. É a língua geral do Brasil caipira. A documentação colonial usa essa expressão quando se refere a "falar a língua geral", "usar a língua geral", "saber a língua geral", procurando descrever um português simplificado, com interferências das línguas indígenas e também das línguas africanas.
2. O mesmo que "línguas indígenas". Incluem-se nesta designação (i) a "língua geral amazônica", de base tupinambá, cujo remanescente é o nheengatu, (ii) a "língua geral paulista", de base tupiniquim e guarani, e (iii) a "língua geral de base cariri", difundida no Nordeste do país.
3. Língua criada pelos jesuítas. O mesmo que tupi missionário, "fabricado" pelos jesuítas, e que não se confunde com uma língua natural. Baseando-se no tupi (língua falada pelas populações indígenas da costa brasileira, composta por dialetos muito semelhantes), os jesuítas constituíram uma língua de comunicação – a língua geral – para ser usada como língua de catequese. A língua geral, o tupi missionário, caracterizava-se como um tupi despojado de seus traços fonológicos e gramaticais mais típicos para se adaptar à consciência linguística dos brancos. O português nela atuou como um "superestrato".
4. O mesmo que línguas africanas, de base banto, faladas na zona de mineração.

Língua literária
Variedade linguística escrita, caracterizada pela busca de individualidade e fundamentada num projeto estético. A língua literária é bastante marcada pelos movimentos estéticos tais como o classicismo, o romantismo, o modernismo etc. Distingue-se da língua corrente por buscar marcas próprias, fugindo da expressão banal, rotineira.

Linguística
Estudo da faculdade humana de linguagem e das línguas que existem ou existiram historicamente. De acordo com seu interesse, cinde-se em Linguística Teórica, Linguística Descritiva, Linguística Histórica, Linguística Cognitiva, Linguística Aplicada etc.

Linguística Aplicada
1. Transposição de conhecimentos linguísticos para campos não linguísticos, em oposição à Linguística Teórica e à Linguística Descritiva. Ao longo das últimas décadas, em áreas como tradução, terminologia e ensino de línguas, a Linguística Aplicada foi descobrindo e elaborando problemas que não tinham recebido a devida atenção da Linguística Teórica.
2. Estudo dos problemas envolvidos pelo ensino de línguas, pela tradução e pela terminologia.

Linguística Cognitiva

Ramo dos estudos linguísticos que se integra no domínio mais amplo das ciências cognitivas, de que ela vem abordando vários tópicos. Tem sido às vezes definida pelo que não é, visto que essa direção de estudos não aceita (i) "a existência de um nível estrutural ou sistêmico de significação linguística [...] distinto do nível em que o conhecimento do mundo está associado às formas linguísticas"; (ii) a arbitrariedade do signo; (iii) a afirmação de que as categorias linguísticas são discretas e homogêneas; (iv) "a ideia de que a linguagem é gerada por regras lógicas e por traços semânticos 'objetivos'"; (v) a autonomia e não-motivação semântica e conceitual da sintaxe (Silva, 1997: 61). Cognição é um termo bastante geral, que abriga domínios tais como a PERCEPÇÃO, especialmente a VISÃO, o ESPAÇO, a MEMÓRIA, os SÍMBOLOS, as IMAGENS. Por consequência, as ciências cognitivas deixam de lado a descrição formal de um mundo estático para privilegiar a descrição funcional de um mundo em movimento.

Tendo sua origem nas discussões de Platão e de Aristóteles sobre a natureza do conhecimento e sua caracterização "durante o florescimento filosófico dos séculos XVII e XVIII – nos debates entre os racionalistas (como Descartes) e os empiricistas (como Locke e Hume) e nas tentativas de síntese apresentadas por Kant em torno de 1780 e por Whitehead e Russell em torno de 1910" (Gardner 1985/1995: 307), a ciência cognitivista continuará a opor racionalistas a empiricistas, o individualismo científico à interdisciplinaridade. O ponto que reúne os cognitivistas, o lugar em que se encontram e se veem como cientistas está na postulação de um nível de representação mental (roteiros, esquemas, símbolos, estruturas, imagens, modelos mentais), "um conjunto de construtos que podem ser invocados para a explicação de fenômenos cognitivos, indo da percepção visual à compreensão de histórias" (Gardner, 1985/1995: 403). Eis aqui alguns fenômenos versados pela Linguística Cognitiva:

VISÃO: Os gregos moldaram seu conhecimento a partir da visão do mundo que nos cerca. Jakobson dizia que "como os seres humanos tendem a ver as coisas em termos de polaridade, verifica-se que muitas distinções importantes da linguagem também são binárias" (apud Gardner, 1985/1995: 251). Juntamente com Morris Halle, ele viria a afirmar que com apenas 12 oposições binárias básicas cada língua faz suas próprias escolhas. As categorias propostas por Langacker para captar a construção do conteúdo (*construal*) são largamente tributárias do fenômeno da VISÃO.

ESPAÇO: categoria cognitiva que dá origem às subcategorias de espaço vertical (em cima/embaixo), transversal (atrás/à frente), horizontal (origem/destino), e às de continente/conteúdo, longe/perto.

MOVIMENTO e AÇÃO MOTORA: a primeira categoria de certa forma já aparece no detalhamento da VISÃO. Langacker, por exemplo, alude aos pontos de vista fixo e móvel. Esta não é a primeira vez, nem será a última, que as categorias cognitivas se imbricam. Elas não são opositivas, negativas – como as categorias formais. São, antes, problemáticas, cumulativas.

SÍMBOLOS, IMAGENS: durante muito tempo esquecidos nos desvãos da Retórica, os símbolos e as imagens passaram a ser fortemente valorizados pelas pesquisas cognitivistas, como fenômenos do dia a dia, bastante reveladores de como criamos os significados. O estudo dos símbolos deu origem a toda uma ciência, a Semiótica. A metáfora e a metonímia se enraizaram na agenda cognitivista. A imagética passou a ser considerada uma forma particular de representação mental (Gardner, 1985/1995: 350).

A Linguística Cognitivista abarca os seguintes campos de investigação: (1) teoria dos protótipos, (2) teoria dos espaços mentais, (3) teoria da metáfora, (4) teoria da gramaticalização, (5) Gramática Cognitivista.

Linguística de *Corpus*
Ramo da Linguística que trata da formação de grandes acervos linguísticos necessários à análise e do aproveitamento dos recursos computacionais para a recuperação da informação.

Linguística Histórica
Ramo da Linguística que estuda o surgimento, a mudança e a morte das línguas naturais. Compreende (1) a história social da comunidade que deu surgimento a uma língua e a mantém, (2) a mudança gramatical, investigação das alterações fonológicas, morfológicas e sintáticas das línguas naturais, (3) as alterações dos gêneros discursivos, (4) a formação do vocabulário. Veja também **Filologia** e **Método histórico-comparativo**.

Linguística Indígena
Nome que se dá ao estudo das línguas não indo-europeias faladas pelas populações indígenas das Américas. Segundo os especialistas, havia em 1500, no território brasileiro, cerca de 340 línguas indígenas, das quais sobreviveram apenas uma centena. A maioria das línguas indígenas brasileiras é falada por menos de 100 pessoas. Conhecê-las e protegê-las é uma tarefa de grande alcance cultural e humanitário.

Linguística Textual
Ramo da Linguística que estuda a estruturação dos textos, debatendo questões ligadas aos conceitos de coerência, coesão, interação, conectivos textuais e gêneros textuais.

Marcador discursivo
Expressão da língua falada usada para organizar o texto (como *bem, bom, seguinte, primeiro, depois, então* etc.), para dirigir-se ao interlocutor (*tá,* OK, *entendeu?, compreendeu?, viu?*) ou mesmo para garantir a posse da palavra num momento de hesitação (*ah..., ahn..., eh...*). Alguns desses marcadores desempenham o papel de conjunções* textuais.

Metáfora
Alteração de propriedades semânticas das palavras motivada por alguma associação cognitiva: entendimento de *vida* como uma viagem (*sua vida o levou bem longe, a vida deles chegou a um beco sem saída*) ou como uma luta (*anda por aí lutando pela vida*) etc. Veja também **Metonímia**.

Metalíngua
É cada um dos recortes de língua, tanto quanto a terminologia usada para a classificação desses recortes. Cada recorte de língua não é mais a língua que usamos para a reflexão e a comunicação, é a metalíngua, é a linguagem de gramáticos e linguistas. Veja também **Metalinguismo**.

Metalinguismo
Situação em que usamos a língua para falar dela mesma, como um objeto de estudos. A terminologia técnica – como aquela recolhida neste Glossário –, os exemplos dados pela Gramática, as paráfrases etc., são manifestações metalinguísticas, pois vão "além da língua-enquanto-comunicação" (do grego *metá*, "além de"). Veja também **Epilinguismo**.

Metaplasmos
Qualquer mudança fonética caracterizada por uma adição, subtração, transformação ou transposição de segmentos ou de suprassegmentos, constada nas diferentes fases históricas de uma língua. O termo foi difundido pelos neogramáticos, que identificaram quatro tipos de metaplasmos:
1. Adição de segmento no início da palavra, como em *lembrar* > *alembrar* (prótese), no interior da palavra, como em *umeru* > *ombro* (epêntese), no final da palavra, como em *ante* > *antes* (paragoge).
2. Subtração de segmento no início da palavra, como em *até* > *té* (aférese), no meio da palavra, como em *palumba* > *pomba* (síncope), no final da palavra, como em *amore* > *amor* (apócope).
3. Movimento de segmento no interior da sílaba, como em *semper* > *sempre* (metátese), ou de uma sílaba para outra, como em *januariu* > *janeiro* (hipértese).
4. Transformação de um segmento em outro, como em *cata* > *cada* (assimilação), *calamellu* > *caramelo* (dissimilação). Há vários tipos de assimilação, na dependência do segmento transformado: (i) assimilação do traço de nasalidade (nasalação), em *sana* > *sã*; (ii) assimilação do traço de palatalidade (palatização), em *cena* > *ceia* (por meio da africada *ts*).

Método histórico-comparativo
Método da Linguística Histórica voltado para a reconstrução de estágios linguísticos insuficientemente documentados, mediante a análise de indícios por eles deixados ou de suas línguas-filhas.

Metonímia
Alteração semântica proveniente da importação de traços de palavra contígua: o advérbio *mais*, usado em contexto de negação (como em *não quero mais comida*), recebeu esse traço do advérbio *não*, passando a usar-se para negar expectativas (*estudou muito, mas não foi aprovado*). Nesse sentido, a metonímia é uma sorte de assimilação* de traços semânticos.

Modo, modalidade, modalização
1. Propósito com que enunciamos uma sentença, tal como asseverar, indagar, ordenar. Decorre daqui uma tipologia das sentenças discursivamente orientada.
2. Gramaticalização do *modus**.
3. Operação por meio da qual procedemos a uma avaliação do escopo, considerando-o real, irreal, possível, provável, desejável, necessário etc.

Modus
Avaliação do *dictum* formulada pelo falante, que poderá considerá-lo verdadeiro (modo epistêmico asseverativo), duvidoso (modo epistêmico quase asseverativo), obrigatório (modo deôntico). Os modos podem ser expressos pela entonação, pela morfologia do verbo (= indicativo, subjuntivo, imperativo) e por determinadas classes de palavras, tais como os advérbios e os adjetivos sentenciais.

Morfema
Unidade mínima da Morfologia*, definida pelos contrastes que podemos identificar entre eles. Há (i) morfemas radicais, ou lexemas*, transcritos entre colchetes angulados, e (ii) morfemas segmentais afixais, transcritos entre chavetas. Assim, comparando *andar* com *comer*, verificamos que ambas as palavras dispõem de morfemas radicais <and>, <com>, de vogais temáticas {-a-},

{-e-}, compartilhando o mesmo morfema afixal {-r}. Os morfemas afixais exibem propriedades diferentes. Uns têm utilização previsível, na dependência do radical a que se aplicam: são os morfemas flexionais de gênero, número, pessoa, tempo e modo, também denominados morfemas gramaticais. Outros têm utilização imprevisível: são os morfemas derivacionais, também denominados morfemas lexicais. Os primeiros integram o sistema da gramática; os segundos, o sistema do léxico. (iii) Em algumas palavras, a ausência do morfema segmental configura o morfema-zero; assim, comparando *fala* com *falava*, constata-se que em *fala* poderia ter ocorrido depois da vogal temática {-a-} um {-va}, como em *falava*. Conclui-se que em *fala* o morfema-zero indica o presente do indicativo. (iv) Finalmente, comparando *falara* com *falará*, nota-se que o acento é também um morfema, mesmo que suprassegmental, pois permite distinguir o mais-que-perfeito *falara* do futuro do presente *falará*. Veja também **Estruturalismo**.

Morfologia
Parte da Gramática que estuda a estrutura das palavras, ou seja, a junção de morfemas* e lexemas*. A Morfologia compreende dois grandes domínios:
1. Morfologia flexional: estudo dos morfemas regulares, que disponham de um comportamento previsível, como, por exemplo, os morfemas de plural, de pessoa, de modo e tempo etc.
2. Morfologia derivacional: estudo dos morfemas de comportamento irregular, imprevisível, como, por exemplo, os morfemas *-mento* e *-ção*: o primeiro ocorre em *casamento*, mas não ocorre em **falamento*, ao passo que o segundo ocorre em *falação*, mas não ocorre em *casação*, a menos que se queira referir humoristicamente ao ato de casar-se muitas vezes.

Narração
Situação de fala em que um dos locutores dispõe de informações supostamente desconhecidas pelo interlocutor. A narração compreende a narração propriamente dita, que é uma sequência de eventos, e a descrição, que é uma enumeração de características do entorno em que ocorreram os eventos. A narração é centrada na terceira pessoa, ou no assunto. Veja também **Diálogo**.

Negação
Operador* utilizado quando consideramos falso o conteúdo sentencial ou o conteúdo lexical. São operadores da negação *não*, *nunca*, *jamais*. A negação do conteúdo sentencial, ou proposição*, é chamada negação *de re*. A negação de um constituinte sentencial é chamada negação *de dicto*.

Nome
Veja **Substantivo**.

Nominalização
Transformação de um verbo em substantivo, mediante sufixações; assim, de *agir* obtemos *ação*; de *falar*, *falação*; de *convencer*, *convencimento*; e assim por diante. Os nomes nominalizados projetam argumentos, preservando a estrutura gramatical do verbo de base: *convencer* projeta dois argumentos, como em *o guarda convenceu o ladrão, evitando transtornos*, o mesmo ocorrendo com *convencimento*: *o convencimento do ladrão pelo guarda evitou transtornos*.

Norma gramatical, norma culta
Variedade linguística que determinados grupos sociais adotam como referência em seus usos da língua. Na sociedade brasileira (e em outras sociedades), tentou-se identificar uma norma para a língua escrita a partir da linguagem usada pelos grandes escritores, e uma norma para a língua falada a partir da pronúncia utilizada em uma região ou cidade (Rio de Janeiro, Salvador etc.). Essa posição foi substituída pela observação objetiva de como as pessoas cultas falam e escrevem em suas respectivas regiões. A norma gramatical é expressa através da regra* gramatical. A língua literária*, produzida pelos grandes escritores, foge ao modo comum de escrever, e por isso não pode fundamentar a norma gramatical.

Norma linguística
Uso habitual em cada uma das variedades linguísticas*.

Nova Nomenclatura Gramatical Brasileira (NGB)
Conjunto de termos técnicos gramaticais e linguísticos publicado no ano de 1959 pelo Ministério da Educação e Cultura para facilitar o aprendizado da língua. Conjunto de rótulos que padroniza as unidades gramaticais.

Onomasiologia
Percurso analítico que vai dos sentidos para as formas. Os dicionários analógicos e algumas poucas gramáticas exemplificam o tratamento onomasiológico da língua. Veja também **Semasiologia**.

Operador
Classe que tem a propriedade de tomar outra classe por escopo*, atribuindo-lhe propriedades de qualificação*, quantificação*, modalização*, localização, focalização, entre outras operações semânticas e gramaticais.

Oração
Veja **Sentença**.

Ordem
Veja **Colocação**.

Organização hierárquica de tópicos discursivos
Organização vertical dos tópicos discursivos em supertópicos e subtópicos, de acordo com o grau de abrangência do assunto tratado. O supertópico abrange os subtópicos que o desenvolvem.

Organização linear de tópicos discursivos
Distribuição dos tópicos discursivos ao longo de um texto. Implica a continuidade e a descontinuidade tópicas.

Padrão linguístico
Veja **Norma linguística**.

Palavra

Unidade do vocabulário caracterizada (1) fonologicamente por dispor de esquema acentual e rítmico; (2) morfologicamente por ser organizada por uma margem esquerda (preenchida por morfemas prefixais), por um núcleo (preenchido pelo radical), e por uma margem direita (preenchida por morfemas sufixais); (3) sintaticamente por organizar ou não um sintagma*; (4) semanticamente por veicular uma ideia (enquanto a sentença veicula uma proposição); e (5) graficamente por vir separada por meio de espaço em branco.

A palavra é maior do que uma unidade significativa (por exemplo, na palavra *cachorro* há duas unidades significativas, <cachorr>, que remete a uma espécie animal, e {-o}, que especifica um espécime do sexo masculino) e menor do que os sintagmas*, as grandes unidades sintáticas que estruturam a sentença (como *o cachorro de guarda do vizinho* ou *um cachorro branco*).

Pancronia

Convivência de diversas sincronias* num mesmo documento. Veja também **Sincronia**, **Diacronia**.

Papéis temáticos

Conjunto de traços semânticos atribuídos pelo predicador a seus argumentos.

Paráfrase

Estratégia de reformulação textual, que consiste na reelaboração de um elemento do texto (= matriz ou elemento reformulado) por meio de outro elemento (= paráfrase), que tem conteúdo semelhante ao da matriz. A paráfrase traduz, em outras palavras, o sentido da matriz.

Parataxe

Em algumas teorias, o mesmo que correlação. Veja também **Coordenação**.

Parentetização

Estratégia de construção textual, que se caracteriza pela inserção de informações complementares ao tópico discursivo em desenvolvimento, de modo que esse tópico é brevemente interrompido, retornando após a inserção.

Pidgin

Língua de emergência, bastante rudimentar, desenvolvida por pessoas interessadas em trocas comerciais. A palavra *pidgin* representa esse interesse econômico, pois é uma alteração do inglês *business*, "negócio".

Plosiva

Conjunto de consoantes produzidas com oclusão bucal: *p, b, t, d, k, g*. O mesmo que oclusivas.

Polifonia

Qualidade de todo discurso estar tecido pelo discurso do outro, de toda fala estar atravessada pela fala do outro, criando um efeito de entrecruzamento de vozes em relação de aliança ou de polêmica. Veja também **Análise do Discurso**.

Polissemia
Conjunto de sentidos concentrados numa mesma palavra. Assim, *deixar* tanto significa "abandonar", em *Fulano deixou o vício*, quanto "permitir", em *Fulano deixou que a filha fosse passear*. Veja também **Sinonímia/Antonímia, Homonímia**.

Predicação, predicador
1. Processo caracterizado pela extensão de traços semânticos qualificadores ou quantificadores do operador* predicador a seu escopo, localizado no enunciado ou na enunciação.
2. Atribuição de caso gramatical e de papel temático a um dos termos da sentença, caracterizando sua função.
3. Avaliação do conteúdo sentencial por um hiperpredicador.

Predicado
Parte da sentença constituída pelo verbo e por seus argumentos* internos. O predicado pode ser agentivo, experiencial, causativo, locativo, possessivo. O predicado sentencial resulta parcialmente do processo de predicação*.

Princípio de projeção
Propriedade geral das línguas pela qual (i) prevemos nosso momento de entrada numa conversação, criando o turno conversacional; (ii) organizamos a sentença usando expressões que selecionam outras como argumentos sentenciais*, atribuindo-lhes caso* gramatical e papel temático*, dispondo-as no enunciado* e estabelecendo entre elas regras de concordância; (iii) movimentamos traços semânticos pelo enunciado, via metonímia* e metáfora*.
O princípio de projeção foi identificado na Gramática clássica e perpetuado na tradição ocidental sob a denominação de *transitividade*. Ele foi retomado modernamente pelos analistas da conversação e pelos sintaticistas, notando-se neste caso uma oscilação terminológica entre *transitividade, regência, valência*.

Proposição
O que uma sentença quer dizer; conteúdo semântico de uma sentença. Em alguns casos, o mesmo que estado de coisas*.

Prosódia
Parte da Fonética que se dedica às características da emissão dos sons da fala, como o acento e a entoação.

Prossentença
Expressão que funciona no lugar de uma sentença, como *também, só* (em A – "Você gosta de goiaba?" B – "Só"), *sim, não, talvez*.

Protótipo(s), teoria dos
1. Exemplar mais típico de alguma categoria de coisas ou indivíduos.
2. Teoria segundo a qual as categorias devem ser vistas como representações da realidade, não como seu retrato. Não há limites claros entre as classes, estabelecendo-se entre elas um *continuum* de limites imprecisos. Nesse *continuum*, as extremidades são ocupadas por entidades que compartilham traços comuns, constituindo-se nos protótipos de sua categoria. O espaço intermediário é ocupado por entidades que compartilham apenas alguns traços, integrando-se como elementos marginais na classe considerada.

3. Comparando o subsistema morfologia ao sistema do léxico, diremos que a morfologia flexional e o léxico ocupam as extremidades de um *continuum*, que tem a meio caminho a morfologia derivacional, que compartilha propriedades estruturais previsíveis com propriedades lexicais imprevisíveis.
4. Algumas expressões se especializam no comprometimento dos valores prototípicos, como os advérbios e adverbiais delimitadores *quase, praticamente, mais ou menos*.

Psicolinguística
Estudo das relações entre a linguagem e a mente. Um dos temas tratados pela Psicolínguística é o processamento da linguagem, isto é, o conjunto de passos envolvidos em produzir e compreender a fala.

Qualidade, qualificação, qualificadores
Predicação de um vocábulo através de um operador*, cujas propriedades intensionais são atribuídas à classe-escopo: cf. *casa* com *casa grande*, em que o predicador *grande* qualifica *casa*, passando para a semântica desse item a propriedade intensional de dimensão. Em *falar francamente*, o advérbio *francamente* atribuiu a *falar* uma propriedade intensional não disponível por este verbo. O mesmo que movimento de traços semânticos.

Quantificação, quantificadores
1. Propriedade de predicação de um vocábulo através de um operador*, cuja extensão é atribuída à classe-escopo: compare *casa* com *toda casa*, em que *toda* predicou *casa* atribuindo-lhe a propriedade de quantificação distributiva, donde a paráfrase *toda casa* = "qualquer casa". Em *falar frequentemente*, o advérbio predicou *falar* quantificando-o iterativamente, donde a paráfrase "falar muitas vezes".
2. Processo que se utiliza de um *quantificador* (símbolo lógico correspondente a vocábulos como *todos, muitos, poucos, alguns* etc.) com o objetivo de determinar a generalidade ou extensão quantitativa da classe-escopo em uma proposição: por exemplo, "*muitos* homens estavam em *poucas* salas".

Quase categorias
Expressões que não se integram prototipicamente numa dada categoria. Esse é o caso dos quase prefixos, quase verbos, quase conjunções, quase modalizadores, quase argumentos.

Recorrência
Propriedade das línguas naturais que consiste na organização de uma só regra que dá conta de várias expressões. Essa propriedade explica por que a sílaba*, o vocábulo*, o sintagma*, a sentença* e a unidade discursiva* têm a mesma estrutura. Veja também **Regra**.

Redobramento sintático
Estrutura em que um termo X coocorre com um termo Y. Moraes de Castilho (2005a) identificou as seguintes estruturas redobradas:

(1) X = construção de tópico / Y = pronome resumptivo: redobramento por topicalização, como em ***o menino**, **ele** chegou*.

(2) X = pronome pessoal e possessivo / Y = sintagma preposicional: redobramento de clíticos pessoais e de outros pronomes, como em *encontrei-o **a ele**, peguei **o seu** livro **dele**.*

(3) X = pronome circunstancial locativo, temporal / Y = sintagma preposicional: redobramento de clíticos locativos e temporais, como em ***aqui em casa**, **hoje neste dia**.*

(4) X = advérbio de negação / Y = advérbio de negação: redobramento da negação, como em ***nenhum não** viu, **nunca jamais**.*

(5) X = quantificador / Y = quantificador: redobramento de quantificadores, como em ***quantos** estavam ali, **todos** se ajoelharam.*

(6) X = complementizador / Y = complementizador: redobramento de complementizadores, como em *pergunto **se** depois disto **se** você não vai confessar o crime, digo **que** então **que** isso não vai dar certo.*

(7) X = sentença 1 / Y = sentença 2: redobramento por correlação, como em *falou **tanto que** ficou rouco, **mais** falou **do que** fez.*

Regência
Ver **Princípio de projeção**.

Regra
Há pelo menos três maneiras diferentes de entender regra: (1) norma a ser seguida, na expressão *regra normativa*, (2) regularidade constatada, na expressão *regra ou recorrência* linguística*, ou (3) expectativa criada por um princípio geral, na expressão *regra* ou norma linguística* subjetiva*.

Regularidade linguística
Veja **Recorrência**.

Relação, relações linguísticas
Entende-se por relações linguísticas as diferentes formas de encadeamento das classes linguísticas* entre si, de que decorrem suas funções*: na gramática, as relações ocorrem (i) no nível fonológico, pela combinatória dos fonemas no interior da sílaba, e das sílabas no interior das palavras; (ii) no nível morfológico, pela combinação dos morfemas no interior das palavras; (iii) no nível sintático, pelas palavras no interior dos sintagmas, e destes no interior da sentença. A conexidade sintática pode dar-se por meios imateriais (= colocação das classes na sentença) ou por meios gramaticais (= similitude das terminações no caso da relação de concordância), ou pelo uso de preposições e conjunções (= relação de transitividade). As relações sintáticas são de vários níveis: há relações de igualdade (= coordenação), de dependência (= subordinação) e de interdependência (= correlação).

Rema
Informação nova, habitualmente codificada no predicado da sentença. Distingue-se rema (= núcleo do predicado) de rema propriamente dito (= argumentos internos da sentença). Veja também **Tema**.

Repetição
Estratégia de construção sentencial e textual, que se caracteriza pela formulação de elementos iguais ou semelhantes. É considerada uma estratégia de reformulação porque a segunda ocorrência do elemento repetido nunca é, do ponto de vista do sentido, exatamente igual à primeira ocorrência.

Românica Nova
Designação linguística dos países da América Latina para onde foram transplantadas línguas da Europa latina tais como o espanhol, o português e o francês.

Românica Velha
Designação alternativa para Europa latina. Partes da Europa em que se desenvolveram as línguas românicas.

Semântica
Sistema linguístico que trata dos sentidos das palavras (Semântica Léxica), dos significados das construções (Semântica Gramatical) e das significações geradas nos atos de fala, como as inferências e as pressuposições (Semântica Pragmática).

Semasiologia
Percurso analítico que vai das formas para seus sentidos. As gramáticas descritivas e os dicionários alfabéticos exemplificam o tratamento semasiológico das línguas. Veja também **Onomasiologia**.

Sentença
1. Sentença ou oração é a unidade da sintaxe estruturada por um verbo que seleciona seu sujeito* e seus complementos*. Os adjuntos* também integram uma sentença, mas não são selecionados pelo verbo.
2. A sentença tem uma estrutura tripartite: na margem esquerda (Especificador), figura o sintagma nominal que funciona como sujeito; em seu núcleo figura um verbo que funciona como predicador ou apresentador do argumento sentencial* único; na margem direita (Complementador) figuram os complementos. Dada a propriedade gramatical da recorrência*, a mesma estrutura tripartite da sentença também se documenta na sílaba*, na palavra*, no sintagma* e na unidade discursiva*.
3. O estudo da sentença compreende habitualmente dois momentos: estudo da estrutura sintagmática, que é a identificação dos sintagmas*, e estudo da estrutura funcional, que é a identificação das funções assumidas pelos sintagmas, a saber, sujeito, complementos e adjuntos. Assim, uma sentença como *A gata lambia sua cria* pode ser descrita sintagmaticamente assim:

$$S \rightarrow [A\ gata]^{Sintagma\ nominal}\ [lambia]^{Verbo}\ [sua\ cria]^{Sintagma\ nominal},$$

e funcionalmente assim:

$$S \rightarrow [A\ gata]^{sujeito}\ [lambia]^{núcleo\ do\ predicado}\ [sua\ cria]^{objeto\ direto}$$

Sílaba
Unidade fonológica constituída por uma margem esquerda ou ataque silábico, um núcleo vocálico e uma margem direita ou coda. Nem todas as sílabas preenchem necessariamente todos esses constituintes, de que apenas o núcleo é obrigatório.

Sílabas terminadas em vogal são ditas sílabas abertas. Sílabas terminadas em consoante ou semiconsoante são ditas sílabas fechadas ou travadas. No português, as sílabas abertas predominam numericamente sobre as sílabas fechadas.

Sílabas, vocábulos, sintagmas, sentenças e unidades discursivas apresentam a mesma estruturação, em virtude da propriedade linguística da recorrência*.

Sincategoremático
Diz-se das palavras sinsemânticas, que não contêm um significado por si mesmas, dependendo de outras para esse fim. Veja também **Categoremático**.

Síncope
Transformação fonética que consiste no desaparecimento de um som no meio da palavra. Na mudança de *fide* para *fé*, por meio da forma arcaica *fee*, houve síncope do *d* intervocálico.

Sincronia
Fase histórica de uma língua natural, delimitada por um conjunto razoavelmente estável de regras lexicais, semânticas, discursivas e gramaticais. A observação de um conjunto de sincronias é o mesmo que diacronia*. Oposições e contrastes configuram uma sincronia.

Sinonímia/Antonímia
São sinônimas as palavras que compartilham os mesmos traços semânticos, tais como o mesmo referente (*casa, residência, moradia*), a mesma predicação (*comer, mastigar*) etc. São antônimas as palavras que dispõem de traços semânticos opostos, tais como *alto/baixo, feio/bonito* etc. Não há sinônimos perfeitos, visto que as palavras envolvem conotações diferentes. Veja também **Hiperonímia/Hiponímia**.

Sintagma
Unidade da análise sintática composta de um núcleo (um verbo, um nome, um adjetivo, um advérbio, uma preposição), uma margem esquerda (preenchida pelos Especificadores) e uma margem direita (preenchida pelos complementizadores). A designação do sintagma dependerá da classe da palavra que preenche seu núcleo, havendo assim:
1. Sintagma nominal: o núcleo é um substantivo, como em [o *filho do vizinho*];
2. Sintagma verbal: o núcleo é um verbo, como em [*devorou* a sobremesa];
3. Sintagma adjetival: o núcleo é um adjetivo, como em [muito *deliciosa*];
4. Sintagma adverbial: o núcleo é um advérbio, como em [*muito* depressa];
5. Sintagma preposicional: o núcleo é uma preposição, como em [*do* vizinho].

Um sintagma é, portanto, um somatório de constituintes, cada qual ocupando um lugar previsível em sua estrutura. A sentença é um somatório de sintagmas, como se pode ver em *O filho do vizinho devorou a sobremesa deliciosa muito depressa.*

Devido à propriedade da recorrência*, a sílaba, o sintagma, a sentença e a unidade discursiva têm todos o mesmo arranjo estrutural, assim representável: unidade linguística à margem esquerda ou Especificador + núcleo + margem direita ou Complementador.

Sintaxe
Subsistema da Gramática* que estuda os padrões de organização das palavras no interior do sintagma* e dos sintagmas no interior da sentença*.

Sociolinguística
Estudo das relações entre a língua e a sociedade. Entre os assuntos estudados pela Sociolinguística estão os valores que uma sociedade associa às diferentes variedades da língua, e os efeitos do contato entre línguas diferentes.

Som
Os sons da fala humana constituem a substância da expressão. Eles se compõem de duas propriedades articulatórias básicas, identificadas no momento da fonação: a corrente aérea atravessa o canal bucal sem sofrer obstáculos (= sons vocálicos) ou sofrendo obstáculos (= sons consonantais). As consoantes são descritas observando-se a oclusão *vs.* a fricção, a sonoridade *vs.* a surdez, a anterioridade *vs.* a centralidade *vs.* a posterioridade, a tonicidade *vs.* a atonicidade etc. Outro procedimento de análise dos sons da fala humana é observar suas propriedades acústicas, no momento da recepção. O mesmo que fone.

Sonorização
Transformação fonética que consiste na mudança de um som surdo ($p, t, k, f, s, ʃ$) para um som sonoro ($b, d, g, v, z, ʒ$), geralmente quando em posição intervocálida. Assim, na mudança de *cata* para *cada* tivemos a sonorização da consoante [t] intervocálica. A sonorização é uma das manifestações da assimilação*.

Subordinação
Relação de dependência estabelecida entre constituintes sentenciais ou entre sentenças. O mesmo que hipotaxe.

Substantivo
Classe de palavra caracterizada (i) lexicalmente por representar a categoria cognitiva de COISA, (ii) morfologicamente por dispor de morfemas de gênero e número, (iii) sintaticamente por nuclear o sintagma nominal e funcionar na sentença como argumento externo e interno, e (iv) discursivamente por veicular o tópico discursivo.

Substrato linguístico
Conjunto de línguas faladas num determinado território antes da implantação de uma língua que as venceu, para a qual contribuíram com materiais léxicos.

Subtópico
Cada trecho de um texto que, centrado em um tópico discursivo específico, desenvolve um aspecto de um supertópico. Entidade relacionada a um tópico já introduzido no discurso.

Sujeito
Termo da sentença com o qual o verbo concorda, e que é proporcional ao pronome pessoal *ele*. O sujeito também é denominado argumento sentencial* externo, por situar-se fora do sintagma* verbal.

Superstrato linguístico
Conjunto de línguas faladas num determinado território que se superpuseram a uma língua sem extingui-la, para a qual deram contribuições léxicas.

Supertópico
Tópico discursivo que abrange subtópicos correspondentes a cada um dos aspectos específicos com que o supertópico é tratado.

Tema
Informação já sabida, habitualmente codificada no sujeito sentencial. Veja também **Articulação tema-rema**, **Rema**.

Teoria estruturalista
Veja **Estruturalismo**.

Teoria funcionalista
Veja **Funcionalismo**.

Teoria gerativista
Veja **Gramática Gerativa**.

Texto
Enunciado extenso, construído pelos falantes em suas relações interacionais, constituindo-se num todo significativo com começo, meio e fim. Como unidade complexa de significação, sua produção e compreensão devem levar em conta as condições de sua produção (situação de enunciação, interlocutores, contexto sócio-histórico), exigindo de seus participantes conhecimentos não só linguísticos como extralinguísticos (conhecimento de mundo, saber enciclopédico, determinações socioculturais, ideológicas etc.).

Tipo textual
Maneira como um gênero discursivo (notícia, carta etc.) se organiza. Narração, descrição, argumentação ou explicação. Construção elaborada pelo falante que escolhe os recursos da língua e expressa sua atitude (certeza, dúvida, opinião, ironia etc.) em relação ao assunto que está tratando e em relação ao seu interlocutor.

Tópico
1. O mesmo que assunto ou tema elaborado numa conversa e no texto que dela resulta.
2. Unidade de construção de um texto, que se define pelas propriedades de centração e de organicidade linear e hierárquica dos tópicos. Veja também **Unidade discursiva**, **Tópico discursivo**, **Subtópico**, **Supertópico**, **Centração tópica**, **Construção de tópico**, **Continuidade tópica**, **Descontinuidade tópica**, **Organização hierárquica de tópicos discursivos**, **Organização linear de tópicos discursivos**.

Tópico discursivo
Assunto veiculado pelo texto, organizado hierarquicamente. Segmentos de um texto organicamente articulado.

Topicalidade
Propriedade de um texto de se organizar em tópicos discursivos, tanto no plano linear da sequência dos tópicos ao longo do texto, quanto no plano hierárquico das relações entre supertópicos e subtópicos.

Transitividade
Veja **Princípio de projeção**.

Turno
Participação numa conversa pelo falante com direito à voz. Quando a uma pergunta se segue uma resposta, temos um turno emparelhado.

Unidade discursiva
Unidade do texto falado, composto por um conjunto de sentenças que tratam do mesmo assunto, correspondendo ao parágrafo da língua escrita. Segmento do texto no qual se concentra um dos assuntos versados.
A unidade discursiva pode ser identificada pela observação (1) de expressões que figuram na margem esquerda das sentenças tematicamente centradas, (2) pelas próprias sentenças, que atuam como núcleo da unidade discursiva, e (3) por expressões que figuram à direita das sentenças.
A unidade discursiva funciona no texto falado como o parágrafo no texto escrito. Outros termos correspondentes à unidade discursiva: *unidade de ideia*, *unidade de pensamento*.
A unidade discursiva tem a mesma estrutura da sílaba, da palavra, do sintagma e da sentença, pois em todas essas unidades temos uma margem esquerda (ou Especificador), um núcleo, e uma margem direita (ou complementizador). Essa correspondência aponta para uma das propriedades das línguas naturais, a da recorrência. Segundo esse princípio, as expressões linguísticas são muitas e variadas, mas a regra de sua estruturação é uma só.

Variante, variação, variedade linguística
Entende-se por variação linguística as diferentes execuções de uma língua, em que se observam diferenças maiores ou menores na fonética, no léxico e na gramática. A variação linguística abre caminho ao estudo articulado das línguas naturais. O português, por exemplo, pode ser estudado a partir dos seguintes parâmetros:
1. Variação temporal: português arcaico, português moderno, português contemporâneo.
2. Variação geográfica: português brasileiro, português europeu, português africano, com suas subdivisões.
3. Variação sociocultural: português culto, português popular.
4. Variação individual: português de idosos, português de jovens, português de crianças, português de homens, português de mulheres etc.
5. Variação de registro: português informal ou coloquial, português formal ou refletido.
6. Variação de canal: português falado, português escrito.

Denomina-se *variante* cada propriedade linguística conectável a uma variação. Assim, as variantes [e] e [ɛ], [o] e [ɔ] permitem identificar as duas grandes variações geográficas do português brasileiro, o PB do Norte e o PB do Sul.
As línguas naturais podem ser definidas como um feixe de variedades linguísticas.

Verbete
Partes dos dicionários compostas por uma palavra (ou *lema*, ou *entrada lexical*) seguida das seguintes informações: (i) forma padrão da palavra: como grafá-la, como pronunciá-la, (ii) classificação gramatical da palavra, (iii) etimologia e primeira datação da palavra, (iv) definição lexicográfica, constante da denotação e da conotação, (v) outras informações semânticas ([sinônimos, antônimos, hipônimos, hiperônimos], ramificação dos sentidos [homônimos, polissemia]), (vi)

informações morfológicas (flexão, composição, derivação), (vii) informações sintáticas, como a estrutura argumental da palavra, (viii) remissão a outros verbetes, associados analogicamente, (ix) exemplificação, buscando-se a abonação nos documentos de língua.

Verbo
Classe de palavra caracterizada (i) lexicalmente por representar a categoria cognitiva de EVENTO, (ii) morfologicamente por dispor de morfemas modo-temporais e número-pessoais, (iii) sintaticamente por funcionar como núcleo do sintagma verbal e por atribuir casos e papéis temáticos aos argumentos da sentença, (iv) semanticamente por expressar o tempo, o modo, a voz e o aspecto, (v) discursivamente por caracterizar textos narrativos, descritivos e argumentativos.
Os verbos integram diferentes graus de gramaticalização: (i) verbo pleno, quando organiza uma sentença selecionando seus argumentos, (ii) verbo funcional, quando compartilha essa função com outras classes, e (iii) verbo auxiliar, quando perde a propriedade de projeção, transferida para o verbo auxiliado (infinitivo, gerúndio, particípio), constituindo uma perífrase.

Verificação
Operação segundo a qual comparamos implicitamente uma expressão com seu protótipo, afirmando-a, negando-a, focalizando-a, incluindo-a ou excluindo-a.

Vocábulo
Veja **Palavra**.

Vocabulário
Conjunto das palavras de uma língua, criadas no léxico*.

ÍNDICE DE MATÉRIA

A

Ablativo 129, 155-156, 249, 252, 257, 278, 288, 367, 381-382, 384, 666
Absolutivo 278-279, 286, 288, 330, 332, 488, 492, 663
Acusativo 129, 148, 155, 190-191, 193, 207, 249, 252, 266, 282-283, 287-288, 299-304, 321, 334, 367-368, 380-381, 403, 406, 475, 479-480, 657, 663, 666, 668
Adjetivo 52, 55, 86, 96, 101, 123, 127, 129, 144, 148, 155, 157, 192, 208, 216, 244-245, 249-251, 253-254, 256, 262, 269, 273, 277-278, 304, 306, 308-309, 318-322, 336, 346, 357-358, 361-364, 371, 381-383, 389, 392, 395-396, 402, 404, 406, 408-409, 419, 428, 438, 455-459, 461, 474, 479, 493, 506, 511-539, 542-547, 549-550, 552, 555, 557-560, 562, 565-569, 571-573, 578, 586, 615, 617-618, 621, 652, 656, 658-663, 669, 680, 684, 692
– adjetivo central, prototípico, atributivo 512-516
– adjetivos dêiticos 522-524, 534, 536, 659
  – adjetivos dêiticos locativos 524, 534, 615, 659
  – adjetivos dêiticos temporais 524, 534, 615, 659
– adjetivos de verificação 513, 517, 520, 523, 531-532, 536, 544
  – adjetivos de verificação classificadores 129, 531-532, 544
  – adjetivos de verificação pátrios 523, 531-532, 544
  – adjetivos de verificação gentílicos 523, 531-532, 544
  – adjetivos de verificação de cor 523, 531-533, 544, 660
– adjetivo e colocação 517, 520-523, 654, 658
  – sanduíches adjetivais 517, 522
– adjetivo e gramaticalização (*Veja também* Adjetivização) 516, 533, 537, 660
– adjetivo e transitividade (*Veja* princípio de transitividade)
– adjetivo explicativo 474, 534-535
– adjetivo não prototípico, classificatório, de relação 512, 516, 565
– adjetivos no texto 535-537
– adjetivos predicativos 304, 318, 320, 406, 513-515, 517, 520, 522-532, 544, 558, 617-618
  – adjetivos predicativos modalizadores 250, 438, 523-525, 537, 659

– adjetivos predicativos quantificadores 273, 523, 528-531, 537, 618, 659
– adjetivos predicativos qualificadores 523, 526-528, 537, 617, 659
– adjetivo restritivo 474, 534-535
– sintagma adjetival 56-57, 129, 232, 244, 246, 250, 264, 277, 292, 315, 319, 321, 332, 336, 382, 392, 395, 400, 491, 500, 510-539, 658-660, 692
Adjetivização 516, 519
Adjetivais 163, 217, 246, 306, 315-319, 339, 371, 397, 400, 454, 510, 517, 518, 522, 527, 538, 558, 565, 661, 663, 668
Adjunto 46, 58, 111, 145, 148, 155-156, 161, 238, 243, 246, 254, 264-268, 270, 275-279, 281-284, 296, 298-299, 305-311, 315, 318-320, 339, 343, 345, 367-369, 372, 398, 400, 409, 412, 418, 420, 424-425, 431, 446, 454, 459, 478, 488, 516-518, 545-549, 558, 560, 575-576, 578, 586-587, 592, 593, 595, 604, 608-609, 615, 617-618, 620-621, 652, 658, 660-663, 666, 671, 676, 691
– adjunto adnominal 148, 156, 278, 282-284, 307, 367, 369, 409, 412, 425, 454, 516-518, 573, 593, 658, 662, 666
– adjunto adsentencial 278, 306, 311, 517-518, 558, 658, 660
– adjunto adverbial 238, 278, 282-284, 296, 307, 311, 339, 343, 369, 372, 409, 478, 488, 558, 578, 593, 660, 662
Advérbio 55, 71, 85, 110, 124, 129, 132-133, 135, 192, 207, 215, 244-248, 250-251, 254, 262, 270, 274-275, 277-278, 291, 299, 304-306, 309, 311, 319, 322-327, 330, 335-336, 340-342, 344, 348, 351, 353-354, 360, 364, 367, 373, 378, 380, 382, 387, 389-390, 392, 394-395, 401, 406-409, 419-420, 422, 425, 428-429, 428, 457-459, 482-483, 487-488, 505, 509, 512-513, 518, 520, 523-524, 529-531, 536-539, 541-582, 586, 588-589, 601-602, 604, 609-610, 615, 617-618, 621, 652, 660-663, 667, 670, 675, 680, 684, 689-690, 692
– advérbios dêiticos (*Veja também* Pronome-advérbio) 299, 305, 335, 378, 543, 549, 564, 578-579, 581, 660
  – advérbios dêiticos locativos 335, 378, 552, 615, 660
  – advérbios dêiticos temporais 552, 615, 660
– advérbio de constituinte 247, 544, 546-547, 551, 558, 573

- advérbio de sentença 246-247, 520, 545, 547, 550-551, 557-558, 576
- advérbios de verificação 319, 543, 549, 551-552, 571-573, 582
  - advérbios de afirmação e negação 129, 572, 576
    - advérbio de afirmação 85
    - advérbio de negação 325, 354, 387, 483, 543, 690
  - advérbios de inclusão e exclusão 575
  - advérbios focalizadores 551, 561, 572-575, 675
- advérbio e colocação 544, 547, 550-551, 660
- advérbio e gramaticalização (*Veja também* Adverbialização) 354, 543-544, 581
- advérbios e texto 579-582
- advérbio e transitividade (*Veja* princípio de transitividade)
  - advérbios ergativos 547
  - advérbios intransitivos 549
  - advérbios transitivos 549
- advérbios predicativos 262, 304, 311, 351, 537, 552, 558, 561, 567, 617-618, 660-661
  - advérbios modalizadores 215, 250, 336, 438, 524, 551-557, 561, 579-580, 621, 660
  - advérbios qualificadores 537, 546, 549, 551-553, 557-565, 571, 580, 617, 621, 660, 689
  - advérbios quantificadores 428, 467, 551-553, 561, 563, 565-567, 569, 570-571, 580, 582, 618, 660, 689
- sintagma adverbial 56-57, 110, 129, 232, 244-246, 250, 266, 275, 277, 315, 319, 321, 336, 382, 400, 420, 541-582, 588, 589, 592, 610, 621, 660-661, 692

Adverbialização 518, 549, 569
Adverbiais 71, 163, 246, 266, 267, 268, 284, 295, 306-311, 315-317, 319, 339-340, 345, 355-356, 362, 369, 371-374, 376-377, 380-385, 387, 390, 397, 418, 420, 422, 425, 427-429, 431, 454, 487-488, 530, 541-542, 544-548, 550, 553, 555, 558, 563, 565-566, 568-569, 578-579, 581, 588, 593, 595, 609, 615, 617-618, 652, 654, 661, 663, 667, 689
Adjunto 46, 58, 111, 145, 148, 155-156, 161, 238, 243, 246, 254, 264-268, 270, 275-279, 281-284, 296, 298-299, 305-311, 315, 318-320, 339, 343, 345, 367-369, 372, 398, 400, 409, 412, 418, 420, 424, 425, 431, 446, 454, 459, 478, 488, 516-518, 545-549, 558, 560, 575-576, 578, 586-587, 592, 593, 595, 604, 608-609, 615, 617-618, 620-621, 652, 658, 660-663, 666, 671, 676, 691
Afastamento/proximidade 125
- afastamento 101, 125, 187, 189, 239, 241, 495, 507, 586, 596
- proximidade 78-79, 125-126, 133, 239, 412-413, 475, 495, 534, 585-586, 596, 604
Aférese 480, 619, 664, 684
Afixação 147, 360, 664
Africanos 97, 114, 172, 176, 180-182, 187-188, 191-192, 532, 634, 695
- contribuições linguísticas dos africanos ao PB 114, 181-182, 188, 191
- etnias de africanos trazidos ao Brasil 180-181
Alofone 48-50, 91, 143
Anacoluto 217-218, 221, 280, 321
Anáfora 123, 125-126, 289, 336, 368, 373, 380, 469, 472-474, 476, 499, 622, 664, 266
- anáfora-zero 289, 302, 666
- catáfora 125-126, 474, 499, 622, 666, 676
Analiticismo 291, 355
Analogia 85, 154, 233, 462, 465-466, 587
Antitópico 268, 279, 387, 486-487
Antonímia 235, 526, 559, 664, 679, 688, 692

Aparelho fonador 85, 141
Apassivação 323, 481
Apócope 619, 664, 684
Apofonia 664
Aposição 349, 351, 522, 533, 536
Aproximadores 245, 528, 559, 564-565, 571, 580, 659
Aquisição da linguagem 87, 110, 418, 487, 677
Apresentação 126, 229, 238, 253, 286, 396, 399, 415-416, 462, 511, 589, 624, 630-631
- sentença matriz apresentativa 364
- verbos apresentativos 442
Árabes 114, 116, 170, 194-195
- árabes na península ibérica 114-115
- contribuições linguísticas dos árabes ao português 114-115, 116-117, 120, 195
Arcaísmo 92, 120, 191
- arcaísmo do português brasileiro 120, 191
Argumento 44, 46, 51, 58, 63, 70, 72, 80, 88, 91, 101-102, 111, 125, 129, 132, 134-135, 139, 145, 155, 157, 159, 161, 172, 185, 191, 217, 234, 239, 243-244, 246, 248, 251-253, 257, 260, 262-268, 270, 272, 274-278, 281-282, 286-288, 290-291, 293-295, 298-300, 305-306, 308, 313-314, 318, 323, 329-332, 335, 339, 343, 345-347, 349, 351-353, 358-359, 368-370, 391-392, 394-397, 399, 404, 410, 412-415, 418, 420, 424, 427, 431, 442-444, 449, 452, 455, 459-460, 468, 472, 474, 476, 483, 488, 495, 503-504, 511-512, 516, 518-520, 522, 528-529, 539, 544-550, 560, 564, 566, 572, 576, 578, 586-587, 592, 595, 608, 613, 615, 618, 620, 623, 627, 661, 663, 665-666, 668, 674, 676, 685, 687-691, 693, 696
- argumento sintático 191, 260
  - argumento externo 161, 252, 262-263, 265, 267-268, 277, 282, 293, 298, 306, 313, 331, 334-335, 395, 413, 476, 578, 693
  - argumento interno 58, 129, 161, 252, 263, 266-268, 270, 277, 282, 294, 298-300, 305, 318, 329, 331, 334-335, 339, 358-359, 369-370, 395, 410, 412, 424, 442, 452, 459, 476, 504, 547-548, 550, 564, 572, 615, 674, 688, 690, 693
Arquifonema 143-144
Articulação tema-rema 72, 258-259, 295-296, 665, 694
Artigo 46, 55, 75, 93, 95, 97, 123, 126, 165, 198, 199, 207, 246-247, 249, 269, 276-277, 285, 303, 454, 456, 458, 460-461, 468, 472-475, 488-498, 500, 505, 508, 510, 522, 537, 543, 548, 590, 614, 619, 673
- definido 474, 489, 493, 496, 522
- indefinido (*Veja também* Pronome quantificador indefinido) 468, 474, 489-490, 505
Assimilação 85, 287, 380, 665, 684, 693
Aspecto verbal 416-417, 431, 449, 460, 528, 562-563, 615, 617-618, 622, 665
- aspecto imperfectivo 79, 383, 402, 419-420, 422, 431-432, 483, 622, 665
- aspecto iterativo 417, 419-420, 426, 595, 618, 665
- aspecto perfectivo 79, 419, 424, 431, 437, 665
- aspecto resultativo 402, 406, 419-420
- aspecto semelfactivo 419-420, 427-428, 431
Aspectologia 417-418
Atélico (*Veja também* Aspecto verbal) 416-417, 420-425, 430, 527, 559, 563, 567
Ativa (*Veja também* Voz) 136, 249, 262, 323, 331, 436-437
Atlas linguístico 199, 201, 204
Ato de fala 58, 66, 125, 215, 322, 327, 338, 339, 344, 360, 432, 434, 438, 440, 450, 476, 494, 665, 670

Atrator 483, 485
Autossemântico (*Veja* Categoremático)
Auxiliar 52, 68, 110, 125, 153-154, 162, 184, 245, 254, 269, 275, 277, 392-393, 397-398, 400-405, 407-408, 418, 421-423, 425-427, 436, 438-439, 441, 444-446, 448-450, 483-484, 548, 570, 622, 655-656, 678-679, 696
- auxiliante 445-446, 450
- auxiliaridade 447, 450

B

Brasiguaio 203
Brasil 84, 89, 91, 93-95, 97, 100-101, 103-107, 114, 117, 119, 127, 131, 143, 167-170, 172-176, 178-179, 181-183, 185-188, 191-192, 194, 198-201, 203-206, 210, 214, 224, 231, 242, 272, 281, 293, 308, 354, 362-363, 369, 374, 379-380, 407, 442, 458, 479, 484-485, 495, 502, 505, 512, 525, 528, 530, 531, 557, 564, 575, 581, 599, 601-602, 628-629, 637-638, 664, 671, 674, 681
- africanos trazidos ao Brasil 172, 180-182
- índios do Brasil 172, 177-180
- lusitanização do Brasil 172, 175

C

Canal linguístico 307
Caso 81, 82, 128, 148, 156, 193, 249-250, 252, 254-255, 257, 263-264, 267-268, 274, 277-278, 281, 288, 299, 306, 313, 321, 355, 367, 375, 381-382, 384, 410, 412, 474-476, 479-480, 482, 545, 548, 663, 665-666, 688
- caso abstrato 274, 288, 299, 474
- casos morfossintáticos
  - casos oblíquos (*Veja também* Ablativo, Acusativo, Dativo) 128, 249-250, 252, 263, 412
  - caso reto (*Veja também* Nominativo) 128, 193, 249-250, 263-264, 412
- casos semânticos (*Veja também* Papéis temáticos) 254
Catáfora 125-126, 474, 499, 622, 666, 676
Categoria 46-47, 52-53, 64-65, 69-72, 77-80, 82-83, 86, 110, 113-114, 117, 122-123, 125-127, 130-133, 135-139, 155, 161, 163, 216, 218, 220, 226, 230-233, 235, 239-240, 248, 251-254, 257-258, 260-262, 267, 270, 272, 276, 281-282, 285, 288-290, 293-295, 300-303, 307, 316, 336, 348, 355, 366, 368, 370-371, 385, 387, 390, 395, 397, 408-409, 412, 414, 416-418, 420, 428-429, 436-437, 441-442, 444, 454-455, 466, 469, 471-472, 476, 478, 482, 486, 498, 511-512, 516, 519-520, 524, 528, 533, 537, 547, 549-550, 552-554, 579, 585-587, 590, 596, 603, 611-622, 650, 657, 666, 671, 680, 682, 688-689, 693, 696
- categorias discursivas 64, 281-282, 300
- categorias gramaticais 64, 70, 139, 216, 251, 261, 281-282, 288, 300, 336, 671
- categorias lexicais 64, 139, 261, 533, 552
- categorias "quase" 70
  - quase argumento 70, 266, 545-546, 578, 689
  - quase conjunção 689
  - quase modalizador 689
  - quase prefixo 70, 577, 606, 689
  - quase verbo 70, 689
- categorias semânticas 64, 79, 123-133, 260, 316, 417, 613-614
- categoria vazia 46-47, 53, 161, 163, 218, 232, 267, 276, 285, 289-290, 293-294, 301-303, 366, 385, 454, 657, 666, 671
Categoremático 666, 692
Centração tópica 235-236, 666, 694
Ciência clássica 43, 45, 70, 113, 137, 315, 372, 579
Ciência dos domínios complexos 60, 62-63, 137, 315, 622
Classes linguísticas 45, 125, 666-667, 676

Clíticos 70, 156, 188, 190-191, 193, 194, 208, 271, 282-283, 299, 301-305, 333, 368, 440, 480, 482-485, 490, 495, 559, 577, 620, 657, 690
Coerência 232, 252, 667, 683
Coesão 137, 224, 232, 304, 337-338, 421, 449, 469, 500, 504, 536, 667, 683
Colocação (*Veja também* Ordem, Ordem de figuração, Relações gramaticais)
- das classes de palavra
  - do adjetivo 520-523
  - do advérbio 550, 660
  - do verbo 413
- dos constituintes sentenciais 413
  - dos adjuntos 652, 661
  - do objeto direto, do objeto indireto e do complemento oblíquo 304-306
  - do sujeito 282, 290-293, 413, 440, 651
- dos marcadores discursivos 229-230
- das sentenças 375, 377
  - das sentenças subordinadas substantivas 359
Combinação de orações 337-345
Comutação 47-48, 51, 250, 262, 264, 266, 273-274, 276, 330, 559-560
Comentário 221, 226, 233, 236, 240-241, 258-259, 281, 315-316, 370-371, 418, 443, 462, 530, 674
Comparação 52, 122, 129, 134, 150, 175-176, 188, 220, 233, 269, 293, 342, 353, 383, 385-387, 389, 498-500, 508, 531, 572, 656
Comparatistas 84, 125, 474, 667
Complementos 73, 87, 129, 159, 161, 184-185, 208, 249, 251, 254-255, 262-264, 266, 268, 277-284, 288, 290-291, 293, 296, 298-300, 304-306, 308, 315-316, 319-320, 322-323, 331-332, 335, 344, 346, 358-359, 367, 369, 381-382, 395, 402, 406, 409, 412, 427-428, 436-437, 446, 455-457, 459-460, 477, 481-482, 486, 495, 518, 539, 574-575, 578, 587, 591-592, 594, 601, 604, 615, 651-652, 659, 663-668, 671-672, 691
Complementação 264, 278, 298, 308, 330, 491, 582
Complementadores 57-59, 159, 269, 277, 291-292, 316, 339, 345, 366, 382, 387, 392, 410-411, 429, 452-456, 461, 468, 500, 504, 506, 510-511, 517-518, 522, 537-539, 541, 549-550, 579, 582-583, 592, 609-610, 660, 667-668, 691-692
- complementador da sentença (*Veja também* Conjunção) 265-267
- complementadores do sintagma adjetival 538-539
- complementadores do sintagma adverbial 582
- complementadores do sintagma nominal 455, 522
- complementadores do sintagma preposicional 609
- complementadores do sintagma verbal 452
Complexidade 58-59, 62-63, 70, 80, 158, 170, 179, 181, 187, 205, 273, 286, 289, 322, 333, 413, 461, 476, 616
Composição lexical 117, 668, 670
Conação, conativo 219, 446-447, 450-451
Concordância (*Veja* Relações gramaticais)
- concordância de gênero 272
- concordância de número 287
- concordância de pessoa 273, 289
- concordância nominal 91, 188, 203, 208, 273, 346, 461, 483
- concordância verbal 188, 208, 273, 281, 411-413, 477
Conectividade 122, 133, 232, 238, 279, 281, 608-609, 676
- conectividade sentencial (*Veja também* Conjunção, Preposição) 337-345
- conectividade textual (*Veja também* Marcador discursivo) 238, 608-609

Configuracionalidade *vs.* não configuracionalidade (*Veja também* Tipologia linguística) 61
Conjunção 55, 132-133, 203, 209, 340-345, 347-351, 353-358, 360, 366-370, 373-375, 378-380, 385-386, 389-390, 402, 411, 483, 609, 653-654, 668-669
– conjunção coordenativa 341, 347-348, 354, 402, 699
– conjunção correlativa 389-390
– conjunção subordinativa 345, 348, 355
Conotação 112, 226, 614, 695
Consonantismo 668
Constituinte 46, 50, 54, 56-59, 64, 76, 78-79, 82, 86, 127, 144, 159, 163, 184-185, 188, 217, 219, 232, 238, 245-247, 250-253, 259, 263, 267-280, 289, 296, 298-299, 306, 315, 319-321, 323, 326, 329, 333, 339, 341, 343, 345-349, 353-354, 359, 364, 372, 379, 388, 391-392, 397, 413, 446, 454-455, 460, 503, 510, 512, 516, 518, 523, 530, 539, 544, 546-548, 550-552, 558, 567, 571, 574, 576, 595, 608, 610, 616, 618-621, 623, 650, 663-669, 672-673, 675-676, 680, 685, 691-693
– constituinte leve 271
– constituinte pesado 271, 523
Construção 58-60, 63, 70, 75-76, 79, 82, 116, 121-122, 124, 126-127, 130, 138, 161-163, 166-168, 175, 190-191, 193, 209, 212, 215-217, 219, 221, 224, 228, 232, 236, 250, 260-261, 264, 270-271, 273, 278-287, 290, 292, 300, 302, 304-305, 307, 311, 314, 318, 320, 323-324, 330, 338, 348-349, 352, 358, 364, 370, 374, 376-380, 383-387, 389, 391, 398, 400-401, 403, 405-407, 411, 415, 418, 421, 437-438, 453, 460, 462, 465, 469, 471, 481, 488, 492, 496, 512, 515, 538, 572, 575, 580, 583, 591-592, 594, 597, 608-609, 620, 627, 651, 654, 664-665, 667-668, 671, 677, 682, 687, 689-691, 694
– construção de tópico 161, 191, 193, 209, 232, 271, 278-286, 300, 307, 311, 320, 387, 583, 592, 608-609, 620, 651, 665, 668, 689, 694
– construções duplamente articuladas 76
– construção *foi fez* 411
– construção *pegou fez* 411
Contexto 66, 68, 72, 76, 95, 121, 126, 133, 143, 179, 191, 206-207, 217, 219, 224, 258, 261, 275-276, 296, 298, 316-317, 328, 339, 340, 342, 344, 383-384, 431, 436, 454, 456, 470, 476-477, 481, 498, 513, 519, 531, 535, 549, 553, 573, 591, 668-669, 676, 679, 684, 694
Continente 79, 156, 173, 276, 381, 532, 579, 585-586, 596, 606-607, 615, 682
Conteúdo 67-68, 71, 79, 82, 125, 129, 134-135, 141, 154, 190, 219, 234-235, 239, 241, 247, 251, 253, 274, 294, 310, 321-323, 333, 341, 344, 348, 351, 353, 358, 361-363, 377, 438, 462, 468, 476, 493, 509, 523-524, 531, 542, 545, 551, 553-557, 567, 573, 576, 580, 585-586, 596, 606, 608, 615, 628, 676, 682, 685, 687-688
Continuidade tópica (*Veja também* Tópico) 651, 669, 694
Convergente 669
Conversa, conversação 47-48, 67, 71, 74-75, 79-80, 83, 89, 102, 123-124, 128, 133-136, 138, 145, 181, 214-216, 218, 222, 225-242, 247, 259-261, 300, 314-315, 350, 374, 441, 443, 536, 548, 580-581, 611, 616, 621, 623, 626-628, 632, 647, 669, 672, 680, 688, 694-695
– administração dos turnos 650
– Análise da Conversação 67, 74, 79, 134-135, 138, 216, 227, 234, 259, 261, 626-627, 632, 647
– marcadores conversacionais 268, 300, 650
– transcrição conversacional 226-227
– turnos conversacionais 79, 227, 350, 627, 650, 671, 688
Coordenação (*Veja* Relações gramaticais)

– coordenadas aditivas 157, 349-351, 618, 653
– coordenadas adversativas 351-355, 385, 654
Corpus 47, 59, 105-106, 201, 226, 235, 283-284, 291, 301, 307, 383, 423, 440, 454, 477-478, 502, 563, 624, 628-629, 631, 635-636, 649-650, 652-656, 678, 683
Correção 80, 133, 137, 148, 215, 219, 228-229, 242, 428, 581, 627, 650, 669, 675
– correção discursiva/correção conversacional/correção textual 80, 229, 669
  – sistema discursivo de correção 219
    – autocorreção 80, 229
    – heterocorreção 80, 229, 362, 581
– correção gramatical (*Veja também* Norma gramatical) 669
Correlação (*Veja* Relações gramaticais)
– correlatas aditivas 388, 655
– correlatas alternativas 388, 655
– correlatas comparativas 373, 389-390, 655
– correlatas consecutivas 390, 655
Crase 102, 146, 190, 590
Criação românica 153, 155, 406
Crioulo 107, 173, 179, 182, 186-189, 191, 281, 591, 634, 670

D

Dativo 129, 148, 156, 185, 249, 252, 254-256, 278, 288, 299, 303-304, 321, 334-335, 367, 381, 407, 475, 479-480, 591, 666, 668
– artigo 474, 489, 493, 496, 522
Definitude 135, 285, 297-298, 657-658
– definitude discursiva 285
– definitude gramatical 285
Dêixis 79, 123-126, 238-239, 316, 472-474, 476-477, 496-497, 518, 543, 551, 578, 613, 615, 659, 670, 672, 676
– dêixis locativa 579
– dêixis pessoal 316
– dêixis por ostensão 476
– dêixis temporal 238
Delimitadores 71, 215, 245-246, 344, 454, 497, 528-531, 559, 564-567, 570-571, 659, 689
Denotação 112, 294, 614, 695
Dequeísmo 358
Deriva 189-191
Derivação 80, 110, 112, 117, 139, 188, 295, 315, 321-322, 346, 469-470, 472, 512, 519, 521, 612, 614, 668, 670, 696
– derivação lexical 117, 668, 670
Despreferência (discursiva) 80, 228
Dessentencialização 360
Determinantes 273, 295, 488-489, 513
Deverbal 358, 375, 395, 457-460, 517, 527, 529, 538, 549, 552, 603, 616, 656, 658, 670
Diacronia 45, 77, 292-293, 303, 382, 405, 481, 484, 623, 670, 687, 692
Dialeto (*Veja também* Falares) 61, 74, 90-91, 143, 177, 181-182, 187-188, 198-199, 203, 205, 210, 213, 671, 681
– Dialetologia 74, 198-199, 203, 671
Diálogo (*Veja também* Dissertação, Narração) 63, 67, 82-83, 131, 214-216, 218, 220, 222, 229, 239-241, 309, 362, 381, 383-384, 443, 459, 547-548, 581, 603, 613, 626, 669-670, 672, 685
Dicotomia 219, 671
Dictum 244-245, 250-251, 321-322, 361, 437-438, 553, 564, 580, 650, 671, 684
Diglossia 203, 302, 671
Digressão 231, 236-237, 242, 285, 627

Discurso (*Veja também* Texto, Sistemas linguísticos)
- Análise do Discurso 74, 121, 134-136, 138, 291, 632, 646, 664, 687

Dissertação (*Veja também* Diálogo, Narração) 239-241, 442, 650

E

Elipse, elisão 50, 80, 134, 159, 163, 217, 253, 266, 273, 275, 280, 284-285, 293, 302-303, 330, 357, 368, 390, 394-395, 401, 414, 427, 496, 505, 589, 595, 618, 651, 671
- elipse da preposição (*Veja também* Sintagma preposicional sem cabeça) 595
- elipse da segunda sentença correlata comparativa 389-390
- elipse do argumento sentencial (*Veja também* Anáfora-zero, Categoria vazia) 293-294, 301-304
- elipse do morfema (*Veja também* Morfema-zero) 52, 80-81
- elipse do verbo 80, 394-395, 414, 618

Empréstimo lexical 114-117
Encadeamento 245, 471, 614, 690
Encaixamento sintático 672
Endófora 125, 494, 672
Entrada lexical 92, 111, 456, 695
Enunciado 42, 44-45, 47, 49, 51-53, 59, 63, 65, 72, 78-79, 81-82, 84, 95, 124-126, 134, 137-138, 143, 212, 215, 217-218, 229, 232, 236, 241, 244, 247, 260-261, 265, 270, 272-273, 275, 277, 281, 285, 292, 296, 302, 308, 313, 316, 337-338, 341, 344, 347, 349-350, 352-353, 362, 364, 374-375, 377, 475, 512, 519, 521, 525, 529, 537, 544, 547, 564, 567, 580-581, 588, 619, 621, 625-626, 629, 660, 664, 666-667, 669, 671-672, 674-676, 678-679, 688, 694

Epilinguismo, epilinguístico 215, 217-218, 274, 333, 375, 577, 672, 683

Equativo 129, 145, 332-333, 409, 463, 486-487, 578, 656, 672
Ergativo 331, 414, 522, 547, 672-673
Escopo 71, 122, 127-129, 133, 157, 237, 243-248, 251, 253-254, 278, 299, 306, 308-309, 311, 316, 318, 323, 348, 350-351, 354-356, 362-364, 372, 385, 394, 411, 415, 421, 423, 427, 444-445, 499-500, 504-505, 508, 518, 523-528, 530-531, 542-547, 550-554, 556-562, 564-575, 580-581, 583-584, 591-592, 608-609, 619, 621-622, 673, 676, 679, 684, 686, 688-689

Escrita 74, 77, 79, 91-93, 98-101, 121, 142, 150, 164, 171, 184, 207, 184, 207-209, 212, 214-217, 219-223, 225, 228, 232-233, 261, 272, 281-282, 303-304, 337, 354, 360, 388, 404-406, 498, 503, 536, 603, 605-606, 626-627, 629, 631, 636, 648, 650, 670, 681, 686, 695

Espaço (*Veja também* Lugar) 43, 53, 62, 67, 69-70, 74, 78-79, 83, 110-111, 123, 125-127, 130, 135-136, 141, 145, 159, 197-198, 209, 211, 215, 239, 256, 260, 262, 268, 281, 306, 308, 316, 327, 332, 356, 366, 376, 378, 399, 405, 419, 432, 435, 442-443, 462-466, 469-471, 476, 478, 527-528, 551, 578-579, 581, 583-587, 590, 596-597, 600-607, 610, 612-613, 615, 621, 629, 664, 666, 682, 688
- eixos espaciais 586-587, 596, 600-601, 604, 606
- continente/conteúdo 606
- horizontal 596
- proximal/distal 604
- transversal 601
- vertical 596, 600
- espaço fictício 239
- espaço físico 123, 316, 466, 476, 603, 607
- espaço mental 62, 70, 78, 83, 126-127, 260, 356, 376, 462-466, 469-471, 615, 682

Especificadores 55, 57-59, 156, 159, 163, 192, 245-247, 272, 277, 291, 303, 316, 344, 392-393, 408, 410-411, 428-429, 450-456, 461, 475, 488-489, 493, 497, 499-500, 502-507, 509-511, 517, 534, 537-538, 541, 544, 550, 564-565, 569, 575, 582-583, 609-610, 620, 668, 673, 691-692, 695
- especificadores do sintagma adjetival 537
- especificadores do sintagma adverbial 582, 610
- especificadores do sintagma nominal 55, 247, 455, 461, 488, 497, 503, 505-506, 509-510, 534, 544, 564, 673
- especificadores do sintagma preposicional 609-610
- especificadores do sintagma verbal 277, 393, 408, 450

Escalaridade 568-569, 600
Estado de coisas 136, 245-246, 253, 255, 258, 306, 322-323, 325, 331, 358, 363-364, 371, 385-386, 396, 405, 415-417, 419-421, 423-425, 428, 431-432, 435-438, 450, 487, 509, 529, 543, 546, 554, 556, 559, 566-567, 568, 571, 606-607, 622, 673, 688

Evidenciais, evidencialidade 355, 358, 362, 365, 554, 578, 674
Existencial 129, 193, 209, 249, 293, 314, 329-330, 398, 403, 407, 458, 607, 655
Extensão 43, 47, 57, 86, 112, 127-128, 147, 149, 157, 173, 185, 194, 237, 244, 251, 272, 278, 489, 505, 523, 528-531, 537, 560, 565-566, 570-571, 612, 674, 679, 688-689

Estilística 65, 134-135, 138, 143, 291, 320, 521, 629, 632, 646, 653

Estrutura 44-46, 48, 50-51, 53, 55-59, 62-66, 68-69, 72-78, 80-82, 85, 88-89, 92, 111-112, 124, 134, 136-138, 140, 144-145, 157-159, 162-163, 167, 170, 175-176, 182, 184-185, 189, 191, 212, 216, 218-219, 221, 226, 228, 232-234, 243-244, 246, 249-252, 254, 257-258, 260, 262-265, 267-271, 274, 276-278, 280-282, 285, 287-288, 292, 302-303, 307, 310, 313, 315, 317-336, 338-339, 343, 345-349, 356-357, 359, 367, 369-370, 372, 376-377, 382, 384, 387, 391, 393, 396-397, 399-407, 416, 421, 436, 444, 449, 452-455, 457, 459-460, 462, 464-465, 475, 477, 481, 485, 490-491, 503-504, 510-511, 515, 518, 520, 523, 537-539, 541, 544, 549-550, 561, 570, 577-578, 583, 588-589, 594, 607, 609-610, 611-612, 615, 617, 623-628, 632, 644, 650-656, 658, 668, 672-673, 678, 682, 685, 689, 691-692, 695-696
- estruturas discursivas 243
  - estrutura do texto 136
- estruturas gramaticais 51, 65, 74, 124, 162, 184, 221, 243, 260, 267, 269, 322, 343, 462, 672, 685
  - estrutura argumental da sentença 80, 244, 246, 254, 264-265, 277, 313, 396, 550, 570, 627
  - estrutura da palavra 138
  - estrutura silábica 138, 145, 182, 303
- estruturas semânticas 243
  - estrutura ou grade temática 243-244, 257

Estruturalismo 72, 84, 86, 89, 137, 250, 673, 675-677, 685, 694
Etimologia 42, 71, 110, 113, 115, 128, 398-399, 408, 552, 599, 603, 619, 695
Evento 65, 79, 106, 122, 133, 136, 224, 233, 239, 241, 246, 255-256, 262, 316, 318, 322, 358, 363, 374, 396, 415, 418, 421, 424, 430, 443, 465, 568, 573, 584, 594, 598, 605, 615, 673, 678, 685, 696

Exófora 125, 494, 674, 676
Explicação linguística 69, 77-78
Extensão 43, 47, 57, 86, 112, 127-128, 147, 149, 157, 173, 185, 194, 237, 244, 251, 272, 278, 489, 505, 523, 528-531, 537, 560, 565-566, 570-571, 612, 674, 679, 688-689

F

Fala 44, 47, 52, 58, 65-66, 68, 71-72, 74-76, 78-79, 82, 84, 88-91, 110, 124-125, 130, 134, 136, 138, 141, 142-143, 148, 151, 183, 187, 194, 201, 203, 205-210, 212, 215, 216, 220, 223-224, 228-229, 239, 258-259, 274, 282, 288, 303, 322, 327, 338-340, 344, 350, 352, 360, 362, 374, 383, 387, 418, 432, 434, 437-438, 440, 450, 476, 478, 494-495, 498, 520, 580-581, 621, 627, 629, 631, 636, 648, 665, 670, 674-676, 685, 687-689, 691, 693
- fala culta 74, 148, 203, 207-209, 478
- fala popular 89, 148, 151, 203, 207-209, 212, 383

Falares 74, 175, 183, 187, 192, 201-204, 330, 671
- falares brasileiros 203-204
- falares fronteiriços 203-204

Feminino 52, 115, 148-150, 190, 272, 457, 476-477, 495-496, 499, 544

Figura (*Veja também* Fundo) 78-79, 84, 122, 134, 203, 214, 233, 239-240, 271, 424, 473, 478, 535, 584-586, 593, 595-598, 600-601, 603-606, 674, 676
- figura do discurso 233
- figura sentencial 270-272

Foco 65, 72, 136, 238, 258, 261, 308, 329, 347, 494, 572-573, 674-675
- focalização 129, 273, 274-275, 309-310, 326, 372, 377, 386-387, 421, 423, 483, 546, 552, 572, 675, 686
- focalizador 551, 560-561, 572-575, 675

Fonema 43, 46-51, 59, 80, 86, 91, 138, 141-144, 150, 152, 190, 199, 272, 274, 618, 667-668, 673, 675-676, 690
- alofones, fones 48-50, 91, 141-143, 693
- consoantes 51, 85-86, 93, 96, 138, 142-144, 146-148, 150, 152, 190, 192, 202, 206-207, 226, 228, 270, 303, 455, 576, 619, 668, 676, 679, 685, 687, 691, 693
- vogais 49, 51-53, 86, 91, 95-96, 138, 143-152, 182, 187, 190-193, 199, 202, 206-208, 226, 228, 250, 303, 355, 393-394, 455, 457, 480, 492, 495, 507, 576, 664-665, 680, 684-685, 691

Fonética 49, 84, 140-142, 192, 270, 632, 642, 675, 688

Fonologia 44-46, 49, 52, 64, 82, 86, 89, 106, 138, 140-144, 290, 316, 559, 619, 632, 642, 667, 673-675
- Fonologia Descritiva, ou Sincrônica 48-50, 140-147
  - Fonologia Suprassegmental 290, 316
- Fonologia Diacrônica 89
  - desfonologização 86, 146-147
  - fonologização 86, 140, 142, 145-147, 156, 360, 479
  - transfonologização 86, 147

Fórico 123, 303, 343, 479, 498, 504
- foricidade 122-126, 234, 260, 368, 469, 473-474, 476-477, 496-498, 548-549, 614, 621-622, 664, 666, 672, 674, 676

Forma da língua 45, 60, 73
Formalismo 63-66, 74, 78, 83, 111, 137, 663
Formas Q 325-326
Fricativa 207, 676, 680
Fronteira 102, 107, 119, 131, 144, 156, 163, 174, 176, 183, 192, 201, 203, 214, 232, 267-268, 274, 278, 308, 319, 342, 360, 410, 454, 518, 522, 543
- fronteira sintática 163, 267-268, 319, 410

Funcionalismo 63-66, 68, 77-78, 83-84, 88, 137, 663, 676-677, 694

Funções da linguagem 73, 328-329
- função apresentacional 442
- função apelativa ou conativa 67
- função emotiva 67, 363, 557
- função fática 67
- funções gramaticais 549, 660, 676
  - funções diacríticas 46, 675-676
- função interpessoal 67, 73
- função metalinguística 67
- função representativa, referencial ou ideacional 65, 67, 73, 493, 556
- funções sentenciais (*Veja também* Adjunto, Complementos, Sujeito) 50, 159, 161, 279, 281, 295, 382, 457, 544-545, 548, 550, 652, 655-656, 658, 660, 661, 663
- função textual 73

Fundo (*Veja também* Figura) 78-79, 122, 142, 233, 239-241, 246, 271, 374, 421, 478, 535, 674, 676

Futuro 79, 86, 151, 153-156, 193-194, 209, 328, 393-394, 399, 403-405, 417, 421, 431-435, 441-442, 446-447, 450, 483, 579, 586, 601, 622, 679, 685
- formação do futuro do presente 403
- formação do futuro do pretérito 403

G

Galego-português 89, 169, 190
Gatilho, mecanismo de 260, 356, 413, 461-463, 580
Geografia linguística 199, 201, 671
Gênero discursivo 241, 328, 440, 536, 579, 653, 694
Genitivo 148, 155-156, 288, 366-368, 381, 412, 475, 503, 520, 665-666
Germanos 114, 116, 149
- contribuições linguísticas dos germanos ao português 116, 195

Gerúndio 54, 86, 151, 154-156, 193, 250, 292, 327, 355-356, 380-384, 393-394, 399-402, 408-409, 417, 421-423, 427, 430-431, 443, 447, 449-450, 451, 483, 696

Gradiência 321

Gramática (*Veja* Sistemas linguísticos)
- Gramática Descritiva 42-46, 52, 59, 61, 165, 167, 677
- Gramática Estruturalista 677
- Gramática Explicativa ou Gramática Geral 164, 677-678
- Gramática Funcionalista 45, 59, 63-64, 140, 677
- Gramática Gerativa 45, 53, 59, 70, 78, 167, 243, 252, 261, 263, 267, 678, 694
- Gramática Histórica 84, 165-166
- Gramática Multissistêmica 63, 109
- Gramática Prescritiva, Normativa ou Escolar 90-92, 166, 439, 483, 677-678
- Gramática Tradicional 44, 63, 101-102, 244-245, 261-263, 266, 290, 295, 297, 319-320, 330, 332, 335, 338-339, 381, 405, 483, 485, 496, 505, 542, 545-547, 629, 678

Gramaticalização (*Veja também* Regramaticalização) 65, 73-74, 76-77, 83, 109, 138-140, 156, 159, 163, 169, 185, 217, 238, 281-282, 287, 300, 324-326, 329, 337, 340-342, 344-345, 348, 351, 354-357, 360, 362, 373, 378, 387, 389-390, 397, 400, 404-407, 411, 421, 423, 441, 444-445, 449-450, 456-457, 463, 472, 474, 476, 479, 481-482, 488, 503, 516, 533, 537, 543-544, 581, 588-590, 632, 641, 653-657, 659-660, 679, 682, 684, 696
- gramaticalização do adjetivo 512-516
- gramaticalização do advérbio 543
- gramaticalização da conjunção 337, 341, 345, 348, 355-356, 387, 653-655
- gramaticalização da preposição (*Veja* Preposição)
- gramaticalização da sentença 279-288, 298-306
- gramaticalização do substantivo (*Veja* Substantivo)
- gramaticalização do verbo 138, 360, 362, 397, 407, 411, 421, 444, 450, 655-656
  - gramaticalização de *ser, estar* 397, 407, 411, 656
  - gramaticalização de *ter, haver* 402, 406, 411, 655

H

Hiperonímia (*Veja também* Antonímia, Sinonímia) 235, 494, 679, 692
Hiperpredicação, hiperpredicador 129, 244, 246, 248, 275, 385, 518, 547, 550, 552, 608-609, 621, 688 Hipotaxe 387, 669, 679, 693
História da língua portuguesa 61, 79, 83, 89, 105-106, 114-115, 117, 169, 170-171, 175, 183-184, 187-188, 194-195, 240, 242, 483, 613, 637
História da ortografia 92
Homonímia 455, 664, 679, 688

I

Identidade 42, 70, 117, 205, 210, 295, 346, 465-466, 470-471, 491, 496-497, 499-501, 539, 572-573, 621
Imperativo 44, 151, 153, 259, 303, 327-328, 349, 374, 383, 394, 399, 409, 437-441, 653, 665, 684
– imperativo afirmativo 303, 394
– imperativo negativo 394
Implícito 265, 353, 379, 417, 573, 674, 679
Indefinido 55, 74, 79, 127, 330, 368, 428, 461, 468, 473-476, 478, 485-486, 489-494, 497, 505-510, 522, 529, 560, 565, 569, 576, 609, 614, 618, 651, 657, 658
Indicativo 52-53, 86, 151-153, 202, 208, 241, 287, 302, 327-328, 356, 359, 360, 375-377, 380, 393-394, 399, 403-404, 424, 430, 432, 434-435, 437-441, 595, 653, 666, 684-685
Indo-europeu 169-170, 481, 602, 683
Inferência 122, 130-131, 136, 248, 260, 362, 469-470, 674, 691
Infinitivo 54, 86, 148, 150-156, 193, 206, 250, 292, 302, 327, 343, 355, 356, 375, 377, 380-381, 384, 393-394, 399, 401, 403-404, 408, 421, 423, 427, 443, 447, 449-451, 456-457, 483, 538-539, 673, 679, 696
– infinitivo impessoal 154
– infinitivo pessoal 150, 154-155, 408
Informação 68, 71-74, 78, 81, 114, 239, 246, 256, 258, 271, 275, 279, 290, 292, 295, 306, 313, 321, 324-326, 345, 367, 370, 372, 383, 398, 443, 470-471, 490, 494, 505, 518, 521, 536, 573, 575-576, 594, 665, 671, 674-676, 683, 690, 694
– informação nova, não sabida, rema 72, 81, 159, 239, 258-259, 271, 290, 295, 300, 320, 325, 331, 345, 443, 470-472, 521, 655, 665, 675, 690, 694
– informação velha, sabida, tema 67, 70, 72, 81, 100, 144, 153-154, 159, 232, 250, 258-259, 271, 285, 295-296, 300, 323, 325, 343, 449, 470-472, 628, 650, 665, 690, 694
– sentença e informação 72, 78, 258-259, 271, 275, 279, 321, 324-326, 345, 367, 372, 383-384, 671, 675-676, 690, 694
Intensão, propriedade intensional 112, 127-128, 254, 278, 528, 558, 560-562, 565-566, 674, 679, 689
Intensificação 387, 389, 512, 516, 520, 680
Interlocutor 67, 74-75, 79-80, 110, 122-123, 130, 133-135, 193, 197, 212, 215, 218, 220, 228-229, 231, 233-234, 239, 241, 247, 259, 268, 274, 276, 285, 296, 303, 327, 333, 350, 352-353, 363-364, 378, 439-440, 443, 486, 494, 555-557, 562, 564, 573, 580-581, 667, 680, 683, 685, 694
Intervocálico 680, 692
Item lexical 49, 54, 123, 125-126, 139, 148, 159, 219, 237, 261, 268, 296, 351, 411, 470, 472, 483, 499, 508, 519, 533, 547, 579, 650
Iterativo 417, 419-420, 423, 426-435, 529, 567-568, 570, 595, 618, 659, 665
– iterativo imperfectivo 423, 426-427, 665
– iterativo perfectivo 426

J

Justaposição (*Veja* Relações gramaticais)

L

Latim 51, 84-87, 92, 107, 114-116, 125, 145-149, 151-156, 169-172, 186, 195, 204, 209, 249, 257, 270, 272, 283, 288, 330, 346, 351, 355-356, 375, 380-382, 384, 402-407, 436, 439, 460, 474, 476, 479, 481, 483, 511, 543, 548, 590, 596, 602-603, 619, 657, 663-666, 668-669, 679-680
– latim culto 148-149, 152-154, 156, 171, 209, 288, 355, 380-381, 404, 665
– latim literário 257
– latim medieval 171, 405
– latim vulgar 51, 84, 86, 107, 145-149, 151-156, 169-171, 195, 204, 209, 288, 351, 355-356, 375, 381-382, 403, 405-406, 436, 474, 481, 483, 657, 663, 666
Latinização 381, 384
Lenização 680
Letras 93, 96, 106, 119, 145, 163, 219, 492, 625, 680
Lexema 109-110, 126, 262, 474-475, 667, 680, 684-685
Léxico (*Veja* Sistemas linguísticos)
– formação do léxico do português brasileiro 109-121
– Lexicologia 631, 640
– Lexicografia 92, 111, 118, 274, 631, 640
Linear, linearidade 45, 52, 76, 80, 126, 139, 234, 380, 622, 686, 694
Língua 41-53, 56, 58-69, 71-107, 109-110, 112-114, 119-121, 124, 126-127, 134, 136-137, 139-145, 147-148, 150, 154, 156, 159, 163-176, 178-181, 183, 186-187, 189-192, 194, 197-198, 205-207, 209-223, 225-228, 232-233, 238, 242, 245-247, 250-251, 253, 258-264, 269-270, 273-274, 276-277, 280-282, 284, 287-291, 293-296, 301, 303-304, 307, 314-315, 317, 319, 321, 323, 326, 328, 337, 341, 344, 351, 354, 357, 360, 366-367, 373-374, 382-385, 388, 392, 396-397, 400-401, 404-406, 408, 410-411, 413, 416, 426, 428, 436-438, 446, 454, 461, 469, 474, 477-478, 480-481, 483-485, 498, 503, 509, 514, 519-521, 528-529, 536, 547-549, 553, 565, 577, 579, 585-587, 599, 603, 605-606, 611-612, 619-620, 623-629, 631-632, 634-635, 640-642, 645-646, 648-651, 655, 666, 668-678, 680-684, 686-687, 692-696
– língua como um conjunto de produtos 42-43, 77, 84
– língua como um conjunto de processos 42, 59, 77, 624-629
– língua corrente 150, 681
– língua escrita 74, 77, 79, 92, 98, 207, 209, 212, 214-217, 219-223, 225, 228, 232-233, 282, 287, 303-304, 337, 354, 360, 388, 404, 498, 503, 536, 603, 605-606, 626-627, 629, 650, 686, 695
– língua falada 62-63, 74, 77-79, 91-92, 98-99, 102, 127, 144-145, 159, 163, 167, 172, 180, 207, 209, 212-220, 222-223, 225-226, 228, 232, 270, 274, 280, 295, 301, 307, 314-315, 321, 323, 326, 341, 344, 351, 354, 366, 374, 383-384, 388, 428, 461, 485, 503, 521, 547, 549, 577, 603, 625-629, 650-651, 670, 681, 683, 686
– língua franca 173, 181, 670, 681
– língua geral 174, 176, 178-180, 191, 681
– língua literária 98, 101, 134, 171, 221, 629, 678, 681, 686
Línguas do mundo 169-170, 263
Línguas românicas 61, 86-87, 106-107, 114, 156, 169, 171-173, 187, 270, 283, 291, 303, 341, 355, 375, 382, 397-398, 403, 405-406, 408, 436, 483, 498, 511, 674, 691
Linguística 41, 44-45, 47, 54, 60-67, 69-71, 74, 77, 82-85, 89, 97, 100-101, 105-107, 118, 121, 124, 134-135, 138, 169-172, 186, 194, 212-213, 239, 241-242, 251, 260, 282, 290, 292, 320, 340, 346, 417, 586, 612, 622, 625-626, 629, 631-637, 647-648, 665, 667, 671, 673-676, 680-684

- Linguística Aplicada 634, 648, 681
- Linguística de *Corpus* 47, 105-106, 629, 636, 683
- Linguística Cognitiva 63, 70, 83, 417, 612, 622, 681-682
- Linguística Geral 631-633
- Linguística Gerativa 87
- Linguística Histórica 77, 84-85, 89, 169, 242, 282, 631, 637, 667, 675, 681, 683-684
- Linguística Indígena 683
- Linguística Textual 171, 683
- Psicolinguística 689
- Sociolinguística 74, 91, 96, 175, 692

Lugar (*Veja também* Espaço) 45, 52, 123-124, 133, 135, 145, 159, 193, 228-229, 255-256, 262, 264, 267, 271, 299, 301, 303, 311, 316, 322, 325, 343, 347, 350, 352, 368, 407, 476, 486-488, 497-498, 579-580, 612, 615, 650, 656, 658, 666-671
- lugar relevante da transição conversacional 228, 350, 352
  - eixo continente/conteúdo 579, 585-586, 596, 606, 615
  - eixo distal/proximal 579, 586, 604, 615
  - eixo horizontal 579, 585-586, 596, 615
  - eixo vertical 579, 585-586, 600, 615
  - eixo transversal 579, 585-586, 601, 603, 615

M

Marcadores linguísticos 229
- marcador discursivo 131, 145, 163, 215, 218, 229, 231-233, 237, 242, 268, 326, 341, 352-353, 360, 362, 374, 389, 411, 433, 534, 536, 548, 581, 627-628, 651, 659, 668, 683
- marcador gramatical 547-548
  - pós-nuclear 150, 156, 492
  - pré-nuclear 150, 155, 361, 461, 491, 549-550

Masculino 52, 111, 149-150, 457, 499, 519, 687
Metáfora 46, 60, 70, 122-123, 131-135, 249, 260, 263, 419-420, 432, 463, 465, 594, 600, 612, 616, 621, 682-683, 688
Metalíngua 274, 683
- metalinguismo, metalinguístico 333, 375, 474, 530, 672, 683
Metaplasmos 619, 684
Minissentença (*Veja também* Sentença)
  - minissentença adjetival 318-320, 617
  - minissentença adverbial 319-320, 617
  - minissentença nominal 317-320, 614
  - minissentença preposicional 320-321
- monorrema/dirrema 317, 320
- oração inorgânica 317
- oração unimembre/bimembre 250, 317
Metodologia 44, 47, 201, 214, 217, 250, 274, 300, 611, 674
- procedimentos metodológicos 45-48
Metonímia 122-123, 131-134, 260, 271, 342, 351, 354, 360, 379, 465, 537, 616, 621, 682-684, 688
Modalização 128, 244, 246, 360-363, 365, 403, 419, 438, 483, 521, 536, 548, 553-554, 556, 580, 593, 608, 684, 686
- adjetivos modalizadores 438, 523-525, 659
- advérbios modalizadores (*Veja* Advérbios)
- quase modalização 521
Modelo 43, 58, 61, 63-65, 67-68, 72, 74, 83, 91, 101, 134, 138-139, 189, 222, 241, 246, 252, 381, 462, 485, 572, 623-624, 626, 664, 682
Modo 52-55, 59, 65, 73, 95, 98, 126, 135-136, 144, 151-153, 161, 215, 241, 244-245, 250-251, 256, 281, 311, 313, 321-322, 343, 348, 355, 357-359, 361, 373, 375, 377, 380, 382, 392-393, 396-397, 411, 414, 416-417, 426, 437-442, 447, 449, 451, 483, 507, 512, 535, 542, 545-548, 555, 595, 613, 615, 638, 650, 654, 666, 679, 684-685, 696
- modalidade 62, 91, 128, 163, 190, 204-206, 212-213, 215-216, 219-220, 223, 239, 251, 261, 280, 321-322, 328, 358, 361-363, 385, 387, 423-424, 442, 461, 477, 480, 485, 486, 506, 509, 546, 548, 553, 626, 628, 684
- modo indicativo (*Veja* Indicativo)
- modo imperativo (*Veja* Imperativo)
- modo subjuntivo (*Veja também* Subjuntivo) 355, 357
- *modus* 244-245, 250-251, 321-322, 361, 437-438, 650, 684
Moldura do discurso 135-136, 495, 615
Morfema 43, 46-47, 50-55, 58-59, 80, 85-86, 109, 111, 124, 138, 140, 144, 147-156, 163, 187, 190, 232, 250, 270, 272, 274, 355, 380, 392-394, 404, 408-409, 436, 438-440, 446, 457, 459, 461, 474, 476, 478, 482-483, 505, 512, 548, 565, 586, 616, 618, 620, 628, 666-668, 673, 676, 679-680, 684-685, 687, 690, 693, 696
- morfema afixal 51-52, 54, 474, 482, 586, 685
  - prefixo 52-53, 95-96, 114, 117, 182, 188, 217, 347, 353, 355, 402, 405, 477, 482-483, 492, 515, 560, 586, 601, 604, 622, 630, 664, 666, 670, 689
  - sufixo 52, 114-117, 149, 151-152, 154, 182, 207, 217, 346, 393-394, 402, 404, 438, 457-459, 482, 495, 511-512, 544, 560, 565, 586, 622, 664, 666, 670
- morfema derivacional 52, 109, 144, 586, 628, 685
- morfema flexional 51, 55, 144, 147, 392-393, 459, 628, 685, 666
- morfema prefixal 54, 111, 478, 482-483, 586, 679, 687
- morfema radical 51-55, 144, 459, 684
- morfema segmental 52, 684-685
- morfema sufixal 54, 111, 393-394, 483, 548, 687
- morfema suprassegmental 52
- morfema-zero 47, 52, 80, 150, 163, 232, 618, 685
- morfonema 52, 86, 507
Morfologia 44-45, 52, 64, 82, 86, 106, 138, 144, 150-151, 163, 181, 184-185, 192-193, 202, 207-208, 212, 250, 270, 274, 281, 288, 293-294, 299, 314, 319, 323, 328, 341, 362, 369, 392, 395, 412-413, 417, 424, 431, 438-439, 455, 458-459, 473, 476-478, 506, 512, 519, 565, 586, 616, 619-620, 632, 642, 667, 673-674, 684-685, 689
- Morfologia Descritiva, ou Sincrônica 51-54
- Morfologia Derivacional 565, 685, 689
- Morfologia Diacrônica 86
  - desmorfologização 86, 151
  - morfologização 86, 140, 144, 146-156, 360
  - remorfologização 150
Mostrativos 476, 497
Movimento 60-61, 69-70, 75, 79-80, 83, 89, 110, 117, 126-127, 129, 132, 136-137, 141, 176, 182-183, 185, 187, 193, 214, 221-222, 241, 244, 259-260, 262-263, 269-271, 276, 303, 305, 327, 329, 331, 335, 348, 354, 378, 405, 414-415, 436, 445-446, 456, 463-464, 476, 482-483, 492, 498-499, 506, 519, 525-526, 539, 543, 548, 550, 585, 587, 590-591, 593, 596-600, 612, 616, 619-623, 660-661, 674, 681-682, 684, 689
- movimento de constituintes 79, 270, 276, 539, 616
- movimento de fonemas 616
- movimento de morfemas 616
- movimento de traços 79, 271, 354, 525-526, 689, 621
  - movimento de traços fonéticos 79
  - movimento de traços semânticos (*Veja também* Metonímia) 79, 621, 689
  - movimento de traços sintáticos 616
- movimento físico 262, 270-271, 446, 596, 616, 619-623
- movimento fictício 79, 126-127, 129, 244, 262, 270, 348, 446, 596-597, 599, 616, 619, 621-623

Mudança linguística 79-80, 84-88, 107, 242, 283, 291, 355, 384, 441, 484, 670, 672, 677
- mudança fonológica 86, 191
- mudança morfológica 86
- mudança sintática 191, 294
Multissistêmica, teoria 58, 63-64, 68-83, 216, 243, 259, 286, 289, 315, 347, 357, 377, 382

N

Narração (*Veja também* Diálogo, Dissertação) 157, 233, 239-241, 318, 442-443, 464, 535-536, 613, 615, 650, 653, 671, 685, 695
Negação 85, 129, 133, 193, 218, 270, 294, 309-310, 323-325, 336, 342, 349-351, 353-356, 358, 362, 377, 379, 386-387, 398, 421, 423, 444-445, 483, 506, 515, 528, 542-543, 551-552, 555, 572, 574, 576-578, 653, 684-685, 690
- negação *de dicto* 218, 551, 578, 685
- negação *de re* 310, 323, 551, 576, 685
- negação redobrada 350, 577
Neogramáticos 61, 84-85, 139, 150, 251, 619, 668, 684
Neologismos 110, 114, 118, 120, 172
Neutralização 143, 590
Neutro 127, 149, 299, 304, 334, 349, 454, 456, 485-486, 498, 501, 507, 602, 614, 657
Nexos (*Veja também* Conjunção, Preposição) 55-56, 75, 339, 344, 349, 368, 583, 628
Nome 96, 116, 119, 120, 253, 255, 290, 295, 332, 455-456, 472-475, 482, 495-496, 505, 511, 514, 535, 595, 652, 656, 685, 692
Nominalização 235, 323, 456-459, 471-472, 518, 614, 685
Nominativo 128-129, 148, 249, 252, 257, 265, 278, 281, 283, 288, 299, 303, 321, 330-331, 357, 367, 403, 475, 479-480, 655, 665-666
Norma 65, 90-96, 105, 137, 175, 184, 205, 209, 211, 214, 229, 303, 388, 626, 631, 640, 649, 669, 377, 678, 686, 690
- norma gramatical 90, 96, 229, 669, 677-678, 686
- norma lexical 92
- norma linguística 686, 690
- norma objetiva 90-91, 303
- norma ortográfica 92-96
- norma pedagógica 90-91
- norma subjetiva 90-91
Nova Nomenclatura Gramatical Brasileira 121, 263, 320, 441, 474, 542, 626, 686
Numerais 55, 489-491, 505, 508, 564-565, 589, 600, 618, 657

O

Objeto 41, 43-44, 46, 60-63, 69, 72-74, 76, 79, 81-82, 86-87, 90, 98, 109-110, 112, 122, 126-129, 133-136, 148, 156, 159, 161, 184-185, 188-191, 193, 203, 207-208, 213-214, 218, 226, 228, 249, 252, 254-256, 258-259, 266-271, 276-279, 281-285, 287-288, 291, 293, 296-307, 315, 319-320, 323, 325, 330-332, 334-335, 343, 346, 357, 359, 366-369, 381, 383, 402-403, 405-406, 413, 427, 436-437, 463, 467-468, 479-481, 486, 495-496, 505, 515, 518-520, 538-539, 548, 553, 573-574, 584-586, 592, 594, 604, 612, 619-621, 652, 659, 663, 666, 668, 672, 691
Operador 127-129, 131, 237, 253, 274, 287, 304, 323, 325, 347-349, 352-355, 438, 471, 497-500, 504-505, 508, 517, 551, 558, 564-566, 572-573, 580, 584, 619, 621-622, 673-675, 679, 685-686, 688-689
- operador adverbial 551-579
- operador conjuncional 346-349
- operador preposicional 583-590
- operador verbal 437-441
  - operador apresentacional 287

Ordem, Ordem de figuração (*Veja também* Colocação) 61, 76, 78, 86, 91-92, 98, 113, 128-129, 185, 188, 194, 241, 244, 249-250, 257, 259-260, 268-273, 276, 279, 281-283, 289-293, 297, 316, 327, 332, 338, 347-349, 359, 363-364, 377, 404, 440, 517, 520-523, 533, 550, 552, 557, 560, 574, 576, 584, 587, 651-652, 654, 661, 667, 686
- ordem marcada 269-271, 348, 359
- ordem não marcada 269, 271-272, 279, 348, 359, 533
Oração (*Veja também* Sentença) 54, 58, 64, 72, 81, 128, 135, 159, 193, 203, 209, 238, 243, 248, 250-253, 258, 262, 268, 289-292, 294, 320, 341, 343-344, 346, 348-349, 376, 378, 380, 383, 472-473, 495, 587, 624, 663, 672, 686, 691
Ortografia 90, 92-95, 120, 164, 172
Ostensão 123-124, 126, 476

P

Padrão linguístico 97, 99, 101, 206, 686
Palavra 42, 46-52, 54-58, 61, 67, 71, 79, 85, 91-92, 94-95, 110-120, 122-128, 130, 132-133, 135-136, 138-141, 143-144, 146, 148-150, 156, 161, 163, 166, 168, 181-182, 187, 189-190, 194, 199, 202, 206-207, 211, 218-220, 226, 228, 229, 239, 248-253, 260-262, 269-270, 272, 274, 281, 289-291, 297, 300, 303, 305, 315-316, 328, 333, 340-341, 343, 349, 353, 357, 360, 369, 375, 395-396, 404, 408, 454, 456-457, 462, 467, 480, 485, 489, 491, 493, 516, 528, 531, 541-543, 547, 551, 555, 557, 560, 567, 570, 573, 576-577, 583-585, 587, 604, 610, 613-614, 618-619, 621-622, 625, 628, 632, 640, 643, 664-670, 672-680, 683-685, 687-688, 690-693, 695-696
Papéis temáticos 58, 65, 83, 129, 161, 243, 253-257, 260, 264, 277, 299, 301, 305, 313, 315, 330, 335, 397, 485, 531, 538-539, 545, 578, 591, 595, 597, 622, 666, 687-688, 696
- agentivo 254, 256, 291-292, 296-297, 334-335, 397, 436, 688
- beneficiário 129, 254-255, 305, 335, 597
- causa 255, 605
- frequentativo 595
- instrumento 255-256, 604-605
- locativo 254-256, 305, 399, 531, 595
- origem 255, 305, 531, 585, 591, 597
- paciente 129, 244, 255, 257, 301, 331, 334, 436-437, 531, 538-539
- temporal 399, 595
Pancronia 77-78, 163, 687
Paráfrase 56, 80, 130, 157-158, 218, 230, 234-235, 238, 244, 245, 247, 273-275, 285, 314, 333, 337-338, 347, 364, 370, 379, 389, 400, 406, 424, 443, 471, 514, 518, 521, 524-525, 538-539, 553-554, 557, 569, 573, 627, 650, 683, 687, 689
Parágrafo (*Veja também* Unidade discursiva) 74, 137, 220, 230, 232-233, 237, 242, 250, 627, 650-651, 667, 695
Paralelismo linguístico 413
Parataxe 387, 670, 687
Parênteses 56-57, 134, 137, 145, 149, 236-237, 239, 627
- parentetização 231, 236-237, 242, 285, 319, 687
Particípio 54, 86, 125, 151, 154-156, 190, 250, 272, 292, 314, 318, 332, 341, 355-356, 380-381, 384, 393-394, 397, 399-402, 405-409, 417, 423, 425-426, 436, 443, 447, 449-452, 456, 483, 516, 519, 696
Partitivo 428, 468, 506, 597
Passiva (*Veja também* Voz) 86, 136, 154-156, 221, 249, 262, 283-284, 296, 300, 304, 323, 400, 406, 425, 436-437, 443-444, 447, 449, 481, 486, 525, 538-539, 594, 656
Península ibérica 114-115, 169, 189, 204, 406, 663
Perífrase 86, 134, 162, 193, 327, 383-384, 393, 400-405, 408, 417, 421-427, 430-431, 443, 445-452, 483-484, 679, 696

- perífrase de gerúndio 384, 400, 423, 431, 447, 449, 451, 483
- perífrase de infinitivo 421, 423, 447, 450-451, 483, 679
- perífrase de particípio 423, 425, 447, 449, 450-452

Perspectiva 71-73, 75-76, 79, 87, 90, 104, 122-123, 135-136, 139-140, 175, 183, 189, 191, 256-258, 271, 295, 309, 351, 353, 356, 368, 374, 377, 418, 420, 430-431, 436, 443, 463, 503, 524, 529-531, 543, 571, 615, 621-623, 625

Pessoa 52-54, 67, 69, 73, 78, 81, 88, 94, 96, 116, 123-126, 128, 133, 135-136, 138, 144, 149-152, 156, 180, 185, 188, 191-192, 207-208, 216, 225, 227, 239, 241, 249, 252, 270, 273, 287, 289, 293-294, 298, 304, 314, 316, 355-356, 361, 364, 392, 394, 397, 408, 412, 439, 443, 472-483, 486, 493, 496-498, 502-505, 548, 557, 573, 584, 612-613, 615, 620, 653, 657, 667, 670, 680, 685

Pidgin 179, 187, 281, 670, 687

Plosiva 680, 687

Plural 52-53, 85, 94, 148-150, 188, 192, 203, 207-208, 249, 270, 272, 287, 298, 355, 361, 394, 397, 402, 411-413, 420, 427, 436, 439, 456, 458, 461, 467-468, 476, 478-479, 481, 483, 493, 496, 512, 519, 620, 668, 673, 680, 685

Polifonia 687

Polissemia 112, 664, 679, 688, 695

Polissíndeto 237, 350, 429, 653

Português 41-42, 46, 49, 51, 54-55, 61, 71, 74, 79, 82-83, 85-87, 89, 92, 94, 96-107, 114-115, 117-121, 123, 137, 139, 142-156, 165-177, 179-180, 182-195, 197-199, 202-206, 209-212, 214, 219, 221-223, 225, 231, 235, 240, 242, 248, 257, 262, 264-265, 267, 269-272, 280-285, 288, 290, 295, 302-303-304, 313, 315, 321, 330, 341, 344, 347, 353, 355, 357-358, 361-362, 368, 375, 380-382, 384-385, 387, 393-394, 397-398, 400-408, 412, 417, 423, 425, 430, 436-438, 448, 474, 476-480, 482-485, 488, 491, 495-498, 502, 505, 507, 511-512, 519-521, 527, 542-544, 547, 579, 587, 589-591, 596, 599, 602, 604, 611-613, 618-620, 623, 625-626, 629, 631-632, 635-643, 647, 649, 655, 657, 664, 666, 671, 679-681, 690-691, 695
- português africano 695
- português brasileiro 41, 49, 79, 83, 89, 96, 98-99, 102-103, 105-107, 114-115, 117, 137, 146-147, 169-224, 240, 242, 347, 355, 362, 401, 404, 477, 519, 527, 611-613, 618, 629, 631, 635, 637-641, 671, 679, 695
  - hipóteses interpretativas do português brasileiro 185
  - história social do português brasileiro 176, 183, 195, 637
    - africanos trazidos ao Brasil 172, 180-182
    - índios do Brasil (*Veja* Brasil)
    - lusitanização do Brasil (*Veja* Brasil)
    - migração europeia para o Brasil 176, 182-183
    - mudança gramatical do português brasileiro 169, 184-185, 631, 638
  - português brasileiro contemporâneo 166-167, 284, 302, 589
- português europeu 106-107, 144, 169, 171, 173-176, 186, 192, 194, 222, 358, 401, 483-484, 631, 637, 695
  - português arcaico 85, 92, 117, 147, 150, 152, 154, 184, 186, 189-192, 195, 282-285, 303-304, 330, 357, 400, 406-407, 412, 480, 483-484, 502, 543, 590, 695
  - português clássico 107, 119
  - português europeu contemporâneo 192-193
- português falado/escrito 74, 79, 82-83, 102, 105-106, 139, 156, 167, 204, 219-223, 225, 344, 380, 423, 430, 482, 498, 543-544, 547, 579, 619, 695
- português formal/informal 205, 478, 695
- português padrão/regional 106, 205, 209-210, 407
- português popular/culto 107, 167-168, 183, 188, 204-205, 209-211, 231, 488, 599, 602, 604, 620, 695

Postulados teóricos 624

Pragmática 58, 64, 66-67, 79-81, 122-123, 130, 131, 135, 137-138, 194, 218, 248, 265, 363, 462, 535, 561, 621, 632, 646-647, 691
- diferenças pragmáticas entre o PB e o PE 130-131

Predicação 55, 72, 122-123, 126-129, 157, 243-248, 250-251, 258, 260, 262, 264, 277-278, 295, 299, 304, 306, 308, 313, 316, 318, 330, 332, 362, 383, 396, 404, 415-421, 423-430, 493, 505, 512, 517-519, 521, 523, 525, 528, 542-543, 551-555, 558, 565, 584, 601, 603-604, 608, 617-618, 622, 632, 644, 661, 665, 676, 688-689, 692
- classes predicadoras 127, 248, 262, 622
  - adjetivos predicativos (*Veja* Adjetivo)
  - advérbios predicativos (*Veja* Advérbio)
  - predicação e tipos de sentença 248
  - verbos predicativos 617
- escopo da predicação 247, 584
  - predicação do enunciado 247
    - predicação da sentença 127-129, 415-416
    - predicação de um constituinte sentencial 127-129, 415-416
  - predicação da enunciação 127-129, 415-416
    - predicação de um participante do discurso 127-129, 415-416
  - predicação e força ilocucionária 248
- predicação como movimento fictício: direções da predicação 247
- tipos de predicação 129, 244-245, 248, 362, 419, 555, 618, 661
  - copredicação 248
  - hipopredicação 248
  - hiperpredicação 129, 244, 248, 552, 608-609
  - parapredicação 248

Predicado 46, 72, 128-129, 157, 221, 246, 250-252, 258, 262-263, 269, 274, 281, 285, 290, 306, 320-322, 347, 349, 396-399, 402, 407, 415, 420, 488, 544, 552, 566, 584, 606, 665, 671, 676, 688, 690-691
- predicado agentivo 397
- predicado causativo 274, 397
- predicado experiencial 397
- predicado locativo 397
- predicado possessivo 397
- predicado psicológico 251

Prefixo (*Veja* Morfema afixal)
- prefixo derivacional 144
- prefixo gramatical (*Veja* Morfema prefixal)

Premissas 77, 130, 573, 580

Pré-núcleo 156, 402, 461, 503, 548, 620, 679

Preposição (*Veja também* Verbo e seleção de preposição) 46, 53, 55, 62, 80, 86, 95, 110, 117, 133, 155- 156, 184-185, 193, 203, 208-209, 218, 254, 257, 262, 266, 268, 270, 277-280, 282, 286-287, 291, 299, 304-305, 327, 343-344, 346, 355, 358, 375, 390, 401, 404, 414, 429, 436, 449, 457, 459-460, 500, 503, 514, 527, 533, 538-539, 541, 549, 563, 569, 575, 578-579, 583-609, 615, 621, 661-662, 666, 690, 692
- colocação dos sintagmas preposicionais na sentença 591, 595-596
- gramaticalização das preposições 185, 589-590
- preposição como introdutora de argumentos e de adjuntos 592-593
- preposição como operador de espacialização 596-608
- preposição complexa 80, 541, 549, 579, 586, 588-590, 596, 601-603, 605-606, 609, 662
- preposição simples 587-590, 596, 602-603, 605-606, 662
- sintagma preposicional (*Veja* Sintagma)

Presente 52, 77-79, 86, 151-156, 192-193, 208, 237, 241, 287, 294, 328, 381, 393-394, 399, 403, 405-407, 417, 421-426, 431-435, 439, 442-443, 446, 449-450, 579, 666, 676, 685
- presente histórico 432, 442
- um presente composto no PB? 449

Pressuposição 73, 82, 122-123, 130-131, 260, 316, 357, 691

Pretérito 86, 150, 152-156, 192, 202, 208, 237, 239-240, 318, 328, 393-394, 399, 403, 404-407, 416-418, 422-426, 431-435, 441-442, 450, 655-656, 674, 676
- formação do pretérito perfeito composto 405, 655
- pretérito imperfeito 152-153, 239-240, 328, 393, 416, 422, 432-435, 442, 676
- pretérito mais-que-perfeito 153, 393-394, 424, 431, 433-435, 442, 656
- pretérito perfeito simples 150, 240, 393, 422, 424, 431, 433-434, 442

Princípio 43, 75, 77, 80-81, 85, 87, 90, 130, 137, 150, 161, 163-164, 172, 217, 226, 228, 251-252, 259-265, 268-269, 271-272, 277, 313, 322, 328-329, 352-353, 392, 395-396, 413, 457, 463, 465, 503-504, 520-521, 616, 618-619, 621-623, 666-668, 688, 690, 694
- princípio de cooperação 225-230
- princípio de identidade 465
- princípio de projeção 75, 80, 252, 228, 259-273, 277, 313, 352, 392, 395, 457, 504, 616, 619, 621-622, 666-668, 688, 690, 694
  - princípio discursivo de projeção: a projeção interacional 75, 228, 616, 619
  - princípio semântico de projeção: os estados mentais 462-466
- princípio de transitividade 616, 619, 621
  - transitividade discursiva: a significação 122
  - transitividade gramatical 263
    - transitividade de adjetivos 518-519
    - transitividade de advérbios 549
    - transitividade de preposições 592
    - transitividade de substantivos 457
    - transitividade de verbos 590
  - transitividade semântica: o significado 122
- princípio sociocognitivos 79-81, 157, 275, 353, 618
  - de ativação 78, 137
  - de desativação 78, 80, 618,
  - de reativação 78, 80, 137, 353

Processos linguísticos 59, 386, 469, 664
Produtos linguísticos 78, 139-140
Proformas 414, 561
- pronomes 55, 65, 71, 86, 102, 123-125, 127, 135, 147, 150, 156, 166, 171, 185, 188-191, 193, 202-203, 207-209, 212, 216, 250, 257, 263-267, 269-272, 274, 276, 278, 281-284, 287-288, 290-291, 294-295, 297-306, 309, 323, 325, 328, 330, 333, 334, 342-343, 357, 366-370, 382, 385, 387, 394, 410, 437, 439-441, 453-455, 461, 471-485, 487-490, 495-498, 500, 502, 505, 509, 522, 545, 560, 565, 576, 578, 609, 613-615, 651, 654, 656-657, 663, 666-668, 670, 689-690, 693
- prossentenças 336, 395, 486, 666

Projetos coletivos de investigação
- Projeto da Norma Urbana Linguística Culta (Nurc) 76, 83, 91, 105, 161, 208-209, 214, 218, 226, 291, 294-295, 388, 423, 426, 477-478, 482, 490, 498, 502, 522, 556, 564, 579, 607, 621
- Projeto Censo Linguístico do Rio de Janeiro 89, 214, 304
- Projeto de Gramática do Português Falado 74, 79, 82-83, 106, 139, 543, 547, 579, 619,

- Projeto para a História do Português Brasileiro 79, 83, 89, 105-106, 175, 183-184, 242,

Pronome (*Veja também* Proformas)
- pronome-advérbio 278, 305, 330, 482, 487-488, 670
- pronome demonstrativo 125, 127, 207, 304, 334, 497, 613-614, 657, 670
- pronome essencial/acidental 475
- pronome pessoal 55, 124-125, 150, 189, 193, 203, 207-209, 263-264, 269, 274, 278, 287-288, 298-301, 303, 366-367, 387, 439, 474-483, 487-488, 490, 495-498, 500, 502, 613, 657, 666-667, 670, 690, 693
- pronome possessivo 190, 207, 502, 613, 657, 690
- pronome quantificador indefinido 565, 576
- pronome relativo 125, 202-203, 207, 209, 290-291, 342-343, 357, 366-370, 382, 385, 483, 654

Proposição 68, 111, 247, 250, 274, 310, 324, 329, 332, 343, 345, 361-363, 374-375, 378, 426, 535, 553-554, 556, 572, 576, 618, 671, 673, 685, 687-689

Propriedades linguísticas 197, 691, 695
- propriedades discursivas 58, 252, 258-259, 281, 285, 316, 350, 352, 364, 373-374, 376, 383, 437, 471, 474, 493, 500, 504, 509, 535-537, 548
- propriedades gramaticais 92, 163, 248, 252, 261, 273, 286, 299, 315, 359, 396, 413, 472, 488, 490, 496, 503, 506-507, 545, 550, 611, 651-652, 667-668, 691
  - propriedades fonológicas 58, 201, 248-249, 303
  - propriedades morfológicas 473-474, 511, 668
  - propriedades sintáticas 58, 75, 138, 249-252, 279-290, 306, 319, 336, 349, 355, 372, 396, 467, 475, 497, 517, 547, 556
- propriedades lexicais 79-80, 127, 129, 252, 315, 357, 392, 623, 674, 689
- propriedades semânticas 238, 246, 252-257, 285-286, 288-289, 296-297, 299, 308-309, 316, 342, 353, 361, 370, 383, 396, 417, 472, 493, 497, 504, 506, 508, 517-518, 523, 534, 548, 551-552, 566, 584, 619, 679, 683

Prosódia 107, 119, 138, 274, 316, 688
Protótipos, teoria dos 62, 70, 321, 516, 682

Q

Qualidade 69, 152, 244, 258, 320, 351, 389, 400, 402, 467, 474, 521, 546, 562, 573, 593, 596, 612, 617, 679-680, 687, 689
- qualificação 46, 128, 244, 419, 489, 521, 526, 528, 553, 558, 564, 567, 571, 605, 617, 676, 679, 686, 689
- qualificadores 308-309, 351, 431, 522-523, 526-528, 537, 546, 548-549, 551-553, 557-565, 571, 580, 582, 617, 621, 659-661, 679, 688-689

Quantidade 69, 86, 113, 146, 148, 150, 152, 311, 325, 351, 474, 505, 552, 595, 612, 618
- quantificação 46, 128, 207, 245-246, 389, 419, 426, 428-429, 464, 489, 505, 508-509, 512, 528-530, 553, 564-571, 598, 618, 674, 676, 686, 689
- quantificadores 55, 127, 246, 273, 308-311, 351, 354, 387, 389, 422, 428, 431, 454, 467, 474-475, 485-487, 489-494, 497, 505-510, 517, 523, 528-531, 537, 551-553, 561, 563, 565-567, 569-571, 576, 580, 582, 609, 614, 618, 620, 657-661, 674, 688-690
  - quantificadores definidos, ou numerais 55, 489-490, 618, 657
  - quantificadores indefinidos 55, 127, 474, 485-486, 489-494, 497, 505-509, 529, 565, 569, 576, 609, 618, 657

R

[ɹ] caipira 91, 179, 199, 201-202
Recorrência 53, 80, 234, 247, 614, 689-692, 695

Redobramento sintático 163, 185, 271, 284, 387, 502, 549, 689
- redobramento da conjunção 384-388
- redobramento do pronome-advérbio locativo e temporal 549
- redobramento do pronome pessoal, demonstrativo, possessivo 501-505
- redobramento dos quantificadores 487-488

Reflexiva (*Veja também* Voz) 331, 436-437
Regência (*Veja também* Princípio de transitividade) 121, 166, 261, 289, 358, 688, 690
Regramaticalização 153, 163, 588-590, 603
Regras gramaticais 677, 686
- regra categórica 46, 198, 273, 460, 520
- regra normativa 690
- regra variável 46, 198, 269, 273, 302, 412, 461, 503

Relações gramaticais 81, 254, 395, 459
- colocação 229, 246, 261, 264, 268-269, 271-272, 276-277, 290-292, 300, 304-305, 313, 341, 359, 375, 377, 413, 458, 460-461, 483-485, 487, 503, 508, 517, 520-523, 544, 547, 550-551, 557, 568, 591, 595, 632, 644, 651-652, 654, 658, 660-661, 667, 686, 690
- concordância 46, 59, 91, 128, 151, 163, 165-166, 188, 191, 193, 203, 205, 208, 250, 260-261, 264, 271-273, 277, 281, 287-289, 294, 299, 313, 330, 346, 397, 406, 411-413, 425, 437, 440, 461, 477-478, 481, 483, 495, 503, 517, 519, 613, 632, 644, 652, 658, 668, 673, 688, 690
- relações intersentenciais 339, 385, 390
  - coordenação 46, 96, 100, 214, 280, 338-339, 345-347, 349, 355, 377, 384-387, 390, 411, 583, 629, 632, 645, 667, 669, 687, 690
  - correlação 45-46, 68, 73-74, 166, 175, 198, 204, 248, 272, 282, 293-294, 307, 328, 338-340, 345, 357, 359-360, 368, 380, 384-390, 433, 455, 457, 520, 536, 583, 604, 615, 632, 645, 654, 651-654, 658, 661, 667, 669-670, 687, 690
  - justaposição 217, 338, 346, 355, 387, 667, 680
  - subordinação 46, 55, 156, 221, 280, 338-339, 345-348, 355-356, 360, 373, 377, 384-387, 390, 583, 632, 645, 667, 669, 679, 690, 693
- transitividade 46, 60, 73, 228, 261-264, 272, 299, 306, 328-329, 396, 443, 457-458, 517-518, 549, 590, 593, 623, 688, 690, 694

Relativas (*Veja também* Sentença adjetiva) 193, 203, 209, 292, 339, 366, 370, 454-455, 458, 461, 491, 495, 512-515, 521-522, 580
Relativização 189, 366-368, 385
Rema 72, 81, 159, 258-259, 271, 295, 300, 320, 325, 331, 471-472, 650, 665, 690, 694
Repetição 80, 134, 137, 145, 156-163, 217, 219, 230, 233-235, 241-242, 285, 300, 307, 325, 330, 346, 387-389, 426, 428-429, 469-470, 475, 481, 499, 505, 576, 590, 604, 618, 627, 650, 665-667, 690
- repetição lexical 157
Retórica 81, 134-135, 138, 239, 241, 263, 632, 646, 678, 682
Roma 140, 210
Românica 107, 114, 147-148, 404, 690-691
- Românica velha 107, 691
  - Românica Ocidental 147-148
  - Românica Oriental 147-148
- Românica nova 107, 114, 691
  - espanhol da América 107

S

Saliência morfológica 188, 412
Saturado, saturação (*Veja também* Estruturas semânticas, Grade temática) 243, 299

Segmentação 47-49, 248, 250, 274
Sema 558
Sentença 42-43, 46, 54, 56-59, 65-66, 68, 72-76, 79-81, 87, 91, 111, 122, 125, 128-129, 131, 133-134, 138, 140, 144-145, 155-157, 159, 162-163, 168, 193, 203, 208, 216-219, 221, 229, 231-235, 237-238, 243-254, 257-260, 262-275, 277-311, 313-392, 395-398, 404-405, 409-410, 412-414, 416-420, 423-426, 430-432, 434-441, 443-445, 450, 452, 454-455, 457-464, 467, 472, 475-478, 481, 483, 485-491, 493-494, 497, 499-500, 504, 510, 512-515, 517-522, 530, 535-536, 538, 542, 545-547, 549-558, 561, 566, 568, 570, 572, 574-578, 580-581, 583-584, 591, 595, 599, 607-608, 613, 615-616, 618, 620-623, 625-629, 632, 644-645, 650-655, 657-658, 660-661, 663-680, 684, 686-693, 695-696
- minissentença 59, 145, 232, 243, 248, 263-264, 313-321, 336, 359, 380, 383, 391, 397, 405-406, 409, 439, 460, 515, 517-518, 533, 548, 614, 617, 652-653, 659
- sentença plena 263
  - sentença simples 59, 80, 232, 243, 313-321, 328-329, 334, 336-337, 346, 359, 391, 397, 409, 435, 438-440, 485, 615, 632, 644, 652
    - sentença apresentacional 253, 329-330, 336, 397, 613, 615
    - sentença asseverativa 249, 322-323, 325
    - sentença atributiva 332-333
    - sentença complexa 46, 59, 80, 87, 125, 133, 232, 238, 243, 247, 320-321, 327, 337-391, 409, 432, 434-435, 438, 441, 485, 581, 615, 618, 632, 645, 653-654, 672
    - sentença coordenada 248, 346-347, 349, 653-654, 668
      - estatuto da primeira sentença 345
      - sentença aditiva 349-351
      - sentença adversativa 351-355
    - sentença equativa 332-333, 488
    - sentença imperativa 249, 322, 327-328, 395, 397, 440, 615, 653
    - sentença interrogativa 249, 292, 322, 324-325, 350, 672
    - sentença subordinada 156, 248, 280, 291, 296, 326, 346-348, 357, 380, 382, 384, 409, 414, 435, 438-439, 458, 463, 654, 668
    - sentença adjetiva 366-370, 382, 510, 521, 654
    - sentença adverbial 356, 371-372, 381, 383-384
    - sentença matriz 248, 272, 326, 328, 348, 356-361, 364, 372-373, 377, 380, 382-383, 409, 438, 463, 547, 654
    - sentença substantiva 257, 272, 290, 300, 359, 361, 369, 380, 395, 515
  - sentença correlata 463, 655, 668
    - correlata aditiva 388
    - correlata alternativa 388
    - correlata comparativa 389
    - correlata consecutiva 390

Sentido 67, 69, 80-82, 92, 109-112, 114, 122, 124, 126-128, 131-134, 149, 217, 219-220, 233, 235, 237, 245, 249, 251, 253-254, 260, 262, 264, 269, 272-274, 290, 296, 328, 338, 342, 346, 348, 353, 360, 370-372, 378, 392, 402-407, 410, 416, 421, 424-425, 428, 436-437, 444-446, 450, 457-458, 462, 467-469, 474, 481, 488, 496, 506, 520-521, 524-526, 529-531, 534, 563, 565-566, 568, 571, 583-587, 590, 596, 599-601, 604, 607, 621, 624, 658, 664, 666-667, 670-672, 676, 679, 686-688, 690-691, 695
- sentido completo 253
- significação 47, 51, 69, 81, 122-123, 128, 130, 140, 219, 233, 244, 248, 252-253, 260, 265, 362-363, 421, 426, 464, 506, 521, 522, 534-535, 551, 553-555, 560, 564, 573, 581, 629, 677-678, 682, 691, 694

- significado 47-48, 51, 62, 64-65, 71-73, 78, 81-82, 109, 122, 124, 127, 142-143, 181, 245, 247, 252, 262, 323, 347, 374, 376, 400, 405-406, 417, 420, 426, 428-429, 435, 446, 447, 462-466, 468, 474, 499, 524, 527, 550, 552-553, 559, 564-565, 567, 576, 580, 583, 608, 672, 682, 691-692

Signo 44-45, 47, 51-53, 69, 81, 122, 124, 126, 130, 139-140, 143, 241, 245, 251, 435, 463, 472, 583, 682

Sílaba 46, 49-51, 54, 56, 58, 85-86, 128, 141, 144, 146, 149, 182, 192, 202, 206-208, 249, 269-270, 272, 291-292, 402, 404, 461, 618-619, 664, 673, 675, 684, 689, 690-692, 695
- ataque silábico 50, 272, 303-304, 691
- coda 50, 207, 241, 691
- sílaba aberta 192, 691
- sílaba fechada 691

Simultâneo 62, 145, 215, 379, 387, 400, 416, 432, 450, 464, 466, 504, 602, 622

Sincategoremático 666, 692

Síncope 619, 684, 692

Sincronia 45, 77, 89, 205, 405, 623, 670, 687, 692

Singular 52-53, 150, 203, 208, 249, 272, 287, 294, 368, 394, 397, 412-413, 419-420, 427, 431, 436, 439, 461, 467-468, 478-479, 519, 566

Sinonímia 235, 432, 470, 664, 679, 688, 692

Sinsemântico (*Veja* Sincategoremático)

Sintagma 43, 45-47, 54-59, 62, 73, 79-80, 110-111, 127, 129, 133, 138, 143, 145, 151, 156-159, 161, 163, 188, 218, 229, 232, 234, 244-252, 257, 263-266, 270-271, 274-275, 277-285, 287-289, 291-297, 300, 303-304, 306-307, 315-321, 324, 329-336, 339, 342-345, 349, 353-354, 357, 359, 366-371, 374-375, 378-379, 382, 386-389, 391-395, 397-404, 406-408, 410-413, 416, 419-422, 424, 427-429, 436-439, 442-444, 446-447, 450, 452-457, 459-461, 467-468, 471, 475-476, 478-481, 485-493, 496-497, 499-500, 502-512, 514, 516-524, 531, 533-534, 536-539, 541-542, 544-547, 549-550, 555, 558-561, 563-565, 567, 569-570, 573, 575, 582-585, 588-589, 591-595, 597, 607-611, 613-615, 617-618, 620-623, 625, 628, 632, 643, 650-652, 655-662, 665, 667-669, 672-673, 676, 687, 689-693, 695-696
- sintagma adjetival 56-57, 129, 163, 232, 244, 246, 250, 264, 277, 292, 306, 315-316, 318-319, 321, 332, 336, 339, 382, 392, 395, 397, 400, 454, 491, 500, 510-539, 558, 565, 658-660, 668, 692
- sintagma adverbial 56-57, 110, 129, 163, 232, 244-246, 250, 266, 275, 277, 295, 315-316, 319, 321, 336, 382, 397, 400, 420, 541-582, 588-589, 592, 610, 621, 660-661, 692
- sintagma nominal 46, 55-57, 111, 127, 129, 156, 158-159, 163, 188, 218, 232, 234, 244, 246-247, 250-252, 257, 265-266, 270-271, 277, 279, 283-284, 287-289, 291-297, 300, 303, 315-321, 324, 329-334, 339, 342, 344-345, 354, 357, 359, 366-371, 382, 387, 391-392, 394-395, 397-398, 400-404, 406, 411-412, 420-421, 424, 427-429, 437, 439, 442, 444, 453-510, 512, 514, 516-519, 521-523, 533-534, 536-537, 539, 544-545, 558-559, 563-565, 569, 575, 584, 589, 592-593, 610, 613-614, 618, 620, 651, 655-657, 668, 672-673, 691-693
- sintagma preposicional 57, 62, 110, 133, 158, 163, 218, 232, 250, 252, 257, 266, 277, 279-280, 292, 295-296, 304, 307, 315, 318, 320-321, 332, 335, 339, 374-375, 387-389, 392, 397, 400-401, 419, 422, 429, 455, 457, 487, 491-492, 503, 506, 510, 533, 538, 541-542, 544-545, 549, 555, 558, 560, 563, 565, 567, 583-611, 615, 652, 661-662, 672, 690, 692
- sintagma preposicional sem cabeça 595

- sintagma verbal 56-57, 129, 151, 161, 163, 232, 234, 244, 246, 250-252, 263-264, 277, 315, 319, 321, 336, 339, 345, 357, 369-370, 391-452, 512, 516-518, 520, 539, 564, 570, 584-585, 613, 615, 617-618, 655, 665, 672, 692-693, 696
- sintagma verbal complexo 392, 407, 410-411
- sintagma verbal composto 392, 407-408, 436, 438, 447
- sintagma verbal simples 392, 407-408, 411, 436, 438, 564, 655

Sintaxe 44-45, 53, 56, 62, 64-66, 69, 72-75, 78, 81-83, 87, 107, 114, 135, 138, 140, 144, 145, 154-155, 158, 163, 165-167, 185, 193, 203, 208, 215-217, 220-221, 228, 243, 246, 250, 253, 261, 263, 265, 270-271, 273-274, 280-282, 284, 287, 290-291, 304, 308, 315, 318, 321, 325-326, 344, 349, 356-358, 366-367, 378-379, 381, 384, 392, 395, 405, 407, 411, 459, 466-467, 475, 480-481, 486, 491, 497, 503, 512, 523, 551, 565, 595, 619-620, 623, 632, 643, 653, 667, 673-674, 678, 682, 691-692
- Sintaxe Cognitiva 69-81
- Sintaxe Colaborativa 215-217
- Sintaxe Estruturalista ou Descritivista 42-59
- Sintaxe Funcionalista 59-83
- Sintaxe Gerativa 64, 83, 378

Sinteticismo 355

Sistemas linguísticos 64, 66-67, 69, 73, 78-81, 83, 109-168, 197, 233, 322, 333, 341, 396, 551, 613, 615-616, 618, 623, 641-642, 649, 667, 691
- discurso 64-65, 67-69, 72-74, 77-78, 83, 109, 121, 123-126, 130, 133-140, 164, 181, 185, 188, 216-218, 222, 226, 228, 230, 232-233, 238-239, 241, 247-248, 250, 253, 258-260, 269, 272, 277, 281, 285-286, 291-292, 297, 315, 322, 329, 333, 340-341, 343, 347, 349-351, 360, 363-365, 373, 377, 388, 396, 415-416, 430-431, 433-434, 436-437, 440-441, 443, 450, 462, 464, 471, 474-476, 479-480, 486, 494, 498, 502-505, 509, 519, 525, 531, 535-537, 554-558, 563-564, 580-582, 609, 613-619, 621-623, 625, 632, 646, 659, 664, 667-668, 670-671, 676-677, 687, 693
- sistema de correção 80, 229, 627, 650
- gramática 41-46, 52-53, 55, 58-61, 63-65, 67-70, 72-75, 77-85, 87, 90-92, 101-102, 106, 109-111, 113-114, 121, 125-129, 134-135, 137-140, 144-145, 148, 163-169, 184-185, 188, 191, 195, 199, 206, 215-216, 219, 221-222, 226-227, 231-233, 238, 240, 243-246, 248-249, 252, 254, 259-263, 266-267, 272-277, 280-281, 285, 288-290, 294-295, 297, 301, 303-304, 311, 315-323, 330-332, 335-336, 338-341, 345, 347, 351, 355, 357, 368, 377, 381, 385, 387, 391, 402, 405, 409, 412, 417, 420, 430-431, 435, 437-440, 447-449, 454-455, 461, 465, 468, 471-475, 479, 483, 485, 488, 490, 492, 494, 496, 505, 511-513, 519, 528-529, 535, 542-543, 545-547, 551-552, 560, 579, 582-584, 596, 611-626, 628-630, 632-633, 641, 651, 664, 667, 671, 674-678, 682-683, 685, 688, 690, 692, 694-695
- léxico 44, 52, 64, 69, 77-78, 81-82, 101, 109-110, 113-114, 118, 120-121, 139-140, 181, 191, 195, 198, 215-216, 219, 226, 232, 235, 246, 261, 351-352, 410-411, 415, 418, 424, 426, 430, 628, 631, 640, 667, 671, 674, 677, 680, 685, 689, 693, 695-696
- língua como um multissistema 83, 341
- semântica 58, 64-66, 69-71, 77-78, 81-83, 101, 109, 114, 122, 126-127, 129-131, 133, 136, 138,-140, 201, 217, 232, 234-235, 238, 243-244, 246, 248-249, 252, 254, 259-261, 270, 272-273, 277-278, 286, 294, 296-297, 308-309, 318, 320-321, 336, 340, 344-348, 351, 353, 360, 370-371, 373-374, 383, 392, 396, 414-415, 418, 423-424, 430, 445-447, 454, 460, 462, 465-467, 472, 488-489, 491,

493-494, 513, 517-518, 522, 528, 535, 537, 543, 548, 551, 553, 558, 565-567, 572, 575, 579, 583, 596, 608-609, 613-619, 621-623, 632, 645-646, 658, 667-668, 670-671, 676-677, 679, 682, 684, 689, 691
- sistemas complexos 61-63, 70, 516, 553
Som 42-43, 48-49, 53, 60, 84-85, 123, 128, 140-143, 149, 219, 276, 619, 664-665, 675, 678, 680, 688, 692-693
Subjetivo 363-364, 557, 571
Subjuntivo 86, 152-155, 327-328, 348, 355-356, 359-360, 371, 373, 375-379, 393, 399, 432-435, 437-441, 653, 684
Subordinação (*Veja* Relações gramaticais)
- sentenças subordinadas 156, 248, 280, 291, 296, 326, 346-348, 357, 380, 382, 384, 409, 414, 435, 438-439, 458, 463, 654, 668
  - subordinadas adjetivas 357, 366, 371, 654
  - subordinadas adverbiais 339, 348, 373, 377, 380, 384, 387, 390, 654
  - subordinadas substantivas 291, 326, 345, 355-357, 361, 366, 654
- sentenças correlatas 463, 655, 668
Substância da língua 45-46, 137, 140, 693
Substantivo 42, 46, 51-52, 55-56, 73, 80, 86, 95, 113, 115-116, 124-125, 127, 144, 147-149, 154-157, 159, 161, 163, 180, 198, 203, 208, 216, 245, 249-251, 253-254, 264-265, 269, 272, 274, 277-278, 285, 288, 290-291, 295, 297, 303, 306, 308, 314, 333, 341, 344, 346, 357-359, 364, 369-370, 389-390, 392, 395-396, 404, 408-411, 453-462, 466-476, 479, 481, 486, 489, 491-494, 497-500, 502-505, 507-509, 511-539, 543-545, 548-549, 552, 557, 560, 564-566, 569, 575-576, 578, 586, 588-589, 591, 597, 600-602, 609, 614, 616, 618-619, 621, 651, 656, 658, 660, 663, 666, 670, 685, 692-693
- gramaticalização do substantivo (*Veja também* Nominalização) 456, 533, 588, 660
- sintagma nominal 46, 55-57, 111, 127, 129, 156, 158-159, 163, 188, 218, 232, 234, 244, 246-247, 250-252, 257, 265-266, 270-271, 277, 279, 283-284, 287-289, 291-297, 300, 303, 315-321, 324, 329-334, 339, 342, 344-345, 354, 357, 359, 366-371, 382, 387, 391-392, 394-395, 397-398, 400-404, 406, 411-412, 420-421, 424, 427-429, 437, 439, 442, 444, 453-510, 512, 514, 516-519, 521-523, 533-534, 536-537, 539, 544-545, 558-559, 563-565, 569, 575, 584, 589, 592-593, 610, 613-614, 618, 620, 651, 655-657, 668, 672-673, 691-693
- substantivo abstrato 369, 457, 468, 522, 656
- substantivos animados/inanimados 297, 466-467
- substantivos comuns/próprios 115-116, 127, 154, 180, 297, 468
- substantivo concreto 457, 522
- substantivos contáveis/não contáveis 467-468, 618
- substantivos deverbais 358, 395, 457-460, 527, 529, 549, 552, 616, 656, 670
Sufixo (*Veja* Morfema afixal)
- sufixo derivacional 117, 457-459, 512, 560
- sufixo gramatical (*Veja também* Morfema sufixal) 149- 155
Sujeito 46, 58, 72-73, 86, 104, 127-129, 145, 148, 154, 159, 161, 184-185, 188-189, 193, 198, 205, 208, 209, 218, 221-222, 228, 235, 247, 250-252, 254, 256-257, 262-263, 265-270, 272-273, 277-284, 287-300, 307-308, 315-316, 319-323, 327-335, 346-348, 358-359, 366-369, 373, 380-385, 391, 395, 398-399, 402-403, 406-407, 409, 411-413, 416, 418-421, 424-429, 436-437, 440-446, 459, 463, 476-479, 481-483, 485-486, 488, 495, 504, 515, 518, 520, 539, 550, 564, 573, 575, 578, 593, 594, 598, 601, 613, 615, 620-621, 651-652, 659, 663-668, 671-673, 676, 691, 693-694

- concordância do verbo com o sujeito 46, 193, 208, 613, 652, 673
- sujeito e construção de tópico 279- 289
- sujeito gramatical 251, 281
  - sujeito anteposto 208, 291, 413, 652
  - sujeito nulo 282, 293-294, 381, 427
  - sujeito posposto 208, 292, 413, 652
- sujeito psicológico 251
Subjetificação 278

T

Télico (*Veja também* Aspecto verbal) 246, 416-417, 420, 422-425, 430, 527, 559, 563, 567
Tema 67, 70, 72-73, 81, 86, 92, 97, 100, 106, 126, 135-136, 144, 153-154, 159, 183-184, 186, 191, 203, 213, 215-216, 228, 232-233, 250, 258-259, 271, 280, 285, 295-296, 300, 323, 325, 329, 343, 350, 405, 409, 439, 449, 457, 462, 471-472, 483, 495,
  565, 568, 611, 623-625, 627-628, 630, 650, 665, 689-690, 694
Tempo 41-42, 48, 52-53, 55-56, 59-60, 69, 76-77, 79-81, 83, 86, 88, 92, 99, 103, 106, 110, 113, 117, 123-125, 128, 132-133, 135-136, 138-139, 144-146, 151-156, 161, 169, 171, 185, 188-189, 197, 199, 204-205, 213, 216, 220-221, 225, 227, 229, 231, 233, 237-239, 241, 244-245, 252-253, 259, 264, 271, 274, 281, 283, 291-292, 299-300, 302, 306, 309, 311, 315, 317-318, 325, 327-328, 330, 343, 349, 354-355, 361, 368, 371-373, 375, 379-382, 386, 391-393, 396-398, 401-402, 404-405, 407-408, 410, 414-418, 420-423, 425, 429-438, 441-443, 447, 449-451, 453, 455-457, 463-464, 466, 470, 476, 478, 483-484, 486-488, 490-493, 496, 499, 517, 521, 528, 534, 542, 548-549, 551, 554-555, 557, 563, 567-569, 573-576, 578-579, 581, 584, 586-587, 590, 593, 595-597, 599-600, 602-603, 605-609, 612, 615, 620, 622-624, 628-629, 633-634, 651, 655, 670, 674, 679, 682, 685, 696
- tempo determinado 593
- tempo fictício 432
- tempo indeterminado 593
- tempo presente 407, 422, 442, 450
  - tempos do presente do indicativo 431-433
    - presente atemporal 432
    - presente metafórico 432, 434
    - presente real 432, 434
- tempos do futuro 434
  - tempos do futuro do indicativo 434
    - futuro do presente 86, 153, 155-156, 393-394, 399, 403, 405, 432-435, 450, 685
    - futuro do pretérito 153, 155, 328, 393, 403-405, 432-434, 441, 450
    - futuro do subjuntivo 153-155, 399, 432
- tempos do passado 239, 433, 435, 442-443
  - tempos do passado do indicativo 433-434
    - pretérito imperfeito 152-153, 239-240, 393, 416, 422, 432-435, 442, 676
    - pretérito mais-que-perfeito 153
    - pretérito perfeito composto 403, 405-406, 423, 425-426, 431, 434-435, 655
    - pretérito perfeito simples 150, 240, 393, 422, 424, 431, 433-434, 442
  - tempos do passado do subjuntivo 435
  - tempos do presente do subjuntivo 435
- tempo real 88, 139, 216, 432
Teoria 41-46, 53, 58-59, 61-74, 78, 81-82, 84-85, 87-89, 91, 100, 109, 111, 124, 127, 132, 134, 139, 140, 164, 166, 187, 197, 206, 215-216, 228, 241-242, 253-254, 257-260, 262-263, 265, 269, 284, 289, 295-296, 308, 315, 320-321, 340, 347, 377,

ÍNDICE DE MATÉRIA | 711 |

382, 437-438, 462-464, 466, 476, 489, 516, 520, 558, 572, 587, 619, 621, 623-625, 631-632, 640, 642-643, 645, 670, 678, 682, 687, 688, 694
- teoria da variação e mudança 46, 73-74, 85, 88, 197, 284
- teoria estruturalista 694
- teoria funcionalista 89, 140, 694
- teoria multissistêmica 63, 68-69, 81-82, 216, 377, 382
- teoria sistêmica 81-82

Texto 43-44, 50, 56, 68, 71, 73-74, 81-83, 88, 92, 95, 98-99, 100-101, 103, 106, 109, 111, 125-126, 128, 132, 134-138, 145, 164-165, 167, 171, 175, 181, 183, 186-187, 198, 206, 211-213, 215-217, 219-220, 222, 225-226, 229-235, 237-242, 245, 251, 253-254, 258-260, 269, 274, 279, 283-285, 288, 297-300, 303, 306, 313, 316-317, 340-341, 364-365, 373, 382-384, 396, 404, 431-432, 437, 441, 443, 455, 469-471, 476, 478, 484, 496, 499-500, 504, 509, 512, 519, 535-537, 543, 572-573, 578-579, 580-583, 591, 608, 611, 614, 616-618, 620, 621-632, 636, 646-647, 650-651, 653, 658, 664-667, 669, 671-672, 674-675, 677, 683, 686-687, 693-696
- tipo textual 239, 694

Tipologia linguística 170, 281, 331, 620
- línguas de sujeito-predicado 281
- línguas de tópico-comentário 281

Tópico 67, 69, 72, 74, 80, 82, 91, 97, 106, 126, 133, 135, 137, 157, 161, 172, 191, 193, 197, 209, 213, 217-218, 220-221, 225, 229-239, 241, 258, 268, 271, 278-279, 280-286, 288-289, 295, 300, 307-308, 311, 317, 320, 329, 352, 364-365, 366, 376, 383, 387, 401, 442, 469-471, 494, 500-501, 504-505, 509, 536-537, 583, 592, 608-609, 614, 618, 620, 627, 629, 650-651, 653, 665-666, 668-670, 672, 675, 682, 686, 694, 687, 689, 693-694
- antitópico 268, 279, 387, 486, 487
- construção de tópico 161, 191, 193, 209, 232, 271, 278-279, 280, 281-286, 300, 307, 311, 320, 387, 583, 592, 608, 651, 665, 668-689, 694
- continuidade tópica 651, 669, 694
- descontinuidade tópica 670, 694
- organização hierárquica de tópicos discursivos 686
- organização linear de tópicos discursivos 686
- quadro tópico 74, 80, 157, 230-233, 236-237, 469-470, 618, 653
- subtópico 650, 686, 693-694
- supertópico 686, 693-694
- topicalidade 694
- tópico discursivo 133, 135, 230, 232, 234, 285, 289, 364, 442, 500-501, 536-537, 614, 666, 668, 670, 675, 687, 693-694

Traços distintivos 142-143, 146
Traços semânticos 69, 110, 113, 117, 127-129, 185, 243, 253-254, 260, 289, 297, 415, 420, 424, 466-467, 508, 519, 526, 529-530, 551, 558, 567, 594, 621-622, 651, 655, 668, 679-680, 682, 684, 687-689, 692
- traços semânticos atribuídos por predicação 127-129
- traços semânticos inerentes 110, 127, 254, 415, 466, 622, 679

Tradição discursiva 171, 241-242, 651
Transcrição dos dados
- transcrição conversacional 226-227
- transcrição fonológica 140, 226
- transcrição morfológica 144, 266
- transcrição sintática 56, 144
- transcrição textual 145, 226, 231-232

Transferência 128, 244-245, 397, 551, 594
Transitividade (*Veja também* Princípio de transitividade, Relações gramaticais)
Turno conversacional 79, 227, 350, 627, 650, 671, 688
- assalto ao turno 215, 228
- manutenção do turno 228, 650
- pares adjacentes 215, 228
- passagem consentida do turno 228
- turnos emparelhados 76, 695

U
Unidades linguísticas 44, 54, 59, 111, 142, 232, 269, 277, 676, 692
- unidade discursiva 72, 74, 137, 217-218, 230-233, 237, 242, 352, 543, 581, 627, 650-651, 665-667, 689, 691-692, 694-695
- unidades gramaticais 55, 58, 313, 667, 676, 686
  - unidade fonológica 50, 143, 691
  - unidade morfológica 51-54
  - unidade sintática 56, 217, 250, 275, 316, 317, 337, 339, 391, 687
- unidade lexical (*Veja também* Palavra) 50, 182, 360

Usos linguísticos 44, 65-66, 79, 89-90, 98, 105, 138, 197, 214, 552, 623-624

V
Vago, vagueza, vaguidão linguística 71, 378, 432, 560-563
Variação linguística 68, 87, 89-91, 98, 105, 171, 197, 206, 214, 223, 695
- variantes 46, 91-92, 116, 133, 143, 156, 176, 184, 197-198, 200, 320, 341, 378, 401, 577, 589-590, 695
- variedades de canal 212-223
- variedades geográficas 198, 201, 629
- variedades individuais 211-212
- variedades linguísticas 90, 187, 198, 205, 210, 671, 677, 681, 686, 695
- variedades socioculturais 204-205, 649
- variedades temáticas 223-224

Verbete 92, 111-112, 118-119, 274, 333, 695-696
Verbo 51-53, 70, 87, 95, 113, 121, 123, 125-126, 128-129, 138, 144-145, 147-148, 150-157, 159, 161-162, 167, 184-185, 188, 190, 193, 203, 205, 207-208, 216, 235, 244-245, 249-250, 252, 254, 256, 262-264, 280, 286, 288, 292, 294-296, 299, 301, 305-306, 314, 317-320, 327-332, 335-336, 344, 346, 355, 357-365, 375, 378, 380-381, 389, 391-452, 456-460, 463, 467-468, 476, 481-482, 488, 514-516, 518-519, 522, 537, 539, 542-543, 548-549, 558, 563, 566-568, 572, 578, 586, 590-591, 593-598, 616-617, 619-620, 622, 652-653, 655-656, 663, 668, 672, 689, 696
- gramaticalização do verbo (*Veja* Gramaticalização)
- modo verbal 153, 322, 348, 373, 377, 439, 483, 555, 654
- sintagma verbal (*Veja* Sintagma)
- tempo verbal 52, 237, 241, 355, 361, 417, 430-432, 435, 443, 651
- verbo apresentacional 129, 286, 288, 364, 414, 442, 537, 653, 655
- verbo auxiliar 52, 153-154, 162, 184, 245, 277, 392-393, 397-398, 400-405, 408, 418, 421, 423, 425, 436, 438-439, 444-446, 449-450, 483-484, 548, 570, 655-656, 696
- verbo estar 398, 622
- verbo e seleção de preposição 593-595
  - verbo de aproximação/união/semelhança 595
  - verbo de complemento final 594
  - verbo de comunicação 594
  - verbo de criação/produção 594
  - verbo de movimento 185, 193, 305, 331, 335, 378, 405, 445-446, 543, 591, 593, 596, 598, 616
  - verbo de transferência 594
- verbo e transitividade 262-264, 299, 306, 396, 590, 593
- verbo intransitivo 249, 263, 293, 296, 331-332, 481, 539, 672-673
- verbo transitivo direto 263, 357, 436

- verbo transitivo indireto 263
- verbo transitivo oblíquo 358
- verbo transobjetivo 263, 320
- verbo funcional 330, 397-399, 403, 407, 411, 696
- verbo haver 138
- verbo pleno 52, 162, 245, 316-318, 392, 397-399, 402-405, 407-408, 411, 421, 423, 425, 431, 441, 445, 446, 450, 549, 622, 655-656, 696
- verbo ser 398, 403, 448, 547, 578, 655
- verbo suporte 245, 392, 410, 411, 492, 598
- verbo télico/atélico 416-417, 420-424, 430, 563, 567
- verbo ter 161
- voz verbal 136, 436

Verificação 122, 129, 133, 182, 252, 308-310, 316, 319, 423, 497, 499-500, 513, 517, 523, 531-532, 536, 542-544, 549, 551-552, 566, 571-573, 582, 676, 696

Visão 60, 69, 79, 136, 354, 398, 405, 417, 420, 466, 601, 603, 663, 682

Vocábulo 52, 55, 86, 92, 110, 121, 124-125, 180, 190, 199, 307, 310, 324, 345, 357, 360, 392-393, 438, 445-446, 456, 475, 481-482, 489-490, 495-498, 505, 508, 519, 559, 576, 587, 619, 675-676, 680, 689, 691, 696

Vocabulário 92, 95-96, 101, 110-111, 114, 117-119, 120, 181, 198-199, 281, 456, 505, 613-619, 680, 683, 687, 696
- vocabulário regional 198

Vocativo 288, 665

Voz 89, 97, 102, 136, 154, 212, 221, 226- 228, 236, 239, 248, 249, 251, 262, 296, 304, 389, 397, 400, 414, 416, 425, 436, 437, 443, 444, 447, 449, 452, 481, 602, 613, 672, 687, 695, 696
- voz ativa 249, 262, 436, 437
- voz passiva 154, 221, 249, 262, 296, 304, 400, 425, 436, 437, 443, 444, 447, 449, 481
- voz reflexiva 436, 437

BIBLIOGRAFIA

Esta Bibliografia está assim organizada:

Uma barra inclinada separa: (i) autores de textos multiautorais, (ii) localidades da mesma edição, (iii) editoras, (iv) data do original e data de sua tradução, sempre que foi possível obter esse dado, (v) primeira edição/edição efetivamente consultada, sempre que foi possível obter o primeiro dado.
Em textos publicados ao longo de vários anos, um hífen separa a data inicial da data de sua finalização.
Nos textos publicados em obras coletivas, remete-se ao organizador/editor da obra, seguindo-se a data da publicação e as páginas. Nesses casos, procure pelo sobrenome do organizador/editor para a obtenção dos dados bibliográficos completos.

ABAURRE GNERRE, Maria Bernadete (1973). *Identidade de representações básicas de diferenciação superficial no componente fonológico de línguas cognatas.* Campinas: Universidade Estadual de Campinas, dissertação de mestrado.
_____ (1979). *Phonostylistic aspects of a Brazilian Portuguese dialect: implications for syllable structure constraints.* Buffalo: State University of New York, tese de doutoramento.
ABAURRE, Maria Bernardete M. (1993). Língua oral, língua escrita: interessam à linguística os dados da representação da aquisição da representação escrita da linguagem? *Atas do IX Congresso Internacional da Associação de Linguística e Filologia da América Latina.* Campinas: Universidade Estadual de Campinas, 1993, vol II: 361-384.
_____ (2001). *Cenas de aquisição da escrita.* São Paulo: Mercado de Letras.
_____ / RODRIGUES, Ângela C. S. (orgs. 2002). *Gramática do português falado.* Campinas: Editora da Unicamp/Fapesp. Vol. VIII: novos estudos descritivos.
_____ (org. no prelo). *Gramática do português culto falado no Brasil.* Campinas: Editora da Unicamp. Vol. V: a construção dos sons.
ABBUD, Ângela Russo (1973). Ver Toledo, Maria Ângela R. A.
ABRAÇADO, Jussara (2005). A influência do princípio do peso na ordem verbo-sujeito no português de contato do Alto Xingu. Em: RONCARATI / ABRAÇADO (orgs. 2008: 13-19).
ABREU, Antônio Suárez (2004). *A arte de argumentar:* gerenciando razão e emoção. 7. ed. São Paulo: Ateliê Editorial.
ACADEMIA BRASILEIRA DE LETRAS/GLOBAL EDITORA (2009). *Vocabulário ortográfico da língua portuguesa.* 5. ed. São Paulo: Global.
ACADEMIA DAS CIÊNCIAS DE LISBOA (2001). *Dicionário da língua portuguesa contemporânea da Academia das Ciências de Lisboa.* Lisboa: Verbo, 2 volumes.
ADAM, J.-M. (1991). Cadre théorique d'une typologie séquentielle. *Études de Linguistique Appliquée. Didactologie des Langues-Cultures.* Paris: Didier Érudition, juillet-septembre l99l.
_____ (l992). *Les textes:* types et prototypes. Lausanne: Nathan.
ADAMS, M. (1987). *Old French, null subjects and verb-second phenomena.* Los Angeles: University of California Los Angeles, Ph.D. dissertation.

ADRADOS, Francisco Rodriguez (1969). *Lingüística estructural*. Madrid: Gredos.
AGARD, Frederick B. (1984). *A course in romance linguistics*. Washington: Georgetown University Press. Vol. I: a synchronic view. Vol. II: a diachronic view.
AGUILERA, Vanderci de A. (1994). *Atlas linguístico do Paraná*. Curitiba: Imprensa Oficial do Estado, 2 volumes.
_____ (org. 1998). *A geolinguística no Brasil:* caminhos e perspectivas. Londrina: Universidade Estadual de Londrina.
_____ (2002). Um estudo lexical em documentos notariais paranaenses. Em: DUARTE / CALLOU (orgs. 2002: 223-235).
_____ (org. 2005). *A geolinguística no Brasil:* trilhas seguidas, caminhos a percorrer. Londrina: Universidade Estadual de Londrina.
_____ (org. 2008). *Para a história do português brasileiro*. Londrina: Universidade Estadual de Londrina. Vol. VII.
AGUILERA, Vanderci de Andrade (org. 2009). *Para a história do português brasileiro*, vol. VII: Vozes, veredas, voragens, 2 tomos. Londrina: Editora da Universidade Estadual de Londrina.
ALARCOS LLORACH, Emilio (1968/1970). *Estudios de gramática funcional del español*. Madrid: Gredos.
ALBANO, Eleonora Cavalcante (1990). *Da fala à linguagem: tocando de ouvido*. São Paulo: Martins Fontes.
_____ et al. (orgs. 2003). *Saudades da língua*. Campinas: Mercado de Letras.
ALFANO, Lidia Rodríguez (org. 2005). *Actas del XIV Congreso de la Asociación de Lingüística y Filología de América Latina*. Monterrey, México, vol. I, CD-ROM.
ALKMIN, Mônica (2001). *Negativas sentenciais no dialeto mineiro:* uma abordagem sociolinguística. Belo Horizonte: Universidade Federal de Minas Gerais, tese de doutoramento, inédita.
_____ / RAMOS, Jânia (2001). Projeto História da Língua Portuguesa em Minas: primeiras informações. Palestra apresentada no V Congresso de Ciências Humanas Letras e Artes. Ouro Preto.
_____ (2002a). Negativa pré- e pós-verbal: implementação e transição. Em: COHEN / RAMOS (orgs. 2002: 169-182).
_____ (2002b). Fontes para o estudo do português setecentista e oitocentista em Minas Gerais. Em: DUARTE / CALLOU (orgs. 2002: 87-92).
ALKMIN, Tânia M. (1975). *A classe difícil dos predicados adjetivais em português*. Campinas: Universidade Estadual de Campinas, dissertação de mestrado.
_____ (2001). A variedade linguística de negros e escravos: um tópico da história do português no Brasil. Em: MATTOS E SILVA (org. 2001, tomo 2: 317-336).
_____ (org. 2002). *Para a história do português brasileiro*. São Paulo: Humanitas/Unicamp-USP. Vol. III: novos estudos.
ALMEIDA, João de (1973/1980). *Introdução ao estudo das perífrases verbais de infinitivo*. Assis: Instituto de Letras, História e Pedagogia de Assis/Hucitec.
ALMEIDA, Manoel Mourivaldo S. / COX, Maria Inês Pagliarini (orgs. 2005). *Vozes cuiabanas:* estudos linguísticos em Mato Grosso. Cuiabá: Cathedral Publicações.
ALMEIDA, Maria Lúcia Leitão de (1995). Aqui e hoje. A dimensão espaço-temporal em Português: o caso das preposições, advérbios e conjunções. Em: HEYE (org. 1995: 207-218).
ALMEIDA FILHO, José Carlos Paes (org. 1991). *Português para estrangeiros:* interface com o espanhol. Campinas: Pontes.
_____ / LOMBELLO, Leonor (orgs. 1992). *Identidade e caminhos no ensino de português para estrangeiros*. Campinas: Pontes.
_____ (1993). *Dimensões comunicativas no ensino de línguas*. Campinas: Pontes.
_____ (1995). Português e espanhol nas relações de interface no Mercosul. *Em Aberto*. Brasília, ano 15, n. 68, out./dez. 1995.
_____ (org. 1997). *Parâmetros atuais no ensino de PLE*. Campinas: Pontes.
_____ (2005). *Linguística aplicada, ensino de línguas e comunicação*. Campinas: Pontes/Arte Língua.
ALMEIDA PRADO, José de (1975). *O sistema de pronomes pessoais na prosa portuguesa do séc. XIV e inícios do séc. XVI*. São Paulo: Universidade de São Paulo, tese de doutoramento.
ALONSO, Amado (1933/1967). Estilística y gramática del artículo en español. Em: ALONSO (1967: 125-160).
_____ (1967). *Estudios lingüísticos, temas españoles*. 3. ed. Madrid: Gredos.
ALTMAN, Cristina (org. 2001). Em homenagem a Ataliba Teixeira de Castilho. *Boletim VI de Historiografia da Linguística Brasileira*. São Paulo: Associação Nacional de Pós-Graduação e Pesquisa em Letras e Linguística.
_____ (2003). *A pesquisa linguística no Brasil (1968-1988)*. São Paulo: Humanitas.
_____ (org. 2004). Homenagem a Mattoso Câmara (1904-1970). *D.E.L.T.A*. 20 (número especial): 2004.
ALVAR, Manuel (1960). *Diferenciación léxica de las lenguas románicas*. Madrid: Consejo Superior de Investigaciones Científicas.
ALVES, Ieda Maria (1990/2007). *Neologismos. Criação lexical*. 3. ed. São Paulo: Ática.
_____ / RODRIGUES, Ângela C. S. (orgs. no prelo). *Gramática do português culto falado no Brasil*. Vol. IV: construção morfológica das palavras.
ALVES, Maria Isolete P. (1979). *Atitudes linguísticas de nordestinos em São Paulo*. Campinas: Universidade Estadual de Campinas, dissertação de mestrado.
AMARAL, Amadeu (1922/1977). *O dialeto caipira*. 2. ed. São Paulo: Hucitec, 1977.
AMARAL, Hílton (1976). *Semântica da língua portuguesa*. São Paulo: Resenha Universitária.
AMBAR, Maria Manuela (1992). *Para uma sintaxe da inversão sujeito-verbo em português*. Lisboa: Colibri.
ANDRADE, Hamílton (1974). *O dialeto cearense*. Rio de Janeiro: Pontifícia Universidade Católica, dissertação de mestrado.

ANDRADE, Maria Lúcia da C. V. O. (1990). *Contribuição à gramática do português falado*: estudo dos marcadores conversacionais "então", "aí", "daí". São Paulo: Pontifícia Universidade Católica de São Paulo, dissertação de mestrado.
_____ (1995). *Digressão:* uma estratégia na condução do jogo textual-interativo. São Paulo: Universidade de São Paulo, tese de doutoramento.
_____ (1997). Digressão: uma estratégia na condução do jogo textual-interativo. Em: KOCH / BARROS (orgs. 1997: 180-184).
_____ (2003). As escolhas lexicais e o desenvolvimento do tópico discursivo nos diálogos do Nurc/SP. Em: PRETI (org. 2003: 103-117).
ANTINUCCI, F. / CINQUE, G. (1977). Sull'ordine delle parole in italiano: l'emarginazione. *Studi di Grammatica Italiana* 6, 1977: 121-146.
ANTUNES, Irandé Costa (1996). *Aspectos da coesão do texto:* uma análise em editoriais jornalísticos. Recife: Universitária/ Universidade Federal de Pernambuco.
APRESJAN, Ju. D. (1966/1980). *Ideias e métodos da linguística estrutural contemporânea.* Trad. Lucy Seki. São Paulo: Cultrix.
AQUINO, Zilda Gaspar O. (1991). *A mudança de tópico no discurso oral dialogado.* São Paulo: Pontifícia Universidade Católica, dissertação de mestrado.
_____ (1997). *Conversação e conflito:* um estudo das estratégias discursivas em interações polêmicas. São Paulo: Universidade de São Paulo, tese de doutorado.
ARAGÃO, Maria do Socorro Silva de (1974/1978). *Sistema, norma e diassistema na caracterização fonológica regional da Paraíba.* João Pessoa: Universidade Federal da Paraíba, tese de doutoramento defendida na Universidade de São Paulo em 1974.
_____ / MENEZES, C. (1984). *Atlas linguístico da Paraíba.* Brasília: Universidade Federal da Bahia/CNPq.
_____ (1988). *Bibliografia dialetal brasileira.* João Pessoa: CCLA da Universidade Federal da Paraíba.
_____ / SOARES, Maria Elias (orgs. 1996). *A linguagem falada em Fortaleza.* Fortaleza: Universidade Federal do Ceará.
_____ (1997). *Fonética e fonologia:* bibliografia brasileira. Fortaleza: Universidade Federal do Ceará.
ARNAULD, Antoine / LANCELOT, Claude (1671/1830/1969). *Grammaire générale et raisonnée.* Preface de Michel Foucault, nouvelle édition. Paris: Republications Paulet.
ARNOUX, Elvira (1999). Política lingüística: los contextos de la disciplina. Em: *Políticas Lingüísticas para América Latina. Actas del Congreso Internacional.* Buenos Aires: Universidad de Buenos Aires/Facultad de Filosofía y Letras, Instituto de Lingüística, 1997: 13-24.
ARRAIS, Telmo Correia (1974). *As estruturas sintático-semânticas dos verbos de movimento em Português.* São Paulo: Universidade de São Paulo, tese de doutoramento.
ARRIBAS, Antonio (1967). *Os iberos.* Lisboa: Editorial Verbo.
ARROJO, Rosemary (org. 1992). *O signo desconstruído:* implicações paa a tradução, a leitura e o ensino. Campinas: Pontes.
ASHBY, W. et al. (eds. 1993). *Linguistic perspectives on the Romance languages. Selected papers from the XXI Linguistic Symposium on Romance Languages.* Amsterdam: John Benjamins (Currents Issues in Linguistic Theory Series).
ASHER, R. E. / SIMPSON, J. M. Y. (eds. 1994). *The encyclopedia of language and linguistics.* Oxford: Pergamon Press.
ASÍN PALACIOS, Miguel (1940). *Contribución a la toponimia árabe en España.* Madrid: Granada.
ASSIS, R. M. (1988). Variações linguísticas e suas implicações no ensino do vernáculo: uma abordagem sociolinguística. *Ilha do Desterro* 20, 1988: 59-81, Florianópolis.
AUBERT, Francis Henri (1975). *Estudo silábico do português do Brasil.* São Paulo: Universidade de São Paulo, tese de doutoramento.
AUDUBERT, Albert (1972). Le morphème "-irei", "ás" et une forme de future très usité au Brèsil. *Língua e Literatura* 1, 1972: 87-92.
AUROUX, Sylvain (1992). *A revolução tecnológica da gramaticalização.* Campinas: Editora da Unicamp.
AUTHIER-REVUZ, Jacqueline (1998). *As palavras incertas. As não coincidências do dizer.* Revisão técnica: Eni Orlandi. Campinas: Editora da Unicamp.
AZEVEDO, Francisco Ferreira dos Santos (1950/1983). *Dicionário analógico da língua portuguesa.* Brasília: Thesaurus.
AZEVEDO, Mílton M. (1973). *On passive sentences in English and Portuguese.* Ithaca: Cornell University, Ph.D. dissertation.
_____ (1976). *O subjuntivo em português:* um estudo transformacional. Petrópolis: Vozes.
_____ (2005). *Portuguese: a linguistic introduction.* Cambridge: Cambridge University Press.
AZEVEDO, Ramiro de (1973). *O falar são-luisense.* São Luís: edição particular. Pré-editado na revista *Construtura* 3: 1973.
AZEVEDO FILHO, Leodegário A. de (org. 1967). *Estudos filológicos:* homenagem a Serafim da Silva Neto. Rio de Janeiro: Tempo Brasileiro.
BACELLAR, Carlos de Almeida Prado (2005). O processo de povoamento do território paulista, séculos XVI a XX. Em: OLIVEIRA, Marilza de (org. 2006). Republicado em: CASTILHO (org. 2009: 137-147).
BACELAR DO NASCIMENTO, Maria Fernanda: ver NASCIMENTO, Maria Fernanda Bacelar do.
BACH, Emmon / HARMS, R. T. (1968). *Universals in linguistic theory.* New York: Holt, Rinehart & Winston.
_____ (1974/1981). *Teoria sintática.* Trad. e adapt. M. W. Averburg e P. H. Britto. Rio de Janeiro: Zahar.
BACK, Eurico / MATTOS, Geraldo (1972). *Gramática construtural da língua portuguesa.* São Paulo: FTD S/A, 2 volumes.
BADIA MARGARIT, A. (1953). El subjuntivo de subordinación en las lenguas romances y especialmente en el iberorromânico. *Revista de Filología Española* 37, 1953: 96-129.

BAGNO, Marcos (1997). *A língua de Eulália:* novela sociolinguística. São Paulo: Contexto.
_____ (1999a). *Pesquisa na escola:* o que é, como se faz. São Paulo: Loyola.
_____ (1999b). *Preconceito linguístico:* o que é, como se faz. São Paulo: Loyola.
_____ (2000). *Dramática da língua portuguesa:* tradição gramatical, mídia e exclusão social. São Paulo: Loyola.
_____ (2001a). *Português ou brasileiro? Um convite à pesquisa.* São Paulo: Parábola.
_____ (2001b). *Norma linguística.* São Paulo: Loyola. Tradução da obra coletiva *La Norme linguistique*, 1983.
_____ (org. 2002). *Linguística da norma.* São Paulo: Loyola.
_____ (2003). *A norma oculta:* língua & poder na sociedade brasileira. São Paulo: Parábola.
_____ (2007). *Nada na língua é por acaso:* por uma pedagogia da variação linguística. São Paulo: Parábola.
BAIÃO, Rosaura de B. / ARRUDA, Júlia (1996). Gramaticalização de "até". Em: MARTELOTTA / VOTRE / CEZARIO (orgs). 1996: 251-260).
BAKHTIN, Mikhail (1929/1979). *Marxismo e filosofia da linguagem.* Trad. M. Lahud e Y. Vieira. São Paulo: Hucitec.
_____ (1992). Os gêneros do discurso. Em: BAKHTIN (1997).
_____ (1997). *Estética da criação verbal.* Trad. M. Ermantina G. G. Pereira. São Paulo: Martins Fontes.
BALDINGER, Kurt (1962). *La formación de los dominios lingüísticos en la península ibérica.* Madrid: Gredos.
_____ (1970). *Teoría semántica: hacia una semántica moderna.* Madrid: Alcalá.
BALLY, Charles (1942). *Impresionismo en el lenguaje.* Buenos Aires: Impr. Coni.
_____ (1950). *Linguistique générale et linguistique française.* Berne: A. Francke S.A.
_____ (1951). *Traité de stylistique française.* Genève: George & Cie.
_____ (1952). *Le langage et la vie.* Genève: Droz.
BARBARA, Leila (1975). *Sintaxe transformacional do modo verbal.* São Paulo: Ática.
BARBARA, Leila (org. 1998). *Homenagem a Ataliba T. de Castilho. D.E.L.T.A.* 14 (número especial): 1998.
BARBOSA, Afrânio Gonçalves (2000). *Análise linguística do gerúndio:* cartas de comércio do séc. XVIII. Rio de Janeiro: Universidade Federal do Rio de Janeiro, tese de doutoramento.
_____ / LOPES, Célia / CALLOU, Dinah (orgs. 2000). *Corpora.* CNPq/Faperj, CD-ROM.
_____ / LOPES, Célia (orgs. 2002/2006). *Críticas, queixumes e bajulações na imprensa brasileira do séc. XIX:* cartas de leitores e cartas de redatores. Rio de Janeiro: Projeto para a História do Português Brasileiro/Universidade Federal do Rio de Janeiro, CD-ROM.
_____ / LOPES, Célia / CALLOU, Dinah (2002). Organização dos *corpora* diacrônicos do PHPB-RJ na rede mundial de computadores. Em: DUARTE / CALLOU (orgs. 2002: 29-38).
_____ / LOPES, Célia (orgs. 2003). *Queixumes e bajulações na imprensa brasileira do séc. XIX.* Rio de Janeiro: Faculdade de Letras da Universidade Federal do Rio de Janeiro, CD-ROM.
_____ (2007a). Normas cultas e normas vernáculas: a encruzilhada histórico-diacrônica nos estudos sobre português brasileiro. Em: CASTILHO et al. (orgs. 2007: 499-512).
_____ (2007b). Para uma tipologia textual do português (pós-) clássico: a pluriortografia em documentos coloniais, inédito.
BARBOSA, Edilaine Buin (2002). *Aquisição da escrita.* São Paulo: Contexto.
BARBOSA, Jeronymo Soares (1803/1881). *Grammatica philosophica da lingua portugueza.* 7. ed. Lisboa: Tipografia da Real Academia das Ciências.
BARRENECHEA, Ana Maria (1969/1982). Operadores pragmáticos de actitud oracional: los adverbios en *-mente.* Em: LOPE-BLANCH (org. 1982: 313-332).
BARRETO, Therezinha Maria Mello (1999). *Gramaticalização das conjunções na história do português.* Salvador: UFBa, tese de doutoramento.
_____ (2004). Esboço de estudo multissistêmico do item conjuncional "conforme". Em: COSTA / MACHADO FILHO (orgs. 2004: 13-30).
BARRIOS, Graciela (1999). Políticas lingüísticas en el Uruguay: estándares vs. dialectos en la región fronteriza uruguayo-brasileña. *Boletim da Associação Brasileira de Linguística* 24: 65-82.
BARROS, Diana Luz Pessoa (1988). *Teoria do discurso:* fundamentos semióticos. São Paulo: Atual.
_____ (1990/2007). *Teoria semiótica do texto.* 4. ed. São Paulo: Ática, 2007.
_____ (1993). Procedimentos de reformulação: a correção. Em: PRETI (org. 1993: 129-156).
_____ / FIORIN, José Luiz (orgs. 1994). *Dialogia, polifonia, intertextualidade.* São Paulo: Editora da USP.
_____ (2002). Interação em anúncios publicitários. Em: PRETI (org. 2002: 17-44).
BARROS, João de (1540/1971). *Gramática da língua portuguesa:* cartinha, gramática, diálogo em louvor de nossa linguagem diálogo da viciosa vergonha. 4. ed. Reprodução fac-similada, leitura, introdução e anotações por Maria Leonor Carvalhão Buescu, 1439-1540. Lisboa: Publicações da Faculdade de Letras da Universidade de Lisboa.
_____ (1539/1988/1992). *Ásia:* primeira e segunda décadas. Edição de Antonio Baião e Luis Filipe Lindley Cintra. Lisboa: IN-CM, 2 volumes.
BARROS, Kazue S. M. (org. 1999). *Produção textual: interação, processamento, variação.* Natal: Editora da UFRN.
BARROSO, Henrique (1994). *O aspecto verbal perifrástico em português contemporâneo.* Porto: Porto Editora.
BASÍLIO, Margarida (1980). *Estruturas léxicas do português.* Petrópolis: Vozes.

_____ (1990). Flutuação categorial de base adjetiva no português falado. Em: ILARI (org. 1992: 81-98).
_____ (1991). Conversão adjetivo/advérbio em português: um estudo de classes de palavras. *Boletim da Abralin* 11: 143-152.
_____ (1998a). Morfológica e Castilhamente: um estudo das construções X-mente no português do Brasil. *D.E.L.T.A.* 14 (número especial), 1998: 15-26.
_____ (1998b). *Teoria lexical*. São Paulo: Ática.
_____ (2004). *Formação e classes de palavras em português*. São Paulo: Contexto.
BASSETTO, Bruno Fregni (2001). *Elementos de filologia românica:* história externa das línguas. São Paulo: Editora da USP.
BASTOS, Lúcia K. X. (1985). *Coesão e coerência em narrativas escolares*. Campinas: Editora da Unicamp.
BASTOS, Lúcia C. (1993). *Da gramática ao discurso:* uma análise das funções do adjetivo no português falado. Rio de Janeiro: PUC-RJ, tese de doutoramento.
BASTOS, Norma Barbosa (org. 2004). *Língua portuguesa em caleidoscópio*. São Paulo: Editora da Universidade Católica/Fapesp.
BATTYE, Adrian / ROBERTS, Ian (eds. 1995). *Clause structure and language change*. New York: Oxford University Press.
BAXTER, Alan N. / LUCCHESI, Dante (1993). Processos de descrioulização no sistema verbal de um dialeto rural brasileiro. *Papia – Revista de Crioulos de Base Ibérica* 2 (2), Brasília, 1993: 59-71.
_____ / LUCHESI, Dante (1997). A relevância dos processo de pidginização e crioulização na formação da língua portuguesa no Brasil. *Estudos Linguísticos e Literários*, (número especial), 1997: 65-83.
_____ / LOPES, Norma da Silva (2004). Variação na marcação referencial do dialeto afro-brasileiro. *Lingua(gem)* 1 (2), 2004: 11-30.
BAZANELLA, Carla (1986). I connetivi di correzione nel parlato: usi metatestuale e fàtici. Em: LICHEM / MARA / KANNER (a cura di 1986: 35-45).
_____ (1994). *Le facce del parlare:* um approccio pragmático all'italiano parlato. Firenze: La nuova Italia Editrice.
BEACCO, J.-C. (l9l). Types ou genres? Catégorisation des textes et didactique de la compréhension et de la production écrites. *Études de Linguistique Appliquée. Didactologie des Langues-Cultures*. Paris: Didier Érudition, jul.-set. l99l.
BEARZOTI FILHO, Paulo (2002). *Formação linguística do Brasil*. Curitiba: Nova Didática.
BEAUGRANDE, Robert De (1980). *Text, discourse and process*. London: Longman.
_____ / DRESSLER, Wolfgang (1981). *Introduction to text linguistics*. London/New York: Longman.
BÉCARES BOTA, Vicente. Ver DÍSCOLO, Apolonio (séc. I d.C./1987).
BECHARA, Evanildo (1954). *Lições de português pela análise sintática*. Rio de Janeiro: Acadêmica.
_____ (1972). A sintaxe dos demonstrativos em "A mulher do vizinho". *Littera* 5, 1972: 58-67.
_____ (1985). *Ensino de gramática. Opressão? Liberdade?* São Paulo: Ática.
_____ (1992/1999). *Moderna gramática portuguesa*. 37. ed. rev. e ampl. Rio de Janeiro: Lucerna, 1999.
BEEKES, R. S. P. (1995) *Comparative Indo-European linguistics:* an introduction. Amsterdam/Philadelphia: John Benjamins.
BEINHAUER, Werner (1964). *El español coloquial*. Madrid: Gredos.
BELLERT, O. (1977). On semantic and distributional properties of sentencial adverbs. *Linguistic Inquiry* 8 (2): 337-350.
BELLO, Andres (1883). *Gramática de la lengua castellana*. Santiago: Universidad de Chile.
BENATTI, Pe. Mário (1974). *Aculturação linguística numa colônia de imigrantes italianos de Santa Catarina, Brasil*. Lorena: Faculdade Salesiana de Filosofia.
BENINCÀ, Paola (1993). Sintassi. Em: SOBRERO (a cura di 1993: 247-290).
_____ (1994). *La variazione sintattica*. Bologna: Il Mulino.
BENSON, J. D. / GREAVES, W. S. (eds. 1985). *Systemic perspectives on discourse*. Selected theoretical papers from the 9th International Systemic Workshop. Norwood: Ablex.
BENVENISTE, Émile (1966). *Problèmes de linguistique générale*. Paris: Gallimard.
_____ (1968). Mutations of linguistic categories. Em: LEHMAN / MALKIEL (eds. 1975: 85-94).
_____ (1995). *O vocabulário das instituições indo-europeias*. Campinas: Editora da Unicamp, 2 volumes.
BERBER SARDINHA, Tony (2004). *Linguística de corpus*. Barueri: Manole.
BERLINCK, Rosane de Andrade (1989). A construção V SN[1] no português brasileiro: uma visão diacrônica do fenômeno da ordem. Em: TARALLO (org. 1989: 95-112).
_____ (1995). *La position du sujet en portugais:* étude diachronique des variétés brésilienne et européenne. Katholieke Universiteit Leuven, Leuven, Bélgica, tese de doutoramento.
_____ (1997). Sobre a realização do objeto indireto no português do Brasil. Comunicação no II Encontro do Círculo de Estudos Linguísticos do Sul, Florianópolis, inédito.
_____ (2000a). Brazilian Portuguese VS order: a diachronic analysis. Em: KATO / NEGRÃO (eds. 2000: 175-194).
_____ (2000b). Complementos preposicionados: variação e mudança no Português Brasileiro, inédita.
_____ (2000c) Complementos preposicionados no português paulista do século XIX, inédita.
BERNALES, Mario / CONTRERAS, Constantino (orgs. 1998). *Por los caminos del lenguaje*. Temuco: Ediciones Universidad de La Frontera.
BERRUTO, G. (1985a). Per una caratterizzazione del parlato: l'italiano parlato ha un'altra grammatica? Em: HOLTUS / RADTKE (orgs. 1985: 120-153).
_____ (1985b). "Dislocazioni a sinistra" e "grammatica" dell'italiano parlato. Em: DeBellis / Savoia (a cura di 1985: 59-83).

BERTINETTO, D. M. (1991). Il verbo. Em: RENZI / SALVI. (a cura di 1991).
BERTOLOTTI, Virginia et al. (orgs. 2005). *Documentos para la historia del português en el Uruguay.* Montevideo: Faculdad de Humanidades y Ciencias de la Educación de la Universidad de la República.
BESSA NETO, Regina S. (1991). *A repetição lexical em textos narrativos orais e escritos.* Belo Horizonte: Universidade Federal de Minas Gerais, dissertação de mestrado.
BIAZIOLI, S. / GOMES DE MATOS, F. C. G. (1978). *Português do Brasil para estrangeiros.* São Paulo: Martins Fontes.
BIBER, Douglas (1988). *Variation accross speech and writing.* Cambridge/New York: Cambridge University Press.
BIDERMAN, Maria Teresa Camargo (1968). *Análise computacional de Fernando Pessoa.* São Paulo: Universidade de São Paulo, tese de doutoramento.
_____ (1973). A formação de um padrão linguístico nacional. *Vozes* 67 (8), 1973: 13-30.
_____ (1978). *Teoria linguística.* Rio de Janeiro/São Paulo: Livros Técnicos e Científicos.
_____ (2002). A formação e a consolidação da norma lexical e lexicográfica no português do Brasil. Em: NUNES / PETTER (orgs. 2002).
_____ (2006). Um dicionário para o português do Brasil. Em: SEABRA (org. 2006).
BIERWISCH, M. (1971). A classificação dos traços semânticos. Em: DASCAL (org. 1982, vol. III: 63-112).
BILGER, M. / VAN DEN EYNDE, K. / GADET, F. (eds. 1998) *Analyse linguistique et approches de l'oral*: recueil d'études offert en hommage à Claire Blanche-Benveniste. Paris/Leuven: Peeters.
BISANG, W. / HIMMELMANN, N. P. / WIEMER, B. (eds. 2004). *What makes grammaticalization? A look from its fringes and components.* Berlin/New York: Mouton de Gruyter.
BISOL, Leda (1975). *Predicados complexos:* uma análise transformacional do português. Porto Alegre: Editora da UFRGS.
_____ (1981). *Harmonização vocálica:* uma regra variável. Rio de Janeiro: Universidade Federal do Rio de Janeiro, tese de doutoramento.
_____ (1998). A nasalidade, um velho tema. *D.E.L.T.A.* 14 (número especial), 1998: 27-46.
_____ (org. 1999). *Introdução a estudos de fonologia do português brasileiro.* 2. ed. Porto Alegre: Editora da PUC-RS.
_____ (2003). A neutralização das átonas. *D.E.L.T.A.* 19, 2003: 267-276.
BITTENCOURT, Vanda de Oliveira (1999). Gramaticalização e discursivização no português oral do Brasil. *Scripta* 2 (4): 39-53.
_____ (2001). Causativas lexicais no português do Brasil: perfil morfossintático, semântico e funcional-discursivo. Em: DECAT et al. (orgs. 2001: 167-230).
BIZZOCCHI, Aldo (1997). *Léxico e ideologia na Europa Ocidental.* São Paulo: Annablume/Unip/Fapesp.
BLANCHE-BENVENISTE, Claire et al. (1979). Des grilles pour le français parlé. *Recherches sur le Français Parlé* 2: 163-205.
_____ et al. (1984). *Pronom et syntaxe:* l'approche pronominale et son application à la langue française. Paris: Selaf.
_____ (1985). La dénomination dans le français parlé: une interprétation pour les répetitions et les hésitations. *Recherches sur le Français Parlé* 6: 109-130.
_____ (1986). L'oralité. *Boletim de Filologia* 31: 87-95.
_____ (1987). Commentaires sur le passif en français. *Travaux 2:* le passif. Aix-en-Provence: Cercle Linguistique d'Aix-en-Provence.
_____ (ed.1990). *Le français parlé:* études grammaticales. Paris: CNRS.
_____ (1990). Répetitions lexicales. Em: Blanche-Benveniste (ed. 1990: 176-180).
_____ (1997). *Approches de la langue parlée en français.* Paris: Ophrys (Collection L'Essentiel Français).
BLASCO, Mylène (1987). *Description de l'utilisation du passif dans un corpus de langue parlé.* Aix-en-Provence: Université D'Aix-Marseille, Mémoire en Linguistique Française.
BLOOM, Paul et al. (eds.1996). *Language and space.* Cambridge/London: MIT Press.
BLOOMFIELD, Leonard (1933). *Language.* New York: Holt, Reinhart & Winston.
BLUHDORN, Hardarik (2001). *A codificação de informação espacial no alemão e no português do Brasil:* aposições e advérbios como meios para especificar relações estáticas. São Paulo: Humanitas/Fapesp.
BOLÉO, Manuel de Paiva (1934-1935). Tempos e modos em português. *Boletim de Filologia* 3: 15-36.
_____ (1936). *O perfeito e o pretérito em português em confronto com as outras línguas românicas.* Coimbra: Imprensa da Universidade.
_____ (1942). *O estudo dos dialectos e falares portugueses.* Coimbra: Fundo Sá Pinto.
_____ (1943). Brasileirismos: problemas de método. *Brasilia* III, separata, Coimbra.
_____ (1945). Filologia e história: a emigração açoriana para o Brasil. Com documentos inéditos. *Biblos* XX, separata, Coimbra.
_____ (1946). *Introdução ao estudo da filologia portuguesa.* Lisboa: Revista de Portugal.
_____ (1951). *Os estudos de linguística românica na Europa e na América de 1939 a 1948.* Coimbra: Casa do Castelo.
_____ (1953-1962). *O estudo dos dialetos e falares portugueses.* Coimbra: Faculdade de Letras (2. ed. como *Inquérito linguístico*), mimeografado.
_____ (1974). *Estudos de linguística portuguesa e românica.* Coimbra: Acta Universitatis Conimbrigensis, vol. I, tomo 1.
BOLINGER, Dwight (1967). Adjectives in English: attribution and predication. *Lingua* 18: 1-34.
_____ (1975). *Aspects of language.* New York: Harcourt Brace Jovanovich.

_____ (1979). Pronouns in discourse. Em: GIVÓN (ed. 1979).
BONFIM, Eneida do Rego M. (1988). *Advérbios*. São Paulo: Ática.
_____ (2000). Vestígios da língua antiga na língua moderna: a preposição "por" com valor final. *Revista do GELNE* 2 (1): 17-20, 2000.
BONTEMPI JR., Bruno (2004). Do vazio à forma escolar moderna: história da educação como um fardo na cidade de São Paulo. Em: PORTA (org. 2004).
BORBA, Francisco da Silva (1963). *Introdução à linguística*. São Paulo: Companhia Editora Nacional.
_____ (1967). *A frase com verbo "ser" em português*. Araraquara: Faculdade de Filosofia, Ciências e Letras, tese de doutoramento.
_____ (1970). *Dicionário de linguística*. São Paulo: Companhia Editora Nacional.
_____ (1971a). *Sistemas de preposições em português*. São Paulo: Universidade de São Paulo, tese de livre-docência, inédita.
_____ (1971b). *Pequeno vocabulário da linguística moderna*. São Paulo: Companhia Editora Nacional.
_____ (1972/1973). Esboço de fonologia diacrônica. *Alfa* 18/19, 1972-1973: 245-274.
_____ (1979). *Teoria sintática*. São Paulo: T. A. Queiroz/Editora da USP.
_____ (org. 1981). *Estudos de filologia e linguística*: homenagem a Isaac Nicolau Salum. São Paulo: TAQ/Edusp.
_____ et al. (1990). *Dicionário gramatical de verbos*. São Paulo: Editora da Unesp.
_____ (1996). *Uma gramática de valências para o português*. São Paulo: Ática.
_____ (2002). *Dicionário de usos do português do Brasil*. São Paulo: Ática.
_____ (2007). A informação gramatical nos dicionários. *Alfa* 51 (1): 137-149.
BORGES NETO, José (1979/1991). *Adjetivos:* predicados extensionais e predicados intensionais. Campinas: Editora da Unicamp.
_____ (1980). O adjetivo: um problema sintático? *Estudos Brasileiros* 9: 27-36, Curitiba.
_____ (1985). O adjetivo e a construção do sintagma nominal: alguns problemas. *Letras* 34: 28-38.
_____ (2004). O empreendimento gerativo. Em: MUSSALIM / BENTES (orgs. 2004: 93-130).
BORN, Joachim (1997/1999). Plurilinguismo e bilinguismo na Europa e na América do Sul: a União Europeia é um modelo para o Mercosul? *Políticas Linguísticas para América Latina. Actas del Congreso Internacional*. Buenos Aires: Universidad de Buenos Aires/Facultad de Filosofía y Letras, Instituto de Lingüística, 1997: 103-122. Republicado em: ZILLES (org. 2005: 117-141).
BORTONI-RICARDO, Stella Maris (1985). *The urbanization of rural dialect spearkers*. Cambridge: Cambridge University Press.
_____ (1989). A migração rural-urbana no Brasil: uma análise sociolinguística. Em: TARALLO (org. 1989: 167-180).
_____ (2005). *Nós cheguemu na escola, e agora? Sociolinguística e educação*. São Paulo: Parábola.
BOSCO, H. / JORDÃO NETTO, A. (1967). *Migrações:* estudo especial sobre as migrações internas para o estado de São Paulo e seus efeitos. São Paulo: Setor de Estudos e Pesquisas Sociológicas do Departamento de Imigração e Colonização da Secretaria da Agricultura do Estado de São Paulo.
BOSQUE, Ignacio (1999). El sintagma adjetival: modificadores y complementos del adjetivo; adjetivo y participio. Em: BOSQUE / DEMONTE (dirs. 1999: 217-311).
_____ / DEMONTE, Violeta (dirs. 1999). *Gramática descriptiva de la lengua española*. Madrid: Espasa Calpe, 3 volumes.
BOURCIEZ, Édouard (1956). *Éléments de linguistique romane*. 4. éd. Paris: Librairie C.Klincksieck.
BRAGA, Henrique Santos (2008). *Desaparecimento da flexão verbal como marca de tratamento no modo imperativo:* um caso de variação e mudança no português brasileiro. São Paulo: Universidade de São Paulo, dissertação de mestrado.
BRAGA, Maria Luiza (1978). *A concordância de número no sintagma nominal do Triângulo Mineiro*. Rio de Janeiro: PUC-RJ, dissertação de mestrado.
_____ / BOTELHO PEREIRA, M. A. (1981). Advérbios: características e diferenças quanto à sua posição na sentença. *Anais do VI Encontro Nacional de Linguística*. Rio de Janeiro: PUC-RJ.
_____ (1989). Discurso e abordagens quantitativas. Em: TARALLO (org. 1989: 269-282).
_____ (1990). A repetição na língua falada. Seminário do GT de Análise da Conversação, ANPOLL, Belo Horizonte, inédito.
_____ (1994a). A dimensão dos constituintes no português do Brasil. *Tempo Brasileiro* 117: 17-26.
_____ (1994b). Sentenças clivadas e reiteração. Rio de Janeiro: UFRJ, inédito.
_____ (1995). As orações de tempo no discurso oral. *Cadernos de Estudos Linguísticos* 28: 85-97.
_____ (1996). Processos de redução: o caso das orações de gerúndio. Em: KOCH (org. 1996: 231-254).
_____ (1999). Os enunciados de tempo no português falado no Brasil. Em: NEVES (org. 1999: 443-460).
_____ / SILVA, Renata Cristina V. P. da / SOARES, Suelen M. (2001). "Aí" e "então" e a hipótese da trajetória universal. Em: NEVES (org. 2001: 13-24).
_____ / PAIVA, Maria da Conceição de (2003). Do advérbio ao clítico "é isso aí". Em: RONCARATI / ABRAÇADO (orgs. 2003: 206-212).
_____ / MANFILI, Keylla (2004). Essa é a preocupação onde eu quero chegar: "onde" em referências anafóricas no português do Brasil. *Veredas* 8 (1-2), 2004: 233-243.
_____ (2005). A relação semântica de tempo, o gerúndio e as orações desenvolvidas. Em: ZILLES (org. 2005: 259-270).

_____ et al. (2008a). A ordem das orações nos discursos falados e escritos. Em: RONCARATI / ABRAÇADO (orgs. 2008, vol. II: 203-228).
_____ et al. (2008b). Artigo definido. Em: ILARI / NEVES (orgs. 2008: 87-116).
_____ / KATO, Mary A. / MIOTO, Carlos (no prelo). As construções-Q no português brasileiro falado: relativas, clivadas e interrogativas. Em: KATO / NASCIMENTO (orgs. no prelo).
_____ / NASCIMENTO, Mílton do (no prelo). A interação entre adjuntos e discursivos na interface sintaxe/discurso. Em: KATO / NASCIMENTO (orgs. 2009).
BRAIT, Elizabeth (1993). O processo interacional. Em: PRETI (org. 1993: 189- 214).
_____ (1996). *Ironia em perspectiva polifônica.* Campinas: Editora da Unicamp.
_____ (1997). Imagens da norma culta, interação e constituição do texto oral. Em: PRETI et al. (orgs. 1997: 45-62).
_____ (2002). Interação, gênero e estilo. Em: PRETI (org. 2002: 125-157).
BRANDÃO, Carlos (1963). *Sintaxe clássica portuguesa.* Belo Horizonte: Imprensa da Universidade de Minas Gerais.
BRANDÃO, Helena Nagamine / MICHELETTI, Guaraciaba (coords. 1997). *Aprender e ensinar com livros didáticos e paradidáticos.* São Paulo: Cortez, vol. II (coleção Aprender e Ensinar com Textos, coordenada por Ligia Chiappini).
_____ (1998) *Subjetividade, argumentação, polifonia:* a propaganda da Petrobras. São Paulo: Editora Unesp.
_____ (coord. 1999). *Gêneros do discurso na escola:* mito, cordel, discurso político, divulgação científica. São Paulo: Contexto (coleção Aprender e Ensinar com Textos, coordenada por Ligia Chiappini).
_____ (2003). Análise do discurso: um itinerário histórico. Em: Pereira / Atik (orgs. 2003).
_____ (2004a). Gêneros do discurso: unidade e diversidade. *Polifonia.* Cuiabá: Ed. da Universidade Federal Mato Grosso.
_____ (2004b). *Introdução à análise do discurso.* 2. ed. rev. Campinas: Editora da Unicamp.
BRANDÃO, Sílvia Figueiredo (1991). *A geografia linguística no Brasil.* São Paulo: Ática.
_____ / CALLOU, Dinah Isensee / DUARTE, Maria Eugênia Lamoglia (2000). As estruturas de complementação na fala standard e não standard do Rio de Janeiro. Em: GROSSE / ZIMMERMANN (eds. 2000: 189-206).
BRIGHT, W. (ed. 1992). *International encyclopedia of linguistics.* New York/Oxford: Oxford University Press, vol. II.
BRITO, Ana Maria / FIGUEIREDO, Olívia / BARROS, Clara (orgs. 2003). *Linguística histórica e história da língua portuguesa. Actas do Encontro de Homenagem a Maria Helena Paiva.* Porto: Faculdade de Letras da Universidade do Porto.
BRITTO, Helena de S. (1998). *Deslocamento à esquerda, resumptivo-sujeito, ordem SV e a codificação sintática de juízos categórico e tético no português do Brasil.* Campinas: Universidade Estadual de Campinas, tese de doutorado.
_____ (2000). Syntactic codification of categorical and thetic judgments in Brazilian Portuguese. Em: KATO / NEGRÃO (eds. 2000: 195-222).
BRONCKART, J.-P. (1999). *Atividades de linguagem, textos e discursos.* Trad. A. R. Machado e P. Cunha. São Paulo: Educ.
BUENO, Francisco da Silveira (1944). *Gramática normativa da língua portuguesa.* São Paulo: Saraiva.
_____ (1947). *Tratado de semântica brasileira.* São Paulo: Saraiva.
_____ (1954). *Estudos de filologia portuguesa.* 2. ed. São Paulo: Saraiva.
_____ (1955/1995). *Formação histórica da língua portuguesa.* Rio de Janeiro: Acadêmica.
BÜHLER, Karl (1934/1961). *Teoría del lenguaje.* 2. ed. Trad. esp. Julián Marías. Madrid: Revista de Occidente, 1961.
BULL, William (1960). *Time, tense and verb.* Berkeley and Los Angeles: University of California Press.
BUNSE, Heinrich A. W. (1959). *Aspectos linguístico-etnográficos do município de São José do Norte.* Porto Alegre: Oficina Gráfica da Livraria do Globo S.A.
_____ / KLASSMAN, Mário S. (1969). *Estudos de dialetologia no Rio Grande do Sul.* Porto Alegre: Universidade Federal do Rio Grande do Sul.
BUSSE, Winifred / VILELA, Mário (1986). *Gramática de valências.* Coimbra: Almedina.
BUSTOS TOVAR, José Jesús de et al. (eds. 2000). *Lengua, discurso, texto.* Madrid: Universidad Complutense de Madrid/Visor.
BYBEE, Joan / PERKINS, Revere / PAGLIUCA, William (1991). Back to the future. Em: TRAUGOTT / HEINE (eds. 1991, vol. II: pp. 17-58).
_____ / PERKINS, Revere / PAGLIUCA, William (eds. 1994). *The evolution of grammar:* tense, aspect and modality in the languages of the world. Chicago/London: The University of Chicago Press.
_____ (to appear). Cognitive processes in grammaticalization. Em: TOMASELLO (ed. 2002, vol. II).
BYNON, Theodora (1977/1981). *Linguística histórica.* Trad. José L. Melena. Madrid: Gredos.
CABEZA, C. / YÁÑEZ, X. P. Rodrígues / SUÁREZ, A. Lorenzo (eds. 2003). *Comunidades e indivíduos bilíngues. Actas do I Simpósio Internacional sobre o Bilinguismo.* Vigo: Universidade de Vigo.
CABRAL, Leonor Scliar (2003a). *Guia prático de alfabetização.* São Paulo: Contexto.
_____ (2003b). *Princípios do sistema alfabético no Brasil.* São Paulo: Contexto.
CABRÉ CASTELLVÍ, Maria Teresa (2006). La clasificación de neologismos: una tarea compleja. *Alfa* 50 (2), 2006: 229-250.
CAFEZEIRO, Edwaldo (2002). Sobre o nexo em alguns textos do português colonial. Em: DUARTE / CALLOU (orgs. 2002: 207-222).
CAFFI, C. Pressuposition. (1993). *Encyclopedia of Languages and Linguistics.* Oxford: Pergamon Press.
CAGLIARI, Luiz Carlos (1974). *A palatização em português:* uma investigação palatográfica. Campinas: Universidade Estadual de Campinas, dissertação de mestrado.

_____ (1992). O segredo da alfabetização. *Jornal da Alfabetizadora* 20: 9-11, Porto Alegre: Kuarup / PUC-RS.
_____ / MASSINI-CAGLIARI, Gladis (1998). Quantidade e duração silábicas em português do Brasil. *D.E.L.T.A.* 14 (número especial): 1998, 47-60.
_____ (2002). *Questões de morfologia e fonologia*. Campinas: Edição do Autor.
CALLOU, Dinah M. Isensee (1980/1987). *Variação e distribuição da vibrante na fala urbana culta do Rio de Janeiro*. Rio de Janeiro: Faculdade de Letras da Universidade Federal do Rio de Janeiro, tese de doutoramento defendida em 1980.
_____ / LEITE, Yonne (1990). *Iniciação à fonética e à fonologia*. Rio de Janeiro: Jorge Zahar.
_____ / OMENA, Nellyse / PAREDES DA SILVA, Vera (1991). Teoria da variação e suas relação com a semântica, a pragmática e a análise do discurso. *Cadernos de Estudos Linguísticos* 20, 1991: 17-21.
_____ (org. 1992). *A linguagem falada culta na cidade do Rio de Janeiro*: materiais para seu estudo. Rio de Janeiro: UFRJ/FJB. Vol. I: elocuções formais.
_____ / LOPES, Célia R. (orgs. 1993). *A linguagem falada culta na cidade do Rio de Janeiro*: materiais para seu estudo. Rio de Janeiro: UFRJ/CAPES. Vol. II: diálogo entre informante e documentador.
_____ et al. (1993). Topicalização e deslocamento à esquerda: sintaxe e prosódia. Em: CASTILHO (org. 1993: 315-362).
_____ / LOPES, Célia R. (orgs. 1994). *A linguagem falada culta na cidade do Rio de Janeiro*: materiais para seu estudo. Rio de Janeiro: UFRJ/CAPES. Vol. III: diálogos entre dois informantes.
_____ et al. (1996). Preenchimentos em fronteiras de constituintes: orações subordinadas. Em: CASTILHO/ BASÍLIO (orgs. 1996: 169-192).
_____ (1998). Um estudo em tempo real em dialeto rural brasileiro: questões morfossintáticas. Em: GROSSE / ZIMMERMANN (eds. 1998: 255-172).
_____ / MORAES, João / LEITE, Yonne (1998). Apagamento do R final no dialeto carioca: um estudo em tempo aparente e em tempo real. *D.E.L.T.A.* 14 (número especial), 1998: 61-72.
_____ / DUARTE, Maria Eugênia Lamoglia / AVELAR, Juanito (2001). As estruturas de complementação na fala culta do Rio de Janeiro: análise em tempo real de curta duração. Em: MATTOS E SILVA (org. 2001, tomo 1: 251-263).
_____ / AVELAR, Juanito O. (2001). Sobre "ter" e "haver" em construções existenciais: variação e mudança no português do Brasil. *Gragoatá* 9, 85-100.
_____ / AVELAR, Juanito (2002). Subsídios para uma história do falar carioca: mobilidade social no Rio de Janeiro do séc. XIX. Em: DUARTE / CALLOU (orgs. 2002: 95-112).
CALVET, Louis-Jean (2001). Identité et multilinguisme. Intervenção no congresso "Três espaços linguísticos (hispânico, lusófono, francófono) diante dos desafios da globalização", inédito.
_____ (2002). *Sociolinguística*: uma introdução crítica. São Paulo: Parábola.
CAMACHO, Roberto Gomes (1978/1988). Variação linguística. *Subsídios à proposta curricular de língua portuguesa para o 1º e 2º graus*. 2. ed. São Paulo, SE/CENP, 1998 (coletânea de textos).
_____ (1996a). O papel da estrutura argumental na variação de perspectiva. Em: KOCH (org. 1996: 253-274).
_____ (1996b). A repetição nas estruturas coordenadas aditivas. *Actas del XI Congreso Internacional de la Asociación de Lingüística y Filología de la América Latina*. Las Palmas: Universidad de Las Palmas de Gran Canarias/Libreria Nogal, tomo 3: 2279-2288.
_____ / PEZATTI, Erotilde G. (1996). As subcategorias contável e não contável. Em: KATO (org. 1996: 155-183).
_____ / PEZATTI, Erotilde G. (1998). Repetição e coordenação. *D.E.L.T.A.* 14 (número especial), 1998: 73-90.
_____ (1999). Estruturas coordenadas aditivas. Em: NEVES (org. 1999: 351-406).
_____ (2002). Construções de voz. Em: ABAURRE / RODRIGUES (orgs. 2002: 227-316).
_____ (2004). Norma culta e variedades linguísticas. Em: CECCANTINI / PEREIRA / ZANCHETTA JÚNIOS (orgs.2004).
_____ / SANTANA, L. (2004a). A expressão argumental dos nomes deverbais. *Estudos Linguísticos* 33, CD-ROM.
_____ / SANTANA, L. (2004b). Argument structure of deverbal nouns in Brazilian Portuguese. *Journal of Language and Linguistics* 3 (2): 229-242.
_____ / HATTNHER, Marize Mattos Dall'Aglio / GONÇALVES, Sebastião Carlos Leite (2008). O substantivo. Em: ILARI / NEVES (orgs. 2008: 21-84).
_____ (2009). *O papel da nominalização no continuum categorial*. São José do Rio Preto: Ibilce/Unesp, tese de livre-docência.
CÂMARA JR., Joaquim Mattoso (1942/1954). *Princípios de linguística geral*. 3. ed. Rio de Janeiro: Acadêmica, 1954.
_____ (1953). *Para o estudo da fonêmica portuguesa*. Rio de Janeiro: Organização Simões.
_____ (1956/1964/1977). *Dicionário de fatos gramaticais*. Rio de Janeiro: Casa de Rui Barbosa. Reeditado com o título de *Dicionário de linguística e gramática*, 2. ed. Rio de Janeiro: J. Ozon Editor; 7. ed. Petrópolis: Vozes.
_____ (1957a). Erros de escolares como sintomas de tendências linguísticas no português do Rio de Janeiro. *Romanistisches Jarbuch* 8: 279-86, Hamburgo. Reimpresso em: UCHÔA (org. 1972: 35-46).
_____ (1957b). *Ele como acusativo no português do Brasil*. Em: UCHÔA (org. 1972: 47-53).
_____ (1963). Línguas europeias de ultramar: o português do Brasil. Em: UCHÔA (org. 1972: 71-87).
_____ (1964). Os estudos da língua portuguesa em Portugal e no Brasil. *El Simposio de Bloomington [Pilei]*. Bogotá: Instituto Caro y Cuervo: 154-165.
_____ (1966). Para o estudo descritivo dos verbos irregulares. *Estudos Linguísticos* I (1), 1966: 16-27, Instituto Yázigi.

_____ (1968a). A análise da flexão verbal. *Estudos Linguísticos* 11: 108-113, nov. 1968.
_____ (1968b). *A Forma verbal em -ria*. Washington: Georgetown University Press.
_____ (1969a). *Problemas de linguística descritiva*. Petrópolis: Vozes.
_____ (1969b). Os estudos do português no Brasil. *Revista do Departamento de Letras da Universidade Federal do Paraná* 17: 23-52.
_____ (1970). *Estrutura da língua portuguesa*. Petrópolis: Vozes.
_____ (1971). Uma evolução em marcha: a relação entre "este" e "esse". Em: CÂMARA JR. (1972: 127-131).
_____ (1972). *Dispersos*. Seleção e introdução de C. E. F. Uchôa. Rio de Janeiro: Fundação Getúlio Vargas.
_____ (1975). *História e estrutura da língua portuguesa*. Rio de Janeiro: Livraria Acadêmica.
_____ (1977). *Contribuição à estilística portuguesa*. 3. ed. Rio de Janeiro: Ao Livro Técnico.
CAMARGO, Cacilda (1973). *A formação da prosa portuguesa:* a prosa de tradução da Regra de São Bento. Araraquara: Faculdade de Filosofia, Ciências e Letras, tese de doutoramento.
CAMBRAIA, César Nardelli (2001). Subsídios para a fixação de normas de transcrição de textos para estudos linguísticos. Em: MATTOS E SILVA (org. 2001, tomo 2: 531-534).
CAMPBELL, Lyle / JANDA, Richard (2001). Introduction: conceptions of grammaticalization and their problems. *Language Sciences* 23, 93-112.
CAMPOS, Ápio (1979). *O verbo e o texto:* estudos linguísticos e literários. Belém: Universidade Federal do Pará/Falângola.
CAMPOS, Hector (1999). Transitividad e intransitividad. Em: BOSQUE / DEMONTE (dirs. 1999, vol. II: 1519-1574).
CAMPOS, Maria Henriqueta Costa (2001). Enunciação mediatizada e operações cognitivas. Em: SILVA, Augusto Soares da (org. 2001: 325-340).
CAMPOS, Odette G. L. A. Souza (1980). *O gerúndio no português*. Rio de Janeiro: Presença/Instituto Nacional do Livro.
_____ / RODRIGUES, Ângela Cecília S. / GALEMBECK, Paulo de Tarso (1996). A flexão modo-temporal no português culto do Brasil: formas de pretérito imperfeito e imperfeito do indicativo. Em: CASTILHO / BASÍLIO (orgs. 1996: 35-78).
CANÇADO, Márcia (2005). *Manual de semântica:* noções básicas e exercícios. Belo Horizonte: Editora da UFMG.
CANO AGUILAR, Rafael (1981). *Estructuras sintácticas transitivas en el español actual*. Madrid: Gredos.
CANEVARI, Reynaldo (1959/1962). *A nova nomenclatura gramatical brasileira*. 2. ed. São Paulo: Livraria Francisco Alves.
CAPELLARI, Elaine T. / ZILLES, Ana M. (2002). A marcação do plural na linguagem infantil: estudo longitudinal. *Revista da Abralin*, vol. I, n. 1, 2002: 185-218.
CARAVEDO, Rocío (1999). *Lingüística del corpus:* cuestiones teórico-metodológicas aplicadas al español. Salamanca: Ediciones Universidad (vol. VI da coleção Gramática Española: Enseñanza e Investigación, organizada por Josse De Kock).
CARDEIRA, Esperança Maria da Cruz Marreiros (1999/2005). *Entre o português antigo e o português clássico*. Lisboa: Imprensa Nacional/Casa da Moeda.
CARDINALETTI, Anna / GUASTI, Maria Teresa (eds. 1995). Small clauses. *Syntax and semantics* 28. San Diego: Academic Press.
CARDOSO, Suzana Alice Marcelino (1999). A dialectologia no Brasil: perspectivas. *Linguística* 11: 251-272. Republicado em *D.E.L.T.A.* 15 (número especial): 233-256.
_____ (2001-2002). La dialectologie au Brésil: aperçu historique et bilan actuel. *La Géolinguistique en Amerique Latine*. Grenoble: Université Stendhal-Grenoble 3, hors série n. 2 de *Geolinguistique* 2001-2002: 197-229.
_____ (2002). *Atlas linguístico do Sergipe II*. Salvador: Universidade Federal da Bahia, tese de doutoramento, 2 volumes.
_____ (2005). O atlas linguístico do Brasil: de "nascituro" a "adolescente". Em AGUILERA (org. 2005: 3-12).
_____ / MOTA, Jacyra A. / MATTOS E SILVA, Rosa Virgínia (orgs. 2006). *Quinhentos anos de história linguística do Brasil*. Salvador: Fundo de Cultura da Bahia.
CARENO, Mary F. do (1997). *Vale do Ribeira:* a voz e a vez das comunidades negras. São Paulo: Arte e Ciência.
CARIELLO, Graciela B / GIMÉNEZ, Ricardo A. (1994). La enseñanza del portugués en el contexto del Mercosur: el caso de Argentina. Em: LEHNEN / CASTELLO / BRACALI (orgs. 1994: 114-117).
CARNEIRO, Agostinho Dias (2004). O texto nos livros didáticos. Em: HENRIQUES / SIMÕES (orgs. 2004: 157-174).
CARNEIRO, Isabel (1989). *Um recorte dos advérbios em -mente:* contribuição para o estudo dos modalizadores sentenciais em português. Assis: Ilpha/Unesp, dissertação de mestrado.
CARNEIRO, Zenaide de Oliveira Novais / ALMEIDA, Norma Lúcia Fernandes de (2001). Arquivos públicos municipais do interior da Bahia: fontes para a história do português brasileiro. Em: MATTOS E SILVA (org. 2001, tomo 2: 505-530).
_____ / ALMEIDA, Norma Lúcia Fernandes de (2002). Informes sobre *corpus* em fase de conclusão: cartas de homens "ilustres" do século XIX (PHPB-Bahia). Em: DUARTE / CALLOU (orgs. 2002: 61-76).
_____ (2005). *Cartas brasileiras (1809-1904):* cartas para vários destinatários; cartas para Severino Vieira e cartas para o Barão de Jeremoabo. Campinas: Universidade Estadual de Campinas, 2 volumes, tese de doutoramento.
CARNEIRO LEÃO, F. C. (1935). *O ensino das línguas vivas*. Rio de Janeiro: F. Briguet & Cia.
CARPINTEIRO, Maria da Graça (1960). Aspectos do mais-que-perfeito do indicativo em português moderno. *Boletim de Filologia* 19: 199-208.
CARRATORE, Enzo Del et al. (1981). *Estudos de filologia e linguística em homenagem a Isaac Nicolau Salum*. São Paulo: T. A. Queiroz/Edusp.

_____ / LAPERUTA FILHO, Jayme (2009). *Léxico de frequência do português falado na cidade de São Paulo (Projeto Nurc).* Marília/Botucatu, CD.
CARRETER, Fernando Lázaro (1953/1962). *Diccionario de términos filológicos.* Madrid: Gredos.
CARUSO, Pedro (1982). Amostra de um inquérito linguístico prévio para o estado de São Paulo. *Alfa* 26: 69-77.
_____ (1983). *Atlas linguístico do estado de São Paulo:* questionário. Assis: Instituto de Letras, História e Psicologia da Unesp/Prefeitura Municipal de Assis.
CARVALHO, Edgard de Assis / MENDONÇA, Terezinha (orgs. 2004). *Ensaios de complexidade 2.* Porto Alegre: Sulina.
CARVALHO, Jairo Dias de (1967). Mistura de tratamento no português do Brasil. Em: AZEVEDO FILHO (org. 1967: 95-100).
CARVALHO, Joaquim Brandão de (1995). La quantité en portugais: reformulation d'une vieille hypothèse. Em: PEREIRA / PEREIRA (orgs. e coords. 1995: 103-114).
CARVALHO, Ana Maria (2003a). Variation and diffusion of Uruguayan Portuguese in a bilingual border town. Em: CABEZA / YÁÑEZ / SUÁREZ (eds. 2003: 642-651).
_____ (2003b). The sociolinguistic distribution of (lh) in Uruguayan Portuguese: a case of dialectal diffusion. Em: MONTRUL / SUÁREZ (eds. 2003: 30-43).
_____ (2003c). Rumo a uma definição do português uruguaio. *Revista Internacional de Linguística Iberoamericana* 2, 2003: 135-159.
_____ (2004). "I speak like the guys on TV": palatalization and the urbanization of Uruguayan Portuguese. *Language Variation and Change* 16 (2): 127-141.
CARVALHO, Maria José (1996). *Do português arcaico ao português moderno:* contributos para uma nova proposta de periodização. Coimbra: Faculdade de Letras da Universidade de Coimbra, dissertação de mestrado.
CASAGRANDE, A. (1972). *A negação no português arcaico.* São José do Rio Preto: Faculdade de Filosofia, Ciências e Letras, tese de doutoramento.
CASTELEIRO, João Malaca (1975). Aspectos da sintaxe do português falado no interior do país. *Boletim de Filologia* 14 (1-4): 57-74.
_____ (1981). *Sintaxe transformacional do adjetivo.* Lisboa: Instituto Nacional de Investigação Científica.
_____ (1982). Análise gramatical dos advérbios de frase. *Biblos* 58, 1982: 99-110.
CASTILHO, Ataliba T. de (1962). A língua portuguesa no Brasil. *Alfa* 1, 1962: 9-24.
_____ (1963). Estruturalismo, história e aspecto verbal. *Alfa* 4, 1963: 138-166.
_____ (1964). A poesia de Carlos Drummond de Andrade. *Alfa* 5/6, 1963: 9-40.
_____ (1965). Recursos da linguagem impressionista de Raul Brandão. *Alfa* 7/8, 1965: 19-38.
_____ / CARRATORE, Enzo Del (1965). *A nova nomenclatura gramatical brasileira e suas relações com a terminologia latina.* Marília: Faculdade de Filosofia, Ciências e Letras.
_____ / CARRATORE, Enzo del (1967). A onomasiologia no léxico e na sintaxe. *Alfa* 11, 1967: 129-150.
_____ (1967). *A sintaxe do verbo e os tempos do passado em português.* Marília: Faculdade de Filosofia, Ciências e Letras (coleção Estudos).
_____ (1968a). *Introdução ao estudo do aspecto verbal no português.* Marília: Faculdade de Filosofia, Ciências e Letras.
_____ (1968b). Descrição do português culto na área paulista. *Letras de Hoje* 4, 1968: 73-78.
_____ (org. 1970). *Projeto de estudo da norma linguística urbana culta no Brasil.* Marília: Conselho Municipal de Cultura.
_____ (1970). Sur l'aspect verbal en portugais. *Revue Roumaine de Linguistique* 15, 1970: 247-249.
_____ (1971). A linguística na América Latina e no Brasil. *O Estado de S. Paulo*, 29 ago., 5 set. e 19 set. 1971 (Suplemento Literário).
_____ (1973a). Rumos da dialetologia portuguesa. *Alfa* 18/19, 1972/1973: 115-153.
_____ (1973b). O estudo da norma culta no português do Brasil. *Vozes* 67 (8), 1973: 21-25.
_____ (org. 1978/1983). *Subsídios à proposta curricular de língua portuguesa para o 2º grau.* São Paulo/Campinas: Secretaria de Estado da Educação/Unicamp, 1978, 8 volumes; 2. ed. São Paulo: Secretaria de Estado da Educação, 1983, 3 volumes.
_____ (1978a). Variação dialetal e ensino institucionalizado da língua portuguesa. *Cadernos de Estudos Linguísticos* 1, 1978: 18-25.
_____ (1978b). Análise preliminar dos demonstrativos. *Estudos Linguísticos* 1, 1978: 30-35.
_____ (1978c). A dimensão textual do verbo. *Estudos Linguísticos* 2, 1978: 3-10.
_____ (1978d). Os sons. Em: CASTILHO (org. 1978/1983, vol. V: 12-20).
_____ (1978e). Problemas de análise gramatical. Em: CASTILHO (org. 1978/1983, vol. V: 21-44).
_____ (1980). A constituição da norma pedagógica portuguesa. *Revista do Instituto de Estudos Brasileiros* 22, 1980: 9-18.
_____ (1981a). O Projeto Nurc e a sintaxe do verbo. Em: BORBA (org. 1981: 269-288).
_____ (1981b/1988). A linguística portuguesa no Brasil nos anos 70. *Actas del VI Congreso Internacional de la Asociación de Linguística y Filología de América Latina [1981].* México: Unam, 1988: 27-60.
_____ (1982). Norma culta de São Paulo: singularidade ou pluralidade? *Boletim da Abralin* 3, 1982: 18-31.
_____ (1983a). O papel da linguística na identificação do padrão linguístico. *Boletim da Abralin* 4, 1983: 60-66.
_____ (1983b). Variedades conversacionais. *Boletim da Abralin* 5, 1983: 40-53.

_____ (org. 1984). *Atas do V Instituto Interamericano de Linguística.* Proceedings of the 5th Interamerican Institute of Linguistics. Campinas: Instituto de Estudos da Linguagem da Universidade Estadual de Campinas.
_____ (1984a). El proyecto de estudio coordinado de la norma culta. Formalismo y semanticismo en la sintaxis verbal. Em: SOLÁ (ed 1984: 161-165).
_____ (1984b). Ainda o aspecto verbal. *Estudos Portugueses e Africanos* 4, 1984: 8-34, Universidade Estadual de Campinas.
_____ (1984c). O presente do indicativo na oração e no texto. *Actas del VII Congreso Internacional de Alfal [1984].* Santo Domingo: Universidad Nacional Pedro Henríquez Ureña, 1987, vol. I: 389-404.
_____ et al. (1986). *O sujeito nominal no português culto.* Campinas: Instituto de Estudos da Linguagem, inédito.
_____ / PRETI, Dino (orgs. 1986). *A linguagem falada culta na cidade de São Paulo.* São Paulo: TAQ/Fapesp. Vol. I: elocuções formais.
_____ / PRETI, Dino (orgs. 1987). *A linguagem falada culta na cidade de São Paulo Paulo.* São Paulo: TAQ/Fapesp. Vol. II: diálogos entre dois informantes.
_____ (1987). A elipse do sujeito no português culto falado em São Paulo. *Estudos Linguísticos* 14, 1987: 32-40.
_____ (1988). O linguista Theodoro Henrique Maurer Jr. *Boletim da Abralin* 10, 1991: 53-63.
_____ (org. 1989). *Português culto falado no Brasil.* Campinas: Editora da Unicamp.
_____ (1989a). O artigo no português culto de São Paulo. Em: CASTILHO (org. 1989: 67-88).
_____ (1989b). Para o estudo das unidades discursivas do português falado. Em: CASTILHO (org. 1989: 249-280).
_____ (1989c). O português do Brasil. Em: ILARI (1989/2004: 237-269).
_____ (1989d). Da análise da conversação para a análise gramatical. *Estudos Linguísticos* 17, 1989: 219-226.
_____ (1989e). Para uma gramática do português falado. *Revista Internacional de Língua Portuguesa* 1, 1989: 37-48.
_____ (1989f). O papel do Grupo de Estudos Linguísticos do Estado de São Paulo, de 1969 a 1971. *Estudos Linguísticos* 18, 1989: 14-20.
_____ (org. 1990). *Gramática do português falado.* Campinas: Editora da Unicamp/Fapesp; 4. ed. 2002. Vol. I: a ordem.
_____ (1990a). O português culto falado no Brasil: história do Projeto Nurc. Em: PRETI / URBANO (orgs. 1990: 141-202).
_____ (1990b). Português falado e ensino da gramática. *Letras de Hoje* 25 (1), 1990: 103-136.
_____ / MORAES DE CASTILHO, Célia Maria (1990/1992). Advérbios modalizadores. Em: ILARI (org. 1992: 213-260).
_____ / KATO, Mary (1991). Advérbios modalizadores: um novo núcleo predicador? *D.E.L.T.A.* 7 (1), 1991: 409-423.
_____ (org. 1993). *Gramática do português falado.* Campinas: Editora da Unicamp/Fapesp; 3. ed. 2002. Vol. III: as abordagens.
_____ (1993a). *A predicação adverbial no português falado.* São Paulo: Universidade de São Paulo, tese de livre-docência.
_____ (1993b). Os mostrativos no português falado. Em: CASTILHO (org. 1993: 119-148).
_____ (1993c). Portuguese. *The encyclopedia of language and linguistics.* Edinburgh: Pergamon Press.
_____ / MORAES DE CASTILHO, Célia Maria M. de Castilho (1993). Adjetivos predicativos. *Letras* 5, 1993: 122-143, Universidade Federal de Santa Maria.
_____ / ILARI, Rodolfo (orgs. 1993-1998). *Atas do IX Congresso Internacional da Associação de Linguística e Filologia da América Latina.* Vol. I: conferências; Vol. II: grupos de trabalho; Vols. III a V: comunicações. Campinas: Instituto dos Estudos da Linguagem.
_____ (1994a). Problemas de descrição da língua falada. *D.E.L.T.A.* 10 (1), 1994: 47-71.
_____ (1994b). Um ponto de vista funcional sobre a predicação. *Alfa* 38, 1994: 75-96.
_____ / ALTMAN, Cristina F. S. (1994). Para a história da Associação Brasileira de Linguística. *Boletim da Abralin* 16, 1994: 21-37.
_____ (1995a). A língua falada e sua descrição. *Para Segismundo Spina: Língua, Filologia, Literatura.* São Paulo: Edusp/Iluminuras: 69-90.
_____ (1995b). Para uma gramática do português falado. Em: PEREIRA / PEREIRA (coords. 1995: 79-102).
_____ / OLIVEIRA E SILVA, Giselle Machline / LUCCHESI, Dante (1995). Informatização de acervos da língua portuguesa. *Boletim da Associação Brasileira de Linguística* 17, 1995: 143-154.
_____ / BASÍLIO, Margarida (orgs. 1996). *Gramática do português falado.* Campinas: Editora da Unicamp/Fapesp; 2. ed. rev. 2002. Vol. IV: estudos descritivos.
_____ (1997a). A gramaticalização. *Estudos Linguísticos e Literários* 19, 1997: 25-63.
_____ (1997b). Língua falada e gramaticalização: o caso de "mas". *Filologia e Linguística Portuguesa* 1, 1997: 107-120.
_____ (1997c). Para uma sintaxe da repetição: língua falada e gramaticalização. *Língua e Literatura* 22, 1997: 293-332, Universidade de São Paulo. Uma versão preliminar apareceu como: A repetição como processo constitutivo da gramática do português falado. Em: SAMPER PADILLA / TROYA DÉNIZ (orgs. 2000, tomo 3: 2289-2298).
_____ (org. 1998). *Para a história do português brasileiro.* São Paulo: Humanitas/Fapesp. Vol. I: primeiras ideias.
_____ (1998a/2004). *A língua falada no ensino de português.* São Paulo: Contexto; 6. ed. 2004.
_____ (1998b). Langue parlée et processus grammaticaux. Em: BILGER / VAN DEN EYNDE / GADET (eds. 1998: 141-148).
_____ (1998c). Aspectos teóricos de la descripción de la lengua hablada. Em: BERNALES / CONSTRERAS (orgs. 1998: 23-37).
_____ (1998d). Projeto de história do português de São Paulo. Em: CASTILHO (org. 1998: 61-78).
_____ (1998e). Língua falada e processos gramaticais. Em: GROSSE / ZIMMERMANN (orgs. 1998: 37-72).

_____ (1999a). Problemas do aspecto verbal no português falado no Brasil. Em: GÄRTNER / HUNDT / SCHÖNBERGER (eds. 1999: 17-46).
_____ (1999b). Advérbios de predicação quantificadora. Em: DUARTE, Lélia Parreira (org. 1999).
_____ (1999c). Advérbios qualificadores no português falado. *Boletín de Filologia: homenaje a Ambrosio Rabanales*, tomo 37: 271-300, Universidad de Chile, 1998-1999.
_____ (1999d). Para a história do português de São Paulo. *Revista Portuguesa de Filologia* 23, 1999-2000: 29-70.
_____ (2000a). O modalizador "realmente" no português falado. *Alfa* 44, 2000: 147-170 (Miscelânea de Estudos Dedicados a Francisco da Silva Borba).
_____ (2000b). Para um programa de pesquisas sobre a história social do português de São Paulo. Em: MATTOS E SILVA (org. 2001, tomo 2: 337-370). Republicado com alterações de Castilho (1999d).
_____ (2002a). Linguística cognitiva e tradição funcionalista. *Estudos Linguísticos* 32, 2002: 1-8.
_____ (2002b). Proposta de agenda para uma política linguística. Em: MIRA MATEUS (ed. 2002: 119-133).
_____ (2002c). Aspecto verbal no português falado. Em: ABAURRE / RODRIGUES (orgs. 2002: 83-122).
_____ (2002d/2005). Diacronia dos adjuntos adverbiais preposicionados no português brasileiro. Em: MASSINI-CAGLIARI et al. (orgs. 2005: 73-110).
_____ et al. (2002). Gramaticalização de algumas preposições no português brasileiro do séc. XIX. Comunicação apresentada ao *V Seminário do Projeto para a História do Português Brasileiro*. Ouro Preto, out. 2002.
_____ / MORAES DE CASTILHO, Célia Maria (2002). Adjectival hedges in Brazilian spoken Portuguese. Em: *SCHLIEBEN-LANGE / KOCH / JUNGBLUTH* (orgs. 2002: 181-191).
_____ (org. 2003). *Historiando o português brasileiro*. História das línguas: variedades, gramaticalização, discursos. Relatório apresentado no seminário Aspectos Sincrônicos e Diacrônicos do Português Brasileiro. Blaubeuren: Tuebingen Universitaet. Disponível em: <www.mundoalfal.org>. Acesso em: 22 out. 2009.
_____ (2003a/2007). Análise multissistêmica das preposições do eixo transversal no português brasileiro. Em: RAMOS / ALKMIN (orgs. 2007).
_____ (2003b/2006). Proposta funcionalista de mudança linguística: os processos de lexicalização, semanticização, discursivização e gramaticalização na constituição das línguas. Em: LOBO et al. (orgs. 2006, tomo 1: 223-296).
_____ (2003c/2006). Notas sobre a gramaticalização de "vez". Em: MAIA (org. 2001-2002, tomo 1: 113-124).
_____ (2004a). Diacronia das preposições do eixo transversal no português brasileiro. Em: NEGRI et al. (orgs. 2004: 11-47).
_____ (2004b). Unidirectionality or multidirectionality? *Revista do GEL* 1, 2004: 35-48.
_____ (2004c). Reflexões sobre o português falado e o exercício da cidadania. Em: HENRIQUES / SIMÕES (orgs. 2004: 15-33).
_____ (2004d). Reflexões sobre a teoria da gramaticalização. Contribuição ao debate sobre gramaticalização no contexto do PHPB. Em: DIETRICH / NOLL (orgs. 2004: 203-230).
_____ (2004e). O problema da gramaticalização das preposições no Projeto para a História do Português Brasileiro. *Estudos Linguísticos* 33, 2004, CD-ROM.
_____ (2005). Língua portuguesa e política linguística: o ponto de vista brasileiro. Em: COELHO (org. 2005).
_____ (2006). Apresentação. Em: JUBRAN / KOCH (orgs. 2006: 7-26).
_____ et al. (orgs. 2007). *Descrição, história e aquisição do português brasileiro: homenagem a Mary A. Kato*. Campinas: Pontes/Fapesp.
_____ (2007). Abordagem da língua como um sistema complexo: contribuições para uma nova linguística histórica. Em: CASTILHO et al. (orgs. 2007: 329-360).
_____ (2008). Demonstrativos. Em: ILARI / NEVES (orgs. 2008: 117-136).
_____ et al. (2008). O advérbio. Em: ILARI / NEVES (orgs. 2008: 403-506).
_____ / ILARI, Rodolfo (2008). Advérbios predicadores. Em: ILARI / NEVES (orgs. 2008: 413-456).
_____ (org. 2009). *História do português paulista*. Campinas: Instituto de Estudos da Linguagem/Unicamp, vol. I (Série Estudos).
_____ (2009a). An approach to language as a complex system. Em: CASTILHO (org. 2009: 119-136).
_____ (2009b). Para uma análise multissistêmica das preposições. Em: CASTILHO (org. 2009: 279-332).
_____ (2009c). A categoria cognitiva de movimento na gramática do português: refletindo sobre os achados dos Projetos Nurc, PGPF e PHPB. Em: HORA / ALVES / ESPÍNDOLA (orgs. 2009: 71-96).
_____ (2009d). Análise multissistêmica da sentença matriz. Em: OLIVEIRA E PAIVA / NASCIMENTO (orgs. 2009: 35-60)
_____ (no prelo). *Funcionalismo, cognitivismo e mudança gramatical*.
CASTRO, Ivo et al. (1991). *Curso de história da língua portuguesa*. Lisboa: Universidade Aberta, 2 volumes.
_____ (1996). Para uma caracterização do português clássico. Em: DUARTE / LEIRIA (eds. 1996: 135-150).
_____ (2004/2006). *Introdução à história do português*. 2. ed. Lisboa: Edições Colibri.
CASTRO, Nei Leandro (1970). *Universo e vocabulário do Grande Sertão*. Rio de Janeiro: José Olympio.
CASTRO, Vandersi Santana (1994). Um caso de repetição no português. *Cadernos de Estudos Linguísticos* 27, 1994: 85-101.
CASTRO, Yedda P. (1980). *Falares africanos na interação social do Brasil-colônia*. Salvador: UFBA, Publicação n. 89.
_____ (2001). *Falares africanos na Bahia*: um vocabulário afro-brasileiro. Rio de Janeiro: Academia Brasileira de Letras/Topbooks.

CASTRO, Walter de (1977). *Metáforas machadianas.* Rio de Janeiro: Ao Livro Técnico.
CAVALCANTE, Sílvia Regina de Oliveira (2001). O sujeito indeterminado na escrita dos séculos XIX e XX: uma mudança encaixada? Em: MATTOS E SILVA (org. 2001, tomo 1: 233-250).
CAVALCANTI, Marilda (1986). A propósito de linguística aplicada. *Trabalhos em Linguística Aplicada* 7 (2): 5-12, 1986.
CECCANTINI, J.L.C.T. / PEREIRA, R. F. / ZANCHETTA JÚNIOS, J. (orgs. 2004). *Pedagogia cidadã:* cadernos de formação: língua portuguesa. São Paulo: Universidade Estadual Paulista.
CENTRO DE ESTUDOS FILOLÓGICOS (a partir de 1935). *Bibliografia filológica portuguesa:* dicionários, gramáticas, ortografias, etc. Lisboa: Centro de Estudos Filológicos (fichas bibliográficas).
ČERNY, Jiry (1969). Sobre la simetría de las categorías del tiempo y del aspecto en el verbo español. *Philologica Pragensia* 19, 1969: 82-93.
CERRÓN-PALOMINO, Rodolfo (1990). Hacia una filología amerindia. *Atas do IX Congresso Internacional da Associação de Linguística e Filologia da América Latina.* Campinas, Universidade Estadual de Campinas/Instituto de Estudos da Linguagem, vol. II, 1993: 415-418.
CEZARIO, Maria Maura / GOMES, Rosa / PINTO, Deise (1996). Integração entre cláusulas e gramaticalização. Em: MARTELOTTA / VOTRE / CEZARIO (orgs. 1996: 77-114).
CHAFE, Wallace (1970/1979). *Meaning and the structure of language.* Chicago: The University of Chicago Press. Trad. para o português: *Significado e estrutura linguística.* Rio de Janeiro: Livros Técnicos e Científicos.
_____ (1976). Giveness, contrastiveness, definitiness, subjects and points of view. Em: LI (ed. 1976: 25-55).
_____ (ed. 1980). *The pear stories:* cognitive, cultural and linguistic aspects of narrative production. Norwood: Ablex.
_____ (1984a). *Cognitive constraints on information flow.* Berkeley: University of California at Berkeley.
_____ (1984b). How people use adverbial clauses. *Berkeley Linguistic Society* 10, 1984: 434-449.
_____ (1987a). *Properties of spoken and written language.* Berkeley/Washington: Center for the study of writing/U.S. Dept. of Education Resources Information Center.
_____ (1987b). Cognitive constraints on information flow.
_____ (1994). *Discourse, consciousness and time:* the flow and displacement of conscious in speaking and writing. Chicago: Chicago University Press.
CHAMBERLAIN, Boby J. / HARMON, Ronald M. (1983). *A dictionary of informal Brazilian Portuguese.* Washington: Georgetown University Press.
CHARAUDEAU, Patrick (1992). *Grammaire du sens et de l'expression.* Paris: Hachette.
_____ / MAINGUENEAU, Dominique (2004). *Dicionário de análise do discurso.* Trad. e coord. Fabiana Komesu. São Paulo: Contexto.
CHARTIER, Anne-Marie / HÉBRARD, Jean (1989-1995). *Discursos sobre a leitura.* São Paulo: Ática.
CHEDIAK, Antônio José (1944). A correlação em Vieira. *Revista Filológica* 7 (25), 1944, Rio de Janeiro.
_____ (1960). *A nomenclatura gramatical brasileira e sua elaboração.* Rio de Janeiro: MEC/Cades.
_____ (1963). *Aspectos da estrutura correlativa em Camões.* Rio de Janeiro. Tese de concurso para uma das cadeiras de português do Colégio Pedro II, mimeo.
_____ (1971). *Contribuição ao estudo da estrutura correlativa em Camões.* Rio de Janeiro: Universidade Federal do Rio de Janeiro, tese de doutoramento.
CHIAPINI, Ligia et al. (orgs. 1997). *Aprender e ensinar com livros didáticos e paradidáticos.* São Paulo: Cortez, vol. I.
CHIERCHIA, Gennaro (2003). *Semântica.* Trad. revista por Rodolfo Ilari. Campinas/Londrina: Editora da Unicamp/Editora da UEL.
CHOMSKY, Noam (1968/1971). *Linguagem e pensamento.* Petrópolis: Vozes.
_____ (1986). *Knowledge of language:* its nature, origin and use. New York: Praeger.
_____ (2002). *Novos horizontes no estudo da linguagem e da mente.* Trad. Marco Antônio Sant'Anna. São Paulo: Editora da Unesp.
CHRISTIANO, Maria Elizabeth A. / SILVA, Camilo Rosa / HORA, Dermeval da (orgs. 2004). *Funcionalismo e gramaticalização: teoria, análise e ensino.* João Pessoa: Ideia.
CID, Odirce / COSTA, M. Cristina / OLIVEIRA, Célia T. (1986). "Este" e "esse" na fala culta do Rio de Janeiro. *Estudos Linguísticos e Literários* 5, 1986: 195-208.
CIFUENTES HONRUBIA, José Luis (2001). Los inventarios preposicionales. Em: SILVA (org. 2001: 98-117).
CINTRA, Ana Maria M. (1973). *Análise morfo-sintática do pronome na língua portuguesa.* São Paulo: Universidade de São Paulo, tese de doutoramento.
CINTRA, Luís F. Lindley (1963). Les anciens textes portugais non littéraires: classement et bibliographie. *Les Anciens Textes Romans non Littéraires: leur apport à la connaissance de la langue au moyen âge.* Paris: Librairie C. Klincksieck: 169-187.
_____ (1986-1987). Sobre o mais antigo texto não literário português: A Notícia de Torto (leitura crítica, data, lugar de redação e comentário linguístico). *Boletim de Filologia* 31, 1986-1987: 21-77.
CILLIERS, Paul (2000). *Complexity & postmodernism:* understanding complex systems. London/New York: Routledge.
CITELLI, Adilson (1994). *O texto argumentativo.* São Paulo: Scipione.

_____ (coord. 1997). *Aprender e ensinar com textos não escolares*. São Paulo: Cortez (coleção Aprender e Ensinar com Textos, coord. Ligia Chiappini).
_____ (2004). *Linguagem e persuasão*. 16. ed. rev. e atual. São Paulo: Ática.
CLEMENTE, Elvo (1976). *Ensino da língua portuguesa*. Porto Alegre: Pontifícia Universidade Católica.
COBBE, Roberto Vicente (1977). *Brazilian Portuguese language use at different educational levels and its implications for readability research*. Madison: University of Wisconsin, Ph.D. dissertation.
COELHO, Francisco Adolfo (1881). *A lingua portugueza*. Porto: Universal.
COELHO, Izete L. / MONNGUILLOTT, Izabel de O. e S. / MARTINS, Marco A. (2008). Estudo diacrônico da inversão verbo-sujeito no PB: fenômenos correlacionados. Em: RONCARATI / ABRAÇADO (orgs. 2008: 137-157).
COELHO, Manuel do Prado (org. 2005). *Convergências e divergências no espaço da língua portuguesa*. Lisboa: Fundação Calouste Gulbenkian.
COHEN, Maria Antonieta A. de M. (1989). *Syntactic change in Portuguese: relative clauses and the position of the adjective in the noun phrase*. Campinas: Unicamp, tese de doutoramento.
_____ et al. (1997). Filologia bandeirante. *Filologia e Linguística Portuguesa* 1, 1997: 79-94.
_____ / RAMOS, Jânia (orgs. 2002). *O dialeto mineiro e outras falas*. Belo Horizonte: Faculdade de Letras da UFMG.
COLE, P. / MORGAN, J. L. (eds. 1975). *Syntax and Semantics*. New York: Academic Press, vol. III.
_____ (ed. 1981). *Radical pragmatics*. New York: Academic Press.
COMPANY COMPANY, Concepción (org. 2007). *Sintaxis histórica de la lengua española*. México: Universidad Nacional Autónoma de México/Fondo de Cultura Económica, 2 volumes.
COMRIE, Bernard (1976). *Aspect: an introduction to the study of verbal aspect and related problems*. Cambridge: Cambridge University Press.
_____ (1981). Aspect and voice: some reflections on perfect and passive. *Syntax and Semantics* 14, 1981: 65-78.
CORÔA, Maria Luiza M. S. (1993). Tempo verbal: um problema discursivo ou gramatical? *Boletim da Abralin* 14, 1993: 393-399.
COROMINAS, J. (1994). *Breve diccionario etimológico de la lengua castellana*. Madrid: Gredos.
CORRÊA, Manoel Gonçalves (2004). *O modo heterogêneo de constituição da escrita*. São Paulo: Martins Fontes.
CORREDOIRA, F. V. (1998). *A construção da língua portuguesa frente ao castelhano: o galego como exemplo a contrário*. Compostela: Laiovento.
COSERIU, Eugenio (1962). *Teoría del lenguaje y lingüística general*. Madrid: Gredos.
_____ (1981). *Lecciones de lingüística general*. Madrid: Gredos.
_____ (1987). El gallego y sus problemas: reflexiones frías sobre un tema candente. *Lengua Española Actual* 9, 1987: 127-138.
_____ (1991). *Língua e funcionalidade em Fernão de Oliveira (1536)*. Trad. Maria Christina de Motta Maia revista pelo autor. Rio de Janeiro: Presença.
COSTA, Avelino de Jesus (1979). Os mais antigos documentos escritos em português: revisão de um problema histórico-linguístico. *Revista Portuguesa de História* 17, 1979.
COSTA, Firmino (1923). *Léxico gramatical*. São Paulo: Melhoramentos.
COSTA, Maria Cezário R. (1995). Estratégias argumentativas do texto Nurc. *Boletim da Abralin* 17, 1995: 109-119.
COSTA, Sérgio Gomes da (2000/2006). *Palavras sem fronteiras*. Rio de Janeiro/São Paulo: Record; 2. ed. 2006.
COSTA, Sônia Borba (1990). *O aspecto em português*. São Paulo: Contexto.
_____ (2003). *Adverbiais espaciais e temporais no português:* indícios de gramaticalização. Salvador: Universidade Federal da Bahia, tese de doutoramento.
_____ / MACHADO FILHO, Américo Venâncio Lopes (orgs. 2004). *Do português arcaico ao português brasileiro*. Salvador: Editora da UFBA.
COULMAS, F. (ed. 1981). *Conversational routines*. The Hague: Mouton.
COULTHARD, M. (1987). *An introduction to discourse linguistics*. London: Longman.
COUTINHO, Ismael de Lima (1938/1973). *Gramática histórica*. Rio de Janeiro: Livraria Acadêmica.
COUTO, Hildo Honório do (2009). *Linguística, ecologia e ecolinguística:* contato de línguas. São Paulo: Contexto.
CRAIG, Charles (ed. 1986). *Noun classes and categorization*. Amsterdam/Philadelphia: John Benjamins Publishing Co.
CRESSOT, Marcel (1974/1980). *O estilo e suas técnicas*. Trad. Madalena Cruz Ferreira. Lisboa: Edições 70.
CRIADO DE VAL, Manuel (1948). *Sintaxis del verbo español moderno*. Madrid: Consejo Superior de Investigaciones Científicas.
_____ (1953). *Análisis verbal del estilo*. Madrid: Consejo Superior de Investigaciones Científicas.
CROFT, Willian / CRUSE, D. Alan (2004). *Cognitive linguistics*. Cambridge: Cambridge University Press.
CRYSTAL, David (2000). *Language death*. Cambridge: Cambridge University Press.
CUESTIONARIO (1971-1973). *Cuestionario para el estudio coordinado de la norma lingüística culta*. Madrid: Pilei/Csic. Vol. I: Fonética y Fonología, 1973; Vol. II: Morfosintaxis, tomo 1, 1972; Vol. III: Léxico, 1971. Inteiramente adaptado ao português pelos pesquisadores do Projeto Nurc/Brasil, inédito, depositado no Centro de Documentação Linguística e Literária do Instituto de Estudos da Linguagem da Universidade Estadual de Campinas.
CUNHA, Antonio Geraldo da (1982). *Dicionário etimológico Nova Fronteira*. Rio de Janeiro: Nova Fronteira.
_____ (1989). *Dicionário histórico das palavras portuguesas de origem tupi*. São Paulo: Melhoramentos.

CUNHA, Celso Ferreira da (1961). *Estudos de poética trovadoresca:* versificação e ecdótica. Rio de Janeiro: Instituto Nacional do Livro.
_____ (1964). *Uma política do idioma.* Rio de Janeiro: Livraria São José.
_____ (1970). *Língua portuguesa e realidade brasileira.* 2. ed. Rio de Janeiro: Tempo Brasileiro.
_____ (1972). *Gramática da língua portuguesa.* Rio de Janeiro: Ministério da Educação e Cultura.
_____ / CINTRA, Luis Felipe Lindley (1985). *Nova gramática do português contemporâneo.* Rio de Janeiro: Nova Fronteira.
_____ (1985). *A questão da norma culta brasileira.* Rio de Janeiro: Tempo Brasileiro.
CUNHA, Luís Felipe (2007). *Semântica das predicações estativas.* München: Lincom Europa.
CUNHA, Maria Angélica Furtado da (1996). Gramaticalização nos mecanismos de negação em Natal. Em: MARTELOTTA / VOTRE / CEZARIO (orgs. 1996: 167-190).
_____ / OLIVEIRA, Mariângela Rios de / MARTELOTTA, Mário Eduardo (2003). *Linguística funcional:* teoria e prática. Rio de Janeiro: Faperj/DP&A.
_____ (org. 2000). *Procedimentos discursivos na fala de Natal.* Natal: Editora da UFRN
CYRINO, Sonia M. L. (1993) Observações sobre a mudança diacrônica no português do Brasil: objeto nulo e clíticos. Em: ROBERTS / KATO (orgs. 1993: 163-184).
_____ (1997). *O objeto nulo no português do Brasil:* um estudo sintático-diacrônico. Londrina: Editora da UEL.
_____ (1998). Uma proposta para o estudo da sintaxe diacrônica do português brasileiro. Em: CASTILHO (org. 1998: 89-100).
_____ (2000). O objeto direto nulo no português brasileiro. Em: GÄRTNER / HUNDT / SCHÖNBERGER (eds. 2000c, vol. II: 61-74).
_____ / DUARTE, M. / KATO, M. (2000) Visible subjects and invisible clitics in Brazilian Portuguese. Em: M. Kato e E. Negrão (orgs.) *Brazilian Portuguese and the Null subject Parameter,* Iberoamericana, Vervuert.
_____ (2001). Elementos nulos pós-verbais e a categoria "INFL (flexão)" no português do século XVI. Em: MATTOS E SILVA (org. 2001, tomo 1: 205-232).
_____ / REICH, Uli (2002). Uma visão integrada do objeto nulo no português brasileiro. *Romanistisches Jahrbuch* 52, 2002: 360-386.
_____ / BARRICHELLO, Jerusa / FIGUEIREDO DE PAULA, Flávia (2002). Formação de um banco de documentos paranaenses: primeiros resultados. Em: DUARTE / CALLOU (orgs. 2002: 77-86).
D'ACHILLE, P. (1990). *Sintassi del parlato e tradizione scritta della lingua italiana:* analisi di testi dalle origine al secolo XVIII. Roma: Bonacci.
DANEŠ, Frantiek (1966). On defining the theme in functional sentence analysis. *Travaux de Linguistique de Prague* 1, 1966: 225-240.
_____ (ed. 1974). *Papers on functional sentence perspective.* Prague/Paris: Academia/Mouton.
_____ (1974). Functional sentence perspective and the organization of the text. Em: DANEŠ (ed. 1974: 106-128).
_____ (1995). A static view and a dynamic view on text and discourse. *Travaux du Cercle Linguistique de Prague* 1, 1995: 185-199.
DANJOU-FLAUX, N. / GARY-PRIEUR, M. N. (eds. 1982). *Adverbes en-ment, manière, discours.* Lille: Presses Universitaires de Lille.
DASCAL, Marcelo (org. 1982). *Fundamentos metodológicos da linguística.* Campinas: edição do organizador, 4 volumes.
_____ (1982a). Pragmática. Em: DASCAL (org. 1982).
_____ (1982b). Comecemos a acabar de começar (?): prolegômenos para uma análise semântica de algumas perífrases verbais indicadoras de fase do português. *Cadernos de Estudos Linguísticos* 3, 1982: 126-186.
_____ / KATRIEL, T. (1982). Digressions: a study in conversational coherence. Em: PETOFI (ed. 1982, vol. XXIX: 76-85).
_____ (1983). *Pragmatics and the philosophy of mind.* Amsterdam: John Benjamins. Vol. I: Thought in language.
_____ (1984). Towards a psycho-pragmatics. *Investigaciones semióticas* 4, 1984: 145-159.
_____ (ed. 1985). *Dialogue:* an interdisciplinary approach. Amsterdam/Philadelphia: John Benjamins.
_____ (1986). A relevância do mal-entendido. *Cadernos de Estudos Linguísticos* 11, 1986: 199-217.
_____ / BORGES NETO, José (1993). De que trata a linguística, afinal? *Atas do IX Congresso Internacional da Associação de Linguística e Filologia da América Latina.* Campinas: Universidade Estadual de Campinas/Instituto de Estudos da Linguagem, vol. II: 435-64.
DAVIS, Philip W. (ed. 1995) *Alternative linguistics: descriptive and theoretical modes.* Amsterdam: John Benjamins.
DEBELLIS, Annalisa F. / SAVOIA, Leonardo M. (a cura di 1985). *Sintassi e morfologia della lingua italiana d'uso.* Roma: Bulzoni/Società di Linguistica Italiana.
DECAT, Maria Beatriz N. (1989). Construções de tópico em português: uma abordagem diacrônica à luz do encaixamento no sistema pronominal. Em: TARALLO (org. 1989: 113-139).
_____ (1995). Relações adverbiais e gênero do discurso. *Cadernos de Estudos Linguísticos* 28, 1995: 19-35.
_____ et al. (orgs. 2001). *Aspectos da gramática do português:* uma abordagem funcionalista. Campinas: Mercado de Letras.
DEESE, James (1976). *Psicolinguística.* Trad. R. W. Garcia Paula. Petrópolis: Vozes.
DEFENDI, Cristina L. et al. (2009). Análise multissistêmica das palavras "atrás", "fora", "onde", "afinal". Em: CASTILHO (org. 2009: 359-382).

DEGENHARDT, R. / STOLZ, T. / UFFERTS, H. (orgs. 1997): *Afrolusitanistik:* eine vergessene Disziplin in Deutschland? Dokumentation des 2. Bremer Afro-Romania-Kolloquiums vom 27-29 Juni 1996 (Bremer Beiträge zur Afro-Romania, 2). Bremen: Universität.

DEL CARRATORE, Enzo / LAPERUTA FILHO, Jayme (2009). *Léxico de frequência do português falado na cidade de São Paulo (Projeto Nurc).* Marília/Botucatu, CD.

DELL HYMES. Ver HYMES, Dell.

DE MAURO, Tulio (1968). *F. de Saussure:* corso di linguistica generale. Trad. Tulio de Mauro. Bari: Laterza.

_____ et al. (1992). Il lessico di frequenza dell'italiano parlato: LIP. Em: MORETTI / PETRINI / BIANCONI (a cura di 1992: 83-118).

_____ et al. (a cura di 1994). *Come parlano gli italiani.* Firenze: La Nuova Italia.

DEMONTE, Violeta (1999). El adjetivo: clases y usos. La posición del adjetivo en el sintagma nominal. Em: BOSQUE / DEMONTE (dirs. 1999: 129-216).

DESBORDES, Françoise (1990/1995). *Concepções sobre a escrita na Roma antiga.* São Paulo: Ática.

DIAS, Nilza Barrozo (2009). As "pequenas cláusulas" nas construções apositivas. Em: CASTILHO (org. 2009: 559-570).

DIAS DE MORAES, Lygia Corrêa (1987). *Nexos de coordenação na fala urbana culta de São Paulo.* São Paulo: USP, tese de doutoramento.

DIETRICH, Wolf (1973). *El aspecto verbal perifrástico en las lenguas románicas.* Madrid: Gredos.

_____ (1980). *Bibliografia da língua portuguesa do Brasil.* Tuebingen: Narr.

_____ / NOLL, Volker (orgs. 2004). *O português do Brasil:* perspectivas da pesquisa atual. Frankfurt am Main/Madrid: Vervuert/Iberoamericana.

_____ (2004). Os brasiguaios no Brasil: aspectos fonéticos e gramaticais. Em: DIETRICH / NOLL (orgs 2004: 147-154).

DIEZ, Friedrick (1876). *Grammaire des langues romanes.* 3. ed. Paris: F. Vieweg Libraire-Éditeur, 3 volumes.

DIK, Simon (1978/1981). *Gramática funcional.* Trad. Leocadio Martin Mingorance e Fernando Serrano Valverde. Madrid: Soc. Gen. Española de Librería AS.

_____ (1980). Term coordination. *Studies in Functional Grammar.* New York: Academic Press: 191-208.

_____ (1989). *The theory of functional grammar.* Dordrecht: Foris Publications. Part I: the structure of the clause.

_____ (1997).*The theory of functional grammar 2.* Ed. K. Hengeveld. Berlin/New York: Mouton de Gruyter.

DILLINGER, Michael (1991). Forma e função na linguística. *D.E.L.T.A.* 7 (1), 1991: 395-407.

_____ et al. (1996). Padrões de complementação no português falado. Em: KATO (org. 1996: 275-326).

DIONÍSIO, A. P. / MACHADO, A. R. / BEZERRA, M. A. (orgs. 2002). *Gêneros textuais e ensino.* Rio de Janeiro: Lucerna.

DIRVEN, Renée / FRIED, V. (eds. 1987). *Functionalism in linguistics.* Amsterdam/Philadelphia: John Benjamins.

DISCINI, Norma (2003). *O estilo nos textos.* São Paulo: Contexto.

DÍSCOLO, Apolonio (séc. I d.C./1987). *Sintaxis.* Introd., trad. y notas Vicente Bécares Botas. Madrid: Gredos.

DIXON, Robert M. W. (1994). *Ergativity.* Cambridge: Cambridge University Press.

_____ (1997). *The rise and fall of languages.* Cambridge: Cambridge University Press.

DOLZ, Joaquim / SCHNEUWLY, Bernard (2004). Gêneros e progressão em expressão oral e escrita: elementos para reflexões sobre uma experiência suíça (francófona). Em: SCHNEUWLY / DOLZ (orgs. 2004).

DOZY, R. / ENGELMAN, W. H. (1915). *Glossaire des mots espagnols et portugais,* 2. ed. Amsterdam: Oriental Press.

DUARTE, Inês S. / LEIRIA, Isabel (eds. 1996). *Actas do Congresso Internacional sobre o Português.* Lisboa: Edições Colibri/A.P.L.

_____ (2000). Português europeu e português brasileiro: 500 anos depois, a sintaxe. Comunicação ao Congresso Internacional dos 500 Anos de Língua Portuguesa. Évora (Portugal).

DUARTE, Lélia Parreira (org. 1999). *Para sempre em mim:* homenagem à professora Ângela Vaz Leão. Belo Horizonte: Editora da PUC-MG.

DUARTE, Maria Eugênia Lamoglia (1989). Clítico acusativo, pronome lexical e categoria vazia no português brasileiro. Em: F. Tarallo (org. 1989: 19-34).

_____ (1992). A perda da ordem V(erbo) S(ujeito) em interrogativas qu- no português do Brasil. *D.E.L.T.A.* 8, (número especial), 1992: 37-52.

_____ (1993). Do pronome nulo ao pronome pleno: a trajetória do sujeito no português do Brasil. Em: ROBERTS / KATO (orgs.1993: 107-128).

_____ (1998). O sujeito nulo no português do Brasil: de regra obrigatória a regra variável. Em: GROSSE / ZIMMERMANN (eds. 1998: 189-202).

_____ (2000). The loss of the avoid pronoun principle in Brazilian Portuguese. Em: KATO / NEGRÃO (orgs. 2000: 17-36).

_____ / CALLOU, Dinah M. Isensee (orgs. 2002). *Para a história do português brasileiro.* Rio de Janeiro: UFRJ – Letras/ Faperj. Vol. IV: notícias de *corpora* e outros estudos.

_____ / LOPES, Célia Regina dos Santos (2002). Realizaram, realizou-se ou realizamos...? As formas de indeterminação do sujeito em cartas de jornais do século XIX. Em: DUARTE/ CALLOU (orgs. 2002: 155-166).

DUARTE, Paulo Mosânio Teixeira (1999). *A formação de palavras por prefixo em português.* Fortaleza: Universidade Federal do Ceará Edições.

_____ / LIMA, Maria Claudete (colaboradora) (2000). *Classes e categorias em português.* Fortaleza: Universidade Federal do Ceará Edições/Inep.
_____ (2001). *Elementos para uma morfologia do português:* em torno da noção de radical. Fortaleza: Editora da UFCE.
DUBOIS, J. et al. (1973). *Dictionnaire de linguistique.* Paris: Larousse.
_____ et al. (1974). *Retórica geral.* Trad. Carlos Felipe Moisés et al. São Paulo: Cultrix/Edusp.
_____ (1980). Beyond definitiness: the trace of identity in discourse. Em: CHAFE (ed. 1980: 203-274).
_____ (1985). Competing motivations. Em: HAIMAN (ed. 1985: 343-365).
DUBOIS-CHARLIER, Françoise / LEEMAN, Danielle (1976). *Bases de análise linguística.* Trad. João Andrade Peres. Coimbra: Livraria Almedina.
DUCROT, Oswald / TODOROV, Tzvetan (1972/1998). *Dicionário enciclopédico das ciências da linguagem.* Lisboa/São Paulo: Publicações Dom Quixote/Perspectiva.
_____ (1972/1977). *Dire et ne pas dire:* principes de sémantique linguistique. Paris: Herman. Edição em português: *Princípios de semântica linguística:* dizer e não dizer. Trad. Carlos Vogt, Rodolfo Ilari e Rosa Attié Figueira: São Paulo: Cultrix/Universidade Estadual de Campinas, 1977.
_____ / VOGT, Carlos (1978). De "magis" a "mais": une hypothèse sémantique. *Revue de Linguistique Romane* 43, 1978: 317-341.
_____ (1987a). Esboço de uma teoria polifônica da enunciação. Em: DUCROT (1987b).
_____ (1987b). *O dizer e o dito.* Trad. Eduardo Guimarães. Campinas: Pontes.
DURANTI, Alessandro / OCHS, Elinor (1979a). "La pipa la fumi?" Uno studio sulla dislocazione a sinistre nelle conversazioni. *Studi di Grammatica Italiana* 8, 1979: 269-302.
_____ / OCHS, Elinor (1979b). Left-dislocation in Italian conversation. Em: GIVÓN (ed. 1979: 377-416).
DUSKOVÁ, L. (1985). The position of the rheme in English and Czech sentences as constituents of a text. *Philologica Pragensia* 28, 1985: 128-134.
DUTRA, Rosália (1990). A repetição oracional como elemento de coesão nas narrativas orais: estrutura e entoação. Comunicação ao Seminário sobre Repetição. Belo Horizonte, dezembro de 1990, inédito.
EASTLACK, Charles (1964a). *The morphology of the verb in Portuguese.* Austin: University of Texas at Austin, Ph.D. dissertation.
_____ (1964b). *Catenative verbs in Portuguese and English.* Ithaca: Cornell University.
ECO, Umberto (1997/2000). *Kant and the Platypus:* essais on language and cognition. New York: Harcourt Brance & Company, trad. para o inglês 2000.
ELIA, Sílvio (1940). *O problema da língua brasileira.* Rio de Janeiro: Pongetti.
_____ (1955/1978). *Orientações da linguística moderna.* 2. ed. Rio de Janeiro: Ao Livro Técnico.
ELIZAINCÍN, Adolfo (1978). Bilingüismo y problemas educativos em la zona fronteriza uruguayo-brasileña. *Actas del IV Congreso Internacional de la Asociación de Lingüística y Filología de América Latina,* 1978: 301-310.
_____ (1979a). *Precisiones sobre los dialectos portugueses del Uruguay.* Montevideo: Universidad de la República.
_____ (1979b). Estado actual de los estudios del fronterizo uruguayo-brasileño. *Cuadernos del Sur* 12, 1979: 119-140.
_____ / BEHARES, Luis / BARRIOS, Gabriela (1987). *Nos falemo brasilero:* dialectos portugueses en Uruguay. Montevideo: Amesur.
_____ (1992). *Dialectos en contacto:* español y portugués en España y América. Montevideo: Arca.
ELSON, Benjamin / PICKETT, Velma (1962/1973). *Introdução à morfologia e à sintaxe.* Trad. Aryon Dall'Igna Rodrigues et al. Petrópolis: Vozes.
ENKVIST, N. E. / KOHONEN, V. (eds. 1982). *Approaches to word order:* reports on text linguistics. Abo: Abo Akademi Foundation.
_____ (1982). Notes on valency, semantic scope and thematic perpective as parameters of adverbial placement in English. Em: ENKVIST / KOHONEN (eds. 1982: 51-74).
ENSINK, Titus / SAUER, Christopher (eds. 2003). *Framing and perspectivising in discourse.* Amsterdam/Philadelphia, John Benjamins Publishing Company.
_____ / SAUER, Christopher (2003). Social-functional and cognitive approaches to discourse interpretation. Em: ENSINK / SAUER (eds. 2003: 1-21).
ENTWISTLE, William J. (1969/1973). *Las lenguas de España:* castellano, catalán, vasco y gallego-portugués. Trad. Francisco Villar. Madrid: Ediciones Itsmo.
ERNOUT, Alfred (1953). *Morphologie historique du latin.* 3. éd. Paris: Klincksieck.
_____ / THOMAS, François (1953). *Syntaxe latine.* 2. éd. Paris: Librairie C. Klincksieck.
_____ / MEILLET, Antointe (1932/1967). *Dictionnaire étymologique de la langue latine.* 4. ed. Paris: Klincksieck, 1967.
ESCOBAR, Alberto (1988). Linguística y política. Em: ORLANDI (org. 1988: 11-26).
FAHLIN, Carin (1946-1947). Observations sur l'infinitif de narration en portugais et sur la construction commencer. *Studia Neophilologica* 19, 1946-1947: 272-292.
FARACO, Carlos Alberto (1986). Considerações sobre a sentença imperativa no português do Brasil. *D.E.L.T.A.* 2 (1), 1986: 1-15.

_____ (1991/2005). *Linguística histórica*. 2. ed. rev. e ampl. São Paulo: Ática/Parábola.
_____ (1992). *Escrita e alfabetização*. 6. ed. São Paulo: Contexto.
_____ (2007). Mudanças ortográficas no horizonte. Disponível em: <www.cbncuritiba.com.br>. Acesso em: 22 out. 2009.
FARIA, Ernesto (1958). *Gramática superior da língua latina*. Rio de Janeiro: Acadêmica.
_____ (1970). *Fonética histórica do latim*. Rio de Janeiro: Acadêmica.
FARIA, Maria Alice de O. (1989). *O jornal em sala de aula*. São Paulo: Contexto.
_____ (2004). *Como usar a literatura infantil em sala de aula*. São Paulo: Contexto.
_____ / ZANCHETTA, José (2002). *Para ler e fazer o jornal na sala de aula*. São Paulo: Contexto.
FAUCONNIER, Gilles (1984/1985). *Espaces mentaux:* aspects de la construction du sens dans les langues naturelles. Paris: Les Éditions de Minuit. Edição em inglês: *Mental spaces*. Cambridge: MIT Press, 1985.
_____ (1996). *Mappings in thought and language*. Cambridge: Cambridge University Press.
_____ / SWEETSER, Eve (eds. 1996). *Spaces, worlds and grammar*. Chicago: University of Chicago Press.
_____ / TURNER, Mark (1996). Blending as a central process of grammar. Em: GOLDBERG (ed. 1996: 1-17).
_____ / TURNER, Mark (1998). Conceptual integration networks. *Cognitive Science* 22 (2), 1998: 133-187.
_____ / TURNER, Mark (2002). *The way we think:* conceptual blending and the mind's hidden complexities. New York: Basic Books.
FAUSTICH, Enilde L. de (1981). *Lexicologia:* a linguagem dos noticiários. São Paulo: Belo Horizonte.
FAUSTO, Boris (1994/1998). *História do Brasil*. São Paulo: Editora da USP/FDE, 6. ed. 1998.
FÁVERO, Leonor L. / KOCH, Ingedore Grunfeld V. (1983). *Linguística textual*. São Paulo: Cortez.
_____ (1991). *Coesão e coerência textuais*. São Paulo: Ática.
_____ (1993). O tópico conversacional. Em: PRETI (org. 1993: 33-54).
_____ / ANDRADE, Maria Lúcia Vitorio de / AQUINO, Zilda G. (1996). Estratégias de construção do texto falado: a correção. Em: KATO (org. 1996: 355-366).
_____ (1997). Processos de formulação do texto falado: a correção e a hesitação nas elocuções formais. Em: PRETI et al. (orgs. 1997: 111-124).
_____ / ANDRADE, Maria Lúcia Vitorio de / AQUINO, Zilda G. (1998). Discurso e interação: a reformulação nas entrevistas. *D.E.L.T.A.* 14 (número especial), 1998: 91-104.
_____ / ANDRADE, Maria Lúcia Vitorio de / AQUINO, Zilda G. (1999). A correção no texto falado: tipos e estratégias, processos e recursos. Em: NEVES (org. 1999: 53-76).
_____ (2002). A dinâmica das interações verbais: o trílogo. Em: PRETI (org. 2002: 159-177).
_____ (2003). A propósito das marcas de correção no discurso oral culto. Em: PRETI (org. 2003: 211-225).
_____ / ANDRADE, Maria Lúcia Vitorio de / AQUINO, Zilda G. (2006). Correção. Em: JUBRAN / KOCH (orgs. 2006: 255-274).
FERNANDES, Francisco (1945). *Dicionário de sinônimos e antônimos da língua portuguesa*. Porto Alegre: Globo.
FERNÁNDEZ REI, F. (1990). *Dialectoloxía da lingua galega*. Vigo: Xerais.
FERREIRA, Aurélio Buarque de Holanda (1986). *Novo dicionário da língua portuguesa*. 2. ed. rev. e aum. Rio de Janeiro: Nova Fronteira.
FERREIRA, Carlota et al. (1986). *Diversidade do português do Brasil:* estudos de dialectologia rural e outros. Salvador: Proed.
_____ et al. (1987). *Atlas linguístico de Sergipe*. Salvador: Universidade Federal da Bahia/Fundação Estadual de Cultura de Sergipe.
_____ / CARDOSO, Suzana Alice Marcelino (1994). *A dialetologia no Brasil*. São Paulo: Contexto.
FERREIRA, José de Azevedo (1987). *Afonso X. Foro Real:* edição, estudo linguístico e glossário. Lisboa: I.N.I.C.
FERREIRA, Lúcia M. A. et al. (2000). Uma abordagem pancrônica da sintaxe portuguesa. *Gragoatá* 9, 2000: 135-153.
FERREIRA, Manuel (1988). *Que futuro para a língua portuguesa em África?* Lousã: ALAC.
FERREIRA NETTO, Waldemar (2001). *Introdução à fonologia da língua portuguesa*. São Paulo: Hedra.
FIAD, Raquel Salek (1975). *Aspectos da negação em português*. Campinas: Universidade Estadual de Campinas, dissertação de mestrado.
FIGUEIRA, Rosa Attié (1974). *Verbos introdutores de pressupostos*. Campinas: Universidade Estadual de Campinas, dissertação de mestrado.
FILLMORE, Charles (1968). The case for case. Em: BACH / HARMS (1968: 1-88).
_____ (1969/2003). The case for case reopened. *Syntax and Semantics*. Republicado em: FILLMORE (2003: 175-199).
_____ / LANGEDOEN, D. T. (eds. 1971). *Studies in linguistic semantics*. New York: Holt, Rinehart and Winston.
_____ (1975). *Santa Cruz lectures on dêixis 1971*. Bloomington: Indiana University Linguistics Club.
_____ (2003). *Form and meaning in language*. Stanford: CSLI.
FIORIN, José Luiz (1989). *Elementos de análise do discurso*. São Paulo: Contexto.
_____ (1996). *As astúcias da enunciação:* as categorias de pessoa, espaço e tempo. São Paulo: Ática.
_____ (2000a). Modalização: da língua ao discurso. *Alfa* 44, 2000: 171-192.
_____ (2000b). Os Aldrovandos Cantagalos e o preconceito linguístico. Em: SILVA / MOURA (orgs. 2000: 23-38).

_____ (2002). Adjetivos temporais e espaciais. Em: ABAURRE / RODRIGUES (orgs. 2002: 59-81).
_____ (org. 2003). *Introdução à linguística*. São Paulo: Contexto, 2 volumes.
FIRBAŠ, Jan (1964). On defining theme in functional sentence analysis. *Travaux Linguistiques de Prague* 1, 1964: 267-280.
_____ (1992). *Functional sentence perspective in written and spoken communication*. Cambridge/New York: Cambridge University Press.
FISCHER, Klaus (1999). Políticas lingüísticas en la Unión Europea y Mercosur. *Políticas Lingüísticas para América Latina. Actas del Congreso Internacional [1997]*. Buenos Aires: Universidad de Buenos Aires/Facultad de Filosofía y Letras, Instituto de Lingüística: 257-278.
FLEISCHMANN, Suzanne (1982). *The future in thought and language:* diachronic evidence from Romance. Cambridge/New York: Cambridge University Press.
FLORES, Valdir do Nascimento et al. (2009). *Dicionário de linguística da enunciação*. São Paulo: Contexto.
FOLTRAN, Maria José / MIOTO, Carlos (orgs. 2007). Dossiê: as small clauses revisitadas. *Cadernos de Estudos Linguísticos* 49 (1), 2007: 1-127.
FONSECA, Fernando V. Peixoto da (1959). *Noções de história da língua portuguesa*. Lisboa: Livraria Clássica Editora.
_____ (1985). *O português entre as línguas do mundo:* situação, história, variedades. Coimbra: Almedina.
FONSECA, M. C. A. P. (2004). Procedimentos de reformulação do texto oral. *Revista do Gelne* 6, 2004: 127-139.
FONTANELLA DE WEINBERG, María Beatriz (1990). Lingüística histórica: historia del español de América. *Atas do IX Congresso Internacional da Alfal*. Campinas: Unicamp, 1993, vol. II: 203-212.
FORD, C.E. (1993). *Grammar in interaction:* adverbial clauses in American English conversation. Cambridge: Cambridge University Press.
_____ / THOMPSON, S. A. (1996). Interactional units in conversation: syntactic, intonational and pragmatic resources for the management of turns. Em: OCHS / SCHEGLOFF / THOMPSON (eds. 1996: 134-184).
FOX, Barbara A. (1987). *Anaphora and the structure of discourse*. Cambridge: Cambridge University Press.
FRANCHI, Carlos (1976). *Hipóteses para uma teoria funcional da linguagem*. Campinas: Universidade Estadual de Campinas, tese de doutoramento, 2 volumes.
_____ (1977). Linguagem: atividade constitutiva. *Cadernos de Estudos Linguísticos* 22, 1992: 9-39. Republicação de *Almanaque* 5, 1977: 9-26.
_____ (1979). *Criatividade e gramática*. Campinas: Unicamp, inédito.
_____ (1981). *Relatório de atividades de pós-doutoramento na Universidade da Califórnia em Berkeley,* inédito.
_____ (1991). Concepção de uma E-Gramática. Conferência pronunciada no Departamento de Linguística da Unicamp, 26 set. 1991.
_____ (1992). Estrutura argumental dos adjetivos. Texto apresentado ao VI Seminário do Projeto de Gramática do Português Falado, Campos do Jordão.
_____ / NEGRÃO, Esmeralda Vailati / VIOTTI, Evani (1998). Sobre a gramática das orações impessoais com "ter/haver". *D.E.L.T.A.* 14 (número especial), 1998: 105-132.
_____ (2003a). Predicação. *Revista Estudos da Linguagem* 11 (2), 2003: 17-82.
_____ (2003b). Teoria da adjunção: predicação e relações temáticas. *Revista de Estudos da Linguagem* 11 (2), 2003: 155-176.
_____ / CANÇADO, M. (2003a). A teoria generalizada dos papéis temáticos. *Revista de Estudos da Linguagem* 11 (2), 2003: 83-123.
_____ / CANÇADO, M. (2003b). Reexame da noção de hierarquia temática. *Revista de Estudos da Linguagem* 11 (2), 2003: 125-153.
FRANCK, Dorothea (1981/1986/1988). Sentenças em turnos conversacionais: um caso de "double bind" sintático. *Cadernos de Estudos Linguísticos* 11, 1981: 9-20. Versão em inglês: Sentences in conversational turns: a case of "double bind". Em: DASCAL (ed. 1985: 233-245).
FREGE, G. (1978). *Lógica e filosofia da linguagem*. Ed. Paulo Alcoforado. São Paulo: Cultrix.
_____ (1891a/1978). Sobre o conceito e o objeto. Em: FREGE (1978: 89-103).
_____ (1891b/1978). Função e conceito. Em: FREGE (1978: 35-57).
FREIDIN, R. (ed. 1985). *Principles and parameters in comparative grammar*. Cambridge: MIT Press.
FREITAG, Raquel Meister (2003). O papel da frequência de uso na gramaticalização de "acho (que) parece (que)" marcadores de dúvida na fala de Florianópolis. *Veredas* 7 (1-2), 2003: 113-132.
FREITAS, Honório Rolim de (1979). *Princípios de morfologia:* visão sincrônica da derivação em português. Rio de Janeiro: Presença.
FREITAS, Judith (1995). "Nós" e "a gente" em locuções formais. Em: PEREIRA / PEREIRA (coords. 1995: 155-163).
FROEHLICH, Paulo A. (1973). O problema dos níveis da fala. *Vozes* 67/68, 1973: 27-32.
FROMM, Guilherme / LIMA-HERNANDES, Maria Célia (orgs. 2003). *Domínios da linguagem III:* práticas pedagógicas 2. São Paulo: sem editora.
_____ / LIMA-HERNANDES, Maria Célia (orgs. 2004). *Domínios da linguagem IV:* subsídios à formação linguística. São Paulo: sem editora.

FRY, Peter / VOGT, Carlos / GNERRE, Maurizio (1981). Mafambura e caxapura: na encruzilhada da identidade. *Revista de Ciências Sociais* 24 (3), 1981: 373-389.
FULGÊNCIO, Lúcia / LIBERATO, Yara (1992). *Como facilitar a leitura.* São Paulo: Contexto.
_____ (2008). *Como facilitar a leitura.* 8. ed. São Paulo: Contexto.
FUDGE, E. C. (ed. 1973). *Phonology.* Midlesex: Penguin Books.
FUCHS, Catherine (1982). *La paraphrase.* Paris: Presses Universitaires de France.
_____ (1994). *Paraphrase et énontiation.* Paris: Ophrys.
GABBIANI, Beatriz (1999). Las políticas lingüísticas regionales del Mercosur: propuestas, obstáculos y avances de los últimos cinco años. *Políticas lingüísticas para América Latina. Actas del Congreso Internacional [1997].* Buenos Aires: Universidad de Buenos Aires/Facultad de Filosofía y Letras, Instituto de Lingüística, vol. II: 271-280.
GAFFIOT, F. (1957). *Dictionnaire du latin.* Paris: Larousse.
GALEMBECK, Paulo T. et al. (1990). O turno conversacional. Em: PRETI / URBANO (orgs. 1990).
_____ (1993). O turno conversacional. Em: PRETI (org. 1993: 55-79).
_____ (2002). Marcas de subjetividade e intersubjetividade em textos conversacionais. Em: PRETI (org. 2002: 67-88).
GALMÉS DE FUENTES, Álvaro (1994). *Las jarchas mozárabes.* Barcelona: Crítica.
GALVÃO, Jesus Belo (1954/1967). *Subconsciência e afetividade na língua portuguesa.* Rio de Janeiro: Organização Simões. Reedição em 1967 com o título *Língua e expressão artística.* Rio de Janeiro: Organização Simões.
GALVÃO, Vânia Cristina Casseb (1999). *O "achar" no português do Brasil: um caso de gramaticalização.* Campinas: Universidade Estadual de Campinas, tese de doutoramento.
_____ (2000). A atuação de mecanismos desencadeadores de processos de gramaticalização. *Scripta* 4 (7), 2000: 44-59.
_____ (2002). A referenciação histórica de um processo de gramaticalização. Em: MASSINI-CAGLIARI (org. 2002: 75-84).
_____ (2004). De predicação matriz a operador evidencial: a gramaticalização de "diz que". *Veredas* 8 (1-2), 2004: 163-181.
GALVES, Charlotte (1984). Pronomes e categorias vazias em português do Brasil. *Cadernos de Estudos Linguísticos* 7, 1984: 107-136.
_____ (1987). A sintaxe do português brasileiro. *Ensaios de Linguística*, vol. XIII, 1987: 31-49.
_____ / ABAURRE, Maria Bernadete (1996). Os clíticos no português brasileiro: elementos para uma abordagem sintático-fonológica. Em: CASTILHO / BASÍLIO (orgs. 1996: 273-319).
_____ (1998). Tópicos, sujeitos, pronomes e concordância no português brasileiro. *Cadernos de Estudos Linguísticos* 34, 1998: 7-21.
_____ / NUNES, Jairo / RAPOSO, Eduardo (orgs. 2000). Novos estudos em gramática gerativa: homenagem a Mary Kato. *D.E.L.T.A.* 16 (número especial), 2000.
_____ (2001). *Ensaios sobre as gramáticas do português.* Campinas: Editora da Unicamp.
_____ (2003). Sintaxe e estilo: a colocação de clíticos nos sermões do Padre Vieira. Em: ALBANO et al. (orgs. 2003: 245-260).
GAMARSKI, Léa (1988). *A derivação regressiva: um estudo da produtividade lexical em português.* Goiânia: Centro Editorial e Gráfico da Universidade Federal de Goiás.
GAMILLSCHEG, E. (1932). Historia linguística de los visigodos. *Revista de Filología Española* 19, 1932: 229-260.
GARCIA, Othon Moacir (1967/1982). *Comunicação em prosa moderna.* 2. ed. São Paulo: Editora da FGV.
GARCÍA MOREJÓN, Julio (1966). *Los límites de la estilística.* Assis: Faculdade de Filosofia, Ciências e Letras.
GARDNER, H. (1985/1995). *A nova ciência da mente.* Trad. Cláudia M. Caon. São Paulo: Edusp.
GAREY, Howard (1957). Verbal aspect in French. *Language* 33 (2), 1957: 91-110.
GÄRTNER, Eberhard (1997a). *Pesquisas linguísticas em Portugal e no Brasil.* Frankfurt am Main: Vervuert/Madrid: Iberoamericana.
_____ (1997b). Coincidências dos fenômenos morfo-sintáticos do *substandard* do português do Brasil, de Angola e de Moçambique. Em: DEGENHARDT / STOLZ / UFFERTS (orgs. 1997: 146-180).
_____ (1998). Elementos do substandard na linguagem falada culta. Em: GROSSE / ZIMMERMANN (orgs. 1998).
_____ / HUNDT, Christine / SCHÖNBERGER, A. (eds. 1999). *Estudos de gramática portuguesa (I).* Frankfurt am Main: TFM.
_____ (2000). Valência e variação linguística. Em: GROSSE / ZIMMERMANN (eds. 2000: 59-94).
_____ / HUNDT, Christine / SCHÖNBERGER, Axel (eds. 2000a). *Estudos de sociolinguística brasileira e portuguesa.* Frankfurt am Main: TFM.
_____ / HUNDT, Christine / SCHÖNBERGER, Axel (eds. 2000b). *Estudos de geolinguística do português americano.* Frankfurt am Main: TFM.
_____ / HUNDT, Christine / SCHÖNBERGER, Axel (eds. 2000c). *Estudos de gramática portuguesa.* Frankfurt am Main: TFM, 3 volumes.
_____ (2002). Tentativa de explicação diacrônica de alguns fenômenos morfo-sintáticos do português brasileiro. Em: ALKMIM (org. 2002: 293-328).
_____ (2005). Em torno da origem do emprego de pronomes pessoais sujeito em função de objeto direto no português brasileiro: considerações metodológicas. Em: KOLLER et al. (ed. 2005: 85-98).
_____ (2006). Algumas particularidades morfossintácticas do português extra-europeu e o problema do contacto linguístico. Em: *Miscelânea de estudos in memoriam José G. Herculano de Carvalho. Revista Portuguesa de Filologia*, vol. XXV, tomo 1, 2003-2006: 223-256.

_____ (2007). O papel dos falantes afro-brasileiros na formação do diasistema do português brasileiro. Em: SCHRADER-KNIFFKI / GARCÍA (eds. 2007: 365-389).
GARY-PRIEUR, M.-N. (1982). Adverbes de manière: que signifie cette étiquette?. Em: DANJOU-FLEAUX / GARY-PRIEUR (orgs. 1982: 13-24).
GAVASI, S. C. (1997). Fechamento de subtópicos em diálogos assimétricos. Em: KOCH / BARROS (orgs. 1997: 205-210).
GENOUVRIER, E. / PEYTARD, J. (1970/1975) Linguística e ensino do português. Trad. e adapt. Rodolfo Ilari. Coimbra: Almedina.
GERALDI, João Wanderley (1978). *Se a semântica fosse também pragmática.... ou, para uma análise semântica dos enunciados condicionais.* Campinas: Universidade Estadual de Campinas, dissertação de mestrado.
_____ (org. 1984). *O texto na sala de aula.* Cascavel: Assoeste.
_____ (1996). *Linguagem e ensino:* exercícios de militância e divulgação. Campinas: Mercado de Letras.
_____ / CITELLI, Beatriz (coords. 1997). *Aprender e ensinar com textos de alunos.* São Paulo: Cortez. Vol. I (coleção coord. por Lígia Chiappini).
GIL, Regina Celi / ROCA, Pilar (orgs. 2009). *Modelos de análise linguística.* São Paulo: Contexto.
GILI Y GAIA, Samuel (1961). *Curso superior de sintaxis española.* Barcelona: Spes.
GILMAN, Stephen (1961). *Tiempos y formas temporales en el Poema del Cid.* Madrid: Gredos.
GIVÓN, Talmy (1971). Historical syntax and synchronic morphology: an archaelogist's field trip. *Papers from the 7th Regional Meeting.* Chicago Linguistic Society 7: 394-415, Chicago.
_____ (ed. 1979). *Syntax and Semantics.* New York: Academic Press, vol. XII.
_____ (1979a). From discourse to syntax: grammar as a processing strategy. Em: GIVÓN (ed. 1979, vol. XII: 81-111).
_____ (1979b). *On understanding grammar.* New York: Academic Press.
_____ (1981). Logic vs. pragmatics, with natural language as reference. *Journal of Pragmatics* 6, 1981: 81-133.
_____ (ed. 1983). *Topic continuity in discourse:* a qualitative cross-language study. Amsterdam: John Benjamins.
_____ (1984). *Syntax:* a functional-typology introduction. Amsterdam: John Benjamins, vol. I.
_____ (1986). Prototypes: between Plato and Wittgenstein. Em: CRAIG (ed. 1986: 77-102).
GLEASON JR., H. A. (1955/1978). *An introduction to descriptive linguistics.* New York: Henry Holt and Company. Edição em português: *Introdução à linguística descritiva.* Trad. João Pingudo. Lisboa: Fundação Calouste Gulbenkian, 1978.
GLEICK, James (1988). *Chaos:* making a new science. New York: Penguin Books.
GNERRE, Maurizio (1985). *Linguagem, escrita e poder.* São Paulo: Martins Fontes.
GÓIS, Carlos (1931/1943). *Sintaxe de regência.* Rio de Janeiro: Paulo de Azevedo & Cia.
_____ (1932/1940). *Sintaxe de construção.* Rio de Janeiro: Francisco Alves.
_____ (1933/1955). *Sintaxe de concordância.* Rio de Janeiro: Francisco Alves.
GOLDBERG, Adele E. (1995). *Constructions:* a construction grammar approach to argument structure. Chicago: University of Chicago Press.
_____ (ed. 1996). *Conceptual structure, discourse and language.* Stanford: CSLI Publications.
GONÇALVES, Uilton dos Santos / FERREIRA, Permínio de Souza (2001). Aventura no reino das traças: contribuindo para uma história linguística da Bahia. Em: MATTOS E SILVA (org. 2001, tomo 2: 483-504).
GONÇALVES, Perpétua (1996). *Português de Moçambique, uma variedade em formação.* Maputo: Universidade Eduardo Mondlane.
_____ (1998). *Mudanças do português em Moçambique.* Maputo: Livraria Universitária/Universidade Eduardo Mondlane.
_____ (2004). A formação de variedades africanas do português: argumentos para uma abordagem multidimensional. Texto lido na conferência A Língua Portuguesa: Presente e Futuro. Lisboa: Fundação Calouste Gulbenkian, dez. 2004.
GONÇALVES, Sebastião Carlos Leite (2003). *Gramaticalização, modalidade epistêmica e evidencialidade:* um estudo de caso no português do Brasil. Campinas: Universidade Estadual de Campinas, tese de doutoramento.
_____ (2004). Gramaticalização de construções com o verbo "parecer" no português brasileiro: de verbo pleno a satélite atitudinal. *Veredas* 8 (1-2), 2004: 195-214.
_____ / LIMA-HERNANDES, Maria Célia / GALVÃO, Vânia Cristina Casseb (orgs. 2007). *Introdução à gramaticalização:* em homenagem a Maria Luiza Braga. São Paulo: Parábola.
_____ / SOUSA, Gisele Cássia de / GALVÃO, Vânia Cristina Casseb (2008). As construções subordinadas substantivas. Em: ILARI / NEVES (orgs. 2008: 1021-1088).
_____ (2009). Aspectos da subordinação sentencial sob uma perspectiva diacrônica: o caso das orações em posição argumental de sujeito. Em: CASTILHO (org. 2009: 585-594).
GONÇALVES, V. G. (1994). Gramaticalização: conceitos, causas e processos. *Caderno de Letras* I (1), 1994: 91-104, Belo Horizonte.
GONZÁLES MUELA, Joaquín (1951). El aspecto verbal en la poesía moderna española. *Revista de Filología Española* 35, 1951: 76-91.
GOODWIN, C. (1981). *Conversational organization.* New Cork: Academic Press.
GORSKI, Edair M. et al. (2002). Gramaticalização/discursivização de itens de base verbal: funções e formas concorrentes. *Estudos Linguísticos* 31, 2002, CD-ROM.

GORSKI, Edair M. et al. (2003). Fenômenos recursivos: resultados de análises variacionistas como indícios de gramaticalização. Em: RONCARATI / ABRAÇADO (orgs. 2003: 106-122).
_____ / J. COURTÉS (2008). *Dicionário de semiótica*. São Paulo: Cultrix.
GREIMAS, A. J. (1966/1973). *Semântica estrutural*. São Paulo. Cultrix.
GRICE, H. P. (1967/1982). Lógica e conversação. Em: DASCAL (org. 1982: 81-103). Nova versão: Logic and conversation. Em: COLE / MORGAN (eds. 1975, vol. III: 41-58).
GRIMES, Joseph (1972). *The thread of discourse*. Ithaca: Cornell University/Dept. of Modern Languages and Linguistics (Technical report n. 1).
GRIMES, Barbara F. (ed. 1998/2000). *Ethnologue:* languages of the world. 14. ed. Dallas: Summer Institute of Linguistics. Vol. I: languages of the world. Vol. II: maps and indexes.
GROPPI, Mirta (1997). *Pronomes pessoais no português do Brasil e no espanhol do Uruguai*. São Paulo: Universidade de São Paulo, tese de doutoramento.
_____ (2001). Problemas e perspectivas para um estudo da situação linguística de São Paulo no século XVIII. Em: MATTOS E SILVA (org. 2001, tomo 2: 371-390).
GROSS, Maurice (1975). *Méthodes en syntaxe:* régime des constructions completives. Paris: Herman.
GROSSE, Sybille / ZIMMERMANN, Klaus (orgs. 1998): *"Substandard" e mudança no português do Brasil*. Frankfurt am Main: TFM (= Biblioteca Luso-brasileira, 6).
_____ / ZIMMERMANN, Klaus (eds. 2000). *O Português brasileiro: pesquisas e projetos*. Frankfurt am Main: TFM.
_____ (2000). Evidencialidade no português brasileiro. Em: GROSSE / ZIMMERMANN (eds. 2000: 409-426).
GRUBER, Jeffrey (1976). *Lexical structures in syntax and semantics*. Amsterdam: North Holland.
GRYNER, Helena (1990). *A variação de tempo, modo e conexão nas orações condicionais potenciais em português*. Rio de Janeiro: Universidade Federal do Rio de Janeiro, tese de doutorado.
_____ (2005). O status do gerúndio na gramaticalização das condicionais. Em: ZILLES (org. 2005: 271-280).
GUEDES, Marymarcia / BERLINCK, Rosane Andrade (orgs. 2000). *E os preços eram commodos...*: anúncios de jornais brasileiros do século XIX. São Paulo: Humanitas (série Diachronica, vol. II).
_____ / BERLINCK, Rosane de Andrade (2001). Fontes para a história da língua portuguesa no "Velho Oeste Paulista". Em: MATTOS E SILVA (org. 2001, tomo 2: 443-482).
_____ / BERLINCK, Rosane de Andrade / MURAKAWA, Clotilde de Almeida Azevedo (orgs. 2006). *Teoria e análise linguísticas:* novas trilhas. Araraquara: Cultura Acadêmica Editora/FCL.
GUÉRIOS, Mansur (1967). Conceito de correto e incorreto na linguagem. Em: AZEVEDO FILHO (org. 1967: 221-230).
_____ (1979). *Tabus linguísticos*. São Paulo: Companhia Editora Nacional.
GUERRA DA CAL, Ernesto (1969). *Língua e estilo de Eça de Queirós*. Trad. Estella Glatt. Rio de Janeiro/São Paulo: Tempo Brasileiro/Universidade de São Paulo.
GUILBERT, L. (1975). *La créativité lexicale*. Paris: Larousse.
GUIMARÃES, Eduardo (1979). *Modalidade e argumentação linguística*. São Paulo: Universidade de São Paulo, tese de doutoramento.
_____ (1987). *Texto e argumentação:* um estudo de conjunções do português. Campinas: Pontes.
GUIRAUD, Pierre (1955/1975). *A semântica*. São Paulo: Difusão Europeia do Livro.
_____ (1970). *A estilística*. Trad. Miguel Meillet. São Paulo: Mestre Jou.
GUISAN, Pierre (2008). O deslocamento das marcas flexionais nominais e verbais em português, como consequência da mudança do paradigma prosódico: o exemplo do francês. Em: RONCARATI / ABRAÇADO (orgs. 2008: 260-267).
GUMPERZ, J. (1982). *Discourse strategies*. Cambridge: Cambridge University Press.
GUY, Gregory R. (1981). *Linguistic variation in Brazilian Portuguese: aspects of phonology, syntax and language history*. Philadelphia: University of Pennsylvania, Ph.D. dissertation.
_____ (1989). On the nature and origins of popular Brazilian Portuguese. *Estudios sobre Español de América y Linguística Afroamericana*. Bogotá: Intituto Caro y Cuervo, 1989: 226-244.
HAADSMA, R. A. / NUCHELMANS, J. (1963). *Précis de latin vulgaire, suivie d'une anthologie annoté*. Groningen: J. B. Wolters.
HAIMAN, John (1980). The iconicity of grammar: isomorphism and motivation. *Language* 56, 1980: 515-540.
_____ (ed. 1985). *Iconicity in syntax*. Amsterdam: John Benjamins.
_____ / THOMPSON, Sandra A. (eds. 1988). *Clause combining in grammar and discourse*. Amsterdam: John Benjamins.
HALLIDAY, Mark Alexander Kirkwood (1966-1968). Notes on transitivity and theme in English. *Journal of Linguistics* 2, 1966: 37-81; 3, 1967: 199-244; 3, 1968: 179-215.
_____ (1969). Types of process. Em: KRESS (ed. 1976: 159-173).
_____ (1970). Estrutura e função da linguagem. Em: LYONS (ed. 1973/1976: 134-160).
_____ (1973). Relevant models of language. Em: DASCAL (org. 1972: 125-161), trad. para o português: As bases funcionais da linguagem.
_____ (1974). Os usuários e os usos da língua. Em: HALLIDAY / MACINTOSH / STREVENS (orgs. 1974: 98-135).
_____ / MACINTOSH, A. / STREVENS, P. (orgs. 1974). *As ciências linguísticas e o ensino de línguas*. Petrópolis: Vozes.
_____ / HASAN, Rukaya (1976). *Cohesion in English*. London: Longman.

_____ (1985a). *An introduction to functional grammar.* London: Edward Arnold.
_____ (1985b). Systemic background. Em: BENSON / GREAVES (eds. 1985: 1-15).
HALLIG, Rudolfo / VON WARTBURG, Walther (1952/1963). *Système raisonné des concepts pour servir de base à la lexicographie.* Berlin: Akademie Verlag, 2. ed. 1963.
HAMEL, Rainer Enrique (1995). Direitos linguísticos como direitos humanos: debates e perspectivas. *Alteridades* 5, 1995: 11-23.
_____ (1999). Hacia una política plurilingüe y multicultural. *Políticas Lingüísticas para América Latina. Actas del Congreso Internacional [1997].* Buenos Aires: Universidad de Buenos Aires/Facultad de Filosofía y Letras, Instituto de Lingüística, 1999: 289-296.
HAMPEJS, Zdenek (1959-1960). Nota sintático-estilística sobre o infinito flexionado português. *Revista Brasileira de Filologia* 5, 1959-1960: 115-118.
_____ (1961). Alguns problemas do infinitive conjugado no português medieval. *Boletim de Filologia* 18, 1961: 229-242.
HARTMAN, R. R. K. / STORCK, F. C. (1972). *Dictionary of language and linguistics.* London: Applied Science Publishers Ltd.
HARRIS, Zellig (1951). *Methods in structural linguistics.* Chicago: University of Chicago Press.
_____ (1952). Discourse analysis. *Language* 28, 1952: 1-30.
HATTNHER, Marize Mattos Dall'Aglio (1996). Uma análise functional da modalidade espistêmica. *Alfa* 40, 1996: 151-173.
_____ et al. (2001). Uma investigação funcionalista da modalide epistêmica. Em: NEVES (org. 2001: 101-143).
_____ (2001). A manifestação do saber: entrecruzando evidencialidade de modalidade epistêmica. *Boletim da Abralin* 26 (número especial), 2001: 470-472.
_____ (2007). Pesquisas em sintaxe: a abordagem funcionalista da evidencialidade. Em: MASSINI-CAGLIARI et al. (orgs. 2007: 103-145).
HAVELOCK, Eric A. (1982/1994). *A revolução da escrita na Grécia e suas consequências culturais.* São Paulo: Editora da Unesp/Paz e Terra.
HAWKINS, John A. (ed. 1988). *Explaining language universals.* Oxford: Blackwell.
HEAD, Brian Franklin (1964). *A comparison of the segmental phonology of Lisbon and Rio de Janeiro.* Austin: The University of Texas at Austin, Ph.D. dissertation.
_____ (1968). A descrição das variedades cultas do português contemporâneo como língua padrão. Em: HERCULANO DE CARVALHO (org. 1968: 63-77).
_____ (1973a). O estudo do R caipira no contexto social. *Vozes* 67/68, 1973: 43-49.
_____ (1973b). A teoria da linguagem e o ensino do vernáculo. *Vozes* 67 (5), 1973: 63-72.
HECKLER, E. / BACK, S. / MASSING, E. R. (1994). *Estrutura das palavras:* famílias, morfologia, análise, origem. São Leopoldo: Unisinos.
HEGER, Klaus (1960). Problemas y métodos de análisis onomasiológico del "tiempo" verbal. *Thesaurus* 19, 1960: 165-195, Boletín del Instituto Caro y Cuervo.
_____ (1965). Les bases méthodologiques de l'onomasiologie et du classement des concepts. *Travaux de linguistique et de Littérature* 3, 1965: 7-32.
HEINE, Bernd / HÜNNEMEYER, B. / CLAUDI, U. (eds. 1991). *Grammaticalization:* a conceptual framework. Chicago: The University of Chicago Press.
_____ / CLAUDI, Ulrike / HÜNNEMEYER, Friederike (1991). From cognition to grammar: evidence from African languages. Em: TRAUGOTT / HEINE (eds. 1991, vol. I: 149-188).
_____ (1997). *Cognitive foundations of grammar.* Oxford: Oxford University Press.
HENRIQUES, Claudio Cezar / SIMÕES, Darcília (orgs. 2004). *Língua e cidadania:* novas perspectivas para o ensino. Rio de Janeiro: Europa.
HENSEY, Frederick H. (1967). *Linguistic consequences of natural contact in a border community.* Austin: University of Texas at Austin, Ph.D. dissertation.
_____ (1972). *The sociolinguistics of the Uruguayan-Brazilian border.* The Hague: Mouton.
_____ (1975). The sociolinguistics of the Brazilian-Uruguayan border. *Language* 51, 1975: 476-478.
_____ (1982). Spanish, Portuguese and fronteiriço: languages contact in North Uruguay. *International Journal of the Sociology of Language* 34, 1982: 7-23.
HERCULANO DE CARVALHO, José Gonçalo (1958). *Fonologia Mirandesa.* Coimbra: Faculdade de Letras.
_____ (1967-1973). *Teoria da linguagem:* natureza do fenômeno linguístico e a análise das línguas. Coimbra: Atlântida, 2 volumes.
_____ (1968). Moçarabismo linguístico ao sul do Mondego. Em: HERCULANO DE CARVALHO (1973).
_____ (org. 1968). *Actas do 1º Simpósio Luso-Brasileiro sobre a Língua Portuguesa.* Coimbra: Coimbra Editora.
_____ (1973). *Estudos linguísticos.* Coimbra: Atlântica, vol. I.
_____ (1976). Systems of deictics in Portuguese. Em: RADEFELDT (ed. 1976: 245-265).
_____ / RADEFELDT, Jurgen S. (orgs. 1984). *Estudos de linguística portuguesa.* Coimbra: Coimbra Editora.
HERMAN, Joseph (1975). *Le latin vulgaire.* Paris: Presses Universitaires de France.
HERNÁNDEZ ALONSO, César (1984). *Gramática funcional del español.* Madrid: Gredos.
HEYE, Jurgen (org. 1995). *Flores verbais:* uma homenagem linguística e literária para Eneida do Rego Monteiro Bomfim no seu 70º aniversário. Rio de Janeiro: Editora 34.

HILGERT, José Gaston (1989). *A paráfrase:* um procedimento de constituição do diálogo. São Paulo: Universidade de São Paulo, tese de doutoramento.
_____ (1993a). Esboço de uma fundamentação teórica para o estudo das atividades de formulação textual. Em: CASTILHO (org. 1993: 99-115).
_____ (1993b). Procedimentos de reformulação: a paráfrase. Em: PRETI (org. 1993: 103-127).
_____ (1996). As paráfrases na construção do texto falado: o caso das paráfrases em relação paradigmática com suas matrizes. Em: KOCH (org. 1996: 131-147).
_____ (1997). O parafraseamento na articulação do texto falado. Em: KOCH / BARROS (orgs. 1997: 59- 66).
_____ (org. 1997). *A linguagem falada culta na cidade de Porto Alegre.* Passo Fundo/Porto Alegre: Ediupf/Editora da UFRS. Vol. I: diálogos entre informante e documentador.
_____ (2002). A colaboração do ouvinte na construção do enunciado do falante: um caso de interação intraturno. Em: PRETI (org. 2002: 89-124).
_____ (2003). A seleção lexical na construção do texto falado. Em: PRETI (org. 2003: 69-102).
_____ (2006). Parafraseamento. Em: JUBRAN / KOCH (orgs. 2006: 275-300).
HIMMELMANN, Nikolaus P. (2004). Lexicalization and grammaticalization: opposite or orthogonal? Em: BISANG / HIMMELMANN / WIEMER (eds. 2004: 21-42).
HJELMSLEV, Louis (1943/1975). *Prolegômenos a uma teoria da linguagem.* Trad. José Teixeira Coelho Netto. São Paulo: Perspectiva.
HOCKETT, Charles F. (1958/1971). *A course in modern linguistics.* New York: The Macmillan Company. Edição em espanhol: *Curso de linguística moderna.* Trad. e adapt. Emma Gregores e Jorge Alberto Suárez. Buenos Aires: Universitaria, 1971.
HOCKNEY, D. J. et al. (eds. 1975) *Contemporary research in philosophical logic and linguistic semantics.* Dordrecht: D. Reidel Publishing Co.
HODGE, C. T. (1970). The linguistic cycle. *Language and Society* 13, 1970: 1-7.
HOGE, Henry (1968). *A selective bibliography of Luso-Brazilian linguistics.* Nashville: Vanderbilt University.
HOLTUS, G. / RADTKE, E. (orgs. 1985). *Gesprochenes Italienisch in Geschichte und Gegenwart.* Tübingen: Gunter Narr Verlag.
HOLT, Jens (1943). *Études d'aspect.* Aarhus/Kobenhav: Ejnar Munksgaard.
HOPPER, Paul J. (1979a). Some observations of the typology of focus and aspect in narrative language. *Studies in Language* 3 (1), 1979: 37-64.
_____ (1979b). Aspect and foregrounding in discourse. *Syntax and Semantics* 12, 1979: 213-241.
_____ / THOMPSON, Sandra (1980). Transitivity in grammar and discourse. *Language* 56 (2), 1980: 251-299.
_____ (ed. 1982). *Tense-aspect:* between semantics & pragmatics. Amsterdam/Philadelphia: John Benjamins.
_____ / THOMPSON, Sandra A. (1984). Categories in universal grammar. *Language* 60 (4), 1984: 703-752.
_____ (1988). Emergent grammar and the a priori grammar postulate. Em: TANNEN (ed. 1988: 117-134).
_____ (1991). On some principles of grammaticization Em: TRAUGOTT / HEINE (eds. 1991, vol. I: 17-36).
_____ / TRAUGOTT, Elizabeth C. (1993/2004). *Grammaticalization.* 2. ed. Cambrige: Cambridge University Press.
_____ (1996). Some recent trends in grammaticalization. *Annu. Rev. Anthropol.* 25, 1996: 217-236.
HORA, Demerval da (org. 1997). *Diversidade linguística no Brasil.* João Pessoa: Ideia.
_____ / PEDROSA, Juliene Lopes Ribeiro (orgs. 2001). *Projeto variação linguística no estado da Paraíba.* João Pessoa: Ideia, 5 volumes.
_____ / COLLISCHONN, Gisela (orgs. 2003). *Teoria linguística:* fonologia e outros temas. Homenagem à Prof[a] Leda Bisol. João Pessoa: Universitária.
_____ / ESPÍNOLA, Lucienne C. (2004). O paralelismo linguístico e sua atuação no processo variável da concordância verbo-sujeito. *Revista da Abralin* 1-2, 2004: 217-241, vol. III.
_____ / ALVES, Eliane Ferraz / ESPÍNOLA, Lucienne C. (orgs. 2009). *Abralin:* 40 anos em cena. João Pessoa: Imprensa Universitária.
HOUAISS, Antônio (1960). *Sugestões para uma política do idioma.* Rio de Janeiro: Instituto Nacional do Livro.
_____ / VILLAR, Mauro de Salles / MELLO FRANCO, Francisco Manoel (2001). *Dicionário Houaiss da língua portuguesa.* Rio de Janeiro: Objetiva.
_____ (2001). *Dicionário eletrônico Houaiss da língua portuguesa.* Rio de Janeiro: Objetiva, CD único.
_____ (2002-2003). *Dicionário Houaiss da língua portuguesa.* Lisboa: Círculo de Leitores, 6 volumes.
HOVY, E. H. / SCOTT, D. (eds. 1996). *Computational & conversational discourse.* Berlin: Springer.
HUANG, J. (1984) On the distribution and reference of empty pronouns. *Linguistic Inquiry* 15, 1984: 531-574.
HÜBER, Joseph (1933/1986). *Altportugiesches Elementarbuch.* Heidelberg: Carl Winters Universitätsbuchhandlung. Edição em português: *Gramática do português arcaico.* Lisboa: Gulbenkian, 1986.
HUMBOLDT, Wilhelm von (1836/1990). *Sobre la diversidad de la estructura del lenguaje humano y su influencia sobr el desarrollo espiritual de la humanidad.* Trad. Ana Agud. Barcelona/Madrid: Anthropos/Ministerio de Educación y Ciencia.
HYMES, Dell (1974). *Foundations in sociolinguistics.* Philadelphia: The University of Pennsylvania Press.
IGLA, B. / STOLZ, T. (eds. 2001). *Was ich noch sagen wollte...:* a multilingual Festschrift for Norbert Boretzky on occasion of his 65th birthday. Berlin: Akademie Verlag

IGNACIO, Sebastião Expedito / HINTZE, Ana Cristina J. (2001). Um estudo sobre as funções de expressões gramaticalizadas. Em: NEVES (org. 2001: 25-36).
ILARI, Rodolfo (1979/1981). Alguns recursos gramaticais para a expressão do tempo em português. Em: CARRATORE, E. Del et al. (1981: 181-194). *Estudos de filologia e linguística em homenagem a Isaac Nicolau Salum*. São Paulo: T. A. Queiroz/Edusp.
_____ / MANTOANELLI, Ivone (1983). As formas progressivas do português. *Cadernos de Estudos Linguísticos* 5, 1983: 27-60.
_____ (1985). *A linguística e o ensino da língua portuguesa*. São Paulo: Martins Fontes.
_____ / GERALDI, João Wanderley (1985). *Semântica*. São Paulo: Ática.
_____ (1986a/1992/2004). *Perspectiva funcional da frase portuguesa*. 3. ed. Campinas: Editora da Unicamp.
_____ (1986b). Delocutivos nós também temos, falô? *Cadernos de Estudos Linguísticos* 10, 1986: 81-86.
_____ (1987). Algo sobre "não só mas também". *D.E.L.T.A.* 3 (1), 1987: 111-116.
_____ (1989/2004). *Linguística românica*. 3. ed. São Paulo: Ática.
_____ et al. (1991). Considerações sobre a posição dos advérbios. Em: CASTILHO (org. 1991: 63-142).
_____ (org. 1992). *Gramática do português falado*. Campinas: Editora da Unicamp, 4. ed. rev. 2002. Vol. II: níveis de análise.
_____ (1992a). Sobre os advérbios focalizadores. Em: ILARI (org. 1992: 151-192).
_____ (1992b). Sobre os advérbios aspectuais. Em: ILARI (org. 1992: 193-212).
_____ (1992c). Propriedades extensionais e intensionais dos adjetivos. Texto apresentado ao VI Seminário do Projeto de Gramática do Português Falado.
_____ (1993). Adjetivos e substantivos: uma ou duas classes? Texto apresentado ao VII Seminário do Projeto de Gramática do Português Falado. Campos do Jordão.
_____ / FRANCHI, Carlos / NEVES, Maria Helena de Moura (1996). Os pronomes pessoais do português falado: roteiro para a análise. Em: CASTILHO / BASÍLIO (orgs. 1996: 79-168).
_____ (1997). *A expressão do tempo em português*. São Paulo: Contexto/Educ.
_____ (1998). "Pela primeira vez" e suas complicações sintático-semânticas. *D.E.L.T.A.* 14 (número especial), 1998: 133-153.
_____ (1999). Notas para uma semântica do passado composto em português. *Actas do Congresso Internacional organizado por motivo dos vinte anos do português no ensino superior*. Budapeste: Faculdade de Letras da Universidade Eötvös Loránd, 1999: 224-247.
_____ (2001a). O estuturalismo linguístico: alguns caminhos. Em: MUSSALIM / BENTES (orgs. 2004: 53-91).
_____ (2001b). *Introdução à semântica:* brincando com a gramática. 5. ed. São Paulo: Contexto.
_____ (2002). *Introdução ao estudo do léxico:* brincando com as palavras. São Paulo: Contexto.
_____ (2003). Linguagem: atividade constitutiva. Ideias e leituras de um aprendiz. *Revista Letras* 61 (número especial), 2003: 45-76, Universidade Federal do Paraná.
_____ / BASSO, Renato (2006). *O português da gente:* a língua que estudamos, a língua que falamos. São Paulo: Contexto.
_____ (2007). A categoria de advérbio na gramática do português falado. *Alfa* 51 (1), 2007: 151-174.
_____ / NEVES, Maria Helena de Moura (orgs. 2008). *Gramática do português culto falado no Brasil*. Campinas: Editora da Unicamp. Vol. III: classes de palavras e construções.
_____ (2008a). As conjunções. Em: ILARI / NEVES (orgs. 2008: 809-864).
_____ (2008b). O português entre as línguas românicas, inédito.
_____ / BASSO, Renato (2008a). O verbo. ILARI / NEVES (orgs. 2008: 163-370).
_____ / BASSO, Renato (2008b). Advérbios verificadores. Em: ILARI / NEVES (orgs. 2008: 547-478).
_____ et al. (2008). A preposição. Em: ILARI / NEVES (orgs. 2008: 623-808).
IMBS, Paul (1960). *L'emploi des temps verbaux en français moderne*. Paris: Klincksieck.
IORDAN, Iorgu / MANOLIU, Maria (1972). *Manual de linguística românica*. Madrid: Gredos, 2 volumes.
IRMÃOS MARISTAS (1961). *Gramática latina Ragon*. Ed. dos Irmãos Maristas. São Paulo: Ed. do Brasil.
IRMEN, Friederich (1966). Aspectos funcionais e estilísticos do mais-que-perfeito em português. *Actas do V Colóquio Internacional de Estudos Luso-Brasileiros*. Lisboa, vol. III.
ISQUERDO, Aparecida Negri (2005). Atlas regionais em andamento no Brasil. Em: AGUILERA (org. 2005: 335-356).
JACKENDOFF, Ray (1972). *Semantic interpretation in generative grammar*. Cambridge: MIT Press.
_____ (1990). *Semantic structures*. Cambridge: MIT Press.
_____ (1992). *Language of the mind:* essays on mental representation. Cambridge: Cambridge University Press.
_____ (2002). *Foundations of language:* brain, meaning, grammar, evolution. Oxford/New York: MIT Press.
JAEGGLI, O. / SAFIR, K. (eds. 1989). *The null subject parameter*. Kluwer: Dordrecht.
JAKOBSON, Roman (1948). L'aspect phonologique et l'aspect grammatical du langage dans leurs interrelations. Em: JAKOBSON (1963: 161-175).
_____ (1957). Shifters, verbal categories and the Russian verb. *Selected Writings*. The Hague, Mouton, 1971: 130-147, vol. II.
_____ (1963). *Éssais de linguistique générale*. Paris: Les Éditions de Minuit.
_____ (1967). *Fonema e fonologia*. Trad. Joaquim Mattoso Câmara Jr. Rio de Janeiro: Acadêmica.
JAURALDE et al. (1988). *Homenaje a Alonso Zamora Vicente*. Madrid: Castalia.

JEROSLAV, Elizabeth Helen McKinney (1974). *Rural Cearense Portuguese:* a study of one variety of nonstandard Brazilian speech. Ithaca: Cornell University, Ph.D. dissertation.
JESPERSEN, Otto (1924/1971). *The philosophy of grammar.* London: Allen & Unwin. Edição em francês: *La philosophie de la grammaire.* Paris: Les Éditions de Minuit, 1971.
JOHNSON, Daniel Ezra / SANCHEZ, tara (eds. 2002). *University of Pennsylvania Working Papers in Linguistics.* Pennsylvania: University of Pennsylvania.
JOHNSON, Mark (1987). *The body in the mind:* the bodily basis of meaning, imagination and reason. Chicago and London: The University of Chicago Press.
JONES, M. A. (1996). *Foundations of French syntax.* Cambridge: Cambridge University Press.
JOTA, Zélio dos Santos (1975). *Dicionário de linguística.* Rio de Janeiro: Presença.
JUBRAN, Clélia Cândida Spinardi et al. (1992). Organização tópica da conversação. Em: ILARI (org. 1992: 357-440).
JUBRAN, Clélia Cândida Spinardi (1993). Inserção: um fenômeno de descontinuidade na organização tópica. Em: CASTILHO (org. 1993: 61-74).
_____ (1996a). Parênteses: propriedades identificadoras. Em: CASTILHO / BASÍLIO (orgs. 1996: 411-422).
_____ (1996b). Para uma descrição textual-interativa da parentização. Em: KATO (org. 1996: 339-354).
_____ (1999). Funções textuais-interativas dos parênteses. Em: NEVES (org. 1999: 131-158).
_____ / KOCH, Ingedore Grunfeld Villaça (orgs. 2006). *Gramática do português culto falado no Brasil.* Campinas: Editora da Unicamp. Vol. I: construção do texto falado.
_____ (2006a). Tópico discursivo. Em: JUBRAN / KOCH (orgs. 2006: 89-132).
_____ (2006b). Parentetização. Em: JUBRAN / KOCH (orgs. 2006: 301-358).
KABATEK, Johannes (2003/2005). Tradiciones lingüísticas y cambios lingüísticos. *Lexis* 29 (2), 2005: 151-177.
KAHANE, Henry / HUTTER, Harriet (1953). The verbal categories of colloquial Portuguese. *Word* 9, 1953: 16-44.
KATO, Mary A. (1975). *A semântica gerativa e o artigo definido.* São Paulo: Ática.
_____ (org. 1981). *Estudos de semântica aplicada ao português.* São Paulo: Tomás Queirós.
_____ (1982/1988). A ordem Adj+N e a harmonia transcategorial. *Letras e Letras* 4, 1/2: 205-214.
_____ (1983). A systematic typological contrast between English and Portuguese. *Papers and Studies in Contrastive Linguistics* 16, 1983: 5-15.
_____ (1989). Sujeito e tópico: duas categorias em sintaxe? *Cadernos de Estudos Linguísticos,* 17, 1989: 109-132.
_____ / TARALLO, Fernando (1988). Restrictive vs. syntax in Brazilian Portuguese: its correlation with invisible clitics and visible subjects. Trabalho apresentado na Georgetown Round Table in Languages and Linguistics 1988. Washington D. C.
_____ / CASTILHO, Ataliba T. de (1991). Advérbios modalizadores: um novo núcleo predicador? *D.E.L.T.A.* 7 (1), 1991: 409-424.
_____ (org. 1992). *A concepção da escrita pela criança.* 2. ed. Campinas: Pontes.
_____ (1993). The distribution of null and pronominal objects in Brazilian Portuguese. Em: ASHBY et al. (eds. 1993: 225-235).
_____ et al. (1993). Preenchedores sintáticos nas fronteiras de constituintes. Em: CASTILHO (org. 1993: 235-272).
_____ (org. 1996). *Gramática do português falado.* 2. ed. Campinas: Fapesp/Editora da Unicamp, 2002, vol. V.
_____ (1996/2002). Da autonomia teórico-metodológica na pesquisa para uma desejada convergência na concepção do produto. Em: KATO (org. 1996: 9-32).
_____ / NASCIMENTO, Milton (1996a). Preenchedores aspectuais e o fenômeno da flutuação dos quantificadores. Em: CASTILHO / BASÍLIO (orgs. 1996: 245-272).
_____ / NASCIMENTO, Mílton do (1996b). Adjuntos sintáticos e preenchedores discursivos: uma avaliação comparativa. Em: KATO (org.1996: 187-200).
_____ et al. (1996). Padrões de predicação no português falado no Brasil. Em: KATO (org. 1996: 201-274).
_____ / RAPOSO, Eduardo (1996). European and Brazilian Portuguese word order: questions, focus and topic constructions. Em: PARODI et al. (eds. 1996: 267-292).
_____ et al. (1997). Construções com palavras-Q no português falado. Em: KOCH (org. 1996: 303-368).
_____ (1998). Formas de funcionalismo na sintaxe. *D.E.L.T.A.* 14 (número especial), 1998: 145-168.
_____ (1999). Strong and weak pronominals and the null subject parameter. *PROBUS* 11 (1), 1999: 1-38.
_____ / RAMOS, Jânia (1999). Trinta anos de sintaxe gerativa no Brasil. *D.E.L.T.A.,* vol. XV (número especial), 1999: 105-146.
_____ / NEGRÃO, Esmeralda V. (eds. 2000). *Brazilian Portuguese and the null subject parameter.* Frankfurt: Vervuert/ Iberoamericana.
_____ (2001). O objeto nulo definido no português europeu e no português brasileiro: convergências e divergências. *Actas do XVI Encontro Nacional da Associação Portuguesa de Linguística.* Lisboa: Associação Portuguesa de Linguística.
_____ (2002). Pronomes fortes e fracos na gramática do português brasileiro. *Revista Portuguesa de Filologia,* vol XXIV, 2001-2002: 101-122.
_____ (2003). Null objects, null resumptives and VP-ellipsis in European and Brazilian Portuguese. Em: QUER et al. (eds. 2003: 131-154).
_____ (2004). Two types of wh-in-situ in Brazilian Portuguese. Trabalho apresentado no Georgetown Round Table 2004. Washington D. C.

_____ (2005). Obje(c)tos e artigos nulos: similaridades e diferenças entre o português europeu e o português brasileiro. Em: MOURA (org. 2005: 73-96).
_____ / RIBEIRO, Ilza (2005). Cleft sentences and wh-questions in Brazilian Portuguese: a diachronic analysis. Trabalho apresentado no Linguistic Symposium on Romance Languages 35, Austin, Texas.
_____ / MIOTO, Carlos (2005). A multi-evidence analysis of European and Brazilian Portuguese wh-questions. Em: KEPSER / REIS (eds. 2005: 307-328).
_____ et al. (2006). Português brasileiro no fim do século XIX e na virada do milênio. Em: CARDOSO / MOTA / MATTOS E SILVA (orgs. 2006: 413-438).
_____ / NASCIMENTO, Mílton (orgs. 2009). *Gramática do português culto falado no Brasil*. Campinas: Editora da Unicamp. Vol. III: a construção da sentença.
KAY, Paul (1983). Linguistic competence and folk theories of language: two English hedges. *Proceedings of the 9th Meeting of the Berkeley Linguistic Society*. Berkeley: University of California at Berkeley, 1983: 128-137.
KAYNE, R. (1989). Null subjects and clitic climbing. Em: JAEGGLI / SAFIR (eds. 1989: 239-262).
KEHDI, Valter (1982). *Construções de gerúndio subentendido:* as construções sintáticas justapostas em português. São Paulo: Universidade de São Paulo, tese de doutoramento.
_____ (1997). *Formação de palavras em português*. São Paulo: Ática.
KELLER, E. (1979). Gambits: conversational strategy signals. *Journal of Pragmatics* 5, 1979: 219-238.
KEMMLER, Rolf / SCHÄFER-PRIESS, Barbara / SCHÖNBERGER, Axel (eds. 2002). *História da gramaticografia e lexicografia portuguesas*. Frankfurt am Main: DEE.
_____ / SHÄFER-PRIESS, Barbara / SCHÖNBERGER, Axel (orgs. 2005). *Portugiesische Sprachgeschichte und Sprachgeschichtsschreibung*. Frankfurt am Main: Domus Editoria Europaea.
KEMPSON, Ruth M. (1977/1980). *Teoria semântica*. Trad. W. Dutra. Rio de Janeiro: Zahar.
KEPSER, Stephen / REIS, Marga (eds. 2005). *Linguistic evidence:* empirical, theoretical and computational perspectives. The Hague: Mouton de Gruyter.
KEWITZ, Verena (2002a). *Gramaticalização de "ser" e "estar" no português medieval e no séc. XIX*. São Paulo: Universidade de São Paulo, dissertação de mestrado.
_____ (2002b). Os verbos "ser" e "estar" plenos no português arcaico. *Estudos Linguísticos* 31: 2002, CD-ROM.
_____ / OLIVEIRA, Marilza de (2002). A representação do caipira na imprensa paulista do séc. XIX. Em: DUARTE / CALLOU (orgs. 2002: 27-35).
_____ (2004). A gramaticalização das preposições "a" e "para" no português brasileiro. Trabalho publicado nos Anais do Linguistisches Kolloquium, Romanisches Semninar, Universität zu Köln, Colônia, 2004.
_____ (2007a). *Gramaticalização e semanticização das preposições "a" e "para" no português brasileiro (sécs. XIX a XX)*. São Paulo: Universidade de São Paulo, tese de doutoramento.
_____ (2007b). A gramaticalização da preposição "entre" no português brasileiro do séc. XIX. Em: RAMOS / ALKMIN (orgs. 2007: 169-180).
_____ (2009). Gramaticalização, semanticização e discursivização das preposições "a" e "para" no português brasileiro (sécs. XIX a XX). Em: CASTILHO (org. 2009: 603-736).
_____ / SIMÕES, José da Silva (2009). Normas linguísticas, história social, contatos linguísticos e tradições discursivas: transformando encruzilhadas em novos caminhos para a constituição de *corpora* diacrônicos. Em: CASTILHO (org. 2009: 699-720).
KIMBALL, J. (ed. 1975). *Syntax and semantics*. New York: Academic Press, vol. IV.
KING, L. / SUÑER, Margarita (1980). The meaning of the progressive in Spanish and Portuguese. *The Bilingual Review* 7, 1980: 222-238.
KLEIMAN, Ângela B. (1989). *Texto e leitor: aspectos cognitivos da leitura*. Campinas: Pontes.
_____ (1990). Afinal, o que é linguística aplicada? *Intercâmbio* 2, 1990: 22-31.
_____ (1993). *Oficina de leitura:* teoria e prática. Campinas: Pontes.
_____ (1996). *Leitura:* ensino e pesquisa. 2. ed. Campinas: Pontes.
_____ (org. 1999). *Os significados do letramento:* uma nova perspectiva sobre a prática social da escrita. Campinas: Mercado de Letras.
KLEPPA, Lou-Ann (2004). *Vamo de a pé no carro do vovô?* Campinas: Universidade Estadual de Campinas, dissertação de mestrado.
KLOPPEL, Karl-Heinz (1960). *Aktionsart und Modalität in den Portugiesischen Verbalumschreibungen*. Berlin: Freie Universität.
KLUM, Arne (1961). *Verbe et adverbe*. Stockholm: Almqvist & Wiksell.
KOCH, Ingedore G. Villaça (1984). *Argumentação e linguagem*. São Paulo: Cortez.
_____ (1987). *Linguística aplicada ao ensino do português*. Porto Alegre: Mercado Alegre.
_____ (1989a). *A coesão textual*. São Paulo: Contexto.
_____ (1989b). *Texto e coerência*. São Paulo: Cortez.
_____ (1990). Reflexões sobre a repetição, inédito.
_____ / TRAVAGLIA, Luiz Carlos (1990). *Coerência textual*. São Paulo: Contexto, 16. ed. 2002.
_____ et al. (1991). Aspectos do processamento do fluxo de informação no discurso oral dialogado. Em: CASTILHO (org. 1991: 143-184).

_____ (1992a). A repetição como um mecanismo estruturador do texto falado. Campinas: Depto. de Linguística da Universidade Estadual de Campinas, inédito.
_____ (1992b). *A Inter-ação pela linguagem.* São Paulo: Contexto, 9. ed. 1993.
_____ (1995). A articulação entre orações no texto. *Cadernos de Estudos Linguísticos* (28), 1995: 9-18.
_____ (org. 1996). *Gramática do português falado.* Campinas: Editora da Unicamp/Fapesp, vol. VI.
_____ / SOUZA E SILVA, Maria Cecília P. de (1996). Atividades de composição do texto falado: a elocução formal. Em: CASTILHO / BASÍLIO (orgs. 1996: 379-410).
_____ / BARROS, Kazue S. M. (orgs. 1997). *Tópicos em linguística do texto e análise da conversação.* Natal: Editora da UFRN.
_____ (1997a). *O texto e a construção dos sentidos.* São Paulo: Contexto, 7. ed. 2000.
_____ (1997b). Atividades e estratégias de processamento textual. Em: KOCH / BARROS (orgs. 1997: 139-146).
_____ / MARCUSCHI, Luiz Antônio (1998). Processos de referenciação na produção discursiva. *D.E.L.T.A.* 14 (número especial), 1998: 169-190.
_____ (2002). *Desvendando os segredos do texto.* São Paulo: Cortez.
_____ / KLASSMAN, M. / ALTENHOFEN, C. (2002). *Atlas linguístico-etnográfico da região sul do Brasil.* Porto Alegre/Florianópolis/Curitiba: Editoras das Universidades Federais do Rio Grande do Sul/Santa Catarina/Paraná, vols. I e II.
_____ (2004). *Introdução à linguística textual.* São Paulo: Martins Fontes.
_____ (2006). Tematização e rematização. Em: JUBRAN / KOCH (orgs. 2006: 359-380).
_____ / BENTES, Anna Christina / CAVALCANTE, Mônica Magalhães (2007). *Intertextualidade:* diálogos possíveis. São Paulo: Cortez.
_____ / ELIAS, Vanda Maria (2009). *Ler e escrever:* estratégias de produção textual. São Paulo: Contexto.
KOEFOED, O. (1979). *Le verbe comme objet d'étude.* Copenhague: Akademisk Forlag. *Revue Romane* 17 (número special), 1979.
KOHONEN, Viljo / ENKVIST, Nils Erik (ed. 1978). *Text linguistics, cognitive learning and language teaching.* Turku: Finnish Association for Applied Linguistics.
KOLLER, E. et al. (ed. 2005). *Ciências da linguagem:* 30 anos de investigação e ensino. Braga: Universidade do Minho.
KOTSCHI, T. / OESTERREICHER, W. / ZIMMERMANN, R. (eds. 1996). *El español hablado y la cultura oral en España e Hispanoamérica.* Frankfurt am Main/Madrid: Vervuert/Iberoamericana.
KOVACCI, Ofelia (1972/1986). Modificadores de modalidad. *Romanica* 2, 1972: 177-190. Republicado em: KOVACCI (1986: 89-102). *Estudios de Gramática Española.* Buenos Aires: Hachette.
_____ (1999). El adverbio. Em: BOSQUE / DEMONTE (dirs. 1999: 705-786).
KRAHE, Hans (1946). Aportaciones lingüísticas al problema lígur. *Cuadernos de Historia Primitiva* I, 1946: 91-93.
_____ (1947). El problema de los ilirios del norte a la luz de lenguaje. *Cuadernos de Historia Primitiva* II, 1947: 25-28.
KREMER, D. (ed. 1988). *Homenagem a Joseph M. Piel por ocasião do seu 85º aniversário.* Tübingen: Max Niemeyer Verlag/Instituto de Cultura e Língua Portuguesa/Consello da Cultura Galega.
KRESS, Gunther R. (ed. 1976). *Halliday:* system and function in language. Selected papers. London: Oxford University Press.
KRIEGER, Maria da Graça / FINATTO, Maria José (2004). *Introdução à terminologia:* teoria & prática. São Paulo: Contexto.
_____ et al. (2006). O século XX, cenário dos dicionários fundadores da lexicografia brasileira: relações com a identidade do Português do Brasil. *Alfa* 50 (2, 2006): 173-187.
KROLL, Wilhem (1941). *Historia de la filología clasica.* Barcelona: Labor.
KURY, A. da G. (1997). *Novas lições de análise sintática.* 7. ed. São Paulo: Ática (Série Fudamentos).
LABOV, William (1972a). *Sociolinguistics patterns.* Philadelphia: Universityof Pennsylvania Press.
_____ (1972b). The transformation of experience in narrative syntax. Em: LABOV (1972c: 354-396).
_____ (1972c). *Language in the inner city.* Philadelphia: Philadelphia University Press.
_____ (1981). *Field methods of the project on linguistic change and variation.* Austin: Southwest Educational Development Laboratory.
_____ (1995). *Principles of linguistic change.* Oxford & Cambridge: Blackwell. Vol. I: internal factors.
LACERDA, Armando / ROSSI, Nelson (1958). Particularidades fonéticas do falar do Rio de Janeiro em confronto com o português normal de Portugal. *Revista do Laboratório de Fonética Experimental de Coimbra* 4, 1958: 5-102.
LAHUD, Michel (1979). *A propósito da noção de dêixis.* São Paulo: Ática.
LAJOLO, Marisa / ZILBERMAN, Regina (1996). *A formação da leitura no Brasil.* São Paulo: Ática.
LAKOFF, George (1975). Hedges: a study in meaning criteria and the logic of fuzzy concepts. Em: HOCKNEY et al. (eds. 1975: 221-171).
_____ / JOHNSON, Mark (1980/2002). *Metaphors we live by.* Chicago and London: The University of Chicago Press. Edição em português: *Metáforas da vida cotidiana.* Trad. Vera Maluf. São Paulo: Editora da PUC-SP/Mercado de Letras, 2002.
_____ (1982). Categories: an essay in cognitive linguistics. *Linguistics in the Morning Calm.* Selected Papers from SICOL-1981. Seoul: Hanshin Publishing Co., 1982: 139-209.
_____ (1987). *Women, fire and dangerous things:* what categories reveal about the mind. Chicago: The University of Chicago Press.
LAKOFF, R. (1971). If's and's and but's about conjunction. Em: FILLMORE / LANGEDOEN (eds. 1971: 115-150).

LANGACKER, Ronald (1987). *Foundations of cognitive grammar.* Stanford: Stanford University Press. Vol. I: theoretical prerequisites.
_____ (1990). *Concept, image and symbol:* the cognitive basis of grammar. Berlin/New York: Mouton de Gruyter.
_____ (1991). *Foundations of cognitive grammar.* Stanford: Stanford University Press. Vol. II: descriptive application.
_____ (1992). Prepositions as grammatical(izing) elements. *Leuvense Bijdragen* 81, 1992: 287-309.
_____ (1999). *Grammar and conceptualization.* Berlin and New York: Mouton De Gruyter.
_____ (2008). *Cognitive grammar:* a basic introduction. Oxford: Oxford University Press.
LAPA, Manuel Rodrigues (1945/1968). *Estilística da língua portuguesa.* Lisboa: Seara Nova; 5. ed. Rio de Janeiro: Acadêmica, 1968.
LAPESA, Rafael (1962/1968). *Historia de la lengua española.* 7. ed. Madrid: Escelicer.
LAUAND, Najla (1973). *O vocabulario do Leal Conselheiro através do sistema de conceitos de Hallig-Wartburg.* Araraquara: Faculdade de Filosofia, Ciências e Letras, tese de doutoramento.
LAUSBERG, Henrich (1960/1966). *Manual de retórica literaria.* Trad. José Pérez Riesgo. Madrid: Gredos, 3 volumes.
_____ (1963/1965). *Linguística románica.* Trad. J. Pérez Riesgo e E. Pascual Rodríguez Madrid: Gredos. Vol. I: fonética. Vol. II: morfología.
LAVANDERA, Beatriz (1984a). *Variación y significado.* Buenos Aires: Hachette.
_____ (1984b). Tensión entre el personal y el impersonal en la organización del discurso. Em: LAVANDERA (1984a: 101-124).
LAYTANO, Dante de (1940). O português de Açores na consolidação moral do domínio luso no extremo sul do Brasil. *Congresso do Mundo Português.* Lisboa: sem editora, vol. XI, tomo 2: 341-356.
LEÃO, Ângela Vaz (1961). *O período hipotético iniciado por "se".* Belo Horizonte: Imprensa da Universidade de Minas Gerais.
LEÃO, Duarte Nunes de (1983). *Ortografia e origem da língua portuguesa.* Introd., notas e leitura Maria Leonor Carvalhão Buescu. Lisboa, Imprensa Nacional/Casa da Moeda.
LEECH, Georg (1974). *Semantics.* Harmondsworth: Penguin Books.
LEHMAN, Christian (1982a). Grammaticalization: synchronic variation and diachronic change. *Lingua e Stile* 20, 1982: 303-318.
_____ (1982b). *Thoughts on grammaticalization:* a programmatic sketch. Köln: Arbeiten des Kölner Universalien-Projects, vol. I.
LEHMAN, Winfred P. / MALKIEL, Yakov (eds. 1975). *Directions for historical linguistics:* a symposium. 3. ed. Austin: University of Texas Press.
LEHNEN, Arno Carlos / CASTELLO, Iara Regina / BRACALI, Sílvia B. Morelli de (orgs. 1994). *Fronteiras no Mercosul.* Porto Alegre/Uruguaiana: Editora da UFRGS/Prefeitura Municipal.
LEITE, Yonne Freitas (1974). *Portuguese stress and related rules.* Austin: The University of Texas at Austin, Ph.D. dissertation.
_____ et al. (1996). Tópicos e adjuntos. Em: CASTILHO / BASÍLIO (orgs. 1996: 321-340).
LEITE DE VASCONCELOS, José (1911/1926/1988). *Estudos de filologia portuguesa.*, 3. ed. Prefácio de Serafim da Silva Neto. Rio de Janeiro: Livros de Portugal.
LEMLE, Miriam / NARO, Anthony J. (1977). *Competências básicas do português.* Rio de Janeiro: Movimento Brasileiro de Alfabetização.
_____ (1978). Heterogeneidade dialetal: um apelo à pesquisa. *Tempo Brasileiro* 53/54, 1978: 60-94.
_____ (1979). A ordem dos adjetivos no sintagma nominal em inglês e português: implicações para a teoria gramatical. *Anais do III Encontro Nacional de Linguística.* Rio de Janeiro: Pontifícia Universidade Católica do Rio de Janeiro.
_____ (1984). *Análise sintática.* São Paulo: Ática.
LEMOS, Cláudia Tereza Guimarães de (1986). Interacionismo e aquisição de linguagem. *D.E.L.T.A.* 2 (2), 1986: 231-248.
_____ (1987). *Ser and estar in Brazilian Portuguese with particular reference to child language acquisition.* Tubingen: Gunter Narr.
_____ (2002). *A língua que me falta:* uma análise dos estudos em aquisição da linguagem. Campinas: Mercado de Letras/Fapesp.
LEPSCHY, Giulio C. (1966/1971). *A linguística estrutural.* Trad. Nites Therezinha Feres. São Paulo: Perspectiva/Editora da USP.
LERNER, G. H. (1991). On the syntax of sentences-in-progress. *Language in Society* 20, 1991: 441-458.
LESSA, Luiz Carlos (1966). *O modernismo brasileiro e a língua portuguesa.* Rio de Janeiro: Fundação Getúlio Vargas.
LEVIN, Beth / HOVAV, Malka Rappaport (2005). *Argument realization.* Cambridge: Cambridge University Press.
LEVINSON, Stephen (1983). *Principles of pragmatics.* New York: Longman.
LI, Charles (ed. 1976). *Subject and topic.* New York: Academic Press.
_____ (ed. 1977). *Mechanisms of syntactic change.* Austin: The University of Texas Press.
LIBERATO, Yara (2001). A estrutura interna do SN em português. Em: DECAT et al. (org. 2001: 41-102).
_____ / FULGÊNCIO, Lúcia (2007). *É possível facilitar a leitura:* um guia para escrever claro. São Paulo: Contexto.
LICHEM, K. / MARA, E. / KANNER, S. (a cura di 1986). *Parallela 2:* aspetti della sintassi dell'italiano contemporaneo. Tübingen: Gunther Narr.
LICHTENBERK, Franz (1991). On the gradualness of grammaticalization. Em: TRAUGOTT / HEINE (eds. 1991, vol I: 37-80).
LIGHTFOOT, David (1979). *Principles of diachronic syntax.* Cambridge: Cambridge University Press.

BIBLIOGRAFIA |743|

_____ (1991). *How to set parameters:* arguments from language change. Cambridge: Cambridge University Press.
_____ (1999). *The development of language:* acquisition, change and evolution. Malden/Oxford: Blackwell Publishers.
_____ (2006). *How new languages emerge.* Cambridge: Cambridge University Press.
LIMA COUTINHO, Ismael de (1938/1958). *Pontos de gramática histórica.* Rio de Janeiro: Livraria Acadêmica, 4. ed. rev. e aum. 1958.
LIMA-HERNANDES, Maria Célia (1997). Condicionadores de apagamento do fonema /s/ e processamento da concordância nominal: contraste entre normas da língua falada na cidade de São Paulo. *Revista Epistème*, vol. III, São Paulo.
_____ (1998). *Gramaticalização de combinação de cláusulas:* orações de tempo no português do Brasil. São Paulo: Universidade de São Paulo, dissertação de mestrado.
_____ (2000). Orações adverbiais temporais conectivas no português popular de São Paulo. Em: GÄRTNER / HUNDT / SCHÖNBERGER (eds. 2000c: 125-135).
_____ (2001). O português de contato falado pelos kamayurás. *Revista Dialogia*, vol. 1, 2001: 18-24.
_____ (org. 2002). *Domínios da linguagem I:* práticas pedagógicas. São Paulo: Disal.
_____ / FROMM, Guilherme (orgs. 2003). *Domínios da linguagem II:* literatura em perspectiva. São Paulo: Yangraf.
_____ (2004). Estágios de gramaticalização da noção de tempo: processos de combinação de orações. *Veredas* 8 (1-2), 2004: 183-194.
_____ (2005a). *A Interface sociolinguística/gramaticalização:* estratificação de usos de "tipo", "feito", "igual" e "como", sincronia e diacronia. Campinas: Universidade Estadual de Campinas, tese de doutoramento.
_____ (2005b). A dimensão social das palavras. Em: SILVA (org. 2005: 121-161).
_____ (2005c). Interlínguas: estruturas verbais aspectuais no português L2. Em: LIMA-HERNANDES / FROMM (orgs. 2005: 221-240).
_____ / FROMM, Guilherme (orgs. 2005). *Domínios de linguagem V:* diálogo entre a universidade, a escola e a sociedade. São Paulo: Plêiade.
_____ / GALVÃO, Vânia Casseb (2005). Polaridade no encaixamento. Em: KEMMLER / SHÄFER-PRIESS / SCHÖNBERGER (orgs. 2005: 257-266).
LIMA SOBRINHO, Alexandre Barbosa (1958). *A língua portuguesa e a unidade do Brasil.* Rio de Janeiro: José Olympio.
LIRA, Solange de Azambuja (1996). *The subject in Brazilian Portuguese.* New York: Peter Lang.
LLEAL, Coloma (1990). *La formación de las lenguas romances peninsulares.* Barcelona: Barcanova.
LOBATO, Lúcia Maria Pinheiro (1970). *L'auxiliarité en langue portugaise.* Paris, thèse de doctorat.
_____ (1975a). A auxiliaridade em português. Em: LOBATO (1975b: 27-91).
_____ (1975b). *Análises linguísticas.* Petrópolis, Vozes.
_____ (org. 1976). *A semântica na linguística moderna:* o léxico. Seleção, introdução e revisão técnica. Rio de Janeiro: Francisco Alves.
_____ (1986). *Sintaxe gerativa do português:* da teoria padrão à teoria de regência e vinculação. Belo Horizonte: Vigília, 2 volumes.
_____ (1989). Advérbios e preposições, sintagmas adverbiais e sintagmas preposicionais. *D.E.L.T.A.* 5 (1), 1989: 101-120.
_____ (1995). De novo sobre advérbios e preposições, sintagmas adverbiais e sintagmas preposicionais. Em: HEYE (org. 1995: 23-40).
LOBO, Tânia Conceição Freire (1992). *A colocação dos clíticos em português:* duas sincronias em confronto. Lisboa: Universidade de Lisboa, dissertação de mestrado.
_____ (org. 2001). *Cartas baianas setecentistas.* Textos sob os cuidados de Permínio Souza Ferreira (coord.), Klebson Oliveira e Oliveira e Uilton Santos Gonçalves. São Paulo: Humanitas (Coleção Diachronica, vol. III).
_____ (2001). *Para uma sociolinguística histórica do português no Brasil:* edição filológica e análise linguística de cartas particulares do Recôncavo da Bahia, século XIX. São Paulo: Universidade de São Paulo, tese de doutoramento, 4 volumes.
_____ / OLIVEIRA, Klebson / bolsistas IC/CNPq e PET (2003). Projeto de pesquisa *Edição de atas da Sociedade Protetora dos Desvalidos:* contribuição para a escrita da história linguística dos negros no Brasil, inédito.
_____ / OLIVEIRA, Klebson (2003). História social linguística do Brasil no âmbito do Projeto para a História do Português Brasileiro. Em: CASTILHO (org. 2003: 68-112).
_____ et al. (orgs. 2006). *Para a história do português brasileiro:* novos dados, novas análises. Salvador: Editora da UFBA, vol. VI, 2 tomos.
LOCKETT, Landon (1968). *Use of the infinitive in a corpus of colloquial Brazilian Portuguese.* Austin: The University of Texas at Austin, PhD Dissertation.
LONGACRE, Robert E. (1960/1968). *Discourse and paragraph structure.* California: Summer Institute of Linguistics.
_____ (1983/1996). *The grammar of discourse.* 2. ed. New York: Plenun.
LONGHIN-THOMAZI, Sanderléia, Roberta (2003). *A gramaticalização da perífrase conjuncional "só que".* Campinas: Unicamp, tese de doutoramento.
_____ (2006). Gramaticalização de conjunções coordenativas: a história de uma conclusiva. *Gragoatá* 21, 2006.
_____ (2009). Grammaticalization of conjunctions. Em: CASTILHO (org. 2009: 577-583).

LONGO, Beatriz N. de O. (1993). Elementos exofóricos no discurso relatado. *Boletim da Abralin* (14), 1993: 387-391.
LONGOBARDI, Giuseppe (1988). I quantificatori. Em: RENZI (a cura di 1988, vol. I: 645-698).
LOPE-BLANCH, Juan Manuel (1957). El infinitivo temporal durante la Edad Media. *Nueva revista de filología hispánica* 11, 1957: 285-312.
_____ (1964/1967). Proyecto de estudio del habla culta de las principales ciudades de Hispanoamérica. *El Simposio de Bloomington*. Bogotá: Instituto Caro y Cuervo, 1967: 255-266.
_____ (org. 1982). *Estudios sobre el español hablado*. México: Universidad Nacional Autónoma de México.
_____ (1986). *El estudio del español hablado:* historia de un proyecto. México: Universidad Nacional Autónoma de México.
LOPES, Célia Regina dos Santos (1999/2002). *A inserção de "a gente" no quadro pronominal do português:* percurso histórico. Frankfurt am Main/Madrid: Vervuert/Iberoamericana.
_____ (2001). O percurso de "a gente" em tempo real de longa duração. Em: MATTOS E SILVA (org. 2001, tomo 1: 127-148).
_____ / GARCIA, L.R. / SILVA, A. (2001). De formas nominais a formas pronominais de tratamento: uma abordagem preliminar em textos brasileiros e portugueses dos séculos XVIII e XIX. Comunicação apresentada no IV Congresso dos Estudantes de Letras do Estado do Rio de Janeiro. Volta Redonda, Executiva Nacional dos Estudantes de Letras - Região Sudeste.
_____ / DUARTE, M. E. L. (2002). Formas nominais e pronominais de tratamento em português: séculos XVIII e XIX. Comunicação apresentada no XIII Congreso Internacional de la Asociación de Lingüística y Filología de América Latina - Alfal. San José, Universidad de Costa Rica.
_____ (org. 2005). *A norma brasileira em construção:* fatos linguísticos em cartas pessoais do século 19. Rio de Janeiro: Universidade Federal do Rio de Janeiro/Faperj.
_____ (2008). Retratos da variação entre "você" e "tu" no português do Brasil: sincronia e diacronia. Em: RONCARATI / ABRAÇADO (orgs. 2008: 55-71).
LOPES, Edward (1976). *Fundamentos da linguística contemporânea*. São Paulo: Cultrix.
_____ (1997). *A identidade e a diferença:* raízes históricas das teorias estruturais da narrativa. São Paulo: Editora da USP.
LOPES ROSSI, M. A. (1993). Estudo diacrônico sobre as interrogativas do português do Brasil. Em: ROBERTS / KATO (orgs. 1993: 307-342).
_____ (1996). *As orações interrogativas-Q no português do Brasil:* um estudo diacrônico. Campinas: Universidade Estadual de Campinas, tese de doutoramento.
LOPEZ, David (1897). *Textos em aljamia portuguesa*. Lisboa: Imprensa Nacional.
LORENZO, Ramón (1975). Gallego y portugués: algunas semejanzas y diferencias. *Filología y Didáctica Hispánica: homenaje al profesor Hans-Karl Scheider*. Hamburg, Helmut Buske, 1975: 155-175.
_____ (1975-1977). *La traducción gallega de la Crónica General y de la Crónica de Castilla*. Ourense, Instituto de Estudios Orensanos "Padre Feijoo", 2 volumes.
_____ (1985). *Crónica Troiana*. A Coruña, Fundación Pedro Barrié de la Maza, Conde de Fenosa.
_____ (1988). Consideracións sobre as vocais nasais e o ditongo -ão en portugués. Em: KREMER (ed. 1988: 289-326).
_____ (1993). Algunhas consideracións sobre a evolución do vocalismo en galego e portugués. *Actas do VIII Encontro da Associação Portuguesa de Linguística*. Lisboa: Associação Portuguesa de Linguística, 1993: 9-26.
_____ (1995). Algúns datos sobre a evolución das sibilantes medievais. Em: PEREIRA / PEREIRA (orgs. e coords. 1995: 231-237).
_____ (1997). Documentos portugueses de Montederramo. Em: CASTRO (ed. 1997). *Actas do XII Encontro Nacional da Associação Portuguesa de Linguística* (Braga – Guimarães, 30 de setembro a 2 de outubro de 1996). Lisboa: Associação Portuguesa de Linguística, vol. 2: 135-156.
LOVE, Joseph (1982). *A locomotiva:* São Paulo na federação brasileira, 1889-1937. Rio de Janeiro: Paz e Terra.
LUCCHESI, Dante (1994). Variação e norma: elementos para a caracterização sociolinguística do português do Brasil. *Revista Internacional de Língua Portuguesa*. Lisboa, 12, p. 17-28, 1994.
_____ (1998). A constituição histórica do português brasileiro como um processo bipolarizador: tendências atuais de mudança nas normas culta e popular. Em: GROSSE / ZIMMERMANN (eds. 1998: 73-100).
_____ (2001). As duas grandes vertentes da história sociolinguística do Brasil (1500-2000). *D.E.L.T.A.* 17 (1), 2001: 97-130.
LÜDTKE, Helmut (s/d). Fonética portuguesa I: consonantismo. *Boletim de Filologia* 3/4: 273-288.
_____ (1968/1974). *Historia del léxico románico*. Trad. Marcos Martínez Hernández Madrid: Gredos.
LUFT, Celso Pedro (1967). *Dicionário gramatical da língua portuguesa*. Porto Alegre: Globo.
_____ (1974). *Moderna gramática brasileira*. Porto Alegre: Globo.
_____ (1985). *Língua e liberdade*. Porto Alegre: L&PM, 2. ed. 1993.
LYONS, John (ed. 1973/1976). *New horizons in linguistics 1*. Harmondsworth: Penguin Books. Edição em português: *Novos horizontes em linguística*. Trad. G. Cintra et al. São Paulo: Cultrix/Editora da USP, 1976.
_____ (1977/1984). *Semantics*. London: Longman, 2 volumess. Edição em português: *Semântica estrutural*. Lisboa: Presença, 1984.
_____ (1979). *Introdução à linguística teórica*. São Paulo: Ed. Nacional/Ed. da Universidade de São Paulo.

MACAMBIRA, José Rebouças (1970). *A estrutura morfo-sintática do português:* aplicação do estruturalismo linguístico. São Paulo: Pioneira.
_____ (1974). *Português estrutural:* 1. Estrutura das palavras. 2. Estrutura do verbo. 3. Estrutura da oração interrogativa. Fortaleza: Imprensa Universitária da Universidade Federal do Ceará.
MACEDO, Alzira / RONCARATI, Cláudia / MOLLICA, Maria Cecília (orgs. 1996). *Variação e discurso.* Rio de Janeiro: Tempo Brasileiro.
MACÊDO, Anna Maria Nolasco de (1997). *Locuções prepositivas na constituição histórica da língua portuguesa.* Salvador: Universidade Federal da Bahia, dissertação de mestrado.
_____ (2003). *Gramaticalização de locuções prepositivas na história do galego e do português.* Salvador: Universidade Federal da Bahia, tese de doutoramento, 3 volumes.
MACEDO, Maria Elisa (1987). *Construções transitivas locativas.* Lisboa: Centro de Linguística da Universidade de Lisboa/ Instituto Nacional de Investigação Científica.
MACHADO, José Pedro (1952). *Influência arábica no vocabulário português.* Lisboa: Álvaro Pinto.
_____ (1956/1977). *Dicionário etimológico da língua portuguesa.* Lisboa: Confluência/Livros Horizonte, 2 volumes.
_____ (1967). *Origens do português (ensaio).* 2. ed. rev. Lisboa, sem editora.
MACHADO FILHO, Aires da Mata (1943). *O negro e o garimpo em Minas Gerais.* Rio de Janeiro: José Olympio.
MACIEL, Maximino (1910/1926). *Gramatica descriptiva.* Rio de Janeiro: Francisco Alves.
_____ (1928/1931). *Gramatica descriptiva baseada nas doutrinas modernas.* Rio de Janeiro: Francisco Alves.
MACLENNAN, Jenaro (1962). *El problema del aspecto verbal.* Madrid: Gredos.
MAGALHÃES, Izabel / LEAL, Maria Christina D. (orgs. 2003). *Discurso, gênero e educação.* Brasília: Plano Editora e Oficina Editorial / Instituto de Letras da Universidade de Brasília.
MAGALHÃES JR., R. (1974). *Dicionário brasileiro de provérbios, locuções e ditos curiosos.* Rio de Janeiro: Documentário.
MAGO, Diane dal / GORSKI, Edair Maria (2002). *Quer dizer:* um elemento linguístico com múltiplas funções. Em: VANDRESEN (org. 2002: 293-314).
MAIA, Clarinda de Azevedo (1986). *História do galego-português:* estudo linguistico da Galiza e do noroeste de Portugal desde o século XIII ao século XVI. Coimbra: Instituto Nacional de Investigação Científica.
_____ (1988). Antecedentes medievais do "seseo" galego. Em: JAURALDE et al. (1988: 33-44).
_____ (1992). A situação linguística da Galiza do século XIII ao século XVI. Em: *Actas do I Congresso Internacional da Cultura Galega* (Santiago, 1990). Santiago de Compostela: Xunta de Galicia, 1992: 361-370.
_____ (1994). O Tratado de Tordesilhas: algumas observações sobre o estado da língua portuguesa em finais do século XV. *Biblos* 70, 1994: 33-91.
_____ (1995). *História da língua portuguesa:* guia de estudo. Coimbra: Faculdade de Letra da Universidade de Coimbra.
_____ (org. 2001-2002). *Miscelânea de estudos em homenagem ao Prof. Dr. José Gonçalo Herculano de Carvalho. Revista Portuguesa de Filologia* vol. XXIV, 2 tomos. Coimbra: Universidade de Coimbra.
_____ (2002). Dos textos escritos à história da língua. *História da Língua e História da Gramática. Atas do Encontro.* Braga: Universidade do Minho, 2002: 231-249.
MAIA, Eleonora Motta (1985). *No reino da fala:* a linguagem e seus sons. São Paulo: Ática.
MAINGUENEAU, Dominique (1989). *Novas tendências em análise do discurso.* Trad. Freda Indursky. Campinas: Pontes.
_____ (1998). *Termos-chave da análise do discurso.* Trad. M. V. Barbosa e M. E. A. Lima. Belo Horizonte: Editora da UFMG.
_____ (2001). *Análise de textos de comunicação.* Trad. M. C. P. de Souza e Silva e A. D. Rocha. São Paulo: Cortez.
_____ (2005). *Gênese dos discursos.* Trad. Sírio Possenti. Curitiba: Criar.
MALINOWSKI, Bronislaw (1923/1972). O problema do significado em linguagens primitivas. Em: OGDENS / RICHARDS (1923 / 1972: 295-330).
MALMBERG, Bertil (1966/1974). *As novas correntes da linguística.* São Paulo: Companhia Editora Nacional.
MANUPPELLA, Giacinto (1950). *Os estudos de filologia portuguesa de 1930 a 1949:* subsídios bibliográficos. Lisboa: Centro de Estudos Filológicos.
MARCANTONIO, Angela / PRETTO, Anna M. (1988). Il nome. Em: RENZI (a cura di 1988: 315-332).
MARCHANT, M. (1954). *Português para estrangeiros.* Porto Alegre: Sulina.
MARCHERPE, Mário (1970). *Análise comparativa dos sistemas fonológicos do inglês e do português.* Assis: Faculdade de Filosofia, Ciências e Letras.
MARCUSCHI, Luiz Antonio (1975). *Linguagem e classes sociais:* introdução crítica à teoria dos códigos linguísticos de Basil Bernstein. Porto Alegre: Coedições da Universidade Federal do Rio Grande do Sul.
_____ (1983/2009). *Linguística do texto:* o que é, como se faz. Recife: Universidade Federal de Pernambuco; 2. ed. Recife: Editora Universitária da UFPE, 2009.
_____ (1986). *Análise da conversação.* São Paulo: Ática.
_____ (1988/1991). Análise da conversação e análise gramatical. *Boletim da Abralin* 10, 1991: 11-34.
_____ (1989). Marcadores conversacionais do português brasileiro. Em: CASTILHO (org. 1989: 281-321).
_____ (1992). *A repetição na língua falada:* formas e funções. Recife: Universidade Federal de Pernambuco, tese para concurso de professor titular.

_____ (1996). A repetição na língua falada como estratégia de formulação textual. Em: KOCH (org. 1996: 95-129).
_____ (1997). *Fala e escrita no continuum tipológico.* Recife: UFPe, inédito.
_____ (1998). Atividades de compreensão na interação verbal. Em: PRETI (org. 1998: 15-45).
_____ (2001). *Da fala para a escrita: atividades de recontextualização.* São Paulo: Cortez.
_____ (2002). Gêneros textuais: definição e funcionalidade. Em: DIONÍSIO / MACHADO / BEZERRA (orgs. 2002: 19-36).
_____ (2006a). Hesitação. Em: JUBRAN / KOCH (orgs. 2006: 48-70).
_____ (2006b). Repetição. Em: JUBRAN / KOCH (orgs. 2006: 219-254).
_____ / KOCH, Ingedore G. Villaça (2006). Referenciação. Em JUBRAN / KOCH (orgs. 2006: 381-399).
MARIANI, Bethania (2004). *Colonização linguística:* línguas, política e religião no Brasil (séculos XVI a XVIII) e nos Estados Unidos da América (século XVIII). Campinas: Pontes.
MARIÑO PAZ, R. (1999). *Historia da lingua galega.* Compostela: Sotelo Blanco.
MAROUZEAU, J. (1934/1943/1951). *Lexique de terminologie linguistique.* Paris: Librairie Orientaliste Paul Geuthner.
MARQUES, Maria Helena Duarte (1976). *Estudos semânticos.* Rio de Janeiro: Grifo.
_____ (1996). *O vocabulário da fala carioca.* Rio de Janeiro: Faculdade de Letras da UFRJ, 1996, 7 volumes.
MARROQUIM, Mário (1943/1996). *A língua do nordeste:* Alagoas e Pernambuco. Curitiba: HD Livros.
MARTELOTTA, Mário E. / VOTRE, Sebastião J. / CEZARIO, Maria Maura (orgs. 1996). *Gramaticalização no português do Brasil:* uma abordagem funcional. Rio de Janeiro: Tempo Brasileiro.
_____ (1996). Gramaticalização em operadores argumentativos. Em: MARTELOTTA / VOTRE / CEZARIO (orgs. 1996: 191-220).
_____ / VOTRE, Sebastião J. / CEZARIO, Maria Maura (1996). O paradigma da gramaticalização. Em: MARTELOTTA / VOTRE / CEZARIO (orgs. 1996: 45-76).
_____ / RODRIGUES, Lucilene (1996). Gramaticalização de "então". Em: MARTELOTTA / VOTRE / CEZARIO (orgs. 1996: 221-236).
_____ / ALCÂNTARA, Fabiana (1996). Discursivização da partícula "né"? Em: MARTELOTTA / VOTRE / CEZARIO (orgs. 1996: 277-292).
_____ / LEITÃO, Márcio (1996). Discursivização do verbo "saber". Em: MARTELOTTA / VOTRE / CEZARIO (orgs. 1996: 293-302).
_____ / BARBOSA, Afrânio / LEITÃO, Márcio Martins (2002). Ordenação de advérbios intensificadores e qualitativos em *-mente* em cartas de jornais do séc. XIX: bases para uma análise diacrônica. Em: DUARTE / CALLOU (orgs. 2002: 167-176).
_____ (org. 2008). *Manual de linguística.* São Paulo: Contexto.
MARTINET, André (1955). *Économie des changements phonétiques.* Berne: A. Francke.
_____ (1964). *Elementos de linguística geral.* Trad. Jorge Morais Barbosa. Lisboa: Sá da Costa.
_____ (1973). Morphophonemics. Em: FUDGE (ed. 1973: 91-100). *Phonology.* Midlesex: Penguin Books.
_____ (1974). *A linguística sincrônica.* Rio de Janeiro: Tempo Brasileiro.
MARTÍNEZ, José António (1999). La concordància. Em: BOSQUE / DEMONTE (dirs. 1999, vol. 2: 2695-2786).
MARTINS, Ana Maria (1985). *Elementos para um comentário linguístico do testamento de Afonso II (1214).* Lisboa: Faculdade de Letras da Universidade de Lisboa.
_____ (1994). *Clíticos na história do português.* Lisboa: Universidade de Lisboa, tese de doutoramento.
MARTINS, L. (2001). *Escrever com criatividade.* 3. ed. São Paulo: Contexto.
MARTINS, Nilce Sant'Anna (1989). *Introdução à estilística.* São Paulo: T. A. Queiroz/Editora da USP.
_____ (2001). A figura do narrador nas Primeiras Estórias, de Guimarães Rosa. Em: URBANO (org. 2001: 266-278).
MARTINS, Wilson (1957). *A palavra escrita.* São Paulo: Anhembi.
MASSA, José de Noronha Nápoles (1888). *Grammatica analytica da língua portugueza.* Rio de Janeiro: H. Lombaerts.
MASSINI-CAGLIARI, Gladis (1997). *O texto na alfabetização.* Campinas: edição da autora.
_____ (1999). *Do poético ao linguístico no ritmo dos trovadores:* três momentos na história do acento. Araraquara: Laboratório Editorial Unesp/Cultura Acadêmica.
_____ (org. 2002). *Anais do II Encontro de Estudos Diacrônicos do Português.* Araraquara: Unesp-Faculdade de Ciências e Letras.
_____ et al. (orgs. 2005). *Estudos de linguística histórica do português.* Araraquara: Cultura Acadêmica /Laboratório Editorial da Unesp.
_____ et al. (orgs. 2007). *Trilhas de Mattoso Câmara e outras trilhas:* fonologia, morfologia e sintaxe. Araraquara: Cultura Acadêmica.
MATENCIO, Maria de Lourdes M. (2001). *Estudo da língua falada e aula de língua materna.* Campinas: Mercado de Letras.
MATTHIESEN, C. / THOMPSON, S. (1988). The structure of discourse and "subordination". Em: HAIMAN / THOMPSON (eds. 1988: 275-329).
MATOS, Francisco Gomes de (1972). *A linguística no contexto socioeducacional brasileiro.* São Paulo: Centro de Linguística Aplicada do Instituto de Idiomas Yágizi.

_____ / BIAZIOLLI, Sônia (1976). *Português do Brasil*. São Paulo: Instituto de Idiomas Yázigi, 2 volumes.
MATTOS E SILVA, Rosa Virgínia (1981). Sobre a mudança linguística: uma revisão histórica. *Boletim de Filologia* 26, 1981: 83-99.
_____ (1989). *Estruturas trecentistas:* elementos para uma gramática do português arcaico. Lisboa: Imprensa Nacional/Casa da Moeda.
_____ (1991). *Português arcaico:* fonologia. São Paulo: Contexto.
_____ (1993). *Português arcaico:* morfologia e sintaxe. São Paulo: Contexto.
_____ (1994). Para uma caracterização do período arcaico do português. *D.E.L.T.A.* 10 (2), 1994: 247-276.
_____ (1996). *Contradições no ensino do português*. 6. ed. São Paulo: Contexto.
_____ (org. 1997). *A carta de Caminha:* testemunho linguístico de 1500. Salvador: Editora da UFBA.
_____ (1998). Ideias para a história do português brasileiro: fragmentos para uma composição posterior. Em: CASTILHO (org. 1998: 21-52).
_____ (1999a). Para uma compreensão histórica do português brasileiro: velhos problemas revisitados. Conferência no concurso para professor titular de Língua Portuguesa. Salvador: Instituto de Letras/Universidade Federal da Bahia, inédito.
_____ (1999b). Resíduos arcaizantes em 1540: a propósito do uso variável de "ser/estar" e de "haver/ter" em estruturas possessivas no período arcaico do português. Em: DUARTE, Lélia Parreira (coord. 1999: 234-245).
_____ (2000a). *Tradição gramatical e gramática tradicional*. 5. ed. São Paulo: Contexto.
_____ (2000b). Uma interpretação para a generalizada difusão da língua portuguesa no território brasileiro. *Gragoatá*, 9, 2000: 1-24.
_____ (org. 2001). *Para a história do português brasileiro*. São Paulo: Humanitas/Fapesp. Vol. II: primeiros estudos, 2 tomos.
_____ (2001a). O português brasileiro: sua formação na complexidade multilinguística do Brasil colonial e pós-colonial. Conferência no simpósio O Universo da Língua Portuguesa: Diversidade e Inovação. Lisboa: Instituto Camões, inédito.
_____ (2001b). De fontes sócio-históricas para a história social linguística do Brasil: em busca de indícios. Em: MATTOS E SILVA (org. 2001, tomo 1: 275-302).
_____ (2002a). Reflexões e questionamentos para a constituição de corpora para o projeto Para a História do Português Brasileiro. Em: DUARTE / CALLOU (orgs. 2002: 17-28).
_____ (2002b). Fatores sócio-históricos condicionantes na formação do português brasileiro: em questão o propalado conservadorismo da língua portuguesa no Brasil. Conferência plenaria no XIII Congresso Internacional da Alfal, San José, Costa Rica, 2002.
_____ (2002c). Estudos de gramaticalização na Bahia. Comunicação apresentada à mesa-redonda sobre gramaticalização, GT de Sociolinguística do XVII Encontro da Anpoll, Gramado, 2002.
_____ / MACHADO FILHO, Américo Venâncio Lopes (orgs. 2002). *O português quinhentista:* estudos linguísticos. Salvador: Editora da UFBA/Universidadse Estadual de Feira de Santana.
_____ (2003). Sobre o Programa para a História da Língua Portuguesa (Prohpor) e sua inserção no projeto nacional 'Para a História do Português Brasileiro' (PHPB). Em: RONCARATI / ABRAÇADO (orgs. 2003: 30-38).
_____ (2004). "*O português são dois...*": novas fronteiras, velhos problemas. São Paulo: Parábola.
_____ (2008). *O português arcaico:* uma aproximação. Lisboa: Imprensa Nacional – Casa da Moeda, 2 volumes.
MATTOSO CÂMARA JR., Joaquim. Ver CÂMARA JR., Joaquim Mattoso.
MAURER JR., Theodoro Henrique (1951a). *A unidade da Romênia Ocidental*. São Paulo: Faculdade de Filosofia, Ciências e Letras da Universidade de São Paulo.
_____ (1951b). *Dois problemas de língua portuguesa: o infinitivo pessoal e o pronome se*. São Paulo: Cadeira de Filologia Românica da Faculdade de Filosofia, Ciências e Letras da Universidade de São Paulo.
_____ (1952). *O infinito pessoal em português*. São Paulo: Companhia Editora Nacional.
_____ (1959). *Gramática do latim vulgar*. Rio de Janeiro: Acadêmica.
_____ (1962). *O problema do latim vulgar*. Rio de Janeiro: Livraria Acadêmica.
_____ (1967a). A origem da locução conjuntiva "do que" introdutora do segundo termo de comparação em português. Em: AZEVEDO FILHO (org. 1967: 269-386).
_____ (1967b). A linguística histórica. *Alfa* 11, 1967: 19-42.
MCCAWLEY, James (1976). *Grammar and meaning*: papers on syntactic and semantic topics. New York: Academic Press.
MEGALE, Heitor (org. 1995). *Para Segismundo Spina:* língua, filologia, literatura. São Paulo: Editora da USP.
_____ / OSAKABE, Haquira (orgs. 1999). *Textos medievais portugueses e suas fontes*. São Paulo: Humanitas.
_____ (1999). A leitura do texto antigo: variação linguística em manuscritos. *Estudos Linguísticos* 28, 1999: 175-205.
_____ (org. 2000). *Filologia bandeirante*. São Paulo: Humanitas. Vol. I: estudos.
_____ (2001). Subsídios para a fixação de normas de transcrição de textos para estudos linguísticos II. Em: MATTOS E SILVA (org. 2001, tomo 2: 535-539).
_____ / TOLEDO NETO, Sílvio de Almeida (orgs. 2005). *Por minha letra e sinal:* documentos do ouro do séc. XVII. São Paulo: Ateliê Editorial/Fapesp.
_____ / TOLEDO NETO, Sílvio de Almeida / FACHIN, Phablo Roberto M. (orgs. 2009). *Caminhando mato dentro:* documentos do ouro do séc. XVIII. São Paulo: Espaço Editorial/Fapesp.

MEIER, Harri (1948). *Ensaios de filologia românica*. Lisboa: edição da "Revista de Portugal".
_____ (1961). Sobre o superstrato visigótico no vocabulário hispano-português. *Boletim de Filologia* 18, 1961: 67-70.
MEILLET, Antoine (1906). Comment les mots changent de sens. Em: MEILLET (1918/1958, vol. I: 230-271).
_____ (1912). L'évolution des formes grammaticales. *Scientia* (Rivista di Scienza) 12 (26, 1912): 6-12.
_____ (1915). L'évolution des conjonctions. Em: MEILLET (1918/1958).
_____ (1918/1958). *Linguistique historique et linguistique générale*. Paris: Honoré Champion.
MELLO, Heliana R. (1997). *The genesis and development of Brazilian vernacular Portuguese*. Ann Arbor: UMI, Ph.D. dissertation.
_____ / HOLM, John (2001) Interpretação das origens do português vernáculo à luz de uma análise sociolinguística de dados demográficos. Em: IGLA / STOLZ (eds. 2001: 223-236).
_____ (2002). Português padrão, português não padrão e a hipótese do contato linguístico. Em: ALKMIN (org. 2002: 341-359).
MELO, Gladstone Chaves de (1946a). *A língua do Brasil*. Rio de Janeiro: Agir; 2. ed. Rio de Janeiro: Fundação Getúlio Vargas, 1971.
_____ (1946b/1971). *Iniciação à filologia e à linguística portuguesa*. 4. ed. Rio de Janeiro: Livraria Acadêmica.
_____ (1954). *Novo manual de análise sintática*. Rio de Janeiro: Organização Simões, 1954: 121-129.
_____ (1968/1971). *A língua do Brasil*. Rio de Janeiro: Fundação Getúlio Vargas.
_____ (1976). *Ensaio de estilística da língua portuguesa*. Rio de Janeiro: Padrão.
MENDES, Ronald Beline (1999). *A gramaticalização de "estar" + gerúndio no português falado*. Campinas: Universidade Estadual de Campinas, dissertação de mestrado.
_____ (2005a). *Ter + particípio e estar + gerúndio: aspecto verbal e variação no português do Brasil*. Campinas: Universidade Estadual de Campinas, tese de doutoramento.
_____ (2005b). A evolução do passado composto em português. *Todas as Letras* 7 (2), 2005: 46-61, São Paulo.
_____ (org. 2007). *Passando a palavra: uma homenagem a Maria Luiza Braga*. São Paulo: Paulistana.
_____ (2009). "Estar" + gerúndio: um auxiliar, uma perífrase, duas gramaticalizações. Em: CASTILHO (org. 2009: 571-576).
MENDONÇA, Renato (1935/1973). *A influência africana no português do Brasil*. Rio de Janeiro: Civilização Brasileira.
MENEGHEL, Stella (1998). *A Associação das Universidades do Grupo de Montevidéu na Universidade Federal de Santa Catarina e na Universidade Federal do Paraná e o CODESUL*. Relatório inédito, out. 1998.
MENÉNDEZ PIDAL, Ramón (1952). *Toponimia prerromana hispana*. Madrid: Gredos.
MENON, Odete P. S. (1994). *Analyse sociolinguistique de l'indétermination du sujet dans le Portugais parlé au Brésil a partir des donnés du Nurc/SP*. Paris: Université de Paris VII, thèse de doctorat.
_____ et al. (2003). Alternância "nós/a gente" nos quadrinhos: análise em tempo real. Em: RONCARATI / ABRAÇADO (orgs. 2003: 96-105).
_____ (2004). Gerundismo? *Lingua(gem)* 1 (2), 2004: 191-234.
MESSNER, Dieter (1990). *História do léxico português*. Heidelberg: Carl Winter/Universitätsverlag.
MEURER, José Luiz / MOTTA-ROTH, Désirée (orgs. 2002). *Gêneros textuais*. Florianópolis: Editora da UFSC.
MEYER-LÜBKE, Wilhelm (1992) *Romanisches Etymologisches Wörterbuch*. Heidelberg: Carl Winter.
MIAZZI, Maria Luiza Fernandes (1972). *Introdução à linguística românica*. São Paulo: Cultrix.
MIOTO, Carlos / SILVA, Maria Cristina Figueiredo / LOPES, Ruth Elizabeth Vasconcelos (1999/2005). *Novo manual de sintaxe*. 2. ed. Florianópolis: Insular.
_____ / FOLTRAN, Maria José (2007). A favor de small clauses. *Cadernos de Estudos Linguísticos* 49 (1), 2007: 11-28.
MIRA MATEUS, Maria Helena (1975). *Aspectos da fonologia portuguesa*. Lisboa: Publicações do Centro de Estudos Filológicos.
_____ et al. (1989/2003/2005). *Gramática da língua portuguesa*. 2. ed. rev. e aum. Lisboa: Caminho; 5 ed. rev. e aum., 2005.
_____ (2002). *A face exposta da língua portuguesa*. Lisboa: Imprensa Nacional/Casa da Moeda.
_____ (ed. 2002). *As línguas da península ibérica*. Lisboa: Edições Colibri.
_____ / D'ANDRADE, Ernesto (2000). *The phonology of Portuguese*. Oxford: Oxford University Press.
_____ / NASCIMENTO, Fernanda Bacelar do (eds. 2006). *A língua portuguesa em mudança*. Lisboa: Editorial Caminho.
MÓDOLO, Marcelo (1998). *Um corpus para a diacronia do português de São Paulo*. São Paulo: Universidade de São Paulo, dissertação de mestrado.
_____ (2004). *Gramaticalização das conjunções correlativas*. São Paulo: Universidade de São Paulo, tese de doutoramento.
_____ (2006). A estrutura correlativa alternativa "quer... quer" de uma perspectiva multissistêmica. Em: LOBO et al. (orgs. 2006: 313-334). Republicado em: Castilho (org.) 2009: 465-479).
_____ (2007). A gramaticalização da preposição "de" introdutora do segundo elemento do par correlativo "menos do (de) que", "mais do (de) que", "antes do (de) que" em textos do séc. XIX. Em: RAMOS / ALKMIN (orgs. 2007: 181-196).
_____ (2008). As construções correlatas. Em: ILARI / NEVES (orgs. 2008: 1089-1102).
_____ (org. no prelo). *Corpus diacrônico do português paulista*. Campinas: Setor de Publicações do IEL-Unicamp, série Corpora, vol. I.

MÓIA, Telmo / ALVES, Ana Teresa (2004). Differences between European and Brazilian Portuguese in the use of temporal adverbials. *Journal of Portuguese Linguistics* 3 (1), 2004: 37-67.

_____ / VIOTTI, Evani (2004). Differences and similarities between European and Brazilian Portuguese in the use of the "gerúndio". *Journal of Portuguese Linguistics* 3 (1), 2004: 111-139.

MOINO, Ruth (1996). Preenchimento das fronteiras V...V. Em: CASTILHO / BASÍLIO (orgs. 1996: 219-244).

MOITA LOPES, Luís Paulo (1996). *Oficina de linguística aplicada*. Campinas: Mercado de Letras.

_____ (org. 2006). *Por uma linguística aplicada indisciplinar*. São Paulo: Parábola.

_____ (2009). Da aplicação da linguística à linguística aplicada indisciplinar. Em: PEREIRA / ROCA (orgs. 2009: 11-24).

MOLINIER, C. (1982). Les adverbes de fréquence en français. Em: DANJOU-FLAUX / GARY-PRIEUR (eds. 1982: 91-104).

MOLHO, Maurice (1959). Le problème de l'infinitif en portugais. *Bulletin Hispanique* 61, 1959: 26-63.

MOLLICA, Maria Cecília (1995). *(De) que falamos?* Rio de Janeiro: Tempo Brasileiro.

_____ (org. 1996). *Introdução à sociolinguística variacionista*. Rio de Janeiro: Universidade Federal do Rio de Janeiro, série Cadernos.

_____ (1996). A regência variável do verbo "ir" de movimento. Em: OLIVEIRA E SILVA / SCHERRE (orgs. 1996: 119-146).

_____ (1998). *Influência da fala na alfabetização*. Rio de Janeiro: Tempo Brasileiro.

_____ / BRAGA, Maria Luiza (orgs. 2003). *Introdução à sociolinguística: o tratamento da variação*. São Paulo: Contexto.

MONTEAGUDO, H. (1999). *Historia social da lingua galega*. Vigo: Galaxia.

MONTEIRO, Clóvis (1952). *Português da Europa e português da América*. Rio de Janeiro: Imprensa Nacional.

_____ (1958). *Fundamentos clássicos do português do Brasil*. Rio de Janeiro: Colégio Pedro II.

MONTEIRO, John M. (1995). *Negros da terra: índios e bandeirantes nas origens de São Paulo*. São Paulo: Companhia das Letras.

MONTEIRO, José Lemos (1994). *Pronomes pessoais: subsídios para uma gramática do português do Brasil*. Fortaleza: Universidade Federal do Ceará.

MONTGOMERY, Thomas (1968). Narrative tense preference in the Cantar de Mío Cid. *Romance Philology* 21, 1968: 235-274.

MONTES, José Joaquín (1962). Sobre la categoría de futuro en el español de Colombia. *Thesaurus. Boletín del Instituto Caro y Cuervo* 17, 1962: 527-573.

MONTRUL, S. / SUÁREZ, A. L. (eds. 2003). *Linguistic theory and language development in Hispanic Languages. Papers from the 5th Hispanic Linguistics Symposium and the 4th Conference on the acquisition of Spanish and Portuguese*. Somerville: Cascadilla Press.

MORAES DE CASTILHO, Célia Maria (1991). *Os delimitadores no português falado no Brasil*. Campinas: Unicamp, dissertação de mestrado.

_____ (1993). Quantificadores indefinidos: observações para uma abordagem sintática. Em: CASTILHO (org. 1993: 213-234).

_____ (1998/2001). Seria quatrocentista a base do português brasileiro? Em: MATTOS E SILVA (org. 2001, tomo 1: 57-90).

_____ (2002). Duplicação de clíticos pronominais em textos do português arcaico. Prova de qualificação ao doutorado. Campinas: Instituto de Estudos da Linguagem da Unicamp, inédito.

_____ (2004a). Diacronia do dequeísmo: o clítico locativo medieval "en" e o dequeísmo nas orações relativas. *Linguística* 15/16, 2003/2004: 123-160.

_____ (2004b). Locativos, fóricos, articuladores discursivos e conjunções no português medieval. Gramaticalização de "ende/en" e "porende/porém". *Filologia e Linguística Portuguesa* 6, 2004: 53-100.

_____ (2005a). *O processo de redobramento sintático no português medieval: o redobramento pronominal e a formação das perífrases de estar + ndo/-r*. Campinas: Universidade Estadual de Campinas, tese de doutoramento.

_____ (2005b). As raízes do dequeísmo. Em: ALFANO (org. 2005).

_____ (2006). Primeiras histórias sobre a diacronia do dequeísmo: o clítico locativo "en" e o dequeísmo das orações relativas no português medieval. Em: LOBO et al. (orgs. 2006: 183-222).

_____ (2008). Quantificadores indefinidos. Em: ILARI / NEVES (orgs. 2008: 137-162).

_____ (2009a). Estrutura discursiva dos inventários e testamentos de São Paulo (sécs. XVI-XVII). Em: CASTILHO (org. 2009: 665-698).

_____ (2009b). A concordância nos Inventários do séc. XVII. Em: CASTILHO (org. 2009: 333-350).

_____ (no prelo). *Redobramento sintático e mudança tipológica: explorando a formação do português brasileiro*.

MORAIS, Clóvis Barleta de (1988). "Senão... ao menos": da oração concessiva à locução conjuncional correlativa. *Alfa* 32, 1988: 79-88.

MORAIS, Maria Aparecida Torres. Ver TORRES MORAIS, Maria Aparecida.

MORAIS-BARBOSA, Jorge (1959). *A língua portuguesa no mundo*. Lisboa: Agência Geral do Ultramar.

_____ (org. 1967). *Crioulos*: reedição de artigos publicados no Boletim da Sociedade de Geografia ded Lisboa. Lisboa: Academia Internacional da Cultura Portuguesa.

MORATO, Edwiges M. (1997). Cognição, interação e atividade discursiva. Em: KOCH / BARROS (orgs. 1997: 133-138).

MOREIRA, Júlio (1909). O particípio passado com significação ativa. *Revista Lusitana* 12, 1909: 210-212.

MORETTI, B. / PETRINI, D. / BIANCONI, S. (a cura di 1992). *Linee di tendenza dell'italiano contemporaneo*. Roma: Bulzoni/Società di Linguistica Italiana.

MORIN, Edgar (2005). *Introdução ao pensamento complexo*. Trad. Eliane Lisboa. Porto Alegre: Sulina.

MORRIS, Charles W. (1938). *Foundations of the theory of signs*. Chicago: The University of Chicago Press. Edição em português: *Fundamentos da teoria dos signos*. Trad. Mílton José Pinto. Rio de Janeiro/São Paulo: Eldorado Tijuca/Editora da USP.

MOSCA, Lineide do L. S. (1990). *A subjetividade no editorial:* uma análise retórico-argumentativa da adjetivação. São Paulo: Universidade de São Paulo, tese de doutoramento.
_____ (org. 1997). *Retóricas de ontem e de hoje.* São Paulo: Humanitas.
MOTA, Ático Vilas Boas da (1964). *Mutirão:* inquérito linguístico-etnográfico-folclórico. Goiânia: Imprensa Universitária.
MOTA, Jacyra / ROLLEMBERG, Vera (orgs. 1994). *A linguagem falada culta na cidade de Salvador:* materiais para seu estudo. Salvador: Instituto de Letras da Universidade Federal da Bahia. Vol. I: diálogos entre informante e documentador.
_____ / CARDOSO, Suzana Alice Marcelino (orgs. 2006). *Documentos 2:* projeto Atlas Linguístico do Brasil. Salvador: Quarteto.
MOTA, Otoniel (1937). *Horas filológicas.* São Paulo: Companhia Editora Nacional.
MOUNIN, G. (1970). *Introdução à linguística.* Lisboa: Iniciativas Editoriais.
MOURIN, L. (1959). Définition de l'imparfait et du plus-que-parfait de l'indicatif et du subjonctif, e de deux formes du conditionnel en portugais moderne. *Romanica Gandensia* 8, 1959.
MOURA, Denilda (org. 2005). *Reflexões sobre a sintaxe do português.* Maceió: Editora da UFAL.
MÜLLER, Ana Lúcia / NEGRÃO, Esmeralda Vailati / NUNES-PEMBERTON, Gelza (2002). Adjetivos no português do Brasil: predicados, argumentos ou quantificadores? Em: ABAURRE / RODRIGUES (orgs. 2002: 317-344).
_____ / NEGRÃO, Esmeralda Vailati / FOLTRAN, Maria José (orgs. 2003). *Semântica formal.* São Paulo: Contexto.
MUÑOZ C., Hector (1990). La comunicación entre el indio y el blanco. *Actas do IX Congresso Internacional da Alfal.* Campinas: Universidade Estadual de Campinas/Instituto de Estudos da Linguagem, 1993, vol. II: 421-431.
MUSSA, A. B. N. (1995). *O papel das línguas africanas na história do português do Brasil.* Rio de Janeiro: Universidade Federal do Rio de Janeiro, dissertação de mestrado.
MUSSALIM, Fernanda / BENTES, Anna Christina (orgs. 2004). *Introdução à linguística:* fundamentos epistemológicos. São Paulo: Cortez, 3 vols.
_____ (2001). Análise do discurso. Em: MUSSALIM / BENTES (orgs. 2001: 101-142).
MUSZYNSKI, M. J. de B. (1986). *O impacto político das migrações internas:* o caso de São Paulo (1945-1982). São Paulo: Instituto de Estudos Econômicos, Sociais e Políticos de São Paulo.
NARO, Anthony J. (1973). *Estudos diacrônicos.* Petrópolis: Vozes.
_____ (org. 1976). *Tendências atuais da linguística e da filologia no Brasil.* Rio de Janeiro: Francisco Alves.
_____ (1981). The social and structural dimensions of a syntactic change. *Language* 57 (1), 1981: 63-98.
_____ (org. 1986). *Relatório final do projeto subsídios do projeto censo à educação.* Rio de Janeiro: FINEP/Universidade Federal do Rio de Janeiro, 3 volumes. Publicado em: OLIVEIRA E SILVA / SCHERRE (orgs. 1996).
_____ (1991). Mudanças linguísticas: fluxos e contrafluxos na comunidade de fala. *Cadernos de Estudos Linguísticos* 20, 1991: 9-16.
_____ / VOTRE, José Sebastião (1992/1996). Mecanismos funcionais do uso da língua: função e forma. *D.E.L.T.A.* 8 (2), 1992: 285-290. Republicado em: MACEDO / RONCARATI / MOLLICA (orgs. 1996: 51-62).
_____ / SCHERRE, Marta M. P. (1993). Sobre as origens do português popular do Brasil. *D.E.L.T.A.* 9, 1993: 437-454.
_____ / SCHERRE, Marta M. P. (2003). Estabilidade e mudança linguística em tempo real: a concordância de número. Em: PAIVA / DUARTE (orgs. 2003: 47-62).
_____ / BRAGA, Maria Luíza (2000). A interface sociolinguística/ gramaticalização. *Gragoatá* 9, 2000: 125-134.
_____ / SCHERRE, Marta M. P. (2007). *Origens do português brasileiro.* São Paulo: Parábola.
NASCENTES, Antenor (1922). *O linguajar carioca.* Rio de Janeiro: Organização Simões.
_____ (1946). *Léxico da nomenclatura gramatical brasileira.* Rio de Janeiro: sem editora.
_____ (1952). *Dicionário etimológico da língua portuguesa.* Rio de Janeiro: Francisco Alves/Acadêmica/Livros de Portugal/ Livraria São José. Vol. I: nomes comuns. Vol. II: nomes próprios.
_____ (1958-1961). *Bases para a elaboração do atlas linguístico do Brasil.* Rio de Janeiro: MEC/Casa de Rui Barbosa, 2 volumes.
_____ (1965). "Êste", "êsse". *Miscelânea Clóvis Monteiro.* Rio de Janeiro: Editora do Professor, 1965: 3-5.
_____ (1966). *Dicionário etimológico reduzido.* Rio de Janeiro: Ministério da Educação e Cultura.
NASCIMENTO, Maria Fernanda Bacelar do et al. (1973). Sobre adjetivos frequentes no português contemporâneo. *Boletim de Filologia* 22 (3-4), 1964-1973: 315-340.
_____ / MARQUES, Maria Lúcia Garcia / CRUZ, Maria Luísa Segura da (orgs. 1984-1987). *Português fundamental.* Lisboa: Instituto Nacional de Investigação Científica/Centro de Linguística da Universidade de Lisboa. Vol. I, tomo 1: vocabulário, 1984. Vol. II: métodos e documentos, tomo 1: inquéritos de frequência, 1987, tomo 2: inquéritos de disponibilidade, 1987.
NASCIMENTO, Milton do (1990). Teoria gramatical e mecanismos funcionais do uso da língua. *D.E.L.T.A.* 6 (1), 1990: 83-98.
_____ (1993a). Notas sobre as atividades do Grupo de Sintaxe II. Em: CASTILHO (org. 1993: 433-438).
_____ (1993b/2005). Gramática do português falado: articulação teórica. Conferência lida no Centro de Linguística da Universidade de Lisboa. Publicado em: ZILLES (org. 2005: 93-116).
_____ / OLIVEIRA, Marco Antonio de (2004). Texto e hipertexto: referência e rede no processamento discursivo. Em: NEGRI et al. (org. 2004: 285-299).
NAVAS RUIZ, Ricardo (1962). *Ser y estar:* estudio sobre el sistema atributivo del español. Salamanca: Acta Salmanticensis.

NEBRIJA. Antonio de (1492/1980). *Gramática de la lengua castellana*. Madrid: Nacional, edición preparada por Antonio Quilis.
NEGRÃO, Esmeralda V. / MÜLLER, Ana Lúcia (1996). As mudanças no sistema pronominal do português brasileiro: substituição ou especialização de formas? *D.E.L.T.A.* 12 (1), 1996: 125-152.
_____ (1999). *O português do Brasil:* uma língua voltada para o discurso. São Paulo: Universidade de São Paulo, tese de livre-docência.
_____ (2002). Distributividade e genericidade nos sintagmas introduzidos por "cada" e "todo". *Revista do GEL* (número especial), 2002: 185-205.
_____ et al. (2008). O adjetivo. Em: ILARI / NEVES (orgs. 2008: 371-402).
NEGRI, Lígia et al. (org. 2004). *Sentido e significação:* em torno da obra de Rodolfo Ilari. São Paulo: Contexto.
NENCIONI, G. (1983). *Di scritto e di parlato:* discorsi linguistici. Bologna: Zanichelli.
NESPOR, Marina (1988). Il sintagma aggettivale. Em: RENZI (a cura di 1988: 425-442).
NETTLE, Daniel / ROMAINE, Suzanne (2000). *Vanishing voices:* the extinction of world's languages. New York: Oxford University Press.
NEVES, Maria Helena Moura (1984). O coordenador interfrasal "mas": invariância e variantes. *Alfa* 28, 1984: 21-42.
_____ (1987/2004). *A vertente grega da gramática tradicional*. São Paulo: Hucitec/Editora da UnB; São Paulo: Editora da Unesp, 2. ed. rev.
_____ (1990a). Os advérbios circunstanciais de lugar e de tempo. Em: ILARI (org. 1992: 261-296).
_____ (1990b). *Gramática na escola*. São Paulo: Contexto.
_____ (1993a). Possessivos. Em: CASTILHO (org. 1993: 149-212).
_____ (1993b). O substantivo comum. Texto apresentado ao VII Seminário do Projeto de Gramática do Português Falado, Campos do Jordão, 1993.
_____ (1996a). Estudo da estrutura argumental dos nomes. Em: KATO (org. 1996: 119-154).
_____ (1996b). Estudo das construções com verbo-suporte em português. Em: KOCH (org. 1996: 201-230).
_____ / BRAGA, Maria Luiza (1996). Padrões de repetição na articulação de orações. Comunicação apresentada ao XI Congresso Internacional da Alfal, Las Palmas de Gran Canaria, Espanha, 1996.
_____ (1997). *A gramática funcional*. São Paulo: Martins Fontes.
_____ / BRAGA, Maria Luiza (1998). Hipotaxe e gramaticalização: uma análise das construções de tempo e de condição. *D.E.L.T.A.* 14 (número especial), 1998: 191-208.
_____ (org. 1999). *Gramática do português falado*. São Paulo/Campinas: Humanitas/Editora da Unicamp, vol. VII.
_____ (1999a). Estudos funcionalistas no Brasil. *Linguística* 11, 1999: 87-116. Republicado em: *D.E.L.T.A.* 15 (número especial), 1999: 71-104.
_____ (1999b). As construções causais. Em: NEVES (org. 1999: 461-496).
_____ (1999c). As construções condicionais. Em: NEVES (org. 1999: 497-544).
_____ (1999d). As construções concessivas. Em: NEVES (org. 1999: 445-594).
_____ (2000). *Gramática de usos do português*. São Paulo: Editora da Unesp.
_____ (org. 2001). *Descrição do português:* definindo rumos de pesquisa. Araraquara/São Paulo: FCL-Universidade Estadual Paulista São Paulo/Cultura Acadêmica.
_____ (2002). *A gramática:* história, teoria, análise, ensino. São Paulo: Editora da Unesp.
_____ (2003). *Que gramática estudar na escola?* São Paulo: Contexto.
_____ (2007). A referência e sua expressão. Em: CASTILHO et al. (orgs. 2007: 241-278).
_____ (2008a). Circunstanciais. Em: ILARI / NEVES (orgs. 2008: 479-506).
_____ (2008b). Os pronomes. Em: ILARI / NEVES (orgs. 2008: 507-622).
_____ / BRAGA, Maria Luiza / HATTNHER, Marize Mattos Dall'Aglio (2008). As construções hipotáticas. Em: ILARI / NEVES (orgs. 2008: 937-1020).
NEVES, Norma Lúcia Horta (1971). *Nomes próprios comerciais e industriais no português*. Belo Horizonte: Imprensa Oficial do Estado de Minas Gerais.
_____ (1973). *O estilo publicitário no Brasil e em Portugal*. Belo Horizonte: Imprensa Oficial do Estado de Minas Gerais.
NOLKE, H. (1983). *Les adverbes paradigmatisants:* fonction et analyse. Copenhague: Études Romanes de l'Université de Copenhage.
NOLL, Volker (2008). *O português brasileiro:* formação e contrastes. Trad. Mário Eduardo Viaro. São Paulo: Globo.
NUNES, Jairo (1990a). *Nominative pronoun reduction in Brazilian Portuguese*. College Park: University of Maryland, ms.
_____ (1990b). *O famigerado "se":* uma análise sincrônica e diacrônica das construções com se passivador e indeterminador. Campinas: Universidade Estadual de Campinas, Dissertação de mestrado.
_____ (1993). Direção de cliticização, objeto nulo e pronome tônico na posição de objeto em português brasileiro. Em: ROBERTS / KATO (orgs. 1993: 207-222).
_____ (1995). Ainda o famigerado "se". *D.E.L.T.A.* 11, 1995: 201-240.
_____ (2007). Triangulismos e a sintaxe do português brasileiro. Em: CASTILHO et al. (orgs. 2007: 25-33).

NUNES, José Horta / PETTER, M. (orgs. 2002). *História do saber lexical e constituição de um léxico brasileiro*. São Paulo: Humanitas.
NUNES, José Joaquim (1919/1945). *Compêndio de gramática histórica portuguesa*. Lisboa: Livraria Clássica.
_____ (1953). *Crestomatia arcaica*. 4. ed. Lisboa: Livraria Clássica.
OCHS, Elinor / SCHEGLOFF, Emanuel A. / THOMPSON, Sandra A. (eds. 1996). *Interaction and grammar*. Cambridge: Cambridge University Press.
OESTERREICHER, Wulf (1996). Lo hablado en el escrito: reflexiones metodologicas y aproximacion a una tipologia. Em: KOTSCHI / OESTERREICHER / ZIMMERMAN (eds. 1996: 317-340).
_____ (2000). Aspectos teóricos y metodológicos del análisis del discurso desde una perspectiva histórica: el Colóquio de Cajamarca en 1532. Em: Tovar et al. (eds. 2000: 159-199).
OGDEN, C. K. / RICHARDS, I. A. (1923/1972). *O significado de significado:* um estudo da influência da linguagem sobre o pensamento e sobre a ciência do simbolismo. Trad. A. Cabral Rio de Janeiro: Zahar.
OITICICA, José (1952). *Teoria da correlação*. Rio de Janeiro: Organização Simões.
OLINDA, Sílvia Rita Magalhães (2002). *A colocação dos pronomes no português brasileiro, sécs. XVIII e XIX:* a questão revisitada. Salvador: Universidade Federal da Bahia, tese de doutoramento.
OLIVEIRA, Débora Deliberato de (1993). *Expressões de relações temporais em uma criança de 5 anos:* estudo longitudinal. São Paulo: Universidade de São Paulo, dissertação de mestrado.
OLIVEIRA, Dercir Pedro de (org. 2006). *O livro da concentração:* o linguístico e o literário. Campo Grande: Editora da Universidade de Mato Grosso do Sul.
OLIVEIRA, Fernão de (1536/1994/2000). *Gramática da linguagem portuguesa*. Ed. crítica, semidiplomática e anastática de Amadeu Torres e Carlos Assunção. Lisboa: Academia Portuguesa de História.
OLIVEIRA, Fernão D' (1536/1954). *A "Grammatica" de Fernão D'Oliveira*. Texto reproduzido da 1. ed. por Olmar Guterres da Silveira. Rio de Janeiro: s/editora.
OLIVEIRA, Gilvan Müller de / OLIVEIRA, Sílvia M. (1996). Formação de professores: um caso de política linguística nas comunidades kaingáng. *Anais do I Encontro de Variação Linguística do Cone Sul*, 1996.
_____ (1997). O que quer a linguística e o que se quer da linguística na pedagogia da diferença? A delicada questão da assessoria ao movimento indígena. Texto apresentado à I Conferência Ameríndia, Cuiabá, 17 a 21 de novembro de 1997.
_____ (1998). Última fronteira: a língua portuguesa no Brasil meridional: reflexões sobre um *corpus* linguístico diacrônico. Em: CASTILHO (org. 1998: 211-228).
_____ (1999). Políticas linguísticas no Brasil meridional. *Políticas Linguísticas para América Latina*. Actas del Congreso Internacional [1997]. Buenos Aires: Universidad de Buenos Aires/Facultad de Filosofía y Letras, Instituto de Lingüística, vol. 2: 405-416.
_____ (2000a). Última fronteira: história da língua portuguesa no Brasil meridional (1680-1830). Em: GROSSE / ZIMMEMANN (eds. 2000: 345-376).
_____ (2000b). Brasileiro fala português: monolinguismo e preconceito linguístico. Em: SILVA / MOURA (orgs. 2000: 83-92).
_____ (2001). Matrizes da língua portuguesa no Brasil meridional: 1680-1830. Em: MATTOS E SILVA (org. 2001, tomo 2: 401-422).
_____ (2004). *Política linguística, política historiográfica:* epistemologia e escrita da história da(s) língua(s) a propósito da língua portuguesa no Brasil meridional (1759-1830). Campinas: Universidade Estadual de Campinas, tese de doutoramento.
OLIVEIRA, H. F. de (1995). Os conectores da disjunção. *Cadernos de Estudos Linguísticos* 28, 1995: 45-58, Campinas.
OLIVEIRA, Klebson (2003). *Textos escritos por africanos e afro-descendentes na Bahia do século XIX:* fontes do nosso latim vulgar? Salvador: Universidade Federal da Bahia, dissertação de mestrado.
_____ (2006). *Negros e escrita no Brasil do séc. XIX*. Salvador: Universidade Federal da Bahia, tese de doutoramento.
OLIVEIRA, Mariângela R. de (1997). Repetição em diálogos. Em: KOCH / BARROS (orgs. 1997: 175-179).
_____ (1998). *Repetição em diálogos:* análise funcional da conversação. Niterói: Editora da UFF.
OLIVEIRA, Marco Antônio de (1975). *A sintaxe do verbo "esquecer-se"*. Campinas: Universidade Estadual de Campinas, dissertação de mestrado.
_____ (1992). Algumas notas sobre a colocação dos advérbios qualitativos no português falado. Em: ILARI (org. 1992: 297-304).
OLIVEIRA, Marcos Barbosa de / OLIVEIRA, Marta Kohl (orgs. 1999). *Investigações cognitivas:* conceitos, linguagem e cultura. Porto Alegre: ArtMed.
OLIVEIRA, Marilza de (1998a). A relevância dos estudos genealógicos para a caracterização sócio-histórica da língua falada na trilha das bandeiras. Comunicação apresentada ao I Encontro do Projeto Filologia Bandeirante. Belo Horizonte, 1998.
_____ (1998b). Discussão sobre o programa de análise linguística do PB falado na trilha dos bandeirantes. Comunicação apresentada ao I Encontro do Projeto Filologia Bandeirante. Belo Horizonte, 1998.
_____ (2000a). *Frases assertivas e sua variação nas línguas românicas:* seu papel na aquisição. São Paulo: Humanitas.
_____ (2000b). Para um programa de análise linguística do português falado na trilha dos bandeirantes. Em: MEGALE (org. 2000: 223-236).

_____ (2001a). Mudança gramatical: programa de estudos. Em: MATTOS E SILVA (org. 2001: 39-56).
_____ (2001b). A preposição nos grupos verbais: séc. XIX. Comunicação do IV Seminário do Projeto para a História do Português Brasileiro, Teresópolis, 2001.
_____ / KEWITZ, Verena (2002). A representação do caipira na imprensa paulista do séc. XIX. Em: DUARTE / CALLOU (orgs. 2002: 125-154).
_____ (2003/2004). Amare aveva or amare iva? A new look at the grammaticalization of Portuguese conditional. *Linguística* 15/16, 2003/2004: 175-184.
_____ (org. 2006). *Língua portuguesa em São Paulo:* 450 anos. São Paulo: Humanitas.
_____ (2006). Nós se cliticizou-se? Em: LOBO et al. (orgs. 2006: 413-424).
_____ / PEREIRA, Helcius Batista (2006). PB do século XIX: uma brasiláfrica linguística? Em: Lobo et al. (orgs. 2006: 595-608).
_____ (2007). Complementos verbais introduzidos pela preposição "a". Em: RAMOS / ALKMIN (orgs. 2007: 197-234).
OLIVEIRA E PAIVA, Vera Lúcia Menezes de / NASCIMENTO, Mílton do (orgs. 2009). *Sistemas adaptativos complexos:* lingua(gem) e aprendizagem. Belo Horizonte: Faculdade de Letras da UFMG.
OLIVEIRA E SILVA, Giselle Machline de (1993). Os advérbios sentenciais e os testes sintáticos. *Letras* 5, 1993: 101-121.
_____ (1996). Realização facultativa do artigo definido diante de possessivo e de patronímico. Em: OLIVEIRA E SILVA / SCHERRE (orgs. 1996: 119-146).
_____ / SCHERRE, Maria Marta P. (orgs. 1996). *Padrões sociolinguísticos*. Rio de Janeiro: Tempo Linguístico.
_____ / TARALLO, Fernando / BRAGA, Maria Luiza (1996). Preenchimento discursivo em fronteiras sintáticas. Em: CASTILHO / BASÍLIO (orgs. 1996: 193-218).
OLIVEIRA FILHO, A. Marques de (1961). *Do complexo sintático para o complexo morfológico e deste para aquele*. Rio de Janeiro: Acadêmica.
OLSON, David R. / TORRANCE, Nancy (1991/1995). *Cultura escrita e oralidade*. São Paulo: Ática.
OMENA, Nelize Pires de (1978). *Pronome pessoal de terceira pessoa:* formas variantes na função acusativa. Rio de Janeiro: Universidade Federal do Rio de Janeiro, dissertação de mestrado.
_____ / BRAGA, Maria Luíza (1996). "A gente" está se gramaticalizando? Em: MACEDO / RONCARATI / MOLLICA (orgs. 1996: 75-85).
ONO, Tsuyoshi / THOMPSON, Sandra A. (1994a). What conversation can tell us about syntax? Em: DAVIS (ed. 1995: 213-271).
_____ / THOMPSON, S. A. (1994b). Interaction and syntax in the structure of conversation discourse. Em: HOVY / SCOTT (eds. 1996: 67-96).
ORLANDI, Eni Pulcinelli (1983). *A linguagem e seu funcionamento:* as formas do discurso. São Paulo: Brasiliense.
_____ (org. 1988). *Política linguística na América Latina*. Campinas: Pontes.
_____ (1993). *Discurso e leitura*. São Paulo: Cortez.
_____ (1999). *Análise de discurso:* princípios e procedimentos. Campinas: Pontes.
ORTIZ CISCOMANI, Rosa María (2006). La bitransitividad. Em: COMPANY COMPANY (org. 2007, vol. I: 575-670).
OSÓRIO, Paulo / MARTINS, Edson Ferreira (2007). *A sintaxe das construções com "se" no português do Brasil*. Alpiarça: Zaina.
OZAKABE, Haquira (1987). *Análise do discurso*. São Paulo: Ática.
_____ (1999). *Argumentação e discurso político*. 2. ed. São Paulo: Martins Fontes.
PÁDUA, Maria da Piedade Canaes e Mariz de (1960). *A ordem das palavras no português arcaico*. Coimbra: Faculdade de Letras da Universidade de Coimbra/Instituto de Estudos Românicos.
PAGOTTO, Emílio G. (1992). *A posição dos clíticos em português:* um estudo diacrônico. Campinas: Universidade Estadual de Campinas, dissertação de mestrado.
_____ (1993). Clíticos, mudança e seleção natural. Em: ROBERTS / KATO (orgs. 1993: 185-206).
_____ (2004). *Variação e (') identidade*. Maceió: Editora da UFAL.
_____ (2007). Crioulo sim, crioulo não: uma agenda de problemas. Em: CASTILHO et al. (orgs. 2007: 461-482).
PAIVA, Maria da Conceição de (1993). Cláusulas causais adendo: uma variante de ordenação? *Revista de Estudos da Linguagem* 2, janeiro/junho de 1993: 5-22.
_____ (1994). Anteposição/posposição de cláusulas causais: duas faces da mesma moeda. *Boletim da Abralin* (15), 1994: 53-58.
_____ (1995). Empregos do "porque" no discurso oral. *D.E.L.T.A.* 11 (1), 1995: 27-40.
_____ (org. 1999). *Amostras do português falado no Rio de Janeiro*. Rio de Janeiro: Pós-Graduação em Letras, Faculdade de Letras da Universidade Federal do Rio de Janeiro/Capes.
_____ / SCHERRE, Maria Marta Pereira (1999). Retrospectiva sociolinguística: contribuições do Peul. *Linguística* 11, 1999: 203-230.
_____ / DUARTE, Maria Eugênia Lamoglia (orgs. 2003). *Mudança lingüística em tempo real*. Rio de Janeiro: Contracapa/Faperj.
_____ / PEREIRA, Marli H. (2004). Estatuto sintático das orações introduzidas pelas construções (prep) + det + N temporal + (prep) + que. *Veredas* 8 (1-2), 2004: 245-258.

_____ (2005). Formas de expressão da causalidade. Em: ZILLES (org. 2005: 291-290).
PALHANO, Herbert (1958). *A língua popular.* Rio de Janeiro: Organização Simões.
PALMER, Leonard R. (1972/1975). *Introdución crítica a la lingüística descriptiva y comparada.* Trad. José L. Melena. Madrid: Gredos.
PAREDES SILVA, V. L. / SANTOS, G. / RIBEIRO, T. (2000). Variação na 2ª pessoa: o pronome sujeito e a forma do imperativo. *Gragoatá* 9 (9), 2000: 115-123.
PARISI, D. / CASTELFRANCHI, C. (1977). Scritto e parlato. *Studi di Grammatica Italiana* 6, 1977: 169-190.
PARODI, C. et al. (eds. 1996). *Aspects of Romance linguistics.* Washington: Georgetown University Press.
PARKVALL, Mikael / ÁLVARES LÓPEZ, Laura (2003). Português vernáculo brasileiro e a hipótese da criulização. *Revista da Abralin* (1), 2003: 111-152, vol. 2.
PARRET, Herman (1988). *Enunciação e pragmática.* Trad. E. Orlandi et al. Campinas: Editora da Unicamp.
_____ (1994). Prehistoire, structure et actualité de la théorie hjelmlevienne des cas, inédito.
PASCHOAL, Maria S. Z. / CELANI, M. A. A. (orgs. 1990/1992). *Linguística aplicada:* da aplicação da linguística à linguística aplicada transdisciplinar. São Paulo: Educ.
PASSOS, Claiz / PASSOS, Maria Emiliana (1990). *Princípios de uma gramática modular.* São Paulo: Contexto.
PAUL, Herman (1880/1920/1970). *Princípios fundamentais da história da língua.* Trad. Maria Luisa Schemann. Lisboa: Fundação Calouste Gulbenkian.
PAULIUKONIS, Maria Aparecida Lino (1988). *As estruturas correlatas da comparação:* análise semântico-argumentativa do discurso na comédia Eufrosina. Rio de Janeiro: Universidade Federal do Rio de Janeiro, tese de doutoramento.
_____ (2001). A estrutura correlativa como operador discursivo na articulação de cláusulas. *Scripta* 5 (9), 2001: 119-125.
_____ / GAVAZZI, A. (2003). *Texto e discurso:* mídia, literatura e ensino. Rio de Janeiro: Lucerna.
PAVANI, Sílvia (1987). *Os pronomes demonstrativos no português culto de São Paulo.* Campinas: Universidade Estadual de Campinas, dissertação de mestrado.
PÊCHEUX, Michel (1988/1995). *Semântica e discurso:* uma crítica à afirmação do óbvio. 2. ed. Trad. Eni Orlandi et al. Campinas: Editora da Universidade Estadual de Campinas.
PÉCORA, Alcyr (1980). *Problemas de redação na universidade.* Campinas: Editora da Unicamp.
PEI, Mario A. / GAYNOR, Franck (1964). *Dictionary of linguistics.* New York: Philosophical Library.
PENHA, João Alves P. (1970). *A teoria do português do Brasil como modalidade arcaizante.* Araraquara: Faculdade de Filosofia, Ciências e Letras, tese de doutoramento, 2 volumes.
_____ (1997). *Português rural de Minas numa visão tridimensional.* Franca: Universidade Estadual Paulista.
_____ (2002). *Filólogos brasileiros.* Franca: Editora Ribeirão Gráfica.
PENNA, Heloísa Maria M. M. (2002). O emprego de ele-acusativo: do português brasileiro ao latim. Em: COHEN / RAMOS (orgs. 2002: 67-82).
PEREIRA, Cilene da Cunha / PEREIRA, P. R. Dias (orgs. e coords. 1995). *Miscelânea de estudos linguísticos, filológicos e literários in memoriam Celso Cunha.* Rio de Janeiro: Nova Fronteira.
PEREIRA, Eduardo Carlos (1915/1933). *Grammatica histórica.* São Paulo: Companhia Editora Nacional.
PEREIRA, Helcius Batista (2005). *"Esse" versus "este" no português brasileiro e no europeu.* São Paulo: Universidade de São Paulo, dissertação de mestrado.
_____ (2009). A gramaticalização de "sequer" no português brasileiro. Em: CASTILHO (org. 2009: 405-416).
PEREIRA, Helena B. C. / ATIK, Maria Luiza G. (orgs. 2003). *Língua, literatura, cultura em diálogo.* São Paulo: Ed. Mackenzie.
PEREIRA, Regina Celi / ROCA, Pilar (orgs. 2009). *Linguística aplicada:* um caminho com diferentes acessos. São Paulo: Contexto.
PERES, João Andrade / MÓIA, Telmo (1995). *Áreas críticas da língua portuguesa.* Lisboa: Caminho.
PERINI, Mário Alberto (1974). *A grammar of Portuguese infinitive.* Austin: The University of Texas at Austin, Ph.D. dissertation.
_____ (1980). O papel da repetição no reconhecimento de sentenças. *Ensaios de Linguística* 3, 1980: 111-123.
_____ (1985). *Para uma nova gramática do português.* São Paulo: Ática.
_____ (1989). *Sintaxe portuguesa.* São Paulo: Ática.
_____ (1995). *Gramática descritiva do português.* São Paulo: Ática.
_____ (1997). *Sofrendo a gramática:* ensaios sobre a linguagem. São Paulo: Ática.
_____ et al. (1998). Sobre a classificação das palavras. *D.E.L.T.A.* 14 (número especial), 1998: 209-226.
_____ (2002). *Modern Portuguese:* a reference grammar. Yale: Yale University Press.
_____ (2006). *Princípios de linguística descritiva:* introdução ao pensamento gramatical. São Paulo: Parábola.
PERUCHI, Rosane (1993). Descrição dos adjetivos no português culto falado em São Paulo. São Paulo: Universidade de São Paulo, inédito.
PESSOA, Marlos de Barros (2001). Oralidade concepcional na imprensa do Recife no século XIX. Em: MATTOS E SILVA (org. 2001, tomo I: 25-38).
_____ (2002). Da carta e outros gêneros textuais. Em: DUARTE / CALLOU (orgs. 2002: 197-206).
_____ (2003). *Formação de uma variedade urbana e semioralidade:* o caso do Recife, Brasil. Tuebingen: Max Niemeyer Verlag.
PETOFI, J. S. (ed. 1982). *Text vs. sentence.* Hamburg: Busque.

PETRONE, P. (1995). *Aldeamentos paulistas*. São Paulo: Editora da USP.
PETTER, Margarida Maria Taddoni (2003). Morfologia. Em: FIORIN (org. 2003, vol. II: 59-80).
PEZATTI, Erotilde G. (1992). *A ordem de palavras em português:* aspectos tipológicos e funcionais. Araraquara: Universidade Estadual Paulista, tese de doutoramento.
_____ (1996a). A repetição por meio do juntivo "ou". *Actas del XI Congreso Internacional de la Asociación de Lingüística y Filología de América Latina*. Las Palmas: Universidad de Las Palmas de Gran Canaria, tomo 3: 2327-2338.
_____ (1996b). Estrutura argumental e fluxo da informação. Em: KOCH (org. 1996: 275-299).
_____ (1999). Estruturas coordenadas alternativas. Em: NEVES (org. 1999: 407-442).
_____ (2000). "Portanto": conjunção conclusiva ou advérbio? *Scripta* 4 (7): 60-71.
_____ (2001). O advérbio *então* já se gramaticalizou como conjunção? *D.E.L.T.A.* 17 (1), 2001: 81-95.
_____ (2004). O funcionalismo em linguística. Em: MUSSALIM / BENTES (orgs. 2004: 165-218).
_____ / LONGHIN-THOMAZI, Sanderléia R. (2008). As construções coordenadas. Em: ILARI / NEVES (orgs. 2008: 865-936).
PIEL, Joseph (1933-1940). Os nomes germânicos na toponímia portuguesa. *Boletim de Filologia* 2, 1933: 105-140, 224-240; 3, 1934-1935: 37-53, 218-242, 367-394; 4, 1936: 24-56, 307-322; 5, 1937: 35-57, 277-288; 6, 1939: 65-86, 329-350; 7, 1940: 357-386.
_____ (1942). *O patrimônio visigodo da língua portuguesa*. Coimbra: Publicações do Instituto Alemão da Universidade de Coimbra.
PIKE, Kenneth L. / PIKE, Evelyn G. (1977). *Grammatical analysis*. Dallas: Summer Institute of Linguistics.
PINHEIRO, C. L. (2005). *Estratégias textuais-interativas:* a articulação tópica. Maceió: Editora da UFAL.
PINHO, José Clemente (1973). *O método lexicológico:* uma introdução teórica e prática. São Paulo, 2 volumes.
PINTO, Edith Pimentel (org. 1978). *O português do Brasil:* textos críticos e teóricos. São Paulo: Editora da USP, vol. I: 1920-1930.
_____ (org. 1981). *O português do Brasil:* textos críticos e teóricos. São Paulo: Editora da USP, vol. II: 1930-1945.
_____ (1986). *Língua escrita no Brasil*. São Paulo: Ática.
_____ (1990a). *O português popular escrito*. São Paulo: Contexto.
_____ (1990b). *A gramatiquinha de Mário de Andrade:* texto e contexto. São Paulo: Livraria Duas Cidades.
PINTO, Mílton José (1977). *Análise semântica de línguas naturais:* caminhos e obstáculos. Rio de Janeiro: Forense Universitária.
POGGIO, Rosauta Maria Galvão Fagundes (1999/2002). *Processos de gramaticalização de preposições do latim ao português:* uma abordagem funcionalista. Salvador: Editora da UFBA, tese de doutoramento defendida em 1999.
PONTES, Eunice (1972). *Estrutura do verbo no português coloquial*. Petrópolis: Vozes.
_____ (1973). *Auxiliares em português*. Petrópolis: Vozes.
_____ (1978). *O verbo português*. Petrópolis: Vozes.
_____ (1986). *Sujeito:* da sintaxe ao discurso. São Paulo/Brasília: Ática/Instituto Nacional do Livro.
_____ (1987). *O tópico no português do Brasil*. Campinas: Pontes.
_____ (org. 1990). *A metáfora*. Campinas: Editora da Unicamp.
_____ (1992). *Espaço e tempo na língua portuguesa*. Campinas: Pontes.
PONTES, Joel (1974). *Palavras luso-brasileiras de futebol*. Recife: Editora Universitária.
PORROCHE BALLESTEROS, Margarita (1982). Marcadores conversacionales. Em: LOPE-BLANCH (org. 1982: 52-88).
_____ (1988). *Ser, estar y verbos de cambio*. Madrid: Arco/Libros S.A.
PORTA, Paula (org. 2004). *História da cidade de São Paulo:* a cidade no império 1823-1889. São Paulo: Paz e Terra.
POSSENTI, Sírio (1988). *Discurso, estilo e subjetividade*. São Paulo: Martins Fontes.
_____ (1992). Ordem e interpretação de alguns advérbios do português. Em: ILARI (org. 1992: 305-314).
_____ (1998a). *Por que (não) ensinar gramática na escola*. São Paulo: Mercado de Letras.
_____ (1998b). *Os humores da língua:* análises linguísticas de piadas. Campinas: Mercado das Letras.
_____ / ILARI, Rodolfo (2001). Apresentação. *15 anos de vestibular da Unicamp:* língua portuguesa e literaturas de língua portuguesa. Campinas: Editora da Unicamp, 2001: 5-17.
_____ (2002). *Os limites do discurso*. Curitiba: Criar.
POTTIER, Bernard / AUDUBERT, Albert / PAES, Cidmar T. (1972). *Estruturas linguísticas do português*. São Paulo: Difusão Europeia do Livro.
_____ (1974). *Linguistique générale:* théorie et description. Paris: Klincksieck.
POWELL, T. G. E. (1965). *Os celtas*. Lisboa: Verbo.
PRADO JR., Caio (1983). *A cidade de São Paulo:* geografia e história. São Paulo: Brasiliense, 2. ed. 1989.
PRADO COELHO, Jacinto (1950). O infinito absoluto no Romanceiro Popular. *Miscelânea Adolfo Coelho*. Lisboa, vol. II: 133-140.
PRETI, Dino (1974). *Sociolinguística e níveis de fala:* um estudo sociolinguístico do diálogo na literatura brasileira. São Paulo: Companhia Editora Nacional.
_____ (1984). *A gíria e outros temas*. São Paulo: T. A. Queiroz.
_____ / URBANO, Hudinilson (orgs. 1989). *A linguagem falada culta na cidade de São Paulo:* materiais para seu estudo. São Paulo: TAQ/Fapesp. Vol. III: diálogos entre o informante e o documentador.

_____ / URBANO, Hudinilson (orgs. 1990). *A linguagem falada culta na cidade de São Paulo:* materiais para seu estudo. São Paulo: TAQ/Fapesp. Vol. IV: estudos.
_____ (org. 1993). *Análise de textos orais.* São Paulo: FFLCH - Universidade de São Paulo; 2. ed. 1995; 3. ed. 2002.
_____ et al. (orgs. 1997). *O discurso oral culto.* São Paulo: Humanitas/FFLCH - Universidade de São Paulo.
_____ (org. 1998). *Estudos de língua falada:* variações e confrontos. São Paulo: Humanitas.
_____ (org. 2000). *Fala e escrita em questão.* São Paulo: Humanitas.
_____ (org. 2002). *Interação na fala e na escrita.* São Paulo: Humanitas/FFLCH - Universidade de São Paulo.
_____ (2002). Alguns problemas interacionais da conversação. Em: PRETI (org. 2002: 45-66).
_____ (org. 2003). *Léxico na língua oral e escrita.* São Paulo: Humanitas/FFLCH - Universidade de São Paulo.
_____ (org. 2005). *Diálogos na fala e na escrita.* São Paulo: Humanitas.
_____ (org. 2006). *Oralidade em diferentes recursos.* São Paulo: Humanitas.
PRINCE, Ellen (1981). Toward a taxonomy of given-new information. Em: COLE (ed. 1981: 223-256).
PROGOVAC, Ljljana (2006). The syntax of nonsententials: small clauses and phrases at the root. Em: PROGOVAC et al. (eds. 2006: 33-71).
_____ et al. (eds. 2006). *The syntax of nonsententials.* Amsterdam/Philadelphia: John Benjamins,
PÜTZ, Martin / DIRVEN, René (eds. 1996). *The construal of space in language and thought.* Berlin and New York: Mouton de Gruyter.
QUEIROZ, S. R. R. de (1992). *São Paulo.* Madrid: Fundación Mapfre América.
QUEIXALÓS, F. / RENAULT-LESCURE, O. (orgs. 2000). *As línguas amazônicas hoje.* São Paulo: IRD/ISA/MPEG.
QUER, J. et al. (eds. 2003). *Romance languages and linguistic theory.* Amsterdam: John Benjamins
QUERIDO, A. A. Martins (1967). *Introduction à une grammaire transformationelle du Portugais.* Paris: École Pratique des Hautes Études, thèse de doctorat.
QUINE, Willard van Orman (1964). *Word and object.* Cambridge: MIT Press.
QUICOLI, Antonio Carlos (1972). *Aspects of Portuguese complementation.* Buffalo: University of New York at Buffalo, Ph.D. dissertation.
QUIRK, Randolph / GREEMBAUM, Sidney (1972). *A concise grammar of contemporary English.* London: Harcourt Brace Jovanovich College Publishers.
_____ et al. (1985). *A comprehensive grammar of the English language.* London: Longman.
RADEFELDT, Jurgen S. (ed. 1976). *Readings in Portuguese linguistics.* Amsterdam: North-Holland.
RADFORD, A. (1988). *Transformational grammar: a first course.* Cambridge: Cambridge University Press.
RAMEH, Cléa (1970). *A computerized analysis of Portuguese.* Washington: Georgetown University, Ph.D. dissertation.
RAMOS, Jânia (1984). *Hipóteses para uma taxonomia das repetições no estilo falado.* Belo Horizonte: Universidade Federal de Minas Gerais, dissertação de mestrado.
_____ (1989). O emprego das preposições no português brasileiro. Em: TARALLO (org. 1989: 83-93).
_____ (1991). Mudança sintática e teoria gramatical. *Cadernos de Estudos Linguísticos* 20, 1991: 23-32.
_____ (1992). *Marcação de caso e mudança sintática no português brasileiro:* uma abordagem gerativa e variacionista. Campinas: Universidade Estadual de Campinas, tese de doutoramento.
_____ (1997). *O espaço da oralidade na sala de aula.* São Paulo: Martins Fontes.
_____ (1998a). História social do português brasileiro: perspectivas. Em: CASTILHO (org. 1998: 153-167).
_____ (1998b). Um plano para a sintaxe diacrônica do português brasileiro. Em: CASTILHO (org. 1998: 79-88).
_____ (2000). O surgimento de um novo clítico no português brasileiro: análise quantitativa e qualitativa da forma *cê*. Em: E. GÄRTNER / C. SCHÖNBERGER (eds. 2000: 181-190).
_____ (2001a). Equacionando a implementação. Texto apresentado no II Encontro de Estudos Diacrônicos do Português. Araraquara, ago. 2001.
_____ (2001b). Novos clíticos do português brasileiro: resultados e perspectivas. Palestra na Universidade de Tübingen.
_____ (2001c). Projeto Para a História do Português Brasileiro: breve histórico e desenvolvimentos. Palestra na Universidade de Tubingen.
_____ (2001d). Formas de tratamento no português brasileiro. Palestra na Universidade de Tubingen.
_____ (2001e). Seleção do *corpus* para o estudo da língua portuguesa na Capitania de Minas Gerais no século XVIII. Em: MATTOS E SILVA (org. 2001, tomo 2: 423-434).
_____ / VENÂNCIO, Renato (2002). Topônimos mineiros: uma fonte para a história social da língua portuguesa. Em: DUARTE / CALLOU (orgs. 2002: 113-124).
_____ (2002a) A alternância "não" e "num" no dialeto mineiro. Em: COHEN / RAMOS (orgs. 2002: 155-168).
_____ (2002b). Sintagmas possessivos: o percurso diacrônico de perda de [aNP] pleno no português brasileiro. Em: MASSINI-CAGLIARI et al. (orgs. 2005).
_____ / ALKMIN, Mônica A. (orgs. 2007). *Para a história do português brasileiro.* Belo Horizonte: Faculdade de Letras da Universidade Federal de Minas Gerais. Vol. V: estudos sobre mudança linguística e história social.
RAMOS, Maria Ana (1995). A separação silábica na cópia da poesia lírica galego-portuguesa: outro indício de antecedentes musicais. Em: PEREIRA / PEREIRA (coords. 1995: 703-719).

RAPOSO, Eduardo P. (1964-1973). Sobre a forma "o" em português. *Boletim de Filologia* 22 (3-4), 1964-1973: 361-415.
_____ (1992). *Teoria da gramática:* a faculdade da linguagem. Lisboa: Caminho.
RAZKY, A. (2004). *Atlas linguístico sonoro do Pará.* Belém: CAPES/Universidade Federal do Pará/UTM.
RECTOR, Mônica (1975). *A linguagem da juventude.* Petrópolis: Vozes.
_____ / YUNES, Eliana (1981). *Manual de semântica.* Rio de Janeiro: Ao Livro Técnico.
REHFELDT, Gládis Knak (1980). *Polissemia e campo semântico:* estudo aplicado aos verbos de movimento. Porto Alegre: Editora da UFRGS.
REICH, Uli (2004). Contatos e naturalidade. Em: DIETRICH / NOLL (orgs. 2004: 55-72).
RENZI, Lorenzo (1976-1982). *Introducción a la filología románica.* Trad. Pilar García Mouton. Madrid: Gredos.
_____ (a cura di) (1988). *Grande grammatica italiana di consultazione.* Milano: Il Mulino.
_____ / SALVI, Giampaolo (a cura di 1991). *Grande grammatica italiana di consultazione.* Bologna: Il Mulino, vol. II.
_____ / SALVI, Giampaolo / CARDINALETTI, A. (a cura di 1995). *Grande grammatica italiana di consultazione.* Bologna: Il Mulino, vol. III.
RÉVAH, I. S. (1958). L'évolution de la prononciation em Portugal e au Brèsil du XVIe. siècle à nos jours. *Anais do Primeiro Congresso Brasileiro de Língua Falada no Teatro.* Rio de Janeiro, 1958: 387-399.
_____ (1959). Comment et jusqu'à quell point les parlers brésiliens permettent-ils de reconstituer le système phonétique des parlers portugais du XVI-XVII e. siècles? *Atas do III Congresso Internacional de Estudos Luso-Brasileiros.* Lisboa, 1959: 273-291.
RIBEIRO, Darcy (1985). *O povo brasileiro.* São Paulo: Companhia das Letras.
RIBEIRO, Ernesto Carneiro (1915). *Serões grammaticais, ou, nova grammatica portugueza.* Salvador: Dois Mundos.
RIBEIRO, Ilza (1993). A formação dos tempos compostos: a evolução histórica das formas "ter", "haver" e "ser". Em: ROBERTS / KATO (orgs. 1993: 343-386).
_____ (1995a). *A sintaxe da ordem no português arcaico:* o efeito V2. Campinas: Universidade Estadual de Campinas, tese de doutoramento.
_____ (1995b). Evidence for a verb-second phase in old Portuguese. Em: BATTYE / ROBERTS (eds. 1995: 110-139).
_____ (1998). A mudança sintática do português brasileiro é mudança em relação a que gramática? Em: CASTILHO (org. 1998: 101-120).
_____ (2001). Sobre a perda da inversão do sujeito no português brasileiro. Em: MATTOS E SILVA (org. 2001, tomo 1: 91-126).
_____ (2002). Quais as faces do português culto brasileiro? Em: ALKMIN (org. 2002).
_____ / REBOUÇAS, Soraia (2002). As cartas da Santa Casa de Misericórdia: 1860 a 1863. Em: DUARTE / CALLOU (orgs. 2002: 49-60).
_____ / OLIVEIRA, Marilza de (2003). Mudança gramatical no português brasileiro: séc. XIX. Em: CASTILHO (org. 2003: 54-89).
_____ (2004). La crisis brasileña en la enseñanza de la norma culta. *Linguística* 14, 2004: 249-272.
RIBEIRO, João (1960). *Frases feitas.* 2. ed. Rio de Janeiro: Francisco Alves.
_____ et al. (1977). *Esboço de um atlas linguístico de Minas Gerais.* Rio de Janeiro/Juiz de Fora: Ministério da Educação e Cultura/Casa de Rui Barbosa/Universidade Federal de Juiz de Fora.
RIBEIRO, V. M. (org. 2003). *Letramento no Brasil.* São Paulo: Global.
RIEMSDIJK, Henk van / WILLIAMS, Edwin (1986/1991). *Introdução à teoria da gramática.* Trad. M. Lemle et al. São Paulo: Martins Fontes.
RIFFATERRE, Michel (1973). *Estilística estrutural.* Trad. Anne Arnichaud e Álvaro Lorencini. São Paulo: Cultrix.
RIO NOBRE, Mônica (1989). *Posição do adjetivo em sintagmas nominais da fala espontânea do Rio de Janeiro.* Rio de Janeiro: Universidade Federal do Rio de Janeiro, dissertação de mestrado.
_____ (1999). *Relações do sintagma preposicionado dentro do sintagma nominal.* Rio de Janeiro: Universidade Federal do Rio de Janeiro, tese de doutoramento.
RIO-TORTO, Graça (org. 2004). *Verbos e nomes em português.* Coimbra: Livraria Almedina.
RISSO, Mercedes Sanfelice (1993). "Agora... o que eu acho é o seguinte": um aspecto da articulação do discurso no português culto falado. Em: CASTILHO (org. 1993: 31-60).
_____ (1996). O articulador discursivo "então". Em: CASTILHO / BASÍLIO (orgs. 1996: 423-452).
_____ / JUBRAN, Clélia Cândida Spinardi (1998). O discurso autorreflexivo: processamento metadiscursivo do texto. *D.E.L.T.A.* 14 (número especial), 1998: 227-242.
_____ / OLIVEIRA E SILVA, Giselle Machline / URBANO, Hudinilson (2006). Traços definidores dos marcadores discursivos. Em: JUBRAN / KOCH (orgs. 2006: 403-426).
_____ (2006). Marcadores discursivos basicamente sequenciadores. Em JUBRAN / KOCH (orgs. 2006: 427-496).
ROBERTS, Ian (1993). *Verbs and diachronic syntax.* Dordrecht: Kluwer.
_____ / KATO, Mary Aizawa (orgs. 1993). *Português brasileiro:* uma viagem diacrônica. Campinas: Editora da Unicamp.
ROBINS, Robert Henry (1964-1971). *Linguística general: estudio introductorio.* Trad. Pilar Gómez Bedate Madrid: Gredos.

ROCA PONS, José (1967). *Introducción a la gramática.* Barcelona: Vergara Editorial.
ROCA-PONS, Josip (1958). *Estudios sobre perífrasis verbales del español.* Madrid: Consejo Superior de Iinvestigaciones Científicas.
ROCHA, Ana Paula (2009). Mudanças semânticas apresentadas por conjunções adversativas em português: o papel da categoria espaço. Em: CASTILHO (org. 2009: 239-254).
ROCHA, Luiz Carlos de Assis (1998). *Estruturas morfológicas do português.* Belo Horizonte: Editora da UFMG.
ROCHA, Maura Alves de Freitas (1996). Adjuntos sem cabeça no português do Brasil. Em: CASTILHO / BASÍLIO (orgs. 1996: 341-378).
_____ (2001). *Adjuntos e adjunções em fronteiras de constituintes no português do Brasil.* Campinas: Universidade Estadual de Campinas, tese de doutoramento.
ROCHA LIMA, Carlos Henrique da (1945/1983). *Gramática normativa da língua portuguesa,* 23ª ed. Rio de Janeiro: José Olympio Editora.
RODRIGUES, Ada Natal (1974). *O dialeto caipira na região de Piracicaba.* São Paulo: Ática.
RODRIGUES, Ângela Cecília de Souza (1987). *A concordância verbal no português popular em São Paulo.* São Paulo: Universidade de São Paulo, tese de doutoramento.
_____ (1993). Língua falada e língua escrita. Em: PRETI (org. 1993: 13- 32).
_____ (2000). Concordância verbal e saliência social no português popular no Brasil. Em: GÄRTNER / HUNDT / SCHÖMBERG (eds. 2000a: 41-62).
_____ (2006). Português popular em São Paulo. Em: OLIVEIRA (org. 2006: 79-105).
_____ (2007). Concordância verbal, sociolinguística e história do português brasileiro. *Fórum Linguístico,* vol. 4, n. 1: 115-145, julho de 2007, Florianópolis.
_____ (2008a). Padrões de urbanização, migração interna e português popular em São Paulo. *Atas do I Encontro Internacional do Projeto de Processos Urbanos (PPU).* Rio de Janeiro: Universidade Federal do Rio de Janeiro, 2008.
_____ (2008b). Fotografia sociolinguística do português do Brasil: o português popular em São Paulo. Em: CASTILHO (org. 2009: 151-158).
_____ / LIMA-HERNANDES, Maria Célia / SPAZIANI, Lídia (2009). Graus de imperatividade em cartas brasileiras. Em: CASTILHO (org. 2009: 255-265).
_____ / ALVES, Ieda Maria (orgs. no prelo). *Gramática do português culto falado no Brasil.* Campinas: Editora da Unicamp. Vol. IV: a construção da palavra.
RODRIGUES, Angélica (2006). *Eu fui e fiz essa tese:* as construções do tipo "foi fez" no português do Brasil. Campinas: Universidade Estadual de Campinas, tese de doutorado.
_____ (2009). "Ir" e "pegar" nas construções do tipo "foi fez": gramática de construções e contexto de gramaticalização. Em: CASTILHO (org. 2009: 267-278).
RODRIGUES, Aryon Dall'Igna (1966). Tarefas da lingüística no Brasil. *Estudos Linguísticos. Revista Brasileira de Linguística Teórica e Aplicada* 1, 1966: 4-15.
_____ (1968). Problemas relativos à descrição do português contemporâneo como língua padrão do Brasil. Em: HERCULANO DE CARVALHO (org. 1968: 5-19).
_____ (1978). Os demonstrativos em português: descrição morfológica sincrônica e superficial. *Estudos Linguísticos* 1, 1978: 64-66.
_____ (1986). *Línguas brasileiras:* para conhecer as línguas indígenas. São Paulo: Loyola.
_____ (1993). Línguas indígenas: 500 anos de descobertas e perdas. *D.E.L.T.A.* 9 (1), 1993: 83-103.
RODRIGUES, Geralda (2002). Sobre a ordem em miniorações e a noção de incorporação. Em: COHEN / RAMOS (orgs. 2002: 131-140).
RODRIGUES, José Maria (1932-1933). Sobre o uso do infinito pessoal e do pessoal em Os Lusíadas. *Boletim de Filologia* 1, 1932: 3-7, 177-184; 2, 1933: 1-2.
RODRIGUES, Raimundo Nina (1933/1945). *Os africanos no Brasil.* São Paulo: Companhia Editora Nacional.
RODRÍGUEZ ADRADOS, Francisco (1969). *Linguística estructural.* Madrid: Gredos, 2 volumes.
ROJAS NIETO, Cecilia (1970). Los nexos adversativos en la norma culta del español hablado en México. *Anuario de Letras* 8, 1970: 103-124.
ROJO, Rosângela (org. 1999). *Alfabetização e letramento:* perspectivas linguísticas. Campinas: Mercado de Letras.
ROMANELLI, R. C. (1964). *Os prefixos latinos:* da composição verbal e nominal em seus aspectos fonético, morfológico e semântico. Belo Horizonte: Universidade Federal de Minas Gerais, tese de doutoramento.
ROMERO, Nanci (2005). *Gramaticalização das preposições "com", "sem".* São Paulo: Universidade de São Paulo, dissertação de mestrado.
ROMUALDO, Jonas de Araújo (1975). *Cláusulas comparativas do português.* Campinas: Universidade Estadual de Campinas, dissertação de mestrado.
RONA, Jose Pedro (1965). *El dialecto fronterizo del norte del Uruguay.* Montevidéo: Linardi y Risso.
_____ (1972). La estructura lógico-gramatical de la oración. *Filología* 16, 1972: 175-200.

RONAI, Paulo et al. (1960). *Dicionário gramatical*. Porto Alegre: Globo.
RONCARATI, Cláudia / ABRAÇADO, Jussara (orgs. 2003). *Português brasileiro:* contato linguístico, heterogeneidade e história. Rio de Janeiro: 7Letras/Faperj, vol. I.
_____ / ABRAÇADO, Jussara (orgs. 2008). *Português brasileiro II:* contato linguístico, heterogeneidade e história. Niterói: Editora da UFF.
ROSA, Margareth (1990). *Marcadores de atenuação*. São Paulo: Contexto.
ROSA, Maria Carlota (2000). *Introdução à morfologia*. São Paulo: Contexto.
ROSETTI, A. (1973). *Introdução à fonética*. Trad. M. L. C. Buescu. Lisboa: Europa-América.
ROSSI, Nelson / FERREIRA, Carlota / ISENSEE, Dinah (1963). *Atlas prévio dos falares bahianos*. Rio de Janeiro: Instituto Nacional do Livro.
_____ (1965). *Laboratório fonético na Bahia*. Rio de Janeiro: Ministério da Educação e Cultura.
_____ et al. (1965). *O livro das aves*: introdução, edição e glossário. Rio de Janeiro: Instituto Nacional do Livro.
_____ / FERREIRA, Carlota / ISENSEE, Dinah (1965). *Atlas prévio dos falares bahianos:* introdução, questionário comentado, elenco das respostas transcritas. Rio de Janeiro: Instituto Nacional do Livro.
_____ (1967). A dialetologia. *Alfa* 11, 1967: 89-128.
_____ (1968/1969). El Proyecto de Estudio del Habla Culta y su ejecución en el dominio de la lengua portuguesa. Em: *El Simposio de México*. México: Universidad Nacional Autónoma de México, 1969: 248. Republicado em: CASTILHO (org. 1970: 2-15).
RUBIO, L. (1976). *Introdución a la sintaxis del latin II:* la oración. Ariel: Esplugues de Llobregat.
SÁ, Maria Piedade Moreira et al. (orgs. 1996). *A linguagem falada culta na cidade do Recife*. Recife: Universidade Federal de Pernambuco, Programa de Pós-Graduação em Letras e Linguística. Vol. I: diálogos entre informante e documentador.
_____ et al. (orgs. 2005). *A linguagem falada culta na cidade do Recife*. Recife: Universidade Federal de Pernambuco, Programa de Pós-Graduação em Letras e Linguística. Vol. II: elocuções formais.
SABRŠULA, Jan (1969). L'aspect de l'action verbale et les sous-aspects. *Romanistica Pragensia* 6, 1969: 109-143.
SACKS, Harvey / SCHEGLOFF, Emmanuel / JEFFERSON, Gail (1974/2003). A symplest systematics for the organization of turn-taking for conversation. *Language* 50, 1974: 696-735. Trad. para o português: Sistemática elementar para a organização da tomada de turnos para a conversa. *Veredas* 7 (1), 2003: 9-73.
SACKS, Sheldon (org. 1992). *Da metáfora*. São Paulo/Campinas: Editora da PUC-SP/Pontes.
SÁEZ GODOY, Leopoldo (1968). Hacia una clasificación conceptual del léxico: Roget, Dornseiff, Casares, Hallig-Wartburg. *Cuadernos de Filología* 1, 1968: 59-85, Chile.
SAID ALI IDA, Manuel (1923). *Formação de palavras e sintaxe do português histórico*. Republicado em: SAID ALI IDA (1964/1988/2002).
_____ (1927). *Gramática secundária da língua portuguesa*. Rio de Janeiro: Briguiet.
_____ (1930). *Meios de expressão e alterações semânticas*. Rio de Janeiro: Briguiet.
_____ (1957/1964/1980). *Dificuldades da língua portuguesa*. 5. ed. Rio de Janeiro: Acadêmica.
_____ (1964/1988/2002). *Gramática histórica da língua portuguesa*. Ed. rev. por Mário E. Viaro. São Paulo: Melhoramentos.
SALLES, H. M. M. L. (2003). Aspectos da sintaxe de pre- e posposições em línguas românicas e germânicas. *Letras de Hoje* 131, 2003: 251-267.
SALLES, Miguel (2001a). Arquivos paulistanos de interesse para a história do português de São Paulo. Em: MATTOS E SILVA (org. 2001, tomo 2: 435-442).
_____ (2001b). *Pronomes de tratamento do interlocutor no português brasileiro:* um estudo de pragmática histórica. São Paulo: Universidade de São Paulo, tese de doutoramento.
SALOMÃO, Maria Margarida Martins (1999). A questão da construção do sentido e a revisão da agenda dos estudos da linguagem. *Veredas* 4 (1), 1999: 61-79.
_____ (2002). Gramática das construções: a questão da integração entre léxico e sintaxe. *Veredas* 6 (1), 2002: 63-74.
SALUM, Isaac Nicolau (1971). *Abordagem sintático-estilística de um texto*. Marília: Faculdade de Filosofia, Ciências e Letras.
_____ (1972). Decomposição, recomposição e análise crítica de um texto. *Língua e Literatura* 1, 1972: 9-41.
_____ (1983). As vicissitudes dos dêictico-anafóricos. Em: *Homenagem a Eurípides Simões de Paula*. São Paulo: Faculdade de Filosofia, Letras e Ciências Humanas da USP, 1983: 311-342.
SALVI, Giampaolo (1982). Sulla storia della costruzione romanza "habeo + participio". *Revue Romane* 17, 1982: 118-133.
_____ (1988). La frase semplice. Em: RENZI (a cura di 1988: 29-114).
_____ (1990). La sopravvivenza della legge di Wackernagel nei dialetti occidentali della penisola iberica. *Medioevo Romanzo* 15 (2), 1990: 177-210.
_____ / TAPAZDI Judit (1998). A oração condicional no português falado em Portugal e no Brasil. *D.E.L.T.A.* 15, 1998: 255-267.
SAMPER PADILLA, José Antonio / TROYA DÉNIZ, Magnolia (orgs. 2000). *Actas del XI Congreso Internacional de la Asociación de Lingüística y Filología de la América Latina*. Las Palmas: Universidad de Las Palmas de Gran Canaria, 3 tomos.
SAMPSON, Geoffrey (1996). *Sistemas de escrita*. São Paulo: Ática.

SÁNCHEZ BARRADO, M. (1934-1935). Estudio comparativo del "praesens pro futuro". *Emérita* 2, 1934: 193-232; 3, 1935: 32-55.
SÁNCHEZ RUIPEREZ, M. (1954). *Estructura del sistema de aspectos y tiempos del verbo griego antiguo*. Salamanca: Consejo Superior de Investigaciones Científicas.
SANDMANN, Antônio José (1989). *Formação de palavras no português brasileiro contemporâneo*. Curitiba: Scientia et Labor, Editora da UFPA/Ícone.
_____ (1991). *Morfologia geral*. São Paulo: Contexto.
SANKOFF, George / BROWN, P. (1976). The origins of syntax in discourse. *Language* 52, 1976: 651-666.
SANTIAGO-ALMEIDA, Manoel Mourivaldo / COX, Maria Inês P. (orgs. 2005). *Vozes cuiabanas: estudos linguísticos em Mato Grosso*. Cuiabá: Cathedral Publicações.
SANTOS, Elaine Cristina et al. (2009). Análise multissistêmica dos verbos "buscar", "esperar", "querer", "vir". Em: CASTILHO (org. 2009: 383-398).
SAPIR, Edward (1921/1954). *A linguagem:* introdução ao estudo da fala. Trad. J. Mattoso Câmara Jr. Rio de Janeiro: Instituto Nacional do Livro.
SARAIVA, Maria Elizabeth Fonseca (1997). *"Buscar menino no colégio"*: a questão do objeto incorporado em português. Campinas: Pontes.
_____ (2001). Iconicidade e a distribuição do objeto incorporado no discurso narrativo oral do português. Em: DECAT et al. (orgs. 2001: 15-40).
SARTIN, Elisângela B. de Godoy (2009). Análise multissistêmica de orações complexas: estruturas "para + infinitivo" no português culto. Em: CASTILHO (org. 2009: 399-404).
SAUSSURE, Ferdinand de (1917/1972). *Curso de linguística geral*. Trad. A. Chelini, J. P. Paes e Izidoro Blickstein; prefácio à edição brasileira por Isaac Nicolau Salum. São Paulo: Cultrix.
SAUTCHUK, Inez (2003). *A produção dialógica do texto escrito*. São Paulo: Martins Fontes.
SCARPA, Ester M. (org. 1999). *Estudos de prosódia*. Campinas: Editora da Unicamp.
SCHADEN, Egon (1954). Os primitivos habitantes do território paulista. *Revista de História* 18, 1954: 385-406.
SCHEGLOFF, Emanuel (1979). The relevance of pair to syntax-or-conversation. Em: GIVÓN (ed. 1979: 261-286).
_____ (1996). Turn organization: one intersection of grammar and interaction. Em: OCHS / SCHEGLOFF / THOMPSON (eds. 1996: 52-133).
SCHEI, Ane (2000). *A colocação pronominal na língua literária contemporânea do português brasileiro*. Stockholm: Stockholms Universitet/Institutionen for spanska och portugisiska.
SCHENKEIN, J. (ed. 1978). *Studies in the organization of conversational interaction*. New York: Academic Press.
SCHERRE, Marta M. Pereira (1988). *Reanálise da concordância nominal em português*. Rio de Janeiro: Universidade Federal do Rio de Janeiro, tese de doutoramento.
_____ (1989). Sobre a atuação do princípio de saliência fônica na concordância nominal. Em: TARALLO (org. 1989: 301-332).
_____ (1996). Sobre a influência de três variáveis relacionadas na concordância nominal em português. Em: OLIVEIRA E SILVA / SCHERRE (orgs. 1996: 85-118).
_____ (2004). Norma e uso: o imperativo no português brasileiro. Em: DIETRICH / NOLL (orgs. 2004: 230-260).
_____ (2007). Aspectos sincrônicos e diacrônicos do imperativo gramatical no português brasileiro. *Alfa* 51, 2007: 189-222.
SCHIFFRIN, Deborah (1987). *Discourse markers*. Cambridge: Cambridge University Press.
SCHLIEBEN-LANGE, Brigitte (1975-1987). *Pragmática linguística*. Trad. Elena Bombín. Madrid: Gredos.
_____ (1993). *História do falar e história da linguística*. Trad. F. Tarallo et al. Campinas: Editora da Unicamp.
_____ / KOCH, Ingedore Grunfeld Villaça / JUNGBLUTH, Konstanze (orgs. 2002). *Dialog zwischen den Schulen:* soziolinguistische, konversationsanalyse und generative Beitraege aus Brasilien. Muenster: Nodus Publikationen.
SCHMIDT, Maria Junqueira (1935). *O ensino científico das línguas modernas*. Rio de Janeiro: F. Briguet & Cia.
SCHMIDT, Siegfred J. (1973/1978). *Linguística e teoria do texto*. São Paulo: Pioneira.
SCHMIDT-RIESE, Roland (2002). Periodização do português brasileiro: algumas considerações. Em: DUARTE / CALLOU (orgs. 2002: 179-196).
SCHMITZ, Johan R. (1975). *A ocorrência de "ser" e "estar" em orações predicativas e o ensino de português para falantes de inglês*. São Paulo: Pontifícia Universidade Católica de São Paulo, tese de doutoramento.
SCHNEER, Walter J. (1954). The progressive tenses in Brazilian Portuguese. *Hispanic Review* 22, 1954: 282-305.
SCHNEUWLY, Bernard / DOLZ, Joaquim e colaboradores (2004). *Gêneros orais e escritos na escola*. Trad. e org. Roxane Rojo e Glaís S. Cordeiro. Campinas: Mercado das Letras.
SCHRADER-KNIFFKI, Martina / GARCÍA, Laura Morgenthaler (eds. 2007). *La Romania en interacción:* entre historia, contacto y política. Ensayos en homenaje a Klaus Zimmermann. Madrid/Frankfurt am Main: Iberoamericana/Vervuert.
SCHUCHARDT, Hugo (1947). *Primitia linguae vasconum*. Trad. A. Yrigaray. Salamanca: CSIC.
SCHWSAB SVD, P. Artur (1985). *Locuções adverbiais*. 2. ed. Curitiba: Fundação da Universidade Federal do Paraná.
SCLIAR-CABRAL, Leonor (1977). *A explanação linguística em gramáticas emergentes*. São Paulo: Universidade de São Paulo, tese de doutoramento.
_____ (1991). *Introdução à psicolinguística*. São Paulo: Ática.

_____ (1999). Definição da política linguística no Brasil. *Boletim da Associação Brasileira de Linguística* 23, 1999: 7-17.
_____ (2003a). *Guia prático de alfabetização*. São Paulo: Contexto.
_____ (2003b). *Princípios do sistema alfabético do português do Brasil*. São Paulo: Contexto.
SCORRETTI, M. (1988). Le strutture coordinate. Em: RENZI (a cura di 1988: 227-272).
SEABRA, Maria C. T. C. de (1994). *Uma abordagem diacrônica das construções de tópico em português*. Belo Horizonte: Universidade Federal de Minas Gerais, dissertação de mestrado.
_____ (org. 2006). *O léxico em estudo*. Belo Horizonte: Faculdade de Letras da Universidade Federal de Minas Gerais.
SECHEHAYE, Albert (1926). *Éssai sur la structure logique de la phrase*. Paris: Éditions Champion.
SEGRE, Cesare (1974). *Os signos e a crítica*. Trad. Carlos Vogt e Rodolfo Ilari. São Paulo: Perspectiva.
SERRÃO, Joel (1963). *Dicionário da história de Portugal*. Lisboa: Iniciativas Editoriais, 5 volumes.
SEKI, Lucy (1999). A linguística indígena no Brasil. *D.E.L.T.A.* vol. 15 (número especial), 1999: 195-146.
SIGNORINI, Inês / CAVALCANTI, Marilda (orgs. 1998). *Linguística aplicada e transdisciplinaridade*. Campinas: Mercado de Letras.
_____ (org. 2001). *Investigando a relação oral-escrito e as teorias do letramento*. Campinas: Mercado de Letras.
SILVA, Ademar A. da (1991). *Alfabetização:* a escrita espontânea. São Paulo: Contexto.
_____ (1997). *A expressão da futuridade na língua falada*. Campinas: Universidade Estadual de Campinas, tese de doutoramento.
_____ / DALLA PRIA, Albano (2001). A ordem variável do adjetivo em anúncios jornalísticos do séc. XIX: uma questão semântico-discursiva. *Alfa* 45, 2001: 71-86.
_____ (2002a). *A expressão da futuridade no português falado*. Araraquara: Laboratório Editorial Unesp/Cultura Acadêmica Editora.
_____ (2002b). A sobreposição modal em "ir + infinitivo". Em: ABAURRE / RODRIGUES (orgs. 2002: 445-478).
SILVA, Augusto Soares da (1997). A linguística cognitiva: uma breve introdução a um novo paradigma em linguística. *Revista Portuguesa de Humanidades*, vol. I (1-2), 1997: 59-101.
_____ (org. 2001). *Linguagem e cognição:* a perspectiva da linguística cognitiva. Braga: Associação Portuguesa de Linguística/ Universidade Católica Portuguesa; 2. ed. 2003.
_____ (2006). *O mundo dos sentidos em português:* polissemia, semântica e cognição. Coimbra: Almedina.
SILVA, Euclides Carneiro da (1973). *Dicionário da gíria brasileira*. Rio de Janeiro: Bloch.
SILVA, Ezequiel Theodoro da et al. (1998). *Leitura:* perspectivas interdisciplinares. São Paulo: Ática.
SILVA, Fábio Lopes da / MOURA, Heronides Maurílio de Melo (orgs. 2000). *O direito à fala*. Florianópolis: Insular.
SILVA, Gláucia V. (2001). *Word order in Brazilian Portuguese*. Berlin/New York: Mouton de Gruyter.
SILVA, Ignácio Assis da (1973). *A dêixis pessoal*. São Paulo: Universidade de São Paulo, tese de doutoramento.
SILVA, Jaime Ferreira da / OSÓRIO, Paulo (2008). *Introdução à história da língua portuguesa:* dos factores externos à dinâmica do sistema linguístico. Chamusca: Edições Cosmos.
SILVA, Jane Q. (1999). Gênero discursivo e tipo textual. *Scripta. Linguística e Filologia*, vol. 2, n. 4, 1999: 87-106.
SILVA, Luiz Antônio (2002) Estruturas de participação e interação em sala de aula. Em: PRETI (org. 2002: 179-203).
_____ (org. 2005). *A língua que falamos:* português. História, variação e discurso. São Paulo: Globo.
SILVA, Maria Cristina Figueiredo (1996). *A posição sujeito no português brasileiro:* frases finitas e infinitivas. Campinas: Editora da Unicamp.
SILVA, Maurício (2009). *O novo acordo ortográfico da língua portuguesa*. São Paulo: Contexto.
SILVA, Thaïs Cristófaro (1999). *Fonética e fonologia do português:* roteiro de estudos e guia de exercícios. São Paulo: Contexto.
_____ (2003). *Exercícios de fonética e fonologia*. São Paulo: Contexto.
SILVA, Vera Lúcia Paredes (2003). O retorno do pronome tu à fala carioca. Em: RONCARATI / ABRAÇADO (orgs. 2000: 160-169).
SILVA DIAS, Augusto Epiphanio (1881/1918/1954). *Syntaxe historica portugueza*. 3. ed. Lisboa: Livraria Clássica Editora.
SILVA JR., Pacheco da (1903). *Noções de semântica*. Rio de Janeiro: Francisco Alves.
SILVA NETO, Serafim da (1950). *Fontes do latim vulgar*. Rio de Janeiro: Acadêmica.
_____ (1951). *Introdução à língua portuguesa do Brasil*. Rio de Janeiro: Instituto Nacional do Livro.
_____ (1952/1957). *História da língua portuguesa*. Rio de Janeiro: Livraria Acadêmica; 3. ed. Rio de Janeiro: Presença/MEC, 1957.
_____ (1957a). *Guia para estudos dialetológicos*. Florianópolis: Universidade Federal de Santa Catarina. Reeditado pela Universidade Federal de Goiás.
_____ (1957b). *Manual de filologia portuguesa*. 2. ed. Rio de Janeiro: Livraria Acadêmica.
SILVEIRA, Alcir L. Dias da (1975/1980). *História do verbo "ser":* do latim ao português. 2. ed. Natal: Universitária.
SILVEIRA, Souza da (1951). *Sintaxe da preposição "de"*. Rio de Janeiro: Organização Simões.
SIMEONIDIS, Haralambos (2004). Os brasiguaios no Brasil: o uso das preposições com o verbo "ir". Em: DIETRICH / NOLL (orgs. 2004: 155-168).
SIMÕES, José da Silva (1993/2006). A anteposição dos adjetivos predicativos no português culto falado no Brasil. *Filologia e Linguística Portuguesa* 8, 2006: 145-189.

_____ (2004). Gramaticalização, semanticização e discursivização das orações gerundiais no português brasileiro. Comunicação no VI Seminário do Projeto História do Português Brasileiro. Salvador, 2004.
_____ (2007). *Sintaticização, discursivização e semanticização das orações de gerúndio no português brasileiro*. São Paulo: Universidade de São Paulo, tese de doutoramento.
_____ / KEWITZ, Verena (2006a). Traços linguístico-discursivos em corpora do português brasileiro. *Estudos Linguísticos* 35, 2006: 1018-1027.
_____ / KEWITZ, Verena (2006b). *Cartas dos séculos XVIII e XIX:* aldeamentos de índios, cartas paulistas da BNRJ, Correspondência passiva de Washington Luiz. São Paulo: Humanitas/FFLCH-USP, CD-ROM.
_____ / KEWITZ, Verena (2007/2008). Tradições discursivas e organização de corpora. Em: AGUILERA (org.).
_____ (2009). A gramaticalização das orações de gerúndio no português brasileiro do séc. XVIII ao séc. XX. Em: CASTILHO (org. 2009: 417-463).
SOARES, Magda (2001). *Letramento:* um tema em três gêneros. Belo Horizonte: Autêntica.
_____ (2003). *Alfabetização e letramento*. 2. ed. São Paulo: Contexto.
_____ (2005). Nada é mais gratificante do que alfabetizar (entrevista). *Letra A, o jornal do alfabetizador*, ano 1, n. 1, abril/maio de 2005: 10-14, Belo Horizonte.
SOARES, Maria Aparecida B. P. (1987). *A semântica do aspecto verbal em russo e em português*. Rio de Janeiro: Faculdade de Letras da Universidade Federal do Rio de Janeiro (coleção Teses).
SOBRERO, A. (a cura di 1993). *Introduzione all'italiano contemporaneo: le strutture*. Roma: Editori Laterza, 2. ed. 1996.
SOLÁ, Donald F. (ed. 1984). *Language in the Americas. Proceedings in the 9th Pilei Symposium*. Ithaca: Cornell University.
SORNICOLA, Rossana (1981). *Sul parlato*. Bologna: Il Mulino.
_____ (1982). L'italiano parlato: un'altra grammatica? *La Lingua Italiana in Movimento*. Incontri del Centro di Studi di Grammatica Italiana. Firenze: Accademia della Crusca, 1982: 79-98.
_____ (1985). Il parlato: fra diacronia e sincronia. Em: HOLTUS / RADTKE (orgs. 1985: 2-23).
_____ (1988). It-clefts and wh-clefts: two awkward sentence types. *Journal of Linguistics* 24, 1988: 348-379.
_____ (1994). Quattro dimensioni nello studio del parlato. Em: DE MAURO et al. (a cura di 1994: 111-130).
SOUZA, Adalto Moraes de/VISMARA, Carlos (2009). *Guia da reforma ortográfica*. São Paulo: FMU/Museu da Língua Portuguesa.
SOUZA, Edson Rosa Francisco (2002/2003). *A funcionalidade dos advérbios focalizadores e dos elementos prosódicos na estrutura oracional*. São José do Rio Preto: Universidade Estadual Paulista, dissertação de mestrado.
_____ (2003). A definição de escopo dos advérbios focalizadores no português brasileiro. *Veredas* 7 (1-2), 2003: 133-148.
SOUZA, João de (1830). *Vestígios da língua arábica em Portugal*. Lisboa: Officina da Academia Real das Sciencias de Lisboa.
SOUZA, Márcia T. (2001). As expressões "isto é", "ou seja" e "quer dizer". Em: NEVES (org. 2001: 37-48).
SOUZA, Paulo Chagas / SANTOS, Raquel Santana (2003). Fonologia. Em: FIORIN (org. 2003: 33-38).
SOUZA CAMPOS, Odette G. L. A. (org. 1999). *Descrição do português:* abordagens funcionalistas. Araraquara: Faculdade de Ciências e Letras da Universidade Estadual Paulista.
SOUZA E SILVA, Maria Cecilia P. de/KOCH, Ingedore Grunfeld Villaça (1983a). *Linguística aplicada ao português:* sintaxe. São Paulo: Cortez.
_____ / KOCH, Ingedore Grunfeld Villaça (1983b). *Linguística aplicada ao português:* morfologia. São Paulo: Cortez.
_____ / KOCH, Ingedore Grunfeld Villaça (1996). Estratégias de desaceleração do texto falado. Em: KATO (org. 1996: 327-338).
_____ / CRESCITELLI, Mercedes Fátima de Canha (1998). Retomando a interrupção. *D.E.L.T.A.* 14 (número especial), 1998: 243-254.
_____ / CRESCITELLI, Mercedes Fátima de Canha (2006). Interrupção. Em: JUBRAN / KOCH (orgs. 2006: 71-88).
SPALDING, Tassílio Orpheu (1971). *Dicionário brasileiro de gramática:* de acordo com a Nomenclatura Gramatical Brasileira. São Paulo: Cultrix.
SPINA, Segismundo (1956/1991). *A lírica trovadoresca*. 3. ed. São Paulo: Editora da USP.
SPITZER S. J., Carlos (1936/1955). *Dicionário analógico da língua portuguesa*. 4. ed. publicada pelo Pe. Lidvino Santini S. J. Rio de Janeiro/Porto Alegre/São Paulo: Globo.
STAMMERJOHANN, H. (1977). Elementi di articolazione dell'italiano parlato. *Studi di Grammatica Italiana* 6, 1977: 109-11.
_____ (ed.1986): *Tema-rema in italiano*. Tübingen: Narr.
STEIGER, A. (1932). *Contribución a la fonética del hispano-árabe y los arabismos en el ibero-romance y el siciliano*. Madrid: Revista de Filología Española.
STELLA, Jorge Bertolaso (1963). Um novo testamento basco. *Alfa* 3, 1963: 59-70.
STEN, Holger (1944). *Les particularités de la langue portugaise*. Copenhague: Einar Munksgaard.
_____ (1951). Accusatif plus infinitif et nominatif plus infinitif. *Boletim de Filologia* 12, 1951: 45-59.
_____ (1952). L'infinitivo impessoal et l'infinitivo pessoal en portugais moderne. *Boletim de Filologia* 13, 1952: 83-142.
_____ (1953). *Les temps du verbe fini (Indicatif) en français moderne*. Kobenhavn: Det Kongelige Danske Videnskabernes Selkab.
STOWELL, Timothy (1983). Subjects across categories. *The Linguistic Review* 2, 1983: 285-313.
_____ (1985). Small clauses restructuring. Em: R. Freidin (ed. 1985: 182-218).

STROUD, Christopher / GONÇALVES, Perpétua (orgs. 1997). *Panorama do português oral de Maputo*. Maputo: Instituto Nacional de Desenvolvimento da Educação, 2 volumes.
SUÑER, Margarita (1982). *Syntax and semantics of Spanish presentational sentence-types*. Washington: Georgetown University.
SVOROU, Soteria (1993). *The grammar of space*. Amsterdam/Philadelphia: John Benjamins Publishing Company.
SWEETSER, Eve (1990). *From etymology to pragmatics:* metaphorical and cultural aspects of semantic structure. Cambridge/New York: CUP.
_____ / FAUCONNIER, Gilles (eds. 1996). *Spaces, worlds and grammar*. Chicago/London: The University of Chicago Press.
_____ / FAUCONNIER, Gilles (1996). Cognitive links and domains: basic aspects of mental space theory. Em: SWEETSER / FAUCONNIER (eds. 1996: 1-28).
SZERTICS, Joseph (1967). *Tiempo y verbo en el Romancero Viejo*. Madrid: Gredos.
TALMY, Leonard (1988). Force dynamics in language and cognition. *Cognitive Science* 12, 1988: 49-100.
_____ (1996). Fictive motion in language and "ception". Em: BLOOM et al (eds. 1996: 211-276).
_____ (2000). *Toward a cognitive semantics*. Cambridge: MIT Press, 2 volumes.
_____ (2003). Concept structuring systems in language. Em: TOMASELLO (ed. 2003, vol. 2: 15-46).
TANNEN, Deborah (1982). *Analysing discourse:* text and talk. Washington: Georgetown University Press.
_____ (ed. 1988). *Linguistics in context:* connecting observation and understanding. Norwood: Ablex.
TANNEN, Deborah (1989). *Talking voices:* repetition, dialogue and imagery in conversation discourse. Cambridge: Cambridge University Press.
_____ (ed. 1993). *Framing in discourse*. New York/Oxford: Oxford University Press.
_____ (1993). What's in a frame? Surface evidence for underlying expectations. Em: TANNEN (ed. 1993: 14-56).
TAPAZDI, Judit / SALVI, Giampaolo (1998). A oração condicional no português falado em Portugal e no Brasil. *D.E.L.T.A*. 14 (número especial), 1998: 255-267.
TARALLO, Fernando (1983). *Relativization strategies in Portuguese*. Philadelphia: University of Pennsylvania, Ph. D. dissertation.
_____ (1984). A fênix finalmente renascida. *Boletim da Abralin* 6, 1984: 95-103.
_____ (1986/1993). Sobre a alegada origem crioula do português brasileiro: mudanças sintáticas aleatórias. Em: ROBERTS / KATO (orgs. 1993: 35-68).
_____ (1987). Por uma sociolinguística românica paramétrica. *Ensaios de Linguística* 7 (13), 1987: 51-79.
_____ / ALKMIN, Tânia (1987). *Falares crioulos:* línguas em contacto. São Paulo: Ática.
_____ (org. 1989). *Fotografias sociolinguísticas*. Campinas: Pontes/Editora da Unicamp.
_____ (1990a). *Tempos linguísticos:* itinerário histórico da língua portuguesa. São Paulo: Ática.
_____ (1990b). *A pesquisa sociolinguística*. São Paulo: Ática.
_____ et al. (1990). Rupturas na ordem de adjacência canônica no português falado. Em: CASTILHO (org. 1990: 29-62). 4. ed. Campinas: Editora da Unicamp, 2002.
_____ (1991/1993). Diagnosticando uma gramática brasileira: o português d'aquém e d'além mar ao final do século XIX. Em: ROBERTS / KATO (orgs. 1993: 69-106).
_____ et al. (1992). Preenchedores em fronteiras de constituintes. Em: ILARI (org. 1992: 315-356).
_____ (1993a). Preenchimentos em fronteira de constituintes II: uma questão de variação interna, externa, ou um caso de variação individual? Em: CASTILHO (org. 1993: 273-314).
_____ (1993b). Sobre a alegada origem crioula do português brasileiro: mudanças sintáticas aleatórias. Em: ROBERTS / KATO (orgs. 1993: 35-68).
TAVANI, Giuseppe (1988). *Ensaios portugueses*. Lisboa: Imprensa Nacional-Casa da Moeda.
TAVARES, Maria Alice / GORSKI, Edair Maria (2002). Disputa por um lugar ao sol: conectores sequenciadores na fala de Florianópolis. Em: VANDRESEN (org. 2002: 269-292).
TEIXEIRA, Eliana Pitombo (2008). Por onde andava o "tu" no final do séc. XIX? *Revista da Abralin* 7 (1), 2008: 161-175.
TEIXEIRA, José D'Aparecido (1938). O falar mineiro. *Revista do Arquivo Municipal* 45.
_____ (1944). *Estudos de dialetologia portuguesa:* a linguagem de Goiás. São Paulo: Editora Anchieta.
TENANI, L. E. (1995). *Marcas prosódicas de inserções parentéticas*. Campinas: Universidade Estadual de Campinas, dissertação de mestrado.
TEYSSIER, Paul (1959). *La langue de Gil Vicente*. Paris: Klincksiech.
_____ (1980/1982). *Histoire de la langue portugaise*. Paris: Presses Universitaires de France. Edição em português: *História da língua portuguesa*. Trad. Celso F. da Cunha. Lisboa: Sá da Costa; 5. ed. 1993.
TFOUNI, Leda V. (1988). *Adultos não alfabetizados: o avesso do avesso*. Campinas: Pontes.
_____ (1994). Perspectivas históricas e a-históricas do letramento. *Cadernos de Estudos Linguísticos* 26, 1994: 49-62.
_____ (1997). *Letramento e alfabetização*. 2. ed. São Paulo: Cortez.
THOMAS, Earl W. (1969). *The syntax of spoken Brazilian Portuguese*. Nashville: Vanderbilt University Press.
THOMPSON, Sandra A. (ed. 1988). *Discourse and grammar*. Santa Barbara: Santa Barbara Papers in Linguistics, vol. II.
_____ (1988). A discourse approach to the cross-linguistic category "adjective". Em: HAWKINS (ed. 1988: 167-185).

_____ (1992). Functional grammar. Em: BRIGHT (ed. 1992: s.v.).
THUN, Harald (2004). O comportamento linguístico dos brasiguaios no Paraguai vistos a partir do material do Atlas Guarani-Románico. Em: DIETRICH / NOLL (orgs. 2004: 169-191).
TOGEBY, Knud (1953). *Mode, aspect et temps en espagnol*. Kobenhaven: Det Kongelige Danke Videnskabernes Selkab.
TOLEDO, Maria Ângela R. A. (1976). *Os sintagmas nominais de base deverbal*. São Paulo: Universidade de São Paulo, tese de doutoramento.
TOLEDO NETO, Sílvio de Almeida (2001). Subsídios para a fixação de normas de transcrição de textos para estudos linguísticos – III. Em: MATTOS E SILVA (org. 2001, tomo 2: 539-549).
_____ (2002). Constituição de corpus de documentação dos séculos XVII, XVIII e XIX (PHPB-SP). Em: DUARTE / CALLOU (orgs. 2002: 39-48).
TOMASELLO, Michael (ed. 2002). *The new psychology of language*. London: Lawrence Erlbaum Associates, Publishers, 2 volumes
_____ (ed. 2003). *Constructing a language*: a usage-based theory of language acquisition. Cambridge: Harvard University Press.
TORRES MORAIS, Maria Aparecida C. (1993). Aspectos diacrônicos do movimento do verbo, estrutura da frase e caso nominativo no português do Brasil. Em: ROBERTS / KATO (orgs. 1993: 263-306).
_____ (1998). Para uma abordagem diacrônica do português brasileiro. Em: CASTILHO (org. 1998: 121-142).
_____ (1999a). Rastreando aspectos gramaticais e sócio históricos do português brasileiro em anúncios de jornais do século XIX. Em: RAMOS / ALKMIN (orgs. 2007).
_____ (1999b). Aspectos da história das palavras negativas no português. Em: MATTOS E SILVA (org. 2001, tomo 1: 149-204).
_____ / ANDRADE, Maria Lúcia C. V. O. (orgs. 2009). *História do português paulista*. Campinas: Setor de Publicações/Fapesp (série Estudos, vol. II).
TOURATIER, Charles (1989). Signification et structure du SN. *Travaux* 7, 1989: 39-56, Cercle Linguistique d'Aix-en-Provence.
TOVAR, António (1958). Léxico de las inscripciones ibéricas. Em: *Miscelánea de Estudos Dedicados a Menéndez Pidal*. Madrid, vol. II: 273-323.
TOVAR José Jesús de Bustos et al. (eds. 2000). *Lengua, discurso, texto*. Madrid: Universidad Complutense de Madrid/Visor.
TRASK, R. L. (2004). *Dicionário de linguagem e linguística*. Trad. Rodolfo Ilari. São Paulo: Contexto.
TRAUGOTT, Elizabeth C. (1988). Pragmatic strengthening and grammaticalization. *Proceedings of the 14th Annual Meeting of the Berkeley Linguistics Society*, 1988: 406-416.
_____ (1989). On the rise of epistemic meanings in English: an example of subjectification in semantic change. *Language* 65 (1), 1989: 31-55.
_____ / KONIG, Ekkehard (1991). The semantics-pragmatics of grammaticalization revisited. Em: TRAUGOTT / HEINE (eds. 1991, vol. I: 189-218).
_____ / HEINE, Bernd (eds. 1991). *Approaches to grammaticalization*. Amsterdam/Philadelphia: John Benjamins, 2 volumes.
_____ (2009). Grammaticalization and construction grammar. Em: CASTILHO (org. 2009: 91-102).
TRAVAGLIA, Luiz Carlos (1981). *O aspecto verbal no português*. Uberlândia: Universidade Federal de Uberlândia.
_____ (1985). Sobre as possíveis razões da ausência e presença da preposição no objeto direto. *Letras & Letras* 1 (1), 1985: 15-38, Universidade Federal de Uberlândia.
_____ (1989a). A repetição na língua oral: tipos, causas e funções. *Estudos Linguísticos* 17, 1989: 227-238.
_____ (1989b). Considerações sobre a repetição na língua oral e na conversação. *Letras & Letras* 5 (1 e 2), 1989: 5-61.
_____ (1996a). Tipologia textual e coesão/coerência no texto oral: transições tipológicas. Em: CASTILHO / BASÍLIO (orgs. 1996: 453-471).
_____ (1996b). *Gramática e interação*. São Paulo: Cortez.
_____ (2003). *Gramática*: ensino plural. São Paulo: Cortez.
_____ (2006). O relevo no processamento da informação. Em: JUBRAN / KOCH (orgs. 2006: 167-217).
TRUBETZKOY, Nikolai S. (1957). *Principes de phonologie*. Paris: C. Klincksieck.
UCHÔA, C. E. F. (org. 1972). *Dispersos de J. Mattoso Câmara Jr*. Seleção e introdução de C. E. F. Uchôa. Rio de Janeiro: Fundação Getúlio Vargas.
ULLMAN, Stephen (1962/1973). *Semântica*: uma introdução à ciência do significado. Trad. J. A. Osório Mateus. Lisboa: Fundação Calouste Gulbenkian.
UNGERER, F. / SCHMID, H.-J. S. (1996). *An introduction to cognitive linguistics*. London: Longman.
UPPENDAHL, Klaus (1979). *A negação em português*. Porto Alegre: Universidade Federal do Rio Grande do Sul, tese de doutoramento.
URBANO, Hudinilson (1993). Marcadores conversacionais. Em: PRETI et al. (orgs. 1993: 81-102).
_____ (1998). O seu trabalho está bom, mas... *D.E.L.T.A*. 14 (número especial), 1998: 269-276.
_____ (org. 2001). *Dino Preti e seus temas*: oralidade, literatura, mídia e ensino. São Paulo: Cortez.
_____ (2003). Reflexões em torno de "falar" e "dizer" na fala e na escrita. Em: PRETI (org. 2003: 139-168).
_____ (2006). Marcadores discursivos basicamente interacionais. Em: JUBRAN / KOCH (orgs. 2006: 497-528).
VACHEK, J. (1960). *Dictionnaire de linguistique de l'École de Prague*. Utrecht/Anvers: Comité Permanent International des Linguistes.

VAGONES, Wanda E. (1974). *Estudo contrastivo dos sistemas fonológicos do português brasileiro e do francês.* Araraquara: Faculdade de Filosofia, Ciências e Letras da Unesp, tese de doutoramento.
VAL, Maria da Graça Ferreira da Costa (1996). *Entre a oralidade e a escrita:* o desenvolvimento da representação de discurso narrativo escrito em crianças em fase de alfabetização. Belo Horizonte: Universidade Federal de Minas Gerais, tese de doutoramento.
VALKHOFF, Marius F. (1966). *Studies in Portuguese and creole.* Johannesburg: Witwatersrand University Press.
VANDELOISE, Claude (1986/1991). *Spatial prepositions:* a case study from French. Chicago and London: The University of Chicago Press (tradução de *L'espace en français: sémantique des prepositions spaciales.* Paris: Éditions du Seuil).
VAN DIJK, Teun (ed. 1985). *Handbook of discourse analysis.* London: Academic Press. Vol. II: dimensions of discourse.
VANDRESEN, Paulino (1969). *Fonologia do dialeto westfaliano de Rio Fortuna (SC).* Florianópolis: Universidade Federal de Santa Catarina, dissertação de mestrado.
_____ (1973). Tarefas da sociolinguística no Brasil. *Vozes* 67 (8), 1973: 5-11.
_____ (org. 2002). *Variação e mudança no português falado da região sul.* Pelotas: Educat.
VARELA, Lia (1999a). Mi nombre es nadie: la política lingüística del Estado Argentino. *Políticas Lingüísticas para América Latina. Actas del Congreso Internacional [1997].* Buenos Aires: Universidad de Buenos Aires / Facultad de Filosofía y Letras, Instituto de Lingüística, vol. II: 583-589.
VARELA, Lia (1999b). La Argentina y las políticas linguísticas de fin de siglo. *Boletim da Associação Brasileira de Linguística* 24, 1999: 83-95.
VAZ LEÃO, Ângela. Ver LEÃO, Ângela Vaz.
VEASEY RODRIGUES, Sônia (1974). *Preposições espaço-temporais em português e em inglês:* análise contrastiva. Araraquara: Unesp, tese de doutoramento.
VELTMAN, F. (1993). Inference. Em: ASHER / SIMPSON (eds. 1994: s.v.).
VENÂNCIO, Renato Pinto (2001). Migração e alfabetização em Mariana colonial. Em: MATTOS E SILVA (org. 2001, tomo 2: 391-400).
VENDLER, Zeno (1967a). The grammar of goodness. Em: VENDLER (1967b: 172-199).
_____ (1967b). *Linguistics in philosophy.* Ithaca: Cornell University.
VENDRYES, Joseph (1968). *Le langage.* Paris: Albin Michel.
VERCEZE, Rosa Maria N. (1998). *Língua falada, língua escrita e ensino do português.* São Paulo: Universidade de São Paulo, dissertação de mestrado.
VERDELHO, Telmo / SILVESTRE, João Paulo (2007). *Dicionarística portuguesa:* inventariação e estudo do patrimônio lexicográfico. Aveiro: Universidade de Aveiro.
VERKUYL, H. J. (1972). *On the compositional nature of the aspects.* Dordrecht: D. Reidel Publishing Co.
VIANA, Aniceto dos Reis Gonçalves (1973). *Estudos de fonética portuguesa.* Prefácio de Luís F. Lindley Cintra e introd. de José A. Peral Ribeiro. Lisboa: Imprensa Nacional/Casa da Moeda.
VIARO, Mário Eduardo (1994). *Das preposições latinas às do português e do romeno:* derivações semânticas. São Paulo: Universidade de São Paulo, dissertação de mestrado.
_____ (1995). Sobre a presença de "tenus" no ibero-romance. *Confluência* 4, 1995: 269-277, Assis: Faculdade de Ciências e Letras.
_____ (2004). *Por trás das palavras.* São Paulo: Globo.
_____ (2009). Reflexões teóricas acerca da reconstrução lexical do português antigo paulista. Em: CASTILHO (org. 2009: 737-744).
VIEIRA, Martha Lourenço (2004). *O papel da composição da cena enunciativa no processo de aquisição do texto escrito.* São Paulo: Faculdade de Educação-Universidade de São Paulo, tese de doutoramento.
VIEIRA, Sílvia Rodrigues / BRANDÃO, Sílvia Figueiredo (orgs. 2007). *Ensino de gramática:* descrição e uso. São Paulo: Contexto.
VILANOVA, José Brasileiro (1977). *Aspectos estilísticos da língua portuguesa.* Recife: Casa da Medalha.
VILELA, Mário (1995). *Ensino da língua portuguesa:* léxico, dicionário, gramática. Coimbra: Livraria Almedina.
VILELA, Mário / KOCH, Ingedore Grunfeld V. (2001). *Gramática da língua portuguesa.* Coimbra: Almedina.
VIOTTI, Evani (2003). A composicionalidade das sentenças com o verbo "ter". Em: MÜLLER / NEGRÃO / FOLTRAN (orgs. 2003: 221-242).
VIOTTI, Manuel (s/d/1956). *Novo dicionário da gíria brasileira.* 2. ed. Rio de Janeiro/São Paulo: Tupã.
VITRAL, Lorenzo (1996). A forma "cê" e a noção de gramaticalização. *Revista de Estudos da Linguagem* 4 (1), 1996: 115-124.
_____ / RAMOS, Jânia (1999) Gramaticalização de "você": um processo de perda de informação semântica? *Filologia e Linguística Portuguesa* 3, 1999: 55-88.
_____ (2000). A evolução da negação no português brasileiro: sintaxe formal e gramaticalização. Em: E. Gärtner / C. HUNDT / SCHÖNBERGER (eds. 2000a: 175-180).
_____ (2001). Língua geral *versus* língua portuguesa: a influência do "processo civilizatório". Em: MATTOS E SILVA (org. 2001, tomo 2: 275-302).

VOGT, Carlos (1977). *O intervalo semântico*. São Paulo: Ática.
_____ (1980/1989). *Linguagem, pragmática e ideologia*. 2. ed. São Paulo/Campinas: Hucitec/Fundação de Desenvolvimento da Unicamp.
_____ / FRY, Peter (1985). Rios de Cristal: contos e desencontros de línguas africanas no Brasil. *Cadernos de Estudos Linguísticos* 8, 1985: 109-128.
_____ / FRY, Peter (1990). Ditos e feitos da Falange Africana do Cafundó e da Calunga de Patrocínio (ou de como fazer falando). *Atas do IX Congresso Internacional da Alfal*. Campinas: Universidade Estadual de Campinas, 1993, vol. II: 153-177.
_____ / FRY, Peter (1996). *A África no Brasil*. Campinas/São Paulo: Editora da Unicamp/Companhia das Letras.
VOGHERA, M. (1992). *Sintassi e intonazione nell'italiano parlato*. Bologna, Il Mulino.
VOTRE, Sebastião Josué / NARO, Anthony J. (1989). Mecanismos funcionais do uso da língua. *D.E.L.T.A.* 5 (2), 1989: 169-184.
_____ / CEZARIO, Maria Maura / MARTELOTTA, Mário (orgs. 2004). *Gramaticalização*. Rio de Janeiro: Faculdade de Letras da Universidade Federal do Rio de Janeiro.
_____ / RONCARATTI, Jussara (orgs. 2008). *Anthony Julius Naro e a linguística no Brasil: uma homenagem acadêmica*. Rio de Janeiro: 7Letras/Faperj.
VYGOTSKY, L. S. (1984). *A formação social da mente*: o desenvolvimento dos processos psicológicos superiores. São Paulo: Martins Fontes.
WALDROP, M. Mitchell (1993). *Complexity*: the emerging science at the edge of order and chaos. New York: Touchstone Press.
WALTER, Henriette (1997). *A aventura das línguas no ocidente*: origem, história e geografia. São Paulo: Mandarim.
WARTBURG, Walter von / ULLMAN, Stephen (1975). *Problemas e métodos da linguística*. Trad. Maria Elisa Mascarenhas. São Paulo: Difusão Europeia do Livro.
WAY, A. G. (1964). *Caesar*: Alexandrian, African and Spanish Wars. London/Cambridge: William Heine Ltd /Harvard University Press.
WEEDWOOD, Barbara (2002). *História concisa da linguística*. Trad. Marcos Bagno São Paulo: Parábola.
WEHLING, A. / WEHLING, M. J. C. de. (1994). *Formação do Brasil colonial*. Rio de Janeiro: Nova Fronteira.
WEINREICH, Uriel (1972). Pesquisas em teoria semântica. Em: LOBATO (org. 1976: 165-273).
_____ / LABOV, William / HERZOG, Marvin I. (1975). Empirical foundations for a theory of language change. Em: LEHMAN / MALKIEL (eds. 1975: 95-188).
WEINRICH, Heinrich (1964/1968). *Estructura y función de los tiempos en el lenguaje*. Madrid: Gredos.
WIERZBICKA, Anna (1996). *Semantics*: primes and universals. Oxford/New York: Oxford University Press.
WILLIAMS, Edwin (1961). *Do latim ao português*. Trad. Antônio Houaiss. Rio de Janeiro: Instituto Nacional do Livro.
_____ (1975). Small clauses in English. Em: KIMBALL (ed. 1975: 249-273).
WISE, Claude Merton (1964). Brazilian Portuguese dialect: the sounds of Brazilian Portuguese. Em: WISE (ed. 1964: 512-532).
_____ (ed. 1964). *Applied Phonetics*. New Jersey, Englewood Cliffs.
WITTGENSTEIN, Ludwig (1953/1979). *Investigações Filosóficas*. Trad. José Carlos Bruni. São Paulo: Abril Cultural.
WOTJAK, Gerd (2006). Reflexiones acerca de construcciones verbo nominales/cvn. *Linguística. Revista de Estudos Linguísticos da Universidade do Porto* 1 (1), 2006: 3-32.
XAVIER, Antônio Carlos / CORTEZ, Suzana (orgs. 2003). *Conversas com linguistas*: virtudes e controvérsias da linguística. São Paulo: Parábola.
XAVIER, Maria Francisca / MIRA MATEUS, Maria Helena (orgs. 1990-1992). *Dicionário de termos linguísticos*. Lisboa: Edições Cosmos/Associação Portuguesa de Linguística/Instituto de Linguística Teórica e Computacional, 2 volumes.
ZÁGARI, Mario Roberto Lobuglio (1988). *Fonologia diacrônica do Português*. Juiz de Fora: Editora da Universidade Federal de Juiz de Fora.
ZAPPAROLI, Zilda Maria (1970). *Comportamento fonético-fonológico da região de Itu*. São Paulo: Universidade de São Paulo, dissertação de mestrado.
_____ / CAMLONG, André (2002). *Do léxico ao discurso pela informática*. São Paulo: Edusp/Fapesp.
ZILLES, Ana M. S. / MAZZOCA, Patricia da Rosa (2000). O papel dos fatores sociais no processo de gramaticalização de "a gente". Comunicação ao IV Celsul, Universidade Federal do Paraná, 2000.
_____ (2002). Grammaticalization of "a gente" in Brazilian Portuguese. Em: JOHNSON / SANCHEZ (eds. 2002, v. VIII, n. 3: 297-310).
_____ (org. 2005). *Estudos de variação linguística no Brasil e no Cone Sul*. Porto Alegre: Editora da UFRGS.
_____ (2005). The development of a new pronoun: the linguistic and social embedding of "a gente" in Brazilian Portuguese. *Language Variation and Change*, 17 (1), 2005: 19-53.

O AUTOR

Nasci em Araçatuba-SP, filho de Luiz Antonio de Castilho e Edith Teixeira de Castilho. Antes de mim, tinha vindo o Luedy e depois, o Jonas, ambos já falecidos. Casei-me com Célia Maria Moraes de Castilho, com quem tive três filhos: Cláudia, hoje bibliotecária, Célia, professora, e Rogério, patologista bucal. Meus filhos me deram quatro netos: Renan, Vinicius, brasileiros, Matthew e Leonard, americanos. Minha esposa, também linguista, colaborou fortemente em minha carreira.

Fiz os cursos fundamental e médio em São José do Rio Preto-SP, no Instituto de Educação Monsenhor Gonçalves.

Cursei Letras Clássicas na então denominada Faculdade de Filosofia, Ciências e Letras da USP, graças a uma bolsa de estudos concedida pela Prefeitura Municipal de São José do Rio Preto. Em 1960, cursei a Especialização. Obtive na mesma universidade o título de doutor, sob a orientação de Theodoro Henrique Maurer Jr., e o de livre-docente.

Lecionei português e latim no então chamado "ginasial", em escolas públicas de São Miguel Paulista e Suzano. Principiei o magistério superior em 1961, como professor titular de língua portuguesa na Faculdade de Filosofia de Marília-SP. Permaneci nessa escola até 1975, quando ela foi integrada na Universidade Estadual Paulista, então criada. Convidado a lecionar na Universidade Estadual de Campinas, permaneci nessa instituição de 1975 a 1991, quando me aposentei. Antes disso, a pedido de vários de seus reitores, organizei o Sistema de Bibliotecas e criei o Sistema de Arquivos. Recomecei minha carreira na Universidade de São Paulo, em 1992, como professor assistente, professor titular em 1997, até a aposentadoria compulsória, em 2007.

Para acompanhar os rumos da Linguística, realizei vários estágios de pós-doutorado: Universidade de Coimbra, Portugal; University of Texas at Austin e Cornell University em Ithaca, Estados Unidos; Université d'Aix-Marseille, França; Università degli Studi di Padova, Facoltà di Lettere, Itália; University of California, San Diego, Estados Unidos; Georgetown University, Washington, Estados Unidos.

Tive a sorte de trabalhar nas três universidades oficiais paulistas, podendo ali desenvolver vários projetos, graças ao dinamismo dessas instituições e à ajuda de muitos colegas: proposta de fundação do Grupo de Estudos Linguísticos do Estado de São Paulo, em 1959; proposta de fundação da Associação Brasileira de Linguística, em 1959, graças, sobretudo, ao apoio de Joaquim Mattoso Câmara Jr.; fundação da revista *Alfa*, hoje Revista de Linguística da Unesp, de que fui o primeiro diretor, tendo publicado 17 números; coordenação do Projeto de Estudo Coordenado da Norma Urbana Linguística Culta, inicialmente com Isaac Nicolau Salum (1969-1980) e depois com Dino Preti (1981-1988). Esse projeto produziu uma extensa documentação do português culto falado no Brasil, de que resultou um sem número de trabalhos de toda ordem, coordenação do Projeto de Gramática do Português Falado (1988-2010), de que resultaram 8 volumes de ensaios. Dos 5 volumes da gramática propriamente dita, saíram 3 volumes, entre 2006 e 2009; coordenação do Projeto de História do Português de São Paulo, desde 1997. A partir de 1998, esse projeto se estendeu pelo país, com o nome de Projeto para a História do Português Brasileiro, agregando hoje perto de 200 pesquisadores, desenvolvendo-se em dez estados: Paraíba, Alagoas, Ceará, Pernambuco, Bahia, Minas Gerais, Rio de Janeiro, São Paulo, Paraná e Santa Catarina.

Presidi o Grupo de Estudos Linguísticos do Estado de São Paulo, de 1959 a 1960, a Associação Brasileira de Linguística, de 1983 a 1985, e a Associação de Linguística e Filologia da América Latina, de 1999 a 2005. Orientei 11 doutorados, 10 mestrados, escrevi 4 livros, organizei outros 15, publiquei 60 capítulos de livro, 60 artigos em revistas especializadas, 14 prefácios e 47 resenhas bibliográficas. Pela Contexto, sou autor de *A língua falada no ensino do português* e coautor das obras *Sentido e significação: em torno da obra de Rodolfo Ilari* e *O Brasil no contexto: 1987-2007*. Também pela Contexto, coordenei a Coleção de Linguística. Integrei 29 bancas de professor titular, 7 de livre-docência e 63 de doutoramento. Concorri para a fundação do Museu da Língua Portuguesa, de que sou assessor. A redação da *Nova Gramática do português brasileiro* me deu grandes alegrias e novas ideias.

Campinas, 2010.